Le Siècle.

LE VEAU D'OR

PAR

FRÉDÉRIC SOULIÉ ET LÉO LESPÈS.

PARIS
BUREAUX DU SIÈCLE
RUE DU CROISSANT, 16.

M.DCCC.LVI.

Frédéric Soulié. — Léo Lespes.

LE VEAU D'OR.

I.

LE BOIS DE BOULOGNE LA NUIT.

Au mois de septembre 184., durant une nuit pluvieuse, il se passait au bois de Boulogne un événement dont les journaux parlèrent beaucoup. Il s'agissait d'un suicide, et l'on sait avec quel empressement le public recueille ces preuves d'un triste découragement et de l'ennui profond qui dévore l'humanité. Aussi, ledit suicide fut-il constaté, raconté, commenté dans ses moindres détails. Seulement il n'y avait pas un mot de vrai dans tout ce qui fut dit. C'est pour cela que je trouve inutile de vous renvoyer au numéro de la *Gazette des Tribunaux* où il est question de cet événement, comme je serai obligé de le faire plus tard au sujet d'une histoire ténébreuse qui se dénoua à la même époque et dont il est temps de dévoiler le mystère aux yeux de l'Europe.

Il était dix heures du soir : un homme de cinquante ans, d'une stature élevée, d'une figure qui avait dû être remarquablement belle, marchait à pas lents dans une des petites allées qui avoisinent la mare d'Auteuil. Il était pauvrement vêtu, en ce sens que ses habits étaient arrivés aux dernières extrémités de leur existence possible ; mais leur coupe révélait une origine toute fashionable, et la rectitude distinguée avec laquelle celui qui les portait avait ajusté ces fières guenilles dénotait un de ces hommes à qui le luxe sied bien, comme les belles fleurs vont aux jeunes et jolies têtes. C'était en un mot la ruine vivante, ou d'un grand seigneur, ou d'une grande fortune ; soit un Montmorency, soit un Ouvrard en habit râpé.

Que faisait cet homme à minuit, au bois de Boulogne ?

En le voyant tirer de sa poche un pistolet qu'il contempla d'un air indécis, un gendarme n'eût pas manqué de dire qu'il attendait au passage quelque voyageur attardé ; mais un observateur moins prévenu par ses fonctions eût supposé que cet homme venait là pour se brûler la cervelle.

Cependant il continua sa route après avoir poussé un profond soupir, et arriva à un petit carrefour bordé de taillis assez élevés et assez épais pour que les lueurs incertaines des étoiles n'y pussent pénétrer et qu'il y régnât une nuit complète.

Arrivé là, notre homme tira une seconde fois son pistolet de sa poche. Il avait cherché cette obscurité pour ne pas voir l'instrument de mort. Ceci est un trait de caractère assez commun, et qui démontre que le courage physique n'est pas toujours d'une trempe aussi solide que le courage moral.

Quel que soit le désespoir qui pousse au suicide, l'image de la destruction épouvante les plus résolus. Ainsi, notre homme avait armé son pistolet, et par une de ces précautions bizarres qui prouvent jusqu'à quel point l'homme redoute la douleur, il s'était appuyé contre un arbre pour rendre sa chute moins lourde. C'en était fait de lui, lorsqu'il entendit tout à coup un bruit étrange mêlé de gémissements. Le malheureux n'avait plus que la détente à presser, et bien certainement ce bruit accidentel ne pouvait en rien influer sur les raisons qui l'avaient poussé à ce dernier acte de désespoir. Cependant notre homme s'arrêta, réfléchit, désarma son pistolet, le remit dans sa poche et se prit à écouter avec une singulière curiosité.

Était-ce une espérance qui venait de le rattacher à la vie ? Était-ce une de ces transactions avec lui-même que l'homme accepte avec tant d'empressement toutes les fois qu'il peut échapper à une résolution dont l'accomplissement le révolte ? Qu'importe ? Il ne se tua pas, voilà le fait, et dès qu'il eut reconnu de quel côté venait le bruit qui l'avait interrompu, il y marcha rapidement.

A peine avait-il fait quelques pas qu'il entendit le choc sourd d'un corps pesant tombant sur la terre. Il continua à s'avancer, et comme il quittait une allée où l'obscurité était profonde pour entrer dans une espèce de clairière, il aperçut un cadavre étendu par terre et un homme à genoux près de lui. Cela ressemblait beaucoup à un assassinat après lequel le meurtrier dépouillait sa victime. Notre curieux s'arrêta. Mais bientôt il vit que l'homme couché sur le sol n'était pas mort. Il agitait convulsivement ses jambes, et son compagnon l'ayant relevé sur son séant, il poussa un profond soupir suivi d'efforts douloureux pour respirer.

Notre premier personnage s'assura de la présence de son pistolet dans sa poche, et s'avançant aussitôt, il dit d'une voix qu'il rendit assez brutale pour la faire passer pour celle d'un garde forestier :

— Que faites-vous ici, à pareille heure ?

— Vous le voyez, répondit celui qui était à genoux, j'empêche un homme de se tuer.

— En lui serrant la cravate et en fouillant ses poches, reprit le curieux.

— Eh! non, pardieu! répliqua l'autre en homme qui est au-dessus de toute crainte et de toute accusation, en lui donnant de l'air, et si vous aviez quelque humanité, vous m'aideriez à secourir ce malheureux.
— Le secourir? pourquoi faire?
— Pour le rappeler à la vie.

L'homme au pistolet ne répondit pas, ne bougea pas ; il se grattait le nez en réfléchissant.

L'autre continuait à éventer le moribond.

Enfin notre premier personnage reprit ainsi la conversation :

— Ah çà! monsieur, dites-moi : pour empêcher ce brave homme de se pendre, comme il le faisait (car j'aperçois maintenant à la branche qui est au-dessus de votre tête le bout de la corde que vous avez si imprudemment coupée); pour l'empêcher, dis-je, de se débarrasser d'une existence qui devait lui être odieuse, vous avez donc le pouvoir de la lui rendre douce et bonne, ou tout au moins supportable?

A ces paroles, prononcées avec la plus parfaite indifférence, le sauveur zélé du pendu s'arrêta tout net, se frappa le front et laissa retomber sur le gazon le malheureux qui commençait à souffler et à revivre.

— Au fait, monsieur, reprit-il en se levant, vous avez raison. De quoi diable vais-je me mêler? Je suis d'autant plus bête d'avoir interrompu le suicide de ce malheureux, que je n'étais venu au bois de Boulogne que pour faire la même chose que lui.

— Bah! fit le premier d'un ton cordial, vous veniez aussi pour vous pendre?

— Non, je méprise souverainement cette manière de se tuer... Cela vous fait tirer la langue de la façon la plus hideuse.

— Ah! ah! reprit l'homme au pistolet, vous veniez donc pour vous brûler la cervelle?

— Fi donc! c'est une mort défigurée et malpropre! Non, monsieur, non.

— Vous avez donc du poison dans votre poche?

— Je hais les crampes d'estomac et la colique.

— Comment diable comptiez-vous donc vous tuer?

— Je compte me noyer.

— Ici? dans le bois de Boulogne?

— Non ; mais pour qu'on ne puisse pas me secourir, j'ai dû attendre la nuit. Et pour pouvoir attendre la nuit, je me suis couché au pied de cet arbre ; le sommeil m'a gagné, et je dormais comme un homme qui a payé ou touché ses différences à la Bourse, lorsque les craquements de la branche à laquelle ce monsieur se pendait m'ont éveillé tout à coup. Vous devez comprendre que, surpris comme je l'ai été, mes idées ne fussent pas bien nettes. J'ai suivi le stupide premier mouvement qui nous pousse à sauver toute chose qui périt, j'ai coupé la corde de salut de ce pauvre diable, j'en suis fâché. Au reste, ajouta ce monsieur en ramassant son chapeau pour s'éloigner, veuillez lui en faire mes excuses, attendu que je m'aperçois qu'il est temps que je mette à exécution mon projet personnel.

— Ceci est fort bien, monsieur, reprit le personnage au pistolet, mais avant de me charger de vos excuses pour un autre, vous devriez m'en faire pour m'avoir également dérangé.

— Dans quel genre d'occupation, je vous prie?

— J'étais au moment de me brûler la cervelle (ce qui, soit dit en passant, me paraît le seul suicide qu'un galant homme puisse se permettre), lorsque vous m'avez troublé par le tapage incongru que vous avez fait de ce côté.

— Monsieur, reprit celui à qui s'adressait ce reproche, je vous en demande mille pardons, et je vous laisse le champ libre.

— Savez-vous bien, monsieur, que je puis ne pas me tenir pour satisfait, dit l'homme au pistolet, et que j'aurais le droit de vous demander raison? Après tout, un duel, c'est une manière de sortir de la vie qui me va mieux.

— Impossible, mon cher monsieur, reprit son interlocuteur, je ne puis pas risquer de vous tuer et de ne pas être tué ; il faut que je sois pendu ou noyé demain matin : c'est une affaire de probité, un engagement d'honneur, et je serais le dernier des drôles si j'acceptais votre proposition.

— Ceci est bizarre, dit notre premier personnage. Quoi! décidément, vous allez vous noyer?

— N'alliez-vous pas vous brûler la cervelle?

— Quel âge avez-vous? dit brusquement le premier.

— Vingt-cinq ans.

— Et à vingt-cinq ans, vous désespérez de votre avenir?

— Quel âge avez-vous? repartit en ricanant le second.

— Cinquante ans.

— Et à cinquante ans, vous n'avez pas une position faite?

— Ah! monsieur, s'écria le cinquantenaire, si je n'avais que vingt-cinq ans, je voudrais devenir premier ministre!

— Et moi, si j'avais le droit de vivre jusqu'à cinquante ans, je voudrais gagner vingt millions.

Un assez long silence suivit cette mutuelle déclaration.

— Monsieur, reprit le vieux, vous m'intéressez. Vous avez du courage, vous me paraissez avoir de la volonté. Vous plairait-il de me dire votre histoire? Je vous raconterais la mienne, et peut-être ce que ni vous ni moi n'avons pu faire seuls, pourrions-nous le faire à deux. L'ère de l'association a sonné, c'est la puissance nouvelle. La société et les individus périssent par l'isolement. Associons-nous.

Le jeune homme se mit à chantonner l'air de la mort d'Edgard de Rawenswood, puis il reprit :

— Désolé, monsieur ; mais j'ai déjà eu l'honneur de vous dire que je dois être noyé cette nuit même. C'est une affaire convenue, une parole donnée.

— Je respecte vos secrets. Seulement, pourrais-je savoir avec qui j'ai eu le plaisir de passer les derniers moments de ma vie?

— Je me nomme Alfred Dabiron.

— Ah! ah! fit le cinquantenaire. Et c'est vous, le roi des coulissiers, qui vous noyez pour une perte d'un ou deux millions? Je vous croyais plus fort que cela!

— Vous ne pouvez comprendre mes motifs, et je n'ai pas le temps de vous les dire, repartit sèchement le boursier ; mais à mon tour je serais très aise de savoir à qui j'ai l'honneur de parler.

— On m'appelle comte de Montreuil.

— Le comte de Montreuil! s'écria Alfred Dabiron avec stupéfaction.

Et comme si ce nom eût porté avec lui une énorme puissance électrique, le pendu, qu'on avait oublié, mais qui râlait et geignait en reprenant peu à peu ses sens, se redressa soudainement, et, d'une voix rauque et épouvantée, il se mit à répéter :

— Le comte de Montreuil! Où est-il?... que je le tue!... que je l'extermine!... le scélérat! l'assassin! le brigand!...

Et comme une grenouille soumise aux décharges de la pile voltaïque qui s'agite et se trémousse tant que le fil conducteur la touche, le pendu, après avoir parlé et gesticulé ainsi, retomba sur le sol, dès que l'effet galvanique du nom de Montreuil eut cessé.

— Que veut dire ceci? reprit le coulissier. Comment diable se fait-il que vous soyez ici pour vous brûler la cervelle, lorsque voici un homme que probablement vous avez forcé à se pendre!

— C'est en effet assez bizarre, reprit Montreuil, et je veux savoir ce que cela signifie... Il faut que je parle à cet homme.

Tout à coup le comte se frappa le front et s'écria d'une voix joyeuse :

— Si c'était Muller!...

Il paraît que ce nom était aussi électrique que le premier, car le pendu se redressa encore une fois en s'écriant:

— Je ne suis pas Muller! je ne l'ai jamais été!

Puis se ravisant tout à coup, il se mit à dire :

— Où suis-je? Je m'étais pendu. Est-ce ici l'autre monde? On ne m'a donc pas enterré? Où est mon âme?

Il se tâta le corps et reprit :

— Est-ce ça, mon âme?

— Mais, mon cher monsieur, dit Alfred Dabiron, vous êtes parfaitement vivant, vous vous êtes véritablement pendu, mais j'ai coupé la corde, ce dont je suis désolé.

— Ah! ah! fit l'ex-pendu; il est donc dit que je ne pourrai pas même me tuer! cela devient plaisant!

— Voici encore un bout de corde, dit le coulissier, au besoin, et pour vous montrer tout le regret que j'éprouve de ma maladresse, je puis y joindre mon foulard.

L'ex-pendu ne parut pas avoir entendu cette proposition agréable et repartit :

— Sacrebleu! je me meurs de faim!

— Monsieur Dabiron, dit rapidement le comte, pouvez-vous payer à souper à ce drôle?

— Oui-dà! j'ai dans ma poche deux ou trois billets de mille et quelque cinquante louis. J'avais à cœur en mourant de prouver que l'honneur seul me faisait agir, et que j'avais le moyen d'aller vivre comme un fripon à Bruxelles ou à Londres.

— Eh bien, reprit le comte avec une sorte d'exaltation fébrile, offrez à souper à ce malheureux ; profitons du désordre de ses idées pour lui persuader qu'il n'a pas entendu nommer le comte de Montreuil, et que nous ignorons qu'il s'appelle Muller, et ces vingt millions que vous rêvez, ce poste de premier ministre que j'ambitionne, tout cela peut être à nous.

Alfred Dabiron se mit à rire et se secoua pour se réchauffer en attendant qu'il se noyât.

— Suivez-moi jusqu'à la porte d'Auteuil, reprit le comte. Il y a là un cabaret où nous pourrons causer à l'aise dans une cave tendue de tapisseries de la Savonnerie, avec du vin de Bordeaux assez agréable et des cigares délicieux. Je vous développerai mon plan, et, sur mon honneur, je vous jure que si vous ne l'approuvez pas, je vous laisse parfaitement libre de vous noyer.

Dabiron réfléchit; il semblait hésiter; enfin, il répondit:

— Je vous remercie de vos bonnes intentions, mais je ne puis pas accepter : il faut absolument que je sois noyé demain matin.

— Quelle heure peut-il être?

— Onze heures tout au plus.

— Vous avez cinq heures devant vous.

— Eh bien, soit, reprit Alfred. Après tout, je ne serai pas fâché de faire encore un bon souper.

— Qui parle de souper? dit le pendu, dont la voix s'éclaircissait peu à peu.

— Moi, monsieur, dit Alfred, moi qui désire vous faire oublier l'inconvenance de ma conduite en vous priant de venir vider quelques bouteilles d'excellent vin. Après quoi vous serez libre de vous repende, si cela peut vous être agréable. Voici monsieur, qui veut bien nous accompagner, et qui sera également libre de se brûler la cervelle, comme moi de me noyer, tout après souper.

— C'est convenu, dit le comte.

— C'est convenu, fit le pendu en se relevant tout à fait. Seulement, si, par un hasard extravagant, je rencontrais d'ici à M. de Montreuil, j'entends rester le maître de lui tordre le cou ou de lui planter un couteau dans l'estomac.

— C'est entendu, fit le comte. Mais, pour lui en vouloir à ce point, il a dû vous faire bien du mal.

— Monsieur, il m'a forcé à me pendre.

— Lui? Vous le connaissez donc beaucoup?

— Je ne l'ai jamais vu.

— Eh bien! monsieur, je le connais, moi, et je crois que je pourrai vous en débarrasser.

— Si vous faites cela, s'écria le Muller avec joie, je ne puis vous dire le service que vous me rendrez! Sur mon honneur, monsieur, je renonce à me pendre.

— Nous verrons, nous verrons, reprit le comte. Hâtons-nous.

On aida le pendu à retrouver sa cravate, qu'il avait ôtée pour ne pas gêner la corde, et nos trois héros prirent assez gaîment le chemin de la porte d'Auteuil.

Une heure après, ils étaient dans une salle basse, discrètement éclairée, discrètement chauffée, étendus sur des divans moelleux, en présence des débris d'un faisan, d'un bon nombre de bouteilles vides ou entamées. L'atmosphère était doucement imprégnée des nuages flottans échappés de leurs cigares, et monsieur Alfred commençait ainsi l'histoire de ses malheurs.

II.

HISTOIRE DU SUICIDE N° 1.

— Je suis né à Toulouse, dit monsieur Dabiron.

— Pardon, fit le comte de Montreuil en l'interrompant, vous êtes né à Toulouse et vous ne gasconnez pas! C'est une preuve de supériorité à laquelle je vous demande la permission de rendre hommage.

— Diable! reprit Alfred Dabiron en examinant le comte, je vois que j'ai affaire à un homme d'une haute intelligence, car vous êtes dans les principes du plus célèbre usurier de Paris avec qui j'ai fait en débutant quelques affaires, lesquelles n'ont pas tourné à son avantage. — « C'est un Gascon! s'écria-t-il en remettant à l'huissier les » billets invalides que je lui avais passés. » — « Un Gascon! » repartit l'huissier; « mais il n'a pas le moindre accent. — » Eh! voilà le comble du Gascon! » s'écria l'usurier, « on ne se défie pas de lui! »

— Cet usurier doit être Duhourg de Pézénas, dit monsieur de Montreuil. C'est un homme très fort, mais il gasconne : ça le déprécie. Mais veuillez continuer ; je commence à être persuadé que nous pourrons nous entendre.

L'ex-pendu Muller les regarda l'un après l'autre comme s'ils avaient parlé devant lui en hébreu ou en syriaque. Après un moment de réflexion, il parut comprendre qu'il ne comprenait pas, et se résigna en homme qui n'aime pas à tenter l'impossible. Il prit donc un septième cigare et décoiffa une huitième bouteille, se rejeta sur son divan et attendit.

Dabiron continua :

— Je suis né à Toulouse, mais mon enfance et ma première jeunesse se sont passées à Marseille, à Lyon, à Rennes, à Brest, et en définitive à Lille. En effet, mon père appartenait à l'administration financière la plus nomade de France : il était directeur des droits réunis.

— Il n'y a plus de droits réunis, dit Muller, qui voulait se poser à son tour, vis-à-vis des deux autres convives, en homme qui est à la hauteur des choses du moment.

— Vous avez raison, reprit Dabiron, il n'y a plus de droits réunis depuis 1814. La restauration avait promis de les abolir, et comme la restauration professait la fidélité du serment, elle a fait arracher l'écriteau de l'hôtel des *droits réunis*, elle a jeté au feu toutes les têtes de lettres qui portaient ce nom réprouvé, et elle a fait écrire sur la porte dudit hôtel et sur des carrés de papier tout neuf : « Administration *des contributions indirectes.* » Du reste, rien n'a été changé à l'impôt, mais le peuple a été ravi de l'énorme concession qu'il avait obtenue.

— Vous savez l'histoire de France, dit Muller sentencieusement et après un long verre de vin.

— Je m'en flatte! reprit Dabiron, mais il y en a une que je sais encore mieux que l'histoire de France, c'est la mienne. Or, comme la nuit s'avance, et que je vous ai promis de vous la raconter, je vous prie l'un et l'autre de ne plus m'interrompre, afin qu'il me reste le temps de me noyer.

— Ce sera difficile, fit monsieur de Montreuil en riant et en versant à boire à Dabiron ; il n'y aura bientôt plus de place pour l'eau.

— On ne meurt pas parce qu'on boit, dit gravement

l'ex-pendu : on meurt parce qu'on est asphyxié ; la rivière et la corde sont identiques comme résultat.

— Vous êtes médecin ? dit monsieur de Montreuil.

— J'ai voulu l'être, ce qui est à peu près la même chose, répondit l'ex-pendu.

— Vous n'êtes donc pas le vrai Muller ? fit curieusement Montreuil.

— Le vrai Muller est mort, repartit l'homme à la corde.

— Mais alors, qui êtes-vous donc ? s'écria vivement le comte.

— Moi, je suis mort aussi, répondit l'ex-pendu avec un flegme naïf.

— Le drôle est ivre ! fit le comte avec mépris.

L'ex-pendu lui répliqua par un regard si écrasant de dédain, que Montreuil comprit qu'il venait de dire une bêtise. Mais il ne fit pas celle de chercher à la réparer : il garda un tranquille silence, ce qui permit à monsieur Dabiron de reprendre son récit en ces termes :

— Je dois à mon existence errante cette éducation incomplète qui interdit à celui qui la possède toute carrière où il faut exhiber en entrant un diplôme de savant ou de lettré, si minime qu'il soit. J'étais admirablement posé au sortir du collége, car je ne pouvais être ni avocat, ni médecin, ni maître des requêtes, ni capitaine du génie, ni juge, ni ingénieur, ni membre de l'Université, ni percepteur, ni apothicaire, carrières étroites ou bornées où l'on est forcé de donner beaucoup pour recevoir peu ; et j'avais devant moi un magnifique espace, libre de toute entrave, et au bout duquel il y a deux buts qui tendent chaque jour à se rapprocher, à n'en plus faire qu'un : pouvoir et fortune.

Mais à l'époque de mon début dans le monde, on les distinguait encore. En effet, ce n'était pas, comme à présent, un droit supérieur à devenir pair de France ou ambassadeur que d'avoir beaucoup d'argent ; on ne considérait pas non plus comme une nécessité absolue de devenir millionnaire parce qu'on était ministre. Cette erreur a disparu sous notre monarchie représentative. La chimie sociale a découvert que ces deux élémens réunis font un composé de première force, et de nos jours, tout millionnaire est le principe d'un ministre, et tout ministre le principe d'un millionnaire.

J'étais, je puis le dire sans vanité, à la hauteur de la science, et si je n'avais pas perdu la dernière partie d'impériale, je comptais m'envoyer à la chambre et de là au pouvoir ; mais comme il faut commencer par être puissant pour devenir riche, ou à être riche pour devenir puissant, je choisis d'abord la carrière de l'argent. J'entrai dans une de nos premières maisons de banque. Je n'y appris que la tenue des livres en partie double ; monstrueux argot de chiffres, inintelligible à ceux mêmes qui l'écrivent, et dont la clef n'est autre que la clef de la caisse, laquelle n'est que dans les mains du chef suprême.

Je ne voulais pas rester longtemps commis et j'allais quitter la maison Sholtz, Appencherr and Co, lorsqu'il m'arriva l'aventure suivante.

J'avais alors vingt-deux ans ; madame la baronne Appencherr en avait trente ; elle était très blonde, très blanche, très douce, très grasse et très ennuyée. Elle avait logé aux Italiens et à l'Opéra, elle recevait tout Paris ; son mari lui passait cent mille écus pour sa maison et cent mille francs pour sa toilette. Avec cela, elle faisait des dettes. Moi, je vivais régulièrement avec cent louis d'appointemens et six cents francs de pension que me faisait mon père. J'avais des économies. Un monde me séparait de madame Shlotz ; une pièce de cent sous nous rapprocha.

Muller ouvrit de grands yeux par dessus son verre, qu'il était en train de vider. Le comte de Montreuil sourit gracieusement. Le premier se disait qu'Alfred Dabiron se moquait de lui ; le second s'affermissait dans la pensée qu'il avait affaire à un *homme fort*.

Alfred Dabiron caressa plus amoureusement son cigare et fuma dans un sourire, comme un homme ravi de ce qu'il va dire.

— Messieurs, reprit-il d'un ton fat, les femmes n'ont guère que trois grands vices : l'amour, l'envie et le jeu. Je pourrais à ce sujet vous développer une théorie qui vous prouverait que tous leurs désordres ne viennent que de ces trois passions. Mais le temps me manque et je reviens à la baronne.

Elle était fort considérée, et à l'époque où j'étais commis dans la maison de son mari, madame Appencherr était pour moi une de ces honnêtes femmes qui ont usé leur jeunesse dans le calme plat d'une vertu dont on ne leur fait pas une auréole, parce que leur nullité fait dire que, ne pensant à rien, elles n'ont pu penser à mal.

Son mari, monsieur Mac Shlotz Appencherr, lui avait cependant donné beaucoup de droits à la vengeance. Il pensionnait royalement une certaine danseuse, rat du nom de Jubin 1re sur les livrets de l'Opéra, mais beaucoup plus connue du jockey-club sous celui de Lataké. En vertu des mœurs actuelles, le baron ne craignait pas de se montrer avec la Jubin 1re aux avant-scènes des petits théâtres. Madame Appencherr le savait et le voyait, mais jamais une grimace matrimoniale n'avait plissé les lis de sa grasse fraîcheur. « Cette femme ne sent rien, disait-on. C'est de la » chair qui parle et qui marche, et pourvu qu'elle mange » et qu'elle tienne des cartes, elle est heureuse. »

La position financière et sociale de madame Appencherr (son mari avait vingt millions, et il était député), sa position, dis-je, l'avait sauvée du vice de l'envie ; mais qu'est-ce donc qui l'avait sauvée de l'amour pour la reléguer dans la passion du jeu ?

Voilà ce que je me demandais un soir que je la voyais jouer à la bouillotte avec des agitations si vives, que je compris qu'il y avait une âme sous cette belle pelote de roses. C'était dans le salon de l'agent de change Prévalin, joyeux garçon qui donnait de magnifiques soirées, et chez lequel on dansait, non pas sur un volcan, mais sur une faillite prochaine.

Madame Appencherr tenait tête au célèbre Fautois, ce notaire dont les brelans ont, dit-on, payé la charge ; les deux autres partners étaient d'une part le maître de la maison, de l'autre un nommé Brioude, dont je vous dirai plus tard la position bizarre.

C'étaient, à vrai dire, des joueurs de maigre importance; mais comme ils gagnaient énormément, ils jouaient avec l'audace que donnent la chance et l'indifférence qu'on a pour l'argent qu'on ne voit pas.

En effet, on ne jouait plus que sur parole.

J'étais né profondément joueur, mais ma misère et ma prudence me défendaient de toucher une carte dans le monde. Je m'en consolai en regardant jouer. Je me tenais derrière un joueur, et là, sans m'en douter, je me passionnais pour sa fortune, bonne ou mauvaise ; j'avais des anxiétés, des élans de joie, des serremens de cœur, des colères incroyables pour le compte d'un autre.

Ce soir-là, je m'étais associé à la fortune de madame Appencherr, et j'éprouvai une terrible irritation, un désespoir furieux en voyant avec quel acharnement le sort la poursuivait. Un coup se présente, elle était première, ou ne jouait pas le brelan, et elle avait quarante en main. La position était superbe. Fautois engage cinquante louis, madame Appencherr en propose cent ; Fautois fait son tout, madame Appencherr accepte, on abat les jeux. Fautois n'avait qu'un misérable dix-neuf, dernier, mais il trouve chez l'agent de change un flux qui n'avait pas osé s'engager : cela lui faisait cinq cartes. Le coup était de vingt-deux mille francs. Madame Appencherr pâlit, passa ses jetons à Fautois et demanda un verre d'eau.

Il était quatre heures du matin, et il n'y avait plus dans le salon que les joueurs et moi. On me pria d'avertir un domestique. J'allai dans la salle à manger : elle était déserte. Je pris un verre d'eau et je l'apportai moi-même à madame Appencherr. Elle était recavée d'une somme égale à celle qu'elle venait de perdre : une petite clef ciselée représentait les vingt-deux mille francs. Mais hélas! la tête n'y était plus : la baronne jouait avec le délire de la ruine. Je lui présentai le verre d'eau ; le cristal grinça sur ses dents. Cependant elle me remercia gracieusement. Je ne sais comment cela se fit, mais je partageais si bien le désordre où elle était, qu'oubliant combien un conseil venu de ma part était déplacé, je lui dis tout bas :

— Ne jouez plus, madame.

Elle me regarda sans colère et répondit d'une voix altérée :

— Eh bien ! un quart d'heure encore.

Un quart d'heure de bouillotte monté à ce paroxysme de fièvre, c'était de quoi perdre des centaines de mille francs. Au bout de ce quart d'heure, madame Appencherr perdait une somme énorme. Le quart d'heure avait été solennellement juré. Fautois se leva; les autres joueurs en firent autant. La liquidation faite établit que madame Appencherr devait soixante mille francs à Fautois et vingt mille à chacun des autres joueurs. Cent mille francs à payer le jour même ! Les joueurs étrangers s'esquivèrent pour n'avoir pas à offrir un terme galant à leur débitrice. Un joueur est un cannibale qui mangerait son père. Le maître de la maison lui-même se hâta de reconduire madame Appencherr jusqu'à la porte de son appartement pour s'épargner ses doléances. Elle était effrayante à voir. Ses lèvres était pâles, ses yeux éperdus, ses joues tombantes. Ses cheveux, tourmentés par une terrible horripilation, avaient soulevé la crème de bandoline qui les collait au front et aux tempes, et s'étaient partagés en mèches irrégulières et mal peignées.

Madame Appencherr s'enveloppa d'un manteau de satin, et je m'aperçus seulement alors qu'aucun domestique ne l'attendait dans l'antichambre. Je descendis avec elle sans qu'elle y fît attention. Pas plus de voiture dans la cour que de domestique dans l'antichambre. Madame Appencherr continua; le concierge tira le cordon, et elle se trouva dans la rue, où il n'y avait qu'une seule voiture.

A la façon dont elle y monta, je reconnus que cette manière de rentrer ne lui était pas nouvelle. Elle ne me voyait pas, elle ne voyait plus rien : aussi ne put-elle remarquer le regard avide avec lequel le cocher de la voiture supputa l'or et les diamans de sa coiffure et de ses bracelets. Je vis luire dans l'œil de cet homme le reflet du couteau qu'il avait dans sa poche. Le frisson qui me prit redoubla lorsque j'entendis madame Appencherr, au lieu de donner son adresse rue Bergère, où était situé son hôtel, ordonner qu'on la conduisît rue de la Boule-Rouge. C'était encore, à cette époque, un cloaque immonde tout peuplé de mauvaises femmes, de repris de justice et d'Auvergnats à qui leur pauvreté et la largeur de leurs épaules permettaient ce dangereux voisinage.

Le jardin de l'hôtel Appencherr s'étendait jusqu'aux masures de la Boule-Rouge, et une assez belle galerie en serre y aboutissait. A la crainte que j'éprouvai pour madame Appencherr se joignit tout aussitôt une curiosité étrange. Il me sembla que je venais de voir s'entr'ouvrir la porte par laquelle je devais arriver à la fortune.

Cependant, le cocher avait fermé la portière et il était remonté sur son siège. A la façon dont il ramassa les rênes de ses chevaux et leva son fouet, je vis qu'il voulait en finir rapidement avec la terreur qu'inspire tout crime à commettre. Je pensai qu'il me serait impossible de suivre la voiture à pied; et par une de ces inspirations qui décident de la vie, je montai derrière.

Le cocher s'en aperçut et se tourna vers moi le fouet levé.

— Marche donc ! lui dis-je d'un ton presque aussi impératif que celui d'un laquais.

La face flamboyante du cocher s'éteignit dans une pâleur soudaine, le fouet lui échappa. Je venais de lui arracher sa fortune.

— Vous êtes donc le domestique de cette dame ? murmura-t-il de la voix d'un homme ruiné.

— Oui, lui dis-je.

Ce mensonge m'assurait ma place, et j'y tenais.

Nous gagnâmes doucement la rue de la Boule-Rouge.

La voiture s'arrêta devant une petite porte bâtarde odieusement crottée. Je descendis; le cocher, plus leste que moi, avait déjà ouvert la portière et tendait la main à madame Appencherr. Aucun cocher n'ignore que tout domestique qui paie pour son maître solde exactement la course et met le pourboire dans sa poche. Cet homme, qui venait de perdre l'aubaine de voler vingt ou trente mille francs, se rattachait à l'espoir d'attraper une pièce de dix sous. Je laisse aux moralistes à décider si c'est magnifique ou misérable.

Je m'étais rangé derrière la voiture, lorsque j'entendis tout à coup un murmure d'impatience et de colère.

— Attendez, je vais vous envoyer payer, disait madame Appencherr. Mais non... c'est impossible... à cette heure... je n'ai plus rien...

Madame Appencherr voulut descendre; le cocher referma la portière à moitié. Mon silence et mon inaction lui avaient révélé que je n'appartenais pas à la dame; il y vit plus que cela, et j'entendis venir jusqu'à moi ce mot dit d'une voix presque insaisissable :

— Part à deux !

Et tout aussitôt le cocher voulut fermer la portière en disant :

— C'est bon, ma petite dame, on va vous conduire chez le commissaire de police.

C'était le chemin d'un guet-apens. Je m'avançai.

— Allons, drôle ! lui dis-je, ouvre à madame; voici le prix de ta course.

Et je lui donnai une pièce de cent sous.

A mon aspect, madame Appencherr poussa un cri.

— C'est vous qui étiez ce soir chez Prévalin?

— Oui, madame, lui dis-je en lui tendant la main pour descendre.

Pendant qu'elle cherchait dans sa poche une petite clef, le cocher était remonté sur son siège et s'était éloigné. madame Appencherr était plus troublée que jamais.

— Ma clef !... murmura-t-elle, ma clef !...

— Mon Dieu ! lui dis-je tout aussi alarmé qu'elle, ne serait-ce point celle dont vous avez fait un fétiche à la bouillotte ?

Les joueurs donnent ce nom à un objet quelconque auquel ils attribuent une valeur idéale lorsque l'or ou les billets manquent sur le tapis. La clef de madame Appencherr avait représenté mille louis : elle l'aurait payée le double à ce moment.

— Ah ! s'écria-t-elle, je l'ai oubliée !... Que faire ?... que devenir ?... Je suis perdue !...

— Acceptez mon bras jusqu'à la rue Bergère, lui dis-je, et rentrons par l'hôtel.

— Impossible : je suis rentrée, me répondit-elle.

Il y avait tout un monde de mystères dans ces mots : Je suis rentrée, ils me donnèrent à penser.

— Mais que faire, mon Dieu, que faire ! s'écria-t-elle avec un sincère et profond désespoir.

Un plus inventif que moi eût peut-être imaginé quelque expédient à la hauteur de la circonstance; je ne trouvai pour la magnifique madame Appencherr que ce que j'eusse offert à la première femme que j'eusse rencontrée se désespérant sur le pavé : je lui offris respectueusement un asile provisoire dans ma modeste chambre de garçon, située rue Richer, n° 11, à deux pas. Je mis à ma proposition toute la retenue, toute l'humilité, toute la crainte qu'exigeait une pareille offre. Je laisse trouble aussi. Madame Appencher et à la nécessité de sa déplorable situation le mérite de l'avoir déterminée Toujours est-il qu'elle me répondit avec un empressement joyeux:

— Pouvez-vous m'y cacher une heure?

— Tout le temps qui vous sera nécessaire, lui dis-je.

— Venez donc, reprit-elle en passant son bras dans le mien.

La position était délicate, je crois que je la compris; je me gardai bien de faire de la galanterie, je ne parlai qu'à la joueuse compromise.

Cependant, au bout de quelques pas, elle s'arrêta tout à coup et me dit en tressaillant :

— C'est bien vous qui, chez Prévalin, m'avez donné un verre d'eau ?

— Oui, madame, c'est moi. Vous jouiez avec lui, Fautois, le notaire et le petit Brioude.

— C'est juste, me dit-elle assez troublée d'une question qui laissait voir en elle la crainte d'avoir simplement changé de danger et de voleur ; c'est juste, mais ce n'est pas là ce que j'ai voulu savoir. Qui êtes-vous et à qui devrai-je un service que...

Je ne voulais pas d'engagement de reconnaissance, pour être le maître de faire mes conditions ; je me hâtai d'interrompre madame Appencherr pour lui dire :

— Je m'appelle Dabiron, et je suis commis aux écritures chez monsieur Appencherr.

— Chez mon mari ! s'écria-t-elle en se dégageant de mon bras.

On eût dit qu'elle pressentait mes desseins, et elle reprit :

— Monsieur, vous m'avez trompée !

J'avais compris tout ce que renfermait d'énorme cette parole si vide en apparence. Je voulus me la faire détailler pour en tirer profit.

— Moi, madame ? lui dis-je d'un ton suffoqué ; mais c'est la première fois que j'ai l'honneur de me trouver près de vous !

— Mais pourquoi m'avoir suivie ?

Je lui expliquai le regard du cocher et la terreur qu'il m'avait inspirée. Elle essaya de me regarder dans l'obscurité, pour commenter mes paroles par ma physionomie. Heureusement qu'il faisait nuit, car je me sentis rougir.

— Je ne suis pas peureuse, me dit-elle froidement.

— J'ai cru bien faire, dis-je modestement.

— Ce n'était pas votre pensée, me répondit-elle avec brusquerie.

— Une querelle avec ce cocher que vous ne pouviez payer eût été horrible. — Elle haussa les épaules.

— N'avais-je pas un bijou à lui jeter !

— Mais il eût peut-être voulu vous dépouiller.

— J'avais de quoi me défendre, reprit-elle en me montrant un petit pistolet qu'elle avait tiré de sa poche sans que je m'en fusse aperçu. Mais le hasard qui m'a fait oublier ma clef chez Prévalin vous a donné raison. Le hasard est l'esprit et le génie de bien des gens !

La blonde et grasse madame Appencherr se révélait à moi sous un jour tout nouveau. Cette fraîche pelote de satin était montée sur des ressorts d'acier. Je crois que je fus très fort de mon côté ; je ne me sentis pas humilié de la réplique, et je lui dis en souriant :

— C'est avoir beaucoup d'esprit que d'avoir du bonheur.

Elle parut réfléchir sur ma réponse, et reprit presque aussitôt : — C'est surtout au jeu que cela est vrai.

Nous étions arrivés.

J'avais cru avoir affaire à une femme inexpérimentée ; je reconnus que madame Appencherr était plus experte que moi.

— A quel étage demeurez-vous ? me dit-elle.

— Au quatrième.

J'avais frappé ; la porte était à peine entr'ouverte que madame Appencherr avait déjà dépassé la loge du concierge et avait disparu dans l'escalier. Pendant ce temps je recevais de mon portier ma bougie allumée.

— Comme je me coucherai fort tard, lui dis-je, ne laissez monter personne et ne montez pas vous-même avant midi.

Je ne rattrapai madame Appencherr qu'au second : elle m'attendait.

— Midi ? me dit-elle, pourquoi cette recommandation ?

— Pour vous donner tout le temps nécessaire.

— Il faut que je sois chez moi dans une heure... ou jamais ! me répondit-elle.

Ceci me fit peur ; je ne prévoyais pas des ressources si soudaines chez cette femme ; cela m'amoindrissait beaucoup. Cependant je ne fis pas défaut, je me soumis et je lui répondis assez sèchement :

— Si c'est possible, cela vaudra mieux.

— Montons, reprit-elle.

Elle passa la première. Elle avait un pied d'enfant, une jambe d'une élégance toute Louis XV : c'était pour ainsi dire une statue de Coisevox bien nourrie. Il se mêla des sentiments d'homme à mes pensées de spéculateur. Quand nous arrivâmes à mon quatrième, j'étais décidé à enter ma fortune sur l'amour.

Nous entrâmes dans ma demeure. C'était un palier de quatre pieds carrés, une chambre et un cabinet de toilette. La chambre et le mobilier avaient appartenu à une lorette qui, d'après ce que m'avait dit le portier, était passée du palissandre au Boule et au bois de rose. Il en résultait que c'était d'une coquetterie achevée pour un garçon ; j'y avais tout trouvé, meubles, tapis, tentures, jusqu'à une boîte à cigares qui était cachée dans le fond d'une armoire du cabinet de toilette. Cette boîte renfermait ma fortune et ma ruine sans que je m'en doutasse.

J'avais acheté tout l'ameublement en bloc par l'intermédiaire du concierge, de façon que je ne connaissais la lorette ni de nom ni de visage. La boîte était un chef-d'œuvre de marqueterie ; je la gardai dans l'espoir qu'on me la ferait redemander, et qu'en offrant d'aller la porter moi-même, je pourrais, de ce côté, glisser un pied dans le monde des amours industriaux. Je n'entendis parler d'aucune réclamation ; je supposai alors que la boîte était comprise dans le marché.

Cependant, à peine madame Appencherr fut-elle entrée chez moi, qu'elle me demanda de quoi écrire. Je m'empressai de lui donner tout ce qu'il fallait ; elle avait beau ne pas faire attention à moi, il fallait que mon heure arrivât, ne fût-ce qu'au moment où elle voudrait s'assurer de ma discrétion.

Madame Appencherr n'écrivit que quelques mots, plia, cacheta la lettre, y mit l'adresse et me la passa en me disant :

— Allez rue du Faubourg-Poissonnière, 7 ; demandez à parler immédiatement à un homme du nom de Lafolie ; vous lui remettrez cette lettre, il sortira avec vous, il prendra par la rue Bergère, vous l'accompagnerez jusqu'à la porte de l'hôtel, et dès que vous l'y verrez entré, vous reviendrez m'en avertir.

Je trouvai qu'on me traitait par trop cavalièrement, et ma figure témoigna du mécompte que j'éprouvais. Madame Appencherr s'en aperçut et me regarda plus attentivement.

Elle pensa qu'avant d'agir, je voulais faire les conditions de mon marché, et avec cet esprit qui la portait aisément au plein cœur des questions, elle me dit en souriant :

— Que voulez-vous ?

— Rien, madame, lui dis-je en jetant un léger tremblement dans ma voix.

— Ah ! fit-elle en me regardant d'un œil plein d'inquiétude et de soupçons, rien, rien ? mais cela n'a pas de bornes ! Allez, monsieur, je vous attends, mais avant que je sorte d'ici, il faut que nos conventions soient faites.

Je m'inclinai, et je sortis pour aller porter la lettre.

Pendant que Dabiron faisait ce récit, l'ex-pendu Muller avait continué à arroser son attention de tous les fonds de bouteille qu'il trouvait sous sa main, attendu que l'ordre avait été donné au garçon de ne plus rentrer, et que les flacons vierges avaient été interdits. Il en résulta qu'au bout de quelques minutes, Muller, n'ayant plus aucune raison liquide d'écouter l'ex-coulissier, avait pris le parti de s'endormir, pour utiliser, avait-il dit, les dernières heures qui lui restaient. Tant il est vrai que le sommeil, ce faux anéantissement de l'homme, tient essentiellement à la vie. En effet, le réveil n'est-il pas au bout ? Tout au contraire, le comte de Montreuil était devenu plus attentif, et comme s'il eût voulu dissiper les vapeurs que les gaz champenois mettaient entre sa pensée et le récit de Dabiron, il avait jeté sur le feu de son ivresse deux ou trois verres d'eau glacée qui avaient rendu à son esprit toute sa lucidité. Dabiron s'était arrêté pour respirer, et sa vanité de conteur s'était irritée du sommeil du ci-devant pendu.

— Laissez dormir ce pourceau, lui dit le comte : c'est l'homme que je cherche, et dans ce que vous venez de me dire, il y a déjà un nom qui tient à l'espérance dont je vous ai parlé.

— Celui de madame Appencherr ? fit Dabiron.

— Vous en jugerez quand, à mon tour, je vous aurai raconté mon histoire. Mais, je vous en supplie, allons vite ! Si ce que je suppose est vrai, nous n'avons pas de temps à perdre.

Dabiron continua ainsi son récit :

Je me rendis au faubourg Poissonnière. On me fit monter à un cinquième étage. A mon premier coup de sonnette, l'homme que je cherchais s'empressa de venir m'ouvrir. On voyait qu'il était accoutumé à ces réveils inattendus. Ceci me donna beaucoup à penser relativement aux mœurs de madame Sholtz Appencherr. Je cherchai à interroger cet homme ; il fut impénétrable pour moi comme un rébus. Il y a un côté de l'intelligence qui me manque. Nous arrivâmes à la porte de l'hôtel. Là, monsieur Lafolie s'approcha d'un de ces petits trous pratiqués dans l'épaisseur des murs, qu'on recouvre par une petite grille ronde en fonte ouvragée. Ces ouvertures sont, d'ordinaire, des ventouses à l'usage des cheminées qui veulent fumer. Celle-ci était un cornet acoustique aboutissant à la chambre et à l'oreille du concierge. Le cordon fut immédiatement et doucement tiré. La porte s'ouvrit pour monsieur Lafolie et se referma silencieusement pour moi. Mais je pus entendre, à travers les broderies de fer à jour qui fermaient le panneau supérieur de la porte cochère, le concierge dire à mon compagnon :

— Dis donc, Lafolie, tâche de venir à une heure moins avancée. Si monsieur se rencontrait...

— Bah! repartit Lafolie, il dort jusqu'à neuf heures.

— Mais madame veille quelquefois, et si elle savait ce qui se passe, elle mettrait Rosine à la porte, et moi par-dessus le marché.

— N'aie pas peur, murmura Lafolie.

Et je l'entendis monter un petit escalier conduisant d'abord à nos bureaux, qui occupaient les dépendances de l'hôtel, puis au second, où se trouvaient les chambres des domestiques, lesquelles communiquaient à l'hôtel même, qui occupait le fond d'une vaste cour.

Les paroles du concierge me prouvèrent qu'il n'était point dans le secret des escapades nocturnes de sa maîtresse. Il ne me restait plus qu'à retourner chez moi pour y traiter avec madame Sholtz Appencherr des conditions de mon silence. Je fis de magnifiques projets, je préparai des discours exquis, mais il n'y a guère que les avocats et les députés qui aient le droit de dire ce qu'ils ont arrêté d'avance, sans égard aux circonstances fortuites de la cause ou de la question sur laquelle ils parlent. Le monde n'admet pas ce droit qui produit tant de plaidoyers imbéciles et tant de discours stupides. Dans la vie, le hasard dérange presque toujours les prévisions d'éloquence. Ainsi, lorsque j'arrivai chez moi, je trouvai madame Sholtz en contemplation devant ma boîte à cigares, et j'avais à peine eu le temps de lui dire que j'avais très habilement rempli sa mission, qu'elle m'apostropha vivement en me disant :

— D'où vous vient cette boîte ?

J'eus un moment envie de faire de la fatuité, mais j'ai pour principe que le mensonge est une chose grave et sérieuse dont il ne faut user que très sobrement et seulement dans le cas de nécessité absolue. Je racontai simplement l'histoire de mon acquisition.

Ma sincérité se trouva être un trait de génie. Madame Appencherr se mit à me regarder avec beaucoup d'attention.

Elle ne me répondit que par ce regard ; mais je compris qu'elle était contente de moi. Dans l'opinion des femmes, celui qui a le courage de ne pas se laisser soupçonner d'une bonne fortune qu'il n'a pas eue est presque toujours assez discret pour cacher les bonnes volontés qu'il a véritablement. Je rougis cependant sous le regard inquisiteur de madame Sholtz. Malgré toutes mes fières résolutions de conquérant, je ne pus dominer la timidité de mes vingt ans. Ce fut encore un succès. Plus tard, j'ai dû croire que la baronne devait être très expérimentée pour avoir été si contente de mon inexpérience. Après ce silence, où ma destinée se décida à mon insu, elle reprit :

— Je veux savoir qui demeurait ici, et surtout comment cette boîte est arrivée à la personne dont vous avez acheté le mobilier.

— Cela se peut, répondis-je avec assurance.

Je n'avais aucune idée de la façon dont je justifierais cette prétention ; mais on ne séduit les grandes volontés que par la hardiesse des résolutions, et madame Sholtz me paraissait une femme de première force. Elle fut contente et se leva en me disant :

— Maintenant, reconduisez-moi.

A mon tour, je la regardai avec attention, et à son tour elle rougit. J'avais bien jugé madame Sholtz : elle avait les grandes qualités de la femme supérieure. Elle ne me laissa pas le temps de dire une niaiserie sentimentale qui, en raison de la circonstance, pouvait prendre l'apparence d'un ignoble marché. Elle me dit en souriant :

— Ayez confiance en moi.

Ce n'est que plus tard que j'ai appris à estimer à toute sa valeur cette exquise délicatesse avec laquelle une femme protège contre ses propres maladresses l'homme à qui elle garde une place dans son cœur. C'est une de ces prévoyances charmantes, un soin de son bonheur à venir dont les hommes sont incapables.

Je dus encore à ma timidité d'accepter cette promesse sans réclamation. Je réussissais à tout, parce que je ne faisais rien de ce que je croyais habile.

Je reconduisis madame Sholtz. La porte était entr'ouverte ; elle entra rapidement, prit des mains de sa femme de chambre un objet que dans un premier mouvement de sottise je crus être une bourse, et me le glissa en me disant :

— Il me faut ce soir deux clefs pareilles à celle-ci.

J'allais répondre ; elle m'interrompit encore en me disant :

— Vous porterez ce billet de très grand matin à son adresse ; vous pouvez tout dire.

La porte se referma et je restai seul dans la rue, fort incertain de ce qui arriverait pour moi de cette aventure. Je rentrai chez moi fort curieux de savoir quel était le nouveau correspondant de madame Appencherr.

Dans le court espace qui me séparait de mon domicile, je pensai à un notaire, à un banquier, à un usurier, à toutes les espèces d'hommes qui pouvaient venir en aide à la position difficile de madame Appencherr ; l'idée d'un amant ne me vint pas ; mais lorsque je pus lire l'adresse, je fus atterré : Madame Appencherr avait écrit à monsieur Charles d'Aronde.

A ce nom, Montreuil sourit ; mais Dabiron ne s'en aperçut pas et il continua :

— Qu'était-ce donc que ce monsieur Charles d'Aronde, pour que ce nom me parût une révélation fatale ?

Monsieur Charles d'Aronde était le plus joli bijou de la fashion ; petit, blond, l'œil langoureux et impertinent, la lèvre sensuelle, des mains et des pieds de femme, et si bien tourné et campé qu'il eût eu meilleure grâce avec un paletot acheté au Temple que votre serviteur avec un habit de chez Humann. Il était comme moi employé chez monsieur Appencherr, mais à la caisse. J'avais eu occasion de remarquer à deux ou trois reprises que le baron le supportait impatiemment ; mais pourquoi ne le renvoyait-il pas ? Mes collègues attribuaient la longanimité du baron au besoin qu'il avait de Charles d'Aronde, qui était, disait-on, une capacité financière d'ordre supérieur. A la lecture de l'adresse du billet, je crus comprendre par quelle puissance occulte il était imposé à l'antipathie de mon patron, et j'éprouvai un moment de rage et de jalousie indicible. J'étais destiné, dans cette nuit si importante, à n'avoir que de sottes pensées. Je me laissai aller à l'indigne tentation de lire le contenu de ce billet. Madame Sholtz n'avait pas mis le moindre obstacle à ma curiosité; le billet était simplement plié en deux comme une lettre d'invitation. Je lus ces mots :

« Viens me voir ce matin; on te dira pourquoi. »

Je froissai le billet avec fureur et je fus tenté de le confier aux soins de mon portier. Mais je m'imaginai qu'il serait de fort bon goût de chercher querelle à ce monsieur qu'on traitait si familièrement.

Dès que le jour parut, je me rendis chez monsieur Charles d'Aronde, comptant bien l'éveiller d'une façon désagréable.

Il était levé depuis longtemps et travaillait à l'organisation d'une compagnie houillère.

Il me reçut d'abord avec l'humeur d'un homme qu'on dérange et la froideur d'un supérieur qui va subir l'ennui d'une recommandation. Je fus plus glacé qu'il ne fut impatient; cela nous remit de niveau. Je lui donnai le billet; il le lut d'un coup d'œil... et murmura en haussant les épaules :

— « Encore quelque folie ! »

Puis, avec un empressement qui témoignait de l'intérêt qu'il prenait à cette missive, il sonna, donna l'ordre qu'on ne laissât pénétrer personne, me fit asseoir et me dit avec une véritable anxiété :

— Maintenant, parlez, monsieur; dites-moi ce qui est arrivé à cette pauvre Gertrude.

Indépendamment de l'imprudence, j'avais trouvé du plus mauvais goût le tutoiement employé par madame Appencherr dans son billet; mais le nom de baptême si lestement articulé par monsieur d'Aronde me parut bien autrement malséant, et je me raffermis dans ma résolution de tirer une querelle de ma confidence.

Je commençai mon récit d'un ton narquois, gentilhommant de mon mieux pour parler de la bagatelle de cent mille francs perdus par la baronne. A ce chiffre, monsieur d'Aronde bondit sur son fauteuil.

— Elle est folle ! s'écria-t-il, sans daigner s'occuper de moi; folle, archi-folle ! Je ne puis pas payer ça.

— Qui vous a dit, répondis-je en le toisant d'un regard de dédain, que madame la baronne vous demande de payer pour elle ?

L'œil bleu de monsieur d'Aronde, que je trouvais terne et bête, s'arrêta sur le mien; il brillait comme un éclair et me sembla pénétrer jusqu'à ma conscience. Je fus obligé de me détourner. Il examina la lettre, la tourna et la retourna, s'agita, frappa du pied, et reprit rapidement :

— C'est chez vous que madame Sholtz a écrit ce billet ?

— Monsieur ! m'écriai-je avec toute l'indignation que je pus éprouver, qui peut vous faire croire que madame Sholtz...

— Eh ! mon Dieu ! reprit-il en m'interrompant avec vivacité, à moins que vous n'ayez chez elle ce papier marqué à votre chiffre, il faut bien que ce soit chez vous qu'elle ait écrit.

Je ne trouvai pas de réponse à cette remarque d'alguazil; je la crus inspirée par la jalousie, et je croyais tenir le fil d'une querelle, lorsqu'il reprit d'un ton insouciant et en sonnant pour se faire habiller :

— Qu'elle ait été chez vous ou non, ce n'est pas là la question. C'est cent mille francs à trouver qui sont importans.

Je fus humilié qu'une visite de madame Sholtz chez moi ne causât pas des transports de jalousie à ce monsieur, et je lui dis:

— Eh bien ! oui, monsieur, elle est venue chez moi; elle y était encore voilà deux heures.

— Oui, oui, je me rappelle à présent... Lafolie est venu ce matin et m'a conté l'histoire de la clef perdue; vous avez donné asile à Gertrude, je vous en remercie; j'aime mieux que ce soit vous qu'un autre... vous serez discret.

Je ne comprenais plus rien, tant j'étais humilié de la nullité du rôle où l'on me rejetait. J'allais éclater, mais tant que le valet de chambre fut présent, il n'y eut pas moyen de parler. Je parvins cependant à me remettre de ma première déroute, durant ce silence ; mais monsieur d'Aronde fit si bien que le témoin qui suspendait sur mes lèvres la réserve épigrammatique que je m'apprêtais à lancer contre lui, ne quitta la chambre que lorsque son maître fut prêt à partir.

— Il se fait tard, me dit monsieur d'Aronde ; je cours chez Gertrude... Mille fois merci, monsieur... et surtout, vous me comprenez, pas un mot...

Aussitôt, il me salua et prit ses gants et son chapeau. J'étais furieux, mais je ne trouvai pas un biais pour entamer l'explication, et déjà nous avions gagné l'antichambre et descendu l'escalier, que je cherchais encore par quel mot piquant je pourrais répondre.

Il était à cent pas de moi, que je découvris qu'à défaut d'esprit, on peut toujours commencer une querelle par une injure. Je comptai le retrouver au bureau. Toutefois, quelle que fût ma colère, je n'oubliai pas la commission que m'avait donnée madame Sholtz relativement à ses clefs. Je passai chez un serrurier qui me les promit pour le soir même, en me les faisant payer dix fois leur valeur.

J'arrivai au bureau avant tout le monde ; j'y rencontrai monsieur Appencherr qui consultait les livres.

— Ah ! oh ! me dit-il en me regardant d'un air bienveillant, voilà qui est bien, monsieur Dabiron ; je ne l'oublierai pas.

Une demi-heure après, je reçus une invitation de monsieur le baron pour passer la soirée chez lui. C'était ce qu'on appelait ses petits jours, et à l'exception de quelques vieux commis et de monsieur d'Aronde, aucun des employés n'y était admis. On n'invitait le fretin que les jours de grand bal, quand on invitait tout le monde. Cette faveur fut connue sur-le-champ dans les bureaux ; j'en reçus des complimens où perçait la haine des complimenteurs. Je gardai un silence monstrueusement impertinent. Le soir même on me détestait, et j'étais reconnu pour un âne bâté qui était arrivé par quelque basse complaisance. La médiocrité attribue toute fortune au bonheur ; l'envie ne croit qu'aux lâchetés.

Moi, je croyais à madame Sholtz ; je crus reconnaître sa main blanche et potelée dans cette soudaine invitation. Je me trompais : la véritable raison de monsieur Appencherr pour s'emparer de moi était l'excessive envie qu'il avait de se débarrasser de monsieur d'Aronde et de mettre à sa place quelqu'un qui lui plût. Or, je lui plaisais, ne fût-ce que par la raison providentielle qui préside à l'aveuglement de son mari.

J'attendais monsieur d'Aronde pour lui glisser quelque chose de mon invitation ; il ne parut pas dans les bureaux. Le soir venu, je me rendis chez monsieur Sholtz. Il y avait peu de monde, trente ou quarante personnes. Monsieur Sholtz me présenta à sa femme, qui me reçut avec la froideur la plus parfaite pour tout le monde, et avec un étonnement visible pour moi seul. Elle n'était pour rien dans l'invitation.

Les joueurs de la veille vinrent assez tard. A quelques mots qu'ils échangèrent entre eux, j'appris qu'ils étaient payés. Je me trouvais bien petit garçon près de l'homme qui en un jour avait pu fournir cent mille francs à la passion d'une femme.

Je voulus reprendre mes avantages, je me plaçai en face de madame Sholtz, et, tout en causant, je me mis à jouer avec ces clefs mystérieuses. Je parvins à faire rougir madame Sholtz, mais elle ne me donna pas une occasion ni de l'approcher, ni de lui parler, ni de lui remettre ces clefs. Cependant elle les voulait pour le soir même ; je lui montrais que j'avais obéi, et elle ne paraissait en tenir aucun compte.

Je repris ma mauvaise humeur, et j'allai m'asseoir près d'une table de jeu. C'était là que, selon moi, je devais retrouver madame Sholtz. Elle passa dix fois à mes côtés et ne donna un regard ni à moi ni aux cartes. Si j'avais su à cette époque le secret du cœur des femmes, j'aurais compris que cette indifférence me mettait au rang d'une grande passion cachée, puisque je partageais cette fausse indifférence avec le jeu. Je n'y vis que l'audace d'une ingratitude odieuse, et je me retirai brusquement, emportant avec moi toute la sotte colère que donne l'humiliation, et ces projets de vengeance ridicules qu'inspire la vanité.

Je voulais rentrer chez moi et écrire une lettre foudroyante ; mais que dire ? J'avais certes des droits à être traité autrement que je ne l'étais ; mais ces droits, je ne pouvais leur donner un nom honorable lorsque je cherchais à les définir.

Je n'étais pas sorti depuis dix minutes, que je retournai sur mes pas pour rentrer dans l'hôtel et forcer madame Sholtz à une explication.

J'arrivais à la porte lorsque je vis un grand mouvement dans la cour : on appelait de tous côtés les voitures. Je rencontrai le petit Brioude qui cherchait son petit coupé ; je lui demandai la cause de cette retraite subite.

— Madame Appencherr, me dit-il, vient de se trouver indisposée, et elle est rentrée chez elle... Ah ! le coup d'hier soir a été rude !

Cet évanouissement (je n'admettais pas moins) survenu immédiatement après ma sortie m'illumina si vivement et si rapidement, que je poussai un cri, et je tournai le dos à Brioude, en me mettant à courir comme un fou.

Quelques minutes après, j'étais dans la rue de la Boule-Rouge, devant la petite porte dont on m'avait demandé trois clefs. Je ne me donnai point le temps de réfléchir, j'ouvris la porte, j'entrai, et je m'avançai dans la plus profonde obscurité. Je n'avais pas fait trois pas, qu'une voix discrète me dit :

— Est-ce vous ?

Je répondis à tout hasard :

— Oui, c'est moi.

— Venez donc, me dit-on tout bas.

Je fus saisi par une main qui n'avait ni le poli ni la grâce de celle de madame Sholtz ; je reconnus cependant une femme. Il y avait donc ici du complot : ce devait être la Rosine. Elle m'entraîna dans un boudoir qu'éclairait une seule bougie ; elle m'examina, je l'examinai. Rosine, c'était-elle en effet, poussa un profond soupir et murmura sourdement :

— Un enfant !

Elle plaignait sa maîtresse du choix qu'elle avait fait ; je trouvai la Rosine impertinente.

— Attendez là, me dit-elle en me quittant brusquement.

Ce ne fut que longtemps après que j'appris de madame Sholtz que Rosine était allée se jeter aux genoux de sa maîtresse pour la supplier de ne pas me recevoir. La discussion fut longue, car j'attendis près d'une heure. Enfin, la porte s'ouvrit et madame Sholtz parut.

— Enfin, s'écria le comte de Montreuil, qui poussa un soupir comique et plein de suppositions. Et vous eûtes le droit de dire comme César : *Veni, vidi*...

— En sortant de ce premier entretien, reprit Dabiron, je n'eus que le droit de dire à monsieur le baron Appencherr que je quittais ses bureaux.

— Bah ! fit le comte, vous n'aviez gagné qu'une exclusion à cette entrevue ?

— J'y gagnai la confiance de la baronne, reprit Dabiron. En sortant de chez elle, j'étais rassuré sur Charles d'Aronde. Ce jeune homme était le fils naturel de sa mère et avait été élevé sous un faux nom. Le baron et quelques amis savaient seuls ce secret. Il fallait que madame Sholtz eût bien envie de calmer les soupçons jaloux que je ne craignais pas de lui montrer, pour les dissiper au prix d'une révélation si importante. Je lui en fus médiocrement reconnaissant, comme tout homme qui croit avoir plus de droits qu'on ne lui en reconnaît. Je fis de la fausse passion ; je rencontrai une résistance véritable. Cette femme de trente ans avait les craintes et les troubles d'une jeune fille. C'est qu'elle en était à sa première faute.

— Bah ! fit le comte.

Dabiron, qui jusque-là avait parlé avec une légèreté insouciante, devint tout à coup plus sérieux.

— Oh ! si je l'avais aimée et comprise, dit-il, je ne serais pas où j'en suis ! Madame Sholtz a été pour moi l'amie la plus douce, la plus dévouée, la plus patiente qu'on puisse imaginer. La légèreté inouïe de sa conduite envers moi fut un acte de désespoir. Il passa par la tête de madame Appencherr une de ces pensées allemandes que nos Françaises ne comprennent guère parce qu'elles ne raisonnent pas leur vie et qu'elles la subissent plus qu'elles ne la font. Dans l'espace de temps qui avait séparé ma sortie de mon retour, pendant que j'allais chez Lafolie et que madame Sholtz attendait chez moi, elle avait pris une grande résolution : c'était de se guérir de sa passion pour les cartes. Malheureusement pour elle, un profond ennui dévorait son âme : elle n'accepta pas le vide qu'allait laisser dans sa vie l'absence des émotions fiévreuses du jeu ; elle rêva de les remplacer par celles de l'amour, et malheureusement encore, je me trouvai là pour appeler sur moi ce désir insensé de son âme. Pauvre femme !

Après cette exclamation, Dabiron garda le silence ; le comte de Montreuil devint pensif et sembla étudier plus attentivement l'ex-coulissier sous le nouveau point de vue où il se montrait, et il arriva que le silence fit sur Muller l'effet que produit d'ordinaire le bruit. Quand le murmure de la voix de Dabiron, auquel il dormait paisiblement, s'arrêta tout à coup, Muller s'éveilla, bâilla et s'écria d'une voix ennuyée :

— Ah çà ! quand nous pendons-nous ?

L'interruption de Muller avertit Dabiron qu'il n'était pas en mesure de perdre son temps en descriptions amoureuses et en appréciations psychologiques.

— Cet ivrogne a raison, dit-il ; la nuit s'avance, et il faut que je sois noyé ce matin même.

— Ah ! ah ! fit Muller, vous êtes un brave, et je vous demande la permission d'être de votre compagnie ; je n'ai pas de goût prononcé pour la strangulation, et, suicide pour suicide, j'aime autant la rivière qu'une corde.

— Ceci est fort bien, reprit le comte de Montreuil, mais, jusqu'à présent, je ne vois pas dans l'histoire de monsieur Dabiron de raison péremptoire de se noyer.

Le coulissier consulta sa montre, s'assura qu'il avait le temps nécessaire pour achever son récit, et reprit en ces termes :

— Madame Sholtz, en me faisant quitter les bureaux de son mari, n'avait d'autre but que de hâter ma fortune. Elle me fit placer par son frère dans l'association houillère dont je vous ai parlé. C'est sous monsieur d'Aronde que j'appris le mécanisme de la bourse. D'Aronde était, sous son apparence de dandy, un homme froid, prudent et plein de volonté. Il jouait beaucoup, mais rien ne l'entraînait au delà de la limite qu'il posait à ses pertes et à ses gains. Il avait le coup d'œil sûr, l'oreille alerte, l'observation rapide. Sans préjugés d'aucune sorte, il jugeait parfaitement les événements à la mesure du monde dont il exploitait l'inhabileté. Tel acte gouvernemental qui, aux yeux du plus grand nombre, passait pour une lâcheté qui amoindrissait la France, n'était pour lui qu'une assurance de paix qui doublait la confiance du capitaliste. « Si l'on a-
» bandonnait l'Algérie, me disait-il souvent, je jouerais ma
» tête contre dix millions que la bourse hausserait immé-
» diatement. »

Il méprisait les hommes et n'estimait guère l'argent que comme le levier le plus puissant de notre époque.

— « De nos jours, » me disait-il encore, « l'argent est la fin
» de tout, parce que c'est le moyen de tout. Quel est
» l'homme qui a trois millions, un peu de capacité, d'obs-
» tination et de patience, qui ne sera pas député à un
» temps donné ? Il n'y en a pas un. Et ce titre est le
» premier degré d'un escalier en éventail qui mène aux

» postes les plus élevés de la finance, de la magistrature,
» de l'administration ; il mène au ministère, il mène à la
» pairie, il mène à tout pouvoir de quelque nom qu'on le
» décore. Il y a des gens qui prennent la question à re-
» bours, et qui disent : « — Il faut être puissant pour de-
» venir riche. » Moi je dis qu'il faut être riche pour deve-
» nir puissant ; et il y en a dix qui arrivent en suivant ma
» route, contre un qui arrive mal en suivant le chmine
» contraire. En effet, l'homme qui passe par le pouvoir
» pour arriver à la fortune n'amasse pas un écu qui ne
» soit commenté, recherché, calomnié. Grâce aux lois de
» septembre, on n'imprime pas qu'il est un voleur ; mais
» si cela ne se lit pas, cela se dit. L'homme riche, au con-
» traire, peut accepter le pouvoir comme un fardeau. Bien
» plus : pour peu qu'il sache vivre, il fait croire qu'il y
» met du sien en doublant sa fortune. Le point capital
» est donc d'être riche. »

Je partageais tout à fait ces principes, mais je ne pouvais me soumettre à l'une des conditions qui paraissaient
indispensables à d'Aronde pour arriver sûrement. Cette
condition *sine quâ non*, selon lui, était la patience. Je me
crus fort, parce que je voulus marcher seul ; je me crus habile, parce que je réussis. Je jouai avec l'imprudence et le
bonheur d'un commerçant. Je gagnai en un hiver deux
cent mille francs. Je quittai la position que m'avait pro-
curée madame Sholtz, et je commençai à être ingrat envers elle. Il faut vous dire qu'il y avait entre madame Appencherr et moi deux motifs de dissension également bizarres, en ce qu'ils étaient nés tous deux des circonstances de notre liaison. Le premier, qui était apparent,
venait de ce que, grâce à la passion qu'elle avait pour
moi, madame Sholtz s'était guérie de la manie du jeu,
tandis que je devais ce vice à mon amour pour elle. A ce
sujet Gertrude me faisait les plus beaux sermons de la
terre ; je les retorquais tous par cette détestable raison du
pécheur qui débute contre le pécheur repentant :

« Je ne fais que ce que vous avez fait vous-même. »

Sottise éternelle de la jeunesse, qui se débarrasse d'un
bon conseil par une accusation.

Malheureusement pour madame Appencherr, plus elle
m'aimait, plus elle me sermonait, et plus elle me sermonait, moins je l'aimais. Soit qu'elle m'aimât moins, soit
qu'elle comprit le danger de ses remontrances, elle les réprima un peu, et les plus de convenance dans ma froideur ; mais elle n'y gagna rien au fond, car déjà le second
ferment de discorde, le ferment caché, m'avait rendu assez ingrat pour que je ne pardonnasse plus à madame
Sholtz ni son amour ni ses bienfaits.

Vous souvient-il que je vous ai parlé d'une certaine boîte
à cigares découverte chez moi par la baronne ? Si vous
vous le rappelez, vous devez aussi vous souvenir que Gertrude m'avait fort recommandé de savoir à qui cette boîte
appartenait. Je tentai la cupidité de mon portier. Je dois
croire qu'il était ignorant, puisque je le trouvai incorruptible, car cet homme-là vendait tout ce qu'il pouvait vendre :
les locataires au propriétaire, le propriétaire à la voirie,
les maîtres aux valets, et les célibataires à la garde nationale. Ne pouvant rien obtenir de ce côté, je parlai à
Brioude de mon désir de connaître la lorette dont j'avais
acquis le mobilier.

— Bah ! me dit-il, il n'y a que vous qui ne le sachiez
pas : c'est une charmante fille de ma connaissance, Jubin
Ire, dite Lataké.

J'eus encore une de ces illuminations qui devaient faire
croire à Brioude que j'étais fou. Je poussai un cri et je
murmurai :

— Ah ! je comprends.

La boîte qui m'avait été abandonnée avec le mobilier
du rat Lataké venait du baron Appencherr, qui probablement la tenait de sa femme. Je courus porter cette nouvelle
à madame Sholtz. C'était encore le temps où j'attendais
avec des impatiences fébriles l'heure où je pourrais me
servir de cette clef qui ouvrait à mon amour la mystérieuse porte de la Boule Rouge.

Ah ! monsieur, que de douces adorations, que de grâces
naïves et ardentes, que d'enivrantes tendresses j'ai perdues par vanité ! À l'époque dont je vous parle, si je n'ap-
préciais pas ce bonheur tout ce qu'il valait, du moins j'en
jouissais. Mais qu'importe aujourd'hui !

Lorsque j'apportai cette nouvelle à madame Sholtz, elle
se mit à pleurer. Elle savait parfaitement le patronage
amoureux que le baron Sholtz Appencherr accordait à mademoiselle Lataké. Je fus donc étonné de ces larmes de
Gertrude ; je lui en fis une querelle ; j'écoutai sa justification, sans prendre part à son chagrin ; j'étais amoureux
de cette femme, mais je ne l'aimais pas, ce qui est bien
différent.

Voici ce qu'elle me raconta :

Quelques années avant les nouvelles distractions de la
baronne, il y avait eu chez monsieur le baron Sholtz Appencherr, comme dans beaucoup d'autres maisons, discussion très vive sur l'habitude que la plupart des hommes ont prise de fumer, et surtout sur la prétention du
baron d'introduire cette habitude, non-seulement dans son
appartement particulier, mais encore dans la salle à manger et le salon de son hôtel. Monsieur le baron sou-
tenait avec une aigreur ascendante que le cigare était admis chez les femmes les plus délicates et les plus élégantes. Ces femmes si délicates et si élégantes se réduisaient
alors à mademoiselle Jubin Ire, qui partageait les habitudes qu'elle tolérait chez elle. Madame Appencherr le savait, et c'est de là que venait la résistance acerbe qu'elle
faisait aux prétentions de son mari. Elle en arriva enfin à
déclarer qu'elle n'était pas faite aux façons des palefreniers et des femmes de mauvaise vie. Le mot fut dit en
plein dîner ; il y eut scandale, et pendant huit jours, le
baron fuma dans toutes les pièces de son hôtel, à l'exception de l'appartement de la baronne, qui resta enfermée
chez elle.

Cette querelle avait éclaté vers le mois des vacances,
époque où mademoiselle Julie Appencherr quittait son
pensionnat pour venir chez ses parents. Ni l'un ni l'autre
ne voulut donner à cette enfant, qui avait alors une dizaine d'années, le spectacle de cette dissension. Monsieur
le baron annonça qu'il cesserait de fumer, et madame la
baronne reparut. Comme tout cœur qui est bon et faible,
madame Appencherr eut peur de sa victoire et chercha
un moyen ingénieux d'en demander pardon. La fête de
son mari se rencontrait avec le temps des vacances. Madame Sholtz donna un grand dîner, et le dessert venu, au
moment où chacun remettait au chef de la famille le bouquet et le présent d'usage, mademoiselle Julie Appencherr
arriva avec cette boîte qui, indépendamment des cigares
dont elle était pleine, portait avec elle la plus complète et
la plus gracieuse excuse d'un moment de colère.

Le baron, stupéfait, ouvrit la boîte en disant à sa fille :

— Qui t'a dit de me donner cela ?

— C'est maman, répondit l'enfant.

Le baron embrassa sa femme ; il y eut dans cette famille, où la vie commune n'était plus qu'une représentation de mauvaise foi, un de ces moments où tous les bon-
heurs, toutes les confiances, toutes les joies de la jeunesse
reviennent flotter sur les cœurs et leur faire croire à l'avenir en ressuscitant le passé.

Le lendemain, il ne restait de cette émotion charmante
que la résolution prise par le baron de ne plus fumer chez lui, mais de fumer double chez la Lataké. Il
avait emporté la boîte de son appartement ; bientôt elle
disparut, brisée, à ce qu'il dit, ou volée par un valet. Il
mentait. Le malheureux l'avait lâchement sacrifiée à
mademoiselle Jubin Ire, qui exigea de son amant ce tro-
phée de la défaite de l'épouse légitime, défaite si gracieusement avouée par l'entremise de sa fille. Toute la vie
des créatures de cette espèce est dans la haine qu'elles
portent aux honnêtes femmes.

— « Si ce n'était que pour moi, » me disait la baronne,
» j'accepterais l'injure ; mais donner le présent de sa fille
» à sa maîtresse ! c'est une action méprisable et honteuse !

» Je puis tout pardonner à mon mari, pourvu que le père
» de ma fille soit irréprochable pour elle. »

Madame Sholtz avait raison, et je le reconnaissais, quoi qu'à vrai dire, je fusse peu touché de cette subtile distinction. La jeunesse a cela de malheureux qu'elle ne comprend pas les nuances. C'est pour cela qu'elle est si tranchante. Pour elle, il n'y a rien à ajouter ou à retrancher à ce qui est mal ou bien. Du moment que le baron était coupable, il l'était, selon moi, sans excuse et sans aggravation de ses torts. Un bon ou un mauvais procédé de plus ou de moins ne changeait pas la question. J'étais un sot, et j'ignorais alors que le cœur qui a été frappé des grands coups de la douleur peut vivre encore de petites caresses, de même que celui dont les grands désirs sont satisfaits peut mourir d'imperceptibles égratignures.

Quoi qu'il en fût de la justice des larmes et des ressentimens de la baronne, toujours est-il qu'ils lui inspirèrent une bien fatale idée. Elle voulut que quelqu'un, en qui elle avait confiance, la renseignât plus complétement sur mademoiselle Jubin Ire et sur les folies de son époux pour cette courtisane.

Elle me choisit pour cet emploi. A la façon dont je repoussai cette proposition, une femme jalouse en eût compris d'instinct la maladresse. Tout homme qui répugne trop vivement à entrer en relation avec une jolie femme y sent un danger pour celle qu'il aime, ou couvre d'un dédain menteur le projet d'une trahison. Je me fis forcer la main, car j'avais au fond du cœur un immense désir de connaître cette Lataké, dont on disait de si merveilles. Je promis à la baronne d'être son espion. Pour arriver jusqu'à la Jubin, il me fallait un intermédiaire. Je m'adressai à Brioude, qui avait le privilége de voir à la fois la meilleure et la pire compagnie de Paris, en amusant la première des scandales de la seconde, et en étourdissant celle-ci de ses succès dans l'autre.

Il m'apprit une chose que j'ignorais : la Lataké avait un salon. Vous entendez, monsieur, un salon ! Il ne s'ouvrait guère avant minuit ; mais à partir de cette heure, on y rencontrait tout ce que Paris a de mieux parmi les hommes de mœurs risquées et parmi les femmes d'habitudes galantes. Je n'avais aucun titre à y être admis.

Lataké donnait aussi des fêtes splendides. Brioude me promit de me faire passer parmi la cohue des invités. C'était à moi de faire le reste. Je fus ébloui de la beauté, de la jeunesse et de l'éclat vivace de cette réunion. Dans ce monde on ne connaît ni mères ni enfans ; la partie laide et la partie inutile d'un salon y sont donc supprimées. Tout y est fait et tout y est encore jeune. S'il s'y rencontre quelques vieillards, ils sont forcés d'y faire pardonner leurs cheveux blancs par un esprit supérieur et des discours qui les rajeunissent. Il en résulte qu'il n'y a pas une réunion d'honnêtes gens qui puisse lutter d'éclat, d'ensemble et d'amusemens avec de pareils raouts.

Je fus enivré et ébloui. Cependant je n'oubliai pas ma mission. Je parvins à obtenir une valse de Lataké, et j'en profitai pour lui témoigner mon désir d'être admis parmi ses invités d'habitude.

Elle me répondit avec une gracieuse indifférence que sa maison m'était ouverte. C'était tout juste la politesse qu'on doit à un homme bien élevé qui est convenablement vêtu et qui valse admirablement.

Une fois sûr de mes entrées, je voulus essayer de ma valeur sur quelques-unes des reines de ce monde équivoque.

Je fus très bafoué ; je ne savais pas leur langage. Je ne fus pas assez respectueux pour le rôle qu'elles jouent vis-à-vis des hommes inconnus, ni assez libre pour leur montrer que je n'étais pas un débutant.

Je crus remarquer que Lataké me suivait des yeux ; je voulus m'en assurer, et je m'obstinai près d'une femme très célèbre pour sa bêtise, mais d'une beauté à donner des vertiges d'amour à ceux qui ne faisaient que la voir.

Mademoiselle Jubin me laissa user mon éloquence à tirer une étincelle de cet admirable morceau de terre cuite. Je ne pus lui arracher qu'un sourire niais. Toute l'intelligence de cette superbe drôlesse s'était appliquée à calculer que l'année a trois cent soixante-cinq jours. E le faisait son addition le trente et un décembre, et son banquier lui disait alors qu'elle était non seulement la plus belle mais la plus spirituelle femme de Paris.

Mon choix me déconsidéra ; je m'en aperçus et je voulus me rattraper. Je tâchai de parvenir près d'une laideron, très entourée d'hommes de tout âge. C'était la fameuse Tiennette, cette sublime Phryné qui peut soutenir une querelle avec la lie des femmes de la halle, et discuter les questions les plus hautes avec les esprits les plus supérieurs de la littérature et de la politique, passant une moitié de sa vie dans les orgies du cabotinage, et l'autre moitié dans les entretiens du meilleur ton et du meilleur goût, connaissant tout homme qui a un nom ou un pouvoir quelconque, prenant note de toutes les imprudences et de toutes les indiscrétions de la conversation, écrivant à tout propos pour recevoir beaucoup de réponses et s'armer de beaucoup d'autographes, souple jusqu'à la bassesse, effrontée jusqu'au cynisme, patiente, résolue, et faisant gloire de tout scandale et de toute trahison. Elle était arrivée à la moitié de tout ce monde sous sa dépendance. Sans doute elle avait quelques projets sur ma personne, car dès que je fus à sa portée, elle s'empara de moi, et me tint si bien sous le charme d'un esprit toujours présent et étincelant de mille traits heureux, que je ne m'aperçus point de l'humeur de la Lataké.

Sans m'en douter, j'étais un homme important pour ces deux femmes ; si important, que Lataké ne trouva d'autre moyen de m'arracher de cette griffe gantée qu'en venant brusquement me rappeler une valse qu'elle ne m'avait pas promise, puisque je ne la lui avais pas demandée, mais dont j'eus le bonheur de paraître me souvenir avec une présence d'esprit qui trompa tout le monde, excepté Tiennette. Elle lança à Lataké un regard mortel, et lui dit un mot dont je ne compris le sens que plus tard.

— Monsieur valse parfaitement, et vous allez faire la belle avec lui, dit-elle à Jubin Ire.

Celle-ci lui répondit par un sourire affirmatif, où elle montra à Tiennette une double rangée de dents de perles. C'était une affreuse épigramme contre les dents noires et crochues de la laideron. Tiennette en pâlit, mais je n'y vis rien.

Cependant Tiennette avait eu raison. Son mot : « Vous allez faire la belle », renfermait toute la tactique de Lataké. Celle-ci était aussi une fille d'esprit, et d'un esprit d'autant plus distingué qu'elle reconnaissait son infériorité vis-à-vis de Tiennette. Ce perpétuel à-propos de souvenirs et de reparties, cet art infini de tirer la vérité des rapprochemens les plus étranges, et l'art plus difficile encore d'une flatterie infatigable, tous ces dons d'une nature créée pour l'intrigue et la domination, et qui faisaient la force de Tiennette, manquaient complétement à Lataké. Mais, en compensation, elle avait la beauté ; elle le savait et s'en servait. Ainsi fit-elle vis-à-vis de moi ; elle n'essaya pas d'effacer par des mots plus heureux ou plus méchans la prodigieuse abondance d'esprit de Tiennette, mais elle oublia de ganter, pour me la montrer, la plus belle main du monde ; elle se plaignit d'avoir été heurtée pour bien poser devant moi le pied le plus cambré et le plus effilé ; elle me parla peu, mais elle me sourit et me regarda : c'était avec des lèvres de rose, c'était avec des yeux de flamme. Et puis je pressais une taille ronde et flexible, je croyais inspirer un abandon plein de passion et de soudaine retenue. Que vous dirai-je ? Le pouvoir de Tiennette fut tué sur place. J'appartenais à Lataké, et elle commençait à tourner contre madame Sholtz l'amant qui avait promis à celle-ci de la servir et de la protéger contre une indigne rivale.

Tiennette et Lataké savaient toutes deux mon secret, et toutes deux voulurent en tirer parti. Ce fut Lataké qui commença, et ce fut à partir de cette nuit fatale que commencèrent mes torts envers celle qui m'aimait de l'amour le plus dévoué. Il me fallut user de perpétuels mensonges pour échapper à des tendresses que je n'osais repousser entièrement et auxquelles je préférais les turbulentes folies de Lataké. Il y eut ainsi deux ans de trahison et de lâcheté de ma part, pendant lesquels j'épuisai tout ce que madame Sholtz avait de patience et de douceur, et durant lesquels je subis tout ce que Lataké avait de caprices et de despotisme.

Cent fois j'offris à Lataké de rompre mes relations avec madame Sholtz, mais ce n'était pas l'abandon de cette femme qu'elle voulait, c'était son supplice ; elle me le dicta jour à jour, et je l'accomplis sans me douter un moment que je n'étais que l'instrument d'une vengeance. Quelle vengeance, monsieur ! et pour quelle raison ?

Il avait pris fantaisie à mademoiselle Jubin d'avoir à l'Opéra et aux Italiens les loges occupées par madame la baronne Appencherr, et comme elle n'avait pu obtenir de monsieur Appencherr ce sacrifice inconvenant et public, elle me faisait torturer à plaisir la pauvre femme, qui lui eût volontiers donné toutes ses loges, et tous ses équipages, et tous ses diamans, pour retrouver l'amour d'un ingrat et d'un sot, car j'étais l'un et l'autre.

Enfin il arriva que ce jeu lassa mademoiselle Jubin, et comme je n'étais, selon elle, qu'un homme n'ayant que sa propre valeur, elle me jeta dans un coin. Mais Tiennette me ramassa, et les mille chagrins dont je torturais la malheureuse madame Sholtz devinrent sous cette main magistrale une tyrannie aussi barbare que stupide.

Je n'ai pas la prétention d'être un méchant homme qui se vante du mal qu'il fait pourvu qu'il lui rapporte quelque chose, mais je n'ai pas non plus celle d'être un cœur libéral qui n'a jamais songé à ses intérêts. J'ai été tout simplement un de ces êtres faibles qui s'inspirent plus qu'ils ne le pensent des passions et des desseins qui les entourent. Cette fois encore, je devins sans m'en douter l'instrument d'une vengeance, et je fus conduit aux derniers degrés de la cruauté et de l'outrecuidance. Ce fut horrible !

— Diable ! s'écria Muller, l'ex-pendu, en arrêtant le récit de Dabiron, je me sens défaillir à l'instant d'apprendre des choses probablement pleines de sang et de larmes ! Je me vote une dernière bouteille !

Le comte, qui écoutait avec la patience d'un homme qui combine un plan de conduite en raison des circonstances qu'il apprend, le comte, disons-nous, fit servir Muller et ne dédaigna pas de trinquer avec lui. Dabiron, lui-même parut avoir besoin de se réconforter pour arriver jusqu'au bout de sa confession. Il prit sa part des nouvelles libations, puis il continua ainsi :

Jusqu'à ce moment j'avais fait le mal parce qu'on me demandait certaines mauvaises actions et que je les accomplissais par faiblesse pour arriver à ce résultat. Lataké se servait de mon amour et de sa coquette indifférence ; Tiennette prit un chemin plus long, mais plus sûr : elle ne voulut pas avoir une discussion à subir à propos de chaque infamie qu'elle aurait à me demander ; elle se serait ennuyée à combattre mes scrupules. Elle préféra en anéantir la cause ; elle tua dans mon cœur tout principe d'honnêteté.

Je ne parle pas pour moi, et je ne cherche point d'excuse à ce que j'ai fait, mais la tâche est plus facile qu'on ne croit. Elle commença par des étonnemens admirablement joués au sujet de certaines retenues dont je me faisais des devoirs ; elle m'aborda, tantôt par la plaisanterie, tantôt par une sorte de pitié de me voir dupe de choses qui ne trompaient plus personne ; puis, lorsqu'elle me sentit suffisamment ébranlé, elle discuta avec moi le but où je voulais atteindre et les moyens que je voulais prendre pour parvenir. Tous ceux du droit chemin me furent démontrés absurdes ; tous ceux de l'intrigue, de la ruse et de la violence même me furent vantés comme infaillibles ; enfin, arrivèrent à l'appui de ces théories immorales des exemples sans nombre qui justifiaient ces théories.

J'en suis désolé pour la morale, mais si les principes étaient détestables, les applications étaient spécieuses. Parmi toutes ces fortunes rapides dont l'éclat importunait la jeunesse de ce temps-là, et l'éblouissait de rêves d'or, il n'en était pas beaucoup auxquelles on ne pût clouer un écriteau infamant. Celui-ci, disait Tiennette, en reproduisant ou en exagérant les calomnies et les médisances qui avaient cours alors dans un certain monde ; celui-ci, sorti de la poudre d'une étude de chicaneur, devait ses immenses richesses à l'indigne supercherie par laquelle il avait gardé pour lui des biens d'émigrés achetés pour le compte de ses maîtres absens ; et cependant il était parvenu aux plus hautes fonctions, et de grands personnages avaient pleuré en corps sur ses vertus et sa probité. Celui-là, avant d'administrer les douanes de l'Etat, avait été un contrebandier effréné. Pourquoi les cigares et le madère de cet autre, simple colporteur d'estaminet, s'étaient-ils changés en millions ? Parce qu'il avait audacieusement dépouillé tout un pays avec le crédit d'un autre. D'où venaient à ce prince de la politique ses palais et ses châteaux ? De ce qu'il s'était servi de son titre de ministre plénipotentiaire pour faire reconnaître par une puissance alliée et riche un emprunt discrédité depuis longtemps, et dont il avait acheté les titres à bas prix. L'un avait surpris et exploité les nouvelles du télégraphe, un autre le secret des alignemens de Paris, un autre encore avait fraudé l'enregistrement. Tel puissant trafiquait de son crédit ; tel libelliste, de son silence, de ses calomnies ou de ses éloges. Les administrateurs s'enrichissaient sur les adjudications, les fournisseurs sur la mauvaise qualité des denrées, la voix de tout citoyen était une marchandise tarifée d'avance. Tout était dol, selon la juste définition des choses, mais tout, selon l'horrible morale de Tiennette, était licite, puisqu'on était condamné à périr, si on ne faisait comme tout le monde.

Voilà ce que Tiennette me répéta pendant trois mois sur tous les tons, à propos de tout et de tous, appliquant les noms propres des auteurs à toutes ces tricheries que la fortune et le succès avaient baptisées du nom d'habileté. Et maintenant, songez que je n'avais pas vingt-quatre ans, que j'avais de l'ambition, des besoins de luxe, l'habitude si facile à prendre de ne pas compter avec l'argent venu par le jeu, et vous comprendrez que ma probité dut se restreindre à ces étroites limites qui la séparent de la police correctionnelle.

Mais Tiennette ne m'avait pas seulement perverti l'esprit, elle m'avait démoralisé le cœur. Je croyais encore à la vertu de quelques femmes, en à défaut d'une vie irréprochable, je croyais à la sincérité et à la dignité de certaines erreurs. De pareilles sottises ne coûtèrent pas plus de trois semaines à Tiennette pour être complètement ruinées. Que de choses savait cette femme, d'histoires scandaleuses, d'intrigues féroces, d'hypocrisies infâmes, d'arrangemens et de concessions plus infâmes encore ! J'en restai anéanti et indigné : anéanti de ma niaiserie, indigné de ma confiance. Aussi étai-je admirablement préparé, lorsqu'un jour elle m'apprit que je tenais ma fortune dans mes mains et que je serais un sot si je la laissais échapper. Je lui demandai le secret de ce magnifique avenir, mais j'avoue que, malgré toutes les préparations qu'elle m'avait fait subir, la proposition de Tiennette tomba sur moi comme un verre d'eau glacé sur une chaudière de métal en fusion. J'éclatai, je grinçai, je lançai contre l'imprudente des laves de malédiction ; mais, comme l'eau jetée dans la chaudière ma colère fut dévorée par l'ardeur de mon ambition ; mon indignation s'évapora sous le feu de l'avidité qu'elle avait soufflée en moi, et huit jours après je discutais froidement avec elle la façon dont il fallait s'y prendre pour obtenir de madame Sholtz la main de sa fille.

— Oh ! oh ! fit Muller, ceci est tout bonnement hideux.

— Ça se fait souvent, repartit dédaigneusement monsieur de Montreuil, et je ne vois pas encore les horreurs que vous m'avez annoncées.

— Ces horreurs, reprit Dabiron, elles furent dans la manière dont je voulus imposer à la mère cet ignoble sacrifice de sa fille. Poussé par l'infernale volonté de Tiennette, j'employai tout pour arriver : tantôt je promettais à madame Sholtz mon amour éternel pour prix de la complicité; tantôt je la menaçais de divulguer notre secret; d'autres fois je l'humiliais de ses trente-six ans et de sa passion surannée. Elle se tordait dans les larmes et le désespoir, mais elle ne cédait pas un jour, une heure, un instant. Je m'acharnai à la lutte, elle s'affermit dans la résistance ; comme elle fut sans faiblesse, moi, je fus sans pitié, jusqu'au jour où elle consentit enfin.

— Bah ! fit Muller.
— Diable ! fit le comte.

Dabiron parut se recueillir ; puis il se versa un grand verre de vin, le but d'un seul trait, et reprit d'une voix altérée et sans oser lever les yeux sur ses auditeurs :

— J'étais au Havre avec Tiennette, qui m'avait persuadé qu'une absence un peu prolongée en ferait plus que tous mes discours. Un jour, pendant que je déjeunais avec ma nouvelle Circé, je reçus une lettre. Je reconnus l'écriture de madame Sholtz. Cette lettre me fit froid et j'hésitais à l'ouvrir. Tiennette s'en empara, la parcourut de ce regard aigu et insolent qui troublait mes pensées, et me la tendit en me disant avec un dédaigneux sourire :

— J'en étais sûre !

En effet, madame Sholtz m'écrivait ces quelques mots:

« Ce soir même, j'ai demandé pour vous à monsieur » Appencherr la main de notre fille. Voici sa réponse : « S'il avait compris ce que je voulais faire pour lui, je » n'aurais pas hésité, et même encore s'il consentait à » prendre une position convenable dans le monde, je ne » serais pas inflexible. » Adieu... revenez.

Après tout ce que j'avais eu à supporter de larmes, de cris, de reproches, durant près d'une année, j'avoue que cette chute au bout de quelques jours d'absence confondit toutes mes convictions.

Tiennette eut matière à un magnifique triomphe. Elle seule connaissait le cœur du vulgaire des femmes, esclaves qui baisent la main qui les déchire, et qui déchirent celle qui les caresse. Elle s'étendit sur ce misérable texte de lieux communs, et me persuada si bien que je repartis immédiatement pour Paris, enchanté de m'en être habileté et ivre de ma future fortune. Il faut l'avouer à ma honte, car je suis arrivé à une heure où l'on ne se flatte plus, — hélas ! on voit clair dans la vie quand on y regarde du bord de la tombe ; — je dois l'avouer, dis-je, je n'eus ni un remords ni un pressentiment. Je prodiguai les derniers écus d'une fortune due aux hasards de la Bourse pour pouvoir jouir plus tôt de mon bonheur. J'arrivai chez moi impatient, radieux, triomphant ! J'y trouvai vingt lettres. J'hésitai à les ouvrir. Ce ne pouvaient être que des créanciers importuns et je comptais punir de l'insolence qu'ils avaient de me demander de l'argent par l'insolence avec laquelle je les chasserais en soldant leurs mémoires. Cependant, une de ces lettres me frappa par son volume et le soin avec lequel elle était cachetée. Je craignis de l'ouvrir en reconnaissant l'écriture de madame Sholtz. Je supposai qu'elle me renvoyait les quelques lettres que je lui avais écrites. Cependant, les yeux fixés sur ce paquet, je me mis à déchirer les enveloppes des autres lettres. J'avais deviné juste : quelques invitations à joyeux soupers, beaucoup de réclamations d'argent, puis tout à coup un billet imprimé, un billet de faire part. Au premier regard, je le lus sans le comprendre, mais lorsque je pus le relire, il me renversa comme un coup de poignard au cœur.

On me conviait, de la part de monsieur le baron Sholtz Appencherr, de la part de sa fille et de ses parens, aux funérailles de madame la baronne Sholtz Appencherr.

— Elle était morte ! s'écria Muller.
— Non, répondit Dabiron d'une voix sourde, elle s'était tuée. Je lui avais tant dit que mon bonheur dépendait de ce mariage, que la pauvre femme n'ayant ni le courage de mon malheur ni celui de l'infamie que je lui imposais, s'était retirée dans la mort pour ne pas me voir souffrir et pour ne plus souffrir.

Si, à ce moment, j'avais tenu Tiennette, je l'eusse étranglée. Je restai trois heures dans un état de folie complète; puis je pleurai, puis je pensai à la malheureuse Gertrude que j'avais si implacablement poussée au suicide; je pensai à ce suprême adieu qu'elle m'avait sans doute adressé et que j'avais si brutalement écarté.

Je cherchai ce paquet dont je vous ai parlé. Je l'ouvris. Heureusement que mes remords et ma honte avaient trouvé une issue dans mes larmes ; sans cela je serais mort si j'avais reçu ce second coup pendant l'horrible suffocation que m'avait causée le premier.

Ce paquet de madame Sholtz renfermait deux cents billets de banque. La lettre qui m'envoyait cette fortune n'avait que quelques mots:

« Vous m'avez corrigée, me disait-elle, de la funeste » passion du jeu. Voici les économies que ce bienfait de » votre amour m'a permis de faire ; acceptez-les de la » main d'une amie. Me refuser serait me maudire. J'es» père que vous ne le ferez pas. »

Puis, quelques souvenirs pleins d'amour, mais pas un mot fâcheux, pas une plainte, pas un reproche.

Je me mis à genoux et je priai. Je m'imposai comme expiation d'assister aux funérailles de ma victime. Je n'étais ni assez infâme ni assez noble pour une si terrible résolution. Je supportai l'aspect du cercueil, je pus entendre sans éclater les commentaires odieux qu'on faisait sur ce suicide, car ce n'était pas un secret; j'assistai sans faiblir à la cérémonie religieuse, mais lorsqu'au cimetière j'entendis tomber sur la bière la terre que le prêtre jette dans la fosse comme pour séparer à jamais les morts des vivans, je poussai un cri et je m'évanouis.

Quand je repris la vie, continua Dabiron, je me trouvai chez moi. Un médecin était à mes côtés, et je vis Tiennette au pied de mon lit.

Je lui ordonnai de se retirer.

Elle obéit, avec cette insolente soumission qui tient sa vengeance toute prête.

Je priai également le médecin de me quitter, et je demeurai seul. Je retrouvai sur ma table les deux cent mille francs de Gertrude, mais sa lettre avait disparu. Je ne doutai pas que ce ne fût Tiennette qui s'en était emparée, et je voulus la ravoir à tout prix. La misérable était partie le jour même pour un assez long voyage. J'eus la lâcheté de ne pas la poursuivre et de laisser à sa merci ma réputation et celle de la femme que j'avais tuée. Je n'étais pas à la hauteur de pareils événemens.

— En effet, dit le comte, ce fut là une grande faute.
— Et c'est sans doute cela qui vous a poussé à vous brûler la cervelle? dit Muller.

— Non, monsieur, non, répéta Dabiron avec un sourire amer, ce ne fut pas cela. Ce que je viens de vous raconter s'est passé il y a dix-huit mois à peu près.

— Et depuis ce temps, reprit Montreuil, monsieur Dabiron est devenu célèbre par ses folies, son luxe, la hardiesse de ses spéculations et son crédit à la Bourse.

— C'est que de pareils coups, reprit Dabiron, sauvent un homme tout à coup ou le perdent tout à fait. Vous savez comment j'ai vécu... je vais vous dire pourquoi je me tue.

Le lendemain du jour fatal, je me consultai pour savoir si je devais voir monsieur Appencherr et rentrer dans cette maison où j'avais jeté la mort. Une raison surtout me poussait à prendre ce parti. Fuir monsieur Appencherr après la mort de sa femme, c'était publier le motif qui m'y attirait lorsqu'elle vivait encore.

Sur mon honneur, en raisonnant ainsi, je ne pensais pas à un mariage possible avec mademoiselle Appencherr ; je repoussais même la pensée avec horreur, lorsque je vis entrer chez moi monsieur Charles d'Aronde. Je ne l'avais jamais aimé, et le ton de supériorité qu'il affectait envers moi m'avait donné cent envies de lui chercher querelle. J'avais eu l'occasion de montrer que je ne craignais pas d'échanger avec personne une balle ou un coup d'épée. Eh bien ! son entrée me troubla, et son aspect me fit peur. Il y avait une grandeur terrible dans la douleur de ce petit homme frêle et blond. Toute son âme était passée sur son visage. Il me salua silencieusement, prit un siége et commença ainsi :

— Monsieur, je suis l'enfant d'une faute ; ma mère m'avait caché dans la plus obscure habitation d'un obscur village : l'avarice de son mari lui laissait à peine, malgré son immense fortune, de quoi suffire aux frais de la plus mesquine éducation. Elle mourut sans pouvoir m'assurer un avenir. J'ignore quel est le nom de mon père, qui nous abandonna tous deux. Je remercie ma mère de ne pas l'avoir dit à ma sœur, lorsqu'en mourant elle lui confessa sa faute et me confia à sa tendresse. C'est un crime de haïr son père, et je le haïrais. Gertrude se maria l'année suivante, et son père, le mari de ma mère, mourut peu de mois après ce mariage. J'avais alors douze ans, et je commençais à subir cette affreuse loi des nécessiteux qui demande le travail au corps lorsqu'il n'est pas encore formé, et qui impose l'ignorance à l'esprit au moment où il éprouve les premières soifs de l'intelligence. Je servais le maçon du village, lorsqu'un jour je vis arriver une belle jeune femme, presque une enfant, qu'on appelait madame la baronne Appencherr. Elle causa une heure avec ma nourrice et m'emmena à Paris. Elle me donna des maîtres, elle remplaça par des soins d'une assiduité incroyable tout ce qui avait manqué de protection à ma jeunesse. Un bon mouvement qui fait sauver un homme qui périt, ou qui fait jeter par le riche quelques milliers d'écus à l'enfant abandonné, cela se trouve souvent dans notre monde, si égoïste et si froid qu'il soit. Mais la persévérance dans le bienfait, qui l'accomplit comme un devoir et le chérit comme un amour, c'est ce qui se rencontre bien rarement et ce que j'ai trouvé dans Gertrude. Bon ou mauvais, misérable ou galant homme, elle m'a fait ce que je suis. Mais, si je l'avais oublié, je m'en souviendrais aujourd'hui. Mais, grâce à Dieu, notre mère, en lui léguant son âme, trésor inépuisable de tendresse, me laissa aussi ma part de son cœur. Ma sœur fut mon idole. Je l'aimais comme on aime une mère quand elle souffre ; je l'aimais comme on aime un ange quand il ne se révèle qu'à vous seul. Eh bien ! monsieur, cette mère, cette sœur, cette vie de ma vie, vous me l'avez tuée !

— Monsieur, m'écriai-je... je ne vous comprends pas.

— Ah ! me dit-il en me clouant le silence aux lèvres par un regard terrible, je sais tout. C'est une triste famille que la nôtre, monsieur, où chaque femme a de cruels secrets à révéler sur son lit de mort à quelque ami qui se dévoue après elle ! J'ai reçu seul les derniers soupirs et les dernières paroles de Gertrude ; elle m'a dit ses douleurs et vos espérances.

— Mes espérances ? repris-je d'un ton troublé.

— Oui, vos espérances, reprit amèrement monsieur d'Aronde, et je ne veux pas, moi, que ce triste héritage de fautes et d'aveux se perpétue, comme je ne veux pas que quelque autre aille un jour comme moi entendre au chevet de la fille de ma sœur la confidence de quelque douleur qui la tue, je suis venu pour vous dire que je ne veux pas que vous profitiez de la promesse que ma sœur mourante a arrachée à son mari en votre faveur.

A cette révélation et à cette déclaration, je ressentis à la fois une violente colère et une extrême curiosité. J'aurais voulu savoir jusqu'où allait l'engagement pris par monsieur Appencherr au lit de mort de sa femme, et je ne voulais pas laisser sans réponse l'insolente défense de monsieur d'Aronde. Je gardai un moment le silence pour me recueillir. Je compris que j'allais décider de ma vie. La démarche de monsieur d'Aronde, faite en termes plus convenables, m'eût certainement conduit à renoncer à ce mariage. Le ton de menace qu'il employa m'y poussa contre mon désir et contre ma conscience. La vanité est encore plus mauvaise conseillère que la faim.

Cependant j'eus tellement honte de la décision que je venais de prendre, que j'évitai de la formuler trop directement.

— Je ferai ce que mon cœur et les convenances me dicteront, répondis-je à monsieur d'Aronde, et je ne me préoccuperai point que cela vous plaise ou ne vous plaise pas.

Il se leva, me salua et me dit froidement :

— Je vous ai averti ; c'est vous qui êtes responsable de ce qui arrivera.

J'écrivis une lettre de condoléances à monsieur Appencherr ; il me répondit de venir le voir. Je le trouvai plus touché que je ne l'aurais pensé de la mort de sa femme. La tombe est un piédestal qui élève et fait voir les qualités de ceux qui ne sont plus. Il me parla de Gertrude et de son affection pour moi. Il fit allusion à mon évanouissement et l'expliqua par la douleur que j'avais dû éprouver en perdant celle qui protégeait mon amour pour sa fille.

Tant de crédulité et de bonne foi me fit honte. Mais la menace de monsieur d'Aronde résonnait toujours à mon oreille.

J'acceptai cette explication et j'osai mettre en avant mes espérances.

— Nous verrons, me dit monsieur Appencherr. Le gouvernement de ma maison est trop lourd, je veux en confier une part à quelqu'un sur qui je puisse compter. D'Aronde est un homme de talent, mais je ne veux pas d'un bâtard pour gendre.

— Bah ! fit Muller.

— C'est assez drôle, reprit le comte.

— Vous devez comprendre, ajouta Dabiron, que cet aveu de monsieur Appencherr remit à sa juste hauteur la morale sentencieuse de monsieur d'Aronde, et vous devez comprendre aussi que l'hésitation que j'avais encore au fond du cœur se changea en un désir implacable d'atteindre le but auquel un rival me défendait de courir. Mais, comme vous allez le voir, j'étais en bonnes mains.

— Voyons, dit Muller ; ceci commence à devenir grave.

Nous étions en hiver : c'était la saison des bals et des plaisirs ; mais comme je m'étais mis de moitié dans le deuil de monsieur Appencherr, que je passais la plupart de mes soirées chez lui, j'y voyais Julie tous les jours. Elle était la vivante image de sa mère. Cette ressemblance glaçait dans mon cœur les sentiments tendres que sa jeunesse, sa beauté et sa grâce y excitaient quand je parvenais à oublier. Son regard me troublait comme si c'eût été celui de Gertrude sortie de sa tombe pour me reprocher mon infamie ; il me semblait, sous l'empire de mes remords, que la fraîcheur de la main de Julie avait le froid de la main d'un cadavre. Je frissonnais à l'idée d'une caresse donnée à ce fantôme de celle que j'avais tuée.

Monsieur d'Aronde venait rarement. Il m'observait en silence, sans que rien me laissât pénétrer par où et comment il comptait renverser mes projets.

Je marchais obstinément, mais en frémissant, à ce mariage dont je pressentais le malheur, et je me croyais assuré du succès, lorsqu'un soir je reçus un petit billet qui me priait de passer au bal de l'Opéra.

On avait deviné que l'espoir d'une aventure galante ne me ferait pas départir du rôle que je m'étais imposé : aussi me parlait-on dans ce billet d'un avis important à me transmettre touchant ma fortune.

Le silence et l'inaction de monsieur d'Aronde m'inquiétaient vivement ; je supposai qu'il avait laissé échapper contre moi quelque menace imprudente, et qu'on voulait m'en donner avis.

J'allai donc au bal de l'Opéra, dans la loge qui m'avait été indiquée.

J'y trouvai une femme enveloppée d'un domino flottant qui dissimulait absolument sa taille. Elle était assise et ne se leva point, pour que je ne pusse voir si elle était grande ou petite. Toutes les précautions étaient prises pour dérouter ma curiosité.

Je lui montrai le billet que j'avais reçu.

— Est-ce vous qui m'attendez ? lui dis-je.
— C'est moi, répondit-elle.

La voix me parut complétement inconnue.
— Quel avis avez-vous à me donner ?
— Le voici. On a surpris chez vous une lettre par laquelle madame Appencherr vous envoyait en mourant deux cent mille francs. On a estimé que cette lettre valait une somme égale. Si, dans huit jours, c'est-à-dire au prochain bal de l'Opéra, ces deux cent mille francs ne sont pas remis ici par vous à la personne ue vous y trouverez, la lettre sera envoyée le lendeman même à monsieur Appencherr.

Je me récriai, je priai, je discutai, je prodiguai les noms les plus flétrissans à cet affreux commerce. Je n'obtins pas un mot de réponse.

Je demandai à connaître mon voleur ; je voulais transiger, je m rchandai. Le masque continua à rester muet et me laissa me débattre seul dans l'anxiété où m'avait plongé cette révélation.

Je fus horriblement maladroit, car je montrais toutes mes terreurs et toutes mes indécisions, sans pouvoir juger de l'effet de mes paroles.

Quand j'eus fini, le domino se leva et me répondit seulement :
— Je voulais vous donner un avis, je vous l'ai donné, faites-en ce que vous voudrez.

Bientôt après je le perdis dans la foule et je demeurai en présence de cette menace qui pouvait en un instant détruire toutes mes espérances.

Je crus y reconnaître la main perfide de d'Aronde.

J'allai chez lui.

Il était parti de l'avant-veille pour Bordeaux.

Je me rappelai la présence de Tiennette près de moi lors de mon évanouissement, et je pensai qu'il suffisait de l'avidité de cette détestable drôlesse pour lui inspirer un pareil dessein. Elle avait d'ailleurs des antécédens connus en semblable matière.

Je me rendis chez elle.

Tiennette était toujours absente, et l'on ne savait ni l'époque de son retour ni où elle était.

Être averti d'un danger imminent sans avoir d'ennemi en face ; comprendre qu'on peut être frappé à mort sans connaître la main d'où partira le coup ; marcher dans la plus profonde obscurité avec la certitude qu'il y a un abîme à ses côtés, c'est une des plus déplorables situations où l'on puisse se trouver.

Je passai les jours suivans dans une incroyable perplexité, m'acharnant tantôt à attribuer cette menace à d'Aronde, tantôt à courir après Tiennette. Mais je fus forcé de reconnaître que je m'égarais.

En effet, deux jours après, le lundi, monsieur Appencherr me parla d'une lettre qu'il avait reçue d'Aronde le matin même. Cette lettre était datée et timbrée de Bordeaux. D'Aronde ne pouvait donc pas être à Paris le samedi.

Restait Tiennette.

J'allai voir Brioude, qui était toujours au courant des menées de ces dames. Il avait reçu de son côté une lettre de Tiennette, datée de Malte, et lui annonçant qu'elle allait passer le reste de l'hiver à Naples.

Tout cela ne fit que m'épouvanter davantage sur le péril que je courais.

Je pensai à avertir la police.

Je pensai à un acte de violence. Mais rien de possible et de raisonnable ne sortait d'aucune de mes combinaisons.

Enfin, lorsque je me fus épuisé à chercher un moyen de salut, je considérai le sacrifice en face, et je compris qu'il fallait m'y résigner ou renoncer à l'espoir de devenir le gendre de monsieur Appencherr.

Toutefois, avant d'arriver à cette ruineuse transaction, je voulus m'assurer des dispositions du baron. Je lui posai nettement la question du mariage. Je le trouvai parfait : il se croyait engagé par la parole qu'il avait donnée à sa femme ; le jour où les convenances me permettraient de la réclamer, il serait prêt à la tenir.

Malgré cette assurance, j'hésitais à me dépouiller d'une somme si importante, d'autant plus que c'était à peu près ma dernière ressource.

Cependant le jour fatal arriva.

Je ne saurais dire ce que je souffris d'angoisses et d'incertitudes avant l'heure du bal. Enfin, jo m'y rendis les poches pleines de billets de banque, espérant que je pourrais acheter ma liberté à meilleur marché, ou que je pourrais arracher la lettre à celui qui me la présenterait.

J'entrai dans la loge où l'on m'avait attiré la première fois.

Elle était vide.

J'attendis près de deux heures.

Je ne sais comment j'ai survécu à ces deux heures de colère et de rage impuissantes, au milieu des hurlemens de joie qui couraient autour de moi.

J'étais dans une loge découverte, et j'allais me retirer, au risque de me voir dénoncé à monsieur Appencherr, lorsqu'on me toucha le bras, de la loge qui était à ma gauche.

C'était le même domino enveloppé avec le même soin.

Je lui dis de passer dans ma loge. Il refusa.
— Il est bon, me dit-il, qu'il y ait une barrière entre nous.
— Où est la lettre ? lui dis-je.
— Où sont les deux cent mille francs ? me répondit-on.

Je montrai que je m'étais mis en mesure. On me fit voir la lettre. Je fis un mouvement pour m'en emparer. Un masque d'une taille herculéenne, et qui se trouvait à ma droite, m'arrêta rudement, en me disant :
— Ou ne bat pas les femmes ici !

Je crus remarquer que d'autres masques qui occupaient les stalles des galeries, placés en avant et au-dessous de nous, se levèrent à demi. Je vis que toutes les précautions étaient prises.

Il me vint dans l'idée que j'avais affaire à des voleurs de bas étage, et je marchandai.
— J'offre cinquante mille francs, dis-je tout bas.

On ne me répondit pas.
— Cent.

On garda encore le silence.
— Cent cinquante.

Le domino se leva pour se retirer.

J'en fis autant en m'écriant :
— Eh bien ! n'en parlons plus.

J'ouvris la porte de ma loge, je voulus m'élancer dehors, mais en voyant que cette démonstration n'arrêtait en rien l'impassible résolution du domino, je l'arrêtai moi-même, et sans prononcer une parole, je lui tendis mon portefeuille. Il me remit la lettre et s'éloigna.

Je rentrai chez moi, ruiné et sans avoir même la consolation que donne l'accomplissement d'un grand sacrifice. En effet, je n'avais rien donné de la fortune que m'avait léguée madame Sholtz à la défense et à la protection de sa mémoire : j'avais tout sacrifié aux intérêts de mon mariage avec sa fille. Je me sentais lâche et honteux.

Je voulus voir clair dans mes affaires, je fis un bilan exact de ce que je possédais : je n'avais plus que des dettes et j'étais habitué au luxe d'une vie élégante.

Je demeurai tout un jour à réfléchir à ma situation, et je pris un parti qui me sembla triomphant. Je me résolus à solliciter de monsieur Appencherr une place dans ses bureaux. Dans la lettre que je lui écrivis, je présentai cette demande comme un désir bien naturel de me mettre au courant des affaires d'une maison dans laquelle je devais être intéressé prochainement.

Deux heures après je reçus une réponse foudroyante et tellement ambiguë, que je me crus fou en la lisant. Monsieur Appencherr me parlait de trahison, de l'amour d'une femme que je lui avais arraché, de mon hypocrisie..: La lettre concluait par une exclusion formelle.

Je ne sais pourquoi, continua Dabiron, je ne me brûlai pas la cervelle à ce moment, non point à cause de ma fortune escroquée et de mes espérances déçues, mais pour avoir été si sottement dupé. On m'avait bien remis la lettre de Gertrude, mais on l'avait sans doute fait connaître à monsieur Appencher avant de me l'apporter au bal de l'Opéra. Or, j'étais resté avec lui jusqu'à minuit : c'était donc durant les deux heures d'attente où on m'avait laissé seul, que cette trahison avait été commise.

Ma rage s'augmentait de mon impuissance ; je ne vis d'autre satisfaction à ma colère que la mort de d'Aronde, que je m'obstinais à croire le seul coupable.

Mais au moment où je m'arrêtais à cette résolution, je fus bien autrement dérouté en voyant entrer chez moi Lataké, les yeux rouges de larmes et de fureur, dans le désordre d'une femme qui sort d'une scène de violence.

Je la reçus fort mal.

Elle commença l'explication par les invectives les plus basses. Je la menaçai de la jeter à la porte. Elle me répondit un mot qui brida mes transports par l'étonnement qu'il me causa.

— Après m'avoir vendue et ruinée, dit-elle, vous porteriez la main sur moi !... C'est digne d'un misérable tel que vous !

Je me récriai, j'interrogeai, et je finis enfin par comprendre que le baron avait été instruit de mon intrigue avec Lataké. C'était à elle que se rapportaient les reproches et les doléances que me faisait le baron au sujet d'une femme aimée.

Je ne doutai pas un moment que le nouveau coup eût été porté par les ennemis qui m'avaient arraché ma fortune.

Je racontai tout à Lataké. Elle ne douta pas que d'Aronde fût l'auteur de cette double infamie. Elle m'offrit d'entrer dans sa haine et me demanda vengeance. Je la lui promis, et nous nous associâmes. Je ne lui cachai pas ma misère : elle l'accepta. Je lui parlai de Tiennette ; mais Lataké, qui la haïssait, la défendit en l'accusant.

— Tiennette, me dit-elle, vous eût volé deux cent mille francs et ne vous eût pas rendu la lettre. D'ailleurs, elle haïssait trop madame Appencherr pour épargner sa mémoire, fût-ce au prix d'une fortune.

Cette haine venait de ce que Gertrude avait arraché monsieur d'Aronde à l'empire de cette femme. C'est pour cela qu'elle me l'avait fait tuer.

— Du reste, ajouta Lataké, je sais ce qu'elle comptait faire. C'était le jour même de votre mariage, que des preuves, qu'elle prétend posséder, devaient révéler à la fois au baron et à sa fille ce que vous aviez été pour l'épouse et pour la mère.

Cependant, le peu de ressources que j'avais pu amasser étaient épuisées. J'en étais arrivé à ces emprunts usuraires où l'on ne compte plus que l'argent reçu parce qu'on ne prévoit pas la possibilité de payer les engagemens que l'on contracte, lorsqu'un jour que je cherchais un moyen de rétablir ma fortune, Lataké me dit tout à coup :

— Monsieur d'Aronde est revenu hier de Bordeaux. Il est temps de tenir votre promesse.

J'en étais arrivé à ce point où une catastrophe est un bienfait. Je n'hésitai pas. J'avertis Brioude, qui était toujours des amis de Lataké, que j'aurais sans doute besoin de lui pour une rencontre, et je me rendis chez monsieur d'Aronde.

Il me reçut avec cette froide politesse de l'homme qui répudie d'avance toute commixtion d'intérêts avec celui qui lui parle. Je fus net ; je lui racontai la vérité et je l'accusai directement. Il me laissa parler. Ce silence hautain me rappelait le silence obstiné du domino de l'Opéra.

Je le provoquai. Il resta impassible.

— Avant d'aller plus loin, me dit-il, permettez-moi de vous demander quel est l'intérêt que vous m'avez supposé à vous faire du mal.

— Vous aimiez mademoiselle Appencherr, lui dis-je, vous prétendiez l'épouser ; il fallait me ruiner et me dénoncer, et vous avez fait l'un et l'autre.

Il sonna. Un domestique parut.

— Dites à ma femme, dit monsieur d'Aronde, que je la prie de passer dans mon cabinet.

Un moment après, je vis entrer une jeune femme charmante. Elle échangea quelques paroles avec son mari, qui trouva un prétexte à l'appel qu'il lui avait fait. Au léger accent méridional qu'elle avait conservé, je compris que ce mariage avait été le but du voyage de monsieur d'Aronde à Bordeaux.

Cela m'ôta mon assurance.

— Vous voyez, me dit monsieur d'Aronde, que vous vous trompiez sur l'intérêt qui m'aurait guidé dans les mauvaises actions que vous m'imputez.

— Cependant, lui répondis-je, vous m'avez menacé... d'agir...

— Non, monsieur, répliqua monsieur d'Aronde. Voici quelle a été ma phrase textuelle : « Je vous ai averti. Ne vous en prenez qu'à vous de ce qui arrivera. » Vous n'avez pas voulu me croire, et vous voyez ce qui est arrivé.

— Alors, m'écriai-je, vous savez quelle est la main qui m'a si cruellement frappé.

— Je le sais.

— Oh ! vous me le direz ! m'écriai-je.

— En me parlant de ceux qui vous ont perdu, me dit monsieur d'Aronde, vous les avez traités de lâches délateurs. Je ne veux pas mériter de pareilles épithètes.

— C'est bien différent, m'écriai-je ; il est permis de dénoncer ceux qui ont escroqué la fortune d'un homme, et...

Monsieur d'Aronde me regarda en face. Je le compris.

Qui avais-je le droit d'accuser, moi qui, après avoir trahi monsieur Appencherr en séduisant à la fois sa femme et sa maîtresse, voulais encore lui demander sa fille ?

Je me sentis battu. Je voulus menacer : c'est la dernière ressource des gens qui ont tort.

— Il y a mille provocations auxquelles un homme d'honneur est tenu de répondre, me dit monsieur d'Aronde ; cherchez-en quelqu'une qui soit avouable, et vous me trouverez tout prêt. Quant à une querelle dont le motif serait l'escroquerie dont vous avez été la victime, je ne puis l'accepter.

Je me retirai plus honteux que confus et plus désorienté que jamais.

Tiennette était à Naples, où je lui avais écrit et d'où elle m'avait répondu.

Cependant je ne voulus pas paraître avoir fait vis-à-vis de monsieur d'Aronde une démarche que je n'avais pas osé soutenir.

Je le cherchai et je le trouvai à la Bourse.

Je fus impoli envers lui : il resta froid.

Je devins grossier : il fut glacé.

Il me laissa si bien m'enferrer dans la sottise de cette querelle, que je ne pus trouver pour témoin que Brioude, qui me donna tort, et qui laissa le choix des armes à mon adversaire. Cela me valut un coup d'épée qui me tint au lit six semaines.

Au bout de ce temps, j'étais ruiné ; je commençais même à toucher à cette misère misérable où le crédit étant épuisé, les besoins de la vie deviennent impossibles à satisfaire lorsqu'on garde encore à l'extérieur une certaine dignité de luxe.

J'avais pris Brioude pour confident. Il m'avait prêté quelque argent. Je m'en servis pour tenter un coup de bourse. Je calculai si mal que je perdis non-seulement tout ce qu'il m'avait prêté, mais encore vingt mille francs. Cette fois je résolus d'en finir avec la vie. J'allai voir Brioude, je lui avouai tout, en le priant d'accepter les bribes de mon riche mobilier pour se payer de ce que je lui devais.

Brioude resta près d'un quart d'heure sans me répondre, puis il ouvrit un secrétaire, y prit un portefeuille et l'ouvrit devant moi.

Ce portefeuille renfermait cent mille francs.

— Ecoutez-moi bien, me dit-il, et répondez-moi franchement. Etes-vous bien décidé à vous brûler la cervelle ?

— Très décidé.

— Si dans six mois, ou dans un an d'ici, vous vous

trouviez dans une position pareille à celle où vous êtes, le feriez-vous encore ?
— N'en doutez pas.
— Eh bien ! ajournez jusque-là. Je paie votre dette, je reconstitue votre crédit, et nous ferons ensemble un marché de vie et de mort.

Je le pressai de s'expliquer.

— Il y a, dit-il, dans les salons, des jeunes gens qui, pour se donner des airs de gentilhomme, jouent de très grosses parties l'un contre l'autre, à la condition de se rendre, au sortir du bal, ce que celui-ci a gagné à celui-là. De cette façon, on se fait une réputation de beau joueur qui ne nuit jamais auprès des femmes ni auprès des fournisseurs. Voulez-vous transporter à la Bourse ce petit manége de salon ?

— A quoi cela pourra-t-il nous servir ?

— Le voici, reprit Brioude. Nous jouerons chacun de notre côté, mais chacun d'une façon contraire, et sur des valeurs de même sorte, de façon que la perte de l'un sera compensée par le gain de l'autre. Il nous en coûtera des droits de courtage, mais voici de quoi payer pendant assez longtemps pour nous établir un crédit énorme. Si nous sommes habiles, dans un mois, vous d'un côté, moi d'un autre, nous aurons payé, avec un rapide va-et-vient, vingt différences de dix mille, de vingt mille, de trente mille francs. Arrivés à ce premier établissement de notre crédit, nous augmenterons insensiblement nos opérations, de façon que l'un de nous paraisse perdre quelque chose comme cent mille écus, sans demander un jour ni une heure de répit pour solder sa dette, puisque l'autre lui remettra le bénéfice équivalent, fait sur une opération contraire. Ayons la patience de faire cela un an de suite, tantôt avec retenue, tantôt avec impétuosité. Paraissons être des hommes d'inspiration, lorsque chacune de nos paroles sera concertée d'avance. Ne nous hâtons pas, et je vous promets que d'ici à un an nous serons sur un pied tel que nous pourrons engager une dernière partie sur des bases assez larges pour qu'elle se règle pour l'un en un ou deux millions de bénéfice, et pour l'autre en une perte pareille.

— Et alors ? lui dis-je.

— Alors, me répondit Brioude, il sera temps pour vous ou pour moi de se brûler la cervelle.

Je n'osai répondre.

— Ecoutez, reprit-il, je suis entré dans le monde avec cent mille livres de rente ; voilà ce qui me reste de mes amours, de mes parties de bouillotte, de mes chevaux et de mes splendides soupers. Cela peut encore durer un an. Après viendra la misère, et je n'en veux pas. Cependant, je puis m'imposer pendant cette année le sacrifice de tous mes goûts, voilà tout. Passé cela, je n'accepterai pas la vie pour y végéter. Je reviendrai riche ou j'en finirai avec une balle. Aujourd'hui, vous en êtes où j'arriverai. Si vous n'acceptez, nous y périrons tous les deux. Si vous acceptez, l'un de nous deux restera riche et honoré, l'autre mourra banqueroutier. Mais c'est déjà votre lot. Seulement, au lieu de vous tuer pour une misérable débine de vingt mille francs, vous vous tuerez pour une ruine de deux millions. Cela prend les proportions d'un fait historique !

Brioude parla longtemps ; j'avais déjà accepté dans mon esprit ; seulement, je ne savais comment avouer ma complicité à celui qui me proposait une si franche friponnerie. Je me défiai de Brioude.

Cependant l'aveu m'échappa ; nos conventions furent faites.

A partir de ce jour nous fûmes brouillés publiquement. Une querelle à la Bourse en fut le prétexte. Nous ne nous saluâmes plus. Il avait ses courtiers, j'avais les miens. Il vendait à l'un ce que j'achetais à l'autre. Sa prévision ne fut pas trompée. Au bout de six mois, la régularité sévère de nos paiemens nous assura un crédit au delà de ce que vous pouvez imaginer. Il n'y a rien de plus défiant et de plus imprudent à la fois que les hommes d'argent : ils rechignent à faire crédit de mille francs à un boutiquier gêné, et s'exposent à des pertes immenses vis-à-vis de joueurs qui paient régulièrement leurs pertes.

Toutes les nuits nous nous réunissions chez Lataké, qui était notre confidente et qui devait recevoir une forte commission du survivant. Là, nous concertions nos opérations du lendemain.

Cette fille était prodigieuse de gaîté et d'indifférence entre ces deux hommes dont l'un devait certainement mourir dans un an, dans six mois, dans quinze jours.

Car le terme fatal arriva enfin, où l'un de nous devait disparaître pour assurer la fortune de l'autre.

Ce fut une heure solennelle. Nous choisîmes pour notre opération des actions de chemins de fer, valeurs dont les fluctuations étaient rapides et imprévues.

Brioude a été généreux.

— Ecoutez, me dit-il, j'ai une opinion arrêtée sur l'avenir très prochain de ces valeurs, et cependant je vous laisse le choix entre la hausse et la baisse. Si ce choix me condamne selon mon opinion, je ne vous demanderai point de grâce ; si vous tournez du mauvais côté, je ne vous en ferai pas.

— La parole donnée sera tenue, lui dis-je, mais je ne veux pas que la volonté de l'un de nous deux puisse influer sur la destinée de l'autre. Voici ce que je vous propose. Nous allons jeter une pièce de monnaie en l'air : si elle tombe face , ce sera la hausse ; si elle tombe pile, ce sera la baisse, qui sera le sujet d'une autre partie. En effet, après cette première épreuve, nous jouerons à l'impériale lequel de nous deux devra suivre la chance indiquée par la pièce d'argent. Le gagnant sera forcé de l'accepter. Seulement il sera loisible à chacun de nous de jouer bien ou mal, en suivant les règles strictes du jeu, selon qu'il croira qu'il a intérêt à perdre ou à gagner.

Brioude accepta avec l'indifférence d'un homme qui pressent un malheur et qui y est résigné.

Nous envoyâmes chercher des cartes neuves. Nous jetâmes une pièce en l'air.

Elle tomba pile.

Le gagnant à l'impériale devait donc jouer à la baisse.

A la manière dont nous engageâmes le jeu, il fut facile de voir que notre opinion sur le cours prochain de ces valeurs était la même, car nous cherchions à gagner l'un et l'autre.

C'était notre vie que nous jouions.

Arrivés à un point à peu près égal, je m'arrêtai et je dis à Brioude :

— Puisque nous sommes convaincus tous deux que les actions baisseront, jouons dans le même sens et enrichissons-nous ensemble.

— Je crois, répondit froidement Brioude, mais je ne suis pas certain. Qu'arriverait-il si nous nous trompions tous deux ? Deux ruines et deux suicides. Non, c'est juré !

J'hésitais encore.

— Avez-vous peur ? me dit-il.

Ce mot me décida.

Que de sottises ce mot a fait faire !

Je continuai et je perdis la partie.

Selon mon opinion, c'était mon arrêt.

Cependant nous avions quinze jours devant nous. L'espérance, cette déception constante, me fit rêver que l'engouement, un hasard, je ne sais quoi, tournerait peut-être la chance en ma faveur, ou bien réduirait la différence à de si petites proportions, que Brioude ne se trouverait pas satisfait.

Mais à quoi bon vous raconter tous ces rêves d'un homme qui tourne autour de sa tombe, dans un cercle qui se resserre chaque jour !

Hier, la liquidation a eu lieu : elle me constitue débiteur, envers dix courtiers, de plus de quinze cent mille francs, et elle constitue Brioude créancier de pareille somme vis-à-vis d'autres agens.

J'ai joué, j'ai perdu, et je tiens ma parole.

Voilà, messieurs, pourquoi je me brûle la cervelle.

— C'est drôle ! fit Muller,

— A vous, monsieur, lui dit le comte d'une voix mystérieuse. Ah! nous serons riches et puissans, et les d'Aronde, les Appencherr, les Brioude, cet assemblage de filous, seront punis comme ils le méritent!
— Bah! dit Muller.
Le comte fit un signe à Dabiron et reprit :
— Nous vous écoutons, monsieur Muller.
Et Muller commença en ces termes le récit de ses propres aventures, l'histoire du suicide n° 2.

III.

HISTOIRE DU SUICIDÉ N° 2.

D'abord, s'écria l'ex-pendu, je ne me nomme pas Muller, je me nomme Maxime Roussignan. Je ne vous ferai pas le détail de mes premières émotions, comme vient de faire monsieur : je suis d'un monde où l'on vit en gros. Seulement, je dois vous dire qu'à dix ans j'étais orphelin et à la charge de deux oncles, l'un qui était le frère de ma mère, monsieur Marc Simon, l'autre monsieur Martin Roussignan, le frère de mon père; tous deux veufs et ayant, celui-ci, monsieur Roussignan, un fils de mon âge, celui-là, monsieur Simon, une fille de six ans. C'étaient, à vrai dire, les deux plus honnêtes gens de Paris, mais ils avaient un vice affreux, vu ma position, c'est qu'ils se détestaient de toute la haine que peuvent s'inspirer l'un à l'autre deux inventeurs de fourneaux économiques qui, volant tous deux leurs inventions aux *magazines* anglais, se rencontraient presque toujours dans leurs créations et s'accusaient mutuellement de s'être volés. Les tribunaux ont retenti de leurs procès, et les feuilles publiques se sont nourries de leurs réclamations, de leurs invectives mutuelles et de leurs annonces.

Tous deux furent appelés au conseil de famille qui suivit la mort de mon père. Chacun d'eux demanda à être mon tuteur. Ce conseil, voulant ménager à mon avenir une double protection, les refusa tous deux, et me donna pour tuteur un de mes cousins qui tenait également de l'imbécile et du fou. Il s'appelait monsieur Flouriot. Mais ledit monsieur Flouriot était sans fortune ; il fallut se cotiser. Mon oncle Roussignan déclara le premier qu'il se chargerait de la moitié des frais de mon éducation et de ma vie; mon oncle Simon, qui ne voulait pas se montrer au-dessous de son détesté rival, ferma la bouche à tous mes autres parens en annonçant qu'il prenait pour lui l'autre moitié de la dépense.

Cette générosité toucha le reste de ma famille jusqu'à la pitié pour des sots qui se dépouillaient de leurs biens lorsqu'il y avait des hospices d'orphelins. J'allai demeurer chez mon tuteur, monsieur Flouriot. J'y appris admirablement à cirer les bottes, à frotter les carreaux de sa chambre, à aller acheter pour deux sous de tabac, et quant aux douze cents francs que mes oncles remettaient chacun par moitié à monsieur Flouriot, ils servaient à payer les bottes que je cirais, les brosses avec lesquelles je frottais et le tabac que prenait mon tuteur.

Celui-ci m'envoyait une fois par mois chez chacun de mes oncles, et me faisait d'avance une leçon que je récitais à merveille et qui les édifiait sur la façon paternelle dont j'étais élevé.

Cependant la vérité se fit jour. Mon oncle Roussignan, passant devant chez mon tuteur, s'avisa d'y monter et me trouva épluchant des carottes avec un art qui dénotait une grande habitude de cet exercice. J'étais seul, il m'interrogea, je répondis. Monsieur Roussignan devint furieux et m'emmena sans attendre le retour de mon tuteur. De là, nouveau conseil de famille assemblé. Monsieur Flouriot fut défendu par mon oncle Simon en haine de monsieur Roussignan.

Celui-ci déclara qu'il retirerait sa part de pension si je restais chez le Flouriot. Monsieur Simon déclara qu'il ne lâcherait pas un sou si je demeurais chez l'oncle Roussignan. La première conclusion de leur colère fut que personne ne donnait plus rien. Auquel cas, monsieur Flouriot, n'ayant plus rien à gagner à ma tutelle, déclara qu'il me mettait à la porte.

J'assistais à ce débat en mangeant des cerises, dont je dirigeais les noyaux vers monsieur Flouriot. Il oublia qu'il y avait des témoins ; il s'élança sur moi et me frappa d'un soufflet qui me renversa. Cet acte de violence fit plus que les exhortations du juge de paix. Mes deux oncles, en voyant maltraiter ainsi, l'un le fils de sa sœur, l'autre le fils de son frère, s'élancèrent d'un commun transport. Leurs mains, ou plutôt leurs poings, se rencontrèrent pour la première fois, sur le dos de mon tuteur. Ils comprirent tous deux à la fois qu'ils m'aimaient. Le juge de paix eut une inspiration.

— Eh bien, s'écria-t-il, il n'y a qu'un moyen d'arranger tout cela : c'est de mettre l'enfant dans un collége ou dans une pension.

Cet arrangement fut accepté. Mais malheureusement pour moi les moyens d'exécution furent horriblement mal combinés. Chacun de mes oncles devait payer ma pension et ma dépense pendant six mois. Ce fut mon oncle Roussignan qui commença. Il m'habilla et fit bien les choses, mais au bout de quatre mois, mon excessif amour pour la gymnastique mit mes vêtemens en loques. On s'adressa à mon oncle Roussignan, qui répondit avoir fait tout ce qu'il fallait et qui surtout, c'était la vraie raison, ne voulait pas m'habiller de nouveau, au moment où c'était le tour de monsieur Simon de se charger de ce soin. Je vécus ainsi deux mois dans mes guenilles. Le semestre échu, je fus magnifiquement nippé, mais cette provision ne dura pas plus longtemps que la première. Mon maître de pension avait un fils de mon âge. Comme je ne pouvais pas mettre tous mes habits à la fois, il leur donnait tous les jours de l'air sur le dos de sa progéniture, de peur sans doute qu'ils ne fussent mangés aux vers. Cette précaution, jointe à mon constant amour pour la gymnastique, me remit dans mes guenilles au bout de trois mois. Mes oncles m'adoraient, mais ils m'auraient laissé aller tout nu, plutôt que de faire ce que chacun rejetait sur les devoirs de l'autre. Pendant six ans que je demeurai en pension, je vécus dans cette alternative d'opulence et de misère. Cependant je faisais d'assez bonnes études.

Je sortais tous les dimanches, tantôt chez mon oncle Roussignan, tantôt chez mon oncle Simon. Le texte habituel de la conversation roulait dans chaque maison sur la valeur de l'autre. Au dire de l'oncle Roussignan, Simon était un âne et un voleur; au dire de celui-ci, l'autre était un voleur et un âne. Il ne tenait qu'à moi de croire que j'appartenais à une famille de scélérats; mais cet instinct de l'enfance, supérieur à la raison la plus expérimentée, me fit comprendre la vérité sous ces mots et ces injures, et m'inspira la prudence de ne pas les reporter d'une maison à l'autre. J'attrapai ainsi dix-neuf ans et la fin de mes études. Je passais pour capable : j'étais instruit, j'avais eu des succès en mathématiques ; cette valeur inspira à mes deux oncles la même pensée, celle de m'attirer chacun chez soi et de me faire inventeur de fourneaux économiques. Je naviguai adroitement entre ces deux écueils de fourneaux, et j'arrivai au but que je convoitais depuis longtemps, de me faire faire une pension de douze cents francs pour suivre mes études de médecin. Durant la première année, je me partageai si bien que je vécus en très bonne intelligence avec mes deux bienfaiteurs. Je voulus essayer un rapprochement. Je mentis impudemment et je dis à mon oncle Roussignan que, tout en le détestant, monsieur Simon rendait justice à sa probité et à ses talens.

— Le lâche ! s'écria monsieur Roussignan, il reconnaît enfin sa bassesse.

J'essayai de la même tactique près de monsieur Simon.

— L'hypocrite ! s'écria-t-il en parlant de monsieur Roussignan, il prépare contre moi quelque nouvelle infamie.

Je compris l'inutilité de mes efforts, et je continuai à tenir une balance exacte entre les deux ennemis. Mais je ne fus pas le maître de persévérer plus longtemps dans cette voie : l'amour se mit dans le plateau de monsieur Simon. Cette enfant, cette fille, dont je vous ai parlé, et que mon oncle Simon, vu son état de veuvage, avait fait élever dans un couvent de province, mademoiselle Flore, revint donc chez son père. Elle avait seize ans, elle était jolie comme l'est à seize ans une femme qui le sera encore à quarante. C'était une pureté de traits, une grâce de sourire. et des yeux!... quels yeux!... de ces yeux qui ne s'éteignent jamais et qui, lorsqu'ils ont perdu la flamme de l'amour, ont encore le feu de la passion et de l'enthousiasme.

Je l'aimai, elle m'aima.

Cependant, je ne voulais pas être ingrat, je n'abandonnai point mon oncle Roussignan. Mais les proverbes populaires sont plus vrais que les maximes des philosophes. « Il y a deux choses qu'on ne cache pas, » dit un de ces proverbes, « c'est l'amour et la gale. » Au bout de deux mois, mon oncle Roussignan avait deviné que j'étais amoureux ; il m'en plaisanta. Au bout de quarante-huit heures, il connut l'objet de ma passion, et il me maudit, après m'avoir associé dans sa haine à monsieur Simon et à toute sa race. Le lendemain, je reçus un mot qui me fermait la porte et m'avertissait que ma pension me serait désormais payée par un tiers et jusqu'à la fin de mes études. Je refusai le bienfait changé en insulte. Il faut que je dise à ma gloire que je n'allai pas faire parade de mon sacrifice chez mon oncle Simon ; mais il l'apprit, et je reçus des promesses d'espérance qui me consolèrent bien vite, car pendant que Flore et moi nous nous aimions, un drôle, appelé Romané et qui tenait les livres chez monsieur Simon, avait séduit le père pendant que je courtisais la fille. Le mariage était prêt à se conclure, lorsque l'orgueil de m'avoir arraché à monsieur Roussignan suspendit ce funeste projet.

Une prévision instinctive d'un malheur à venir me fit presser monsieur Simon. Flore s'évanouit, je pleurai, et notre mariage fut arrêté. Monsieur Simon n'y mit qu'une condition, c'est que j'obtiendrais du ministre de la justice le droit d'ajouter à mon nom de Roussignan une addition qui finirait par effacer le vrai nom patronymique de mon père. Je le promis.

Je n'avais plus qu'un mois à attendre, et si ce n'eût été le chagrin de ma rupture avec mon oncle Roussignan, j'eusse été le plus heureux des hommes. Je nageais dans la certitude d'un bonheur prochain, lorsque, huit jours à peu près avant mon mariage, je reçois du premier employé de monsieur Roussignan un billet ainsi conçu :

« Votre oncle vient d'être frappé d'un affreux malheur. Son fils, qui voyageait depuis un an pour le placement des marchandises de la maison, vient d'être tué à Genève par l'explosion d'un fourneau à vapeur de notre invention, qu'il expérimentait devant une société savante ; depuis cette nouvelle, votre oncle est comme fou, il veut se tuer ; il dit que le malheur le frappe parce qu'il a abandonné le fils de son frère. »

A cette nouvelle, j'oubliai la malédiction de mon oncle, j'oubliai monsieur Simon, j'oubliai Flore et je courus chez monsieur Roussignan. Il se jeta dans mes bras, il pleura avec moi, je tâchai de le consoler, et je me retirai avec l'espérance que cet affreux malheur aurait pour résultat de me rapatrier avec mon oncle sans empêcher mon mariage avec ma cousine.

Erreur ! funeste erreur !

Le répit que ma présence avait apporté à la douleur de monsieur Roussignan, et peut-être une de ces phrases courantes que dicte la circonstance, telles que : « Eh bien ! je serai votre fils, moi ! » l'une ou l'autre de ces causes, toutes deux ensemble peut-être, inspirèrent à monsieur Roussignan une pensée pleine de générosité sans doute, mais où pointait malgré lui un bout de l'oreille de la haine.

— Tu es mon seul héritier, me dit-il, tu portes mon nom. Eh bien ! deviens mon fils. Je t'adopte, je te donne ma fortune, mais tu comprends...

Il n'eut pas besoin d'en dire davantage, je l'avais compris. J'évitai de répondre en parlant de ma reconnaissance éternelle pour cette bonne proposition.

A son tour, mon oncle me comprit ; il ne se trompa point aux faux-fuyants par lesquels j'espérais lui échapper.

— Écoute, me dit-il, j'ai quinze mille livres de rente, je me retire des affaires, mon fonds est vendu cent cinquante mille francs, je te les donne dès aujourd'hui et je t'assure le reste de ma fortune. Je te laisse huit jours pour te décider. Jusque là je ne veux pas te voir.

Je me retirai. Cent cinquante mille francs comptant !... quinze mille livres de rente en perspective !... Je devins rêveur, si rêveur, qu'on le remarqua le soir même chez monsieur Simon. On me questionna, on me pressa, on me pria. Flore pleura, j'avouai tout.

— Cet homme ne sera content que lorsqu'il aura fait sauter toute sa famille, s'écria monsieur Simon, chez qui la haine parla la première. Mais Flore avait vu ma tristesse et compris mon incertitude.

— Mon père, reprit-elle avec amertume, je n'ai que cinquante mille francs de dot, vous n'avez que huit mille livres de rente, et monsieur Roussignan est capable de braver le danger de sauter pour s'assurer la fortune qu'on lui offre.

Jamais Flore ne m'avait appelé monsieur Roussignan : ce nom dans sa bouche, à la place de celui de Maxime, me parut une condamnation. Je me jetai à ses pieds, je jurai, j'implorai, je priai, mais l'orgueil de monsieur Simon se mit entre moi et l'indulgence de Flore.

— Il a hésité s'écria-t-il avec une indignation tragique, il a hésité !

A vrai dire, j'hésitais encore. Je parlai de mes devoirs, du malheur de mon oncle, des égards qu'on doit à la douleur d'un père, je fis les discours les plus stupides. Le fond vrai de tout cela était que j'aurais voulu avoir les deux fortunes, les deux héritages et Flore. Je ne pouvais me décider, au désespoir d'y parvenir.

Monsieur Simon mit un terme à mes oraisons en me disant :

— Réfléchissez, monsieur ; je vous donne huit jours pour être mon gendre ou mon ennemi. Allez.

Je rentrai chez moi éperdu, indécis entre ces deux positions, ces deux devoirs et ces deux fortunes.

Quoique je vous aie dit que je ne voulais pas vous faire l'histoire de mes sensations, il faut pourtant que je vous dise par quelle bizarre disposition de ma nature j'arrivai à la conclusion la plus extravagante et la plus inattendue.

Depuis que j'avais l'âge où les circonstances agissent sur la conduite d'un être raisonnable, d'abord parce qu'il les subit sans les raisonner, ensuite parce qu'il les raisonne pour en profiter, depuis dix ans à peu près, toutes les habitudes de mon esprit, toutes les forces de ma nature n'avaient eu qu'un but, c'était de marcher d'un pas égal et indépendant entre l'amitié que mes oncles avaient pour moi et la haine qu'ils se portaient. J'avais toujours réussi à me maintenir dans un exact équilibre, de façon que je ne m'étais jamais arrêté à la pensée de choisir entre eux ; jamais je ne m'étais préparé à cet exercice violent d'une décision à prendre. Il en était arrivé que l'incertitude d'abord, les atermoiemens ensuite, et pour tout ressouece les demi-mesures, étaient devenus mes seuls moyens. Mon caractère avait pris ces allures incertaines et flottantes de mon esprit, je ne savais pas vouloir. Ce fut donc durant les huit jours de délai qui m'avaient été accordés un combat perpétuel entre mon intérêt présent et à venir qui me faisait pencher pour monsieur Roussignan, et mon amour qui m'entraînait du côté de monsieur Simon. Dix fois par jour, durant ces huit jours, je pris parti pour l'un ou pour l'autre, et je mis le pied hors de ma chambre ou je commençai une lettre pour arrêter ma résolution. Mais au premier pas que je faisais, au premier mot que j'avais écrit, toutes les bonnes raisons du parti vaincu se relevaient, me parlaient, me reprochaient mon choix et me rendaient mes irrésolutions.

J'ai beaucoup souffert dans ma vie, messieurs, mais je ne sache pas de pire supplice que celui que j'ai souffert. Incessamment ballotté d'une pensée à l'autre, me trouvant coupable de ne pas choisir et plus coupable quand je n'avais pas choisi, j'arrivais contre moi et la destinée à des délires de colère où je doutais de ma raison, et à des lassitudes d'esprit où je doutais de mon existence ; je ne mangeais plus, je ne dormais plus, ma santé s'altérait avec ma raison : je ressemblais au squelette d'un fou. Cela dura huit jours, après lesquels je fis ce qui, dès le premier jour, eût été un acte de courage, ce qui, au bout de huit jours, devenait une lâcheté en témoignant de mes longues irrésolutions.

— Vous choisîtes pour la fortune et l'oncle Roussignan, fit froidement Dabiron en interrompant le narrateur.

— Non, dit le comte de Montreuil, avec un certain enthousiasme, à vingt ans on choisit l'amour.

— Ni l'un ni l'autre, reprit l'ex-pendu avec un rire amer : j'écrivis à chacun de mes oncles une lettre à peu près semblable, où je disais à monsieur Simon que je serais pour lui un gendre dévoué, mais que je ne pouvais être ingrat envers mon oncle Roussignan, et à celui-ci, que je l'aimerais comme un fils, mais que je ne pouvais oublier ce que je devais de reconnaissance à mon oncle Simon et d'amour à sa fille. J'avais, je le crois, fait à ce sujet quelques phrases assez touchantes, et je comptais au moins sur l'amitié de l'un d'eux pour me permettre de ne pas entrer dans la vie par une trahison. Celui qui m'eût accepté à moitié m'eût obtenu tout entier en choisissant pour moi. Je n'aurais pas eu le remords de mon ingratitude.

Le soir même je reçus les deux réponses. Mes deux oncles, à peu près dans les mêmes termes, me reprochaient mon ingratitude et me chassaient honteusement et sans retour de chez eux. J'avais compté sans la passion des autres. Le premier effet de ces deux lettres fut pour moi un anéantissement complet ; le second, une colère frénétique ; le dernier, une résolution désespérée. Je venais de tout perdre en un seul coup, avenir, fortune, amour, affections ; je cherchai des pistolets et je me préparai à me brûler la cervelle.

Je demeurais rue de Madame, dans une petite chambre du rez-de-chaussée qui s'ouvrait sur la rue. J'avais déjà écrit une lettre à chacun de mes oncles et je venais d'achever celle que je destinais à ma charmante Flore, lorsque tout à coup j'entends pousser des cris : Au meurtre ! à l'assassin !

Je me précipite vers la fenêtre à l'instant où deux coups de feu éclatent l'un sur l'autre. J'ouvre ma persienne et je vois devant moi un homme qui, par un effort désespéré, franchit l'appui de ma croisée et vient s'abattre en râlant au milieu de la chambre. J'entends fuir les pas des assassins, tout rentre dans le silence : cela n'avait pas duré une demi-minute. Je referme ma persienne et je regarde cet homme. Les deux coups de feu l'avaient frappé en plein visage et l'avaient si horriblement dévisagé qu'il était impossible de se figurer ses traits. Je me penchai vers lui pour le secourir ; il fit un effort désespéré pour porter la main à la poche de côté de son habit, et il tomba mort.

Ce spectacle hideux de la destruction m'épouvanta ; il me sembla me voir dans cet homme étendu à mes pieds et méconnaissable. J'hésitai à mourir. Cependant, je voulus savoir quel était le malheureux qui venait d'être assassiné. Je cherchai dans la poche sur laquelle ses mains s'étaient convulsivement croisées, et j'y trouvai un énorme portefeuille vert à plusieurs compartiments. L'un contenait un passeport au nom de Franck Muller...

— C'était lui ! murmura sourdement Montreuil.

— J'y appris que ce Muller était né Français, qu'il habitait l'Allemagne et qu'il avait quitté Hildebourg-Hausen pour se rendre en France. Quelques autres papiers m'annonçaient qu'il était orphelin. C'était un jeune homme de vingt-cinq ans. Dans une autre partie du portefeuille, je trouvai une somme de près de trente mille francs en billets de banque, et dans la dernière, une correspondance en allemand.

— Que vous avez conservée ? s'écria Montreuil avec joie.

— Non.

— Que vous avez détruite ? reprit-il avec un mouvement de rage et de désespoir.

— Non, que j'ai envoyée par la poste à son adresse, à monsieur Duplessis, notaire à Ernée, département de la Mayenne.

Montreuil respira et reprit d'une voix plus calme :

— Continuez.

— Je vous ai dit que j'étais à moitié fou, poursuivit Muller ou plutôt Maxime Roussignan ; je n'avais plus le courage de mourir, je ne me sentais pas la force de vivre dans la misère et sous la malédiction de mes deux oncles. Le hasard venait, à la vérité, de me jeter une fortune ; mais si je racontais ce qui s'était passé, quelqu'un pouvait se présenter pour la réclamer. La folie qui m'avait agité toute la nuit prit une autre direction. Je voulais mourir, je me dis que j'étais mort. Je rassemblai à la hâte tous les papiers que portait cet homme, je pris sa montre et je mis la mienne à la place. Je glissai un de mes mouchoirs dans sa poche. Je cachetai les lettres que j'avais écrites, je les déposai sur ma cheminée. Je donnai au meurtre qui venait d'être commis toutes les apparences d'un suicide, je déchargeai mes pistolets et je les lui mis dans les mains après y avoir brûlé des amorces, et enfin, après une heure de ce délire extravagant, je sortis de chez moi pour être désormais Franck Muller et voir si la vie me serait plus favorable sous ce nom. Je laissai dans ma chambre le faux Maxime Roussignan, pour être le remords et le châtiment des deux oncles cruels qui m'avaient voué au suicide. Voilà pourquoi, messieurs, je vous ai dit que j'étais déjà mort une fois. Il me reste à vous dire pourquoi je me tue cette fois-ci pour n'y plus revenir.

— C'est drôle, fit Dabiron.

— Ecoutons, reprit Montreuil, qui continuait à combiner dans sa tête quelque plan extraordinaire. Ceci peut être intéressant pour notre salut à tous.

Après cette interruption, dont profita l'infortuné Maxime pour dessécher deux ou trois fonds de bouteille, il reprit d'une voix lugubre comme les souvenirs qui se présentaient à lui :

— Messieurs, il y a des hommes marqués pour le malheur. Le destin, comme tous les pères qui ont de nombreux enfans, a des préférences et des haines inexplicables. Je suis un de ces êtres destinés à devenir la victime des passions dont ils sont innocens. Je n'avais pas fait la haine de mes oncles ; je n'avais pas appelé chez moi ce Muller pour venir y mourir, et cependant, je fus alors la victime de cette haine et je suis aujourd'hui la victime de cette mort.

Dabiron regarda le comte et sourit en appuyant l'index sur son front, comme pour dire qu'il y avait un peu de folie dans le fait de Muller.

— Peut-être, répondit monsieur Montreuil, qui paraissait fort furieux de ce qu'il allait entendre.

— Vous comprenez, reprit celui-ci sans s'être aperçu des signes de l'un et de la réponse de l'autre, vous comprenez bien qu'on ne fait pas une action comme celle que je viens de vous raconter sans que la tête soit à moitié perdue. Aussi je m'échappai et je me mis à fuir avec plus de terreur peut-être que si j'avais été coupable du meurtre de ce misérable Muller. J'errai toute la nuit sur les boulevards extérieurs, inondé par une pluie glacée qui me protégea contre toute rencontre de patrouille ou de voleurs. Dans une nuit pareille, il n'y a que les fous qui peuvent se promener.

Au point du jour, je me réfugiai dans un des innombrables garnis de Montparnasse. Heureusement encore pour moi, les hôteliers de ce refuge de voleurs ne sont pas très exigeans à l'égard de leurs locataires. Je fus admis sur ma mauvaise mine. Je me couchai et je m'endormis bien décidé à profiter de la nuit suivante pour m'éloigner de Paris. Mais j'avais gagné une si affreuse courbature et une si ardente fièvre dans ma promenade nocturne entre deux eaux, c'est-à-dire entre la sueur dont m'inondait la frénésie de ma course et la pluie dont le ciel m'inondait, que je me sentis incapable de faire un pas. Je savais assez de médecine pour remédier à cet inconvénient. Je m'inondai de sudorifiques furieux. Je bus deux énormes bols de punch après m'être barricadé dans ma chambre, et je m'endormis ivre-mort.

Le lendemain j'étais frais comme une rose et dispos comme un chevreau. Je commençai à réfléchir et à me repentir. La première résolution que j'avais prise était à la fois une sottise et une mauvaise action. Je m'étais effacé du nombre des vivans sans avoir gagné le repos, et j'avais volé un mort. Je me promis d'être plus circonspect à l'avenir, et je cherchai même un moyen de revenir sur ma résolution. Une circonstance à laquelle j'étais loin de m'attendre me cloua dans la position fantastique que je m'étais faite.

Indépendamment de la bienveillance ordinaire des logeurs du quartier pour tout individu qui a l'air de se cacher, le mien avait une excellente raison pour m'accueillir : c'est que sa maison était fort peu achalandée, même parmi les voleurs. En effet, elle était aux abords du cimetière Montparnasse, et s'il est vrai que la populace aime à voir mourir, il paraît certain qu'elle n'aime pas à voir enterrer.

Je n'avais aucune idée de la position de la maison où j'étais, et je ne m'en serais pas occupé sans doute si, au-dessous de ma fenêtre, je n'avais entendu prononcer distinctement mon nom, qui n'était plus le mien.

Je m'élançai vers ma croisée, pratiquée par des persiennes qui me permettaient de voir dans la rue. Quel spectacle, messieurs ! un beau corbillard tendu de blanc, conduit par des chevaux blancs. *O vanitas vanitatum !* Il me vint la pensée la plus folle et la plus impertinente du monde. Je m'imaginai que c'était le convoi de ma cousine Flore qui était morte de saisissement en apprenant mon suicide. Mais l'absence des jeunes filles qui portent les rubans blancs des corbillards m'avertit de ma présomption. Hélas ! que dis-je ! à la place de ces blanches et jeunes pleureuses, je vis quatre de mes camarades de l'école, trop tristement gourmés dans leurs fonctions pour être sérieusement tristes, et derrière le corbillard, marchant d'un pas irrésolu, la main dans la main, et pleurant sans prétention, mes deux pauvres oncles qui s'accusaient sans doute de ma mort, et qui s'étaient réconciliés sur ma tombe. Comme Marion Delorme, je voyais passer mon propre enterrement. Seulement, je pleurais derrière ma persienne, qui riait comme une folle derrière sa vitre, en s'abandonnant aux cajoleries et aux bons mots de Desbarreaux.

Ce spectacle fut encore pour moi l'occasion d'un combat déplorable : la nature, le remords, l'honneur, la vérité, me criaient d'aller apaiser cette sincère douleur; mais la fausse honte, ou plutôt le faux honneur, la peur du ridicule, la difficulté d'expliquer la mort de ce Muller, et surtout les trente mille francs dont je m'étais emparé, me retinrent immobile. Je voulus... je ne voulus plus; j'essayai de sortir et je m'arrêtai. Je me traitai d'infâme et je m'excusai, et j'étais encore plongé dans mes indécisions que j'étais déjà enterré et que tous ceux qui m'étaient restés fidèles jusqu'à la mort étaient rentrés, chacun chez soi, pour ôter leur habit noir et déjeuner.

Cette réflexion me ramena à mon estomac, ce moi encore plus égoïste que le cœur. J'appelai mon hôte, je lui demandai à déjeuner. Il me servit lui-même, attendu qu'il n'avait pas de domestique. Je l'interrogeai. Il avait appris mon histoire de quelques ouvriers appartenant les uns à monsieur Roussignan, les autres à monsieur Simon, et qui étaient venus cimenter sur le comptoir la réconciliation de leurs maîtres. Il paraît que quelques heures s'étaient à peine écoulées après que chacun de mes deux oncles m'avait écrit la lettre qui m'exilait de chez lui, que tous deux furent saisis à peu près des mêmes remords.

Ce qui leur avait d'abord paru indifférence et lâcheté leur sembla, après réflexion, loyauté, reconnaissance et courage. Ils partirent presque en même temps de leurs demeures, et arrivèrent ensemble à mon logis : l'un venait m'assurer sa fortune, l'autre me donner sa fille ; ils entrèrent et se trouvèrent en face de mon cadavre.

Les deux malheureux se jetèrent dans les bras l'un de l'autre, chacun se reprochant ma mort en excusant son ancien ennemi. Leur haine descendit dans mon cercueil.

Durant ce récit, je frémissais, je trépignais, je rugissais de colère contre eux, contre moi, contre le sort. Être mort quand le bonheur arrive ! n'est-ce pas affreux ? Je voulus me repaître de ma douleur et me faire torturer en apprenant le désespoir de ma cousine.

— Et l'infortunée qui devait épouser cet imbécile dis-je ? à mon hôte.

— Oh ! pour celle-là, me répondit-il avec la lourde brutalité d'un aveugle s'asseyant sur un chat qui dort dans un fauteuil ; oh ! pour celle-là, il paraît qu'elle est enchantée d'être débarrassée de cet imbécile, comme vous dites.

J'attendais au cœur une douleur aiguë et poétique; je ne subis qu'un monstrueux aplatissement.

J'en perdis l'énorme appétit que m'avait donné le système curatif que j'avais employé.

La joie de Flore me retua net, et je me tins pour parfaitement mort. Je pris des mauves pour vivre à nouveau. Ce fut ce jour-là que je fis un paquet de tous ces griffonnages allemands sur l'enveloppe desquels il y avait écrit en français :

« *A remettre à monsieur Duplessis*, etc. »

Je soldai ma dépense et je partis à la nuit. Un coucou, de ceux qui ont survécu aux célérifères et autres inventions plus incommodes, me conduisit à Longjumeau. C'est là que je mis à la poste, après l'avoir affranchi, le paquet destiné à monsieur Duplessis.

— Vous l'avez affranchi ! s'écria le comte ; alors le notaire n'aura pas pu refuser de le recevoir ; il est chez lui, il doit y être: nous sommes sauvés !

Maxime Roussignan regarda le comte d'un air soupçonneux, mais celui-ci lui tendit la main en lui disant :

— Vous avez fait là une bonne action, par hasard, par extraordinaire, sans le vouloir, sans le savoir, sans le...

— Pas du tout, reprit l'ex-pendu d'un air d'humeur. Du moment que je prenais les trente mille francs du mort, il était juste que je fisse ses commissions. Cela m'a coûté 11 fr. 75 c. J'ai de la probité.

— Le paquet était volumineux, à ce qu'il paraît, fit Dabiron en ricanant.

— Après, monsieur, après ? dit le comte avec impatience.

— Eh bien ! après, je gagnai le Havre en évitant de traverser Paris, et je m'embarquai pour aller en Russie. Nous fûmes obligés de relâcher à Hambourg. La ville me plut. J'aime beaucoup la bière sous des berceaux de houblon, et toutes ces Allemandes, roses, potelées et blondes, avaient un air de Flore qui me ramenait à mes premières amours. J'avais de l'argent, et comme je voulais me faire un état, je me mis à apprendre l'allemand pour pouvoir enseigner le français.

J'avais mangé une dizaine de mille francs, et je commençais à baragouiner passablement le germain; j'avais déjà même pour écoliers deux étudians ruinés qui voulaient aller s'établir garçons d'hôtel aux eaux de Baden, et une vieille baronne sentimentale qui rêvait de lire dans leur langue originale Lamartine et Paul de Kock, lorsque, dans un de ces innombrables cabarets qui peignent la ville de verres et de pots de bière, de nuages de pipes et de chœurs à quatre parties, je fus entrepris à ma table par un personnage à la figure étique, à la voix et aux yeux éteints, portant sur son nez une énorme paire de lunettes d'or, et sur ses épaules une longue queue à la prussienne.

— Ah! ah! fit le comte de Montreuil, cette queue et celle du président Séguier sont les restes les plus illustres de cette mode si injustement détrônée par la titus.

— Vous connaissez cet homme? dit Maxime Roussignan, en accompagnant cette question d'un regard de plus en plus menaçant.

— C'était le conseiller Swith Malden, attaché à la légation de Nassau.

— Vous connaissez donc mes ennemis? s'écria Maxime Roussignan en se levant.

— Pour vous dire que je puis vous sauver, il faut bien que je les connaisse, reprit le comte. Mais continuez, de grâce; l'heure s'avance, et j'ai besoin de tout savoir avant de vous rien dire.

— Mais, fit Maxime, ceci n'est pas loyal.

— Bah! fit Dabiron, qu'importe à des gens qui vont se tuer! Achevez.

— Au fait, vous avez raison, reprit Maxime. Cet homme, que je pris pour un bourgeois libre, me demanda gracieusement si je voulais l'aider à vider une bouteille de vin de France qu'il s'était fait servir. La patrie est un regret pour l'estomac comme pour le cœur : je me laissai tenter par un Grave savoureux et topaze; je bus, il parla; je bus, il se tut; je bus, je parlai. Je lui dis que j'étais monsieur Muller, de Strasbourg, que j'étais orphelin, que j'avais été élevé à Nancy, au séminaire; puis que j'avais vécu à Paris, où j'avais été secrétaire d'un tailleur, puis rechercheur de sujets pour un romancier, puis enfin rédacteur de réclames, et historiographe des gloires inconnues dans un recueil tiré à vue sur ceux dont on faisait l'éloge. C'était là que le baron Munich m'avait pris pour m'emmener à Hildebourg, d'où j'étais reparti pour Hambourg.

Je savais ma vie sur le bout du doigt depuis que j'avais appris l'allemand. Mon prédécesseur dans le nom et les fonctions de Muller avait pour habitude d'écrire, jour par jour, ses faits et gestes, c'est-à-dire comment il se levait, se couchait, buvait, mangeait, tout enfin, excepté ce qui m'eût importé, ses intentions, ses projets, ses pensées. A la place où aura en dû se trouver ces récits, il y avait sur le petit livre que je recueillis avec ses papiers des lignes de points et de chiffres dont je n'ai jamais pu découvrir la clef. Quoi qu'il en soit, je me mis à poser le Muller, du mieux que je pus.

Le bourgeois libre me souriait avec une complaisance qui eût dû m'éclairer, mais déjà une seconde bouteille, aussi généreusement offerte et non moins gracieusement acceptée que la première, m'avait fermé les yeux et ouvert la bouche. Je babillai, jusqu'à la dernière goutte du flacon, et jusqu'à la dernière anecdote de ce que je savais sur moi-même. Le bourgeois libre me salua et je me mis en devoir de gagner ma demeure. La nuit était venue, et je fredonnais un air de la Chaumière, lorsqu'il me tombe tout à coup un voile immense et pesant sur la tête. On me saisit, on me roule, on m'emmaillote, on me ficelle et on m'emporte dans une voiture. Elle roule longtemps dans la campagne. J'étouffais dans mon sac. J'en fis l'observation en français : on ne parut pas m'entendre. Je répétai l'observation en allemand : on me détortilla et on me permit de respirer. J'étais donc avec des Allemands. La nuit était noire et la route déserte : les chevaux couraient comme celui du fiancé de Burger. Je faisais dans une immense berline le milieu de cinq colosses masqués. Je compris que les menaces seraient inutiles. J'essayai de la prière. Huit poings levés me furent une réponse suffisante. Je me renfermai dans mon silence et mes conjectures.

Je n'étais ni le fiancé d'une riche bourgeoise, ni l'amant d'une princesse déguisée, ni l'héritier de quelque haut baron. Je cherchai quel intérêt on pouvait avoir à me faire disparaître. J'oubliai que j'avais dû hériter de toutes les actions du Muller passé.

Une heure après, je crus cependant que j'allais découvrir la vérité. On m'avait déposé, toujours vêtu en momie, ou en saucisson, comme il vous plaira, sur le divan d'une chambre où veillait une seule bougie. Après avoir considéré le lieu où j'étais, espèce de salon tendu de drap vert...

— Avec des bandes de velours noir, dit le comte de Montreuil.

— Vous le connaissez? fit Maxime en s'arrêtant encore une fois.

— Je crois bien! je veillais sur vous, dit le comte en se frottant les mains. Continuez, continuez.

— Continuez donc, fit Dabiron ; l'heure se passe, et nous n'aurons plus le temps de nous tuer commodément.

— Enfin, reprit avec humeur le ci-devant pendu Muller, autrement dit M. Roussignan, j'étais dans le salon vert à bordures de velours noir, et je gisais immobile sur mon divan, lorsque j'entendis causer avec vivacité près de moi. J'écoutai et j'entendis la voix du bourgeois libre dire d'un ton triomphant :

— Vous verrez, monseigneur, vous verrez ! Cet homme est plus fort que vous ne le pensez. Je l'ai cru gris, car il babillait à en être odieux. Il m'a dit, je crois, le nombre de médecines qu'il a prises dans sa vie, et le nom de toutes les bourgades où il a mangé du poulet ; mais, quant au grand secret, il ne lui est pas échappé un mot à ce sujet. Il m'a deviné assurément, et je ne sais comment il s'est laissé surprendre si aisément.

— Nous verrons, nous verrons ! dit une voix sèche et brève.

Aussitôt mon bourgeois libre entra, portant deux bougies qu'il plaça de manière à m'éclairer parfaitement. Un petit homme, sec, vieux, poudré, mais sans queue, entra après lui. Il était en robe de chambre et en pantoufles. J'en conclus qu'il était chez lui, et moi aussi.

Il me regarda. Henri IV ôtant son chapeau pour recevoir le conspirateur qui avait juré de l'assassiner, ne fut pas sans doute plus héroïque que ce vieux sec, en faisant au bourgeois libre un signe pour me délivrer de mes bandelettes.

Je sortis de mon supplice. Il me sembla que mes jambes et mes bras respiraient.

— Monsieur Muller, me dit le vieillard en très bon français, nous n'avons aucun mauvais dessein à votre égard. Dites une parole et vous êtes libre.

— Je dirai tout ce que vous voudrez.

— Eh bien ! révélez-nous le fameux secret, et voici cent mille francs qui vont vous être comptés.

Je me demandai comment je pouvais être porteur d'un secret valant cent mille francs, et j'étais tout prêt à en inventer un au besoin, lorsque le vieillard reprit en baissant la voix :

— Dites-moi où est l'enfant.

— Quel enfant? m'écriai-je d'un ton si naturel que le vieillard en fronça le sourcil, et que l'homme à queue murmura d'un air triomphant :

— Je vous l'ai dit : il est impénétrable !

Le vieillard lui commanda le silence d'un geste du doigt.

— Je n'ai rien à ajouter à ma question, reprit-il d'une voix impérieuse ; vous le savez parfaitement. Je vous demande donc encore une fois où est l'enfant.

— Mais, morbleu, quel enfant? repris-je avec un mouvement de colère.

Le vieillard tira un pistolet de sa robe de chambre et l'arma froidement en disant à son confident :

— Vous ne m'aviez pas dit qu'il était dangereux.

Ce pistolet me fit trembler; je jetai autour de moi un regard éperdu.

— Monsieur Muller, écoutez-moi bien, et comprenez-moi bien, reprit le vieillard. Vous êtes en notre pouvoir, et vous devez être certain que nous ne permettrons jamais qu'une fable odieuse (car on vous a trompé, monsieur Muller), nous ne permettrons jamais, dis-je, qu'une calomnie abominable serve de prétexte à quelques intrigans pour bouleverser un royaume et ébranler un trône. Si vous avez fondé des espérances sur cette folle entreprise, vous devez y renoncer maintenant. Rien de ce que vous avez rêvé n'arrivera. Il est donc de votre intérêt de parler... Où est l'enfant ?

La fureur où me mit cette stupide interrogation m'empêcha de sentir la gravité de ma situation. Je bondis sur mon divan, et je cherchais des yeux lequel du vieillard ou du bourgeois libre j'étranglerais le premier, lorsque, sur un mot de mes ravisseurs, quatre laquais parurent et me remmaillottèrent en une demi-minute.

— Réfléchissez, monsieur Muller, me dit le vieillard. Demain je reviendrai vous interroger. Monsieur le baron, ajouta-t-il en se tournant vers l'homme à queue, on suivra le régime ordonné.

Le vieillard sortit en caressant son pistolet, comme s'il eût remporté une insigne victoire, et le baron donna l'ordre aux laquais de me mettre à la cave. On m'emporta à travers un couloir sans fin. Ma fureur était tombée. Je pleurais.

Tout à coup une femme svelte, grande, blonde, une apparition, passe près de moi et me glisse d'une voix chevrotante ces mots mystérieux :

— « Courage et discrétion, Muller ! »

— Noble et bonne Catherine ! s'écria le comte de Montreuil, en interrompant le récit de l'ex-pendu. Elle fut admirable de dévoûment !

Muller, ou plutôt Maxime Roussignan, attacha encore sur le comte un regard plein de soupçons et d'orages. Il parut comprendre à qui il avait affaire, et son regard passa de Montreuil à un couteau qui se trouvait à sa portée. Cependant il reprit immédiatement :

— On me déposa dans une cave assez élevée et assez sèche, mais ans soupirail. On m'avait enlevé jusqu'à l'espoir de faire entendre mes plaintes à l'intérieur. J'y passai deux heures, toujours ensaché et couché sur un banc. Je me rappelai alors cette phrase de Schiller :

« Il y a des secrets si terribles qu'ils brisent celui qui » les a dans le cœur. »

Probablement le secret qu'on me demandait était de cette nature, avec cette différence qu'il me briserait probablement, par cela même que je ne le savais pas.

Je réfléchis longuement, suivant ma coutume, au parti que j'avais à prendre, et pendant ce temps les heures s'écoulaient et je ne voyais rien venir, ni ravisseur ni vivres. Je pensai qu'on voulait me prendre par la famine.

Aucune lueur ne perçait les ténèbres où on m'avait laissé. Rien n'est affreux comme ce vide noir qui semble à la fois écraser vos yeux et les laisser s'égarer dans l'infini.

J'étais parfaitement décidé à dire toute la vérité.

Enfin, il me semblait qu'on m'avait laissé dans ce tombeau toute une semaine, lorsqu'on vint me chercher pour me transporter dans le même appartement où j'avais déjà été reçu.

Le vieillard était installé dans ce même appartement comme la première fois. La pendule du salon était au chiffre douze, et les bougies étaient allumées. J'en conclus que nous étions en plein minuit, l'heure de tous les crimes.

Toutefois, reprit l'ex-pendu, la pensée d'un attentat contre ma vie, qui m'avait effrayé d'abord, en raison de l'heure funèbre de minuit qui venait de sonner à la pendule du salon, cette pensée peu rassurante s'effaça bien vite de mon esprit à l'aspect d'une table chargée de plats et de bouteilles en forme de bordeaux.

Je dévorai la table des yeux.

Le vieillard parut jouir de ma contemplation ; puis, tout à coup, il me dit, en dirigeant mon regard sur une autre table :

— Ceci ou cela.

Cette phrase laconique me fut expliquée par la vue de l'autre table, sur laquelle il voyait un pain noir et une cruche d'eau.

Je n'eus aucune indécision.

— Ceci ! m'écriai-je, et je dirai toute la vérité.

— Je l'attends, dit le vieillard en se tournant de mon côté.

— Je suis épuisé, répliquai-je d'une voix mourante et en jetant un regard suppliant vers la table servie.

— Un mot suffit, dit froidement mon interlocuteur. Où est l'enfant ?

— Mais je ne le sais pas ! mais je ne suis pas Muller ! Vous vous trompez !

Le vieux se leva et fit un signe en gagnant la porte. On emporta la table servie.

— Mais écoutez-moi donc ! m'écriai-je.

Il s'arrêta.

— Je vais vous dire toute la vérité ; je m'appelle Maxime Roussignan. Un soir...

Il était sorti.

On me remporta, avec la cruche et le pain noir.

La même apparition passa près de moi dans le couloir.

— « Bien, très bien ! me dit-elle ; je vous comprends. »

On me remit en cave, et mes quatre porteurs me donnèrent une demi-heure pour manger. Je profitai de la permission ; après quoi, on me réintégra dans mon maillot, et on me replaça sur mon banc.

Durant huit jours, ce fut la même scène et la même nourriture.

Je me sentais mourir et ne voyais aucun moyen de me sauver.

Enfin, le huitième jour, on me rapporta encore dans le salon vert.

Le baron, l'homme à queue, était présent.

Cette fois, on me tira complètement de mon sac. Je ne pus me tenir sur mes jambes. Je me mis à pleurer. Un doute parut percer l'obstination flegmatique du féroce vieillard.

— Eh bien ! me dit-il, parlez.

J'obéis, je racontai mon histoire en détail, avec une sincérité, une présence d'esprit, qui eussent éclairé des aveugles. Je n'arrivai à d'autre conclusion que celle-ci :

— Vous avez raison, baron, dit le maître, cet homme est prodigieux !

— Prodigieux ! répliqua le baron d'un ton important.

J'avais parlé en vain. Je sentis la fureur me prendre au cœur, mais je n'avais déjà plus la force de ma colère : je m'évanouis.

Quand je revins à moi, j'étais encore dans ma cave, mais déshabillé et couché dans un lit. Une veilleuse éclairait ma chambre.

Le plus odieux de tous les supplices, c'est l'impuissance. Je me trouvais bien malheureux de ne pas être mort ; si j'avais eu la force de me tuer, je n'aurais pas hésité ; mais j'étais arrivé à une prostration physique qui me permettait à peine de me retourner.

Le soir même on revint encore me chercher.

Durant le trajet, je revis ma blanche apparition.

— « Courage ! me dit-elle. Vous avez été admirable ! »

Mes protecteurs même croyaient que j'étais Muller. La vérité avait été pour eux une fiction, comme pour mes ravisseurs. Cette pensée fut rapide comme l'éclair, et la résolution qu'elle m'inspira ne le fut pas moins. J'acceptai mon rôle de Muller et je répondis d'une voix éteinte :

— C'est possible, mais si on me laisse mourir, je parlerai.

La noble dame s'arrêta et me regarda avec inquiétude. Je l'avais alarmée. Elle allait me parler, lorsque la voix grondeuse du vieillard se fit entendre.

— « Mon mari !... Silence ! » me dit-elle en me faisant un signe.

Elle disparut.

La scène de la veille recommença, mais le souper fut changé. Je trouvai dans ma prison un poulet froid, du vin de Bordeaux et un petit pain blanc.

Au milieu du pain un petit billet avec ces mots :

« Persévérez, on veille sur vous. »

Ce nouveau régime me rétablit en huit jours, pendant lesquels j'eus à subir tous les soirs la même comparution, le même interrogatoire.

Enfin une nuit, une femme apparut tout à coup dans ma prison et me fit signe de me lever.

Elle jeta sur mon lit des habits de paysan et disparut.

Quelque temps après, elle rentra, me prit la main, et me conduisit par d'autres caveaux à une porte extérieure, et me l'ouvrit.

Je vis devant moi le ciel et la liberté. J'allais oublier ma libératrice, tant il est vrai que le bonheur rend ingrat, lorsque je fus arrêté par un homme enveloppé d'un long manteau qui me dit, pendant que la dame me glissait une bourse dans la main :

— « Maintenant, gagnez Hambourg, et ce soir, à six heures, à l'auberge de la Fleur d'Or. »

Le monsieur rentra dans le château avec la dame.

Or, c'était le vieux poudré qui était le mari de cette dernière : elle l'avait dit. Quel était donc celui-ci ?

Il était minuit, et on me ferma la porte au nez. Voilà tout ce que j'en sais, même à présent.

Monsieur de Montreuil sourit avec une fatuité supérieure.

— Ah ! ah ! fit Dabiron.

— J'étais libre, reprit l'ex-pendu Maxime, mais je ne savais où j'étais.

Mon premier mouvement fut de m'éloigner du château. J'errai toute la nuit. La bourse qui m'avait été remise contenait cent louis. Je trouvai enfin une voiture pour me conduire à Hambourg.

J'allai à mon logement. Les vingt mille francs qui me restaient méritaient bien cette visite, si dangereuse qu'elle fût.

Mon hôte m'accueillit comme si j'étais sorti le matin.

Je trouvai deux lettres de mes deux jeunes écoliers. Ils s'étonnaient de mon absence, me disaient que puisque j'échappais à mes leçons, ils ne me paieraient point. Je ne m'en occupai pas davantage.

Je trouvai onze lettres de ma vieille baronne. Dans la première, elle me faisait les plus aigres reproches sur mon manque d'assiduité ;

Dans la seconde, elle m'enjoignait de revenir ;

Dans la troisième, elle m'en suppliait ;

Dans la quatrième, elle me disait que je savais seul le grand art d'inspirer la tendresse ;

Dans une autre, elle me jurait qu'elle ne pouvait se passer de moi ; dans les suivantes, elle m'avouait son amour, ses combats, ses colères ;

Dans la dixième, elle m'offrait sa fortune et sa main ;

Enfin, dans la dernière, elle m'annonçait son suicide.

— Elle est heureuse ! murmurai-je tout de bon.

Voilà tout ce qu'obtint de moi cette passion sincère.

Je réglai mes comptes sans m'occuper de la vieille baronne ni du rendez-vous à l'auberge de la Fleur d'Or. Je me rendis sur le port : je cherchai un navire en partance. Je trouvai un paquebot qui chauffait pour l'Angleterre, je m'y lançai, je m'y cramponnai et je partis.

Au moment où nous perdions la terre de vue, je me mis à chanter et à danser avec une joie qui me fit prendre pour un fou. Le capitaine me manda dans sa chambre.

— Votre nom ? me dit-il.

L'habitude fit que je laissai échapper étourdiment le nom de Muller, quoique je fusse résolu à le dépouiller entièrement.

Du reste, à part cette énorme bêtise, la traversée fut heureuse, et j'arrivai à Londres bien décidé à m'y cacher dans la plus profonde obscurité.

Il n'y avait pas huit jours que j'y étais installé, dans un misérable hôtel garni de la Cité, que je trouvai tout à coup face à face avec le capitaine du paquebot. Il était en compagnie d'un dandy long de jambes, long de corps, long de cou, de visage, de bras, de mains et de dents.

« Le Muller, le voilà ! » prononcé par le capitaine qui me désigna du doigt, me prouva que j'étais l'objet de nouvelles recherches. Mais nous étions en Angleterre, le pays de la liberté individuelle. Et d'ailleurs, depuis ma délivrance, je m'étais nourri de bonnes viandes rôties, j'avais bu de bon vin, j'avais repris des forces, c'est-à-dire du courage.

Je voulais savoir à quoi m'en tenir. Je marchai droit aux deux individus qui m'observaient curieusement, et je dis :

— Eh bien ! oui, c'est moi, capitaine. Que me voulez-vous ?

— Il y a huit jours que je vous cherche, reprit le dandy qui l'accompagnait. Le comte de Montreuil vient de m'avertir que vous étiez parti sans paraître au rendez-vous qu'il vous avait donné. Il a deviné vos raisons, et il m'a chargé de vous dire qu'il n'y a pas un jour à perdre, et qu'il faut que l'enfant soit prévenu.

— Si je n'avais pas été dans un pays où le plus parfait gentleman sait donner un coup de poing de portefaix, j'aurais essayé de rosser ce héron en frac. La renommée dont jouit la Grande-Bretagne dans ce genre noble modéra mon ardeur, mais elle m'inspira immédiatement un dessein désespéré.

— Je sais à qui j'ai affaire, répondis-je au gentleman. Je ne puis ni ne dois partir avant huit jours.

— Vous savez, me répondit le long Anglais, que vous tenez dans vos mains la destinée d'un trône et d'un royaume !

Ce n'était pas impunément que j'avais entendu deux fois ces mots de trône et de royaume. Je compris que j'étais mêlé à une grande conspiration politique, et devinai que je possédais sans le savoir le secret menaçant de quelque prétendant. Ma foi, je me décidai à me jeter à corps perdu dans l'intrigue dont je paraissais être le maître.

Je supposai encore que ces papiers que j'avais expédiés sous enveloppe à monsieur Duplessis devaient contenir le secret qui me rendait un homme si important, et je me décidai à rentrer en France et à m'emparer de ce précieux dépôt.

En déclarant à la longue perche anglaise qui m'avait transmis l'avis de monsieur de Montreuil, que je ne pouvais partir que dans huit jours, j'avais voulu ajourner la surveillance de mes complices, car j'étais résolu à quitter l'Angleterre le jour même. Je rentrai chez moi, je fis mes préparatifs et je me rendis sur le bord de la Tamise.

On chauffait là pour tous les pays du monde. En quelques minutes j'eus trouvé un navire partant pour Boulogne. Je retins ma place, je donnai des arrhes et je rentrai chez moi.

Je ne fis pas la plus petite rencontre, je ne fus remarqué ni regardé par personne, et je me tins pour un homme sauvé.

J'attendis le lendemain matin avec confiance, et je me préparai à quitter ma demeure.

Un domestique avait mis mes malles dans une espèce de brouette. Ce domestique parlait passablement français.

Il faisait un affreux brouillard. Quand mon guide me devançait de dix pas, je ne le voyais plus.

Cependant nous arrivons sur le port ; mon guide demande le *Casimir-Périer* à un matelot qui l'envoie promener.

A ce moment arrive un gros homme à tournure commerciale. Il demande à son tour le *Casimir-Périer*. C'était un Français. Plus habitué que moi aux mœurs anglaises, il glisse un schelling dans la main du matelot, qui s'offre à le conduire. Je profite de l'aubaine, et moi et mon porteur nous suivons le négociant français, qui me raconte qu'il a fait deux mille lieues en huit jours, visité Manchester, Liverpool, Dublin, Edimbourg, et qu'il a placé pour deux cent mille francs de vin de Champagne.

Ce monsieur me fit rire. Qui n'aurait cru à un véritable commis-voyageur ?

Nous arrivons sur un pont en planches qui menait au navire.

— Le *Casimir-Périer* ? dit-il.

— C'est ici.

— Le *Casimir-Périer* ? repris-je.

— Entrez.

J'entre.

Le brouillard devenait de plus en plus épais; on se bousculait, on jurait, on hurlait.

Je livrai mes malles à un commis qui parlait un français pur normand.

Tout, messieurs, tout devait me rassurer.

Enfin on part. Je danse de joie, mais en moi-même, car l'expérience me rendait prudent.

Le brouillard se lève, le jour paraît : je regarde, je ne reconnais pas le *Casimir-Périer*! j'étais sur le pyroscaphe russe le *Paul Ier*.

Je cherche mon commis-voyageur en cidre : je ne puis le découvrir.

Je demande le capitaine : il n'était pas visible.

Alors j'éclate, je tonne, je dénonce le fait à tous les passagers.

Un certain monsieur d'Ambreville m'écoute avec quelque bonhomie. Il prend ma cause en main et déclare que, Français comme moi, il ne souffrira pas qu'on m'emmène loin de mon pays. Il parle haut et finit par se faire ouvrir la porte du capitaine.

Quel homme! messieurs... Une figure d'honnête homme s'il en fut jamais : blond et le teint rose, parlant toujours à travers un sourire.

Monsieur d'Ambreville lui expose l'erreur dont je suis victime. Le capitaine Latanoff l'écoute en souriant. Je crois même qu'il rit tout à fait.

— Pardon, reprit-il lorsque mon intercesseur eut fini, veuillez demander les papiers de monsieur.

Je n'avais pas ceux de Muller. Force me fut de les produire. Le capitaine ne daigna pas les regarder, mais il les fit lire à monsieur d'Ambreville.

— Eh bien! dit celui-ci, je vois que monsieur Marc-Antoine-Maurice Muller est né à Strasbourg; qu'il est Français.

— Oui, mais lisez, répond le Latanoff, toujours souriant.

Il lui remet aussitôt une pancarte portant des aigles à deux têtes.

— Vous voyez, ajoute le Latanoff en souriant, que le nommé Marc-Antoine-Maurice Muller a sollicité et obtenu des lettres de naturalisation en Russie, et que par conséquent il a perdu sa qualité de citoyen français pour celle de sujet russe.

Cela m'anéantit; cependant j'eus la force d'entendre encore cet infâme capitaine dire, toujours paisible et souriant :

— Voici, en outre, un ordre d'extradition obtenu des ministres anglais par notre ambassade. Il s'agit d'un crime qui peut compromettre la fortune d'une grande maison à laquelle Sa Majesté l'empereur s'intéresse vivement. Croyez-moi donc, monsieur, puisque vous venez en Russie pour y faire valoir vos talens, je vous conseille en ami de vous occuper de vos affaires et pas du tout de celles des autres.

Le Russe ne cessa de sourire pendant tout ce petit discours, et il s'épanouit tout à fait lorsqu'il ajouta, en se tournant vers moi :

— Quant à vous, monsieur Muller, j'aurais voulu que votre traversée s'opérât sans scandale, comme votre arrestation. Je le veux encore, malgré votre incartade de ce matin. Il dépend de vous de me laisser dans ces bonnes intentions. Ne niez plus votre qualité de Russe; tenez-vous en repos, et vous serez traité comme un fidèle sujet qui rentre dans sa patrie d'adoption.

— Jamais! m'écriai-je avec fureur.

Cette fois, le Latanoff passa du sourire à l'hilarité.

— En ce cas, je vais être obligé de vous faire enfermer à fond de cale avec les fers aux pieds et aux mains, et si, après cela, vous troubliez encore l'ordre du navire par des cris quelconques, je vous ferai appliquer vingt-cinq coups d'un certain knout qu'a inventé un philanthrope de Moscou, lequel tue au vingt-septième.

Il me salua avec un gracieux sourire; je sortis et j'allai tomber sur un rouleau de cordages, où je me désolai le plus silencieusement que je pus.

Pourquoi ne me suis-je pas jeté à la mer en ce moment! continua le faux Muller. Je n'aurais pas souffert toutes les tortures qui m'étaient réservées en Russie.

— Oui, reprit monsieur de Montreuil, on m'a raconté tout cela; mais vous étiez déjà reparti lorsque j'arrivai. Ce que je ne sais point, par exemple, c'est votre entretien avec...

Avant que monsieur de Montreuil eût prononcé le nom qui devait achever sa phrase, Maxime Roussignan l'interrompit avec violence.

— Taisez-vous, taisez-vous! ne parlez pas de cela! comment osez-vous parler de la Russie, si vous la connaissez? La Russie! on devrait la représenter sous la forme d'un Argus ayant dix mille paires d'yeux, et cent mille paires d'oreilles ayant chacune un tuyau acoustique aboutissant dans toutes les capitales, chez tous les souverains, chez tous les ministres, chez tous les députés, chez tous les pairs, chez tous les conseillers, chez tous les publicistes, chez tous les fonctionnaires de tous les pays qui ont des fonctionnaires, des publicistes ou des hommes politiques de quelque espèce qu'ils soient. La Russie écoute et entend à toutes les portes. Elle sait tout et ne dit rien.

L'ex-pendu Muller, ou plutôt Maxime Roussignan, porta un regard épouvanté autour de lui et finit par dire, en élevant la voix comme un homme égaré par la terreur :

— Mais, non! non! si j'ai dit qu'on m'a empoisonné en Russie, j'ai menti! si j'ai dit qu'on m'avait administré trente et une fois le knout philanthropique, j'ai menti! si j'ai dit qu'on n'y respecte ni la liberté, ni les opinions, ni la bourse de personne, j'ai menti! si j'ai dit qu'on y condamne sans juger, j'ai menti! si j'ai dit que le czar n'aime pas les Polonais, j'ai menti! car enfin, c'est le pays le plus libre... le plus généreux... le plus...

Roussignan fut interrompu à son tour par un long éclat de rire de Dabiron.

Cette gaîté sembla exalter du même coup la terreur et le ressentiment du narrateur. Il s'empara du couteau qu'il avait guigné au sujet du comte de Montreuil, et s'élança vers Dabiron en disant :

— Ah! vous êtes un agent russe chargé de m'empêcher de me pendre!

Montreuil arrêta Roussignan, tandis que Dabiron le calmant peu à peu lui disait :

— Doucement, monsieur, doucement! Je dois mourir suicidé et non pas assassiné. Il y va de mon honneur! Je ne veux point du tout vous empêcher de vous pendre, si toutefois vous en avez encore envie.

— Comment, si j'en ai envie! reprit Roussignan exaspéré; mais je ne peux pas faire autrement! Vous vous imaginez peut-être qu'après le miracle au moyen duquel j'ai échappé à l'autocrate, qui a fini par croire à ma stupidité, vous vous imaginez peut-être que j'ai trouvé en France le repos qui accompagne au moins la misère. Non, monsieur, non! A défaut des diplomates hambourgeois, à défaut des gentlemen anglais, à défaut de la Russie entière à sa proie attachée, j'ai rencontré dans mon propre pays un esprit malfaisant, infatigable et insaisissable, toujours aux aguets de mes moindres actions, de mes moindres pensées. Je le trouve partout, à toute heure, et à tout propos. C'est l'inquisition de Venise, c'est la police autrichienne, ce sont les oreilles et les yeux de la Russie, réunis et incarnés en un seul homme, et cet homme, c'est le comte de Montreuil!

— Enfin, nous y voilà! dit Dabiron.

— Pas encore, reprit Roussignan d'un ton désolé.

— Ah! diable! fit Montreuil, on ne vous a pas encore lâché? Eh bien, il faut tout nous dire.

— Ma détention en Russie avait duré cinq ans. Un jour mon geôlier se grisa avec moi; je lui volai sa bourse et ses clefs, je gagnai la sentinelle et je m'échappai. Ou plutôt, mon geôlier fit semblant de se griser; il fit semblant de dormir; la sentinelle fit semblant de se laisser corrompre et on fit semblant de me laisser échapper ; car depuis que je suis hors des murs de la forteresse où j'ai langui cinq ans, j'ai été plus prisonnier que jamais, en trouvant une foule d'espions qui marchent devant moi, derrière moi, à côté de moi, et j'aurais quelque raison de dire, comme Lepeintre jeune dans la parodie d'*Angelo* : « On » marche dans mes souliers, on mange dans mon assiette, » on s'habille dans ma redingote. » Mais ce n'est pas encore là la question.

Je m'étais glissé dans un navire chargé de madriers de sapin, parmi lesquels on feignit de ne pas me voir.

L'indulgence avec laquelle le patron de ce navire excusa mon introduction frauduleuse à son bord eût dû m'éclairer, mais j'étais ivre de l'air que je respirais ; je ne songeais à rien qu'à la France, où je comptais bien reprendre mon nom et mon rang.

Enfin j'arrivai au Havre. Le patron du navire qui m'avait amené me prêta cinquante écus. Je ne vis pas le piége. J'acceptai.

J'arrivai à Paris, et, comme je l'avais résolu, je me rendis dès le lendemain chez mon oncle Roussignan.

Il était mort !

Je me promis de lui rendre en larmes bien placées les pleurs inutiles qu'il avait versés sur mon décès ; mais comme j'étais fort pressé, je remis ce pieux devoir à un autre jour.

Je courus chez mon oncle Simon.

Il était allé rejoindre son ennemi Roussignan.

Ce double échec fut loin de m'attendrir. Je reconnus que mes oncles ne m'avaient rien laissé et qu'ils n'étaient morts, pour ainsi dire, que pour me ruiner et me contrarier.

Un dernier espoir me restait. Je m'informai de mademoiselle Flore Simon. L'on me répondit qu'elle s'était mariée quinze jours après mon enterrement à monsieur Fleuriot, commis de monsieur son père. Je m'attendais à une abomination, mais non pas de cette force.

Je ne voulus pas aller mendier la pitié et l'appui d'une infidèle.

Cependant il fallait vivre.

Il y a en France un noble état, ouvert à toutes les médiocres ambitions : c'est celui d'homme de lettres. Tout commis renvoyé d'une maison de nouveauté pour ineptie, tout caissier chassé pour improbité, tout chien de cour incapable de faire répéter à des écoliers de neuvième, *musa, la muse*, tout étudiant refusé à ses examens, tout clerc de notaire ou d'avoué qui ne sait pas suffisamment l'orthographe, tout inspecteur du pavé qui a des rhumatismes, enfin tout individu quelconque incapable de faire quoi que ce soit, a l'outrecuidance de vouloir se faire homme de lettres.

J'avais donc autant de droits de le tenter que toutes les fausses vocations de cette sorte, puisque je n'en avais aucun. On peut convenir de cela au moment de se rependre.

Je me créai donc homme de lettres de mon autorité privée, et comme je voulais être tout de suite à la mode par mon originalité, je m'empressai d'imiter un ouvrage qui avait obtenu un grand succès ; je me résolus à écrire mes impressions de voyage. Hambourg me fournit huit pages, j'eus peine à tirer une page et demie de mon séjour en Angleterre, et quant à la Russie, je ne savais que ceci : c'est qu'elle possède un pyroscaphe appelé l'*Alcyon*, capitaine Latanoff, et qu'à bord de la Néva, il y a une forteresse ayant une prison dans laquelle il y a une chambre de onze pieds carrés, avec une porte en chêne et une fenêtre grillée en fer. Tout ce vaste empire, qui tient la moitié de l'Europe, et que j'ai habité quatre ans, se réduit pour moi à quatre murs, une porte, une fenêtre et un knout. Un autre eût fait dix volumes avec ces renseignemens. Je n'en tirai que cinq lignes. Je renonçai à mes impressions de voyage et je me décidai à les brûler. Je les cherchai dans ce but sur la table où je les avais laissées.

On me les avait volées !

Je devinai la main de la Russie dans cette première soustraction, et je me renfermai chez moi en défendant à ma portière de laisser entrer qui que ce fût. Je ne sortis qu'à la nuit close. Mais malheureusement Paris est une ville illuminée : il y a du gaz à tous les coins de rue, il y en a à toutes les boutiques. Je n'avais pas fait dix pas que je fus reconnu et qu'une voix me dit à l'oreille :

— « Je suis Montreuil, suivez-moi. »

L'individu passe devant moi, je tourne sur mes talons, je m'esquive et je prends une autre rue. J'y étais à peine engagé qu'une autre voix me dit :

— « Prenez garde à Montreuil ; c'est un escroc qui veut vous perdre. »

Je m'arrête, la voix passe, et je m'assieds sur une borne. Je vis bien dès lors que la lutte allait recommencer. Je ne sais quelle frénésie me prit. Quoique j'eusse renoncé à voir ma cousine Fleuriot, j'avais demandé son adresse et on me l'avait donnée. Je me décidai à me rendre chez elle. Il était dix heures du soir. J'arrive dans une magnifique maison, je monte au premier, je sonne violemment, et je demande madame Fleuriot à un laquais de soie.

— Je vais voir si madame est visible, me dit le laquais en me toisant avec dédain.

Le beau drap de cette livrée, la soie de ces bas, étaient des lambeaux de l'héritage de mes deux oncles. Cela me creva le cœur.

Le laquais revint et me demanda mon nom.

Je réfléchis que celui de Muller ne tenterait pas madame *de* Fleuriot, et que celui de Maxime Roussignan l'épouvanterait.

— Dites à madame *de* Fleuriot, répondis-je au laquais, que c'est un de ses cousins qu'elle n'a pas vu depuis cinq ans.

Le laquais fit signe à un de ses camarades de me surveiller pendant qu'il m'attendais dans l'antichambre. Celui-ci était un chasseur à habit galonné, avec des bottes à la Souvarow. C'était encore quelque chose de mon héritage.

Le laquais rentra.

— Madame n'a jamais eu d'autre cousin, me dit-il, qu'un imbécile qui s'est brûlé la cervelle, il y a cinq ans.

— Ah ! Flore, Flore ! m'écriai-je en sanglotant.

Le laquais et le chasseur me prirent par les épaules et me mirent à la porte.

Je rentrai chez moi en pleurant.

La portière me remit la carte d'un monsieur qui m'avait attendu deux heures.

Je lus cette carte : elle portait le nom de monsieur de Montreuil !

Je fis mes comptes : mes cinquante écus étaient réduits à trente francs. J'écrivis à Flore Fleuriot une lettre, de cette même main qu'elle avait jadis pressée, de cette même écriture qu'elle avait couverte de baisers, de ce même style qui lui faisait battre le cœur, et je signai : Maxime Roussignan.

J'attendis huit jours : je ne reçus point de réponse, mais tous les matins un billet portant : « *Le comte de Montreuil* attendra ce soir monsieur Muller sur la place de la Bastille, ou bien au champ de Mars. »

Tantôt le misérable me suppliait, tantôt il me menaçait. Je n'eus garde d'y aller.

J'avais bien envie d'aller me plaindre à la police, mais il fallait y dire mon nom, et je n'en avais plus. J'avais anéanti toute trace de Muller, et je ne pouvais en retrouver aucune pour redevenir Roussignan.

Je me trouvai pris d'un vertige affreux ; je voyais danser autour de moi, dans mon cauchemar, des bourgeois libres de Hambourg portant la queue, des Latanoff, des Nouzeyck, des czars, des cachots, des knouts, puis mes oncles défunts, ma cousine, et une grande figure qui s'appelait Montreuil. Moi-même je dansais cette danse infernale sous la figure d'un pendu.

La veille de ce jour néfaste, c'était hier, j'avais appris

que monsieur Fleuriot, banquier, donnait un grand bal, et j'avais reçu un billet qui me disait :

« Si vous ne venez pas cette nuit au champ de Mars, à huit heures, vous paierez cette désobéissance de la vie ! » Toujours signé : « *Comte de Montreuil.* »

Je sentis que je devenais fou. Je m'habillai et je sortis. Je n'avais rien préparé, rien décidé, mais j'avais mis une corde dans ma poche. Je n'allais pas au suicide, j'y étais poussé, entraîné, et l'hallucination dont je vous ai parlé se traduisait à moi en un véritable désir d'être pendu au bout d'une corde. Etait-ce pour mourir ? Je ne puis le dire, mais je me voyais pendu, il fallait que je fusse pendu.

Enfin, ce soir, à huit heures, je sors de chez moi, et sans le vouloir, j'arrive machinalement à la porte de monsieur Fleuriot. Je monte. Tout était ouvert. Les tapissiers clouaient encore les tentures et allumaient les lustres. Je passe, j'entre, je franchis l'antichambre, le premier, le second salon, je pousse une porte et je me trouve en face de qui ?... en face de Flore lisant.

Ah ! qu'elle était belle, avec sa blanche robe et ses rubans roses, simple comme une grande dame, rayonnante comme une femme aimée.

Je tombai à genoux devant elle.

— Qu'est-ce cela? dit-elle en reculant avec effroi.

— Flore, lui dis-je les larmes aux yeux, ne me reconnais-tu pas? Je suis Auguste Roussignan.

Elle poussa un second cri et voulut sonner ; je l'arrêtai par sa robe.

— Flore, Flore, lui dis-je avec une voix qui eût attendri un rocher, je ne viens rien vous demander : ni votre amour, que vous m'aviez promis ; ni l'héritage de mon oncle, qu'il vous a légué ; ni même la charité, quoique je n'aie pas de quoi manger. Non, je ne viens vous demander qu'une chose : c'est de me reconnaître, c'est de dire, c'est d'attester que je suis Maxime Roussignan. Je ne veux plus du Muller, je ne veux plus l'être jamais !... Ayez pitié de moi !

Flore me regardait avec autant de terreur que de surprise, et peut-être allait-elle me tendre une main secourable, lorsque je vois entrer par une porte dérobée, qui ? mon Anglais, encore plus long que la première fois, qui s'arrêta sur ses longs pieds, en levant ses longs bras, et en s'écriant d'un ton courroucé :

— « Que signifie...

— » Arthur ! Arthur ! s'écrie madame Fleuriot en se reculant dans ses bras, sauvez-moi de ce malheureux ! C'est quelque fou qui s'est introduit, je ne sais comment.

— » Flore ! m'écriai-je, je suis Auguste Roussignan, ton cousin, que tu as aimé, à qui tu l'as dit...

— » Ah ! l'horreur ! s'écria Flore.

— » Mais, reprit l'Arthur anglais, c'est ce misérable Muller ! Hors d'ici, canaille ! dit-il en levant sa badine sur moi ; infâme qui t'es vendu à l'or de la Russie ! «

Ah ! messieurs, n'y avait-il pas de quoi devenir assassin, ou suicidé, ou fou ? Eh bien ! j'ai encore résisté, j'ai rappelé à Flore nos rendez-vous derrière les fourneaux de monsieur son père.

A ce moment elle a sonné et a donné l'ordre à ses laquais de me jeter à la porte.

Vous croyez peut-être que cela fait, j'ai succombé ! Non, messieurs, j'ai tenté ma dernière chance, j'ai voulu savoir le dernier mot de ma destinée, j'ai voulu voir ce Montreuil qui me poursuivait de ses prières, de ses ordres et de ses menaces.

Je suis allé au champ de Mars : l'infâme n'est pas venu.

Alors a recommencé pour moi la ronde fatale dont je vous ai parlé. J'ai revu l'oncle Roussignan, l'oncle Simon et le knout, et le Nouzyeck, et le Latanoff, et le bourgeois à queue, et la baronne allemande, et le vrai Muller lui-même. Tout cela dominé par le corps d'un pendu qui était moi. J'ai compris l'arrêt du destin. J'ai obéi, je me suis condamné, et voilà pourquoi j'ai essayé tout à l'heure de la corde.

— Très bien, fit Dabiron. A votre tour, monsieur le comte de Montreuil, de nous dire pourquoi vous vouliez vous brûler la cervelle.

— Le comte de Montreuil ! hurla Roussignan.

— Moi-même, dit celui-ci en repoussant Maxime, qui s'était élancé sur lui. Quant à moi, messieurs, je voulais me brûler la cervelle parce qu'au moment de me rendre au champ de Mars, j'ai reçu un billet de ce même monsieur Arthur de Lendray, me disant : « J'ai vu ce soir Muller, il est tout à fait fou, il n'y a rien à espérer de lui. »

— Bah ! fit Muller, vous vouliez tuer parce que j'étais fou ? Mais maintenant que vous savez que je ne le suis pas...

— Maintenant, s'écria Montreuil avec enthousiasme, maintenant je veux vivre et vous vivrez aussi !

Dabiron haussa les épaules ; Muller secoua la tête.

— Ecoutez, reprit Montreuil en se penchant mystérieusement vers ses auditeurs, et ne perdez pas un mot de ce que je vais vous dire.

Et Montreuil entreprit à son tour sa biographie en ces termes, ou, si vous l'aimez mieux, l'histoire du suicide n° 3.

IV.

HISTOIRE DU SUICIDE N° 3.

Avant de répéter à nos lecteurs le récit de monsieur de Montreuil, nous pensons qu'il est nécessaire de faire quelques réserves à ce sujet. Le fait qu'on va lire, si incroyable et si extravagant qu'il paraisse, a un fond de vérité historique sur laquelle il ne nous est pas permis de nous expliquer. Si sa révélation excite l'étonnement de nos lecteurs habituels, à cause de l'étrangeté de l'événement, elle fera sans doute naître une vive surprise parmi les hauts personnages qui en ont été les confidens ou les complices, et qui le croyaient enseveli dans le mystère où il est resté enveloppé pendant plus de cinquante ans. Comme de pareils faits ne se prouvent point, on comprendra que nous ayons évité avec soin les noms propres ; mais comme les véritables personnages occupaient des positions qui les désigneraient trop clairement, il a fallu inventer des noms à ces positions. Que les géographes ne s'étonnent donc pas s'ils entendent parler dans ce récit d'un grand-duché et d'une capitale qui ne sont sur aucune carte ; que les hommes politiques ne nous prennent pas pour un révolutionnaire servile pour avoir créé un souverain qui ne se trouve pas dans l'almanach de Gotha ; mais que les critiques surtout, s'ils s'occupaient jamais de ce livre, n'allongent pas leurs lèvres dédaigneuses en disant : Invention de mélodrame ! Ils auraient grand tort, nous pouvons honnêtement le leur affirmer, et nous pourrions leur donner l'adresse de tels princes souverains qui les édifieraient sur notre véracité, s'ils le voulaient, mais ils ne le voudraient pas.

Maintenant, voici le récit de monsieur de Montreuil.

— En 1792, monsieur de Montreuil, mon père, était en exil, dit à son tour le troisième ex-suicidé ; il avait émigré à la suite du comte d'Artois ; mais ayant reconnu qu'il n'y avait rien à faire avec des princes infatués de leur principe, une noblesse aveugle, des alliés inutiles ou perfides, il était allé chercher tout à fait au nord la seule tête couronnée à laquelle il reconnût une intelligence souveraine. Il avait demandé l'hospitalité à Catherine II.

La grande impératrice était déjà vieille ; mais l'âge n'avait éteint aucune de ses qualités et aucun de ses vices : toutes les flammes qui avaient éclairé ou égaré cette âme prodigieuse brûlaient encore en elle. Catherine tournait toujours ses regards avides du côté de Constantinople. Elle préparait de ses mains sanglantes le dernier partage de la Pologne. L'une de ces deux ambitions héréditaires de la Russie est un fait accompli ; l'autre aura-t-elle son avènement ? La Russie a le génie des peuples qui envahissent plutôt qu'ils ne conquièrent, et qui gardent ce qu'ils ont pris parce qu'ils le prennent au bon moment. La Russie a l'obstination et la patience. Elle persévère, mais elle sait attendre.

Catherine, disais-je, avait gardé ses ambitions, mais elle avait gardé aussi ces caprices éhontés qui faisaient de la jeunesse et de la beauté un titre à des préférences qui souvent ne donnaient de Catherine que la vieille femme, sans rien laisser prendre de l'impératrice à ses favoris de quelques jours.

Mon père était jeune, mon père était beau. Il tenta l'aventure. Quand c'est sur un trône qu'elle est assise, il n'y a pas de femme qui ne soit belle. Catherine s'aperçut des œillades de mon père; elle n'aimait à être devancée en rien, ni en politique ni en amour : elle voulait tout commander. Si monsieur de Montreuil avait été Russe, elle l'eût envoyé en Sibérie, pour lui apprendre la manière plus soumise dont il fallait lui manquer de respect. Mais comme à cette époque elle s'était entichée des Français, elle se contenta de se venger de lui en le faisant son ami et son confident.

La grande Catherine était femme de toute sa nature. Elle croyait à la sincérité des tendresses, dont elle réglait le dévoûment comme celui de ses généraux. Elle se laissa persuader que les tristesses de monsieur de Montreuil étaient le résultat d'un vrai désespoir, et qu'il continuait à se mourir d'amour et d'espoir pour elle. Cette conviction le lui rendit plus précieux. Ce dévouement muet qui cachait les tortures d'une passion dédaignée fut pour elle un passe-temps agréable, en même temps qu'un calcul habile, car voici ce qui se passait :

A la même époque, il y avait à Saint-Pétersbourg un certain prince Léopold de Wardenbourg, connu sous le nom de comte de Zanau. Ce prince était le second fils du frère cadet du grand-duc de Wardenbourg, et il était séparé du trône par trop d'obstacles pour espérer de pouvoir y atteindre. En effet, à défaut de fils déjà marié, la couronne grand'ducale fût revenue au frère du duc régnant, c'est-à-dire au père de Léopold ; mais dans cette hypothèse, le comte de Zanau avait encore entre lui et le trône son propre frère aîné, Maximilien de Wardenbourg, également marié et père de deux enfans mâles.

Le comte de Zanau s'était senti réduit depuis longtemps au misérable rôle de prince du sang dans une petite cour dont les habitudes tenaient beaucoup de la bourgeoisie, quoique le grand-duché de Wardenbourg eût près de quatre millions d'habitans. Il avait compris que, même dans la carrière militaire, il ne pouvait jamais être que le général d'un contingent assez minime à côté des immenses armées que levaient alors la Prusse, l'Autriche et la Russie.

Il préféra tenter la fortune en servant la puissance qui lui parut devoir bientôt dominer toutes les autres. Il demanda et obtint un grade dans les armées de Catherine. L'impératrice était heureuse de compter des descendans de souverains étrangers parmi ses généraux, comme elle avait des petits-fils des anciens souverains des provinces russes parmi ses sujets, quelquefois parmi ses esclaves.

Avant de se présenter à Saint-Pétersbourg, le comte de Zanau voulut prouver à l'impératrice qu'il n'avait rien accordé à la naissance. Il fit une campagne sur les frontières de la Perse, alors révoltée. Il s'y conduisit en soldat intrépide et en général habile. Il mérita dans plusieurs rencontres les applaudissemens de toute l'armée par son courage aventureux, et ayant été chargé de couvrir une retraite précipitée, il se concilia l'estime et l'approbation de Souvarow lui-même par l'audace, le sang-froid et la rapidité de ses manœuvres.

Catherine le manda à Saint-Pétersbourg. Il y vint accompagné de sa femme. C'était une Landwick, issue de cette famille qui touche par ses alliances à tous les trônes germains ou slaves. Caroline de Landwick, dont la sœur était reine, avait préféré le comte de Zanau, major-général russe, à tous les prétendans souverains que lui avaient attirés sa beauté et l'élévation de son esprit. C'est qu'en effet c'était un homme d'une merveilleuse beauté et d'une séduction incroyable que ce comte de Zanau. C'était la stature, la grâce, le visage radieux d'Apollon, avec le calme, la mélancolie et la résignation d'un apôtre. Il fit événement à la cour, non-seulement à cause de sa beauté, mais surtout à cause de la sévérité de ses principes. Imaginez-vous ce que pouvait être un homme armé des pudiques rigueurs d'un calvinisme sévère, et tombant au milieu de cette cour sceptique et débauchée, nourrie des railleries de Voltaire, et que la souveraine avait initiée aux galantes expansions de Diderot, avec qui elle avait été en correspondance intime.

Léopold avait à peine paru à l'audience de Catherine, qu'elle s'était éprise pour lui d'une passion qui avait toute l'impétuosité, toute l'exigence du pouvoir le plus absolu. Mais les coquetteries de l'impératrice échouèrent contre le calme glacial du comte de Zanau. Catherine comprit qu'elle avait près de Léopold deux rivales redoutables, la jeune beauté de la comtesse de Zanau et la religion austère du comte. Il n'y a pas besoin d'être impératrice et de s'appeler Catherine II pour désirer une chose avec d'autant plus d'ardeur qu'il s'élève plus d'obstacles entre elle et vous. Toute femme en est là. Mais toutes n'eussent pas pris le droit d'imposer à un amoureux dédaigné, comme mon père, le soin d'informer un rival du penchant qu'on a pour lui.

A cette phrase du récit de monsieur de Montreuil, Dabiron et Roussignan échangèrent un sourire méprisant et équivoque. C'était une façon de dire le jugement qu'ils portaient de la mission confiée à monsieur de Montreuil père. Mais le narrateur avait vu le sourire, et il ne voulut pas le laisser passer.

—Oh ! oh ! messieurs, reprit-il ironiquement, je croyais que vous aviez au moins l'esprit de votre position. J'avoue que je trouve tout simple que les honnêtes gens jugent le vice avec sévérité ; mais que des hommes dont l'un, vous, monsieur Dabiron, est un fripon éhonté, et dont l'autre, vous, monsieur Roussignan, est un voleur, prennent de ces airs pudiques, voilà ce qui m'irrite profondément.

Roussignan et Dabiron voulurent se récrier.

—Messieurs, leur dit résolûment monsieur de Montreuil, le jour est levé depuis longtemps. Je n'ai qu'à faire un signe, ce salon sera envahi, et vous serez arrêtés l'un et l'autre avant d'avoir pu accomplir vos projets de suicide. Ecoutez-moi donc avec patience et abstenez-vous surtout de ces moues indignées qui ne vont à personne ici. Du reste, ajouta-t-il, ce que je viens de vous dire n'a aucun trait à la conduite de mon père. Ne vous imaginez pas que M. de Montreuil accepta ce rôle. Il le joua sans s'en douter.

Catherine, qui maniait également bien les grandes fourberies de la politique impériale et les petites ruses d'une intrigue d'amour, Catherine eut l'effronterie de se plaindre à mon père de ce que le comte de Zanau la fatiguat de ses regards et de ses soupirs. Elle lui dit qu'elle saurait bon gré de son dévoûment à celui de ses serviteurs qui avertirait le comte de Zanau de l'inutilité et de l'inconvenance de ses soupirs.

Mon père eut la niaiserie de la croire, et sa crédulité alla si loin qu'il prit des précautions contre l'impératrice elle-même. Il lui fit observer que le comte de Zanau était d'un rang à n'accepter des avertissemens de personne, et il ajouta que, dans le cas d'un accueil dédaigneux ou peut-être outrageant de la part du comte de Zanau, il espérait qu'on n'interviendrait pas dans la querelle. L'impératrice agit en femme : elle ne répondit pas directement. Elle entendait que tout se passât amicalement, et elle ne voulut pas prévoir le cas d'un éclat. Puis elle entama de nouveau le chapitre de la reconnaissance pour celui qui la délivrerait de l'obsession de monsieur de Zanau. Elle fit si bien que quelques jours après, dans les salons mêmes du palais impérial, monsieur de Montreuil glissa dans l'oreille de monsieur de Zanau, que l'on accablait de complimens sur sa campagne de Perse, ces deux mots d'avertissement :

— Seulement nous sommes dans un pays où les triomphes du champ de bataille n'ouvrent pas les portes secrètes des palais.

A ces mots, monsieur de Zanau tressaillit, se retourna, et jeta sur mon père un regard où brillaient à la fois la colère et l'anxiété. Il ne répondit pas. Mais au bout de quelques instans, il sut se défaire avec habileté de la troupe d'officieux courtisans qui l'entourait, et il demeura seul avec monsieur de Montreuil.

— Les paroles que vous venez de prononcer, lui dit-il, ont un sens que je crois comprendre et un but que je ne comprends pas du tout. Je désirerais être éclairé à ce sujet.

— Voici ma pensée et mon but en termes très formels, lui répondit mon père. Vous êtes jeune, vous débutez dans une cour où les plus puissans sont toujours sur le bord d'une chute, où les plus expérimentés se trompent à chaque minute du jour. Vous avez vu Catherine, et l'éclat de sa gloire et de sa puissance vous a ébloui. Confiant dans la renommée que vous ont acquise vos victoires, vous avez supposé que votre admiration serait accueillie avec reconnaissance, et, par cet égarement facile à comprendre à votre âge, vous avez espéré que cette reconnaissance se changerait aisément en amour.

— Je ne m'étais pas trompé sur le sens de vos premières paroles, répondit froidement monsieur de Zanau. Mais dans quel but, vous, monsieur de Montreuil, me les dites-vous?

— Dans le but bien simple de vous avertir qu'il serait imprudent de persévérer dans cette espérance.

— Bien, fit monsieur de Zanau, qui avait repris toute sa froideur. Et envers qui serais-je imprudent, je vous prie?

— Envers l'impératrice, à qui cela peut déplaire.

— Vous a-t-elle chargé de me le dire, ou bien est-ce de vous seul que me vient cet avis?

— C'est de moi seul qu'il vous vient, repartit mon père, qui s'irritait du sang-froid imperturbable de monsieur de Zanau.

— En ce cas, pourquoi vous mêlez-vous de ce qui ne vous regarde pas?

Mon père, qui avait promis d'être calme, se contint encore et répondit :

— C'est un bon conseil que j'ai voulu vous donner.

— Je vous ferai remarquer que je ne vous en ai pas demandé.

— Vos paroles deviennent blessantes, monsieur! s'écria mon père avec hauteur.

— Pourquoi vous y êtes-vous exposé?

— Ah! reprit mon père, qui trouva une querelle beaucoup plus facile qu'une explication, vous me rendrez raison de ces façons impertinentes, monsieur le comte de Zanau.

— Vous oubliez que je suis prince de Wardenbourg !

— Vous vous en souvenez à propos.

— Vous avez raison, il ne peut se rencontrer de plus heureux à-propos que celui qui vous empêche d'être ridicule.

Mon père n'en put souffrir davantage.

— Si c'est un ridicule de vous battre avec moi, monsieur le prince, lui dit mon père d'une voix stridente, c'est un ridicule que je vous donnerai.

— Je ne crois pas, lui dit le prince en se détournant.

Cet entretien était observé et commenté depuis quelques instans. Au moment où mon père, exaspéré par cette dernière insolence, allait se livrer à quelque violence, il se vit entouré de regards curieux. Il n'en eût tenu compte, si tout à coup il n'eût entrevu Catherine elle-même qui l'observait avec une anxiété visible. Monsieur de Montreuil resta immobile. Quelques instans plus tard, il se glissait dans les appartemens particuliers. Un quart d'heure après, Catherine y était. Toute la violence de sa passion éclata dans la rapidité et l'abondance de ses questions. Monsieur de Montreuil s'aperçut alors seulement du rôle qu'on lui avait fait jouer. La colère qu'il en éprouva lui inspira la plus sotte idée du monde. Le maladroit voulut se venger. Mais il fit comme le frelon, il mourut de la piqûre qu'il fit à l'impératrice.

— Dispensez-moi, fit-il avec un embarras fort bien joué, dispensez-moi, madame, de vous raconter un entretien dont je suis encore si ému.

— En effet, reprit Catherine, vous étiez pâle, et j'ai craint quelque violence. Que s'est-il donc passé?

— Rien qui puisse intéresser Votre Majesté.

— Vous avez donc été insulté?

— Ce n'est pas moi, reprit étourdiment mon père.

— Qui donc? fit l'impératrice avec ce regard et cette voix qui faisaient trembler les plus braves. Mais mon père n'était pas Russe. Il baissa les yeux et garda le silence, sans s'alarmer de cette fureur.

— C'est donc moi? reprit Catherine.

Le silence servit d'affirmation à mon père.

— Je veux tout savoir! dit Catherine exaspérée.

Alors, après une foule de soupirs, d'exclamations incohérentes qui disaient tout l'embarras de la situation, monsieur de Montreuil reprit :

— Madame, chacun juge avec son esprit et son cœur. Monsieur le comte de Zanau m'a paru d'une insolence incroyable, et peut-être sera-t-il absous par l'indulgence souveraine de Votre Majesté, qui est tellement au-dessus des sentimens qu'elle inspire, qu'ils ne peuvent l'atteindre.

— Et il a avoué son amour? et il s'en est fait gloire?

— Madame, reprit mon père, monsieur le comte de Zanau éprouve pour vous la plus haute admiration; il n'est, selon lui, aucune gloire égale à la vôtre, aucune sagesse et aucun génie supérieurs. Il met au-dessous de vous les plus heureux conquérans et les plus grands législateurs. Catherine II, a-t-il dit, est le plus grand homme qui ait vécu.

Mon père s'arrêta après avoir fait sonner toutes les syllabes de ces mots : grand homme.

— Et puis ? murmura l'impératrice.

Mon père garda encore le silence.

— Et puis? répéta Catherine avec éclat.

— Voilà tout, dit mon père.

Ainsi donc la femme n'existait pas pour monsieur de Zanau. Catherine eut un moment de folie; elle fit deux ou trois fois le tour de son appartement comme une lionne qui évente ses fureurs dans une cage de fer, puis elle s'arrêta et resta plus d'un quart d'heure sans prononcer une parole. Elle avait si complètement oublié mon père, qu'elle sonna une de ses femmes et ne s'aperçut de la présence de mon père que lorsque la chambrière entra.

L'impératrice montra la porte à mon père du geste le plus impérieux. Il se retira. Deux jours se passèrent sans que personne pût voir l'impératrice.

Mon père les employa à envoyer chez le comte de Zanau deux de ses amis qui, malgré toutes leurs instances, ne purent obtenir de lui d'autre réponse que celle-ci :

— Dites à monsieur de Montreuil que je serai charmé de me couper la gorge avec lui, mais à une seule condition, c'est qu'il racontera exactement ce qui s'est passé entre nous au palais impérial.

Mon père s'y refusa avec obstination. Le comte de Zanau s'entêta de son côté, de façon que les témoins allaient tirer leur révérence à mon père lorsqu'il se décida à tout dire. L'entrevue et le récit devaient avoir lieu chez le prince Dalbouki. A peine les deux adversaires et leurs seconds urent-ils en présence que le comte de Zanau se leva et dit :

— Maintenant, je donne ma parole d'honneur à monsieur de Montreuil de me battre avec lui, alors même que ces messieurs ne le tiendraient pas pour offensé et jugeraient la réparation inutile.

Les amis de mon père n'avaient rien à dire; ceux de monsieur de Zanau ne se récrièrent pas. Il y avait une sorte de préoccupation sinistre qui pesait sur eux. Mon père s'en aperçut, mais il ne devina point le piège. Pendant les deux jours qu'avait duré la négociation, il avait rappelé à lui le souvenir de cet entretien, phrase à phrase, mot à mot.

— J'accepte avec reconnaissance, dit-il, la promesse du prince de Wardenbourg, et je le prie en même temps de rectifier les expressions qui pourraient dans mon récit ne pas lui paraître parfaitement conformes à la vérité.

Le comte de Zanau fit un signe d'assentiment et le prince Dalbouki reprit :

— J'étais présent lorsque vous avez dit à Son Altesse : « Nous sommes dans un pays où les succès des champs de bataille n'ouvrent pas les portes secrètes des palais. » Que s'est-il passé après ?

Mon père commença son récit et répéta avec une exactitude irréprochable les paroles échangées entre lui et monsieur le comte de Zanau. Dès qu'il eut fini, un des deux Français qui lui servaient de témoins, monsieur de Calentras, qui vit encore, voulut prendre la parole pour dire qu'il n'y avait pas là matière à un duel, mais monsieur de Zanau l'interrompit en lui disant :

— Il est trop tard. Monsieur le comte de Montreuil voulait un duel ; pour l'obtenir, il a mêlé dans nos explications un nom qui ne doit être prononcé que comme celui de la Divinité, avec adoration et respect ; maintenant que je lui ai accordé l'honneur d'une rencontre, je le regarderais comme le dernier des hommes s'il la refusait ou l'esquivait.

— Sur l'heure, monsieur, sur l'heure !

— Très bien, lui dit le comte de Zanau ; mais il faut un prétexte public à toute rencontre. Dans une heure, je me promènerai en traîneau sur la Néva. Je laisse à monsieur de Montreuil d'inventer telle impertinence qui mérite une leçon : il est très habile en ce genre. Je m'indignerai, nous quitterons la Néva, et dix minutes après nous pourrons être derrière la caserne des Cosaques de la garde impériale. Ces messieurs seront avec moi ; j'aurai dans mon traîneau des armes au choix de monsieur de Montreuil.

On se sépara. Monsieur de Calentras, qui en sait fort long sur les intrigues de la reine, demanda à mon père ce que signifiait cette querelle et quel en était le motif, le point de départ.

— Cela signifie, répondit-il, que Catherine m'a fait jouer un rôle de comédie ; mais de par tous les diables ! j'embrocherai son bel Allemand. Allons nous préparer.

A l'heure convenue, mon père, conduisant lui-même son traîneau, arriva sur la Néva. Le comte de Zanau y était déjà ; ils suivaient la même route ; mon père pressa ses chevaux, atteignit le traîneau de monsieur de Zanau, et bien que celui-ci fût libre, il le coupa avec une malveillance si manifeste, que le prince se récria. Quelques mots insolens de mon père répondirent à cette réclamation, et avant que personne eût pu comprendre pourquoi cette violence, pourquoi cette querelle, les deux traîneaux fuyaient avec rapidité, et les adversaires arrivaient au lieu marqué pour le combat. Mais à peine avaient-ils quitté leurs traîneaux, que deux officiers de la garde se présentèrent et arrêtèrent ces messieurs au nom du prince gouverneur.

— Ah ! monsieur le comte de Zanau, dit mon père, vous choisissez bien le lieu de vos rendez-vous et vous les faites bien préparer.

— Comment ! s'écria Muller en interrompant le récit de monsieur de Montreuil, c'était le comte de Zanau qui avait fait cette lâcheté ?

— Je raconte ce que je sais, dit Montreuil ; vous verrez plus tard ce que vous devez penser de cet événement.

Quoiqu'il en soit, monsieur de Zanau fut ou parut horriblement mortifié de cet incident. L'officier des gardes qui s'était chargé de mon père le fit monter dans une voiture. Une heure après, il était sur la route de Cronstadt.

Mon père, continue monsieur de Montreuil, était depuis huit jours enfermé dans la forteresse de Cronstadt, lorsque le gouverneur vint le chercher et le conduisit dans son appartement.

— Restez ici, lui dit-il, on va venir vous parler.

On le laissa seul. Un moment après, l'impératrice parut. Elle portait sur ses traits toutes les traces de la fièvre et de l'insomnie.

— Pourquoi m'avez-vous trompée, Montreuil ? lui dit-elle.

— Mais, madame...

— Oh ! reprit-elle vivement, je sais tout ; j'étais cachée chez Dalbouki, à l'heure de votre explication avec le comte.

— Et le comte de Zanau le savait ? dit Montreuil.

— Si Dalbouki le lui a dit, il m'a trahie, et je ne le crois pas. Mais qu'importe qu'il le sût ou qu'il ne le sût pas ? vous étiez trop bien surveillés tous deux pour qu'une rencontre entre vous fût possible ; seulement, j'ai voulu savoir et j'ai su.

— Pardon, madame, dit mon père, mais qui a pu donner à Votre Majesté l'idée d'assister à cet entretien d'où il était certain que devait sortir la justification de monsieur de Montreuil ?

— C'est Dalbouki ; c'est lui que j'avais chargé de porter à monsieur de Zanau la démission de général major et l'ordre de quitter immédiatement mon empire. Dalbouki l'a défendu ; il a juré sur l'honneur que le comte de Zanau était incapable de m'avoir insultée ; il m'a pressée ; j'aurais rougi de lui dire la vérité, mais il a obtenu de moi le nom de celui qui a accusé le comte de Zanau, et il s'est offert à prouver que vous m'aviez trompée. C'est alors qu'il m'a proposé de me rendre témoin de ce rendez-vous où vous seul parleriez. J'étais si malheureuse que j'ai accepté, et maintenant je suis plus à plaindre que je ne l'étais.

— Quoi ! madame, dit mon père assez alarmé de chaque parole qu'il prononçait, le prince se serait-il montré indigne de son pardon ?

— Oh ! Montreuil, s'écria l'impératrice avec transport, c'est à en devenir folle !

Elle se tut et sembla vouloir se recueillir ; mais elle ne put calmer son agitation ; elle se levait, marchait au hasard, s'arrêtait tout à coup, semblait prête à parler et hésitait. Enfin elle s'assit et fit signe à mon père d'approcher.

— Ecoutez, Montreuil, lui dit-elle brusquement, vous êtes en mon pouvoir. La France aurait un gouvernement régulier et que les souverains de l'Europe pussent reconnaître, que si votre disparition ou votre mort m'était nécessaire, je n'hésiterais pas à vous sacrifier. Dans l'état de révolution sanglante où est votre pays, vous mourrez inaperçu ou réclamé par vos princes émigrés, mendians, sans courage, sans esprit et sans dignité. Persuadez-vous donc bien que vous êtes perdu si je le veux.

Mon père ne doutait nullement de cette vérité : aussi attendait-il dans un profond silence l'espoir que ce préambule semblait annoncer. Il respira quand il entendit ces mots :

— Cependant vous pouvez vous sauver.

— Que faut-il faire pour cela ?

Catherine hésita longtemps, puis elle répondit avec un horrible effort :

— Faire disparaître une femme.

Mon père fut atterré. L'impératrice se détourna comme pour éviter ses regards. Un silence de quelques minutes laissa mon père se remettre de sa stupéfaction et l'impératrice reprendre quelque empire sur elle-même. Mon père fut le premier qui rompit le silence.

— Vous aviez raison tout à l'heure, dit-il d'une voix humble. Je suis un homme perdu. Je ne rachèterai pas ma vie par un assassinat.

— Ce n'est pas cela, dit Catherine avec impatience mais sans colère. Je ne veux pas de mort, quoiqu'il en veuille, lui ! car il en veut !... Je le vois bien... mais il faudrait une mort apparente... et qu'on pût à volonté réaliser plus tard, si je me décidais...

Mon père regarda Catherine d'un air stupéfait.

— Vous ne me comprenez pas, lui dit-elle ; cela se conçoit ; c'est à peine si je me comprends moi-même. J'avais pourtant arrangé tout cela dans ma tête, mais à présent qu'il faut vous le dire, je m'égare, je perds l'ordre de mes idées, je ne me souviens plus. Et cependant, ajouta-t-elle avec éclat, il faut que cela soit, il le faut, je le veux.

Elle respira un flacon, se jeta au fond de son fauteuil, comme pour contenir l'agitation fébrile qui la dévorait, ferma les yeux comme pour se mettre bien en face de ses projets et se raffermir dans sa résolution, et elle commença ainsi :

— Montreuil, je vais causer avec vous comme on cause avec un complice ou avec un mort, car vous le deviendrez si vous me refusez. Je sais bien que je pourrais vous dire : « Voilà ma volonté, » et qu'il faudrait l'exécuter ou périr, sans que j'eusse besoin de vous en expliquer les motifs; mais je ne le veux pas, si vous consentez à ce que je vais vous demander, que vous ignoriez ce que vous faites. D'ailleurs, reprit Catherine avec un mouvement d'impatience douloureuse, ce que j'éprouve est si étrange, si terrible, si impérieux, qu'il me semble qu'en vous le racontant, je me l'éclaircirai à moi-même. Et puis, qui sait, reprit-elle encore, si de cet entretien, si de cet exposé complet de l'état de mon cœur, il ne sortira pas une nouvelle résolution ! qui sait si je ne rougirai pas de ma folie ! qui sait si je ne laisserai pas cet homme dans la froideur glaciale de ses calculs?

— Pardon, madame, fit mon père, de qui parlez-vous ?
— De lui ! fit dédaigneusement l'impératrice, de Léopold, de monsieur le comte de Zanau.
— Le malheureux! dit mon père, il ne vous aime pas !

Catherine sourit tristement et repartit :
— Moi, je l'aime. De quel amour ? c'est ce que je ne puis définir. C'est un amour absolu, impérieux, incessant ; c'est le désir de l'enfant qui se tord dans la colère pour obtenir un hochet, qu'il méprise peut-être, mais qu'on lui refuse; c'est le désir insensé du tyran pour une frivolité qui ne lui plaît pas plus que mille autres, mais qui devient la soif dévorante de ses nuits et de ses jours, parce qu'il ne peut l'obtenir. Ce n'est pas un amant que je veux, c'est un triomphe, et cet homme l'a compris ; car, entendez-moi bien, Montreuil, cet homme, c'est l'hypocrisie, l'ambition et la bassesse incarnées. Ah ! qu'il y fasse attention, je puis sortir d'ici guérie de cet amour furieux qui m'égare, et alors je lui ferai payer cher les conditions qu'il m'a imposées.

Mon père marchait d'étonnement en étonnement.
— Des conditions? murmura-t-il, il a osé faire des conditions à Votre Majesté !

Catherine fit un geste d'impatience et se plaçant bien en face de mon père, elle lui dit avec un ton ironique :
— Je l'ai vu, on l'avait arrêté comme vous, je l'ai fait comparaître devant moi. Je lui ai demandé la cause de ce duel prévenu par mon ordre, il s'est obstiné à la cacher ; j'ai insisté, il s'est fâché, il a tenu bon. Je l'ai menacé de ma disgrâce, il s'est incliné avec respect, mais il a gardé le silence. J'ai pris une autre voie, je lui ai dit que son obstination serait une cause de ruine, non seulement pour lui, mais encore pour ceux qui lui avaient prêté leur assistance. Il a fort lâchement accepté sa ruine et il s'est contenté de me répondre :
— Votre Majesté condamnera dorénavant.
— Eh bien ! monsieur, lui ai-je dit, vous appartenez à mon armée, vous avez manqué aux règlements : la prison vous punira de votre désobéissance.

Il demeura incliné en silence.
— C'est bien, ai-je repris, peut-être monsieur de Montreuil sera-t-il moins discret.

A ces mots il s'est troublé.
— Ah ! madame, s'est-il écrié avec une sorte d'égarement, il faut que cet homme meure, car il sait mon secret.
— Vous le lui avez donc dit ?
— Il l'a deviné, a repris Léopold.

Catherine s'arrêta, ferma les yeux, pressa sa poitrine sous ses mains et laissa échapper un profond soupir.
— Ah ! Montreuil, reprit-elle, à ce moment j'éprouvai un bonheur inconnu. Ce secret que vous aviez deviné, c'était son amour pour moi, et il me l'avouait sans croire me le dire; je ne pouvais douter de cet amour, car il était silencieux, soumis, caché. Ce n'était donc pas une comédie comme la vôtre, Montreuil, pour arriver à la faveur.

Mon père eut l'esprit de se taire et de ne pas réclamer contre ce jugement. L'impératrice continua :
— Ce n'était pas l'ambition, ce n'était pas un calcul, c'était de l'amour pour moi... pour moi seule...

Catherine s'arrêta encore. Sa physionomie changea soudainement d'expression, sa lèvre trembla de colère, ses yeux brillèrent d'un éclat sombre.
— Oui, Montreuil, j'ai été folle à ce point de laisser éclater ma joie et de m'écrier : — Ah ! c'est donc vrai, vous m'aimez ! Et pourtant je sais ce que vous valez tous, courtisans de ma puissance et de mes trésors, à qui je peux ordonner également de trahir pour moi votre ami qui ira mourir en exil, ou votre femme qui en peut mourir de dépit, et qui trouverai dans votre servilité et votre ambition la force d'obéir aux volontés de l'impératrice et aux caprices de la femme. Ah ! tenez, les hommes sont abjects et odieux !

Mon père écoutait avec une terreur pleine d'admiration. A ce moment il la trouvait assez sublime pour être aimée, rien que pour cette fière indépendance d'elle-même où la raison la mettait si fort au-dessus de ses vices. Catherine reprit avec une nouvelle amertume :
— Mais celui dont je vous parle est votre maître à tous, monsieur ; c'est quelque chose de si profond et de si ténébreux que cette âme, que je ne sais où me prendre pour penser. Toujours est-il qu'après m'avoir avoué son amour, car il me l'a avoué à genoux, l'œil en feu, le sein palpitant, beau comme un dieu, après me l'avoir avoué, il me l'a refusé.

Mon père s'était imposé le silence; mais il ne put se commander également l'immobilité. Il tressaillit, et son visage montra son étonnement. Cette surprise parut servir de réplique à Catherine, qui reprit avec une indignation pleine de dédain :
— Oui, Montreuil, cet homme a des principes, cet homme croit à la sainteté du mariage, cet homme croit à la damnation éternelle, cet homme mourra de son amour, mais il ne manquera pas au serment fait devant Dieu... et cet homme, ajouta-t-elle avec une voix plus irritée et plus dédaigneuse, m'a fait comprendre clairement que s'il était veuf, il serait à moi pour toujours. Le misérable ! Comment m'a-t-il dit cela, comment ai-je pu l'entendre ? Je ne le sais pas. J'étais sous la fascination de son regard, de mon amour, de son astuce. Je comprenais, mais je ne le voulais pas; je sentais que ses paroles m'outrageaient, mais j'entendais sa voix. Je buvais ma honte avec délices.

Catherine eût parlé ainsi durant deux heures que mon père ne l'eût point interrompue; mais elle s'arrêtait d'elle-même chaque fois que sa brusque nature sautait d'un sentiment à un autre.
— Ainsi, reprit-elle après un moment de silence et en haussant les épaules, les rôles étaient changés ; j'étais le séducteur qui sollicite, et il était l'innocente victime qui se débat dans sa vertu. En vérité, je crois qu'il m'a dit le mot banal des épouses qui se défendent : « Ah ! vous-même me mépriseriez ! »

Catherine se prit à rire. C'était une hilarité sinistre et cruelle, quoiqu'elle n'eût rien de forcé.
— N'est-ce pas, dit-elle enfin, que ce serait une bonne scène de comédie, si jamais on pouvait la savoir. Mais, ajouta-t-elle en attachant sur mon père un regard flamboyant, on ne la saura jamais !

Mon père, qui était fort troublé des confidences de l'impératrice, comprit qu'il était dès ce moment condamné à la mort ou à la complicité. La prison n'est pas un asile assez sûr contre de pareils secrets. Catherine se leva et se mit à marcher.
— Voilà ce qu'il m'a dit, reprit-elle avec assez de calme; mais j'ai deviné ce qu'il n'a pas osé me dire. Oui, lors-

qu'il n'a plus été là, lorsque j'ai pu réfléchir à cette entrevue incroyable, quand j'ai pesé ses paroles et que j'en ai extrait tout ce qu'elles renfermaient... j'ai vu le but. Ces principes, cette religion, cette foi matrimoniale, ce veuvage qui découvrait cette vertu farouche, c'est un calcul dont le résultat est le trône de toutes les Russies où je ferais asseoir un nouvel époux. Vous admirez, n'est-ce pas, Montreuil? Voilà de ces façons d'arriver qui dépassent vos petites combinaisons pour arriver à quelque gouvernement de province. Et remarquez, reprit Catherine, qui parlait avec la voix assurée de quelqu'un qui dirait une affaire, remarquez que l'on me charge du crime. On veut bien être veuf, on veut bien être empereur, mais on me charge de renverser l'obstacle; c'est moi qui profiterai du crime, c'est à moi de le commettre. Ah! le malheureux! le malheureux!

Catherine était si ferme et si ironique à la fois, elle semblait si complètement rentrée dans la plénitude de sa raison, que mon père crut pouvoir enfin entrer dans la discussion de l'étrange confidence qu'i venait de recevoir.

— Mais, dit-il d'une voix humble et caressante, ce crime, vous ne le commettrez pas.

— Tu le commettras pour moi, répondit rapidement l'impératrice, qui semblait réfléchir avec attention. Ou plutôt, ajouta-t-elle, tu feras semblant de le commettre. Écoute. Il y a dans cette prison un certain Labanoff. Il y a dix ans qu'il est ici, et, à l'exception du geôlier sourd-muet qui lui apporte ses vivres, et du gouverneur, personne ne l'a vu. Je m'arrangerai pour qu'on vous laisse communiquer ensemble. Je commanderai une faute au gouverneur. Tu t'introduiras près de ce prisonnier et tu lui demanderas de l'eau de la princesse Bolinska.

— L'eau de la princesse Bolinska! fit mon père tout étonné.

— Oui, reprit Catherine avec indifférence, c'est ainsi qu'on l'appelle vulgairement depuis que la princesse Bolinska s'en est servie pour tuer son mari de cette même prison de Cronstadt. C'étaient les apparences de la mort sans toutes ses horreurs. Les médecins s'y trompèrent; moi-même j'y fus prise, car je le vis. La princesse vint me demander la grâce d'emporter le cadavre de son époux. Je n'avais aucune raison de refuser. On le sortit de cette prison, et trois jours après, pendant que je me réjouissais de la mort d'un homme que je n'osais ni condamner ni faire juger, pendant qu'on portait au cimetière un cercueil vide, le prince et la princesse s'embarquaient pour l'Amérique, où le prince s'est battu sous un faux nom avec votre compatriote M. de Lafayette. J'ai été informée de tout cela. J'ai fait tirer le cercueil; il était vide. J'ai envoyé près de lui des agens sûrs qui l'ont parfaitement reconnu. Je l'ai vu moi-même. Il est revenu secrètement; il s'est fié à ma parole, et il n'a pas eu à s'en repentir. Je lui ai rendu sa fortune, et je crois qu'il vit encore en Allemagne sous le nom de baron Appencherr... je ne sais.

— Bah! s'écria Dabiron, mon baron Appencherr serait...

— Le fils de ce prince, fit Montreuil. Vous comprenez pourquoi je me suis fort intéressé à vos relations avec ce monsieur, qui du reste se rattache plus étroitement que vous ne pensez à l'histoire que je vous raconte. Mais je poursuis. Mon père n'hésita pas entre une corde attachée par un bout à son cou, et par l'autre à quelque poutre de la prison, et la nécessité de jouer le rôle de l'ermite de *Roméo et Juliette*.

— Ainsi, dit-il, la comtesse de Zanau passera pour morte et ne mourra pas?

— Ce n'est pas de cela qu'il s'agit maintenant, reprit Catherine avec impatience.

Mon père se rappela cette phrase de l'impératrice, où elle lui avait dit sans réflexion, en commençant l'entretien, qu'elle voulait une mort apparente, qu'on pût réaliser plus tard... si...

Ainsi Catherine prévoyait que sa faiblesse pouvait aller jusqu'à faire un empereur du comte de Zanau, et jusqu'à rendre ainsi cette mort définitive.

Mais aussi quelle défiance d'elle-même et de la durée de ses sentimens, que de ne pas se charger d'un crime qui pouvait lui paraître abominable au bout de quelques semaines! Mon père se tut et l'impératrice continua :

— Vous comprenez, Montreuil, que je ne veux pas faire d'école. Vous arriverez près du prisonnier, vous lui ferez concevoir les chances d'une évasion s'il vous veut confier cette eau miraculeuse. Vous lui direz qu'en l'endormant ainsi, vous êtes sûr de vous échapper et de le faire échapper.

— Le gouverneur consent donc à tenter l'aventure?

— Vous ne comprenez donc rien? fit brusquement Catherine. Le gouverneur est chargé de vous laisser échapper après un souper où il aura trop bu. Tout sera préparé. Seulement, au lieu de feindre de s'endormir, il s'endormira réellement. Alors, une fois sûre de l'action de l'eau qui vous aura été confiée, j'agirai en conséquence.

— Vous avez raison, dit mon père en tâtant le terrain, car si ce drôle de Labanoff allait me donner quelque poison sérieux, il n'y aurait que le gouverneur...

— Au fait, dit Catherine, je n'y avais pas pensé; oui... cela se pourrait... mais, comme vous dites, reprit-elle indifféremment, il n'y aurait que le gouverneur...

Catherine était redevenue tout à fait calme; elle donna ses derniers ordres. Mon père comprit qu'il n'y avait pas à hésiter, et que l'impératrice disait avec la même indifférence que s'il se fût agi de quelque mission politique ou de quelque fête splendide : « Il n'y a que monsieur de Montreuil à risquer, » et elle finit en disant :

— De l'activité surtout, je vous donne trois jours. Je laisse ici un nommé Muller qui remplace votre geôlier ordinaire; il dirigera votre fuite et vous conduira près de moi.

— Ah! ah! s'écria Roussignan, voici mon nom qui arrive enfin!

— C'est le père de celui dont vous avez pris le nom, dit Montreuil en s'inclinant.

— Quelque gredin comme tout le reste, dit Roussignan.

— Tout à fait digne d'être véritablement votre père.

— Finissons, finissons, reprit Dabiron en élevant la voix pour prévenir les cris de Roussignan. Je suis curieux de savoir la fin de tout ceci. Nous en étions au Muller laissé près du père de monsieur.

— L'impératrice se retira, reprit monsieur de Montreuil, et, le soir même, mon père dîna avec le gouverneur. Il fut reconduit à sa chambre par un geôlier inconnu qui lui laissa le temps d'examiner le chemin par où il le faisait passer. Muller, car c'était lui, ferma si mal la porte de la chambre de monsieur de Montreuil, qu'il l'eut ouverte cinq minutes après son départ. Mon père sortit et marcha à l'aventure dans un immense corridor. C'était avec intention sans doute qu'on lui avait laissé la facilité de sortir. Mais il lui semblait qu'on eût dû l'instruire de l'endroit où il devait chercher son complice. Il paraît qu'on voulait tâter son habileté. Mon père alla de porte en porte, écoutant si quelque bruit ne viendrait pas l'avertir. Mais c'était de toutes parts un silence complet. Enfin, au bout de ce long corridor, il trouva un escalier qui descendait tout droit. Il lui semblait qu'il s'exhalait de la voûte sous laquelle il pénétrait des gaz âcres et suffocans. Il supposa qu'il était sur la piste de l'atelier du chimiste. En effet, au bout de quelques minutes, à l'extrémité d'une galerie voûtée sous laquelle il marchait, il vit luire un fourneau à travers la grille en fer qui fermait un vaste cachot. Il s'approcha et vit le Labanoff que lui avait désigné l'impératrice.

Montreuil s'arrêta dans son récit, et se tournant vers Muller, il lui dit :

— Si vous tenez à connaître les généalogies des personnages de cette histoire, je vous dirai que le Labanoff qui vous a emmené en Russie est le petit-fils de celui-ci.

Puis il reprit :

— C'était un vieillard grand et maigre, vêtu d'une longue robe rouge, le front chauve et couronné des reflets rouges du fourneau sur lequel il était penché. Il avait tout à fait la mine du cuisinier du diable. Mon père l'approcha.

— Est-ce vous, Michel? dit le vieillard sans se retourner; il me manque du charbon.

— Michel n'est plus le gardien de notre prison, dit mon père : c'est un malheureux idiot, qu'il est plus facile de tromper.

Le vieux Labanoff se redressa.

— Qui donc êtes-vous? dit-il d'un ton plein de terreur.

— Un malheureux prisonnier comme vous, qui cherchait un moyen de s'évader, et qui en a trouvé un, si vous voulez lui venir en aide...

Le chimiste prit une lampe au fond de la chambre et vint éclairer le visage de mon père.

— Un Français! murmura-t-il.

— Oui, reprit mon père. Je savais que vous étiez enfermé dans cette forteresse, et je bénis le hasard qui fait qu'on vous a placé dans un cachot fermé seulement par une grille.

— Puisqu'on me permettait de continuer mes expériences, dit Labanoff, il fallait bien qu'on laissât une issue aux gaz qui m'auraient asphyxié.

— Cette grille n'est pas impossible à desceller, dit mon père.

— A quoi bon? dit le vieillard.

— Pour nous échapper.

— Croyez-vous que s'il ne suffisait que de renverser cette grille pour être libre, je ne l'eusse pas déjà fait? dit Labanoff. Ils savent très bien que je puis à ma volonté en fondre les barreaux, ou dissoudre la pierre où sont scellés les gonds et la gâche. Mais vous qui parlez de fuir, vous ignorez qu'il faut en forcer dix autres et passer par deux corps de garde.

— Oui, lui dit mon père, en prenant le chemin ordinaire qui mène à l'esplanade; mais en suivant celui qui mène directement à la chambre du gouverneur, on ne rencontre personne.

— On rencontre du moins le gouverneur, dit Labanoff.

— N'y a-t-il pas moyen de l'endormir? fit mon père; je le puis d'autant mieux que je dîne quelquefois avec lui.

— Ah! diable! fit le vieillard.

— Ah! reprit mon père, s'il était possible de me confier quelques gouttes de l'eau de la princesse Bolinska!

— C'est cela, lui dit le vieillard en tournant le dos à mon père. Bonsoir monsieur.

Mon père le pria, le supplia. Le vieux chimiste ne lui répondit pas, et finit même par le menacer d'avertir le nouveau gardien de ses projets d'évasion.

Monsieur de Montreuil se retira désolé. Comme vous le disiez, d'après Schiller, monsieur Roussignol, il était porteur d'un de ces secrets qui tuent celui qui les sait, comme certains liquides brisent le vase qui les renferme.

— Il fallait réussir ou périr, continua monsieur de Montreuil. Mon père avait imprudemment compté sur cette soif de la liberté qui fait adopter à tout prisonnier l'espérance d'une fuite. Il ne connaissait pas le caractère russe : en ce pays et sous la tyrannie qui s'y exerce, l'homme est plein de défiance, précisément parce qu'il est obligé d'être plein de ruse. Le Russe voit toujours un piège dans ce qu'on lui propose. Mon père n'était pas très habile, et il se laissait facilement battre dans la conversation, mais il avait le bon sens de le comprendre, et lorsque ce bon sens agissait en liberté dans le calme de la solitude, il arrivait à des traits de génie.

Le plus audacieux et le plus incroyable de ceux que j'ai rencontrés durant ma longue existence fut celui qui sauva mon père.

Les auditeurs du comte de Montreuil se penchèrent vers lui pour apprendre ce trait sublime. Le narrateur reprit :

— Mon père resta tranquillement dans sa prison. Vous me regardez avec des yeux étonnés, mes maîtres : c'est que vous ne comprenez pas le cœur de l'homme. Si mon père avait profité chaque soir de la liberté qui lui était laissée par Muller pour aller supplier le vieux Labanoff, ou pour chercher à le séduire, il n'eût fait que le river dans la conviction qu'on voulait le tromper. Mais le dédain que mon père semblait faire de son secours devait rassurer Labanoff. Cela est si vrai, que ce vieux renard russe l'attendit toute la nuit suivante, avec la certitude de le voir arriver; la seconde nuit, ce fut avec la crainte de ne plus le revoir; la troisième, ce fut un véritable désespoir; la quatrième enfin, Labanoff se décida : il ouvrit la grille et vint lui-même gratter à la porte du cachot de mon père.

— Vous ne pouvez donc plus ouvrir votre porte? lui dit-il à travers le guichet.

— Je puis parfaitement l'ouvrir, lui dit mon père en l'introduisant chez lui, mais je préfère le plaisir de dormir à celui de me promener dans ces corridors humides.

— Vous ne pensez donc plus à vous évader?

— J'y travaille avec ardeur au contraire, repartit mon père.

— Pourquoi n'êtes-vous pas revenu? lui dit Labanoff.

— Et pourquoi faire? reprit mon père d'un ton surpris.

— Mais vous m'aviez fait une proposition...

— Que vous n'avez pas acceptée. J'ai tourné mes vues d'un autre côté; j'ai aussi ma chimie, moi.

Le vieux Russe fit une grimace et jeta dans la chambre un regard rapide.

— Oh! reprit mon père, ne cherchez ici ni cornues, ni matrices, ni alambics. Mon atelier de chimie est chez le gouverneur et à sa table. Il aime le vin de mon pays; mais comme il est fort avare, il goûte à peine celui qu'il est obligé de me fournir; j'ai pensé qu'en faisant venir pour mon compte quelques paniers de champagne, il serait moins sobre. Ma provision doit arriver sous peu de jours. Quand je l'aurai, j'espère que mon champagne remplacera fort bien votre eau à laquelle vous tenez tant. Je voulais l'endormir chimiquement, je l'endormirai bachiquement. C'est de meilleur goût.

— Quand vous aurez reçu votre vin, vous m'avertirez, lui dit Labanoff.

Mon père le regarda et se mit à rire.

— Vous! et pourquoi vous avertirais-je?

— Mais, dit Labanoff, pour nous échapper ensemble.

— J'en suis fâché, reprit mon père, mais l'ivresse du champagne et le sommeil qu'elle peut donner sont l'affaire d'une heure ou deux. Je n'en ai pas trop pour moi seul.

Labanoff réfléchit.

— Je puis, dit-il, vous procurer un autre narcotique.

— Le mien me suffit.

— Vous tenez donc beaucoup à l'eau de la princesse Bolinska?

— Moi? pas le moins du monde. Je me trompe : je n'y tenais pas quand je vous l'ai demandée, mais depuis que vous me l'avez refusée, j'y tiens beaucoup : c'est odieux! vous m'avez fait une impertinence, et comme je ne puis vous en demander raison ici, je n'accepterai comme excuse qu'une pinte au moins de cette eau merveilleuse.

— Une pinte! s'écria le chimiste en pâlissant; mais dans ces trois nuits je n'ai pu en faire qu'une once. Il est vrai que deux ou trois gouttes suffisent.

— Et, dit mon père, on peut les mêler à un breuvage quelconque?

— Oui, dit le chimiste.

— Eh bien! reprit mon père en tournant sur ses talons, apportez-moi votre provision et j'essaie demain : car encore faut-il lui faire avaler votre drogue, à ce damné de gouverneur.

— Eh bien, reprit Labanoff, voici...

Il suffit d'un regard à mon père pour voir qu'il était trompé : il était certain que le vieux Russe avait préparé l'eau demandée, mais il essayait de passer autre chose. Mon père ne voulut pas laisser le chimiste s'enferrer dans une ruse dont il ne pourrait plus sortir.

— Ecoutez, vénérable descendant de Ruggieri, lui dit-il, je vous préviens d'une chose, c'est que je n'aime pas à être pris pour dupe. En sortant de cette forteresse, je dois rester caché pendant huit jours chez un ami, qui me procurera ensuite les moyens de passer en Angleterre. Si pendant ces huit jours j'apprends que vous m'avez donné quelque drogue impuissante qui ne procure qu'un sommeil de quelques heures, ou une drogue si supérieure qu'elle endort pour l'éternité, je vous avertis que je vous passe mon épée au travers du corps. Oui, monsieur Labanoff, je vous donne ma parole de gentilhomme français.

Labanoff rentra dans sa poche la fiole qu'il en avait tirée à moitié, et reprenant sa phrase sur un autre ton, il répondit :

— Eh bien ! voici l'instant d'agir, je serai ici dans quelques minutes.

En effet, il revint bientôt après avec le breuvage ensorcelé. Mon père déclara qu'il le réserverait pour le souper du lendemain. De cette façon, le gouverneur se coucherait sans qu'on s'aperçût de rien. Mon père serait ramené à la prison, et il pourrait ainsi se faire accompagner de son complice. On convint de tout et on échangea des paroles solennelles.

Quand mon père se trouva sûr et en possession de la précieuse fiole, il sauta de joie. En effet, il tenait dans ses mains la liberté et la fortune. Puis, un instant après, il se prit à avoir peur : l'esprit russe le gagnait. Il se demanda si on ne s'était pas servi de lui pour tirer les marrons du feu, c'est-à-dire pour tirer l'eau de ce puits de science appelé Labanoff, et pour le laisser ensuite dans sa prison. Il s'était d'abord réjoui en pensant qu'il n'était que le complice d'une ruse, probablement innocente de l'impératrice, et après ces réflexions, il en fut réduit à espérer que l'impératrice aurait quelque nouvelle infamie à lui proposer. Ce fut pour mon père un terrible moment d'anxiété, comme celui que vous avez dû subir, monsieur Dabiron, pendant que vous jouiez votre dernière partie d'impériale, ou comme celui que vous avez éprouvé, monsieur Roussignan, pendant que vous essayiez de choisir entre vos deux oncles.

Le souper vint enfin, et mon père profita d'un moment où il demeura seul près de la table où l'on avait servi le souper, pour verser trois ou quatre gouttes de son flacon dans le verre même du gouverneur. Dès qu'ils furent à table, le gouverneur remplit son verre et fit la grimace.

— Ce vin sent le bouchon, dit-il.

Mon père le goûta, déclara l'observation juste. La bouteille fut emportée ; on en servit une autre. Le souper s'acheva. A la porte de l'appartement du gouverneur, mon père fut remis, selon sa coutume, au geôlier Muller.

— C'est ce soir, lui dit-il.

C'était le seul mot de complicité que l'impératrice lui eût permis de prononcer. Il rentra dans sa prison, où Muller, cette fois, l'enferma avec un soin particulier.

Une heure, deux heures se passèrent sans qu'il revit personne. Ses craintes redoublèrent. La nuit s'avançait, et il n'entendait rien. Labanoff arriva et appela mon père.

— On m'a enfermé si bien que je ne puis sortir, lui dit celui-ci.

— Ah ! dit Labanoff, on nous a joués, on a voulu avoir mon trésor, nous sommes perdus !

— J'ai la bouteille, dit mon père, et je la briserai avant qu'on me l'arrache.

— Oui, oui ! dit Labanoff, faites cela, je vous en supplie !

A ce moment, ils entendirent le bruit de quelqu'un qui approchait.

Labanoff se releva pour n'être pas surpris. Mon père écouta ; il entendit le bruit de pas réguliers et nombreux, et il vit à travers le guichet grillé de sa porte qu'on posait une sentinelle devant l'issue de son cachot. La marche des soldats continua, et il reconnut qu'on avait été prendre la même précaution pour son complice. Mon père fut si irrité qu'il allait briser la précieuse fiole, lorsqu'il s'entendit appeler dans la prison même. Il chercha de tous côtés et finit par lever les yeux. Dans un angle et hors de la vue de la sentinelle, il vit une trappe levée : Muller lui descendit une échelle de cordes : il y grimpa, et une heure après, il était sur la route de Saint-Pétersbourg.

Le lendemain, mon père vit l'impératrice. Catherine était parée comme une vieille femme amoureuse. Elle était affreuse à voir. Mon père lui présenta le flacon. Elle sourit.

— Gardez ce bien, c'est vous qui en ferez usage. C'est bien assez d'un confident, ajouta-t-elle en gémissant.

— Qui sait, pensa mon père, si dans huit jours elle ne trouvera pas que c'est trop !

Mais il n'y avait plus à reculer. Mon père ne demanda que les moyens d'approcher la comtesse de Zanau.

— J'y ai pensé, lui dit-elle, et ce n'est pas facile. J'ai compté sur vous.

Les deux complices s'ingénièrent pendant deux heures à chercher un moyen qui ne compromît pas l'impératrice directement, et qui ne permît pas de soupçonner la complicité de monsieur de Montreuil. Celui-ci, pour tout le monde, était toujours enfermé à la forteresse de Cronstadt.

Enfin mon père trouva le moyen ; mais on ne voulut l'employer que lorsqu'on serait assuré de l'efficacité et de l'innocence du breuvage. On avait appris dans la journée que le gouverneur avait été frappé d'apoplexie. Catherine ordonna que son corps fût exposé pendant vingt-quatre heures dans une chapelle ardente, et de le transporter dans un caveau, en attendant le beau tombeau qu'elle lui destinait.

Ce fut dans ce caveau que le gouverneur s'éveilla prisonnier et sous la garde du nommé Muller, qui l'avait descendu par la trappe dans le cachot de mon père, dont il tenait la place. Il ne fallait pas qu'on sût l'évasion de mon père ; il ne fallait pas non plus que le réveil du gouverneur rappelât la puissance de l'eau de la princesse Bolinska et fît douter Léopold de la mort de sa femme. L'épreuve était faite, il n'y avait plus qu'à agir. Catherine était impatiente. Depuis quinze jours, elle était en proie à une espérance pleine d'anxiétés fiévreuses. Elle jouait, pour ainsi dire, à l'amour platonique avec Léopold, et elle avait grand soin d'entretenir le rusé personnage dans la croyance qu'il trouverait un trône dans le boudoir de l'impératrice. Mais elle voyait avec désespoir qu'un hasard seul pouvait satisfaire la légitime ambition du comte de Zanau, et elle surexcitait ainsi son désir, au point qu'il laissa échapper des mots d'impatience sur l'existence de sa femme. Comme la comtesse était jeune et bien portante, ces mots ne pouvaient être qu'une incitation au crime qui devait l'en délivrer.

Le jour vint enfin où Catherine, rassurée sur le résultat de sa ruse, ordonna à mon père d'agir.

Il devait y avoir un grand bal chez un des premiers dignitaires de la cour. Le comte de Zanau devait s'y rendre avec sa femme. Mon père demanda que l'impératrice retînt le comte près d'elle, de façon à ce que la comtesse s'y rendît seule.

Il est assez difficile, même dans un bal, de faire boire quelqu'un, s'il n'a pas soif, et de lui faire boire précisément le verre préparé. L'invention de mon père était plus ingénieuse ; mais mille incidents pouvaient en empêcher le résultat, car il n'avait pas de complices. Or, il emmena cinq ou six ouvriers dans une rue où devait nécessairement passer la voiture de la princesse, et y creusa devant sa maison une tranchée qui fît verser la voiture de la comtesse, ou du moins amenât un accident assez grave. Tout lui réussit à merveille : probablement Catherine avait pris soin d'éloigner la police de ce quartier.

La tranchée ayant été ouverte, mon père renvoya les ouvriers qui l'avaient faite, et, déguisé en homme de police, il se plaça à l'angle de la rue. A chaque voiture qui arrivait, il secouait la torche qu'il portait et avertissait qu'il y avait, dans cette rue, une excavation dangereuse. Une heure se passa sans qu'il reconnût la livrée du comte de Zanau ; enfin, elle arriva ; il éteignit sa torche. La voiture passa, et, presque aussitôt, il entendit un fracas terrible et des cris aigus.

Ce bruit éveilla le voisinage. On sortit, on s'empressa, on releva la voiture à moitié brisée. On fit sortir la comtesse presque évanouie. Alors mon père arriva, de l'air et sous l'habit d'un médecin.

— Qu'on m'apporte un verre! cria-t-il.

Et le présentant lui-même à la comtesse, il lui dit du ton péremptoire d'un docteur sûr de son fait :

— Prenez ceci, madame, et dans deux heures toute douleur aura disparu, toute suite fâcheuse de votre accident sera prévenue.

La comtesse fort troublée prit machinalement le verre, le but de même, monta dans la voiture de l'ambassadeur autrichien, qui avait suivi la sienne et qui avait été arrêtée par ce rassemblement, et, tout à fait remise de sa frayeur, elle se rendit au bal, où deux heures après, elle tomba en dansant et comme frappée de la foudre.

Tout le monde attribua cet évanouissement à l'accident de la voiture. Cet évanouissement fut bientôt la mort, du moins en apparence ; on ne lui chercha pas d'autre cause : elle s'était rompu un vaisseau dans la poitrine, disait-on.

Il y a de ces phrases toutes faites qui ont une fortune colossale et qui se disent à la fois dans tout l'univers. Ce sont celles qui dispensent de savoir quelque chose en donnant à ceux qui les prononcent l'air de savoir ce qu'ils disent.

Quoi qu'il en soit, la comtesse passa pour morte complétement, et cela par suite d'un accident de voiture.

Mon père avait porté la nouvelle du succès de sa ruse à l'impératrice. Il était temps : elle venait de passer deux heures inutiles avec son Léopold ; et, s'il lui eût fallu attendre plus longtemps, elle eût fait tuer la comtesse pour tout de bon et d'une manière tout à fait compromettante.

Le lendemain la nouvelle fut publique ; le lendemain le corps gisait exposé dans une chapelle, et tout Saint-Pétersbourg vint saluer de ses regrets cette jeune et belle femme, assez nulle pour n'alarmer personne et assez gracieuse pour plaire à tout le monde. Pendant ce temps Catherine riait auprès de son pieux amant de l'empressement du public et de la confiance de Léopold, dont les yeux cherchaient sur le front ridé de Catherine la couronne qu'elle devait en détacher pour la poser sur le sien.

Ce misérable histrion obtint le succès qu'il méritait. Catherine l'avait aimé avec un prestige que nulle réalité ne pouvait réaliser. Ce qui avait grandi sa tendresse pour cet homme jusqu'à en faire un délire, fut ce qui le ruina. S'être mis à un si haut prix et ne pas être plus digne d'amour qu'un autre, c'était tomber de bien bas. Au bout de huit jours Catherine avait honte du comte de Zanau et d'elle-même. Ce qui acheva de perdre cet insigne misérable aux yeux de Catherine, c'est une nouvelle qu'elle lui apprit mon père. La comtesse allait être mère. Le comte, qui poussait au crime, savait cette circonstance, et il tuait du même coup la mère et l'enfant.

Cependant voici ce qui était arrivé.

Le comte de Zanau avait voulu jouer publiquement la douleur la plus affreuse et la plus inconsolable. Il avait fait élever dans son palais et au fond d'un vaste jardin une espèce de mausolée provisoire, où, disait-il, il allait s'enfermer avec son désespoir et les restes de son épouse adorée. Ce charmant mausolée était adossé à la porte secrète par où il se rendait chez l'impératrice. La première fois il passa près du cadavre inanimé de sa belle et chaste épouse pour se rendre auprès de sa très impériale maîtresse. C'était toutes les fois de même ; mais dès le troisième jour, il passait près d'un cercueil vide. Mon père, Roméo inconnu de cette Juliette qu'il avait entrevue qu'une fois, alla ravir cette mort factice à cette tombe hypocrite. Une retraite ténébreuse et perdue à quelques lieues de Saint-Pétersbourg avait été préparée pour la recevoir. Ce fut là que se réveilla la belle Louise Landswick. Mon père était chargé de lui apprendre une partie de la vérité, c'est-à-dire qu'elle passait pour morte et qu'elle devait attendre avec patience l'heure où l'on reconnaîtrait l'erreur.

La comtesse était une charmante femme, faite pour le bonheur et le bien-être, mais également incapable de résister avec courage à un acte de violence ou de s'affliger à mourir de l'infamie dont elle était victime. Elle avait surtout ce misérable amour de la vie d'où naissent tant de lâchetés et qui abandonne tous les droits de l'existence et sa dignité et jusqu'à son bonheur, pour ne pas la voir compromise. Dès que mon père lui eut persuadé que sa vie pourrait être menacée si elle se révoltait, la comtesse courba la tête et attendit. Au bout de huit jours, elle mangeait de bon appétit et ne se plaignait que d'un peu d'ennui.

Cependant, comme je vous l'ai dit, Catherine se décida bientôt à se défaire de sa conquête. Elle prit pour cela un moyen qui devait amener du même coup l'expulsion du comte et la réapparition de la comtesse. Elle lui fit une querelle sur cette espèce de catafalque permanent, placé au fond du jardin de son palais.

— Je ne suis pas d'une sévérité à ne pas pardonner beaucoup d'hypocrisie, dit-elle assez sèchement, mais couvrir vos escapades nocturnes du linceul de votre femme, cela me paraît hideux.

Léopold crut entendre sonner le premier coup de cloche de sa disgrâce. Il chercha à deviner la pensée de Catherine ; elle ne lui laissa pas de doute, tant sa figure exprimait de dégoût.

La fierté n'était plus de saison ; il ne restait à Léopold que la plus basse obéissance. Le lendemain, il arriva chez l'impératrice le visage bouleversé, l'œil hagard.

— J'ai cru, dit-elle plus tard à mon père, qu'il savait que sa femme vivait encore. Il ne savait que la disparition de son corps.

En rentrant chez lui, Léopold avait ordonné de préparer les funérailles. On avait voulu déranger le cercueil. Les gens de service, étonnés de sa légèreté, étaient allés en avertir le comte. Par une prudence bien rare, ou par une prévision instinctive de la vérité, le comte avait ordonné qu'on s'arrêtât, et il avait profité de la nuit pour s'assurer lui-même de la vérité. Il avait trouvé le cercueil vide et il le racontait à Catherine, les yeux effarés et la voix toute tremblante, lorsqu'elle se prit à lui rire au nez avec des éclats interminables.

— C'est que votre femme n'est pas morte, lui dit-elle enfin.

Il y eut après ces mots une tirade affreuse, où Catherine écrasa de son mépris et de ses sarcasmes le malheureux à qui elle avait imposé son amour.

— Pensais-tu, lui dit-elle, que tu valusses un crime ? Pensais-tu que je ne l'eusse pas deviné dès le premier jour ? Lâche et hypocrite ! tu as eu la folie de croire que je te ferais asseoir sur le trône de la plus puissante nation du monde ! En vérité, ajouta-t-elle, ce qui m'étonne toujours, ce qui pour moi renverse les lois de la physique, c'est que ce sont les plus petits esprits qui contiennent les plus énormes vanités !

Catherine parla un quart d'heure ; Léopold ne répondit rien. Elle avait trop pesé sur l'orgueil de cet homme en voulant le ravaler trop. Elle lui apprit qu'il y avait un degré de bassesse auquel il ne pourrait lui-même plier sa basse nature. Il se redressa, et prenant la parole à son tour, il lui dit :

— Catherine, vous avez tué ma femme, c'est votre crime, vous le garderez. Ma femme est morte, elle est morte, entendez-vous ! Je le veux. Vous l'avez prise, disposez-en à votre gré ; mais si elle reparait, je ne la reconnaîtrai pas, et si l'on veut me forcer à la reconnaître, je dirai alors la vérité : je ne sais pour lequel de nous deux elle sera plus honteuse et plus ridicule. Mais je la dirai. Vous me regardez avec vos yeux d'hyène, mais on ne tue pas un prince du sang souverain comme on fait disparaître un Montreuil. Vous m'avez fait veuf, je suis veuf, je resterai veuf.

Catherine, que le dégoût que lui inspirait maintenant Léopold avait poussée hors de toutes les bornes de la prudence, s'aperçut trop tard qu'elle avait dépassé le but. Elle congédia Léopold en lui disant de réfléchir. Mais il avait pris sa résolution, et le lendemain du jour où il apprit que sa femme vivait encore, il présidait avec désespoir à ses funérailles et il l'accompagnait pieusement à sa dernière demeure.

— Quand l'impératrice, continua Montreuil, apprit l'acte de révolte que Léopold, comte de Zanau, avait osé commettre contre sa volonté, en faisant procéder aux obsèques de la comtesse, qu'il savait n'être pas morte, elle en fut atterrée. Léopold lui laissait la responsabilité de tout ce qu'elle avait fait. Il lui laissait le soin d'engager la lutte, si elle voulait faire reparaître la comtesse. Catherine fit appeler mon père pour le consulter. Il était dans un cabinet secret attenant à la salle d'audience de Catherine, à l'heure où Léopold vint, le lendemain de ces insolentes funérailles, offrir à Catherine sa démission et lui demander ses passeports.

— Il ne voulait plus, lui dit-il devant plus de cent témoins, demeurer dans un pays où il avait vu mourir la seule femme qu'il eût jamais aimée, qui, par sa vertu comme par sa jeunesse et sa beauté, méritait un culte dans l'esprit de ceux qui l'avaient perdue.

Ce dernier mot faisait calembour. L'impératrice ne fut pas en reste sur un sujet si agréable. Elle lui répondit qu'elle espérait que le temps calmerait sa douleur, et que, grâce à la jeunesse, à la vertu et à la beauté dont il était lui-même doué, il retrouverait bientôt une femme égale en jeunesse, en beauté et en vertu à la comtesse, et si semblable en tout à celle qu'il avait perdue, que lui-même et le monde entier croiraient la voir revivre. Léopold eut l'impertinence de lui répondre.

— Que le monde entier pourrait s'y tromper, mais non pas lui.

Ce duel de bons mots entre ces deux sublimes histrions finit par le renvoi du comte avec ce qu'il avait demandé.

Quand l'impératrice rentra près de mon père, elle suffoquait.

— Si j'avais eu la comtesse sous la main, lui dit-elle, je crois que je la lui aurais jetée au visage.

Quelques jours après, et lorsque le comte annonçait son départ pour la semaine suivante, on apprit qu'ils s'était furtivement embarqué sur un navire anglais. Catherine restait donc avec une morte en bras. Elle espérait toujours que le comte reviendrait sur sa résolution ; mais chaque jour de retard rendait plus impossible de ressusciter la comtesse. Enfin, trois mois étaient à peine écoulés qu'on apprit à Saint-Pétersbourg les projets de mariage de Léopold avec la princesse Frédérique. Catherine se décida, elle tenta un grand coup. Elle confia la comtesse à mon père et les fit partir tous les deux pour l'Allemagne. Vous ne le croiriez jamais, messieurs, mais ce fut dans la famille même de l'infortunée que se trouvèrent les cœurs les plus implacables. On la reconnut, mais on refusa de reconnaître son existence, cela dérangeait d'autres projets. Dans le monde, il n'y a de place pour les morts que sous la terre. La famille du comte de Zanau, le grand-duc de Wardenbourg en tête, excusait la conduite du comte. Enfin, il résulta de tout cela que Catherine d'un côté, les Landswick et les Wardenbourg d'un autre, s'étant cotisés, ont fait à la comtesse Louise une fortune de trois à quatre millions qui furent déposés dans la maison du baron Appencherr, ancien prince Dalbouki, à la condition, pour la comtesse, de se tenir dix ans enfermée dans un château jusqu'à ce que l'oubli et l'âge l'eussent rendue tout à fait méconnaissable, et à la condition pour Appencherr de ne payer les intérêts de cette fortune que si Louise gardait fidèlement sa prison.

Ce fut à cette époque qu'arriva au château d'Hildebourghausen une femme accompagnée d'un gentilhomme français et d'un serviteur russe. Le gentilhomme français était mon père ; le serviteur russe était Muller. Personne ne put voir cette inconnue dont le voile qui l'enveloppait, et l'on fit venir de France des gens de service qui s'engagèrent à ne jamais sortir du château avant dix ans. Ce mystère occupa pendant quelque temps les oisifs du pays, mais on s'y accoutuma bientôt, et d'ailleurs les événemens qui remuaient alors l'Europe absorbèrent bientôt celui-ci dans leur importance.

Quelque temps après, Catherine mourut, et ce qui avait été décidé pour dix ans fut décidé pour toujours entre les survivans intéressés.

Babiron et Roussignan ouvraient de grands yeux, comme s'ils entendaient un conte de fées.

Monsieur de Montreuil reprit alors d'une voix plus accentuée :

— Voici, maintenant, comment j'ai su ces circonstances, et voici comment elles peuvent nous mener tous les trois à la fortune et au pouvoir si vous voulez me seconder.

Dabiron et Roussignan se regardèrent d'un air ébahi. Malgré les théories cavalières du premier, et quoique le second eût été la victime de persécutions qui devaient partir de haut, ils n'en étaient pas moins fort surpris de voir parler avec cette liberté et ces détails d'une impératrice et de princes souverains. On trouve de ces choses-là dans un livre, et il semble que cela soit à sa place, l'imprimé est impassible, mais les entendre raconter par un homme en chair et en os, qui en parle comme du souper de la veille et de l'aventure du lendemain, c'est bien autre chose, surtout lorsque cet homme se propose de vous mêler à ces intrigues royales. Dabiron et Roussignan éprouvèrent un frisson de sainte terreur, comme les adeptes au moment où on les introduisait dans le sanctuaire de Dieu. Montreuil ne s'aperçut pas de cette appréhension, tant il était préoccupé de l'espoir qu'il venait de concevoir et qu'il voulait faire partager à ses futurs associés, et il continua :

— Mon père venait de se marier quand il émigra. J'étais né pendant son absence. A peine fut-il installé à Hildebourg-Hausen qu'il voulut faire venir ma mère près de lui ; mais déjà sa santé était perdue : elle mourut en route et j'arrivai seul chez mon père. J'avais alors trois ans. Ce fut la seule fois que je franchis le seuil du château. Quoique cet âge laisse peu de souvenirs, je me rappelle fort bien avoir été présenté à une dame vêtue de deuil et qui me donna des bonbons. C'était la défunte princesse Louise de Landswick. Une belle et jeune Alsacienne portait dans ses bras un enfant qui criait pour m'arracher les bonbons qu'on me donnait.

C'est probablement cette circonstance qui a si profondément gravé ce souvenir dans ma mémoire. Mon père avait, outre son logement au château, une petite habitation à un quart de lieue environ. C'est là qu'il me fit élever. Plus tard, il m'envoya à l'université de Dresde ; mais qu'importent ces années obscures de ma vie? qu'importent même celles où mes folles aventures ont jeté tant d'éclat sur mon nom? Le seul souvenir important aujourd'hui, c'est celui du dernier entretien que j'eus avec mon père. C'était en 1814 ; je partais avec les armées coalisées pour combattre Bonaparte : mon père, déjà malade, me fit venir chez lui. C'est alors qu'il me raconta tout ce que je viens de vous dire, et qu'il me rappela le jour de mon entrée au château. Lorsque je lui dis que je me rappelais très bien l'enfant.

— Eh bien ! me dit-il, cet enfant, ce légitime héritier du comte de Zanau, il vit : il a été élevé sous le nom de chevalier de Limbourg, par les soins du baron Appencherr, et il est sous-lieutenant dans un régiment autrichien. J'ai déposé les preuves de tout ceci sous un panneau de la chambre que j'occupe à Hildebourg-Hausen ; c'est le second à partir de la cheminée.

— J'avoue, reprit Montreuil, que cette confidence de mon père ne m'intéressa guère que par la bizarrerie de l'aventure. Je n'en compris pas la portée. Je rattachais toute mon ambition à moi-même, et j'aurais eu honte d'avoir recours pour arriver à d'autres protecteurs que mon courage.

Je quittai mon père ; je vins en France. J'y ai marqué ma carrière par d'assez éclatantes entreprises pour que je n'aie pas à vous rendre compte de ma vie : elle est écrite dans les journaux de l'époque et dans la biographie d'un personnage très célèbre, à qui je voulus apprendre que le grand principe : « La parole a été donnée à l'homme pour déguiser sa pensée, » n'obtenait pas toujours du succès. Vous savez comment je fus condamné et exilé. Je me retirai en Angleterre. C'est là que j'appris la mort de mon père. Je courus à Hildebourg-Hausen. Nous étions en 1820. Lorsque j'arrivai, je me présentai au château. J'y fus reçu par un vieux Cosaque. C'était Muller. Il tenait bon à la chaîne, à l'autre bout de laquelle était rivée l'infortunée Louise de Landswick ; car elle vivait toujours : mais ce n'était déjà plus qu'une machine mangeant et buvant, que la prison et l'ennui avaient dégradée jusqu'à jouer au piquet avec ses servantes, et à se plaire aux entretiens des garçons d'écurie.

Je voulus pénétrer dans la chambre où mon père était mort. J'avais été trop mal récompensé du service que j'avais rendu aux souverains alliés en 1814, pour ne pas chercher une vengeance contre eux, et j'espérais la trouver dans le second panneau à droite en partant de la cheminée. Pour arriver à mon but, je pris un chemin détourné. J'affectai des sentimens naturels. Je voulais aller pleurer à l'endroit où mon père avait rendu le dernier soupir. Muller me repoussa en me riant au nez. Je voulus me fâcher : le boule-dogue grogna. Je parlai au nom de la loi : il me tourna le dos. Tout ce que possédait mon père avait été fidèlement déposé entre les mains du magistrat. Je m'y rendis, bien décidé à faire un scandale. Le magistrat me remit un paquet cacheté. J'y trouvai l'état de la fortune de mon père; elle ne se montait pas à moins de trois cent mille florins, placés chez monsieur le baron Appencherr. J'avoue que ce résultat me calma au sujet de mes projets chevaleresques en faveur de la victime de Hildebourg-Hausen. Je me rendis à Francfort, chez ce vénérable banquier, lequel, si vous m'avez suivi avec attention, n'était autre que le prince Dalbouki. Je profitai de mon séjour pour prendre des renseignemens qui pourront nous servir.

C'est par suite de cette circonstance que je fis, quelques années après, deux rencontres qui vous expliqueront l'importance que j'ai attachée aux moindres détails de votre récit. (C'est pour vous que je parle, monsieur Dabiron.) Monsieur Appencherr, par les soins de son associé de Francfort, monsieur Duplessis, venait de monter une maison de banque à Paris, et c'est à son fils qu'il en avait donné la direction. C'est celui qui a été votre patron ; il pouvait avoir alors vingt ou vingt-deux ans. Dans la même maison, et associés de messieur Appencherr père et fils, vinrent s'établir, quelques années plus tard, monsieur et madame Duplessis, qui abandonnèrent Francfort pour rentrer en France.

Monsieur Duplessis était un Français émigré qui avait épousé une Allemande et qui avait une fortune colossale. Or, ce monsieur Duplessis avait une fille charmante, qui pouvait avoir dix ou douze ans, et qui s'appelait Gertrude. C'est celle qui devint ensuite la femme de d'Appencherr fils, et que vous avez si bêtement perdue. Comme cette pauvre dame vous l'a dit, son père était, malgré son immense fortune, d'une avarice telle, que sa mère à elle ne pouvait suffire aux premiers besoins d'un pauvre petit enfant qu'elle avait caché dans un village de France. Monsieur d'Aronde, en vous contant son histoire, vous a dit qu'il ignorait le nom de son père, qui l'avait abandonné. Ce jeune homme a trop légèrement accusé celui qu'il ne connaît pas. Moi qui n'y suis pas intéressé au même degré, je puis, sans trop d'imagination, fournir à ce sujet, non des preuves, mais du moins des conjectures on ne peut plus vraisemblables. Comme je vous l'ai dit, le fils de la comtesse de Zanau avait été élevé sous le nom de chevalier de Limbourg. Après la campagne de 1814 et 1815, il était rentré chez le baron, qu'il considérait comme son seul protecteur. Là, il avait vu, connu et, selon toute apparence, aimé madame Duplessis, et c'est probablement de cet amour qu'était né ce monsieur d'Aronde, qui serait fort étonné s'il savait qu'il est de race royale,

et qu'il est le frère naturel du légitime prétendant à la couronne de Wardenbourg.

Roussignan et Dabiron continuaient à ouvrir des yeux de plus en plus stupéfaits.

— Voyons, dit Dabiron, si j'ai bien compris : le comte de Zanau était le neveu du grand-duc de Wardenbourg?

— Eh bien ! reprit Montreuil, vous qui prétendiez tout à l'heure savoir l'histoire de France, vous devriez vous rappeler qu'il plut un jour à l'empereur Napoléon de faire un roi de notre grand-duc.

— C'est vrai, reprit Muller.

— Et si vous aviez un peu suivi la marche des événemens, vous sauriez que du grand-duc, devenu roi vers 1810, n'avait pas d'héritiers directs. Il en résulta qu'en 1819 le comte de Zanau hérita la couronne de Wardenbourg, et que, par conséquent, le chevalier de Limbourg, légitimement né du mariage du comte avec Louise de Landswick, venait immédiatement après lui, selon la loi divine et selon la loi humaine. Les autres enfans, nés du second mariage du comte de Zanau avec la princesse Frédérique, sont non-seulement des bâtards, puisque sa première femme, sa seule femme légitime, vivait encore, mais, ce qui est bien pis, des usurpateurs.

— Le chevalier de Limbourg existe donc encore ? dit Dabiron.

— Non, reprit Montreuil, le pauvre garçon a été trouvé assassiné au coin d'une rue de Francfort.

— En tout cas, dit Muller, monsieur Charles d'Aronde n'est qu'un bâtard adultérin, et s'il n'y a pas d'autres concurrens à la seconde descendance du roi de Wardenbourg, celui-ci ne paraît pas être porteur de droits bien sacrés.

— Monsieur Muller, reprit le comte de Montreuil en l'interrompant vivement, qu'est-ce que vous disait le farouche diplomate qui vous tenait enscaché dans une cave des environs de Hambourg ? Il vous disait : « Où est l'enfant ? » Or, cet enfant, qu'il vous demandait, n'était pas le petit bâtard caché, devenu monsieur d'Aronde, mais bien le fils légitime du légitime mariage du chevalier de Limbourg avec une certaine Augusta Mildenoff, fille d'un juge de la ville libre de Francfort. Ce mariage secret eut lieu, on ne sait précisément à quelle époque, de 1817 à 1821, et très probablement lorsque le chevalier fut obligé d'abandonner à Francfort madame Duplessis, mère de la Gertrude de monsieur Dabiron.

— Ah ! diable ! fit Muller.

Montreuil reprit, en s'animant :

— Où est l'enfant ? voilà ce qu'on vous demandait pour le faire disparaître, et ce que je vous aurais demandé jusqu'à vous poignarder, si vous ne m'aviez pas raconté votre histoire, et si je vous avais toujours cru le véritable Muller.

— C'est donc ça, dit Roussignan en se frappant le front : Muller savait donc où il est ?

— Eh ! pardieu, oui, il le savait, reprit Montreuil. Le brave garçon s'étant laissé gagner de pitié pour Louise de Landswick, cette vieille victime de l'ambition et de la débauche, qu'il gardait par succession, dans le château de Hildebourg-Hausen, avait appris de son père à lui la naissance du chevalier de Limbourg, sa vie, son mariage, son assassinat et la naissance d'un fils de ce mariage. Il apprit bien plus, il apprit où était caché cet enfant.

La pitié d'un côté et la misérable récompense qu'on donna à ses services, en 1826, lorsque mourut enfin la pauvre Louise de Landswick, et que par conséquent on n'eut plus besoin de lui, l'inspirèrent de générosité chevaleresque.

Il s'empara des papiers de mon père, et il allait les porter au fils de Limbourg dont ils assuraient les droits, lorsqu'il fut assassiné à son tour sous votre fenêtre. C'est alors que vous avez pris sa place. Si vous n'avez pas eu le même sort que lui, c'est que vous vous étiez heureusement séparé de ces terribles papiers qui compromettent tant de noms souverains. Sans cela vous ne seriez sorti vivant, ni de la cave de Hambourg, ni du vaisseau de Labanoff, ni des cachots de Cronstadt. On vous a laissé vivre pour les surprendre. Ce secret qui vous a tant persécuté est aussi ce qui vous a protégé. Et maintenant récapitulons :

Famille Wardenbourg. Grand-duc devenu roi, en 1810, lequel laisse son trône à son neveu, le comte de Zanau, en 1819, lequel l'a laissé en 1821 à son fils actuellement régnant, enfant illégitime d'un mariage nul, contracté avant la dissolution du premier. Indépendamment de ces princes reconnus historiquement dans l'almanach de Saxe-Gotha, nous avons de notre côté un fils légitime, né du premier mariage du comte de Zanau, fils élevé sous le nom de chevalier de Limbourg, et assassiné l'année même où monsieur son père est mort sur le trône en 1821. Après ce chevalier de Limbourg vient son fils, autre héritier, le seul légitime, le seul apte à succéder, celui qui devrait être roi et qui est peut-être saltimbanque, bateleur, laboureur, garçon de café ou figurant au théâtre de l'Ambigu, comme l'a été un autre prince souverain.

— C'est juste, c'est juste, dirent les deux auditeurs de monsieur de Montreuil.

— Et maintenant, pour faire jouer les fils de cette intrigue, nous avons monsieur le baron Appencherr, successeur de monsieur son père, et qui doit être dans le secret de cette affaire, puisqu'il était le détenteur de la fortune assurée à la malheureuse Louise de Landswick, ainsi qu'à son fils le chevalier de Limbourg ; nous avons monsieur Charles d'Aronde, que je soupçonne fort d'être frère naturel de notre prétendant ; nous avons monsieur Labanoff, fils, devenu secrétaire d'ambassade et qui devait savoir ce qui se faisait en vous enlevant à Londres et vous conduisant à Saint-Pétersbourg ; nous avons enfin ce monsieur Duplessis, dont personne peut-être ne soupçonne l'importance, et qui ne s'en doute peut-être pas lui-même.

— Celui à qui j'ai envoyé ces papiers écrits en allemand ? interrompit Muller.

— Lui-même ! s'écria Montreuil. Quel est-il ? je l'ignore. Mais si je rapproche les noms et les dates, je me dis que ce Duplessis doit être ce même Duplessis d'Allemagne, lequel a été trompé par sa femme, au profit du chevalier de Limbourg. C'est donc l'allié des Appencherr. Ce n'est pas pour rien qu'il y avait, sur les papiers tombés entre les mains de Roussignan : « Pour remettre à monsieur Duplessis. » Or, quelque chose me dit que c'est par là que nous découvrirons notre prétendant. Ainsi donc, messieurs, à l'œuvre ! Trois hommes sont morts aujourd'hui; trois nouveaux hommes vont renaître demain. Il n'y a plus ni Roussignan, ni Muller, ni Dabiron, ni Montreuil : il y a trois défenseurs du droit et de la légitimité ; vous, ex-Dabiron, marquis de la Caraccas; vous, Muller, baron de Rembach, et moi duc de Casticala. Si, avec de pareils titres, un millier d'écus pour commencer et un prétendant en poche, nous ne remuons pas le monde et ne devenons pas ministres et millionnaires, c'est que nous sommes des ânes et que nous méritons de revenir ici dans un an, à pareil jour, vous Dabiron pour vous noyer, vous Muller pour vous pendre, et moi Montreuil pour me brûler la cervelle.

— Eh bien ! soit ! s'écrièrent Roussignan et Dabiron, nous le jurons !...

Tous les trois étendirent leurs mains au-dessus des verres vides et des bougies qui coulaient un reste de flamme au fond de leurs bobèches, et se jurèrent de vivre et de devenir riches et puissants, ou de revenir accomplir le suicide qu'ils avaient médité, dans un an, à pareil jour et à pareille heure.

Aux premières lignes de ce récit, nous avons dit que nous ne renverrions pas le lecteur à certain article de journal où il était question de suicide, parce que, disions-nous, cet article était parfaitement inexact. C'est celui qui commençait par ces termes, et qu'on a pu lire dans tous les journaux :

« — Hier, la journée a été féconde en suicides, etc. »

Cet article était celui où l'on annonçait la mort volontaire de Roussignan, de Muller et de Montreuil.

Mais nous avons dit, en même temps, que nous invoquerions un autre article de journal dont nous comptions révéler le mystère. Cet article est ainsi conçu :

« — Hier est morte à Hildebourg-Hausen une femme mystérieuse qui habitait ce château depuis près de cinquante ans. Cette femme, accompagnée d'un Français et d'un domestique, arriva dans le château vers 1794. Depuis cette époque, elle n'est jamais sortie. Le personnage qui semblait être son gardien était, à ce qu'il paraît, en correspondance avec divers souverains. Rien n'a jamais transpiré sur l'origine, le nom, les antécédens et les causes de la réclusion de cette femme. On dit que sa fortune, qui est immense, passera tout entière au grand-duc de N... »

Si quelques-uns de nos lecteurs se sont par hasard demandé en lisant cet article : « — Quelle peut être cette femme ? » ils le savent maintenant (1).

(1) Ici s'arrête le manuscrit de Frédéric Soulié, comme nous avons eu le regret de l'annoncer aux lecteurs du *Siècle*, le jour où nous révélâmes l'existence de cette œuvre posthume. La maladie cruelle qui devait l'enlever si prématurément aux lettres ne lui permit pas, en effet, de construire l'édifice, après en avoir posé les larges assises.

Devions-nous le laisser inachevé ?

Pouvions-nous dérober à la littérature les dernières lignes d'un écrivain à qui elle est redevable d'une partie de ses richesses contemporaines ?

Enfin, avions-nous le droit de priver sa mémoire d'un vif regret de plus, en jetant, dans sa tombe même, un travail auquel il attachait la plus grande importance, et dont il nous avait fait loyalement les dépositaires ?

Nous ne l'avons pas pensé.

Ses amis, ses parens ne l'ont pas pensé non plus.

Mais ici se présentait une grave difficulté.

Quelque intérêt que renfermassent les premiers chapitres de l'ouvrage, ils ne constituaient en définitive qu'une exposition de sujet, un péristyle, un premier acte. On ne pouvait publier isolément ce simple fragment, si considérable et si précieux qu'il fût. C'eût été manquer d'égards pour le public, en même temps que de respect pour la mémoire de l'auteur, tout en prétendant l'honorer.

On le pouvait d'autant moins que cette sorte de prologue était de nature à frapper fortement l'esprit du lecteur, et que sa curiosité demanderait d'autant plus à être satisfaite qu'elle aurait été plus vivement excitée.

Il n'y avait donc qu'un parti à prendre : achever l'ouvrage, développer les prémisses de l'auteur, compléter la pensée éminemment morale du titre qu'il avait choisi, et sous lequel, en groupant toutes les hideuses variétés de la cupidité humaine, il avait dessein de flétrir cette soif insatiable de richesse qui fait le tourment de notre époque.

C'est le parti que nous avons pris avec l'approbation de ses admirateurs, l'assentiment de ses amis, le concours même de sa famille, ainsi que nous l'avons annoncé à diverses reprises.

Certes, c'était une rude tâche que de remplir ce cadre immense, resté aux trois quarts vide, sans que le moindre trait, sans que la moindre esquisse, sans que la moindre indication autre que la partie déjà exécutée, pût diriger le pinceau qui devait achever l'œuvre. Il fallait, pour l'entreprendre le sentiment d'une sorte du devoir à accomplir.

Tel est le mobile qui a surtout guidé celui de nos jeunes écrivains à qui nous avons confié de préférence cette difficile mission, parce qu'il nous semblait être un de ceux dont l'imagination offrait le plus d'analogie avec celle de l'illustre modèle. Notre choix était bon. Nous avons maintenant la conviction, et cette conviction sera bientôt partagée par tous nos lecteurs, que sa pieuse admiration l'a bien inspiré, et que continuer ainsi un éminent écrivain, pour sauver de l'oubli sa dernière œuvre, c'est lui rendre du moins le plus digne de tous les hommages.

LOUIS DESNOYERS,
Rédacteur en chef de la partie littéraire du Siècle.

V.

HISTOIRE DU SUICIDE N° 4.

Cinq heures du matin sonnaient à toutes les horloges d'Auteuil, lorsque les trois conjurés quittèrent enfin le restaurant où ils venaient de se faire un si étrange serment. Les premières lueurs du jour coloraient à peine la cime des arbres du bois de Boulogne, quand ils se tendirent la main en signe d'adieu, après avoir échangé à demi-voix quelques énergiques paroles. Le bruit de leurs pas se perdit ensuite dans le silence, et il ne resta d'autre trace de leur longue séance, que les bouteilles vides et les bouts de cigare encore fumans qu'ils avaient laissés dans la salle basse du cabaret.

Aussitôt après leur départ, les lumières s'éteignirent dans cette maison isolée, consacrée aux mystérieuses amours, et l'unique garçon de service, comme s'il eût obéi à une injonction donnée d'avance, jeta un matelas sur le billard et s'endormit, sans s'occuper de savoir si d'autres visiteurs ne viendraient pas troubler son sommeil.

A peine s'était-il retiré que la porte d'un cabinet voisin s'ouvrit, et qu'un homme en sortit avec lenteur et gravité. Il tenait à la main une lanterne sourde qu'il cacha avec précaution dans un des coins de la pièce, théâtre du festin nocturne de nos aventuriers; puis, après avoir prêté l'oreille au dehors, il ouvrit discrètement la fenêtre.

L'inconnu était de taille élevée. Son visage était pâle et fortement accentué; ses mains étaient blanches comme celles d'une femme, mais musculeuses comme celles d'un athlète; sa physionomie et son attitude dénotaient le calme, la fermeté, le sang-froid. Ses grands yeux bleus avaient un mélange singulier de douceur et de résolution. Son costume, entièrement noir, mais usé jusqu'à la corde, indiquait où la misère ou l'avarice. Enfin, toute sa personne offrait à l'observateur un ensemble inexplicable de rudesse et de distinction.

L'inconnu, après avoir ouvert cette fenêtre qui donnait sur le bois et s'être assuré que les allées étaient complètement désertes, tira de sa poche un sifflet noir, et le portant à sa bouche, il lança dans l'espace un son aigu qui retentit dans les airs, répété par vingt échos. Les chiens des fermes voisines répondirent sans tarder par des aboiemens lugubres. Le piéton matinal qui traversait le bois, hâta sans doute le pas à ce signal parfois sinistre. La maison seule qu'occupait l'étranger ne fit paraître aucune émotion. Ses fenêtres restèrent sans lumière, ses habitans ne quittèrent point leurs couches, et à voir la figure pâle de son hôte interrogeant l'espace à travers les douteuses clartés du crépuscule, on eût pu la prendre pour une de ces auberges fantastiques, illustrées par les ballades allemandes, et dans lesquelles le diable en personne attend le voyageur attardé.

Toutefois, les chiens se rendormirent, les échos se turent, le piéton matinal reprit son pas ordinaire; car ce bruit resta sans réponse, et l'inconnu referma doucement la fenêtre comme il l'avait ouverte.

Alors les buissons touffus s'émurent de distance en distance; un pied discret rasa le sable des allées, et tout à coup, comme par enchantement, la figure d'un nouveau personnage apparut à la porte du cabaret.

Il entra sans frapper, monta lestement, en homme qui connaît parfaitement la localité; puis il alla chauffer ses mains engourdies par le froid à la lueur vacillante du falot où se mourait dans son coin.

L'inconnu fixa sur lui son regard pénétrant, comme pour devancer ses paroles et les commenter à l'avance:

— Eh bien? dit-il.

— Partis tous trois, répondit le frileux.

— Ensemble?

— Non, chacun de son côté.

— Se sont-ils parlé?

— A voix basse. Seulement, j'ai entendu le plus vieux donner rendez-vous aux autres dans le jardin du Palais-Royal pour le lendemain du jour où il serait revenu d'un voyage.

— A quel endroit?

— Devant le café des Aveugles.

— Rien de plus?

— Rien, répondit l'autre. Le vieux parlait entre ses dents, et le vent contraire chassait le son du côté opposé.

L'étranger laissa échapper un geste d'impatience. Il passa la main dans ses cheveux blonds, comme pour découvrir son large front; puis se levant et redressant sa taille par un mouvement de puissante autorité:

— Te rappelles-tu qui je suis? demanda-t-il.

— Je ne connais de vous que votre nom; mais je sais que vous m'avez tiré d'un affreux guêpier.

— Oui. Tu avais vingt ans. Entraîné par de mauvaises relations, par l'amour du plaisir, par le vice, que sais-je? tu venais de commettre un crime.

— Oh! un crime!... interrompit vertueusement le jeune homme.

— Ne discutons pas sur les mots. Un délit, si tu l'aimes mieux. Tu avais volé...

— Oh! volé! interrompit encore le jeune puriste, avec un nouveau geste de dédaigneuse protestation.

— Pardon, reprit ironiquement l'inconnu. Tu n'étais pas un voleur, en effet; tu n'étais encore qu'un filou, selon le dictionnaire et le code. Je vois que ta vanité connaît toutes les finesses de la langue française. Donc, un beau soir, tu avais escamoté, dans la foule, une montre en or que tu cachas dans une de tes bottes, et qui, lorsque tu niais ton... délit devant les témoins, se mit à sonner l'heure.

— Cette perfidie m'a dégoûté pour toujours des montres à répétition!

— Tu fus appréhendé, et on te mit provisoirement, je ne dirai pas en prison, car tu contesterais peut-être encore la justesse des termes, mais dans le violon d'un corps de garde. Oh! laisse-moi achever ton histoire. Ce n'est certes pas pour mon plaisir que j'y reviens. Si je te la rappelle, c'est qu'à ton langage et à ton attitude, il me semble que tu l'as un peu trop oubliée. Il faut bien que je m'en souvienne pour deux. Je continue. Là, dans cette antichambre de la Conciergerie, soumis pendant toute une nuit à l'influence de la faim et de l'isolement, tu te laissas aller à de sérieuses méditations; tu vis se dérouler devant tes yeux le triste panorama de ta vie future. Sans amis, sans parens, affilié bientôt à tous les escrocs de Paris, tu entendis à l'avance la voix grave du juge prononcer ton arrêt, tu vis la main du geôlier tirer sur toi les verrous d'une véritable prison, ces parenthèses de fer qui séparent l'homme de la société; tu vis le garde-chiourme s'emparer à son tour de ta personne; tu vis... un spectacle encore plus terrible peut-être! Et alors, cédant bien moins au remords qu'à l'épouvante dont te frappait ce rêve éveillé, cette vision d'un horrible avenir, que fis-tu? parle, t'en souvient-il?

A cette question, faite d'un ton impératif et solennel, l'interrogé fut saisi d'une agitation fébrile; ses yeux, ordinairement pleins de ruse et d'astuce, devinrent supplians; ses mains se joignirent comme dans une prière; il tomba à genoux, et se prosterna devant son impitoyable biographe avec la timidité d'un enfant. Et cependant c'était un homme de vingt-cinq à trente ans, dans toute la force de l'âge.

— Continue, je le veux! lui dit l'inconnu du ton dont un maître parle à son esclave. Personne ne peut t'entendre. Que fis-tu dans cette nuit où je t'apparus pour la première fois?

— Dame! murmura le coupable, vous le savez bien: j'eus peur d'aller finalement *là-bas*. Entraîné dans d'autres *affaires* dont j'étais le complice involontaire et qu'un jugement eût révélées, je fus pris de crainte, de désespoir, et j'aimai mieux en finir tout de suite. Que pouvais-je regretter? Je n'avais ni père, ni mère, ni parent, ni ami. Je passai mon mouchoir autour de mon cou, je l'accrochai à un des barreaux du violon, je sautai à bas du banc sur lequel je m'étais hissé, j'éprouvai une pression douloureuse, je sentis mes yeux se gonfler, tout sembla danser autour de moi; puis je ne vis plus rien, je n'entendis avec rien, je ne sentis plus rien. Voilà tout.

L'inconnu, satisfait d'avoir réveillé la mémoire de son compagnon, tendit sa main au suppliant et le releva avec le flegme impérieux qui avait présidé à tout cet interrogatoire.

— Ce fut, alors, lui dit-il que, conduit auprès de toi par le désir de te sauver moralement, après le... délit que tu avais commis et dont j'avais été témoin, je me vis à même de te sauver physiquement aussi. Introduit dans le *violon*, dont je me fis ouvrir la porte par un moyen dont je n'ai pas à te rendre compte, j'arrivai au moment juste où tu te balançais déjà dans l'éternité, au bout du foulard que tu avais escamoté la veille; car tu allais mourir comme tu avais vécu, aux dépens d'autrui. Je montai sur le banc, je desserrai le nœud fatal qui avait à peine eu le temps d'imprimer à ton cou son sillon bleuâtre. Tu rouvris les yeux, tu repris tes sens, et alors, tandis que tu étais encore sur l'extrême limite de ce monde-ci et de l'autre, tandis que d'un geste je pouvais te faire retomber de ton poids dans l'espace, et rendre au démon cette âme qu'il convoitait déjà, je te posai cette alternative suprême :—oubli du passé, liberté dans le présent, honnêteté dans l'avenir, à la seule condition d'obéir aveuglément à toutes mes volontés; — ou bien, jugement, condamnation, emprisonnement, etc., tout ce que tu fuis, l'instant d'auparavant, dans ta destinée. Ton choix ne pouvait être douteux. De même que les trois hommes qui sont sortis d'ici, tu n'uses du suicide que comme pis-aller, et le destin soit qu'il ne te paraît point défavorable. Nature pleine de contradictions, tu ne fus point fâché de jouer une niche à Satan et de manquer à son rendez-vous. Tu allais te donner au diable, il y avait tout avantage à te donner à moi. Tu acceptas le pacte solennel que je te proposai.

— Hé bien! depuis ce temps, demanda humblement l'examateur de montres à répétition, sans savoir autre chose que votre nom, le nom de Masson que vous m'avez appris, n'ai-je pas été l'instrument le plus docile? n'ai-je pas exécuté tout ce que vous m'avez commandé?

— Il y aurait beaucoup à en rabattre si j'étais aussi ergoteur sur les choses que tu parais l'être sur les mots. Mais au surplus, il ne s'agit point aujourd'hui de suivre la piste de quelqu'un, d'interroger une fenêtre, de voir s'y dessiner la silhouette des gens qu'elle abrite, d'écouter dans un taillis ce que disent trois maladroits dont la cupidité fait tout l'esprit. Dans quelques semaines, demain peut-être, j'aurai à te donner des missions autrement difficiles, et pour l'exécution desquelles il faudra ne jamais oublier que le pauvre diable que j'ai sauvé de la mort, de la faim, de l'ignominie, du vice, du crime... pardon encore... du délit, veux-tu dire; que ce pauvre diable, qui n'a ni père, ni mère, ni parens, ni amis; qui s'appelait *Pied-de-Céleri* parmi les bandits; qui n'a pas de nom de famille parmi les hommes, qui enfin ne possède pas d'autre appui, d'autre protection, d'autre espoir que moi sur la terre; que ce pauvre diable en un mot est mon esclave dévoué.

— Je ne l'oublierai jamais, répondit Pied-de-Céleri.

— Mon brave, j'en accepte la nouvelle promesse, reprit celui que son interlocuteur venait d'appeler monsieur Masson. Les circonstances sont graves, depuis ce matin surtout! Si j'ai obtenu que la société ne te demandât pas compte de tes premiers méfaits, c'est à la condition que tu te rendrais utile à cette même société. Voilà pourquoi je t'ai fait mon second dans la haute mission que j'ai reçue, ou plutôt que je me suis donnée. Or, s'il est vrai que la réflexion, la résipiscence, et peut-être aussi la crainte d'être châtié comme tu l'as mérité, t'aient maintenu jusqu'à ce jour dans le devoir, je n'en ai pas moins à te reprocher, non pas un défaut de zèle et d'obéissance, mais de l'insouciance et de la légèreté. Pas de coup d'œil! pas de principes physiologiques! rien qui dénote un observateur et un philosophe!

— Cependant, monsieur Masson, objecta timidement Pied-de-Céleri, on a dû flair!

— Tu crois?

— Mais... on s'en flatte!

— Pure vanité! et je le prouve. Tu as besoin de cette petite leçon de modestie. Réponds. Trois hommes sortent d'ici.

— Parbleu! puisque je les ai rencontrés...

— Ils ne sont pas tous trois du même âge.

— Non, monsieur Masson.

— Eh bien! saurais-tu me dire où le plus âgé s'est assis à cette table?

A cette demande, Pied-de-Céleri frotta de sa main gauche ses yeux étincelans de malice; il consulta les taches de lie dont la table était souillée, les chaises diversement placées, les serviettes tombées au hasard, dont les plis formaient dans la pénombre des figures fantasques; mais il ne put répondre.

— Aveugle! lui dit son maître avec un sourire de commisération, apprends qu'il ne suffit pas, pour suivre la trace d'un homme, d'avoir vu son visage ou d'avoir mesuré sa taille. Les sauvages de l'Océanie reconnaissent à leurs traces le tigre et la panthère; ils n'ont pas besoin de les voir pour deviner leur terrible voisinage. Ce qu'ils font pour les bêtes féroces, nous devons le faire, nous autres civilisés, pour les méchans et les pervers. Le plus vieux des trois coquins qui sortent d'ici, et dont je viens d'entendre, sans qu'ils s'en doutent, l'édifiante histoire, s'est assis là, à la chaise de droite.

— A quoi voyez-vous cela?

— A ce siège rangé au milieu des autres sièges en désordre, à ce couteau et à cette fourchette remis systématiquement en ligne verticale, à cette serviette pliée avec la régularité d'un habitué de table d'hôte, à la propreté de la nappe qui couvre l'endroit qu'il occupait. Rappelle-toi bien ceci : plus on vieillit, plus on devient ordonné et symétrique, au physique comme au moral. La jeunesse a des écarts, la vieillesse a des habitudes.

En réponse à cette prétentieuse leçon de discernement, Pied-de-Céleri se contenta de tourner humblement dans ses mains les bords graisseux de sa casquette, comme s'il n'était occupé qu'à calculer combien elle avait de millimètres de circonférence, mais en réalité pour cacher le sentiment de son infériorité. Son supérieur ne lui laissa pas le temps de prolonger ses intéressantes méditations.

— Tu vas aller où tu sais, lui dit-il.

— Oui, monsieur Masson.

— Tu diras que les trois hommes en question sont *éventés*, et qu'il ne reste plus rien à savoir.

— C'est convenu.

— Tu ajouteras que, quel que soit le déguisement qu'ils choisissent, il importe qu'ils ne soient point inquiétés.

— J'obéirai. Mais le rendez-vous du Palais-Royal?

— Cela me regarde. Pars, car le jour est venu, et il est essentiel de ne pas perdre un instant.

Pied-de-Céleri s'inclina en signe d'assentiment, puis il sortit du cabinet champêtre et traversa le bois d'un pas agile.

En passant devant l'arbre auquel le faux Muller avait essayé de s'accrocher, il détacha le lien qui flottait encore aux branches.

— On ne sait pas ce qui peut arriver, dit-il; si la corde de pendu porte bonheur, celle d'un quasi-pendu ne peut du moins pas nuire.

Quant au mystérieux individu qui répondait au nom de Masson, dès qu'il se vit seul, il fit sonner le timbre qui était sur la table des trois convives.

Le maître de la maison apparut presqu'aussitôt en se frottant les yeux.

— Vous savez qui je suis, lui dit-il avec autorité, et quels intérêts je représente?

Le cabaretier fit un profond salut.

— Personne, continua l'étrange personnage, ne doit savoir que j'ai passé la nuit caché dans votre maison.

— Oh! monsieur, répondit l'hôte, aucun de mes garçons ne se doute de votre qualité. Quant à la discrétion, c'est la première de toutes les vertus dans un restaurant du bois de Boulogne. On peut s'en assurer aux prix qui sont portés sur la carte.

— C'est bien, répliqua l'énigmatique visiteur. Au surplus, il peut se faire que ce cabinet reçoive tôt ou tard les mêmes hôtes. Dans votre intérêt, je vous conseille donc d'oublier tout à fait que vous m'avez parlé cette nuit. Adieu, ou plutôt au revoir!

Et s'enveloppant d'un large paletot, il s'élança dans le bois à son tour, non sans avoir consulté sa canne pour savoir si l'épée fine et acérée qu'elle recélait était encore parfaitement libre dans son fourreau.

A cet instant l'Angélus sonnait à l'une des églises voisines.

L'inconnu s'arrêta, interrogea du regard le lieu dans lequel il se trouvait, et après s'être assuré que personne ne pouvait le voir, il tira un chapelet de sa poche.

Et alors s'agenouillant sur le sable, et la tête découverte, il se mit à prier avec ferveur, jusqu'à ce que la voix pieuse du bronze se fût éteinte dans les airs...

Après quoi, s'étant signé dévotement, il disparut au tournant de la route.

VI.

A DIPLOMATE, DIPLOMATE ET DEMI.

Dans une vieille maison de la ville d'Ernée vivait encore, à cette époque, monsieur Duplessis, l'ancien associé du vieux baron Appencherr, banquier établi en Allemagne, dont il a été parlé dans le cours de ce récit.

Après avoir liquidé cette association, monsieur Duplessis était rentré en France dans le courant de la restauration; il s'était retiré à Ernée, sa ville natale, où il avait fourni à un de ses neveux les fonds dont il avait besoin pour acheter une charge de notaire.

Il habitait avec sa femme la même maison que son neveu. Il en occupait la partie qui donnait sur un grand jardin cultivé à l'ancienne française, c'est-à-dire avec la symétrie qui distinguait les jardiniers de Trianon. Les fleurs étaient disposées avec une régularité mathématique; les allées droites et parallèles étaient sablées de façon à faire hésiter le promeneur, tant on craignait de rider la surface unie de l'élégant gravier; les arbres, taillés à la titus pour ainsi dire, par les meilleurs perruquiers du genre, avaient une tournure raide et empesée; tout sentait la vieillesse sous ces ombrages destinés à abriter deux vieux époux; les lilas n'exhalaient plus qu'un faible parfum, et les roses elles-mêmes, ces coquettes du règne végétal, paraissaient avoir emprunté leur rouge au boudoir de quelque marquise décrépite.

Monsieur Duplessis ne s'occupait plus des affaires de l'étude, qu'il avait surveillées pendant les premières années, bien moins par intérêt que par amour des affaires. On le consultait encore lorsqu'on avait besoin de faire appel à son rare savoir pour quelque question litigieuse, ou à son étonnante mémoire pour quelque renseignement précieux. La tête de ce vieillard eût pu lutter en effet avec le dictionnaire des dates, ce vaste cimetière des faits passés, tout parsemé de chiffres en guise de pierres tumulaires. Il connaissait à merveille la fortune, le caractère et la moralité de chacun des clients; il savait les épisodes les plus secrets de leur intimité. A Paris, trois puissances dominent la vie: le médecin, le commissaire et le portier. En province, il faut y ajouter le garde-notes, confident obligé de toutes les passions, petites et grandes, qui agitent l'existence la plus voilée; et Dieu sait combien monsieur Duplessis, par l'intermédiaire de son neveu, avait reçu de mystérieuses révélations!

Au moment où nous entrons chez Duplessis, un personnage nous y a devancé: c'est un homme aux cheveux grisonnans, à la taille élevée, au maintien glacial, au regard doux et intelligent. Sa physionomie et son attitude indiquent une patience à toute épreuve. Il se nomme Labanoff, il est Russe; son passeport lui donne le titre de comte, la qualité de secrétaire d'ambassade, et il « voyage pour son plaisir. »

Monsieur le comte Labanoff est appuyé sur la table à laquelle travaille monsieur Duplessis neveu, occupé, comme disent les bureaucrates, à éventrer un dossier. La conversation semble engagée depuis longtemps, et pourtant les deux interlocuteurs n'ont pas l'air de s'entendre beaucoup mieux qu'au début.

— Mon oncle, dit le notaire, a reçu, en effet, les papiers de l'enfant dont vous me parlez.

— Affranchis par la poste? ajouta le Russe.

— Affranchis jusqu'à destination, et confiés à sa garde. Personnellement, je ne puis rien dans cette affaire. C'est un véritable labyrinthe dont mon oncle s'est réservé le fil, et il est décidé à ne point se dessaisir de titres dont on ne saurait évaluer l'importance.

— Lui avez-vous fait part, dit monsieur de Labanoff, de la façon dont je voudrais que cette affaire se fît?

— Oui, monsieur.

— Il n'est nullement question de retirer le dossier de ses mains, de violer un dépôt fait par un dépositaire invisible, d'entacher d'un abus de confiance sa vie si pure et si respectée. Je ne demande qu'à voir ce dossier, à le feuilleter pendant quelques minutes, à en copier quelques parties; après quoi je vous le remettrai d'autant plus au complet que je ferai ce travail sous vos yeux mêmes.

— Vous ignorez peut-être, dit monsieur Duplessis neveu, que le dossier dont il s'agit est écrit en langue étrangère.

— Oui, en allemand, je ne l'ignore pas; mais je sais assez d'allemand pour n'avoir pas besoin d'interprète; cela se fera donc sans intermédiaire et, en échange de cette communication, je suis autorisé à vous verser comme honoraires une somme de vingt-cinq mille francs.

— Vingt-cinq mille francs! s'écria le jeune notaire ébahi.

Le comte Labanoff tira de sa poche un portefeuille qui exhala une douce odeur de cuir de Russie.

— Je les ai là, dit-il; je ne demande ni quittance ni inscription à votre grand-livre; je sollicite uniquement la communication de papiers appartenant à un inconnu, à un homme mort sans aucun doute: cette obligeance de votre part ne nuira par conséquent à personne.

— Vous êtes chargé d'un intérêt puissant?

— Moi? dit Labanoff; et pourquoi cela?

— Pour offrir une pareille somme en retour d'un si petit service, il faut que vous ayez une mission bien importante.

Labanoff fronça le sourcil comme un homme qui s'est trahi par un excès de zèle que redoutait si fort monsieur de Talleyrand.

— Non, dit-il, je ne suis le chargé d'affaires de personne; et si j'estime à sa plus haute valeur le bon office que j'attends de vous, c'est que je suis d'un pays où l'on ne marchande pas.

— En ce cas, je suis doublement désolé d'avoir à vous refuser. Mon oncle est inexorable; il ne veut pour aucun prix se dessaisir de ces papiers, ne fût-ce qu'une minute. J'ai fait tout ce qu'il m'a été possible de faire. Je n'ai pu réussir. Agréez mes regrets.

— Monsieur Duplessis, dit Labanoff en se levant, permettez-moi de vous revoir demain. La nuit porte conseil, et vingt-cinq mille francs d'honoraires ne sont pas à dédaigner pour une étude de province. Vous êtes persuasif, la somme que j'offre ne manque pas d'éloquence non plus; d'ici là peut-être obtiendrez-vous de pleins pouvoirs.

Puis, saluant avec une grâce toute moscovite, il ouvrit la porte de sortie et alla se heurter contre un individu qui demandait à entrer.

L'homme qui allait sortir et l'homme qui arrivait échangèrent un coup d'œil rapide comme l'éclair, mais ce coup d'œil avait suffi pour qu'ils se reconnussent.

— C'est Labanoff! se dit le nouveau venu.
— C'est Montreuil! murmura le Moscovite.

Le notaire se contenta d'adresser un dern'er salut au personnage qui franchissait d'un pas calme et compassé le seuil de l'étude, puis il rentra dans son cabinet pour y recevoir le nouveau visiteur.

— Monsieur, dit Montreuil en se jetant dans le fauteuil que venait d'abandonner son prédécesseur, on vient de vous demander des paperasses.

Monsieur Duplessis neveu examina attentivement ce questionneur si bien informé. Il sonda du regard ses vêtemens reluisans de vétusté et qui conservaient un reste d'élégance. Il chercha à découvrir dans ses yeux pénétrans le but de sa visite; mais Montreuil fut impénétrable.

— Ce sont des papiers allemands dont il s'agit, continua ce dernier; oui, un véritable grimoire, contenant toute une généalogie.

— Comment! vous savez?
— Oh! sans doute. Ce n'est pas étonnant : j'ai perdu quelques-unes des années de ma vie à écrire l'histoire des autres. On appelle cela faire ses mémoires, et je sais où l'on puise à la source. Or, les dossiers des notaires sont souvent plus précieux pour les Bachaumonts de ces temps-ci, que le catalogue des plus riches bibliothèques.

— Et quel est, monsieur, dit Duplessis neveu, le motif qui me procure l'honneur de votre visite?

— Oh! mon Dieu! le même en vérité que celui de monsieur de Labanoff : une convoitise d'historien consciencieux, une envie insurmontable d'avoir des documens dont seul vous disposez.

— En ce cas, monsieur, sans que j'aie besoin de vous demander vos noms et qualités, je vous répéterai la réponse que je lui ai faite : cela est impossible. »

Montreuil écouta cette fin de non recevoir en homme qui s'y attendait. Il sourit avec fatuité, et rapprochant son fauteuil de celui du notaire,

— Le mot impossible, lui dit-il, comme tous les adjectifs de notre langue, répond à un tempérament auquel il plaît et qu'il caractérise. Impossible est un mot de lymphatique, une satisfaction accordée par les académiciens à la paresse; un non-sens grammatical, comme toutes les négations. Telle chose peut être improbable, tout au plus; mais impossible! qui oserait l'affirmer? L'impossibilité seule est impossible en ce monde.

— Monsieur, répliqua le jeune homme en rentrant son menton dans l'immense cravate blanche qui lui servait de support, ce n'est évidemment pas pour m'exposer un cours de philosophie que vous m'avez fait l'honneur de me consulter?

— Ce n'est pas pour vous consulter que je suis ici, monsieur, répondit Montreuil : c'est pour vous sommer de remettre en mes mains les hôtes allemandes dont on vient de vous entretenir. Oh! épargnez-vous les affirmations et les excuses : ce n'est point à demi que je fais les choses. Si jamais j'avais à adresser une pétition à un roi, je lui demanderais peut-être sa propre couronne. Je ne veux donc pas la communication pure et simple de ces papiers précieux, je veux leur possession pleine et entière; vous voyez, monsieur, que nous ne nous entendrons pas.

— Monsieur ignore sans doute, objecta monsieur Duplessis neveu, qu'il a été offert des prix considérables pour la simple communication de ce dont il demande la remise définitive.

— Des prix considérables! Allons donc! des misères! répondit dédaigneusement Montreuil.

— Comment, des misères! On m'a offert vingt-cinq mille francs, monsieur.

Montreuil tira de sa poche un foulard passé au dégraissage, et s'en servit pour enlever de sa chemise des atomes de tabac, avec la même élégance que s'il eût eu un jabot en valenciennes; puis, regardant sa partie adverse avec un sourire plein de bonhomie,

— Les pleutres! dit-il, les avares! les cancres! vingt-cinq mille francs pour une communication de cette importance! vingt-cinq mille francs pour un secret dont un notaire royal a la clef! C'est inimaginable, et je ne reconnais plus là l'ancienne munificence de toutes les Russies. L'aigle à deux têtes me semble tourner à la pie voleuse.

Duplessis neveu regarda cette fois Montreuil avec stupéfaction. Il se demanda si ce costume, dont l'art seul était parvenu à cacher le délabrement, ne couvrait point un nabab, un prince, un banquier même. Tel est le prestige de l'or sur le vulgaire, qu'il se sentait presque subjugué déjà par cet étrange personnage aux yeux de qui mille louis n'étaient qu'une bagatelle.

— Vous croyez donc, murmura-t-il, que cela valait davantage?

— Oh! répondit Montreuil, je dois être juste, on serait arrivé à mieux que cela : à cinquante mille, à cent mille, à deux cent mille, par exemple.

— Vous supposez! s'écria le notaire émerveillé.
— J'en ai la conviction, le demi-million même était vraisemblable; mais du moment où j'entre en rivalité, vous comprenez qu'aucune offre n'est plus acceptable.

— Ah! vous pensez que...
— Parbleu!
— Pas même le demi-million?
— Pas même le million, pas même la banque de France tout entière, s'il était possible de vous faire cadeau du contenu de ses caves!

On fût venu annoncer en ce moment au notaire d'Ernée que le roi Louis-Philippe le conviait à dresser le contrat de mariage d'un de ses enfans, qu'il n'eût pas été plus surpris. Etourdi par cet aplomb incompréhensible, il pensa un moment avoir devant les yeux un des autocrates de la finance, un de ces tyrans qui tiennent les destinées métalliques des deux mondes dans leurs carnets, et dont le sourcil olympien, selon qu'il s'élève ou s'abaisse, fait baisser ou hausser la fortune publique. Aussi, courbant le dos pour arriver à parler confidentiellement à l'oreille de Montreuil, il lui souffla ces mots, dictés par la curiosité bien plus que par l'avidité :

— Mais vous, monsieur, qu'offrez-vous donc de ces papiers?

— En argent? dit négligemment Montreuil, en passant en revue le vernis éraillé de ses bottes.

— Oui, en argent?
— Hé bien, monsieur, puisqu'il faut parler nettement, catégoriquement, positivement... je n'offre pas un liard!

Le notaire se retira comme si un poids de cinq cents livres lui fût tombé sur l'orteil.

— Alors, s'écria-t-il, que venez-vous faire ici?
— Monsieur, dit froidement Montreuil, je croyais m'être suffisamment expliqué au début de cette entrevue. Je viens chercher ces papiers, et, croyez-le bien, dût votre étonnement redoubler, je ne sortirai pas sans les emporter. Je serais déshonoré à mes yeux si j'échouais dans cette entreprise, comme je me croirais déshonoré aux vôtres si l'idée m'était venue de vous séduire avec de l'or, car vous pourriez me prendre à juste titre pour un corrupteur de la plus médiocre espèce. Je sais que la chose ne dépend pas de vous. Aussi, permettez-moi, pour épargner le temps, qui est un capital, de solliciter la faveur d'entretenir un seul instant votre oncle. C'est un homme d'expérience, m'a-t-on dit, et qui connaît son monde par cœur. Deux minutes suffiront pour nous entendre à ravir.

— Je doute, dit le jeune Duplessis avec un sourire ironique, que vous trouviez mon oncle aussi facile en négociations que vous le pensez. Toutefois, il ne m'appartient pas de mettre obstacle à cette entrevue ; mon oncle n'est point en tutelle, et, ne fût-ce que pour savoir jusqu'où ira votre influence, je vais vous introduire auprès de lui.

Montreuil suivit son interlocuteur et traversa avec lui le jardin aux fleurs caduques dont nous avons parlé. La partie de l'habitation qu'occupait le vieillard était lézardée et noircie par le temps. Les meubles vermoulus, couverts en tapisserie aux couleurs fanées, singeaient le style Louis XV.

Les parois du salon étaient ornées de deux tableaux : l'un représentait une pastorale copiée de Boucher, l'autre le portrait de monsieur Duplessis l'oncle, à l'âge de vingt-cinq ans, tenant d'une main la *Théorie des Richesses*, et de l'autre une rose mousseuse, afin d'unir sans doute dans une même personne l'utile et l'agréable.

Monsieur Duplessis était assoupi dans son fauteuil quand son neveu entra, accompagné de Montreuil. Sa tête, entièrement chauve, accablée par le poids des ans, était retombée sur sa poitrine. Il était vêtu d'une robe de chambre de flanelle noire qui cachait mal la maigreur de sa personne, et ses deux mains, posées le long de son corps, témoignaient, par leur immobilité, qu'elles n'étaient point encore atteintes de ce tremblement nerveux si ordinaire chez les hommes de son âge.

— Mon oncle, dit le jeune Duplessis en le secouant par l'épaule, voici un étranger qui désire vous parler d'affaires.

Le septuagénaire ouvrit les yeux, se redressa sur son séant, et laissa voir à Montreuil une figure sombre et menaçante. Jamais les signes d'une atrabilaire misanthropie n'avaient été plus visibles que sur ce visage sillonné par le temps. La vieillesse est la pierre de touche de l'homme. Tant que les passions bouillonnent au fond de son caractère, il est difficile d'en sonder les flots sans cesse agités ; mais quand l'âge a calmé la tempête, on peut lire sans trop de peine dans cette eau dormante.

Le vieux Duplessis appartenait à la catégorie des hommes désolés de vieillir, et qui voient arriver avec colère le terme prochain de leur existence. Il était peu enclin à faire des concessions à ce monde qu'il devait quitter bientôt. Il avait en grand mépris la race humaine, dont les cartons de l'étude lui offraient journellement d'assez mauvais échantillons. Il aimait la solitude, plutôt par sauvagerie que par ce besoin mystérieux qu'éprouve toute âme poétique à s'entretenir avec elle-même. Aussi reçut-il avec humeur, comme nous l'avons vu, cet intrus au bénéfice duquel on avait troublé son sommeil.

— Monsieur, dit-il à Montreuil, que voulez-vous ? que demandez-vous ? que vous faut-il ? Si c'est un renseignement, mon neveu est là, et à son défaut le premier clerc ; si c'est une consultation, je n'en donne plus, on le sait, ce n'est pas chose nouvelle. Dépêchons, je vous prie, car je suis vieux, comme vous voyez, et à mon âge on n'a pas de temps à perdre.

— Mon oncle, dit alors le jeune Duplessis, la chose est fort simple. Vous avez reçu par la poste, il y a quelques années, non point comme notaire, mais comme simple particulier, et d'une main qui ne s'est pas fait connaître, des papiers qui se rattachent à la succession Limbourg. Vous les avez déposés dans mon étude, comme en lieu de sûreté, ne voulant pas les garder chez vous. Or, sous prétexte que vous en avez naturellement la libre disposition, puisqu'ils vous ont été envoyés sans condition aucune, monsieur que voici vient tout bonnement vous les demander. Quant à moi, afin de vous épargner les fatigues d'une conversation à ce sujet, j'ai cru devoir le prévenir que ces documents étaient déjà l'objet d'une inutile convoitise, et qu'on vous avait offert vainement des sommes considérables pour les consulter. Monsieur s'est récrié contre la modicité des sommes ; monsieur, jugeant sans doute ces papiers impayables, ne veut pas même essayer de les payer d'aucun prix ; monsieur assure qu'il ne sortira d'ici que possesseur de ces pièces dont il veut la propriété gratuite et non la communication moyennant salaire, et que, pour arriver à son but, il lui suffira de vous l'exposer. C'est le motif pour lequel j'ai cru devoir enfreindre la consigne qui défendait votre porte.

A cette révélation faite d'un ton narquois, le vieillard se leva courroucé, et s'avançant vers Montreuil,

— Je ne sais, lui cria-t-il, qui vous a inspiré l'audace de me faire une pareille demande ! Je ne vous connais pas et ne veux point vous connaître. Avez-vous quelque droit à réclamer ces papiers ? Avez-vous des titres à faire valoir ? Montrez-les, ou sortez à l'instant !

Montreuil examina l'irascible vieillard, non en homme que la colère effraye, mais au contraire avec un sentiment de joie. Il avait craint de trouver une glace où il rencontrait un volcan, et il se promit de tirer parti de cette fougue qui devait servir ses projets.

— Permettez-moi, monsieur, dit-il avec un accent de politesse exquise, permettez-moi de vous faire remarquer que si j'avais eu des titres, il m'eût été inutile de solliciter l'honneur de vous voir. C'est justement parce que je n'en ai pas, que je m'adresse à vous dans une affaire où nos intérêts sont liés, où notre cause est peut-être commune. Que vous importe mon nom, si je vous sers ? Que vous fait ma profession, si je vous suis utile ? Vous avez un secret dont vous ne faites rien, et dont je tirerai profit ; j'en possède un, moi, qui m'est un luxe et qu'il vous importe de savoir. Chacun de nous possède un bien indispensable à l'autre : c'est donc un échange que je vous propose, et vous connaissez trop bien la science des transactions pour ne pas vous rappeler que ces opérations-là peuvent se faire de la main à la main.

Le vieillard fixa ses yeux sur Montreuil comme s'il eût voulu le brûler du feu de ses regards.

— Je ne sais ce que vous voulez dire, répliqua-t-il ; ma maison est de verre, et je n'ai pas plus de secrets à apprendre que de secrets à cacher.

— Votre indifférence, monsieur, répondit Montreuil, n'est pas raisonnable. Elle est surtout en contradiction avec la gravité de votre caractère. De deux choses l'une : ou j'ai à vous faire une révélation importante dont j'ai le droit de fixer le prix, ou je ne suis qu'un imposteur, me servant d'un prétexte qui n'existe pas, et dont vous pouvez faire justice en me faisant jeter à la porte. C'est un examen qui vous incombe. Vaut-il la perte de dix minutes ? C'est ce que vous avez à décider. Dans tous les cas, vous n'avez rien à risquer, car c'est moi qui paye d'avance.

— Hé bien ! monsieur, murmura le vieux Duplessis, qu'il soit fait comme vous le voulez. Voyons ce mystère qui doit m'intéresser si fort, mais soyez bref, car j'aime les histoires courtes.

Montreuil plaça nonchalamment son bras droit sur la table couverte de papiers et de journaux qui l'avoisinait, en homme décidé à prendre son temps.

— Eh bien ! monsieur, reprit le vieillard, votre mémoire est-elle en défaut ? Faites-vous appel à votre imagination ? Si c'est du roman que vous me destinez, vous avez l'improvisation lente.

Montreuil jeta un coup d'œil en arrière avec un flegme admirable.

— Monsieur, murmura-t-il, notre histoire, à nous autres qui avons vécu, emprunte souvent au roman ses situations les plus extraordinaires, et c'est une mauvaise lecture à faire à haute voix pour de jeunes oreilles.

— Je ne vous comprends pas, observa son interlocuteur.

Montreuil, sans mot dire, montra du doigt le jeune notaire, qui suivait toute cette scène avec la plus vive curiosité.

Le vieillard regarda son neveu et sembla s'émouvoir pour la première fois à la pensée de faits que tout le monde ne pouvait pas entendre, puis ses yeux se reportèrent sur Montreuil avec un sentiment de défiance qu'il ne cherchait point à dissimuler.

— Oh ! monsieur, s'écria celui-ci, rassurez-vous : je ne suis ni un Cartouche ni un Schinderhannes. Je n'ai sur moi ni couteau-poignard ni pistolet à six coups ; je n'en veux ni à votre vie ni à votre fortune. D'ailleurs, pour un assassin, il existerait auprès de vous une introduction plus facile que celle dont j'ai fait usage. Toute maison ayant cour et jardin possède des murs accessibles et une petite porte qui semble faite exprès pour les visiteurs nocturnes. Quand on est beau garçon et jeune, on entre à l'aide d'une femme de chambre ; quand on est laid ou vieux, on entre à l'aide d'une échelle. Je n'ai choisi aucun de ces moyens ; je suis venu par l'étude, j'ai été introduit par votre successeur, et j'ai laissé ma canne dans son cabinet. Vous voyez, monsieur, que je mérite toute votre confiance.

Le vieillard, un moment indécis, fit un signe à son neveu. Celui-ci disparut à regret, et Montreuil demeura en tête à tête avec son redoutable contradicteur.

VII.

DONNANT, DONNANT.

— Monsieur Duplessis, dit Montreuil au vieillard, quand le neveu de celui-ci eut laissés seuls, l'histoire que j'ai à vous narrer ne peut être entachée d'inexactitudes sans qu'elles soient immédiatement relevées par vous-même, car elle ne remonte ni aux croisades ni même à l'autre siècle. Cette histoire est la vôtre, et je la prends à la date de 1817.

— En 1817, interrompit le vieillard, j'étais encore établi en Allemagne, où m'avait conduit l'émigration.

— Oui. Associé du vieux baron Appencherr, un des riches banquiers de Francfort, vous étiez possesseur d'une fortune déjà considérable et d'une femme que vous aviez épousée dans ce pays, et dont l'esprit et les attraits étaient passés à l'état de proverbe. Madame Duplessis, blonde de 30 ans déjà, avait eu mieux que cette fraîcheur banale qu'on appelle à tort la beauté du diable, puisque la pureté de la jeunesse, sa candeur et son innocence en font tous les frais. Madame Duplessis était une statue de Phidias descendue de son socle. Elle avait un port de déesse, une tête admirable, une élévation de caractère qui commandait le respect, et une finesse d'intelligence dont le charme était irrésistible. Ce portrait, monsieur, n'est-il pas exact ?

— Je cherche, objecta monsieur Duplessis en tournant avec impatience sa tabatière dans ses mains, je cherche où vous voulez en venir.

— Permettez, reprit Montreuil ; si j'entre dans ces détails, c'est pour vous prouver que je connais parfaitement toute cette histoire. Je continue donc. A cette époque de votre vie vous rentrâtes en France pour la première fois depuis bien des années. Vous vîntes à Paris, dans le but d'y fonder une maison de banque, succursale de celle d'Allemagne, dont le fils de votre associé, qui plus tard devint votre gendre, s'institua le chef, ce qu'il est encore à l'heure où je parle. Ce fut pendant ce séjour en France, qui dura environ dix-huit mois, qu'un charmant cavalier quitta au contraire la France, où il était resté après la campagne de 1815, à laquelle il avait pris part en qualité d'officier au service de l'Autriche. Il retourna en Allemagne chez le vieux baron Appencherr, par les soins de qui il avait été élevé, et à qui on avait fait dépositaire de la fortune considérable qui appartenait au jeune homme ainsi qu'à la mère, Louise de Landwick, comtesse de Zanau, la malheureuse prisonnière du château d'Hildebourg-Hausen. C'est là, vous le savez, qu'on l'avait reléguée incognito, après les honneurs funèbres que son mari, amant de la grande Catherine, avait rendus au cercueil vide de la prétendue défunte. Touchant spectacle qui avait tout à la fois si fort contrarié l'impératrice et si fort attendri la belle société de Saint-Pétersbourg !

— Vous voulez parler, monsieur, interrompit sèchement l'ancien émigré, du chevalier de Limbourg, tué quelques années plus tard, en 1821, à Francfort, un soir qu'il était rentré furtivement dans cette ville, après une longue absence, pour y revoir la jeune femme qu'il avait été forcé d'y laisser.

— Précisément, monsieur. Or, le père de ce chevalier de Limbourg, le comte de Zanau, venait de mourir lui-même en 1821. Ses droits à la couronne de Wardenbourg eussent dû revenir à son fils anonyme, notre charmant cavalier. Depuis quelques années déjà il avait pris fantaisie de les revendiquer. Fantaisie bien funeste ! C'est de ce moment qu'avaient daté les incessantes persécutions dont il fut l'objet.

— Et la victime, ajouta tristement le vieux Duplessis.

— J'aime à trouver en vous, monsieur, ce sentiment tout à fait évangélique, reprit en souriant Montreuil. Vous ne savez pas même encore combien il est magnanime de votre part ! Mais n'anticipons pas. Le comte de Zanau, le père de l'intéressante victime, était, vous ne l'ignorez pas, un affreux bigame. Du vivant de sa première femme, Louise de Landwick, dont la mort, par malheur, était constatée officiellement, il avait épousé la princesse Frédérique, comme vous le savez encore. Le fils qu'elle lui donna, bien que bâtard aux yeux de la loi divine et de la loi humaine, n'en était pas moins regardé comme son héritier légitime, puisque la bigamie de son auguste père, le feu comte de Zanau, n'était pas encore révélée, comme j'aime à croire qu'elle le sera bientôt, ne fût-ce que pour l'honneur des principes. Les réclamations du chevalier de Limbourg adressées aux chancelleries compétentes, devaient donc être repoussées avec indignation, malgré les preuves à l'appui dont il les avait accompagnées, ou peut-être, qui sait ? à cause de ces preuves mêmes. Je veux parler de celles dont l'original existe heureusement dans vos mains. Elles lui avaient été fournies par un nommé Muller, pareillement assassiné depuis, il y a quelques années seulement, au coin d'une rue de Paris, car on s'assassine volontiers dans cette ténébreuse affaire. Ce Muller était fils du surveillant à la garde duquel Louise de Landwick, mère du chevalier, avait été remise dans le château d'Hildebourg-Hausen. Le chevalier eût dû prévoir l'insuccès de sa démarche. Il la fit ou trop tôt ou trop tard, et il s'y prit on ne peut plus mal. On ne redemande pas un sceptre, tout bonnement, tout naïvement, comme on redemande, moyennant récompense honnête, le parapluie qu'on a perdu. Le moment d'ailleurs était peu propice. La sainte-alliance venait de remanier l'Europe à sa fantaisie. L'aîné des enfans issus du second mariage du comte de Zanau, avait été pareillement maintenu par le congrès dans ses droits apparens à la couronne de Wardenbourg, et cela, au préjudice du véritable héritier non reconnu. L'apparence suffit toujours, en pareil cas. Où en eût été le monde depuis son origine s'il eût fallu rechercher souvent la légitimité de tout ce qu'on a regardé comme légitime ! Je ne sais si, dans le cours des siècles, beaucoup de valets de chambre eussent été trouvés aptes à être proclamés rois, mais assurément il dut y avoir plus d'un roi dont le seul droit héréditaire se fût borné à être valet de chambre.

— Je vous avoue, monsieur, interrompit le vieux Duplessis, avec un redoublement de mauvaise humeur, que vos cours d'histoire ne me sont pas plus agréables que vos cours de philosophie. Au fait, je vous prie, ou obligez-moi de quitter la place.

— Un peu de patience, monsieur, reprit Montreuil dont l'intention était d'irriter d'avance le vieillard pour le dominer mieux. Vous ne perdrez rien pour attendre. Je reviens au chevalier de Limbourg. On ne pouvait donc accueillir sa réclamation, appuyée de copies de pièces plus ou moins probantes. La carte d'Europe était arrêtée, les protocoles étaient signés, l'édition définitive de l'*Almanach de Saxe-Gotha*, inventaire officiel de toutes les principautés authentiques, venait d'être mise sous presse avec le visa du congrès. Impossible d'y introduire un erratum au profit de notre chevalier de Limbourg. On ne bouleverse pas ainsi une table des matières au gré du premier venu. Les motifs historiques d'une telle rectification eussent causé d'ailleurs un trop grand scandale en Europe, et le souvenir tout rayonnant encore de la grande Catherine eût pu en être fâcheusement obscurci.

— Mais au nom de Dieu, monsieur !... s'écria l'ancien émigré en se levant à moitié.

— Rassurez-vous, monsieur, continua Montreuil; me voici au but. Le chevalier de Limbourg ne tarda pas de reconnaître l'imprudence qu'il avait commise. Ce fut alors que pendant votre séjour en France, en 1817, il se réfugia en Allemagne, chez le vieux baron Appencherr, votre associé, afin d'échapper à des persécutions dont les causes me paraissent évidentes, mais dont les moteurs successifs sont toujours restés inconnus. Vous voyez, monsieur, que je ne suis pas aussi étranger à la matière que vous paraissiez le supposer. Or, le chevalier de Limbourg était, je le répète, un charmant cavalier, un peu blond comme les étudians de Gœthe; un peu sentimental, comme les amoureux de Schiller; un peu sceptique, comme les héros de Kotzebue. Il demeura un an chez le vieux baron, à l'abri des mystérieuses colères qui le menaçaient, caché sous un nom supposé. Eh bien ! continua Montreuil en donnant à sa voix un accent acéré, en homme décidé à porter un coup décisif, c'est à ce moment de sa vie que le charmant cavalier dont nous parlons devint naturellement le héros d'une aventure romanesque à laquelle votre existence est mêlée à votre insu, et dans laquelle a péri votre honneur.

A ce mot, le vieux Duplessis se leva pâle de courroux mais en faisant de violens efforts pour dominer son émotion. Le sang, qui avait abandonné la région du cœur pour monter au cerveau, avait injecté ses yeux d'un cercle écarlate qui le faisait ressembler à un tigre, et tandis qu'il passait l'une de ses mains dans ses cheveux blancs et clair-semés, l'autre, cachée dans son gilet, semblait crispée par la fureur.

— Mon honneur ! dites-vous, balbutia-t-il. Mon honneur ! et en quoi mon honneur est-il engagé dans cette affaire ?

Montreuil secoua la tête à la façon de monsieur de Voltaire quand il allait, en guise de sacrifice humain, immoler un ami sur l'autel du sarcasme.

— Eh ! ne savez-vous pas, monsieur, s'écria-t-il en s'animant, que l'honneur a, comme la vie, ses périls imprévus, ses catastrophes subites, ses pots de cheminées, ses tuiles qui l'écrasent et l'assassinent ? Comment ! vous supposez qu'il vous suffira d'avoir été trente années durant un administrateur probe et méticuleux, un citoyen patient et subordonné, un époux suffisamment tendre et un père convenablement affectueux, pour conserver votre honneur ? Détrompez-vous ! C'est là une marchandise fragile, susceptible d'avarie, et qui, au contraire de toute autre valeur, est d'autant plus exposée qu'on est deux pour la garder.

— Deux ! soupira Duplessis.

— Sans doute : un célibataire garde son honneur tout seul, dans sa chambre et dans sa vie de garçon; il le dépense d'autant moins qu'il use de celui des autres; mais un mari confie, avec la clef de sa maison, son honneur à sa femme. Or, monsieur...

— Or ? dit le vieillard effaré.

— On a laissé entrer dans le commun logis un aimable aventurier.

— Monsieur !

— Un beau sire qui, en sa qualité d'étranger, a sans doute considéré votre honneur comme une vertu à son usage. Il a compris l'hospitalité à la façon des Orientaux, grande, complète, illimitée.

— Mortdieu ! vociféra le vieillard en s'élançant sur Montreuil et en l'étreignant par sa cravate, que dites-vous ?

— Je dis, répliqua l'ancien diplomate en se dégageant avec la plus grande tranquillité, que tout à l'heure vous me redoutiez comme un assassin, et qu'en ce moment, si j'étais timide, vous pourriez bien me transmettre la même peur à votre endroit. Heureusement, je n'ai pas la prétention d'être craintif. Souffrez seulement que je vous exhorte au calme, et remerciez-moi de n'avoir pas permis que votre parent assistât à cette révélation.

— Achevez, monsieur, achevez ! exclama Duplessis si j'ai compris, vous avez l'audace de dire que ma femme.....

— Votre femme, monsieur, n'a pu rester insensible aux touchantes infortunes du chevalier. Le pouvait-elle ? Quel moraliste oserait l'affirmer ? Beau, jeune, spirituel et proscrit, monsieur de Limbourg se trouvait dans toutes les conditions requises pour plaire. Le malheur rend si intéressant ! Une chanson de cette époque a beau nous dire : *La pitié n'est pas de l'amour*, elle en est diablement voisine ! Enfin, vous auriez tort d'être sévère à l'excès : cela eut lieu en 1816; ouvrez le code, il y a prescription.

Tandis que, pour atteindre plus sûrement le but de sa visite, Montreuil enfonçait les traits de sa raillerie amère dans le cœur du vieillard, celui-ci était retombé dans son fauteuil, accablé par la douleur. Son esprit se révoltait contre ce chagrin rétrospectif qui venait empoisonner ses derniers jours. Tout à coup un éclair passa sur son visage; il se releva, et fronçant ce sourcil noir et blanc qui donnait à sa physionomie une teinte si sombre et si menaçante :

— Votre histoire, dit-il avec un éclat de rire convulsif, est peut-être bien imaginée, mais il s'y trouve une lacune.

— Je ne le pense pas, répondit Montreuil d'un ton bref.

— Je n'y remarque pas un point essentiel pour un chroniqueur consciencieux comme vous semblez l'être : il y manque les pièces justificatives.

— Vous vous trompez, monsieur, car les voici. Elles datent du temps pendant lequel, comme je l'ai rappelé, vous quittâtes l'Allemagne pour venir en France. Voici deux lettres d'une nourrice à madame Duplessis : l'une accuse réception de l'enfant né des mystérieuses amours du chevalier; l'autre témoigne de la ferme volonté de garder ce secret à jamais caché à tous les yeux, pour des motifs de la plus haute importance, y est-il dit; motifs qui ne sont pas exprimés, mais qu'on devine aisément. C'est un brouillon qu'aura fait une Sévigné de village, avec l'arrière-pensée d'écrire l'original en bâtarde plus satisfaisante.

— Elle n'est pas signée, objecta le vieillard.

— Aussi fais-je comme les avocats habiles, monsieur, qui se bornent à donner les argumens douteux au début, réservant les faits patens au bénéfice de la péroraison. Voici qui est probant à l'excès : une lettre de monsieur de Limbourg toute parfumée d'amour paternel, et dans laquelle votre femme est nommée. Enfin, voici des lettres de madame Duplessis elle-même, au nombre de quinze, adressées à cette même nourrice, et dans lesquelles respire la plus touchante sollicitude.

— C'est une imposture ! continua Duplessis, en faisant un geste d'énergique dénégation, comme pour repousser le soupçon qui le torturait.

— Après m'avoir fait l'honneur de me prendre pour un assassin, observa froidement Montreuil, m'accorderez-vous aussi les talens d'un faussaire ? Vraiment, monsieur, vous avez trop bonne opinion de moi ! Je les tiens d'une personne consciencieuse dans l'espèce, qui possède incontestablement à Paris la plus riche collection d'autographes qui existe dans le monde entier, ce qui est un goût assez rare chez une femme. Au surplus, vous pouvez vérifier, ceux-ci, monsieur; la vue n'en coûte rien.

— Oh ! s'écria le vieillard après avoir jeté un rapide coup d'œil sur les lettres, c'est son écriture ! c'est sa signature ! c'est son cachet !

— Oh ! les choses sont au grand complet, répondit Montreuil, lettre et enveloppe, contenant et contenu. Voilà pour la forme; quant au fond, jugez-en. Buffon a dit : Le style, c'est l'homme, et je ne sache pas qu'il ait fait de réserve en ce qui regarde le beau sexe. Or, écoutez la dernière de ces lettres. Une mère seule me semble pouvoir écrire ainsi :

« Francfort, le 21 octobre 1818.

» Bonne nourrice,

» Je vous envoie par un agent sûr, les cent cinquante francs destinés au paiement du mois échu. Je suis heureuse d'apprendre que ce cher enfant se porte bien, et qu'il a déjà une charmante ressemblance avec le prince son père. Puisse-t-il avoir plus de bonheur que lui ! Mon mari doit bientôt revenir de France. Ne m'écrivez plus directement ; vous me répondrez simplement par le porteur de mes lettres. Pas un mot, pas une démarche qui puisse faire soupçonner ce secret, dont je ne dois pas disposer, car il ne m'appartient pas à moi seule. Il y a des plus graves intérêts, il y va de la vie ou de la mort des gens qui me sont chers. Que Dieu miséricordieux nous couvre tous de sa protection ! J'irai vous voir un soir, à l'endroit accoutumé, avec le prince, que de graves dangers vont forcer de s'absenter momentanément de Francfort, et de quitter la mère et l'enfant jusqu'à de meilleurs jours.

» Votre bien affectionnée,
» OLYMPE DUPLESSIS. »

Le mari offensé fut frappé à cette lecture d'un éblouissement apoplectique. Il s'était relevé à demi pour lire sur l'épaule de Montreuil la fatale épître, cherchant dans sa fiévreuse impatience à devancer le lecteur. Il retomba comme une masse, et un torrent de pleurs s'échappa de ses yeux.

— Ma foi ! dit le révélateur en ramassant soigneusement les papiers épars, si toutes les héroïnes imaginaires écrivaient des lettres aussi imprudentes, ce serait fâcheux pour l'art : il n'y aurait pas de drame en cinq actes possible.

Puis se levant comme un homme fatigué par un long entretien, il se mit à parcourir la chambre à pas lents, en comptant avec une attention mathématique les rosaces du tapis.

Peu à peu les larmes du vieillard s'arrêtèrent ; ses yeux, un moment éteints, se rallumèrent aux flammes de sa pensée ; ses forces revinrent avec sa colère.

— Monsieur, demanda Duplessis, cet enfant vit-il ?
— Il vit, répondit tranquillement Montreuil.
— Quel est son nom ? où est-il ? que fait-il ?
— C'est là précisément ce que je venais vous apprendre ; mais je suis un peu comme ces marchands qui donnent un objet gratis pour arriver à en vendre plus chèrement un second. L'histoire est livrée, sans rétribution, afin de reconnaître l'honneur de votre audience particulière. Quant au dénoûment, donnant, donnant. Vous le saurez en me remettant les papiers qui font l'objet principal de notre entrevue. Ils n'ont du reste rien de commun avec le petit Limbourg dont il est question dans la correspondance que j'ai eu l'honneur de vous lire.

— Oh ! fit Duplessis, je sais ce qu'ils contiennent ; ils intéressent un autre enfant de ce misérable, celui qu'il est plus tard de son mariage avec la fille d'un juge de Francfort. Je les ai lus. Ce sont des constatations d'identité, des titres de successibilité à un trône, toutes choses qui, certes, ne m'intéressent plus guère, mais qui peuvent être d'un grand prix dans les mains d'un homme d'audace et d'intrigue ; je les garde pour les anéantir. Ce sera une première vengeance contre cette abominable race. Du moins, le fils du scélérat qui m'a trompé ne pourra jamais revendiquer ses droits d'hérédité au trône.

— Vous ferez là, permettez-moi de vous le dire pour la seconde fois, une chose indigne de la sagacité qu'on vous reconnaît. Vous punissez l'enfant innocent aux lieu et place de l'enfant né d'une liaison coupable ; vous remontez ainsi le courant de la morale, tout en froissant les notions les plus élémentaires du raisonnement.

— En effet, murmura Duplessis, c'est l'autre qu'il m'importe de retrouver ; c'est sur lui que ma fureur doit s'appesantir ! Mais cette remise que vous me demandez, je ne puis vous la faire.

— Aimez-vous mieux rester sans vengeance ?
— Non ! hurla le vieillard, je ne veux pas quitter la vie sans laver dans le sang l'injure que j'ai reçue.
— Au surplus, ajouta Montreuil, ces papiers, de qui vous viennent-ils ? Vous l'ignorez. Qui les a envoyés ? Vous n'en savez rien. Avez-vous donné reçu ? En aucune façon. Ils vous sont venus sans condition, affranchis, sous bande, par la poste, d'une main inconnue, comme un prospectus de pâte pectorale ou de tire-botte mécanique. Vos scrupules sont tout au moins exagérés.

— Vous avez raison, s'écria le vieillard ; suivez-moi dans l'étude, je vais vous les remettre à l'instant même.
— Cela se trouvera d'autant mieux, ajouta Montreuil avec le même flegme, que j'y ai laissé ma canne.

Arrivé avec Montreuil au milieu des cartons poudreux, le vieux Duplessis, à la grande stupéfaction de son neveu, atteignit une case, en tira un rouleau qui portait encore le timbre et la bande de l'administration des postes, et le remit à Montreuil.

— Le nom de l'enfant, dit-il, le nom !
— Il se nomme d'Aronde, répondit Montreuil, et il habite Paris.
— D'Aronde ! s'écria le septuagénaire ; oh ! je le connais !
— Vous trouverez dans ces lettres que je vous laisse toute l'histoire de sa vie jusqu'à quinze ans.
— Il était lié avec ma fille, la baronne Appencherr, interrompit Duplessis.
— Assurément. C'est la défunte baronne qui avait veillé sur lui.
— Infamie ! confier à sa fille un pareil soin ! Ah ! c'est d'Aronde !
— Un agent d'affaires, un négociant, un capitaliste...
— Ah ! c'est un homme de finance, un homme de crédit, un homme d'argent ? continua le vieillard en se parlant à lui-même. Oh ! alors, pour être différente, la vengeance n'en sera pas moins sûre ! Fi du sang ! cela tache les mains ! Il existe un poison, poison lent, poison subtil, plus terrible que l'arsenic, plus affreux que l'acétate de morphine !
— Diable ! dit Montreuil, vous me semblez être fort en pharmacie ! Et comment nommez-vous, je vous prie, ce dissolvant de la vie humaine ?
— L'or ! répondit l'ancien banquier.

L'heureux possesseur des papiers relatifs au chevalier de Limbourg allait, après avoir salué, franchir le seuil de l'étude, quand Duplessis neveu intervint.

— Vous emportez ces titres ? demanda-t-il à Montreuil.
— Ne vous l'avais-je point annoncé ?
— En ce cas, reprit le jeune notaire, il me faut un reçu, car ils ont été inscrits sur mon répertoire. C'est une règle dont je ne puis me départir.
— Tout à vos ordres, répliqua Montreuil.

Et sur une feuille de papier timbré aux armes de France, il écrivit :

« Je reconnais avoir reçu de monsieur Duplessis neveu, notaire à Ernée, sur l'ordre de monsieur Duplessis, son oncle, des papiers concernant la succession Limbourg, dont la liquidation m'est confiée.

» Comte de CASTICALA.
» Ernée, le 12 juillet 184... »

Après qu'il eut formulé cette pièce, à l'aide d'une écriture d'autant plus diplomatique qu'elle était presque illisible, il passa la plume au jeune homme.

— Donnez-moi à votre tour, monsieur, lui dit-il, au nom de votre oncle, un reçu des lettres que je lui ai remises et dont je suis comptable ; ce sont mes dépôts à moi.

Monsieur Duplessis neveu, après avoir consulté le vieillard, écrivit à son tour :

« Reçu de monsieur le comte de Casticala, chargé de » la liquidation de la succession Limbourg, quinze lettres

» ayant appartenu à la femme Wachel, domiciliée à Ker-
» mer, près Francfort, pour en faire l'usage qui me sem-
» blera utile à mes intérêts.
» DUPLESSIS, notaire royal.»
» Ernée, le 12 juillet 184... »

— A l'autre maintenant! murmura le vieillard en rentrant
précipitamment dans son cabinet. Je tiens ma vengeance!

Montreuil s'élança dans la rue et y lut le reçu qu'il emportait.

— Ma foi, se dit-il en gagnant la diligence qui devait
le ramener à Paris, le Duplessis a fait plus largement les
choses que je ne pensais à le lui demander : je ne voulais
que ces papiers, et par son reçu il constate mon identité !
Me voilà bel et bien comte de Castlcala par acte notarié.
Un bonheur n'arrive jamais seul.

VIII.

VIEUX ÉCRITS, VIEUX BROUILLONS.

Verba volant, scripta manent.

Il faisait à peine jour dans le splendide appartement de
la Chaussée-d'Antin où nous prenons la liberté de vous
conduire pour vous initier aux mœurs d'un certain monde, dont le sujet même de ce roman, la cupidité particulière à notre siècle, exige impérieusement la peinture.
Qu'il nous soit permis, dans ce but, de nous autoriser de
l'exemple de l'immortel auteur de *Gil Blas*. Notre époque,
heureusement, n'est pas là tout entière, tant s'en faut, et,
dans le cours de ce récit, nous aurons à reposer vos yeux
sur des tableaux plus doux.

Il faisait, disions-nous, à peine jour dans ce luxueux appartement, et cependant il était l'heure que monsieur de
Saint-Cricq cherchait sans cesse sur la montre célèbre,
où l'on ne voyait que des chiffres XIV ; — en termes plus
clairs, midi venait de sonner, mais le soleil faisait encore antichambre devant des rideaux de brocart, or et
rose, qui lui défendaient d'entrer. Tout était calme et silencieux dans cette somptueuse habitation, car les domestiques eux-mêmes parlaient bas et marchaient avec précaution pour ne pas troubler, non le repos, mais les *études* de
leur maîtresse.

La dame du lieu, dont la chronique contemporaine
nous semble avoir fourni le modèle vivant, était assise
devant un vaste bureau en bois de rose garni de serrures
capables de dérouter Huret et Fichet, quand bien même
ces deux adversaires se réconcilieraient dans une savante
collaboration. Au ressort de la serrure était attachée une
véritable machine infernale, un canon de fusil raccourci
qui eût broyé la main assez osée pour approcher du sanctuaire. Des verrous multipliés obéissaient ensemble à la
clef comme un bataillon à la voix du chef, et, en même
temps que ces gardiens de fer protégeaient l'élégant meuble du dix-septième siècle, une plaque de tôle éprouvée
tombait sur les tiroirs comme pour leur faire une seconde cuirasse.

Etait-ce de l'or que la propriétaire celait ainsi ? Etaient-ce
des bijoux ? Non, elle ne se fût point donné un semblable
souci pour des bagatelles dont la banque de France accepte assez volontiers le dépôt.

Les trésors qu'elle cachait à tous les yeux étaient d'une
autre espèce ; les valeurs qu'elle possédait avaient une
influence plus grande que des contrats de rente et des
rivières de diamans, et pourtant un voleur vulgaire, s'il
eût pu survivre à l'explosion qui le menaçait, se fût trouvé
bien désappointé en les découvrant. Il nous est même
permis de supposer qu'il en eût négligé la possession.

La dame qui passait en revue ses richesses n'était autre
que la célèbre Tiennette, dont le nom a été cité précédemment par Dabiron dans son histoire ; Tiennette, la fille
laide, la fille édentée, la fille sans beauté et sans éclat. En
réalité, jamais silhouette n'avait été plus fidèlement tra-
cée. Tiennette, dont les yeux étaient presque beaux à
force de curieuse vivacité, semblaient se faire une
arme de sa laideur. Elle s'entourait de tous les prestiges
de la toilette la moins harmonieuse, comme pour en augmenter l'étrangeté. Quoique brune comme une Andalouse,
elle portait ce jour-là un ravissant négligé de soie rose
moirée qui lui donnait des airs de mulâtresse indolente et
fantasque, et les boucles prétentieuses de ses cheveux
d'un noir terne servaient encore à en montrer la rudesse
et la rareté.

Le cabinet qu'elle occupait était garni avec une recherche inouïe. Sur la muraille, ornée d'une tapisserie empruntée aux merveilles des Gobelins, on pouvait admirer des
objets d'art d'une valeur immense, présens coûteux qui
trahissaient leur aristocratique origine. Un immense bahut,
chef-d'œuvre de sculpture, masquait une des faces du cabinet, et on y remarquait cette profusion de serrures et de
ferremens qui ornait aussi le meuble sur lequel elle écrivait. Enfin, sur la cheminée, au milieu de deux vases empruntés aux bizarreries souterraines d'Herculanum, caque-
tait une pendule gothique, surmontée d'un Amour dont le
doigt, fixé sur ses lèvres entr'ouvertes, cherchait à per-
sonnifier gracieusement cette divinité négative que l'on
nomme le Silence.

Tiennette, dont le lecteur n'a pu apercevoir jusqu'ici
que la silhouette éclairée par l'imagination de Dabiron,
Tiennette était une puissance occulte de la plus excentrique mais aussi de la plus dangereuse espèce. Elle était
dépourvue de toute grâce et de toute perfection corpo-
relle, et elle avait à accomplir ce tour de force de la volonté humaine qui consiste à profiter d'un malheur, à tirer
parti d'une infortune. Belle, elle eût excité la défiance de
ce qu'elle nommait sa clientèle. Laide, elle devenait une
amie et non une rivale, une confidente et non une héroïne, une ressource et non un danger.

Tiennette, après avoir mis en ordre quelques dossiers
qu'elle rachetait avec soin, tira avec violence le cordon
de sonnette en soie ponceau qui pendait à sa droite.

— Marie, dit-elle à la femme de chambre, qui ne dépassa
point le seuil, y a-t-il du monde?

— Oui, madame, depuis une heure.

— Qui est là ?

— Des dames, celles que vous connaissez.

— Aucune ne m'est étrangère ?

— Une seule, je crois.

— Faites-la entrer. J'aime la recherche de l'inconnu.
D'ailleurs, l'amitié est une charge quand elle n'est pas un
privilège, et je ne me gêne pas avec des intimes.

La soubrette disparut et revint un instant après accompagnée d'une de ces femmes qui, sous le nom de lorettes,
ont un peu vulgarisé de nos jours le charmant type des
Ninon et des Marion Delorme, dont l'unique souci, lorsqu'elles ont l'instinct de l'élégance ou le sentiment de leur
infériorité, consiste à contrefaire les allures de la femme
comme il faut. Mais elle a beau faire, la lorette de ce genre n'est jamais qu'une grisette endimanchée, abordant
avec plus ou moins de succès la robe à volans et le chapeau à plumes. Ce n'est pas seulement à la coquetterie
qu'il faut attribuer ces velléités de métamorphose : c'est
surtout à la vanité des hommes qu'il faut en reporter l'o-
rigine. L'envie d'avoir à son bras *une femme bien mise* a
fait disparaître ce galbe si poétique de la Lisette de Béranger, car il est malaisé de faire un rideau de fenêtre
avec son châle dans la mansarde de l'étudiant, quand ce
tissu a coûté mille écus à la compagnie des Indes.

La nouvelle venue avait une de ces figures qu'on appelle chiffonnées et qui passent pour jolies. Elle était
vêtue de cette façon excessive qui rend les modes nouvelles en commençant par les exagérer. Sa tête un peu
fade était entourée d'un de ces chapeaux *à la chien* dont
Alexandrina conçut un jour l'extravagante fantaisie ; et
elle abritait le corsage ridiculement décolleté de sa robe de

barége bleu d'une mante dont la garniture, plus neuve que l'étoffe, indiquait l'âge infiniment trop respectable.

Tiennette, en se levant pour lui tendre un siége, lui jeta un seul coup d'œil; il lui suffit pour connaître à quelle nature elle avait affaire.

— Voyons, ma belle, lui dit-elle dans ce langage ultra-familier que notre respect pour la vérité nous force de reproduire fidèlement, vous voilà dans la *débine* et vous venez me voir parce que vous êtes *à la côte*.

— Ah! madame, il y a longtemps que j'avais envie de...

— Ta, ta, ta! des compliments, des fadaises; laissons cela, je n'aime pas les flatteries; vous venez comme vos amies, pour la raison unique que vous avez besoin de moi. Eh! pardieu, ma belle enfant, je sais votre histoire par cœur. *Il* vous a planté là, après vous avoir aimée, le monstre! car il y a toujours un monstre dans vos histoires, comme dans les féeries du boulevard. Vous avez attendu, Pénélope inconsolable, le retour d'Ulysse, et Ulysse n'est pas revenu. Vous avez vendu peu à peu le produit de ses munificences, le bracelet d'or, la parure de rubis, l'écharpe de cachemire, la bague en brillants; tout cela est chez notre *respectable tante*; et maintenant le mobilier va être vendu, la locataire expulsée, et un écriteau brutal va mettre en location l'asile des joyeuses amours.

— Madame, s'écria la visiteuse, vous êtes une vraie devineresse!

— Non, mais je suis femme et laide, deux qualités fort clairvoyantes. Une femme serait un augure pour la pénétration, si le diable jaloux n'avait fait de sa beauté un feu follet qui l'égare. Voyons, arrivons au fait. Que voulez-vous? de l'argent?

— Madame...

— C'est cela. Je vais vous dire immédiatement ce que je puis faire pour vous.

— Sans savoir combien je désire?

— Il est évident que vous désirez le plus possible. Répondez-moi : quel âge a votre infidèle?

— Trente-cinq ans.

Tiennette fit une grimace.

— Mauvais âge! ni assez jeune ni assez vieux. Est-il marié?

— Non, madame.

— J'entends marié *sérieusement*, dans un arrondissement sujet aux contributions directes et à la garde nationale?

— Non, madame.

— Alors, ma belle amie, vous me déroutez complétement; vous avez une non valeur, une cinquième roue à un carrosse; il n'y a pas moyen d'immobiliser vos tendres souvenirs. Est-il au moins diplomate, journaliste, financier ou magistrat? A-t-il un état qui oblige à un certain décorum d'austérité?

— Madame, il a six mille francs de revenus, et il vit de ses rentes.

— Dites plutôt qu'il en meurt, ma poule. Le malheureux, je le vois, a été infidèle par économie. Un rentier, ma chère! cela est invulnérable et prudent comme une tortue; cela marche à reculons, et la plus lourde menace lui passerait sur le dos sans endommager son écaille. Il ne faudrait rien moins qu'un cataclysme, une invasion, un nouveau 93, une conflagration universelle pour émouvoir un rentier, et par malheur, vous le savez, la charte de 1830 ne nous a point conféré le droit de déclarer la guerre.

— Ainsi, murmura la jeune femme désolée, vous ne pouvez m'être d'aucun secours?

— Pour moi, ma mignonne, vous n'êtes qu'un zéro.

— Hélas!

— Toutefois, j'ai l'habitude d'être bonne femme. Voici 100 fr. d'avances, à tout risque, pour un service futur. Qui sait! un jour ou l'autre j'aurai peut-être besoin d'un zéro pour donner de la valeur à quelque chiffre. Allez, mon enfant, et, à l'avenir, rappelez-vous que les affections, comme les capitaux, ont besoin d'un placement sûr.

A cette première cliente succéda une jeune fille, frêle et délicate, qui semblait toucher à peine la terre. C'était une nature langoureuse et ennuyée, se laissant emporter au hasard par le tourbillon des folles aventures, sans en ralentir le cours, sans le précipiter non plus, avec insouciance, avec nonchalance même, en femme qui a comme le pressentiment de sa mort prochaine, mais à qui manque la force morale de racheter le commencement par la fin. Ame perdue, cœur bronzé, elle acceptait l'orgie comme poison, le plaisir comme suicide.

— Peste, Simonne! c'est déjà toi? lui dit Tiennette. Sans reproches, j'ai reçu ta visite la veille même de mon départ.

— Cela prouve que tu es restée longtemps absente.

— Es-tu à sec?

— Non, mais j'ai des velléités de bienfaisance.

— Que m'apportes-tu?

— Tiens, regarde la marchandise.

Et elle tendit à Tiennette un paquet de lettres volumineux.

— Je n'ai pas le temps de me livrer à cette littérature. Dis-moi seulement quels sont tes auteurs.

— Oh! des gens sérieux. Et d'abord, un père de famille.

— Diable! c'est coté!

— Ensuite, un avocat célèbre.

— Mauvaise valeur!

— Enfin un moutard de dix-huit ans.

— Émancipé?

— Autant qu'on peut l'être quand on ne l'est pas de par la loi.

— Et de famille opulente?

— Le père était de l'ancienne chambre haute.

— Cela ne prouve rien. On ne prête pas sur des blasons depuis qu'on vend des généalogies.

— Oh! il y a là une fortune immense en perspective.

— C'est de l'espoir, mais rien de prochain. Qu'est-ce qu'il te faut?

— Un millier de francs.

— Mazette! comme tu y vas! J'aurais à ce prix un autographe de Charlemagne. Je t'offre cinq cents francs parce que tu es un fournisseur assidu, et que j'ai déjà obtenu quelques résultats avec toi. C'est à prendre ou à laisser.

— Des lettres si tendres et si bien écrites!

— Bah! ma chère; on en fait de plus belles pour quarante sous au *Tombeau des secrets*, chez l'écrivain public de la halle. Allons, c'est oui ou non.

— Oui donc, fit la belle vendeuse. Il faudra bien que mes pauvres s'en contentent.

Tiennette jeta le paquet de lettres dans un coin de la chambre avec le dédain d'un fripier qui vient d'acheter de vieux habits, puis plaçant un rouleau de louis dans la main qu'on lui tendait, elle poussa l'approvisionneuse à la porte.

La mélancolique lorette sortait à peine quand une voix se fit entendre, bruyante et impérieuse.

— Je vous dis qu'elle me recevra! s'écriait-elle, j'en ai la certitude.

— Lataké! s'écria Tiennette; Lataké ici! Oh! oh! il y aura du nouveau!

Puis passant la tête à travers la portière élégante qui protégeait l'entrée du temple mystérieux,

— Laissez entrer madame, s'écria-t-elle.

La danseuse ne fit qu'un bond de l'antichambre au divan, et se précipita sur les coussins avec le plus cynique abandon.

— Tu es plus inabordable que la banque de France, s'écria-t-elle; on me fait attendre comme si j'allais solliciter un bureau de tabac.

— C'est que depuis longtemps votre figure n'est plus connue de mes gens, madame.

— Madame? Au fait, nous sommes brouillées; je n'y pensais plus. A propos de quoi donc? Ah! je sais... la fameuse lettre de feu madame la baronne Appencherr.

— Ah! la mémoire te revient!

— Il y a de quoi ! N'as-tu pas fait enlever cette lettre sur la table de Dabiron, pendant sa maladie ? N'es-tu pas l'auteur de la fantasmagorie qui l'a si fort intrigué, effrayé et dupé au bal masqué de l'Opéra, où il était venu dans le but de racheter la susdite lettre ? Enfin, n'as-tu pas ruiné ce même Dabiron avant de lui rendre ce chiffon si précieux ?

— Voler un voleur serait toujours voler. Mais je ne sais ce que tu veux dire ; je n'ai commis aucune des gentillesses que tu m'attribues.

— Tu es encore bonne, toi ! Tu ruines mon amant, tu détruis mon budget, tu coupes mes ressources, et tu ne veux pas que je me plaigne !

— Laisse donc ! un panier percé qui eût jeté à la bourse tes deux cent mille francs qui lui ont servi à racheter la lettre. C'est un sauvetage et voilà tout. Encore une fois, tu es folle. J'ai appris la mort de madame d'Appencherr, mais comme une surprise et non comme un fait prémédité. Quant aux sottises de Dabiron, je le répète, je n'y suis pour rien ; j'arrive de voyage et ne me suis occupée d'aucune affaire depuis un temps infini. Tiens, regarde, voilà mon arriéré.

Et elle montrait à Lataké un monceau de lettres cachetées, dont elle n'avait point encore songé à briser l'enveloppe.

— Savais-tu qu'il fût mort, le Dabiron ?
— Mort ? demanda Tiennette.
— Que sais-je ? noyé dans la Seine.
— Il s'est noyé ? répéta Tiennette avec un sourire. Que diable cela pouvait-il lui rapporter ?
— Oui, noyé d'il y a quelques jours. Les journaux en ont parlé. C'est par suite de pertes considérables à la bourse ; il n'a pas voulu survivre à son déshonneur.
— En ce cas, avant de mourir, il s'est donné le temps de le pleurer... Et toi, ma fille, que fais-tu maintenant ?
— Je suis avec Brioude.
— Bah ! le vainqueur du défunt ? La veuve d'Hector avec Achille ! Peste ! ma mignonne, tu progresses ! Est-ce pour m'inviter à tes noces que te voilà ?
— Non. Je suis venue te proposer une affaire.
— Déjà ?
— Oh ! une affaire exceptionnelle.
— Parle, ma belle. De quoi s'agit-il ? As-tu envie de passer chef d'emploi et de créer le rôle de la Péri dans le ballet nouveau ? Je chercherai dans mes fouillis quelque paperasse qui puisse te donner le talent nécessaire aux yeux d'excellents protecteurs.
— Il s'agit bien de théâtre, ma foi ! Il est question d'une vengeance à exercer, d'un homme à ruiner de fond en comble.
— Eh bien ! n'es-tu pas là, petite souris rongeuse ? Je m'en fie à tes jolies dents blanches.
— Pas de plaisanterie ; je suis personnellement sans pouvoir ; mais toi, Tiennette, tu as tant de connaissances, d'autant meilleures qu'elles ne sont pas toutes très bonnes.
— Flatteuse ! Et quelle est la victime pour laquelle tu prépares les bandelettes du sacrifice ?
— Mais c'est une personne dont tu as entendu parler, que tu as même connue, un jeune homme dans les affaires, qui se nomme d'Aronde.
— D'Aronde ! s'écria Tiennette, pâle comme une morte.
— Tiens, reprit Lataké, tu as donc des nerfs comme les jolies femmes, toi ?
— D'Aronde ! reprit Tiennette, sans se préoccuper de la réflexion malveillante de la danseuse ; il s'agit de ruiner d'Aronde ?
— D'une façon complète, ce que nous appelons le cinquième dessous au théâtre. Il faut perdre son crédit, déshonorer sa signature, ruiner son avenir. Une démolition dans les règles !
— Et qui s'est chargé de cette tâche pour son propre compte ?
— C'est un bon bonhomme, une sorte de Ruy Gomez bourgeois, le pendant du vieux cornet à pistons d'*Hernani*,

qui est venu en parler avec Brioude hier au soir. C'est une véritable opération commerciale ; mais, par exemple, les choses auront lieu régulièrement. La légalité avant tout.

Tiennette ne répondit plus : elle était absorbée toute entière dans ses réflexions. Ce d'Aronde qu'elle avait connu jadis, ce d'Aronde que madame Appencherr avait arraché à sa puissance, ainsi qu'il a été dit dans la première partie de ce récit ; ce d'Aronde, elle l'avait aimé ! elle l'aimait encore peut-être ! Et l'on venait réclamer son fatal appui pour briser à jamais le bonheur et le repos de sa vie !

— Lataké ! s'écria-t-elle enfin en faisant violence à ses émotions, ne me parle plus de cet homme ; je ne veux m'occuper en aucune façon de cette affaire. Si j'ai eu contre monsieur d'Aronde des pensées de vengeance, elles sont mortes avec celle qui les avait inspirées. Que m'importe la colère de quelque époux ridicule, d'accord avec un intrigant sans vergogne ! Je ne veux pas me mêler à de si mesquines machinations ; agis toi-même, si cela te plaît. Je m'en lave les mains.

— Allons, fit Lataké en se levant, du moment où le diable s'est fait ermite, il ne faut plus perdre son temps en exorcismes. Je vais répondre à Brioude qu'il n'ait point à compter sur toi, et ce charmant monsieur d'Aronde, ce beau blond, si loyal et si doux, coulera des jours filés de soie et d'or avec madame son épouse.

— Son épouse ! s'écria Tiennette. D'Aronde a une femme !
— Une femme pour de vrai.
— Il s'est marié ?
— Pendant son absence. Comment, tu l'ignorais ? Il s'est marié à Bordeaux, il y a un mois environ.
— Ah ! il a une femme ! murmura sourdement la laide, dont la jalousie rongeait le cœur ; je ne m'étais pas attendue à cette nouvelle. Tant qu'il a eu des maîtresses, je l'espérais. Il ne reste rien de ces tendresses faciles, de ces attachemens sordides qui flétrissent l'âme par le désordre au lieu de l'élever par le pur amour. Je n'étais pas envieuse de la comparaison. Mais une femme, un ménage, des enfans, la paix et la vertu de l'intérieur, le calme doux et régénérateur de la famille ! Oh ! s'il compare, je dois être à ses yeux dix fois plus laide et plus abjecte que par le passé. Et cette créature, *sa moitié*, comme ils disent, parle, qu'est-ce ?
— Oh ! ma chère, c'est une fleur du Midi, une brune admirable, une espèce de créole, avec des yeux qui n'en finissent plus, une vivacité, une candeur et un enjouement d'enfant. Il paraît que la dot est trop mal non plus, car d'Aronde joue un jeu d'enfer à la bourse avec une chance insolente. L'eau va toujours à la rivière.

Pendant que la danseuse parlait, Tiennette arpentait avec colère le cabinet de long en large.

— Non, disait-elle ; je ne serai point une nullité dans sa vie ; à défaut de l'amour, j'aurai la haine ; je la préfère à l'indifférence. Ecoute, Lataké, tu as raison ; oui, il y a une bonne affaire dans ce que tu proposes, et j'y prendrai ma part ; mais je veux choisir mon rôle et l'augmenter au besoin, comme font les comédiens illustres. Or, on entend dépouiller le d'Aronde de sa fortune, de sa considération, de son crédit. Est-ce là tout ?
— N'est-ce pas assez ? dit Lataké. Diable ! l'appétit te vient.
— Enfans que vous êtes ! hurla Tiennette ; vous oubliez la moitié la plus considérable de ses biens, de ses joies, cette épouse que tu me vantes !
— Tiens ! tiens ! mais en effet....
— Il faut lui enlever sa femme.
— Un rapt ! une fuite ! un mariage à Gretna-Green !
— Folle ! pourquoi pas tout de suite la chanson de Roméo ! Les opéras t'ont faussé l'esprit. Il ne faudra ni échelle ni lanterne sourde. Ne sais-tu pas que toute fille d'Eve tient de sa mère ? Ne sais-tu pas que le luxe et la coquetterie sont les mauvaises fées qui empoisonnent son

berceau ? Ah! madame d'Aronde, vous êtes belle, vous êtes brune, vous êtes un enfant du soleil, une fleur du Midi, frémissante à la moindre brise? Eh bien ! nous invoquerons l'idole devant laquelle le monde entier se prosterne, sages et fous, jeunes et vieux.

— Une idole? dit Lataké.

— Oui, une idole, un fétiche, un faux dieu, qui depuis six mille ans fait concurrence au bon Dieu véritable sur cette terre d'ignominie ; un argument qui brise tous les scrupules, un talisman qui ouvre toutes les portes et toutes les consciences ; qui donne du courage aux faibles, de la dignité aux pleutres, du talent aux imbéciles, de la beauté aux laides, de la vertu aux femmes comme toi, Lataké ; et pardieu ! cette divinité souveraine, tu la connais, tu l'encenses, tu l'adores sans cesse.

— Moi ? dit Lataké.

— Oui, certes, continua-t-elle en congédiant Lataké, et cette divinité-là se nomme le Veau d'or ! Et sur ce, bonsoir. Laisse-moi réfléchir à tout cela, et tâche de m'amener l'auguste vieillard dont tu me parlais. Ou je me trompe fort, ou il sortira quelque chose de très joli de notre entretien.

IX.

UN LOGOGRIPHE VIVANT.

Le personnage mystérieux que nous avons vu dans le restaurant du bois de Boulogne, et que son compagnon avait appelé monsieur Masson, habitait seul une maison isolée sur la colline si escarpée de Montmartre. Située au milieu d'un verdoyant enclos, elle dominait au loin tout le panorama de Paris, et auprès du cimetière du pays, dont les croix blanches et noires dessinaient à sa base leurs lugubres silhouettes.

Monsieur Masson n'avait pas d'autre commensal que le jeune homme à qui l'argot de ses anciens compagnons de désordre avait donné le sobriquet de Pied-de-Céleri. Ce dernier, que nous avons vu dans un des précédens chapitres, était une nature un peu détériorée par la misère et le vice, et que son nouveau précepteur avait assez de peine à réformer. Grand, blond, frêle, imberbe, nerveux à l'excès, dégingandé d'attitude, de geste et de manières, comme le serait un élève de saltimbanques, voilà pour le physique ; faible de caractère, crédule, futile, bavard, vaniteux, gourmand, borné d'intelligence et étourdi jusqu'à la témérité, voilà pour le moral. Il avait dans la physionomie et même dans l'accent quelque chose d'étranger qu'on ne pouvait rattacher à aucune origine précise, et qui, dans tous les cas, ne rappelait nullement le type si connu des Parisiens de son espèce. Sa mémoire ne conservait que des notions vagues et incohérentes, non-seulement sur son enfance, mais encore sur sa première jeunesse. C'était un de ces êtres insouciants qui vivent au jour le jour, qui semblent être tombés de la lune sans se demander pourquoi, sans savoir comment, sans s'inquiéter d'où ils viennent ni où ils vont, qui quittent ce monde avec autant d'indifférence qu'ils y sont entrés, et qui resteut toute leur vie à l'état d'enfant. Pied-de-Céleri, pour ainsi dire, était alors un grand gamin de vingt-cinq à trente ans, plus ou moins. Son dévouement, son obéissance, son affection à l'égard de monsieur Masson, étaient d'ailleurs sans bornes, ainsi que nous le savons. Ces sentiments, les seuls dont il fût capable, ne procédaient pas seulement de la reconnaissance qu'il pouvait avoir pour son bienfaiteur, pour l'homme qui l'avait tiré de l'ignominie et surtout de la misère, et à qui il devait la vie, le bien-être et la sécurité : ils tenaient aussi à des causes cachées, à une influence irrésistible que le maître exerçait sur l'esclave, par des motifs que nous connaîtrons plus tard.

Pour tout le voisinage, monsieur Masson était un objet de superstitieuse terreur. Jamais il n'apparaissait dans les réunions publiques, jamais il ne fréquentait les cafés ni les restaurants de la localité ; il vivait solitairement ; les contrevens de ses fenêtres étaient toujours fermés, et il ne parlait à ses rares visiteurs que sur le seuil même de sa maison. De quoi vivait-il? On l'ignorait. Il sortait souvent de grand matin et ne rentrait qu'à des heures avancées de la nuit, sans appréhender les voleurs qui infestent les carrières du pays. On ne lui connaissait aucune profession, car on avait en vain interrogé Pied-de-Céleri sur les habitudes de son maître.

— Je ne puis rien dire, répondait le jeune homme, car ce que je raconterais à un mort même, il le saurait !

Un jour, la curiosité publique alla jusqu'à s'inquiéter sérieusement de cet impénétrable personnage ; on en parla à l'administration municipale, on stimula le zèle des gendarmes, on voulut provoquer une enquête sur cette existence nébuleuse, mais un ordre venu on ne sait d'où enjoignit à l'autorité locale de laisser en paix monsieur Masson et de ne s'occuper en rien de sa manière de vivre.

Toutefois, on racontait de lui des choses stupéfiantes. Par exemple, un père de famille ayant disparu de la commune, des traces de sang sur la grande route voisine firent croire à un assassinat ; mais il n'y avait pas d'autre indice, et le cadavre même de la victime n'avait pas été retrouvé. Quoi qu'il en fût, le fugitif ou le défunt ruinait sa femme par sa mort ou par son absence, attendu l'obligation où elle se trouvait de restituer à qui de droit une somme de dix mille francs dont il était porteur au moment de sa disparition, en qualité de garçon de recettes dans une maison de commerce. Cette somme constituait à peu près tout l'avoir des siens. Monsieur Masson fit venir chez lui la pauvre mère, lui donna les dix mille francs dont elle avait besoin pour remplacer la somme perdue, et lui indiqua l'endroit où le corps de son mari avait été enterré dans la plaine pour faire croire à une absence volontaire.

— Et les assassins ? lui demanda la veuve désolée.

— Je ne connais pas leurs noms, répondit monsieur Masson ; contentez-vous de ce que je puis faire pour vous, et n'exigez pas davantage.

On peut deviner à quels commentaires donna lieu cette étrange révélation. Après s'être extasiée sur sa générosité, la malignité alla jusqu'à prétendre que monsieur Masson, si bien instruit des particularités du crime, pouvait bien en être le complice ; mais l'affaire en resta là ; la rumeur publique en fut pour ses frais ; et monsieur Masson ne fut pas plus inquiété que par le passé.

Cette disposition générale des esprits explique la gageure qui fut faite un soir, au *Poirier sans pareil*, par quatre buveurs curieux. On tira au sort à qui escaladerait les palissades de l'inexplicable personnage et s'aventurerait nuitamment dans sa demeure pour savoir ce qui s'y passait. Le champion indiqué s'exécuta résolûment, après avoir bu force eau-de-vie pour se donner du cœur. Il franchit la clôture et se laissa glisser de l'autre côté. Ses camarades l'attendirent en dehors avec la plus vive anxiété. Leur attente silencieuse dura vingt minutes, au bout desquelles le mandataire escalada la palissade en sens inverse, et leur revint livide, les cheveux hérissés, l'œil hagard ; et, après avoir mis pied à terre, au lieu de répondre à leurs questions, se mit à courir dans les ténèbres comme un halluciné, pour se laisser tomber sans force à cinq cents pas de là. Ses compagnons le rejoignirent et le ramenèrent au cabaret.

— Qu'as-tu vu ? dirent-ils on ne peut plus effrayés de la frayeur même de leur camarade.

— J'ai vu des choses épouvantables ! répondit-il d'une voix haletante.

— Quoi donc ? quoi donc ?

— Vous savez bien ce grand flandrin qui est avec lui...

— Oui, Pied-de-Céleri. Eh bien ?

— Vous allez voir ! Quand j'eus traversé l'enclos à pas de loup, et que je fus arrivé, sans être vu ni entendu, devant les fenêtres du rez-de-chaussée, l'homme en question, le scélérat, le Masson enfin, venait d'achever son souper.

« — Pied-de-Céleri, dit-il alors au grand escogriffe qui se tenait debout devant lui la serviette à la main, et qu'on eût mieux fait d'appeler Pied-d'Asperge, vu sa taille de manche à balai; Pied-de-Céleri, as-tu soif?

» — J'aurai soif si cela peut vous être agréable, monsieur Masson, répondit le docile serviteur. Cela me gagne surtout quand je vois boire les autres.

» — Hé bien! la journée a été rude, et je suis content de toi : prends ce verre et goûte un peu de ce bordeaux.

» — Volontiers, pour vous obéir. A votre santé, monsieur Masson. »

Et il but.

« — Allons, une petite répétition, » lui dit son maître.

Mais cette fois, après avoir tendu la main, le jeune gars ne put saisir le verre. Son bras devint raide, son œil fixe et son corps immobile, comme s'il eût été pétrifié tout à coup.

— Laisse donc! tu es fou! s'écrièrent les amis du narrateur; la peur t'a troublé la cervelle!

— Ah! je suis fou! Eh bien, écoutez la fin. Monsieur Masson resta en place et ne prononça pas une parole; il se contenta de faire un signe avec l'index, et aussitôt, comme si ce simple geste eût suffi à poignarder l'autre, je le vis s'affaisser sur le siège qui se trouvait en arrière de lui, la figure pâle, les traits souffreteux, les bras balans, comme un moribond. Et alors, sans bouger de sa chaise, j'entendis le Masson l'interroger dans un patois incompréhensible, celui du diable probablement. Enfin, quand il fut las de bavarder avec son cadavre, je le vis faire encore quelques signes au vis-à-vis du pauvre diable, moyennant quoi le pauvre diable se mit à s'agiter, à gigoter, à se débattre contre je ne sais quoi; puis, à la fin des fins, il se calma, se laissa glisser de sa chaise, et s'étendit sur le parquet, sans mouvement, sans respiration, sans vie, car, pour sûr, c'était bien un vrai mort cette fois. Et voilà!

— Quelle abomination! s'écria-t-on tout d'une voix. C'est un empoisonnement! Il faut aller lui en demander compte.

Et comme, pendant ce terrible récit, précédé, accompagné et suivi de nombreuses libations dont la gageure faisait les frais, le point du jour avait eu le temps de paraître, les conjurés gravirent une seconde fois la colline et s'en allèrent frapper bruyamment à la porte de l'assassin.

Quel ne fut pas leur étonnement lorsqu'ils virent l'assassiné, frais et dispos, leur ouvrir lui-même la porte, demandant avec politesse ce qu'il y avait pour leur service.

Après un moment de silence causé par la stupéfaction :

— Pardon, excuse, répondit le plus hardi en éclatant de rire, nous venons vous demander des allumettes chimiques pour allumer nos pipes.

Et à ces mots, sans attendre de réplique, la bande joyeuse s'enfuit à toutes jambes.

On conçoit tout ce que de telles histoires, dont la renommée dénaturait et amplifiait les circonstances, devaient ajouter de fantastique à la terreur qu'inspirait la *maison du diable*, ainsi qu'on l'appelait. Mais l'impassible locataire poursuivait le but secret qu'il avait donné à sa vie, sans détourner la tête, sans prêter la moindre attention aux clabauderies dont il était l'objet, sans cesser même de répondre à la calomnie par d'importans services.

C'est ici que viennent se placer naturellement les détails que nous devons à nos lecteurs sur les antécédens de ce personnage.

Quelques années avant les faits accessoires que nous venons de conter, un jeune homme entrait comme fiévreux à l'hôpital de Lyon. Il était vêtu d'une de ces longues redingotes noires que les habitans du Midi appellent encore des lévites, du nom de ceux qui les ont rendues historiques.

On le plaça dans la salle Saint-Jean.

Parfois on l'entendait marmotter des prières, en levant les yeux au ciel avec l'expression de la contrition la plus sincère, ou en contemplant le tableau du Christ, comme pour puiser, dans le spectacle du divin sacrifice, l'énergie dont il avait besoin contre ses propres souffrances.

Les autres malades le nommaient le séminariste, à cause du costume semi-ecclésiastique, semi-mondain, qu'il portait à son entrée.

— Il est mal ce soir, le séminariste! se disaient-ils; il couchera bientôt sur la *table de billard*.

C'est ainsi qu'on appelait le marbre de la salle où étaient portés les trépassés, dès qu'ils avaient rendu le dernier soupir.

En effet, le médecin en chef avait prescrit pour lui, à sa dernière visite, l'invariable panacée de ceux qui n'ont plus rien à attendre de la pharmacopée humaine : « Eau gommeuse, diète le matin, diète le soir, frictions sur les tempes avec du baume spirituel. » Ce qui voulait dire que la science étant à bout, le traitement devait se réduire à tracasser le moins possible le malade.

A côté du moribond, coté sous le n° 14, — car les malheureux qui se font soigner dans les hospices répondent au numéro de leur lit, — gisait un vieillard d'environ quatre-vingts ans. Sa tête était complètement dénudée de cheveux, et ses yeux, sans cesse en mouvement, témoignaient d'une agitation morale que certes aucune tisane n'eût pu calmer.

Outre son numéro de literie, celui-ci avait aussi un sobriquet. On l'appelait Mathusalem, et il était le plastron de tous les entretiens, quand les malades, assemblés autour du poêle, y causaient gaîment, bien près de la tombe, avec une insouciance de mousquetaires.

— Mathusalem, s'écriait l'un d'eux, as-tu deux sous à me prêter pour avoir du tabac?

— Deux sous! répondait le vieillard; moi, deux sous! vous voulez rire, messieurs! Je n'ai pas même de poches à ma capote grise. Voyez. Où pourrais-je mettre ces deux sous?

Depuis deux mois qu'il avait été recueilli à l'hôpital, on n'avait rien pu savoir de lui, si ce n'est le nom qui fut trouvé sur son passeport, étranger comme un accent. Soit que l'âge, le chagrin ou la médecine eût agi trop violemment sur son cerveau, soit qu'une cause inconnue eût affaibli ses facultés, il ne se souvenait plus de ce qu'il avait été dans le monde, et représentait assez bien, avec sa longue barbe blanche, ses mains maigres et ses traits dévastés, l'image allégorique du temps, qui efface tout, jusqu'à son propre souvenir.

Or, le jeune malade et le vieillard, qui souffraient côte à côte, avaient conçu beaucoup d'affection l'un pour l'autre. Ils se rendaient de petits services en l'absence des infirmiers; ils se faisaient boire à tour de rôle, et s'exhortaient mutuellement à la patience.

— Qui êtes-vous? avait demandé parfois le lévite à la capote. Avez-vous une famille, une position, une profession quelconque?

— Moi? Non. Je suis pauvre, je suis inconnu, je suis peut-être Mathusalem, comme ils le prétendent.

— Comment! vous ne vous souvenez pas de votre vie passée?

— Oh! si!

— Que vous est-il arrivé?

— Je suis mort.

— Mort! la raison! pensa le jeune homme.

— Oui, mort, bien mort. Il y a longtemps de cela. On m'a enterré, puis je suis ressuscité. J'ai été riche alors, riche à millions. Puis j'ai eu peur.

— Peur de quoi?

— Peur des gens qui m'avaient enterré; je suis parti... bien loin, bien loin... pour me cacher... pour cacher mes millions.

— Vos millions?

— Hein? Non. Je n'ai des millions? Qui est-ce qui parle de millions? Qui est-ce qui a dit que j'ai des millions? Vous? Oh! la bonne plaisanterie! Fouillez mon lit, fouillez ma capote : il n'y a même pas de poches. Où pourrais-je fourrer des millions? Je n'ai pas une obole. Je ne possède rien; hormis ce chapelet que j'ai gardé pour dire avec vous mes prières.

— Et vous faites bien, reprit le jeune homme avec douceur ; Dieu est le médecin de l'âme, et il n'y a pour l'homme qu'un seul trésor de précieux ici-bas : celui qui se compose de nos bonnes pensées, de nos bonnes actions.

Cependant, le malade n° 14 revint à la vie, peut-être parce que l'art l'avait abandonné. Grâce à sa jeunesse, il reprit peu à peu ses forces et marcha d'un pas rapide vers la convalescence.

Son vieux compagnon, le n° 15, s'acheminait au contraire vers la tombe, accablé sous le poids des ans.

Les habitans de la salle Saint-Jean avaient remarqué à des intervalles assez rapprochés la visite de deux hommes noirs qui s'entretenaient avec le n° 14.

— Quand la cérémonie? lui dirent-ils lorsqu'ils le virent tout à fait guéri.

— Quand j'aurai la force de la supporter, et l'esprit assez libre pour en comprendre la grandeur.

— Quand partirez-vous pour les îles?

— Immédiatement après avoir reçu l'insigne honneur que vous m'offrez.

— Hâtez-vous, mon frère, car la barbarie a besoin des lumières de la foi.

— Mon corps est à Dieu comme mon âme, répondit le n° 14. Encore quelques jours, et la colombe sortira de l'arche pour porter aux sauvages l'olivier de paix.

Le soir même, tandis que tout dormait dans la salle Saint-Jean, infirmiers et infirmes, un cri d'agonisant fit tressaillir la religieuse qui veillait en silence. On accourut : c'était le vieillard qui râlait.

— Qu'est-ce? demanda l'interne de service.

— C'est Mathusalem qui s'en va, dirent les voisins.

— Mort! dit le jeune homme, après lui avoir interrogé le pouls et la respiration.

Le décès étant constaté, deux hommes de peine emportèrent le défunt et le déposèrent, selon la règle, dans l'amphithéâtre d'anatomie.

A cette époque, on plaçait le cadavre sur une table de marbre, et on lui passait un anneau au bras droit, afin qu'en cas de léthargie on fût averti de son retour à l'existence. Cet anneau correspondait en effet à une sonnette placée dans la salle de garde, et le premier mouvement du résurrectioniste avertissait le médecin de service.

Or il arriva cette nuit-là que, pour la première fois depuis bien des années, la cloche funèbre se fit entendre dans le calme de la nuit, comme la plainte d'une âme en peine.

— Où est l'élève? s'écria le sous-aide en se levant en sursaut.

— Me voici, monsieur, dit l'étudiant en se frottant les yeux.

— N'avez-vous rien entendu?

— Non, monsieur, répondit celui-ci, qui venait de rêver que sa maîtresse dansait avec lui à la Grande-Chartreuse.

— Il me semble avoir entendu la cloche des morts.

— Ce n'est pas possible.

— Ecoutez!...

On entendit alors le lugubre appel pour la seconde fois.

On courut à l'amphithéâtre pour voir quel était le défunt assez osé pour protester contre les déclarations de la science. On trouva le vieillard assis sur son séant et cherchant à parler d'une voix éteinte.

Le médecin lui tâta le pouls avec attention.

— Vous vous êtes trop pressé, dit-il à l'élève d'un ton de reproche; vous avez pris une syncope, une oppression, pour un râle. Votre montre avance d'une heure.

— Oh! disait le moribond, je voudrais vivre encore !

— Je comprends cela, continua le médecin en le faisant transporter dans le lit le plus voisin. Tout le monde en est là, et nous ne demandons pas mieux.

— Ah! docteur! c'est que je ne peux pas mourir, moi, sans avoir fait mon testament; je suis riche, je suis immensément riche.

— Il divague! pensa l'élève en hochant la tête; il n'a pas seulement deux sous pour s'acheter du tabac.

— Aussi bien, je n'ai jamais joui de ma fortune, reprit le vieillard; je veux m'amuser enfin, j'en ai les moyens; je ne veux plus être avare, je veux qu'on me serve à dîner avec des vins fins, des volailles truffées, des chants et des danses. Je puis donner des fêtes, moi; je suis baron archi-millionnaire, et chevalier du Saint-Esprit !

— Curieuse exaltation ! murmura le médecin en guise de leçon à son subordonné. Notez, je vous prie, ces diagnostics.

— Et puis, est-ce qu'on meurt pour toujours? Non. Je sais bien le contraire. Je suis déjà mort une fois, moi qui vous parle. On a chanté ma messe, on a creusé ma tombe, on m'a enseveli, et deux jours après j'étais on ne peut mieux portant. Mes ennemis ont été bien attrapés ! la grande Catherine surtout !

— Mon frère, dit alors au malade la voix douce et persuasive d'un de ces anges de la terre qu'on nomme du doux nom de sœur de charité ; mon frère, vous allez paraître devant Dieu. Au lieu de vous abandonner à ces rêveries incohérentes, élevez-vous vers lui par la pensée, et demandez-lui pardon de vos fautes, si vous en avez commis.

Le vieillard s'efforça de joindre ses mains défaillantes, et un torrent de pleurs s'échappa de ses yeux.

— Où est le 14 ? dit-il ensuite; je veux parler au 14 !

— Qu'est-ce que le 14 ? demanda le médecin.

— C'est son voisin de salle.

— Eh bien ! contentez son dernier vœu. Faites venir le 14.

Le jeune ami du mourant fut appelé, et, après avoir salué les assistans, il s'agenouilla devant le lit de douleur.

— Ami, lui dit l'octogénaire, je vais mourir pour la seconde fois; et cette fois, hélas ! ce sera la bonne. Mais j'ai un remords. Depuis vingt ans, je vis comme un mécréant, comme un cancre ; j'ai passé ma vie à adorer le veau d'or, selon l'expression de l'Ecriture. Eh bien ! je me repens, je demande l'absolution de mes péchés, et je veux que ce que je possède serve du moins après ma mort au soulagement des malheureux que j'ai tant dédaignés pendant ma vie. Tiens, voici ce que je possède; c'est pour toi, mon dernier ami, à la condition que tu le donneras aux pauvres ; à la condition que tu l'emploieras à accomplir autant de bien que j'ai pu commettre de mal.

En prononçant ces derniers mots, le malade tendit au jeune homme le chapelet noir dont il se servait pour ses dévotions.

— Beau cadeau ! pensèrent les assistans.

— Ce chapelet est à toi, continua péniblement le malade; je te le donne... tires-en profit... Mais écoute...

Et alors, faisant signe au jeune homme de se pencher vers lui, il rassembla tout ce qui lui restait de force et de mémoire à ce moment suprême, et lui parla tout bas, à mots entrecoupés, pendant quelques minutes, comme s'il déposait de graves révélations dans sa conscience et lui donnait d'importantes instructions.

— Ami, promets-tu de faire cela ? reprit-il tout haut, quand il eut achevé ses discrètes confidences.

— Je le promets, répliqua le n° 14.

— Merci, répondit le vieillard. Je puis mourir maintenant. Adieu.

Et sa tête retomba sur l'oreiller pour ne plus se relever.

Cette fois, la cloche correspondant au bras droit de chaque mort ne fit pas entendre de sinistre appel.

Le n° 14 emporta le chapelet du défunt, et en regagnant son lit, il s'étonna de la pesanteur extraordinaire de cet objet.

Ce chapelet, surmonté d'une croix de plomb, avait soixante grains de bois ainsi divisés : le plus gros représentait le premier *Pater* ; les trois qui suivaient indiquaient les trois premiers *Ave Maria*; le quatrième commandait un autre *Pater*; il était suivi d'une médaille destinée au *Credo*; après quoi venaient cinquante grains divisés en dizaines d'*Ave Maria*, séparées par des grains de *Pater* énormes.

En exécuteur testamentaire consciencieux, le n° 14 voulut savoir ce que contenait ce cadeau dont devait bénéficier le monde; il coupa le premier grain de bois, et alors quelle fut sa surprise!

Le vieillard n'était point fou; il n'avait point menti en parlant de ses richesses, de ses trésors, de son incroyable avarice.

Chaque grain de chapelet recélait un diamant d'une valeur considérable.

Le n° 14 cacha son héritage avec soin; il supporta avec résignation les quolibets des loustics de la salle Saint-Jean, à propos du cadeau fantasque de feu Mathusalem, et il employa les derniers momens de son séjour à l'hôpital à s'assurer du nom sous lequel le défunt avait été inscrit.

Le malheureux qui était venu mourir dans cet hôpital à quatre-vingts ans passés, ayant au cou un trésor de roi, ce malheureux s'appelait le baron Appencherr : c'était le père du baron Appencherr, mari de Gertrude Duplessis; c'était le père du riche banquier de Paris; c'était ce prince Dalbouki, lequel s'était sauvé des prisons de la grande Catherine en se faisant passer pour mort, grâce à l'eau narcotique de la princesse Bolinska, dont disposait le vieux Labanoff, ce savant prisonnier de Cronstadt, père lui-même du diplomate que nous avons rencontré dernièrement dans l'étude du notaire d'Ernée.

On se rappelle, en effet, qu'après son décès simulé et son inhumation dans le caveau funéraire de sa famille, Dalbouki s'était évadé de Russie, avait pris passage sur un vaisseau anglais et s'était réfugié en Allemagne. Là, il avait adopté le nom d'Appencherr, fondé à Francfort une importante maison de banque, et reçu plus tard de la sainte-alliance le titre de baron en récompense de ses services financiers. C'est dans ses mains que la famille du comte de Zanau avait déposé les sommes considérables dont le revenu servait à l'entretien secret de la comtesse dans le château d'Hildebourg-Hausen et à celui de leur enfant, ce chevalier de Limbourg qui devait être assassiné plus tard, à Francfort, en 1821, laissant lui-même un fils, le héros inconnu de cette histoire, né de son mariage secret avec Augusta Mildenoff, une jeune fille de cette ville.

Or, après que le vieux Duplessis fut venu à Paris, en 1817 fonder une succursale de la maison de Francfort dont il était l'associé, et que le fils du vieux baron Appencherr en eut pris la direction, ce dernier rompit son association avec Duplessis, qui rentra en France, demeura quelque temps à Paris auprès de sa fille et de son gendre, puis se fixa définitivement à Ernée auprès de son neveu. Le vieux baron liquida sa maison de Francfort, fit passer à son fils, le banquier de Paris, les sommes dont il était dépositaire, convertit son immense fortune en diamans, les enchâssa dans des boules de bois, sous forme de chapelet, et, saisi tout à coup d'on ne sait quelle folie d'avare, disparut d'Allemagne, et se mit à courir le monde en mendiant, jusqu'au jour où nous le voyons mourir de misère et de vieillesse dans un hôpital de Lyon.

Le lendemain de son décès, les deux hommes noirs vinrent trouver le n° 14 et lui dirent :

— Vous sortez d'ici ce soir?
— Oui, mes frères.
— Alors, vous vous ferez ordonner cette semaine?
— Non, mes frères.
— Quoi! vous n'irez pas rejoindre nos missions? Vous n'irez point en Océanie, comme vous le demandiez naguère, pour prêcher la parole de Dieu?
— Pardonnez-moi, mes frères, répondit le jeune convalescent. Une mission nouvelle m'est échue. Je n'ai plus besoin d'aller au-delà des mers pour rencontrer la barbarie. Je puis maintenant rester utilement en France. Le ciel m'a fourni les moyens d'y combattre les faux dieux. Les idolâtres n'y manquent pas plus qu'ailleurs.

Ce jeune homme, qui partait le lendemain pour Paris, muni du précieux chapelet, n'était autre que M. Masson, l'énigme vivante dont les badauds de Montmartre se racontaient, quelques années plus tard, en frémissan et les bienfaits réels et les prétendus forfaits. Les uns n'inspiraient pas moins de terreur que les autres.

X.

REÇU UN PRÉTENDANT EN BON ÉTAT, DONT QUITTANCE.

Quelques jours après la scène du bois de Boulogne, vers la neuvième heure de la soirée, monsieur Masson, suivi de Pied-de-Céleri, son étrange aide de camp, venait de regagner le domicile aérien qu'il possédait sur le point culminant de la butte Montmartre, et que la terreur des badauds du pays avait appelé la *maison du diable*, ainsi que nous l'avons vu dans le chapitre précédent.

Ses souliers poudreux étaient l'indice de longues pérégrinations, et sa physionomie si calme et si mélancolique portait aussi les traces d'une grande fatigue morale.

Pied-de-Céleri lui-même semblait avoir perdu une partie de son agilité dans les labeurs pédestres qu'il avait dû accomplir à la suite de son maître. Il ne fallait rien moins que l'appétit dont la nature l'avait si généreusement doué pour lui donner la force de disposer pour son repas du soir. La collation fut frugale. Un plat de viande froide, du pain, du vin et de l'eau, voilà ce que le factotum servit sur la nappe blanche étendue par ses soins. Pied-de-Céleri mangea pour deux, car c'est à peine si monsieur Masson brisa quelques parcelles de pain arrosées d'un verre d'eau.

— C'est curieux tout de même, monsieur Masson, dit Pied-de-Céleri la bouche pleine, avec ce mélange de crainte et de familiarité qui caractérisait son langage et son ton à l'égard du maître, on dirait que vous faites vigile-jeûne?

— Hé bien! qu'y aurait-il d'étrange? répondit monsieur Masson, que la question de son interlocuteur tira des réflexions où il s'était laissé tomber peu à peu. N'est-ce pas aujourd'hui jour d'abstinence, et ne suis-je point catholique?

— Ça, c'est vrai, reprit Pied-de-Céleri. A preuve que ce matin l'église où vous m'avez mené était toute farcie de dévotes. Mais ce qui m'interloque, c'est que vous restiez si bon catholique, comme vous dites, avec le drôle de monde que vous voyez pour la plupart du temps.

— Tu trouves? dit monsieur Masson en souriant.

— Dame! ça n'est pas pour vous vexer, mais vous ne vous lancez pas toujours dans *la haute*, et le plus souvent vous fréquentez des endroits où le bon Dieu est consigné à la porte comme un créancier.

— Qu'il faudra payer tôt ou tard! murmura monsieur Masson.

— Possible, continua Pied-de-Céleri; mais, en attendant, ces connaissances-là ne doivent pas dépenser beaucoup de monacos en bonnes œuvres, en cierges et en images de sainteté. Par exemple, pour ne parler que de celles d'aujourd'hui, qui est-ce que nous avons visité entre messe et vêpres? Il y a d'abord ce gros bonhomme qu'on a surnommé *le Balancier*, par rapport à son pendant de l'hôtel des monnaies, parce qu'il en fabrique, lui aussi, de la monnaie, et d'une curieuse espèce! Son industrie consiste à se faire faire, par les besogneux dont est planté le jardin du Palais-Royal, des lettres de change de cinquante, de mille, de n'importe quelle somme, qu'il leur paye à raison de cent sous par signature, et qu'il trouve ensuite moyen de glisser dans la circulation, à cinquante, à soixante, à quatre-vingts pour cent de perte (1). Celui-là ne doit pas se ruiner en pain bénit. Il y a ensuite celui qu'on nomme le *Cyclope*, dont l'agrément social est de se charger à forfait des vengeances qu'il peut plaire à ses cliens de faire administrer à tel ou tel, à coups de pieds, à coups de poings, à coups de bâton, — cela dépend du prix qu'on veut mettre à la chose, — le tout, sans empêchement de travail au-delà du nombre de jours fixé par la loi (2). Je ne pense pas que son pantalon se soit usé aux genoux sur les chaises de l'église. Il y a enfin la *Tête de pipe*, une belle dame, en robe de soie, avec chapeau à plumes, qui se charge du recouvrement des créances impossibles (3). Cette femme-là ferait payer un peintre ou un musicien. Où les huissiers et les gardes du commerce n'ont rien obtenu, elle fait recette, moyennant cinquante pour cent de la créance. Si jamais elle daigne travailler pour le gouvernement, elle est capable de lui faire payer tout de suite l'indemnité d'Haïti. En attendant, je ne me souviens guère de l'avoir vue quêter pour les pauvres.

Au sans-gêne de ses observations, il était facile de voir que le narrateur n'avait pas que mangé pour deux : il avait bu de même.

— Pied-de-Céleri, interrompit doucement son maître, je croyais que la première de nos conventions, lorsque je t'ai donné asile chez moi, avait été que tu ne t'étonnerais jamais de rien. Il est des choses que tu ne peux comprendre. Le simple rouage d'une machine immense comprend-il le rôle que le génie du mécanicien a cru devoir lui assigner ? Imite l'obéissance passive de ce rouage, qui n'est pas moins essentiel que modeste. Un jour viendra peut-être où tu pourras sans inconvéniens te rendre compte à toi-même des services que tu rends sans t'en douter. Jusque-là, tais-toi, car savoir se taire est souvent plus habile que savoir parler ; obéis, car savoir obéir est toujours plus méritoire que savoir commander. Défends-toi de toute curiosité prématurée. Va, viens, écoute, agis, sans dévier d'une seule ligne de mes instructions. Pense, si tu veux, si tu peux, si cela n'incommode pas, soit ! j'y consens ; mais que ce soit tout bas, et que l'indifférence la plus complète enveloppe en apparence toutes tes pensées, toutes tes actions. Suis mon exemple.

— Oh ! maître, répondit le jeune homme, à qui le bordeaux inspirait plus d'audace qu'à l'ordinaire, vous n'êtes pas aussi indifférent que vous le prétendez !...

— Que veux-tu dire ?

— Je n'ose vous en parler, car si vous vous fâchiez, vous m'enverriez peut-être dans l'autre monde, comme vous le faites parfois.

— Allons, allons, reprit monsieur Masson avec bonté, pas de réticence. Liberté complète. Une fois n'est pas coutume.

— Eh bien ! dit Pied-de-Céleri, enchanté de pouvoir donner une preuve de finesse et de pénétration, on y voit clair, et quand vous passez, chaque soir et chaque matin, dans la rue Notre-Dame-de-Lorette, il y a une certaine fenêtre...

— Une fenêtre ! dit monsieur Masson, en comprimant une légère émotion.

— Oui, une fenêtre où j'ai vu souvent une femme, une jolie blonde, avec des yeux noirs comme ce manche de couteau, un teint pâle comme cette assiette, et une taille si fine, si fine, qu'on dirait toujours qu'elle va se casser en deux. Oh ! les morceaux en seraient bons ! Vous la regardez du coin de l'œil, en pâlissant vous-même, et vous passez plus vite que ça ! Mais suffit ! vous êtes amoureux !

— Amoureux ? s'écria monsieur Masson ; moi, amoureux !

---

(1) Ce coupable trafic existait réellement. Nous n'inventons pas, nous signalons.
(2) *Idem.*
(3) *Idem.*

— Pourquoi pas ? Je le suis bien, moi, et même plus souvent qu'à mon tour. Voyez.

Et Pied-de-Céleri tira de sa poche une grosse bague d'or, dans le chaton de laquelle le joaillier avait pratiqué une ouverture destinée à receler les cheveux du donateur.

— C'est le gage qu'on t'a donné ? demanda le maître.

— Au contraire, répondit le serviteur. C'est moi qui lo donne.

— En ce cas, comment se trouve-t-il en ta possession ?

— C'est justement là le truc. Ce n'est pas toujours la même femme, mais c'est toujours la même bague depuis deux ans.

— Étrange fidélité !

— Je la loue.

— Tu loues cette bague ?

— Oui, du juif Isaïe, vous savez ? celui qui dégage les reconnaissances du mont-de-piété. Ah ! dame ! je n'aurais pas le moyen de dépenser tout d'une fois un capital de vingt-cinq francs. La location ne me coûte au contraire que dix sous par mois. Or, quand j'aime, je donne la bague ; quand je n'aime plus, je la reprends. Vous concevez : on se fâche, on se chamaille, on se jette mutuellement ses petits cadeaux à la tête, et alors je rends celui-ci au juif, jusqu'à première occasion. Hé bien ! le croiriez-vous, monsieur, il n'y a pas d'affection qui ait duré plus de quinze ou vingt sous. Oh ! les femmes, les femmes ! comme c'est léger ! comme c'est capricieux ! Je ne dis pas cela, monsieur, pour la jolie petite blonde de la rue Notre-Dame-de-Lorette. J'espère bien qu'elle fera exception et que vous n'aurez pas à vous...

— Silence ! et dispense-toi de toute fausse conjecture. Une fois pour toutes, retiens bien qu'il ne peut exister rien de commun entre cette femme et moi. Elle est entourée des magies de la jeunesse ; moi, je suis vieux, sinon de corps, au moins d'esprit. Elle vit dans les enchantemens du plaisir et du luxe ; moi, je vis dans l'isolement et la pauvreté. Elle est la folie, je suis la résignation ; elle est le présent, je suis l'avenir. Tu vois bien que nous ne pourrions nous entendre.

— Cependant, objecta Pied-de-Céleri en se levant de table, il me semble...

— Encore une fois, silence sur ce chapitre ! interrompit le patron avec autorité ; ce sujet de conversation me serait pénible. Assez causé. Onze heures sonnent, il est temps pour toi d'aller rêver à de nouvelles occasions de placer ta bague.

Pied-de-Céleri se disposait à obéir, quand un coup violent retentit à la porte.

— On frappe, dit monsieur Masson.

— Est-ce au dehors ou au dedans ? demanda Pied-de-Céleri, avec un clignement d'œil significatif.

— C'est au dehors.

— Qu'importe en ce cas ? Nous n'ouvrons jamais.

— Il faut ouvrir cette fois.

— Sans savoir à qui ?

— Je le sais.

— Il faut donc que je descende ?

— Assurément.

— Et que j'introduise ?

— Oui ; dépêche-toi. Il y a là un homme d'une cinquantaine d'années, mais encore vert et droit. Il est vêtu de noir, et porte à sa boutonnière un ruban étranger. Tu lui montreras le chemin, et quand il sera introduit, tu nous laisseras seuls, jusqu'à nouvel ordre. Va.

Pied-de-Céleri revint bientôt avec une personne qui répondait au signalement donné.

L'étranger salua à peine, s'assit sans façon et s'écria :

— Ce n'est point une maison que vous habitez, mon cher, c'est un pic : on devrait établir des auberges à mi-côte pour les personnes qui viennent vous voir.

— J'ai rarement des visites, répondit le maître, sans se préoccuper de ce ton d'excessive familiarité.

— Je vous avais écrit de venir me trouver dans mon hôtel de la rue Richelieu.

— En effet, j'ai reçu une lettre hier ; elle était signée d'un nom étranger, Casticala, je crois ?
— C'est bien cela. Pourquoi n'êtes-vous pas venu ?
— Parce que je supposais que si je n'allais pas à vous, vous viendriez à moi.
— Ceci est parfaitement arrogant, mon brave ; c'est du Mahomet tout pur. Mais dépêchons, je n'ai pas le temps d'exiger des égards. Vous ne vivez pas seul ici ?
— Qu'entendez-vous par là ? répondit en hésitant monsieur Masson, à qui cette question semblait offrir un double sens.
— J'entends que vous retenez ici captif, depuis deux ou trois années, un homme encore fort jeune, de vingt-cinq à trente ans, que vous dirigez d'une façon assez tyrannique.
— Après, monsieur ? répliqua monsieur Masson.
— Oh ! mon bon ami, je ne veux point m'occuper du passé ; je ne suis point un magistrat chargé d'instruire une enquête pour fait de séquestration.
— Soyez, monsieur, ce qu'il vous plaira ; j'écoute.
— Eh bien ! ce jeune homme, qui n'a pour tout nom qu'un sobriquet trivial, je viens le réclamer. Je suis seul, vous le voyez, et ne m'adresse qu'à votre loyauté.
— Pardon, monsieur, interrompit monsieur Masson du ton le plus naturel, la nuit est pluvieuse : pourquoi laisser vos deux amis grelotter de froid dans l'enclos de la maison ?
— Mais... fit Montreuil un peu décontenancé, comment savez-vous...
— Il est de mon devoir d'homme bien élevé de leur offrir un abri. Les fluxions de poitrine sont fréquentes cette année, et ce sont deux personnages dont il serait fâcheux de priver la société.
Et, ouvrant la fenêtre, il fit signe à deux individus immobiles qu'ils eussent à franchir le seuil de sa demeure.
Ceux-ci parurent se consulter et n'osèrent faire un pas.
— Les poltrons ! pensa le nouveau venu, toujours de l'orgeat dans les veines !
— Voulez-vous les y inviter vous-même, monsieur ? reprit monsieur Masson, car ils ne paraissent pas avoir beaucoup de confiance dans mes politesses.
— Volontiers, monsieur.
L'étranger se leva alors et appela ses compagnons.
Ceux-ci entrèrent et vinrent s'asseoir à côté de lui, interrogeant avec un certain malaise la physionomie de cette demeure solitaire.
— Je vous disais, monsieur, reprit le premier arrivé, je me laissais l'honneur de vous dire que nous venions réclamer le jeune homme dont vous vous êtes emparé. Vous ignoriez sans doute, en le calfeutrant dans ce bouge, qu'il retrouverait un jour une famille, une patrie, un trône peut-être ! Or, le fait a lieu, l'incident se produit.
— Où sont vos titres, messieurs ?
— Les voici, répondit l'orateur de la troupe en exhibant es papiers qu'il tenait du vieux Duplessis. Ces papiers constatent l'origine, le nom, la qualité, tous les droits du jeune homme.
— Permettez, répliqua froidement monsieur Masson, ces papiers constatent les droits d'un jeune homme, mais rien ne prouve qu'ils s'appliquent à celui-ci.
— La question est fait pas doute. Mes documens ont été puisés aux sources les plus respectables : je les tiens du 54ᵉ carton à droite, série Z, catégorie 13, dossier nº 12,776, du bureau des vagabonds à la préfecture de police. Tous les faits de sa vie y sont inscrits par heure par heure, pour ainsi dire, depuis le jour où il fut trouvé, encore enfant, sur une grande route, sans domicile, sans profession, sans souliers, sans couronne par conséquent, il y a bien des années de cela, et envoyé, conformément à la loi, dans un dépôt de mendicité. Au surplus, la vérification est facile. Veuillez l'appeler.
— Pied-de-Céleri ! cria monsieur Masson par l'entrebâillement de la porte.

— Pied-de-Céleri ! répétèrent les trois étrangers, d'un ton de pitié profonde.
— O instabilité des grandeurs ! ajouta le chef de la bande. O impénétrables décrets de la Providence ! O...
Mais Pied-de-Céleri entra.
— Approche, lui dit monsieur Masson, et réponds sans crainte et sans réserve aux questions que l'on va te faire.
— Monsieur, pour ne pas dire encore monseigneur, reprit le chef en s'adressant à Pied-de-Céleri, qui resta debout, on ne peut plus ébahi de reconnaître dans les étrangers les trois ex-suicidés du bois de Boulogne ; monsieur, vous n'êtes certainement pas sans avoir conservé quelques souvenirs de votre auguste enfance. Vous souvenez-vous, par exemple, d'avoir passé vos premières années dans une chaumière, située au village de Kermer, près de Francfort, en compagnie d'un autre enfant votre frère de lait, le petit Ludwig, chez une femme nommée Wachel, qui vous avait servi de nourrice ?
— Attendez donc, répondit Pied-de-Céleri, en se grattant le front, pour aider à sa mémoire. Je me souviens de moutons, de vaches, de poules et de chèvres avec lesquels je jouais dans une grande cour, à la campagne ; je me souviens d'une bonne femme aussi, qui me soignait tendrement et qui me donnait d'immenses tartines de confiture.
— Touchans détails ! interrompit celui que nos lecteurs ont reconnu pour être Montreuil.
— Mais pour ce qui est de Wachel, de Kermer et de Francfort, ni vu ni connu.
— Vous souvenez-vous, continua l'interrogateur, d'avoir été enlevé, encore bien jeune, par des hommes masqués qui cernèrent la chaumière pendant la nuit, l'envahirent, vous emportèrent de force, vous placèrent dans une voiture fermée, vous empêchèrent de crier, et, après vous avoir fait rouler ainsi pendant plusieurs jours, ne voulant pas ajouter l'assassinat au rapt, vous déposèrent de nuit sur le territoire français, au milieu d'une grande route, celle de Strasbourg, et disparurent ?
— Oh ! les brigands ! s'écria Pied-de-Céleri, dont la mémoire se réveillait peu à peu à chaque question ; je me les rappelle parfaitement.
— Très bien ! mais ce n'est pas tout. Vous souvenez-vous ensuite d'avoir été recueilli par des charlatans nomades qui passaient par là ? car, monseigneur, on peut dire avec tristesse que vous avez fait vos dents parmi ceux qui les arrachent, et que c'est un paillasse qui fut votre premier maître de cérémonies.
— Tiens, c'est drôle ! répondit Pied-de-Céleri, dont les premières impressions s'éclaircissaient de plus en plus. Je me souviens parfaitement d'avoir reçu bon nombre de taloches de mon premier bienfaiteur, un homme vêtu de toile à matelas, et qui me battait pas que du tambour. Cette époque fut certainement une des plus douces de ma vie, et je me la rappelle avec attendrissement.
— *Plaisirs de notre enfance*, ne put s'empêcher de fredonner Montreuil, *vous voilà, vous voilà revenus*, comme on dit à l'Opéra-Comique. Mais continuons. Le spectacle dont vous faisiez partie n'ayant pas prospéré, faute sans doute d'une subvention de la part du gouvernement, la troupe se dispersa, et vous entrâtes au service d'un aéronaute. C'était une fort distingué, dont l'existence et la gloire finirent par se briser contre une prosaïque cheminée.
— Juste ! s'écria Pied-de-Céleri.
— Ce fut à cette époque, poursuivit Montreuil, que la gendarmerie française vous demanda quelle profession vous exerciez à travers champs, et, sur votre réponse ambiguë, vous conduisit en prison. Vous y passâtes plusieurs années, pendant lesquelles la société vous enseigna à faire des chaussons. Vous étiez très fort dans ce genre d'exercice, mais, selon toute apparence, c'était là un talent d'agrément qui ne pouvait suffire à vos besoins, à vos instincts, à ce goût naturel que vous tenez de vos aïeux pour les grandes existences de ce monde. Quand on vous eut rendu à la circulation, vous trouvâtes à propos d'y joindre

d'autres ressources... Oh! mon Dieu, je ne blâme pas, je raconte... et alors... Mais à quoi bon, monsieur, vous rappeler des souvenirs dont le charme juvénile est peut-être mêlé de quelque amertume ? Les questions qu'on pourrait vous adresser sur cette phase de votre vie, qui a précédé celle où vous êtes, n'ajouteraient rien à la constatation de votre identité.

— Mais qui diable êtes-vous donc, s'écria Pied-de-Céleri confus, vous tous qui en savez sur ma vie plus que moi, plus que monsieur Masson lui-même?

— Plus? non; pas même autant, interrompit son maître avec un léger sourire.

— Ce que nous sommes? répondit Montreuil. Vous voyez devant vous, monseigneur, trois hommes dévoués corps et âme à votre illustre famille. Monsieur que voici, dit-il en montrant Dabiron, est un gentilhomme espagnol, le marquis de las Caraccas, qui était intimement lié avec feu votre auguste père, le chevalier de Limbourg. Ils s'étaient connus et liés d'amitié pendant leur séjour à Paris à la suite de la campagne de 1815, à laquelle ils avaient pris part contre les cent-jours. Monsieur que voici, ajouta-t-il en désignant Roussignan, est un noble allemand, monsieur Muller, baron de Rembach, fils du compagnon de captivité de feu votre auguste grand'mère, Louise de Landswick, comtesse de Zanaw, dans le château de Hildebourg-Ghausen. Quant à moi, je suis le comte de Castícala, diplomate de père en fils, au courant depuis une éternité des secrets les plus cachés de diverses chancelleries; ayant en mes mains tous les fils de l'intrigue au moyen de laquelle votre auguste père fut privé de la haute position à laquelle sa naissance lui donnait droit, et qui veut loyalement la faire rendre à son légitime héritier, à vous, monseigneur.

— Ah bah! s'écria Pied-de-Céleri en se frottant les yeux, comme un homme qui s'éveille d'un rêve.

— Rien n'est plus certain. Une dernière preuve. Daignez, monseigneur, nous montrer votre bras droit.

— Faut-il? demanda Pied-de-Céleri à son maître qui restait impassible.

— Montre, répondit celui-ci.

Pied-de-Céleri retroussa sa manche jusqu'au coude.

— J'en étais sûr, dit Montreuil en montrant aux divers acteurs de cette scène différens signes coloriés qui avaient été tatoués sur l'avant-bras du présomptif. La couronne s'y trouve, les initiales y sont : un L. avec un W. : Limbourg et Wardenbourg, le nom du prétendant et le nom du royaume. Mes notes étaient complètes. Messieurs, le roi! cria-t-il en se levant avec solennité. Debout, messieurs, debout, et soyez les premiers à rendre hommage à Sa Majesté.

Les trois complices s'inclinèrent profondément devan Pied-de-Céleri, dont la stupéfaction ne peut se décrire.

— Et maintenant que l'identité est surabondamment constatée, reprit Montreuil en s'adressant à monsieur Masson, j'ose espérer que vous allez rendre la liberté au prince.

— Ce n'est pas mon geôlier, interrompit Pied-de-Céleri, c'est mon ami.

— Votre Grâce est magnanime et sans rancune, dit Montreuil, et c'est encore un signe de haute naissance que l'élan d'un grand cœur. Au surplus, ajouta Montreuil en s'adressant de nouveau à monsieur Masson, toute résistance serait vaine : nous sommes armés et décidés à tout pour délivrer l'auguste captif.

— Je ne mets aucun obstacle à son départ, répondit froidement monsieur Masson. C'est à lui seul d'en décider.

— En ce cas, ce ne sera pas long, reprit Montreuil : il n'y a pas à hésiter entre une pareille bicoque et un palais. Daignez nous suivre, prince.

— Pour aller où ? répondit Pied-de-Céleri, qui, par un phénomène inexplicable, changea subitement de langage et d'attitude sous le regard de son maître.

— Pour aller à la fortune, aux honneurs, à la gloire, à la puissance, répliqua Montreuil.

— De quoi ! de quoi ! fit Pied-de-Céleri en revenant tout à coup à ses anciennes locutions ; vous voulez me mener *dans le grand*, comme un provincial qui demande où est le beau monde? Pas si bête! je sors d'en prendre !

— Cependant, interrompit Dabiron, la chose en vaut la peine : il s'agit de millions de rente!

— Je n'ai pas confiance dans les fonds publics

— Il s'agit, ajouta Roussignan, de nager dans les plaisirs.

— Je ne nage qu'aux bains à deux sous.

Montreuil saisit le jeune homme par la main, et fixant ses yeux gris-verts sur lui,

— Obstiné! s'écria-t-il, qui refuse la fortune parce qu'elle lui fait des avances, sans savoir qu'une fois repoussée elle ne revient jamais ! Songez donc qu'il s'agit de la plus magnifique existence !

— Pour quelle heure? continua Pied-de-Céleri d'un ton narquois.

— D'une existence de prince !

— Pourquoi pas de roi?

— De roi en effet !

— Moi un monarque! Ce serait joli ! L'ex-élève d'un paillasse! Allons donc ! je ne puis pas être autorité, moi : j'ai été professeur de barricades.

— Ce n'est pas une raison, fit Montreuil; il y a des précédens. Alerte donc, monseigneur ! nous ne vous demandons que de vous laisser conduire, et vous vous réveillerez prince, comme dans un conte des *Mille et une Nuits*!

— Du tout, du tout ! je ne crois pas aux bagatelles de la porte; vous pouvez chercher votre prince ailleurs. Mettez dans les *Petites Affiches* que vous demandez un homme sans place pour être roi. On n'exige que de bons répondans. Ça vous coûtera un franc cinquante centimes. Avis au public. Demandes et offres. Rien des bureaux.

— Satané gredin ! murmura Dabiron.

— Dire que c'est moi qui ai pareil drôle qu'on m'a traqué comme une bête fauve ! marmotta l'ex-Muller.

— Vous n'en viendrez pas à bout sans moi, interrompit en souriant monsieur Masson.

Montreuil, qui cherchait depuis quelques instans à quelle planche de salut il allait s'accrocher, ne trouva pas un seul moyen dans le chaos de sa pensée. Il est des momens où la tête d'un homme d'intelligence, semblable au cheval fatigué, refuse le travail imprévu qui lui est imposé; il est des situations dans lesquelles on reste court d'autant plus facilement qu'on a préparé une harangue qui ne peut plus servir. Montreuil était précisément dans une pareille impasse : c'était un député, ayant élucidé sa réplique à une interruption qui se trouve malheureusement en retard comme Grouchy à Waterloo.

— Au surplus, essayez vos propres forces, reprit monsieur Masson.

En voyant sa partie adverse lui livrer de nouveau le fer, Montreuil se garda bien d'obéir précipitamment à l'invite, dans la crainte de se livrer à ce coup diabolique que les maîtres d'armes appellent pittoresquement «tendre la perche.» Il battit en retraite au contraire, décidé à rallier ses troupes et à se mettre sur la défensive.

— Ainsi, dit-il découragé, l'obéissance du prince dépend de vous?

— Oui.

— Quel prix y mettez-vous ? Toute influence a sa valeur. Rien n'est plus juste.

— Offrons-lui de l'argent, de l'or, une somme honorable, interrompit Dabiron.

— Vous êtes stupide, mon cher ! interrompit Montreuil.

— Je vous remercie de votre pénétration, dit monsieur Masson à ce dernier ; il y a plaisir à discuter avec un homme de votre force, et, s'il vous arrive jamais malheur, ce ne sera pas à votre naïveté qu'il faudra vous en prendre : vous vous enlevez toujours d'avance le bénéfice des circonstances atténuantes. Evidemment, ce n'est pas de l'argent que vous pourriez m'offrir si vous aviez à me séduire. Pour vous rançonner, je n'aurais qu'à vous menacer de populariser vos édifiantes biographies, car je vous connais, messieurs. Vous auriez à choisir entre me tuer ou me payer. Or, le premier moyen étant toujours scabreux dans un pays régi par un code protecteur de la vie humaine, vous arriveriez infailliblement à consentir au second. Rassurez-vous : il ne faudra point descendre à cette extrémité. La fortune, dont vous vous dites les envoyés, n'est pas aussi cruelle envers vous que vous le pensez : c'est une coquette qui sait faire plusieurs heureux à la fois. Le hasard vous sert donc, et vous allez obtenir de moi, sans violence comme sans séduction, ce que vous demandez.

— Hé quoi ! le prince nous suivra ? s'écrièrent Dabiron et Roussignan.

— Comment ! il faut que je suive ces trois particuliers ? dit Pied-de-Céleri, dont la répugnance faiblissait sensiblement à la voix de son maître.

— Oui, répondit celui-ci du ton du commandement ; je n'y mets qu'une condition.

— Voyons la condition, dit Montreuil ; s'agit-il d'une place de grand veneur, de chambellan, de n'importe quoi, dans la future cour de Sa Majesté ?

— Il s'agit de beaucoup plus : je ne demande rien du tout. Viens ici, Pied-de-Céleri, mon vieux compagnon, et obéis-moi pour la dernière fois.

— Que faut il faire, maître ?

— Remets-moi cette bague, ce philtre, cette relique sentimentale dont tu me parlais tout à l'heure.

— La voici, répliqua Pied-de-Céleri en interrogeant du regard son patron.

— Bien ! continua celui-ci, après avoir tourné et retourné le bijou dans ses mains, comme pour l'examiner. Reprends cette bague, je te la donne, j'en paierai le prix au juif, mets-la à ton doigt, et jure-moi de ne t'en séparer jamais, fût-ce même pour la mettre au mont-de-piété pour les besoins de ton royaume.

— Je le jure ! répondit Pied-de-Céleri tout joyeux. Je n'aurai plus besoin d'en payer la location.

— Et vous, messieurs, jurez-moi, de votre côté, de ne jamais le séparer de cet objet. Je veux qu'il me rappelle sans cesse à son souvenir.

— Nous le jurons ! dirent les trois acolytes avec empressement.

— Il pourra faire de cette bague son sceau d'Etat, ajouta ironiquement Montreuil.

— Et maintenant partez, messieurs.

Pied-de-Céleri éprouva de l'hésitation à ce moment décisif ; il tomba aux genoux de monsieur Masson et lui baisa les mains.

— Grâce, lui dit-il, laissez-moi ici !

— Impossible ! répondit impérieusement son maître. Pars, puis ! suis ces messieurs ! Il le faut ! je le veux !

Pied-de-Céleri se releva, essuya les larmes qui commençaient à lui mouiller les paupières, reçut une dernière poignée de main de son maître, et dit avec résignation :

— Je suis prêt, messieurs.

Puis il sortit avec eux de la maison et se mit tristement en route pour aller à la conquête du trône qui lui était annoncé.

Arrivés hors de l'enclos, les quatre conquérans descendirent la côte, atteignirent la barrière, et montèrent dans une voiture qui les attendait.

— Pourvu qu'on ne nous reconnaisse pas ! s'écria l'ex-Muller. On prétend qu'il y a des espions de la Russie jusque parmi les cochers de fiacre.

— Ma foi, nous en sommes quittes à bon compte, dit Dabiron, qui réduisait tout aux proportions d'un marché. L'opération ne nous coûte qu'une promesse.

— S'il s'est contenté de si peu, dit gravement Montreuil, savez-vous ce que cela prouve ? qu'il est plus fort que nous. En pareil cas, je me défie du désintéressement. Ce qu'il y a de plus cher en politique comme en amour, c'est ce qui est gratuit.

XI.

ANGE ET DÉMON.

La lorette dont Brioude, après la mort de Dabiron, avait fait sa Dubarry, était une des natures les plus positives qu'il fût possible de rencontrer. Confiante dans sa beauté, elle n'avait jamais cherché, en dehors des succès féminins, cette considération relative que donnent encore la distinction et l'esprit, même à l'état de contrefaçon. Lataké escomptait un printemps sans se soucier des hivers, cherchant à se persuader que la vieillesse n'est pas pénible. Elle avait parcouru toute la gamme de la femme à la mode avec la même horreur de toute réflexion. On l'avait vue passer du bois blanc au noyer, du noyer à l'acajou, de l'acajou au palissandre, du palissandre au bois de rose. C'était de l'avancement par ancienneté, l'épaulette du genre après le galon de laine : elle ne se doutait pas qu'après le mouvement ascensionnel, il y a dans l'espèce, comme châtiment du désordre, un mouvement descensionnel que nulle Phryné ne saurait éviter.

Lataké, depuis sa brouille avec monsieur Appencherr le banquier, vivait moitié chez elle, moitié chez Brioude. Son logement particulier était situé rue Notre-Dame-de-Lorette, près de la place Saint-Georges. C'était un second fort coquet et affectant des airs de boudoir pompadour. Les inévitables rideaux blancs et roses garnissaient ses fenêtres. La salle à manger était meublée de chaises en fer creux doré, rehaussées de fleurs peintes. Ce cadeau lui était venu de quelque courtier d'annonces payé en marchandises. Sur la cheminée brillaient une pendule et deux candélabres, style Louis XV. Elle avait voulu avoir des portières pour obéir au goût du jour, et elle les avait fait faire de cette étoffe à raies arabes, devenue si commune qu'elle sert aux montreurs de figures de cire. Son lit, couvert d'un couvre-pied au crochet, représentant un chien, touchant emblème d'une fidélité réduite à l'état d'allégorie, était orné d'une glace immense qui masquait la ruelle, comme si la belle avait eu le désir de se mirer en dormant.

Lataké rue Notre-Dame-de-Lorette, elle était Jupin I⁹ rue Lepelletier. Là, à l'Opéra, elle occupait une position mixte : elle était moitié figurante et moitié danseuse ; elle versait à boire à Robert-le-Diable et dansait avec le soldat des *Huguenots*. Ne regardant l'art dramatique que comme une coquetterie de plus, elle avait des sourires et des clignemens d'yeux pour tous les dandys de l'orchestre, des avant-scènes et du balcon. Elle leur disait bonjour, leur adressait un petit salut, leur faisait des signes et des gestes d'intelligence dans la cathédrale de la *Favorite* comme au marché de Portici, sans se préoccuper de la sainteté du lieu ni des illusions théâtrales. Elle avait un petit pied, des cheveux superbes, une taille charmante, et elle buvait une bouteille de champagne d'un seul trait. Tels étaient ses vrais titres artistiques.

Lataké avait pour amie la pâle et blonde jeune fille que nous avons rencontrée chez Tiennette où l'amenait un besoin accidentel d'argent, comme la folle prodigalité en impose si souvent aux plus opulentes ; frêle et poétique organisation, plante fanée à peine éclose, doux rayon obscurci par la brume, type ravissant d'élégance et de grâce, à qui, en lui donnant l'instinct du bien, la nature avait oublié d'en donner la force.

Son intérieur offrait le plus frappant contraste avec celui de son amie. Tout y respirait la mélancolie de l'âme. A côté du miroir aux ciselures dorées, on trouvait un vieux livre d'heures, dépaysé parmi ces meubles païens. Près d'une Vénus échappée au ciseau voluptueux de Pradier, on admirait cette Madeleine de Canova dont l'attitude est un psaume de la pénitence matérialisée. Des lilas blancs baignaient leurs tiges d'émeraude dans un vase de grès flamand, orné d'anges bouffis en forme d'anses, et un loup de satin noir, joyeux reste d'une nuit de bal masqué, était grotesquement plaqué sur une tête de mort, comme pour établir un rapprochement amer entre la folie et le néant.

Celle-là se nommait tout uniment Simonne. Fille d'un anonyme et orpheline de bonne heure, elle avait fui les soirées laborieuses de l'atelier pour les soirées vertigineuses du bal; elle s'était abandonnée au tourbillon, mais sans calcul comme sans enivrement, à la façon de la feuille légère qui est tombée à l'eau, et qui en suit docilement tous les caprices, car sa conformation ne lui fournit aucun moyen d'en combattre ni d'en remonter le cours.

Elle avait d'ailleurs le pressentiment d'une fin prochaine et misérable; elle la sentait venir, sans peur comme sans impatience, triste mais résignée, et bornait toute sa résistance à en détourner les yeux le plus possible, à l'exemple de Cléopâtre qui se cachait la tête dans son velum pour ne pas voir l'aspic dont la morsure l'empoisonnait.

Or, Lataké affectionnait Simonne par cela même que Simonne ne ressemblait ni à elle ni à aucune de ses compagnes. Aussi vive que Simonne était nonchalante, aussi folle que Simonne était taciturne, elle trouvait auprès d'elle un calme qui la reposait. Telle est la loi de la nature: l'harmonie naît des contrastes, et la sympathie des dissemblances.

En sortant de chez Tiennette, où nous l'avons rencontrée, Lataké regagna la rue Notre-Dame-de-Lorette, et entra pour visiter Simonne, qui habitait la même maison, et qu'elle ne pouvait se priver de voir un seul jour.

— Ma bonne, lui dit-elle, je quitte la vilaine bête, qui m'a dit t'avoir vue aussi ce matin.

— Oui, répondit Simonne, et voici cinq cents francs qui sortent de ses griffes.

— Vraiment? Tu as donc *lavé* le contenu de ton portefeuille galant? Je te croyais cependant en fonds.

— Oui, mais que veux-tu! il y a là-haut, dans la maison, au sixième et demi, y compris l'entresol, une pauvre famille composée de neuf personnes, enfans, père, mère, grand'mère, chiens, chats, que sais-je! les uns malades, les autres trop bien portans, qui couchaient sur la paille et depuis huit jours ne mangeaient plus qu'à tour de rôle: ma foi, j'ai vidé d'un seul coup ma bourse dans leur sébile. Il fallait bien se rattraper sur le commun des martyrs.

— Ah! c'est très bien, cela ! s'écria Lataké. Je dirai même que c'est trop bien. *Faut d'la vertu*, tu sais, *pas trop n'en faut*. Or, j'ignore sur quelle dame de charité tu as marché, mais depuis quelque temps tu deviens généreuse en diable, tu tournes au bureau de bienfaisance, et tu rendras bientôt des points au Petit manteau bleu.

— Bah! fit Simonne en mettant la main sur sa poitrine, je n'ai pas besoin d'amasser. Ce n'est pas moi qui serai jamais obligée de faire teindre mes cheveux blancs.

— T'es bête, dit Lataké, avec tes complaintes d'enterrement.

— Pourquoi donc? reprit Simonne. Je ne me plains pas.

— Parbleu! il ne manquerait plus que cela! Je te conseillerais de te plaindre! C'est à qui t'offrira sa calèche et son cœur; tu vas avoir maison de campagne à Auteuil l'été, et loge à l'Opéra l'hiver; enfin, tes adorateurs sont si bien fascinés qu'ils se sont même plus jaloux les uns des autres, ce qui est le comble de l'art. Et tu te plaindrais ! Allons donc! tu serais toquée ! Qu'est-ce qui te manque pour être heureuse?

Simonne leva ses beaux yeux au ciel et comprima un soupir.

— Rien, dit-elle. Je m'ennuie, voilà tout.

— Comment! tu t'ennuies au milieu des plaisirs!

— Les plaisirs étourdissent, pas davantage.

— Qu'est-ce qui te plairait donc?

— Je cherche.

— En ce cas, ma chère, tu aimes quelqu'un.

— Peut-être.

— C'est un travers: prends garde! Mais qui ça? Aurais-tu distingué un bel homme parmi la foule des empressés qui te font la cour? Serait-ce le colonel?

— Non. Je déteste les hommes qui se sanglent pour se faire des tailles de femme. Cela ressemble à des quilles dorées dont le seul but est de se faire abattre par la boule d'un canon tôt ou tard...

— Serait-ce le marquis? — Il est trop noble.
— L'avocat? — Il ne l'est pas assez.
— Le vicomte? — Il est trop fat.
— Le baron? — Il est trop simple.
— Le rentier? — Il est trop petit.
— Le bureaucrate? — Il est trop grand.
— Le négociant? — Il est trop gros.
— Le comédien? — Il est trop mince.
— Le peintre? — Il est trop gai.
— L'architecte? — Il est trop sombre.
— Le poète? — Il est trop spirituel.
— Le coulissier? — Il est trop bête.
— Le diplomate? — Il est trop laid.
— Le danseur? — Il est trop beau.

— Ah! j'y suis: c'est le banquier, mon vieil ami, mon ci-devant, mon volage, en plusieurs mots la maison Sholtz Appencherr et compagnie, puisqu'il faut l'appeler par son nom.

— Ah! bien oui! prétentieux comme un paon, vaniteux comme un coq d'Inde, laid comme un hibou, glouton comme un vautour, ingénieux comme un perroquet, fidèle comme un coucou, probe comme une pie, compatissant comme un corbeau, tendre comme un cormoran, généreux comme un tiercelet, sot comme une buse et aimable comme une chouette, il résume à lui seul toute la gent volatile, l'aigle excepté. Ah! ma chère, tu ne l'as guère civilisé, celui-là; je ne t'en fais pas mon compliment!

— Alors, fit Lataké, c'est que tu n'aimes personne.
— Si fait.
— Toi, amoureuse?
— Tout de bon.
— Pour combien de temps?
— Pour l'éternité.

— Tant que ça? Diable! c'est un joli délai! c'est plus qu'un bail de trois, six, neuf. Et ton Adonis, est-il gentil du moins.

— Qu'importe?
— Est-il brun? est-il blond?
— Je l'ignore.
— Tu te moques de moi!
— Du tout.
— Quel est son nom?
— Je donnerais tout ce que je n'ai pas pour le savoir.
— Allons, tu es folle!
— J'ai toute ma raison.
— Ainsi, tu ne l'as jamais vu, même en peinture, en lithographie, en daguerréotype?
— Jamais.
— Tu ne sais pas s'il est conseiller d'État ou lampiste? docteur ou mécanicien? orateur ou saltimbanque?
— Pas plus que toi.
— Et tu l'adores?
— Je le crains.
— Je comprends: tu en auras fait la connaissance en rêve.

— Je dors peu, et je ne rêve pas de choses agréables, répondit Simonne avec un soupir. D'ailleurs, un homme qu'on voit en songe, cet homme a une forme, une physionomie, une tournure.

— Et un paletot.
— Or, mon préféré, lui, n'a rien de semblable. Il n'a pas même un nom, je te l'ai dit.
— C'est assez peu de chose alors, tu en conviendras.
— Ce n'est qu'une ombre invisible, une substance insaisissable, une âme, un pur esprit.

— Un esprit! s'écria Lataké en regardant derrière sa chaise; je sais ce que c'est. Parole d'honneur, tu me fais une peur atroce avec tes drôles d'idées. Tu crois donc aussi aux revenans, toi? C'est comme ma tante qui prétendait que son défunt revenait la nuit dans sa cave pour y boire son vin. Eh bien! pas du tout : on a découvert ensuite que c'était le portier. Mais j'y pense, c'est peut-être ton portier aussi.

— Ah! fi donc!
— Ma foi! j'y renonce. C'est le diable alors.
— Qui sait! un démon ou un ange. Ecoute, voici comment cela est arrivé. C'est incompréhensible.
— Va, va, j'en suis déjà toute chair de poule. Dis vite.
— Il y a quinze jours le facteur m'apporte une lettre.
— Une lettre de l'Esprit?
— De lui-même.
— Affranchie?
— Que tu es folle!
— Signée du moins?
— Non, pas de signature.
— Une lettre anonyme! Ah! fi! J'ai toujours entendu dire que c'était lâche, ce qui ne m'a pas empêché d'en faire à l'occasion. Probablement quelque amoureux vexé.
— Du tout! juges-en.

Simonne ouvrit un tiroir, en tira délicatement un papier qui avait dû être bien souvent consulté, car il était presque usé vers les plis, et elle se mit à en lire le contenu d'une voix tremblante d'émotion :

« Bel ange déchu, »

— Peste! comme il y va! interrompit Lataké. Ange déchu! Cela me semble un peu manant pour un début. Voyons la suite.

Simonne continua :

« Je vous aime! »

— Mazette! interrompit encore Lataké, en voilà un qui ne vous fait du moins pas languir. « Je vous aime! » Vlan! dès le second mot. C'est entrer vite en matière. Je suis curieuse de savoir comment on peut finir quand on a commencé ainsi. Il paraît que monsieur l'Esprit trouve que le bel ange n'est pas encore assez déchu; il ne serait point fâché de le voir déchoir jusqu'à lui.

— C'est ce qui le trompe, répondit Simonne. Ecoute :

« Je vous aime.

» Oh! ne vous récriez pas contre ce mot qui devient tour à tour, selon la circonstance, ou une tendresse suprême, ou une stupide banalité.

» C'est le premier que trace ma plume, et c'est aussi le dernier qu'elle tracera.

» Oui, je vous aime. Pourquoi? Je n'en sais rien.

» Je vous aime, comme on aime la fleur préférée, la couleur favorite, le parfum le plus enivrant.

» Je ne vous ai point cherchée; et pourtant vous m'êtes apparue. Tout homme a son étoile qui le conduit, comme les rois mages, vers l'endroit où réside son bonheur.

» Moi aussi, je vous aimais sans vous connaître, je vous rêvais, j'aspirais à vous, car vous étiez la voix mystérieuse qui parlait bas à mon cœur dans ce grand concert des harmonies terrestres.

» Vous le voyez, je vous aime parce que je devais vous aimer. Je vous aime parce que je vous aime. Mon amour n'a pas d'autre raison d'être que sa propre essence.

» Et, en effet, pour quel autre motif pourrais-je vous aimer?

» Hier encore, le front couronné de fleurs, dans l'ivresse du festin, les cheveux épars, la robe souillée de champagne, le regard éhonté, en vulgaire bacchante, vous chantiez des refrains impies, vous blasphémiez le Seigneur. Oh! les séraphins ont dû chanter plus fort que vous leurs célestes cantiques, afin que Dieu ne pût pas vous entendre.

» Et cependant, telle que vous êtes, folle créature, cœur flétri, âme sans foi, au milieu même de l'élégante orgie où mes regards vous suivaient sans que les vôtres pussent m'apercevoir, hélas!

» Hélas! je vous aimais encore. »

— Ah! par exemple, interrompit Lataké, voilà des épithètes qui sont de la dernière inconvenance!

Simonne continua :

« Le diamant, parce qu'il a roulé dans la fange, en conserve-t-il moins les pures étincelles qui le font ressembler à des regards de vierge? Le doux encens de l'aubépine, parce qu'il mêle ses atomes à la poussière des chemins, n'est-il pas toujours la plus délicieuse des senteurs?

» Pourquoi donc cesserais-je de vous aimer parce que vous êtes momentanément indigne de mon amour? Que me fait votre vie? que m'importe votre beauté fanée par la débauche? C'est votre âme que j'aime, comme une parente de la mienne, comme une sœur dont je veux tenter la réhabilitation, afin de l'élever jusqu'à moi, ne voulant point descendre jusqu'à elle.

» Vous vous étonnez que je sache si bien ce que vous faites : votre curiosité explore sans doute les fenêtres voisines pour voir si quelque œil indiscret ne brille pas à travers leurs barreaux; vous questionnez votre servante, vous consultez vos compagnes; soins inutiles! vous ne découvrirez rien. Je ne suis point un voisin, je suis un mystère; je ne suis point un amoureux, je suis un dévoûment; je ne suis point une réalité, je suis une ombre, une ombre de vous-même.

» Je vous aimerai de loin, Simonne, sans jamais me mêler à votre vie, sans inquiéter vos chevaliers servans, sans scandaliser votre concierge, sans votre concours et malgré vous peut-être.

» Il y a mieux : je saurai, sans le demander, si cette route invisible que je prends, moi chétif, moi misérable, caché dans l'inconnu, n'est pas le chemin de votre âme; car, quoi que vous fassiez pour vous garantir de ma protection, de mes reproches, de mes encouragemens; dussiez-vous tirer sur vous vos rideaux les plus sombres, pousser vos verrous les plus solides, prendre votre maintien le plus dissimulé, je vous devinerai : — votre âme est un livre dans lequel je lis sans épeler, et j'ai sans cesse l'oreille sur votre cœur pour en compter les pulsations.

» Tel est l'unique but de mon amour; je n'en ai pas d'autre; je dirai plus : je n'en voudrais pas d'autre; je ne vous demande rien, pas même d'être aimé; je vous aime sans espoir, sans arrière-pensée; je vous aime pour vous, non pour moi. Votre nom, le hasard me l'a fait lire hier dans un de ces mille billets doux qui vous arrivent à chaque aurore comme une rosée tombée la nuit et qui parfois s'égare en route; hé bien! ce bonheur qui me vient de vous, me suffit, me suffira toujours; car, voyez-vous, mon ange... »

— Ah! bon! voilà qu'il y revient, interrompit de nouveau Lataké. Vaut mieux tard que jamais.

Simonne poursuivit sans répondre :

« ..... Savoir le nom de l'objet adoré, pouvoir le décomposer et le recomposer selon les mille fantaisies de la pensée, pour en créer des mots nouveaux, affectueuses devises dont on cherche à ennoblir le sens, c'est déjà n'être plus étranger à celle qui le porte. Nos aïeux avaient plus de poésie que nous, puisqu'ils inventèrent pour décupler les noms aimés la mode si charmante des anagrammes. »

— Ma foi, je le trouve bête comme tout, ton Esprit, s'écria Lataké.

« Et maintenant, » continua Simonne, « ma conduite dépend de vous seule. Je saurai quel accueil vous aurez fait à ma première épître. Si vous en riez, si vous la froissez, si vous la jetez au feu avec dédain, adieu pour toujours. Je ne vous aimerai plus qu'en silence. Si, au contraire, vous souriez amicalement de ce premier bonjour, à cet ami, à ce frère inconnu, à cette voix qui ne veut s'adresser qu'à vos instincts de droiture et d'honnêteté, hé bien, je ne tarderai pas de jeter une nouvelle parole de consolation au milieu du tumulte de votre vie.

» Celui qui vous aime. »

Après avoir achevé sa lecture d'une voix de plus en plus émue, Simonne replaça soigneusement la lettre dans le petit meuble qui lui servait de secrétaire, et, comme si elle eût lu cet écrit pour la première fois, sa poitrine se gonfla de soupirs, son regard s'anima, ses joues, ordinairement pâles comme la feuille de marguerite, se teignirent légèrement de pourpre.

La figurante de l'Académie royale de musique poussa au contraire un bruyant éclat de rire.

— On parle de platonique, s'écria-t-elle ; en voilà, j'espère, et du numéro un ! Ah ça, tu ne vas pas faire chorus, du moins ? Je te trouve déjà bien assez compromise comme cela. Si tu t'avisais d'entamer un duo épistolaire, et d'y chanter sur le même ton, tu serais flambée, ma chère : il n'en faudrait pas davantage pour te perdre de réputation. C'est quelque chose de si fragile que la réputation des femmes ! Heureusement que la mystérieuse correspondance s'est bornée à ce premier billet. Tu n'en as pas reçu d'autres, n'est-ce pas ?

— Non, pas encore.

— C'est quelque farceur qui aura voulu s'amuser, et qui trouve sans doute qu'il ne fait pas ses frais.

— Tu crois ?

— J'en mettrais ma main au feu.

— Oh ! non, non, ce n'est pas possible. D'ailleurs, à quoi bon ?

— Eh ! ma chère, les hommes ont parfois de si drôles de vengeances ! J'en sais quelque chose, moi. Ecoute à ton tour. C'est toute une histoire. Tu ne sais pas ?

— Quoi ? répondit Simonne.

— Nous sommes en train de faire tout le contraire de toi. Tandis que tu rêves le bonheur là-haut, nous le démolissons ici-bas. Imagine-toi deux tourtereaux, deux serins, deux jeunes époux, roucoulant à qui mieux mieux, dans un joli petit nid tout neuf, riches, beaux, amoureux, tendres, heureux dans le présent, heureux dans l'avenir, heureux à perpétuité. Hé bien, ma chère, on s'occupe en ce moment, par esprit de vengeance, de creuser une mine sous leur félicité, comme on dit à l'Académie royale.

— Mais c'est affreux ! s'écria Simonne, et je ne t'aurais pas cru capable de cela.

— Bon ! te voilà bien avec tes idées ! Tu aurais trouvé la chose ravissante il y a quinze jours. Mais il paraît que tu profites des leçons de l'incognito, professeur de morale, de boxe peut-être, et d'amour platonique. Mais calme tes sens éperdus, comme on dit encore là-bas ; on ne les tuera pas, tes protégés ; on ne les empoisonnera pas ; on se contentera de les ruiner et de les brouiller.

— Mais que t'ont fait ces pauvres gens ?

— A moi ? Rien. Ça ne me regarde nullement ; je ne m'en mêle pas. Tu peux donc me rendre ta considération, avec laquelle, etc. Je n'y suis que pour une part de bénéfices. C'est Tiennette et Brioude qui sont chargés de l'opération.

— Ah ! fit Simonne, si Tiennette est du complot, je plains les victimes.

— Elle a fait des manières d'abord ; elle avait des scrupules, oui, ma chère, des scrupules. Où diable la délicatesse va-t-elle se nicher ! Elle ne voulait point, par rapport à d'Aronde, qu'elle a aimé.

— Comment ! répondit Simonne, c'est d'Aronde qu'on ruine, ce garçon si distingué, si gracieux, si poli, si honnête ?

— Mon Dieu, oui ! On ne ruine jamais que ceux-là. Une drôle d'aventure, va ! Il y a quelques jours, nous déjeunions, Brioude et moi, après avoir passé la nuit au bal, quand un vieux bonhomme, l'œil brillant, les sourcils froncés, les cheveux hérissés, la barbe inculte, les vêtemens en désordre et la canne à la main, fut introduit dans la salle à manger, où nous étions tous deux seuls.

— Monsieur Brioude ? demanda-t-il.

— Evidemment, répondis-je, froissée par l'inconvenance de cet intrus, ce n'est pas moi.

— Monsieur, reprit le bonhomme en s'adressant à Brioude sans s'occuper de mon interruption, je voudrais vous dire deux mots.

Brioude, qui est insolent comme un cocher de coucou, ne leva pas les yeux, ne lui offrit pas le moindre siége, et continua de sucer l'os de poulet qu'il tenait dans ses doigts.

— Faites vite, dit-il brusquement ; je reviens du bal, et je suis fatigué.

C'est qu'en effet, ma chère, nous avions assisté à une fête donnée par un de nos chanteurs. C'était splendide. Je n'ai pas vu de plus beau chaos. On avait supprimé les pendules, barricadé les fenêtres contre le jour, et forcé tout le monde à déposer sa montre au vestiaire en même temps que son paletot. Si bien, qu'on a dansé, joué, mangé, ri, bu, tant et tant que nous ne savions en sortant si nous étions hier, aujourd'hui ou demain.

— Monsieur Brioude, reprit le vieil hérisson, le temps ne s'arrête pas parce qu'on sème la poudre d'un sablier sur une lettre d'amour, ou parce qu'on jette un costume de bal masqué sur un cadran. La preuve, c'est que voici deux cent cinquante mille francs de lettres de change échues et non payées par vous, dont je demande le solde immédiat.

— Je te laisse à penser, chère Simonne, continua Lataké, l'effet que dut produire sur moi la réclamation du vieillard. Et cela, en plein déjeuner ! J'ai vu le *Festin de Balthazar* à l'Ambigu. Ce n'est pas comparable. Deux cent cinquante mille francs de lettres de change à payer sur l'heure ! quand plus d'une fois une simple note de blanchisseuse, de deux francs cinquante, présentée à l'improviste, vous jette dans le désespoir et la confusion ! Quant à Brioude, il resta impassible comme une borne qu'il est volontiers.

— Je sais ce que c'est, dit-il froidement. Il s'agit sans doute de la créance Peauger. C'est une misère, ajouta ce héros en continuant de ronger son os. Cela ne m'inquiète pas. Je n'en ai jamais reçu le montant. J'ai des contre-lettres.

— Cela prouve, monsieur le courtier, que vous faites des billets de complaisance, que vous prostituez votre signature. Mais peu m'importe ! telle décriée qu'elle soit, je la trouve bonne. Or, ne sachant pas votre nouvelle adresse, car vous avez trouvé à propos de ne pas la laisser à l'ancienne, j'ai régularisé la poursuite au parquet du procureur du roi, d'après l'article 83 du code de procédure, et j'ai obtenu une prise de corps que j'ai résolu de faire exécuter sur-le-champ.

— Diable ! s'écria Brioude en laissant enfin tomber son os de poulet. Permettez-moi de me retourner. J'ai fait il y a quelques jours à la bourse des bénéfices considérables, à ce point qu'un de mes débiteurs s'est noyé de désespoir. Beaucoup d'autres m'ont fait faux-bond de leur côté ; mais il m'en reste d'honnêtes et de solvables. Laissez-moi le temps de les faire payer, et nous nous arrangerons.

Le vieux eut un rire de chacal à cette proposition.

— Oui, dit-il, j'attendrais si vous pouviez arrêter le temps comme votre ami le chanteur de l'Opéra ; vous êtes jeune, vous ; mais je suis vieux, moi, et n'ai plus d'heures à perdre. Donc, suivez-moi, car, dans le fiacre qui m'a amené, se trouve la garde du commerce accompagnée de ses recors.

Brioude se leva effaré ; ses traits étaient bouleversés, sa respiration haletante.

— Au nom du ciel, monsieur, ne faites pas cela ! Les dettes de bourse ne sont pas tellement obligatoires qu'on ne cherche souvent à les esquiver. Si vous m'emprisonnez, la liquidation se fera en mon absence et je perdrai les cinq sixièmes des bénéfices. Ce que vous voulez est donc contraire à vos intérêts.

— Mes intérêts ? dit le vieillard. Les connaissez-vous, pour en parler si librement ?

— Ils ont pour but de me faire payer.

— Ah ! je me moque bien de ces deux cent cinquante mille francs qui m'ont coûté deux mille écus, en raison de l'ignorance où se trouvait le possesseur des bénéfices que vous avez faits à la bourse. Je me soucie bien d'une pareille facilité !

— Et que voulez-vous donc de moi ? demanda Brioude plus effrayé que jamais.

— Je veux votre concours, votre savoir-faire et votre

obéissance. Il importe à mes intérêts, puisque vous m'en demandez compte, de mettre sur la paille un de vos collègues, un homme de bourse comme vous. Celui-là, par malheur, est beaucoup plus sérieux : il ne souscrit pas des lettres de change de fantaisie. Néanmoins, comme tout homme d'affaires, il est vulnérable, et pour le ruiner, j'ai jeté les yeux sur vous.

— Sur moi, monsieur ? dit Brioude ; mais... je ne vous connais pas.

— Exigez-vous que je vous mène rue de Clichy pour mieux savoir mon nom ?

— Non, monsieur, ceci est inutile.

— Au surplus, je me nomme La Vengeance, j'exerce la profession de rentier, j'ai des fonds placés dans tous les royaumes et sur toutes les politiques du monde, j'ai beaucoup d'or et n'en veux plus gagner ; je ne demande même pas mieux que d'en perdre.

Brioude s'était remis pendant cette explication ; il avait repris la tranquillité d'un homme auquel on vient de rendre la liberté.

— Qui donc voulez-vous exécuter ? dit-il. Pardonnez cette expression : elle est consacrée en termes de bourse.

— Je le sais. L'agiotage, comme la justice, a sa peine capitale. Hé bien ! l'homme dont il me faut l'anéantissement et le déshonneur se nomme d'Aronde.

— Diable ! fit Brioude, c'est un joueur difficile à démâter : il est honnête.

— Bah ! le hasard est un dieu aveugle qui frappe à tort et à travers : il ne s'agit que de guider son bras. Sur quoi spécule le d'Aronde ?

— Un peu sur les rentes, beaucoup sur les chemins.

— A quoi joue-t-il ?

— A la hausse.

— Nous jouerons à la baisse. Il y passera des millions peut-être. Qu'importe ! je ne regarde pas à la dépense, et je bénis le ciel de m'avoir fait quelque peu avare pendant toute ma vie, puisque je peux faire un si doux usage de mes économies sur la fin de mes jours. Dites-moi : le d'Aronde doit avoir un banquier.

— Il prend l'argent dans la maison Appencherr.

— C'est un crédit facile à couper : Appencherr est mon... est le gendre d'un de mes amis ; et bien que le beau-père et le gendre aient eu maille à partir au sujet de la conduite du second envers la fille du premier, la chose peut s'arranger. Mais le d'Aronde a sans doute d'autres ressources ?

— Il paie bien ; le d'Aronde s'escompte partout.

— Nous couperons partout son crédit.

— De quelle façon ?

— Je n'en sais rien. Nous aviserons. J'ai l'instrument, si mes renseignemens sont bons. Informez-vous s'il a de l'argent dans des entreprises particulières.

— C'est un des plus forts intéressés dans les forges de Belgique.

— Nous en vendrons les titres à vil prix à des compères, il n'en faut pas davantage pour culbuter un homme ; et si vous êtes habile, sans que j'y perde trop, vous pourrez y gagner votre vie.

— Monsieur connaît les affaires, dit Brioude. Quant à ces lettres de change...

— Elles resteront sans effet, selon que vous direz oui ou non à mon offre ; je vous eussiez peut-être accueilli favorablement sans leur secours, mais j'ai voulu vous forcer la main, ne fût-ce que pour ne pas entendre à chaque instant crier votre conscience à mes oreilles. De cette façon, vous êtes un homme circonvenu, vous vous courbez sous l'épée de Damoclès dont je tiens le fil ; vous voyez que j'ai même fait la part de vos remords hypothétiques.

— J'accepte, dit Brioude.

— En ce cas, je remmène avec moi les recors, dont la présence vous a fait épargner mal à propos les restes de cet os de poulet ; mais n'oubliez pas qu'ils peuvent reparaître au premier mécontentement. Ah ! un mot encore.

— Parlez, je suis à vos ordres.

— Le d'Aronde est marié ?

— Depuis peu.

— Sa femme est jolie ?

— Je ne l'ai jamais vue.

— Ah ! si on pouvait en même temps les brouiller ! les désunir !... les séparer !... quel chagrin de plus pour lui !... j'en sais quelque chose, moi ! Mais ce serait trop beau. Et d'ailleurs, c'est une idée qui ne m'appartient pas : elle m'a été soufflée par une femme aussi ingénieuse qu'elle est laide. Je lui laisse donc le soin de la mûrir, et de vous en parler si elle le juge à propos. A chacun ses œuvres. Je ne veux pas lui voler le mérite de celle-là. Et sur ce, remettez-vous à votre os de poulet avec la placidité d'un homme qui vient de conclure une magnifique opération. A bientôt.

Et le vieillard sortit comme il était entré, sans saluer, brusquement, impertinemment.

— Tu vois, Simonne, ajouta Lataké, que si nous tarabustons le d'Aronde, c'est à notre corps défendant.

— C'est égal, répondit Simonne, à la place de Brioude, j'aimerais mieux aller en prison.

— Allons, tu vises à une place dans le calendrier. Mais je m'amuse à causer, et j'oublie l'heure de la répétition : un opéra superbe, dans lequel je porte la queue de la princesse. J'y serai très bien. C'est un rôle qui demande beaucoup de...

— De talent ?

— Non, mais de velours, de dentelles, de diamans. Tu comprends : un rôle de dame d'honneur ! L'administration fait mesquinement les choses. Heureusement le Brioude est là, et aussi le vieux vindicatif. C'est sur les bénéfices de l'affaire que Brioude prélèvera ma toilette. Mais à propos, il y a ce soir fête superbe au Ranelagh. Daigneras-tu l'honorer de ta présence ?

— Non, répondit sèchement Simonne. Je n'ai pas le cœur à la danse.

— A ton aise, ma bonne. Mais là, franchement, je suis furieuse contre ton incognito. Le malheureux cherche à te perdre avec ses bons conseils. Te voilà déjà toute corrompue.

Et sur ces mots Lataké fit une pirouette en guise de révérence, et s'envola d'un bond dans son appartement, qui communiquait par une porte intérieure avec celui de son amie.

A peine Lataké était-elle sortie qu'une étrange figure se présenta sur le seuil de l'autre porte.

C'était un type indescriptible, qui semblait défier les productions les plus bizarres échappées au crayon de Callot : une femme de taille gigantesque et d'excessive maigreur ; un véritable Don Quichotte femelle. Elle portait une robe de soie qui avait bien pu être noire, mais dont le temps avait fait une des questions les plus douteuses dans nos jours de scepticisme. Deux bracelets de chrysocale ornaient ses poignets cagneux. Ses souliers de satin noir, éculés et difformes, étaient retenus par des rubans qui serpentaient comme à regret le long de ses maigres tibias. Son visage anguleux s'encadrait dans un de ces tours en soie qu'on appelle *indéfrisables*, et sa tête était ombragée par un chapeau immense, couleur feuille morte, sur lequel se tordaient convulsivement trois plumes reteintes.

Avant que Simonne eût eu le temps de lui demander l'objet de sa visite, la dame aux plumes fanées était déjà entrée dans le boudoir et s'était installée dans le meilleur fauteuil.

— Madame, dit-elle, je n'ai sans doute pas l'honneur d'être connue de vous.

— Mais... j'aime à le croire, répondit Simonne avec une répulsion instinctive.

— Je rends donc grâce au hasard qui me le procure, reprit l'étrangère. C'est une affaire qui m'amène. Oh ! mon Dieu ! une babiole, un petit compte que vous avez laissé en souffrance. Cela se conçoit : vous êtes si occupée !

— Au fait, madame, reprit Simonne avec impatience.

— M'y voici, belle dame ; il s'agit d'un mémoire de

marchande à la toilette, d'un mémoire de six mille francs pour fournitures. C'est une bagatelle pour vous, et comme j'ai précisément à payer demain matin, je n'ai pas douté de votre empressement à vous libérer. C'est un vrai service que je vous demande, persuadée que vous me le rendrez immédiatement.

— Allons! pensa Simonne, je n'entendrai parler aujourd'hui que d'argent!

Puis se tournant vers l'excentrique visiteuse:

— Madame, lui dit-elle, je ne vous connais pas, et si j'avais à acheter des objets de toilette, je doute fort que ce fût à votre bon goût que je m'adressasse.

— Madame est caustique, répliqua la femme maigre, et c'est naturel : le rire va bien aux dents blanches. Mais si madame est caustique, madame a de l'argent. Il ne faut plaisanter avec les choses sérieuses que lorsqu'on en a les moyens. Tant mieux! Madame saura donc que, par suite d'une cession parfaitement en règle, je suis détentrice d'une facture non acquittée, de mademoiselle Léa Klein, pour cause de bijoux et de cachemires vendus par elle à *tempérament*.

— La dette est véritable, répondit Simonne, et, bien qu'elle soit grossie d'une façon usuraire, je n'en conteste pas le chiffre. Seulement, ainsi que j'en étais convenue, j'ai besoin de temps pour payer, et je me rends compte difficilement de cette cession de créance qui devient un mauvais procédé, puisqu'elle me livre à un créancier complétement étranger et à la patience duquel je n'ai pas le droit de faire appel.

— Madame ne doit pas être embarrassée pour si peu, reprit la réclamante, en effilant ses doigts et en étirant ses gants crasseux, comme eût pu le faire une petite maîtresse; madame a tant de ressources! madame a tant d'amis! Je suis bien sûre qu'un simple petit billet...

— Un billet! s'écria Simonne, à qui ce mot rappela l'épître de l'inconnu. Un billet! répéta-t-elle avec indignation.

— Oui, reprit indifféremment son interlocutrice, un petit billet adressé à quelque protecteur généreux; à monsieur le baron Appencherr, par exemple.

A ces mots la jeune femme regarda fixement l'ambassadrice dont la mission semblait s'être dévoilée.

— Je suis sûre, continua celle-ci, que monsieur le baron serait aux anges de se voir à même de rendre ce faible service à madame.

— Ah! ah! fit Simonne.

— Soyez donc assez bonne pour envoyer chez lui le premier commissionnaire venu, afin que cette affaire se termine séance tenante.

— Non, dit résolûment Simonne.

— Pourquoi, belle dame, s'il n'y a pas d'indiscrétion?

— D'abord, parce que vous êtes une insolente, madame, et que sur moi la violence n'a jamais remplacé la persuasion. En second lieu, parce qu'il ne me plaît point d'écrire au baron pour lui demander un service.

— C'est le dernier mot de madame? reprit la vieille de sa voix la plus douce.

— Non, mais mon avant-dernier. Le dernier me servira pour vous mettre à la porte.

— A la porte?... moi!... Ah! belle dame, car je ne m'en dédis pas, l'impartialité avant tout; vous ne savez pas à qui vous avez affaire quand vous parlez ainsi; vous ne savez pas dans quelles mains est tombée votre dette. Ecoutez: vous êtes jeune et mignonne, je ne voudrais pas vous donner vos nerfs. Aussi, malgré vos façons de duchesse, je veux bien vous avertir encore. Je ne suis point un débiteur qu'on lanterne en lui promettant de le payer demain. Demain! qu'est-ce que demain, en matière de créances, de politique, d'amour, de tout au monde? Permettez-moi (car je vois que nous avons le temps de causer longuement), permettez-moi de vous rappeler cette enseigne fameuse d'un perruquier philosophe : « Ici, on paie aujourd'hui, mais on est rasé gratis demain. » Ce lendemain, naturellement, n'arrivait jamais pour les pratiques.

Quant à moi, je n'ai pas le moyen de conjuguer au futur le verbe payer. Sachez, belle dame, que je suis cet épouvantail des débiteurs que le quartier Bréda a appelé la Tête-de-Pipe, pour se venger, sous prétexte que je l'ai fait fumer, comme on dit, ce qui est d'assez mauvais goût.

— Ah! vous êtes la *Tête-de-Pipe*? dit Simonne avec le plus grand sang-froid.

— Cela ne vous émeut pas?

— Pas plus que le veau à deux têtes, ou que tout autre phénomène. La foire de Saint-Cloud m'a blasée.

— Sachez pourtant que je ne sortirai pas sans être payée. Je me crampone à ce siège, je m'établis ici en garnisaire, je m'attache à vous comme votre ombre, et vous le voyez, je suis assez laide et assez bavarde pour que ma compagnie vous soit peu agréable.

— Bah! fit Simonne avec insouciance, qui sait! la sottise ne manque pas de gaîté, et, s'il faut en croire les peintres, la beauté gagne aux repoussoirs.

— Je suis charmée, reprit la Tête-de-Pipe, de vous voir prendre la question par ce côté. Vous êtes une femme de goût. J'ai même un troisième agrément à vous offrir : ma position de créancière non payée me donne le droit de vous dire... des injures... dans les limites du code, bien entendu, et je me sens disposée à en user, ne fût-ce que pour activer en vous la circulation du sang. Quand je dis des injures, reprit-elle avec toute l'aménité dont elle était capable, j'entends par là de ces grossièretés polies qu'on échange volontiers entre gens d'excellente compagnie.

— A la bonne heure! répondit la jeune femme, à qui l'obstination et l'originalité de sa visiteuse avaient fini par inspirer plus de malice que de colère. Mais comme je n'ai pas la prétention de savoir mon grand monde aussi bien que vous, madame, qui me paraissez en avoir fait toute votre vie les délices et l'ornement, par la sambleu! je vais appeler le guet pour me débarrasser de votre honorable présence.

— Vieux moyen! c'est connu comme l'en-avant-deux, c'est usé comme l'entrechat, c'est prévu surtout comme le carnaval prochain. Et en effet, je pousserai en ce cas des cris de merlusine; j'ameuterai le quartier, je dirai que vous m'avez dupée et que je suis votre victime. Or, je ne pense pas qu'une discussion de ce genre puisse vous plaire infiniment. Croyez-moi donc, écrivez au baron : c'est le parti le plus court, le plus sage, le moins scandaleux. Ce que femme veut, baron le veut.

— Je vous ai déjà dit non, interrompit fermement Simonne; je n'aime pas les rabâchages.

— Soit! répliqua la Tête-de-Pipe avec une inflexion de voix on ne peut plus suave; je ne veux pas vous contrarier; mais avouez, belle dame, que vous êtes... une pas grand'chose.

— Vous croyez? dit Simonne radieuse d'avoir trouvé enfin le moyen qu'elle cherchait depuis un instant pour se délivrer de son ennemie.

— Une rien du tout.

— Bah! si peu que cela?

— Une faiseuse de dupes, continua la Tête-de-Pipe avec cette douceur d'organe qu'elle employait spécialement pour ses invectives.

— Eh bien! s'écria Simonne, vous avez raison, madame, et je suis de votre avis. C'est justement à cela que je pensais tout à l'heure, non sans en être désolée!

— Ah! vous reconnaissez que vous êtes une femme sans foi, belle dame! poursuivit la Tête-de-Pipe avec des modulations vocales dont la fadeur ne pourrait être notée que pour la flûte.

— Je le reconnais si bien, madame, qu'avant votre arrivée, j'avais pris le parti de...

— De changer de conduite?

— Le peut-on toujours, hélas!

— Vous pouvez du moins essayer, en commençant par payer vos dettes.

— Décidément vous êtes encline au radotage, madame. Je ne vous imiterai pas. Je continue donc. Oui, j'avais pris le parti de me punir moi-même. Aussi vous prié-je instamment de vouloir bien quitter la place. Je ne serais point fâchée, comme on dit, de rester seule avec mes remords.

— Vous y perdriez, car je puis aider votre mémoire dans cet examen de conscience. Je ne sortirai donc pas. Ce serait d'ailleurs la première fois que je quitterais un débiteur sans être payée. On ne se déshonore pas ainsi à mon âge. J'ai le respect de mes propres cheveux blancs.

— Vous feriez pourtant bien, madame, de vous départir de cette louable habitude pour cette circonstance toute particulière.

— Non, belle dame, je suis scellée au plancher, répondit la Tête-de-Pipe ; je fais désormais partie de votre mobilier ; rien ne pourra m'en séparer.

— En ce cas, répliqua Simonne, vous ne trouverez point mauvais que je fasse mes petites affaires comme si vous n'étiez pas là.

— Vous êtes chez vous, dit la Tête-de-Pipe. Liberté complète ! c'est un des droits garantis par la charte. Un garnisaire, d'ailleurs, n'a droit qu'à la table, au logement et aux mauvais propos.

Alors, avec le plus grand calme, Simonne se mit à accomplir un travail fort singulier : elle s'absenta quelques instans, rapporta de la cuisine un objet qu'elle introduisit dans la chambre par la porte dérobée de l'alcôve, à la faveur du paravent qui en cêlait la vue ; elle ferma ensuite à double tour toutes les portes de cette pièce ; elle en retira les clefs, et finit par cadenasser l'espagnolette des fenêtres.

— Que faites-vous donc là ? lui dit la Tête-de-Pipe. Il fait une chaleur de trente degrés, et vous mettez l'air à la perle !

— Je ne me suis point engagée, répondit Simonne, à vous fournir des ventilateurs. Au reste, à chacun son système : je suis pour la méthode espagnole, qui consiste à se couvrir quand il fait chaud.

— A votre aise, dit la Tête-de-Pipe en essuyant les gouttes de sueur qui tombaient déjà de son front. Si vous croyez me chasser par une question de thermomètre, vous vous trompez grandement : je suis comme les plats de terre cuite, je suis capable d'aller au feu.

— Au feu, soit ! mais il n'y a pas de feu sans fumée, objecta sentencieusement Simonne.

— Ah ! ah ! des proverbes ?... Bravo !... répondit ironiquement la vieille femme. — Comme on fait son lit on se couche, — chat échaudé craint l'eau froide, — tant va la cruche à l'eau, etc., etc. Cette sorte de littérature ne m'est pas étrangère non plus. Mais je vous recommande particulièrement celui-ci : « Qui paie ses dettes s'enrichit. » J'aimerais assez à vous voir ce genre d'ambition.

Tandis que la créancière travestissait ainsi la sagesse des nations, Simonne avait continué ses opérations inexplicables. Elle avait fait à fait entouré son alcôve du coquet paravent, s'était réfugiée derrière, et, couchée sur son lit, se dérobait ainsi aux regards étonnés de sa persécutrice.

— Tu crois, ma luronne, pensa la Tête-de-Pipe, me prendre par l'ennui en même temps que par la chaleur ? Tu as affaire à trop forte partie. On peut résister, même au spleen, quand on a débuté dans la vie par être confidente de tragédie. J'ai prévu d'ailleurs les cas de solitude forcée. Je porte toujours avec moi un narcotique souverain. Le sommeil est un préservatif assuré contre l'ennui. Qui dort s'amuse.

Et tirant de sa poche un volume relié en basane, la vieille essaya de charmer par la lecture les silencieux loisirs qu'on lui préparait.

L'ouvrage qu'elle parcourait était un tome dépareillé des *Victoires et Conquêtes*, production fort estimable pour les hommes qui se plaisent aux finesses de la stratégie militaire, mais dont l'intérêt est nécessairement mitigé pour les femmes par les dispositions préliminaires de l'attaque et de la défense. A force de suivre scrupuleusement les formations de carrés et les marches en bataille, la lectrice ne tarda pas de s'assoupir selon ses prévisions.

Pendant ce temps, chose étrange, l'air déjà bouillant de l'élégant boudoir était devenu d'une épaisseur opaque.

Quand il ne fut plus possible de rien voir à travers les nuages de vaporeuse fumée qui s'échappaient de derrière le paravent, Simonne renversa violemment ce paravent même, afin que le bruit de sa chute réveillât la vieille femme.

Celle-ci bondit sur sa chaise, comme si le canon russe, dont elle avait suivi le progrès avant son sommeil, l'eût frappée en pleine poitrine. Puis, suffoquée par la fumée épaisse qui remplissait la chambre, elle se demanda presque si ce n'étaient pas là de sinistres nuages formés par la poudre, et si, de simple lectrice, elle n'était pas devenue actrice elle-même dans les combats qu'elle avait parcourus. Mais elle ne pouvait s'arrêter à cette première illusion. Elle comprit que le danger, pour être énigmatique, n'en était pas moins réel.

— Madame Simonne, demanda-t-elle avec anxiété, que faites-vous donc ?

— Laissez-moi mourir en paix, répondit la jeune femme. Je suis une pas grand' chose, une femme sans foi, et, vous le voyez, je me fais justice !

— Comment cela ? s'écria la Tête-de-Pipe avec un redoublement d'inquiétude et en cherchant à percer le voile de plomb qui obscurcissait sa vue.

— Adieu, madame. Je ne vous dis point au revoir, car je n'imagine pas que, malgré mon peu de mérite, je sois exposée à me rencontrer avec vous dans l'autre monde.

— Comment ! l'autre monde ! Que voulez-vous dire ?

— C'est aussi simple qu'économique : deux sous de charbon, un réchaud et une allumette chimique : il n'en faut pas plus pour accomplir le grand voyage. C'est moins cher qu'un passeport à l'intérieur.

— Ah ! mais... ah ! mais... je n'entends point cela ! s'écria la vieille femme, ne sachant encore si elle rêvait ou si elle était éveillée ; cette façon de voyager ne peut pas me convenir.

— Vous n'y risquez rien, d'ailleurs, continua Simonne, d'une voix de plus en plus faible, soit qu'elle feignît d'être oppressée, soit que la force lui manquât réellement. Ma succession répond de mes dettes. Vous n'en serez payée que beaucoup plus tôt.

— Payée, payée ! Cela me servira à grand'chose si je vous accompagne là-bas. Asphyxiez-vous si cela vous plaît. Quant à moi, je veux m'en aller. Sac à papier ! je n'ai pas envie de mourir enfumée. C'est un genre de trépas que je laisse volontiers aux jambons de Bayonne.

— Hé bien ! allez-vous-en, dit Simonne.

— Et le moyen ! s'écria la mégère, en secouant les serrures à la façon de Desdémona poursuivie par le poignard d'Othello. Tout est fermé.

— Tenez, voici la clef de la porte extérieure ; mais refermez-la bien, je vous prie, car il faut que mon destin s'accomplisse.

— A votre aise, ma mignonne, dit vivement la vieille en estimant rapidement, par un dernier coup d'œil de créancier, la valeur mobilier de l'agonisante. Quant à moi, ajouta-t-elle tout bas, je n'ai loué mon dévouement au baron que jusqu'à la mort, exclusivement.

Et à ces mots, elle saisit la clef avec autant de joie que si c'eût été celle du trésor royal ; elle ouvrit la porte avec précipitation, descendit rapidement l'escalier, et, en passant devant la loge du concierge, elle cria à ce fonctionnaire :

— Montez, montez, on se tue au second ! Puis elle s'élança dans la rue, comme si l'ange exterminateur l'eût poursuivie à outrance.

Or, quand le concierge, après s'être consulté avec son épouse, entra dans la chambre restée ouverte de Simonne, il n'y trouva aucun indice de mort, aucun instrument de suicide : les fenêtres donnaient accès aux rayons d'un joyeux soleil, et un suave mélange d'ambre et de lavande emplissait l'atmosphère de l'appartement. La jeune femme, tranquillement penchée sur son divan, et sur la physionomie de laquelle une douce mélancolie avait déjà remplacé l'expression passagère d'une folle gaîté, s'était mise à lire, pour la centième fois, la lettre mystérieuse qu'elle avait de nouveau tirée de son odorant sanctuaire.

XII.

OASIS.

Tandis qu'Arachné ourdit sa toile dans l'ombre; tandis que les rancunes, les haines, les ambitions, les vengeances, les cupidités, toutes les mauvaises passions dont nous avons accepté la mission de compléter la moralisante peinture, se cherchent dans les ténèbres, se trouvent, se devinent et s'unissent pour la préparation de leurs mystérieux complots, — reposons un instant notre âme dans la contemplation de la plus douce des félicités, celle qu'une immémoriale moquerie a vainement tenté de ridiculiser, celle qui existe le plus, celle pourtant à laquelle on croit le moins, celle enfin que la naïveté du vieux langage avait appelée la félicité conjugale ; — retrempons notre esprit à la source de cette suave poésie ; — ne nous bornons pas à flétrir le mal, louons aussi le bien.

Il est dix heures du soir. Tout est bruit et mouvement dans ce qu'on nomme le beau Paris. Une maison seule reste calme et silencieuse au milieu de ce tumulte et de cette animation. Dans un délicieux appartement de la rue du Helder, règne la plus douce quiétude. On peut remarquer dans cet asile deux tableaux de genre, bien dignes d'être admirés par ceux qui ont le sentiment du beau et du bon, et qui préfèrent les joies intimes du foyer domestique aux joies folles et tapageuses du monde.

Entrons à pied léger dans chacune des deux chambres contiguës, où nous posent nos gentils modèles, et esquissons discrètement leurs pures physionomies, en prenant bien garde que le bruit de notre crayon ne les dérange mal à propos de leurs méditations.

Dans l'une de ces pièces se trouve un homme de vingt-cinq à trente ans. Sa taille moyenne et bien prise, son geste, sa démarche, son attitude, tout offre ce mélange de force et de souplesse qui constitue la grâce virile. Des cheveux fins, clairsemés et naturellement bouclés, encadrent son large front d'un blond duvet; son œil d'azur est doux et vif, sa physionomie est intelligente et bonne, mais l'éclair bleu qui s'allume parfois dans ses yeux prouve qu'il y a de la lave volcanique sous ces fleurs; sa main est blanche et effilée, mais on devine aux muscles qui s'y dessinent, qu'elle peut assommer au besoin, et non plus caresser; deux fines moustaches, retroussées à la mousquetaire, ajoutent à la fierté de sa figure; son maintien est plein de la dignité sans raideur, son costume est élégant sans recherche, en un mot toute sa personne révèle un mélange d'énergie et de bienveillance, et cette qualité suprême qu'on appelle la distinction.

Sur le bureau auquel il est accoudé, on remarque le vaste plan d'une ferme-modèle et d'une usine dont il médite la création. Les opérations purement financières dont il avait pris l'habitude, dès sa première jeunesse, comme employé principal de la maison Appenherr à Paris; ces opérations, auxquelles il s'était livré ensuite pour son propre compte avec la plus parfaite honnêteté, n'avaient jamais été pour lui qu'un objet d'étude et qu'un moyen. Maintenant qu'il est possesseur de capitaux considérables, loyalement gagnés, il a résolu de les employer à la fondation d'une de ces grandes industries agricoles et manufacturières qui concourent au bien général, tout en assurant la fortune de l'habile entrepreneur.

Malgré l'attention qu'il s'impose au moment où nous le voyons, et le soin qu'il met à consulter les notes réunies sous sa main, on s'aperçoit qu'une invincible distraction vient de temps en temps reluire comme un feu follet à l'horizon de sa pensée, car son regard avide se tourne involontairement vers la portière qui le sépare de la chambre voisine. Là, en effet, se trouve son vrai trésor, le joyau de sa vie, le cœur qui répond à son cœur. Un simple velours le sépare de l'objet adoré. Il suffit d'un mouvement de main pour soulever le docile rempart ; il suffit d'un seul pas pour franchir la limite, et cependant le bel amoureux reste cloué à son bureau; et plonge courageusement son âme dans les calculs les plus abstraits. La pendule trop lente n'a pas encore sonné l'heure de sa délivrance. Quel est le génie assez puissant pour courber ainsi ce beau front sur les labeurs les plus pénibles? C'est ce génie qui élève l'homme, dans quelque condition qu'il soit; devant lequel s'écartent tous les obstacles, qui rassérène l'esprit, qui rend le plaisir légitime et la douleur moins amère : il se nomme le travail.

Dans la chambre voisine, aux lueurs concentrées d'une lampe qui semble faire à son charmant visage une sorte d'auréole, nos regards indiscrets vont contempler à son tour une copie vivante des plus adorables chefs-d'œuvre de la peinture. Cette jeune femme, dont les regards se promènent dans le livre qu'au fermoir d'or qu'elle tient à la main, cette femme est un des types les plus complets de la beauté féminine. Elle présente un mélange indéfinissable de splendeur et de naïveté, de fougue et de candeur, d'énergie et de timidité. Bien que son front soit couronné d'un énorme diadème de cheveux noirs, aux reflets bleuâtres, comme on fait jaillir le soleil des Antilles, ses yeux étincelants et doux ont une expression si chaste, qu'ils semblent purifier, comme le feu, les objets même sur lesquels ils s'arrêtent. Sa taille est si gracieuse et si souple, que les plis de sa robe paraissent se former harmonieusement d'eux-mêmes. La main qui est posée sur le livre est si blanche et si mignonne, qu'on la prendrait de loin pour un fermoir d'ivoire. Ses petits pieds, perdus dans une mule de satin rose, ont dû fouler, pour sol natal, le sol léger où fleurissent les créoles.

Quel est ce livre tout parfumé de son haleine? C'est l'Evangile, testament d'un Dieu martyr, transmis au monde par douze pauvres pêcheurs, et devenu le code régénérateur de l'humanité.

Mais il faut bien le dire en toute sincérité, parfois aussi les beaux yeux de la jeune femme se soulèvent involontairement et se tournent avec impatience vers la porte qui sépare l'époux de l'épouse; parfois aussi la brune lectrice semble activer du regard l'aiguille trop paresseuse de la pendule. Il serait pourtant bien facile d'enfreindre une consigne, convenue à regret de part et d'autre. Qui retient donc ainsi, docile aux enseignemens du livre saint, une nature si impétueuse? C'est cette vertu éminemment sociale qui ennoblit les femmes et qui distingue l'épouse de l'odalisque : l'intelligent respect des occupations sérieuses du mari.

Ces deux pastels vivans, si harmonieux, si bien faits l'un pour l'autre, se nommaient monsieur et madame d'Aronde.

Enfin la pendule daigna sonner l'heure si vivement attendue de leur réunion. Elle n'avait pas achevé son joyeux tintement, que la tenture de velours s'était soulevée vivement sous la main de l'époux.

A sa vue, la jeune femme laissa tomber le volume, sans achever peut-être le verset commencé ; mais son ange gardien ne dut point enregistrer cette hâte comme une faute : la pendule venait de tout légitimer.

Le livre, resté entrebâillé, laissait voir une image mobile, représentant sainte Anne, que l'enlumineuse avait cru devoir habiller d'une robe rouge et couronner d'une auréole d'argent.

— Chère petite image ! dit d'Aronde; doux et triste souvenir !

— Chère et tendre relique de ma mère ! ajouta la jeune femme.

En ce moment, on entendit un aboiement énergique

dans l'antichambre, et des ongles obstinés se mirent à gratter à la porte.

— C'est Fox, dit d'Aronde avec un sourire de bonne humeur.

— Ouvrez-lui donc, monsieur, reprit sa femme avec une adorable mutinerie. Il y a bien assez longtemps que nous faisons antichambre, moi et lui, en attendant la fin de votre travail et de notre exil. Fox, d'ailleurs, n'est point un étranger, et si nous sommes deux aujourd'hui pour payer notre tribut de regrets à une mémoire vénérée, n'est-ce point à lui que nous le devons ?

— C'est pourtant vrai, répondit d'Aronde.

— Vous en convenez, monsieur ? ajouta Estelle ; c'est fort heureux. Hâtez-vous donc.

D'Aronde obéit, et aussitôt un gros chien tout frisé entra d'un seul bond, et, sans respect pour l'étiquette, vint se coucher sur les pieds mignons de sa maîtresse.

Pourquoi cette gravure de sainte Anne était-elle un pieux souvenir ? Pourquoi ce chien aux longs poils soyeux, aux yeux brillans comme deux escarboucles, au nez d'ébène et à la gueule rose, était-il un ami ? C'est ce que nous allons vous raconter.

Six mois auparavant, alors que d'Aronde, cédant naturellement aux entraînemens de son âge, menait encore cette vie de jeune célibataire qu'il avait su régler avec goût, et dans laquelle il n'avait jamais permis au plaisir de dégénérer en désordre, il se passa devant sa porte un évènement bien simple en apparence, qui eût été insignifiant pour beaucoup d'autres, mais qui, grâce à sa nature généreuse et impressionable, devait avoir une influence décisive sur sa destinée.

Il venait de s'habiller, après une nuit de bal masqué, et il attendait l'heure de midi pour se rendre à un déjeuner de garçons, émaillé de joyeuses convives. Le temps était pluvieux ; le soleil s'était couvert comme un frileux d'un lourd manteau de nuages, et d'Aronde, accoudé à sa fenêtre entr'ouverte, lançait au vent les dernières bouffées de son cigare. En ce moment, un spectacle bien fréquent à Paris vint attrister ses yeux. Sur le pavé fangeux s'avançait une de ces sinistres voitures qu'on appelle corbillards des pauvres.

C'était évidemment un enterrement de dernière classe, un convoi d'indigent, un dernier devoir rendu par la charité publique, car le funèbre véhicule n'avait ni plumes, ni draperies, ni tentures : un simple voile noir était jeté sur le cercueil, le cocher n'avait pas de gants, et c'était un cheval blanc qui traînait l'équipage mortuaire.

Les seuls vrais honneurs qui fussent rendus au défunt inconnu consistaient donc dans le salut des hommes et dans le signe de croix des femmes.

En effet, derrière les restes d'une créature humaine, il ne se trouvait pas un parent, pas un ami.

Nous nous trompons : il y avait à la suite du corbillard, piétinant dans la boue, l'œil morne, la tête baissée, un ami véritable, un ami fidèle et désintéressé, que les passans regardaient avec surprise.

C'était un chien.

Ce n'était point un de ces animaux de choix, un de ces dandys à quatre pattes qui font l'illustration de la race canine, la gloire des meutes et la convoitise des amateurs : c'était tout bonnement un de ces vulgaires caniches, au pelage bouclé, à la face velue, qu'on appelle moutons, lequel, inondé par la pluie et crotté jusqu'au dos, composait à lui seul le cortège funéraire.

— C'est étrange ! s'écria d'Aronde à cette vue. Voici la chanson qui passe ! Je pensais que ces choses-là se chantaient, se crayonnaient et s'imaginaient ; je ne pensais pas qu'elles pussent jamais se réaliser.

Et alors, sentant se révolter en lui tous les instincts nobles et libéraux de son âme,

— Ma foi ! il ne sera pas dit, ajouta-t-il résolûment, qu'un chien aura donné une pareille leçon de sensibilité aux hommes ! il ne sera pas dit qu'au milieu de Paris, en plein dix-neuvième siècle, un mort n'aura été conduit au cimetière que par son chien. En avant ! Mes amis m'attendront ou ne m'attendront pas : qu'importe ! j'arriverai bien toujours pour le second service.

Et ce disant, prompt comme la pensée, léger comme tout homme décidé à faire une bonne action, d'Aronde saisit son chapeau, franchit d'un pas rapide l'escalier de sa maison, et alla se placer, tête nue, à la suite du convoi.

Il se passa alors une scène muette, plus émouvante, selon nous, dans sa simplicité, que les tragédies de toutes les écoles. A la vue de ce compagnon inattendu qui lui arrivait, le chien crotté remua de la queue comme en signe de reconnaissance, hurla un petit bâillement nerveux, baissa de nouveau son museau vers la terre et continua sa route.

Le corbillard franchit assez lestement le quartier montueux qu'on a appelé la *Nouvelle-Athènes*, traversa le boulevard extérieur et alla se perdre dans le cimetière Montmartre, immense cité de la mort, tout entourée de guinguettes et de bals populaires, bizarre image de l'insouciance humaine.

La cérémonie achevée, et elle ne fut pas longue, le corbillard vidé repartit au grand trot pour aller se remplir ailleurs ; le garde expulsa du cimetière le caniche, dont la désolation retentissante, seule oraison funèbre du défunt, dépassait scandaleusement les termes du règlement local, et d'Aronde put prendre enfin le chemin de son déjeuner.

Il était déjà parvenu assez près du but que convoitait son appétit, dont l'exercice et le grand air n'avaient fait qu'augmenter la vivacité, lorsqu'en se retournant il aperçut derrière lui l'orateur un peu trop bruyant du cimetière Montmartre.

La pauvre bête l'avait suivi comme si elle eût voulu le remercier au nom de l'enterré.

— Tiens ! te voilà, toi ? dit-il amicalement à l'animal en se baissant pour le caresser de la main.

L'animal le regarda d'un œil bien triste encore, fit entendre un petit grognement plaintif, et remua la queue, en signe de reconnaissance et d'affection.

— Ah ! ah ! reprit d'Aronde, il paraît que j'ai ton estime ? Il paraît que tu jouis de ta considération distinguée ? Merci, mon vieux, merci ; je te rends la pareille. Nous sommes dignes de nous aimer et de nous comprendre. Je souhaite que cette assurance te soit agréable. Mais là-dessus, bonsoir !

Et d'Aronde l'ayant salué du geste, poursuivit sa route. Mais le chien fit de même, et lorsque d'Aronde, arrivé près du restaurant, se retourna une seconde fois, il l'aperçut de nouveau derrière lui.

— Comment ! c'est toujours toi ? dit-il en lui faisant encore quelques caresses. Mais je ne veux pas de ta société, moi ! Tu es vertueux, soit ! mais cela ne suffit pas ; tu es trop laid et trop sale ; je ne puis pas te présenter ainsi dans le monde : on se moquerait de moi. Que diraient mes amis s'ils me voyaient former une liaison avec un caniche de ton espèce ! Allons, allons, bonsoir, mon vieux, bonsoir ! Séparons-nous, il en est temps ! Oui, oui, c'est convenu, tu es une bonne bête, mais bonsoir ! Tu ne sais pas que je me suis déjà mis en retard pour ton maître ! On m'attend, les dames seront furieuses. Bonsoir, bonsoir !

Et comme le chien s'obstinât en sautillant autour de lui, d'Aronde crut devoir employer la sévérité, la gronderie, les grands moyens. Il frappa du pied, tapa dans ses mains, et faisant la grosse voix :

— Va-t'en ! te dis-je ; va-t'en ! s'écria-t-il ; va-t'en ! ou je me fâche, à la fin ! Rentre chez toi, comme doit le faire tout chien paisible et honnête. Va-t'en ! va-t'en !

L'intelligent quadrupède parut avoir compris que son camarade de corbillard dédaignait décidément l'amitié qu'il offrait. Il baissa la tête, mit la queue entre ses jambes, et s'éloigna en trottinant.

Cette séparation navra d'Aronde ; une larme lui vint aux yeux, tant le pauvre animal paraissait désolé.

— Ah ! mon Dieu ! s'écria-t-il, sous l'empire d'une idée subite. Je commets peut-être une mauvaise action sans le vouloir ! Le défunt était pauvre, puisqu'il n'avait qu'un chien pour ami; il était bon, puisque ce chien l'aimait; enfin, il a peut-être laissé une veuve et des enfans dans la misère, puisque ce fidèle serviteur s'entêtait comme pour m'implorer. Ma foi! suivons-le. C'est à mon tour. On déjeunera sans moi. L'émotion m'a d'ailleurs coupé l'appétit. J'arriverai bien toujours pour le dessert.

D'Aronde se mit donc à suivre à son tour le chien, mais le chien gagnait de vitesse. D'Aronde pouvait le perdre de vue au premier détour de rue, au moindre embarras, au plus léger accident. Il s'élança dans un cabriolet, et dit au cocher :

— Vous voyez bien ce chien, là-bas, là-bas?
— Oui, un affreux caniche.
— Très bien, suivez-le. Dix francs si vous ne le perdez pas de vue.

Le cocher crut avoir affaire à un fou. Il obéit néanmoins, se mit en route et arriva, à dix pas de son guide, devant un des plus pauvres hôtels garnis de la rue du Rocher.

D'Aronde mit pied à terre et pénétra dans la maison où il avait vu entrer le chien. Au bout d'une allée humide et sale, il gravit les marches boiteuses d'un sombre escalier, et, parvenu au premier, il se trouva fort embarrassé, ne sachant à quelle porte frapper, lorsque le chien se mit tout à coup à sauter de joie autour de lui.

— Bonjour, mon brave, dit-il. Tu es meilleur que moi. Je t'ai repoussé et tu me fais bon accueil. Mais nous n'avons pas de temps à perdre en tendresses: on m'attend pour déjeuner. Allons, vite, vite ! s'il te reste des maîtres, conduis-moi.

L'animal, voyant son nouvel ami gravir l'escalier, le précéda en courant, franchit trois étages, revint, remonta, redescendit, remonta encore, s'arrêta enfin au sixième, devant une petite porte resté entrebâillée, l'ouvrit tout à fait avec ses pattes, et introduisit enfin son compagnon dans une hideuse mansarde.

D'Aronde se trouva alors en présence d'une jeune et belle fille.

C'était bien là. Tout y rappelait encore la scène de mort qui avait dû s'y passer.

La jeune fille, dont les souffrances, les privations et le désespoir n'avaient pu effacer tout à fait l'éternelle beauté, se leva toute effarée.

— Monsieur, dit-elle avec inquiétude, que me voulez-vous? M'apportez-vous des nouvelles de notre famille de Bordeaux, auprès de laquelle nous avons si souvent imploré les moyens d'y retourner ? Si elles arrivent aujourd'hui, elles arrivent trop tard, car la pauvre femme qu'on a délaissée, la pauvre veuve, la pauvre mère, a quitté cette terre de douleurs.

Et à ces mots elle fondit de nouveau en larmes.

— Ce n'est point un défunt que j'ai escorté, pensa d'Aronde, c'est une défunte. Pauvre enfant !

— Non, mademoiselle, ajouta-t-il tout haut, en s'inclinant avec un profond respect, je n'ai aucune mission de ce genre.

— En ce cas, vous m'êtes étranger, reprit-elle en tremblant plus fort.

— Pas tout à fait, répondit d'Aronde avec un triste sourire. Voyez : je vous suis recommandé par le seul ami qui vous reste peut-être.

Et il montrait à l'enfant éplorée le caniche qui lui léchait les mains.

— C'est une familiarité dont il n'est point prodigue, fit observer la jeune fille; il faut qu'il vous connaisse depuis longtemps pour se montrer affectueux.

— Le malheur comme le bonheur, dit d'Aronde, fait les amitiés promptes. Qu'il en soit pour vous et pour moi de même. Je devine la situation pénible où vous plonge l'affreux malheur que vous pleurez. La distinction que ne peuvent cacher vos humbles vêtemens, me donne l'assurance que vous êtes digne de sympathie et de considération. Vous êtes vous fixée définitivement à Paris, mademoiselle?

— Non, monsieur. Ma mère n'y était venue que pour suivre un procès de l'issue duquel dépendait toute notre fortune. Nous l'avons perdu. La misère a fait le reste.

— Hé bien! mademoiselle, il vous faut retourner à Bordeaux, où votre famille vous accueillera sans aucun doute, ne fût-ce que par respect humain. Voici cinq cents francs qui suffiront à votre voyage et à votre installation.

— Mais, monsieur, dit la jeune fille avec fierté, vous m'êtes inconnu ; je ne puis accepter.

— Mademoiselle, répondit le jeune homme avec émotion, votre mère aussi m'était inconnue, et cependant Dieu a voulu que je l'accompagnasse jusqu'à sa tombe. Or, celui qui lui a servi de famille à cette heure suprême, ne doit plus être un étranger pour vous. Et tenez, pendant que je vous parle, voici notre ami commun que me quitte pour vous, et qui par ses caresses semble implorer votre consentement.

Et comme la jeune fille hésitait encore,

— Mademoiselle, ajouta d'Aronde, vous êtes jeune, vous êtes belle. Votre jeunesse et votre beauté commandent une réserve qui sera ma loi. A compter de ce moment je ne vous verrai plus. Je vous enverrai tout à l'heure une femme de confiance qui vous aidera dans vos préparatifs de départ et qui vous accompagnera jusqu'à Bordeaux. Vous pouvez quitter Paris aujourd'hui même. Ne vous exagérez pas d'ailleurs le faible service que je vous rends, n'oubliez pas qu'en pareille matière c'est celui qui oblige qui est le plus obligé. Acceptez sans arrière-pensée, franchement, loyalement, comme je vous offre, et j'ai l'espoir que mon intervention vous portera bonheur.

— Eh bien, monsieur, dit l'orpheline, touchée enfin de tant de délicatesse, puisque c'est au nom de ma mère que vous venez au secours de sa pauvre enfant, j'accepte, et laissez-moi vous offrir, en commémoration de notre rencontre, cette image avec laquelle elle marquait son Évangile. Elle se nommait Anne, et l'humble gravure que je vous offre retrace les traits de sa patronne. C'est le seul bien qu'elle m'ait laissé, c'est le seul gage que je puisse vous offrir de ma reconnaissance.

Et à ces mots la jeune fille ouvrit un livre richement relié, débris d'une opulence passée qui contrastait avec la misère présente. Elle prit la gravure coloriée à l'endroit indiqué et la tendit à d'Aronde.

— Mademoiselle, dit le jeune homme, j'accepte cette marque de bon souvenir, et permettez-moi de vous assurer que je la conserverai précieusement.

Puis cachant ses yeux dans son mouchoir, tout honteux d'une sensibilité qui lui faisait honneur, d'Aronde sortit précipitamment de la chambre de l'orpheline, sans même écouter les plaintes de Fox, qui protestait contre cette désertion.

— Et maintenant, allons déjeuner, se dit-il, quand il fut dans la rue. Ce sera une distraction. Mais je connais mes convives. Quoique ce soit moi qui paie, ils sont capables d'avoir tout dévoré. Ces dames surtout.

Quatre mois plus tard, d'Aronde épousait à Bordeaux l'aimable fille que la Providence semblait avoir désignée à son affection. Par un raffinement de délicatesse qui peint l'homme tout entier, il n'avait pas voulu que sa femme eût à rougir de sa pauvreté passée, et, pour qu'elle pût paraître dans le monde comme son égale de tous points, il avait trouvé le moyen de lui simuler une dot, et il la présentait dans la société parisienne comme une riche héritière.

— Et maintenant, dit d'Aronde à Estelle, après avoir introduit dans le boudoir de la jeune femme le caniche dont nous avons raconté l'histoire, tu viens de me rappeler un doux souvenir. Il faut que j'embrasse par reconnaissance cette image que tu m'as donnée lorsque je te vis pour la première fois.

— Moi de même, mon ami, dit Estelle, une prière à deux est doublement efficace.

Et tous deux se baissèrent en même temps vers la sainte patronne de la défunte. Or, ils y mirent tant de précipitation, et la gravure était si petite, que, malgré eux sans doute, leurs chastes lèvres durent s'effleurer dans ce pieux et tendre hommage.

XIII.

ARACHNÉ CONTINUE DE TENDRE SA TOILE.

Si vous avez passé, il y a quelques années, par la rue de la Huchette, — ce dont je doute fort, à moins d'une nécessité absolue, — vous avez dû lire ces mots sur un écusson noir, placé au-dessus d'une porte bâtarde : *Consultations. Recouvremens. Affaires litigieuses. Négociations. Placemens de fonds. Au 3e, à gauche, à la patte de lièvre.*

Ce troisième était un vrai musée industriel d'une espèce aussi curieuse que rare. Le local se composait d'une antichambre et d'un cabinet. C'était ce qu'on appelle un logement de garçon. En général, à Paris, quand un local n'a ni cuisine, ni cheminée, ni plomb pour les eaux, ni parquet, ni quoi que ce soit de comfortable, l'écriteau l'intitule : *Joli logement de garçon.* Les propriétaires, qui sont presque tous mariés, semblent se plaire à faire des niches au célibat. Mais le célibat le leur rend bien!

Donc, ce logement n'avait, à vrai dire, qu'une chambre. Mais le possesseur poussait le génie de l'agrandissement jusqu'aux dernières limites. Jamais laboratoire de botanique ou de minéralogie n'avait contenu plus d'étiquettes variées. On lisait sur les portes : *Administration.—Secrétariat.—Caisse.—Cabinet du directeur;* — sur la muraille, figurant un vaste cartonnier à la détrempe : *Matériel et documens anciens;* — enfin, sur la cloison opposée, ces mots prétentieux : *Archives.* — Nota : *Le public n'entre pas ici.* Cet avertissement eût pu se traduire ainsi : « Vous êtes prié de ne pas vous casser la tête contre le mur. »

Le pontife de ce temple de la chicane commerciale était un homme de cinquante ans, qui se décorait du titre un peu juvénile d'*aspirant en droit.* Ancien clerc d'huissier, il avait quitté son patron, comme les homœopathes désertent l'Académie de médecine : pour faire du *contentieux indépendant.*

Dire le nom de cet homme serait un détail inutile. Il se nommait pour tous le *Balancier.* Ainsi que nous l'avons dit ailleurs, ses acolytes lui avaient donné ce sobriquet, par allusion à l'instrument de l'hôtel des monnaies, et en raison des moyens assez peu orthodoxes dont il usait pour battre monnaie, lui aussi, à sa manière. Le principal consistait dans l'achat à vil prix de mauvaises créances dont il tirait ensuite le meilleur parti possible, grâce à sa merveilleuse entente de la procédure. Il se chargeait en outre des recouvremens difficiles, impossibles même, à la réalisation desquels il employait les talens divers de cette mégère que nous avons vue déjà sous le surnom de la *Tête-de-Pipe*, et du *Cyclope*, son autre associé, que nous y verrons bientôt. Le Balancier joignait à ces deux sortes de profits le courtage d'usure, au détriment des fils de famille; la communication de renseignemens intimes sur la situation des spéculateurs véreux, et enfin la fourniture de signatures de complaisance pour billets à ordre ou sur lettres de change, à l'usage des gens à qui restait un peu de crédit sur la place, et qui avaient besoin de se créer secrètement des ressources instantanées. Il est consolant de penser que ces différens procédés, qu'il faut bien signaler pour les flétrir, car le code pénal ne peut toujours les réprimer, conduisent, en définitive, plus sûrement à l'hôpital qu'à la fortune.

Du temps qu'il était un des chefs des maisons Appencherr de Francfort et de Paris, le vieux Duplessis avait eu maintes fois l'occasion de constater l'existence de ces sortes d'agens d'affaires dont les banquiers ont intérêt à recevoir les documens, à surveiller les roueries et à déjouer les ténébreuses manœuvres. Le sobriquet du *Balancier*, fort célèbre alors, lui était resté dans la mémoire, comme étant celui d'un des plus habiles flibustiers de ce genre. Lors donc que, cédant aux suggestions d'une jalousie rétrospective, plus ou moins fondée, mais irrésistible, il eut quitté Ernée pour venir combiner à Paris le plan d'une terrible vengeance, son premier soin fut de se rendre chez *le Balancier.* Pour opérer la ruine de d'Aronde, cet odieux enfant de l'adultère, à en croire les révélations de Montreuil, il lui fallait un homme de Bourse dont la débine et l'ambition fussent les garans d'une obéissance à toute épreuve. Il ne pouvait mieux s'adresser qu'au *Balancier.* Et en effet, ce fut dans les cartons de cet étrange praticien que le vieux Duplessis découvrit les deux cent mille francs de lettres de change dont nous l'avons vu réclamer, de Brioude, le paiement immédiat. Elles dataient de l'époque où le beau financier, réduit aux abois par ses relations avec les coulisses des petits théâtres, non moins que par ses fausses opérations de bourse, avait voulu se procurer le complément de la somme dont il avait besoin pour tenter une dernière fois les chances de la fortune, avec son associé Dabiron. Ce tas de paperasses, escomptées alors à soixante-quinze pour cent de perte, par l'intermédiaire du *Balancier*, était resté chez lui sous l'étiquette de *valeurs problématiques, à recouvrer, tôt ou tard, peut-être.* Le vieux Duplessis s'était empressé, comme nous l'avons vu, de les acquérir pour une modique somme, à la grande jubilation du *Balancier*, et à celle de son dépositaire, le sieur Peauger, l'escompteur desdits billets.

Cette circonstance explique le gracieux sourire avec lequel il accueillit la seconde visite que lui rendit quelques jours après le vieux Duplessis.

— Soyez le bien venu, mon digne et honoré client ! lui dit-il en ôtant ses lunettes pour le mieux voir, et en lui offrant avec la p'us respectueuse courtoisie un des fauteuils boiteux de l'établissement. Serais-je assez heureux pour vous être encore bon à quelque chose? car je me flatte que ce n'est pas le mécontentement de mes premiers services qui me procure l'honneur de vous revoir.

— Non, non, au contraire, répondit le vieillard ; je rends justice à votre loyauté : les deux cent cinquante mille francs de lettres de change ne valaient pas le diable. C'était même bien au-dessous de ce que vous m'aviez dit : vous n'avez point surfait votre marchandise, et vous me l'avez vendue à trop bon marché pour le peu qu'elle valait.

— Je suis fier, monsieur, du suffrage d'un homme aussi éclairé que vous paraissez l'être en matière de non-valeurs. Mais telle a toujours été ma règle de conduite, et c'est à la mauvaise qualité même reconnue de toutes les choses qu'on trouve ici, que mon établissement, je puis le dire sans crainte d'être démenti, est redevable de la juste renommée dont il jouit. Quand je livre du mauvais, on peut le prendre de confiance. Toutefois, permettez-moi d'ajouter, avec un légitime orgueil, que je ne vous ai pas même fourni tout ce que je possédais de pis. J'ai encore beaucoup plus mal. Cela n'était que du problématique, du chanceux, du véreux en un mot, tandis que je possède du tout à fait insolvable, des valeurs qui ne valent absolument rien. J'en ai là pour plusieurs millions que je serais heureux de vous vendre à la livre, si cela pouvait vous être agréable.

— Merci, monsieur; pas pour le moment ; nous verrons plus tard. La première acquisition me suffit jusqu'à nouvel ordre, pour dominer mes ressources, pour en faire mon esclave. L'objet de ma visite est tout différent aujourd'hui. Il s'agit de tuer sur la place, à la Bourse, à la Banque, partout, le crédit d'un... d'un misérable dont la signature, justement considérée, n'est malheureusement pas de celles qui figurent parmi vos chiffons. Je ne suis point fâché d'avoir votre avis sur les voies et moyens.

— Mon très honoré client, répliqua le Balancier, si je me rappelle bien notre première entrevue, vous avez quitté Paris depuis de longues années, et vous rapportez peut-être de votre localité, sur les conditions actuelles du crédit, des idées départementales passées à l'état de légende. Vous croyez peut-être que la banque en France, par exemple, ne règle ses opérations que sur la probité, la capacité, la moralité des cliens.

— Dites tout bonnement leur solvabilité, interrompit Duplessis. Ce mot-là tient lieu de tous les autres. La vertu pauvre n'y serait pas cotée cinq centimes ; la cupidité opulente y trouverait des millions.

— Je rends hommage, mon honoré client, à la profondeur de votre perspicacité : vous connaissez le crédit humain.

— Le discrédit aussi, reprit le vieux Duplessis. Vous avez oublié, en effet, dans votre énumération, une des principales causes de la dépréciation d'un nom aux yeux de la banque : je veux parler du rapprochement, non pas simplement fortuit, mais habituel, non pas sur un seul effet, mais sur une masse d'effets, de telle signature et de telle autre. Dis-moi qui tu fréquentes, je dirai qui tu es. Il est des insolvabilités contagieuses, des réputations pestilentielles, des paraphes qui déshonorent par leur voisinage. J'ai donc compté sur vous.

— Je vous remercie de la préférence, dit le Balancier en s'inclinant modestement, et j'attends avec impatience de plus amples instructions sur le rôle que vous voulez bien me donner, dans le vaste plan de déconsidération dont vous paraissez préoccupé.

— Les voici. Grâce à des manœuvres de bourse dont il est inutile que je vous rende compte, continua le vieux Duplessis, le... le misérable que je veux tuer financièrement (et Dieu sait si ma vengeance est légitime!), ce misérable a déjà éprouvé des pertes considérables. Il s'est vu à l'improviste dans la nécessité d'emprunter une somme importante. Dans toute autre circonstance, mon gendre, le baron Appencherr, qui est un des principaux banquiers de Paris, lui eût prêté vingt fois cette somme sur sa simple signature ; mais, dans la situation présente, avec la connaissance de grosses pertes déjà éprouvées, en face de bruits sinistres habilement répandus, et enfin à cause de la nécessité même de cet emprunt, mon gendre allait refuser.

— Il avait parfaitement raison, ce me semble, dit le Balancier : on ne doit prêter aux gens que lorsqu'ils n'ont pas besoin qu'on leur prête.

— Heureusement j'étais là, moi.

— Ah bah !

— J'ai prêté la somme par l'intermédiaire de mon gendre, et c'est à mon ordre que l'emprunteur a souscrit naturellement ses billets.

— Il paraît, mon honoré client, que vous avez décidément du goût pour les mauvaises créances ? Je ne blâme pas, je constate. Tous les goûts sont dans la nature.

— Voici les billets en question. Il y en a vingt de cinq mille francs chaque. Une bagatelle! et, si j'atteins mon but, ce ne sera vraiment pas cher.

— Cent mille francs, peste ! c'est cependant un beau denier. Je ne plains guère votre victime. Si c'est ainsi que vous persécutez les gens, je ne serais pas fâché de devenir à mon tour votre point de mire. Mais voilà de ces malheurs qui ne me sont jamais arrivés, à moi ! J'ai toujours eu du guignon. Veuillez, ô le plus magnifique des philanthropes, veuillez prendre note de ma réclamation. Si vous aviez de nouveau la fantaisie de placer pareille somme à fonds perdu, je m'offre à vos coups. Vous ne sauriez faire un meilleur choix. Personne ne remplira mieux toutes les conditions requises d'insolvabilité. Si jamais vous voyez un rouge liard de votre prêt, ce sera jouer de malheur !

— J'aime à vous voir confirmer ainsi, sans vous en douter, la bonne opinion que j'ai de vous, reprit le vieux Duplessis.

— Je vous en remercie.

— Il n'y a pas de quoi. Je m'explique. Vous voyez ces vingt billets ?

— Oh ! oh ! la signature d'Aronde !

— Vous la connaissez ?

— Certainement... par ouï-dire, car cette signature-là n'est jamais entrée chez moi. C'est une des plus considérées de la place. A l'heure qu'il est, elle vaut encore un million comme un sou.

— Hé ! c'est justement ce prestige-là que je veux achever de détruire. Prenez ces billets.

— Qui ? moi ? que je prenne ces billets en recouvrement ? Du tout ! On croirait désormais que mes effets s'encaissent ! Pas si maladroit ! Je ne puis perdre mon établissement de bonne réputation pour vous faire plaisir.

— Vous n'avez pas compris. Il s'agit simplement de les endosser, vous et les vôtres. Je double le prix ordinaire de vos opérations. Dix francs par signature.

— Vous voulez plaisanter, sans doute, mon honoré client ?

— Je vous jure que je n'en ai pas la moindre envie.

— Mais réfléchissez-y, je vous prie. Il ne me paraît pas possible que vous cherchiez sciemment à déprécier des valeurs si considérables. Ces billets valent cent mille francs avec le nom seul du signataire. Chacune des signatures de ma maison leur fera perdre dix pour cent. Calculez quel déchet, pour peu qu'elles soient nombreuses !

— Je sais qu'en pareil cas ce qui abonde vicie ; mais c'est justement mon but. Signez donc, et faites signer.

— Soit ! ô le plus étonnant, comme le plus honoré de mes cliens ! Mais voilà une passion d'autographes qui vous coûtera cher !

A ces mots, le Balancier frappa trois fois de son couteau de buis sur la basane déchirée du bureau. Le Cyclope parut à ce signal, en faisant son entrée par un des faux cartonniers artistement peints sur la muraille.

— Prends ces billets, lui dit le Balancier, et va prier le portier d'en-bas, le savetier d'en-haut, le marchand de peaux de lapins du milieu, de les orner de leurs glorieux seings. Il y a cent sous de pourboire pour chacun d'eux. Le surplus nous restera comme droit de commission. Marche !

Dix minutes après, le Cyclope rentra. Sa mission était remplie.

— Signe à ton tour, lui dit le Balancier.

Le Cyclope signa.

— C'est bien ; laisse-nous.

Le Cyclope s'en alla comme il était venu, par un faux cartonnier, ce qui donna quelque chose de fantastique à sa disparition.

— Et maintenant, votre signature, dit le vieux Duplessis au Balancier.

— Volontiers. Aux derniers les bons.

— Bien. C'est suffisant.

— Oui, certes ! Je crois même que cela touche à l'excessif. Est-ce tout ?

— Pas encore. Une maison telle que la vôtre, illustre calligraphe, n'est pas sans avoir un timbre, une marque, un cachet, une estampille, une vignette quelconque.

— Non sans doute. Le public ne croit qu'à la chose imprimée, coloriée, bariolée. Ma maison possède le modèle du genre. Voyez : une guirlande d'écus, une corne d'abondance, et pour exergue : « *Négociations, transactions, procédures, prêts et recouvremens.* — *Etablissement central général, à Paris, rue de la Huchette.* — *Discrétion, zèle, expérience, économie de temps, de peines, de chaussures et d'argent.* »

— On ne peut mieux. Frappez cela à la suite de votre signature. Flétrissez chaque billet de cette néfaste empreinte.

— Vous en voulez donc bien au souscripteur ?

— Si je lui en veux ! s'écria le vieillard, en s'exaltant peu à peu dans sa haine. Arborez, arborez sur la haute considération de cet homme, ce stigmate infamant, ce drapeau noir, ce signe de peste et de mort !

— Je ne sais en vérité si je puis pousser l'obligeance jusque-là, dans votre intérêt comme dans le sien. Je ne le cache pas : c'est pour lui le dernier terme du discrédit, et quant à vos billets, ce n'est plus de la dépréciation, c'est de l'anéantissement, c'est de l'extermination.

— Allons, allons, pas d'hésitation. Dix francs de plus par chaque timbre.
— Soit ! je cède à la force de l'argumentation, mais il faut bien que ce soit pour vous. Voilà qui est fait.
— Très bien, dit le vieillard en jetant une vingtaine de pièces d'or sur le bureau. Voici votre salaire. Rendez-moi ces billets, désormais si précieux par leur nullité même. Lorsque je les aurai fait promener, de caisse en caisse, jusqu'au guichet de la banque de France, ainsi enjolivés de vos noms, de votre adresse et de votre cachet, nous verrons ce qui restera à mon débiteur de considération financière ! Adieu.
— Adieu ? c'est un bien triste mot, interrompit le Balancier en reconduisant son étrange client jusqu'à la porte. Permettez-moi de vous dire : Au revoir.
— Au revoir, peut-être, répondit le vieillard avec l'amer sourire d'une haine à demi satisfaite. La journée sera bonne, ajouta-t-il en montant dans la voiture qui l'attendait devant la maison ; je viens de frapper mon ennemi à la bourse ; il s'agit maintenant de le frapper au cœur !

Le lendemain soir il y avait grande fête au Ranelagh, dans cette jolie bonbonnière que la mode créa, il y a plus de soixante-dix ans, sous les frais ombrages du bois de Boulogne, et que, par un phénomène unique en son genre, la mode continue de protéger. Le Ranelagh est resté en effet le bal favori de la haute galanterie. Aucune des danses grossières qui s'exécutent ailleurs à coups de pied et à coups de poing, n'a osé s'y produire jusqu'à présent. La toilette y est de rigueur, le langage y conserve de l'urbanité, on y remarque de l'élégance dans les manières, et un certain bon goût en fait seul la police, avec bien plus de succès que les sergens de ville n'en obtiennent eux-mêmes autre part.

Dix heures venaient de sonner, et la file des voitures commençait à sillonner les poudreuses allées de cette partie du bois.
Tandis que, dans un élégant coupé, M. le baron Appencherr amenait Simonne au rendez-vous commun de toutes ses amies, et remerciait l'indifférente jeune fille d'avoir accepté une place à ses côtés, un landau bleu de ciel, à roues d'argent, emportait vers le même endroit deux femmes qui nous sont également connues, Tiennette et Lataké.
Les fêtes de ce genre étaient pour Tiennette un moyen de passer en revue sa clientèle féminine.
Elle inspectait ces troupes irrégulières de l'amour avec le sang-froid d'un caporal autrichien qui fait le tour de son escouade. Elle savait reconnaître à première vue s'il y avait progrès ou décadence. Elle distinguait, à vingt-cinq pas, au milieu de la foule, un chapeau d'Alexandrine, d'une capote éclose au passage du Saumon, une robe de Palmyre, d'une robe façonnée par une ouvrière en chambre ; une coiffure payée vingt francs à Mariton, d'un chignon crêpé par quelque Figaro de carrefour.
Elle traversait la salle en véritable suzeraine, distribuant avec discernement et nuance les clignemens d'yeux, les saluts de tête et les poignées de main.
Toutefois, ce soir-là, Tiennette négligea ses investigations habituelles. Après s'être débarrassée de Lataké, qui rejoignit Simonne, elle se promena solitairement sous les arbres du jardin. Elle semblait y attendre quelqu'un, et ses doigts étiraient avec impatience le chevreau parfumé de ses gants blancs.
Pendant ce temps, une modeste voiture de place amenait à la même destination monsieur Duplessis, qui, certes, ne venait pas en pareil lieu pour prendre part à la joyeuse fête. L'expression de son visage en était la preuve, bien plus encore que son âge. Il paya le cocher, après avoir disputé le pourboire, car, aussitôt que sa haine ne déliait plus les cordons de sa bourse, sa lésinerie habituelle les serrait autant que possible. Après avoir déposé sa canne au vestiaire, en protestant contre l'ordonnance de police qui lui coûtait quinze centimes, il entra et se dirigea, sans plus de délai, du côté du jardin.
Tiennette l'aperçut et s'avança aussitôt vers lui.
— Pardon, monsieur, lui dit-elle, de vous avoir fait venir si loin ; mais il n'y avait pas moyen de faire autrement. Votre lettre était pressante.
— C'est qu'en effet, répondit monsieur Duplessis, les intérêts qui m'avaient amené à Paris sont tous en très bonne voie, et il me tarde de retourner chez moi, à Ernée, auprès de ma femme, de ma bien aimée femme, où m'appellent maintenant des intérêts non moins pressans !
Monsieur Duplessis prononça ces derniers mots avec une insistance tout à fait sinistre.
— Je vais demain, continua monsieur Duplessis, mais je n'ai pas voulu le faire sans savoir où en est l'ingénieux projet dont vous avez eu l'initiative, dont la conduite appartient à vous seule, auquel je ne puis participer que comme spectateur, comme admirateur, et qui compléterait si parfaitement mon plan de vengeance.
— J'espère ! répondit brièvement Tiennette, avec un sourire diabolique. De mon côté, ayant justement donné rendez-vous ici aux acteurs de ma comédie, de mon drame peut-être, je ne pouvais vous recevoir chez moi ce soir. Voilà pourquoi j'ai pris la liberté, monsieur, de vous indiquer ce même lieu de réunion.
— Peu importe le théâtre : voyons la pièce. Mais je n'aperçois pas Brioude. Je ne vous demande pas s'il accepte son rôle de jeune premier. C'est un rôle dangereux, mais agréable ; et d'ailleurs, dans la position financière où le placent, d'un côté, la déconfiture de presque tous ses débiteurs de Bourse, et, de l'autre, lesdeux cent cinquante mille francs de lettres de change dont il me doit le montant, je doute qu'il désobéisse aux ordres que vous lui donnerez en mon nom.
— Silence ! fit Tiennette à voix basse, en prenant le bras de monsieur Duplessis ; j'aperçois Lataké polkant avec un magistrat de province qui s'amuse ici incognito. Cette fille est bête comme un poëme épique. Elle serait capable d'être jalouse. Dans un instant elle doit souper avec Simonne et le baron Appencherr. Nous en serons débarrassés.
— Ah ! mon gendre est ici ? dit le vieillard. Il se console de son veuvage. Je ne tiens pas à lui en faire compliment. Si vous connaissez ce sérail et ses détours, faites que nous soyons quelque part chez nous.
— Le lieu de la réunion, ajouta Tiennette, est le cabinet n° 5. Rendons-nous-y.
Tiennette, entraînant l'homme dont elle servait la vengeance en servant sa propre jalousie, alla s'attabler avec lui dans le cabinet indiqué.
— Une marquise ! dit Tiennette au garçon.
— Qu'est-ce que cela ? demanda le vieillard.
— C'est ce qu'il y a de plus cher, répliqua la laide. On est tranquille et considéré partout, en raison de l'argent qu'on y dépense.
Le garçon servit le rafraîchissement bien connu des lorettes de haut goût, et qui n'est du reste qu'une limonade au vin de Champagne.
En ce moment, Brioude entra.
— Allons donc, dit Duplessis ; vous êtes bien lent pour un amoureux ! Mais procédons par ordre. Que se passe-t-il pour notre homme à la bourse ?
— Débâcle complète ! répondit Brioude. Ses actions de Louvain ne se vendraient pas cent sous pour le moment. Votre agent de change se figure que vous êtes fou de jeter ainsi votre argent par la fenêtre.
— Ses amis s'inquiètent-ils de ses désastres ?
— On n'a pas d'amis à la Bourse ; on n'y a que des rivaux. Les cent mille francs de billets présentés partout à l'escompte, avec l'honorable endos des capitalistes de la rue de la Huchette, ont d'ailleurs fait merveille sur la place. Crédit est mort : les mauvais endosseurs l'ont tué. Enfin, notre homme est parti aujourd'hui même pour la Belgique, afin d'y condenser ses dernières ressources.

— Il est parti pour la Belgique? s'écria Tiennette avec joie. Bravo! le moment est propice. Connaissez-vous enfin l'intéressante veuve qu'il laisse à Paris?

— Je l'ai aperçue à la sortie de l'église, aujourd'hui même, répondit Brioude. Charmante! ravissante! incomparable! On serait bien heureux d'être aimé d'une pareille femme!

— Peste! fit ironiquement Tiennette, être aimé pour soi-même? vous n'êtes pas dégoûté! Bien des princes se sont passés de cet avantage.

— Oui; mais en revanche bien des bergers l'ont eu, ajouta Brioude en savourant la limonade au champagne, à laquelle ni Tiennette ni le vieillard n'avaient touché.

— Voyons, au surplus, reprit Tiennette, en toisant Brioude, voyons si vous êtes vraisemblable pour un amoureux. Pas mal, pas mal : la figure est assez bien réussie. Mais l'air est fat et impertinent. Il faudra veiller à cela. Ce sont les défauts qui plaisent le moins aux femmes. Il sera bon d'en avoir d'autres. Du reste, mon cher, si vous êtes intelligent, et si la jolie Ariane est coquette, je vous donnerai un moyen, bête comme moi, mais presque infaillible, comme tout ce qui est bête ; un moyen qui existe à l'état de tradition depuis qu'il y a des maisons de chaque côté des rues, et des femmes dans chaque maison : cela s'appelle la guerre des fenêtres.

— La guerre des fenêtres? je ne connaissais jusqu'à présent que la guerre des *croisés*, dit Brioude, en riant aux éclats de ce détestable jeu de mots.

— Ah! fi donc! dit Tiennette ; vous êtes perdu si vous tournez au calembour. Encore un défaut que les femmes détestent.

— Mais enfin qu'est-ce que votre guerre des fenêtres?

— Madame voudra bien vous expliquer cela plus tard, interrompit monsieur Duplessis. Ces choses-là ne sont pas de mon ressort. Peu m'importe qu'on vous aime ou qu'on vous haïsse! Ce qu'il me faut, à moi, c'est que vous compromettiez la belle aux yeux du monde; c'est que vous infligiez à son mari toutes les angoisses de la jalousie, de ce tourment atroce, intolérable, immense; de ce mal affreux que rien ne peut guérir; de cette torture suprême qui s'applique à tout, à l'avenir comme au présent, au présent comme au passé. Sa ruine est maintenant certaine, mais il lui reste un espoir : il faut lui en faire un démon; il lui reste une consolation : il faut lui en faire un désespoir!

En prononçant cette tirade d'une voix stridente, la figure du vieillard était devenue cadavéreuse.

Tiennette avait subitement pâli de son côté.

— Ah! ah! pensa Brioude, il paraît que le vieux a passé par là; et la laide aussi. Eh bien donc, reprit-il tout haut en élevant son dernier verre de marquise, je bois à mes myrtes futurs!

— A la séparation des deux tourtereaux! ajouta Tiennette.

— A ma vengeance! hurla le vieillard.

En ce moment un bruit étrange se fit entendre derrière la mince cloison de bois qui séparait leur cabinet de la pièce voisine.

— On nous écoute! s'écria Duplessis. Il en est temps, séparons-nous.

Pendant que cette scène se passait à l'écart, Lataké et le baron Appencherr entouraient Simonne de soins et de cajoleries au milieu du bal, afin de lui inspirer un peu de gaîté. Peines perdues : la jeune indifférente ne se mêlait point à ces guirlandes de femmes qui se déroulaient devant elle en joyeux quadrilles. Son âme était ailleurs.

Tout à coup, tandis que ses deux compagnons regardaient danser les Vestris de la localité, un des garçons du café s'approcha de Simonne et lui glissa silencieusement un billet dans la main.

— Encore des fadaises! pensa la jeune femme en jetant un coup d'œil dédaigneux sur le papier.

— Dieu! se dit-elle alors, une lettre de l'inconnu!

Elle voulut interroger le garçon : il s'était perdu dans la foule.

— Qu'est-ce donc, ma toute belle? lui demanda le baron, en voyant sa main délicate se porter à son corsage pour y cacher le billet. Avez-vous encore mal à la poitrine?

— Non, répondit-elle; cela se passe; je ne souffre plus : je suis heureuse!

— Ah! tant mieux! s'écria le baron. Elle dit qu'elle est heureuse, ajouta-t-il tout bas en se penchant à l'oreille de Lataké. Qu'en pensez-vous, Jupin? Quant à moi, sans fatuité, je crois décidément qu'elle m'aime.

— Parbleu! répondit Jupin Ier en souriant; ça crève les yeux!

XIV.

POURQUOI?

Le lendemain même de la fête nocturne du Ranelagh, monsieur Duplessis quitta Paris, comme il avait annoncé l'intention de le faire, abandonnant au zèle intéressé de Brioude, sinon à sa passion naissante, l'exécrable projet que la jalousie avait inspiré à Tiennette contre la jeune femme de d'Aronde.

Quelques jours après que le vieillard eut revu sa ville natale, tout prit par ses ordres un aspect inaccoutumé dans la maison qu'il habitait avec son neveu, monsieur Duplessis jeune. C'est là que nous l'avons vu remettre enfin à Montreuil les documens relatifs à la succession Limbourg, en échange des lettres où il crut lire son déshonneur conjugal. Ajoutons en passant que ces fatales lettres avaient été remises par Tiennette à Montreuil. Ce n'était pas la première fois que l'intrigant avait puisé utilement dans l'arsenal épistolaire de cette femme, dont, par réciprocité, il enrichissait souvent aussi la dangereuse collection. Dès qu'il avait à agir sur l'esprit de quelqu'un par la crainte du scandale, il venait fureter le catalogue de Tiennette, et il était rare qu'il n'y trouvât point le papier intimidateur dont il avait besoin.

Tant l'infatigable paperassière se plaisait depuis dix années à recueillir tout ce qu'elle rencontrait d'autographes à portée de sa main! Or, comme il est peu de personnes, hommes ou femmes, pour qui, dans telle position donnée, la divulgation de tel ou tel écrit ne pût avoir des conséquences plus ou moins fâcheuses, on peut calculer l'immense parti que Tiennette savait tirer, l'occasion venue, des épîtres dont elle s'était armée d'avance à tout hasard. Ce type odieux, nous l'avons dit, nous le répétons, n'est pas du tout le produit d'une capricieuse imagination. Nous ne voulons pas rechercher s'il existe encore, mais il existait bien réellement, en chair et en os, en velours et en satin, en dentelles et en diamans, à l'époque où se passait l'action de ce récit. On ne saurait croire tout ce que sa bibliothèque calligraphique lui permettait alors de lever de contributions forcées sur la peur, d'obtenir de faveurs pour ses protégés, et même d'exercer d'influence occulte sur les événemens officiels, particulièrement dans la seconde moitié du règne de Louis-Philippe.

Comment les lettres en question, ces lettres écrites en Allemagne par madame Duplessis à une nourrice, et par cette nourrice à madame Duplessis, étaient-elles tombées dans les mains de Tiennette à Paris? Rien de plus simple en réalité, comme tout ce qui est étrange en apparence. Pendant l'éphémère liaison de Tiennette avec d'Aronde, sa jalousie native, encore surexcitée par la passion profonde qu'elle éprouvait pour lui, avait fait irruption dans les papiers du jeune homme absent, et en avait dérobé, comme d'habitude, tout ce qui, dans l'avenir, pouvait être pour elle ou un titre ou une arme.

Quant à d'Aronde, il était assez naturel qu'il tînt les lettres relatives à son enfance, de la tendresse même de madame Duplessis, à l'époque où elle fut obligée de l'envoyer d'Allemagne en France, et de confier à sa fille Gertrude, devenue baronne Appencherr, le soin de veiller maternellement sur lui.

Cela posé, revenons à Ernée.

Ainsi que nous le disions, quelques jours s'étaient à peine écoulés depuis le retour de monsieur Duplessis, que le bruit et le mouvement succédèrent tout à coup au calme et au silence dans son austère et triste demeure.

Les serviteurs allaient, venaient, balayaient, frottaient, époussetaient, tout étonnés eux-mêmes de se mouvoir avec tant de hâte.

La salle à manger s'était ornée de lustres et de girandoles ; la table avait reçu toutes ses rallonges ; le linge, ce luxe des ménages de province, y étalait ses merveilles damassées ; les vins de Bourgogne et de Sauterne faisaient étinceler dans les carafes leurs rubis et leurs émeraudes ; l'argenterie traditionnelle y brillait comme les armes d'un régiment à la parade ; les trois sortes de verres recommandés par Brillat-Savarin attendaient, sentinelles avancées, au coin de chaque couvert, le qui-vive bachique qui précède les divers services ; et, au milieu de ces magnificences de l'art, la nature s'épanouissait en guirlandes, en bouquets et en pyramides de fleurs.

Le buffet s'était enrichi de vingt sortes de nectars, aux dépens du cellier, qui, depuis bien longtemps, n'avait été mis à pareil pillage.

Le garde-manger avait épuisé à son bénéfice tout ce que la friandise locale pouvait lui offrir de délices, et le maître de céans avait largement mis Chevet lui-même à contribution, avant de quitter Paris, cette capitale de la civilisation et de la gourmandise.

Enfin, la cuisine présentait un de ces coups d'œil que l'admiration des hommes s'est plu à célébrer dans le récit des noces de Gamache ; les fourneaux lançaient leurs pétillantes étincelles ; les casseroles s'entrechoquaient comme des armures de chevaliers errans ; les marmitons couraient d'une sauce à l'autre, avec l'ardeur de Vatel préparant le dîner de son prince ; les soufflets épuisaient leur haleine ; les rôtis décrivaient devant l'âtre leur éternelle pirouette ; les femmes de peine versaient des torrens de larmes sur les oignons nombreux immolés par leurs mains ; enfin dix valets d'extra, en habit noir, en cravate blanche, en gants blancs, se tenaient prêts à servir les futurs convives, dont la plupart eussent dû, au contraire, se faire les domestiques de ces domestiques, si c'étaient l'élégance, le beau langage et les bonnes manières qui marquassent toujours les places, devant et derrière la table.

Quelle était la cause de cette subite résurrection de la vieille habitation des Duplessis, événement auquel on ne pouvait guère comparer que le réveil centenaire du magique palais de la Belle au bois dormant ?

Personne, le maître excepté, ne la connaissait encore. Tout le monde en était stupéfait, et l'étonnement avait si bien gagné la petite ville tout entière, que des groupes de curieux s'étaient formés aux alentours de la maison, et se livraient aux conjectures plus bizarres sur un pareil prodige. La conclusion générale était que le vieux Duplessis éprouvait un accès subit d'extravagance, et que sa femme et son neveu ne feraient point mal de provoquer son interdiction.

La stupéfaction n'était pas moins profonde dans l'étude de monsieur Duplessis neveu, et Dieu sait à combien de quolibets et de caricatures donnait naissance la si soudaine libéralité de l'oncle. Le personnel tout entier de messieurs les clercs figurait parmi les convives, et comme la plus commune de toutes les ingratitudes est celle de l'estomac, le bon procédé de l'amphitryon envers ces messieurs n'était qu'un texte de plus pour leur raillerie, car l'insolite est incompréhensible ici sur la politesse même.

— A-t-on jamais vu pareil changement de décors ! s'écria l'un. Nabuchodonosor est dépassé, Actéon est surpassé, Vishnou est enfoncé, et les métamorphoses d'Ovide elles-mêmes ne sont plus que de la saint-Jean, en comparaison de celles dont le vieux cancre de Duplessis nous donne l'ébouriffant spectacle.

— Sur quel Lucullus a-t-il donc marché, exclama l'autre, pour tourner ainsi au dissipateur et au goinfre ?

— Encore un triomphe de Paris sur la province ! ajouta un troisième. C'est le séjour de cette moderne Babylone qui nous a gâté le Duplessis. Je proteste au nom des départemens contre l'oppression de la capitale ! A bas la centralisation ! La province ne peut pas même avoir ses vices et ses ridicules à elle, Paris veut tout lui fournir. C'est criant ! c'est humiliant ! Je demande qu'il nous rende notre vieux grigou, notre vieux fesse-Mathieu, notre Duplessis enfin !

— Je serais tenté de croire, interjeta celui-ci, qu'il a vu jouer à Paris l'*Avare* de Poquelin, et qu'il a pris le rôle d'Harpagon pour une personnalité, si d'ailleurs il n'eût été obligé, avant tout, d'acheter un billet pour assister à la pièce. Or, il ne pouvait être corrigé de son vice avant de l'être. Donc, il était incorrigible, donc il n'est pas corrigé, donc l'explication ne vaut pas le diable. Sa ladrerie est de celles qui ne peuvent guérir que gratis.

— On dit, messieurs, s'écria celui-là à son tour, on dit que la vérité jaillit du choc des opinions. J'avais douté jusqu'à ce jour de la justesse de cet axiome, l'attribuant au charlatanisme éhonté des marchands de briquets à pierre. Mais je reviens loyalement de ma prévention en vous écoutant. La vérité vient de jaillir pour moi du choc de vos stupides suppositions. Oui, voulez-vous savoir le fin mot de cette somptuosité culinaire qu'étale si tardivement le Duplessis, et dont la recette semblait s'être perdue depuis Sardanapale ? Le voici. Je gage cent sous de jambon et de saucisses, à manger, ce soir, au *Cheval blanc*, à l'issue du festin, que c'est ici d'un dîner de carton, ni plus ni moins, que nous sommes menacés par ce vieux tartuffe de générosité.

— Du tout ! ce genre d'hypocrisie serait encore trop cher, répliqua un quatrième. Je parie, moi, qu'il s'agit d'un dîner à la carte, et qu'au dessert chaque invité sera invité... à payer son écot.

— Messieurs, de grâce, un peu moins de médisance, interrompit le plus ancien des expéditionnaires de l'étude, un de ces clercs à cheveux gris qui sont nés clercs, qui vivent clercs et qui meurent clercs. Vous oubliez complétement les égards qui sont dus à l'oncle de notre patron.

— A bas Pandolphe ! s'écrièrent en riant tous les autres.

— Il était là, le front dans ses deux mains, qui ne disait rien, et n'en pensait pas davantage. Voulez-vous savoir ce qu'il fait-ait ? Regardez sur son pupitre. Qu'y voyez-vous ? Son Richelet.

— C'est vrai ! Il était en train d'accommoder à la circonstance le quatrain qu'il sert à la louange de ses nourrisseurs, vers la fin de tous les grands dîners. Ce sera la quinzième fois que je l'entendrai pour ma part. Je commence à trouver cela monotone.

— Tu as tort : il y change chaque fois quelque chose, le nom de l'amphitryon, ce qui n'est pas toujours très facile, à cause du vers correspondant. La dernière fois, c'était Bonnard, qui rimait sans doute avec lard. Je sais cela par cœur. Oyez tous, petits et grands :

Pour fêter les vertus des époux dits Bonnard,
En ce jour sans pareil l'amitié nous rassemble.
Buvons à leur honneur et fêtons tous ensemble
Cupidon et la soupe au lard.

— C'est une atroce parodie ! s'écria le poëte méconnu, au milieu des éclats de rire. Pour Dieu ! messieurs, apportons au moins un peu de bonne foi dans nos discussions. Ce dernier vers n'est pas de moi. Voici le mien :

Leur caractère aimable et leur gaîté sans fard.

— Sans lard ! insista le critique.
— Sans fard ! insista le poëte.

— Hé bien, soit ! Je reconnais mon erreur. Mais maintenant qu'il y aura Duplessis au premier vers, je suis fort intrigué de savoir avec quoi notre *vates* fera rimer ce nom-là.
— Avec hachis.
— Avec gâchis.
— Avec cassis.
— Avec fouillis.
— Avec coulis.
— Avec rôtis.
— Avec salmigondis.
— Avec coccis.
— Non, messieurs les Zoïles, répliqua le vieux clerc : ce sera avec : et les jeux et les ris.
— Bravo, le riz !
— Va pour le riz !
— J'aime autant le riz que le lard.
— Voilà pourtant le légume qu'il était en train de chercher dans le dictionnaire, le malheureux ! Il aura donc toujours le tic des vers !
— Je propose une pétition collective au gouvernement à l'effet de le faire entr-r...
— Où cela ? à l'Académie ?
— Non, aux incurables.
— C'est ce que je voulais dire.
— Ne le mécanisons pas trop, messieurs. Il ne faut pas peu d'imagination pour célébrer les vertus du vieux Duplessis. On parle de fiction poétique : en voilà une fameuse !
— Raison de plus : c'est de la flagornerie !
— C'est encenser le pouvoir !
— A bas le courtisan !
— A bas le vil flatteur !

La pendule, en sonnant quatre heures, interrompit ce feu roulant de facéties, et nos jeunes loustigs quittèrent l'étude pour aller faire toilette, ou mieux encore, selon leur expression, «pour endosser l'Elbeuf des cérémonies.»

Pendant ce temps, le vieux Duplessis surveillait par lui-même tous les apprêts de la fête. Il semblait avoir laissé à Paris son humeur sombre et sauvage. Il était plein d'affabilité depuis son retour ; il causait volontiers, ne grondait personne, et souvent même on l'avait vu sourire, ce qui tenait du miracle. Quelquefois seulement, on surprenait encore chez lui un froncement de sourcils, un mouvement d'impatience, un geste de colère, immédiatement réprimé, une sinistre lueur jaillissant de ses yeux caves, mais éteinte aussitôt qu'allumée. Ces indices passagers étaient les seuls qui pussent révéler à un observateur attentif que le vieil homme vivait encore un peu sous l'homme nouveau.

Ce jour-là, dès quatre heures, il inspectait la maison en vraie tenue de gala. Il avait revêtu la culotte courte de l'ancien temps, si chère à nos grands-pères en ce qu'elle constituait pour eux un triomphe de coquetterie sur la jeunesse actuelle, par la prédominance nécessaire du mollet. C'est un avantage qui semble s'être perdu à notre époque comme le ciment romain, les couleurs inaltérables et l'élixir de longue vie. Ses pieds, logés dans des souliers à boucles d'or d'une largeur plus que suffisante pour leur taille, présentaient un nouvel exemple à l'appui de cet axiome, que l'homme est d'autant plus étroit en fait d'idées, de sentiments et d'habitudes, que ses souliers sont plus larges. Des bas de soie noire couvraient ses jambes, jadis fines et bien modelées, mais auxquelles le temps avait imprimé un contour légèrement arqué. Sur son gilet orange, auquel l'air et les années avaient, en le salissant, donné une teinte plus canari, se donnaient rendez-vous les dessins à ramages déjà en vogue aux temps des gardes suisses et mis en honneur par Sa Royale Altesse monseigneur le comte d'Artois; on y voyait des feuilles, des fleurs, des oiseaux, des emblèmes, des pois, des carrés, des lozanges et des triangles, toutes les figures de la géométrie brochées sur satin; une variété d'attributs à faire rougir Minerve de son bouclier. Sa chemise était à mille plis, surmontée d'un jabot immense qui surgissait en avant comme la crête d'un coq vaniteux. Enfin il avait revêtu l'habit barbeau à boutons d'or, qui a conservé chez les vieillards une certaine prédominance sur l'habit noir, et ses cheveux, relevés en toupet sur son front, indiquaient une préméditation d'élégance, une affectation d'humeur juvénile, singulière à observer, et qui faisait présumer qu'il avait exhumé pour la circonstance son costume de noces.

— Mon cher neveu, dit-il au jeune notaire, qu'il rencontra dans le cours de son inspection, n'avez-vous oublié aucune de mes invitations ?
— Non, mon cher oncle, répondit Duplessis jeune, qui certes n'était pas le moins ébahi de la métamorphose de son vieux parent.
— Ainsi donc nous aurons le maire ?
— Oui, mon oncle.
— Le juge de paix ?
— Oui, mon oncle.
— Le curé ?
— Oui, mon oncle.
— Le lieutenant de gendarmerie ?
— Oui, mon oncle.
— Tant mieux, tant mieux ! On ne saurait s'entourer de trop d'autorités constituées.
— Ma foi ! objecta en souriant le jeune officier ministériel, ce n'est pas précisément ce qu'il y a de plus gai au monde.
— Non, mais c'est grave, c'est solennel, cela donne de la majesté aux grandes scènes de la vie de famille. Et puis, rassure-toi : l'élément gai ne manquera pas non plus à la fête. Je m'en charge !
— Vous, mon oncle ?
— Cela t'étonne ?
— Mais je vous avoue...
— Allons, achève : avoue que

Jamais tu n' m'as vu comm' ça
Fair' mes bamboches, fair' mes bamboches.

C'est une chanson de mon jeune temps.
— Je suis ravi que vous vous en souveniez. Cela prouve que vous avez bonne mémoire, comme bon pied, bon œil et bon estomac.
— J'avoue de mon côté que ce n'est pas précisément par l'allégresse que j'ai brillé jusqu'à présent. Mais, vaut mieux tard que jamais. Il n'est pas mal de faire mentir quelquefois les proverbes. Le diable ne doit pas avoir toujours le privilège des conversions. On dira désormais : Quand l'ermite devient vieux, il se fait diable. Vive la joie ! Au surplus, si tant est que je sois encore un peu novice dans le genre burlesque, j'aurai d'habiles suppléans parmi les convives ; ce que nous appelions jadis des farceurs, ce que la langue plus poétique de votre âge appelle, je crois, des blagueurs. J'en aurai même encore autre part ! Mes provisions sont faites !
— Comment cela, mon cher oncle, des provisions de gaîté ?
— Oui, sans doute. La gaîté est une marchandise qu'on se procure à prix d'argent tout comme les autres. Les théâtres n'ont-ils pas leurs rieurs ?
— Véritablement, mon cher oncle, vous semblez faire exprès de parler par énigmes, et, permettez-moi de vous le dire, je ne comprends pas plus ce que vous dites que ce que vous faites.
— A quoi bon comprendre ? Cela n'est pas nécessaire au bonheur. Au contraire ! J'ai bien vécu, moi, le plus heureux des hommes, pendant près d'un demi-siècle, sans rien comprendre du tout.
Le vieux Duplessis prononça ces mots avec un sentiment d'amertume qu'il ne put dominer tout à fait. Après quoi, il reprit du ton le plus enjoué :

— Du reste, mon cher enfant, sois tranquille, tu comprendras plus tard. Ce sera toujours assez tôt.

— Je ne demande pas mieux, mon cher oncle. Mais en définitive à quel propos, je vous prie, ce déploiement si subit de magnificence et d'allégresse?

— C'est ce que l'avenir révélera. Un peu de patience. J'en ai bien eu, moi, depuis quinze mortels jours! Mais enfin le moment est venu où je vais pouvoir m'en passer. Ce sera superbe! Il ne manquera à la fête que le baron Appencherr. C'est dommage. La présence d'un gendre est toujours agréable, surtout dans une fête de famille. J'aurais voulu qu'il fût témoin de mon bonheur. C'eût été d'un bon exemple. Mais il n'y a pas eu moyen de le décider à ce voyage. J'ai su depuis pourquoi. Il paraît que ce vertueux baron ne conserve pas un souvenir bien religieux de sa défunte, ma pauvre Gertrude. On m'a dit qu'il était amoureux fou en ce moment d'une jeune lorette qui tourne à la dévotion, au mysticisme. Où diable la vertu va-t-elle se nicher, quand il est tant d'autres femmes, réputées honnêtes, qui lui refusent asile, mais qui n'en passent pas moins pour très hospitalières, jusqu'au jour où, patatras! l'échafaudage d'hypocrisie s'écroule! Il suffit du moindre choc. On souffle dessus, plus rien! Tu verras cela un jour. Bref, le baron ne vient pas, et je sais quelqu'un qui regrette son absence autant que moi, mais pour d'autres motifs. Ce quelqu'un, c'est toi, mauvais sujet. Si le baron était venu, il nous eût amené ma petite-fille Julie, celle que nous regardions tous depuis longtemps comme ta femme. Ravissante figure, charmant caractère, magnifique dot. Toutes les qualités réunies. Mais il faut renoncer à ce projet, mon garçon.

— Pourquoi donc, mon cher oncle? interrompit le jeune notaire en rougissant.

— Parce que, vois-tu, le mariage, tout compte fait, est une loterie beaucoup trop périlleuse.

— Il me semble pourtant, mon oncle, que vous y avez tiré un assez bon numéro.

— Oh! oui, parbleu! un numéro unique! Est-ce que je me plains? Je suis le plus heureux des maris, cela va sans dire. Mais je suis une exception, et, tu le sais, l'exception confirme la règle. Or, je t'aime trop sincèrement, toi l'enfant de ma sœur chérie, toi mon bâton de vieillesse, toi l'unique héritier de mon nom, toi mon vrai fils d'adoption; oui, je t'aime trop pour t'exposer au danger commun. J'ai fait une excellente traversée, soit! je le veux bien; mais j'ai vu sombrer tant de navires en route, que, pour rien au monde, je ne te laisserais affronter l'orage. C'est un parti bien arrêté. Tu resteras garçon. Mais l'heure s'avance, va t'habiller.

— Je vous quitte, en effet, mon cher oncle, car je ne sais ce que vous avez, mais vos paroles en ce moment me donnent le vertige. J'espère vous trouver plus intelligible tout à l'heure.

— Oui, oui, je serai on ne peut plus intelligible tout à l'heure, je te le promets! En attendant, je vais entrer chez ma bien-aimée femme, qui ne sait rien encore de ce qui s'apprête. J'ai voulu qu'on lui en gardât le secret jusqu'au dernier instant. Mais il est temps qu'elle se pare pour la fête. Par le sambleu! comme disaient nos pères, ce sera un bien beau jour!

Et à ces mots, monsieur Duplessis pénétra allégrement dans la chambre de sa femme, en chantonnant cet antique refrain:

Ah! comm' nous allons rire,
Rire, rire et toujours rire!

— Oui, certes, et rira bien qui rira le dernier!

XV.

COMMENT?

L'appartement de madame Duplessis était la seule partie de la vaste maison d'Ernée qui fût restée calme et silencieuse au milieu du mouvement et du bruit qui troublaient toutes les autres. Ainsi l'avait voulu le maître du logis, pour se réserver le soin d'annoncer à sa femme l'étrange fête dont les préparatifs se continuaient avec activité.

Madame Duplessis, nous le savons, avait dépassé la soixantaine.

Elle avait la stature haute, et la taille si mince qu'on redoutait, quand elle se tenait debout, de la voir s'affaisser sur elle-même comme un frêle roseau. Toute sa personne, figure, corps et mains, était devenue d'une maigreur très voisine du squelette. Mais à la noblesse que conservait sa démarche chancelante, à la finesse de ses mains desséchées, à la régularité de ses traits, à la grâce majestueuse de ses mouvemens, à l'ampleur des cheveux blancs qui encadraient l'ovale si pur de son visage, au développement de son large front où le chagrin, l'ennui, l'inquiétude, la pensée, que sais-je? avait creusé peut-être plus de rides que le temps lui-même, — on voyait encore qu'elle avait dû être remarquablement belle dans sa jeunesse et dans sa maturité. C'est ainsi qu'on découvre dans les ruines mêmes du temple les traces de sa splendeur passée.

Son sourire doux et fin, son regard suave et pénétrant, sa physionomie calme et affectueuse, mais intelligente, énergique et franche, prouvaient d'ailleurs qu'elle avait eu la beauté morale au même degré que la beauté physique.

En un mot, sous ce double rapport, elle ressemblait à une grande dame du temps de Vandyck qu'on aurait découpée de sa toile.

Monsieur Duplessis l'avait aimée passionnément, mais à sa manière, c'est-à-dire brusquement, rudement, maussadement et arithmétiquement. Les affaires avant les plaisirs, voilà quelle avait toujours été sa devise, comme celle de presque tous les parfaits financiers. Aussi, jeune encore et banquier, n'avait-il accordé à sa femme le temps dont la spéculation, l'escompte et le change de place ne voulaient pas, ce qu'il appelait assez peu galamment ses momens perdus; et, depuis qu'il était vieux et rentier, lui accordait-il moins encore, se complaisant exclusivement dans sa sauvage misanthropie. Si bien que son affection de cacochyme était encore plus platonique que ne l'avait été sa tendresse d'homme mûr. On fait ainsi de bonnes maisons peut-être, mais à coup sûr d'assez mauvais ménages.

Il avait joint d'ailleurs au tort de l'abandon deux torts bien plus funestes encore: une avarice de fourmi, qui était allée jusqu'à imposer à sa femme d'excessives privations de toilette; et une jalousie de tigre, qui s'inquiétait de tout, jusqu'à la priver des amusemens les plus honnêtes.

Nous n'osons donc lui donner l'assurance que son amour ait jamais été partagé par sa belle moitié, de vingt ans moins âgée que lui, et qui, jetée dans ses bras, à peine adolescente, par des considérations purement financières, avait pu lui donner sa dot, mais non pas son cœur.

Or, comme la nature a dispensé un cœur à la femme à seule fin, selon tous les philosophes, qu'elle en dispose en faveur de quelqu'un, la chronique de Francfort prétendit que, ne trouvant pas le placement du sien dans son ménage, la belle Allemande l'avait placé autre part. On signala même lui jeune et beau chevalier de Limbourg comme étant l'heureux donataire de ce trésor. Mais, hâtons-nous de le dire, jamais, jusqu'au jour où Montreuil commit l'ignominie de révéler au vieux Duplessis la teneur ambiguë, mais passablement accusatrice, des lettres que vous connaissez, non, jamais la médisance n'avait porté ses conjectures au delà d'une pure et simple affection. Elle attribuait même à cet amour contenu, à cette passion domptée, le dévouement absolu que madame Duplessis avait témoigné sans cesse au chevalier et à tout ce qui l'intéressait. L'amour devient facilement vertu chez les femmes, et leur jalousie prend alors le caractère de la plus touchante abnégation.

Madame Duplessis en offrait l'admirable preuve, si tant est qu'elle eût vraiment aimé le chevalier, et ce point là du moins nous paraît hors de doute. C'était elle, en effet, qui l'avait marié à Francfort avec une de ses amies d'enfance, fille orpheline d'un magistrat de cette ville, Augusta Mildenolff. Or, il importait à la sécurité, à la vie même des deux époux, que leur mariage restât secret. Le chevalier, fils inconnu mais seul légitime du feu roi de Wardenbourg, avait eu l'imprudence, quelque temps auparavant, d'armer contre lui et les siens d'implacables rivalités, en réclamant devant la sainte-alliance le trône auquel la mort récente de son père lui donnait droit, et qu'occupait, comme nous l'avons dit, une dynastie bâtarde. Donc, que de soins, que de vigilance, que d'inviolable discrétion n'avait-il pas fallu à madame Duplessis, en un pareil état de choses, pour envelopper de mystère une union, connue d'elle seule qui l'avait préparée, et du prêtre seul qui l'avait bénie ! Que d'attentions délicates, que d'incessantes précautions, pour protéger, pour consoler le jeune couple, dont, sous peine de mort, elle devait rester l'unique confidente ! Que de douleurs, enfin, quand le chevalier de Limbourg, revenu clandestinement à Francfort, après plusieurs années d'exil, pour y revoir tout ce qui lui était cher, fut tué, la nuit, on ne sut par quelle main, au coin d'une rue, en 1821, et que l'épouse mourut subitement de désespoir en apprenant l'assassinat de son mari !

Cette existence, toute d'abandon, d'affection froissée, d'abnégation et de sacrifice, dont nous venons d'esquisser le résumé, et qui, depuis son mariage, avait été celle de madame Duplessis jeune femme ; cette existence explique le mélange de bienveillance et de résolution, de découragement et de fermeté, de résignation et de tristesse, qu'exprimait toute la personne de la femme vieillie. Il y avait de l'affaissement moral chez cette créature si heureusement douée, qui était arrivée à l'âge où, si le cœur espère quelque chose encore, c'est de cesser bientôt de battre. N'attendant plus rien de l'avenir, se souvenant à peine du passé, elle continuait à végéter, solitaire et mélancolique, dans le présent, n'ayant que Dieu pour consolation là-haut, et, pour compagne ici-bas, qu'une vieille servante. Cette caménisto n'était autre que la femme Warchell, la paysanne de Kermer, près Francfort, nourrice de d'Aronde et de Pied-de-Céleri. Après la mort de son mari, après l'enlèvement du seul nourrisson qui lui restât, l'autre étant déjà envoyé secrètement en France par madame Duplessis ; enfin, après l'incendie de sa ferme par la main même des ravisseurs de l'enfant (horrible spectacle dont l'émotion l'avait rendue sourde), la pauvre villageoise s'était trouvée heureuse de quitter l'Allemagne, et de suivre sa maîtresse dans une nouvelle patrie. Il est superflu d'ajouter qu'elle la servait avec un zèle et une affection qui tenaient de l'amie bien plus que de la domestique.

C'est ainsi que madame Duplessis achevait de vivre dans l'isolement, pareille à ces flambeaux qui eussent pu illuminer brillamment des fêtes, et qui, faute d'avoir été mis à leur véritable place, se consument, peu à peu, à l'écart, et jettent solitairement leurs dernières lueurs sans avoir jamais éclairé personne.

Au moment où nous avons vu son mari pénétrer dans l'appartement qu'elle occupait seule, madame Duplessis était languissamment assise dans un grand fauteuil de velours d'Utrecht, vêtue d'un long peignoir de cachemire, la tête appuyée contre le haut dossier, le corps légèrement penché en arrière, les mains posées sur les appuis latéraux du siége, et n'ayant auprès d'elle, selon leur habitude, que son affectionnée servante, accroupie à ses pieds, dont le regard attentif enveloppait la vieille femme comme il l'eût fait pour un enfant.

C'était un de ces instans pendant lesquels, immobile, taciturne, le regard perdu dans l'espace, comme sa pensée dans l'infini, la maîtresse de céans s'abandonnait à ces vagues rêveries qui sont, non plus les fiévreuses espérances de la jeunesse, mais les paisibles réminiscences du vieil âge.

Et alors, à la voir ainsi posée, ainsi vêtue, ainsi calme et silencieuse, on eût cru voir une statue d'Hécube, taillée par un habile ciseau dans un beau marbre blanc.

Monsieur Duplessis lui-même ne put résister à l'influence d'un tel spectacle. Il s'arrêta sur le seuil de la chambre, comme frappé de respect, et contempla un instant cette femme qu'il avait vue jadis si belle de sa jeunesse, et qui lui paraissait aujourd'hui, si belle encore de sa vieillesse même.

Enfin il s'avança dans la direction du groupe féminin.

Au bruit de ses pas, la vieille dame se réveilla des méditations où elle était plongée.

— Est-ce toi, Marguerite ? dit-elle d'une voix faible, en cherchant des yeux sa fidèle suivante, et comme si elle eût pu l'entendre.

— Non madame, non chère amie, ce n'est pas Marguerite : c'est moi, répondit monsieur Duplessis, qui n'était pas encore parfaitement remis de sa première émotion.

— Hé quoi ! c'est vous, monsieur ? reprit la vieille dame avec une douce ironie. A quel heureux hasard dois-je donc l'honneur de vous voir ici ?

La douleur de toute une vie était résumée dans ces quelques mots.

— Ce n'est point le hasard qui m'amène, tant s'en faut ! répliqua monsieur Duplessis avec un peu d'embarras et d'hésitation, et en affectant autant de calme et d'affabilité que possible. C'est d'abord le désir assez naturel de vous revoir après une absence...

— En effet, interrompit madame Duplessis du ton de l'insouciance, j'ai entendu dire que vous aviez fait un voyage.

— Oui, chère amie, un voyage à Paris.

— Pour affaires, sans doute, si j'en juge à la précipitation de votre départ, ainsi qu'à la nature de vos préoccupations habituelles ?

— Non, chère amie, un voyage de pur agrément ! répliqua le vieillard, avec le sourire sinistre que nous lui connaissons.

— Vous vous y prenez un peu tard, ce me semble, pour sacrifier au plaisir.

— J'en conviens ; mais que voulez-vous ! je tourne étrangement au guilleret depuis quelque temps ! Je ne sais quelle tarentule m'a piqué, mais je ne puis tenir en place.

— Ce sont peut-être vos économies de gaîté qui demandent enfin une issue. Rien de mieux ; dépensez vos épargnes, monsieur ; il faut bien que vieillesse se passe.

— Vous approuvez ces joviales dispositions ? tant mieux ! cela me donne l'espérance de vous les voir partager.

— J'en doute, monsieur. Je serai probablement plus fidèle que vous aux habitudes de toute ma vie. Mais, au surplus, quelles bonnes nouvelles m'apportez-vous de Paris, pour commencer à me mettre en belle humeur ?

— De bonnes et de mauvaises.

— Et d'abord, comment se porte Julie, ma bien-aimée petite-fille ? Cette chère enfant est-elle encore, je ne dirai pas plus jolie, ce serait impossible, mais plus grande et plus forte ? Pourquoi ne m'avez-vous pas amené cette charmante créature ? Il y a si longtemps que je ne l'ai vue ! Bientôt trois ans ! trois siècles ! Vous auriez dû songer que, depuis la perte de ma pauvre Gertrude, sa mère, c'est hélas ! la seule fille qui me reste.

— Oui, la seule fille ! répéta Duplessis, les poings crispés.

— Eh bien ! donc, que n'y avez-vous songé ?

— Elle n'eût pas demandé mieux que de venir vous embrasser ; mais, quoique bien jeune encore, puisqu'elle compte seize ans à peine, elle a déjà toute la maturité d'esprit qui distinguerait une femme de trente, choisie parmi les plus raisonnables. A défaut de la mère, qui n'est plus, c'est la fille qui administre souverainement la maison paternelle. C'est merveille de voir avec quel empressement chacun obéit aux ordres de cette enfant ! Son père lui-même la craint comme le feu. (Un pauvre sire, que monsieur notre gendre, soit dit par parenthèse !) Quelle admirable femme ! Elle promet d'être aussi bonne que belle, aussi sage qu'enjouée, aussi modeste que spirituelle ! Ah ! certes, ce n'est pas elle qui sacrifiera jamais à la coquetterie ses devoirs sacrés d'épouse et de mère ! Ce n'est pas elle qui trompera jamais son mari ! Ce n'est pas elle...

Le vieillard s'interrompit faute d'expressions, après avoir appuyé sur chacun de ces mots, comme s'ils eussent été autant de poignards pour la conscience de sa femme. Celle-ci n'eut pas même l'air de s'en apercevoir.

— C'est bien ainsi que je l'ai jugée, dit-elle tranquillement, et je m'en réjouis ! Mais vous avez parlé de monsieur Appencherr, son père. Donnez-moi des nouvelles.

— L'insensé baron, au contraire, ne fait que croître et enlaidir. Monsieur notre gendre vise au Turcaret plus que jamais, et je ne sais véritablement où s'arrêteraient les ridicules espiègleries de ce demi-siècle, sans la terreur salutaire que lui inspire son jeune mentor.

— Hélas ! si quelque chose au monde pouvait consoler de la perte d'une fille chérie, le caractère de cet homme serait bien propre à me faire regretter moins vivement notre pauvre Gertrude !

— Je le pense comme vous, ajouta monsieur Duplessis, se laissant entraîner malgré lui en dehors des machinations qui l'avaient amené, et ne sachant comment faire pour aborder le véritable sujet de sa démarche. Du reste, ajouta-t-il pour tâcher d'y revenir, il est une justice à lui rendre : c'est que ce lovelace en cheveux gris ne séduit jamais que les victimes de beaucoup de ses prédécesseurs. En ce moment même, il radote d'une Phryné, d'une Laïs, d'une Aspasie, d'une lorette, comme on dit maintenant, laquelle *le fait tourner en bourrique*, selon l'élégant idiome de la jeunesse dorée de nos jours. Vous me pardonnerez l'expression, chère amie, en faveur de son élégante origine. Les galans d'autrefois s'exprimaient plus poétiquement, n'est-ce pas ? L'indifférence de la femme aimée était pour eux un douloureux martyre ; on l'accusait d'avoir un cœur de rocher ; on la traitait de barbare et de cruelle, quand elle était cruelle et barbare, ce qui n'arrivait pas toujours, n'est-il pas vrai, chère amie ?

Madame Duplessis ne répondit pas à cette question captieuse. Monsieur Duplessis continua :

— Bref, je le répète, notre gendre n'est pas de ces Don-Juans dont l'unique plaisir est de porter le trouble dans les plus heureux ménages, de faire déchoir des anges, de déshonorer des femmes honnêtes !

— C'est là du moins, en effet, une circonstance très atténuante, répliqua tranquillement madame Duplessis.

— Toujours rien ! pensa le vieillard. Comment faire ? comment entamer la question ?

— Est-ce là tout ? reprit sa femme.

— Non, chère amie. J'ai aussi à vous donner des nouvelles de monsieur... de monsieur d'Aronde !

— De monsieur d'Aronde ? s'écria la vieille dame, avec toute la vivacité dont elle était encore capable.

Monsieur Duplessis sourit amèrement. Il lui sembla qu'une émotion étrange avait agité sa femme, à ce nom, qui eût dû être insignifiant pour elle, si d'Aronde n'eût jamais été qu'un simple employé dans la maison de banque de son gendre.

— Et ces nouvelles, monsieur, reprit madame Duplessis, avec un intérêt qu'elle ne songeait nullement à déguiser ; ces nouvelles, de grâce ! sont-elles bonnes ou mauvaises ?

— On ne peut plus mauvaises, madame, répondit Duplessis.

— O mon Dieu ! s'écria tristement la vieille dame, devenue tout à coup plus pâle encore que d'habitude.

— Bravo ! j'ai touché juste, cette fois, pensa l'impitoyable vieillard. J'ai trouvé enfin le défaut de la cuirasse. Attaquons ! redoublons ! frappons ! Malheur à moi, mais malheur à elle !

XVI.

LE QUART D'HEURE DE RABELAIS.

— Hé bien ! monsieur, reprit madame Duplessis, après le moment de silence pendant lequel son mari s'était applaudi tout bas d'avoir enfin trouvé le côté vulnérable du cœur de la vieille dame ; eh bien ! monsieur, quelles sont donc, je vous prie, les fâcheuses nouvelles que vous rapportez de Paris, en ce qui concerne monsieur d'Aronde ?

— Sachez d'abord, madame, répondit monsieur Duplessis, qui était parvenu à dompter sa colère, sachez que ses affaires sont en ce moment dans l'état le plus déplorable.

— N'est-ce que cela ? vous me rassurez. Monsieur d'Aronde est jeune. Vingt-sept ans à peine. Il a de l'intelligence, du courage, de l'activité, du crédit. Avec cela, on répare bien vite des revers de fortune.

— Hélas ! madame, je ne saurais partager votre confiance. Sa ruine doit être complète à l'heure qu'il est. Du moins, ai-je tout lieu de l'esp.... de le craindre.

— En ce cas, monsieur, ne pouvons-nous donc lui venir en aide ?

— Lui venir en aide, madame ? répondit Duplessis avec une sorte de joie féroce. Oui, oui, certainement !... C'est ce que j'ai fait !... je lui suis venu en aide..., et puissamment, je vous jure !... Vous me voyez ravi d'avoir devancé vos touchantes intentions. On est toujours sûr de bien faire quand on vous imite d'avance. Si je lui suis venu en aide, à ce pauvre jeune homme ? Ah ! certes, et de plus d'une façon ! La modestie seule m'empêche de vous dire tout ce que j'ai fait pour lui. J'aurais l'air de viser au prix Montyon, et, vous le savez, mes goûts ne m'ont guère porté jamais vers ce genre de succès. Mais sans doute vous apprendrez cela quelque jour, quand je n'aurai plus à craindre aucun rapport académique.

— Soit, monsieur ! soit, mon ami ! gardez le secret de votre bonne action. Je ne vous en remercie pas moins de fond du cœur.

— Du fond du cœur... je comprends cela... Vous avez toujours été d'une sensibilité exquise. Malheureusement, ce que j'ai fait... (oh ! là, du fond du cœur, aussi !.. je vous prie de le croire !...) ce que j'ai fait, ou, pour mieux dire, ce que j'aurais pu faire, n'eût point suffi dans la position où se trouvait notre cher protégé. On n'éteint pas un incendie en jetant un verre d'eau dessus, on ne sauve pas l'homme qui se noie en lui tendant un fil, on ne raffermit pas la maison qui croule en l'étayant d'un simple roseau.

— Que parlez-vous, mon ami, de si faibles secours ! Ne pouvons-nous davantage ? Nous avons une immense fortune. Quel plus bel usage en pourrions-nous faire que de sauver un honnête homme ? J'approuve d'avance tout ce que vous imaginerez dans ce but, mon ami.

— Je n'en doute pas, mon amie. Toujours du fond du cœur ! Permettez, cependant... Il est des bornes à tout, excepté, selon toute apparence, à la pitié que vous inspire monsieur d'Aronde... Je ne vous en blâme pas... La pitié, comme on dit, n'est pas de l'amour, du moins à votre âge. Mais réfléchissez, je vous prie... Nous n'avons pas de garçon... le ciel m'a refusé ce bonheur à moi... mais nous avous une petite-fille. Or, on se doit à ses enfans... à ses enfans légitimes surtout... Vous le savez mieux que personne, chère amie, vous qui avez toujours été si bonne mère, n'est ce pas ?... Sacrifier les intérêts de Julie, notre charmante petite-fille, à ceux d'un étranger, je n'hésite pas à le dire, ce serait un acte coupable, un acte de dol et de fraude. Je lis sur votre figure, je crois, que vous n'êtes pas de cet avis. Cela m'étonne. Permettez-moi de vous demander, en ce cas, s'il n'y a pas d'indiscrétion, quelle peut être la cause d'une sympathie si vive, si prodigue, si illimitée, en faveur de monsieur d'Aronde ?

— Hé ! monsieur, quoi de plus naturel ! s'écria madame Duplessis avec un entraînement qu'elle réprima aussitôt. Non, pensa-t-elle, pas un mot. Je l'ai promis à son père mourant. Gardons jusqu'au tombeau ce fatal secret. Une telle révélation pourrait avoir de terribles conséquences. Le passé fait préjuger de l'avenir !

— Vous ne répondez pas, madame ? reprit le vieillard, dont le visage était devenu pourpre, et qui faisait d'incroyables efforts pour ne pas éclater. La présence de cette femme gênerait-elle vos confidences ? ajouta-t-il en indiquant d'un geste dédaigneux la femme Warchell, qui continuait d'occuper un tabouret bas aux pieds de la vieille dame, les coudes appuyés sur les genoux, la tête entre les mains et l'œil fixé sur sa maîtresse. Rassurez-vous. N'est-elle pas sourde ? Et d'ailleurs, depuis tantôt trente ans qu'elle est à votre service, que pourrait-elle entendre qu'elle ne sût déjà ? Vous n'avez jamais rien eu de caché pour elle, j'imagine. Elle doit connaître vos plus intimes pensées comme vous-même. Achevez donc sans crainte, madame, l'explication que vous aviez si bien commencée. Rien de plus naturel, disiez-vous, que votre sympathie pour M. d'Aronde.

— Mais en effet, monsieur, cette sympathie, cette affection tutélaire, n'est-elle pas un legs que nous a fait notre pauvre défunte ? M. d'Aronde n'était-il pas, pour ainsi dire, son fils d'adoption ? N'est-ce pas Gertrude, monsieur, qui l'avait recueilli, jeune encore ; qui l'avait fait élever, l'avait placé ensuite dans la maison de notre gendre, son mari, et lui avait fourni enfin les moyens de se créer une existence indépendante ? Ne serait-ce pas continuer l'œuvre de notre fille, que de secourir aujourd'hui son protégé ?

— C'est possible, mais votre réponse, chère amie, ne fait que reculer la difficulté. S'il est vrai qu'elle explique tant bien que mal notre sympathie, à nous, elle n'explique pas du tout la sienne. Quant à moi, je l'avoue, j'ai toujours trouvé fort étrange la conduite de Gertrude dans cette affaire. Hé quoi ! jeune femme, ramasser sur chemin, au fin fond d'un village, le village d'Aronde, un petit polisson qu'on met dans sa chaise de poste, qu'on dorlote, qu'on amène à Paris, qu'on décrasse, à qui l'on donne des maîtres de toute sorte, une place chez soi, et des capitaux importans pour s'établir, le tout, à l'insu de son mari ! Allons donc ! c'est insensé, et si, dès cette époque, nous n'avions eu déjà quitté la capitale pour nous retirer à Ernée, je me fusse certainement opposé de toutes mes forces à cette extravagance. Heureusement, l'âge de Gertrude et celui de l'enfant ne permettaient aucune supposition de nature à porter atteinte à son honneur, mais sa conduite n'en était pas moins d'un romanesque à faire traiter de folle une Anglaise elle-même. Or, on ne s'expose pas en France au ridicule d'une telle philanthropie, sans avoir d'impérieux motifs. Quels étaient ceux de Gertrude ? Je les ignore, mais vous, chère amie, vous les connaissez assurément.

— Je les connais, répondit fermement la vieille dame, qui ne voulut pas laisser peser une accusation de folie sur la mémoire de sa fille ; et j'atteste qu'ils étaient aussi louables que puissans.

— Je n'en fais aucun doute, puisque vous le dites. Vous êtes, en matière d'honorabilité, chère amie, un juge dont je reconnais la compétence. Mais je ne serais point fâché de partager votre admiration autrement que sur parole.

Ne puis-je les savoir à mon tour, puisque l'occasion s'en présente, ces puissans et louables motifs ?

— Non, monsieur ; c'est un secret qui ne m'appartient pas, et sur lequel j'ai juré de me taire.

— Oh ! c'est vrai ! pardon, chère amie, pardon ! reprit le vieillard avec une légèreté railleuse. J'étais un indiscret, un butor, un franc étourdi ! J'oubliais qu'il est des révélations auxquelles un mari a moins droit que tout autre. Mais on peut s'en passer. Les énigmes de ce genre ne sont pas impénétrables. Voulez-vous que je vous dise ce qu'il y a au fond de ce détestable logogriphe ? Quelque enfant de l'amour et du hasard, dont le noble père a voulu garder l'anonyme, dont la prudente mère a cru devoir prendre Gertrude pour confidente, pour intermédiaire, et qui, pour unique preuve de tendresse, n'a reçu de ses dignes parens qu'une misérable somme d'argent pour vivre, avec le nom d'un obscur village pour tout nom de famille. Infame que tout cela !

— Monsieur, interrompit sévèrement madame Duplessis, ce sont là des jugemens bien téméraires !

— C'est ce que l'avenir dira ! reprit le vieillard. Mais le ciel est équitable. Les traditions de honte menacent de se conserver religieusement dans cette race ténébreuse.

— Que voulez-vous dire, monsieur ?

— Qu'à l'heure où je vous parle, madame, la femme du bâtard imite peut-être sa mère. Ce sera justice. Oh ! les femmes ! continua monsieur Duplessis en s'exaltant. La nature a donc voulu qu'elles ne fussent que ruse, qu'ingratitude, qu'inconstance, que duplicité !... Il y a des exceptions sans doute, reprit le vieillard en se calmant tout à coup ; et certes, je puis en douter moins que tout autre, moi qui ai joui du rare bonheur d'en rencontrer une, n'est-ce pas, chère amie ? Non, non, ce n'est pas toi qui aurais jamais trahi ta foi ! qui te serais jamais mise dans la nécessité d'entourer tes actions d'un coupable mystère ! qui aurais oublié jamais ce que tu devais au soin de mon honneur !

— A quoi bon ces éloges ? interrompit simplement madame Duplessis. On n'en mérite pas pour n'avoir fait que son devoir.

— Hé quoi ! pensa le vieillard en l'examinant, pas même le plus léger signe de remords ! Quelle perversité ! Je ne suis pas de cet avis, chère amie, reprit-il tout haut. Il est des devoirs difficiles à accomplir, et celui-là paraît être du nombre, si l'on en juge d'après l'histoire de l'humanité tout entière. Toi, par exemple, n'as-tu pas eu à t'y résigner un mérite vraiment extraordinaire ? Beaucoup de saintes n'en ont pas eu davantage. Jeune, jolie, spirituelle, romanesque et tendre ; mariée à un homme de vingt ans plus âgé que toi, que ses affaires obligeaient souvent à de longues absences, dont l'esprit positif devait offrir peu d'analogies avec le tien, dont l'humeur morose, brusque et atrabilaire, donnait malheureusement à l'affection même les apparences de l'indifférence et de la haine ; enfin, cajolée, fêtée, adulée en Allemagne par tout ce que les salons de son associé, le vieux baron Appenchcrr renfermaient d'hommes distingués et élégans ; oui, je le proclame avec orgueil, il a fallu que tu fusses dix fois vertueuse pour ne pas céder à tant de séductions réunies.

— Hé ! mon Dieu ! monsieur, faites-moi grâce de mon panégyrique ! Je n'ai jamais aimé les feux de Bengale.

— Du tout ! du tout ! il faut que tu subisses ton apothéose jusqu'au bout. Te souviens-tu, notamment, du voyage que je fis en 1817 à Paris, où je restai loin de toi pendant dix-huit grands mois ? Que de fautes une femme ordinaire ne pourrait-elle point commettre en un tel espace de temps ! C'est presque incalculable. Or, il y avait là, près de toi, entourant ton admirable beauté de trente ans, comme on admire le fruit après les fleurs, de charmans jeunes hommes, d'élégans fils de famille, de brillans officiers, d'illustres princes, des rois même.

— Des rois ? interrompit vivement madame Duplessis.

— Nous y voici ! pensa le vieillard, qui continua avec la même hypocrite douceur : Oui, sans doute, des rois, ou tout au moins du bois dont on les fait ; des présomptifs, des monarques en expectative. Ne te souvient-il donc plus de ce gentil cavalier, si beau, si brave, si spirituel, si distingué, si riche, si aimable en un mot, qui possédait des millions en dépôt chez mon associé, qu'on appelait modestement le chevalier de Limbourg, dont les droits au trône de Wardenbourg venaient d'échoir par la mort de son père, le ci-devant comte de Zanau, et qui était venu cacher à Francfort son anonyme souveraineté ?

— Je m'en souviens, répondit la vieille femme, d'une voix faible, la pâleur au front, et en portant la main à son cœur, comme pour en comprimer les battemens.

— Ce qui augmentait encore le charme d'un tel personnage, reprit monsieur Duplessis, qui était devenu verdâtre en surprenant l'émotion de sa femme, c'était sa qualité de proscrit, n'est-il pas vrai, chère et sensible amie? Hé bien! celui-là ne fut pas plus favorisé que les autres. Mon Dieu! non. Et ce fut heureux pour tout le monde, continua-t-il d'un air de plus en plus menaçant, et en se promenant à grands pas dans l'appartement. Heureux pour moi! heureux pour toi! heureux pour lui et pour sa race, jusqu'à la dernière génération! Car, s'il en eût été autrement, malédiction! N'eussé-je découvert mon déshonneur qu'après dix ans, qu'après vingt ans, qu'après cinquante ans de confiance, non! ma vengeance n'en eût été ni moins légitime ni moins terrible! Il n'y a pas de prescription pour de tels crimes! Mais à quelles stupides hypothèses m'abandonné-je ici! reprit-il avec une joie sinistre, en se contraignant de nouveau, et en se rapprochant du fauteuil de sa femme. A-t-il rien de plus sot que la jalousie par supposition! Toi coupable! toi? toi? Allons donc! Toi le modèle de toutes les vertus recommandées par le catéchisme! Toi qui en eusses remonté à Lucrèce! toi auprès de qui Suzanne n'eût été qu'une dévergondée! Quelle folie! C'est tellement niais que j'en ris de pitié moi-même. Imite-moi, chère amie : moque-toi de moi; ris au nez d'un vieux jaloux; ris, ris! De la gaîté, morbleu! C'est même là le principal objet de ma visite. Apprenez, chère amie, que nous avons grand gala, aujourd'hui.

— A quel propos, bon Dieu ?

— Mais... ne fût-ce qu'à propos de notre bien-venue dans ce pays-ci, le prétexte serait déjà plus que suffisant.

— Comment! un dîner de bien-venue après quinze ou vingt ans de séjour !

— Ce serait un peu tardif, j'en conviens; mais les choses tardives n'en sont pas moins excellentes ! Vous en jugerez! Donc, chère amie, voici l'heure; faites signe à votre sourde, à cette estimable camériste, qui est là, accroupie à vos pieds, fidèle et vigilante comme un caniche, et me regardant avec des yeux si ahuris; faites-lui signe de vous aider. Je veux que vous soyez belle aujourd'hui, comme aux beaux jours de votre jeunesse. Voyez-moi: c'est mon costume de noces que j'ai endossé pour la circonstance.

— En vérité, mon ami, je suis souffrante de corps, et peu disposée d'esprit à me mêler à de telles joies. Dispensez-moi, de grâce, de vous accompagner.

— Y pensez-vous, chère amie ? N'êtes-vous point la maîtresse de céans ? n'est-ce pas à vous qu'il appartient de présider aux fêtes qui s'y donnent? Si ce n'est point un plaisir, c'est un devoir du moins, et vous ne sauriez manquer à celui-là, qu'il est si facile d'accomplir, quand vous en avez accompli d'autres, qui étaient si difficiles! Et puis, sans vous dire prématurément le mot de ma charade, il s'agit d'une agréable surprise. L'héroïne ne saurait manquer à la solennité dont elle sera la reine. Hâtez-vous donc. Je vous en prie, je le veux!

Madame Duplessis obéit à ces mots avec la résignation dont elle avait contracté la longue habitude ; elle se laissa revêtir de ses plus beaux atours, prit le bras de son mari, se rendit au salon, où les convives, déjà tous réunis, s'empressèrent de lui présenter leurs respectueux hommages.

— Madame est servie ! cria bientôt du seuil le majordome ; et l'on se rendit dans la salle du festin.

Madame Duplessis était la seule femme présente. Elle avait à sa droite le curé, à sa gauche le maire, et pour vis-à-vis son mari, qui, de son côté, avait à sa gauche le lieutenant de gendarmerie et à sa droite le juge de paix. Venaient ensuite, selon leur importance, conformément à l'usage, les autres invités, au nombre desquels figurait naturellement monsieur Duplessis neveu. Messieurs les clercs du jeune notaire, divisés en deux bandes joyeuses, occupaient chacun des bouts de la table. On remarquait parmi eux, à son air méditatif, le poëte que vous savez. Il était visible qu'il continuait de se réciter à lui-même son fameux quatrain, afin de ne pas l'oublier, et de saisir au vol l'occasion favorable de le placer avantageusement.

La vieille Allemande se tenait debout derrière le siége de sa maîtresse, attentive comme toujours à ses moindres mouvemens.

Le dîner se passa à l'instar de tous les grands dîners. On se tait, on s'observe et l'on mange au commencement ; puis, peu à peu, des entretiens à voix basse s'établissent de voisins à voisins; puis, le vin échauffant les têtes, la conversation devient générale, bruyante, tumultueuse ; et enfin les rires, les gais propos, et parfois même les boulettes de pain, s'échangent d'un bout de la table à l'autre.

La seule particularité remarquable, et qui, dans l'esprit des convives, ne dut pas assurément passer pour le miracle le moins étonnant de cette journée si fertile en miracles, ce fut de voir le vieil amphitryon boire autant qu'il mangeait peu, lui que l'avarice avait abreuvé d'eau pure toute sa vie.

Vingt fois, pendant le cours du dîner, le poëte s'était levé pour réclamer le silence et se soulager de son quatrain; vingt fois la voix de ses camarades avait couvert méchamment sa voix, et leurs mains, envieuses de sa gloire, il le croyait ainsi, l'avaient forcé de se rasseoir en le tirant par les basques de son habit. Mais enfin le moment des tostes était venu avec le fromage. C'était la dernière occasion, l'occasion *sine quâ non* ; il n'y avait plus une minute à perdre ; le poëte prit une résolution suprême : il se leva une vingt et unième fois, et, se maintenant debout et en équilibre, malgré tous les efforts tentés par ses adversaires pour le faire dévier encore de la perpendiculaire, il parvint, au milieu du vacarme, à faire comprendre par signes qu'il demandait audience.

— Chut ! chut ! fit-on de toutes parts.

Et alors, au milieu d'un profond silence, le poëte prit ainsi la parole, en rejetant ses cheveux en arrière d'un coup de tête, et en se promenant la main sur le front, afin de se donner un faux air d'improvisation :

Pour fêter les vertus des époux dits Bonnard,

Non, non, dit-il en se reprenant :

Pour fêter les vertus des époux Duplessis,
En ce jour sans pareil l'amitié nous rassemble.
Buvons à leur honneur et fêtons tous ensemble...

— *Cupidon et la soupe au lard*, lui souffla tout bas un de ses ennemis, en profitant du léger temps d'arrêt pendant lequel le poëte cherchait à se rappeler sa dernière variante. Mais le poëte resta impassible, et débita, sans broncher, son quatrième vers que voici :

Leur caractère aimable, et les jeux et les ris!

Un tonnerre de bravos et d'applaudissemens plus ou moins ironiques accueillit ce charmant impromptu.

Le vieux Duplessis, qui sans doute avait suffisamment bu de courage, se leva à son tour, la figure enluminée, l'œil ardent, le sourcil froncé, la voix brève, et dit avec une émotion qu'il ne dominait qu'imparfaitement, mais dont on ne pouvait connaître encore la véritable cause :

— Messieurs et chers convives, je vous remercie le jeune poëte que vous venez d'applaudir, de m'avoir fourni l'occasion de vous expliquer pour quel motif je vous ai réuni autour moi, dans ce jour qu'il a raison, grandement raison d'appeler *sans pareil*. Ce jour est en effet le quarante-troisième anniversaire de mon mariage. Oui, voilà quarante-trois ans, jour pour jour, que la femme, la vénérable femme qui préside si dignement à cette solennité, a bien voulu se charger du soin de mon bonheur, en me remettant celui de sa félicité. Je ne sais si j'ai convenablement rempli ma mission, mais ce que je sais du moins, preuves en main, c'est qu'elle a rempli admirablement la sienne ! J'ai voulu l'en remercier hautement, à la face de tous! Allons, messieurs, faites-moi raison. Je bois au modèle des mères ! au modèle des épouses ! à ma digne et sainte femme ! à madame Duplessis !

— A madame Duplessis ! s'écrièrent tous les convives, en se levant et en trinquant à la ronde.

Madame Duplessis s'inclina avec grâce et modestie, en signe de remercîment.

Mais tout à coup un bruit extérieur, étrange, formidable, incompréhensible, se fit entendre au bas des fenêtres de la salle à manger, et étouffa soudain le cliquetis des verres qui s'entre-choquaient.

— Si le vieux ladre a prétendu compléter la fête par une sérénade, dit un des clercs à son voisin, les virtuoses ont diablement oublié de se mettre d'accord. Quel abominable vacarme !

— On dirait, en effet, répondit l'autre, d'une symphonie de pelles, de pincettes, de lèchefrites, de chaudrons, de crécelles et de cornets à bouquins.

— Bravo ! pensa le vieux Duplessis. Mes hommes sont de parole. Voilà qui est singulier ! continua-t-il tout haut. Voyons donc un peu.

Et ce disant, il se dirigea, au milieu de l'étonnement général, vers une des fenêtres, qu'il ouvrit.

— Qu'est-ce? cria-t-il au dehors, et que signifie un pareil tapage?

— Charivari pour la femme coupable ! charivari pour le mari berné ! charivari pour le scandale et la sottise ! répondit la foule en redoublant le tintamarre.

— Oui, oui, mes amis, charivari, charivari ! répondit le vieillard, en changeant subitement de ton et de langage. Charivari ! Jamais l'antique usage n'a vengé plus justement la morale outragée ! Et en effet, c'est assez feindre, messieurs et chers convives, continua-t-il d'une voix stridente, en revenant à sa place. *Vox populi, vox Dei.* La voix du peuple est la voix de Dieu. A bas les masques! Il en est temps! Cette femme, dont je vous faisais le menteur éloge; cette femme est une misérable ! une hypocrite ! une épouse adultère ! une courtisane éhontée, qui n'a pas craint de déshonorer mon nom ! En voulez-vous la preuve ? La voici, ajouta-t-il, en lançant, d'un geste épileptique, à la face de madame Duplessis, les lettres qu'il tenait de Montreuil. Malédiction sur elle ! Ce n'est point à sa glorification que je vous ai conviés ici, c'est à sa honte ! c'est à ma juste vengeance !

La vieille servante alors, soutenant d'une main sa maîtresse évanouie, et frappant de l'autre sur la table, se mit à crier d'une voix qui domina l'affreux tumulte :

— Je ne sais pas ce qu'il dit, mais, si je suis sourde, je ne suis point aveugle; je vois à l'émotion de madame, je vois à la figure et aux gestes de cet homme, je vois à votre horreur à tous, je vois qu'il dit du mal de ma pauvre maîtresse. Hé bien ! s'il en est ainsi, ne le croyez pas ! Il ment, j'en jure Dieu, il ment !

On comprend que peu soucieux d'assister jusqu'au bout à une pareille scène de famille, les convives s'étaient esquivés, aussi lestement que ceux de Balthazar à la vue du *Mané Tecel Pharès* qui s'écrivit en lettres de feu sur la muraille de son festin.

Le jeune neveu et la vieille servante emportèrent dans son appartement madame Duplessis presque mourante.

Le vieillard resta dans la salle déserte, affaissé sur le siège où il était retombé sans force, les bras pendans, l'œil hagard, la face livide, comme anéanti, comme hébété.

Le prêtre seul était demeuré de l'autre côté de la table, debout, les bras croisés sur la poitrine, la figure triste et sévère, en face du vieillard, les yeux fixés sur lui, attendant le moment propice de faire entendre la parole de paix.

XVII.

LES PRÉCEPTEURS DANS L'EMBARRAS.

Tandis que se passaient, d'un côté, les derniers incidens dont le récit précède, et dans lesquels figurent les époux Duplessis, la femme Warchell, les époux d'Aronde, Brioude, Tiennette, le Balancier, Simonne, la Tête-de-Pipe, et les barons Appencher, père et fils, — Montreuil et ses acolytes agissaient de leur côté, à la suite de la scène où nous avons vu Pied-de-Céleri abandonner à regret, pour les suivre, la maison mystérieuse de la butte Montmartre. Son maître, monsieur Masson, qui semblait mû, dans cette circonstance comme dans toutes les autres, par des motifs étranges, que lui seul connaissait, n'avait mis, on se le rappelle, qu'une seule condition au départ de son commensal, nous dirions presque de son domestique, devenu tout à coup l'héritier, disait-on, du trône de Wardenbourg. Cette condition mystérieuse, c'était que, dans la bonne comme dans la mauvaise fortune, au milieu des succès plus ou moins problématiques, ou des revers plus ou moins certains, auxquels les trois suicidés du bois de Boulogne étaient venus l'appeler dans sa masure, Sa Majesté plus ou moins authentique ne se dessaisirait jamais de l'anneau dont il venait de la gratifier, et dont, vous vous en souvenez, le Lovelace au rabais avait fait jusqu'alors un si captieux usage envers les naïves grisettes de la localité.

Cette condition posée, acceptée et jurée, nos quatre aventuriers étaient rentrés nuitamment dans Paris et s'étaient fait conduire à l'hôtel des Princes. Le comte de Montreuil avait pour principe que les plus gigantesques monumens se composent de petites pierres, que l'univers est formé de molécules, que ce sont les parties qui constituent le tout, et que, par conséquent, dans n'importe quelle chose, le succès de l'ensemble dépend uniquement de la perfection des détails. C'était à César, à Richelieu, à Fulton, à Alexandre, à Machiavel et à Jacquard, à tous les grands hommes de la politique, de la guerre et de la mécanique, qu'il avait emprunté cette règle de conduite. Il avait donc choisi d'emblée l'hôtel des Princes pour quartier-général, à cause tout à la fois du titre, de l'histoire et de la splendeur de ce séjour. Presque toutes les majestés déchues, présomptives ou régnantes, ont logé là depuis soixante ans, dans cette royale auberge, comme dirait Béranger, laquelle est, pour les principautés errantes de notre temps, ce qu'était la fameuse table d'hôte de Venise, du temps de Candide et du docteur Pangloss.

En raison de ses longues persécutions dont son usurpation des papiers et du nom du défunt Muller lui avait attiré l'inexplicable désagrément, de la part d'on ne savait quelle cour du Nord, Roussignan voyait désormais partout de secrets de Saint-Pétersbourg ; il avait, pour ainsi dire, une jaunisse d'espions. Roussignan s'était donc récrié contre le choix d'un tel domicile, sans cesse ouvert, pensait-il, à l'œil investigateur de la police septentrionale.

Dabiron avait craint de son côté d'y être aperçu par quelqu'un de ses innombrables créanciers, à cause de la situation de l'hôtel, placé justement sur leur trajet obligé, entre la grande Bourse et la petite, entre celle de la rue Vivienne et celle du passage de l'Opéra, à deux pas de l'une et de l'autre.

— Vous êtes monotones tous deux, avec vos terreurs de créanciers et de mouchards ! avait répliqué Montreuil. Croyez-vous que le fils de Philippe, que l'élève d'Aristote, eût jamais fait la conquête de l'Asie, s'il eût cédé bêtement à la peur des espions de Darius, ou au remords cuisant de quelques dettes criardes qu'il pouvait laisser en Macédoine?

— A bas les Russes ! avait ajouté Pied-de-Céleri, dans le

style peu académique dont vous vous souvenez, et que rien n'avait pu lui faire perdre. Et d'ailleurs, il n'y a plus de Russes. Je les ai tous vu exterminer chez Franconi, du temps que je joignais, à la porte du Cirque, le commerce des contremarques à celui des bouts de cigare.

— O incompréhensibilité des décrets du destin! s'était écrié Montreuil, en souriant ironiquement. O bizarres conséquences des révolutions ! Une majesté avoir débuté dans le monde par ramasser des rebuts de panatellas! Mais, en définitive, il vaut mieux commencer que finir par là. Je ne puis d'ailleurs qu'applaudir à l'héroïque exclamation qui est échappée tout à l'heure à votre glorieuse Majesté contre les successeurs de Catherine ; contre les protecteurs de la dynastie bâtarde et usurpatrice de la couronne de Wardenbourg ; en un mot, contre les implacables persécuteurs de la dynastie légitime dont vous êtes l'auguste représentant. Quant au reste, je suis le chef de l'expédition ; vous voulez bien me confier cette mission importante, et c'est à l'hôtel des Princes que je juge utile de fixer provisoirement le centre de nos opérations. Le choix du quartier-général a décidé de plus d'une grande bataille.

Les quatre conjurés s'étaient donc installés dans le beau caravansérail de la rue Richelieu.

Chacun d'eux, on l'a vu, avait son caractère spécial, qu'on peut résumer en peu de mots.

Montreuil n'était pas un ambitieux vulgaire. Élégant de manières, simple de goûts, sobre de besoins, flegmatique de tempérament, et plus orgueilleux que vain, ce qu'il voulait, ce qu'il aimait, ce qu'il avait cherché toute sa vie, à travers mille intrigues, c'était le pouvoir, pour le pouvoir, et pas du tout les jouissances matérielles qu'il procure. Incapable, d'ailleurs, d'affronter un danger physique, non point par crainte du danger même, mais par horreur de tout acte brutal, il était au contraire d'une audace d'esprit incroyable, dans le calme du cabinet, et la témérité de ses plans ne s'arrêtait pas toujours aux limites de l'impossible.

L'ex-coulissier Dabiron était l'exacte contre-partie de Montreuil : ardent au plaisir, insatiable de jouissances, et plus vain qu'orgueilleux, il ne voyait dans le pouvoir que la fortune, dans la fortune que la jouissance, et dans la jouissance que cette série de soupers fins, de bals fashionables, de parties de campagne et de faciles conquêtes dont se compose l'existence de cette population étourdie et sensuelle qu'on appelle *viveurs*. C'était d'ailleurs, au rebours de Montreuil, l'audace physique unie à la poltronnerie morale, de même que Montreuil était l'audace morale unie à la poltronnerie physique. Dabiron eût affronté, dans un duel ou dans une bataille, vingt épées, vingt pistolets, vingt canons, sans sourciller, sans rompre d'une semelle ; mais il avait une peur irrésistible de tout danger civil : le procureur du roi troublait parfois ses plus doux rêves, l'avoué était un de ses cauchemars, un clerc d'huissier l'eût mis en déroute, le papier timbré lui donnait des éblouissemens, un simple garde du commerce l'eût appréhendé sans résistance, et il n'avait jamais pu apercevoir le tricorne galonné de la gendarmerie sans se sentir frissonner des pieds à la tête. On comprend qu'à la suite d'une ruine irréparable, par crainte des recors et au point de vue de la déconsidération qui pouvait s'ensuivre pour lui, sur la place de la Bourse, à Tortoni et tout le long du boulevard Italien, un pareil homme eût préféré la mort, nous ne dirons pas même la misère, nous dirons simplement à la gêne, à une vie de privations, à une existence décolorée. Et encore, quelle mort ? une mort de vaniteux, avec cinquante louis, trois billets de mille francs dans sa poche, afin de n'être point rangé par l'opinion du foyer de l'Opéra dans la misérable catégorie des besogneux posthumes.

Quant à Roussignan, c'était le revers des deux médailles précédentes. Il poussait la poltronnerie physique et morale jusqu'où commence probablement le caractère du lièvre dans l'échelle des êtres ; mais cela surtout, depuis que le peu d'intrépidité dont la nature l'avait doué s'était vu mettre à de si rudes épreuves, par suite de son imprudente métamorphose en Muller. Irrésolu de sa nature, il n'avait jamais de décision invariable, de résolution ferme, de parti-pris soudain, que lorsqu'il s'agissait de se mettre à table. Goinfre et ivrogne, de même que Montreuil était tempérant, et Dabiron gourmet, il ne considérait la vie que comme un festin plus ou moins long, et n'avait d'intrépidité que contre la boustifaille, ainsi que disait Rabelais. Dix bouteilles par jour ne lui causaient aucune épouvante. On comprend que Roussignan-Muller eût voulu se pendre pour échapper aux simples taquineries des Russes, se suicider par horreur de la soif et de la faim, se tuer, en un mot, par crainte même de la mort.

Enfin, Pied-de-Céleri pouvait être regardé comme la négation des trois autres. C'était l'insouciance même, l'irréflexion et l'inintelligence. Gourmand et buveur sans expérience, et par conséquent sans goût, il eût vécu de perdreaux truffés sans plus de plaisir que de noix et de pain bis, et se fût délicieusement abreuvé de coco, comme Montreuil d'eau claire, Muller de vin à six, et Dabiron de champagne. Quant à son intrépidité, ce n'était que l'ignorance même du danger. Il suffisait de le lancer contre le péril, pour qu'il s'y précipitât aveuglément, pareil à la stupide boule qui roule sans savoir où, se ruant à travers les quilles sans savoir pourquoi.

Dès le lendemain de l'installation des quatre aventuriers à l'hôtel des Princes, Montreuil commença l'exécution de son plan.

La question somptuaire se présenta tout d'abord. Malgré la sévérité de l'incognito dont la prudence lui faisait une loi jusqu'à nouvel ordre, l'héritier d'un trône ne pouvait cacher son rang sous une casquette, sous une veste, sous un simple pantalon de toile grise. C'eût été par trop démocratique.

— L'habit ne fait pas le moine, dit Montreuil, mais il contribue diantrement à faire le roi. Sa Majesté est mal culottée. Elle a cela de commun avec feu Dagobert. Il faut suivre le précepte de saint Éloi. Qu'on fasse venir Humann.

Humann vint, et, en deux fois vingt-quatre heures, la toilette de Sa Majesté eût pu être avouée par un dandy émérite.

Pied-de-Céleri avait la vanité naïve du sauvage, qui se trouve d'autant plus beau qu'il est plus chargé de verroteries. Il fut émerveillé de lui-même lorsqu'il put se contempler dans les glaces de l'appartement, métamorphosé en fashionable, avec canne à pomme d'or, bottes vernies, gants jaunes, chaîne et breloques. Quant à la montre, il l'avait refusée avec horreur, en souvenir du mauvais tour que lui avait joué jadis un de ces bijoux à répétition.

— Je n'aime pas les bavards, avait-il dit. Leur tic-tac m'incommode.

Il portait donc une chaîne et des breloques comme simple ornementation.

Jusqu'alors il n'avait admis qu'avec scepticisme son avénement si subit et si imprévu au trône de ses pères ; mais désormais plus de doute. Il prit son rôle au sérieux, comme ferait un coq d'Inde sur le dos duquel on aurait collé des plumes de paon, et qui dès lors se croirait paon, en se mirant, ainsi travesti, dans le cristal d'une mare. Pied-de-Céleri joua la dignité, ce qui n'ajouta pas peu au burlesque de la situation.

Après la question physique, vint la question morale : après Humann, Fleury ; après le tailleur, l'éleveur.

Le prétendant à la couronne de Wardenbourg, bien que plein de bonne volonté pour ses futures fonctions, était d'une trivialité désespérante. Sa démarche commune et dégingandée, sa tournure de casseur d'assiettes n'avait rien de majestueux : il était impossible de faire débuter, sans préparation, un pareil figurant sur le théâtre qui l'attendait.

Aussi Montreuil se mit-il en mesure de venir en aide à la nature par l'éducation.

Ce fut d'abord le maître de danse qui eut l'honneur de *commencer* le précieux sujet dont on allait former le cœur et l'esprit. Il examina les jambes qui l'honoraient de leur confiance, et eut toutes les peines du monde à leur faire tenir les mollets en dedans et les pieds en dehors.

— Saprebleu! s'écria Pied-de-Céleri, vous me déboitez le genou avec vos farces!

— Monsieur, vous vous y ferez, je vous assure, répondit le maître, à qui, du reste, on avait dû taire la qualité de son royal élève. Maintenant, répondez-moi, je vous prie, en toute franchise : connaissez-vous la contredanse?

— Est-ce que vous auriez, demanda Pied-de-Céleri inquiet, la prétention de me faire exécuter un en-avant-deux les pieds joints?

— Non, dit le professeur, ceci est un préliminaire qui donne de la rondeur et de l'harmonie. Les bras pendans naturellement, les épaules tombantes, le coude légèrement arrondi. Maintenant, partez!

Et le Vestris au cachet exécuta sur sa pochette la figure solo du quadrille.

L'élève, à ce bruit mélodieux qui lui rappelait la guinguette, partit comme un cheval de trompette au son du piston, et exécuta un *cavalier seul*, orné de saillies de hanches, de jeux de physionomie et de coups de pied à hauteur de l'œil, à rendre Chicard jaloux.

— Eh! quoi, Majesté, du cancan! lui dit tout bas Montreuil qui assistait aux leçons. Y songez-vous! De la fantaisie, quand l'Europe toute entière vous contemple!

— Que peut donc gagner l'Europe à me disloquer la rotule? dit le futur souverain.

— La danse donne l'élégance véritable, la souplesse du corps, l'aisance des mouvemens, répondit Montreuil; qualités indispensables pour un roi. Il faut que vous soyez digne de votre rang, vous dont le front auguste ceindra le diadème! une tête couronnée!

— Il faut donc qu'une tête couronnée sache baisser la pointe du pied?

— Assurément.

— Et qu'un auguste front puisse battre un entrechat?

— Sans contredit.

— Allons, résignons-nous! répondi l'élève; mais c'est égal, c'est échinant tout de même, votre apprentissage!

Au maître à danser, comme chez M. Jourdain, succéda le maître d'armes, ce qui prouve que l'art de façonner aux belles manières n'a pas fait de progrès depuis Molière jusqu'à nos jours.

— Monsieur, dit le Lafougère à son élève, savez-vous vous mettre en garde?

— Si je sais me mettre en garde? reprit Pied-de-Céleri; mais c'est par là que je brille!

Et il tomba en position, les jambes écartées, les poings fermés, la tête inclinée, le regard montant de bas en haut, en vrai prévôt de savate.

— Fi donc! dit le rival de Grisier. Gloire aux armes, honneur aux belles! Ceci est un combat de savetier, à coups de talons de boîtes. Voici l'épée, monsieur, l'arme vraiment chevaleresque. Voyons, que je vous place : le pied droit en face du pied gauche, la main gauche légèrement élevée, la main droite tenant le fleuret à hauteur de l'œil, le regard fixe sur l'adversaire. Là, pliez sur les genoux. Encore, encore, encore!

— Ohé! s'écria Pied-de-Céleri, vous me prenez donc pour une voiture de régie! vous croyez donc que j'ai des ressorts mécaniques?

— Pliez encore!

— Ça va bientôt finir, n'est-ce pas? j'ai quelque chose dans le dos qui craque.

— Pliez toujours! ne craignez pas de me fatiguer.

— Fichtre! fit Pied-de-Céleri en jetant l'épée, j'en ai assez comme ça; j'ai les reins sans connaissance!

— Majesté, murmura Montreuil en ramassant avec dignité la lame tombée aux pieds du professeur, sachez vaincre un moment d'ennui, et reprenez cette arme qui fera tôt ou tard pencher en votre faveur la balance du droit.

— Elle est assez lourde pour ça, répondit l'élève; il y aura bon poids!

Et il continua, en protestant, ses dislocans exercices.

Mais le plus détesté des maîtres de sa future majesté était un petit homme, professeur du Conservatoire, à l'œil aimable, au physique juvénile et à la tournure mutine, malgré ses cinquante ans. Quand il marchait, il semblait emprunter quelque chose de la coquette modiste qui fait des mines sur la voie publique, un carton de chapeau à la main. C'était pourtant le personnage le plus essentiel et le plus grave.

— Qu'est-ce que c'est que celui-là? demanda Pied-de-Céleri en le voyant entrer. Il a l'air d'un écureuil qui grignote une châtaigne.

— Oh! Montreuil, c'est un homme fort précieux, une autorité dans son genre.

— Bah! encore un professeur!

— Oui, professeur de grâces.

— En ce cas, il devrait bien me faire celle de s'en aller.

— Ne vous effrayez pas, Majesté; il ne s'agit plus ici de fatigues physiques, comme dans la danse et dans l'escrime : c'est le miel après l'absinthe.

— Voyons le miel, dit Pied-de-Céleri : ce sera peut-être plus doux, mais l'abeille a une drôle de tête!

Le maître de grâces s'installa devant son écolier, le regarda avec attention de la tête aux pieds, et lui dit enfin d'un ton câlin :

— Monsieur, offrez-moi le bonjour.

— De quoi? dit Pied-de-Céleri; vous voulez que je vous fasse des politesses? mais je ne vous connais pas, moi!

— Il est naïf, observa le maître; tant mieux, il n'a pas pris de mauvais principes; j'aime mieux dégrossir que redresser.

— Qu'est-ce qu'il parle de me dégrossir, ce vilain-là? murmura sourdement l'ancien gamin de Paris.

— Silence! fit Montreuil, qui intervenait sans cesse aux momens difficiles; obéissez, Majesté, pour savoir commander plus tard.

— Que voulez-vous que je fasse? demanda Pied-de-Céleri au maître de grâces.

— Je vous l'ai déjà dit, monsieur, soyez aimable, éprouvez le plus vif plaisir à me rencontrer, et demandez-moi de la façon la plus charmante comment je me porte.

— Pourquoi faire?

— Le bonjour, dit le professeur est l'*a b c* de la grâce; c'est le fond de la véritable élégance. Commencez.

— Bonjour, monsieur! s'écria brusquement le jeune homme.

— Oh! oh! un instant, dit le maître; que faisons-nous de notre bouche?

— Et que voulez-vous que j'en fasse?

— Il faut l'entr'ouvrir légèrement dans un sourire, ce que nous appelons, en langage technique, la bouche en cœur; il faut aussi la complicité du nez et des yeux, le nez légèrement ouvert, les yeux bienveillamment fermés; puis un salut du cou et de la tête, jamais du dos. Le cou est digne, le dos est servile.

— Il me scie joliment en ce moment-ci! pensa l'apprenti souverain.

— Maintenant, continua le démonstrateur, dites-moi adieu.

— Je ne demande pas mieux. Adieu, monsieur!

— Un instant, objecta le maître de grâces en le retenant, vous partez comme un filou qui aurait décroché une montre.

— Ah! ça, hé! dites donc! pas de personnalités! Les montres, c'est trop cancanier!

— Le bonjour, reprit le professeur, peut être pressé, l'adieu doit être lent. Regardez-moi faire.

Et le petit homme, se levant, ramena ses deux bras sur la poitrine avec lenteur, coucha sa joue droite sur son épaule, en pliant le cou de façon qu'on ne pût voir qu'un côté de sa figure, et, s'inclinant devant Pied-de-Céleri ébahi :

— Adieu, lui dit-il d'un ton théâtral, en faisant une échappée de la jambe gauche ; bien des choses à madame votre épouse et à vos charmans enfans !

Le jeune homme essaya de répéter la pantomime.

— Arrondissez donc ! du moelleux, du vaporeux, du gracieux, sac à papier ! s'écria le professeur ; arrondissez mieux que cela !

— Arrondir, arrondir ! s'écria Pied-de-Céleri hors de lui, c'est à ne pas s'y reconnaître ! Je ne suis plus un homme, je suis une bille de billard, la rouge ou la blanche ; on me fait au carambolage !

Un mot de Montreuil calma la tempête, comme d'habitude, et la leçon continua, non sans force lamentations de la part du patient.

Montreuil lui-même était passé à l'état de professeur. Il avait, durant sa vie quasi-diplomatique, approché de tant de rois, qu'il en avait retenu le répertoire.

— Majesté, disait-il à son élève, vous avez un ténor aigu.

— Vous croyez ?

— J'en suis certain ; il faut travailler le médium. Les rois ténors ne sont bons que dans les opéras-comiques. A l'Opéra même, on n'en veut plus. Il faut une voix grave et pleine pour prononcer des paroles royales.

— Un ventriloque, risqua Pied-de-Céleri, ferait joliment l'affaire ; j'en ai connu dans mon enfance : je suis fâché de n'avoir pas appris.

— Au reste, ajouta Montreuil, le silence est une qualité chez les hommes. On n'a rien inventé de plus éloquent. Vous ne parlerez pas.

— Je serai muet ?

— A peu près.

— Et comment me ferai-je comprendre ?

— Par signes. Il y a un geste pour tout dans la télégraphie de l'étiquette. Une inclinaison de tête indique la bienveillance, un froncement de sourcil le mécontentement, un mouvement de main l'autorité, un appel du pied la colère. On serait tenté de croire que la langue, dont nous nous servons pour parler, était destinée exclusivement à la dégustation, et qu'elle a été détournée par l'homme de sa destination réelle.

— Ainsi, je serai silencieux ? Ce ne sera pas amusant pour moi.

— Ce le sera pour les autres. Et d'ailleurs, comment faire mieux ?

— Qui s'y oppose ?

— Votre ignorance de la langue allemande, Majesté.

— Tiens ! c'est ma foi vrai ! exclama Sa Majesté future. Depuis mon enfance, je n'ai lu d'allemand que sur les boîtes d'allumettes chimiques.

— Et puis, quelle attitude donnez-vous à votre main droite ? continua Montreuil, essayant de fixer la pose officielle de son futur maître.

— A ma main droite ?

— Oui, où la placerez-vous le plus volontiers ?

— Dans ma poche.

— C'est plus prudent que majestueux. Il faut lui trouver un point d'appui convenable. La main droite est l'écueil des rois et des tragédiens. Talma est demeuré quinze ans avant de savoir qu'en faire.

— C'est drôle, observa Pied-de-Céleri, elle ne m'a jamais préoccupé un instant, elle fait son ouvrage sans que je m'en mêle ; c'est une fière chance, alors !

— Il sera bon de la placer dans l'ouverture du gilet, l'avant-bras sur la poitrine, la paume sur le cœur. La pose est connue, mais elle est sûre. Les lieux-communs ne faillissent jamais.

— Soit, c'est moins fatigant que de s'arrondir, remarqua le jeune homme.

— Il vous faudra, continua Montreuil, adopter un caractère quelconque devant vos peuples.

— Il y a donc l'embarras du choix ?

— Oui, on peut être en apparence populaire ou despote, à son gré, mais il faut se décider définitivement. L'histoire, à laquelle il convient de fournir un portrait d'après nature ne comporte pas d'indécision, et ne change pas souvent ses premières épreuves.

— Je serai donc bon ou mauvais ?

— Sans doute.

— Qu'est-ce que vous me conseillez ?

— En réalité, vous serez ce que la nature vous a fait, ni plus ni moins ; mais en apparence, vous pouvez être ce qu'il vous plaira. Alors il importe que vous ayez quelque originalité dans la physionomie, ne fût-ce qu'au point de vue de la monnaie, dont votre figure fournira l'effigie.

— Comment ! s'écria Pied-de-Céleri, je deviendrai gros sou ?

— Et kreutzer, et pièce d'or.

— Est-il possible ! je me compterai, je me mettrai en pile, je me dépenserai indéfiniment !

— Il importe donc que votre tête soit poétisée par le graveur. Vous prendrez l'air vert-galant, si vous m'en croyez. Depuis Henri IV, c'est une physionomie qui s'est perdue elle avait du bon. Savez-vous monter à cheval, Majesté ?

— Oui, mais sans étriers.

— Vous en ferez venir la mode. Les rois à cheveux gris ont bien inventé la poudre. Chassez-vous ?

— Non ; je pêche à la ligne, et j'ai un secret pour attraper les asticots.

— Nous tâcherons d'utiliser ce goût au profit de votre popularité. Un dernier mot. Possédez-vous quelque art d'agrément ?

— Je fais des chaussons, répondit Pied-de-Céleri, qui, en cherchant dans le répertoire de ses talens de société, ne trouva que ce souvenir des prisons du gouvernement.

— Hercule filait aux pieds d'Omphale, Thésée aidait Ariane à dévider son fil : il n'y aura rien d'étonnant à ce que vous vous livriez à ce genre d'occupation. Allons, tout est à merveille ; vous vous formerez peu à peu à ce métier de roi. Encore quelques jours, et nous serons prêts à paraître à cette rampe historique dont chaque nation fournit un quinquet. Pour ce soir, allons retrouver nos compagnons.

Montreuil, tendant alors l'épaule à son élève avec l'expérience élégante d'un chambellan, celui-ci s'appuya sur lui avec une dignité toute comique, et ils entrèrent ensemble chez leurs acolytes.

Ils trouvèrent Dabiron en face d'une feuille de papier bariolée de chiffres, le front plissé, le visage en feu, l'œil étincelant.

— Qu'avez-vous ? lui dit Montreuil.

— Vous le voyez, je me ruine, je joue.

— Tout seul ?

— Sans doute. Par habitude autant que par goût, je fais depuis huit jours les fluctuations des fonds publics ; je fais le simulacre des opérations de bourse contre un adversaire imaginaire.

— Un mort jouant avec un mort, pensa Montreuil.

— Que voulez-vous ? je croyais les cinq ; les journaux annonçaient une nomination de ministère centre gauche ; pas du tout, la majorité persiste, à la Chambre, et la rente tombe à 85 25 hier au soir. C'est à se briser la tête contre les murs.

— Mais à quoi bon ce dépit, puisque vous ne pouviez pas perdre ?

— Eh ! dit Dabiron, je perds ce que j'aurais pu gagner.

Pendant que l'ex-coulissier reprenait ses calculs d'éventualités, Montreuil et son auguste écolier s'avançaient vers Roussignan. L'ex-pendu était appuyé sur la table entre deux bouteilles dont il avait vidé le contenu.

— Réveillez-vous donc, paresseux, sybarite ! lui dit le comte en le secouant avec autorité. Que faites-vous là ?

— Vous le voyez, je me distrais, je me venge ; je bois, je bois contre les Russes ! Voilà ma manière de voir.

— Messieurs, dit alors Montreuil, vous avez eu huit

grands jours de repos et de méditations. Aujourd'hui le temps des haltes est expiré. Nous allons tenir notre premier conseil. N'oubliez pas que, lorsque nous sommes seuls, c'est Sa Majesté qui préside, et que vous lui devez respect et soumission. Debout donc, et chapeau bas!

Les deux associés s'inclinèrent. Pied-de-Céleri, distrait, frictionnait en ce moment ses genoux, endoloris par la leçon de danse.

Montreuil le poussa du coude.

— Faites un signe de la main droite, lui dit-il. Allons, de la noblesse, de la dignité! Et remettez ensuite cette main dans l'ouverture de votre gilet.

Pied-de-Céleri releva précipitamment sa main occupée à consoler ses tibias de leurs élégantes fatigues : il fit un signe à ses amis. Les conjurés s'assirent.

Dabiron avait abandonné à regret un projet de spéculation sur la Vieille-Montagne, et Muller avait poussé les deux bouteilles l'une contre l'autre, comme pour prouver qu'elles n'étaient bonnes désormais qu'à être remplies.

— Messieurs, dit le comte, je vais vous dérouler le plan que doit recevoir la sanction de Sa Majesté, et exercer une si grande influence sur les destinées de l'Europe.

En articulant lentement ces dernières paroles, il se leva avec la solennité d'un plénipotentiaire qui eût plaidé les intérêts de sa nation au congrès de Vérone.

XVIII.

INVENTAIRE PRÉALABLE.

Montreuil, Dabiron et Roussignan-Muller s'étaient donc assis sur l'invitation que Sa Majesté Pied-de-Céleri leur avait gracieusement accordée de la main. Nous avons dit que la naïve et futile vanité de notre héros avait pris au sérieux son rôle de monarque wardenbourgeois. Il en était de même des trois autres affidés, au moins en apparence. Montreuil avait exigé de Dabiron et de Roussignan-Muller qu'ils traitassent déjà Pied-de-Céleri, même en petit comité, avec tous les égards dus à son rang.

— Il ne s'agit pas de jouer puérilement au potentat, leur avait-il dit; il s'agira bientôt de faire passer dans l'esprit des autres une foi qui doit nous animer. Comment accepterait-on votre prétendant pour un roi véritable, si vous le traitiez ostensiblement comme un Olibrius? Voulez-vous qu'on vous croie? croyez vous-même, ou du moins faites semblant. Si j'étais pharmacien, je ne vivrais que de pilules.

Par suite de la sévère étiquette dont Montreuil voulait donner l'utile habitude à la petite cour du nouveau roi, Pied-de-Céleri occupait seul un fauteuil au milieu du demi-cercle formé par ses conseillers, lesquels s'étaient modestement placés sur des chaises. Il n'y avait ni tabouret ni pliant à l'hôtel des Princes. Pied-de-Céleri les dominait de toute la tête, grâce au coussin qui avait été posé sur le fauteuil pour donner à ce siége plus de ressemblance avec un trône.

Le conseil ayant ainsi pris place, Montreuil se leva, s'inclina respectueusement devant Sa Majesté, et la pria de daigner permettre qu'il osât prendre la parole devant Elle.

— Ah! pardieu! vous pouvez parler sans tant de façons! répliqua Pied-de-Céleri, qui oubliait à chaque instant la dignité de son personnage. Je ne suis pas fâché de savoir enfin à quoi m'en tenir sur les *gausses* que vous me chantez depuis dix jours.

— Oh! Votre Majesté! des gausses!... Quel mot dans une auguste bouche! Enfin, n'importe! il faut le temps à tout. Laissons la forme pour l'instant, et abordons le fond. Et d'abord, puisque sa gracieuse majesté daigne le permettre, je dois achever de faire passer dans son esprit, ainsi que dans le vôtre, messieurs, la conviction profonde où je suis,

en ce qui concerne son auguste identité comme unique descendant du chevalier de Limbourg, et ses droits imprescriptibles au trône de Wardenbourg, comme légitime petit-fils du dernier souverain. C'est dans ce but que je vais ajouter quelques circonstances à celles que je vous ai fait connaître, il y a quinze jours, dans la salle basse du cabaret d'Auteuil, à l'issue de notre suicide raté.

— Sera-ce long? dirent avec inquiétude Dabiron et Roussignan-Muller.

— Pourquoi cette question?

— Parce que je demanderais à Sa Majesté, répondit Dabiron, la permission de fumer un panatellas pendant votre récit.

— Et moi, ajouta Roussignan-Muller, de vider une troisième mâcon. Les deux premières m'ont altéré en diable!

— Accordé! répondit Sa Majesté; mais à condition que j'aurai mon lopin, et du cigare et de la bouteille. Part à deux!

— Quelle Cour! s'écria comiquement Montreuil, en levant les yeux et les mains au ciel. La cour du roi Pétaud n'était pas plus débraillée. Mais à la grâce de Dieu! je continue. Je vous ai dit, messieurs, qu'après la mort de mon père, ancien émigré et gouverneur du château de Hildebourg-Hausen, où Louise de Landswick, grand'mère de Sa Majesté, était retenue incognito, j'avais été révolté de l'ingratitude de certaines cours du Nord. Elles oubliaient odieusement les services de mon père, et ceux que je leur avais rendus moi-même dans leur lutte gigantesque contre l'empire français. Nous étions alors en 1820. Je résolus dès-lors, par rancune autant que par ambition, de me jeter résolument en travers de cette même intrigue dynastique, au service de laquelle mon père était resté jusqu'à sa mort. Les efforts de ma vie n'eurent plus d'autre but. Je me rendis à Francfort pour m'entendre à ce sujet avec le chevalier de Limbourg, votre auguste père, Majesté, que je savais s'y habiter, incognito, chez le vieux baron d'Appencherr, après la maladroite réclamation de ses droits, adressée prématurément par lui au dernier congrès, et qui lui avait attiré déjà tant de sourdes persécutions. Je ne le trouvai plus à Francfort. Il avait été obligé de quitter cette ville, depuis plus d'un an. Mais j'appris là qu'il s'y était marié secrètement en 1817, et que l'enfant mâle issu de son mariage était en nourriture chez une femme Warchell, domiciliée au village de Keremer, près Francfort. Un an plus tard, en 1821, ayant appris que le chevalier avait été assassiné un soir, dans les rues de cette même ville, par un poignard resté anonyme, je revins à Francfort avec l'intention de sauver son jeune fils, devenu l'héritier de ses droits. Mais il avait disparu. La chaumière même de la femme Warchell n'existait plus. Une bande de scélérats avait enlevé la nuit le seul enfant qu'elle eût alors auprès d'elle, et que les initiales L. W., inscrites en caractères indélébiles sur son bras, et signifiant indubitablement Limbourg et Wardenbourg, avaient naturellement désigné à leur rapt. On ajouta que, pour faire croire sans doute à la mort de cet enfant, âgé alors de trois à quatre ans, ils avaient incendié la chaumière avant de s'éloigner, et que la femme Warchell, après avoir échappé aux flammes par miracle, venait de suivre madame Duplessis en France.

Pendant ce récit de Montreuil, Dabiron avait repris *in petto* le cours de ses théoriques spéculations, Roussignan-Muller commençait à sommeiller, et Sa Majesté bâillait royalement sur son fauteuil à clous dorés, comme dit Béranger.

— Après avoir fait constater tous ces faits par les autorités du lieu, continua Montreuil, je me rendis de nouveau au château de Hildebourg-Hausen. L'auguste prisonnière était morte aussi dans l'intervalle, et son geôlier, le vieux Strasbourgeois naturalisé Russe, Franck Muller, l'avait suivie de près au tombeau.

— Qui est-ce qui parle de Muller? interrompit Roussignan en s'éveillant. Ah! pardon... ce n'est que vous... Je rêvais espion russe... Ma foi! encore une rasade!... Je ne saurais trop boire à l'anéantissement de cette atroce police.

— Hé bien! et moi donc? dit Pied-de-Céléri en tendant son verre qu'il vida d'un trait, après quoi, l'égouttant sur son ongle et faisant claquer sa langue, il ajouta en riant :
— C'est comme à la fête des rois : Le roi boit! lo roi boit!

— Je sus là, reprit Montreuil, qu'à son lit de mort, le vieux Franck Muller s'était senti quelques remords au sujet de la participation qu'il avait prise comme gardien, à la séquestration de la victime des jalousies de Catherine II. Il avait donc remis alors à son fils, Marc-Antoine-Maurice Muller, tous les papiers tombés en sa possession, après la mort de mon père, et qu'il m'avait refusés à moi-même quelques années auparavant. Ces papiers, vous le devinez, étaient relatifs à Louise de Landswick, comtesse de Zanau, la défunte prisonnière, ainsi qu'à la naissance de son fils, le chevalier de Limbourg, dans les murs même de ce château. Or, Muller le fils avait disparu, nanti de ces précieux documents. Jaloux d'exécuter les dernières volontés de son père repentant, il s'était rendu lui-même à Francfort, y avait recueilli de son côté les documents que je vous ai dits, et s'était mis ensuite, comme moi, à la recherche du royal héritier, sans que jamais nous ayons pu nous rencontrer, nous voir ni nous connaître. C'est ce même Muller qui s'en vint mourir, assassiné, quelques années plus tard, à Paris, sous vos fenêtres, Roussignan, et dont vous eûtes l'heureuse idée de prendre le passeport et le nom.

— Si vous appelez cela une heureuse idée, interrompit Roussignan, vous n'êtes vraiment pas difficile!

— J'en conviens, reprit Montreuil, qu'elle vous a attiré quelques désagrémens; mais le moment n'est pas loin où vous en serez amplement dédommagé : pensions, dotations, grandes charges, titres, croix à remuer à la pelle, que sais-je? vous n'aurez qu'à souhaiter, comme dans les contes de fées; sans compter le vin du Rhin, à bouche que veux-tu! ni la délicieuse satisfaction qu'éprouvera votre conscience.

— Le vin du Rhin me suffira, répondit Roussignan. Il ne faut pas être trop exigeant.

— Bref, continua Montreuil, vous devez comprendre maintenant le double acharnement dont vous fûtes l'objet depuis cette époque. Il y avait, d'un côté, les intéressés au maintien de la dynastie usurpatrice de Wardenbourg, lesquels vous faisaient suivre à la piste en France, en Allemagne, en Angleterre, en Russie, partout, dans le but de vous dépouiller des précieux documents dont ils vous croyaient possesseur, et d'obtenir de vous, par la menace ou par la séduction, supposant que le fait était à votre connaissance, la révélation du lieu où était caché l'enfant.

— Oui, oui, je me le rappelle encore avec terreur, interrompit Roussignan. « Où est l'enfant? » me disaient tout bas, à chaque instant, en tous lieux, d'une voix mystérieuse, une foule d'inconnus dont le souvenir effrayant me force, parole d'honneur, à implorer de Sa Majesté la grâce insigne d'une quatrième bouteille.

— Accordé! dit de nouveau Pied-de-Céléri; mais toujours aux mêmes conditions. Un roi populaire ne saurait trinquer trop souvent avec ses sujets.

— Mais, poursuivit Montreuil, parmi ces voix mystérieuses qui vous demandaient si obstinément : Où est l'enfant? (le même qui trinque aujourd'hui si débonnairement avec vous), s'il en était d'hostiles, il en était aussi d'amies. Il y avait, de l'autre côté, en effet, les intéressés à la restauration de la dynastie proscrite, dont il était devenu le représentant par l'assassinat de son père. J'étais de ces derniers au nombre desquels je me borne à vous citer le dandy de Londres, M. Arthur de Lendray, l'amant de votre oublieuse cousine madame de Fleuriot, et le passager français du Paul Ier, monsieur d'Ambreville, celui qui tenta vainement d'obtenir votre liberté du baron de Labanoff, le capitaine de ce vapeur. J'étais leur chef à tous. Or, moi de même, je vous surveillais en tous lieux, par les miens ou par moi; je voulus posséder les papiers en question, je voulais savoir où était l'enfant; et, du moins (vous me rendrez cette justice), tandis que les autres vous assassinaient en France, vous enlevaient en Angleterre, vous emprisonnaient en Russie et vous faisaient crever de faim en Allemagne, je me bornais, moi, à vous épier, à vous interroger, à vous inquiéter, vous protégeant au besoin, comme l'unique ressource du parti dont j'étais l'organisateur et l'âme; vous délivrant, vous fournissant de l'argent, et substituant même du poulet rôti et d'excellent bordeaux, à l'eau claire et au pain sec de vos implacables persécuteurs. Car après avoir longtemps cherché en vain le vrai Muller, j'avais fini par trouver le faux. C'est toujours ainsi que les choses arrivent.

— Hé quoi! s'écria Roussignan, dans un transport de gratitude, le chapon et le vin que je trouvai, comme par enchantement, dans l'oubliette du château où j'étais été enfermé près de Hambourg, par je ne sais quel faux bourgeois de cette ville, l'homme à la petite queue prussienne et aux lunettes d'or...

— C'est à moi que vous les deviez, grâce à la connivence de la femme du vieux châtelain, votre détenteur l'excellente Wilhelmine.

— Oui, oui, je me la rappelle...une grande sèche, blonde, qui me disait toujours, en passant à côté de moi « Brave! courage! Ne dites pas à mon mari où est l'enfant » Ne le dites qu'à moi. »

— Précisément. Et vous ne savez pas tout ce que me coûtait ce vin et ce poulet-là! Je m'étais vu dans la cruelle nécessité de séduire cette maigre allemande pour la rallier à la bonne cause.

— A la cause du poulet et du vin? J'en conviens qu'une pareille séduction exigeait une certaine dose de courage civil. Que de reconnaissance ne vous dois-je point!

— N'en parlons pas; voulez-vous que cela vous serve de leçon dans la voie de périls où nous allons entrer. Le dévouement à ses princes légitimes est la première condition de tout homme bien pensant. La fidélité ne doit reculer devant aucun sacrifice, et, en courtisant cette sèche alliée, je donnais un exemple d'intrépidité vraiment remarquable, dans ce siècle de félonie et de couardise.

— Elle était donc bien laide? demanda Dabiron, dont toute allusion au beau sexe attirait naturellement l'attention.

— Presque autant que votre dernière victime, mademoiselle Tiennette, répondit malignement Montreuil; mais il faut avoir le courage de son opinion.

— Ma foi! s'écria Roussignan, je ne puis mieux faire, pour vous témoigner mon admiration, que de vider à votre honneur et gloire une cinquième bouteille, si Sa Majesté veut bien me le permettre.

— Accordé! répondit encore une fois Pied-de-Céléri, mais toujours aux mêmes conditions; c'est bien le moins que je doive à l'orateur pour l'éclatant service de l'affreuse châtelaine.

Montreuil s'inclina gaîment et reprit :

— En un mot, cher monsieur Roussignan, vous n'avez eu jamais qu'à vous louer de moi. Tout au plus me suis-je permis une petite niche à votre égard. Je veux parler de l'enlèvement qui fut fait par mes soins, dans votre dernier domicile à Paris, du carnet où le vrai Muller avait la manie d'inscrire jour par jour, en langue chiffrée, tout ce qui lui était arrivé depuis son départ d'Hildebourg-Hausen, et le cahier sur lequel vous aviez vous-même commencé vos propres mémoires.

— Vraiment! s'écria Roussignan. Et moi qui accusais de ce détournement ma vieille femme de ménage! Voilà comme on calomnie les plus belles institutions!

— Elle en était innocente, continua Montreuil. Le vrai coupable fut votre portier. Ce n'est pas la première fois que ces estimables fonctionnaires jouent un rôle important dans les affaires de ce monde. Je lus vos mémoires : franchement, c'était assez médiocre au point de vue littéraire, et je n'y trouvai aucun renseignement utile. Mais il n'en fut pas de même des notes du vrai Muller. Je les fis traduire par un habile déchiffreur, et elles m'ont fourni de précieux renseignemens sur toute cette histoire, et particulièrement sur l'existence nomade de Sa Majesté. Jugez donc, cher monsieur Roussignan, du désespoir qui dut s'emparer de moi à ce sujet, lorsque votre refus absolu de venir aux rendez-vous que je ne cessais de vous demander, soit par des tiers, soit par écrit, et par conséquent de vous entendre avec moi, en me communiquant enfin les fameux papiers dont je vous croyais encore détenteur, me faisait échouer si malheureusement au port, au moment juste d'y entrer ! Ce fut alors qu'à bout de ressources, de force, de courage et d'espérance, je résolus d'en finir avec une vie dont l'unique ambition se trouvait si cruellement déçue. Vous savez le reste. Mais la situation s'est bien méliorée depuis notre triple suicide du bois de Boulogne. est un précepte célèbre de la *Cuisinière bourgeoise*, dont j'ai toujours admiré la naïve profondeur : « Pour faire un » civet de lièvre, *primo*, prenez un lièvre. » Il en est de même en matière de restauration. Or, notre lièvre, le voici : c'est l'auguste personnage qui nous préside. Plus le moindre doute. Je connais votre délicatesse, Dabiron ; la vôtre aussi, Roussignan.

Les deux interpellés s'inclinèrent modestement.

— Je sais qu'il vous répugnerait de voler légèrement un trône au titulaire actuel, dans l'intérêt d'un prétendant sans droit. Que vos consciences timorées se rassèrènent. Voici les merveilleuses paperasses que Roussignan avait trouvées sur le cadavre du vrai Muller, qu'il avait renvoyées à monsieur Duplessis, à Ernée, conformément à la suscription de l'enveloppe, et dont j'ai eu dernièrement l'habileté d'obtenir gratuitement la remise, à l'instant même où Labanoff, le chef de nos adversaires, venait la solliciter de son côté, à prix d'or.

— Ce dernier trait mérite encore une bouteille, avec l'agrément de Sa Majesté ! s'écria Roussignan.

— Ça me botte ! dit Pied-de-Céleri, mais toujours aux mêmes conditions.

— Attention, messieurs ! continua Montreuil. Voici la liste de ces précieux papiers : — 1° procès-verbal de la séquestration, en état de grossesse, de Louise de Landswick, femme légitime du comte de Zanau, dans le château de Hildebourg-Hausen, par l'ordre secret de Catherine II, sous la direction de mon père et la garde de son affidé, Franck Muller ; — 2° procès-verbal de la naissance, dans ce même château, du chevalier de Limbourg, fils légitime d'icelle et d'icelui, les comte et comtesse de Zanau.

— Mon grand-papa, le comte de Zanau, interrompit Pied-de-Céleri, qui savourait son mâcon à petites gorgées, me paraît avoir manqué de délicatesse en plantant là sa vraie femme dans un coin, comme un paquet de linge, pour aller épouser une autre femme. Grand-papa était bigame.

— Les familles sont parfois bien mêlées !

— Oh ! en politique, cela se fait, répondit Montreuil, du ton insouciant dont se fût servi Machiavel. Mais heureusement, si cela se fait, cela se défait aussi. Nous n'avons pas d'autre but. Je continue : — 4° Acte du décès de ladite femme légitime dans ladite prison ; — 5° Pièces relatives à l'éducation dudit enfant et à sa présence, comme officier dans l'armée autrichienne, pendant les campagnes de 1814 et de 1815 ; — 6° Réclamation de ses droits par ledit chevalier de Limbourg, devant la sainte-alliance ; — 7° Acte de mariage dudit, dressé à Francfort, en 1817, avec demoiselle Augusta Mildenoff : — 8° Acte de naissance de Frédéric Adolphe de Limbourg, enfant mâle, issu dudit mariage ; — 9° Certificat de la femme Warchell, de Kermer, près Francfort, constatant la remise en ses mains dudit enfant, à titre de nourrisson ; — 10° Acte de décès constatant l'assassinat, en 1821, dudit chevalier de Limbourg, père dudit enfant ; — 11° Enfin, acte de décès, à deux jours d'intervalle, de ladite Augusta Mildenoff, épouse dudit chevalier et mère dudit enfant. Que si, à ces documens authentiques, irréfutables, vous ajoutez : 1° les procès-verbaux relatifs à l'enlèvement dudit enfant, au tatouage de son bras, et à l'incendie de ladite mai-

son Warchell ; 2° les documens fournis par les notes posthumes du vrai Muller ; 3° les documens recueillis par moi, la police, sur les premières années dudit enfant, après l'abandon qui fut fait de lui, par ses ravisseurs, sur le territoire français ; 4° enfin une masse de lettres, timbrées, de toute date, de toute époque, qui viennent éclairer, commenter, corroborer les pièces en question ; certes, messieurs, nous aurions là de quoi faire dix prétendans plutôt qu'un. Il est pour moi clair comme le jour que l'auguste personnage qui nous honore de sa présence est bien et dûment le seul légitime héritier de la couronne de Wardenbourg.

— Vive le roi ! s'écria Roussignan, dans la double ivresse du mâcon et de l'enthousiasme ; voilà mon opinion. À bas les Russes !

— Vive le roi, soit ! dit négligemment Dabiron, en allumant un troisième cigare.

— Oui, messieurs, vive le roi ! s'écria énergiquement Montreuil.

— Vive le roi ! répéta naïvement Pied-de-Céleri, entraîné à son tour par l'exemple. Tiens, c'est drôle ! je crie là Vive moi-même ! Ma foi, tant pis ! Il est assez naturel que je sois un de mes partisans.

— Hé bien ! donc, mettons-nous en route pour l'Allemagne, reprit Muller. Je me rappelle certain vin du Rhin avec lequel je ne serais point fâché de renouveler connaissance.

— C'est cela, bravo ! ajouta Pied-de-Céleri. Partons pour mon trône ! En avant ! Qui m'aime me suive !

— En effet, dit à son tour Dabiron, qui peut maintenant nous retenir à Paris, au milieu de la meute vorace des créanciers et des recors ?

— Que diable, messieurs, un peu de patience ! objecta Montreuil. Nous avons le lièvre, soit ; c'est la première condition, ce n'est pas la seule. La *Cuisinière bourgeoise* a d'autres exigences, non moins essentielles, pour la confection du civet. Veuillez modérer votre ardeur envahissante, messieurs : nous n'avons encore que la bête ; il nous reste à traiter l'importante question de l'assaisonnement.

XIX.

PLAN DE CAMPAGNE.

Montreuil prit un moment de repos après cet indispensable exorde. À l'instar des orateurs de la Chambre, il but un verre d'eau légèrement sucrée, tandis que Dabiron se faisait servir un grog à l'américaine, et que Sa Majesté Pied-de-Céleri daignait trinquer avec Muller ce qui restait de la sixième bouteille.

— Ce petit mâcon n'est pas désagréable, lui dit Sa Majesté, en promenant dans son palais la dernière gorgée du vin, à la façon des dégustateurs de Bercy ; mais j'ai bu mieux que ça, à la barrière Montmartre, continua-t-elle dans le langage un peu trivial que nous connaissons, et que sa part de consommation, dans les quatre bouteilles vidées à son honneur, ne devait pas rendre plus élégant. Celui-là, mon cher, était bien plus raide et bien plus bleu ! L'eau me vient à la bouche de ce vin-là, rien que d'y songer. Mon excellent maître, monsieur Masson, vous savez ? celui qui m'a fait cadeau de cette grosse bague en me quittant, et à qui je réserve, moi, une belle place à ma cour ; monsieur Masson me donnait bien du bordeaux, par-ci, par-là, quand il était content de mes services ; mais c'était fadasse comme tout ! Je ne le buvais que pour l'obliger. Ça n'approchait pas non plus du râpé-gosier à six. Certainement, quand je serai monté sur le trône de grand-papa Zanau, c'est de celui-là que je m'humecterai à discrétion. Vous ne vous figurez pas, mon cher, comme c'est bon, comme c'est *chouette*, surtout avec du gruyère, des noix, du cervelas à l'ail, du fromage d'Italie, et des pommes de terre frites. Oh! les pommes de terre frites! Encore un fier régal! Je sais bien qui s'en donnera une *bosse* le jour de son installation!

— Votre Majesté en aura les moyens, répondit Roussignan-Muller, dont la figure était rubiconde.

— N'est-ce pas? reprit Pied-de-Céleri, d'un ton légèrement aviné. Si on ne pouvait pas se payer des pommes de terre frites à gogo, ce ne serait vraiment point la peine d'être roi.

— Parbleu!

— Autant vaudrait s'en tenir aux contremarques et aux bouts de cigare. Mais vous verrez! soyez tranquille! nous la mènerons joyeuse, à Wardenbourg!

— J'en accepte l'augure.

— C'est vous, cher ami, que je nomme d'avance mon grand sommelier.

— Ah! Majesté, vous comblez mes vœux les plus ardens!

— Cela vous est dû. Vous vous entendrez parfaitement à la chose. Voilà dix jours que je vous vois à l'œuvre, et que je me dis à part moi : « Pour un buveur, voilà un buveur! C'est mon homme! »

— Ah! sire, comment vous exprimer...

— Du tout! A la bonne franquette! Moi pas fier, moi pas méchant.

— Oui, vous, bon prince; cela se voit. Quelle étonnante félicité un tel souverain ne promet-il pas à ses futurs sujets!

— Et d'abord, j'ai toujours aimé les bons vivans, les francs lurons. Touchez là, cher ami!

— Ah! sire, c'est désormais entre nous à la vie, à la mort! Permettez-moi de vous porter un dernier toste.

— Une petite *tournée*, soit! je ne demande pas mieux, mais c'est moi qui régale.

— Du tout!

— Si fait! chacun son tour. Garçon!

— Ah! mon Dieu! dit tout bas Montreuil à Dabiron, nos deux ivrognes vont s'embrasser tout à l'heure!

— Sa Majesté paraît avoir le vin tendre, répondit en souriant l'ex-coulissier. Ce sera le bon moment pour les pétitions.

— Il est temps de mettre ordre à cette sensibilité bachique!

— Garçon! criait à son tour Roussignan-Muller, en frappant sur la table avec une des six bouteilles vides.

— Silence, Roussignan! interrompit Montreuil. Vous vous croyez au cabaret, sans doute. Je vous ai laissé puiser au fond de ces bouteilles, je ne dirai pas le courage, mais simplement l'énergie qui vous manque à jeun, et dont vous allez avoir besoin, aujourd'hui même, dans l'importante mission que j'ai résolu de vous confier. Le grand art, en politique, consiste à savoir tirer parti des défauts mêmes, dans les instrumens que l'on emploie. Autrement, à quoi serviraient les vices? Autant vaudraient les vertus. Mais je vous trouve suffisamment énergique comme cela. Quant à vous, sire, permettez à un fidèle sujet de vous rappeler respectueusement que Votre Majesté se conduit ici........ comme un simple contribuable.

— J'ai soif, moi! répondit Pied-de-Céleri, et, ma foi, tant pis! comme dit la chanson, ajouta-t-il en entonnant ce refrain à pleine volée :

A boire, à boire, à boire!
Nous quitt'rons-nous sans boire?
Nous quitt'rons-nous sans boire un coup?
Nous quitt'rons-nous sans...

— Sire, sire! interrompit Montreuil, modérez, au nom de Dieu, cette soif pantagruélique. C'est par là que se sont perdues une foule de monarchies!

— Je vous dis que je veux boire, moi!

— Je suis trop dévoué à Votre Majesté pour ne pas lui désobéir en cette circonstance, dans son intérêt bien entendu. Si cette loyale résistance a le malheur de vous déplaire, sire, je vous répondrai humblement par ce mot fameux : « Prenez ma tête! »

— Hé! que diable voulez-vous que j'en fasse! s'écria Pied-de-Céleri, tout en se calmant néanmoins à la voix de son premier ministre qui avait beaucoup d'empire sur lui. Je voulais boire, vous ne le voulez pas, suffit! On restera le gosier sec. C'est vexant, voilà tout. Car enfin, suis-je roi, oui ou non?

— Vous l'êtes, sire, répondit Montreuil, en affectant un ton solennel dont l'effet acheva de calmer son rétif auditeur. Vous l'êtes on ne peut davantage. Les nombreuses pièces dont j'ai eu l'honneur de vous donner connaissance tout à l'heure l'ont démontré surabondamment, et les acclamations unanimes de l'assistance, y compris celles de Votre Majesté elle-même, prouvent que désormais il ne reste plus aucun doute sur votre identité ni sur vos droits. Oui, sire, et cette certitude me ramène naturellement à l'importante question qui nous rassemble; oui, vous êtes bien le fils du chevalier de Limbourg ; oui, votre auguste père était bien le légitime héritier du trône de Wardenbourg; oui, vous êtes bien l'unique représentant de ses droits à la couronne.

— Hé bien! donc, pourquoi voulez-vous m'empêcher de boire? murmura encore Pied-de-Céleri, par un dernier effort de rancune expirante.

— Mais, continua Montreuil, sans répondre à l'interpellation de Sa Majesté, ce n'est encore là, malheureusement, qu'une vaine théorie. Droit méconnu n'existe pas. Il s'agit de passer à la pratique. Occupons-nous des voies et moyens. Tel est le vrai but de ce premier conseil.

— Hé bien! opina Dabiron, à qui la pensée de ses créanciers donnait un besoin extraordinaire de locomotion, je persiste dans mon avis. Qui nous empêche de nous mettre en route pour détrôner l'usurpateur et rétablir le royal orphelin dans ses droits?

— Une légère difficulté, repartit Montreuil.

— Et laquelle?

— Nous n'avons pas d'argent.

— Bah! fit Dabiron, il nous reste encore deux mille francs environ, sur les quatre mille que le soin de ma réputation m'avait engagé à noyer avec moi.

— Est-ce avec cela que vous voulez conquérir un trône, ô spéculateur! dit le comte. Vous avez beau compter sur la baisse : les royautés ne sont pas encore à ce prix-là. Allez donc prendre possession d'un Etat quelconque les poches vides : vous serez arrêté à la diligence, avant d'avoir fait vérifier vos bagages. Le sort des Mathurin Bruneau est toujours le même. Les présomptifs en sabots, avec des faux cols en papier, légitimes ou non, ne sont que des présomptueux. Personne ne sert le maître qui ne peut pas payer de gages.

— Pourtant, ajouta Dabiron en s'animant, il s'agit d'un droit acquis, reconnu, appuyé de pièces qu'on ne saurait contester.

— Vous raisonnez, mon cher, comme un marchand qui poursuit le recouvrement d'un billet en souffrance, répliqua Montreuil. Les royaumes ne s'obtiennent point par sommation d'huissier. Ce n'est pas un petit clerc qui dépose la contrainte dans les mains de la portière de l'usurpateur, parlant à sa personne; ce sont des armées de partisans qu'il faut charger des soins du recouvrement, à peine de nullité de la procédure, pour cause d'insuffisance.

— Comment! dit Pied-de-Céleri, en égouttant le fond des bouteilles dans son verre, deux mille francs ne suffisent pas? On a cependant diablement de pommes de terre frites pour une pareille somme!

— Sire, répliqua le diplomate, il vous faut beaucoup de dévoûment désintéressé. Cela coûte cher!

— A quel taux l'évaluez-vous donc? demanda Roussignan.

— Eh! fit négligemment Montreuil, les royaumes sont comme les petits pâtés : il s'en trouve de tous prix et de tontes qualités. Celui qui nous occupe tient la moyenne des chiffres connus.

— Mais encore, reprit le coulissier, faut-il fixer un minimum.

— Eh bien! répondit le comte, en ne faisant que le strict nécessaire, en allant même à l'économie, il me paraît que quatre ou cinq millions seraient suffisans.

— Cinq millions! dit Roussignan ébahi.

— Plus que ça de *monneron*! exclama sa joviale Majesté.

— Allons, messieurs, continua Montreuil, fouillez vos poches, cotisez-vous; il n'est pas possible que vous n'ayez point cette bagatelle.

— Une bagatelle! reprit Dabiron; si j'avais eu cette bagatelle, j'aurais fait monter la rente.

— Et moi, dit Roussignan, j'aurais gardé mes deux oncles et mon état civil.

Le comte se tournant alors vers Pied-de-Céleri :

— C'est donc à vous, sire, dit-il gracieusement, qu'il appartient de faire les frais de votre élévation future.

— Vous croyez? dit plaisamment Pied-de-Céleri.

— Je le constate.

— Ça me gênera un peu.

— Moins que vous ne le pensez, sire.

— Ah bah!

— Les cinq millions que nous demandons pour réussir, vous les possédez.

— Tiens, c'est ma foi vrai, je l'avais oublié.

— Comment! dit Montreuil, étonné à son tour.

— Sans doute : j'ai un talisman pour faire fortune.

— Et lequel?

— Celui-ci, répondit le superstitieux monarque.

Et fouillant dans sa poche, il tira un fragment de mouchoir de soie, roulé en forme de cercle.

— Qu'est-ce que cela? demanda le diplomate avec défiance.

— Je reconnais mon linge, ce me semble, fit Roussignan; j'ai dû flotter dans l'air au bout de ce foulard.

— Oui, à un arbre, continua Pied-de-Céleri. C'est de la corde de pendu.

— Comment diable avez-vous trouvé cette loque? dit Dabiron.

— Comment avez-vous déniché mon instrument de supplice? dit le faux Muller.

— Dans le bois de Boulogne, à deux heures du matin, repartit Pied-de-Céleri.

— Et qu'y faisiez-vous? dit Dabiron; vous n'attendiez pas l'omnibus, je pense.

— C'est notre secret, à monsieur Masson et à moi, répliqua Pied-de-Céleri, et quand une fois j'ai juré de me taire, n, i, ni. Bouche close! Je ne suis pas d'ailleurs à confesse. Vous n'êtes pas monsieur le curé.

— Cette amulette est bonne, interrompit Montreuil, mais vous en avez une autre, fort heureusement.

— Où est-elle?

— Ecoutez bien, dit Montreuil ; il existe encore un papier dans le paquet dont je vous ai fait connaître le contenu. Je le gardais pour la bonne bouche, comme disent les gourmands. En voici la teneur :

« Je soussigné, baron d'Appencherr fils, chef de la maison Sholtz Appencherr and C°, reconnais avoir reçu des mains de mon père, banquier à Francfort, pour le compte du chevalier de Limbourg, comte de Zanau, prince héréditaire de Wardenbourg, la somme de deux millions cinq cent mille francs, argent de France, à titre de dépôt exigible à volonté, et que je m'engage à remettre, à lui ou à ses héritiers, en personne, avec les intérêts à cinq pour cent par an, sur première réquisition, et en échange de la présente déclaration.

» Paris, le 1er mai 1818.

» APPENCHERR fils. »

— Est-ce clair? fit Montreuil.

— C'est bon comme de l'or en barre, dit Pied-de-Céleri.

— Peut-être! objecta Dabiron.

— Qu'y trouvez-vous à redire? demanda Montreuil.

— Rien à l'obligation, mais beaucoup à l'obligé. Je connais ce d'Appencherr ; je sais quelle est la situation de ses affaires ; les femmes le ruinent. Or, les intérêts doublent le capital après quatorze ans de dépôt, si je sais compter. Il ne s'agit donc de rien moins que d'une somme de plus de six millions.

— Je l'espère bien, répliqua Montreuil.

— Il ne voudra pas payer, dit le coulissier.

— Il faudra bien qu'il paie, s'écria énergiquement Pied-de-Céleri. Comment! j'aurais eu six millions sans m'en douter, et on ne me compterait pas quand je m'en aperçois? Ce serait du joli! ce serait du propre!

— Pas de violence surtout, dit Montreuil, qui était ennemi des argumens physiques. Je vous le répète, le titre est incontestable. Sa Majesté va se rendre chez M. d'Appencherr, accompagnée de l'un de nous. Elle choisira l'heure le banquier sera seul, à cinq heures, par exemple, à la fermeture de ses bureaux, quand les employés sont partis ; et là, sa reconnaissance en main, elle réclamera un paiement immédiat.

— Six millions, dit Dabiron, prévoyant d'avance, dans son désir du succès, les objections possibles ; six millions ne se trouvent jamais en caisse dans aucune maison.

— On lui demandera un bon sur la Banque.

— Et s'il chicane sur la somme?

— On lui fera au besoin une concession sur le chapitre des intérêts. Mais l'essentiel, quoi qu'il arrive, c'est de ne point se dessaisir du titre avant arrangement définitif.

— Oh! soyez calme, dit Pied-de-Céleri; il y a longtemps que je ne suis plus en nourrice; on ne me trompera pas.

— Je connais votre fermeté, sire, dit Montreuil en s'inclinant, et j'y compte.

— Mais qui de vous vient avec moi? demanda l'apprenti roi.

— Ce ne peut être Dabiron, répondit Montreuil; il n'est que trop connu dans la maison. Je me serais fait un honneur de vous accompagner, mais il faut bien que je me tienne en dehors, à tout événement, pour veiller de loin à votre sécurité personnelle. Il ne faut jamais mettre tous ses œufs dans un seul panier, dit le proverbe. Ce sera donc Roussignan, si vous le permettez.

— Moi! s'écria le faux Muller.

— Vous êtes dès à présent chambellan de Sa Majesté Wardenbourgeoise, ajouta le comte. Noblesse oblige.

— Allons, bon! me voilà encore à l'état de volant entre deux raquettes! balbutia Roussignan à moitié gris. Et la police russe! et le faux bourgeois de Hambourg! et l'homme à la queue du souterrain! et le capitaine du vaisseau russe! et mes douze à la rue! et les menaces! et les coups de pistolet! ça va recommencer! ça va être drôle, allez! J'ai envie d'aller prendre une assurance sur la vie.

— Bah! s'écria Pied-de-Céleri, qui ne risque rien, n'a rien. On ne meurt qu'une fois.

— C'est une fois de trop! reprit Roussignan.

— Mais vous avez voulu vous tuer, objecta Dabiron ; c'était donc de peur de mourir?

— Il est comme Gribouille, continua Pied-de-Céleri : il se jette à l'eau de peur de se mouiller.

— Messieurs, reprit Montreuil, en coupant court à ce colloque, aucun danger sérieux ne vous menace. Toucher l'argent, même avec un sacrifice, pour en finir séance tenante; ou bien rapporter le titre pour en tenter la vente à quelque escompteur de créances qui se chargera de l'embarras du procès : voilà votre démarche réduite à son expression la plus simple. Allez donc! De la prudence et du sang-froid! Vous trouverez dans vos appartemens des costumes appropriés aux rôles. A vous, Roussignan, ce ruban vert et noir, que vous offre Sa Majesté, pour vous élever jusqu'à elle, et vous rendre digne de sa noble compagnie. A vous, sire, cette brochette réunissant tous les ordres que vous avez désormais le droit d'octroyer. Vous la cacherez soigneusement sous votre habit, pour la faire apparaître quand l'heure sera venue. Allez à votre toilette; préparez-vous pour cinq heures du soir, et souvenez-vous que de votre fermeté dépend le succès de cette première bataille.

Dès que les deux personnages éduqués par Montreuil se furent retirés, celui-ci dit à Dabiron :
— Nous avons l'argent nécessaire à notre expédition, c'est fort bien, mais cela ne suffit pas.
— Comment! répondit l'ex-coulissier, six millions ne sont pas un bélier irrésistible pour enfoncer toutes les portes?
— Eh non ! mon cher ; il nous en manque un second.
— Lequel, donc?
— Une femme.
— Comment! une femme pour conspirer!
— D'abord, nous ne conspirons pas : les conspirateurs détruisent, et nous réédifions ; mais en tout cas une femme est un auxiliaire indispensable.
— En vérité?
— Ouvrez l'histoire, mon cher ; examinez à la loupe tous les coups de théâtre qui ont changé la face des nations ; il est rare qu'on n'y découvre pas Vénus à côté de Plutus. Vous connaissez l'histoire du Veau d'or, sans doute?
— Parfaitement, dit Dabiron, j'ai fait une fois une affaire de Bibles avec les missions protestantes, et, vous concevez, en vérifiant la marchandise...
— Vous vous êtes édifié en partie double, comme négociant et comme chrétien. Vous savez donc ce que c'est que cette idole. Eh bien, pour qu'elle soit séduisante, il faut, à la manière antique, une bayadère qui danse devant elle. Le Veau d'or éblouit les populations ; la femme subjugue, attire, entraîne les individualités rétives. Qu'il s'agisse de la guerre de Troie ou de la Fronde, vous rencontrerez toujours un cotillon dans l'intrigue : Hélène ou madame de Longueville.
— C'est, ma foi, vrai, dit Dabiron; mais où dénicher la diva qui doit servir notre politique?
— J'ai compté, mon cher monsieur, répondit Montreuil, sur votre galante expérience. Vous savez où sont huchés sur l'arbre du bien et du mal, les nids de fauvettes et de tourterelles en disponibilité.
— Qui ? moi?
— N'avez-vous pas été en relation avec toutes les folles beautés de la capitale? N'étiez-vous pas l'initié des mystères d'Isis de notre temps? Personne ne peut donc mieux désigner celle qui apportera dans la communauté ses grâces comme actif.
— Parbleu ! dit Dabiron en souriant, j'ai beaucoup vu d'Égéries à la recherche de Numa. Comment vous faut-il la belle?
— Aussi jolie que possible, mais beaucoup plus française que grecque : une Roxelane du temps de Voltaire ; le nez retroussé, l'œil provocateur, la dent petite et perlée, la tournure cambrée, le caractère enjoué et l'humeur fantasque ; une Parisienne pure race, si vous l'aimez mieux.
— Et de l'esprit, en faut-il ?
— Sans doute, mais à une certaine dose : assez pour charmer, pour intéresser, pour élever la situation au profit de notre cause; pas assez pour avoir une volonté et devenir un adversaire.
— Voyons, dit Dabiron, si nous prenions une actrice en vogue ?
— Nous n'en serions point assez maîtres.
— Une grisette?
— Elle serait trop maîtresse de nous ; trop de libéralité dans l'imagination ; un cœur d'hôpital ouvert au premier pauvre.
— En ce cas, une lorette du quartier Bréda.
— Prenez garde : il y a lorettes et lorettes ; pas de celles qui se trémoussent dans les bals publics avec une robe voyante et une chaussure éculée, ou qui estropient le français au profit de l'amour facile.
— J'ai votre affaire, s'écria Dabiron.
— Ma Vénus?

— Au complet.
— Pas trop académiquement belle, pas trop bête, pas trop émancipée ?
— Le vrai personnage du rôle.
— Et comment la nommez-vous?
— Lataké, pardieu ! répondit le viveur; ma Lataké, à laquelle je ne pensais pas; un rat d'Opéra dans toute son espièglerie.
— Bravo ! fit Montreuil; c'est à merveille, et moi qui ai prêté l'oreille au récit de vos mé-aventures, je m'en veux de n'avoir pas songé de mon côté à ce démon-là : c'est notre affaire toute trouvée.
— Lutine, mignonne, sémillante, enjouée, dit Dabiron.
— Folle, maligne, étourdie, inconsidérée, bonne enfant, continua le comte.
— Et vingt et un ans, ajouta son interlocuteur.
— Et danseuse, danseuse inédite! continua le diplomate; créée et mise au monde tout exprès pour polker devant l'idole. Allons, mon cher Dabiron, mettez-vous là, et écrivez à votre veuve, pour l'inviter à venir nous rejoindre.
— Moi ? Y pensez-vous?
— Et pourquoi pas?
— Elle reconnaîtrait mon écriture!
— C'est juste, fit Montreuil; diable ! le rendez-vous d'un défunt, cela rappelle trop crûment la ballade de Lénore. Allons, je vais faire l'épître.
Et Montreuil s'attabla de bonne humeur devant le papier blanc destiné à l'amie de Simonne.
— Est-elle gourmande? demanda Montreuil avant d'écrire.
— Un peu.
— Vaniteuse?
— Assez.
— Cabotine?
— Énormément.
— Cela me suffit; dans une heure, elle sera ici.
Et après avoir tracé quelques lignes, Montreuil sonna.
— Porte ce pli, dit-il au domestique qui répondit à cet appel, chez mademoiselle Lataké, danseuse et figurante de l'Opéra, rue Notre-Dame-de-Lorette, 31. Cinq francs si tu vas vite. Il ne faut pas de réponse.
Et laissant Dabiron étourdi de la vivacité de son chef de file, il rentra dans la chambre qui lui était particulièrement affectée.

Le messager partit d'un tel bond qu'il eût distancé Mercure, messager des dieux, lequel, bien qu'ailé, comme tout honnête commissionnaire de l'Olympe doit l'être, n'était pas stimulé par un généreux pourboire.

Quand il eut remis à Lataké cette lettre, dont la prompte délivrance importait si fort à Montreuil, la jeune femme, après l'avoir lue, comme si elle eût été piquée par une tarentule, sauta, cria, dansa, chanta de joie, et s'élança chez Simonne, sans s'occuper du commissionnaire, qui redescendit stupéfait.

Au moment où la danseuse entrait chez elle, Simonne tenait la seconde lettre de l'inconnu, qui lui avait été remise par un garçon du Ranelagh, et qu'elle relisait pour la vingtième fois.

Voici ce qu'écrivait le mystérieux adorateur :

« Chère folle,
» Je ne m'étais pas trompé : vous êtes une créature d'élite, égarée dans la vie; vous n'êtes point une courtisane
» vulgaire; vous vous êtes sentie émue à l'idée d'un ami
» véritable, veillant sur vous, invisible et infatigable
» dans sa sollicitude ; et, bien qu'il ne fût qu'une ombre
» insaisissable, vous n'avez point ri de son amour.
» Simonne, vous avez beau chercher, vous ne saurez
» jamais mon nom. Mes lettres, envoyées chaque fois par
» une voie différente, ne trahiront pas le secret de ma vie.
» Si vous m'aimez un peu en échange de l'affection sans
» bornes que j'ai pour vous, vous n'userez point votre in-

» telligence à résoudre un problème dont la solution vous
» est à jamais interdite.

» Simonne, ma bien-aimée, si vous ne me voyez pas,
» je vous vois; cela doit suffire à votre coquetterie. L'in-
» visibilité pour vous serait une injustice; pour moi, elle
» est peut-être un avantage. Tandis que j'admire votre
» beauté si fine et si délicate, vos regards si doux, votre
» démarche si élégante dans sa gracieuse nonchalance ;
» tandis que je recueille les paroles tombées de vos lèvres
» roses, et que j'écoute les soupirs échappés à votre poi-
» trine haletante, mon cœur bat plus vite et n'est rempli
» que de votre image.

» A votre tour, faites-vous de moi le portrait qui vous
» plaira le mieux. Rassemblez les qualités, et même les dé-
» fauts qui vous séduisent, et que vous rencontrez épars
» chez les autres hommes, pour en constituer un tout
» dont je serai l'imaginaire personnification. Vous n'aurez
» jamais ni satiété ni désillusion, puisque jamais le rêve
» ne sera détruit par la réalité.

» Permettez-moi, Simonne, de vous parler comme un
» frère et non comme un amant; puisqu'aucune action de
» votre vie ne m'est inconnue, souffrez que chacune de
» mes lettres ait son utilité, et témoigne de mon dévoue-
» ment et de ma tendresse pour vous.

» Or, je vous le dis aujourd'hui, Simonne, vous êtes ma-
» lade; je le vois, je le sais, et vous n'y prenez pas garde .
» Parfois la douleur étreint votre poitrine et assombrit vo-
» tre regard ; la vie fiévreuse que vous menez vous tue.
» Est-ce volontairement que vous courez au suicide ?

» Rien n'est encore inquiétant; vous avez pour défen-
» seurs vos vingt ans, votre jeunesse luxuriante, les tré-
» sors que la nature dispense à ses favoris. Ces angoisses
» passagères se dissiperont, mais il vous faut le grand air,
» la verdure, l'hygiène des champs, la course dans les sen-
» tiers ombreux, sans contrainte et sans gêne, les cheveux
» en désordre et les rubans flottans; il faut, à la pensée
» l'espace, au corps la liberté.

» Songez-y : dussiez-vous me traiter de fourbe et d'in-
» sensé, je ne vois pas seulement les signes extérieurs de
» votre maladie: j'en suis la marche, j'en connais le pro-
» grès, j'en entrevois les résultats ; il n'y a pas une pulsa-
» tion de votre pouls qui m'échappe, quelque calme qu'il
» soit. Appelez-moi Satan ou Gabriel, que m'importe ! Le
» fait est vrai, vos souffrances n'ont rien de mystérieux,
» car j'en ai trouvé la cause.

» Adieu, sœur. Si vous me gardez un peu d'affection au
» fond de l'âme, pendant les heures paisibles où la na-
» ture sommeille sous le regard de Dieu, entre deux rêves
» fortunés, votre ange protecteur viendra le dire au
» mien. »

— Ma chère, dit Lataké qui venait d'entrer en battant un six-huit et en interrompant cette lecture si souvent recommencée, tu te rabâches donc toujours le poulet de ton incognito?

— Toujours, dit Simonne avec sentiment.

— Eh bien! moi aussi j'ai une lettre, et une soignée, va !

— En vérité ?

— Ma chère, continua Lataké, mon talent perce, bien qu'il y ait mis le temps ; on me rend justice enfin ! je commence à faire mes frais !

— Où donc?

— A l'Opéra, ma chère.

— Mais, dit Simonne, tu ne parais que dans les ensembles.

— Est ce qu'on sait en France ce que c'est que la danse! L'étranger seul apprécie le talent chorégraphique. Les Allemands surtout.

— Enfin, dit Simonne, que t'arrive-t-il?

— On *se* m'arrache à la capitale, ma chère; on m'enlève à mon obscurité. Je vais passer premier sujet, *étoile*, danseuse solo, sans partage, avec des appointemens énormes et pas mal de feux, sans compter ceux que j'allumerai ! Tiens, écoute la missive que je reçois à l'instant.

XX.

ESCARMOUCHE D'AVANT-GARDE.

Et, en sautillant de bonheur, Jupin Ier lut tant bien que mal les lignes suivantes :

« Mademoiselle,

» Le général, baron Bibelbrock, maréchal de camp, grand maître de l'artillerie, inspecteur de la marine, connétable du royaume, chargé de la composition d'une troupe pour le théâtre royal de Wardenbourg, vous a aperçue hier dans *Robert-le-Diable*. Vos emplois multiples dans cette œuvre vous ont mérité son admiration. Vous jouez quatre rôles au lieu d'un, ce qui vous constitue un avantage évident sur les autres artistes : vous portez la queue de la princesse Isabelle, vous versez à boire à Bertram, vous vous endormez sous le rameau magique, et vous séduisez par vos danses l'infortuné duc de Normandie ; et cela, avec un fini qui dénote un vrai talent.

» Votre p'ace n'est pas dans la foule, mais au premier plan. Le général, baron Bibelbrock, maréchal de camp, grand maître de l'artillerie, inspecteur de la marine et connétable du royaume, chargé de la composition de la troupe de l'Opéra de la capitale du Wardenbourg, serait heureux de vous compter au nombre des pensionnaires du roi son maître. Il vous attendra donc à l'hôtel des Princes, rue Richelieu, aujourd'hui ou demain, de cinq à six heures.

» Salut artistique et militaire. »

— Et tu vas te rendre à l'invitation? demanda Simonne.

— Ma biche, répondit Lataké, rien ne forme comme les voyages. Je suis lasse de vivre, à la manière des omnibus, entre la Bastille et la Madeleine. D'ailleurs, je me dois à l'art.

— Mais comment pourras-tu danser les Taglioni et les Elsler, toi qui n'as fait jusqu'à ce jour que des utilités superflues!

— Ma chère, répondit Lataké; je crois qu'un maréchal de camp, un grand maître d'artillerie, un inspecteur général de la marine, etc., etc., n'a pas les yeux dans sa poche, et qu'il s'y connaît aussi bien que toi. S'il me trouve forte, c'est que je le suis, malgré moi, sans m'en douter peut-être. Va, ne crains rien, tu vas entendre parler de moi dans les journaux. Qui sait ! les populations dételleront peut-être mes chevaux et me porteront en triomphe à califourchon. Al'ons, à tantôt. Je t'en apprendrai davantage. En ce moment, je brûle de dévisager mon généralissime.

Et Lataké, chantant un joyeux larifla, descendit, en exécutant des jetés-battus, les marches de son escalier, pour se rendre à l'hôtel des Princes.

Au moment où la danseuse en franchissait le seuil, une voiture s'ouvrait devant deux hommes dont le costume attira son attention.

Le premier, Sa Majesté Pied-de-Céleri, s'était composé une toilette à désespérer, à force d'extravagante recherche, l'imagination même des journaux de modes.

Le second, Roussignan, toujours prudent, même entre deux vins, s'était vêtu au contraire en homme dont le plus grand soin consiste à se cacher. Il avait endossé un costume entièrement noir de la tête aux pieds, et tellement large de collet, qu'il pouvait s'y emprisonner jusqu'aux yeux ; il avait armé son nez de lunettes dépolies, à l'instar des verres dont se servent les badauds pour observer la marche des éclipses, et un chapeau à bords gigantesques, retombant sur son front, achevait de rendre méconnaissab'e pour tous le sentimental et bachique amoureux de madame Fleuriot.

La voiture dans laquelle ils étaient montés partit au grand trot dans la direction de l'hôtel Appencherr.

La maison du baron d'Appencherr avait été longtemps

le rendez-vous de la finance fashionable. Du vivant de sa femme, on donnait des dîners, des fêtes splendides, des bals conduits par Tolbecque, et des soupers servis par les Provençaux. La mort de sa femme, résultat d'un suicide qui avait tant fait causer les commensaux et les intimes, mit un terme à cette coûteuse et libérale hospitalité. Le baron ne pouvait plus recevoir chez lui, car il se trouvait dans cette position mal définie qui n'a ni l'insouciance du célibataire, ni la gravité de l'homme marié. Il était veuf.

L'hôtel d'Appencherr était donc resté dans un calme profond que troublaient seuls les travaux des commis aux heures des bureaux. Le soir, comme l'avait dit Montreuil d'après les indications de Dabiron, la gent écrivassière rentrait dans la vie privée, et le maître restait seul, n'ayant pour entourage qu'une cuisinière, un valet de pied et un cocher, formant l'effectif de son domestique. Un homme de confiance nommé Lafolie, qui avait été très dévoué à madame d'Appencherr, complétait l'effectif de la maison, mais alors, comme du temps de son entrée au service de Gertrude, il ne logeait pas à l'hôtel.

En disant que le baron était seul, nous allions oublier, dans l'énumération de cette demeure jadis si agitée, le personnage principal, devant lequel le baron tremblait comme un enfant et dont il redoutait les affectueuses critiques et les douces remontrances. Ce tyran, qui ne comptait pas encore dix-sept ans, avait les plus beaux cheveux noirs du monde, ondulant naturellement en boucles capricieuses autour d'un front charmant; ce despote qui avait des yeux bleus ombragés de cils d'ébène, distinction rare parmi les Françaises et qui donne au regard une expression de tendresse et de volonté étrange; cet autocrate, enfin, dont la beauté féminine perçait déjà à travers les grâces de l'adolescence, n'était autre que mademoiselle Julie d'Appencherr, sa fille.

Le baron, qui usait son existence dans les dissipations élégantes, qui voyait le meilleur et le plus mauvais monde de Paris, dans les boudoirs célèbres dont il s'était fait insensiblement le Turcaret, se trouva fort embarrassé quand le temps du pensionnat fut passé pour Julie. Elle venait de terminer ses études au moment où sa mère succomba, et elle arriva à temps pour déposer sa couronne d'écolière sur un tombeau.

Le baron songea un instant à la confier aux Duplessis, mais d'une part, l'enfant, qui adorait sa grand'mère, et qui écoutait avec un plaisir secret les projets d'avenir que la vieille dame formait pour sa petite fille avec la collaboration de son neveu le notaire, avait, d'autre part, pour son grand-père une aversion instinctive. Il fallait songer à son établissement, et monsieur d'Appencherr, qui portait à toutes choses, en dehors de ses propres passions, l'esprit mercantile, aurait préféré, à une alliance avec le jeune Duplessis, un mariage qui lui eût fait trouver dans son gendre un habile associé.

Julie était le mentor de la maison : quand le baron rentrait tard, quand il s'emportait, quand il grondait durement un de ses domestiques, Julie intervenait, et, d'un ton d'autorité affectueuse, elle admonestait son père et faisait tout rentrer dans le calme accoutumé.

Il existait dans l'hôtel d'Appencherr une chambre qui n'était jamais occupée, et dans laquelle, hormis Julie, personne n'entrait. Cette chambre donnait sur le jardin; les contrevents étaient presque toujours clos, et rarement on y voyait de la lumière la nuit. Quand, par exception, la lueur d'une bougie se glissait dans le pli des rideaux de la fenêtre, ou que le soleil était admis à entrer dans cette chambre déserte, les valets disaient :

— Voilà mademoiselle Julie qui rend visite à la mémoire de sa mère !

C'est là qu'en effet madame d'Appencherr avait dit adieu au monde, en expiation de ses faiblesses passées. Pauvre femme, à laquelle il fallait sans cesse une passion pour moteur : le jeu d'abord, puis l'amour, jeu cent fois plus dangereux que l'autre ! Afin d'oublier l'infamie de Dabiron, qui convoitait la main de la fille après avoir déshonoré la mère, elle s'était réfugiée dans la mort.

L'appartement funèbre avait conservé sa physionomie sinistre. Jamais, depuis la cérémonie de l'enterrement, le baron n'y avait mis le pied. Était-ce indifférence? était-ce remords? Personne n'avait eu intérêt à décider cette question.

A l'heure où nos deux aventuriers se rendent à l'hôtel d'Appencherr, Julie vient de faire jouer la serrure de la chambre fatale.

Ce boudoir silencieux et morne, dont les draperies sont fanées, dont les glaces sont voilées de crêpe, conserve encore la physionomie de celle qui l'a si longtemps occupé. Ces colifichets de tous les styles, ces porcelaines et ces faïences de tous les temps, indiquent un désordre d'imagination et de goût, une versatilité de fantaisies dont la baronne trépassée avait tant de fois donné la preuve. Le seul ornement qui ait conservé son éclat est un immense vase de Chine dans lequel Gertrude aimait à placer chaque jour des fleurs nouvelles, et que sa fille alimente par un touchant respect pour les habitudes de sa mère, des bouquets de la saison.

Vingt fois le baron, pour en finir avec des souvenirs qui semblaient attrister sa vie, avait voulu donner à cette pièce une destination nouvelle. Il avait conseillé à Julie de se défaire des objets de toilette de sa mère déjà passés de mode, et de convertir en salon ce lieu où vivaient encore de si lugubres réminiscences. Il avait projeté d'y placer un beau piano de bois de rose, des meubles de Boule, chefs-d'œuvre conservés par les antiquaires au profit de la fashion, et une délicieuse table à ouvrage, merveille d'ébénisterie bien faite pour séduire le goût de la jeune fille.

Julie avait refusé.

Ce refus, qui avait sa source dans le plus pur des sentimens, l'amour filial, trouvait un encouragement dans le vieil intendant dont nous avons parlé, et dont nos lecteurs ont peut-être remarqué le nom au commencement de ce récit.

Nous avons dit qu'il s'appelait Lafolie; c'est lui qui possédait jadis la confiance de la baronne et qui, lors de l'épisode de la clef perdue par elle à la suite d'une perte au jeu chez Brioude, avait parlementé en son nom avec l'astucieux Dabiron.

Lafolie seul accompagnait parfois Julie dans ses visites à la chambre funèbre.

— Mademoiselle, lui dit-il ce jour-là, monsieur le baron veut-il toujours faire un salon de cette tombe?

— Oui, mon ami, dit la jeune fille ; on croirait que cette chambre l'effraie, tant il a hâte d'en changer l'aspect.

— Eh bien ! mademoiselle, il est nécessaire de lutter ; la victoire vous sera facile, le baron ne fera rien contre votre volonté.

— Je l'espère bien.

— Vient-il quelquefois ici ?

— Jamais.

— Mais il a la clef à sa disposition ?

— Elle est placée à la glace de ma chambre.

— Il y a ici deux objets qu'il est bon de mettre à l'abri.

Le premier était une élégante boîte de cigares que la défunte avait soigneusement enveloppée dans un papier de soie.

Le second était une fiole en cristal contenant un liquide dont on avait à peine usé quelques gouttes.

Lafolie déposa ces deux souvenirs dans une armoire, la ferma à double tour et en remit la clef à la jeune fille.

— Quoi qu'il arrive, dit-il, ne vous dessaisissez jamais de ces objets.

— Ils ont donc une valeur ?

— Une valeur immense ! Vous le saurez plus tard. En attendant, qu'aucune modification ne soit apportée à cet appartement, mademoiselle; il faut garder des morts aimés tout ce qui nous les rappelle : c'est un culte qui console.

Julie avait pressé, en signe d'adhésion, la main du serviteur dévoué à sa maîtresse, même après sa mort.

Restée seule, elle s'agenouilla sur le prie-dieu de sa mère, et elle était ainsi plongée dans une pieuse méditation quand Pied-de-Céleri et son chambellan s'arrêtèrent devant l'hôtel.

— Parole la plus sacrée! disait gaîment Sa Majesté pendant le trajet, je mène là une drôle de vie depuis dix jours! J'ai vu les féeries du boulevard, le *Pied de Mouton*, la *Lampe merveilleuse*, *Arlequin vampire*, tout ce qu'il y a de plus chenu dans ce genre, à l'époque, vous savez, où je travaillais dans les contremarques et les bouts de cigare ; mais jamais, au grand jamais, je n'ai rien vu d'aussi cocasse que ce qui m'arrive. On parle de changemens à vue! qu'on m'en trouve un pareil! C'est amusant tout de même, l'état de roi : bon lit, bonne table, bonne société, bon tabac, rien à faire, rien à dire, rien à penser. Ma foi ! sans ces satanés professeurs de danse, d'escrime et de belles manières qui vous disloquent bras et jambes, je m'abonnerais volontiers à cette vie-là pour le restant de mes jours.

— Moi non plus, sire, je n'aurais pas trop à me plaindre de ma nouvelle position, répondit Roussignan-Muller, qui se tenait prudemment caché au fond du véhicule, malgré l'exaltation alcoolique où il se trouvait encore. Vous êtes sans contredit le meilleur roi qui ait jamais existé, avec le roi d'Yvetot et le roi Dagobert. Je ne sais pas même si, le verre en main, vous ne l'emportez pas en bonhomie sur l'un, comme vous l'emportez en culotte sur l'autre. Mais la police russe continue d'empoisonner mon existence. Vous ne savez pas ce que c'est que la police russe, vous !

— Non, mais j'ai appris à mes dépens à connaître la police française.

— Ce n'est pas comparable. La nôtre n'est encore que l'enfance de l'art. Je parierais cent sous qu'on sait déjà à Saint-Pétersbourg tout ce que nous avons dit, tout ce que nous avons fait, tout ce que nous avons pensé aujourd'hui. Je parierais cent sous qu'en ce moment, et que nous n'émettrons pas un mot, un geste, un signe, chez le baron d'Appencherr, qui ne soit à l'instant même constaté, ficelé, et expédié là bas, par des courriers ventre à-terre. Rien ne me prouve que ce baron allemand n'est pas un des mouchards de l'autocrate. Où ne s'en fourre-t-il pas ? Il faut tout mon respect, sire, pour ne pas voir un dans Votre Majesté même. Au-si, croyez-moi, quand vous serez remonté sur le trône de Wardenbourg, le plus grand service que vous puissiez rendre à l'humanité, c'est d'envahir la Russie, pour exterminer jusqu'au dernier de ses espions. Mais la voiture s'arrête. Nous voici arrivés. N'oublions pas les instructions diplomatiques de votre président du conseil.

— C'est un fin matois, en effet !

— De la prudence, sire, de la prudence !

— Oui, comme on dit, la prudence est la maman de la sûreté. Mais cela ne suffit pas. Il a dit : « Prudence et fer» meté ! » Qu'avons-nous à craindre d'ailleurs ? «Nous ré» clamons le paiement d'une dette légitime, incontestable » et sacrée : le remboursement d'un dépôt ; et nous nous » sommes armés jusqu'aux dents, non pour l'attaque, mais » seulement pour la défense. » Vous voyez que je répète ma leçon comme un vrai perroquet. En avant, marche! continua Sa Majesté, en pénétrant résolument dans la cour de l'hôtel. Au petit bonheur ! gare de devant!

Il était cinq heures et quart ; tous les employés venaient de partir ; il ne restait plus qu'un vieux garçon de bureau, occupé à fermer les portes.

— Que demandez-vous? dit-il brusquement aux deux intrus, en homme qui craint de laisser refroidir son potage.

— A vous la parole ! dit tout bas Pied-de-Céleri à son chambellan : c'est l'ordre de mon premier ministre. Un roi, selon lui, ne doit parler qu'à la dernière extrémité.

— Nous demandons monsieur le baron d'Appencherr, répondit Roussignan au garçon de bureau.

— Monsieur le baron ne reçoit plus personne. Repassez demain.

— Il fera sans doute une exception en notre faveur, répliqua Roussignan. Veuillez lui dire que ce sont deux étrangers de distinction qui désirent lui parler, pour une affaire de la plus haute importance.

Le garçon de bureau sortit en murmurant des injures inintelligibles, toujours au point de vue de son potage.

— Avez-vous remarqué, sire, l'affreux coup-d'œil que nous a lancé cet homme ? dit Roussignan-Muller. Quant à celui-là, par exemple, le doute n'est pas possible : cela sent son espion russe d'une lieue. Nous sommes en plein guêpier.

— Suivez-moi ! cria maussadement le vieux serviteur en rentrant.

Pied-de-Céleri et Roussignan se rendirent à l'invitation. Ils furent introduits dans le cabinet du maître absent, par le vieux serviteur qui leur disposa des siéges et se retira dans la première pièce.

Le baron était encore à sa toilette. Il devait dîner avec Simonne, sa passion malheureuse, et conduire, à son choix, l'indifférente jeune fille, ou à l'Opéra ou aux Funambules, pour entendre Duprez ou pour voir Debureau, alternative qui était alors, en 184., du meilleur goût, dans la gent fashionable. Aussitôt sa toilette achevée, il se hâta donc de rejoindre les deux étrangers, pour en finir au plus vite avec eux.

— Attention! dit tout bas Pied-de-Céleri à son garde du corps; voici le baron : c'est le moment de jeter de la poudre aux yeux, comme nous l'a recommandé mon premier ministre. En avant la bijouterie wardenbourgeoise!

Les deux visiteurs se levèrent à l'entrée du baron, le saluèrent, et, ayant adroitement déboutonné leur habit, exhibèrent à ses yeux étonnés tout ce qu'ils s'étaient appendu de décorations exotiques. Le coup de théâtre fit son effet. Le baron, qui était entré on ne peut plus cavalièrement, changea subitement d'allure à la vue de tant de quincaillerie héraldique, et mit dans son salut tout ce que la flexibilité de l'échine humaine peut renfermer de considération.

C'était un dandy grisonnant ; homme de plaisir, de luxe, d'élégance, nous l'avons dit, et de bonnes manières autant que de mauvaises mœurs ; obséquieux d'ailleurs envers les gens haut placés, gai viveur avec ses égaux, dur et insolent avec ses inférieurs.

— Qu'y a-t-il pour votre service, messieurs ? dit-il avec une exquise politesse aux deux personnages qu'il avait devant les yeux, et en les invitant gracieusement du geste à se rasseoir.

— Voici, monsieur le baron, l'objet de notre visite, répondit Roussignan-Muller, avec toute l'assurance dont il était capable après boire. Sa Majesté, ci-présente, a bien voulu me laisser le soin de vous l'exposer.

Pied-de-Céleri s'inclina en signe d'assentiment. Quant au baron, en entendant ce mot si solennel et si imprévu de majesté, il saisit vivement la sonnette placée sur son bureau, croyant avoir affaire à des échappés de Charenton.

— Vous avez en effet devant vos yeux, monsieur le baron, continua Muller, le fils légitime du chevalier de Limbourg, unique héritier de ses droits au trône de Wardenbourg.

Le baron fit un mouvement en arrière, comme s'il se fût trouvé tout à coup en présence de deux serpens.

— Cela posé, monsieur le baron, poursuivit Roussignan, vous devinez sans doute ce que Sa Majesté vient réclamer de la haute probité qui a toujours distingué la maison Sholtz Appencherr et compagnie.

Le baron avait pâli visiblement et se trémoussait comme un homme qui éprouve un secret malaise.

— Quoi ? qu'y a-t-il ? qu'est-ce ? demanda-t-il d'une voix entrecoupée.

— Il s'agit, reprit Roussignan, des deux millions cinq cent mille francs appartenant à Sa Majesté, et que feu le baron, votre père, banquier à Francfort, déposa, en 1818, dans la succursale qu'il venait de fonder à Paris, par les soins de monsieur Duplessis, son co-associé, sous votre direction. Capital que vous vous êtes obligé à rembourser au chevalier en personne, ou à ses héritiers, avec intérêts légaux, à première réquisition, en échange de votre reconnaissance. Total : six millions trois cent quarante-cinq mille neuf cent vingt-six francs trente-deux centimes.

A ces mots, dont la précision lui parut effrayante, le banquier bondit sur son fauteuil comme si une mine eût éclaté subitement sous ses pieds ; puis, se levant ahuri, il fut pris d'un accès de cette hilarité convulsive que provoque parfois la nouvelle d'un grand malheur imprévu.

— Six millions ! s'écria-t-il enfin, quand il fut parvenu à coordonner ses idées ; six millions !

— Trois cent quarante-cinq mille neuf cent vingt-six francs trente-deux centimes, ajouta Roussignan.

— Et vous croyez qu'on rembourse de pareilles sommes aux premiers venus ? Savez-vous bien, messieurs, que vous me faites l'effet d'effrontés voleurs ?

— Des voleurs ! s'écria Sa Majesté, dont l'oreille, nous l'avons déjà vu dans ses entretiens avec son ancien maître, était fort chatouilleuse à l'endroit de cette qualification. Nous des voleurs ! répéta-t-il debout, en relevant crânement ses cheveux d'une main, et en menaçant de l'autre son interlocuteur.

— Calmez-vous, sire ! interrompit Roussignan en se levant aussi.

— Pas de menaces, intrigans, car je fais appeler la garde !

Et il tira vivement le cordon de la sonnette ; mais, chose étrange, personne ne répondit à cet appel.

— Nous n'avons rien à craindre, reprit Roussignan-Muller, dont les jambes flageolaient de peur. Moi d'abord, je n'y suis pour rien, et quant à Sa Majesté, elle ne demande que ce qui lui est dû.

— C'est une imposture ! s'écria le baron. Le chevalier de Limbourg est mort et enterré depuis bien des années !

— Oui, papa est mort assassiné en 1821, à Francfort, répliqua Pied-de-Céleri, et c'est précisément pour cela que je viens réclamer son héritage. Les successions n'ont pas été inventées pour les quadrupèdes.

— Vous son fils ! Allons donc ! reprit dédaigneusement le banquier.

— Pourquoi pas ?

— C'est un mensonge !

— Pas de gros mots, je vous le répète !

— Quelle preuve ? morbleu ! quelle preuve ?

— Nous en avons cent pour une, répondit Roussignan. Vous comprenez, monsieur, que nous ne serions point assez fous pour venir vous demander six millions trois cent quarante cinq mille neuf cent vingt-six francs trente-deux centimes de but en blanc. Veuillez jeter les yeux sur ces papiers, ajouta-t-il en tirant de sa poche le gros portefeuille dont l'avait chargé Montreuil. Un simple coup d'œil vous convaincra de notre sincérité, de l'identité de l'héritier et de la légitimité de sa réclamation.

Le banquier prit le portefeuille, en compulsa attentivement le contenu, pâlit de plus en plus à mesure qu'il poursuivait cet examen, et à la fin se laissa choir dans son fauteuil, à moitié évanoui.

Son désespoir était assez naturel. Possesseur d'environ vingt millions, comme nous l'avons vu, à l'époque où Dabiron figurait parmi ses employés, le baron en avait perdu un quart dans de mauvaises spéculations et mangé un second quart en lorettes. Restaient dix millions, dont, à la mort de sa femme, moitié était devenue la propriété inaliénable de sa fille mineure. Restaient donc cinq millions composant son actif disponible. Or, voilà qu'on venait à l'impromptu lui en réclamer plus de six ! Le baron se trouvait conséquemment d'un million pour le moins au-dessous de ses affaires, si la réclamation des deux étrangers était fondée. Or, c'est en vain qu'il cherchait encore à se persuader qu'elle ne l'était pas : l'examen des titres ne lui laissait aucun doute sérieux. Le baron était ruiné

comme par un coup de baguette. Adieu le luxe, la vie élégante, la bombance, le plaisir facile, l'Opéra, les Funambules, le quartier Bréda, les Simones et les Simonettes ! Et, comme si la destinée eût voulu ajouter le sarcasme à son mauvais procédé, c'est au moment même où il allait se rendre à une partie fine que cette tuile financière lui tombait sur la tête, rappelant ainsi le pauvre diable à qui l'arracheur de dents, Bilboquet, extirpe de force une canine, au moment juste où il va dîner en ville.

— Hé quoi ! murmura le baron d'une voix dolente ; hé quoi ! la Providence aurait permis que le fils ne fût pas assassiné comme le père !

— Mon Dieu oui, répliqua ironiquement Pied-de-Céleri : petit bonhomme vit encore. Cela paraît vous vexer. Bien fâché de la peine ! Encore un point sur lequel nous n'avons pas la même manière de voir.

— Nous attendons, monsieur, reprit Roussignan, qui eût voulu être à cent lieues de là, et qui piétinait d'impatience et d'inquiétude sur place, comme ces malheureux volatiles qu'on pose, dans des spectacles forains, sur des plaques de tôle chauffées par dessous, afin de les faire danser pour l'amusement du public. Êtes-vous enfin convaincu ? ajouta-t-il, en homme qui le était peu lui-même.

— Peste ! comme vous y allez ! répondit en hésitant le baron, qui avait repris un peu d'assurance. Je reviens quelque peu, il est vrai, de mes préventions ; mais de là à une conviction, il y a loin encore Au surplus, la question est assez importante pour mériter réflexion. Je garde ces papiers, ajouta-t-il en ouvrant un des tiroirs de son bureau, dans lequel il jeta le portefeuille, non pour le dérober (nous n'osons accuser sa mémoire d'une telle félonie), mais uniquement sans doute pour se donner le temps d'aviser, et rester maître de la situation.

— Que faites-vous là ? s'écrièrent Roussignan et son compagnon.

— Vous le voyez : je mets ces paperasses en lieu de sûreté. Je les reverrai à loisir, je les ferai examiner par des experts, en un mot j'en vérifierai la valeur, et nous verrons ensuite.

— Ah ça ! hé ! dites donc, je n'entends pas de cette oreille-là ! s'écria Pied-de-Céleri. Rendez-moi ces papiers, et plus vite que ça !

— Non, messieurs, non ! Et d'ailleurs, en les supposant valables, ce qui n'est pas encore certain, rien ne constate qu'ils vous appartiennent.

— Rendez-moi ces papiers, vous dis-je ! reprit Pied-de-Céleri, en faisant un pas en avant et en enfonçant ses deux mains dans ses poches.

— Non, mille fois non ! et pas de tapage, ou je vous fais jeter à la porte !

— Une fois, deux fois, trois fois, rendez-moi ces papiers ! répéta Pied-de-Céleri au comble de la fureur, malgré les efforts que faisait Roussignan pour le calmer ; rendez-les-moi ! ajouta-t-il en tirant de ses poches les deux pistolets dont il s'était muni ; rendez-les-moi, ou saprebleu ! je vous casse la tête comme à une poupée !

Et joignant le geste à la parole, il repoussa d'une main l'intervention pacifique de Roussignan, et pointa de l'autre une de ses armes sur le baron.

A cette terrible menace, Roussignan se laissa tomber sur son siège et porta vivement la main à ses oreilles pour ne pas entendre l'explosion, tandis que, son côté, le baron, pelotonné dans son fauteuil, poussait des cris de terreur et gesticulait des deux bras en avant, comme pour détourner le coup fatal.

Mais au même instant, avant qu'il lâchât la détente mortelle, Pied-de-Céleri se sentit pris subitement d'une sorte de vertige et de paralysie étrange, inexplicable ; sa main, celle qui portait son fameux anneau, retomba peu à peu, inerte, en laissant s'échapper le pistolet, comme si une force invisible eût pesé sur elle ; ses traits devinrent fixes, ses yeux prirent une couleur vitreuse, et son corps s'affaissa doucement sur le siège placé derrière lui, où il resta dans la plus complète immobilité.

Et alors une porte s'ouvrit tout à coup et donna passage à un homme de haute stature, à la figure douce et grave, au regard puissant, au geste impérieux, lequel s'avança lentement parmi les trois acteurs de cette scène, que des causes diverses avaient réduits, pour ainsi dire, à l'état de momies.

— Hé quoi! c'est vous! s'écria le banquier avec joie, lorsqu'après un moment de stupeur, il eut reconnu le personnage qui intervenait si inopinément. Ah! je désespérais de vous voir. Mais enfin, parlez : suis-je sauvé?

— Aviez-vous donc douté de ma parole? répliqua sévèrement l'inconnu. Il me semble pourtant que je ne vous en ai point donné le droit! Je vous ai dit, il y a bien longtemps déjà : « Il est possible qu'on vienne tôt ou tard vous demander une restitution, on ne peut plus légitime. La consentir serait votre ruine, mais la refuser serait votre déshonneur. En ce cas, comptez sur moi. Or, j'ai su, il y a quelques heures à peine, que ce double danger vous menaçait aujourd'hui. Je suis venu, j'ai été introduit par un de vos vieux serviteurs, je me suis placé là, dans la pièce voisine, à portée de tout voir, de tout entendre, et de paraître au moment nécessaire. Je tiens ma promesse. A vous de tenir la vôtre. Réglez loyalement avec ces gens-là. Voilà la somme en diamans. Donnez-leur-en le montant en un bon sur la banque. Ce sacrifice peut détourner de grands malheurs, et ce n'est vraiment pas cher. Qu'ils reprennent leurs papiers. N'en retenez que votre obligation. Faites ainsi, et à la première occasion fâcheuse, comptez encore sur moi.

— Mais, au nom du ciel, qui donc êtes-vous?

— Ne me demandez rien. Je remplis, monsieur, dans l'intérêt de votre famille, une mission dont j'ai juré l'accomplissement, à genoux, devant le lit d'un moribond. Un jour peut-être vous en saurez davantage. Adieu!

L'inconnu disparut à ces mots comme il était entré, et à peine fut-il sorti, que Pied-de-Céleri recouvra complètement l'usage de ses sens.

Les choses s'exécutèrent ainsi qu'il était dit.

Dix minutes après, deux voitures s'élançaient de l'hôtel, à quelques secondes d'intervalle.

L'une emportait le baron vers la rue Notre-Dame-de-Lorette, au galop de deux chevaux pur-sang, qui depuis longtemps déjà piaffaient d'ardeur sur le pavé de la cour, en attendant leur maître.

— Pourvu, se disait avec inquiétude le dandy émérite, pourvu que la capricieuse enfant ait eu la patience de rester chez elle! Oh! si elle l'a fait, je la dédommagerai de l'ennui d'avoir attendu près d'une heure. Chère et cruelle Simonne! ma fortune est sauve désormais. Plus d'épée de Damoclès incessamment suspendue sur ma tête! Dès demain je donne à la charmante fille des chevaux, des voitures, des loges partout, des hôtels, des villas, des châteaux, des palais, des bijoux, tout ce qu'elle souhaitera, tout ce qui pourra l'égayer, la distraire, la toucher, la passionner. Je ne sais si c'est à cause de sa beauté, ou de son indifférence, mais, parole d'honneur, je raffole de cette femme-là. Je crois qu'elle me demanderait la lune, que je tâcherais de la lui acheter!

L'autre voiture reconduisait rapidement à l'hôtel des Princes nos deux aventuriers, nantis des précieux papiers et du bon sur la banque de France. Ils étaient aussi surpris que fiers du succès de leur démarche.

— Soyez sûr, cher ami, disait familièrement Sa Majesté Pied-de-Céleri, soyez sûr que nous devons ce bonheur au morceau de la corde qui a servi à vous pendre, et que j'ai dans ma poche. Tout m'a réussi depuis que je le possède, et c'est une bien bonne idée que vous avez eue là!

— Je suis charmé d'avoir fourni un pareil talisman à Votre Majesté, répondit Roussignan dont la terreur avait singulièrement troublé l'esprit et la vue pendant les scènes qui venaient de se passer chez le baron; mais ce talisman est malheureusement sans pouvoir contre la police de l'autocrate. Je ne sais où j'ai rencontré le grand estafier qui m'est apparu, pendant votre évanouissement, comme à travers un épais brouillard; mais, j'en suis certain, sire, je l'ai déjà aperçu quelque part. Ce ne peut être encore qu'un espion russe!

XXI.

LE SERPENT SOUS LES FLEURS.

Nous l'avons vu, l'implacable haine du vieux Duplessis et la jalousie raffinée de Tiennette avaient réuni leurs odieuses inspirations pour tracer autour de d'Aronde, à la façon des sorcières de Macbeth, un cercle de maléfices dont il ignorait l'existence, mais dont il éprouvait les funestes effets.

Toutes les valeurs industrielles sur lesquelles il spéculait, canaux, filatures, houilles, métaux, etc., avaient subi tout à coup une dépréciation que rien ne pouvait expliquer, dont la bourse dix fois millionnaire de son vieil ennemi faisait largement les frais, et qui avait eu pour résultat de le dépouiller en quelques jours des trois quarts d'un actif honorablement acquis. Obligé de contracter un emprunt de cent mille francs pour faire face à ses engagemens immédiats, il avait trouvé cette première ressource dans la perfide obligeance du beau-père de d'Appencherr; mais nous savons tout ce que cette obligeance apparente avait coûté de considération au jeune homme. Ses vingt billets de cinq mille francs chaque, flétris à son insu par l'estampille et par l'endos du *Balancier*, du *Cyclope* et des autres Macaires de la rue de la Huchette, avaient été présentés successivement, par les soins de Brioude, à tous les escompteurs de Paris, qui tous les avaient repoussés avec autant de mépris que de surprise. Si bien que, du jour au lendemain, le nom de d'Aronde était devenu un des plus tarés de la place, et que désormais il n'eût pas trouvé vingt francs sur sa signature.

Or, de nouveaux engagemens étant échus sur ces entrefaites, d'Aronde se trouva dans l'impossibilité de les remplir. Pour la première fois, sa signature fut protestée à l'échéance, et l'huissier déposa chez son concierge l'assignation à comparoir pardevant le tribunal de commerce. Le débiteur obtint le court délai accordé par la jurisprudence ordinaire, à l'expiration duquel il lui faudrait payer capital, intérêts et frais, à peine de voir son mobilier saisi, vendu et sa personne conduite à la prison pour dettes.

On se figure aisément le chagrin profond qu'une situation si fâcheuse, si nouvelle, si imprévue, si inexplicable dut causer à un homme de cœur, que la fortune avait comblé jusqu'alors de ses faveurs les plus constantes. Ainsi qu'il arrive toujours, les angoisses de la vie extérieure réagirent fatalement sur l'existence intime. D'Aronde n'était plus cet esprit délicat, ce cœur ouvert, ce caractère plein d'enjouement et de sérénité, cette nature affectueuse et expansive qui donnait tant de charme à ses relations. Il était devenu morose, taciturne, sauvage, maussade et impatient. Il sortait dès le matin pour courir au plus pressé, et le soir, au lieu de travailler, comme nous l'avons vu faire, à quelque noble et grand projet d'utilité publique, dans la pièce voisine de celle où travaillait aussi sa femme, attendant l'un et l'autre avec tant d'impatience l'heure si douce de la réunion, il s'enfermait solitairement dans son cabinet, s'absentait après dîner, comme s'il eût craint, en restant auprès de sa chère compagne, d'être amené à lui faire de douloureuses confidences. C'était à peine si, à son retour, les aboiements de Fox et les caresses d'Estelle pouvaient le tirer un instant de ses sombres préoccupations.

Huit jours de ruine avaient suffi à une si triste métamorphose. O misère! serait-il donc vrai que toute espèce de bonheur est décidément incompatible avec tes anxiétés, et que, dans l'ordre même des affections les plus désintéressées, telles que l'amitié, telles que la piété filiale, telles que l'amour même, hélas! comme on le dit dans le langage vulgaire, il faut avoir les moyens d'aimer!

La jeune femme de d'Aronde, sans oser le remarquer tout haut, était vivement inquiète de ce brusque changement dans l'humeur et dans la conduite de son mari. Elle tentait de combattre une si funeste tendance à force de gentillesse, de prévenances et d'aménité; mais alors il déposait un baiser glacé sur son front et se contentait de dire :

— Laisse-moi, enfant, j'ai à expédier une besogne qui presse.

— Mais, mon ami, objecta un jour la jeune femme, pourquoi donc es-tu si triste?

— Je ne suis pas triste, répondit-il ; je suis écrasé d'occupations, et, dans ma position, l'on est obligé de consacrer aux affaires le temps qu'on devrait à son bonheur; voilà tout. Cela peut donner l'air triste en apparence, mais, au fond, je suis plus gai que jamais.

— Ah! Charles, Charles, tu me parles de gaîté d'un ton à faire pleurer!..... Allons, sois franc. Tout cela n'est pas naturel ; tu me caches quelque chose.

— Moi! rien.

— Si fait. Je m'y connais bien peut-être! On dit que l'amour a un bandeau sur les yeux. C'est possible dans les statuettes en biscuit de Sèvres, ajouta-t-elle en s'efforçant de sourire pour égayer son mari ; mais en réalité cela n'est pas. Au contraire. L'amour est d'une clairvoyance à lire jusqu'au fond des âmes, jusqu'au fond des cœurs. Réponds-moi donc, je t'en prie. Es-tu souffrant?

— Non.

— As-tu quelque chagrin?

— Non.

— M'en veux-tu? ai-je fait, sans le vouloir, sans le savoir, quelque chose qui t'ait déplu? En ce cas, je t'en demande pardon; gronde-moi bien vite et qu'il n'en soit plus question. Mais, de grâce, monsieur, ne boudez pas ainsi, ou je croirai que vous ne m'aimez plus.

— Ne plus t'aimer! s'écria d'Aronde en la pressant sur son cœur; moi ne plus t'aimer! Mais il faudrait donc ne pas aimer Dieu, dont tu es la créature la plus parfaite ! Il faudrait donc ne pas aimer le soleil, les parfums, les fleurs! car n'es-tu pas, toi, la fleur, le parfum et la lumière de ma vie?

Et d'Aronde, en parlant ainsi, détourna son visage, mais pas assez promptement pour empêcher Estelle de lui voir les yeux humides.

— Tu pleures! s'écria-t-elle, tu pleures, toi, un homme! Tu vois bien que tu as quelque chose!

— Non... rien... rien... je te le jure.

— Ne jure pas... tu mentirais!.. Ah! vous avez quelque chose, monsieur, et vous refusez de me le dire, à moi, à votre femme! Fi! que c'est laid! vouloir être triste à soi tout seul!... C'est mal, bien mal!.. Allez, monsieur, vous n'êtes qu'un égoïste!

Et la jeune femme alla se réfugier à l'autre extrémité du salon, cacha sa figure dans son mouchoir et tourna le dos à son mari par un mouvement de gracieuse et touchante bouderie.

Quand elle découvrit ses yeux baignés de larmes pour voir où était son muet contradicteur, elle le vit à ses pieds pâle et défait. Son premier mouvement fut de s'élancer vers d'Aronde, et de lui passer tendrement ses bras autour du cou.

— Charles, dit-elle, pardonne-moi si je suis curieuse comme une fille d'Eve, mais je suis jalouse de tes moindres pensées, et je proteste quand tu me refuses ma part de tes chagrins. Voyons, qu'as-tu? parle! Pourquoi ce manque de confiance? Ne suis-je plus ton Estelle, ta femme, ton amie?

— Tu le veux? dit d'Aronde, hésitant encore.

— Je fais plus que de le vouloir, je t'en prie.

— Soit! répondit d'Aronde, enfin vaincu par tant d'affectueuse insistance. Aussi bien tu ne tarderais point à le savoir autrement, et d'une façon plus fâcheuse peut-être. Prépare-toi à une révélation terrible.

— Terrible? répéta la jeune femme. Qu'est-ce donc? Mon Dieu, tu m'effrayes!

— Hé bien!...

— Hé bien?...

— Non, je ne pourrai jamais!

— Au nom du ciel, achève! Tu me fais mourir!

— Hé bien! ma pauvre amie, je ne sais quelle fatalité s'est appesantie sur moi depuis quelque temps, mais je suis à bout de forces pour lutter contre elle. J'aurais dû m'y attendre. J'étais trop heureux auprès de toi! Il fallait bien payer tôt ou tard cet excès de bonheur. La destinée devait prendre sa revanche. Elle l'a prise enfin, et cruellement!

— Mais, enfin, que t'arrive-t-il donc?

— Il m'arrive... que je suis ruiné, dit d'Aronde d'une voix faible, et comme honteux d'un tel aveu.

— Ruiné? s'écria Estelle, dont le charmant visage se rasséréna tout à coup.

— Oui, ruiné! répéta d'Aronde avec un abattement profond.

— N'est-ce que cela? reprit Estelle dont le regard devint brillant.

— Comment, n'est-ce que cela? dit d'Aronde stupéfait.

— Mais oui. Est-ce bien sûr?... tu es ruiné? tu ne me trompes pas?... tu ne me fais pas une fausse joie?... c'est bien là tout ce que tu avais?

— Il me semble que c'est très suffisant!

— Oh! que je suis contente! s'écria la jeune femme, en sautant d'aise et en frappant gaîment ses deux mains l'une contre l'autre. Ruiné!... ruiné!... tu es ruiné!... quel bonheur!...

— Ah! tu appelles cela du bonheur? interrompit d'Aronde, ne comprenant pas d'abord l'allégresse d'Estelle, et ne sachant trop si la révélation de son infortune ne l'avait pas rendue insensée tout à coup.

— Oui, sans doute, reprit-elle, c'est du bonheur... du bonheur relatif, du moins. Ce pouvait être cent fois pis! Tiens, veux-tu que je te dise ce que je redoutais? Je puis bien te le dire, maintenant que je suis complètement rassurée... car c'est bien cela, n'est-ce pas?... tu es ruiné?... pour de bon?... parole d'honneur?...

— Enfant!

— Hé bien! ce que je redoutais, c'était qu'un peu d'ennui eût commencé à se glisser ici, dans cette vie calme et monotone à laquelle tu t'es condamné pour moi.

— Pouvais-tu le penser!

— Ah! mais... cela n'était pas impossible. On sait de vos nouvelles, monsieur le mauvais sujet! Vous meniez une vie bien plus agitée, bien plus attrayante peut-être, avant d'être tout à fait à moi. Vous avez connu de belles dames... de joyeuses créatures.... avec le souvenir desquelles je ne puis pas lutter, moi qui n'ai que mon amour pour vous plaire.

— Estelle! Estelle! je t'en conjure, ne parle pas ainsi, toi la plus jolie, toi la plus spirituelle, toi la plus charmante de toutes les femmes!

— Bien vrai?... vous ne mentez pas?... vous pensez ce que vous dites?... Alors, je suis rassurée, et, puisque vous n'êtes que ruiné, monsieur, je vous le répète, me voilà bien contente!...

— Contente, chère folle! Mais tu ne sais donc pas ce que c'est que la ruine, la gêne, la misère, à Paris?

— Moi, ne pas le savoir, mon ami! Il faudrait donc que j'eusse perdu la mémoire! N'est-ce pas dans une misérable mansarde que nous nous sommes vus pour la première fois? N'est-ce pas auprès d'une pauvre orpheline mourante de douleur et de faim, que ce bon Fox vous a servi d'introducteur? Vous voyez, mon ami, que j'ai bonne mémoire. C'est à la misère, ajouta-t-elle de sa plus douce voix, oui, c'est à la misère que je dois de t'avoir aimé; c'est elle qui a publié nos bans de mariage. Ne soyons pas ingrats envers elle. Si elle nous rend de nouveau visite, qu'elle soit la bienvenue ! Va, mon ami, la pauvreté a ses douceurs, lorsqu'on est pauvre à deux, et que l'amour est l'économe du ménage. Deux pauvretés sont encore une richesse quand on s'aime, car les peines diminuent de moitié, tandis que les joies se doublent par le partage.

— Tu t'abuses, chère Estelle. L'idée d'un pareil avenir ne peut que t'effrayer au souvenir du passé ? Quant à moi, je m'en épouvante, je l'avoue.

— Poltron !

— Oh ! ce n'est pas pour moi, c'est pour toi, pour toi seule. La misère, vois-tu, c'est la rupture de toutes relations agréables, c'est la froideur des amis, c'est le dédain des parens, c'est la compassion moqueuse des indifférens, c'est l'abandon de tous, c'est la désertion, la solitude et la tristesse.

— Tant mieux ! nous n'en serons que moins distraits de notre amour.

— La misère, c'est le renoncement aux spectacles, aux bals, aux fêtes, dont j'avais tant de fierté à te voir la reine.

— Tant mieux encore ! nous n'en aurons que plus de temps à nous donner.

— C'est une chambre obscure, étroite, affreusement meublée, au lieu de ce bel et vaste appartement où j'avais tant d'orgueil à t'entourer des splendeurs de la vie.

— Tant mieux toujours, monsieur le difficile ! nous ne serons que plus près l'un de l'autre dans un plus petit nid.

— Adieu le luxe, adieu la toilette, adieu toutes ces fantaisies charmantes qui sont aux femmes ce que la richesse et l'élégance du cadre sont au plus beau chef-d'œuvre !

— Qu'importe ! si je suis jolie par moi-même, sans le secours de l'art, comme vous le prétendiez si souvent ? Mais peut-être mentiez-vous encore, comme tout à l'heure !

— Enfin, s'écria tristement d'Aronde, adieu tout plaisir en ce monde !

— Mon plaisir est de vous voir auprès de moi, de vous entendre me dire que vous me détestez pas trop, et de vous répondre que je vous aime, quand vous le méritez, ce qui n'arrive pas toujours.

— Charmante !

— Au surplus, je le vois bien, vous avez voulu m'éprouver, avec vos prophéties sinistres, vos peintures effrayantes et vos airs lamentables. Mais vous voilà bien attrapé. C'est bien fait !

— Comment cela ? demanda d'Aronde, qui croyait rêver.

— Oui, sans doute, monsieur le pessimiste ! vous vous êtes flatté d'être ruiné....

— Ah ! par exemple !

— Or, ce n'est pas vrai du tout ! vous vous vantiez !

— Plût à Dieu ! mais le malheur n'est que trop certain. Une baisse incompréhensible m'a fait perdre huit cent cinquante mille francs en quarante-huit heures. J'ai cru un moment pouvoir lutter contre le torrent qui m'entraînait. Un brave et digne homme, M. Duplessis, d'Ernée, s'est trouvé sur ma route et m'a tendu une main amie. C'est le seul.

— M. Duplessis, dites-vous ? N'est-ce pas le grand-père de Julie d'Appencherr, cette ravissante fille que vous m'avez fait connaître, et que, par pressentiment sans doute, j'aimais déjà de tout mon cœur !

— Lui-même. Nature loyale et bonne, comme on en rencontre bien rarement, dans la finance surtout !

— Oh ! combien je lui suis reconnaissante, mon ami ! Soyez sûr que désormais je ne l'oublierai pas dans mes prières.

— Vous ferez bien. J'eusse été sauvé par cet excellent homme, si j'avais pu l'être. Que l'intention lui soit donc réputée pour le fait. Malheureusement les cent mille francs qu'il m'a généreusement prêtés, se sont engloutis comme le reste dans le gouffre de cette baisse infernale que rien ne pouvait combler. Et maintenant, plus un sou, plus d'amis, plus de crédit, plus rien, si c'est d'énormes dettes. Sans compter les cent mille francs que je dois au vénérable capitaliste d'Ernée, et que je payerai, Dieu sait comme ! j'ai présentement cent vingt mille francs de billets échus, protestés, jugés, qu'il me faudra payer dans neuf jours, sous peine de voir l'huissier, le commissaire-priseur et le recors envahir brutalement ce domicile, saisir jusqu'aux meubles de votre boudoir, tout vendre à la crié, et m'écrouer personnellement à Clichy pour le surplus. Vous avez voulu la vérité, Estelle ? la voilà tout entière ! Si vous ne saviez pas ce que c'était qu'être ruiné, vous le savez à présent. Vous souriez ?... Il y a de quoi, en effet ! La situation est d'une gaîté étourdissante !

— Ruiné ! ruiné !... Il y tient !... s'écria malignement Estelle.

— Oui, certes, et on ne peut plus ruiné.

— Du tout !

— Je vous dis que si !

— Je vous dis que non ! ajouta-t-elle, en trépignant du pied, par un mouvement d'adorable impatience. Ruiné ! Est-ce donc pour vous rendre plus intéressant à mes yeux ?... Mon Dieu que les hommes sont donc fats !... Hé bien ! je dois vous prévenir, monsieur, que ce sera peine perdue. Ruiné !.. Il a l'entêtement de se dire ruiné, sous prétexte de deux cent vingt mille francs de dettes, quand il lui reste la dot de sa femme ! une dot de trois cent mille !

— Estelle...

— Une dot qu'il a voulu absolument me constituer de ses propres deniers dans notre contrat de mariage, par excès de délicatesse, pour que je fusse son égale aux yeux d'un monde qui n'a d'admiration pour une jeune et jolie mariée qu'en proportion des beaux yeux de sa cassette, comme nous le lisions dernièrement dans Molière, à l'époque où il plaisait encore à monsieur de lire ensemble le soir.

— Cette dot vous appartient, Estelle.

— Nullement ! je n'en étais que dépositaire, dans un but déterminé. Le but est changé. Elle est à vous, je vous la rends.

— N'espérez pas m'y faire consentir.

— Il le faudra bien, dussé-je plaider, ajouta en riant Estelle, pour vous forcer à la reprendre.

— Le cas serait neuf en matière de procès conjugaux. Mais vous perdriez encore cet étrange procès. La loi ne permet pas à la femme de disposer de quoi que ce soit sans le consentement de son mari.

— Quelle tyrannie ! On voit bien que ce sont les hommes qui ont fait le code !

— Or, ce consentement, je le refuse net. C'est la seule chose que vous n'obtiendrez jamais de moi. J'ai toujours trouvé abominable la conduite de ces maris qui, abusant de l'amour, de la générosité, de la faiblesse même de leur femme, ne se font nul scrupule de l'entraîner avec eux dans l'abîme où ils a poussés le hasard, l'inhabilité, la sottise, et parfois même l'inconduite. Je ne les imiterai pas. C'est racheter ses fautes par un crime. On parle, en pareil cas, de créanciers créés au profit de la communauté, et que la communauté doit satisfaire. Vain sophisme ! Est-ce qu'une femme qui vous a prêté sa jeunesse, son innocence, sa vie tout entière ; qui a charmé, embelli et consolé la vôtre ; qui vous a fait connaître les plus pures félicités de ce monde ; est-ce que cette femme n'est pas le premier, le plus intéressant, le plus sacré de tous vos créanciers ? La loi l'a voulu ainsi ; je le veux avec la loi.

— Fi, monsieur ! c'est affreux de refuser ainsi ce qui vous appartient. Je ne vous croyais pas le cœur si dur !

— N'en parlons plus, Estelle. J'aimerais mieux, je crois, me faire commissionnaire, journalier, écrivain public, je ne sais quoi ! que d'enlever un centime à l'humble réserve qui peut au moins assurer, si je venais à mourir, à vous, ma douce et bien-aimée compagne, non pas sans doute la grande et belle existence que je rêvais pour vous, mais une aisance modeste, à l'abri du besoin ; et à nos chers enfans, si nous en avons.....

— Nous en aurons !

— Ce que tout homme doit aux siens, non la fortune, mais les moyens d'en acquérir. Ainsi donc, laissons là cette question, je vous prie. Aussi bien, la situation n'est peut-être pas encore aussi désespérée que le dépit m'entraînait à vous le dire tout à l'heure. Je reprends un peu de courage à vous voir, à vous entendre, à vous admirer. Il me reste une ressource, ressource bien problématique, au train dont me persécute le guignon, mais que je ne saurais négliger comme dernière planche de salut, ne fût-ce que pour n'avoir rien à me reprocher. Je veux parler de l'intérêt que j'avais pris dans la création des forges houillères de Belgique. C'était un acheminement au grand établissement agronomique et industriel dont je caressais le plan avec tant d'espoir. Je suis désolé d'y renoncer, mais il le faut. Je partirai dès demain pour Bruxelles, je vendrai tout, et si j'en puis tirer un prix convenable, avant huit jours peut-être, mes créanciers de Paris seront intégralement soldés.

— Bravo, mon ami! Et alors, si vous voulez m'en croire, vous renoncerez à ces vilaines affaires, qui ne sont bonnes qu'à vous infliger des soucis. Le mieux qu'on leur puisse devoir, c'est la richesse; mais la richesse, dites-le-moi maintenant, la richesse vaut-elle toutes les angoisses qu'elle donne quand on la cherche, tous les regrets qu'elle cause quand on la perd? Au lieu de cela, vous vous créerez une occupation positive, car il ne faut pas qu'un homme reste oisif; une occupation honorable, peu lucrative peut-être, mais exempte de toute fiévreuse ambition. Nous nous retirerons dans une vie modeste, peu brillante, mais tranquille et douce, n'est-il pas vrai, mon ami?

— Vous ne sauriez croire, Estelle, tout le charme que j'éprouve à vous entendre! Vos paroles rafraîchissent mon âme comme une douce rosée. Continuez, continuez, ô mon enchanteresse!

— Je savais bien, moi, que je finirais par avoir raison, dit-elle avec un fin sourire, en passant son bras sous celui de son mari, et en s'appuyant doucement sur lui. Ruiné! ruiné!... ajouta-t-elle en haussant les épaules, par un mouvement plein de grâce mutine, et en lui faisant faire avec elle quelques pas dans l'appartement. Ruiné!... Monsieur se donnait des airs d'homme ruiné!... Dites-moi, mon ami, cela vous ferait donc bien plaisir d'être ruiné?... Oui, n'est-ce pas?... Je vois cela à votre sourire... Hé bien! soit! je ne veux pas vous contrarier davantage. Je vous accorde que nous sommes ruinés. C'est convenu. Vous voyez que j'y mets de la complaisance. Nous sommes ruinés. Bien. Votre liquidation terminée, il ne nous restera, en effet, grâce à cette dot que vous avez la perfidie de vouloir placer en biens-fonds au lieu de me la laisser en espèces, et sur le chapitre de laquelle vous vous montrez si farouche; il ne nous restera, dis-je, que dix mille livres de rente, au lieu des centaines de mille que vous vous étiez promises. Que ferons-nous, alors, pauvres ruinés que nous serons? Nous quitterons ce bel appartement, si vaste dans sa splendeur qu'il faut s'y chercher quelquefois. Nous habiterons un joli petit logement, situé un peu haut peut-être, mais au grand air et en plein soleil, d'où l'on verra le ciel de plus près. Là du moins nous vivrons côte à côte, entendant sans cesse, et toujours présens l'un pour l'autre. Nous n'aurons plus l'immense jardin de cet hôtel, si beau, mais si triste, et dans lequel, par horreur de l'isolement, nous ne mettons presque jamais les pieds; mais nous aurons pour jardin un balcon, où nous flânerons tous les matins, avec des bordures de fleurs qui nous embaumeront, et un dais de verdure où les oiseaux d'alentour viendront chanter gaîment leurs tendresses. Nous congédierons les dix chevaux, les palefreniers, les grooms et les cochers dont se compose votre écurie actuelle, et qui nous mènent, en riche livrée, à ces fêtes où nous nous ennuyons parfois si magnifiquement; mais le dimanche, nous irons quelquefois aspirer l'air des champs, le parapluie en main pour tout équipage, à pied tous deux, bras dessus, bras dessous, comme de simples amoureux. Le jour, tandis que vos occupations vous appelleront au dehors, je m'occuperai, moi, des soins de notre gentil ménage, n'ayant à servir qu'une simple servante, au lieu des dix domestiques de céans. A cinq heures, à votre retour, au lieu de ces grands festins, inutiles si l'on est sobre, malsains si l'on est gourmand, où chaque convive éprouve plus ou moins le supplice de Tantale, par l'abondance des mets et l'embarras du choix, vous trouverez tout prêt un bon petit dîner, ingénieusement conçu, délicatement exécuté, qui n'aura rien d'assez tentant pour le parasite, mais d'où, à l'occasion, l'amitié ne sera point exclue. Le soir enfin, la lecture, la musique, la causerie, la méditation, la promenade, le spectacle, le concert, le bal même quelquefois, termineront agréablement une journée si bien remplie. Oui, monsieur, le bal fait aussi partie de mon programme. Tant pis si cela vous contrarie! Je n'ai pas l'intention de vivre comme une recluse. J'aime la danse. Je ne suis pas d'origine créole pour rien. Je veux danser quelquefois, je vous en préviens, et vous invite pour la première valse. Rassurez-vous d'ailleurs. Je continuerai d'être coquette, car je veux continuer de vous plaire, mais je ne vous plairai qu'au meilleur marché possible. Les étoffes sont à si bon compte maintenant! C'est étonnant ce qu'on a dans les magasins, presque pour rien! Vous verrez, vous verrez comme je serai jolie au rabais! Eh bien! monsieur le désespéré, que dites-vous de mon plan? C'est modeste, mais ce n'est point encore trop mal pour de pauvres gens comme nous. La sagesse consiste à savoir se contenter de ce qu'on a. Laissons le plaisir à la richesse, mon ami, et résignons-nous tout bonnement au bonheur, puisque nous sommes ruinés!

Pour toute réponse, d'Aronde s'agenouilla devant la jeune femme, lui prit les deux mains, et les couvrit de baisers, en s'écriant, les yeux mouillés de larmes d'attendrissement et d'admiration :

— Estelle, tu es un ange! un ange de tendresse, de dévouement, de malice et de bonté! laisse-moi t'adorer à genoux!

Estelle se jeta toute radieuse dans les bras de son mari.

Le lendemain, d'Aronde partait pour la Belgique.

Or, le jour même de ce départ, le vieux Duplessis, ainsi que nous l'avons vu précédemment, s'entretenait, au sujet du jeune couple, avec Tiennette et Brioude, vers onze heures du soir, dans un des cabinets du Ranelagh, qui donnait à la fashion et à la galanterie sa dernière fête de la saison.

Quand les trois complices eurent arrêté leur abominable plan contre l'intéressant ménage, ils se séparèrent au bruit qu'ils entendirent derrière la cloison de la pièce voisine, et qui leur fit craindre un moment d'avoir été écoutés.

Par qui?

Etait-ce par Lataké qui aurait voulu épier Brioude? Mais l'insouciante Jupin Ire paraissait attacher, de jour en jour, ou pour mieux dire, de bal en bal, moins d'importance aux faits et gestes d'un adorateur déjà antédiluvien pour elle. Trois mois de date!

Etait-ce par un simple curieux? Qu'importait alors!

N'était-ce pas personne enfin? Cette hypothèse était la plus vraisemblable.

Quoiqu'il en fût, le vieux Duplessis revint seul à Paris, qu'il devait quitter le jour suivant pour retourner à Ernée, où nous l'avons vu, en effet, se livrer contre sa femme aux inspirations de la plus implacable peut-être de toutes les jalousies, la jalousie rétrospective.

Quant à Tiennette et à Brioude, ils s'abstinrent de rentrer au bal, laissèrent le baron d'Appencher ramener la danseuse avec Simonne, et revinrent tous deux seuls à Paris, dans la même voiture.

— J'attends, dit Brioude à sa compagne de route, aussi laide au moral qu'au physique, j'attends les savantes instructions que vous avez à me donner, relativement à mon plan de campagne contre madame d'Aronde. Vous voyez que j'y mets de la modestie. Un fat eût dit pour. Je ne doute pas que votre expérience en matière de séductions ne vous inspire d'excellens conseils.

— Vous êtes un impertinent, mon cher, répondit Tiennette; mais je n'ai pas le temps d'être susceptible. Ecoutez donc.

— J'écoute.

XXII.

LA GUERRE DES FENÊTRES.

Car que faire en un fiacre, à moins que l'on ne jase?

— Ainsi donc, dit Tiennette à Brioude, lorsqu'ils furent en tête à tête dans le remise qui les ramenait, vers minuit, du Ranelagh à Paris, à la suite de leur entretien avec le vieux Duplessis; ainsi donc vous avez aperçu madame d'Aronde?

— Oui, aujourd'hui même, pour la première fois, à la sortie de l'église, comme je l'ai dit au vieux Satan qui nous quitte.

— Et vous trouvez cette femme... jolie? ajouta l'ancienne maîtresse de d'Aronde, avec un sourire haineux dont son compagnon eût été effrayé lui-même, s'il l'eût pu voir à la lueur fumeuse des réverbères de la route.

— Adorable! admirable! incomparable! s'écria-t-il. Je ne m'en dédis pas!

— Vous en parlez avec un enthousiasme qui fait l'éloge de votre zèle pour le Duplessis, répondit aigrement Tiennette. Ruiner le mari et séduire la femme, c'est pratiquer un étrange cumul!

— Il n'y a que les sauvages, répliqua Brioude, qui mettent une seule corde à leurs instrumens. Aussi, font-ils de bien mauvaise musique. Les hommes civilisés ont mille manières de faire le mal; c'est en partie ce qui les distingue des autres.

— Jolie! répéta distraitement Tiennette, avec un accent plein de fiel. Elles sont toutes jolies, ces femmes de nos amans!

— Que voulez-vous! répondit Brioude; la manie du contraste égare volontiers ces messieurs jusqu'à la beauté. Dame! quand on se décide à faire une fin, il n'en coûte pas davantage de la faire agréable. Autrement, à quoi servirait de changer!

— Jolie! répéta encore Tiennette. Et sans doute spirituelle aussi! Les deux philtres à la fois!... Hé bien! tout considéré, tant mieux! L'esprit et la beauté sont un double danger, en même temps qu'un double charme. Nos deux tourtereaux l'apprendront à leurs dépens. La perte de l'un en est moins difficile, le châtiment de l'autre en sera plus terrible. Car il me faut la perte de cette femme! de cette femme, jolie, spirituelle, honnête, estimée, adorée, qui me vole mon bien, le seul être que j'aie jamais aimé!

— Chut donc, imprudente! interrompit malignement Brioude. Le seul que vous ayez aimé! Une telle révélation pourrait humilier les passans. La foule s'irrite quand on la détrompe.

— Oui, continua Tiennette, qui avait pour tactique de ne jamais relever immédiatement les insolences de Brioude, son plus acharné persécuteur, afin de les lui faire expier d'autant plus cher ensuite; oui, il faut la perdre, ou de fait ou d'apparence! ou d'honneur ou de considération! Par quel moyen? voilà la question, et je dois vous avouer, avec toute la franchise dont vous me faisiez reproche tout à l'heure, que le choix du Lovelace donne ici beaucoup de chances à la vertu de Clarisse.

— Pas tant, pas tant! belle dame, répliqua vaniteusement Brioude, en appuyant avec sa cruauté ordinaire sur l'épithète élogieuse. On n'est pas, je vous prie de le croire, sans avoir eu quelque succès auprès des femmes du monde. Les myrtes ne croissent pas que sur les terres de la plèbe galante. On en peut cueillir aussi sur celles de la finance et de la noblesse.

— Oui, on a prétendu cela. Et voilà comme on écrit l'histoire! Vous auriez à citer, dit-on, des lorettes de la haute banque qui se sont trompées de quartier dans l'élection de leur domicile; des douairières qu'a séduites votre amabilité au boston; des baronnes ruinées qu'ont fascinées vos primes de chemins de fer; que sais-je! des veuvages infiniment trop prolongés, des coquetteries décrépites, des phénomènes, des hasards, des surprises, des inattentions, des quiproquo surtout. Les malheureuses étaient plus à plaindre qu'à blâmer! Mais on ne peut compter ici sur de pareils racrocs. La belle n'a pas besoin d'un pis-aller. Passons à d'autres exercices!

— Hé bien! donc, dit Brioude, d'un ton moitié sérieux, moitié plaisant, que vous semble d'une séduction par voie épistolaire?

— J'aimerais tout autant vous voir pincer de la guitare sous ses fenêtres. Les Abeilard et les Almaviva ont fait leur temps. L'intrigue par correspondance est d'ailleurs beaucoup trop lente. Le dénoûment se ferait attendre à lasser tous vos abonnés. C'est un genre usé. Passons!

— Votre horreur de l'épître m'étonne, objecta méchamment Brioude, par allusion aux collections autographiques de sa compagne de route. Je vous croyais un goût plus prononcé pour les lettres.

— Oui, mais je ne les estime que selon la valeur du signataire. Ce n'est pas le cas. Passons!

— Vous offrirais-je un peu de sauvetage?

— Fi donc! c'est un genre de séduction que les progrès du sergent de ville et du gendarme ont tué tout à fait. Il n'y a plus moyen, très cher, d'arracher une femme aux flammes, de la tirer par les cheveux de la rivière, de la délivrer des brigands, de la désempoisonner, de l'extraire d'un souterrain, de la sauver en un mot d'un danger quelconque, sans le commencer par créer soi-même ledit danger. Or, avisez-vous donc, par la police qui court, d'attaquer votre belle d'une main, en la protégeant de l'autre! Avisez-vous de la jeter à l'eau, de l'empoisonner, de la plonger dans un caveau, ou de mettre le feu à sa maison, en face des compagnies d'assurance! On vous condamnera aux galères à perpétuité. Il faut laisser le sauvetage aux chiens de Terre-Neuve. Passons!

— Que diriez-vous de l'audace?

— Qu'on l'appelle impudence de la part de certaines gens.

— Comment! dans un accès de passion délirante, si j'escaladais son boudoir la nuit, au moyen d'une échelle de corde, vous ne trouveriez pas cet acte de témérité fort galamment tourné?

— La belle crierait au secours, et comme la patrouille aurait enlevé l'échelle en passant, vous seriez obligé de vous casser le cou pour échapper au bâton de ses grooms.

— Diable! diable!... Hé bien! mais, en place d'escalade, si j'employais simplement, comme mode d'introduction, la caisse d'horloge, la malle, le ballot, où l'on s'enferme pour se faire transporter chez la cruelle, par quatre Auvergnats corrompus, sous prétexte de marchandises arrivant des Grandes Indes?

— Ce ne serait point mal, avec une jolie musique; mais on ne vous en laisserait pas moins crever d'étouffement au fond de l'hermétique véhicule. Passons!

— Voyons donc. Ah! j'y suis! je m'installe dès demain à sa porte, j'y reste jour et nuit, je n'en bouge pas d'un instant, pour qu'en définitive elle me remarque au passage.

— La femme passera sans vous remarquer, et le mari, vous prenant à la fin pour le commissionnaire du coin, vous demandera quelque jour de lui cirer ses bottes.

— Vous êtes désespérante!

— Je suis véridique, en effet.

— Que faire alors? Ah! cette fois, par exemple, je crois avoir touché juste! Que dites-vous d'une cargaison de petits vers de mon crû?

— Qu'ils n'auraient ni rime ni raison.

— Et de l'envoi quotidien d'un bouquet de fleurs symboliques?

— Connaissant l'expéditionnaire, elle les donnerait à sa cuisinière pour qu'elle en parfumât sa mansarde. Le bouquet symbolique commence d'ailleurs à être rangé dans la catégorie des vieux ustensiles galans, avec la lance de don Quichotte, l'armet de Mambrin et l'écharpe d'Amadis. Pourquoi, tandis que vous êtes en veine de moyen-âge, ne parlez-vous pas tout de suite de vous habiller aux couleurs de la belle : paletot jaune, gilet rouge, pantalon vert-pomme et chapeau coquelicot? Vos avantages naturels se trouveraient dignement encadrés. Pourquoi enfin, par la même occasion, ne feriez-vous pas insérer, à la quatrième page des journaux, une héroïque provocation aux insolens détracteurs de votre Dulcinée, défiant à l'épée, au bancal, au briquet, à la broche, à la savate, au report, à pied, à cheval, en voiture ou à âne, tout manant qui refuserait de la reconnaître pour la plus belle entre les belles, pour la plus sage entre les sages? Vos moyens, je le présume, vous permettent cette galanterie à trois francs la ligne. C'est ce que vous croûte, à l'occasion, je crois, l'éloge de votre propre capacité.

— Décidément j'y renonce. Non, pourtant! il me reste un dernier moyen, beaucoup mieux approprié aux allures de notre époque. Je vais l'attendre chaque jour à sa sortie, je m'attache à ses pas, je la poursuis d'un trottoir à l'autre, je l'accoste, je lui parle, je lui déclare ma flamme tout le long du chemin, je lui demande un rendez-vous à Mabille, je lui offre à dîner chez Flicoteaux, je lui propose une avant-scène aux Funambules, et, sur son refus obstiné, je lui chante avec désespoir :

  Si vous ne voulez que j'expire
  Ayez pitié de mon martyre!

Puis, à ces mots, je tire ma noble épée, l'épée de mes illustres aïeux, ma bonne lame de Tolède, et je menace la barbare... de me percer à ses yeux

  Le flanc,
  Comme le pélican,
  Qui nourrit son enfant
  De son sang.

— Hé! mon cher, elle vous dirait : « Faites! » et comme vous seriez homme à ne le pas faire, elle serait femme à vous faire coffrer au premier corps de garde. La manie de suivre les femmes n'appartient plus d'ailleurs qu'aux courtauds de boutique, aux Polonais sans emploi, aux clercs d'huissier, aux commis voyageurs ayant été privés de toute espèce de monnaie. Enfin, s'il faut vous parler en ami, le son criard de votre organe n'est guère apte qu'à vociférer le cours de la rente au parquet. Vous gagnez cent pour cent à vous en tenir à la pantomime.

— Ma foi! vous êtes trop difficile, ma chère, s'écria Brioude en riant, et je m'étonne qu'on ait pu vous séduire si souvent. Mais c'est assez plaisanter sur ce grave sujet. Une fois n'est pas coutume.

— Je vous trouve, en effet, plein d'esprit aujourd'hui.

— Bah! il fallait bien égayer un peu notre tête-à-tête! Il fallait bien tuer le temps! Nous avons fait, en batifolant ainsi, les trois quarts du chemin, sans éprouver le moindre ennui. C'est un résultat difficile, que je suis loin de regretter pour ma part. Mais il faut un terme à tout. Nous voici au rond-point des Champs-Elysées. Il est temps de causer sensément, si cela ne vous fatigue pas.

— J'y consens, cher interlocuteur, puisque vous paraissez être dans un de vos jours d'extraordinaire. Posons d'abord en principe que la galanterie a perdu de nos jours le caractère naïf et romanesque dont elle fut marquée jadis. L'amourette, je ne dis pas l'amour, n'a plus que deux mobiles principaux à notre époque : l'intérêt et la vanité; l'intérêt qui se vend, la vanité qui se donne; l'intérêt qu'éblouissent les diamans, les cachemires, les écus; la vanité qui s'exalte pour tout ce qui la flatte par une réputation quelconque. Or, l'intérêt n'ayant rien à faire ici, reste la vanité. Ah! si vous étiez un grand capitaine, un grand artiste, un grand poëte, un grand mécanicien, un grand politique, un grand tambour-major, un grand philanthrope, un grand naturaliste, et surtout un grand comédien! Si vous aviez gagné la bataille de Cannes, écrit *Candide*, édifié Saint-Pierre de Rome, inventé la marmite autoclave, versifié l'*Iliade*, sculpté la Vénus de Milo, peint le *Naufrage de la Méduse*, promulgué la soupe économique, fondé la paix universelle, perfectionné le trombone, créé les mâchoires artificielles, doté le monde du rataplan, imaginé la vaccine, joué *Hamlet* ou découvert l'allumette chimique allemande! Certes, je n'en demanderais pas davantage. Vous seriez certain du succès. On arrive aisément au cœur par la tête, à la fantaisie par l'imagination, à l'imagination par la renommée. C'est une question, non pas d'amour, mais d'amour propre. Mais je vous connais : vous ne ferez rien de toutes les grandes choses que j'ai dites, pas même les râteliers postiches : vous êtes trop paresseux pour cela! Il faut donc adopter un autre mode de conquérir l'imagination de la belle. Or, ce mode, le seul dont vous soyez capable, je vous l'ai indiqué déjà : c'est la guerre des fenêtres. Rien de plus propre à piquer la curiosité d'une femme, à éveiller son esprit, à agacer son imagination. Vous avouer cela, moi femme, c'est presque trahir un secret de franc-maçonnerie; mais la fin justifie les moyens.

— Rassurez-vous : le Pentateuque original me paraîtrait moins hébreu qu'une pareille tactique.

— Je vais traduire, pour mettre la chose à la portée de toutes les intelligences. Logez-vous en face de l'habitation de la belle : hérissez-vous d'excentricités; faites des extravagances pour attirer son attention, mais sans effaroucher sa pruderie; forcez-la, n'importe comment, sans paraître le vouloir, à s'occuper de votre personne. Elle commencera par en rire peut-être. C'est assez naturel. Puis elle s'efforcera de deviner l'inévitable énigme; elle s'accoutumera par degrés à vous voir sans trop de déplaisir; on se fait à tout; vous deviendrez insensiblement pour elle une distraction, un besoin, une nécessité, après avoir été une moquerie, une étrangeté et un logogriphe. C'est la goutte d'eau qui peu à peu creuse le rocher. Ce qu'il y a de sûr, c'est qu'au bout de quelques jours vous ne serez déjà plus un étranger pour elle, vous serez un voisin; vous ne serez plus une nouveauté, vous serez une routine. J'abandonne les détails à votre sagacité bien connue; je ne m'occupe que de l'ensemble.

— Tiens! tiens! tiens! ce n'est point aussi bête que je l'espérais! s'écria Brioude.

— Cela fait, reprit Tiennette, de deux choses l'une : — ou la curiosité entraînera cette fille d'Eve à substituer avec vous l'idiome oral à l'idiome télégraphique, et alors vous pourrez lui déclarer verbalement votre flamme, sans qu'une intonation plus ou moins glapissante l'oblige à rétracter la permission : votre réalité désagréable sera protégée par une illusion préconçue; — Ou bien, par extraordinaire, en femme d'excellent goût, elle trouvera bon de vous maintenir dans cet éloignement prestigieux qui va si bien à certaines gens, et alors, ne l'ayant pas charmée, malgré votre incessant et public manége, vous aurez encore la douce satisfaction de l'avoir compromise. Donc, rien à perdre, tout à gagner. Le moment est du reste on ne peut plus propice. — D'une part, la femme est ruinée : elle peut donc vous aimer sans crainte : qu'importe un malheur de plus ou de moins! Elle le doit même, s'il est vrai qu'un malheur n'arrive jamais seul. — D'autre part, le mari vient de partir pour la Belgique : or, c'est surtout en l'absence de tout rival que vous avez des droits incontestables à la préférence.

— Oh! Tiennette, Tiennette! vous êtes pour le moins madame Belzébuth! Mais nous voici à votre porte, à la porte de l'enfer. Je vous y laisse, comme le Dante y laissait l'espérance. Séparons-nous. Je tiendrai votre haine au courant de tout ce qui va se produire de mal. Comptez d'ailleurs sur ma gratitude. Oubliez quelques légers propos, un peu trop francs peut-être. Soyez magnanime autant que belle. Je vous promets dorénavant de ne jamais dire le mal que je penserai de vous.

— Et moi, Brioude, je vous jure, en revanche, de ne pas penser de vous le bien que je n'en dirai jamais.

— Pacte conclu ! Il n'y manque que les chouettes, les flammes vertes et l'odeur sulfureuse de *Robin des Bois*.

— On peut se passer de ces charmans accessoires. Le principal, c'étaient les balles magiques. Elles sont fondues. Ajustez bien. Bonne nuit !

— Bonne nuit, Tiennette ! Allez dormir en paix, du pur sommeil de l'innocence !

Dès le matin même du jour où avait eu lieu ce nocturne entretien, Brioude se mit en mesure d'exécuter les instructions de Tiennette, laide créature qui possédait soi-disant tous les secrets des jolies femmes, dans son esprit comme dans ses armoires.

Brioude fit louer, en face même de la maison de d'Aronde, un grand et bel appartement situé au même étage que celui de sa future victime. Par une idée bien digne de son esprit fantaisiste et des recommandations d'excentricité que Tiennette lui avait faites, son intermédiaire l'avait annoncé au concierge comme un Turc, un riche Ottoman, Mustapha-Ben-Papatacci, qui faisait le voyage de Stamboul à Paris, uniquement pour y contempler la colonne de la Bastille. Une fois la colonne suffisamment contemplée, il s'en retournerait à Constantinople, mais il devait la contempler un nombre de fois indéterminé. C'était là un de ces spectacles dont l'admiration orientale pouvait difficilement se rassasier.

L'annonce de Mustapha-Ben-Papatacci avait fait sensation au logis, et, cette fois, le concierge aurait pu se fier d'être Français, non pas en contemplant lui-même la colonne, mais en la voyant contempler par un Ottoman.

Monsieur Duplessis ayant ouvert au Turc de contrebande un crédit illimité pour l'accomplissement des odieux projets que nous savons, l'appartement de Son Excellence, moyennant un sacrifice convenable, fut meublé, comme par enchantement, en moins de vingt-quatre heures. La tapisserie a d'étranges façons à Paris. Commandez un simple tabouret : on vous le fait attendre un an. Commandez un ameublement complet : « voilà, monsieur ! » on vous le sert à l'instant même.

Pendant que vingt ouvriers meublaient, drapaient, ornaient son futur domicile, Brioude s'occupa de la composition de sa suite. Même improvisation. Il ramassa dans les bureaux de placement un nègre et deux négrillons, qu'il travestit chez Babin en prétendus Orientaux ; il revêtit lui-même un de ces costumes de grotesque fantaisie, comme en portent les acteurs tragiques dans le rôle d'Orosmane et les garçons dans la suite du bœuf-gras ; il transforma son valet de chambre en mameluck, le mit pleinement dans sa confidence, et le chargea de l'intelligente direction des comparses ; enfin, à la tombée de la nuit, ayant emballé ses Osmanli dans deux voitures de remise, Mustapha-Ben-Papatacci fit son entrée, aussi peu solennelle que possible, dans le bel appartement qui l'attendait depuis une heure. Le concierge le reçut, casquette basse, à son passage devant la loge, plein de respect et d'admiration pour ce Turc qui s'en venait tout exprès de si loin pour contempler la colonne.

Le lendemain matin, madame d'Aronde lui dut un excellent réveil. Toute triste encore du départ de son mari, mais toute joyeuse aussi des beaux projets de retraite qu'elle avait formés avec lui, la jolie créole ouvrit sa fenêtre pour donner accès à ce beau soleil qu'elle aimait tant, qu'elle aimait comme on aime un compatriote. Elle aperçut alors, tout là-bas, en face d'elle, de l'autre côté de la rue, fort large en cet endroit, un Turc de la plus singulière espèce. Ce fils de Mahomet s'était assis, les jambes croisées, sur une pile de coussins qu'on avait superposés jusqu'au niveau de la fenêtre. Il portait une longue robe de soie rouge à grands ramages, ouverte par devant, et laissant voir un jupon de satin blanc orné d'une ceinture flottante. Une longue barbe postiche encadrait sa figure. Sa tête était coiffée d'un turban blanc entortillé d'un cachemire rouge, haut de forme et surmonté d'un croissant. Un long collier de strass était appendu à son cou. Enfin, l'un des deux négrillons fixait à la bouche de son maître une de ces pipes au long tuyau de cerisier, orné de filigranes et de houppettes de soie, tandis que l'autre tenait gravement à portée du héros ce briquet courbé en demi-lune, ce cimeterre des fiers Osmanlis, qui pendant tant de siècles a fait trembler la chrétienté.

Madame d'Aronde ne put s'empêcher de contempler ce spectacle si imprévu, et dont elle ne se rendait pas bien compte d'abord.

— Bravo ! se dit Mustapha ; elle m'a remarqué. Excellent début !... Dieu ! qu'elle est jolie !.. Voyez pourtant l'influence du costume ! Tiennette avait raison : De l'excentricité, morbleu ! de l'excentricité ! L'extravagant plaît aux femmes, bien autrement que le naturel et le sensé. Si je me fusse présenté en simple mortel aux regards de la belle, j'étais pour elle un être ordinaire, un dandy comme il y en a trop, un homme perdu enfin ! Elle n'eût pas même daigné me voir en frac ; elle me regarde fixement sous cette affreuse jaquette... Dieu ! qu'elle est jolie !... Ce genre de mascarade me va d'ailleurs fort bien, et il faudrait toute la science de Barême pour supputer le nombre des victimes que j'ai faites, ainsi fagoté, aux bals masqués de l'Opéra... Dieu ! qu'elle est jolie !... Je ne sais pas pourquoi je n'obtiendrais pas le même succès avec le même moyen. En amour comme en mécanique, il est des procédés infaillibles. Tel rouage combiné avec tel autre ne peut pas ne point produire tel résultat... Dieu ! qu'elle est jolie !

Tout en s'applaudissant ainsi de son ingénieux stratagème, Mustapha-Ben-Papatacci se donnait toutes les grâces que la Turquie de convention peut exhiber en pareille circonstance.

— Mon Dieu ! que ce magot turc est donc drôle ! s'écriait de son côté madame d'Aronde, laissant enfin éclater le fou rire qu'elle comprimait depuis longtemps.

— Elle rit ! continua Brioude en minaudant plus que jamais à la turque. Elle se moque de moi ! Bravo toujours ! Le programme de Tiennette continue de s'exécuter de pont en pont. Puis-t-il aller ainsi jusqu'à la fin !... Je crois que j'en deviens sérieusement amoureux !... Dieu ! qu'elle est jolie !...

Du reste, le succès de Mustapha ne se bornait pas à madame d'Aronde. Son Excellence crut entendre quelques rires étouffés partir aussi de derrière la persienne d'une des fenêtres de sa propre maison. Cette fenêtre appartenait à l'appartement contigu à celui qu'il occupait. Mais il eut beau se pencher en avant, il ne put apercevoir l'auteur de ces rires anonymes, qui semblait se cacher avec affectation sous la persienne. Tout ce qu'il en put voir, à travers les interstices, ce fut une main blanche et potelée qui lui montra ses gracieuses fossettes par mégarde, lui révélant que cet auteur appartenait au sexe féminin. Une telle découverte le charma autant qu'elle piqua sa curiosité.

Or, cette première scène intermittente, de grotesques manéges de son côté, et de fous rires du côté de madame d'Aronde, cette scène se renouvelait vingt fois. La jeune femme finit même par s'en faire une agréable et utile diversion aux inquiétudes que lui inspirait le voyage de son mari, et certainement elle eût été bien plus triste de cette absence si son magot lui eût manqué.

— Bravo toujours ! se disait Brioude. Me voilà passé à l'état de grand homme ! Dieu ! qu'elle est jolie ! pas Tiennette, bien entendu !

Vers la fin du second jour, Tiennette s'en vint à la brune savoir des nouvelles du complot.

— Excellentes ! lui répondit Mustapha. Vos prophéties s'accomplissent jusqu'ici avec une effrayante précision.

J'obtiens un succès de fou-rire. Alcide Tousez en serait jaloux. Or, vous savez le proverbe : « Elle rit ? La voilà désarmée. » Je trouve seulement que cela devient un peu monotone. Mais, Dieu ! qu'elle est jolie !

— Jolie ! jolie !... vous devenez singulièrement monotone vous-même ! C'est votre faute, du reste. On n'avance pas à rester en place. En avant ! en avant ! J'approuve fort l'idée de votre mascarade. J'avouerai même que je vous l'envie, et je m'étonne que vous l'ayez eue à vous tout seul. Oui, le russe et l'anglais sont usés, le Polonais ne charme plus que les grisettes, l'Italien ne charme plus personne, l'Espagnol ennuie, l'Allemand n'amuse pas, l'Américain lui-même a perdu son prestige, le Turc seul en conserve encore, à cause des pastilles du sérail. Vous avez bien choisi. Mais il n'est pas de bonne théorie sans la pratique. Ce costume hétéroclite autorise une foule de licences que le paletot français ne pourrait prendre impunément. Soyez audacieux, sous prétexte que c'est l'usage de votre pays, et que vous ne connaissez pas les usages du nôtre. Soyez généreux surtout. C'est encore une manière de vous déguiser. Mais, je vous quitte. Je craindrais que ma présence vous nuit tort.

— Rassurez-vous : elle ne saurait vous prendre pour une rivale... Dieu ! qu'elle est jolie !

Mustapha suivit encore l'inspiration de sa laide Égérie. A partir de ce moment, ce fut chaque jour quelque nouvelle extravagance.

Le premier jour d'ensuite, il porta les deux mains à son turban, en inclinant légèrement la tête en signe de salut. La jeune femme s'inclina de même, n'attachant aucune importance à cette politesse de la part d'un Osmanlis. Et elle rit plus fort. Nouveau succès. — Dieu ! qu'elle est jolie !

Le jour suivant, ayant cru apercevoir un beau laurier rose, dans une élégante jardinière, au milieu du salon de la jeune femme, il fit chez les fleuristes une razzia de jardinières et de lauriers roses dont il encombra les sept fenêtres de son appartement, et qu'il montra ensuite d'une main triomphante à la jeune femme, en posant tendrement l'autre main sur son cœur.

La jeune femme prit encore ce geste et cette parodie de lauriers roses pour une des politesses sans conséquence de l'Orient, pays des fleurs et des contorsions ; elle remercia la compatriote des houris, d'un gracieux geste de sa main si fine, et elle rit encore plus fort. Nouveau succès. — Dieu ! qu'elle est jolie !

Le jour suivant, Mustapha voulut essayer de lui télégraphier son admiration, à la façon des enthousiastes du Bosphore. Il porta la main à son propre visage, puis indiqua du doigt celui de sa voisine, puis secoua la tête en signe de dédain, en levant les yeux vers le ciel, comme pour la proclamer bien supérieure à la lune, aux étoiles et au soleil.

— Ce pauvre Turc, pensa-t-elle, se donne bien du mal pour me dire que je suis jolie ! Ce n'était vraiment pas la peine de venir de si loin pour m'apprendre une pareille nouvelle ! Je sais cela depuis longtemps, et j'en suis heureuse, sans en être fière, car ma beauté n'est plus à moi : elle est à celui à qui j'ai donné ma vie.

La jeune femme remercia néanmoins le Turc de sa vieille nouvelle : elle lui fit un gentil salut, et elle rit encore plus fort. Nouveau succès. — Dieu ! qu'elle est jolie !

Le jour suivant, l'imitateur d'Aboul-Kasem voulut entrer enfin dans l'ère de la munificence. Il envoya son Mameluk jouer de l'orgue de Barbarie. Le Mameluk, devenu Savoyard pour le moment, s'en vint jouer, sous les croisées de son maître, l'air si populaire alors :

    Ah ! qu'el amour est agréable !
    Elle est de toutes les saisons !

Mustapha, feignant un accès de dilettantisme, et cédant à sa générosité naturelle, jeta par la fenêtre plusieurs poignées de pièces d'or que le virtuose, redevenu Mameluk, s'empressa de lui rapporter l'instant d'après. Mais avant qu'il opérât cette autre métamorphose, le magnifique protecteur des beaux-arts lui fit signe d'aller jouer le même air sous les croisée de sa charmante voisine. Celle-ci se boucha les oreilles et s'enfuit en riant encore plus fort. Nouveau succès. — Dieu ! qu'elle est jolie !

Mais l'heure des revers allait sonner aussi. Le lendemain, enhardi par tant de triomphes successifs, il osa porter les deux mains à sa bouche, toujours à la façon des janissaires, et envoya une série de baisers à l'adresse de la jeune femme. Estelle rit, rit encore bien plus fort cette fois, mais de pitié ; puis, haussant dédaigneusement ses blanches épaules, elle disparut de la fenêtre. Premier revers.
— Quel dommage ! elle était si jolie !

L'astronome oriental, ne voyant plus sa chère étoile briller à l'horizon, n'imagina rien de mieux que d'armer ses deux mains d'une effrontée longue-vue, de braquer l'énorme instrument du côté de l'absente, et de chercher, dans la pénombre de son empirée, ce qu'elle pouvait être devenue. Mais ses explorations furent courtes : un éclat de rire encore plus fort que de coutume se fit entendre là-bas, et un épais rideau s'interposa soudain devant le verre audacieux, rendant impossible toute investigation ultérieure. Nouveau revers. — Quel dommage ! elle était si jolie !

Les affaires de Mustapha prenaient ainsi la plus fâcheuse tournure. Il résolut de les rétablir par un coup d'éclat. Il réunit son Mameluk, son nègre et ses deux négrillons ; il leur remit, à l'un une cassette remplie de bijoux, à l'autre un coffret bourré de cachemires, à celui-ci une corbeille ornée de fleurs et garnie de petits gâteaux, à celui-là un plateau chargé de pots de confitures. La totalité de ce présent vraiment oriental coûtait quinze mille francs au crédit galant que le vieux Duplessis avait ouvert à Son Excellence.

Mustapha, en homme qui savait ses *Mille et une Nuits*, glissa adroitement, dans le coffret aux cachemires, une déclaration brûlante, écrite sur parchemin roulé, dans le vrai style du Koran. Il fut même tenté d'ajouter à l'expression de ses sentiments quelques chameaux et quelques dromadaires, et d'accompagner le tout d'un cortège de choristes et de cimbaliers, ainsi que cela se pratique dans le *Calife de Bagdad* ; mais il recula, non point devant la dépense, qui ne le regardait pas du tout, mais devant la police, qui eût pu le regarder un peu trop.

Hélas ! est-il besoin de le dire ? la jeune femme refusa, et les domestiques, partageant l'indignation de leur maîtresse, chassèrent honteusement de l'hôtel les envoyés de Mustapha, mettant en déroute son armée de présents à grands coups de pied dans le dos. Il eut la douleur d'assister de sa fenêtre à leur défaite, et, pour surcroît d'humiliation, d'entendre un rire, encore plus fort que tous les précédents, accompagner de loin les vaincus dans leur fuite. Dernier revers. — Ah ! quel dommage ! Elle était si jolie !

Chose étrange : chacun des rires lointains qui s'étaient fait entendre dans toutes les circonstances que nous venons de résumer, avait eu un faible, mais fidèle écho, derrière l'impénétrable persienne dont le voisinage l'intriguait si vivement.

Tiennette le trouva consterné.

— Tout est perdu ! dit-il.

— Même l'honneur, ajouta-t-elle. Mais il y a longtemps c'est une perte dont vous devez être suffisamment consolé. Ne réveillons donc pas la cendre des morts. Allons, allons, il faut changer de plan. Le serpent n'y peut rien. Au tigre maintenant !

XXIII.

GUET-APENS.

A la fin des stériles manœuvres de Brioude, lorsqu'il eut appelé vainement la munificence orientale au secours de sa passion malheureuse, l'humiliation qu'il éprouva de sa défaite fut d'autant plus grande, nous l'avons dit, qu'il entendit, comme d'habitude, un petit rire étouffé se moquer de lui, clandestinement, derrière les jalousies de la fenêtre voisine. Il avait déjà entrevu, à différentes reprises, une main blanche et trouée de délicieuses fossettes. Il distingua cette fois un bout de fine dentelle, et vit briller deux noires prunelles à travers les barreaux. Plus de doute! C'était bien une femme, cette femme était élégante, et cette élégante avait de fort beaux yeux.

L'imagination de Mustapha-Ben-Papatacci s'élança aussitôt dans le vaste champ des conjectures.

— Allons, se dit-il avec sa fatuité ordinaire, voilà qui prouve que l'on n'a jamais tort de tirer au hasard sur une volée d'oiseaux : on en atteint toujours quelques-uns. J'ajuste en face le plus charmant de tous les colibris, et voilà que j'abats une linotte à côté de moi. C'est maladroit, mais c'est heureux, comme presque tous les beaux coups de chasse. Si j'en juge à l'assiduité de cette mystérieuse espionne, ce n'est pas une simple curiosité qui la retient si près de moi, depuis huit jours. Peut-être a-t-elle pensé que, au refus obstiné de la voisine d'en face (Dieu l'est-elle jolie!), ce serait à elle que je jetterais mon mouchoir de poche. S'il en est ainsi, tant pis pour elle! Je me sens d'humeur à garder mon foulard. Voyez pourtant comme les affaires de ce monde sont mal organisées! J'adore l'autre (car, ma parole d'honneur, je sens que je l'adore!), et la cruelle a le mauvais goût de me détester. Celle-ci, qui sait? m'adore au contraire, et c'est moi, à mon tour, qui vais faire le cruel. Mais qui diable ça peut-il être? Je ne serais pas fâché de connaître un peu ma victime probable.

Et comme il n'avait rien de mieux à faire, en attendant le résultat du nouveau plan de Tiennette, il envoya son valet de chambre aux informations.

— Maître à moi, dit au concierge le faux mameluk, en se composant un oriental de fantaisie assez semblable au baragouin qu'il avait entendu parler dans la cérémonie du *Bourgeois gentilhomme*, et qu'ont imité pareillement certains professeurs d'arabe; maître à moi, vouloir saver quelle estir la houris qui habitar le chamber à côté della nostr. Vous comprenir?

— Parfaitement, monsieur le Turc, répondit monsieur Corniquet; je comprends sans comprendre. Je dirai même que c'est prodigieux! Voilà pourtant une langue que je sais tout naturellement, sans l'avoir jamais apprise! Une bien belle langue, ma foi! J'ai manqué ma vocation : au lieu du tire-pied, c'est la férule que j'aurais dû prendre. Mais pardon, monsieur le Turc, vous me faisiez l'honneur de me demander?...

— Che demandir à vous, pour maître à moi, quelle estir la...

— Ah! bien, bien! j'y suis... C'est une dame.

— Estir cheune?

— Jeune, vous savez, monsieur le Turc : elle est jeune sans l'être; entre le zist et le zest.

— Estir cholie?

— Pour jolie, ça dépend des goûts : elle est jolie sans l'être.

— Estir sage?

— Ah! par exemple, j'y suis pris cette fois! s'écria maître Corniquet, lequel, à force de savoir l'arabe et d'en chercher partout, finissait par ne plus comprendre le français, quand il était trop simple. Sage... sage?.. ajouta-t-il en se grattant le front avec embarras; voilà un mot que je ne comprends pas du tout. Dis donc, mame Corniquet, monsieur le Turc nous demandir si la dame du premier estir sage. Comprends-tu, toi?...

— Hé! pardine! c'est ben malin! cela veut dire si elle a quelqu'un, que t'es bête!

— C'est, ma foi, vrai! Pardon, monsieur le Turc, je n'y étais pas d'abord. Mon Dieu, quant à ça, vous savez? chacun chez soi. Nous autres, nous sommes concierges, nous remplissons religieusement notre devoir : nous balayons, nous tirons le cordon, et voilà. Pourvu que, de son côté, le locataire paie exactement son terme, qu'il ne fasse pas de dégât dans l'escalier, qu'il ne jette pas ses épluchures sur le carré, qu'il ne cause pas de tapage dans la maison et qu'il crie : *S'il vous plaît* ! tout est dit ; le reste ne nous regarde aucunement. Quant à la dame en question, tout ce que les devoirs sacrés de ma profession me permettent de dire, c'est qu'elle est sage, vous savez, sans l'être.

— Laisse donc, sournois! interrompit mame Corniquet, en s'appuyant sur son balai et en haussant les épaules. Vas-tu pas prendre la défense de cette pimbêche qu'on ne connaît ni d'Ève ni d'Adam? Ça vous a encore une jolie tournure, pas trop! Une femme qui se fait louer un petit appartement ici, par un grand coquecigrue, sur le même carré que votre maître, — eh! mon Dieu, le matin même du jour de votre emménagement! — qui n'y fait mettre qu'un lit, une table, un fauteuil, une chaise, une malle et des livres!

— Quéque ça te fait? objecta monsieur Corniquet; elle a payé son terme d'avance. Quand je dis elle, c'est elle sans être elle.

— Son monsieur, pardine! reprit mame Corniquet. Toujours le même, un grand qu'est long comme un jour sans pain, et qui vient régulièrement passer ici une ou deux heures tous les soirs.

— Oui, mais c'est du moins la seule visite qu'elle reçoit, tandis que la particulière d'avant, c'était comme une vraie procession, qu'il fallait balayer l'escalier dix fois par jour l'hiver.

— Elle n'était du moins pas fière, celle-là. Ce n'était pas comme la mijaurée d'à présent. Je m'en rapporte à vous, monsieur le Turc. Elle est arrivée à la brune, entre chien et loup, le même soir que vous autres. Elle était tout de noir habillée, comme la veuve à Malbrout, c'est bien le cas de le dire. Elle avait un voile si épais, que je n'ai tant seulement pas pu voir sa figure. Elle a passé devant la loge, fière comme Artaban, et est montée chez elle, sans même daigner nous dire bonjour, absolument comme si qu'elle serait entrée dans une écurie.

— Possible, interrompit monsieur Corniquet, mais pas moins elle nous avait donné vingt francs de denier à Dieu par son monsi ur. C'est quet chose, sans l'être!

— Enfin, reprit mame Corniquet, depuis neuf jours au jour d'aujourd'hui qu'elle est installée, elle n'a pas plus bougé qu'une tortue. Je vous demande si c'est là une conduite!

— Estir en effet très drôle, répondit le mameluk improvisé.

— Tiens! on dit donc aussi : Très drôle, en arabe?

— Ia.

— On dit aussi Ia?

— Ies.

— On dit aussi Iès?

— Si signor.

— Et si signor aussi? Quelle belle langue! comme c'est riche! comme c'est varié!

— En revanche, continua mame Corniquet, si elle ne met pas le pied à la rue, elle y met joliment le nez! Elle ne déplante pas de derrière sa persienne. Ça se voit d'en bas. Dieu me pardonne! je ne serais pas étonnée si votre monsieur lui aurait donné dans l'œil.

— Vous croyir?

— Oui. C'est pas l'embarras, un bien bel homme, celui-là! Ça vaudrait mieux pour la donzelle que non pas son grand flandrin, un vrai domestique, qui ne rougit pas de lui apporter la becquée chaque soir, comme un simple gargotier. Moi, d'abord, si j'avais évu les moyens d'aimer quelqu'un de bien...

— Merci du compliment! s'écria monsieur Corniquet. Et moi donc, pour qui que tu me prends ? pour un singe des bois?

— Toi, c'est différent, t'es pas quelqu'un, t'es mon époux. Hé bien! je n'aurais pas voulu qu'il se ravalasse. Tenez, une supposition : mon époux se mettrait dans l'idée de me faire mon café au lait le matin, hé bien! je l'avalerais tout de même, mais pour lors je ne conserverais pas plus de chose pour lui que pour la semelle de mes souliers. Voilà mon opinion. Faut que l'homme conserve son rang! Mais pardon, monsieur le Turc, mon époux vous retient là à cancanner; excusez-le, il est si bavard!

— Ah! en voilà une sévère! Il me semble que tu ne donnes pas ta part aux chiens?

— Quand il est question du beau sexe, surtout, prrrrt, le voilà parti! pas moyen de l'arrêter! Un vrai salpêtre, quoi! Ah! ce n'est pas pour dire, allez, mais il m'a fait passer une existence bien à plaindre !

— Si signora, mà che excousir loui très bien : je trouver beaucop de outilité à causir avec vous, por perfectionnir moi dans la finesse del la lingua francese.

— Dame! oui, répondit M. Corniquet, c'est ici comme à l'enseignement mutuel : je vous apprends le bon français et vous m'apprenez le bon turc. Donne-moi de quoi que t'as, je te donnerai de quoi que j'ai. Mais pardon... une question : je m'étais toujours laissé dire que les gens comme il faut, dans votre charmant pays, avaient cinq ou six cents femmes pour eux tout seuls ?

— Quelle horreur! s'écria mame Corniquet en se voilant la face avec son plumeau.

— Je ne trouve pas, moi, répliqua son mari. Du moment que c'est reçu dans la bonne société.....

— Tu voudrais bien y être, dans ce pays-là, mauvais sujet!

— Si j'étais né dans cette religion, je ne dis point. Or, monsieur le Turc.... mais pardon, les convenances ne me permettent pas de vous adresser cette question-là devant les oreilles de mon épouse. Mame Corniquet, fais nous le plaisir d'aller voir là-bas si j'y suis. Laisse-nous causer un peu entre hommes.

— Encore des atrocités! Mais on y va. Je n'ai certainement pas envie d'entendre vos abominations !

(*Elle s'éloigna d'abord, puis revint tout doucement, sur la pointe du pied, se placer derrière son mari.*)

— Pour lors, reprit tout bas monsieur Corniquet, comment se fait-il, monsieur le Turc, que votre maître n'ait pas amené son sérail avec lui?

— Ce estir troppo fragile.

— Ma foi! à sa place, j'aurais risqué la casse. Qui ne risque rien n'a rien. Six cents femmes à soi tout seul, franchement, c'est plus grandiose qu'en France, où chacun n'en a qu'une, laquelle est parfois à lui tout seul sans l'être. Enfin, n'importe! ce qu'il y a de certain, c'est que votre maître ne reçoit aucune visite, si ce n'est cette noirotte, qui est encore venue hier soir, à pareille heure, en catimini.

— Iès, mà celle-là venir por il buono motif. Elle estir troppo maigra è troppo vertouosa. Les Tourquoi n'amar ni l'ouna ni l'auster.

— Ma foi, je ne suis pas de leur avis.

— Ah! ah! je vous y prends encore, à faire l'éloge des autres femmes ! s'écria mame Corniquet, en menaçant du poing son éclectique époux.

— Comment! tu nous écoutais ?

— Oui, monstre d'homme ! et j'en entends de belles ! Mais faut que ça finisse ! Tenez, monsieur le Turc, je suis grasse, moi; je pesais cent quatre-vingt dix livres à la dernière fête des Champs-d'Elysées. Eh bien ! pour deux liards je partirais avec vous en Turquie. Emmenez-moi. Là du moins je serai appréciée à ma juste valeur, tandis qu'ici je suis méconnue par ce scélérat d'homme. Il a passé sa vie à me faire dessécher de jalousie !

— Ce qu'il y a de bon, du moins, c'est qu'on ne maigrit pas de ça, répondit l'ingrat, en riant. Mais dites-moi, monsieur le Turc, une dernière question. Vous m'avez fait l'honneur de m'apprendre que monsieur votre maître n'était venu en France que pour y contempler la colonne de la Bastille.

— Oh! iès, ouniquemente.

— C'est très touchant de sa part. Mais pour lors, voilà neuf grands jours qu'il n'a pas bougé de chez lui.

— Hé bien ?

— Hé bien !

— Hé bien ?

— Hé bien mais, impossible de la contempler.

— Il la contemplir toute de même.

— Ah bah! comment diable peut-il faire pour la contemplir ici?

— Il aver sour son pendoule oune petit colonne en plâtre, et il contemplir ce petit colonne, et toute le giorno, et toute la notte. Quand il aura souffisamment contemplir elle, il retournir bien contente in Tourquia!

— Je comprends. C'est très commode; on contemplir ainsi la colonne sans se fatiguer, sans se mouiller les pieds, sans s'enrhumer ; on la contemplir à domicile, et l'on ne va pas t'en ville ; en un mot, vous savez? on la contemplir sans la contemplir.

— Oh ! ia.

En ce moment une voiture s'arrêta à la porte de la rue.

— Allons, voyons, tire donc le cordon ! interrompit mame Corniquet qui s'était éloignée ; tu entends bien qu'on carillonne à la porte depuis un siècle ! Tire donc! tu causeras plus tard de ta colonne. Encore une conquête, sans doute? Non, c'est plus fort que lui : les femmes lui font perdre la tête !

Monsieur Corniquet tira le cordon. Entrèrent vivement deux femmes. L'une d'elles était vieille et laide; l'autre, jeune et ravissante. La vieille se borna à dire en passant devant la loge : — « Au premier ! » Puis elle précéda sur l'escalier la jeune, qui la suivit avec empressement.

— Hé! hé! s'écria gaillardement monsieur Corniquet. On a bien raison de dire qu'en parlant du loup... Je m'étais trop pressé de plaindre votre maître au sujet de son sérail... Voilà une bien charmante odalisque sans l'être !

— Oh ! iès! répondit le faux mameluk; mà, diavolo! che montir soubito por introduir les signoritas chez mon illoustrissimo maestre, il signor Moustapha-Ben-Papatacci. Mà sans addio; le tempi di montir, et che revenir prestamente.

Or, ce même soir, une heure avant le burlesque entretien que nous venons de sténographier par respect pour la vérité vraie, on sonnait vivement à la porte de l'appartement de maadme d'Aronde.

— Qui peut venir à pareille heure, en l'absence de mon mari? demanda-t-elle à sa femme de chambre. Dites que je n'y suis pas.

— Madame, répondit la camériste, c'est une vieille dame bizarrement attifiée, qui prétend avoir à vous révéler des choses de grande importance.

— Qu'elle revienne demain ! répliqua Estelle.

— Il s'agirait, à ce qu'elle en croit, reprit la suivante, d'affaires du plus haut intérêt pour monsieur.

— Pour mon mari? Oh! alors, qu'elle entre! qu'elle entre!

La femme de chambre introduisit la visiteuse. C'était la même personne que nos lecteurs connaissent déjà sous le nom de Tête-de-Pipe.

La vieille comédienne avait pris ce soir-là son langage le plus patelin, son air le plus doux, son organe le plus suave. Elle écarquillait son visage osseux dans un sourire perpétuel, comme ceux des danseuses en scène, et, sur le conseil sans doute de quelque femme de goût, elle avait dépouillé sa toilette d'une grande partie des oripeaux qui la chamarraient habituellement.

— Madame, dit-elle à Estelle, après force révérences du

plus haut style, je n'ai pas l'honneur d'être connue de vous, et cependant je viens ici, à neuf heures du soir, sans être présentée par personne. Cette façon d'agir, je le sais, est tout à fait contraire aux habitudes du grand monde où vous vivez, et que j'ai eu l'avantage de hanter, moi aussi, avant mes infortunes. Car, madame, telle que vous me voyez, j'ai été jeune, belle, riche, heureuse. Par malheur, hélas! mon mari, le colonel de Saint-Amour, aide de camp de Bolivar, est mort d'une pleurésie au champ d'honneur, ne me laissant que six enfans en bas âge et le souvenir de ses glorieux exploits.

Estelle se méprit au sens de ce début, et, quoiqu'il fût bien tard pour mendier, elle tendit le bras mais à la direction de la cheminée pour y prendre sa bourse. Mais la vieille fit un geste de refus et continua ainsi :

— Bref, madame, si je me présente en un pareil moment, c'est que, lorsqu'on veut sauver une personne qui se noie, on ne s'informe généralement pas de l'heure qu'il peut être. Or, je vous l'ai fait dire, je viens ici pour sauver l'honneur de votre époux, qui est en train de faire le plongeon.

— Pour sauver son honneur ! s'écria madame d'Aronde en se levant avec fierté. Cette prétention seule est déjà une insulte !

— Hélas! madame, reprit la Tête-de-Pipe, nul n'est à l'abri de la calomnie ; mais surtout un homme qui visite le Brabant après une perte de huit cent cinquante mille francs. Cela peut donner matière à des interprétations bien fâcheuses. Or, voici ce qui arrive : la personne qui m'envoie est créancière pour un chiffre important et ne veut point avoir de risques à courir.

— Quels sont ses titres ? dit Estelle en trépignant.

— Ne vous faites donc pas de mal comme ça ! Voici la chose. Monsieur votre mari, à ce qu'il paraît, a emprunté cent mille francs, il y a quelques jours, et fait cent mille francs de billets en échange.

— Oui, je sais, dit madame d'Aronde ; c'est à monsieur Duplessis, un ami, un véritable ami, celui-là !

— Les billets d'amitié, reprit la vieille dame, sont défendus.

— Au fait, madame, je vous en supplie!

— Eh bien ! ce monsieur Duplessis, cet excellent ami, n'est pas connu en banque; son nom n'est point une garantie suffisante; les autres signataires sont des gens sans sou ni maille; enfin, le fait est que les billets de votre mari sortent d'une fabrique qui suffirait à prouver qu'ils ne seront pas payés à l'échéance, quand même la fortune du signataire ne serait pas notoirement en ruines.

— Mon Dieu, madame, dit Estelle, peu au courant des affaires, je ne comprends pas trop le but de votre visite. Celui qui vous envoie, dites-vous, a des billets de mon mari ?

— Pour cent mille francs ; je les ai vus, de mes yeux vus.

— Et à terme ?

— A soixante-quinze jours de date.

— Eh bien ! j'ai toujours entendu dire : qui a terme ne doit pas encore.

— Vous avez parfaitement raison : en temps ordinaire, une bonne créance vaut l'argent comptant qu'elle représente. Mais il y a un danger ! Le créancier, qui sait son débiteur ruiné, ne veut pas attendre.

— Il y a pourtant force.

— Non ! il peut porter au parquet du procureur du roi, s'il soupçonne la fraude, une plainte en escroquerie.

— Quelle horreur ! dit madame d'Aronde indignée.

— Une abomination ! une infamie ! Je suis de votre avis, ma chère dame ; mais il le fera comme il le dit. J'en ai bien vu faire d'autres, moi, dans mon temps, quand le colonel de Saint-Amour eut mangé mon bien avec le sien; et c'est pour cela que, sans vous connaître, j'ai voulu vous épargner une douleur.

— Il portera plainte? Mais de quel droit ?

— Mon Dieu ! la loi est si drôle parfois! Elle dit que tout commerçant au-dessous de ses affaires doit s'arrêter au premier malaise ; il y a mieux, au premier non-paiement. Eh bien! comme, malgré ses pertes, monsieur d'Aronde ne s'arrête pas, comme il fait cent mille francs de billets dont les transmissions, par voie d'endos, sont moins que rassurantes, le tiers-porteur veut en finir.

— En finir ? s'écria Estelle étonnée.

— Oui, ma chère dame. On appelle cela, dans leur argot d'affaires, fondre la cloche, mettre les fers au feu.

— Grand Dieu ! cela causera un affreux scandale pendant son absence ! Que dois-je faire, madame ?

— Vous voyez : dès que j'ai su de quoi il retournait, j'ai voulu me charger de l'affaire à l'amiable : entre femmes, entre faibles femmes, on doit s'entr'aider. Je connaissais ce tiers-porteur intraitable ; il avait avancé, dans le temps, au colonel de Saint-Amour, feu mon époux, quelques sommes sur sa pension future, prix des blessures qu'il pouvait recevoir tôt ou tard à côté de Bolivar. J'ai offert de vous voir, et me voilà !

— Je vous remercie, madame, dit Estelle ; mais enfin, en quoi puis-je servir les intérêts de mon mari ?

— Mais, il n'y a qu'une manière de procéder : payez les billets, si vous le pouvez.

— Si je le peux ! dit Estelle joyeuse. Mais sans doute, je le peux ! N'ai-je pas là ma dot, que mon mari a déposée dans ce secrétaire, en billets de banque, pour pouvoir la placer en bien-fonds à la première occasion favorable !

— Ça se trouve à merveille, madame, dit la vieille, qui suivait d'un œil fauve les mouvemens de sa dupe. Ah ! s'il m'était resté une dot, quand mon mari succomba sous les recors, après avoir triomphé des ennemis de Bolivar, je ne l'aurais pas laissé engager ses infirmités hypothétiques et attraper une pleurésie, au moment même où il allait être vaillamment emporté par un boulet de canon !

Aller au secrétaire, l'ouvrir, prendre dans un portefeuille cent billets de mille francs, ne fut pour Estelle que l'affaire d'une minute. A la vue de ce trésor, le regard de la Tête-de-Pipe étincela. Dans cette organisation dépravée, deux crimes se faisaient peut-être concurrence.

— Avez-vous les effets ? demanda Estelle.

— Non, madame, répliqua la mégère, en lorgnant du coin de son œil vert les billets de banque. Mon ridicule, hélas! n'est point un portefeuille de banquier ; mais si vous voulez en finir tout de suite, ce que je vous conseille, afin d'empêcher la plainte en escroquerie qu'on prépare pour demain matin, suivez-moi : ce sera l'affaire d'une demi-heure : j'ai une voiture en bas qui nous conduira.

— Une voiture? très bien ! dit Estelle.

— Oh ! reprit la Tête-de-Pipe, un simple sapin ; le temps est passé où j'avais un carrosse avec des chevaux blancs et des cochers noirs. C'était du temps de Bolivar. Veuillez accepter mon offre!

— Bien volontiers ! exclama la jeune femme, heureuse de pouvoir servir son mari, malgré lui et à son insu. Jenny, ajouta-t-elle, en appelant sa femme de chambre, je ne serai absente que peu de temps avec madame ; préparez ma chambre à coucher pour mon retour.

Et suivant la Tête-de-Pipe devenue pensive, elle s'élança dans le fiacre après elle.

La voiture roula. Une légère brume couvrait Paris d'une gaze humide ; c'est à peine si on pouvait distinguer les passans à travers les vitres dépolies par le brouillard.

Vingt fois la Tête-de-Pipe songea qu'au lieu de servir des maîtres qui louaient ses services au rabais, elle ne ferait pas mieux d'arracher des mains de la jeune femme cette fortune qu'elle allait employer à sauvegarder l'honneur de son mari. Vingt fois elle fut sur le point d'user de violence, de saisir Estelle et de s'emparer des cent mille francs qu'elle avait placés dans son corsage. L'attitude calme et digne, le regard ferme et courageux de la vertueuse épouse intimidèrent sans doute la coupable. Après vingt minutes de trajet, la vieille hésitait encore, que déjà le véhicule s'arrêtait au lieu de sa destination.

— Montons, madame, dit la Tête-de-Pipe ; c'est au premier là où vous voyez de la lumière.

XXIV.

LOVELACE.

Le mameluk ne se fit pas attendre. Il introduisit les deux femmes dans l'appartement de Brioude, les fit entrer dans le salon, où son maître ne se trouvait pas encore, et redescendit aussitôt dans la loge du concierge. C'était la première fois qu'il y faisait une station aussi longue. Pourquoi? Était-il épris des vastes attraits dont mame Corniquet avait pu être dotée jadis? Cédait-il au charme invincible de la conversation de monsieur Corniquet? Cette supposition n'est guère vraisemblable. Les domestiques, sans doute, ont un goût tout particulier pour le sans-gêne de la loge, car la douane qui tient le cordon des visites prohibées, des sorties clandestines et des rentrées tardives, est une puissance avec laquelle il est indispensable de vivre en bonne intelligence. La loge est d'ailleurs le centre de toutes les nouvelles du dehors, comme de toutes les malignités du dedans, et l'on sait qu'un des plus grands plaisirs de l'humanité, qu'elle soit valet ou maître, est de savoir ce qui se passe ailleurs et de dire du mal de céans. La curiosité et la médisance, voilà ce qui distingue le plus l'homme des autres animaux, avec les deux attributs que lui donne Beaumarchais, l'ivrognerie sans soif et la galanterie sans intermittence. Mais notre mameluk postiche, que son maître avait gaîment surnommé le dernier des Lafleur, était un beau garçon d'environ vingt-cinq ans, vif, alerte, intelligent, espiègle, descendant en ligne directe des Mascarille et des Frontin par les Lisette et les Marton, et qui, dans son premier métier de comparse, avait vu trop souvent ses glorieux ancêtres au Théâtre-Français, pour trouver beaucoup de charme dans la fréquentation des Corniquet. Nous pouvons donc supposer, sans trop d'invraisemblance, que le désir de s'instruire aux belles manières et au bon français dans leur entretien, ce jour-là, à neuf heures du soir, n'était qu'un vain et joyeux prétexte. Le dernier des Lafleur, transformé cette fois en mamelouk, s'était posté chez eux, à tout événement, en sentinelle avancée, pour surveiller les entrées et les sorties de la maison, pendant les scènes qui allaient se passer chez son maître, le prévenir en cas de besoin, maîtriser les incidens extérieurs qui pouvaient se produire, aviser, en un mot, avec toute l'adresse dont il avait donné maintes preuves, dans tous les cas prévus ou imprévus, ordinaires ou extraordinaires. Ce sont là, comme le dit Figaro, de petits métiers qui exigent cent fois plus d'intellect que les grands, et, à toutes les qualités que l'on exige d'un domestique, bien peu de maîtres seraient dignes d'être leur propre valet de chambre !

La leçon mutuelle d'arabe et de français avait à peine repris son cours depuis cinq minutes, entre le faux Turc et la vraie portière, que la plus vieille des deux dames introduites par le mameluk chez l'habitant du premier, Mustapha-Ben-Papatacci, redescendit, passa devant la loge, et demanda : — Le cordon, s'il vous plaît !

Le mameluk la suivit et l'accompagna jusqu'à la porte cochère.

— Hé bien ? lui dit-il à voix basse quand ils furent à la rue.

— J'ai laissé la particulière au salon, répondit la Tête-de-Pipe, et je me suis esquivée, sous prétexte de hâter l'apparition de votre maître. C'était convenu. Son absence répondait peu à l'impatience de la belle. C'est elle-même qui m'a priée de faire cette démarche.

— Bien joué ! dit le dernier des Lafleur. On ne faisait pas mieux dans l'ancien répertoire, le répertoire classique, comme on dit. Voici le double du salaire promis.

— Du salaire ! s'écria Tête-de-Pipe d'un ton plein de majesté. Ah ! fi donc ! quelle expression... canaille !

— Le mot ne gâte rien à la chose. Le double de vos honoraires, soit ! puisque vous êtes si chatouilleuse sur la forme. Cinquante jaunets au lieu de vingt-cinq. Comme on le dit dans le répertoire moderne : «la somme n'est pas déshonorante.» Que vous en semble ? Cela vaut un prix de vertu à l'Académie, et, avec un peu d'illusion, vous pouvez facilement vous persuader que vous avez été couronnée rosière aujourd'hui.

— Cinquante louis ! dit la vieille avec jubilation en engouffrant la somme dans son ridicule. Ah ! monsieur, c'est très délicat de la part de votre maître. Veuillez vous charger de mes remerciemens pour lui. Je n'aurais pas réclamé, car, avec moi, ce qui est dit est dit : je n'ai qu'une parole.

— C'est toujours ainsi entre honnêtes gens, interrompit en s'inclinant le dernier des Lafleur.

— Mais vrai, continua la vieille, cela valait le double. Vous ne sauriez vous imaginer la difficulté de l'entreprise. Il a fallu toute l'habileté dont je suis capable. Si la belle se fût doutée de quelque chose, j'y risquais le corps-de-garde, et qui ce qui s'en suit.

— Hélas ! oui, et l'on sait bien quand on entre en prison, mais on ne sait point quand on en sort.

— Avec ça que la calomnie ne cesse de fournir de mauvaises notes sur mon compte aux cartons de la police.

— On est si méchant !

— Ne m'en parlez pas ! Surtout quand il s'agit de nous autres, faibles créatures ; car, hélas ! nous sommes sans défense.

— C'est ce que les faits assurent.

— Et pourquoi, je vous le demande, s'acharner ainsi contre une pauvre femme !

— J'allais vous le demander moi-même. Des envieux, sans doute, des jaloux, des pervers, des gens pour qui le spectacle si touchant de vos vertus est un supplice intolérable. Cela fait pitié ! Heureusement, comme le dit l'ironique serviteur d'Almaviva : « Le sort protège toujours l'innocence ! » Encore de l'ancien répertoire..... Mais, à ce propos, plus je vous regarde, madame, à la lueur poétique de ce réverbère, plus je persuade que je n'ai pas l'honneur de vous voir ici pour la première fois. Où diable cela peut-il être ?... Est-ce au sermon ?... Je n'ose le croire. Est-ce au bal des Tuileries ?... J'en doute. Est-ce au Caveau-des-Aveugles ?... Cela se pourrait bien. Mais non, non, j'y suis maintenant : c'est au Théâtre-Français, avec M. Turcaret.

— Je n'en ai aucun souvenir, répondit la vieille, dont l'érudition théâtrale était peu avancée, et qui connaissait mieux le *Bœuf enragé* du boulevard que le chef-d'œuvre de Lesage. Mais c'est possible ; j'ai eu tant de cliens dans ma vie ! monsieur Turcaret en fut peut-être un.

— Oui palsembleu ! un de vos cliens. Je me m'étonne donc pas si vous avez si bien joué la comédie aujourd'hui. Mais, vous le voyez, mon maître et moi nous nous plaisons à encourager le talent naissant. Nous sommes magnifiques et pas chers, surtout quand cela ne nous coûte rien.

— Cinquante louis, peste ! c'est déjà cependant un denier assez respectable.

— Bah ! ce n'est pas nous qui les payons : on nous paye nous-mêmes, au contraire.

— Comment ?

— Mon Dieu ! oui, et je dois vous dire cela, à vous, charmante prima donna, qui faites partie de la troupe. Il est indispensable que vous connaissiez la pièce dans laquelle vous venez de jouer un rôle avec tant de distinction. Le succès de vogue que vous y avez obtenu est le gage assuré de vos succès futurs. Il est possible qu'on ait encore besoin de recourir à une artiste aussi distinguée que vous l'êtes. Sachez donc que la farce, la tragédie peut-être, mêlée de cigares, de petits gâteaux, et d'orgues de barbarie, que nous avons eu l'honneur de représenter devant vous, —dit burlesquement l'ex-figurant des Français, après avoir fait le salut d'usage, comme à la suite d'une première représentation, — est due à la collaboration toujours heureuse de mademoiselle Tiennette. Cette dernière en a fourni le sujet, le plan, les détails et la mise en scène ; un habile tapissier, les décors ; Babin, les costumes ; et vous, incomparable duègne, ainsi que la jeune première que vous avez amenée, mon maître et moi, le remarquable personnel d'exécution. Enfin l'ouvrage est joué au bénéfice d'un certain Duplessis, vieillard s'il en fut jamais, protecteur éclairé de l'art dramatique, dont la haine pour les d'Aronde n'a reculé devant aucun sacrifice pour en assurer la réussite. Mais adieu, chère camarade. Je vois, aux ombres qui se mettent à passer devant les fenêtres du salon, que les deux interlocuteurs sont en présence. Je regagne mon poste d'observation.

— Toute à votre service, en cas de besoin, répondit la vieille cabotine. Rue des Moineaux, n° 20, au quatrième, la porte à gauche. Voici ma carte.

— Très bien ; mais soyez sans crainte : je n'en abuserai pas.

La Tête-de-Pipe remonta dans son fiacre, qui partit aussitôt, et le dernier des Lafleur, reprenant son personnage de mamelouk, dont il conservait le brillant costume, rentra, poussa la porte cochère, et vint reprendre sa faction dans la loge des Corniquet.

— Ah ! ah ! il paraît que la moins jeune des deux odalisses, lui dit en souriant l'égrillard savetier, n'est pas restée avec son amie pour tenir compagnie à votre auguste maître.

— No, répondit l'Ottoman, en se remettant à baragouiner l'arabe de son invention ; la esselentissima donna aver à présidar, in cet momente, ouna réunione nottourna di dames del charita. Elle partir por s'y render. Et pouis, mio illoustrissimo maëstro, il signor Moustapha-Ben-Papatacci, il aver le ridicoule di préférar la sociéta di cheunes et cholies...

— Mais, répondit monsieur Corniquet, c'est un ridicule qu'en France nous avons aussi sans l'avoir.

— Parle pour toi, enragé coureur ! s'écria mame Corniquet ; il est inutile de débaucher ce mamelouck qui paraît avoir bien meilleur goût que toi. Ah çà ! mais, ajouta-t-elle en désignant le plafond du premier étage, le salon se trouvait situé précisément au-dessus de la loge ; il paraît que la conversation est animée là-haut !

On ne pouvait distinguer les paroles, mais on entendait effectivement le son des voix, ce qui n'avait lieu qu'en cas de conversation bruyante.

— Ce n'estir rien di toute, se hâta de répondre le mameluk ; il signor Moustapha il aver la oreille très doure, et la cheune odalisca estir obligée sans doute di parlar fortissimo.

Le bruit d'une voiture qui s'arrêta devant la porte, et qui y stationna, fut suivi à ce moment d'un violent coup de sonnette. Monsieur Corniquet tendit la main pour tirer le cordon, mais sa femme l'en empêcha.

— A-t-on jamais eu carillonné de cette force ! s'écria-t-elle. Ce serait chez les sauvages, qu'on ne ferait pas pire. Qu'il attende. (*Nouveau coup de sonnette.*) Oui, sonne, va ! (*Troisième coup de sonnette.*) Tu auras le temps de compter les clous de la porte ! (*Quatrième coup de sonnette.*) Ça t'apprendra à sonner poliment ! (*Cinquième coup de sonnette.*)

— Dis donc, mame Corniquet, fit observer l'époux, dont le bras complaisant se levait chaque fois, mais était sans cesse retenu par la main rancuneuse de sa femme, est-ce que tu vas nous laisser longtemps encore une pareille musique ? Je commence à en avoir assez pour mon compte, et je estir bien sûr que monsieur le Turc en est aussi flatté sans l'être.

— Oh ! iès, répondit-il, dans l'appréhension de tout ce qui pouvait faire une sensation quelconque en un pareil moment ; ce petite cioche il estir fausse.

— Tant pire ! répliqua mame Corniquet ; on lui ouvrira tout à l'heure, à Pâques ou à la Trinité.

(*Sixième coup de sonnette, si violent celui-là, que la mécanique en est brisée.*)

— Allons, bon ! j'en étais sûr ! s'écria monsieur Corniquet, ça ne pouvait pas manquer. C'est ta faute sans l'être !

— Ah ! pardine, répliqua sa femme, je sais bien que j'ai toujours tort avec toi, surtout depuis que tu ne rêves plus que Turquoises ! A ton aise ! tu peux tirer le cordon maintenant, puisqu'il est dit que je ne suis plus la maîtresse ici ! Et elle se jeta dans son fauteuil avec un comique désespoir.

M. Corniquet tira enfin le cordon. Le sonneur entra, referma rudement la porte, s'arrêta un instant devant la loge, y jeta sur la table la poignée de la mécanique qui lui était restée à la main, l'accompagna d'une pièce de vingt francs, ne dit pas un mot, continua son chemin, monta l'escalier, ouvrit la porte du petit logement contigu à celui du seigneur Mustapha, retira la clef, entra et disparut derrière la porte, qu'il referma doucement. Tout cela fut l'affaire d'une minute.

La générosité du visiteur exaspéra davantage encore mame Corniquet.

— J'étais bien sûre d'avance que c'était le monsieur de votre voisine, dit-elle au mameluk. C'est l'heure où il lui apporte la pâtée. Et voilà pourquoi je voulais le faire droguer un peu, pour lui apprendre à être moins fier. Vous l'avez vu, ce grand flandrin : pas un mot de politesse ! Ça vous démantibule une maison sans crier gare, sans faire la moindre excuse !

— Allons, allons, il a noblement réparé ses torts, interrompit monsieur Corniquet, en montrant la pièce de vingt francs. A tout péché miséricorde.

— Pardieu ! faudrait-il pas qu'il aurait attendu à nos frais, par dessus le marché ! Qui casse les sonnettes les paie. Mais que diable font donc maintenant vos bourgeois, monsieur le Turc ? ajouta-t-elle en montrant de nouveau le plafond. Ecoutez donc comme on piétine là-haut !

— La odalisca il dansir, sans doute, por amousar il signor Moustapha, pendant qu'il mangir de petites gâteaux et des confitoures.

— Tiens, c'était donc pour ça que vous en avez fait une si grande provision hier ?

— Oh ! ia.

— Je comprends ça, moi, ajouta monsieur Corniquet, dont la vanité consistait désormais à connaître les mœurs de l'Orient aussi parfaitement qu'il en comprenait la langue. Chaque pays, chaque mode. Quand nous voulons nous amuser, nous autres, en avant le cidre et les marrons ! Hé bien ! les Turcs, qui ne sont pas aussi civilisés que nous en fait de rafraîchissemens, s'en tiennent encore aux confitures et aux bonbons. Mais à propos, je n'ai pas vu aujourd'hui le nègre et les deux négrillons qui ont rapporté hier les provisions que monsieur votre maître est sans doute en train de consommer aujourd'hui avec son odalisse.

— Maître à moi il aver chassir eux, hier soir, parce que...

L'explication du mameluk fut interrompue à ce moment par un cri de femme très distinct qui se fit entendre à travers le plafond de la loge.

— Hé bien ! qu'est-ce qui lui prend maintenant, à votre odalisse ? s'écria mame Corniquet avec un commencement d'inquiétude.

— Mais en effet, ajouta le mari, on aurait dit comme d'un cri de détresse, sans en être un.

— Rien, rien, se hâta de répondre le mameluk avec toute l'impassibilité orientale. Après aver dansir, elle chantar maintenante.

— C'est donc ça, répliqua M. Corniquet. Il paraît que la particulière est pétrie de talens.

— Et, de fait, je me souviens d'avoir été à l'Opéra une fois dans ma jeunesse, il y a longtemps de ça, ajouta mame Corniquet. C'était du temps d'un ouvrage qu'on appelait la

Vestale : une jeune personne de bonne famille qui avait manqué à ses devoirs les plus sacrés, et qu'on voulait faire mourir toute vive, en terre, pour la corriger. Hé bien! je m'en souviens comme si c'était d'hier : il y a un moment où elle chantait absolument comme vient de le faire l'odalisque de là-haut. C'était celui où les bourreaux... Allons, bon! nouveau changement! ajouta-t-elle en montrant encore le plafond. Avez-vous entendu?

— No, rien, répondit flegmatiquement le mameluk.

— Ah! par exemple, il faut que vous ayez l'oreille encore bien plus dure que votre maître!

— En effet, dit M. Corniquet, on eût dit comme d'une masse qui serait tombée sur le plancher.

— Parole d'honneur, j'en suis toute chose! s'écria mame Corniquet. Je me sens comme si que j'étais à la représentation de *Fualdès*.

— C'est sans doute encore un des amusemens du pays, reprit M. Corniquet, en savant orientaliste qu'il était.

— No, no, signor Corniquetto, s'empressa de dire le mameluk, qui saisit adroitement la réplique offerte. Lo amiousement il estir fini. Maître à moi il priar maintenante Allah, à chenoux, en se frappir son tête contre le parquet.

— Comment! s'écria mame Corniquet, c'est ainsi qu'on dit ses patenôtres dans votre pays, en se cognant la boule par terre, de manière à défoncer les maisons? Excusez! en voilà une de dévotion! Je suis bien aise de n'être pas née là-dedans. Je sais bien qui est-ce qui aurait laissé sa part de bigoterie aux autres!

— Mà, addio, signor è signora, reprit le mameluk, avec moins d'impassibilité que précédemment; il estir tempo di remontar près del maestro à moi.

— Pour vous cogner la tête de compagnie?

— Iès, signora.

— Bien du plaisir!

Le faux mameluk salua ses hôtes à la mode turque. M. Corniquet lui rendit ce salut d'adieu dans le même style, en s'inclinant, les deux mains posées sur la tête. M. Corniquet ne saluait plus autrement.

— Que diable se passe-t-il là-haut? se demandait le dernier des Lafleur en remontant l'escalier. Voyons donc!

Il ouvrit tout doucement la porte de l'appartement, et se tint coi dans l'antichambre du salon avec autant d'inquiétude que de curiosité.

Voici ce qui s'était passé chez Brioude pendant les scènes précédentes, et ce qui explique les bruits divers qui avaient frappé les oreilles exercées des époux Corniquet.

Lorsque madame d'Aronde eut été introduite dans l'appartement loué par Brioude, la Tête-de-Pipe, sa compagne, quitta le salon pour aller, disait-elle, presser le créancier qui se faisait attendre, mais en réalité pour laisser le champ libre au suborneur. Cinq minutes se passèrent encore avant que Brioude parût. Était-ce uniquement pour donner à sa vieille complice le temps de s'esquiver? Non : c'était plutôt pour se préparer à une entrevue qu'il avait longtemps désirée, et à l'idée de laquelle, malgré son audace habituelle, il tremblait comme un enfant. Nous l'avons dit : Brioude était devenu amoureux. S'il fût resté le simple instrument des haines de Tiennette et de Duplessis, il se fût présenté devant celle qu'il voulait séduire avec sang-froid et résolution; mais il cédait à la loi naturelle, il combattait en vain l'influence qu'il ressentait, et se courbait devant cette charmante personnalité dont il était l'adorateur et l'esclave.

Pendant que Brioude faisait provision de hardiesse, madame d'Aronde eut le temps d'examiner la pièce dans laquelle on l'avait conduite. C'était un salon Louis XV, assez mal réussi comme exactitude de style, en ce qu'il avait été meublé en quelques heures par un tapissier célèbre, mais auquel il fallait pardonner ses hérésies inséparables de l'improvisation. — Les dorures et les sculptures mal assorties donnaient à cette pièce, disposée surtout avec une certaine prétention, un aspect qui tenait à la fois du théâtre et de l'hôtel garni. Les bronzes, les marbres, les cristaux, les meubles étaient somptueux; mais, nés à époques distantes, sous des rois différens, ils ne s'accordaient pas plus entre eux que des hommes séparés par une disproportion d'âge. — Des sphinx de l'empire tiraient la langue aux amours de Boucher, et les colonnes droites surmontées de guirlandes qu'affectionnait Marie-Antoinette écrasaient les dentelures gothiques et naïves du siècle de Henri III. C'était, du reste, la seule pièce de l'appartement qui eût été meublée, le faux Osmanlis ne comptant pas y faire un long séjour. Il couchait sur le divan, et ses domestiques sur des lits de camp, dans les autres pièces.

Estelle avait eu le temps de faire l'examen de l'ameublement quand Brioude entra. Il avait changé complètement d'habits, et cette transformation devait égarer les souvenirs de sa voisine. Le vêtement turc, fort beau à distance, comme beaucoup de choses en ce monde, menaçait d'être ridicule de près. De loin, le coulissier pouvait être pris pour un secrétaire de l'ambassade ottomane; de près, il eût ressemblé à ces musulmans, nés place Maubert ou rue Jean-Pain-Mollet, israélites travestis, renégats par le costume, lesquels vendent au public ces pastilles du sérail qui, au dire des gamins de Paris, *sentent bon dans la rue et puent chez le monde*. D'ailleurs, le moyen de faire le Turc avec l'accent gascon! Don Juan avait donc quitté l'Orient pour redevenir Européen.

Il avait endossé pour la circonstance une toilette de dandy, à l'imitation de ce grand-amiral de France qui ne savait combattre qu'en habit de velours et en chemise à dentelles; il avait choisi un frac irréprochable, merveille d'élégance inventée la veille par Humann; ses cheveux avaient reçu le coup de vent le plus raffiné; ses favoris formaient admirablement ce que les coiffeurs modernes appellent la côtelette; bref, l'acteur était grimé pour l'emploi.

Enfin Lovelace se présenta aux yeux de Clarisse.

— Monsieur, dit madame d'Aronde, sans reconnaître son interlocuteur, il se fait tard, et je vous serai obligée de me mettre vite au fait. Vous êtes, m'a-t-on dit, porteur de billets souscrits par mon mari; vous voulez profiter de son absence pour calomnier ses opérations et la loyauté de sa conduite. Je ne perdrai pas de temps à discuter avec vous; voici l'argent qui vous est dû, rendez-moi les titres.

— Madame, dit Brioude, dont le cœur battait violemment à la vue de celle dont il était sérieusement épris, on a exagéré mes intentions, on m'a fait plus méchant que je ne suis.

— Vous possédez, reprit froidement Estelle, cent mille francs de signatures de M. d'Aronde?

— Oui, madame.

— Vous les avez là?

— Oui, madame, dans ce tiroir; mais, de grâce, ne vous tourmentez pas; les affaires peuvent s'arranger; il ne s'agit que de s'entendre, et je sens que je suis bien près de faire à ce sujet tout ce que vous désirerez.

— La transaction est simple, monsieur, reprit Estelle, qui cherchait à se rappeler où elle avait vu le visage de ce créancier; elle ne demande pas de grands pourparlers : la dame qui est venue m'instruire de vos intentions hostiles m'a mise au fait.

— Madame, répliqua Brioude avec une fausse gaîté, les affaires ne se font pas à la minute comme les œufs à la coque; reposez-vous un peu; veuillez quitter, je vous prie, ce chapeau qui me dérobe vos traits, et cette mante contre la discrétion de laquelle proteste l'élégance de votre taille. Nous avons à faire des décomptes d'intérêts qui exigent un certain temps.

— Je vous le répète, monsieur, répondit la jeune femme, je désire en finir et m'en aller. La seule politesse que je réclame de vous est de me rendre au plus vite ces billets dont je vous apporte la valeur.

Pendant que madame d'Aronde parlait, on eût dit que le démon soufflait à l'oreille de son séducteur les conseils les plus sataniques. L'expression des yeux charmans de la jeune femme, rendus plus piquans encore par le sentiment d'impatience qui les allumait, sa vivacité à la fois élégante et harmonieuse, tout contribuait à donner des vertiges à son interlocuteur.

Aussi, après un moment de silence pendant lequel il semblait se livrer à des calculs, il prit tout à coup la résolution d'en finir.

— Madame, murmura-t-il, oserai-je vous avouer le rêve charmant dont s'est bercée mon imagination ! Il est bien question de ces misérables billets en ce moment ! Des soins plus graves doivent vous préoccuper : au dehors l'opprobre et la ruine attendent votre mari ; l'adversité a brisé tous vos plans d'avenir ; dans huit jours, demain peut-être, monsieur d'Aronde, déshonoré, expiera au fond d'une prison le tort d'avoir été maladroit. Je ne veux point que vous soyez entraînée dans sa misère. Vous n'êtes pas née pour le malheur, il ne doit pas tomber une larme de ces yeux, limpides diamans dont rien ne doit diminuer l'éclat et la pureté ; vous étiez riche, je veux vous faire plus riche encore ; vous êtes belle, le chagrin ne doit point ternir votre beauté. Permettez-moi d'être votre défenseur, votre soutien, madame.

Pendant qu'il parlait, madame d'Aronde s'était levée pâle et tremblante. Elle avait fixé sur lui toute sa puissance d'attention. Rejetant de sa main droite les boucles de cheveux qui tombaient sur son cou, elle cherchait ce qu'il y avait de réel dans cette scène nocturne, et se demandait si elle devait donner essor au rire ou à l'indignation.

— Monsieur, dit-elle enfin, il faut que j'aie mal entendu ou que vous vous soyez mal expliqué. Que me parlez-vous de chagrin et de ruine prochaine ! La place d'une femme est à côté de son époux ; c'est son éternel honneur, c'est sa mission ; je ne faillirai pas à la mienne, et c'est pour l'accomplir, pour défendre mon mari que vous me voyez ici. Vous m'avez fait demander cent mille francs, je vous les apporte. Maintenant restituez les titres, et que tout soit dit.

Et elle jeta avec dédain devant Brioude les billets de banque dont elle s'était munie.

— Je ne veux point vous appauvrir, belle dame, dit-il en repoussant le papier Garat : je veux au contraire réparer envers vous les torts de la fortune.

— Est-ce bien sérieusement que vous osez me parler ainsi ? dit Estelle. Et qui vous a donné ce droit ?

— L'intérêt que vous m'inspirez.

— L'intérêt ! mais je ne vous connais pas, monsieur, et ne veux pas vous connaître !

— Je vous connais, moi, madame ; j'ai passé de longs jours à vous admirer de loin, sans pouvoir obtenir la faveur d'un regard. Permettez-moi donc de saisir cette occasion unique de vous parler qui m'est offerte, pour vous dire tout ce que j'éprouve. Je vous aime !

A ce mot, qui était à la fois une révélation et une menace, madame d'Aronde croisa fébrilement son châle sur sa poitrine, renfonça sa tête charmante dans son chapeau, comme une femme qui s'arrête à une résolution énergique, puis s'élançant vers la porte, elle en secoua avec force la serrure.

— Cette porte est fermée et ne s'ouvrira pas sans mon ordre, dit Brioude avec un mélange de résolution et de témérité.

— Monsieur, s'écria la jeune femme, je veux sortir ! Vous serez un malhonnête homme si vous n'ouvrez pas cette porte à l'instant même !

— Je vous répète que vous ne sortirez point d'ici, reprit Brioude, sans m'avoir entendu ; d'ailleurs, vous êtes seule, et il est tard : il y aurait imprudence.

— Mais c'est affreux, ce que vous faites-là ! cria-t-elle, c'est trop horrible pour je puisse y croire ! Vous avez une mère qui vous a élevé, une sœur peut-être, dont vous avez défendu l'honneur. Au nom de leur mémoire, au nom de leurs vertus que j'invoque, écoutez-moi, monsieur ; si vous n'êtes point un infâme, laissez-moi sortir.

— Calmez-vous, je vous en conjure, madame ! dit Brioude, dont la passion s'accroissait devant une résistance aussi opiniâtre.

— Laissez-moi sortir, s'écria la jeune femme, ou j'appelle au secours !

— Bah ! fit le coulissier, en essayant enfin de l'intimidation, on ne vous entendrait pas. D'ailleurs vous ignorez qu'à Paris, soit incrédulité, soit égoïsme, les cris au secours n'amènent jamais personne. Enfin, vous êtes dans votre tort ; je n'ai point forcé votre domicile conjugal ; vous êtes venue me trouver sans attendre que j'allasse à vous ; vous avez pris pour vous y rendre un prétexte d'affaires ; vous êtes restée seule dans ce domicile de célibataire, pendant l'absence de votre mari ; vous voyez bien, madame, que vous n'attendriez et ne convaincriez personne. Vous vous êtes déjà compromise involontairement.

— Mais vous me perdez ! sanglota la pauvre femme ; vous me perdez, monsieur !

— Dites que je vous retrouve, que je vous recueille. Oh ! je ne vous fais point l'injure d'un éphémère et banal amour. Pour moi, madame, vous n'êtes point un caprice, vous êtes une passion, une passion réelle, profonde, insurmontable. Si je suis coupable en ce moment, je compte sur l'avenir pour racheter une faute, dont vous êtes la cause en même temps que le but.

XXV.

LES REVENANS.

Nous avons laissé Lataké dans la cour de l'hôtel des Princes, au moment où Sa Majesté Pied-de-Céleri et son grand chambellan, Roussignan-Muller, montaient dans une voiture de remise, vers cinq heures du soir. Ils se rendaient, on s'en souvient, rue Bergère, chez le baron d'Appencher, où Montreuil les envoyait réclamer les six millions, capital et intérêts, composant la succession du chevalier de Limbourg, et que ce banquier avait reçus en dépôt des mains de son père, depuis déjà bien des années.

Tandis que la danseuse contemplait avec une joviale curiosité Sa Majesté et son compagnon, dont le costume lui paraissait quelque peu hétéroclite, le garçon de l'hôtel, qui lui avait porté la lettre d'invitation de Montreuil, s'approcha d'elle et lui dit :

— Veuillez me suivre, mademoiselle.

— Venez-vous, lui demanda-t-elle, de la part d'un maréchal de camp, grand-maître de l'artillerie, inspecteur-général de la marine, connétable et directeur de l'académie royale de musique et de danse de Wardenbourg ?

— J'ignore s'il est tout ça à la fois, répondit le garçon, mais ce que je sais, c'est que j'avais ordre de vous attendre à la porte et de vous conduire auprès de lui.

— Diable ! il paraît qu'on tient à moi, se dit Lataké ; c'est bon à savoir ; faisons valoir du mieux possible nos petits talens. Les autres ne nous estiment jamais qu'en raison de ce que nous nous estimons nous-même.

Et, suivant son cornac, elle se trouva bientôt en face du généralissime, lequel, vous le savez, n'était autre que le comte de Montreuil en personne.

— Comment ! dit Lataké, en le regardant avec étonnement, c'est vous, monsieur, qui êtes le foudre de guerre chargé d'organiser la troupe de Wardenbourg ?

— Oui, mademoiselle, répondit l'ex-diplomate.

— Mais vous n'avez pas de moustaches !

— Hélas ! non, mademoiselle, répondit Montreuil en souriant. C'est à Wardenbourg le signe qu'on est militaire, depuis que tous les bourgeois en portent. Mais causons, je vous prie, de l'objet qui me procure l'honneur de vous voir.

— Ça va, dit Lataké ; je ne demande pas mieux,

— Vous êtes bien mademoiselle Lataké, dite Jupin Ire, artiste de l'Académie royale de musique?

— Des pieds à la tête, répondit gaîment Lataké; la seule de ce nom qui soit visible en Europe.

— Hé bien! mademoiselle, si je juge de vos intentions par votre démarche, vous acceptez un engagement de premier sujet au théâtre que je commande en chef?

— Un instant, général, comme disait le grand homme, répliqua Lataké; ne nous emportons pas dans les feux de file. Un engagement, c'est grave; c'est presque un mariage, et avant de se marier, il faut se connaître.

— Cet axiome, dit Montreuil, qui s'amusait des lazzis de la figurante, et qui n'était pas fâché de prolonger l'entretien jusqu'au moment où il connaîtrait le résultat de la démarche faite auprès de d'Appencherr; cet axiome, qu'il faut se connaître avant de se marier, peut être réfuté, comme tous les axiomes, par l'axiome exactement contraire. Et, en effet, si on se connaissait parfaitement l'un l'autre avant de se marier, il arriverait assez souvent qu'on ne se marierait pas du tout.

— Tiens, c'est, ma foi, vrai; je n'avais pas pensé à cela. Par ainsi, vous croyez qu'il vaut mieux se lier sans réflexion, au petit bonheur, au hasard de la fourchette?

— Peut-être.

— En amour, je ne dis pas non, mais en affaires, diable, c'est plus sérieux.

— Causons donc sérieusement.

— Oui. Qu'est-ce que je ferai à Wardenbourg?

— Vous serez le premier sujet de la danse.

— Premier sujet! répéta Lataké avec un peu de méfiance d'elle-même. Ah ça! dites-moi, est-on connaisseur dans ce pays-là?

— Pas le moins du monde : on admire ce que la cour admire, on applaudit ce qu'applaudit le roi. Quant au public, il n'a pas d'opinion à lui, ou bien, quand il en a une qui n'est pas conforme à celle de la cour et du roi, on le met tout bonnement à la porte du théâtre.

— C'est bien fait! Quels rôles jouerai-je?

— Ceux de l'emploi, les Taglioni, les Carlotta Grisi, les Fanny Essler. Vous les connaissez?

— Si je les connais! Des sacs de plomb qui poussent le charlatanisme jusqu'à faire semblant d'être légères! Ça veut se donner un genre, le genre ballonné, et ça n'a que des ficelles.

— Des ficelles? Qu'entendez-vous par là?

— J'entends des fions uniformes, invariables, rococos, et réglés d'avance comme un papier de musique.

— Très bien, je vous prierai, une fois pour toutes, en passant, si nous concluons, de ne jamais prononcer ce mot de ficelle en présence de mes compagnons. Il en est un que cela pourrait affliger. On ne doit jamais parler de corde devant un... Bref, vous espérez faire mieux, n'est-il pas vrai, que toutes ces fausses célébrités? Vous avez un genre vraiment nouveau, vous.

— Je m'en pique!

— Je le crois sans peine : cela ne ressemblera à rien du tout.

— Non, certes.

— Eh bien! nous l'inaugurerons dignement.

— C'est cela! il faudra chauffer la salle. Ferme! ferme! Le claqueur est comme le caniche; c'est l'ami de l'homme, et qui dit l'homme dit la femme. Parlons maintenant du pourboire.

— Vingt mille francs pour l'année.

— Vingt mille francs? dit Lataké avec une dignité comique; vous n'y pensez pas, monsieur le généralissime : il n'y aura pas même de quoi payer mes maillots. On donne cent mille francs par mois en Amérique.

— A des talens faits.

— Est-ce que par hasard je ne serais pas faite?

— Au tour; mais il n'en est pas de même de votre réputation.

— Raison de plus pour la payer cher. Au théâtre, voyez-vous, on n'admire les artistes qu'en proportion de ce qu'ils gagnent. Vingt mille francs, c'est trop peu : c'est ce que je donne à ma femme de chambre.

— Comment! mais vous ne gagnez que cent francs par mois à l'Opéra!

— A l'Opéra, oui. Mais avec de l'économie, on arrive à faire bien des choses. Je trouve même encore là-dessus le moyen de mettre à la caisse d'épargne. D'ailleurs, j'ai refusé vingt fois des engagemens du double, avec des feux superbes et des dédits gigantesques.

— Où cela?

— En Algérie, en Arabie, en Mésopotamie, en Sibérie, en Turquie, en Valachie, n'importe où!

— Et vous n'avez pas consenti?

— Non, j'étais alors protégée par un millionnaire français, le marquis de Dabiron. Sa bienveillance me suffisait. Vous n'en avez pas entendu parler?

— Très peu, dit Montreuil en réprimant un éclat de rire.

— Un fier original, allez! riche à milliards, ne buvant que dans des verres de diamans creux, et ne fumant que des cigarettes en billets de banque, sous prétexte que ce papier-là était meilleur pour la poitrine. Or, c'est lui qui m'a longtemps dit : « Ma fille, si jamais tu sors des groupes, fais-toi payer ton pesant d'or. Reste plutôt comparse que de devenir premier sujet nécessiteux. L'obscurité n'a pas de frais. Le mérite doit pouvoir payer son gaz. »

— C'était un homme de jugement solide, que ce... Comment l'appelez-vous?... ce marquis de Dabiron; un vrai sage de la Grèce.

— Un sage de la Grèce? Je connais cela.

Et Lataké, parcourant l'appartement avec la même liberté d'allures que si elle eût été chez elle, et s'arrêtant curieusement devant chaque objet, se mit à fredonner :

> Les anciens sages de la Grèce
> N'étaient point sages tous les jours;
> On voyait souvent leur sagesse
> S'enfuir sur l'aile des amours.

— De la gaîté, de l'entrain, de la folie! se dit Montreuil tandis qu'elle chantait; bravo! une véritable nature d'enfant gâté, fantasque, capricieuse, étourdie, intéressée tout à la fois et dépensière : c'est bien la femme qu'il nous fallait.

— Eh bien, reprit la danseuse, après avoir achevé son couplet, quel est votre dernier mot? Allons, un peu de courage à la poche! comme disent les chanteurs des rues.

— Nous irons à trente mille.

— Que ça? N'en parlons plus. J'en serai du mien.

— Mais, ma toute belle, la Guimard elle-même, la fameuse Guimard n'avait que quelques louis par soirée.

— Parbleu! une vieille de la vieille, une danseuse de l'antiquité! vous m'en direz tant! Avec ça qu'elle a l'air gai, son buste placé au foyer de la danse, comme un chapeau sur un prunier, pour effrayer les oiseaux de passage! Je ne date pas du déluge, moi!

— Eh bien, disons quarante mille.

— Quarante mille? répéta la danseuse, en appuyant son menton sur ses mains, et en faisant semblant de calculer tout bas... Mais d'abord dites-moi, monsieur le généralissime, où prenez-vous ce pays-là, le Wardenbourg?

— En Allemagne.

— Dans la patrie de la choucroute?

— Précisément.

— Passe-t-on l'eau pour y aller? Moi, d'abord, je n'aime pas la navigation; je préfère le plancher des vaches. J'ai refusé dix fois ma fortune en Angleterre.

— Ma belle peureuse, on se rend dans le Wardenbourg à pied, à cheval, en voiture, en wagon, en ballon et même à âne, comme à Montmorency, vous devez connaître cela.

— Oui, certes, les ânes, je les adore! Encore un animal bien méconnu!

— De toute manière enfin, excepté par mer. Mais on peut faire une partie du chemin en bateau, sur le Rhin.

— Comme qui dirait sur la Seine, pour aller à Saint-Cloud?

— Exactement.

— Y trouve-t-on aussi des matelottes ?
— On y trouve toutes les délicatesses de la civilisation : la matelotte n'en saurait être exclue.
— Enfin, quel chemin prend-on pour aller là ?
— Le voici : Vous partez de Paris, vous marchez toujours devant vous, vous prenez à droite, vous tournez à gauche, vous allez, vous allez encore, vous allez toujours, et vous y êtes : ce n'est pas plus malin que ça.
— Hé bien, soit ! j'accepte à cinquante mille.
— Nous avons dit quarante.
— Est-ce quarante ? Va pour quarante ; je fais une folie : mais c'est la matelotte qui me décide.

En ce moment la porte s'ouvrit, un homme entra, s'avança vers la bayadère, en frappant ses deux mains l'une contre l'autre, en manière de cymbales :
— A la bonne heure, donc !... blagueuse, va !... Hé zing ! hé baound ! hé zing ! baound, baound !
Lataké pâlit à sa vue, fit trois pas en arrière, et, portant ses deux mains à ses tempes, elle poussa un cri terrible.
— Dabiron ! s'écria-t-elle.
— Mon Dieu, oui : ton marquis de tout à l'heure. Hé bien ! après ?
— Dabiron ! répéta la danseuse en l'examinant des pieds à la tête. Comment, mon chéri, ce serait toi ?... Mais non, tu es mort... et imprimé. Ce n'est pas toi... c'est ton ombre... Allons, voyons, parle, ajouta-t-elle en lui palpant les bras pour s'assurer de la réalité ; pas de mauvaise farce ; réponds franchement : est-ce à toi même, ou est-ce à ton ombre que j'ai l'honneur de parler ?
— C'est à mon ombre, répondit gravement le défunt.
— Parole d'honneur, c'est effrayant comme la scène des nonnes dans *Robert le Diable!* Mais pourquoi reviens-tu sur l'eau, c'est bien le cas de le dire ? Que c'est bête de faire ainsi peur aux gens ! Car enfin tu t'es noyé : j'ai lu ton histoire dans le *Courrier français*, à l'article nécrologique.
— Rédaction à deux sous la ligne : hommage aux morts !
— Tu t'es donc sauvé à la nage, comme Robinson Crusoé ?
— Oui, et je reviens de mon île déserte, par le dernier train de plaisir. Mais laissons cela. Qu'il te suffise de savoir que je suis mort pour tout le monde, excepté pour toi. On t'en dira les motifs plus tard. En attendant, tu es des nôtres, n'est-ce pas ?
— Ce n'est donc pas une frime, cet engagement de cinquante mille francs ?
— De quarante, s'il vous plaît, interrompit Montreuil.
— De quarante, soit, reprit Lataké. C'est donc sérieux ?
— Si sérieux, continua Montreuil, que dès demain matin j'aurai probablement l'honneur de vous remettre le premier quartier de vos appointemens.
— Ce ne sera pas de refus, répondit Lataké. Moi d'abord, je suis comme saint Thomas : je crois les choses quand j'y touche.
— Elle n'a pas tout à fait tort, dit Dabiron à Montreuil. Sa Majesté et son chambellan ne reviennent guère vite. Il y a du tirage.
— Vous comprenez, mon cher... marquis, je crois, répliqua Montreuil, qu'on ne se laisse pas extraire une molaire de six millions sans crier quelque peu.
— Des millions ! interrompit la danseuse de plus en plus interloquée ; des chambellans et des majestés ! Décidément il est mort, je suis morte, nous sommes tous morts, et me voilà tombée dans le royaume des taupes. Ah ! ça, tu fais donc aussi partie de la troupe, toi ? Comme quoi ? comme danseur, comme souffleur, comme ténor ?
— Comme aide de camp, ma chère.
— Comme aide de camp ? Je ne connaissais pas encore cet emploi-là au théâtre. De plus fort en plus fort ! comme chez feu Nicolet ! Ah ça ! et quand part-on pour ce vrai pays de cocagne ?
— Dans une huitaine à peu près, répondit Montreuil : le temps de réaliser nos fonds, de les convertir en bonnes traites, de monter la maison de Sa Majesté, de préparer sa royale garderobe et celle de sa suite, de donner le dernier coup de pinceau à son éducation, et de faire imprimer nos prospectus.
— Ah ! il y a des prospectus aussi ? s'écria Lataké, qui croyait rêver.
— Parbleu ! ajouta Montreuil, où n'y en a-t-il pas ? Souvent même il n'y a pas autre chose. Mais vous aussi, ma toute belle, vous aurez à vous occuper de votre trousseau. Demain matin, je vous remettrai, probablement...
— Oh ! oui, toujours probablement, dit Dabiron en secouant tristement la tête, après avoir jeté un coup d'œil sur la pendule.
— Je vous remettrai, continua Montreuil, en sus du premier quartier de vos appointemens, une gratification de dix mille francs, pour vous composer des toilettes ébouriffantes, comme on dit : toilettes de théâtre, toilettes de ville, toilettes de cour.
— Ah ! bah ! j'irai à la cour ?
— Je l'espère bien.
— Une cour d'ombres, cela va sans dire.
— C'est à cette agréable besogne que vous emploierez votre temps jusqu'à notre départ ?
— Et à consoler, ajouta en souriant Dabiron, les innombrables populations que ton absence va rendre veuves.
— Ce sera bientôt fait, répondit la danseuse avec dépit. Tu sais bien Brioude ?
— Oui, mon successeur, celui à qui tu avais donné ton cœur et ta main.
— Oh ! pas avant de te les avoir repris.
— Je suis trop poli pour ne pas le croire. Hé bien ?
— Hé bien ! ce monstre d'ingratitude ne s'est-il pas avisé de devenir amoureux d'une grande dame, comme toi jadis de feu la baronne d'Appencherr ?
— Il paraît qu'il tient à me contrefaire en tout.
— Oui, même en inconstance envers moi. Il a disparu hier, sans qu'on sache ce qu'il est devenu.
— Il a peut-être poussé le plagiat jusqu'à se tuer à tant la ligne. Tu n'as pas cherché ton amant dans le *Courrier français* ?
— Si fait ; mais rien. C'est désespérant.
Mais j'entends une voiture qui s'arrête dans la cour, au bas de notre perron, interrompit Dabiron, en s'adressant à Montreuil avec inquiétude. Serait-ce...
— Ce sont eux ! dit Montreuil, qui s'était précipité à la fenêtre de la chambre, laquelle était située au second.
— Victoire ! victoire ! lui cria d'en-bas une voix que Dabiron reconnut pour être celle de Pied-de-Céleri.
— Silence donc, sire, dit Roussignan à Sa Majesté. Vous oubliez qu'un mouchard russe peut vous entendre
— Ouf ! dit Dabiron, nous avons plus de bonheur... que de malhonnêtes gens !
— *Audaces fortuna juvat*, s'écria Montreuil.
— Oh ! ma foi ! si vous parlez latin, je m'en vais ! s'écria Lataké. Je trouve le latin indécent.
— Oui, ma fille, va-t-en ! répondit Dabiron. Nous avons à causer entre nous. A demain. Tes fonds seront prêts. On touche ici à bureau ouvert. Jusque là ne pas un mot de ce que tu as vu, de ce que tu as entendu. Il y va de ta fortune aussi.
— Suffit ! je serai silencieuse comme la *Muette de Portici*, paroles de Scribe, musique d'Auber, décoration de messieurs *et cetœra*. Ce n'est pas mon fort en général ; mais, cette fois, il me sera d'autant plus facile de ne rien dire que je ne sais rien du tout ; à l'exception d'un tas de choses baroques dont le récit me ferait enfermer net à Charenton.

Et Jupin I*er* s'en alla en fredonnant l'air de *Figaro* : Bonsoir, messieurs, jusqu'au revoir, bonsoir !
Elle rencontra dans l'escalier Sa Majesté Pied-de-Céleri et Roussignan qui montaient précipitamment pour apporter la bonne nouvelle à leurs deux acolytes. Pied-de-Céleri brandissait en signe de triomphe, au dessus de sa tête,

le portefeuille qui renfermait ses titres de prétendant et le bon de six millions sur la banque de France.

— La victoire est à nous! la victoire est à nous! fredonnait Sa Majesté.

— Pas déjà si belle, objectait Reussignan. Nous avons oublié les centimes.

— Voilà deux drôles de boules que je rencontre partout, se dit la danseuse. On croirait que nous exécutons un chassez-croisez. Est-ce bon ou mauvais signe, comme pour les araignées? Araignée du soir, espoir. Il est six heures : espérons!

Elle avait raison. Le lendemain même, elle signa son engagement et toucha les sommes importantes qui lui avaient été promises.

Les huit jours qui suivirent furent employés par elle au choix, à l'achat, à la confection et à l'emballage de la magnifique garde-robe dont le généralissime du théâtre de Wardenbourg avait fait largement les frais.

Chaque jour aussi elle alla s'informer de Brioude, par curiosité bien plus encore que par regret. Le concierge lui fit chaque jour la même réponse :

— Parti.
— Pour où?
— On l'ignore.
— Pour longtemps?
— On n'en sait rien.

Ainsi parlait le portier de Brioude. Et Calypso se consolait peu à peu du départ d'Ulysse. Mais le mystère de cette absence l'intriguait fort.

— Où diable peut-il être? demandait-elle en revenant à sa mélancolique voisine. Car, enfin, il a disparu comme les muscades de Robert Houdin, soit! mais les muscades, ça se retrouve. On ne peut point ne pas être nulle part. Il n'y a guère que ton inconnu qui jouisse de cet avantage.

— Sois donc tranquille, répondait Simonne : ton Brioude reviendra toujours assez tôt, pour ce que tu en fais.

— Oh! parbleu! je te reconnais bien là! répliquait Lataké, en rentrant dans sa chambre pour s'occuper de ses apprêts. Depuis que tu donnes dans le travers du platonique, tu ne vois plus l'amour que dans les extravagances des romans. Bonsoir, chère. *La suite à demain!*

Enfin, le départ de la troupe avait été fixé par Montreuil au jour suivant. Il était neuf heures du soir. Lataké avait beaucoup pleuré en faisant ses adieux à Simonne. C'était sa seule affection véritable. Elle venait de fermer ses malles et se disposait à se coucher pour être plus tôt prête au lendemain, lorsque la portière lui monta une lettre très pressée.

— Encore une! s'écria Jupin I⁰ʳ; nous devenons des succursales de l'hôtel des postes.

Elle ouvrit le pli et lut :

« Chère abandonnée,
» On se doit aide, protection, renseignement et bon
» conseil entre femmes. Si vous voulez savoir des nouvel-
» les de votre perfide, allez ce soir même, à dix heures
» précises, pas avant, pas après, rue du Helder, 52. Vous
» jetterez au concierge, en passant, ces seuls et simples
» mots : — « Chez Mustapha! » Vous passerez devant la
» loge sans vous arrêter, vous monterez au premier, vous
» sonnerez, on vous ouvrira, vous entrerez vivement,
» vous irez droit au salon, et là vous trouverez votre vo-
» lage en bonne fortune avec une grande dame.
» Votre toute dévouée,
» TIENNETTE. »

— Oh! le scélérat! s'écria Jupin I⁰ʳ dans un transport, sinon de jalousie véritable, du moins de dépit et de vanité blessée. Une grande dame! J'en étais sûre! Elle l'aura enlevé de force. C'est indigne, parole d'honneur! Les femmes de la haute nous font maintenant une atroce concurrence. A bas les aristocrates! Oh, mais, celle-là paiera pour toutes! A dix heures? écrit Tiennette. Soit! Il en est neuf et demie passées. Le temps d'aller, et j'arriverai juste à

point. Ah! les grandes dames nous volent nos amans! Allons, dard, dard! je ne partirai pas du moins sans avoir saboulé celle-là comme elle le mérite!

Lataké ignorait que Tiennette n'avait pas d'autre but. Par un raffinement de vengeance, la haineuse créature voulait, pour comble d'humiliation, faire insulter l'honnête femme par la courtisane.

La danseuse se mit donc en route au moment même où se passait, entre Brioude et madame d'Aronde, l'abominable scène dont nous avons raconté le début, et dont voici la suite et le dénoûment.

Tandis que Brioude osait lui parler ainsi de son coupable amour, madame d'Aronde courait dans l'appartement comme une folle, cherchant, à la façon de Desdemona, une issue pour se sauver.

Tout à coup s'arrêtant, et se plaçant en face de son persécuteur :

— J'ai un mari, dit-elle avec une admirable expression de fierté ; l'avez-vous oublié?

— Eh! que m'importe! dit Brioude.

— Il vous tuera!

— Ou je le tuerai. J'ai prévu le cas. Mais vous n'en serez pas moins compromise.

— Misérable! vous croyez me briser en menaçant ma réputation ; vous voulez me déshonorer moralement pour m'abaisser jusqu'à vous! Eh bien, je vous montrerai que j'ai du courage, et, plutôt que d'être une minute de plus la victime de cet exécrable guet-apens, je saurai mourir en défendant l'honneur de mon époux.

En disant ces mots, Estelle éperdue se précipita vers l'espagnolette de la fenêtre, l'ouvrit, et s'élança pour se jeter du premier étage sur le pavé, afin d'échapper par la mort à l'infamie.

Brioude terrifié n'eut que le temps de la retenir par sa robe.

La croisée demeura un instant ouverte, et Estelle reconnut alors avec stupéfaction que, malgré sa course en voiture, faite en compagnie de la Tête-de-Pipe, elle se trouvait en face de sa propre maison. Elle distingua, à travers la brume, le laurier-rose qui s'épanouissait au milieu du salon; elle vit la lumière de sa lampe qui jetait ses rayons mélancoliques sur les rideaux de la chambre, et elle crut discerner au milieu du silence les aboiements plaintifs et étouffés de Fox qui pleurait sa maîtresse absente.

— Oh! oh! pensa le coulissier, des réminiscences de Plutarque? une exagération de la Lucrèce antique? Diable! ce n'est pas mon compte!

— Jenny, Bastien, Fox, au secours! cria Estelle, au moment où Brioude l'entraînait d'une main en refermant la fenêtre de l'autre.

— Silence! lui dit-il, tremblant lui-même d'émotion à la vue de cette résistance qui devançait le danger.

— Oh! ma mère! s'écria madame d'Aronde au désespoir, en appelant mentalement à son aide, par une religieuse habitude, cette morte vénérée qui avait été la protection de sa jeunesse.

— Il n'y a pas de mère ici, murmura Brioude, égaré par la crainte de voir la jeune femme se livrer à quelque acte de désespoir; il y a un amant tendre, dévoué, respectueux. Revenez à vous, soyez raisonnable et laissez-vous conduire.

Puis, dans la crainte d'une nouvelle tentative de suicide, Brioude s'empara du bras de la jeune femme et l'entraîna vers le fond de l'appartement.

Madame d'Aronde, en promenant ses yeux hagards autour d'elle, sentit une inspiration soudaine, prompte comme l'éclair, terrible comme la foudre, illuminer son esprit éperdu. Elle aperçut sur un guéridon un poignard turc, arme d'occasion, stylet de théâtre, dont le coulissier avait fait l'acquisition pour compléter son costume de musulman, et qu'il avait oublié sur ce meuble. Elle le saisit et, intrépide comme Judith, résolue comme Charlotte Corday, elle en frappa son ravisseur.

Brioude blessé recula de quelques pas, arrêté par la douleur, tandis que, épouvantée par la vue du sang que sa main innocente venait de faire jaillir, madame d'Aronde poussait un cri et tombait évanouie sur le parquet.

Brioude à cet instant oublia la blessure qu'il venait de recevoir de cette chère et vaillante enfant.

— Qu'elle est belle ! se dit-il, et comment s'en faire aimer ?

Et il se pencha vers elle pour la relever, quand soudain une des portes, bien que condamnée, s'ouvrit avec violence.

Une femme voilée entra.

Elle était vêtue de noir de la tête aux pieds.

Elle était seule.

— Qui êtes-vous ? lui dit Brioude, qui s'affaiblissait par la perte de son sang.

La dame noire ne répondit pas; elle prit la jeune femme dans ses bras et l'entraîna avec elle.

Brioude voulut alors s'élancer sur l'inconnue ; déjà même il lui avait saisi la main avec toute la force dont il pouvait encore disposer.

Pour toute défense, la dame noire leva son voile.

— Horreur ! s'écria Brioude anéanti ; horreur ! Les morts sortent-ils du tombeau !

Et, trébuchant comme un homme ivre, il alla tomber inanimé sur le parquet.

Au même instant, Ariane se présentait dans la maison, disait au concierge ce qu'elle avait regardé comme un mot d'ordre : — *Chez Mustapha*, — puis passait, montait, sonnait au premier, repoussait le dernier des Lafleur et entrait crânement chez son maître, selon la recommandation de Tiennette.

— Encore une odalisque ! dit en rougissant monsieur Corniquet à son épouse.

— Ah ! ça, est-ce que les danses, les chants et les salamalecs detout à l'heure vont recommencer ? s'écria celle-ci.

— J'en ignore, reprit le jovial concierge en se frottant les mains ; mais, va bien ! va bien ! C'est à se croire Turc sans l'être !

XXVI.

ENCORE L'INSTINCT DE FOX.

Cependant les dernières espérances de d'Aronde avaient été cruellement déçues dans son voyage en Belgique. Les nouvelles venues de France avaient porté un coup fatal à l'entreprise naissante sur laquelle il avait placé tout d'abord une grande partie de sa fortune avec l'intention d'en faire plus tard sa chose tout entière. Ce ne fut pas sans un profond chagrin qu'il dut abandonner un projet à la réalisation duquel il avait consacré tant de méditations, chaque soir, seul, à dix pas de sa chère Estelle, ce qui paraissait bien loin à tous deux.

Ce vaste projet, dans sa pensée, devait assurer le bien-être d'une foule de travailleurs en même temps que fonder sa fortune sur de larges et honorables bases. La jeune femme, d'ailleurs, en avait approuvé le but généreux. Comment, après cela surtout, y renoncer sans une véritable douleur ?

Et pourtant, il ne pouvait balancer, dans l'affreuse situation où la plus étrange succession de revers l'avait précipité en si peu de jours. Bien loin donc de s'efforcer, comme précédemment, de concentrer dans ses mains toutes les actions des forges et des houillères dont il s'agit, ainsi qu'il en avait toujours gardé l'arrière-pensée, d'Aronde dut songer à aliéner, au contraire, toutes celles qu'il était déjà parvenu à réunir. C'était l'unique ressource qui lui restât pour acquitter les dettes considérables qu'il laissait en France, et notamment, dans deux mois et demi, les cent mille francs prêtés par M. Duplessis, et, immédiatement après son retour, les cent vingt mille de billets échus, protestés, jugés, entraînant prise de corps, que ce même Duplessis avait accaparés secrètement et confiés, comme les autres, à la funeste habileté de Brioude.

Malheureusement les odieuses machinations de ses ennemis avaient précédé leur victime en Belgique. L'avis de sa détresse, et de la baisse qu'en France ils avaient imprimée eux-mêmes aux actions de cette entreprise à peine organisée, avait été perfidement transmis par Brioude par delà les frontières. Comment vendre sur place, non pas même au pair, mais simplement à cinquante pour cent de perte, des valeurs dont on n'eût pas trouvé cinq pour cent à la bourse de Paris ? La masse même des actions à vendre ne pouvait qu'ajouter encore à leur dépréciation. Enfin, on savait le vendeur presque ruiné : ce devait être pour les acquéreurs une raison de plus pour le ruiner tout à fait. C'est là, en effet, une des impitoyables tactiques de la spéculation.

Après dix jours d'hésitations et de tentatives infructueuses, d'Aronde fut donc obligé de céder pour soixante mille francs environ ce qui lui en avait coûté près de cinq cent mille.

D'Aronde n'avait rien écrit à sa jeune femme du triste résultat de son voyage, se réservant de le lui révéler de vive voix, et il s'était borné, dans sa dernière lettre, à lui annoncer son très prochain retour, sans pouvoir même lui en préciser le moment.

Or, ce retour eut lieu le matin même qui suivit l'horrible nuit durant laquelle Brioude, ainsi que nous l'avons conté au précédent chapitre, après avoir ruiné le mari, osa tenter de lui voler sa femme.

Le jour luisait à peine, lorsque, en descendant d'une rapide chaise de poste, d'Aronde vint frapper à la porte de son domicile.

Les plus sinistres pressentimens l'attendaient sur le seuil même, pareils à ces chauves-souris qui gardent l'entrée des caveaux funèbres, et qui se mettent à voltiger devant le visiteur, en l'effrayant de leur lugubre cri.

Il sembla à d'Aronde, lorsqu'il passa devant la loge, que le concierge le regardait d'un air de commisération.

— Tout le monde se porte bien ? lui demanda-t-il avec une anxiété instinctive.

Tout le monde, pour lui, c'était la douce compagne dont il venait de se séparer pour la première fois.

Le concierge parut hésiter avant de répondre.

— Madame d'Aronde serait-elle malade ? ajouta le voyageur avec une inquiétude croissante. Parlez donc, parlez !

— Oh ! non, monsieur, répondit le concierge ; madame a une santé parfaite, du moins je le présuppose.

— Dites-le donc tout de suite ! Vous m'avez fait une peur avec vos airs réservés !...

Et il monta vivement jusqu'à son appartement.

Un spectacle inusité s'offrit alors à ses yeux. Malgré l'heure matinale, les portes en étaient ouvertes à beau large ; les diverses chambres étaient désertes, et les domestiques, réunis dans l'office, la figure effarée, silencieux ou causant à voix basse, avaient l'air de se concerter, tandis que Fox, la crinière ébouriffée, allait de ci, de là, furetant du nez dans tous les coins.

D'Aronde courut à la chambre d'Estelle, pensant qu'elle reposait encore, car on était au mois d'octobre, et les Parisiennes n'ont pas précisément la réputation de se lever à six heures du matin dans cette saison-là. Il tira les rideaux de l'alcôve : le lit était vide, et indiquait par son arrangement parfait que la jeune femme n'y avait pas reposé. Le temple était veuf de sa divinité.

Et Fox, qui avait pris à peine le temps de caresser son maître, Fox continuait de fureter.

D'Aronde se précipita vers l'office, où le conduisit le bruit mystérieux des chuchottemens.

— Où est madame ? demanda-t-il alors à ses gens.

Ceux-ci s'interrogèrent des yeux et gardèrent le silence. Chacun d'eux redoutait de parler le premier, et voulait laisser aux autres le soin de répondre à cette embarrassante question.

— Ne m'entendez-vous pas! reprit il avec impatience, en essuyant les gouttes de sueur qui perlaient sur son front. Où est madame? et pourquoi l'appartement est-il déjà ouvert à une heure si matinale?

Il y eut encore un moment de stupeur.

— Mais, malheureux! répondrez-vous enfin! s'écria-t-il avec colère.

La femme de chambre se mit alors à pleurer, tandis que les autres s'obstinaient à garder le silence.

— Mais, au nom de Dieu, parlez donc! vous voyez bien que vous me faites mourir avec vos hésitations! Une fois encore, où est madame?

— Madame n'est point ici, dit la suivante d'une voix à peine intelligible.

— Hé quoi! elle est sortie déjà?
— Oui, monsieur.
— Quand?
— Hier.
— A quelle heure?
— A neuf heures du soir.
— Seule?
— Non, monsieur.
— Qui donc est venu ici?
— Une vieille dame qui l'a emmenée pour affaires pressées.
— Où?
— Nous l'ignorons.
— Et quelle est cette vieille dame?

— Nous ne la connaissons pas : nous ne l'avions jamais vue encore; tout ce que nous en savons, c'est qu'elle a dit à madame, devant moi, qu'elle était la veuve d'un colonel, le colonel de Saint-Amour, ancien aide de camp de Bolivar, et mort d'une pleurésie au champ d'honneur.

— Mon Dieu! c'est à en devenir fou! s'écria d'Aronde en étreignant sa tête dans ses deux mains, comme pour empêcher qu'elle se brisât. Et que disait-elle, cette étrange créature?

— Elle a prétendu qu'il s'agissait de choses importantes, du salut de monsieur, d'un danger qui le menaçait. Je n'en ai pas entendu davantage.

— Et depuis ce moment ma femme n'a pas reparu?

— Non, monsieur. Madame avait dit en partant qu'elle allait revenir tout de suite; mais elle n'est pas revenue. Nous avons passé la nuit à l'attendre inutilement.

D'Aronde se laissa tomber sur une chaise comme un homme frappé par la foudre. Les images les plus sinistres se présentèrent à son esprit troublé. Cette absence que rien n'avait fait prévoir, que rien n'expliquait, que rien n'avait pu nécessiter, cette absence ne pouvait accuser la jeune femme; elle était donc le résultat d'un accident, d'une violence, d'un crime peut-être! A cette pensée terrible, d'Aronde sentit ses cheveux se dresser.

— Malheur à moi! s'écria-t-il tout à coup; malheur à moi, qui perds en vaines terreurs un temps si précieux, tandis que je devrais être à la recherche de l'infortunée!.. Oh! je la retrouverai, je la retrouverai! dussé-je fouiller le monde entier!

Et, s'armant de deux pistolets de poche, il s'élança vers la porte qu'il allait franchir, quand une femme lui barra le passage.

— Tiennette! s'écria-t-il; Tiennette ici! et à pareille heure!

La laide s'avança d'un pas mal assuré; sa figure avait perdu l'expression de muette raillerie qui la caractérisait et qui par fois lui tenait lieu de beauté; son attitude, habituellement altière, était plus humble qu'imposante; sa toilette même avait subi une transformation complète : sans être irréprochable de tout point, elle était composée avec une harmonie de formes et de couleurs qui contrastait avec les ajustemens criards dont elle aimait d'ordinaire à se faire une originalité.

— Vous, chez moi? répéta d'Aronde, d'un ton dont il s'efforça d'atténuer la brusque rudesse. Pardon, mademoiselle ; je ne puis vous recevoir : un devoir impérieux m'appelle ailleurs.

— Je le sais, répondit froidement Tiennette.
— Vous le savez! s'écria d'Aronde stupéfait.
— Oui, vous allez à la recherche de votre femme.
— Vous savez donc ce qu'elle est devenue? reprit vivement d'Aronde en revenant sur ses pas.
— Je le sais.

— Oh! en ce cas, soyez la bienvenue, Tiennette! Dites, dites! Dieu vous a mis au cœur le sentiment de la pitié, je le vois bien! Vous avez appris, je ne sais comment, par hasard sans doute, l'affreux événement qui me frappe, et vous venez à mon aide? Merci, Tiennette, merci! ajouta-t-il en pressant par reconnaissance les mains glacées de la visiteuse. Eh bien! par grâce, épargnez-moi d'horribles angoisses. Parlez! Où trouverai-je ma femme?

Tiennette, sans lui répondre, alla fermer la porte qui était restée entr'ouverte ; puis elle se rapprocha de d'Aronde, croisa les bras et secoua la tête d'un air d'ironique pitié.

— De quoi vous occupez-vous, insensé! lui dit-elle. D'une femme qui court les rues, la nuit, tandis que son mari est en voyage? Cette conduite est fort intéressante en effet, et je vous conseille de la tuer de désespoir!

— Malheureuse! s'écria d'Aronde, qu'osez-vous dire!

— Je dis que tout se retrouve à Paris : un portefeuille, un bracelet, un caniche, voire même une réputation perdue; oui, tout, hormis la femme qu'on a perdue. Oh! je devine votre réplique! : vous ferez agir la police ; on donnera le signalement de l'égarée aux quarante-huit commissaires; on fera au besoin daguerréotyper son portrait, pour aider à l'exactitude de son signalement; la brigade de sûreté saura qu'elle est brune, et les sergens de ville apprendront à quelle partie du visage elle porte un grain de beauté. C'est à merveille, si votre femme est morte. Sa mémoire n'aura rien à souffrir de cet inventaire malséant. La mort est vous toujours une apothéose.

— La mort! répéta d'Aronde avec terreur.

— Mais ne vous effrayez pas : elle n'est pas morte, reprit vivement Tiennette, comme si elle craignait d'être interrompue avant d'avoir achevé sa pensée. On ne tue pas les jolies femmes, dans ce beau pays, berceau de la galanterie; on les enlève, on les recueille, on leur donne une aimable hospitalité que les tribunaux rendent plus fâcheuse encore, en lui donnant le caractère d'authenticité légale. On se plaint à tort des erreurs de la justice humaine. Les procès de ce genre font du moins exception, et, quand c'est un mari qui gagne sa cause après avoir perdu sa femme, les plus difficiles en matière de certitude ne s'avisent jamais d'élever le moindre doute contre l'autorité de la chose jugée.

— Est-ce pour insulter ma femme absente, interrompit sévèrement d'Aronde, que vous avez osé vous présenter chez elle? Vos injures, je vous en préviens, dépassent le but inconnu que vous vous proposez. La vertu n'a rien à craindre de l'opinion des gens honnêtes; à plus forte raison, de l'odieuse raillerie des gens qui ne le sont pas. Veuillez sortir, madame! ajouta-t-il en indiquant la porte d'un geste impérieux et digne.

Tiennette ne bougea pas, et s'asseyant impassible,

— Vous m'entendrez jusqu'au bout, dit-elle résolûment. Il est bien question de femme en ce moment!

— Madame!...

— Ecoutez-moi, vous dis-je. Aujourd'hui, d'Aronde, vous êtes ruiné, je le sais aussi; mais il y a pis, et ce que je sais encore, car je sais tout, c'est que demain, c'est tout à l'heure peut-être vous serez déshonoré!

— Madame!...

— Eh bien! moi, continua Tiennette sans céder à l'interruption, je ne veux pas que vous tombiez vaincu dans cette lutte, où votre défense ne frapperait que le vide, il faut que vous viviez riche, considéré, indépendant, d'A-ronde. Je viens vous sauver !

— Vous, madame !

— Oui, moi ! reprit-elle avec assurance ; moi, qui sais tout, et qui peux tout par conséquent ; moi, qui tiens dans mes mains les secrets les plus terribles ; moi, qui suis parmi les méchans ce qu'est le dompteur parmi les tigres. Dites un mot, faites un signe ; et ces bêtes fauves dont vous êtes la proie viendront lécher vos pieds, et cette fortune qui vous échappe se décuplera dans vos mains !

— Et pourquoi, madame, répliqua d'Aronde avec un mélange d'ironie, de dédain et d'espoir, pourquoi, si bien instruite, si puissante et si dévouée à mes intérêts, ne me rendez-vous pas mon trésor le plus cher, au lieu d'ajouter ainsi à mes malheurs toutes les tortures de l'impatience et de l'effroi !

— Pourquoi ! s'écria Tiennette avec un rire amer ; vous me demandez pourquoi je ne jette pas le manteau du silence sur les aventures de cette nuit ? pourquoi je ne vous révèle pas ce galant mystère ? pourquoi je ne vous conduis pas complaisamment par la main jusqu'au seuil hospitalier ? C'est faire preuve d'une bien robuste naïveté, ou d'une bien faible mémoire ! Hé quoi ! vous m'avez laissé naguère vous remarquer parmi les fats, les sots, les ridicules, les mannequins habillés en hommes qui m'entouraient ; vous m'avez laissé vous distinguer, vous choisir, vous préférer ; vous m'avez laissé vous avouer alors cette difficile mais incurable préférence ; et, aujourd'hui, vous me demandez candidement, comme si aucun lien n'avait existé entre nous, vous me demandez pourquoi je ne vous rends pas votre femme ? Hé bien ! soit ! vous voulez le savoir ? Sachez-le donc. Je ne vous rends pas votre femme, d'Aronde, je ne vous la rends pas... parce que je t'aime !

D'Aronde recula à ce mot, comme s'il eût entendu le sifflement d'une vipère.

— Oui, je t'aime, reprit Tiennette en se levant et sans lui laisser le temps de répondre ; je t'aime d'un amour insensé, stupide, qui a résisté à tout, même à ton inconstance, même à mes infidélités ; je t'aime malgré toi, malgré moi-même. Aussi, malheur aux imprudens qui se placent entre nous ! malheur aux obstacles ! malheur aux dénigremens ! malheur aux conseils ! Le jour de leur triomphe est marqué d'une croix noire ! Oh ! tu le sais bien ! Il y eut une femme, pour citer un de mes plus terribles exemples, il y eut une amie, presqu'une sœur, dont l'influence osa dénouer le nœud fragile que tu t'étais laissé imposer par moi. Celle-là se nommait la baronne d'Appencherr. Qu'est-elle devenue, dis ? Elle est morte !... morte quasi déshonorée !

— Oh ! s'écria d'Aronde, à ce cruel souvenir, en se couvrant la figure de ses deux mains.

— Et pourquoi donc ne l'aurais-je pas tuée dans sa considération, moi ? Ne m'avait-elle pas tuée dans mon bonheur, elle ? N'avait-elle pas fini, à force de médisances, de prières et d'obsessions, par me peindre à vos yeux comme une créature indigne et dangereuse ? Ne vous avait-elle pas décidé enfin à m'abandonner mortellement blessée au cœur, moi la laide, moi la mauvaise, moi la compromettante, comme elle le prétendait ! Et cependant, alors comme aujourd'hui, je te disais : « D'Aronde, laisse-moi t'aimer ; je » ne te demande ni retour ni contrainte ; permets-moi seu- » lement de te voir, de te parler, et ne me donne pas l'in- » consolable douleur d'un dédaigneux abandon. » Voilà ce que je vous disais humblement. Hé bien ! rien n'y a fait. Les remontrances de cette femme ont été plus fortes que mes supplications et que mes larmes. Mais c'est un triomphe qui lui a coûté cher ! Et cependant ce n'était pas une rivale, celle-là. Oh ! si c'eût été une rivale ! une maîtresse ! une femme surtout ! c'eût été à en frémir d'épouvante !

— Madame, interrompit d'Aronde, si je vous écoute avec tant de patience, au lieu de courir à la recherche de ma femme, c'est que vous connaissez, m'avez-vou dit, l'endroit où ma vengeance doit frapper ses ravisseurs, et que j'espère obtenir de vous cette révélation. Ne parlons plus d'un passé dont vous avez couvert de deuil les plus saintes affections. Ne parlons pas d'une liaison éphémère et déjà ancienne, que le hasard avait formée, et dont ce même hasard a dû vingt fois vous consoler depuis sa rupture. Revenons à la réalité, à la douleur présente. Si vous voulez que je conserve de vous un souvenir moins cruel, moins détestable, de grâce, par pitié, apprenez-moi où est ma femme !

— Elle ! toujours elle ! répondit Tiennette en pâlissant davantage encore. Mais sache-le donc, aveugle, sourd, insensé ! continua-t-elle en se promenant avec une agitation fébrile ; sache-le donc une bonne fois pour toutes : à l'heure qu'il est, ta femme n'est plus ta femme, puisque femme il y a ! ta femme est une femme perdue ! ta femme est aux mains d'un autre ! Voilà ce qu'est ta femme, puisque tu tiens tant à ce beau titre ! Combien de fois faudra-t-il donc te le répéter ?

— Infâme ! s'écria d'Aronde en se précipitant vers Tiennette avec un geste menaçant.

— Frappe, mais écoute ! comme disait un ancien, reprit-elle en se plaçant impassible en face du jeune homme. Un mot encore : ce sera le dernier. Une fois, deux fois, trois fois, veux-tu vivre riche et considéré ? Veux-tu devenir puissant et honoré ? Veux-tu surtout te sauver de la misère et de l'ignominie ? Eh bien ! je ne suis pas assez folle pour te demander ton amour ; je ne le suis pas même assez pour t'offrir le mien. Non, je n'ai jamais cru à l'impossible ; tout ce que je te demande, au moins pour le moment, c'est de renoncer à cette femme que l'imprudence, si tu veux, vient d'entraîner à compromettre ton nom ; c'est de me confier, à moi, le soin de ton honneur qu'elle n'a pas su garder ; c'est de m'accepter pour égide, pour conseil, pour amie. L'unique récompense que j'ambitionne aujourd'hui, c'est que tu doives, à moi, à moi seule, et non pas à toute autre, ton salut, ta prospérité, ta grandeur.

— Silence, misérable ! interrompit d'Aronde avec dégoût ; si vous étiez un homme, je vous écraserais sous mon pied ! Vous êtes femme : que faire ? vous chasser ignominieusement d'ici !

— Ah ! tu me repousses ! tu refuses mon appui ! tu me méprises et tu me chasses ! répliqua Tiennette, dont les lèvres verdâtres frémissaient de colère. Eh bien donc, ajouta-t-elle en éclatant, que ton sort s'accomplisse ! Ce n'est plus un meurtre, c'est un suicide. Va chercher cette femme déchue, à laquelle tu te sacrifies bêtement ; tâche de la retrouver ; pardonne-lui son escapade : ce sera un touchant tableau de famille ! Je te laisse à de si douces émotions. Mais rappelle-toi à dater de ce moment, mon amour se change en haine. Or, tu ne l'ignores pas, je sais haïr comme je sais aimer. Adieu !

Et à ces mots elle se dirigea à grands pas vers la porte. Elle allait la franchir, lorsque d'Aronde la retint vivement par le bras, sous l'empire d'une idée soudaine.

— Madame, lui dit-il avec tout le calme qu'il put appeler à son aide, vous savez où est ma femme.

— Oui, répondit Tiennette avec une froide assurance, mais les yeux étincelans de colère.

— Hé bien ! je vous en supplie, dites-le-moi.

— Non.

— De gré ou de force, dites-le-moi ! reprit d'Aronde les poings crispés, avec une fureur contenue à grand'peine.

— De gré, pas du tout, reprit Tiennette, et de force, encore moins !

— Oh ! morbleu ! je saurai bien vous y contraindre !

— De quelle façon, je vous prie, s'il n'y a pas d'indiscrétion ?

— En vous faisant arrêter.

— Moi ?

— Vous !

— Bravo, mon cher monsieur ! dit Tiennette, avec un rire insultant. Le moyen est ingénieux ! Soit ! allez chercher la garde, comme s'il s'agissait d'un ivrogne insolent ou d'une cuisinière infidèle. Mais non, à quoi bon déranger ces messieurs du poste? j'accepte votre bras, partons, conduisez-moi chez le commissaire ; nous verrons s'il est une loi au monde qui puisse me faire répéter devant témoins ce que j'ai dit à vous seul; nous verrons si Tiennette est une baladine qu'on met au violon sur la déclaration d'un témoin patenté. Votre femme, dites-vous? Je ne la connais pas, moi ! Son aventure de cette nuit? en vérité, je l'ignore! Le lieu de sa retraite? mais depuis quand m'a-t-on donné ces vertus en sevrage ! Je suis une ancienne connaissance, qui viens vous visiter à une heure équivoque, il est vrai, mais pour qui sa laideur est un porte-respect. Je ne suis pas de ces beautés qu'on enlève, moi ! Je ne suis pas de ces femmes honnêtes qui courent la pretentaine la nuit, moi ! Je suis de ces bonnes filles qui ont la mémoire fidèle, autant que le cœur excellent. J'ai su vos revers, je suis venue vous offrir mes services. Vous refusez? Je me retire. Quoi de plus simple ? Le commissaire en pleurera d'attendrissement. Vous en jugerez. Allons, venez-vous?... Non? Vous avez changé d'avis. A votre aise, monsieur. Je pars donc seule, en vous priant d'agréer les vœux que je forme pour le succès de vos démarches, et la continuation de votre félicité conjugale!

Tiennette accompagna ces mots d'une profonde révérence, puis baissa son voile et sortit d'un pas ferme de l'appartement, tandis que d'Aronde se jetait dans un fauteuil, la tête entre ses deux mains, anéanti, désespéré.

— Rue Tirechappe, n° 14 ! dit Tiennette au cocher de sa voiture, qui partit au grand trot.

C'était l'adresse du garde du commerce entre les mains de qui Brioude avait remis par son conseil les cent vingt mille francs de billets protestés et le jugement consulaire emportant prise de corps contre d'Aronde.

— Que faire ! s'écria enfin celui-ci en sortant de son morne accablement, et en se promenant à pas précipités. J'ai peut-être eu tort de repousser cette abominable créature avec tant de dégoût. Plus de sang-froid, et peut-être j'obtenais un aveu, je découvrais dans quel enfer on retient mon pauvre ange. Mon Dieu! mon Dieu! que faire!

Pendant que d'Aronde se révoltait de son impuissance et s'arrachait les cheveux de désespoir, la femme de chambre accourait à lui hors d'haleine.

— Avez-vous pris des renseignemens dans le quartier ? lui dit-il.

— Oui, monsieur, avec toutes la réserve convenable, je n'ai rien dit à personne, je me suis bornée à faire causer tout le monde.

— Eh bien?

— Personne n'a eu l'air de rien savoir ; d'où j'ai conclu que personne n'a vu madame.

— Est-ce tout?

— Oui, monsieur, car je ne pense pas que ce que j'aurais à dire à monsieur fût digne d'intéresser monsieur dans un pareil moment.

— Dites toujours !

— Oui, monsieur; mais je prie bien d'avance monsieur de ne pas me gronder. C'est de Fox que je veux parler à monsieur. Il est bon de dire à monsieur que Fox m'avait accompagnée. Arrivé à la porte de la rue, là où madame s'est arrêtée sans doute hier soir, au moment de monter en voiture, Fox s'est arrêté aussi en flairant le trottoir, en remuant la queue et en poussant de petits cris de joie. Il m'a paru évident qu'il reconnaissait les traces de sa chère maîtresse. Comme cela ne pouvait servir à rien, et que les ordonnances sont très sévères contre les chiens isolés, je l'ai appelé, je l'ai grondé, je l'ai tiré par sa laisse et il m'a suivie de force. Mais je n'en ai plus été maîtresse quand nous avons été arrivés de l'autre côté de la rue, juste en face. Là, il s'est mis à flairer de nouveau le trottoir, à hurler de joie et à gambader; si bien que la laisse m'est échappée des mains, et qu'il s'est précipité sous la porte cochère, toujours en flairant le pavé, ce qui prouve bien que la première fois ne signifiait rien. Or, le portier de la maison lui a couru après, et l'a repoussé à la rue, en menaçant de le dénoncer au premier sergent de ville qui passerait. La portière surtout était furieuse. Elle n'aime que les chats. J'ai voulu alors reprendre la laisse de Fox pour le ramener avec moi. Ah ! bien oui ! il n'y a eu moyen ! Chaque fois que j'allongeais la main, il m'échappait par une nouvelle gambade. Tant si bien, monsieur, qu'il est encore là-bas, à la même place. Or, comme je sais combien monsieur est attaché à Fox, j'ai craint d'être grondée, d'autant mieux qu'il est sans muselière et qu'il pourrait lui arriver malheur s'il passait quelque agent. Je suis désolée de cela, monsieur, mais monsieur doit être bien convaincu qu'il n'y a pas de ma faute.

Tandis que la femme de chambre achevait son récit, d'Aronde avait soulevé le rideau de la fenêtre. Il aperçut Fox, en effet, sur le trottoir d'en face, flairant, hurlant, sautant, s'obstinant à vouloir pénétrer dans la maison. Les époux Corniquet lui barraient héroïquement le passage, armés de leur plumeau et de leur balai, qu'ils brandissaient ou croisaient à l'encontre de l'animal. C'était un siége en règle. La garnison avait toutes les peines du monde à empêcher l'envahissement de la forteresse confiée à sa garde.

— Oh! mon Dieu ! s'écria d'Aronde à cette vue, comme frappé d'une illumination soudaine. Serait-ce une révélation? Pauvre Fox ! Son instinct m'a trop bien servi déjà, pour que j'hésite à m'y confier encore !

Et s'étant assuré de nouveau du bon état de ses pistolets, en homme résolu à tout braver, il les remit en poche, descendit précipitamment, traversa la rue et rejoignit plein d'espoir le fidèle animal

XXVII.

UN PREMIER ROI.

La veille même du retour de d'Aronde à Paris, nous avons vu, vers dix heures du soir, Lataké exécuter, avec toute la ponctualité dont le dépit le rendait capable, les instructions épistolaires de Tiennette, et escalader résolûment l'appartement de Mustapha, au grand scandale de mame Corniquet, la portière de céans.

Or, quel ne fut pas le saisissement de la folle danseuse, au moment où elle pénétra dans le salon du faux Turc, malgré les timides remontrances du dernier des Lafleur, qui faisait sentinelle dans l'antichambre, mais qui, depuis longtemps, avait pris l'habitude de lui obéir comme à son maître.

Brioude était étendu sur le parquet, presque sans connaissance, et gisant dans la flaque de sang qui coulait de sa blessure. Le désordre des meubles témoignait qu'une lutte avait eu lieu dans cette pièce, sur le tapis de laquelle on remarquait un poignard turc ensanglanté, et une centaine de billets de banque épars.

A cette vue, Jupin Ier poussa un cri d'épouvante qui descendit jusqu'à la loge à travers le plancher, et elle se jeta à moitié évanouie sur une bergère dont les roulettes, cédant à l'impulsion, la promenèrent pendant quelques secondes sur le parquet, en imitant le sourd grondement d'un tonnerre lointain.

— Allons bon ! j'en étais sûre ! s'écria mame Cornique dans sa loge. Voilà les chants, les danses et les cognemen de tête qui recommencent chez le Turc, avec la nouvelle arrivée ! Dix heures sonnent. Tâchez donc de dormir avec un pareil bacchanal ! Je vous demande si c'est le moment de faire ses dévotions ?

— Il est de fait, répliqua son époux, que le seigneur Moustapha se dérangir un peu aujourd'hui. Je ne crois pas qu'il se soit beaucoup amusé à contempler la colonne le soir. Au surplus, c'est sa religion qui autorise ça; c'est la manière de prier, et ce serait bien pire s'il était dévot. Tu sais bien que le mamelouk nous a dit que les saints de son pays adoraient le bon Dieu en tournant sur eux-mêmes comme des toupies. Quant à ses fréquentations, ajouta M. Corniquet, avec ce sourire pironien que nous lui connaissons, il est d'âge à savoir se conduire : ça le regarde.

— Et nous donc?

— Nous, ça nous regarde sans nous regarder.

— Ça nous regarde si bien que si ça devait continuer tous les jours, je demanderais au propriétaire qu'il lui donne son congé. Je n'ai pas envie d'être à la tête d'une baraque où se passeraient de pareilles abominations. Ce ne serait point la peine d'avoir eu le courage de rester honnête femme pendant vingt-six ans de ménage pour venir immoler sa réputation à l'agrément des autres. Crois-tu donc que ça soit amusant de rester bégueule? Diantre non ! C'est honorable, mais c'est ennuyeux ! Si jamais je renonce à mes principes, je veux du moins que ça me profite. Toute peine mérite salaire !

Le dernier des Lafleur n'avait pas été moins stupéfait que la première danseuse de l'Académie royale de Wardenbourg, à la vue de son maître évanoui et blessé. Ainsi s'expliquait le silence qui avait succédé subitement aux bruits dont l'étrangeté l'avait fait remonter, depuis quelques minutes à peine, de la loge des Corniquet dans l'antichambre.

Son premier soin fut de relever Brioude, de le coucher sur le divan, de courir à l'office, d'y prendre un flacon de vinaigre, d'en faire respirer l'odeur à son maître et de lui en frotter les tempes.

Cela fait, et tandis que Brioude reprenait ses sens, le dernier des Lafleur, voulant utiliser la présence de Lataké, lui frappa d'abord dans les mains pour la faire revenir à elle, et comme la jeune femme s'obstinait à rester évanouie, soit par sensibilité, soit par convenance, il remplit à moitié un verre d'eau fraîche et lui jeta le contenu au visage.

— Que c'est donc bête ! s'écria la jeune femme en se dressant sur ses pieds et en s'essuyant vivement; voilà une toilette de flambée !

— Ce n'est rien, mademoiselle, répliqua le dernier des Lafleur : ça ne tache pas. Vite, vite, je vous en prie, aidez-moi à secourir monsieur.

— Qui ça? moi? s'écria la danseuse dans un premier mouvement de dépit; que je me morfonde pour un ingrat ! pour un infidèle !... Jamais, au grand jamais !... Qu'il s'adresse aux belles dames de sa connaissance !

— Hé ! ce sont justement les belles dames qui nous ont arrangés de la sorte ! répondit le valet.

— En vérité? reprit la danseuse en s'attendrissant. Oh ! alors c'est différent. Pauvre chéri, va ! les malheureuses me l'ont tué ! J'en mourrai de chagrin!

Et passant d'un excès à l'excès contraire, la danseuse se précipita sur le cadavre de Brioude, l'arrosa de ses larmes et poussa de lamentables gémissemens dont le bruit lointain inspira de nouveaux commentaires aux époux Corniquet.

— Tais-toi donc ! s'écria tout à coup le cadavre. Il ne manquerait plus maintenant que d'ameuter le quartier !

— Il a parlé ! il parle ! s'écria Lataké. Bravo ! Tu n'es donc pas mort?

— Pas mort, répliqua Brioude. Du moins ai-je tout lieu de le penser.

— En ce cas, il faut envoyer chercher le médecin. Courez-y, Lafleur, tandis que je resterai auprès de votre maître.

— C'est inutile, interrompit Brioude. Ma blessure est assez douloureuse, mais je ne crois pas qu'elle offre le moindre danger, et je n'en éprouve. C'est le saisissement, l'émotion, l'horreur même que j'ai ressentie, qui m'ont fait perdre connaissance, autant que la perte de mon sang. Voyons cela, et peut-être qu'un peu d'eau et de sel suffira jusqu'à demain. Nous aviserons ensuite.

Brioude se souleva à l'aide de son bras gauche. On le dépouilla des vêtemens qui cachaient son bras droit. La blessure n'avait rien de dangereux, en effet. L'arme avait frappé, vers l'épaule droite, dans la partie charnue du bras. L'incision était large et profonde, mais ne devait avoir aucune conséquence fâcheuse. Le sang même qui en avait coulé en grande abondance avait dû entraîner ce que le poignard d'occasion pouvait y avoir laissé de principes envenimés. La plaie fut lavée et bandée au moyen d'une compresse imbibée d'eau et de sel. Le bras fut soutenu par une écharpe, et le blessé, complétement remis de sa faiblesse, resta couché sur le divan. Lataké s'assit à son chevet, pendant que le dernier des Lafleur nettoyait le tapis du salon, remettait un peu d'ordre parmi les meubles, et ramassait les cent billets de banque abandonnés par madame d'Aronde. Il les posa sur un guéridon placé près du divan, et mit dessus un marbre pour les y fixer.

— Tiens ! c'est ma foi, drôle ! dit alors en riant Lataké, chez qui les impressions contraires se succédaient avec une étonnante rapidité. Me voilà métamorphosée en garde-malade, en sœur de charité ! Je me vois dans cette glace, là-bas, ajouta-t-elle en cherchant à se donner la pose et la physionomie de sa situation. Hé bien ! sans vanité, ce rôle-là ne me va pas trop mal. Oui, c'est bien cela, regarde : j'ai parfaitement attrapé le chic.

— Je te l'ai toujours dit, répliqua Brioude avec un sourire, que tu étais une grande artiste, sans qu'il y parût.

— Il y paraîtra bientôt, je l'espère ! reprit en se rengorgeant la future pensionnaire du théâtre royal de Sa Majesté Pied-de-Céleri.

— Comment cela? demanda Brioude.

— Oui, mon cher, telle que tu me vois, je viens te faire mes adieux ; je pars demain même pour un pays enchanteur... Mais motus ! j'ai juré de me taire. Tout ce que je puis te dire, c'est que j'y vais remplir un engagement mirobolant, comme premier sujet : cent mille francs d'appointemens par mois, mille francs de feux par soirée, un hôtel magnifiquement meublé pour moi toute seule, dix-sept chevaux, trois voitures, vingt-deux domestiques, table de vingt-huit couverts pour moi et ma société ; que sais-je encore?

— Eclairée, blanchie et raccommodée, sans doute, ajouta ironiquement Brioude.

— Ah ! mon Dieu ! tu m'y fais penser : j'ai oublié cela dans le marché!

— Oh ! l'on ne peut penser à tout. Mais à propos, comment diable ai-je le plaisir de rendre hommage ici à tes vertus hospitalières? Qui t'a renseignée? qui t'envoie?

— Tiennette, pardieu !

— Ah ! c'est Tiennette?... J'aurais dû m'en douter !... Elle ne trouvait pas sans doute le drame assez noir, elle a voulu le compliquer au profit de sa haine particulière. Cette femme-là n'a pas même la loyauté d'une complice. On n'est jamais qu'un instrument pour elle. L'abominable créature !

— Ah ! ça vous vexe, qu'elle m'ait mise à même de vous prendre en flagrant délit de trahison ? Hé bien ! tant mieux! C'est affreux de laisser les gens sans les prévenir ! de les laisser pendant plus de huit jours à se dire : « Reviendra-t-il ? ne reviendra-t-il pas ? que dois-je faire? » ; et en définitive de les sacrifier, pour qui ? pour une grande dame!

— Ah ! oui, parlons-en !...

— Oui, monsieur, pour une grande dame. J'ai senti cela dès en entrant. Il y a ici, ajouta la danseuse en agitant ses jolies narines roses, il y a ici comme un parfum, un je ne sais quoi, dont la finesse eût suffi à me révéler la chose, quand bien même je ne l'aurais pas sue d'avance. Et c'est justement là ce qui rend votre conduite plus indigne. Oh ! tenez, voilà que ça me reprend ! Je suis furieuse ! je ne sais qui me retient de vous arracher les yeux, monstre d'homme !... Mais non, pauvre chéri, tu es blessé ; par qui? par la dame? par le mari? par un frère? par un rival? par un père? par un aïeul? par un trisaïeul?

n'importe ! ça me désarme. Je n'ai plus le courage de te faire une scène. Respect aux infirmes ! honneur au courage malheureux ! Nous réglerons ce compte-là plus tard, en temps et lieu, dans quinze ou vingt ans, à mon retour. En attendant, que ceci te serve de leçon, mon chéri : tu vois qu'il ne fait pas bon s'adresser à ces mijaurées du grand monde : c'est comme des buissons d'épines : Qui s'y frotte s'y pique, le c'n'est pas avec nous du moins qu'il y a jamais à craindre des coups de poignard ! Au contraire. Mais voyons, raconte-moi donc du moins comment la chose s'est passée : ça m'amusera. Et d'abord, qu'est-ce que c'est que cette histoire de Mustapha ? J'en ris d'avance ! Hé bien ! tu ne réponds pas ?.... Tiens, tiens, tiens, le voilà qui dort !... Chut !... respectons le sommeil de l'innocence !

Peu désireux de faire sa confession générale à Lataké, Brioude n'avait trouvé rien de mieux pour échapper à ses questions que de feindre de dormir ; mais à force de le feindre, il s'endormit réellement au bout d'un quart d'heure. Or, le sommeil est contagieux comme le bâillement. Lataké s'endormit à son tour, à force d'admirer dans la glace la grâce touchante de son rôle de garde-malade ; et le dernier des Lafleur, les voyant endormis tous deux, se jeta dans un fauteuil, et fit bientôt sa partie dans ce trio de ronflemens. Le calme qui régna dès lors au premier étage permit enfin aux époux Corniquet d'en faire autant de leur côté. Mame Corniquet rêva qu'elle devenait la reine de Saba, et M. Corniquet vit passer dans ses songes des guirlandes d'odalisques.

Enfin, au petit jour, un bruit étrange, qui se fit entendre à la porte de la rue, réveilla en sursaut les trois dormeurs du premier étage.

— Qu'est-ce que cela ? s'écria Brioude avec la vague appréhension que lui causait son aventure de la veille.

— Allons, bon ! s'écria de son côté Lataké. Est-ce que les émotions vont recommencer ? C'est assez comme ça ! Passe pour hier : je n'avais rien de mieux à faire ; mais aujourd'hui, je n'ai plus le temps d'être sensible. Il faut qu'à dix heures précises je sois rendue à l'hôtel des Princes, avec armes et bagages.

— Vois donc ce que ce peut être, demanda Brioude au dernier des Lafleur.

Celui-ci regarda à la rue, ne put s'empêcher de rire, referma la fenêtre et fit part à son maître de ce qu'il venait de voir.

C'était le moment où, comme nous l'avons dit dans le chapitre précédent, Fox assiégeait obstinément la maison, si vaillamment défendue par le plumeau et le balai des époux Corniquet.

Ce burlesque spectacle égayait fort les passans, qui s'étaient attroupés en demi-cercle autour du champ de bataille.

— Il entrera ! il n'entrera pas ! s'écriait la foule en riant. Bravo le caniche ! bravo le balai ! A qui la victoire ? Je parie pour le chien ! je parie pour le portier !

Ce fut au bruit de ces quolibets que d'Aronde, qui avait vu de ses fenêtres le commencement du combat, perça la foule, ramassa la laisse de Fox, entra sous la porte cochère et se dirigea vers la loge, où le suivirent les époux Corniquet.

— Je suis fâché de l'embarras que cet animal vient de vous causer, leur dit-il en glissant une pièce de cent sous dans la main du mari.

— Il n'y a pas de mal, du moment qu'il est à monsieur, répondit poliment celui-ci, qui connaissait de vue d'Aronde pour être le riche voisin d'en face.

— Mais, dites-moi, je vous prie, reprit d'Aronde, quels sont donc les locataires de votre maison ?

— Ce sera bientôt fait, répondit monsieur Corniquet ; la liste n'en est pas longue. Nous avons affaire à un propriétaire qui est très bizarre sans l'être. Il ne veut ni chiens, ni chats, ni perroquets, ni enfans, ni célibataires, ni jeunes filles, ni ouvriers, ni état, ni profession, ni quoi que ce soit de bruyant. Il n'y veut que des rentiers mariés et sans enfans, pour cause de tranquillité. Aussi la maison est tranquille sans l'être. Elle est presque toujours vide. Il y avait dix-huit mois qu'il n'y logeait plus personne, lorsque dernièrement nous avons loué l'appartement du premier étage, divisé en deux parties : la plus petite, composée de deux pièces, à une dame noire déjà d'un certain âge ; la plus grande, à un Turc, au seigneur Mustapha-ben-Papatacci.

— Comment ! au seigneur Mustapha ? s'écria d'Aronde étonné. Quel homme est-ce, que ce Turc-là ? Reçoit-il du monde ? Cette nuit, par exemple, lui est-il venu des visites, savez-vous ?

— Oui, répliqua vivement mame Corniquet, il lui en est venu de vieilles, de jeunes, de laides, de jolies, de toute espèce, que la maison avait l'air d'une foire ! Il en est parti successivement, mais il en reste encore une.

— Encore une ! s'écria d'Aronde en pâlissant. Et celle-là est-elle jeune ou vieille ?

— Elle peut être jeune sans l'être, répondit M. Corniquet. Nous n'avons fait que l'entrevoir. Mais m'est avis qu'elle est dans les environs de vingt à trente ans, plus ou moins.

— Oh ! si c'était elle ! pensa d'Aronde en se contenant à peine. Hé bien ! reprit-il tout haut, c'est justement au seigneur Mustapha que j'ai besoin de parler. Il est un peu tôt peut-être, mais c'est pour une affaire excessivement pressée.

— A votre aise, monsieur, répondit M. Corniquet ; vous pouvez monter ; son mameluk est matinal, il vous introduira.

Quand d'Aronde eut franchi l'escalier qui conduisait au premier étage, il vit Fox s'arrêter et flairer successivement, avec de petits grognemens plaintifs, les deux portes du carré et le parquet qui les séparait. D'Aronde sonna à celle de droite, devant laquelle Fox s'obstinait particulièrement. Personne ne répondit. Il sonna à celle de gauche. Le dernier des Lafleur ouvrit. D'Aronde le repoussa de la main, et, sans dire un mot, suivit son chien, qui le conduisit directement au salon.

Quand il entra dans cette pièce où avait eu lieu la lutte entre Estelle et son ravisseur, Brioude, pâle et énervé, était couché sur le divan, et Lataké, debout, l'œil inquisiteur, cherchait à deviner quel était le personnage nouveau qui venait se mêler aux incidens dont elle n'avait pas pu obtenir l'explication.

Sans se préoccuper de la lorette, qu'il reconnut, d'Aronde se dirigea vers l'homme qu'il vit étendu sur le divan, et le secouant par le bras :

— Ma femme est venue ici ! dit-il. Répondez ! où est-elle, maintenant ?

Brioude poussa un cri de douleur.

— Que diable, monsieur, répondit-il, ne voyez-vous pas que je suis blessé, et ne sauriez-vous interroger de la voix et non du geste ?

— Brioude ! s'écria d'Aronde. Ah ! c'est vous, monsieur, qui demeurez ici ! Ah ! c'est vous qui êtes le Turc, le sultan de cette demeure !

Et il se remit à secouer le bras du coulissier avec une fureur à peine contenue.

— Eh ! monsieur, encore une fois, dit Brioude avec douleur, vous vous répète que je suis blessé, et que je ne sais ce que vous voulez dire.

— Comment, dit d'Aronde, ma femme n'est point venue ici ?

— Votre femme ? dit Brioude, qui se demandait ce qu'il fallait répondre.

— Oui, ma femme.

— Je ne la connais pas.

D'Aronde regarda tour à tour Brioude et Lataké ; mais il ne put découvrir la vérité sur leurs traits.

En ce moment, son chien fit entendre de nouveaux grognemens plaintifs. D'Aronde le vit qui grattait de ses pattes contre une des portes du salon.

— C'est peut-être là qu'elle est, se dit-il.

Et il courut à l'endroit indiqué par l'animal.

La porte s'ouvrit facilement, car on avait négligé de la refermer à clef de l'autre côté.

Les deux pièces du petit appartement étaient vides.

— Personne! s'écria tristement d'Aronde en rentrant dans le salon.

— Partie! se dit avec joie Brioude.

Tout à coup Fox reparut dans le salon, tenant à sa gueule un objet de toilette en soie noire, qu'il apporta à son maître avec les marques de la joie la plus significative.

D'Aronde examina la conquête de Fox.

— C'est le mantelet de ma femme! c'est le mantelet d'Estelle! s'écria-t-il.

Et il se rapprocha vivement du divan où s'accoudait le blessé.

Lataké fit un pas pour sortir en voyant que la discussion allait prendre une tournure décidément hostile.

— On m'attend pour aller à Wardenbourg, fit-elle; je suis un sujet de ballet et non de mélodrame. Adieu!

— Restez, dit d'Aronde avec autorité, je ne suis point fâché que cette scène n'ait pas lieu à huis clos. Ah! vous prétendez que ma femme n'est point venue ici! Eh bien! regardez ce mantelet; nierez-vous encore?

Brioude était devenu blême à cette révélation.

— Voyons, direz-vous encore non? fit d'Aronde. Vous qui, à défaut d'autres qualités, passiez du moins pour avoir celle de la crânerie, du courage, si vous voulez, vous reculez donc devant l'évidence? vous êtes donc un lâche!

— Un lâche! répéta Brioude, en se soulevant vivement à ce mot.

— Oui, un lâche! car vous reculez devant les conséquences d'un aveu.

— Eh bien, dit Brioude, puisque vous le voulez, je justifierai la bonne opinion qu'on a de moi. Oui, votre femme est venue. Etes-vous content?

— Ah! dit l'époux en fureur, par suite d'un guet-apens sans doute?

— Peut-être? riposta Brioude.

— Et où est-elle maintenant?

— Je l'ignore; cherchez-la si vous voulez.

D'Aronde allait se jeter sur son interlocuteur quand Lataké se précipita entre eux.

— Madame! exclama d'Aronde en repoussant la lorette, laissez-moi, ce n'est plus l'heure de la discussion, mais de la vengeance!

— Que prétendez-vous faire? dit Brioude.

— Vous tuer!

— Comment l'entendez-vous? dit le coulissier inquiet, en suivant tous ses gestes.

— Oh! soyez tranquille, je ne vous assassinerai pas, mais je vous forcerai à vous battre.

— Un duel? demanda Brioude, y pensez-vous?

— Dépêchons, monsieur, reprit d'Aronde en crispant ses poings avec rage; nous trouverons des témoins en route.

— Malgré toute ma bonne volonté, c'est impossible, fit le coulissier.

— Vous voulez donc que je vous écrase ici comme un reptile?

— Mais ne voyez-vous pas, encore une fois, que je suis blessé au point de ne pouvoir tenir une épée ni faire un pas dehors?

— Que m'importe! reprit d'Aronde; vous m'avez outragé, je veux une satisfaction immédiate! Choisissez le moyen de me la donner; mais il faut en finir.

— D'abord, dit Brioude, je vous dois une restitution : le mantelet de votre femme n'est pas la seule chose qu'elle ait laissée ici : tenez, voici cent mille francs qu'elle m'apportait pour payer par anticipation vos billets ordre Duplessis.

— Elle venait payer pour moi! dit d'Aronde, ému jusqu'aux larmes. Tout s'explique : c'était un guet-apens. Elle employait sa dot à sauver mon honneur.

Il embrassa les billets qu'on venait de lui rendre, comme s'ils eussent été des reliques, et les mit dans une poche dont il tira le contenu.

C'étaient des pistolets.

— Puisque vous ne pouvez sortir, dit-il à Brioude, nous nous battrons ici.

— Sans armes?

— Voici de véritables pistolets d'appartement.

— Mais, dit Brioude, la pièce n'a pas la grandeur nécessaire, on ne se bat d'ordinaire à quinze ou vingt pas!

— Eh! monsieur, en cas de besoin, quand il n'y a pas moyen de faire autrement, on se bat à bout portant. Que le hasard décide donc entre nous.

— Mon Dieu! dit Lataké, en se précipitant vers le dernier des Lafleur, appelez la garde, envoyez chercher le commissaire, faites monter le portier, mais empêchez cette boucherie! D'ailleurs, j'ai affaire.

— Soyez tranquille, répondit l'ancien figurant des Français, il y aura une fin d'acte saisissante, dans le goût espagnol : le corrégidor obligé.

Et il entraîna Lataké vers la fenêtre en lui montrant du doigt quelque chose à la rue.

— Soit, monsieur, dit Brioude. A quoi jouerons-nous cette partie dont l'enjeu est la vie d'un homme? quelle forme prendra le destin? sera-ce l'écarté, le piquet ou le lansquenet?

— Le jeu le plus court, monsieur, car mon sang bout, ne le voyez-vous pas?

— Eh bien! dit Brioude, au premier roi!

— Soit!

— Celui auquel tombera le roi tuera l'autre. Lataké, des cartes!

— Oui, dit d'Aronde.

— Messieurs, murmura la jeune femme en obéissant, je demande la permission de m'en aller, je ne veux point être spectatrice des choses horribles que vous préméditez.

— Vous en aller? du tout! dit d'Aronde; vous serez témoin que tout s'est passé avec loyauté.

Brioude, se levant sur son séant, tira un jeu de piquet de la boîte élégante que venait de lui tendre Lataké tremblante, et il battit nerveusement les cartes.

— Coupez! dit-il à d'Aronde.

— Abrégez, au nom de Dieu! dit celui-ci en armant d'avance un des pistolets.

Brioude avait commencé la distribution des cartes, quand tout à coup plusieurs hommes, introduits par Lafleur, se précipitèrent dans l'appartement.

— Qu'est-ce que cela? dit Lataké.

— C'est la cantonade dont je vous ai parlé, lui répondit le valet, fidèle à ses comparaisons dramatiques; c'est le seigneur corrégidor avec son greffier et ses alguazils. Ritournelle à l'orchestre et chœur de villageois.

En effet, d'Aronde, en se retournant pour voir d'où provenait ce bruit de pas, aperçut devant lui un juge de paix, un garde du commerce, deux recors, et, dans le fond, faisant perspective, les époux Corniquet qui levaient au ciel des regards indignés.

Brioude posa son jeu de cartes sur la table, attendant les événemens.

— Monsieur d'Aronde, dit alors le garde du commerce, au nom de la loi, je vous arrête!

— Vous m'arrêtez? et pourquoi?

— Cent vingt mille francs de billets non payés! La procédure est en règle, et comme vous êtes dans une maison tierce, afin d'éviter tout temps perdu en protestations, nous sommes appuyés de l'autorité de monsieur le juge de paix.

— Encore un tour de cette affreuse Tiennette! pensa Brioude, honteux que son adversaire fût arrêté chez lui en un pareil moment. Cent vingt mille francs? ajouta-t-il tout haut en s'adressant à d'Aronde; mais je viens de vous donner tout à l'heure les cinq sixièmes de la somme; avec un peu d'efforts, vous pouvez éviter la prison.

— Moi, se dit d'Aronde, moi, disposer de la dot d'Estelle! Non! Mille fois plutôt la prison! Mais, messieurs, ajouta-t-il à haute voix, j'ai une partie à finir là, qui ne durera qu'une minute; permettez-moi de l'achever.

—Messieurs, emmenez votre détenu, dit le juge de paix, la justice n'a point à accorder de pareils atermoiemens.

Au moment où, pour obéir à cette injonction, d'Aronde allait suivre les recors, il aperçut parmi eux un géant borgne, qui le regardait avec une sorte d'intérêt.

— Une partie inachevée? murmurait le colosse; je connais ça, c'est embêtant.

— Eh bien, dit d'Aronde, comme par une inspiration soudaine, veux-tu tenir ma place? On a le droit de tuer un homme, au premier roi.

Accepte si tu veux, fit le garde de commerce, que ce duel original intéressait aussi.

Et après avoir cédé le pas au juge de paix, il descendit avec ses agens, emmenant d'Aronde que le pauvre Fox suivait la queue basse et en grognant.

Brioude, qui avait posé les cartes croyant la partie impossible, resta alors seul avec le remplaçant de d'Aronde, qui n'était autre que le Cyclope, l'ami du Balancier.

Le blessé songea en ce moment qu'une petite supercherie ne ferait de mal à personne. Bien qu'il ne s'en fût jamais servi, il connaissait à fond le grand art de corriger la fortune que les anciens nous ont transmis. Or, il se dit que, dans la circonstance, un peu de tricherie ferait grand bien. S'il s'exposait à perdre, il donnait matière à une catastrophe, d'Aronde étant décidé à user de ses droits homicides; s'il gagnait, au contraire, il renonçait aux siens, leur exercice lui semblant dépasser les bornes de son rôle.

Faire sauter la coupe devenait donc un acte de prudence, presque une bonne action. Il saisit le paquet de cartes et exécuta la manœuvre; mais, soit que sa conscience ne fût pas d'accord avec son raisonnement, soit que la blessure eût enlevé à ses mains leur dextérité ordinaire, la passe échoua, la carte n'obéit pas à l'injonction.

— Oh! oh! dit le Cyclope, minute, mon bourgeois! vous me prenez pour un novice; il y a trente ans que je joue dans les cafés, et quoique je n'aie qu'un œil, on ne m'endort pas aisément. Voyons les cartes une à une.

Brioude obéit; trois fois des cartes insignifiantes furent données aux deux antagonistes; à la quatrième fois seulement, la main fébrile jeta une figure à la place occupée par le mandataire de d'Aronde.

C'était la vengeance du mari.
C'était la punition du coupable.
C'était un roi!

— Enfoncé! s'écria le colosse en se levant. Madame en est témoin ! Rincé comme un verre à bière.

— Perdu! dit Lataké en se levant. Je n'ai plus rien à faire ici; partons! Le généralissime doit me croire égarée dans les frises.

— Cinquante louis pour toi, dit Brioude au Cyclope; cinquante louis si tu te tais, si tu annulles la partie.

— Moi, dit le Cyclope en redressant sa taille gigantesque, moi, flouer un prisonnier? je ne mange pas de ce pain-là!

Et ouvrant la fenêtre, il cria à d'Aronde qui montait en ce moment dans le fiacre du garde de commerce :

— Ohé! bourgeois! vous avez gagné! vous pouvez tirer sur la bête sans port d'armes, avec privilège du roi de pique!

XXVIII.

PANORAMA.

Nous avons à compléter le récit des divers événements qui s'étaient passés durant la nuit dans la maison des époux Corniquet, quelques heures seulement avant l'arrestation de d'Aronde par les recors dont, en sortant de chez lui, Tiennette était allée stimuler le zèle.

Après avoir frappé Brioude, madame d'Aronde, nous l'avons vu, par une réaction inévitable, chez une femme surtout; s'était évanouie à la vue du sang qu'elle venait de répandre dans un transport de sainte indignation.

Une porte de communication, recouverte du même papier de tenture que le reste de la pièce, et dont Brioude n'avait pas même remarqué l'existence, conduisait de son salon au petit logement de deux pièces occupé par cette mystérieuse voisine que mame Corniquet surnommait la veuve *Malbrout*, à cause de la couleur noire de ses vêtemens. Les deux appartemens n'en avaient fait qu'un seul à l'origine, et pouvaient encore se réunir au besoin, ainsi que cela se pratique dans une foule d'endroits pour la facilité des locations.

Or, comme si elle ne fût venue se loger que dans la prévision des événemens qui devaient s'y accomplir, et qu'elle en eût suivi attentivement le cours à travers la mince clôture dont la clef était restée de son côté, la dame noire s'était présentée tout à coup aux yeux épouvantés de Brioude, à l'instant même où madame d'Aronde perdait connaissance. Elle releva la jeune femme, la prit dans ses bras et la transporta dans son petit logement, dont elle repoussa derrière elle la porte de communication.

Réfugiée là, et avec l'assistance de cet homme à la haute stature qui la visitait chaque soir, la dame noire prodigua à la jeune femme tous les soins nécessaires. Celle-ci recouvra bientôt ses sens, mais la commotion morale avait été si violente, qu'elle resta longtemps encore comme insensée, l'œil hagard, inintelligente, n'écoutant pas et ne répondant rien.

— Il est temps de quitter cette funeste maison, dit alors l'inconnu, et Dieu veuille que la pauvre enfant ne reste pas folle, pour toujours, des terribles émotions qu'elle vient d'y subir !

La dame noire et son mystérieux compagnon prirent chacun un des bras de la jeune femme pour la soutenir dans sa marche chancelante, puis sortirent du petit appartement, descendirent l'escalier, demandèrent le cordon et gagnèrent la rue.

Il était alors près de minuit. Les époux Corniquet étaient alors couchés.

Madame d'Aronde s'était laissé conduire comme un automate, sans savoir où, ni pourquoi, ni comment. Elle n'avoit plus conscience de ses actions.

— Impossible, dit sa libératrice, de la reconduire chez elle, à pareille heure, et dans l'état d'égarement où se trouve encore son esprit. Un tel retour donnerait lieu à des conjectures plus fâcheuses peut-être qu'une prolongation d'absence. Elle a besoin d'ailleurs de soins, non-seulement attentifs, mais éclairés. Que faire ?

— Conduisez-la chez vous, madame. Son mari est encore loin de Paris. Il sera toujours temps de le ramener chez elle demain matin, quand sa santé ne laissera plus rien à craindre. Votre protection est de nature à prévenir tout soupçon défavorable dans l'esprit de monsieur d'Aronde. Vous la lui ferez connaître s'il en est besoin.

— A lui, soit! mais à lui seul! répondit la dame noire.

Ce plan arrêté, on fit monter la jeune malade dans la voiture qui avait amené l'inconnu deux heures auparavant, et qui attendait à la porte. La dame noire s'y plaça à ses côtés.

— A l'hôtel! cria l'inconnu au cocher.

Puis il salua les deux dames, referma la portière sur elles et s'éloigna à pied de son côté, tandis que la voiture gagnait le boulevard et se dirigeait rapidement vers la grande avenue des Champs-Élysées.

Vingt minutes après, elle s'arrêtait rue de Chaillot, dans la cour d'une magnifique habitation qui ressemblait plutôt à un palais qu'à une maison particulière.

Le péristyle était bâti en marbre blanc. Un jardin botanique encadrait la coquette demeure d'une ceinture odorante; des grilles d'or, découpées avec un art parfait, protégeaient, contre les indiscrétions des passans, une pelouse de ce vert émeraude si doux à l'œil, et qui formait le plus moelleux tapis d'été. Un jet d'eau naturel lançait capricieusement ses perles liquides sur des herbes déjà brillantes de rosée; enfin, les statues des quatre Saisons, tombées du ciseau d'un sculpteur célèbre, cachaient leurs blancs contours derrière des arbres touffus ou des haies d'aubépine.

A leur descente de voiture, une sonnette retentit, et aussitôt un valet de pied en grande livrée apparut et abaissa le marche-pied de la voiture.

La dame noire, prenant Estelle par la main, lui fit traverser plusieurs appartemens somptueusement meublés. De toutes parts les richesses les plus intelligentes se manifestaient; les salons étaient admirablement disposés et étincelaient de sculptures dorées et de merveilles de l'art. On avait uni avec un tact parfait le luxueux et le fashionable, le comfort de la vie et ses utiles superfluités.

Le temps, le mouvement, la fraîcheur de la nuit, avaient sans doute aidé à l'heureux changement que la nature opérait peu à peu dans l'état mental de madame d'Aronde. Une fois installée dans un délicieux boudoir qui attenait à une chambre à coucher, la jeune femme se mit tout à coup à verser un torrent de larmes. Cette circonstance lui sauva la raison. Quand elle cessa de pleurer, la mémoire lui était complétement revenue, et son esprit avait recouvré toute sa lucidité.

— Madame, dit-elle à sa protectrice, je vous dois plus que la vie, je vous dois l'honneur peut être. Puis-je connaître le nom de la personne généreuse qui vient d'acquérir tant de droits à ma reconnaissance éternelle?

La dame du lieu releva alors son voile, détacha son chapeau, qu'elle donna à une fille de chambre qu'elle congédia, puis s'assit familièrement à côté de sa protégée.

A la clarté de deux bougies qui brûlaient dans des flambeaux portés par des diables fantasques comme les sait si bien faire Barye, Estelle contempla pour la première fois les traits de celle qui avait été sa libératrice. C'était une femme d'environ trente-six ans, blanche, potelée, langoureuse de complexion, nonchalante d'attitude, bienveillante et douce de physionomie. Ses yeux, encore admirablement beaux, manquaient d'expression, ou négligeaient d'en avoir par lassitude ou par découragement.

Le regard est à la parole ce que l'éclair est à la foudre. Il marche de pair avec la pensée, à laquelle il emprunte sa teinte plus ou moins énergique. Or, l'étrangère semblait ne pas vouloir se donner le souci de la méditation; elle avait l'air de vivre d'une existence presque mécanique, insouciante et résignée, et ses yeux clairs, limpides, mais froidement indifférens, ne paraissaient pas être les interprètes intelligens d'un désir ou d'un sentiment.

— Vous me demandez mon nom? dit-elle à Estelle.
— Oui, madame, pour l'ajouter à mes prières.
— Chère enfant! vis-à-vis d'un ange comme vous, si fidèle à ses devoirs, le mensonge le plus innocent serait un crime, et pour me donner un nom, il me faudrait mentir.
— Vous ne pouvez donc pas me dire qui vous êtes?
— Non, ma chère enfant.
— Et pourquoi?
— Parce que je n'ai pas de nom.
— En vérité?
— Je n'en ai plus depuis longtemps. J'ai eu jadis comme vous un doux nom, que répétait ma mère quand elle me berçait en me chantant de vieux refrains pour m'endormir; puis il est venu un jour où, par suite d'une transaction, d'un mariage de convenance, on a ajouté à ce nom-là un nom nouveau. Or, des deux, aujourd'hui que je marche isolée dans la vie, il ne m'en reste plus un seul. Mon passé, tour à tour joyeux ou triste, s'est effacé pour jamais de la mémoire humaine. Je suis comme ce juif maudit de Dieu qui marche dans la solitude et dans l'oubli, pour expier une faute qui n'a point encore trouvé grâce devant le Seigneur.

— Pardonnez-moi, madame, dit Estelle, si j'ai été indiscrète; mais, quelque sévère que vous soyez pour vous-même, je me sens déjà pour vous une sympathie qui ne trompe pas. Seule dans ce brillant séjour, dont je ne connais pas les habitans, je devrais avoir quelque crainte; je n'en éprouve pourtant aucune. Il me semble que j'ai retrouvé en vous une mère pour remplacer celle qui nous regarde du haut du ciel et qui prie Dieu pour nous.

— Pauvre femme! dit la châtelaine; morte dans la misère, en laissant sa fille sans défense après elle!

— Comment! s'écria Estelle, en se rapprochant avec un enjouement plein d'une grâce enfantine, vous savez donc?

— Oh! répondit sa protectrice, vous n'êtes point une étrangère ici: je connais votre jeunesse si pleine de sombres péripéties terminée par un tendre dénouement, et ce n'est point le hasard qui m'a placée sur votre route. Reposez-vous donc avec confiance sous ce toit hospitalier; vous n'êtes entourée que d'amis, et vous n'avez pas besoin de dire votre nom pour que chacun vous connaisse et vous vénère.

Après avoir prononcé ces mots du ton d'indolente aménité qui lui était propre, la dame prit la main d'Estelle et la conduisit dans la chambre à coucher préparée pour elle.

— Dormez en paix, lui dit-elle; demain, c'est-à-dire dans quelques heures, nous aviserons au moyen de vous rendre le calme et la tranquillité d'esprit que le piége odieux de cette nuit vous a fait perdre. Confiance et courage!

Puis, prenant affectueusement Estelle dans ses bras avant de la laisser seule dans son nouveau logis, elle déposa un baiser de sœur sur son noble front.

— Suave nature! dit-elle. Elle me ferait regretter la vie.

Tout à coup se retournant vers sa protégée:
— A propos, êtes-vous poltronne? ajouta-t-elle.
— Non, madame, répondit Estelle avec une fierté de créole habituée à braver le danger.
— La pensée de coucher seule dans une grande chambre comme celle-ci ne vous intimide pas trop?
— Pas du tout, madame.
— Ecoutez, je vous fais coucher à côté de ma chambre, pour vous avoir plus près de moi; mais j'ai parfois des nuits un peu agitées. Si vous entendiez quelque bruit, vous ne vous effrayerez pas?
— Non, madame, répéta Estelle, qui se sentit pourtant troublée malgré elle par cette recommandation.
— C'est fort bien; mais un moment d'inquiétude vous peut prendre. En ce cas, je vais vous donner le moyen de calmer votre imagination en éveil. Voyez-vous ce cadre doré, recouvert d'une enveloppe épaisse et qui fait face à votre lit?
— Oui, madame.
— Des motifs particuliers me l'ont fait cacher à tous les regards. C'est ma relique, mais, à qui n'a plus de nom, à quoi servirait-il d'étaler aux yeux ce qui fut le culte d'années évanouies? Toutefois, si vous vous sentiez mal à l'aise dans cet appartement un peu vaste pour une jeune femme, et si vous ne vouliez pas m'appeler à votre aide, découvrez ce cadre, et vous serez rassurée.

— Je vous remercie, madame, balbutia Estelle, plus émue qu'elle ne voulait le faire paraître.

— Mes recommandations sont peut-être un peu obscures dans leur forme; mais ici les choses ne se font pas comme ailleurs, voyez-vous, et j'ai mieux aimé vous prévenir, dussé-je vous intriguer maintenant, pour ne pas vous inquiéter plus tard. Vous n'avez pas peur des fantômes et des revenans; vous ne croyez ni aux gnomes ni aux vampires; je m'adresse à une nature pleine de sève et de vaillance, dont j'ai été à même d'apprécier l'énergie. Je ne vous traite donc point en Parisienne qui aurait sa nostalgie, mais en femme raisonnable et sensée: la femme forte de l'Écriture. Reposez donc en paix. D'ailleurs, il est possible que la nuit se passe sans que votre sommeil d'ange soit troublé le moins du monde.

Et cette fois, ayant acquitté complétement les obligations de sa singulière hospitalité, la châtelaine sortit de l'appartement.

Estelle examina les objets qui l'environnaient. Un lit élégant devait se reposer. Une opulente glace de Venise occupait la droite de la pièce, et, sur une causeuse de tapisserie antique, une main attentive avait déposé un coquet déshabillé sur lequel ruisselaient les diaphanes arabesques du point d'Angleterre. Mais Estelle ne songeait ni à se mirer ni à contempler sa parure nocturne : elle était absorbée toute entière par les dernières paroles qu'elle venait d'entendre, et elle restait immobile devant le tableau couvert de serge qui lui avait été indiqué.

— C'est sans doute, se dit-elle, quelque image de sainteté, quelque reliquaire auquel on ne doit toucher qu'avec respect et dans une occasion solennelle. Que son efficacité me préserve de tout danger !

Puis, après s'être déshabillée et avoir dit dévotement son oraison du soir, Estelle se coucha plus rassurée en pensant à son mari absent.

Elle était à peine au lit, qu'elle crut entendre des coups mystérieux frappés à la porte de la rue. Elle se glissa aussitôt, légère comme une gazelle, jusqu'à sa fenêtre, et elle vit dans le jardin un homme qui marchait avec précaution sur le gravier des allées. Il semblait d'une haute stature, mais elle ne put voir ses traits, car il était entièrement enveloppé d'un manteau qui montait jusqu'à ses yeux.

Il parla bas à un laquais; puis, sur la réponse qui lui fut faite, il gravit l'escalier.

— Quel est cet homme ? se dit-elle, et qui l'amène à pareille heure ?

Alors, cachant sa lumière, elle continua à observer, avec une fiévreuse attention, ce qui se passait.

L'étranger rasa le seuil de sa chambre et entra chez sa voisine. Estelle crut entendre alors du bruit près du cabinet de toilette attenant à sa chambre. Elle s'y glissa dans un sentiment de défense personnelle, et à travers le rideau de mousseline qui masquait la porte vitrée, elle put voir toute la scène qui allait se passer.

Sa protectrice était vêtue d'une robe de chambre de flanelle blanche, et ses cheveux blonds et bouclés avaient été enfermés dans un bonnet à barbe de malines, impuissant à les retenir. Elle reçut l'individu qui venait de traverser le jardin, sans manifester le moindre mouvement de crainte, comme on reçoit un ami.

— Eh bien, lui dit l'homme au manteau, tout a réussi comme je l'espérais ?
— A merveille.
— Et la jeune femme ?
— Est là, à côté de moi.
— Dort-elle ? demanda l'homme.
— Oh ! c'est probable, après de pareilles fatigues. D'ailleurs nous n'avons point à la craindre.
— Tant mieux, madame, car malgré vos labeurs de cette nuit, il me faut vous demander quelques secondes encore.
— Vous le voulez ?
— C'est indispensable.

Et étendant alors la main sur la tête de la châtelaine,
— Obéissez ! dit-il d'une voix brusque et impérieuse.

La dame ne répondit pas ; elle sembla s'affaisser sous ce commandement et ne bougea plus. Pourtant ses yeux restaient parfaitement ouverts, et au faible soulèvement de sa poitrine, on pouvait voir qu'elle n'éprouvait qu'une légère oppression.

Estelle, à la vue de ces préparatifs inexplicables pour elle, sentit un frisson parcourir son corps, mais elle n'en demeura pas moins clouée à sa place, déterminée à tout savoir.

— Nous allons voyager, dit l'homme au manteau, en donnant à sa voix, tout à l'heure respectueuse, un ton d'autorité.

— Où ? répondit la dame.
— Dans Paris, d'abord. Cherchez l'hôtel des Princes.
— L'hôtel des Princes... Ah ! rue Richelieu, une grande maison pleine de monde. J'y suis.
— N'y a-t-il pas quatre étrangers logés les uns auprès des autres ?
— Oui.
— Les voyez-vous ?
— Je les vois.
— Où sont-ils ?
— Au second étage.
— Sont-ils endormis tous les quatre ?
— Non. Il sont tous quatre éveillés.
— Les connaissez-vous ?
— J'en connais deux... Le premier, c'est...

Et la dormeuse sembla s'arrêter avec un sentiment d'aversion.

— C'est Dabiren, n'est-ce pas ?
— Oui.
— Que fait-il ?
— Il compte de l'or, et des traites sur l'étranger, prises en vue d'un voyage prochain.
— Le plus jeune n'est-il pas près de lui ?
— Il est son voisin de chambre.
— Comment le nomme-t-on ?
— Le roi.
— Où est-il ?
— Il est devant la glace.
— Qu'y fait-il ?
— Il s'essaie une couronne en papier doré.
— Qu'a-t-il à l'annulaire de la main gauche ?
— Il a une bague.
— Le troisième, le voyez-vous ?
— Je le vois : il a peur des espions russes, il boit pour se donner du cœur.
— Et le dernier ?
— C'est un homme plus âgé.
— Que fait il ?
— Il trace l'itinéraire d'un voyage sur une carte ouverte devant lui.
— Où vont-ils se rendre ?
— En Allemagne. Une femme les accompagne.
— C'est bien. Ces hommes vivront-ils vieux ?
— Non.
— Mourront-ils bientôt ?
— Peut-être : deux sur quatre au moins.
— De quelle maladie ?
— La soif de l'or.
— Changeons d'endroit, dit l'homme au manteau.
— Je suis fatiguée, répliqua la dame.
— Obéissez, je le veux !

La dame redevint immobile.

Estelle appuya sa tête contre la boiserie, en proie à une vague terreur.

— Allez à Ernée, dit l'homme au manteau.
— M'y voilà.
— Que fait le vieillard ?
— Il est à table, répondit la dame avec une émotion nouvelle, il est resté seul, furieux, exaspéré, et il boit pour surexciter encore sa colère.
— Et madame Duplessis ?
— La pauvre femme est absente, continua la dame avec angoisse.
— Cherchez-la.
— Je ne puis pas ; cela me fait mal.
— Obéissez !
— Elle est dans son appartement, malade, alitée, soignée par sa vieille allemande.
— Le vieillard est-il bien seul ? tout le monde s'est il bien enfui ?
— Non, un homme est en face de lui.
— Quel est cet homme ?
— Un prêtre.
— Allez maintenant rue du Helder, chez d'Aronde.

— D'Aronde ! se dit Estelle en comprimant les palpitations de son cœur.
— J'y suis.
— D'Aronde est-il rentré ?
— Il est rentré et sorti.
— Où est-il ?
— Dans un fiacre entre deux hommes à mines sinistres.
— Quels sont ces hommes ?
— Je ne sais pas ; l'un est petit, l'autre est grand.
— N'ont-ils rien sur eux qui puisse les faire reconnaître ?
— Non... Si fait ! attendez... l'un a un dossier sur lequel il y a quelque chose d'écrit.
— Lisez !
— Je ne puis pas, il a le dossier sous le bras.
— Lisez malgré l'obstacle. Je le veux !
— Un instant, laissez-moi le temps ; je fais ce que je peux. Il y a : *Pièces en règle*.
— Et où vont-ils ?
— Attendez... ils remontent la rue de Clichy, ils sont toujours en fiacre, ils s'arrêtent.
— Où s'arrêtent-ils ?
— Devant une grande maison.
— Comment est cette maison ?
— Elle a une porte charretière garnie de fer, et des barreaux aux fenêtres. Il y a même une inscription sur le fronton.
— Pouvez-vous la lire ?
— Oui : *Prison pour dettes*.

Bien que Mme d'Aronde ne pût s'expliquer la raison de cet étrange conciliabule ; bien qu'elle ne se rendit point compte de cette possibilité de vue à distance que semblait posséder son hôtesse, elle sentit vibrer toutes les cordes sensibles de son être en entendant prononcer le nom de son mari ; son imagination méridionale suivait avec anxiété la marche de cette seconde vue dont elle ne s'expliquait point la cause, et dont les révélations intéressaient son esprit et captivaient son cœur. Il lui sembla voir, en même temps que la femme assoupie, son mari prisonnier ; elle crut entendre les verrous se refermer sur lui, et d'abondantes larmes s'échappèrent de ses yeux.

— Vous connaissez Tiennette ? continua l'homme.
— Oui, répondit la dame endormie.
— Allez chez elle.
— Aurons-nous bientôt fini ? J'ai de l'oppression....
— Cela s'avance. Que voyez-vous ?
— Tiennette est seule aussi.
— Que fait-elle ?
— Elle pleure, elle se frappe le front, elle se tord les mains de désespoir.
— Pourquoi ?
— Elle est torturée par une passion qui tue : elle aime, et n'est point aimée.
— Une dernière question.
— Je suis bien lasse ! dit la dame d'une voix affaiblie.
— Il le faut ! Parcourez la chambre de Tiennette : que voyez-vous à droite ?
— Une armoire garnie de fer.
— Qu'y a-t-il dans cette armoire ?
— Il y a des lettres... des lettres en quantité... plus de six mille, de tous les pays, signées de tous les noms, et classées par ordre alphabétique.
— Cherchez à la lettre D.
— C'est trop difficile. Je ne peux pas voir à travers ces enveloppes.
— Cherchez, je le veux !
— Cela m'est impossible. Réveillez-moi. Je suis lasse !
— Obéirez-vous, paresseuse, indolente ? Je l'ordonne, je l'exige !
— Je vais essayer encore. Ah !... voici... je vois la liasse. Que voulez-vous que je trouve ?
— Un pli portant plusieurs cachets, qui a beaucoup voyagé. Le voyez-vous ?

— Qu'y a-t-il de remarquable ?
— Les cachets sont singuliers ; il y a des aigles à deux têtes.
— Lisez le premier billet qui s'y trouve....

En ce moment, soit fatigue, soit émotion, Estelle fit un faux mouvement : la porte vitrée craqua.
— On nous écoute ! s'écria l'homme au manteau.

Et étendant aussitôt sa main sur la dormeuse avant qu'elle eût eu le temps d'obéir à son ordre précédent :
— Réveillez-vous ! lui dit-il avec précipitation.

A ce geste, la devineresse tressaillit et se leva en sursaut.
— Monsieur Masson, dit-elle, comme une femme qui a perdu complètement le souvenir de ce qu'elle vient de voir et de raconter, ai-je dormi longtemps ?
— Dix minutes au plus, répondit son interlocuteur, quittant son accent impérieux et reprenant le ton de la plus parfaite déférence. Vous savez combien je suis avare de vos précieuses facultés, et à quel point je crains de vous occasionner une cruelle lassitude, mais quand les circonstances l'exigent, j'obéis à un mobile plus puissant que ma respectueuse amitié : vous m'aidez à déjouer les projets des méchans.
— Que parlez-vous de respect, mon cher Masson ! dit la dame. Cet air du matin que je respire, ce soleil levant qui me réchauffe, cette vie qui m'anime, tout cela n'est point à moi, mais à vous. Je ne suis qu'un automate dont vous dirigez le mécanisme.

Elle prit alors le bras de monsieur Masson, et tout en causant à voix basse avec lui, elle l'accompagna affectueusement jusqu'au bas de l'escalier.

Estelle, toute palpitante encore et vivement intriguée par la conversation dont elle venait de surprendre les secrets, cherchait en vain pendant ce temps à maîtriser son émotion. Elle voyait sans cesse son époux plongé dans un sombre cachot. Tout à coup, en levant les yeux comme pour chercher au-dessus d'elle le divin consolateur, elle aperçut le tableau voilé, dont lui avait parlé son hôtesse, et dont les moulures dorées scintillaient aux premières lueurs du matin.

— J'avais oublié ce cadre, pensa-t-elle ; qui sait ? Dieu a des remèdes pour tous les maux. L'espérance est sœur de la foi. Voyons ce que cache cette mystérieuse enveloppe.

Et d'une main tremblante elle tira la courtine de serge.
A la vue du tableau découvert, elle poussa un cri de joie.

Ce n'était point une image de saint, drapé dans sa robe aux naïves couleurs et souriant aux poignards des infidèles, que retrouvait la jeune femme ; ce n'était point un pieux reliquaire, formé de satin embaumé, de broderies et d'emblèmes ; c'était un portrait de contemporain, un visage noble et franc qui semblait sourire à sa contemplatrice du milieu de la toile.

— Dieu soit loué, s'écria Estelle, pour cette charmante apparition ! Je suis entourée d'amis, et n'ai plus rien à craindre, puisque je retrouve ici cette consolante image : le portrait de mon époux !

XXIX.

UN LIT DE MORT.

Revenons un instant à Ernée.
Nous avons vu les convives de M. Duplessis s'esquiver peu à peu, pendant l'étrange charivari que le vieillard se faisait donner à lui-même, au grand scandale de tous, sous les fenêtres de la salle à manger.

Madame Duplessis, contre qui cette cruelle dérision avait été préparée, fut emportée évanouie par sa vieille servante et par son neveu.

Monsieur Duplessis resta seul avec le curé d'Ernée, qui avait été du nombre des invités. Le vénérable pasteur, debout, les bras croisés sur la poitrine, se tenait silencieusement de l'autre côté de la table, attendant le moment propice pour faire descendre quelques paroles de paix dans l'âme de l'irascible vieillard. Celui-ci était retombé assis à sa place, comme épuisé par l'excès même de l'emportement auquel il venait de se livrer ; et c'est ainsi que la dame inconnue chez laquelle madame d'Aronde avait été conduite, à Chaillot, l'aperçut à travers les ombres de son sommeil magnétique.

Le soir même, il n'était bruit dans tout l'arrondissement que de l'esclandre dont la maison ordinairement si calme des époux Duplessis avait été subitement le théâtre.

Messieurs les clercs de l'étude du neveu n'étaient pas les derniers à s'en faire un texte de plaisanteries. Attablés, vers minuit, devant un bol de punch, ils se livraient aux conjectures les plus folles sur l'aventure dont ils avaient été témoins, et dont l'éclat prématuré les avait privés du café et de ses alcooliques accessoires.

— Par la sembleu ! disait l'un d'eux au Dorat de l'étude, auquel il gagnait des cigares aux dominos, il faut convenir que ton épithalame conjugal a eu un fier succès ! Quels bravos! quel enthousiasme et quels chaudrons! Mais c'était justice. Ton quatrain méritait l'accompagnement de batterie de cuisine dont il a joui! Je l'ai retenu tout d'emblée. A preuve.

L'espiègle se mit à déclamer les vers suivans, en imitant l'inflexion de voix emphatique de sa victime :

Pour fêter le bonheur des époux Duplessis,
Le chaudron galment se rassemble
Avec la casserole, et tous deux font ensemble
Le plus beau des charivaris.

A cette parodie de sa muse, le barde des fêtes de famille leva les yeux au ciel comme pour y chercher Apollon indigné. Mais Apollon ne le protégea pas. Notre poëte perdit le punch comme il avait perdu les cigares ; puis, vers une heure du matin, ses camarades le saisirent, lui firent un pavois de leurs bras réunis, le portèrent dérisoirement en triomphe à travers les rues en poussant des hourras à réveiller toute la ville, et enfin le déposèrent au corps de garde, le dénoncèrent comme tapageur, et, sous ce prétexte, lui firent passer le restant de la nuit au violon.

Cependant le vieux Duplessis était sorti peu à peu de sa torpeur.

— Eh quoi ! s'écria-t-il en promenant ses yeux hagards dans la salle déserte du festin, à la lueur expirante des bougies ; hé ! quoi ! mes convives m'ont abandonné ? Je vois ce que c'est : ils auront craint de troubler de si doux momens. Eh bien ! soit ! je fêterai seul mon bonheur conjugal ; je boirai seul, mais des deux mains, et je trinquerai moi-même à ma propre félicité !

Et, se versant deux rasades, le vieillard, d'ordinaire si sobre, vida les deux verres coup sur coup.

En ce moment, une voix grave et douce se fit entendre. C'était celle du prêtre.

— Mon fils, dit-il, revenez à vous ; ne noyez pas dans cette liqueur dangereuse le reste de votre raison.

— Qui me parle ? demanda le vieillard dont la langue devenait lourde et le regard incertain.

— C'est moi, monsieur Duplessis, répondit l'ecclésiastique ; moi, votre ami, qui vous supplie de vous calmer et de rentrer en vous-même.

— Rentrer en moi-même !... ah ! c'est vous, monsieur l'abbé, qui me donnez ce bon conseil ?.. rentrer en moi-même ! le triste logement que vous m'offrez là ! Il n'y a en moi que douleur et que rage. Je suis un mari trompé, un époux imbécile et bonasse auquel il a fallu trente ans pour découvrir son déshonneur. Non, voyez-vous, il faut que je m'étourdisse, que je me tue, que je m'annihile dans le vin pour oublier un moment.

Et Duplessis continua de boire avec une avidité fébrile.

— Mon fils, reprit le prêtre, soyez calme, vous serez juste. Si vous n'avez pas confiance au prêtre, écoutez la voix de l'homme dont les cheveux sont blancs comme les vôtres, et qui, comme vous, est au bout de sa carrière. Ne soyez pas cruel, de crainte d'être inique. L'esprit humain se trompe souvent, Dieu seul est infaillible.

— Oh ! en effet, interrompit amèrement le vieillard, en montrant les lettres accusatrices qui étaient restées sur la table, qu'il ramassa soigneusement et qu'il replaça dans sa poche ; je suis sans doute le jouet de fausses apparences. Ces lettres, qui paraissent si claires, si évidentes, ces lettres ne sont qu'un vain prestige. Elles renferment au contraire, des certificats de bonne conduite. Malédiction !

— Ne maudissez personne, mon fils, si vous ne voulez être maudit à votre tour. J'ignore ce qu'elles peuvent attester de coupable ; mais ce que je sais, c'est que l'Ecriture a dit : « A tout péché miséricorde. »

— Et qu'attendez-vous donc de moi ?

— Que vous répariez autant que possible un éclat scandaleux dont vous vous repentirez un jour peut-être, et que vous ayez pitié de cette pauvre femme qui depuis tant d'années a partagé avec vous les douleurs de cette vie.

— Ma femme ?... dit Duplessis en bégayant et en égouttant une bouteille épuisée. Qui est-ce qui parle de ma femme ?

— Avez-vous toujours été bon pour elle, continua le prêtre, vous qui vous érigez en juge ? Avez-vous entouré sa vie de cette affectueuse protection que vous lui aviez jurée ? N'avez-vous rien à vous reprocher de votre côté ?

— Oh ! moi, dit Duplessis dont l'ivresse avait insensiblement amoindri la colère, je le sais, je le sais, je ne suis pas un saint, mais il est bien tard pour me convertir.

— Il n'est jamais trop tard pour bien faire, dit l'ecclésiastique. Soyez compatissant pour cette pauvre créature.

— Elle ! dame, je l'ai négligée, reprit Duplessis, c'est vrai ; je l'ai rudoyée parfois, et si elle m'a trompé, il y a peut-être un peu de ma faute... Mais, voyez-vous, savoir cela, même trente ans après, ça fait mal, ça empoisonne le bonheur passé !... On a beau être vieux, on est homme et on souffre.

— Allons, dit le prêtre en essayant de le soulever, un bon mouvement ! Soyez chrétien ; venez dire quelque affectueuse parole à cette pauvre femme dont vous avez déchiré l'âme.

— Oui, monsieur le curé, répondit avec effort Duplessis, oui, vous avez raison ; on me croit méchant, je ne suis pas méchant, allez, mais je souffre ; on ne me connaît pas, voilà tout.

— Eh bien ! venez, reprit le digne curé, voulant profiter de ce moment de sensibilité dont la vraie cause était plus bachique que morale.

— Oui, répliqua Duplessis, allez, je vous suis.

Et il fit un effort pour se relever, mais il ne put y réussir, et resta cloué sur son siége, vaincu par la puissance narcotique du vin.

Quand le prêtre voulut l'interpeller de nouveau, il lui fut impossible d'obtenir une réponse et de rompre le sommeil qui s'était emparé du vieillard.

— Monsieur le curé, dit alors un domestique qui venait d'entrer tout effaré, venez vite.

— Où donc ? demanda le prêtre.

— Chez madame.

— Est-elle plus mal ?

— Elle n'est pas bien du tout, monsieur le curé.

— Seigneur, murmura le prêtre en suivant le domestique, soyez miséricordieux aux cœurs souffrans !

Deux valets envoyés par le prêtre se présentèrent l'instant d'après dans la salle où Duplessis était resté seul, plongé dans l'épais sommeil de l'ivresse. Ils le saisirent, l'emportèrent dans son appartement, le déshabillèrent et le mirent dans son lit, sans qu'il rouvrît une seule fois ses yeux appesantis. L'un d'eux passa près de lui le reste de la nuit et la journée suivante. Ce ne fut que le surlendemain qu'il se réveilla tout à fait de sa léthargie.

— Où suis-je? demanda-t-il en portant la main à son front brûlant; où suis-je et d'où viens-je donc?

Un instant il lutta contre sa mémoire défaillante, et fit en vain appel à ses souvenirs. A la fin, cependant la vérité lui apparut tout entière.

— Oh! dit-il, je me souviens maintenant..... J'ai flétri enfin cette misérable parjure!... Oui, j'ai révélé hautement sa honte!... Mais cela ne suffit pas! Je veux qu'elle m'avoue son crime, je veux que ma vengeance soit complète. Ce d'Aronde, dont la ruine est déjà mon ouvrage, ce d'Aronde exécré, dont le père a déversé sur moi l'outrage, il n'est peut-être pas le seul que ma colère doive atteindre.

Et s'étant habillé à la hâte, il se dirigea vers la chambre de sa femme.

A la porte qu'il voulut franchir, il trouva une sentinelle vigilante.

— Madame ne peut vous recevoir en ce moment, lui dit la vieille allemande.

— Bah! répondit-il sans se rappeler que la fidèle servante ne pouvait pas l'entendre. Depuis quand refuse-t-on la porte à son mari?

La sourde ne répondit pas, mais elle se plaça résolûment sur le seuil qu'elle avait mission de défendre.

Que se passait-il pendant ce temps chez madame Duplessis? Une scène profondément touchante.

— Mon père, avait dit quelques instans auparavant la pauvre malade au bon curé qui ne l'avait presque pas quittée depuis l'avant-veille; mon père, le secret de la confession est sacré pour le prêtre qui la reçoit, n'est-ce pas?

— Ma fille, répondit le curé, ce n'est pas au prêtre que vous parlez, c'est à Dieu. L'homme ne se souvient de rien.

— Eh bien! mon père, je me sens mourir, et je veux tout vous dire, afin de paraître sans crainte devant mon juge suprême.

Le jeune notaire, qui, lui aussi, avait assisté la vieille dame depuis l'avant-veille, se retira dans le fond de l'appartement, et le curé se pencha vers sa pénitente afin de pouvoir saisir les paroles prononcées par sa voix défaillante. Sa confession dura vingt minutes. Quand elle fut terminée, les yeux de la mourante brillaient d'une joie céleste.

— Maintenant, mon père, dit la malade, un dernier service.

— Parlez. Que faut-il faire?

— Ouvrez le premier tiroir de cette commode.

Le prêtre obéit en silence.

— Regardez à droite : n'y voyez-vous pas un portefeuille?

— Le voici.

— Prenez-le, mon père.

— Et qu'en ferai-je?

— Vous le garderez jusqu'à l'époque convenue d'avance entre nous.

— Et à qui le remettrai-je alors?

A ce moment la mourante montra à l'ecclésiastique une femme voilée qui s'était tenue cachée dans la ruelle, et que les rideaux avaient dérobée complétement aux regards.

— Comment la reconnaîtrai-je?

L'étrangère leva son voile, mais seulement le temps nécessaire pour laisser voir son visage au prêtre, puis elle le rebaissa soigneusement.

Le curé d'Ernée eut un tressaillement qui n'échappa pas au jeune Duplessis, discret témoin de ce qui se passait.

— Cela me suffit, dit le prêtre, qui avait repris son calme. Votre volonté, ma fille, sera faite en tous points.

— Vous me promettez de ne jamais vous dessaisir de ce portefeuille avant l'heure dite?

— Je vous le jure.

— Merci, fit la malade, merci, mon Dieu! Maintenant puis mourir tranquille.

C'est en cet instant suprême que le vieux Duplessis s'était présenté devant la vieille servante qui gardait la porte de sa maîtresse.

— Vous n'entrerez pas, répéta la sourde.

Le vieillard saisit le bras de la vieille allemande, la repoussa d'une main encore vigoureuse, et entra brutalement.

La malade était retombée sur sa couche, blanche comme un linceul, résignée comme un martyr. Son neveu tenait la main froide qu'elle avait laissé retomber sur la courtepointe du lit, tandis que le prêtre à genoux murmurait les prières des agonisans.

— Que venez-vous faire ici, mon oncle? demanda le jeune notaire avec un mélange de déférence et de reproche.

— Ce que je viens faire! tu le demandes? Hé! parbleu! je viens interroger la coupable, je viens recueillir la vérité de sa bouche si souvent menteuse, je viens savoir toute cette affreuse histoire, et je la saurai! Ah! parce que j'ai dissimulé d'abord, vous croyez que je me contenterai de l'aveu que ces lettres renferment? Non, je veux tout connaître!

Et il s'approcha du lit de sa femme. Le jeune notaire l'y avait devancé.

— Retirez-vous, mon oncle, lui dit-il d'un ton ferme, quoique respectueux, qu'il n'avait jamais osé prendre avec le vieillard; retirez-vous, je vous en supplie. Ne voyez-vous pas que cette femme se meurt!

— Bah! fadaises que ces maladies-là! Les femmes sont toujours à la mort quand elles n'ont rien de mieux à répondre.

— Encore une fois, mon oncle, dit le jeune notaire, retirez-vous : votre présence ici serait une indigne cruauté!

— Ah! tu le prends sur ce ton avec moi! dit Duplessis; tu soutiens ta tante! tu fais cause commune avec la femme qui m'a déshonoré! Tu n'es qu'un ingrat!... Mais prends-y garde!... tu dois savoir, comme notaire, que rien n'est aussi fragile qu'un testament. Tu comprends...

— Monsieur, dit le jeune homme, je ne veux plus rien vous devoir; la reconnaissance me serait désormais trop pénible. Demain, la vente de mon étude vous remboursera les fonds que vous m'aviez prêtés pour l'acquérir.

— A ton aise, mon garçon. Mais je n'en suis pas moins le maître ici, et je veux avoir une dernière explication avec la femme dont tu prends si héroïquement la défense.

— Silence, monsieur, dit le prêtre en intervenant à son tour. Un mot de plus ce serait outrager Dieu!

La moribonde fit alors un violent effort; elle se tourna vers son mari et le regarda de ses yeux éteints, avec une douceur angélique.

— Adieu! murmura-t-elle, en tendant au vieillard une main qu'il refusa, et dont son neveu se saisit pieusement. Puis, se retournant vers la ruelle, elle tendit l'autre main à la personne voilée qui était à genoux près du lit.

— Adieu! répéta-t-elle plus bas.

Enfin, le triste et doux sourire qui n'avait fait que plisser ses lèvres s'épanouit sur son pâle visage; elle serra les deux mains qui pressaient les siennes, sembla soupirer et ferma les yeux.

— Que se passe-t-il donc, demanda le vieillard, et pourquoi ne répond-elle pas?

— Elle est morte! dit le prêtre.

— Morte! s'écria Duplessis stupéfié; morte! Est-ce possible? Non, non, vous m'abusez! Elle n'est pas morte, n'est-ce pas? C'est pour m'éloigner, pour la mettre à l'abri de mes reproches. Eh bien! je me calmerai, je me contiendrai, mais dites-moi qu'elle vit encore.

— Elle est morte, vous dis-je, Dieu a recueilli son âme.

— Malheur! s'écria le vieillard, malheur sur moi! Je ne saurai rien de plus, rien que ce que ces lettres m'ont appris!

A cet instant, la sourde entra et s'avança vers le lit, ignorant ce qui venait d'avoir lieu.

— Eh bien ! ma chère maîtresse, dit-elle, comment vous trouvez-vous ?

Un lugubre silence répondit seul à cette question, car la fidèle camériste n'aurait pas entendu une autre réponse.

Elle arriva devant le lit, contempla cette figure immobile, saisit cette main glacée, baisa ce front de marbre et poussa un cri de douleur.

Puis, se tournant vers le vieux Duplessis et lui montrant sa femme inanimée :

— C'est vous qui l'avez tuée, maudit ! s'écria-t-elle.

— Oh ! ne le maudissez pas, s'écria avec une inflexion de pitié profonde la personne voilée qui n'avait pas quitté la ruelle, et qui mouillait de ses larmes l'une des mains de la défunte.

A cette exclamation, Duplessis tressaillit. Cette voix semblait lui être connue, cette voix semblait avoir réveillé dans son âme des souvenirs lointains. Il regarda attentivement dans la direction d'où partait l'exclamation, et il entrevit pour la première fois la femme vêtue de noir qui s'y était agenouillée.

— Quelle est cette inconnue ? demanda-t-il.
— Silence ! fit le prêtre.
— Je veux la connaître.

— Non, monsieur, vous ne la connaîtrez pas, ajouta énergiquement le neveu, entraînant le vieillard du côté de la porte sans qu'il songeât à faire résistance.

Mais tout en s'éloignant, Duplessis regardait cette femme prosternée dont l'organe avait fait battre son cœur, dont la voix en repoussant l'anathème de la sourde s'était empreinte d'une si affectueuse commisération.

— Où donc ai-je entendu cette voix, se dit-il, et quelle puissance a-t-elle sur mon âme ? Oh ! c'est une illusion ! Quelle est cette femme, répondez ? Encore une fois, je veux la connaître.

— Non, dit le prêtre à son tour, vous ne la connaîtrez pas plus que nous la connaissons nous-mêmes. C'est une amie de la défunte. Elle est arrivée ce matin, et nous avons promis qu'elle partirait comme elle était venue, sans que personne vît son visage ni lui demandât son nom.

A peine le prêtre achevait-il ces paroles que la dame voilée se releva, déposa un baiser sur le front de la défunte, puis, ramenant avec soin son voile sur son visage tout inondé de pleurs, traversa l'appartement et se dirigea vers la porte.

Duplessis fit un effort pour se précipiter vers elle, mais il fut retenu par les mains vigoureuses de son neveu.

— Qu'allez-vous faire, malheureux ! dit le prêtre.

La femme inconnue s'arrêta sur le seuil à ces mots.

— Oh ! oui, bien malheureux ! répéta-t-elle avec la même expression de tendre pitié que la première fois.

Puis elle sortit, traversa le jardin, comme si elle eût connu tous les détours de cette habitation dans laquelle elle semblait être pourtant une étrangère, gagna la rue, monta dans une chaise de poste qui l'attendait à la porte, et disparut au galop de trois vigoureux chevaux.

Quelques instans après, la défunte était seule, comme pendant sa vie ; seule avec la sourde qui lisait son chapelet au pied du lit mortuaire.

Le prêtre priait dans son église.

Le notaire s'était enfermé dans son étude, dont il dressait l'inventaire, afin de la céder immédiatement à un successeur, bien résolu à quitter une ville dont le séjour désormais lui était devenu insupportable.

Quant au vieux Duplessis, il était seul aussi dans le cabinet où nous l'avons vu pour la première fois, lors de son entrevue avec Montreuil. Il semblait frappé de prostration, et répétait sans cesse comme un halluciné :

— Cette voix ! mon Dieu ! cette voix !... Où donc ai-je entendu cette voix ?...

XXX.

DÉLIVRANCE.

Nous avons laissé madame d'Aronde dans cette somptueuse habitation de la rue de Chaillot où l'a conduite sa protectrice, à la suite du guet-apens que lui avait tendu Brioude.

Sept heures du matin sonnent à l'église de Chaillot.

Encore toute émue des phénomènes magnétiques dont elle vient d'être l'invisible témoin dans cette mystérieuse maison, la jeune femme contemple avec autant d'étonnement que de joie, à la clarté des premiers rayons du soleil, le portrait de son mari qui orne une des parois de la chambre où elle a reposé.

Pendant ce temps, la maîtresse de céans, la dame aux longs vêtemens noirs, reconduit amicalement son magnétiseur jusqu'à la petite porte du jardin.

Ce nocturne visiteur n'est autre, nous l'avons vu, que l'habitant des buttes Montmartre, le ci-devant maître de Pied-de-Céleri, monsieur Masson, enfin.

— Madame, dit-il à la châtelaine, tout en cheminant à côté d'elle sur le sable des allées, il se passe en ce moment, à Paris et ailleurs, des choses extrêmement graves et qui méritent toute notre attention.

— Est-ce moi qui vous les ai révélées ?
— Oui, madame.

— Veuillez me les faire connaître, car, vous le savez, nous autres somnambules, quelle que soit la lucidité de notre seconde vue, nous ne nous rappelons, à l'état de veille, absolument rien de ce que nous avons vu, fait et dit, à l'état de sommeil magnétique. Et d'abord, vous ai-je parlé d'Aronde, du mari de cette adorable créature que nous avons eu le bonheur de préserver si miraculeusement ?

— Oui, madame.
— Est-il encore en voyage ?
— Non. Il est revenu à Paris ce matin même.

— Tant mieux ! Je vais me hâter de lui rendre sa ravissante compagne. Il doit être si inquiet de sa disparition !

— Oui, certes, et ce n'est pas le seul malheur qui l'ait frappé à son arrivée.

— Vous m'effrayez ! Qu'y a-t-il donc ?

— Dans un accès de jalousie, Tiennette a lancé contre lui la meute des recors qui épiaient son retour. D'Aronde est en ce moment à la prison pour dettes.

— Est-il détenu pour une somme importante ?
— Cent vingt mille francs.
— Il peut les payer, et au-delà, si nos calculs sont exacts.
— Oui, en empiétant sur la dot de sa femme, mais il ne veut pas le faire.

— Noble d'Aronde ! s'écria la dame noire. Au milieu de cette vie de trafics dans laquelle il a été forcément élevé, il a conservé une pureté d'âme, une élévation de sentimens, vraiment admirable. Nous ne pouvons cependant pas le laisser en prison.

M. Masson réfléchit.

— Où serait le mal ? dit-il d'un ton méditatif.

— Comment ! le séparer de cette jeune femme que dix jours de simple absence ont rendue déjà si malheureuse, et la laisser, elle, dans un isolement qui a failli déjà lui être si funeste ? Vous n'y pensez pas, mon ami.

— Pardonnez-moi, madame. Quant à la séparation, franchement, elle n'a rien de bien cruel à Clichy, car on n'est là qu'à demi séparé des siens. Quant aux périls qui peuvent résulter de l'isolement, nous savons les moyens de les conjurer. Nous l'avons prouvé cette nuit même. Au surplus, voilà les inconvéniens, soit ! mais voici les avantages. Grâce à la main tutélaire qui n'a cessé de le protéger, d'Aronde a été beaucoup trop heureux, depuis le jour où cette main le recueillit tout enfant dans le village obscur où s'étaient écoulées ses premières années. Cette continuité de bonheur, que le hasard lui-même a couronné si merveilleusement par le plus charmant mariage, cette continuité, croyez-moi, gâterait les meilleures natures. La prospérité est ingrate envers Dieu. Le malheur seul se souvient de lui. Il était temps que le chagrin vînt donner à d'Aronde quelques-unes de ses plus cuisantes leçons. Qui sait à quelles destinées il peut être appelé quelque jour? Si ce que nous redoutons, dans son intérêt bien entendu, vous et moi, madame, qui savons apprécier à leur juste valeur toutes les choses de ce bas-monde, oui, si ce que nous redoutons venait à se réaliser malgré nous, hé bien ! ne serait-il pas utile que l'adversité eût donné d'avance à son esprit ce complément de maturité, de sagesse, de lumière et de bonté dont elle seule dispose?

— Oui, sans doute, mon ami; mais il s'agit là de chimères qui ne sauraient se réaliser. Nos précautions sont trop bien prises.

— J'aime à l'espérer, mais on a vu quelquefois la plus futile circonstance déranger les meilleurs calculs. La prison serait une garantie de plus, en cet instant surtout. Je crains toujours que quelque révélation intéressée, partant de je ne sais où, vienne déjouer tout à coup nos plans, et le jeter à l'improviste dans cette voie de périls d'où nous avons réussi à l'écarter jusqu'à présent, au prix de si grands sacrifices. Bien qu'il ne s'agisse aujourd'hui que de cent vingt mille francs, une misère en comparaison de ce que nous a coûté sa sécurité, je suis bien décidé, par tous les motifs que je viens de dire, à ne pas donner un sou pour lui rendre aujourd'hui une liberté qui pourrait lui devenir funeste. S'il la recouvre, et si mal lui en arrive, nous n'aurons pas du moins la responsabilité des conséquences.

— Je me rends à vos raisons, mon ami. Convenez seulement que l'abstention doit nous être pénible en pareil cas.

— Rassurez-vous : je ne le crois pas condamné pour cela aux verrous à perpétuité. Laissons agir sa femme, laissons-lui prendre une touchante initiative qui ne fera que resserrer les liens de ces âmes d'élite; laissons à sa vertu l'occasion de se manifester par des sacrifices, par des épreuves. Et maintenant, un mot relatif à d'autres personnes qui ne vous sont pas moins chères. Sachez, madame, qu'il se meurt en ce moment, dans la maison de Duplessis, à Ernée, une personne à qui vous avez à porter en toute hâte de suprêmes consolations.

— De qui voulez-vous parler?

— De madame Duplessis elle-même.

— Oh ! mon Dieu ! que m'apprenez-vous là ! s'écria la dame noire avec une émotion profonde.

En ce moment les deux interlocuteurs étaient arrivés à la porte du jardin. Monsieur Masson baisa respectueusement la main de son guide et prit le chemin de Paris.

La châtelaine regagna l'hôtel et se rendit aussitôt dans l'appartement de Madame d'Aronde, qui s'avança vivement à sa rencontre.

— Au nom de Dieu ! madame, s'écria la jeune femme, dites-moi ce que je dois croire de l'entretien dont j'ai involontairement surpris le secret, il y a quelques instans à peine, dans la pièce voisine de celle-ci ?

— Quoi ! dit la dame noire avec un peu d'embarras, vous avez écouté?

— Oui, madame, bien malgré moi, par un sentiment de frayeur, bien plus que de curiosité, dont je n'ai pas été maîtresse et dont je m'accuse.

— Mais qui s'est dissipé, ajouta en souriant l'hôtesse, à la vue de ce portrait que je retrouve découvert. Je vous avais bien dit, mon enfant, qu'il rassurerait votre esprit en cas d'inquiétude. Ainsi, vous m'avez vue endormie?

— Oui, madame.

— Et vous avez suivi les phases de mon état extatique ?

— J'ai tout entendu, madame. Est-il bien vrai qu'IL soit prisonnier ?

— C'est probable, puisque je l'ai dit.

— Oh ! alors je cours le délivrer !

— Chère enfant ! mais avez-vous les moyens de payer pour lui ?

— J'ai deux cent mille francs chez moi : je vais aller les prendre.

— Y songez-vous ! revenir ainsi seule, après une nuit d'absence ! C'est impossible. Vous ne devez rentrer qu'avec votre époux, afin de couper court à tout fâcheux commentaire.

— Mais comment le délivrer sans cet argent ?

— Je vous l'avancerai.

— Sans me connaître ?

— Je croyais vous avoir déjà dit que nous étions de bonnes et sincères amies, sans nous être jamais vues ; or, entre amies, on ne refuse pas de si légers services. Vous me renverrez la somme quand vous serez rentrée dans votre appartement. Je vais vous accompagner jusqu'à la porte de la prison, afin qu'il ne vous arrive en route aucun autre accident. Venez, chère enfant. Allons, comme les anciens croisés, briser les fers des captifs.

Les deux femmes achevèrent de s'habiller; l'inconnue fit avancer sa voiture, et vingt minutes après, l'équipage s'arrêtait rue de Clichy, à la prison pour dettes.

— Adieu, ma belle enfant, dit la dame noire à Estelle, quand celle-ci eut mis le pied sur le seuil de la maison de détention.

— Hé quoi ! vous me quittez, madame?

— Hélas ! oui, il le faut. Je ne vous suis plus bonne à rien, et j'ai de mon côté à remplir un devoir sacré, qui sera moins doux assurément que le vôtre. Voici en billets de banque la somme dont vous avez besoin.

— Combien je vous suis reconnaissante de ce bon office ! Mais pour vous rendre cette somme, dit Estelle, en serrant affectueusement la main de sa bienfaitrice, il faut au moins que je connaisse votre nom.

— C'est inutile. Le portefeuille qui la contient suffira pour tout révéler à votre mari; il saura de quelle main lui vient cette avance, et quelle est la protection toute maternelle qui a veillé cette nuit sur vous. Adieu, ma jeune amie.

— Oh ! non pas, mais au revoir, dit Estelle : c'est moins triste qu'adieu.

— C'est aussi moins sûr ; mais j'en accepte l'augure. Au revoir donc, mon aimable enfant.

Et l'étrangère baisa Estelle au front, puis remonta dans sa voiture, et ne partit qu'après avoir vu entrer la jeune femme dans le préau des détenus pour dettes.

Son cocher partit alors et la conduisit rapidement à la poste aux chevaux. Elle y loua une chaise de voyage, fit atteler, promit doubles guides, et prit immédiatement la route d'Ernée, où nous l'avons vue s'agenouiller pieusement devant le lit de mort de madame Duplessis.

Nous ne prétendons point donner ici une nouvelle esquisse de la physionomie de Clichy, après Balzac et Gavarni. Nous ne ferons ressortir ni les douleurs muettes ni les joies cyniques qui y vivent côte à côte, séparées par une simple cloison. Nous nous contenterons de dire que, dans ce temple de l'insolvabilité volontaire ou forcée, d'Aronde fut regardé dès son entrée comme un phénomène à classer entre monsieur O..., qui passa cinq ans à Sainte-Pélagie, dix fois millionnaire, et lord W..., d'excentrique mémoire, lequel, s'étant habitué à cette résidence où il possédait une cellule tapissée de drap d'or, se faisait incarcérer tous les cinq ans, par un compère, afin d'avoir le droit, malgré l'héritage immense qu'il venait de recueillir de ne pas quitter ses compagnons de captivité. Les détenus ne pouvaient pas croire qu'un homme tel que d'Aronde, dont la position était si florissante le mois précédent, eût pu être ruiné complètement en si peu de temps.

— Qu'est-ce qui l'amène ? disait l'un.

— La curiosité, répondait l'autre.

— Le désir de s'instruire, attendu que les voyages forment la jeunesse.

— L'envie de se blanchir le teint à l'ombre.
— Le besoin de travailler en paix à un poëme épique.
— Le plaisir de fuir sa femme.
— La manie de se singulariser. Oui, pardieu! je gage que c'est pour se donner un genre. Il veut avoir l'air insolvable : quelle fatuité !

Estelle obtint facilement la faveur de parler à son mari. Une femme n'a pas besoin de permission. Les législateurs sont pères de famille et adoucissent, devant les sentiments qui honorent l'humanité, l'expression de la loi.

On indiqua à la jeune femme une porte, n° 19. Elle frappa, le cœur bondissant d'émotion. Un léger aboiement répondit à cet appel. La porte s'ouvrit. Les deux époux poussèrent un cri de joie et se précipitèrent sans mot dire dans les bras l'un de l'autre, tandis que Fox se couchait câlinement sur le dos, attendant avec impatience son tour de caresses.

Si les méchans qui poursuivaient de leur haine ces deux cœurs si saintement unis, eussent pu voir leur bonheur en cet instant, ils se fussent convaincus qu'il est des heures d'ineffable félicité que rien ne saurait assombrir, et dont la Providence est l'unique dispensatrice.

Après ce premier moment donné tout entier au bonheur de se revoir, Estelle raconta d'une voix émue tout ce qui lui était survenu depuis la veille: le guet-apens tendu par la vieille, la séduction tentée par le faux musulman, l'intervention miraculeuse de l'étrangère, l'assistance d'un nouveau personnage qu'elle avait revu en dormant chez sa protectrice, l'asile qu'elle avait trouvé dans la demeure où l'inconnue l'avait conduite, enfin le prêt que celle-ci lui avait fait d'une façon si généreuse et si confiante.

— Tiens, ajouta Estelle en tendant les billets de banque à son mari, cette excellente dame n'a pas voulu me dire son nom, mais elle a prétendu qu'à la vue de ce portefeuille, tu la connaîtrais.

— Oui, oui, c'est bien elle! dit d'Aronde, avec une émotion profonde, en examinant le chiffre qui décorait cet objet.

— Qui, elle ? demanda Estelle.
— Curieuse! répondit le mari.
— Curieuse? Oui, je l'avoue. J'avoue même, monsieur, que je suis jalouse de cette étrangère, qui vient prendre une bonne part dans mon amitié pour vous.
— Folle ! répondit son mari, je te dirai tout quelque jour. En attendant, causons de nos affaires.
— Nous causerons mieux chez nous, monsieur le prisonnier. Payez, et partons au plus vite de ce triste lieu.
— Payer ! Avec quoi ?
— Avec l'argent que voici.
— Et comment le rendrai-je ?
— Avec ma dot.
— Jamais ! Non, non, je ne saurais consentir à te dépouiller de ce qui t'appartient. D'ici à quelques jours j'aviserai ; j'ai peut-être encore des amis, qui sait ? Et puis j'ai rapporté soixante mille francs de Belgique ; je ferai sans doute entendre raison à mon créancier au moyen d'un fort à-compte.
— Comment, s'écria Estelle, tu ne veux pas que je paie pour toi?
— Non, c'est bien décidé.
— Tu veux me laisser retourner chez moi toute seule ?
— Je veux te conserver des ressources pour l'avenir.
— Ah ! monsieur, ce que vous faites là est abominable

Et Estelle allait éclater en sanglots, sans l'intervention d'un étranger qui pénétra dans la cellule du captif, la tête baissée et la casquette en main, cherchant à éviter les atteintes de Fox qui lui faisait un assez menaçant accueil.

Ce visiteur était monsieur Corniquet, le concierge émérite de cette fameuse maison si difficile en fait de locataires, et dont les deux uniques habitans avaient fait tant de tapage la nuit précédente, en dépit des précautions du propriétaire.

— Monsieur, si c'est un effet de votre complaisance, dit le portier, faites taire votre chien : il m'*estine* !

— Soyez tranquille, il ne vous mordra pas.
— C'est-à-dire qu'il me mord, sans me mordre. Il me dévore le bas de mon pantalon.
— Que demandez-vous? dit d'Aronde en le reconnaissant ; que venez-vous faire ici?
— Monsieur, répondit le portier, c'est de la part d'une dame. Diable de chien ! il a mangé la doublure; c'est carnassier comme tout, ces animaux-là !

Pendant que monsieur Corniquet attirait ainsi à l'improviste l'attention de d'Aronde, la jeune femme disparut de la cellule sans que son mari remarquât d'abord son absence.

— Parlez donc, reprit-il en s'adressant avec impatience à monsieur Corniquet, dont nous devons expliquer en quelques mots l'apparition.

Tiennette, inquiète de savoir ce qui s'était passé chez Brioude pendant cette nuit dont elle espérait tant de scandale, n'avait pu maîtriser son anxiété. Après avoir quitté d'Aronde, elle s'était fait conduire chez le garde du commerce, avait donné l'éveil à la vigilance de cet homme, et, après s'être tenue à l'écart pendant une demi-heure, était revenue au domicile de son complice pour interroger les concierges sur les événemens qui avaient pu parvenir à leur connaissance. Elle avait un double motif de curiosité : le rapt de la femme et l'arrestation du mari.

Elle trouva dans la loge monsieur et madame Corniquet abasourdis de la scène dont ils venaient d'être témoins chez le faux Turc du premier étage.

— Ce n'est pas une maison, c'est un passage, disait la portière. Je vais demander qu'on pave les escaliers et qu'on y fasse des trottoirs. Et dire qu'une honnête femme comme moi se ravale à tirer le cordon à un pareil sérail ! Ça crie vengeance !

— Que t'es donc drôle! répliqua monsieur Corniquet, essayant de calmer sa moitié. Puisque c'est dans les manières du pays, ça crie vengeance sans la crier. Et puis ça n'est pas tous les jours fête. La procession d'odalisques est sans doute finie.

En ce moment Tiennette parut à l'entrée de la loge.
— Ah ! oui, finie ! Voilà que ça recommence, au contraire! s'écria la portière. Voilà le restant de nos écus, le bouquet, la femme grêlée de tous les jours. Seigneur Dieu est-elle criblée, celle-là ! On dirait une poêle à marrons.

— Madame, dit Tiennette en glissant une pièce de cent sous dans la main de la portière, on a dû arrêter un monsieur dans cette maison?
— Hélas ! madame, répondit la concierge, que n'y fait-on pas maintenant, dans cette abominable baraque ! Mais pourquoi cette question ?
— Parce que j'ai une lettre à faire parvenir à la personne arrêtée, ajouta Tiennette, et que je ne saurais placer plus dignement ma confiance que dans les mains d'un homme aussi intelligent, aussi distingué que votre mari.
— Vous êtes bien honnête, répondit la portière. Allons, salue donc madame, ajouta-t-elle en s'adressant à son mari.
— Ma reconnaissance éternelle lui sera acquise à son retour, sans compter une seconde pièce de cent sous que j'aurai un véritable plaisir à lui faire agréer.
— Oh ! madame, madame, s'écria monsieur Corniquet, j'irais pour vous obliger au bout du monde, sans y aller. Manière de parler.
— C'est beaucoup moins loin, reprit Tiennette. Il ne s'agit que de porter ce message à monsieur d'Aronde, à la prison pour dettes.
— Y a-t-il une réponse ?
— Peut-être.
— Madame connaît le locataire du premier chez qui le monsieur d'en face a été arrêté : c'est sans doute chez lui qu'elle attendra la réponse ?
— Non, dit Tiennette.

Et en effet, après avoir envoyé Lataké chez Brioude avec l'espoir que la présence de cette rivale servirait à rendre plus éclatant le déshonneur d'Estelle, Tiennette ne se soucisait pas de revoir sitôt celui à qui elle avait joué ce méchant tour.

— Où donc remettrai-je la réponse à madame? dit Corniquet.

— Je la ferai prendre chez vous. Mais, dites-moi, on raconte qu'il s'est passé des choses étranges, cette nuit, chez le seigneur Mustapha-ben-Papatacci.

— Ah! madame! ne m'en parlez pas! Ç'a été toute la nuit des arias à faire dresser les cheveux!

— Quoi donc? pouvez-vous me donner quelques détails?

— Impossible, madame. C'est à n'y rien comprendre du tout. Des chants, des danses, des prières à coups de tête sur le plancher, des allées, des venues, des sorties, des rentrées, des cris que le diable n'y entendrait goutte. Et tenez, en voilà justement une qui s'en va à l'instant.

A ce moment, en effet, Lataké quittait Brioude et courait au rendez-vous que Montreuil et ses acolytes lui avaient assigné à l'hôtel des Princes.

Tiennette n'eut que le temps de se rejeter en arrière pour ne pas être aperçue de Lataké, qui passa devant la loge sans s'arrêter.

— Allons, allons, se dit Tiennette, j'en saurai davantage plus tard, mais selon toute apparence, je n'ai pas tout à fait perdu mon temps.

Et sans plus ample explication, elle remonta dans la voiture de place qu'elle avait conservée depuis le matin, et qui la reconduisit chez elle.

Voilà pourquoi maître Corniquet était arrivé dans la cellule de d'Aronde, une lettre à la main, comme un confident de tragédie.

Le captif reçut le papier des mains calleuses du concierge, et lut rapidement ce qui suit :

« Je vous ai menacé ce matin de ma vengeance; elle a
» commencé, puisque vous êtes sous les verrous. Ce début
» des persécutions à venir vous prouve ma puissance et
» l'énergie de ma volonté.
» Il en est temps encore : votre femme, en ce moment,
» est perdue à jamais; elle a passé chez Brioude tout ou
» partie de cette nuit; vous ne sauriez la reprendre sans
» humiliation pour elle, sans opprobre pour vous. Dites
» un mot, et les portes de votre prison s'ouvriront à ma
» voix; dites un mot, et je vous fais demain riche, influent, inattaquable, digne de marcher aux premiers rangs
» de la société; dites un mot, et je vous donne la toute-
» puissance, au lieu de la ruine et du déshonneur qui
» vous attendent.
» Réfléchissez. TIENNETTE. »

— Qu'y a-t-il à dire? demanda Corniquet.

— Racontez, répondit d'Aronde, ce que vous allez voir. Et il déchira le billet de Tiennette avec un geste de suprême dédain.

— Ah! bon! le comprends, fit Corniquet, il y a une réponse sans y en avoir.

— Mais, dites-moi, vous connaissez le locataire chez lequel on m'a arrêté?

— Si je le connais! Je ne connais que ça. C'est-à-dire, je le connais sans le connaître. Je le connais par son domestique, qui a des pantalons larges. Nous parlons arabe ensemble. Son maître est un homme très bien, qui prie le bon Dieu à coups de tête sur le plancher et qui contemplir la colonne toute la journée. Que voulez-vous, c'est son genre à cet homme; respectons sa toquade.

— Eh bien! promettez-moi une chose.

— Tout ce que monsieur voudra.

— C'est de me tenir au courant de ses faits et gestes, et de me donner des nouvelles de sa santé.

— C'est convenu; je le guetterai comme s'il n'avait pas payé son courtier. Quand ce ne sera pas moi, ce sera mame Corniquet! Un œil unique, monsieur. Il n'y en a pas deux comme ça sous la calotte des cieux.

— C'est bien, fit d'Aronde en le congédiant au moment où sa femme reparaissait toute heureuse dans la cellule.

— Attrapé! dit-elle gaîment avec un geste de gentille raillerie. Vous allez être bien vexé, monsieur le prisonnier : vous êtes libre!

— Libre? dit d'Aronde. Qu'as-tu donc fait?

— J'ai payé!

— Méchante! murmura le jeune mari, tu m'as désobéi.

— L'insurrection est le plus saint des devoirs, comme je l'ai lu quelque part.

— Je suis bien obligé de consentir à ce que je ne puis empêcher, dit d'Aronde; mais j'aurai ma revanche, et cette fortune dont tu disposes contre mon gré, avant un mois, elle te sera rendue, ou j'y perdrai mon nom!

— Entêté! s'écria Estelle ; mais je suis plus riche que jamais ! mon bien est désormais à l'abri de toute atteinte. Et elle jeta ses deux bras autour du cou de son mari.

— Allons, continua-t-elle, soyez galant, monsieur : donnez-moi la main bien vite et rentrons chez nous au plus tôt.

D'Aronde se laissa conduire; le geôlier tira les verrous devant lui, son espiègle compagne, dès qu'elle le vit dans la rue, se mit à sautiller de joie à son bras, tandis que Fox, jaloux de cette gymnastique dont il ne recherchait pas la cause, rivalisait à sa manière, par les plus joyeuses gambades, avec l'allégresse de sa jeune maîtresse.

Tandis qu'ils cheminaient ainsi oubliant les angoisses passées dans la gaîté présente, les deux époux ne s'apercevaient pas qu'ils étaient suivis par un personnage qui se glissait le long des maisons comme un reptile.

C'était cette hideuse mégère qui portait le nom de la Tête-de-Pipe, et que Tiennette avait chargée de son côté de s'assurer si l'incarcération de d'Aronde avait eu lieu réellement.

L'odieuse complice de Duplessis et du Balancier croyait encore Estelle dans la puissance de Brioude; elle n'avait pas douté un seul instant du succès de l'entreprise ténébreuse dont elle avait dirigé le début ; elle fut donc pétrifiée d'étonnement, en voyant Estelle, dont elle avait trahi la bonne foi, libre, gaie, souriante, au bras de son mari.

— Que veut dire ceci? pensa-t-elle. Nos tourtereaux ensemble et non en cage ? le plan du vieux démoli ? l'affaire manquée? Allons voir la bourgeoise. Ou je me trompe fort, ou il y a encore par là de la besogne pour moi!

XXXI.

LE JOURNAL DE JULIE.

Tandis que le baron d'Appencherr négligeait pour les beaux yeux de Simonne les intérêts de sa maison de banque et les abandonnait aux dangereuses fantaisies des commis principaux, sa fille continuait de vivre isolée et paisible au milieu de ce labyrinthe de tortueuses affaires, pareille à un beau lis qui croît parmi les ronces.

Julie habitait seule la partie reculée de l'hôtel qui avait composé naguère l'appartement de la défunte baronne, et qui maintenant composait le sien. Le deuil de sa mère, qui était fini depuis quelques mois seulement, lui avait interdit jusqu'alors le spectacle et les fêtes. A l'exception de quelques amies de pension et de madame d'Aronde qui lui rendait visite de loin en loin, elle n'avait reçu personne dans sa tranquille et silencieuse demeure. Elle n'en était même jamais sortie que pour aller à l'église la plus voisine. Les seules figures qu'elle y rencontrât familièrement étaient celles des deux fidèles serviteurs qu'elle avait hérités de sa mère : celle de Rosine, l'ancienne femme de confiance, et celle de l'intendant Lafolie.

Et cependant Julie ne s'ennuyait pas. Elle avait un de ces esprits réfléchis et ingénieux qui se plaisent dans la méditation, et pour qui la solitude a mille distractions agréables. La musique, la peinture, la broderie, la lecture, occupaient la plus grande partie de son temps. Elle s'était fait, en outre, le long des fenêtres du pavillon qu'elle habitait, un petit jardin particulier détaché du jardin commun de l'hôtel, et elle en cultivait la flore avec une affection de sœur.

Enfin, on avait construit pour elle, dans l'endroit le mieux exposé de son jardinet particulier, une immense volière, renfermant un jet d'eau, un bassin, des rochers, des fleurs et des arbustes, et dans les allées de laquelle la jeune fille se promenait parmi ses oiseaux chéris, comme Ève devait le faire sous les ombrages du paradis terrestre. On remarquait dans ce phalanstère des volatiles de tous les pays, les plus beaux et les plus mélodieux de chaque espèce, ceux-ci charmans à voir, ceux-là charmans à entendre, les Apollons et les Vénus, les Rubini et les Alboni du genre. Le ténor était un rossignol, donnant l'*ut* de poitrine sans difficulté; le baryton, un chardonneret, chanteur essentiellement français, qui visait au style expressif; et la basse-taille, un merle énorme, un Lablache emplumé, ayant des prétentions exagérées aux notes aiguës, mais toutes les basses possibles. Le reste du personnel chantant comprenait des pinsons, des fauvettes, des serins, des linotes, etc. Quant aux comparses, ils consistaient dans cette foule de volatiles dont le ramage ne répond pas du tout au plumage : ce sont les dandys de l'espèce : beaux, mais bêtes.

Notre impartialité nous oblige à mentionner encore un magnifique perroquet, doué de peu de voix, mais inimitable dans les chansons comiques, un vrai Levassor dans son genre ; et enfin une perruche babillarde, chargée des fonctions de *régisseur parlant au public* (style de coulisses).

Dans l'enceinte même de la volière, au fond d'un large bassin de porcelaine bleue représentant des Chinoises inouïes nageant dans des bateaux impossibles, et que la main attentive de Rosine remplissait d'eau limpide chaque matin, de petits poissons dorés folâtraient parmi de beaux coquillages, brillans comme des lingots vivans, et venaient recevoir effrontément à fleur d'eau les miettes succulentes que leur jetait incessamment la main de leur maîtresse.

Tels étaient les gentils compagnons de la solitude de Julie. Mais nous l'avons dit, la jeune fille avait encore d'autres distractions : le piano, cette voix sympathique qui pleure ou qui rit, selon la fantaisie des doigts qui le touchent ; le métier à broder sur lequel la main faisait éclore, sans le secours du soleil, des roses de soie et des feuillages de laine à rendre le printemps jaloux ; la boîte d'aquarelle, le livre d'histoire, et enfin le feston à broder, véritable travail de patience qui, en occupant les mains vigilantes, laisse à l'esprit ses rêveries et sa liberté.

Enfin, l'habitude qu'elle prit de confier jour par jour au blanc vélin tous les incidens, toutes les pensées, toutes les émotions de sa vie, ne fut pas assurément le moins doux emploi de son temps.

Ce journal n'était point appelé aux dangereux honneurs de la publicité : c'était un *memento*, écrit sans ratures, sans coquetterie de style, sans prétention d'écrivain, au courant de la plume.

L'idée première de cette occupation nouvelle ne lui appartint pas: elle lui fut suggérée par Lafolie, l'ancien homme de confiance de sa mère.

— Hélas! lui dit un jour Julie, à l'époque même où nous décrivons son intérieur, combien elles sont heureuses, celles à qui Dieu a conservé leur mère ! Que de tendres confidences, plaisirs et peines, peuvent être déposées par une fille dans le cœur de cette indulgente amie! Moi, je n'ai pas la mienne, pour m'écouter et pour me guider. Je ne puis lui parler que dans mes prières, en même temps qu'à Dieu. Il me faut donc garder au fond de mon âme ce qui l'émeut, ce qui l'égaie, ce qui l'attriste : le bonheur de l'expansion m'est refusé.

Pendant qu'elle parlait ainsi, le vieux serviteur semblait suivre une pensée à laquelle il souriait.

— A quoi songez-vous, mon ami? lui dit Julie.

— A une chose bizarre, répondit-il, et dont vous rirez peut-être.

— Parlez, mon ami. Si c'est bizarre, tant mieux ; ce ne sera du moins pas vulgaire : nous aurons le bénéfice de l'originalité.

— Eh bien! dit le vieux serviteur, ces confidences dont vous sentez le prix, qui vous empêche de les adresser à la mémoire de celle que vous regrettez? Cette correspondance intime avec une morte adorée, n'eût-elle d'autre résultat que de vous faire réfléchir mûrement à chacun des actes de votre vie, aurait encore un touchant caractère de piété filiale. Mais soyez sûre que la chère défunte vous paiera vos confidences en bonnes inspirations.

— Mais ce n'est point bizarre, ce que vous me proposez là, dit Julie : c'est charmant ! Et puis, quel trésor d'émotions on amasse ainsi pour l'avenir ! Combien il doit être doux de retrouver dans son âge mûr les premières impressions de sa jeunesse !

Voilà comment mademoiselle d'Appencher, déjà peintre, musicienne, brodeuse, naturaliste et lectrice assidue, résolut ce jour-là de se faire aussi journaliste.

En notre qualité d'historien, il nous est permis d'entrer invisible dans la chambre de la jeune fille et de lire sans indiscrétion quelques-uns des premiers feuillets où se reflète candidement son âme :

« DIMANCHE SOIR.

» Rosine est entrée chez moi à sept heures, ce matin. J'ai demandé mon père. Il était déjà sorti sans m'embrasser. Je le gronderai bien fort, la première fois que je le verrai ! Mais quand? je ne sais. Ses visites deviennent de plus en plus rares. Pourquoi? Oh! il faudra bien que cela change, ou je me fâcherai tout de bon !

» Je me suis habillée pour la grand'messe. J'ai mis ma robe de soie noire. Le noir est toujours plus simple et plus convenable dans une église. Je ne comprends pas qu'on aille prier Dieu en costume de bal. Au pensionnat d'ailleurs, nous étions toutes en noir, à l'exception des communiantes, qui avaient la robe blanche. Ce sont deux couleurs que j'aime. L'une est l'emblème de la douleur, l'autre symbolise le calme et l'innocence.

» A la messe, j'ai eu malgré moi une distraction : on en était à l'évangile ; je suivais le service divin avec attention, quand une chaise a fait du bruit, non loin de la mienne. J'ai levé machinalement la tête, et j'ai aperçu M. Léonce Duplessis, jeune parent d'Ernée. J'ai vite replongé mes yeux dans le livre, et j'ai continué ma prière.

» Maintenant que j'y pense, j'ai peut-être eu tort. J'aurais dû le saluer. Il était si bon, si complaisant pour moi, lorsque j'allais passer mes vacances chez grand'maman! Elle l'aimait beaucoup. Ma mère aussi, et depuis sa mort, j'ai souvent uni leurs deux souvenirs dans ma pensée.

» D'où vient qu'en sortant de la messe, je retrouve souvent près du bénitier la même personne, une dame en noir, et voilée d'une façon si parfaite, qu'on ne saurait découvrir si elle est jeune ou vieille, laide ou belle, brune ou blonde? Le hasard veut que ce soit elle qui m'offre ordinairement de l'eau bénite. Elle a la main blanche et potelée, et je sens qu'elle est douce comme du velours, quand je la touche pour recevoir l'eau sainte.

» Vraiment, que va dire de moi monsieur Léonce? Il croira que je suis fière ou mal élevée. Ce n'était pas à lui de me saluer le premier ; ce n'est pas l'usage ; j'aurais dû lui faire un signe de tête. Que je suis étourdie ! et cependant il n'y a pas de ma faute : sa vue m'avait toute troublée. La surprise sans doute.

» Que vient-il faire à Paris? Je n'ai pas tardé à l'apprendre. Mon père est entré chez moi à mon retour de la messe. J'allais le gronder comme d'habitude, mais il m'a appris une bien triste nouvelle. Grand'maman Duplessis est morte il y a quelques jours ; morte presque subitement, sans que nous ayons été informés de sa maladie, sans que j'aie pu, par conséquent, aller lui rendre les derniers devoirs ! Cette circonstance augmente ma douleur. Pauvre grand'mère ! Elle est allée rejoindre sa fille dans ciel. Lafolie ne savait pas, en me donnant l'idée d'écrire ces lignes, que je travaillerais désormais pour elles deux.

» J'ai bien pleuré. Elle était si bonne! elle m'aimait tant! C'est elle, m'a dit ma mère, qui avait brodé mon bonnet de baptême.

» J'avais donc un pressentiment en m'habillant de noir pour la messe. Je vais reprendre le deuil que je quittais à peine. Ma vie commence sous de bien lugubres couleurs!

» Mon père, en voyant mes larmes, m'a dit tranquillement :

» — Pourquoi te désoler? C'était prévu. Elle était malade depuis longtemps, et à cet âge la mort est presque un bienfait. »

» La belle raison! Comme si on était jamais vieux pour ceux qui vous aiment! Aussi l'ai-je tancé d'importance pour de si vilaines paroles. S'il les regardait comme des consolations il doit être bien détrompé maintenant! Pauvre père! c'est un excellent homme au fond, et je crois qu'il m'aime encore plus qu'il ne me craint, ce qui n'est pas peu dire; mais il a une manière d'aimer les gens qui ressemble, non pas à l'indifférence, mais à l'insouciance. On dirait qu'il a horreur des émotions profondes. Son caractère a quelque chose de futile et de superficiel qui devait passer pour de l'amabilité dans sa jeunesse, mais qui fait maintenant un fâcheux contraste avec son âge. Je veux tâcher de l'en corriger à force de tendresse.

» LUNDI SOIR.

» Grand-papa Duplessis est aussi arrivé à Paris. Il a l'air plus sombre et plus dur que jamais. C'est sans doute le chagrin d'avoir perdu sa vieille et affectionnée compagne. Il s'est enfermé avec papa pendant une heure, et ils ont parlé bien haut tous deux. Rosine prétend qu'ils n'étaient point d'accord. Elle sait probablement le sujet de leur différend. Je ne le lui ai pas demandé. Il ne faut pas encourager les gens à écouter aux portes.

» Grand-papa Duplessis n'est pas resté à déjeuner. Papa m'a dit :

» — Te voilà maintenant une des plus riches héritières de Paris.

» — Moi? ai-je répondu.

» — Oui, toi. Ta grand'mère te laisse plusieurs millions à ajouter à ceux que tu tiens déjà de ta mère.

» — Ah! ai-je fait avec une distraction que mon père a trouvée fort étrange.

» — Si c'est ainsi que tu reçois les bonnes nouvelles, a-t-il dit, il n'y a pas grand plaisir à s'en faire le messager. Et cependant ton héritage l'échappe belle! Tu sais bien ce petit niais de Léonce?

» — Oui, mon cousin.

» — Ton cousin, ton cousin!... Au fait, c'est vrai, puisqu'il est le neveu de ton grand-père. Eh bien ! il paraît que le sournois faisait la cour à la vieille; mais il en est pour ses frais de cajolerie. Elle est morte sans lui laisser un sou. C'est bien fait! Je n'aime pas les coureurs de successions.

» J'ai pris la défense de M. Léonce, car je suis bien sûre que l'affection qu'il portait comme moi à la pauvre femme était on ne peut plus désintéressée.

» Mon père, après le déjeuner, a dit au domestique :

» — Je ne dînerai pas ici.

» — Eh quoi, monsieur, me suis-je écriée, vous allez encore me laisser dîner seule! C'est affreux!

» — Pardonne-moi, chère enfant, c'est la dernière fois; mais que veux-tu ! il s'agit d'un dîner d'affaires, d'un repas de corps... A partir de demain, ou d'après-demain, ou d'un peu plus tard, tu verras, je ne bougerai plus d'ici.

» Il m'a semblé que papa était embarrassé en disant cela.

» — On voit bien que vous ne m'aimez pas! ai-je dit d'un ton boudeur.

» — Quelle folie ! a-t-il répondu. N'es-tu pas ma fille bien-aimée? Voyons, quelles preuves en veux-tu? Des robes des chaînes d'or, des châtelaines, des bracelets? Parle.

» — Vous oubliez que je suis en deuil, ai-je répliqué.

» Il m'a embrassée sans plus rien dire, et il est sorti. Rosine est revenue quelque temps après. Elle m'a dit qu'on avait apporté chez lui, pendant le déjeuner, un magnifique écrin, et qu'elle l'avait ouvert, croyant que c'était pour moi. Il contenait des diamans superbes, une broche, des boutons d'oreilles et un collier. Des brillans pour une jeune fille de dix-sept ans ! Comme si c'était possible ! Rosine a été tout étonnée quand elle s'est aperçue ensuite que papa l'avait emporté. D'ailleurs, il y avait une S sur la boîte et je m'appelle Julie.

» Pourquoi papa recevait-il ces diamans? C'est sans doute quelque commande ou quelque dépôt. Quand on voyage, on place volontiers ses bijoux de prix chez son banquier.

» Ce soir, en venant prendre mes instructions pour demain avant de se retirer chez lui, Lafolie m'a vu les yeux rouges. Il ne m'a pas demandé pourquoi j'ai pleuré, lui !

» MARDI SOIR.

» C'est aujourd'hui le jour de ma naissance. C'est aussi le jour aux aventures. Ce matin, encore tout endormie, j'ai cru voir dans mon sommeil une femme se pencher affectueusement vers moi, pour me souhaiter un heureux anniversaire. Je me suis réveillée tout à coup, comme si les lèvres de cette femme se fussent posées tendrement sur mon front, mais j'ai vainement regardé autour de moi : il n'y avait personne. C'était une illusion.

» Mais ce qui n'en est pas une, c'est ce qui s'est passé ensuite.

» J'avais un rosier malade dans la partie du jardin qui avoisine les terrains de la Boule-Rouge. Les premiers froids l'avaient dépouillé de ses boutons, et je l'avais porté en vain dans la serre pour le faire refleurir. A la place qu'il occupait, j'ai trouvé aujourd'hui un bouquet de roses de la même espèce. On a dû le jeter de dehors. La porte est grillée, mais les intervalles des barreaux de fer sont larges. — Qui a pu ainsi surprendre mes soins près de ce rosier favori? Qui a intérêt à savoir mes goûts? Qui a jeté ce bouquet mystérieux? Je n'ai pas voulu interroger le jardinier, et en présence de Rosine, j'ai rejeté le bouquet pardessus la grille d'où il venait ; mais, avant d'accomplir cet acte de rigueur, mon cœur s'est ému. Ces fleurs viennent peut-être d'un ami et non d'un insolent. Je suis peut-être ingrate et injuste. Je ne sais si j'ai mal fait, mais avant de rejeter le bouquet, j'en ai détaché une petite rose que j'ai cachée dans mon corsage.

» Le soir, je l'ai regardée quand je me suis trouvée seule. La pauvre fleur répandait un doux parfum. Si elle pouvait parler, elle me dirait quelle est la main qui l'a cueillie, quelle est la personne dont elle est la messagère discrète. Demain elle sera tout à fait fanée. N'importe ! je la garderai dans mon livre de prières comme un signet odorant. De quelque main qu'elle me soit venue, cette main doit être une main amie.

» On m'a appelée aujourd'hui au salon. J'y ai vu mon cousin, M. Léonce Duplessis. Mon père avait l'air très froid. Il paraît que ce jeune homme est brouillé avec son oncle, et qu'il a quitté sa charge de notaire à Ernée. — Je ne sais pourquoi il m'a semblé qu'il me regardait plus timidement que de coutume. Moi aussi je me suis sentie toute troublée devant lui.

» Il a parlé de ses projets d'avenir. Il renonce au notariat. Il vient de se faire inscrire au palais comme avocat. — Avocat! quelle belle profession pour un homme de cœur et de talent! Car il en aura, j'en suis sûre. Que je voudrais entendre sa première plaidoirie! — J'ai remarqué qu'il tardait toujours à se lever, bien que papa eût pris avec lui un ton glacial. — Il lui en veut sans doute de s'être brouillé avec grand-père. Il me semble, à moi, que monsieur Léonce doit avoir eu la raison de son côté. Il a l'air si franc et si loyal! — Il m'a semblé bien mieux encore que l'an passé, lorsqu'il vint à Paris pour assister à l'enterrement de ma mère.

» Il s'est levé pourtant et a pris congé. Au moment où papa lui ouvrait la porte, j'ai senti sa main toucher la mienne et me glisser une lettre. J'allais la lui rendre, lorsque papa s'est retourné. M. Léonce avait l'air si malheureux que je n'ai pas osé lui attirer un affront. Il m'a saluée. Je me suis inclinée toute tremblante, et il a disparu sans que j'aie pu lui remettre son billet.

» — C'est un homme perdu ! me dit mon père en rentrant.

» — Comment ? m'écriai-je en cherchant à contenir mon émotion.

» — Il était notaire, commandité par un vieillard immensément riche, qui avait conçu en sa faveur certain projet auquel tu étais intéressée, et qu'il m'eût été difficile de repousser. Eh bien ! il est allé prendre parti dans une ridicule querelle de famille contre son parent, et le voilà sur le pavé. Je n'en suis pas fâché, car cela me débarrasse du projet en question.

» — Mais, répondis-je, il est avocat.

» — Belle profession, ma foi ! pour un homme sans le sou, ou à peu près ! On n'écoute que les orateurs riches, car la fortune donne bien plus de considération que le talent. Il plaidera les causes de police correctionnelle, et ses clients lui feront cadeau de bagues en cheveux pour honoraires. Au reste, comme je ne veux pas me mettre mal avec mon beau-père, j'ai fait à M. Léonce un accueil tel, qu'il ne sera sans doute pas tenté de venir souvent rôder par ici.

» Et sans attendre ma réponse, mon père s'est retiré dans son cabinet. J'aime à croire que sa conscience lui reprochait cette mauvaise action, et qu'il craignait mes remontrances à ce sujet.

» — Quoi qu'il en soit, me suis-je dit, je brûlerai la lettre de M. Léonce sans la lire. Il a mal agi en m'écrivant en cachette ; c'est un manque de respect que je ne saurais tolérer.

» Et je suis rentrée dans ma chambre pour accomplir l'holocauste.

» J'ai allumé une bougie, afin que la flamme dévorât au plus vite l'écrit clandestin, et je tendais déjà la lettre au feu qui allait l'anéantir, lorsque Lafolie entra.

» — Que faites-vous donc là, mademoiselle, me dit-il, avec cette bougie allumée ?

» — Vous le voyez, je vais brûler cette lettre.

» — La brûler !... Mais vous n'avez donc pas regardé l'écriture, mademoiselle ? Autant que j'en puis juger par mes souvenirs, c'est celle d'une personne qui vous fut chère et que vous pleurez en ce moment même.

» Je jetai les yeux sur la lettre et je poussai un cri de bonheur. Ce n'était pas une lettre du pauvre Léonce : je l'accusais à tort : c'en était une de feu madame Duplessis, ma chère et vénérée grand'mère. Elle était datée de quelque temps avant sa mort, et protégée par un cachet parfaitement intact.

» Voici ce qu'elle contenait :

« Ma bien-aimée petite-fille,

» Je t'écris ces deux mots que te remettra Léonce, ton
» cousin, si je meurs avant de t'avoir revue. Il ignore ce
» que je vais te dire, et si tu le veux, il l'ignorera toujours.
» Ma main est trop faible pour faire des phrases ; je vais
» droit au but. Léonce s'est confié à moi ; il m'a fait un
» aveu qu'il n'osera jamais te faire. Il t'aime. Le bon et
» charmant mari que tu aurais là ! Agis selon ton cœur,
» pauvre orpheline, car te voilà instruite d'un amour que
» tu courrais grand risque de ne jamais connaître, mais
» que moi, ta grand'mère, je bénis d'avance, si tu viens à
» le partager.

» Adieu ! Plaise au ciel que je puisse te revoir encore et
» rendre inutile cette lettre dont le porteur ne soupçonne
» pas même le contenu !

» Ton affectionnée grand'mère,
» OLYMPE DUPLESSIS. »

» — Lafolie, ai-je demandé, les yeux mouillés de larmes, à mon vieux serviteur, faudra-t-il mettre cette lettre dans mon journal ?

» — Oui, mademoiselle, mais une copie seulement, a répondu le vieillard. Vous placerez l'original à côté de la petite rose, dans votre livre de messe. Ce sera comme un double parfum de bonheur et d'espérance ! »

XXXII.

LA PROVOCATION.

Quelques jours après la mort de madame Duplessis, le neveu de la défunte vendit sa charge de notaire à son premier clerc qui la convoitait, remboursa son oncle, quitta Ernée et s'en vint à Paris, dans le but de s'y créer une position indépendante des bienfaits de son vieux parent, ainsi que nous l'avons vu dans le journal de sa jeune et jolie cousine, mademoiselle Julie d'Appencherr.

Nous le savons aussi, le vieux Duplessis quitta de même Ernée, et vint de son côté se fixer à Paris, où l'appelait l'objet principal de sa haine, ce d'Aronde sur qui se concentraient désormais toutes les fureurs de sa jalousie rétrospective, cet enfant de l'adultère, comme il l'appelait, ce fils du crime, cette preuve vivante du déshonneur de ses cheveux blancs.

Après avoir réglé avec son gendre, non sans conteste, au bénéfice de sa petite-fille, les affaires de la succession de la défunte, il se hâta d'aller voir Brioude, qu'il trouva très souffrant encore de sa blessure, mais cependant en bonne voie de guérison.

Sa seconde visite fut pour Tiennette, dont il avait su apprécier la froide et ingénieuse méchanceté.

Lorsqu'il se présenta chez elle, on lui fit faire antichambre.

— Il y a chez madame, lui dit la cameriste, un personnage de distinction, qui ne saurait rester bien longtemps maintenant, mais dont il m'est défendu de troubler l'entretien.

— J'attendrai, répondit le vieillard.

La servante avait disparu. Duplessis, placé près de la porte, put saisir assez distinctement une conversation qui touchait à sa fin.

— Vous savez, madame, disait courtoisement une voix d'homme, vous savez le prix que nous attachons à une déconvenue ridicule, à une débandade grotesque. Vous suivrez les événements, vous laisserez aller les choses, de façon à rendre la défaite plus complète. C'est le meilleur moyen d'en finir une bonne fois pour toutes.

— Je comprends parfaitement, monsieur, répondit Tiennette, le rôle dont vous me faites l'honneur de me charger ; mais est-il bien nécessaire que je parte à l'instant ?

— Il vous est accordé quinze jours pour tout délai.

— N'ai-je point à craindre quelque persécution ? Ce n'est pas que je sois timide, vous le savez ; j'ai d'ailleurs, dans ces armoires de fer, des armes qui jamais ne ratent. Mais me laissera-t-on le temps de m'en servir ?

— Marchez avec assurance, répondit la voix. Des gardiens invisibles, éparpillés sur votre route, veilleront à votre sécurité, et vous n'ignorez pas comment nous entendons les protections occultes.

— Allons, dit Tiennette en se levant, je vous obéirai une fois encore, puisqu'il le faut ; mais que ce soit, monsieur, mon dernier voyage. Je deviens paresseuse, et j'aspire au repos. Les excursions lointaines altèrent ma santé et dérangent mes affaires personnelles. A l'avenir, combinez, je vous prie, les bons offices que je puis vous rendre, avec ma vocation de plus en plus forte pour la vie sédentaire.

— Permettez-moi, madame, de vous faire observer encore une fois que, si ce dernier voyage vous répugne, rien ne vous est plus facile que d'en décliner les fatigues.

— Oh! non, non, je tiens à le faire, je tiens à assister de mes propres yeux aux événemens qui se préparent. C'est un service d'adieu que je veux rendre, de ma personne, à la cause que je sers.

— Dites : que nous servons tous deux.

— Soit! mais, ajouta-t-elle *in petto*, chacun de nous à sa manière.

Tiennette, en effet, ne révélait pas là toute sa politique de femme et d'intrigante. Un de ses mobiles principaux, en acceptant cette mission lointaine, était de ne point se dessaisir, pour les confier à un tiers, des documens décisifs dont l'interlocuteur la savait dépositaire parmi les innombrables papiers de son armoire de fer. Elle avait peut-être l'arrière-pensée d'en tirer parti sur place, selon les événemens, au profit, qui sait? de ses propres intérêts ou de ses sentimens particuliers.

Tout paraissant convenu, l'interlocuteur prit congé. Tiennette le reconduisit jusqu'à la porte de son cabinet, avec un singulier mélange de défiance extérieure et de supériorité intime.

C'était un homme de haute stature, de belles manières et de tournure élégante, que le lecteur a déjà entrevu plusieurs fois dans le cours de cette histoire, notamment sur le vapeur russe le *Paul Ier*, et plus tard dans l'étude du notaire d'Ernée.

— Monsieur Duplessis! s'écria l'étranger en reconnaissant le vieillard qui attendait son tour d'audience.

— Monsieur de Latanoff! s'écria de son côté le vieux Duplessis, qui se souvenait d'avoir reçu ce diplomate le lendemain même de son entrevue avec Montreuil.

— Hé bien! monsieur, reprit Latanoff, vous vous êtes donc dessaisi de ces fameux papiers pour la simple communication desquels j'avais offert vingt-cinq mille francs, je crois, que votre neveu a eu la naïveté de refuser, et que j'eusse volontiers payés, qui sait! un million et plus?

— Que voulez-vous, monsieur, répondit caustiquement le vieillard; on a parfois dans la vie de singuliers caprices! je les ai donnés pour rien, moi.

— Pour rien? répéta Latanoff. Peste! c'eût été trop cher. Je n'eusse pas pu les payer ce prix-là.

— Que voulez-vous dire?

— Je veux dire, répondit Latanoff, en homme parfaitement édifié sur les faits accomplis, que vous avez fait un échange qui n'était pas en mon pouvoir.

— Comment! s'écria Duplessis, vous savez...

— A quoi servirait la diplomatie, reprit Latanoff en regardant Tiennette, si elle avait l'oreille dure et la vue basse? Quand il lui arrive d'échouer d'un côté, elle prend sa revanche de l'autre. Je regrette que nous ne nous soyons point entendus. Je le regrette pour vous surtout.

— Pour moi? dit Duplessis.

— Oui, certes : cela vous eût épargné bien des ennuis!

Après avoir jeté ces paroles d'un ton légèrement railleur, Latanoff salua le vieillard étonné, toucha de sa main gantée le bout des doigts de Tiennette et disparut.

— Madame, dit le vieillard à la laide, quand il se vit seul avec elle, c'est en vous que j'ai foi pour mener ma vengeance à bonne fin. La plupart des moyens employés jusqu'ici ont échoué par la sottise de mes agens.

— Les bons complices, dit Tiennette, sont aussi rares que les bons ténors.

— Nous devions ruiner ce d'Aronde de fond en comble, et voilà que, toutes dettes payées, y compris ma créance, il lui restera encore quelque chose comme une centaine de mille francs, grâce à la dot de sa femme.

— Cela vous apprendra, répliqua amèrement Tiennette, à combiner vos plans sans tenir compte des vertus de mon sexe! Il faut toujours faire la part de l'extraordinaire dans les choses de ce monde.

— J'espérais, moi, le faire traduire en police correctionnelle, comme escroc, comme fabricant de billets frauduleux, après cessation de paiemens, et voilà que le stupide dépositaire de ces valeurs mensongères s'en laisse offrir le remboursement immédiat.

— Suite du même oubli.

— Enfin, nous devions jeter dans son ménage l'opprobre que son père à lui, son odieux père, n'a pas craint peut-être de jeter dans le ménage d'autrui, et voilà que nous avons pour Lovelace un imbécile qui devient sérieusement amoureux, un pusillanime qui n'a pas même la force de garder Clarisse sous son toit jusqu'au lendemain, un illuminé qui se laisse duper par des apparitions de l'autre monde.

— Oui, dit Tiennette, Brioude m'a raconté cette histoire de fantôme. Il a mal vu, mal reconnu sans doute. L'émotion, la peur et la souffrance ont dû égarer ses yeux. Mais néanmoins cela m'intrigue.

— Vous croyez donc à cette intervention de voisine?

— Pourquoi pas? Brioude n'est pas assez poëte pour inventer des choses aussi dramatiques.

— Quoi qu'il en soit, il n'a qu'à se bien tenir, murmura Duplessis. J'ai là, dans mon portefeuille, les deux cent cinquante mille francs de lettres de change, emportant prise de corps, que m'a cédées le Balancier, et je ne sais qui me retient de l'envoyer à son tour méditer à Clichy sur la réalité des gnomes et des farfadets. Nous verrons si quelque secourable voisine viendra aussi le tirer de là !

— Gardez-vous de le mettre à pareille épreuve, interrompit Tiennette.

— Vous croyez que ce serait injuste?

— Injuste, je ne sais : tout est juste envers de telles gens quand il y a nécessité ; mais ce serait inhabile, à coup sûr, dans les circonstances présentes.

— Ainsi vous voulez que je le laisse libre?

— Libre, oui, mais de mal faire.

— Comment?

— Rien de plus simple. Ce d'Aronde, que vous détestez et que moi je... enfin n'importe! ce d'Aronde est invulnérable comme capitaliste, invulnérable comme mari, grâce à la générosité qu'il a eue naguère pour sa femme, et grâce au dévouement que sa femme a maintenant pour lui. Soit! mais tout au moins est-il vulnérable comme homme du monde. Qui ne l'est pas? Il suffit des plus faux semblans pour éveiller la malignité publique. L'apparence équivaut pour être à la réalité. Qu'importe qu'il soit le plus heureux mari du globe, s'il a l'air d'en être le plus malheureux ? C'est là, là, qu'il faut l'attaquer désormais ; c'est dans sa vanité d'homme, dans son orgueil de mari, qu'il faut chercher le défaut de la cuirasse.

— Hé quoi! vous en connaîtriez le moyen? interrompit le vieillard avec sa joie sinistre.

— Ce moyen est tout trouvé : il ne s'agit que de le mettre en œuvre.

— Qui s'en chargera?

— Brioude.

— Encore Brioude? il est si maladroit!

— Tant mieux!

— Comment, tant mieux?

— Je m'entends. Vous pensez bien qu'une rencontre est inévitable entre eux. Je connais assez d'Aronde pour être certaine qu'il n'attend que le rétablissement du ravisseur de sa femme pour lui demander satisfaction d'un pareil outrage. Je n'ai pas besoin de vous indiquer le parti qu'avec un peu d'adresse on peut tirer d'un duel, comme témoin surtout. On ne se bat pas sans dire pourquoi. Les adversaires le disent aux témoins, et les témoins au public, sans compter la justice, qui s'en mêle quelquefois aussi, et qui est encore bien plus curieuse. Tout est là.

— Je comprends : le scandale est inévitable ici.

— Je vous crois assez vindicatif pour ne pas douter de votre intelligence.

— Mais vous, ô ma lumineuse conseillère, où diable pouvez-vous puiser de si admirables abominations? Ce n'est pas l'intérêt qui vous inspire, puisque vous avez repoussé avec tant de dédain les témoignages de ma gratitude. Qu'est-ce donc? Permettez-moi de le dire, vous me paraissez aimer le mal pour lui-même.

— Oui, en effet, répondit Tiennette, en comprimant les émotions contradictoires qui tourmentaient son âme en ce moment; moi, je fais de l'art pour l'art. Sans adieu, monsieur. J'espère vous revoir bientôt avec un plan savamment combiné sur cette base.

— Acceptez-en l'augure. Au revoir donc, madame.

Cependant, depuis quinze jours qu'il était rentré chez lui, d'Aronde avait employé son temps de la façon la plus utile et par conséquent la plus louable. Il avait terminé la liquidation de ses affaires, payé tous ses créanciers, renvoyé à la dame de la rue de Chaillot la somme prêtée par elle à sa femme, congédié la plupart de ses domestiques, réformé ses voitures, diminué ses dépenses de toute sorte, et donné congé de son somptueux appartement.

Le vieux Duplessis vint lui rendre visite sur ces entrefaites. Il ne voulait pas être soupçonné de connivence dans le mauvais usage qu'on avait fait des cent mille francs de billets souscrits à son ordre par d'Aronde.

— Je les avais remis tout naturellement à Brioude, dit-il, avant mon départ de Paris, comme une valeur dont il était simplement chargé d'opérer le recouvrement à l'échéance. J'étais loin de penser que le besoin d'argent conduirait cet étourneau à les déshonorer par des endos compromettans, dans l'espoir, heureusement déçu, de les rendre plus facilement escomptables. Mais je vous venger, mon jeune ami. Non-seulement j'ai retiré vos billets d'entre les indignes mains, mais je possède en outre pour deux cent cinquante mille francs de sa propre signature, avec protêt et jugement. Dites un mot, et je donne l'ordre au garde du commerce de mettre la sentence à exécution.

— Ah! monsieur, s'écria d'Aronde, je n'ai aucun droit à vous demander un service, mais je vous aurais une éternelle reconnaissance si vous consentiez au contraire à surseoir à cette exécution.

— Pourquoi donc? demanda le vieillard, qui était censé ignorer complétement ce qui s'était passé entre Brioude et d'Aronde.

— Je ne puis vous le dire. Qu'il vous suffise de savoir, monsieur, que j'ai besoin de la liberté de cet homme.

— Soit! j'attendrai, trop heureux de pouvoir faire quelque chose qui vous soit agréable. Je désire d'ailleurs très vivement vous obliger d'une façon plus importante. Vous êtes jeune, actif, intelligent et probe; vous avez été malheureux en affaires; vous avez une revanche éclatante à prendre avec la fortune, car il n'est pas possible que vous vous teniez pour battu, à votre âge, sur une première défaite.

— J'ai, en effet, de grands projets en tête.

— Ah! ah! quelque opération de finance, sans doute?

— Dieu m'en garde!

— Hé bien! vous avez raison. Il faut renoncer à la Bourse, comme à Satan, à ses hausses et à ses baisses. De la spéculation positive, du commerce sérieux, de l'industrie véritable, à la bonne heure! Il n'y a que cela. Si vous avez besoin d'un associé, d'un commanditaire, pour n'importe quelle somme, je suis là.

— Je prends bonne note de votre proposition. Mais en attendant, puisque je me suis vu forcé d'accepter le dévoûment de madame d'Aronde, je ne veux pas du moins l'accepter à moitié. Obligez-moi de vous laisser rembourser par anticipation les cent mille francs que vous m'avez prêtés. Je tiens à recommencer ma vie financière à nouveau. L'avenir doit-être complétement dégagé du passé.

— A votre aise, mon jeune ami.

— Voici vos cent mille francs, monsieur.

— Voici vos billets. Mais n'oubliez pas que je vous suis tout dévoué.

— Je m'en souviendrai à l'occasion.

Ainsi se passa la première entrevue des deux interlocuteurs, qui depuis se revirent plusieurs fois encore, soit à la Bourse, soit chez d'Appencherr.

— Tout espoir de vengeance n'est pas encore perdu! se disait Duplessis en quittant d'Aronde. Sachons attendre et profiter des circonstances. Ma haine peut être patiente, elle aussi, car je sens qu'elle est éternelle.

— Ah! l'honnête homme! se disait de son côté d'Aronde. Rien n'est désespéré pour moi, puisque j'ai eu le bonheur de rencontrer un ami si loyal et si généreux.

D'Aronde se livra dès lors, avec un redoublement d'ardeur, à l'étude d'un projet d'usine, sur la réalisation duquel il comptait pour rétablir sa fortune, ou tout au moins pour restituer à sa jeune femme l'intégralité de sa dot.

Or, un matin (c'était le dix-huitième depuis son retour au logis), il fut dérangé de cette noble méditation par la venue du concierge d'en face.

— Ah! c'est vous, maître Corniquet? dit-il. Est-ce qu'il y a du nouveau?

— Oui, monsieur, et du fameux! Vous savez bien, le Turc de mon premier étage?

— Eh bien?

— Eh bien! c'est un Turc comme vous et moi! c'est un Turc sans l'être; à preuve qu'il se nomme Brioude, et pas du tout Mustapha-ben-Papatacci, qu'il est sergent dans la garde nationale, qu'il demeurait ci-devant rue Taitbout, qu'il vient d'être condamné à vingt-quatre heures d'hôtel-des-z-haricots pour manquement de service, et que je tiens la chose du garde municipal qui est venu lui apporter la signification de son jugement. Mais aussi, je me disais bien qu'un Turc, venu à Paris pour y contempler la colonne, comme l'assurait son mamelouck, et qui ne demandir pas à monter dedans, c'était naturel sans l'être.

— Enfin, Turc ou non, comment va-t-il? demanda vivement d'Aronde.

— Mais pas trop mal, vous êtes bien honnête, et c'est ce dont j'ai cru devoir avertir monsieur, conformément à la recommandation qu'il m'a faite. Mon Turc postiche s'est promené hier en ville, comme vous et moi, en pantalon et en redingote, avec un cigare à la bouche. Si ç'avait été un vrai Turc, il se serait servi d'une grande pipe portée par des moricauds. Donc, c'était un faux Turc. On ne sait plus à qui se fier, parole d'honneur! Si fait pourtant, son mamelouck est bien un vrai mamelouck. Quant à celui-là, c'est du pur sang d'Osmanlis. La preuve, c'est qu'il parle parfaitement arabe. Je m'y connais. J'ai failli faire la campagne d'Alger.

— C'est bien, mon ami, interrompit d'Aronde, en glissant un louis dans la main du concierge qu'il congédia; me voilà averti. Merci.

Et prenant aussitôt son chapeau, d'Aronde, pendant qu'Estelle reposait encore, traversa la rue et entra chez l'homme qui avait si cruellement offensé la jeune femme.

Brioude était levé; il reçut poliment le visiteur et lui tendit un siége.

— Monsieur, lui dit d'Aronde sans répondre à son invitation, êtes-vous complétement guéri de votre blessure?

— Oui, monsieur, répondit Brioude.

— En ce cas, je viens reprendre notre entretien au point où nous l'avons laissé il y a quelque dix-huit jours. Ce ne sera pas long. Deux mots seulement sur notre situation respective. J'ai le droit de vous tuer, vous le savez.

Brioude fit un geste affirmatif, mais en homme qui sait fort bien aussi que son adversaire n'est pas d'humeur à user de ce droit.

— Je pourrais vous faire sauter la cervelle à l'instant même, et j'aurais des témoins qui certifieraient pourquoi.

Le coulissier éprouva un frisson involontaire à l'énonciation de cette simple hypothèse.

— Hé bien, monsieur, je renonce à ce terrible privilége, mais à une condition.

— Parlez, dit Brioude.

— Cette condition, la voici: c'est que le nom de madame d'Aronde ne sera pas prononcé dans ce débat, c'est que vous consentirez à donner un prétexte tout nouveau à notre rencontre.

— Je suis à vos ordres, monsieur.

— Ainsi, il est bien entendu qu'il ne sera dit à personne quoi que ce soit de relatif à la scène qui s'est passé ici ?

— Je le jure! Mais quel sera le motif de notre querelle?

— Je le trouverai. Bornez-vous à ne pas oublier d'être susceptible, et tenez-vous pour offensé, quoi qu'il arrive. Vous y gagnerez le choix des armes.

Brioude s'inclina en signe d'assentiment, comme un homme qui a recouvré cinquante chances de vivre sur cent. D'Aronde se retira sans ajouter un mot.

Le même jour, à trois heures de l'après-midi, la Bourse regorgeait de monde. Les joueurs assiégeaient littéralement la galerie circulaire où trônent les agens de change. On distinguait dans la foule monsieur Duplessis à côté de son gendre, le baron d'Appencherr, qui s'y trouvait selon son habitude; on s'entretenait parmi les divers groupes d'un désastre qui venait d'éclater dans nos possessions d'Afrique. Les spéculateurs en grossissaient les conséquences, afin de bénéficier, comme de coutume, sur cette calamité nationale.

Brioude, qui avait fait sa rentrée la veille, était au milieu de la mêlée, entouré de cliens et d'intimes, et se livrait à cette jactance d'homme *parfaitement renseigné* qui était dans son caractère.

— Il y a eu surprise, attaque pendant la nuit, pêle-mêle général, disait-il à tort et à travers, pour aider au succès des opérations qu'il avait en vue.

— Bah! répliquaient les rentiers alarmés.

— Je viens de lire l'*Akhbar :* le duc d'Aumale est blessé, les Arabes sont à deux heures d'Alger.

— Ce n'est pas vrai ! s'écria une voix énergique.

— Comment, ce n'est pas vrai? répliqua Brioude en cherchant l'incrédule dans la foule.

— Je me suis trompé d'expression, reprit l'interrupteur : j'ai voulu dire que vous en aviez menti !

A ces mots, Brioude vit en face de lui la figure pâle et sombre de d'Aronde.

— Monsieur, dit Brioude, vous m'insultez !

— C'est possible.

— Vous m'en rendrez raison !

— Quand vous voudrez.

Et d'Aronde jeta sa carte au visage du coulissier.

— Mon ami, lui dit le vieux Duplessis avec l'accent de la plus vive sollicitude, et en l'entraînant loin du lieu de la scène, y songez-vous ! un homme marié se battre ! Ce n'est pas possible; je ne le souffrirai pas.

— Toute intervention serait inutile, répondit simplement d'Aronde.

— Mais vous avez tort, lui dit à son tour le baron d'Appencherr, qui l'avait suivi comme son beau-père ; vous avez insulté cet homme sans motif raisonnable. S'il fallait réfuter à coups d'épée tous les mensonges qui se débitent à la Bourse, il n'y viendrait que des maîtres d'armes.

— Tort ou raison, dit d'Aronde, la chose est faite, elle aura son cours.

Duplessis passa son bras sous celui de son gendre.

— Il ne faut pas souffrir, lui dit-il avec l'accent de la plus parfaite bonhomie, que cette affaire soit livrée à des indifférens. D'Aronde est un des nôtres ; il a été longtemps lié d'intérêt avec vous, il a été l'employé de votre maison, le protégé de ma chère fille. Nous lui devons aide et protection.

— Vous croyez? dit d'Appencherr qui n'avait jamais eu pour d'Aronde une bien vive sympathie, et qui ne se souciait pas trop d'être mêlé à cette affaire.

— Assurément, répondit le beau-père. Il faut éviter quelque malheur

Puis, se rapprochant de d'Aronde,

— Mon cher ami, lui dit-il, vous n'avez pas de témoins ?

— J'en trouverai, répondit celui-ci.

— N'en cherchez pas.

— Pourquoi ? dit d'Aronde surpris.

— On n'abandonne pas ses amis dans les momens difficiles. Le baron et moi, nous vous en servirons.

— Je vous rends grâces, monsieur. Mais le duel, quelque impérieux qu'il soit quand il s'agit de défendre son honneur, n'en est pas moins défendu par le Code. Les témoins d'une rencontre courent le risque d'être inquiétés et de payer de leur liberté une complaisante participation. Permettez-moi de refuser : ce serait abuser de votre bienveillance.

— Du tout ! vous ne sauriez refuser deux de vos meilleurs amis. Si cette affaire a des suites, ce que je ne saurais penser encore, nous ne devons pas permettre que vous, homme distingué et plein d'avenir, vous vous livriez peut-être à des écervelés. Pardieu ! quoique vieux, on a encore bon pied, bon œil, bon bras. On se souvient d'avoir manié fort agréablement l'épée et le pistolet. Il est plus d'un Allemand qui pourrait encore vous en montrer la preuve.

D'Aronde songea alors à l'espérance qu'il avait conçue de rendre à sa femme la vie luxueuse dont elle était privée; il se rappela les propositions généreuses du vieillard; il entrevit enfin de quel prix éventuel pouvaient être ses bonnes grâces.

— Vous le voulez? dit-il.

— Je l'exige, ou tout est fini entre nous.

— Eh bien ! j'accepte.

— A la bonne heure donc ! D'Appencherr et moi nous nous entendrons avec les témoins de votre adversaire.

— Surtout, dit d'Aronde, pas de transaction. Une rencontre est inévitable.

— Quel est donc le motif d'une pareille agression ? demandaient pendant ce temps à Brioude les joueurs qui l'entouraient de son côté.

— Ce n'est pas difficile à deviner, répondit loyalement Brioude ; j'ai eu commission de vendre en baisse des valeurs sur lesquelles d'Aronde opérait en hausse. De là sa haine contre moi.

Cette explication parut on ne peut plus satisfaisante à la galerie. Ce n'était pas la première fois, tant s'en fallait, qu'on se battait pour une question d'argent.

— C'est égal, pensait le courtier, je suis l'offensé. J'aime mieux cela. Au pistolet, j'ai le droit de tirer le premier et j'ai le coup d'œil juste ; à l'épée, je tiens tête à Grisier. Il se peut que je ne sorte pas trop mal de ce mauvais pas.

D'Aronde rentra chez lui et embrassa sa femme comme si rien d'extraordinaire n'était survenu.

Le soir, monsieur Duplessis vint le voir et lui rendit compte à part des résultats de sa démarche.

— Eh bien, mauvaise tête! vous allez être content.

— Chut! dit d'Aronde en montrant l'appartement de sa femme.

— C'est juste, elle ne doit rien savoir. C'est pour demain.

— Quel moment?

— Huit heures.

— Quel lieu ?

— La porte d'Auteuil.

— Quelle arme ?

— L'épée.

— Quelles conditions?

— Vous les connaîtrez demain l'un et l'autre sur le terrain même. Le rendez-vous du départ est à sept heures précises au café Cardinal. Adieu.

M. Duplessis se retira.

— Enfin ! se dit d'Aronde, demain donc, je serai mort ou vengé.

Et il rentra dans son cabinet, où il se hâta d'écrire ses dernières volontés.

— Que faites-vous donc, mon ami ? lui dit gaîment sa femme, en venant le rejoindre. Je vous trouve ce soir un peu trop laborieux.

D'Aronde achevait d'écrire la suscription d'une large

enveloppe soigneusement cachetée : *A madame****, *Grande Rue de Chaillot, nº 27. — Pour elle seule.*

— Encore cette inconnue que vous me paraissez connaître un peu trop bien ! s'écria Estelle avec une gentille moue. Vous êtes donc en pleine correspondance ? Je voudrais pourtant bien savoir...

— Tu sauras tout un jour, répondit d'Aronde en tirant le cordon de la sonnette.

Un domestique parut.

— Portez tout de suite ceci à son adresse, lui dit d'Aronde.

Le domestique partit.

— Pauvre chère Estelle ! pensa d'Aronde en baisant les mains de sa femme avec un redoublement de tendresse. Demain peut-être, elle sera veuve, mais je mourrai plus tranquille en la laissant sous la sauvegarde de la plus sincère amitié.

Pendant ce temps, monsieur Duplessis s'était transporté chez Tiennette et l'avait mise au courant.

— Tout dépendra, lui dit-il, du cours plus ou moins fortuit des circonstances. Mais vous savez que le hasard est un dieu qui se laisse volontiers maîtriser par l'habileté. Comptez sur moi : je serai vengé, et quant à vous, madame, votre amour de l'art sera satisfait, j'aime à le penser. A demain donc, et bon espoir.

Tiennette se jeta dans un fauteuil avec désespoir quand le vieillard fut sorti.

— Folle que je suis ! s'écria-t-elle, à quoi me servira de briser d'Aronde, que je pourrais élever si haut ? Puis-je arracher de mon cœur le sentiment qui me torture ? Non cela m'est impossible ! Je terrasse cet homme, soit ! je lui enlève ses biens, ses joies, ses espérances, et tel qu'il est, abattu, anéanti, bafoué de tous peut-être, je l'aime, mon Dieu ! je l'aime plus que jamais !

XXXIII.

SUR LE TERRAIN.

Le lendemain, dès six heures du matin, une voiture de remise s'arrêtait à la porte de Brioude. C'était celle qui devait le conduire, en compagnie de ses témoins, au lieu fixé pour sa rencontre avec d'Aronde.

Après avoir reçu les instructions de Brioude, le dernier des Lafleur vint donner l'ordre au cocher d'aller prendre ces messieurs à leur domicile pour les amener chez son maître.

Pendant que le cocher exécutait cet ordre, Brioude se hâta d'arrêter, à tout événement, ses dernières dispositions. Il ne fit pas de testament proprement dit, car l'état de ses affaires était trop confus en ce moment pour qu'il en léguât à personne le résultat problématique : c'eût été s'exposer peut-être à léguer des dettes ; ridicule qu'il voulut épargner à sa mémoire. Il aima mieux laisser à ses débiteurs et à ses créanciers le soin difficile de débrouiller le chaos de son hoirie.

Brioude était d'ailleurs tout à fait seul au monde. Orphelin depuis vingt ans, sans lien sérieux, sans affection profonde, il avait uniquement pour famille la Bourse, pour culte l'agiotage, pour joie ou pour douleur et la hausse et la baisse.

Il crut devoir borner sa munificence posthume à quelques dons en argent ou en objets mobiliers, dont il dressa une liste, dûment signée, avec indication de ses bénéficiaires, amis, connaissances et serviteurs.

Monsieur et madame Corniquet y furent inscrits pour une forte gratification, non compris sa défroque entière de faux musulman.

Brioude écrivit ensuite une longue lettre.

Cela fait, il sonna le dernier des Lafleur. Celui-ci parut sur le seuil, les bras pendans, la tête inclinée, les pieds en dehors, d'après les traditions dramatiques de M. Saint-Aulaire.

— Avance à l'ordre, mon dévoué Scapin, lui dit Brioude, avec la gaîté un peu sinistre qu'un caractère de la trempe du sien devait avoir en si grave circonstance.

Le valet, fidèle à ses souvenirs de théâtre, arpenta l'appartement, en simulant le pas tragique, c'est-à-dire en faisant marcher le même pied deux fois de suite, comme s'il eût été Pyrrhus ou Agamemnon.

— Je vais sortir, dès que tu auras introduit les personnes que j'attends.

— Quelles personnes ? Des amis de monsieur ?

— Oui, des amis... des amis de cœur et de lansquenet.

— Accompagnerai-je monsieur ?

— Non. Il ne peut arriver que je ne rentre pas.

— De la journée ?

— Mieux que cela. Pas du tout.

— Pas du tout ?

Vous me frappez, seigneur, d'horreur et d'épouvante !

ajouta solennellement l'ancien comparse du Théâtre-Français.

— En ce cas, reprit Brioude, autrement dit s'il est dûment constaté que l'âme de ton maître

Hélas ! est retournée au céleste séjour ,

tu ouvriras ce meuble dont voici la clef. Tu y trouveras une série de recommandations que je te charge d'exécuter. Tu y prendras une somme assez ronde que je te laisse, et au moyen de laquelle tu pourras suivre enfin ta vocation théâtrale, et même , si tu tiens aux grandeurs, te faire directeur forain d'un spectacle de marionnettes.

— Mon Dieu ! dit le valet-comédien, vous me voyez navré d'une telle munificence, car, comme le dit Polyeucte, un joli rôle que la cabale m'a empêché d'aborder :

Je vous aime,
Le ciel m'en est témoin, cent fois plus que moi-même !

— Je te remercie de ce tendre alexandrin. Ne te désole pourtant pas d'avance. Je te promets de faire tout mon possible pour ne point te priver du maître que tu adores. Mais il faut tout prévoir, même les choses les moins vraisemblables. Or, quand on se bat en duel...

— En duel ! fit le dernier des Lafleur, en levant les bras perpendiculairement, par un geste de Conservatoire ; ah ! seigneur, vous ne sauriez donc renoncer à cette fâcheuse habitude ! Je gage que c'est avec le mari d'en face.

— Oui.

— Un duel pour une femme, comme au cinquième acte de... de je ne sais combien de pièces.

Sans accuser le sort ni le ciel d'injustice,
Prenez garde au péril qui suit un tel service !
Vous hasardez beaucoup, seigneur, songez-y bien

— Il est vrai, répondit burlesquement Brioude, en manière de rime :

Mais, on l'a dit, qui ne hasarde rien
N'a rien.

Du reste, pas un mot à qui que ce soit, que je revienne ou que je reste en route, pas un mot sur la véritable cause de ce combat. J'ai promis de me taire à ce sujet, et je te lègue mon serment. Nous sommes censés nous battre pour une question de Bédouins. C'est original.

— Que vos mânes se rassurent, seigneur,

Je serai sur ce point muet comme la tombe.

— Enfin, continua Brioude, tu trouveras dans ce même secrétaire une lettre que j'y ai déposée, toujours en vue de ladite hypothèse, et que tu porteras à monsieur d'Aronde, « parlant à sa personne. »

— Hé quoi ! à votre adversaire ?

— A lui-même.

— Je n'ai rien vu de semblable au Théâtre-Français. Cela n'appartient pas à l'ancien répertoire, au répertoire classique. C'est légèrement entaché de romantisme. Mais vous pouvez néanmoins compter sur moi. Célérité, zèle et discrétion!

— Voilà tout, ajouta Brioude. Et maintenant, une poignée de main, mon brave et fidèle confident!

— Ah! monsieur, vous me comblez!

— A présent, laisse-moi, et va attendre ces messieurs... Sept heures moins dix... Ils ne doivent pas tarder.

— Je me retire, seigneur, et vais prier la Parque d'épargner le précieux fil d'une si chère existence.

— Oui, oui, mon garçon, va prier la Parque, va!

L'ex-comédien sortit lentement du salon, à pas saccadés, comme il y était entré, le dos voûté, la tête branlante et les bras ballans, et Brioude l'entendit déclamer dans l'antichambre:

O vengeance! ô tendresse! ô nature! ô devoir!
Qu'allez-vous ordonner d'un cœur au désespoir?

Les témoins attendus arrivèrent alors. C'étaient deux dandies émérites du boulevard italien, deux virtuoses de baccarat, deux viveurs ruinés, deux gentlemen d'existence assez équivoque, mais parfaitement experts en matière de duel. Brioude les rejoignit dans la voiture, qui partit aussitôt.

D'Aronde avait été rejoint, de son côté, au café Cardinal, par Duplessis et par d'Appencherr, et ils se mirent en route à sept heures précises.

Les deux lugubres trios arrivèrent séparément, mais presque en même temps dans la partie du bois de Boulogne qui est voisine de la porte d'Auteuil. C'est un des endroits les plus solitaires du bois, en automne et à ce moment de la matinée surtout. Il était huit heures moins quelques minutes.

Après s'être salué réciproquement, on procéda au choix du terrain. Le temps était sombre; il avait plu toute la nuit, le sol était détrempé: ce choix offrait donc des difficultés.

— Cet emplacement, dit enfin l'un des témoins de Brioude à ceux de d'Aronde, vous paraît-il convenable, messieurs?

— Tout est submergé par la pluie, répondit Duplessis; autant celui-ci qu'un autre. Il est suffisamment écarté d'ailleurs, et nous met en garde contre la curiosité de messieurs de la maréchaussée. Adopté!

— Adopté! répétèrent les trois autres.

Duplessis prit alors d'Appencherr à part.

— Vous m'êtes dévoué, baron? lui demanda-t-il en fixant sur lui ses yeux d'hyène.

— En douteriez-vous, cher beau-père? Mais pourquoi cette question en pareille circonstance?

— Vous êtes mon co-témoin dans cette affaire.

— Ce dont je me passerais fort bien; mais vous l'avez voulu avec votre entêtement ordinaire.

— J'avais mes raisons.

— Lesquelles?

— Vous n'avez pas besoin de les connaître. Contentez-vous de me promettre que vous serez, quoi que je dise, du même avis que moi.

— Hé mon Dieu, il n'en saurait être différemment avec vous. En fait de duel, d'ailleurs, je n'ai pas plus de théorie que de pratique, et je m'en suis toujours assez bien trouvé.

Duplessis, satisfait de cette promesse, s'approcha avec son gendre des témoins de Brioude.

— Messieurs, leur dit-il, avez-vous apporté des épées?

— En voici, répondit l'un d'eux. Le sort décidera entre celles-ci et vos propres armes.

— Nous acceptons les vôtres, répondit l'infatigable vieillard. Rien de changé, du reste, aux conditions arrêtées hier entre nous?

— Rien.

— Il est bien entendu que le maximum de la durée du combat est fixé à dix minutes?

Les témoins de Brioude s'inclinèrent.

— Et en effet, comme nous l'avons reconnu unanimement, rien n'est plus futile que cette querelle: nous devons tout faire pour qu'elle n'ait pas de suite funeste.

Nouvelle inclination affirmative.

— Ainsi donc, sans vouloir pour cela réduire l'engagement à un ridicule assaut de salle d'armes, nous tâcherons d'empêcher les coups qui entraîneraient certainement mort d'homme?

— C'est entendu.

— Dieu veuille que nous y puissions réussir!

Pendant que les témoins tenaient ainsi conseil, les deux adversaires se promenaient de long en large, à vingt pas de distance.

Brioude fumait tranquillement un philosophique panatellas.

D'Aronde, plus pâle que de coutume, n'était pas moins calme, malgré la colère qui bouillonnait en son âme, et marchait d'un pas ferme et résolu.

— Le vieux coquin, se dit Brioude en lançant dans la direction de Duplessis les bouffées de son cigare, il ne s'est pas contenté de composer la tragédie, il a voulu y jouer un rôle.

Enfin, les témoins se rapprochèrent d'eux, mesurèrent les épées, les tirèrent au sort et placèrent les combattans en face l'un de l'autre.

Duplessis leur fit connaître alors la convention qui réglait la durée de l'affaire.

Brioude l'entendit avec son imperturbable insouciance; mais d'Aronde se récria vivement contre ce peu de durée.

— Nous ne saurions, en conscience, vous accorder une minute de plus, répondit Duplessis. La cause du duel a paru trop légère aux témoins de l'offensé pour exiger davantage, et ce n'est point à l'offenseur qu'il appartient de réclamer en pareil cas. Attention, messieurs!

D'Appencherr, chargé de mesurer le temps, tira sa montre et se plaça du même côté que Duplessis, un peu en arrière de lui. Ce dernier se posta, la canne à la main, près de d'Aronde, pour surveiller la gravité des coups. Les deux autres témoins se placèrent de même, la canne à la main, près de Brioude, mais du côté opposé à Duplessis et à d'Appencher. Enfin, le vieillard frappa trois fois dans sa main pour donner le signal.

A la troisième fois les épées firent entendre leur sinistre cliquetis.

Brioude maniait l'épée avec une rare dextérité. C'était un tireur de style, assez fort sur la défense pour ne pas rompre à tout propos et pour risquer les fioritures de l'escrime. Il avait la main sûre, la vue excellente, le bras vigoureux, le corps agile. Il avait passé dix ans dans les salles d'armes, et avait boutonné la plupart des triomphateurs dont les noms brillent sur les affiches des assauts publics.

D'Aronde, au contraire, était plutôt un combattant qu'un tireur. Il s'appliquait bien plus encore à toucher l'adversaire qu'à se défendre de ses coups. C'est ainsi que nous l'avons vu, au début de cette histoire, blesser grièvement Dabiron, dans le duel qu'il eut avec lui pour l'empêcher de prétendre à la main de la fille après avoir été l'amant de la mère. D'Aronde marchait sur son ennemi avec une impétuosité, une vigueur, une audace bien faites pour étonner et pour éblouir un spadassin.

Ces deux genres d'habileté semblaient, au début de l'engagement, former une sorte de compensation. Brioude, devant cette méthode impétueuse, sentit qu'il fallait, avant tout, fatiguer son ennemi. Il para donc successivement et avec un rare bonheur les bottes qui menaçaient sa poitrine. Enfin, après une passe de cinq minutes, l'épée de d'Aronde se fit jour: c'en était fait du courtier, la pointe allait toucher sa poitrine.

Un de ses témoins et Duplessis, d'un mouvement de canne, détournèrent simultanément le coup. L'épée du mari d'Estelle se perdit dans le vide.

— Ah! se dit Duplessis, tu veux te battre pour un motif

supposé? tu ne veux pas compromettre ta femme? C'est ce que nous allons voir.

D'Aronde s'était arrêté pâle de colère.

— Qu'est-ce cela, messieurs? dit-il, et sommes-nous des enfans qu'on empêche de se blesser?

— Monsieur, répondit l'un des témoins de Brioude, nous sommes, vos amis et nous, responsables de l'issue de cette rencontre, et nous avons le droit d'en régler les conséquences.

— Mais, s'écria d'Aronde, c'est une dérision!

— Mon ami, dit Duplessis en intervenant, nous ne voulons pas nous compromettre, ainsi que vous, pour un motif futile.

— Futile! répéta d'Aronde.

— Sans doute, dit le vieillard, cherchant à arracher un aveu compromettant pour la réputation d'Estelle. Ah! s'il s'agissait d'une grave injure, ce serait bien différent. Ces messieurs et nous, nous comprendrions un combat à outrance, et nous pourrions l'autoriser.

— Mais il y a pis que cela! s'écria d'Aronde, oubliant dans sa fureur la résolution prise de taire le véritable motif du combat.

— Bah! Et qu'y a-t-il donc, reprit Duplessis avec une curiosité avide, sinon une simple querelle de Bourse, un différend à propos des fonds publics, un démenti donné, bien plutôt aux journaux d'Afrique qu'à votre adversaire lui-même? le nierez-vous?

D'Aronde se rappela alors la promesse qu'il s'était faite de ne pas mêler aux débats le nom vénéré d'Estelle; il se souvint de l'engagement qu'il avait exigé de Brioude, relatif au silence à garder sur la cause réelle de cette rencontre; il dut se taire, afin de ne pas compromettre la femme dont il défendait en ce moment même l'honneur.

— C'est vrai, dit-il.

— Eh bien! ne trouvez pas étonnant que l'on cherche à prévenir une catastrophe.

Les champions se remirent en garde; mais d'Aronde ne diminua rien de l'impétuosité de son jeu. Il menaça, par un revirement d'épée, prodige d'adresse et de précision, deux fois la poitrine de son adversaire; deux fois ces coups terribles furent écartés. Irrité par ces obstacles, animé par un légitime désir de vengeance, d'Aronde, pour arriver jusqu'à son ennemi, négligea un moment de se couvrir: l'épée de Brioude lui rasa le flanc droit.

Une tache vermeille teignit immédiatement sa chemise et indiqua que le coup avait porté. D'Aronde fit un pas en arrière sans baisser son épée.

— C'est assez, dirent les témoins de Brioude, intervenant sur un signe du vieillard; l'honneur est satisfait.

— Etes-vous gravement blessé? demanda Duplessis avec intérêt, tandis que le baron d'Appencherr constatait quatre minutes écoulées à sa montre.

— Non... dit d'Aronde... non... ce n'est rien... c'est une égratignure... continuons.

— De grâce, reprirent les deux témoins du vainqueur, restons-en là.

— Si monsieur le désire, fit Brioude avec une certaine noblesse, je le remercierai de l'honneur qu'il vient de m'accorder, et je me tiens pour satisfait.

— Ah! tu es satisfait? s'écria d'Aronde furieux.

— Mon ami, et Duplessis, faisant semblant de vouloir le contenir, il y en a assez... pour une bagatelle, un mot en l'air, car il n'y a pas d'autre cause, que je sache.

— Vous avez tort, d'Aronde, ajouta d'Appencherr; vous forcez la main aux témoins, vous vous compromettez.

— Ah! tu es satisfait! continua d'Aronde sans écouter les remontrances et frémissant de colère!... Ah! tu crois que je baisserai la tête devant toi à la première égratignure!... Ah! tu profites d'une modération de langage dont tu connais la cause! Eh bien! faut-il donc que je te crache au visage pour te donner du cœur?

— Il y a donc un motif caché? dit Duplessis avec un sourire diabolique. Répondez, monsieur Brioude, y a-t-il en effet un motif plus grave que celui dont nous avons connaissance?

Et il fit un clignement d'œil au courtier. Il sembla en ce moment que Brioude voulût racheter ses torts par une conduite digne et loyale, car il supporta avec froideur et dédain le regard de son tyran.

— Non, il n'y a pas d'autre raison à ce duel, dit-il, mais sa gravité est maintenant doublée par la récidive.

Brioude était plutôt pâle d'émotion que de colère. Cet outrage devant témoins, sur le terrain, en face du danger, ne devait point rester sans réparation. Il comprenait d'ailleurs que le courroux de d'Aronde ne pouvait être apaisé que par une catastrophe. Il était résigné.

— Je suis à vos ordres, répondit-il à son adversaire en mordant ses lèvres blêmes.

Le combat recommença entre ces deux hommes qui s'étaient juré le secret sur la raison de leur inimitié. De part et d'autre les témoins s'efforçaient de prévenir les coups dangereux; les lames se cherchaient, s'attachaient l'une à l'autre comme si elles eussent été attirées par un aimant. D'Aronde, dont les forces s'affaiblissaient, tenta un vigoureux effort; il exécuta une manœuvre d'une hardiesse inouïe: par suite d'une feinte d'épée, l'arme de l'époux d'Estelle allait glisser enfin comme un serpent à travers les obstacles.

Duplessis devina ce coup décisif. Sa vengeance, déçue par la noblesse avec laquelle chacun des combattans gardait le silence sur l'origine secrète de leur différend, chercha ailleurs un aliment. Les mauvaises pensées ont leur soudaineté comme les plus généreux mouvemens du cœur. Il entrevit un moyen nouveau de déshonorer l'homme qu'il haïssait.

— Arrêtez! s'écria-t-il. Les dix minutes sont écoulées.

Duplessis avait bien calculé. N'avait pas temps: la pointe était parvenue, prompte comme l'éclair, inflexible comme la fatalité, à sa destination: l'épée s'était ensevelie dans la poitrine de Brioude une seconde à peine avant le commandement de Duplessis.

— Il fallait vous arrêter, dit le vieillard.

— M'arrêter! et le pouvais-je? s'écria d'Aronde. Demandez à ces messieurs.

— Les dix minutes étaient écoulées, reprit Duplessis.

D'Appencherr allait protester du contraire; mais Duplessis lança à son gendre un regard terrible qui lui imposa silence.

— Je suis désolé d'avoir à le dire, d'Aronde, continua le vieillard, mais il me semble que vous pouviez vous arrêter.

D'Aronde jeta en ce moment les yeux sur son interlocuteur. Pour la première fois il lui sembla lire sur ce visage ordinairement si bienveillant pour lui les signes d'une animosité cachée. Ce n'était plus ce regard doux et patient, cette expression de commisération affectueuse qui l'avaient décidé à accepter les bons offices du vieillard: c'était une froideur cruelle, un flegme menaçant.

Cependant Brioude avait chancelé, étendu les bras en avant, laissé choir son épée, et était tombé à deux pas de là comme un homme foudroyé.

D'Aronde, à la vue de ce moribond, oublia tout: sa propre blessure, l'offense faite à sa femme, la flétrissure qu'on avait essayé d'imprimer à son nom, les violences tentées, les haines ourdies, les embûches préméditées, la malveillance qui se révélait à lui d'une façon si inopinée: il ne vit qu'un homme qui se mourait.

— Courez jusqu'à Auteuil, s'écria-t-il; ramenez-en un médecin. Il est impossible de transporter le malade dans cet état.

— Le ciel nous est témoin, dit Duplessis en fixant obstinément sur d'Aronde son regard de basilic, que nous avons fait tout pour éviter ce dénoûment funeste.

— Vous êtes donc sûr, dit un des témoins du blessé au vieillard, qu'il y a eu infraction aux conventions arrêtées quant à la durée du combat, et malgré l'avertissement donné?

— Je le regrette vivement, répondit Duplessis.

Le chevalier de lansquenet sembla se concerter avec son compagnon.

— Il est évident que cela doit être, lui dit-il, puisque le survivant est accusé par ses propres témoins. Le coup a été si prompt que nous n'avons pas une idée bien exacte du fait.

— Qu'est-ce à dire? fit d'Aronde. Ne me suis-je pas conduit comme un homme d'honneur?

Les deux témoins de Brioude ne répondirent pas. Duplessis secoua la tête. D'Appencherr remit d'un air sombre sa montre dans son gousset.

—Vous deviez, dit Duplessis, vous arrêter à notre ordre.

— Mon adversaire s'est-il arrêté? dit d'Aronde, dont la blessure saignait sans qu'il s'en aperçût; n'a-t-il pas continué comme moi? Peut-on retenir son bras quand il est animé par la lutte?...

En ce moment, un bruit se fit entendre dans le feuillage des buissons voisins. Deux gendarmes apparurent aux combattans.

— Bravo! dit Duplessis. Tiennette a calculé les secondes comme un médecin qui tâte le pouls... C'est un instrument de précision que cette femme-là !

— Messieurs, dit le brigadier, je vois ici un mourant et des témoins ; je suis obligé de dresser procès-verbal. Vos noms et qualités?

A ce moment, Brioude recueillit, pour parler, le peu de forces qui lui restaient.

— Ne faites point attention, dit-il, à ce qu'on dira... C'est faux... il y a là un traître... un infâme... qui veut vous tromper...

— Qui donc? dirent les témoins.

— Qui donc? fit le brigadier.

— Qui donc? dit Duplessis avec un imperturbable sang-froid.

Brioude essaya de mouvoir ses yeux mourans; il fit de vains efforts pour désigner l'homme qui avait été la cause première de ce duel, l'instigateur de tant de malheurs, et qui, à cette heure suprême, accusait effrontément l'innocent : il voulut désigner le vieux Duplessis.

— Voilà, dit-il, le fourbe... le lâche... le traître... qui m'a tué... qui m'a assassiné... qui m'a...

Et il tâcha de soulever son bras, mais la nature était épuisée; il poussa un gémissement, se crispa, s'étendit à nouveau sur le gazon et rendit l'âme.

Le brigadier demanda alors :

— Quel est l'adversaire du mort?

— C'est moi, répliqua d'Aronde.

— En raison des dernières paroles du défunt, dit le fonctionnaire, paroles qui sont une accusation véritable, il m'est impossible de vous laisser libre comme je le fais pour les témoins. Au nom de la loi, je vous arrête.

— Monsieur, dit d'Aronde avec le calme de l'innocent, faites votre devoir.

D'Aronde, placé entre les deux gendarmes, marcha d'un pas résolu vers la mairie d'Auteuil où il allait être détenu jusqu'à son transfèrement dans une prison de Paris, qui eut lieu le jour même.

Pendant ce temps les témoins de Brioude faisaient transporter son cadavre dans la maison la plus voisine.

D'Appencherr, sombre et inquiet, penchait la tête, n'osant regarder le vieillard dont il avait embrassé aveuglément la cause. Quant à Duplessis, il était ivre de joie.

— Je le voulais déshonoré par la faute d'autrui, par la révélation de la cause de ce duel, le voilà déshonoré par sa propre faute. Le projet de Tiennette devait réussir quand même. Cette drôlesse a du bonheur! Allons la prévenir. Ce pauvre diable de Brioude, j'en suis fâché, a payé le rachat de ses lettres de change un peu cher. Mais c'est aussi sa faute. Allons, venez, mon gendre. Mais à quoi diable pensez-vous donc... les yeux fixés sur ce gazon sanglant?

— Je pense, dit d'Appencherr, que d'Aronde n'a point été averti à temps, que les dix minutes n'étaient point écoulées, qu'il n'a pas pris un avantage déloyal sur son adversaire, et que par conséquent il ne saurait être accusé de...

Duplessis l'interrompit.

— Savez-vous l'état de votre fortune actuelle, monsieur? demanda-t-il en fronçant le sourcil.

— A quoi bon cette question? fit le baron inquiet.

— Je vais vous le dire. Vous l'avez aux trois quarts dévorée, et vous ne vivez que sur un immense crédit. Savez-vous d'où vous vient ce crédit? De ce que vous êtes mon gendre, et de ce que votre fille sera mon héritière. Que je dise un mot, vous êtes ruiné demain, ruiné comme l'était Brioude, comme l'est d'Aronde, comme le sera Léonce!

— Monsieur, dit d'Appencherr effrayé.

— Vous voyez bien, mon cher, que vous vous trompez par bonté d'âme, dit l'implacable vieillard, et que d'Aronde a eu tort de frapper le coup mortel, puisqu'il était averti à temps, et que les dix minutes étaient bien réellement écoulées.

Puis passant son bras sous celui du banquier effaré, il reprit avec lui le chemin de Paris.

La maison où les témoins de Brioude portaient son corps était un restaurant champêtre fort en vogue parmi les cavaliers et les amazones du bois de Boulogne.

Quand ils se présentèrent avec leur lugubre fardeau, ils trouvèrent sur le seuil un homme grand, pâle et grave, qui regarda avec attention le visage livide du mort.

C'était monsieur Masson.

— Voilà la main de Dieu qui se révèle, dit-il mélancoliquement. C'est ici que Dabiron vint, il y a quelques semaines seulement, pour se tuer, afin d'enrichir Brioude, spéculant sur son trépas, et c'est ici que Brioude est apporté sans vie aujourd'hui, victime, lui aussi, de son amour de l'or.

XXXIV.

DISCORDE.

— Huit heures et demie ! se dit Tiennette en suivant des yeux, avec une anxiété fébrile, l'élégante pendule de son cabinet de travail. Récapitulons encore une fois, pour vérifier la justesse de nos précédens calculs.—Arrivée sur le lieu du combat à huit heures précises, heure militaire, comme ils disent. Je ne doute pas de leur exactitude. On fait attendre un créancier, un protecteur, une maîtresse, un roi même : on ne fait jamais attendre l'homme à qui l'on se propose de couper la gorge. — Un quart d'heure, je suppose, pour le choix du terrain : huit heures un quart. — Cinq minutes pour les autres préparatifs et les dernières conventions : huit heures vingt. — Dix minutes au plus de combat; c'était irrévocablement convenu avec le vieux : total, huit heures trente. Nous y sommes. En ce moment même, tout doit être fini, et, grâce à mon avis, la gendarmerie royale fait son entrée en scène. Effet de surprise ! Il n'y manque véritablement qu'une ritournelle, avec tam-tam et grosse caisse. — Hélas ! j'ai beau tâcher de m'étourdir, en n'envisageant la chose qu'à son point de vue comique, je ne puis y réussir. J'ai chaud et froid en même temps ; je frissonne et je brûle. — Pourvu qu'il ne lui soit arrivé aucun mal, à d'Aronde, car pour l'autre, que m'importe!... Le choléra pourrait enlever des cargaisons de Brioude sans que j'en éprouvasse le moindre regret. — Mais lui ! mais d'Aronde ! — Ce qui motive ma peur, c'est qu'il est aussi honnête que brave. En pareil cas, cela porte assez généralement malheur. On dirait que le ciel se plaît à rappeler à lui les honnêtes gens. Je comprends cette préférence.—Oh! non, non, c'est impossible cette fois. Le seul but de la vengeance de Duplessis, comme le seul but de la mienne, était d'amener d'Aronde à révéler hautement le véritable motif du duel, afin d'avoir le droit de pousser les choses à outrance. Or, je ne connais que trop, malheureusement, l'amour et le respect qu'il porte à la sotte dont il a fait sa femme. Il aura persisté à ne pas prononcer son nom, et alors, Duplessis me l'a promis solennellement mon soir, les témoins auront persisté de leur côté à proportionner la durée du combat à la futilité apparente de la cause. Je puis donc être tranquille sur le résultat. — Tranquille ! — Non, je ne suis pas tranquille ! tant s'en faut ! J'ai beau faire, j'ai beau calculer, j'ai beau raisonner : l'inquiétude me dévore. Une heure encore de pareille angoisse, et la victime, la seule victime réelle de ce fatal combat, ce serait moi. — Et quand je pense que j'y ai poussé de toutes les façons !... Insensée !... — Allons, allons, pas d'inutiles regrets !... cela ne répare jamais rien. Au contraire, cela ôte toute présence d'esprit. — Mais comment en garder avec une pareille inquiétude !... — Essayons de travailler, en attendant des nouvelles positives. — Neuf heures ! — On ne peut tarder.

Et Tiennette s'assit devant son armoire de fer poli, aux riches arabesques et aux rainures dorées. Elle en ouvrit les fermetures à secret, en tira quelques liasses de papiers, et se mit à les compulser pour faire diversion à sa maladive impatience.

— En voilà de la prose ! dit-elle avec dégoût. C'est inouï comme le papier se prête à toutes les sottises humaines ! On prétend que ce qu'on ne saurait dire, on le chante. Il est encore bien plus vrai qu'on l'écrit, Et on l'écrit sans songer qu'on laisse ainsi de sa faute une preuve irrécusable, avec laquelle il faudra compter tôt ou tard.

Il y avait sous la main de Tiennette cent écritures diverses, cent témoignages visibles d'erreurs, de faiblesses, de versatilités, de vices et même de crimes. — On y distinguait, entre autres, des lettres de maints orateurs qui depuis... mais alors ils étaient vertueux : ils tonnaient contre les despotes en faveur de la liberté des peuples, grands pourfendeurs de gouvernemens, grands redresseurs de torts, grands extirpeurs d'abus, lesquels, malgré ce compromettant programme, avaient passé au ministère avec armes et opinions. — Puis des lettres de jeunes fils de famille devenus des hommes graves, toutes pleines d'éternelles protestations en faveur de quelque lorette, et dont les signataires infidèles avaient oublié l'existence en épousant quelque riche héritière. — Puis des lettres, à écritures inégales et fantasques comme le caprice, tourmentées comme la jalousie, tendres reproches d'une épouse coupable à un complice adoré, dont le rachat devait rapporter plus d'argent qu'une rançon de prince catholique aux infidèles, car l'époux était jaloux, et la famille de la femme riche et considérée. Il pouvait donc y avoir surenchère. — En un mot, cent légers monumens constatant des sermens violés, des relations illicites, des folies de jeunesse, des désordres d'âge mûr, des vices de caducité, toute la gamme des méfaits possibles.

— O monde, disait Tiennette, en contemplant cet amas d'accusatrices paperasses, monde qui m'as dégradée d'abord, qui m'as humiliée ensuite, et dont je me venge enfin ! c'est toi qui m'as rendue méchante et inexorable, qui m'as forcée à m'armer contre toi, à te rendre mépris pour mépris. J'aurais pu être un ange, je suis devenue un démon.

Et des larmes, de vraies larmes de douleur coulaient des yeux sombres de la laide.

— Oui, continua-t-elle, comme si, en donnant issue à ses remords, elle soulageait d'autant sa conscience ; oui, à l'époque où j'avais du moins ce qu'on appelle la beauté du diable, la fleur de la première jeunesse, ce monde inconséquent me dit, par la bouche captieuse d'un de ses hommes les plus séduisans, ce monde me dit qu'il m'aimait. Je me laissai persuader. C'était un mensonge. Après m'avoir trompée, comme tant d'autres, ce monde hypocrite me fit un crime, à moi, de sa perfidie même. Je n'avais été qu'un jouet pour lui, un jouet qu'on dérobe, dont on s'amuse un instant, qu'on brise ensuite et qu'on re-

cette avec dédain, après l'avoir sali. Oh ! ce fut alors que je jurai de lui rendre guerre pour guerre ; ce fut alors que je commençai à entasser, là, dans cette armoire, dans cette nouvelle boîte de Pandore, tant de secrets terribles. On n'a pas voulu m'estimer, on me craint ; on n'a pas voulu m'aider, on me paye ; on m'a flétrie, je flétris à mon tour. Le rachat de vingt chiffons de ce genre, gardés avec patience, exploités avec art, équivalut à vingt fortunes. J'ai en main de quoi faire un Rothschild, un Richelieu, un roi. Et cependant quel est le résultat de cette coupable lutte ? De l'or, toujours de l'or, mais rien que de l'or ! A quoi cela sert-il, l'or ? Peut-on l'employer à acquérir les souls vrais biens d'ici bas : l'estime de tous et l'amour d'un seul ? Non. Me voilà riche et puissante, mais haïe et déconsidérée ; me voilà isolée d'eux, dédaignée de lui, désenchantée de tout, triste et portant au cœur, comme un cancer inguérissable, un amour insensé, un amour sans espoir, le plus terrible de tous mes châtimens !

Et Tiennette, cette femme si contenue, si froide, si impénétrable en public, se livrait dans la solitude au plus violent désespoir.

En ce moment sa femme de chambre entra.

— Qu'est-ce ? dit-elle en tressaillant d'impatience.

— Madame, c'est la visite habituelle, répondit la camériste.

— Ah ! ce sont mes dociles instrumens, reprit amèrement Tiennette ; mes outils, mes armes, les horribles acteurs de mes horribles drames. Qu'ils entrent. J'ai besoin de voir ces méchans pour me faire moins d'horreur à moi-même, ajouta-t-elle tout bas.

La porte s'ouvrit et donna accès à un trio de figures hétéroclites que le lecteur connaît déjà : le Balancier, le Cyclope et la Tête-de-Pipe.

— Vous voilà, mes fidèles comparses, dit Tiennette avec un rire sarcastique ; vous êtes trois comme les Parques, et vous tuez comme elles, après avoir pris, chaque matin, dans mon enfer, la liste funèbre des victimes de la journée.

— Qu'est-ce qu'elle a donc aujourd'hui, la bourgeoise ? dit tout bas le Cyclope au Balancier.

— Je connais ça, répondit le prétendu jurisconsulte de la rue de la Huchette. Elle a ses nerfs.

— Ses nerfs ? fit le Cyclope, en tendant avec fatuité les muscles de ses bras ; j'en ai aussi, des nerfs, moi, et de solides, mais ça ne me change pas comme ça, moi !

— Mon Dieu oui, continua Tiennette, cédant à une exaltation toute nerveuse, vous voilà bien tous trois : toi, le Balancier, la ruse, la dissimulation, l'astuce, la tête qui pense ; toi, le Cyclope, la force brutale et inintelligente, le poing à la place de la parole, le geste à la place de l'idée, le fait à la place du droit ; toi, la Tête-de-Pipe, la plus terrible des trois, l'insensibilité qui torture sans regrets, qui poursuit sans relâche, sangsue qui épuiserait toutes les veines avant de lâcher prise. Ah ! vieille mégère, si un bain de larmes pouvait, comme l'eau de Jouvence, rendre la jeunesse et la beauté, tu serais Vénus à quinze ans !

— Madame, dit la Tête-de-Pipe avec aigreur, on ne peut pas être et avoir été ; on a eu ses jours de beauté ; tout le monde ne peut pas en dire autant !

— Aimable amie ! répondit Tiennette avec un sourire cruel : elle est pétrie d'esprit, elle a la réponse à tout. Mais à quoi te sert, dis-moi, d'avoir été jolie, puisque tu ne l'es plus ? à quoi te sert d'avoir fait les beaux jours du directoire, maintenant que tu es affreuse ? A pleurer le passé, voilà tout. Mais revenons au présent. Que voulez-vous ?

— Vos ordres, dit le Balancier en s'inclinant galamment.

— De l'ouvrage, s'écria le Cyclope avec un geste de débardeur.

— L'oisiveté, on l'a dit depuis longtemps, ajouta ironiquement la Tête-de-Pipe, l'oisiveté est la mère de tous les vices.

— C'est une mère, celle-là, qui a eu bien des enfans ! ajouta Tiennette. Ah ! ah ! vous me demandez de l'ouvrage ? C'est ce que je suis en train de vous préparer. Voyez ces lettres.

— Sont-elles mûres ? demanda le Balancier.

— Elles sont bonnes à cueillir; elles ont mûri à l'ombre, comme les philosophes à la Bastille. Mais je n'ai pas encore eu le temps de coordonner tout cela.

— Diable ! dit le Balancier, un chômage !

— La bourgeoise baisse, murmura la Tête-de-Pipe.

— Faudra donc se croiser les avant-bras ? ajouta le Cyclope.

En ce moment, on frappa à la porte.

Tiennette tressaillit de nouveau à ce bruit.

— Qu'est-ce? dit-elle à sa suivante avec un redoublement de curiosité.

— Madame, c'est le vieux monsieur que vous savez.

— Enfin ! dit Tiennette. Qu'il entre, qu'il entre !

Et s'étant levée vivement, elle ouvrit la porte qui conduisait dans une autre pièce.

— Il est inutile qu'on vous voie ici, dit-elle aux trois affidés. Entrez là un instant.

Les trois complices disparurent par cette porte, tandis que Duplessis entrait par le côté opposé.

Le vieillard était rayonnant; on lisait sur son visage l'expression d'une joie cruelle.

— Eh bien ! lui dit Tiennette, quoi de nouveau?

— Tout a marché parfaitement.

— Et d'Aronde ?

— Déshonoré.

— J'aurais dû le deviner à votre figure épanouie. Et mes gendarmes?

— Ils se sont comportés à merveille. En un mot, tout a réussi à souhait. Le scandale sera immense, retentissant, solennel.

— Ainsi donc d'Aronde a parlé enfin ? demanda Tiennette, qui croyait au succès du plan qu'elle avait fourni et qui seul servait ses intérêts. Il a donc avoué le véritable motif de la rencontre, la visite nocturne de sa femme chez Brioude ?

— Rien de tout cela, répondit le vieillard avec la vanité d'un auteur dramatique dont la pièce a triomphé.

— Comment ! il n'a pas parlé de sa femme ?

— Non.

— Et Brioude ?

— Brioude n'en a pas dit un mot non plus.

— Mais il parlera du moins, celui-là ! continua Tiennette qui ne tenait qu'à compromettre Estelle ; il parlera, il faudra bien qu'il parle, quand l'affaire viendra en justice.

— Celui-là ? dit Duplessis. N'y comptez pas : celui-là ne parlera plus.

— Nous saurons bien l'y forcer.

— Ce serait difficile.

— Pourquoi ?

— Par l'excellente raison qu'il est mort.

— Mort ! exclama Tiennette. Brioude est mort ! Et l'autre? et d'Aronde ? Répondez ; vous me faites mourir à petit feu !

— Presque rien !

— Comment ! presque rien ?

— Oui, une simple égratignure.

— Mais, au nom de Dieu, que s'est-il donc passé ?

— Il s'est passé que d'Aronde a forfait à l'honneur, et qu'il a tué son adversaire par un coup déloyal.

— Ce n'est pas vrai ! s'écria énergiquement Tiennette, en dardant sur le vieillard étonné un regard flamboyant; ce n'est pas vrai, et vous le savez bien. Les méchans se connaissent en vertu. D'Aronde est la nature la plus noble que je sache. Ce n'est pas vrai, vous dis-je ; vous en avez menti !

— Peste ! l'expression est vive, et donnerait lieu à une seconde rencontre, si vous n'apparteniez pas, en quelque sorte, à ce qu'on appelle le beau sexe. Au surplus, peu importe que ce soit vrai : il doit nous suffire que ce soit vraisemblable. Qu'est-ce que nous voulions? le déshonneur de d'Aronde.

— Son déshonneur comme mari, mais non pas comme homme.

— La distinction est un peu subtile. Or, ce déshonneur, nous l'avons obtenu. Un procès-verbal en fait foi désormais.

— Et où est-il?

— Arrêté.

— Arrêté ! s'écria la laide en se levant pâle et frémissante.

— Comme j'ai l'honneur de vous le dire. Arrêté par vos bons gendarmes eux-mêmes, par la maréchaussée dont vous avez fourni l'excellente idée, et qui, avertie par vos soins, devait venir constater le scandale que nous désirions. Ce scandale a changé de nature par le cours imprévu des choses, mais il n'en est pas moins réel. Au lieu de l'honneur d'une femme, c'est l'honneur d'un homme que nous tenons. Au lieu de frapper par ricochet, nous frappons en pleine poitrine. Vous devez être satisfaite.

— Satisfaite ! répéta Tiennette dans le paroxysme de la colère.

— Hé ! sans doute. Je regrette même que vous n'ayez pu être témoin de l'entrée des gendarmes : c'était un beau coup de théâtre. Cela m'a rappelé les vignettes d'une foule de complaintes.

— Malheureux ! s'écria la laide, exaspérée de la sinistre gaîté que le triomphe inspirait au vieillard; qui t'a donné le droit d'interpréter mes sentiments ? Ai-je reçu de toi quelque salaire ? ai-je fait avec toi un marché quelconque, pour que tu te sois permis de modifier nos conventions ? Oui, tant que tu as voulu la ruine matérielle de d'Aronde ; tant que tu as voulu son déshonneur conjugal, par le rapt de sa femme et la publicité donnée à cette aventure, hé bien, j'ai marché avec toi, car la double manœuvre servait mes projets ; mais au lieu de cela, au lieu d'un scandale de Bourse et de ménage, voilà que tu inventes un scandale de cour d'assises, un crime, un vrai déshonneur ! voilà qu'au lieu de ruiner et de ridiculiser, tu assassines physiquement l'un, moralement l'autre ! Malheureux ! qui t'a donné ce droit?

— Madame ! dit Duplessis stupéfait.

— Non, non, je ne suis plus ta complice. Tu secondais mon plan, je servais le tien; mais tu le dépasses, je te renie.

— Que voulez-vous faire, dit Duplessis avec hauteur, et à qui pensez-vous parler ?

— Ce que je veux faire, tu le demandes ?

— Sans doute. Comptez-vous m'intimider, ma mie?

— Oh ! je ne suis pas inquiète de vous, monsieur : vous m'obéirez comme les autres ! D'Aronde est accusé, dites-vous, de félonie, de déloyauté, que sais-je ? car on se perd dans vos ténèbres. Cela est-il prouvé ?

— Oui, certes, par les dernières paroles du mourant lui-même, lesquelles, mal interprétées, ont eu l'air de concerner d'Aronde.

— Vous les démentirez.

— Vos propres gendarmes les confirmeront.

— Vous direz qu'ils se trompent.

Le vieillard, qui s'était assis, fatigué de la longue course qu'il venait de faire, se leva à son tour.

— Ah çà ! madame, dit-il en haussant les épaules, il faut que vous me regardiez comme un idiot pour me proposer ce travail de Pénélope !

— Que vous soyez idiot ou hydrophobe, peu importe ! Vous m'avez volé d'Aronde en le livrant à la justice; je veux que vous me rendiez d'Aronde, voilà tout. Or, je le répète, ce que vous avez fait, vous le déferez ; ce que vous avez dit, vous le rétracterez. Oui, vous ferez cela, ou moi qui vous parle, je vous le jure ! je vous écraserai sous mes pieds comme une bête venimeuse !

— Ma fille, dit Duplessis, vous n'êtes qu'une insolente !

— Oh ! je ne fais encore que menacer, je ne touche encore qu'à l'épiderme ; mais je trouverai le chemin qui mène droit au cœur ! J'en doute ; mais le désespoir que j'y enfoncerai n'y trouvera que plus de place pour vous torturer.

— Misérable ! s'écria Duplessis blanc de colère de s'entendre ainsi traiter d'homme sans âme et sans cœur.

Et par un mouvement qu'il ne put comprimer, il leva sa canne sur Tiennette, mais sans la frapper.

Celle-ci fit sonner un timbre placé à sa portée.

Une porte s'ouvrit, un géant parut, et une main de fer contint presque aussitôt le bras du vieillard.

— De quoi ! de quoi ! dit le Cyclope en contenant Duplessis comme s'il eût été saisi dans un étau. Des manières ! un genre ! Allons donc ! Est-ce qu'à votre âge on bat encore les femmes ? c'est bon pour la jeunesse.

— Quelle fatuité ! dit la Tête-de-Pipe, apparaissant à son tour.

Le Balancier fermait la marche.

Tiennette calma d'un geste le Cyclope, qui allait se mettre à jouer avec Duplessis comme avec un simple mannequin.

— Laissez partir ce stupide cacochyme, lui dit-elle. Je lui donnerai plus tard de mes nouvelles.

— A moi ?

— A toi.

— Ma petite vipère, dit le vieillard en prenant son chapeau, je vous conseille de ne pas essayer vos dents contre la lime. Elles s'y briseraient. Vous pouvez être fort experte à brouiller des ménages, à donner la chasse aux caméléons politiques, plus pusillanimes que les lièvres, et même à fabriquer des billets de banque avec des billets doux; c'est à merveille ; mais je ne crains plus les révélations, moi ; je puis braver la haine, la colère, le scandale, le ridicule. Je n'ai plus peur de rien, pas même de la mort : j'ai soixante-dix ans et plus.

— Oh ! dit Tiennette avec un sourire effrayant, vous calomniez mon talent, monsieur ; j'ai des armes contre tous les âges ; je vous poursuivrai, non pas comme un jeune homme, mais comme un vieillard ; vous resterez seul, sans affection, sans ami, exécré, maudit, avec le souvenir de vos méfaits, avec l'angoisse de vos remords. Réfléchissez donc, avant de me dire votre dernier mot. Consentez-vous, oui ou non, à défaire ce que vous avez fait ?

— Non, dit le vieillard, ce qui est fait est fait. Quant à vous, ma mie, je vous conseille de parler moins haut; j'ai le moyen de vous réduire au silence: un talisman à l'aide duquel je puis, dans huit jours, faire transporter au greffe du palais de justice vos chiffons épistolaires, et votre charmante personne à Saint-Lazare.

— Diable ! pensa le Balancier, comme il y va, mon vieux client !

— Il est très amusant pour son âge, ajouta la Tête-de-Pipe.

— Il arrange joliment la bourgeoise, fit à son tour le Cyclope ; j'ai bien envie de lui démonter quelque chose !

Et le géant allait décidément jongler avec son prisonnier, quand Tiennette le calma de nouveau.

— Quel est donc, dit-elle au vieillard, ce talisman qui vous donne tant de pouvoir sur moi ?

— C'est l'argent ! répliqua Duplessis.

— L'argent ? fit Tiennette avec dédain. Me prends-tu pour une pauvresse, parce que tu ne m'as rien donné ? J'en ai cent fois plus que toi, sache-le bien, et j'opposerai, au besoin, des lingots à tes liards, des lingots à tes louis.

— Des lingots ! dit la Tête-de-Pipe, dont l'œil s'allumait de convoitise.

— Des *valeurs réelles*, soupira le Balancier ; voilà ce qu'il ne m'a jamais été donné de connaître : c'est pour moi comme le merle blanc.

— Mais, continua Tiennette, j'ai quelque chose de plus puissant encore : c'est le secret de ta vie, c'est le mystère de ton existence, c'est le mot de tes douloureuses énigmes.

— De ma vie ? dit Duplessis.

— Oui, j'ai de quoi te faire pleurer des larmes de sang, de quoi faire tomber de chagrin tes derniers cheveux blancs, de quoi désespérer chacun des jours qu'il te reste à vivre ; car tu vivras, oui, pour ton châtiment, tu vivras !

Duplessis, épouvanté malgré lui des menaces de Tiennette, gagna la porte et s'enfuit.

Tiennette, épuisée, se jeta dans un fauteuil.

Mais tout à coup elle bondit comme une lionne blessée, et s'adressant à ses trois acolytes :

— Vous me demandiez de l'ouvrage tout à l'heure ? s'écria-t-elle. De l'ouvrage, mes chers serviteurs ? Ah ! soyez tranquilles : je vous en fournirai ; pas beaucoup peut-être, mais d'un magnifique salaire, du moins !

XXXV.

HERCULE AUX PIEDS D'OMPHALE.

Le baron d'Appencherr n'était pas une méchante nature : ce n'était qu'une nature futile. Il avait bien les vices des Turcarets de nos jours : époux volage, veuf très consolable, père négligent, ami tiède, amant vaniteux, spéculateur peu scrupuleux ; mais il était incapable d'une félonie caractérisée, et surtout il exécrait tout ce qui pouvait troubler le cours facile de son existence. Il ne fallait donc rien moins que la contrainte exercée sur lui par son beau-père pour qu'il acceptât un rôle dans le drame qui devait se dénouer si fatalement au bois de Boulogne. Il rentra chez lui, furieux contre son beau-père, contre le vainqueur, contre le vaincu, contre lui-même, contre les gendarmes, contre l'univers entier. Ce duel lui avait causé des émotions pénibles ; il lui faisait manquer peut-être une promenade avec Simonne, et menaçait de lui attirer des traces judiciaires. C'était plus que suffisant pour motiver sa mauvaise humeur. Il traversa rapidement ses bureaux, jeta un coup d'œil distrait sur la correspondance, donna quelques signatures à tort et à travers, gronda un peu tout le monde sans savoir pourquoi, et se réfugia dans son appartement pour procéder aux soins de sa toilette, ce qui était sa grande consolation.

Quelques naturalistes de l'espèce humaine ont essayé de distinguer l'âge où la coquetterie atteint son apogée chez les hommes comme chez les femmes. Les uns ont soutenu que le miroir est d'autant plus recherché qu'on y retrouve plus de grâce, de jeunesse et de distinction. D'autres ont affirmé qu'il est bien plutôt un moyen de venir en aide à la nature que d'en admirer les merveilles, et que la coquetterie est un palliatif bien plus encore qu'une satisfaction. Quoi qu'il en soit, M. le baron d'Appencherr, bien qu'il fût loin de cette génération que Jules Janin appelle les heureux de vingt-cinq ans, écoutait les avis de son miroir et prenait le temps de les mettre à profit. Il y avait sur sa toilette toutes les ressources de la parfumerie moderne, depuis l'eau de Portugal, qui a détrôné l'eau de Cologne, jusqu'à la cire de Hongrie, qui fixe sur le côté de la tête la raie verticale inventée par le comte d'Orsay, en remplacement des coiffures à mille papillottes que portaient les beaux de la restauration.

M. le baron resta une heure absorbé dans cette importante occupation, et après avoir jeté un dernier coup d'œil à son confident muet, il allait sortir quand un garçon de bureau frappa à la porte.

— Qu'est-ce encore ? dit-il.

— Monsieur, répondit le garçon, c'est un paquet à votre adresse.

— Donnez-le au secrétaire général.

— Monsieur, c'est une affaire qui vous est personnelle, c'est de la part de votre notaire.

— C'est différent ; voyons ce qu'il me veut.

Et il brisa l'enveloppe et parcourut la lettre qu'elle renfermait.

— Il s'agit, se dit-il, de l'héritage que vient de faire Julie, dont je suis le tuteur naturel et légal. Pour régulariser la délivrance de la fortune que lui laisse sa grand'mère, on me demande mon acte de mariage et l'extrait de naissance de ma fille. Où donc sont ces pièces? Elles sont peut-être dans les archives.

Et le baron se fit descendre par le garçon de bureau plusieurs cartons poudreux, remplis de papiers dont l'encre avait pâli et dont la couleur jaunâtre attestait la vétusté.

— Allons, bon ! dit-il, voilà que j'ai sali mes manchettes à toucher ces paperasses !... Les pièces qu'on me demande... mais où donc les ai-je fourrées ? Ah ! je me souviens !

Le baron prit sa canne et son chapeau, passa son mouchoir de batiste sur les plis un peu maculés de ses manchettes, traversa le jardin et entra dans le joli pavillon occupé par sa fille.

Il n'y avait personne en ce moment. Julie était sortie avec Rosine pour aller à l'église, où elle faisait célébrer ce jour-là un service funèbre pour le repos de l'âme de sa grand'mère.

Le baron pénétra dans la chambre qui avait été celle de sa femme.

Il se sentit légèrement ému en se trouvant seul dans cet appartement qui lui rappelait de lugubres souvenirs. Et cependant, à l'extérieur, les oiseaux chantaient gaîment dans leur immense volière ; et le soleil, s'échappant des nuages gris qui l'avaient voilé toute la matinée, jetait en ce moment sa blonde lumière à l'intérieur, brillantant les fleurs brodées par la jeune fille, comme s'il eût voulu compléter l'illusion produite par la perfection du travail.

Le baron éprouva un sentiment de mélancolie qu'il ne put maîtriser.

— C'est ici, dit-il, qu'a eu lieu l'événement...! Voilà le lit mortuaire où je l'ai vue, pâle et glacée ! Il me semble que c'est hier que la chose s'est accomplie. Je vois encore le médecin des morts constater le décès; j'entends encore cette énigme vivante, ce mandataire étrange de je ne sais quel commettant, un homme à la figure austère et bienveillante, au regard doux et impérieux, M. Masson, si toutefois c'est son vrai nom, me dire en me reconduisant avec Lafolie : « Vous pouvez vous retirer, monsieur le baron, pour pleurer plus librement dans la solitude : tout est fini ; » enfin je vois encore Rosine éplorée rester seule avec la pauvre défunte , pour procéder à l'ensevelissement de sa chère maîtresse. Brrrrum ! j'en ai le frisson. rien que d'y songer ! Ah! je ne me fis pas répéter l'invitation d'aller pleurer ailleurs, loin d'un si navrant spectacle. Je déteste les émotions de ce genre.

Et le baron passa la main sur son visage, comme pour écarter ces funestes réminiscences.

— Allons, dit-il, je suis fou de m'abandonner à des terreurs rétrospectives. Le présent a bien assez des siennes. C'est ce diable de duel, ce combat de tout à l'heure, ce sang versé, cet imbécile de Brioude, — une ancienne connaissance, se faisant tuer devant moi comme un maladroit, — qui m'a mis les nerfs en mouvement. Dépêchons-nous de chercher les papiers en question, et d'aller rejoindre Simonne. J'ai besoin de revoir cette chère cruelle, pour me remettre un peu de tant de sensations désagréables.

Et le baron se prit à fureter dans quelques-uns des meubles.

Triste inventaire, qu'une pareille exploration parmi les divers objets qui ont appartenu à une femme qui n'est plus! Les rubans, les gazes, les fleurs, les riches tissus, les moindres choses apparaissent tout à coup comme les éphémérides des temps heureux de la jeunesse et du bonheur. Cette guirlande, elle la portait au bal ; cette robe élégante, elle la fit faire pour une fête ; ce collier de perles fut un gage de tendresse ; ces diamans, elle s'en parait encore quelques jours avant sa mort. Ils ont conservé tout leur éclat, tandis que chaque jour a terni, a effacé son souvenir.

— Ce n'est pas là, dit le baron pensif ; là non plus, là pas davantage. Des chiffons, des babioles. Voilà tout. Où cela peut-il être? Voyons donc dans cette armoire.

A peine y eut-il jeté un regard qu'il recula frappé de surprise.

Il venait d'y voir une boîte à cigares, ce même petit meuble, orné de son chiffre, que la défunte lui avait donné

dour sa fête, dont Lataké, d'après les conseils de Tiennette, s'était obstinée à exiger la possession, qui était revenue aux mains de la baronne par Dabiron, et dont enfin Lafolie avait recommandé à Julie la soigneuse conservation.

— Est-il possible! dit le baron en l'examinant; mes yeux ne me trompent-ils pas? Non, c'est bien cela ! Comment cette boîte se retrouve-t-elle ici !... Ma femme savait donc toute cette histoire !... Ah ! pardieu ! voilà un coffret qui a singulièrement voyagé !

Et le baron resta un instant en contemplation devant ce témoin de ses anciennes folies.

Il ouvrit la boîte, et il trouva dedans, enveloppé dans du papier de soie, un objet qui avait été déposé là par sa fille.

— Qu'est-ce encore? dit-il. Est-ce aussi un souvenir?

C'était le petit flacon dont nous avons déjà parlé. Il l'examina avec attention. Le cristal portait une étiquette écrite à la main et d'un caractère qui en dénonçait l'ancienneté. Le baron, après quelques efforts, y lut cette inscription latino : *Mors somnus est*. La mort est un sommeil.

— Puisses-tu avoir raison, murmura-t-il, inscription mystique ! Puisse pour nous tous, qui avons passablement failli, la mort n'être qu'un sommeil paisible !

En cet instant la porte s'ouvrit et Julie entra.

Elle resta un moment immobile et interdite à la vue de l'armoire ouverte.

Quant au baron, il tressaillit et s'éloigna du meuble, avec la frayeur d'un enfant qui vient d'être surpris dérobant quelque friandise.

— Hé bien ! ne vous gênez pas, monsieur ! dit enfin la jeune fille, avec une charmante mutinerie, en refermant l'armoire, après s'être assurée que rien n'y manquait, et qu'elle n'avait à regretter qu'une indiscrétion. Ne vous gênez pas ! mettez tout sens dessus dessous ici ! faites absolument comme si vous étiez chez vous!

— Chère enfant, dit le baron, je t'en prie, ne me gronde pas !

— Si, monsieur, je veux vous gronder, et bien fort ! Comment ! quand je vous cherche, quand je vous désire, vous me faites défaut; vous passez les matinées, les journées, les soirées dehors, et je reste seule à la maison ; et quand vous venez ici, vous choisissez justement le moment où je n'y suis pas !

— Je t'assure, Julie, que c'est...

— Oh ! vous m'entendrez jusqu'au bout ! Ce matin encore, j'envoie vous rappeler qu'on va célébrer un service auquel les convenances tout au moins vous faisaient un devoir d'assister. On me répond que vous êtes sorti dès six heures et demie. Pourquoi sortiez-vous si matin, monsieur, vous qui êtes si paresseux d'habitude, et qui parfois êtes à peine éveillé à dix heures?

— Une affaire extrêmement grave, mon enfant.

— J'étais sûre de la réponse ; cela ne manque jamais. C'était sans doute aussi une affaire extrêmement grave qui vous amenait ici en mon absence ?

— Justement.

— La curiosité, voilà tout ! Fi ! que c'est laid ! Que cherchiez-vous dans cette armoire sans me prévenir, monsieur, et au risque de tout bouleverser? On doit avoir plus de ménagemens pour les souvenirs qui nous viennent de personnes chères.

— Hé bien ! vois comme tu te trompes, se hâta de dire le baron, heureux d'avoir, par extraordinaire, une bonne excuse à donner à son charmant pédagogue. Je venais chercher des pièces dont le notaire a besoin pour la régularisation de l'héritage de ta grand'mère.

— Ainsi, tandis que je priais pour l'âme de la défunte, vous vous occupiez de sa succession ! C'est encore bien plus affreux que je ne le pensais.

— Que veux-tu, mon enfant? je ne suis pas coupable de ce rapprochement. Le monde fourmille de contrastes dont le hasard seul est responsable. Le chagrin sait parfaitement compter. Il est d'inconsolables désespoirs qui ne se laisseraient pas duper de cinq centimes. Les larmes n'empêchent pas de voir fort clair dans ses intérêts.

— En tout cas, monsieur, je n'étais pas si pressée d'hériter que vous ne pussiez attendre mon retour, au risque de recevoir votre semonce ordinaire.

— Non, vrai, ce n'est pas moi qu'il faut morigéner cette fois : c'est le notaire.

— Et quelle pièce cherchiez-vous donc?

— Ton extrait de naissance et l'acte de mariage de ta mère.

— Il n'y avait qu'à parler.

Et Julie, ouvrant un des autres compartimens de l'armoire, en tira aussitôt les pièces que demandait son père.

— Peste! s'écria-t-il gaiement pour changer le cours de la conversation, tu es un véritable archiviste! J'ai bien envie de te prendre pour mon premier commis.

— Qui sait, monsieur le moqueur? dit la jeune fille; vos affaires n'en iraient peut-être pas plus mal.

— C'est cela, nous en reparlerons, dit le baron en reprenant sa canne, ses gants et son chapeau, comme un homme qui va partir.

— Hé quoi! vous me quittez déjà, monsieur? C'était bien la peine de venir ici pour ne faire que paraître et disparaître !

— Pardonne-moi, chère enfant; je reviendrai, je resterai, je te tiendrai longtemps compagnie, mais plus tard; une affaire...

— Oui, « une affaire grave m'appelle ailleurs, » continua Julie en imitant la voix de son père. Vous voyez que je sais la chose d'avance. Hé bien! non, monsieur, vous ne vous en irez pas encore.

Et en disant cela, Julie arracha gentiment des mains du baron sa canne, son chapeau et ses gants, et les posa sur un fauteuil.

— Mais je t'assure que...

— Du tout, du tout! puisque je vous tiens par hasard, je vous garde. Comment! vous seriez venu ici sans même daigner me faire compliment du joli bouquet de fleurs que je brode, et pour qui encore? devinez, monsieur l'ingrat!

— Eh quoi! ce serait pour...

— Eh! pour qui donc? Un beau fauteuil en tapisserie, pour vous reposer, le soir, de toutes ces graves affaires de la journée.

— Ah! quelle charmante attention! Laisse-moi t'embrasser pour faire la paix.

— Non, non, pas encore ; quand vous l'aurez mérité.

— Que faut-il donc faire pour cela?

— Oh! bien des choses. Et d'abord m'aimer davantage.

— T'aimer davantage? Mais tu sais donc que c'est impossible! N'es-tu pas la vraie fleur de ma vie?

— Une fleur, celle-là, que vous ne cultivez pas avec autant de soin que j'en ai pour les miennes, moi!

— Hélas! ce n'est pas ma faute.

— Oh! oui, encore les affaires, n'est-ce pas? Hé bien! moi aussi, j'ai des affaires, de graves affaires. J'ai à terminer votre fauteuil, et il ne me reste plus de soie rose pour cette fleur que vous voyez inachevée. Je viens d'en acheter un écheveau. Vous allez m'aider à l'arranger.

Et Julie dénoua l'écheveau, l'accrocha aux deux bras de son père, le fit s'asseoir, se plaça devant lui, et se mit à dérouler le fil et à l'entortiller sur une bobine.

— Allons, bon! s'écria le baron, me voilà passé à l'état de dévidoir!

— Cela vous va on ne peut mieux. Vous me demandiez tout à l'heure ce qu'il faut que vous fassiez pour m'être agréable? Je vous ai déjà répondu. J'ajoute qu'il faut être docile, attentionné, assidu, complaisant. Les plaisirs me sont de nouveau interdits jusqu'à la fin de mon deuil; mais il en est un, la promenade, que je ne serais pas fâchée de vous devoir. Oui, la promenade à pied aux Tuileries, la promenade en voiture au Bois. Pourquoi ne m'y conduisez-vous jamais, monsieur? Je vous fais donc honte?

— Ah! par exemple! quel père ne serait fier d'une fille telle que toi? jolie, gracieuse, spirituelle...

— Et un peu bien tourmentante, n'est-il pas vrai? surtout en ce moment?

— Non, non, au contraire. Mais, ravissant lutin, tu ne sais pas le tort que tu me fais en ce moment. Je suis attendu depuis une heure.

— Par qui?

— Par... par une réunion de capitalistes. Il s'agit d'une affaire...

— Une affaire grave, je connais cela!

— Oui, mademoiselle, une affaire grave, de la plus haute gravité. Vous avez beau en rire, c'est comme cela. Il est question d'un... d'un... d'un chemin de fer qui traverserait Paris dans tous les sens : de Montmartre à Montrouge, et de Neuilly à Charenton.

— A Charenton? Oh! je vous crois, pour cette fois. Soyez tranquille : je vais vous rendre la liberté; mais, puisque je vous tiens encore captif par un fil, j'en profite pour faire mes conditions.

— J'y souscris d'avance.

— Pour y manquer après? Non ; vous allez vous engager en parfaite connaissance de cause.

— Voyons donc l'ultimatum, ô mon gentil geôlier!

— Vous me laisserez moins souvent seule à déjeuner et à dîner?

— Accordé.

— Vous m'offrirez galamment votre bras pour la promenade?

— Accordé.

— Vous me donnerez souvent une place à vos côtés, dans votre voiture?

— Accordé.

— Enfin, le soir, vous viendrez quelquefois faire la causette avec moi?

— Accordé. Voire même la partie de loto, si cela t'amuse.

— Vous jurez tout cela?

— Je le jure!

— Pour de bon?

— Pour de bon; à moins, bien entendu, que des affaires...

— Des affaires graves... j'attendais le refrain. Hé bien! non, pas de réserves. La plus grave de vos affaires, c'est d'aimer votre fille. Jurez, monsieur, jurez sans restriction! ou sinon je vous retiens ainsi jusqu'à ce soir.

— Soit! je jure.

— Très bien. Et maintenant que le traité de paix est conclu, et l'écheveau complètement dévidé, voici votre récompense : embrassez-moi, si cela ne vous contrarie pas trop, et partez, quoique cela me contrarie fort.

Le baron ne se fit pas répéter la double invitation : il embrassa sa fille avec une véritable tendresse, et se hâta de partir, comme un écolier qui a fini son pensum et qui entre en récréation.

— Midi et demi! dit-il en consultant sa montre quand il fut hors de l'appartement de Julie. Je suis en retard d'une heure. Encore un savon qui m'attend!

Il descendit l'escalier avec précipitation, se jeta dans la voiture qui l'attendait tout attelée, et dit au cocher : Là-bas! vite!

Cinq minutes après, le cocher, qui savait parfaitement ce que son maître entendait par ces mots *là-bas*, arrêtait ses chevaux fringans, rue Notre-Dame-de-Lorette, devant l'habitation de Simonne, et le baron, stimulé par la crainte d'être grondé, se présentait tout essouflé chez elle.

La jeune femme était étendue sur son divan, nonchalamment étayée de coussins. Sa pâleur ordinaire avait encore augmenté depuis que nous ne l'avons vue, et quelques plaques de vermillon contrastaient çà et là avec l'albâtre de ses joues, comme des roses qu'on aurait effeuillées sur la neige. Elle regardait fixement dans le vide, absorbée qu'elle était par une idée unique.

— Il ne m'a pas écrit depuis quelques jours, se disait-elle ; et pourtant j'ai fait ce qu'il a voulu, j'ai adopté la fleur qu'il m'a désignée, j'ai suivi à la lettre ses instructions, je me suis identifiée avec sa pensée. Ne serait ce donc qu'une folie, un jeu, une fantaisie ? Oh ! je ne puis le croire ! Tant de noblesse et tant de bonté pour une vaine plaisanterie ! ce serait trop cruel pour être possible.

Simonne en était là de ses conjectures quand le baron entra.

— Mille pardons, ma toute belle, dit-il en lui baisant les mains.

— Bonjour, baron, bonjour, répondit négligemment Simonne.

— J'arrive un peu tard peut-être...

— Mais non...

— Si fait ! Que voulez-vous !.... des affaires graves..... Vous ne m'en voulez pas, n'est-il pas vrai ?

— Moi ! du tout ; au contraire.

— Comment ! au contraire ? Vous me savez bon gré de vous avoir fait attendre ?

— Attendre ?... En vérité, je ne m'en suis pas aperçue.

— Merci du compliment ! Je vous reconnais bien là ! Vous serez donc toujours indifférente ?

— Je vous ai déjà dit cent fois que je ne l'étais pas.

— Serait-ce possible ?

— C'est bien plus : cela est. J'ai pour vous une affection sincère.

— Une affection de sœur, malheureusement !

— Ce sont les bonnes. Oui, vous êtes devenu pour moi une distraction, une habitude, une routine.

— Comme votre sapajou ! Bien obligé !

— Oh ! mieux que cela. Quand je passe un jour sans vous voir, là, vrai, je m'ennuie, je ne sais trop pourquoi. Et tenez, aujourd'hui, par exemple, j'étais très impatiente de vous voir.

— Parole d'honneur ?

— La plus sacrée. Et la preuve, c'est que j'ai de l'argent à vous demander.

— Bah ! dit d'Appencherr.

— Oui , une bagatelle : trente mille francs.

— Trente mille francs ! En vérité, ce n'est pas pour vous en faire un reproche, mais que faites-vous donc de votre argent ?

— Je le dépense, fit froidement Simonne. L'argent est rond, comme on dit : donc il est fait pour rouler.

— Il est rond, soit ! mais il est plat aussi : donc il est fait pour être empilé. Vous avez déjà reçu de moi cent mille écus depuis trois mois.

— Cela se peut bien, mais si vous comptez, raison de plus pour que je m'en dispense. Cela fera't double emploi.

— Où cela a-t-il passé ? Ce n'est pas en toilette, en cachemires, en diamans, en équipages. Vous n'allez plus qu'en modeste fiacre, vous avez vendu vos bijoux, vos cachemires sont de l'an dernier, et la plus chère de vos robes ne vaut pas cent francs. Vous n'êtes ni voyageuse ni joueuse. Vous vivez d'échaudés et d'eau sucrée. En un mot, vous êtes d'une simplicité de goûts antédiluvienne. Où diable peut passer tant d'argent ?

— A mon salut, répondit en souriant Simonne.

— Votre salut ?

— Sans doute ! Après le péché, la contrition ; après la faute, la bonne œuvre. Je fais mon salut, et le vôtre en même temps. Quand il y en a pour un, il y en a pour deux.

— Vous plaisantez.

— Non vraiment. Voulez-vous quelques preuves ? Il y a un mois, on a fondé plusieurs nouvelles crèches dans Paris. Savez-vous ce que c'est qu'une crèche, baron ? C'est un asile bien aéré et bien chauffé, où les petits enfans pauvres sont soignés, tandis que leurs mères travaillent. J'ai envoyé cinq mille francs à chacune. Total, cent mille francs.

— Bah ! fit d'Appencherr.

— En voilà les reçus. Dernièrement aussi on a ouvert une souscription pour l'assainissement des logemens d'ouvriers dans les plus immondes quartiers de Paris. Vous ne savez pas non plus cela, vous, baron, qui avez été élevé dans l'ouate et dans la soie ; mais le travailleur est parfois logé dans des bouges, sans air, sans espace, sans lumière. Les jeunes filles s'étiolent dans cette atmosphère impure, qui rend la séduction plus attrayante encore. J'ai songé à moi, à ma jeunesse, à ma misère, à mes fautes, et j'ai envoyé cent mille francs à la souscription.

— Vous êtes folle ! s'écria le baron.

— Voilà le récépissé. Le reste de votre munificence est passé je ne sais où : cinq mille francs pour un enfant abandonné ; cinquante mille pour les inondés de la Loire ; quinze mille pour la dot d'une fille pauvre ; vingt mille pour la colonie pénitentiaire des jeunes détenus ; quinze mille pour les orphelines du choléra ; dix mille pour la fondation d'une école ; que sais-je encore ? L'argent fond dans les doigts. On n'a pas plus tôt changé un bon de cinquante mille écus sur la banque, qu'il n'en reste rien !

— Total, trois cent quinze mille. Or, comme je ne vous avais donné que trois cent deux mille cinq cent soixante...

— C'est bien possible. Je me rappelle, en effet, que j'ai été forcée de faire l'appoint avec mes bijoux.

— Mais c'est un gouffre que cette femme là ! pensa d'Appencherr, avec stupéfaction. Elle me réduirait volontiers à la besace pour avoir ensuite le plaisir de m'offrir une place au dépôt de mendicité.

— Du reste, mon cher baron, reprit Simonne avec la même placidité, vous ne m'accuserez pas de vous dérober le mérite de ces quelques bonnes œuvres. Tous ces dons ont été faits en votre nom, je n'y figure nullement, et vous pourriez, si vous étiez de mauvaise foi, me refuser un jour ma part du paradis.

— Mais, dit d'Appencherr en se levant, c'est de la démence !

— Vous croyez ?

— Parbleu ! Qu'on dépense son argent en chevaux, en chiens, en meubles, en équipages, en bonne chère, en voyages, en jeux, en toilette, en luxe de toute sorte, en folies même : passe encore ! cela fait honneur à celui qui donne, comme à celle qui reçoit ; mais en œuvres pies ! allons donc ! on n'y gagne que du ridicule. Il est temps d'y mettre ordre.

— Je crois, en effet, que vous feriez sagement de ne plus venir me voir.

— Ne plus vous voir ! interrompit l'amoureux baron, à qui cette seule menace rendit toute son obéissance, y pensez-vous !

— Mon Dieu, oui. Je deviens maussade, ennuyée, ennuyeuse par conséquent, et je ferais désormais triste mine dans vos joyeuses réunions.

— Eh bien ! où est le mal ? La solitude à deux est bien plus charmante que le pêle-mêle des fêtes.

— Et puis, vous avez raison, je vous ruine.

— Pas le moins du monde. Et la preuve, c'est que, pour me faire pardonner l'ennui que je croyais vous avoir causé en vous forçant d'attendre, je venais justement vous offrir la maison de campagne que vous avez tant admirée l'autre jour, en vous promenant avec moi à Saint-Germain.

— Oh ! quel bonheur ! s'écria Simonne en frappant avec joie dans ses mains. Quel joli refuge nous en ferons pour les veuves infirmes et sans ressources !

— Ah ! par exemple !...

— Mais non, vous voyez bien que vous continuez de blâmer l'emploi de votre argent.

— Qui ? moi ? en aucune façon !

— Il vaut mieux en finir tout de suite.

— Jamais ! si vous me chassez par la porte, je reviendrai par la fenêtre. Que votre volonté soit faite, à une seule condition, c'est que vous m'aimerez.

— Cela viendra peut-être. Qui sait ? On a vu des choses si extraordinaires !

— Méchante ! Ne me défendez du moins pas d'espérer.

— Oh ! quant à cela, liberté complète ! Mais savez-vous, cher baron, la seule chose qui pût vous donner quelque chance de me plaire ?

— Parlez ! j'y souscris d'avance.

— Eh bien ! ce serait d'être bon, généreux, compatissant.

— De tourner au Petit-Manteau-Bleu, n'est-ce pas ?

— Franchement, c'est un costume qui vous irait mieux que ce costume de dandy exagéré. Je serais heureuse de vous voir jeter l'argent à pleines mains aux malheureux.

— Et leur distribuer des potages économiques, sans doute ?

— Eh ! mais, ce serait plus utile, assurément, que de payer de fins soupers à un tas de pique-assiettes qui se moquent ensuite de vous.

— Soit ! mais quand je me serais ruiné au profit des pauvres, il serait juste qu'ils se ruinassent à leur tour pour moi. Ce serait à n'en plus finir. Autant vaut rester tout de suite comme nous sommes. C'est plus court.

— Vous avez beau dire, j'ai résolu de faire de vous un philantrope, vous serez philantrope, bon gré, mal gré. Et tenez, pour commencer votre métamorphose, je vais vous associer à une bonne action.

— Au retour du bois, soit ! si vous voulez bien.

— Du tout ! avant d'y aller. Il faut travailler d'abord, pour avoir le droit de s'amuser ensuite.

— Mais de quoi s'agit-il donc, bon Dieu !

— Il s'agit de faire de la charpie avec moi, pour un pauvre maçon qui est tombé hier d'un échafaudage, et qui demeure dans une des mansardes de la maison.

— Faire de la charpie ! s'écria le baron stupéfait. Y pensez-vous ! mais vous voulez donc me déshonorer ? Moi, faire de la charpie !

— Pourquoi pas ? Il vaut mieux en faire pour les autres, que voir les autres en faire pour vous. Rien de plus gai d'ailleurs. Vous allez voir !

Tout en parlant, Simonne avait tiré d'un placard quelques mouchoirs de fine batiste ; elle les déchira en tout petits morceaux, les posa sur un guéridon, et ayant invité le baron à s'asseoir vis-à-vis d'elle, le força de l'aider à les défauflier.

— Allons, allons, un peu de courage ! ce sera bientôt fait. C'est l'affaire d'une heure ou deux. Je ne vous accompagne au bois qu'à cette condition. Voici votre tâche.

— Charmant despote que vous êtes ! s'écria le baron, qui se mit enfin à l'ouvrage, moitié par obéissance, moitié par plaisanterie. Je ne sais en vérité où s'arrêtera votre empire sur moi. C'est aussi par trop fort ! Me voilà passé à l'état d'infirmier !

— Hein ! qu'en dites-vous ? s'écria la jeune femme en souriant, quand la besogne fut terminée. N'est-ce pas que c'est très gentil ? Je le vois dois une récompense. Il faut encourager le talent naissant. Voici ma main, monsieur, permis à vous d'y déposer un baiser.

Le baron ne se fit pas répéter non plus l'invitation.

— Eh bien ! êtes-vous prête ? dit-il ensuite. Allons-nous au bois, maintenant ?

— Volontiers, répondit la jeune femme ; j'ai besoin d'air et de soleil.

En ce moment la femme de chambre parut sur le seuil, et tandis que le baron lissait ses cheveux gris dans la glace, elle montra mystérieusement à Simonne un petit billet qu'on venait d'apporter sans doute.

— Une lettre ! se dit Simonne en retenant l'expression de sa joie : je reconnais la forme. C'est de lui !

Elle fit signe à la camériste d'attendre le départ du baron.

— Vous me trouverez bien capricieuse, mon ami, lui dit-elle, en lui prenant le bras et en le conduisant du côté de la porte ; mais je change d'avis, je ne me sens pas bien, j'ai besoin de repos, je reste. Adieu, je ne vous retiens pas. Voici de nouvelles charités qui m'arrivent. De l'occupation pour moi, et de l'honneur pour vous. L'affaire du salut avant tout ! A demain !

— A demain donc, chère girouette, dit le baron, qui se retira tout abasourdi de se voir devenu un saint Vincent de Paule malgré lui.

XXXVI.

PALPITANT D'ÉMOTION !

Tandis que Brioude tombe mortellement frappé par l'épée d'Aronde ; — tandis que celui-ci est conduit en prison par les gendarmes de Tiennette, sous la prévention d'homicide volontaire, avec les circonstances aggravantes de préméditation, de provocation et de déloyauté ; — tandis que sa jeune femme, au lieu de se livrer à un stérile désespoir, fait appel à tout son courage et s'apprête à donner à son mari des preuves du plus héroïque dévouement ; — tandis que Duplessis voit s'interposer l'amoureux repentir de Tiennette entre lui et l'objet de son implacable haine ; — tandis que le dernier des Lafleur s'occupe de la distribution des legs dont son maître lui a laissé la liste, et que les époux Corniquet donnent plusieurs larmes à la mémoire de leur faux musulman ; — tandis que les trois affidés de la rue de la Huchette attendent l'*ouvrage* que leur a promis leur chef d'emploi ; — tandis que Julie poursuit la rédaction de son journal, morigène son père et achève la tapisserie qu'elle lui destine ; — tandis que la dame noire se concerte avec monsieur Masson, dans le somptueux hôtel de la rue de Chaillot ; — enfin tandis que, grâce aux charitables prodigalités de Simonne, le baron d'Appencherr voit s'accroître énormément chaque jour sa *réputation* de philanthrope, — voyons ce que deviennent, de leur côté, le comte de Montreuil, Dabiron, Roussignan-Muller, Lataké, et cet étrange prétendant au trône du Wardenbourg que nous connaissons sous le sobriquet de Sa Majesté Pied-de-Céleri.

Après avoir touché le dépôt confié par le prince de Limbourg à la maison d'Appencherr ; après l'avoir converti en traites sur les maisons de banque de l'Allemagne, ainsi que nous l'avons vu ; enfin, après avoir terminé leurs préparatifs de toute sorte, nos aventuriers se sont mis en route. Chacun d'eux a son mobile particulier : pour Montreuil, c'est l'ambition ; pour Dabiron, la soif des richesses ; pour Roussignan-Muller, l'envie de bien boire et bien manger ; pour Pied-de-Céleri, le goût des aventures, et pour Lataké, dite Jupin Ier, la vanité de paraître comme premier sujet de la danse, sur le théâtre royal de la capitale du Wardenbourg.

Nous pourrions faire au lecteur l'historique de leur voyage, étape par étape, décrivant les plaines, les montagnes, les clochers, les costumes, les broussailles et les mœurs des pays qu'ils traversent ; mais nous craindrions de faire un double emploi avec le *Guide du voyageur sur les bords du Rhin*, livre fort complet que nous n'avons pas mission de remplacer. Il nous suffira de dire que leur voyage s'accomplit sans encombre, sauf quelques incidens qu'il est utile de relater ici.

Après avoir pris d'abord et ostensiblement le chemin de la Belgique, nos touristes se rabattirent brusquement sur celui de Strasbourg, afin de dérouter autant que possible toute surveillance. Montreuil avait jugé que cette stratégie pouvait être prudente au début même du voyage.

La troupe qui allait conquérir un trône fit une première halte au pont de Kelh, qui sépare le sol français du territoire allemand. On dut s'arrêter là pour satisfaire la curiosité de la douane rhénane. Les préposés examinèrent avec une scrupuleuse attention les bagages des nouveaux venus. Ils laissèrent entrer quelques mauvais livres gisant au fond de la malle de Dabiron, mais ils prohibèrent impitoyablement d'excellentes brochures politiques dont Montreuil s'était muni. Enfin les riches toilettes de Lataké durent acquitter des droits exorbitans.

— Comment ! s'écriait la danseuse, on examine mes chiffons, comme si je leur apportais la peste ! Des robes,

des dentelles, des bijoux, des châles et des costumes de théâtre ? ce n'est pourtant pas séditieux.
— Qui sait ? dit Montreuil.
— Vous croyez ?
— Oui certes. Je compte beaucoup sur ce charmant arsenal : c'est notre meilleure artillerie.
— Monsieur, disait Roussignan-Muller, ces gabelous allemands nous regardent d'un air bien étrange. Moi surtout. On a fouillé jusqu'à mon gousset de montre. Ça n'annonce rien de bon.
— Que craignez-vous donc ? demanda Dabiron.
— Eh ! pardieu, la police russe, répondit le faux Muller. Soyez certain qu'elle garde toutes les frontières.

Quant à Sa Majesté Pied-de-Céleri, elle était d'une humeur charmante. La vie de voyage l'amusait infiniment, et peu à peu l'ancien domestique de monsieur Masson s'était habitué à primer ses compagnons, et il recevait avec un sang-froid des plus comiques les respectueuses adulations dont Montreuil continuait de leur donner le précepte et l'exemple.

Leur première station en Allemagne fut marquée par une circonstance qui les impressionna diversement. Ils s'étaient logés à l'hôtel le plus comfortable de l'endroit. Roussignan-Muller avait une vaste chambre décorée de tentures sombres et de tableaux mystiques. Il se trouva comme perdu dans cette immensité, et la peur qui ne le quittait jamais s'en accrut encore lorsqu'il se fut couché. Il lui semblait voir les tentures se soulever, les tableaux s'écarter comme des panneaux, et des apparitions surnaturelles s'avancer jusqu'à lui. Toutefois, la fatigue de la route fut plus forte que la crainte : il ne tarda pas de tomber dans un profond sommeil.

Mais, au milieu de la nuit, il s'éveilla en sursaut, comme si quelqu'un l'eût appelé.
— Muller ! répéta une voix sépulcrale.
— Que me veut-on ? répondit-il. De grâce, laissez-moi dormir en paix.

En ce moment des pas se firent entendre, et il vit à la lueur des étoiles un homme s'arrêter près de son lit.
— Muller ! dit encore la voix caverneuse.
— Que me voulez-vous ?
L'apparition lui prit le bras. Il n'y avait pas moyen de douter de la réalité du dialogue. Il ne rêvait pas, il était bien éveillé.
— Que demandez-vous ? balbutia-t-il en se levant sur son séant. Je ne suis pas Muller : Muller est mort. Je ne suis pas Roussignan : Roussignan est mort aussi. Je suis le baron de Rembach.
L'apparition fit flamber un de ces produits chimiques dont l'Allemagne est la patrie, alluma un fallot et le passa sous le nez de Roussignan-Muller, baron de Rembach.
— Je ne le reconnais pas précisément pour le Muller que j'ai entrevu le soir, dans l'ombre, rue de l'Ouest, à Paris, il y a quelques années, marmotta l'inconnu ; mais c'est son signalement, son nom, son allure et son rôle : ce doit être lui.
— Qui, lui ? fit Roussignan.
— Celui que nous avons longtemps cherché. Réponds à ma question : Où est l'enfant ?
— Ah ! bon ! dit Roussignan, dont les dents claquaient de terreur, voilà le fameux refrain qui recommence : « Où est l'enfant ? » C'est bien fait !... ça m'apprendra à ne m'être pas pendu tout à fait, tandis que j'étais en train !
— Où est l'enfant ? reprit la voix. Réponds, ou tu es mort !
Et Roussignan-Muller vit briller à ses yeux la lame d'un poignard.
— Attendez ! s'écria-t-il. Diable ! n'enfoncez pas ! Vous avez une manière de questionner qui ne laisse pas le choix de la réponse.
— Eh bien ! dit la voix, où est l'enfant ? Dépêche-toi de répondre et garde-toi de mentir. Ce serait ton dernier mensonge.

— L'enfant, dit Roussignan, l'enfant royal, l'héritier, le monarque ?
— Oui, celui dont tu possédais les titres, dont tu cherchais l'asile et que tu as fini par trouver ?
— Il est là.
— Où ?
— A côté de moi.
— Dans cette chambre ?
— Vous pouvez l'entendre ronfler d'ici. Voilà où est l'enfant.
— C'est bien le prétendant ?
— Sans nul doute. Vous le reconnaîtrez suffisamment au tatouage de son bras. Mais qu'avez-vous à lui dire ?
— Cela ne te regarde pas. Silence !
Et l'apparition allait franchir le seuil de la pièce indiquée, quand l'hôtelier lui barra tout à coup le passage.
— Arrêtez, lui dit tout bas le survenant, il y a contre-ordre.
— Bah !
— Oui. Voici la nouvelle consigne : rien à faire, tout laisser passer. Venez.
Et l'hôtelier disparut avec l'inconnu.

Dès qu'ils furent partis, Roussignan alla réveiller ses compagnons, la figure pâle, la sueur froide au front.
— Je vous l'avais bien dit ! s'écria-t-il.
— Quoi donc ? dit Pied-de-Céleri, en se frottant les yeux.
— La police russe ! répondit Roussignan, que la frayeur poussait à l'exagération ; je les ai vus, ils sont venus... près de mon lit... ils étaient quatre... armés jusqu'aux dents, et je crois qu'ils m'ont massacré.
— Et que demandaient-ils ? dit Dabiron.
— Parbleu ! qu'est-ce qu'ils peuvent demander ? leur rengaine habituelle : Où est l'enfant ?
— Bah ! dit le comte, et comment cela s'est-il terminé ?
— L'aubergiste est venu et les a emmenés.
Montreuil tira le cordon de la sonnette.
— Faites monter l'hôtelier, dit-il au domestique de garde qui répondit à son appel.
Un quart d'heure se passa pendant lequel Roussignan, transi de peur, acheva de raconter les détails de son aventure, mais en ayant soin de taire l'aveu qu'il avait eu la faiblesse de faire ; après quoi le maître de l'auberge arriva

..... Dans le simple appareil
D'un hôtelier qu'on vient d'arracher au sommeil,

et en se frottant les yeux comme un homme éveillé en sursaut.
— Messieurs, dit-il, qu'y a-t-il pour votre service ? Avez-vous quelque plainte à faire ? Les lits sont-ils mauvais ? Les chambres sont-elles humides ? Quelqu'un de vous est-il malade ?
— Mon brave, dit le comte de Montreuil, que veniez-vous faire, il y a quelques instants, dans l'appartement de monsieur ?
— Moi ? dit l'hôtelier, qui semblait ébahi.
— Oui, dit Roussignan, vous et un autre grand.
— Un grand ? reprit l'aubergiste qui paraissait ne pas comprendre.
— Oui, un grand, avec un coutelas, une barbe et une voix rauque.
L'aubergiste jeta un coup d'œil sur ses locataires.
— Ces messieurs veulent rire, dit-il : c'est sans doute une gageure, une plaisanterie, pour me faire quitter mon lit. A votre aise, messieurs. J'ai eu déjà un Anglais de ce genre il y a quelques années. Il me faisait lever trois fois chaque nuit pour me demander s'il ferait beau le lendemain. Mais que m'importe : cela se porte sur la carte.
— Il ne s'agit pas de savoir s'il fera beau, dit Roussignan : il s'agit de savoir ce que me voulait cet homme que vous avez entraîné.
— C'est donc sérieux ? fit l'aubergiste.
— Très sérieux ! dit Dabiron.
— En ce cas, sauf le respect que je dois à vos seigneu-

ries, je dirai que monsieur a rêvé, car je n'ai pas vu d'homme, et je n'ai pas quitté mon lit avant ce moment.

— C'est évident, dit Pied-de-Céleri, il a rêvé.

— C'est un cauchemar, ajouta Dabiron.

— Il a mangé du homard hier à la table d'hôte, fit observer Lataké, qui s'était drapée dans sa robe de chambre garnie de dentelles. C'est lourd sur l'estomac comme une mauvaise action.

Et pendant que l'aubergiste se retirait après force salutations, les compagnons de Roussignan ne pouvaient s'empêcher de rire de la fausse alerte.

Seul, Montreuil resta soucieux : il lui sembla qu'il pouvait y avoir dans la vision du poltron autre chose qu'une erreur d'imagination ; mais comme son but n'était point d'intimider les adhérents, il garda le silence sur les suppositions qui lui venaient à l'esprit et fit tourner son inquiétude au profit de sa gravité.

L'incident n'ayant pas eu d'autre suite, et le visiteur nocturne n'ayant pas reparu, il fut tacitement convenu que Roussignan était un trembleur dont il fallait se garder de prendre à la lettre les excentriques narrations.

Les défenseurs de la légitimité wardenbourgeoise firent halte successivement à Bade, à Ems, etc.

— Il est bon, avait dit Montreuil, tout en gardant un indispensable incognito, de ne pas arriver dans le Wardenbourg à grande vitesse, comme des banqueroutiers emportant les fonds d'une caisse. En voyageant à petites journées, nous éveillerons moins l'attention. L'on ne se méfie jamais des gens qui marchent doucement, on arrête instinctivement les gens qui courent. D'ailleurs, ce temps ne sera pas perdu. L'Allemagne est partout la même : une nation lourde, mais parfois en fermentation, comme sa bière. Nous étudierons l'esprit des populations ; nous nous mêlerons aux fêtes publiques, nous participerons aux plaisirs de chaque localité, nous nous mettrons peu à peu en rapport avec tout ce que les eaux de cette partie de l'Europe abreuvent chaque année de diplomates éclopés. C'est ce qu'on appelle vulgairement prendre l'air du bureau ; et nous prendrons cet air-là avec d'autant plus de sécurité, que nous aurons l'apparence de simples touristes à la recherche d'émotions, de merveilles et d'accidens.

C'est ainsi qu'aux théâtres, aux raouts, aux casinos, aux promenades de ces diverses cités, nos aventuriers se faisaient admirer par la distinction de leurs manières. Comme ils répandaient l'or sur leur passage, la timidité de Roussignan devenait de la modestie, les lazzis de Pied-de-Céleri de la verve, le ton rogue de Dabiron de la dignité, et la désinvolture de Lataké de la grâce et de la fantaisie. La jeune et jolie danseuse éblouissait toute la jeunesse allemande et faisait diversion aux hérésies même de l'apôtre Ronge, fort en vogue à ce moment, ainsi qu'aux dernières symphonies de Mendelshon. Inévitable prestige du Veau d'or. Le Veau d'or passait aux yeux de ses adorateurs pour un bœuf de la plus belle venue.

Hombourg fut leur dernière station. Nos aventuriers y firent bonne chère et y menèrent grand train. La promenade, le spectacle, le concert, la chasse et le jeu remplissaient leurs journées. Il fallait bien faire un peu comme tout le monde, car le jeu est la principale distraction des villes thermales.

Mais Sa Majesté Wardenbourgeoise y mit une fougue qui menaçait d'être funeste aux intérêts de la communauté.

— Sire, lui disait tout bas Montreuil, soyez circonspect.

— Pourquoi donc, mon cher ?

— La roulette est un jeu dangereux.

— Bah ! la rouge ou la noire ? Vous voulez rire !

— Il y a des combinaisons, des martingales, toute une arithmétique de probabilités qu'il faut connaître, ajouta Dabiron.

— Vous vous trompez : j'y ai joué cent fois.

— Où cela ?

— A la foire de Saint-Cloud, aux fêtes des Champs-Elysées, un peu partout. On y gagne douze macarons. Deux coups pour un sou.

— C'est un peu plus cher ici, objectait Montreuil.

— En tout cas, répliquait Pied-de-Céleri, c'est mon argent que je risque.

— Sans contredit ; mais il est de mon devoir de vous prémunir contre votre royal entraînement. Vous le savez, nous avons besoin d'argent pour réussir. Point d'argent, point de Wardenbourgeois.

— Souvenez-vous, au surplus, dit Dabiron, que vous avez tous les désavantages. La banque saute, c'est à dire cesse de jouer, à un chiffre de pertes arrêté préalablement, tandis que le joueur est libre de se ruiner dans une seule séance.

— Nous verrons bien, dit Pied-de-Céleri.

Et il se mit à suivre une couleur avec obstination. Le hasard trouva sans doute qu'il faisait trop bon marché de ses faveurs, car il lui fut constamment contraire. Pied-de-Céleri perdit coup sur coup pendant plus de deux heures.

— De l'argent, dit-il à Montreuil, après avoir jeté cent mille écus au gouffre.

— Arrêtez-vous, sire, dit le diplomate : vous finirez par faire des pertes immenses.

— Bah ! qui perd au début gagne à la fin. Je ne me suis jamais retiré sans avoir mes poches pleines de macarons. Et puis je possède un talisman que j'oubliais et qui va me faire rentrer dans mes fonds bien vite ; vous allez voir !

Et tirant de sa poche le bout du foulard avec lequel Roussignan-Muller s'était pendu dans le bois de Boulogne, il le plaça devant lui sur le tapis vert.

— Qu'est-ce que cela ? se dirent les joueurs. Une amulette sans doute. Ce jeune étranger paraît être imbu de superstitions.

— Vous reconnaissez la chose ? demanda gaîment Pied-de-Céleri à Roussignan.

— Silence ! murmura Roussignan ; silence, de grâce ! Il me semble qu'on nous regarde déjà beaucoup trop. Je crois reconnaître çà et là l'œil moscovite, l'œil sans paupière, l'œil de la police russe.

Pied-de-Céleri continua de jouer et perdit encore. La déveine était évidente.

— De l'or, dit-il à Montreuil, de l'or !

— Non, répondit le comte, c'est assez.

— Comment ! fit Pied-de-Céleri, vous me refusez ? C'est du propre ! Suis-je le maître, ou ne le suis-je pas ?

— Je sais, dit le comte, que vous avez le droit de perdre ; je sais aussi que le jeu est un amusement d'origine royale : Charles IX et Henri III jouaient aux osselets, Louis XIII jouait aux cartes, Louis XVIII jouait au whist ; mais ils jouaient avec des courtisans qui les laissaient gagner, et vous n'avez point ici cet avantage.

— De l'or ! répéta impérieusement Pied-de-Céleri.

Montreuil fit un signe à Dabiron. Celui-ci, pour éviter un scandale, donna à l'exigente majesté un paquet de billets de banque.

— S'il continue comme cela, dit Dabiron, il nous mettra sur la paille, il perdra jusqu'à la bague qu'il porte au doigt.

— Il perdra toujours, dit Muller : c'est un Cosaque qui est le croupier, j'en suis sûr ; il y a de la Russie là-dedans.

En ce moment un inconnu se fit jour tout doucement à travers la foule, s'approcha de Pied-de-Céleri et fixa énergiquement ses yeux sur lui. Pied-de-Céleri éprouva un frisson subit, continua de jouer, mais ne prononça plus un seul mot.

— La rouge ou la noire ? dit le croupier.

Pied-de-Céleri jeta silencieusement tout ce qui lui restait sur la noire.

— Il a changé de couleur, dit Dabiron à Montreuil ; il a tort, il ne faut pas être inconstant.

La noire sortit.

Pied-de-Céleri ne fit éclater aucun signe de joie, ne répondit à aucune question, et resta les yeux fixés sur la roulette.

Il jeta de nouveau tout ce qu'il possédait sur la rouge.

— Décidément, il varie, dit Dabiron : jeu d'inspiration, jeu dangereux !

La rouge sortit.

Pied-de-Céleri reçut deux cent mille francs.

Bref, en un quart d'heure, la chance tourna complétement, et Pied-de-Céleri gagna deux cent mille francs en sus des cent mille écus qu'il avait perdus.

— La banque saute! dit alors le croupier. A demain, messieurs.

En ce moment, l'inconnu s'éloigna de Pied-de-Céleri, cessa de fixer ses yeux sur lui, et se retira peu à peu à travers la foule, comme il était venu, sans que personne j'eût remarqué.

— Où suis-je, dit alors Pied-de-Céleri, et qu'est-ce que je fais ici?

— Voilà qui est fort! s'écria Dabiron. Vous jouez, pardieu!

— Tiens, c'est ma foi vrai! j'ai joué et j'ai perdu, je m'en souviens.

— Pas du tout! Vous avez fait sauter la banque, au contraire.

— C'est encore vrai. Hein! je vous disais bien que la corde de pendu porte bonheur. C'est égal, je me sens fatigué, j'ai envie de dormir.

Pendant la dernière période de la partie, Roussignan, à qui la vue du foulard strangulateur rappelait de pénibles sensations, s'était réfugié dans une autre salle du Casino. Il était allé s'attabler à un jeu d'écarté, en face d'un vieil Allemand dont la figure franche ne lui inspirait aucun soupçon.

Tout en donnant les cartes, l'Allemand lui dit :

— Et vous vous portez toujours bien?

— Toujours, lui dit Muller, fort surpris de cette marque d'intérêt.

— Ah! répondit le vis-à-vis, vous avez un rude tempérament!

— En effet, dit Roussignan, je suis petit, mais je suis musculeux.

— Etre bien portant, reprit le bourgeois allemand, après ce qui vous est arrivé!... *Je propose.*

— Ce qui m'est arrivé? dit le trembleur. Où ça?

— *Trois cartes,* répondit l'Allemand en suivant le jeu.

— Où m'est-il arrivé quelque chose? insista Roussignan, tout en donnant les cartes demandées.

— Vous le savez bien, mon cher monsieur Muller.

— Quoi donc?

— Dans la rue de l'Ouest, à Paris.

— Eh bien?

— N'avez-vous pas reçu là deux coups de pistolet, l'un dans la figure, l'autre dans la poitrine? Je joue atout et j'annonce le roi.

— Deux coups de pistolet? dit Roussignan. Ce n'est pas moi.., c'est-à-dire si, non, oui, pas du tout, c'est un autre.

— A moi de faire, continua son adversaire. Vous aviez des papiers qu'on voulait vous enlever, et on pensait que vous saviez où était l'enfant.

— Allons, bon! lui aussi! pensa Roussignan.

— Après vous avoir poursuivi et sollicité vainement pendant bien des années, continua l'Allemand sans cesser de jouer, on a fini par vous lâcher, en désespoir de cause, deux coups à percer la cuirasse d'un carabinier. Et cependant vous voilà aujourd'hui devant moi, gras, frais, dispos, alerte, comme si rien n'était arrivé. En vérité, vous avez l'âme chevillée dans le corps. Atout! atout! trèfle et roi de cœur. Cela me fait cinq points; j'ai gagné. Votre serviteur de tout mon cœur!

Roussignan quitta la table de jeu avec un commencement de venette, et se mit à circuler dans les salons.

— Ah! par exemple, voilà qui est curieux! s'écria quelqu'un sur son passage, en le désignant à une troisième personne. Regardez donc... On a bien raison de dire que les montagnes ne se rencontrent pas, mais que les hommes... Voici Muller... ce fameux Muller que vous aviez ficelé dans un manteau pour l'apporter dans mon château près de Hambourg.

— C'est, ma foi, vrai!... Mais le gaillard paraît avoir pris sa revanche de l'eau et du pain sec que vous infligiez à son mutisme, après chacun de ses interrogatoires. Le voilà plus frais et plus dodu qu'il ne s'échappa de vos oubliettes, grâce à la perfide connivence de votre femme. Ma foi, j'ai bien envie de lui demander encore : « Où est l'enfant? » Je suis curieux de voir s'il nous répondra cette fois.

Roussignan leva les yeux sur les deux interlocuteurs, et reconnut en frémissant son faux bourgeois de Hambourg et le petit homme sec à queue prussienne. Il s'éclipsa dans la foule sans attendre la question annoncée.

Mais, quelques pas plus loin, un homme de haute taille et de belles manières, près duquel il stationnait devant une table de wisth, lui dit :

— Si monsieur Muller désirait encore se rendre en France par mer, je me chargerais volontiers de le conduire en Russie : pyroscaphe *Paul I*ᵉʳ, capitaine Latanoff. Bon lit, bonne table, beaucoup d'égards, comme toujours, avec l'agrément de plus de ne pas s'entendre demander : « Où est l'enfant? » On n'a plus besoin de le savoir : on le sait.

Roussignan s'éclipsa de nouveau en s'essuyant le front comme un homme dont le courage est à bout.

— Allons, se dit-il tristement en rejoignant ses compagnons, me voilà rentré en plein dans cette vie de persécutions que je croyais finie! La Russie me poursuit de nouveau comme une bête fauve. Gredin de Montreuil! c'est lui qui est la cause de toutes mes misères. Je vivrais bien plus tranquille si je m'étais tué.

Tandis que l'ex-pendu du bois de Boulogne maugréait contre l'avenir en mémoire du passé, la foule élégante qui encombrait les brillans salons du Casino se pressait sur un point de la salle de bal, pour admirer une danseuse qui touchait à peine la terre de ses pieds agiles, et dont la tournure toute française était pleine de grâce et d'abandon. Cette beauté qui attirait tous les regards, qui était le sujet de toutes les conversations, qui triomphait en valsant dans le pays même de la valse, c'était la sémillante Lataké, préludant, par ces petits triomphes, aux triomphes bien autrement grands que la chorégraphie lui réservait.

XXXVII.

STRATÉGIE PRÉLIMINAIRE.

On est convenu, dans un certain monde fort lettré, de voir exclusivement l'Allemagne à travers la fumée du tabac, comme l'Angleterre à travers la fumée de la houille. Ajoutez au tableau : ici du rosbif, du pudding, du porter, des pommes de terre, des banknotes et des gentlemen-riders ; là, de la choucroûte, des valses, des tonnes de bière, des contes fantastiques, des clarinettes, des étudians et des lièvres à la gelée de groseille, — et vous êtes censé connaître ces deux pays comme celui qui les a inventés.

Cette portraicture est exagérée jusqu'au paradoxe. L'Allemagne, notamment, n'est absolument ni une vaste tabagie ni une brasserie immense. Si elle porte à sa robe des guirlandes de houblon, elle ceint en même temps son large front, comme la bacchante antique, d'une couronne de pampres; si elle fume, elle parfume aussi; elle a son eau de Cologne comme sa nicotiane ; elle a son vin comme sa bière, ses doux aromes comme ses miasmes délétères, sa gaîté comme sa tristesse, ses salons comme ses cabarets, sa poésie comme sa trivialité.

Notre but, au surplus, n'est pas de faire ici du roman pittoresque, préoccupé que nous sommes du côté philosophique, dramatique et moral du sujet qui nous est légué. Nous laisserons donc, aux touristes du genre descriptif et aux marchands de jouets d'enfans, l'Allemagne de leur fabrique, avec ses maisons blanches, ses toits rouges, ses vo ets verts, ses jardinets à berceaux, ses tavernes dansantes, ses allées tirées au cordeau, ses arbres frisés, ses chevelures dorées, ses visages de chérubins bouffis; toutes particularités qu'il serait fastidieux pour le lecteur de nous voir constater, réfuter ou rectifier. Nous aimons mieux rester dans les termes d'une brève généralité, en disant, par exemple, que le royaume de Wardenbourg, où nous entraîne le cours de cette histoire, n'a rien de plus extraordinaire comme sites, comme produits ni comme monumens, que tous les autres pays du monde, et qu'il renferme une population fort diversement composée de bruns, de blonds, de châtains, de gris, de blancs, de crépus et de chauves, de jolies femmes et de laiderons, d'esprits forts et d'esprits faibles, d'organisations délicates et de personnalités grossières, de riches et de pauvres, de sots et de gens d'esprit, de bons et de méchans, dans la même proportion que le reste du globe, où le mal l'emporte des quatre-vingt-dix-neuf centièmes sur le bien.

Le roi de céans se nommait Bénédict Ier. C'était le fils unique du second mariage contracté indûment par le comte de Zanau, l'ex-favori de la grande Catherine de Russie, tandis que sa première femme, Louise de Landswig, qui passait pour morte, languissait, séquestrée, avec son fils, le chevalier de Limbourg, dans le château d'Hildebourg-Hausen.

Voici, en résumé, les renseignemens que Montreuil avait cru devoir recueillir sur la route, relativement à ce monarque, aux principaux personnages de sa cour et à l'état général des esprits dans son royaume. Ces détails préliminaires lui paraissaient indispensables pour régler en parfaite connaissance de cause la conduite de son prétendant et celle de ses compagnons. C'est ce qu'il appelait prendre l'air du bureau.

Il y avait vingt-deux ans que Bénédict Ier avait succédé à son père. Il approchait alors de la cinquantaine. Il était petit, gros, gras, trapu, d'une figure assez agréable ; son sourire ne manquait pas de charme; il était bon, surtout par accès, mais ses lèvres pincées dénotaient de la taquinerie, et son teint safrané eût expliqué à Lavater l'excessive variabilité de son humeur.

Indécis dans les choses importantes, entêté dans les choses secondaires, incapable de concevoir et d'exécuter par lui-même aucune grande mesure, faible, minutieux et tatillon, il abandonnait à ses ministres, tout en maugréant contre eux, le véritable gouvernement de l'État, mais s'en réservait, avec une jalousie farouche, la partie mesquine et insignifiante. Il se souciait fort peu de savoir comment se percevaient les impôts, comment se recrutaient les troupes, comment s'administrait la justice; mais il s'inquiétait sérieusement du nombre de bûches, de chandelles et de pains à cacheter que l'on employait pour le bien de l'État.

La raison et l'équité ne dictaient d'ailleurs aucune de ses déterminations. Amitié, haine, bienveillance, animadversion, tout en lui procédait du caprice, de la boutade, de la disposition bonne ou mauvaise du moment. Il avait cela de commun avec tous les tempéramens chez lesquels les nerfs et la bile exercent une action prépondérante. Excellente nature au fond, détestable nature parfaite toutes les fois que la passion ne s'en mêlait pas, c'était ce qu'on appelle un lunatique, un homme à lubies, à manies, à préventions instinctives. Il adorait l'un, détestait l'autre, molestait celui-ci, écrasait de faveurs celui-là, sans que personne, y compris lui-même, eût pu, la plupart du temps, analyser le pourquoi de sa conduite. Simple question de sympathie ou d'antipathie, et, chose ordinaire, rien n'était moins durable que ces sentimens irréfléchis : ils s'en allaient comme ils étaient venus, sans motif apparent, mais il fallait qu'ils s'en allassent d'eux-mêmes, car le seul moyen de les rendre stables eût été de vouloir aider à leur départ. Lui dire, à tort ou à raison, du mal de quelqu'un, c'était le lui faire aimer davantage, de même que lui en dire du bien, c'était le lui faire exécrer d'emblée.

On avait raconté à Montreuil une foule d'anecdotes à l'appui.

— « Sire, disait par exemple le ministre des finances, j'ai le regret d'apprendre à Votre Majesté que le collecteur général des contributions de telle province, celui dont Vous avez daigné exiger la nomination, vient de passer à l'étranger avec les millions qu'il possédait en caisse.

— » En êtes-vous bien sûr ?

— » Parfaitement sûr. Quelle mesure Votre Majesté m'ordonne-t-elle à l'égard de ce voleur ?

— » Oh ! voleur, voleur !... l'expression est un peu dure.

— » Elle me semble douce, au contraire. Votre Majesté est-elle d'avis que nous adressions une demande d'extradition à celui des pays alliés chez lequel ce comptable infidèle s'est réfugié ?

— » Nous verrons plus tard : cela demande réflexion. En attendant, j'ai à signaler à M. le ministre de la justice un cas d'une bien plus haute gravité. Ce matin, de fort bonne heure, comme je faisais mon inspection habituelle dans les corridors du palais (car en vérité, si je n'y regardais pas moi-même d'un peu près, il se passerait de jolies choses!), j'ai surpris en flagrant délit un des garçons de bureau, celui-là même que vous avez nommé le mois dernier. Mon gaillard s'échappait en tapinois, un cahier de papier à lettres caché sous son manteau. Je recommande ce scélérat à toute votre sévérité. La fortune de l'État ne suffirait point à de pareilles dilapidations.

— » Sire, disait à son tour le ministre de l'intérieur, j'ai la douleur d'annoncer à Votre Majesté que le comte de *** se rend tout à fait indigne de la haute bienveillance qu'elle lui accordait. Voilà trois mois que le comte voyage à l'étranger, sans permission, avec une jeune fille qu'il a enlevée, abandonnant ainsi à de simples commis l'importante province dont vous avez daigné lui confier l'administration. J'ai l'honneur de proposer à Votre Majesté la destitution de ce véritable déserteur.

— » Oh! déserteur, déserteur!... l'expression est dure. Le comte a peut-être d'excellentes raisons à faire valoir. Nous verrons plus tard. En attendant, je signalerai au ministre de la guerre, chargé spécialement de la garde du palais, une prévarication, bien autrement grave, d'un de ses subordonnés, je dirai même d'un de ses protégés. Il s'agit d'un des suisses qu'il a préposés à la surveillance de l'entrée de notre royal jardin. Ce matin, comme je mettais le nez à la fenêtre, selon mon habitude, sous prétexte de prendre l'air, mais en réalité pour voir un peu ce qui se passait au dehors (car j'en suis réduit à m'occuper de tout!), j'ai vu le suisse en question abandonner sa hallebarde et s'éloigner de vingt pas en dehors de la grille, et pourquoi je vous le donne en mille : — pour prendre familièrement la taille à une jeune fille qui passait, une de ses payses sans doute. Or, pendant ce temps, qu'arrivait-il ? Un chien pénétrait illégalement dans les plates-bandes du jardin. Comme vous le voyez, il y a tout à la fois scandale, désertion et dégât. Je n'ai pas besoin d'insister, je le présume, pour qu'il soit sévi avec la dernière rigueur contre un tel coupable. »

Les ministres s'inclinaient en signe d'assentiment, mais n'en faisaient qu'à leur tête. La demande d'extradition était faite ; le comte *** était destitué ; le garçon de bureau s'approvisionnait, comme devant, de plumes, de cire et de papier aux dépens de l'État ; et le suisse continuait de quitter sa hallebarde pour la taille des jolies filles de sa connaissance qui passaient devant sa guérite, tandis que les caniches folâtraient impunément à travers les plates-bandes. Comme, en définitive, Sa Majesté avait un excellent naturel, il suffisait à son amour-propre de roi, au soulagement de son esprit fantasque, d'avoir fait acte de vigilance, de pouvoir et de sévérité en paroles. Il n'en était jamais question et, huit jours après, le garçon de bureau prévaricateur et le galant hallebardier devenaient à leur tour ses plus chers serviteurs. Ah! certes, on eût été mal venu dès-lors à lui signaler leurs fraudes et leurs négligences.

Il en était de même, dit-on à Montreuil, en ce qui concernait les ministres. Il y en avait toujours un qui était le favori de Sa Majesté, et un second qui était sa bête noire.

Les autres lui étaient indifférens, en attendant leur tour de faveur, car cela durait peu. La bête noire devenait tôt ou tard le favori, et le favori passait à l'état de bête noire. Ainsi de suite. Quelle était la cause de ce va-et-vient perpétuel ? Le besoin de varier ses émotions ; pas autre chose. Quant au prétexte, il était toujours d'une excessive futilité, comme tous les prétextes : c'était, de la part des disgraciés, un salut moins profond que d'habitude en abordant Sa Majesté, une distraction involontaire pendant qu'elle parlait, un léger désaccord d'opinion, un succès auprès d'une femme de sa cour, une culotte mieux taillée que la sienne, et cent autres griefs de cette importance. Il n'en fallait pas davantage pour avoir, de la veille au lendemain, du matin au soir, d'une heure même à l'autre, un successeur dans les bonnes grâces du mobile potentat. Et alors c'était avec ce successeur que Sa Majesté se plaisait à dégoiser pis que pendre de ses autres ministres en général, et du dernier favori en particulier. Ce clabaudage intime constituait son plus grand plaisir.

Mais, dit-on à Montreuil, autant Bénédict Ier était versatile à l'égard des hommes, autant il était routinier au sujet des choses. Cette contradiction si ordinaire venait de ce qu'il avait horreur de tout travail sérieux, en même temps qu'il était insatiable d'occupations frivoles. Il eût changé vingt fois le personnel de son cabinet, ne fût-ce que pour y voir des figures nouvelles, mais il n'eût pas consenti à remplacer le moindre clou dans la machine gouvernementale. Les abus mêmes lui paraissaient d'autant plus sacrés qu'ils étaient monstrueux depuis plus longtemps. L'innovation lui était si odieuse, qu'il continuait de porter la petite queue de rat dont Frédéric le Grand avait jadis doté l'Allemagne. Enfin, il avait en si grande aversion toute matière à polémique, que si, d'aventure, les philosophes de son royaume se fussent avisés de rechercher s'il fallait casser les œufs à la coque par le gros bout ou par le petit, hé bien ! plutôt que de laisser naître une discussion de nature à enflammer les esprits et à troubler son repos, le stationnaire monarque eût fait de l'omelette une obligation absolue, afin que dorénavant on ne cassât plus les œufs que par le milieu, et il eût appelé cela trancher le différend.

On comprend que si le Wardenbourg se distinguait par quelque chose des autres parties de l'Allemagne, ce n'était pas précisément par la turbulence des opinions. Le fait est que les sujets de Bénédict, bien qu'écrasés d'impôts, administrés à tort et à travers et opprimés de toute façon par une oligarchie puissante, n'en obéissaient pas moins avec une docilité que monsieur de Maistre eût admirée chez les moutons, les caniches, les chevaux et les dromadaires eux-mêmes. Ce n'était pas qu'ils se trouvassent heureux, tant s'en fallait, mais le monarque leur avait inculqué son esprit de routine, et il n'y en avait pas un seul qui eût jamais pensé qu'il lui possible d'être autrement.

Du reste, Sa Majesté leur avait aussi inculqué l'ennui qui la tourmentait. Sa Majesté était lasse de fêtes, de dîners, de bals, de chasses, de promenades et de spectacles. Elle était lasse des guinguettes où, pendant si longtemps, elle s'était plu à se faufiler incognito, pour prendre sa part des plaisirs du peuple. Elle était même lasse de taquiner son entourage, de cancaner avec son favori et de maugréer tout bas contre ses autres conseillers. Sa Majesté en était arrivée à bâiller du matin au soir, et comme le peuple se modèle toujours sur la cour, qui se modèle sur le monarque, le bâillement était devenu, non seulement une habitude universelle dans le Wardenbourg, mais encore une mode, un genre, une élégance, un acte de bon ton.

Telle était la situation générale sur laquelle Montreuil avait à combiner son plan.

L'entrée dans le royaume ne souffrit aucune difficulté. La tranquillité du pays était si parfaite, que la police ne s'inquiétait nullement de la moralité des étrangers. On n'était sévère que pour leurs bagages.

Après avoir perçu des droits énormes sur tout ce que possédaient nos aventuriers (c'était la dixième perception de ce genre depuis leur arrivée en Allemagne), on les laissa passer la frontière sans même leur demander où ils allaient. Ils apportaient de l'argent, ils étaient les bienvenus.

Afin de ne donner lieu plus tard à aucun soupçon de connivence, Montreuil expédia Lataké en avant, sous la protection de Muller, qui se donna pour son intendant. La danseuse descendit à l'hôtel de l'Aigle-Noir, dans la capitale du Wardenbourg, et retint pour elle seule la moitié du premier étage.

Le reste de l'armée conquérante n'arriva que le lendemain, et s'installa dans la seconde moitié qui restait vacante.

Montreuil, Dabiron et Pied-de-Céleri déclarèrent modestement, au maître de l'*Aigle-Noir*, qu'ils étaient de simples touristes, venant rendre hommage aux monumens du pays, mais se proposant surtout d'en explorer, coûte que coûte, les produits culinaires.

Cette déclaration le flatta doublement, et comme patriote et comme débitant de comestibles.

Il crut leur être agréable, de son côté, en leur apprenant qu'une charmante femme, arrivant de France comme eux, une artiste du plus grand talent, mademoiselle Lataké, dite Jupin 1re, les avait précédés chez lui de vingt-quatre heures.

Montreuil et ses deux acolytes jouèrent la surprise et le ravissement. Ils prièrent l'hôte de demander pour eux, à la charmante voyageuse, la faveur de lui être présentés.

Mademoiselle Lataké repoussa d'abord cette proposition avec dédain, mais elle finit par céder aux instances de l'hôte, comme étrangère et comme voisine. La présentation se fit immédiatement, de la façon la plus naturelle. Les conjurés purent dès lors se concerter à toute heure, sans inconvénient, sans obstacle et sans éveiller de soupçon, grâce aux portes de communication qui faisaient un seul et même appartement de tout le premier étage.

Les premiers jours qui suivirent leur installation furent employés par eux de la façon la plus simple : en promenades, en excursions, en spectacles et en bonne chère. Dabiron se trouvait fort bien de ce régime, mais son scepticisme s'en moquait, autant que s'en applaudissait son sybaritisme.

— Si c'est pour boire d'excellente bière et pour manger d'incomparable choucroute que nous avons entrepris cette expédition, dit-il ironiquement à l'homme d'État de la bande, quand les domestiques les eurent laissés seuls au dessert, je comprends notre voyage : le but est atteint ; mais si c'est pour conquérir un trône, je suis un peu moins satisfait du résultat. Nous sommes très populaires quelques jours, mais nous serions heureux qu'il en fût ainsi, et qu'elle consentît à paraître avant son départ sur le théâtre de la cour. Ce serait une bonne fortune pour tous les amis de l'art.

» Nous comptons comme toujours sur le zèle de l'habile directeur de notre première scène, et nous sommes certains qu'il ne négligera rien pour nous faire connaître la plus illustre émule des Elsler et des Taglioni. »

— Ah ! bah ! s'écria Lataké, toute joyeuse et toute fière ; c'est imprimé ?

— Voyez plutôt, répondit Montreuil en lui passant le journal.

— Comment ! ces lettres si biscornues disent de si jolies choses ?... Mais, en effet, ce doit être vrai : voilà mon nom ! Il paraît que je me nomme en allemand comme en français. Hé bien ! là, franchement, ça fait plaisir de se voir imprimée toute vive ; d'autant plus que c'est la première fois.

— Plaisir innocent et qui coûte moins cher que beaucoup d'autres, interrompit malignement Dabiron. Cette apothéose ne nous revient pas à cinquante francs. J'en sais le prix, moi qui suis le trésorier de l'expédition. La gloire est plus ruineuse à Paris. Cinq francs la ligne. Tu fais bien, chère enfant, de ne t'en passer la fantaisie qu'à l'étranger.

Lataké allait répliquer par une malice à l'observation de son ancien adorateur, lorsque l'hôte se présenta humblement, et annonça à l'illustration chorégraphique que le directeur du théâtre de la cour était en bas, qui sollicitait la faveur d'une audience particulière.

— Faut-il? demanda Lataké à Montreuil, sans l'agrément duquel aucun des conjurés avait promis de ne rien faire.

— Oui, allez, lui répondit le généralissime; mais ne concluez rien sans moi, et demandez à me consulter, à titre d'ami.

Sur la réponse affirmative de Lataké, l'hôte sortit et introduisit le directeur dans l'appartement particulier de la danseuse, où celle-ci alla le recevoir aussitôt.

— Messieurs, dit solennellement Montreuil à ses compagnons, en les laissant à table, vous voyez la porte de ce salon? hé bien! c'est là que vont se décider tout à l'heure les destinées de ce beau royaume. Je vous quitte un instant; restez ici, et buvez d'avance à la restauration de Sa Majesté !

XXXVIII.

AVANT LE LEVER DU RIDEAU.

Le directeur du théâtre royal de Wardenbourg offrait l'exacte contre-partie du fameux mot de Figaro : *Il fallait un calculateur, ce fut un danseur qui l'obtint.* On pouvait dire de son avénement à la direction de cette scène, consacrée à la musique et à la danse : *Il fallait un danseur, ce fut un calculateur.* Sous ce rapport du moins, le Wardenbourg ne ressemblait point trop mal à beaucoup d'autres pays.

Monsieur Bilbokennbrock avait fait de tout un peu, avant d'arriver à ce poste éminemment artistique, excepté la seule chose qui devrait y donner des droits dans une société bien organisée : nous voulons dire de l'art. Il avait été successivement huissier, marchand de comestibles, maquignon, courtier, fabricant d'allumettes, entrepreneur d'engrais, etc., etc.; et comme il n'avait réussi dans aucune de ces parties, on avait jugé à propos de lui confier la plus difficile de toutes : l'administration d'un théâtre.

Il avait dû cette fonction à un des mille caprices du roi. Le dernier *impresario* ayant fait faillite, il s'agissait de lui donner un successeur. Tout ce que le Wardenbourg renfermait alors de spéculateurs ruinés, de fils de famille ineptes, d'intrigans besoigneux et de bonnetiers retirés, s'était naturellement mis sur les rangs, en concurrence avec quelques gens de lettres, quelques musiciens et quelques danseurs émérites, qui croyaient encore naïvement au triomphe possible de la capacité.

Leur illusion fut courte.

Les gens capables furent tout d'abord écartés sans discussion, dans le conseil que tint Sa Majesté sur ce grave sujet.

Restaient les incapables. Mais ils l'étaient tous à un tel degré qu'il devenait vraiment difficile de découvrir le moins indigne.

Après beaucoup d'hésitations, et tout bien examiné, les membres du conseil, le favori du jour excepté, opinèrent unanimement contre monsieur Bilbokennbrock. Il n'en fallait pas davantage pour stimuler l'humeur taquine et l'esprit contradicteur du roi. Monsieur Bilbokennbrock fut nommé.

C'était un homme de haute taille, mince, un peu voûté, agréablement dégingandé, ayant de longues jambes, de longs bras, de longs pieds, de longues mains, de longues dents et un long nez; fort élégant de costume, assez distingué de manières, et à qui le lorgnon carré qu'il portait continuellement à l'œil donnait un petit air d'impertinence très aristocratique.

Il ne manquait pas d'esprit, mais il avait le travers de viser à l'excentricité, et le tort bien plus ruineux encore d'administrer son théâtre à coups de paradoxes.

— « Ce chanteur me plaît, disait-il, par exemple, et je l'engage : il chante assez mal pour avoir beaucoup de succès. — Cette danseuse ne me convient pas, je la refuse : elle a trop de talent pour réussir. — Je reçois votre pièce, messieurs, mais à corrections : vous allez me gâter un peu tout cela, paroles et musique. Le mauvais seul offre des chances de vogue. — En définitive, la réussite des ouvrages ne tient absolument ni à leur mérite ni à leurs défauts : c'est une simple affaire de décors, de costumes, de claqueurs, d'affiches et de réclames. Donnez-moi la plus mauvaise farce de tréteaux : je me charge, moyennant cent mille francs, de la faire applaudir à l'égal du plus beau chef-d'œuvre. Donnez-moi au contraire le plus beau chef-d'œuvre, et je me charge gratis de le faire siffler à l'égal de la plus mauvaise farce. »

Tels étaient, en somme, les principes d'administration de monsieur Bilbokennbrock. Ils n'étaient malheureusement pas dépourvus d'une certaine dose de vérité, s'il faut en juger par les succès étourdissans qu'il obtint d'abord. Il y joignait d'ailleurs une tolérance philosophique qui aidait à ses triomphes, en lui assurant la gratitude des abonnés de l'orchestre, des locataires d'avant-scènes, des lovelaces de la cour, et de Sa Majesté elle-même. En d'autres termes, monsieur Bilbokennbrock fermait complaisamment les yeux sur l'admiration plus ou moins vive de ses protecteurs pour les jeunes et jolies pensionnaires de sa troupe. Aussi était-il généralement proclamé le plus habile de tous les directeurs connus, et Sa Majesté était-elle fière de l'avoir choisi, contrairement à l'opinion de ses ministres.

Mais toute médaille a son revers, tout Capitole sa roche Tarpéienne, toute conquête ses délices de Capoue. L'heure des défaites sonna enfin. Monsieur Bilbokennbrock comprit que le moment était venu de faire encore plus mal que par le passé. Hélas ! il était trop tard. L'injustice des réactions est toujours proportionnée à la folie des engoûmens. Ses plus mauvaises pièces tombèrent à plat, ses chanteurs les plus détestables furent sifflés outrageusement, ses danseuses les plus infimes furent chutées, son théâtre fut abandonné par le public, et Sa Majesté elle-même, passant d'un extrême à l'autre, selon sa royale habitude, ne parla de rien moins que de destituer brutalement le maladroit impressario.

Voilà sommairement quelle était sa fâcheuse situation lorsque le *Journal de la cour* lui fit connaître à l'improviste la présence de Lataké. Montreuil avait visé juste en y faisant insérer l'article dont nous connaissons la teneur et le prix. M. Bilbokennbrock crut y voir l'expression du vœu de la cour, un moyen de regagner l'inconstante faveur du monarque, et le talisman peut-être d'une nouvelle ère de prospérité. Il saisit avidement cette dernière pirouette de salut. Il se présenta incontinent chez le soi-disant premier sujet de l'Académie royale de Paris, avec ce ton d'exquise urbanité qu'il savait employer à l'occasion et cette connaissance parfaite de toutes les délicatesses de la langue française qu'on ne trouve guère qu'à l'étranger. En France, nous dédaignons toutes les langues qui ne sont pas la nôtre, et c'est à peine si nous l'étudions elle-même. Ce qu'il y a de plaisant chez les puristes d'au delà des frontières, c'est que, tout en s'exprimant avec une recherche qui serait ridicule chez nous, ils craignent toujours de n'en pas montrer assez, et s'excusent à chaque instant de leur afféterie même, comme d'un excès de trivialité.

— Mademoiselle, dit M. Bilbokennbrock à Jupin Ire, avec un reste d'accent germanique à peine sensible ; mademoiselle, la renommée aux cent trompettes vient de faire retentir à mes oreilles le bruit de votre arrivée dans cette capitale. Je m'empresse de déposer à vos pieds le pur et sincère hommage de ma juste et profonde admiration. Je ne sais si je m'exprime assez bien en français pour avoir le bonheur d'être compris de vous. Soyez aussi bonne que belle. Daignez pardonner à un étranger son inexpérience des charmantes finesses de votre langue. Je compte sur votre extrême indulgence pour suppléer à ce que ma parole peut renfermer encore d'inélégance et d'obscurité.

— C'est égal, monsieur, allez toujours, répondit la chorégraphe, qui ne connaissait que le français de l'Opéra, du Ranelagh et dessoupers de la Maison d'Or ; vous ne parlez pas trop mal, surtout pour un homme qui n'en fait pas son état. Je crois vous avoir compris.

— Vous êtes mille fois trop bonne, ravissante bayadère. Mais assurément, à en juger par l'expression de ce fin sourire, par la vivacité de ces beaux yeux et par l'esprit qui pétille dans leur malicieux regard, vous n'êtes pas moins intelligente que bonne, et vous devez pressentir l'objet de l'entrevue que j'ai pris la liberté de solliciter.

— Dites toujours : un supplément ne nuit jamais.

— En ce cas, j'ai osé concevoir la séduisante espérance que la reine des sylphides ne prendrait pas son vol vers des régions plus favorisées des dieux, sans avoir fourni à la capitale du Wardenbourg l'inappréciable occasion de faire éclater son enthousiasme. Pardon, m^{lle} fois pardon, je le répète, si l'expression trahit ma pensée. Puissé-je néanmoins avoir l'avantage de me faire suffisamment comprendre !

— Oui, oui, à peu près. En d'autres termes, vous ne faites ni une ni deux : vous avez su que j'étais de passage dans votre endroit, et vous venez me demander quelques flics-flacs pour votre théâtre. Connu. Voilà ce que c'est en bon français.

— Je vous rends grâce, belle demoiselle, de traduire aussi parfaitement ma pensée.

— Eh bien ! mon cher monsieur, j'imiterai votre exemple, reprit la danseuse, qui se souvint de la recommandation de Montreuil ; je ne ferai non plus ni une ni deux : je vous répondrai tout bêtement que ça m'est impossible. Hélas, oui ! continua-t-elle en se renversant avec nonchalance dans son fauteuil et en jouant la grande artiste rassasiée de gloire, je suis fatiguée d'encens, je suis lasse de bouquets, je suis dégoûtée d'applaudissemens. Depuis que j'ai quitté Paris, mon voyage en l'Allemagne n'a été qu'une longue pirouette triomphale. Je suis éreintée, vrai, et j'en suis à me mordre les doigts d'avoir contracté un engagement avec l'empereur de toutes les Russies. Je préférerais demeurer ici à me reposer, à me refaire un peu le torse avant de retourner à Paris. Hé ! tenez, voici justement un de mes compatriotes, un de mes bons amis de Paris, monsieur de Montreuil, comte de... Casticala ; je m'en rapporte à lui.

Après les salutations d'usage, Montreuil fut mis au courant de la question par Lataké.

— Permettez-moi d'espérer, monsieur, reprit alors le gracieux impresario, que le refus de mademoiselle n'est pas irrévocable. Mademoiselle ne saurait pousser la barbarie, la cruauté, jusqu'à laisser dans la désolation une capitale dont elle pourrait faire le charme par son talent, comme elle en fait déjà l'ornement par sa présence. Pardonnez, monsieur le comte, si je m'exprime mal en français...

— Comment, monsieur ! répondit vivement Montreuil ; mais au contraire, vous vous exprimez on ne peut mieux. Je dirai même que, si vous risquez d'être inintelligible pour les Français, c'est justement parce que vous parlez trop bien leur langue.

— En ce cas, continua l'impresario, puis-je espérer de trouver un bienveillant auxiliaire dans monsieur le comte ? Je n'ai pas besoin d'ajouter que la question d'argent ne saurait entraver la présente négociation. On ne marchande pas les talens de cet ordre. Voici un traité en blanc. La jolie main de mademoiselle peut y inscrire le chiffre qu'il lui plaira : ce chiffre est d'avance le mien. Enfin, qu'il me soit permis de terminer par une considération qui, j'aime à le croire, malgré mon peu d'usage de la langue française, ne saurait manquer de puissance sur un personnage aussi distingué que monsieur le comte. L'auguste souverain de ce pays s'ennuie affreusement. Ce serait, de la part de la reine de la danse, une gracieuse manière de reconnaître l'hospitalité qu'elle trouve dans les Etats de Sa Majesté, que de lui offrir en retour une distraction charmante, dont l'effet peut être éminemment salutaire.

— Assez, monsieur, assez ! interrompit Montreuil. Vous vous adressez à un comte et à une danseuse, deux classes de la société qui s'honorent également de leurs affections monarchistes. Cette dernière considération l'emporte seule. Puisque mademoiselle a bien voulu s'en remettre à ma décision, vous pouvez partir avec l'assurance qu'elle dansera sur votre théâtre, et cela, gratuitement, au bénéfice des pauvres, pour l'unique satisfaction de distraire votre auguste monarque. Sans adieu, monsieur : j'aurai l'honneur de vous revoir pour régler d'un commun accord tous les détails de cette importante représentation.

— Eh bien ! excusez ! dit maussadement Lataké à Montreuil, quand l'impresario les eut quittés. Danser gratis ! au profit des pauvres ! en guise de médecine royale ! Merci du cadeau ! Je vous conseillerai une autre fois mes intérêts ! Si ce sont là les magnifiques appointemens que vous m'aviez promis ici, vous auriez tout aussi bien fait de ne point m'arracher aux douze cents francs que je gagnais à l'Opéra.

— Que vous importe, mauvaise tête ! lui répondit Montreuil. Si cet impresario ruiné ne vous paie qu'en belles phrases à la Prudhomme, je vous paierai, moi, en beaux écus non moins sonores ? Rassurez donc votre bourse, et allons rejoindre nos compagnons.

Leurs compagnons étaient restés à table, ce qui est la manière la moins désagréable d'attendre.

— Qu'avez-vous, sire ? demanda Montreuil à Pied-de-Céleri, dont la figure était contractée et qui se frottait énergiquement l'épigastre.

— C'est, ma foi, vrai ! Sa Majesté est tout chose, ajouta Lataké.

— J'ai, répondit le prétendant, j'ai que ma santé bat la breloque. C'est encore une farce de votre plat national. Décidément la soupe à la bière et moi nous ne sympathisons pas. Je reviens au bouillon hollandais. Mais en attendant, je donnerais bien cent sous d'un petit verre de cassis.

— Ce n'est pas la soupe à la bière qui vous tracasse, dit à son tour Roussignan-Muller ; je soupçonne bien plutôt le poison septentrional de vous jouer ce tour-là. Oh ! nous y passerons tous. C'est l'espionnage qui tient ici la casserole, qui fait bouillir la marmite et qui assaisonne les sauces. Nous mourrons tous de la colique.

Montreuil interrompit les lamentations de l'ex-pendu, fit part à ses acolytes du résultat de la conférence qu'il venait d'avoir avec l'impresario, et les envoya dormir après leurs longues libations et leur avoir recommandé de nouveau de se tenir prêts pour de grands événements.

Le lendemain, la belle Lataké recevait, ainsi que Montreuil, son guide officiel, une invitation pour une fête que donnait M. Bilbobennbrock dans sa somptueuse demeure. L'impresario, après avoir calculé ce qu'il en coûte pour établir une réputation, même bâtie à la légère, sur les moyens de la publicité européenne, en était venu à croire fermement que les fêtes et les raouts étaient encore les réclames les plus avantageuses. Il présentait ainsi ses nouveaux sujets à l'enthousiasme de ses convives. Ses générosités d'amphitryon étaient réglées d'après l'importance des débutans. Une collation pour une basse, un dîner pour un ténor, un bal pour une cantatrice, et comme la danseuse était omniprésente dans ce pays de Méphistophélès lui-même, pour damner le docteur Faust et Marguerite, fut forcé d'apprendre le mécanisme de la valse, il s'ensuivait que, pour Lataké, la fête de nuit, avec fanfares, concert, quadrilles et illuminations, n'avait pas été trouvée trop dispendieuse.

Le comte de Montreuil parut à minuit, en habit noir, le visage sérieux, le maintien froid, donnant le bras, en qualité de compatriote, à la Jupin, parée comme une châsse, parfumée comme un bouquet. A l'étranger, que nous influençons depuis cinquante ans par nos gravures de modes autant que par nos idées, les femmes s'évertuent à se mettre à la française sans pouvoir y réussir. Lataké était pour elles une figurine animée qui venait, pétillante de verve, mettre en pratique à leurs yeux les grands enseignemens de la science élégante. D'après les instructions prévoyantes de Montreuil, elle avait emporté de Paris les nouveautés les plus *nouvelles*, la mode du lendemain, surprise d'avance dans le laboratoire de la fashion. Aussi son succès de femme était-il inévitable.

— Ma belle amie, dit le comte, avant de partir, soyez coquette : la coquetterie est la diplomatie des femmes ; ayez une toilette irréprochable, passez-vous en revue comme un soldat partant pour la parade ; l'ennemi à vaincre est Allemand ; il a la cuirasse dure ; il faut viser au cœur.

— Suis-je ainsi à votre goût ? avait répondu Lataké en paraissant vêtue d'un costume de satin rose, noyé dans la dentelle et parsemé de fleurs naturelles.

— Admirable ! dit Montreuil. Circé l'enchanteresse en personne. Venez : le triomphe ne saurait manquer.

Les salons de monsieur Bilbokennbrock reflétaient fidèlement la ville. Nous l'avons dit, le spleen était à l'ordre du jour dans tout le royaume, le monarque en ayant donné l'exemple. On bâillait en ces lieux, par imitation d'abord, par ennui ensuite, par habitude enfin. On bâillait donc chez monsieur Bilbokennbrock, comme aux Français à la lecture d'une tragédie. Si l'hypocondrie naît du bonheur, les mâchoires de la noblesse du Wardenbourg étaient, ce soir-là, en état de protestation continuelle contre sa douce monotonie : deux augures s'y seraient regardés la bouche ouverte.

Lataké parut, et soudain, comme par enchantement, les bâillemens cessèrent. On fit cercle autour d'elle, on procéda à l'inventaire de sa toilette, on admira la blancheur un peu dorée de sa carnation plus chaude que celle des filles d'Allemagne, et des paris furent ouverts sur la question de savoir si ses yeux étaient bleu clair ou bleu foncé.

Chez l'impressario se trouvait réuni le monde politique tout entier : ministres, chargés d'affaires, fonctionnaires principaux, représentans des puissances amies, tout ce qui suit la marche des faits pour en tirer des conséquences au profit d'un intérêt quelconque. Montreuil y étudia le personnel des hommes d'État indigènes, autant qu'on peut l'étudier dans un coup d'œil, par la démarche, le geste et la physionomie. Il vit les deux ministres principaux de Sa Majesté Wardenbourgeoise, le *favori* et la *bête noire* du jour, qui, appelés par l'inconstance du monarque à changer alternativement de position, comme les figurans du Cirque, qui jouent alternativement les vainqueurs et les vaincus, étaient l'objet des cajoleries du directeur, assez prévoyant pour s'assurer l'avenir comme le présent. Il se mêla aux conversations, se lia avec plusieurs personnages importans, acquit la certitude que rien, dans la situation des esprits, n'annonçait la crainte ni même la vraisemblance du coup hardi qu'il avait médité, et dont les coquetteries de Lataké n'étaient que le séduisant prologue.

La piquante comparse de l'Opéra eut un succès immense, succès de beauté et d'excentricité, et quand, le lendemain, chaque convive fut rentré dans sa sphère, ce fut à qui vanterait la nouvelle Taglioni. La sensation gagna toute la ville. Il ne fut plus question que de Lataké dans toutes les conversations ; on la lorgnait dans les promenades, on la suivait à l'église, on passait et repassait devant ses fenêtres avec une assiduité qui prouva à Montreuil qu'il ne s'était pas mépris en comptant sur l'efficacité de son concours.

Pendant huit jours, tandis que Pied-de-Céleri s'évertuait à combattre l'influence borborygmale de la cuisine germanique ; que Dabiron calculait, pour s'entretenir la main, ce que rapporterait théoriquement l'achat de toutes les rentes du Wardenbourg, et que Muller laissait pousser sa barbe, pour se rendre aussi méconnaissable que possible aux yeux des agens moscovites, qu'il continuait de voir partout ; ce ne fut dans la ville entière que préparatifs pour les débuts de la danseuse française. Montreuil, fidèle à son emploi de compatriote et d'ami, présidait aux apprêts de cette mémorable soirée. Il faisait dessiner les toilettes de sa protégée, qui devait jouer la *Fille de l'Air*, et composer les affiches destinées à annoncer la solennité dont elle était l'héroïne.

— Mon cher impressario, dit, la veille de la représentation, Montreuil au directeur, j'ai médité mûrement le costume de la débutante. Il réunira par son élégance tous les suffrages. J'ai adopté une tunique de gaze bleu-pâle, à étoiles d'argent.

— Combien d'aunes d'étoffe ? demanda le directeur.

— Quatre, répondit Lataké.

— C'est trop. Je ne sais pas si j'ai le bonheur de me faire comprendre ; mais, en vérité, c'est trop.

— On n'en mettra que trois, s'il le faut, répondit Montreuil ; nous ne reculons pas devant les sacrifices.

— C'est encore trop, dit monsieur Bilbokennbrock ; je connais mon public.

— Trois aunes pour vêtir une femme, dit Lataké ; il n'y pourrant pas de quoi faire des volans.

— Une fille de l'air, reprit monsieur Bilbokennbrock, doit être vêtue de nuages, si j'ose m'exprimer ainsi.

— Je le veux bien, répondit gaîment la danseuse, si vous vous chargez de m'en procurer.

— Soyez tranquille, dit Montreuil au directeur, nous arrangerons tout cela pour le mieux. Mais les affiches, sont-elles commandées ?

— Oui.

— Immenses ?

— Hautes de sept pieds ; sept placards superposés ; le nom de mademoiselle se voit d'une demi-lieue.

— C'est bon pour les presbytes qui ne lisent que de loin, dit Montreuil, mais quand on s'adresse à un sens, il faut en tirer tout le parti possible... et comme nous exploitons l'organe de la vue par des affiches, ne négligeons pas les myopes ; à côté des affiches immenses, mettons des programmes lilliputiens, à lire à la loupe comme une note d'Elzevir.

A côté de ces détails minutieux vinrent se placer d'autres préoccupations dont Montreuil confia le soin à ses acolytes.

— Monsieur, dit-il à Dabiron, vous savez faire la hausse ou la baisse, pourvu que l'on mette à votre disposition les moyens d'action. Il faut que le jour de la représentation, les places se paient cinquante francs, afin que le public ait le droit d'être exigeant.

— Cinquante francs pour voir Lataké ! dit plaisamment Dabiron, qui connaissait le talent plus que discutable de la jeune femme ; mais c'est un miracle à opérer !

— Non ! c'est une valeur à faire monter, voilà tout ; achetez la moitié des billets d'avance, cela suffira, j'en ai le placement.

Puis s'adressant à Roussignan,

— Vous, monsieur, qui êtes un véritable enfant de Paris, habile à juger les effets dramatiques, vous nous servirez le soir de la représentation.

— Moi ? répondit Roussignan, il faudra me montrer encore en public ! devant des étrangers, des espions, sans doute !

— Oui, dit Montreuil. Dans nos plans vous représentez l'opposition, dont il faut toujours faire la part ; votre rôle d'ailleurs sera facile : vous sifflerez.

— Siffler ! dit Roussignan ; mais je me ferai mettre à la porte ou empoigner par la garde, dans ce rôle de merle que vous me donnez. S'il y a des agens russes parmi les claqueurs, je suis perdu !

— Ne vous inquiétez pas des claqueurs, dit Montreuil. Justement voici leur vénérable chef, avec lequel j'ai à m'entendre.

En effet, sur l'invitation du directeur, un homme gros, court et de face avinée, chargé des succès dramatiques du théâtre, venait prendre les ordres de l'ami de la danseuse.

— Monsieur, dit le chef des romains en allemand, c'est ce soir.

— Oui, répondit Montreuil dans la même langue, sachant que ses compagnons ne la comprenaient pas. Voici cinq cents billets gratis.

— Cinq cents! dit le claqueur. Une telle profusion ! Je réponds du succès !

— Du tout! du tout! ce n'est pas cela, fit Montreuil.

— Pas de succès ?

— Non.

— Pas d'applaudissemens ?

— Dieu nous en garde !

— Et quoi donc?

— Des murmures d'abord, des marques d'impatience ensuite, puis tous les signes de défaveur possible.

— Hormis le sifflet, dit le chef de claque étonné ; le sifflet est sévèrement défendu devant le roi.

— Je le sais. On craint les allusions. Mais je m'en charge. Il y a quelqu'un pour cela. Seulement, tenez-vous pour averti : je veux que vous me composiez une assemblée de mauvaise humeur, difficile, tapageuse, mécontente ; un vrai public de première représentation.

— Mais vous ferez tomber la débutante, dit le romain.

— Peut-être, dit Montreuil.

— Vous tuerez infailliblement la pièce.

— Qui sait ! En philosophie, en médecine, en chimie, on procède par les extrêmes ; pourquoi pas en fait de succès dramatiques ? C'est une expérience à laquelle je vous convie.

Le chef de claque se retira confondu d'un semblable système ; mais comme il venait de recevoir les cinq cents billets qui constituaient un énorme bénéfice pour lui, il finit par se dire que l'homme qui payait aussi largement devait infailliblement avoir raison.

XXXIX.

INAUGURATION DE LA DANSE LOURDE.

Le soir, à sept heures, une foule immense encombrait le théâtre où la figurante du Grand-Opéra de Paris allait, en franchissant toute entrave hiérarchique, passer du rang de simple comparse à l'état de premier sujet. Depuis longtemps déjà le lustre resplendissait, les loges étaient peuplées des jolies femmes et des élégans de la capitale, et pourtant on se battait encore à la porte, malgré les efforts de la garde wardenbourgeoise pour contenir les assaillans.

Montreuil vit avec jubilation un pareil empressement; il en augura bien pour ses plans d'avenir; il pensa qu'un peuple si prompt à s'émouvoir pour deux jambes inédites devait être facile à impressionner pour de plus sérieux motifs.

Avant que la toile se lève après les trois coups d'usage, empruntons les clefs du concierge de la salle, et voyons si, dans cet océan de têtes humaines, nous ne rencontrerons pas quelque visage de connaissance ; braquons notre lorgnette, écoutons même aux portes de loge, afin d'être parfaitement initié aux causes secrètes des événemens qui se préparent.

A la droite de l'acteur est une loge tendue de velours bleu avec des étoiles d'argent : c'est la loge royale. Bénédict Ier y paraît avec son favori, c'est-à-dire le ministre influent du jour. Son premier chambellan et son secrétaire prennent place un peu en arrière de Sa Majesté.

— Que dit-on de la débutante ? demande le roi au chambellan.

— Sire, répond ce fonctionnaire, qui, par une prudence digne d'être citée, a su garder sa place depuis vingt ans, malgré la versatilité du monarque, on en est encore aux simples conjectures ; on ne dit encore rien de bien précis. Les gens de goût attendent le jugement si sûr de Votre Majesté pour se faire une opinion définitive.

— Et vous, monsieur le ministre, avez-vous ouï parler de la nouvelle danseuse?

— Oui, sire, réplique l'homme d'Etat.

— Et quelle est l'impression?

— On la dit jeune, jolie, agaçante, mais lourde.

— Lourde ? et où a-t-on pu juger cela ?

— Aux répétitions, sire.

— Lourde? répète le roi ; et vous trouvez cela un défaut?

— Mais, ajoute étourdiment le ministre, pour une danseuse...

— Vous ne savez ce que vous dites! interrompt le roi ; l'embonpoint est préférable à l'étisie. Vous ne connaissez rien à l'art chorégraphique !

Et le roi tourne le dos au favori déconcerté.

— Diable ! pense le chambellan, le rival du favori; le favori d'hier, la *bête noire* d'aujourd'hui, pourrait bien redevenir le favori de demain. Voici un indice qu'il ne faut pas négliger.

Aux deuxièmes galeries, presque au-dessus de la loge royale, est une loge grillée, dont les stores sont levés et cachent au public les deux spectateurs qui l'occupent. Quels sont ces personnages se dérobant à tous les regards comme des cardinaux aux spectacles de Rome ?

Le premier, penché en avant, dans l'attitude d'un homme qui souffre de légères coliques, n'est autre que Sa Majesté Pied-de-Céleri, pour qui la soupe nationale à la bière continue d'être malfaisante. Le second, qui lorgne les femmes à travers le grillage, s'appelle Dabiron chez les morts, et, pour le moment, marquis de las Caraccas chez les vivans.

— Sire, dit Dabiron, vous paraissez impatient de voir se lever le rideau.

— Moi ? répond Pied-de-Céleri; je m'ennuie en effet comme un hanneton dans une salade.

— Pourquoi ? demande le coulissier.

— Parce qu'on ne commence pas, et que je n'ai rien pour me distraire de mes douleurs d'estomac.

— Le lever de la toile ne peut tarder : les musiciens sont à l'orchestre.

— C'est égal, il faut stimuler le directeur. Je le forcerai bien à commencer, moi ! Je connais la manière. A la Gaîté, aux Funambules, au Petit-Lazary, ça ne manque jamais. Et l'anonyme majesté se mit à battre avec les pieds cette mesure du rappel qui devait, quelques années plus tard, servir de rhythme à l'air : *Des lampions !* si célèbre à Paris.

— Sire, dit Dabiron, y songez-vous ?

— La toile ! la toile ! crie Pied-de-Céleri, comme s'il était au paradis d'un des théâtres du boulevard ; la toile ! la toile ! on commencera !

— Sire, reprend Dabiron, je vous conjure de ne pas crier et de laisser en repos vos augustes tibias en repos. Vous êtes ici incognito; rien ne doit vous signaler aux regards du public; la moindre imprudence pourrait faire baisser nos chances de cinquante pour cent.

— Comment ! dit Pied-de-Céleri, on ne peut pas rigoler un peu pour tuer le temps ?

— Non, sire. Quand on est appelé à de hautes destinées, il faut savoir *se taire sans murmurer*, comme dit monsieur Scribe.

— Ma foi ! répond Pied-de-Céleri, se repaître de soupe à la bière qui ferait regretter le vitriol, et rester comme une autruche au spectacle, je trouve ce rôle assommant tout de même ! j'aimerais mieux autre chose.

Et maintenant jetons un coup d'œil au parterre, entièrement garni de claqueurs, et voyons sur la première banquette quel est cet homme à barbe noire qui baisse la tête avec un semblant d'humilité. C'est Roussignan-Muller, dit le baron de Rembach, qui cherche, lui aussi, à se cacher à tous les yeux, et qui tremble sur les conséquences du rôle de reptile dont on l'a chargé.

Devant lui, sur le dernier rang de l'orchestre, parfaitement placé pour le surveiller, s'est assis monsieur de Montreuil en grande toilette : cravate blanche, gants beurre frais, décorations étrangères à la boutonnière. Il passe en revue, à l'aide de son binocle, toute l'aristocratie du pays, réunie là pour les débuts de Lataké, et se fait expliquer par ses voisins la position, la fortune et l'influence de chaque spectateur de distinction.

De temps en temps Roussignan-Muller glisse timidement quelques paroles à son oreille.

— Monsieur le comte ! dit-il tout bas.
— Quoi donc ?
— Avez-vous remarqué le chef d'orchestre ?
— Sans doute.
— Ne trouvez-vous pas qu'il regarde bien souvent de notre côté ?
— Pas trop. Il parle à ses musiciens.
— Vous direz ce que vous voudrez, un chef d'orchestre avec des moustaches à la Souwaroff, ce n'est pas naturel. Tout à l'heure il a parlé en me regardant. C'est encore un espion russe. Mais tenez, des deux côtés de l'entrée de la galerie, voyez-vous ces deux hommes en rouge ?
— Ce sont deux soldats de la garde, qu'on a mis de faction ici, en l'honneur du roi.
— Ils ne me perdent pas de vue !
— Ils surveillent tout le monde ; pas plus vous que les autres.
— Ce sont des Cosaques déguisés !
— Ne craignez rien, et à mon signal ne manquez pas de faire ce que je vous ai dit.
— Quoi donc ? Siffler ?
— Sans doute ! Un coup sec, vibrant, sonore.
— Siffler ! vous y tenez donc, monsieur le comte ?
— Il le faut ! dit Montreuil avec autorité. Chacun de nous doit concourir au grand œuvre dans la mesure de sa capacité. Mais taisez-vous, et laissez-moi observer.

A ces mots, Roussignan baisse vivement la tête, comme s'il cherchait une pièce de cinq sous sous les banquettes, mais en réalité pour se mettre à couvert de l'œil investigateur des argus moscovites.

En quittant le parterre et l'orchestre, si nous remontons à la première galerie, nous rencontrons dans le couloir un personnage d'une cinquantaine d'années, grand, mince, de belles manières, vêtu avec une extrême recherche, et dont l'air froid et l'œil scrutateur décèlent évidemment un diplomate. Il s'arrête devant l'ouvreuse et lui dit :

— L'avant-scène de gauche.
— Elle est occupée, monsieur.
— Je le sais. Ouvrez.
— Il m'est défendu d'y laisser pénétrer personne sans ordre.
— Voyez, dit l'élégant spectateur, en montrant une fleur à sa boutonnière.
— Cela suffit, monsieur, dit l'ouvreuse ; veuillez me suivre.

La porte de l'avant-scène est ouverte. Cette loge splendide, qui fait face à celle du roi, n'est occupée que par une femme seule.

— Madame, dit le nouveau venu, il y a cinq jours encore à Paris, et aujourd'hui au théâtre de Wardenbourg ! c'est exemplaire ; votre zèle est au-dessus de tout éloge.
— Monsieur de Latanoff, répond la dame, il m'a fallu tout le scrupule que j'apporte dans l'exécution des missions dont je me charge pour me trouver ici aujourd'hui. Des intérêts précieux, des affaires brûlantes me retenaient à Paris.
— Je saurai, dit monsieur de Latanoff, faire valoir auprès de qui de droit une telle abnégation.
— Trêve de remercîmens, monsieur, dit la dame ; je ne suis point un envoyé avec qui vous ayez à décider une question de douane ou de délimitation de territoire ; je sers les intérêts que vous représentez, non par amour de l'argent, non par le désir d'être vantée, mais parce qu'ils sont d'accord avec ma propre politique.
— Votre politique ? interrompt monsieur Latanoff en souriant.
— Sans doute. Les femmes ont une politique comme les gouvernemens ; seulement, elle est plus mystérieuse, plus insaisissable encore que celle dont vous êtes appelé à suivre la piste.
— Et quelle est donc cette politique ?
— Monsieur de Latanoff, réplique la dame, on a frappé les trois coups. Au théâtre, ma politique consiste à écouter l'ouverture.

En effet, le premier coup d'archet venait de se faire entendre. L'ouverture fut exécutée avec force tambours, force tam-tams et force grosses caisses, comme c'est l'usage pour les ballets modernes, et enfin la toile se leva au bruit des bravos.

Le roi fronça le sourcil à ces applaudissemens dont il n'avait pas donné la permission, et, fidèle à son système naturel de contradiction, il demanda au chambellan :

— Que pensez-vous de ce morceau d'harmonie si chaudement accueilli ?
— Euh ! euh ! sire, dit le fonctionnaire dont l'insignifiance avait produit l'inamovibilité ; il y a du pour et du contre.
— C'est d'une platitude insupportable ; du tapage, du gâchis, voilà tout.
— C'est ce que j'allais avoir l'honneur de dire à Votre Majesté.

Le ballet commença comme tous les ballets possibles, par des groupes de nymphes et de sylphides, souriant aux habits noirs de l'orchestre plutôt qu'aux divinités des bois ou de la voûte céleste ; puis vint le tour de la pantomime, expliquant d'une façon télégraphique la portée morale de l'œuvre ; enfin, après le trémolo obligé, il se fit un grand remue-ménage, les figurantes s'écartèrent, les groupes dégagèrent le fond de la scène, les nymphes et les sylphides s'accroupirent :

Lataké parut !

Elle avait compté sur l'effet que produiraient son costume de gaze bleue brodée d'argent, ses yeux langoureux, ses vingt ans, et surtout cette grâce provocante que toute femme cherche et que toute femme croit avoir trouvée.

Et cependant on n'entendit pas un seul applaudissement, au grand amusement de Dabiron, à la grande moquerie de la dame de l'avant-scène, au grand contentement du roi.

La Jupin dansa un pas solo avec un aplomb imperturbable, comme si elle se fût nommée Grisi ou Elssler. Elle eut des poses adorables de bouffonnerie, des pas indescriptibles de fantasque irrégularité, des attitudes à faire mourir les spectateurs de rire. Fille de l'air, elle retombait pesamment sur la terre, où ses pas retentissans marquaient la mesure aussi bruyamment que le bâton du chef d'orchestre.

En ce moment Montreuil se retourna vers le chef de claque, dont l'œil suivait tous ses mouvemens, et lui fit un signe d'intelligence.

Aussitôt il s'éleva un ouragan de murmures, de chuchottemens, de rires étouffés. Lataké, étourdie de ce résultat, fut heureuse que la situation lui permît de cacher son trouble dans les bras du Vestris de la troupe, lequel représentait un Vent du nord.

Sa Majesté Wardenbourgeoise, en entendant ces marques d'improbation, devint pourpre de colère, et frappant sur la balustrade dorée de sa loge,

— Les imbéciles ! les manans ! les barbares ! s'écria-t-il ; ils osent critiquer cette danseuse !
— Elle est charmante, en effet, dit le chambellan.
— Un peu massive, ajouta maladroitement le favori,

qui croyait pouvoir abuser jusqu'à la franchise de la faveur de S. M.

— Massive? reprit le roi. Vous blâmez la richesse de cette nature? Elle est puissante, elle est originale surtout! Elle crée un genre, un style, une école : elle danse lourd, ce qui ne s'était jamais vu.

— Oui, on l'entend danser, dit le chambellan ; tout est intéressé par elle, les oreilles en même temps que les yeux.

— Je la trouve admirable de vigueur ! ajouta le roi.

Et Sa Majesté braqua sur la Jupin son auguste jumelle.

La pièce continua, et Lataké essaya de reprendre un peu de courage.

— Il y a une cabale ici, dit-elle au directeur; quelque rivale veut me faire tomber; mais je serai plus forte qu'elle, je vous le jure !

— S'il y a cabale, votre talent, dit galamment le directeur, la couvrira de confusion, si j'ose m'exprimer ainsi.

Lataké dansa donc son second pas. Il se terminait par une sorte de valse où la danseuse traversait le théâtre en pirouettant sur elle-même, comme un gracieux tourbillon de gaze et de fleurs. Cette manœuvre chorégraphique, qu'elle avait exécutée cent fois rue Lepelletier, dans les ensembles du répertoire, lui était familière; elle espérait beaucoup de cet effet pour entraîner le public, et elle eût réussi peut-être si, en arrivant haletante sur le bord de la rampe, elle n'eût pas rencontré tout à coup les yeux impitoyables de la dame de l'avant-scène.

A sa vue, Lataké oublia tout ; elle ne vit plus que la figure froide et railleuse de cette femme qui lui apparaissait subitement comme la vivante moquerie de son audace et de sa vanité.

— Tiennette ! se dit-elle ; la laide ici !

Et, au lieu de retomber en mesure et en position, un pied en arrière, une main en avant, le sourire sur les lèvres, la ceinture de gaze au vent, comme le voulait son rôle, la fille de l'air resta immobile, dans l'attitude de la stupeur.

Montreuil poussa Muller du coude.

— C'est le moment, dit-il : sifflez!

Roussignan bondit, comme s'il eût été assis sur la pile voltaïque.

— Que dites-vous? demanda-t-il.

— Sifflez donc ! lui dit impérieusement Montreuil.

Roussignan-Muller, cédant à l'ascendant auquel il avait si souvent obéi, lança dans l'air cette note aiguë et stridente que l'envie a empruntée aux serpens, qui fait partie de l'argot des voleurs de grand chemin, et que la gent dramatique regarde comme le dernier terme de l'humiliation sur la terre.

Une réaction était inévitable. Montreuil avait eu raison d'en juger ainsi. Ce fut le roi lui-même qui en donna le signal. Furieux de voir ainsi violer les lois de l'étiquette, il se mit à battre ostensiblement des mains.

Montreuil fit alors un nouveau signe au chef de claque, et aussitôt un tonnerre d'applaudissements s'éleva du parterre, en imitation de ceux de Sa Majesté, et gronda rapidement dans toutes les parties de la salle.

De ce moment, il fut permis à Lataké de tout faire. Poses excentriques, pas détraqués, pirouettes manquées, jetés-battus à l'état de simple intention, tout fut salué par d'énergiques vivats. La *Fille de l'Air* alla aux nues.

— Mon plan était sage, se dit Montreuil ; le roi est devenu enthousiaste par esprit de contradiction, et il entraîne le *servum pecus* à sa suite.

— Ma débutante a réussi, murmura Bilbokennbrock, le paradoxal directeur de théâtre. Mais il n'en pouvait être différemment. Elle était trop mauvaise pour ne pas conquérir la vogue. Je n'ai jamais eu le bonheur d'en avoir de pire. Aussi, quel succès ! quel succès !

Quant à Roussignan, dénoncé par ses voisins, appréhendé au corps par les gardes, entraîné dans le couloir par les agens de police, il s'était évanoui de peur devant le bureau des cannes, et avait été emporté par quatre soldats comme perturbateur.

Lorsqu'il reprit ses sens, il se trouva dans la prison de la ville, en compagnie d'un pain noir et d'une cruche d'eau.

— Je suis Français, cria-t-il, je demande qu'on me relâche. Je veux parler à mon consul.

—*Still !* cria à travers le guichet la sentinelle allemande qui montait la garde extérieurement, et qui ne comprenait pas la complainte du prisonnier.

— Je veux sortir ! reprit Roussignan-Muller, en sautant aux barreaux comme un écureuil qui fait tourner sa cage.

Le soldat wardenbourgeois frappa de sa crosse contre la porte du cabanon, en poussant un grognement comminatoire.

— Je ne suis pas ce qu'on pense, ajouta Roussignan ; je veux m'expliquer, je demande à faire des révélations !

La sentinelle passa cette fois sa baïonnette à travers les barreaux ! Roussignan se recula vivement et retomba sur son grabat.

— Brigand de Montreuil ! dit-il, qui m'a empêché de me pendre !

Tandis que le timide successeur du vrai Muller se lamentait sur ses nouvelles infortunes, l'auditoire entier du théâtre de Wardenbourg, suivant l'exemple royal, rappelait à grands cris la jeune danseuse qui avait, selon la pittoresque expression du chambellan de Sa Majesté, inauguré la danse lourde, la danse *qui s'entend*, le pas sonore dans le domaine de l'air.

Elle parut, conduite par le Vent du nord, émue, souriante, la main droite sur le cœur ; et, après avoir ainsi exprimé sa reconnaissance, elle fit une prétentieuse révérence du côté de la loge royale.

Un bouquet tomba alors à ses pieds : c'était celui de Tiennette, que la laide venait de jeter ironiquement à son ancienne amie.

— Elle est délicieuse ! s'écria Bénédict Ier. Qu'en pensez-vous, monsieur le ministre ?

Le favori du jour répondit :

— Oui, sire, pas trop mal... un minois chiffonné.

— Chiffonné ! reprit vivement le roi ; je crois que vous avez dit chiffonné !

— J'entends par là, dit le ministre, la beauté du diable.

Le roi n'y tint pas.

— Monsieur, dit-il à la maladroite Excellence, je n'aime pas les partis-pris. Mais, à propos, vous savez que nous avions conseil demain matin ; mais j'ai changé d'avis. J'accepte la démission volontaire que vous ordonne de m'offrir. La beauté du diable ! un ange ! un vrai chérubin !... Qu'en pensez-vous, monsieur le chambellan ?

— Sire, dit le chambellan mieux avisé, comment ne serait-elle pas charmante, puisqu'elle a le bonheur de vous plaire ? Votre Majesté a tant de goût !

— Je veux la complimenter moi-même, reprit le roi. Qu'on la fasse venir.

Le chambellan s'inclina et revint bientôt après avec la danseuse, qui n'avait eu que le temps de jeter un cachemire sur sa robe d'aérienne divinité.

Le roi, dont jusqu'à présent nous avons traduit en français les paroles allemandes, le roi contempla un instant la triomphatrice avec le plus gracieux sourire de satisfaction; puis, se servant à son tour de la langue française, qu'il comprenait parfaitement, mais qu'il parlait avec un accent germanique très prononcé, il lui dit du ton le plus bienveillant :

— Che afre foulu gomblimender fous, matemoiselle. Fous honorer la Vrance. Gar, fous êdre Vrançaise ?

— Ia, sire, dit Lataké, que les diplomates étrangers des coulisses de l'Opéra avaient initiée depuis longtemps au baragouin et à l'accent d'outre-Rhin ; tout ce qu'il y a de plus Française; née native du faubourg du Roule, no 65, en face l'hôpital Beaujon, au cinquième au-dessus de l'entresol.

— Ah ! drès pien, drès pien ! ajouta le roi. Fous chentille, fous cholie, fous afre un crand dalent. Che fouloir démolgner à tous doude mon satisfaction. Sans atieu, matemoiselle.

Cette scène de congratulation officielle mit le comble au succès de la danseuse. Une foule délirante l'attendait à la sortie du théâtre. On détela les chevaux de sa voiture, on se battit à qui les remplacerait au brancard, et les vainqueurs la traînèrent en triomphe chez elle, à la clarté de cent torches et au bruit des acclamations.

Elle était à peine rentrée depuis dix minutes à l'hôtel de l'*Aigle-Noir*, où Montreuil avait fait préparer un délicieux souper pour elle et ses autres compagnons, lorsque l'orchestre du théâtre vint lui donner une sérénade sous ses fenêtres. Elle fut obligée de paraître cinq fois au balcon, pour saluer la foule, qui répondit par d'unanimes bravos aux baisers qu'elle lui envoyait à travers l'espace.

Le calme ne se rétablit que fort tard dans la nuit.

— Victoire! lui dit Montreuil ainsi qu'à Pied-de-Céleri et à Dabiron, lorsqu'ils purent enfin souper tranquillement. Ou je me trompe fort, ou Numa Pompilius rêve en ce moment à sa future Egérie. Au surplus, quoi qu'il en arrive, nous ne sommes plus des étrangers ici ; nous avons un parti à la cour, et dès demain nous pourrons démasquer un peu mieux nos batteries.

Egérie rêva de son côté à Numa Pompilius. Elle vit en songe des palais, des manteaux de duchesse, des sceptres, des couronnes, et se regarda passer en carrosse à huit chevaux, avec des gardes à cheval aux portières de la voiture.

Le lendemain, en s'éveillant, le premier objet qu'elle aperçut sur la console de sa chambre, fut le bouquet de Tiennette qu'elle avait apporté du théâtre sans plus s'en occuper.

— Tiens! dit-elle, les fleurs de la laide! Je les avais oubliées! Etre applaudie par une telle femme, quelle gloire! et comme on va parler de moi à Mabille, au Ranelagh, à la Maison-d'Or et au foyer de l'Opéra !

Elle prit alors le bouquet.

— Voilà qui est singulier, ajouta-t-elle en l'examinant : il y a un billet parmi ces roses.

Et elle en tira un papier qui contenait les mots suivans, écrits de la main de Tiennette, et empruntés par elle aux Maximes de la sagesse :

Soyons humbles dans le triomphe, afin de n'être point trop humiliés dans la défaite.

XL.

COMMENT ON FAIT UNE RÉPUTATION.

Le lendemain, il n'était bruit, dans toute la ville, que de l'immense succès obtenu la veille par Lataké. La capitale du Wardenbourg, ordinairement si calme, et dans les rues de laquelle l'herbe poussait symboliquement, comme l'ennui dans les esprits, semblait s'être réveillée tout à coup au bruit des applaudissemens.

Le *Journal de la cour*, la seule feuille périodique de ce pays modèle, rendit compte immédiatement de cette brillante représentation. L'article avait été rédigé d'avance par Montreuil, et remis par Dabiron, l'homme d'affaires de la communauté, au bureau du journal, qui l'inséra, comme le premier, à tant la ligne. Nous croyons devoir en traduire quelques passages pour l'agrément de nos lecteurs. Il commençait ainsi :

« Minuit et demi. Nous sortons du théâtre, ébloui, fas-
» ciné, éperdu, ravi, charmé, enchanté, anéanti. Jamais
» spectacle plus délicieux n'avait séduit nos regards ; ja-
» mais auditoire plus élégant, plus parfumé de fleurs, plus
» resplendissant de diamans, n'avait battu des mains à
» plus de grâces ; jamais enthousiasme plus légitime n'a-
» vait accueilli plus beau talent. Le ciel chorégraphique
» compte désormais une étoile de plus. Le public si éclairé
» de la capitale du Wardenbourg, ce tribunal sévère qui
» juge en dernier ressort les réputations européennes, vient
» d'accorder, par ses bravos, à mademoiselle Lataké, dite
» Jupin Ire, l'adorable transfuge de l'Académie royale de
» Paris, cette consécration suprême sans laquelle les ar-
» tistes de tous les pays regardent leur renommée comme
» incomplète. Sa victoire a été d'autant plus brillante,
» qu'une cabale insensée, organisée par d'indignes riva-
» lités, avait essayé d'abord d'en obscurcir l'éclat. Vingt
» salves d'applaudissemens, six rappels et une pluie de
» bouquets ont noblement vengé la débutante de cette
» odieuse tentative. Pour que rien ne manquât à son
» triomphe, Sa Majesté a daigné la mander dans sa loge,
» après la chute du rideau, et lui témoigner sa royale sa-
» tisfaction, avec cette grâce qui donne tant de prix à cha-
» que parole tombée de son auguste bouche.

» Pourquoi faut-il qu'une crainte vienne attrister en ce
» moment notre admiration? Un bruit sinistre courait
» dans le foyer pendant les entr'actes, et causait d'avance
» d'unanimes regrets aux véritables amis de l'art. On di-
» sait, et sans douleur nous ne pouvons le redire, que l'é-
» minente danseuse n'a cédé qu'à la noble et bon cœur
» en consentant à danser au profit des pauvres dans cette
» représentation, mais qu'elle ne reparaîtra plus sur notre
» scène avant son départ pour Saint-Pétersbourg. Nous ne
» pouvons croire qu'elle persiste dans cette cruelle réso-
» lution, après l'enthousiasme si légitime qu'elle a excité.
» Non, elle ne saurait rester insensible aux vœux unanimes
» d'un public dont elle est devenue l'idole. Au surplus, le
» soin de la fléchir en sa faveur appartient surtout au
» directeur de notre premier théâtre. Après une longue
» série d'insuccès qui avaient fini par inspirer que trop
» de doutes sur son habileté jadis proverbiale, il a com-
» mencé hier sa réhabilitation par un coup de maître. C'est
» à lui de l'achever. S'il y parvient, il peut être assuré de
» cent représentations. Tout Wardenbourg viendra prodi-
» guer ses bravos et ses fleurs à l'incomparable fille de
» Terpsichore.

» Nous regrettons que l'heure avancée et le défaut d'es-
» pace ne nous permettent pas aujourd'hui d'entrer dans
» de plus amples détails sur cette solennité à laquelle as-
» sistait tout ce que cette capitale possède d'illustra-
» tions littéraires, scientifiques, artistiques, financières,
» fashionables et politiques. »

Malgré ce regret de brièveté, l'article donnait ensuite trois colonnes de renseignemens sur l'enfance, la vie, le talent, les habitudes et le but de la célèbre danseuse. Montreuil, qui possédait parfaitement le manuel de la rouerie humaine, savait la puissance de ce genre d'anecdote qu'on appelle *canard*, surtout quand il s'adresse à la sensibilité du lecteur autant qu'à son imagination et à sa curiosité. Il célébra donc les vertus de la danseuse à l'égal de son talent.

« Fille d'un général mort au champ d'honneur, disait
» l'article, elle a été élevée dans la maison de mademoiselle
» Ternet, un des meilleurs pensionnats de Paris, où l'édu-
» cation la plus brillante lui a été prodiguée.

» Sa vocation s'était révélée dès sa plus tendre enfance :
» elle dansait pour ainsi dire sur les bras de sa nourrice,
» et dès qu'elle put se tenir sur ses jambes, ce ne fut pas
» pour marcher, ce fut pour danser. Elle faisait tout en
» dansant.

» Toutefois, les sentimens de piété dont la célèbre ins-
» titutrice l'avait imbue combattaient puissamment cet
» instinct chorégraphique ; et, parvenue à l'âge de seize
» ans, la future rivale de Carlotta Grisi allait renoncer au
» monde pour le cloître, lorsque des malheurs de famille
» la décidèrent à suivre la carrière où l'attendaient tant de
» triomphes. Elle s'y décida avec d'autant moins de répu-
» gnance, tout bien examiné, que c'était sur la scène du
» Grand-Opéra de Paris qu'elle allait conquérir sa célé-

» brité, et que ce théâtre, on le sait, a toujours été exempt
» des foudres de l'excommunication dont tous les autres
» étaient frappés. C'est une exception, du reste, dont il
» s'est toujours montré digne par la régularité de ses mœurs
» et l'ascétisme bien connu de ses directions.

» Rien de plus louable que le mobile qui avait détermi-
» né enfin la jeune pensionnaire à renoncer au cloître pour
» le théâtre. Il s'agissait de soutenir sa nombreuse famille,
» mère, grand'mère, aïeul, bisaïeul, tantes, oncles et cou-
» sines ; de faire élever ses six jeunes sœurs, et d'assurer
» son frère unique contre les chances de la conscription.

» Mais elle ne se contenta pas de purifier par tant de
» bonnes œuvres ce que son art enchanteur peut avoir
» d'un peu profane encore aux yeux des rigoristes. Elle
» préleva tout d'abord une part, la part du ciel, sur le
» produit de l'argent qui, selon eux, lui venait ainsi par la
» main du diable, et elle fit hommage de magnifiques us-
» tensiles à sa paroisse, laquelle accepta avec bienveil-
» lance ce présent sanctificateur.

» Nous n'avons pas besoin de dire que les pauvres de
» tous les pays l'ont toujours bénie comme une seconde
« providence. Ceux de la capitale du Wardenbourg con-
» naissent maintenant sa générosité.

» Encore moins dirons-nous qu'elle n'a jamais inspiré
» moins d'estime que de reconnaissance et d'admiration.
» Restée pure et sans tache au milieu de toutes les séduc-
» tions du théâtre, elle a toujours été un objet d'édifica-
» tion, par l'austérité de sa conduite, dans les coulisses
» de l'Académie royale de Paris, où sa vertu inébranlable
» paraît avoir fait école. Nous n'en citerons qu'un exem-
» ple. Elle poussa un jour la rigidité jusqu'à donner des
» coups de cravache à un général hulan qui lui avait
» manqué de respect.

» Mais ce que nous pouvons ajouter sans indiscrétion,
» car rien n'est plus touchant ici-bas qu'un amour pur et
» légitime, c'est que sa vie si louable a maintenant un mo-
» bile de plus, et celui-là n'est pas moins noble que tous
» les autres. Liée d'une sainte affection avec un jeune pas-
» teur protestant de la rue Pavée-Saint-André-des-Arts, à
» Paris, elle consacre désormais une partie des trésors que
» lui vaut son magnifique talent à se constituer une mo-
» deste dot, afin de se retirer définitivement du théâtre,
» et de demander aux lois humaines et divines la consé-
» cration d'un sentiment qui n'honore pas moins celle qui
» l'éprouve que celui qui l'inspire. Puisse le bonheur con-
» jugal couronner une existence si glorieuse!

» Nos lecteurs peuvent regarder comme authentiques
» ces renseignemens si pleins d'intérêt. Ils nous ont été
» transmis ou certifiés par tous les étrangers de distinction
» que notre capitale a l'avantage de posséder en ce mo-
» ment dans ses murs, et notamment par M. le comte de
» Casticala, M. le baron de Rembach et M. le marquis de
» Caraccas, qui ont eu l'honneur de connaître l'illustre dan-
» seuse en France, et qui sont fiers d'être restés ses amis. »

—« En voilà, de la blague! » s'écria Lataké, à la lecture de cet article, toute fière des éloges qu'on y donnait à son talent, mais toute vexée de ceux qu'on dispensait à sa vertu.

Peu s'en fallut qu'elle adressât au journal une réclamation relative à ce dernier point. Sa prétendue affection platonique pour le jeune pasteur protestant de la rue Pavée–Saint–André–des–Arts l'humiliait surtout.

—« Parole d'honneur! c'est aussi par trop godiche! » continua-t-elle. « Si ce journal va à Paris, je suis une femme flambée! Le ridicule m'y aura tuée avant mon retour. Or, je n'ai point envie de finir comme Simonne. Je ne me soucie nullement de mal tourner. Un amour à la Paul et Virginie? Allons donc! Je tiens trop à ma réputation pour cela ! »

Montreuil réussit néanmoins à la calmer. Il était bien sûr qu'elle s'abstiendrait de toute réclamation. On peut se permettre, en matière de canard, de réclame et de puff, n'importe quoi sur n'importe qui. Le n'importe qui ne proteste jamais contre le n'importe quoi, pourvu que le n'importe quoi flatte sa vanité n'importe comment.

L'article d'ailleurs produisit dans le public tout l'effet d'admiration et de sensibilité qu'en attendait Montreuil. On s'extasia sur le talent de la danseuse, on admira sa vertu, on célébra sa bienfaisance et l'on pleura d'attendrissement sur ses colombales amours.

Nous ne pourrions énumérer la quantité de bouquets, de lettres congratulatives, de cadeaux, de tendres déclarations et de vers emphatiques qui lui furent adressés à partir de ce moment.

Le roi lui-même fut au nombre des donateurs. Le premier chambellan apporta un superbe écrin, le lendemain de la première représentation, comme témoignage de la haute satisfaction de Sa Majesté.

Le directeur du théâtre ne resta pas inactif de son côté. Mais ce fut en vain qu'il sollicita de nouveau le *concours du beau talent* de Jupin Ier; qu'il lui offrit des sommes fabuleuses ; qu'il fit intervenir à son aide le chargé des beaux-arts et le ministre de l'intérieur lui-même : la danseuse resta inflexible, conformément aux avis de Montreuil, dont elle ne comprenait pas le but, mais dont elle subissait l'ascendant comme ses autres compagnons.

— « Rien n'est changeant comme la popularité, disait Montreuil à la danseuse. Vous avez remporté une victoire. Tenez-vous-en là : ne risquons pas une défaite par une seconde tentative. On n'a jamais vu gagner deux fois de suite des quines à la loterie. Le théâtre n'était pour nous que l'antichambre d'une plus vaste scène. C'est désormais à de plus importans succès que nous devons viser. Et puis, à vous parler franchement, la présence de Tiennette, que vous me dites avoir reconnue dans une avant-scène ; cette présence, à laquelle je ne puis encore assigner aucun motif plausible... Mais d'abord, êtes-vous bien sûre que ce fût Tiennette?

— Pardine ! trouvez-moi donc une seconde laideron de ce numéro !

— C'est juste. Eh bien ! cette présence si imprévue, si extraordinaire et si inexplicable, m'inquiète, je l'avoue, presque autant qu'elle m'étonne.

— Vous avez tort : le hasard seul en est peut-être la cause. Tiennette a toujours eu la manie des voyages.

— Oui, mais pas pour son propre compte. Or, quand elle paraît quelque part, on peut être sûr que c'est pour y faire quelque mal. Il faudra que je m'informe. Jusque là, notre position est bonne : gardons-la, et voyons venir les événemens. »

En attendant, Lataké continua de refuser tout engagement, de mener la vie la plus modeste, de ne sortir que pour aller à la promenade ou au temple, et de visiter les écoles de jeunes filles, sur la prière des bourguemestres. Dabiron se livra, comme d'habitude, aux gigantesques théories financières dont lui faisaient barbouiller tant de papier; Sa Majesté Pied-de-Céleri reçut quelques leçons d'allemand afin de pouvoir, le moment venu, baragouiner passablement les réponses les plus indispensables ; — Roussignan-Muller fut laissé provisoirement en prison, pour débarrasser la troupe de ses terreurs habituelles ; — et quant à Montreuil, pour mettre le temps à profit, il rendit visite aux personnes de distinction dont il avait fait la connaissance à la fête de l'impressario. Il pratiqua surtout le premier médecin de la cour, avec lequel il eut d'intimes conférences, relativement à la santé morale de Sa Majesté Bénédict Ier, dont le spleen n'avait fait qu'empirer depuis l'éclatant début de la danseuse française.

C'est qu'en effet, la résolution obstinée de cette dernière enlevant à Bénédict la seule distraction qu'il eût goûtée depuis longtemps dans son léthargique royaume, Sa Majesté s'était remise à bâiller de plus belle, de manière à se décrocher la mâchoire. Elle tombait insensiblement dans une mélancolie tellement farouche, qu'il y avait crise ministérielle deux fois par jour. Le grand chambellan lui-même, d'ordinaire si prompt à saisir la pensée du maître, n'osait plus lui parler que par monosyllabes.

Le conseil médical de S. M. se réunit, et délibéra sur cette maladie mentale qui semblait arriver à un désastreux apogée.

Les docteurs présens décidèrent unanimement que le roi était triste, faute d'être gai. Quant aux moyens curatifs, il y eut scission, comme toujours.—Celui-ci, soutenant le système homœopathique inventé par un compatriote, conseillait de dissiper l'ennui par la lecture de poëmes épiques et l'audition de sonates à quatre mains, afin de combattre le mal par ses semblables, selon la mode d'Hahnemann. — Celui-là, suivant la méthode des médecins de Molière, faisait la guerre aux humeurs, ordonnant les saignées et les purgatifs. Ainsi des autres.

Le docte aréopage s'était donc séparé sans résultat. Le médecin en chef, celui que hantait Montreuil, homme plus versé dans les connaissances philosophiques que dans l'art d'Hippocrate et de Gallien, entreprit seul de guérir son auguste client.

— Sire, lui dit-il un matin, vous êtes malade.
— Malade! dit le roi, qui avait pour son docteur une déférence égale à la crainte de la mort. Est-ce au cœur, à la tête, à l'estomac?
— C'est la rate. Ce viscère manque de dilatation et vous donne des tristesses continuelles.
— Il est vrai, docteur, que je m'ennuie de tout, mais surtout de m'ennuyer. Que faut-il faire? Quelle tisane faut-il prendre?
— De la tisane de Champagne.
— Hé quoi! du champagne! Je n'en ai bu qu'une fois, et cela m'a picoté désagréablement le nez.
— C'est que vous l'aurez bu seul, dit le médecin.
— Sans doute.
— Le champagne est un vin d'amis, qu'il faut boire à deux, pour le moins, en trinquant, en dansant, en chantant, avec une agréable compagnie.
— Hé! avec qui puis-je en boire, en ce cas? Je suis veuf, sans enfans, et n'ai que des courtisans à faire dormir debout!
— Les hommes sont trop graves, dit le docteur. Les uns le sont pour cacher leur esprit, les autres pour cacher leur sottise. Que ne prenez-vous une joyeuse compagne?
— Une femme! fit Bénédict 1er scandalisé.
— En tout bien tout honneur, comme société accidentelle, comme Charles VI avait Odette : pour dissiper, par sa grâce et sa gaîté, votre respectable hypocondrie.
— Ah! vous croyez, dit le roi, que la société d'une femme.....
— Oui, telle est mon ordonnance, répondit le médecin. Je vous commande une potion composée de beaucoup de jeunesse, de quelques grains d'esprit, d'un demi-gramme de malice, à infuser dans un composé de coquetterie et de fou-rire, et je vous réponds de l'efficacité.

Le jour même, fidèle au conseil de son médecin, le roi fit prier Lataké de lui rendre visite, et de venir du moins danser un pas ou deux au palais, pour sa satisfaction particulière, puisqu'elle refusait de reparaître en public.

— Et qu'y ferai-je, à cette cour? demanda la danseuse à Montreuil; que dirai-je à ce roi de la choucroûte et du kirchenwaser?
— Traitez-le sans façon; figurez-vous qu'au lieu de se nommer Bénédict 1er, il est tout bonnement Brioudo, Dabiron ou d'Appencherr, l'un des trois monarques qui ont régné sur votre cœur. Soyez vous-même, c'est-à-dire vive, agaçante, coquette, étourdie, inconsidérée, folâtre et tapageuse. Un peu de qualités, et beaucoup de défauts.
— Je comprends, dit Lataké : de la chicorée dans le café.
— Précisément.
— Et quand j'aurai subjugué cette tête carrée, qu'est-ce que j'en ferai?
— Allez toujours! on vous donnera votre feuille de route.

Le lendemain, la danseuse était introduite par le chambellan dans le cabinet particulier du roi. Elle avait pour la circonstance choisi une toilette de femme du monde : robe de satin noir, très-montante; mantelet de velours noire d'une riche simplicité; chapeau noir surmonté d'un voile, chef d'œuvre des fabriques anglaises. Elle ne portait ni diamans, ni rubis, ni topazes; mais les boucles d'oreilles, le collier et les bracelets de jais, qu'elle avait préférés pour cette mémorable entrevue, ajoutaient encore par le contraste à l'albâtre de sa carnation. Ainsi vêtue, d'après le conseil de Montreuil, simplement, sévèrement, magistralement, elle fit son entrée dans le palais du roi, bien moins en folâtre Montespan qu'en grave et austère Maintenon.

Mais il ne faut jamais juger sur l'apparence.

XLI.

COTILLON IV.

Au moment où Lataké fut introduite par le premier chambellan dans le cabinet du roi de Wardenbourg, Sa Majesté était paresseusement assise dans son grand fauteuil, tête renversée, surmontée des armes (un faucon à trois têtes) et du genre de ceux qu'on appelle ganaches, en raison sans doute de l'attitude peu spirituelle qu'ils donnent aux personnes qui s'en servent.

L'ennuyé monarque se détirait les bras, comme un simple mortel qui combat vainement un sommeil prématuré, car il n'était que deux heures de l'après-midi.

A la vue de la danseuse, dont il avait sollicité la visite, il se leva, fit signe qu'on lui tendît un siége, l'invita du geste à s'asseoir, et se rassit gravement en face d'elle.

Le chambellan exécuta l'ordre et se retira.

— Abbrochez, ma cholie envant, lui dit-il gracieusement, en revenant pour elle à son français germanisé; et n'afre bas tidout beur te moi.
— Du beurre!... s'écria-t-elle étonnée. Ah! j'y suis. Qui? moi? avoir peur? et pourquoi donc? parce que vous êtes roi? Plus souvent! J'en ai trop vu pour ça depuis dix ans!
— Gomment! fous afre fu peaugoup te rois?
— Oui, sire : à pied, à cheval, en voiture, en trône, en frac, en cuirasse, en manteau, en pantalon collant, en robe traînante, avec le sceptre, l'épée ou la canne à la main, et gagnaient cinquante francs par mois.
— Oh! dit le roi, et où tonc?
— Où donc? à l'Académie royale, pardine! dans les opéras et les ballets à grand spectacle.
— Ah! drès pien! drès pien! che gombrends : tes rois te déâdre. Elle êdre vort trôle! Che rire peaugoup si ch'en afre enfie.
— Vous vous ennuyez donc, sire?
— Ia, et foilà bourgoi che fous afre briée te fenir. Fous spiridtuelle gomme une sinche, fous pelle, fous vrançaise, fous gaîe, fous tansir pour vaire rire moi.
— Soit! Que voulez-vous? Un pas de grâce, une polonaise, une hongroise, une valse, un quadrille, une polka, une redowa, une mazurka, une cachucha?
— Oh! ergott der weld, che ravoller te la gachoucha.
— Parbleu! sire, vous n'êtes pas dégoûté! Hé bien, je ne demande pas mieux; mais à une condition : c'est que vous danserez avec moi. Je suis lasse de danser avec des rois postiches : je veux, du moins une fois dans ma vie, avoir dansé avec un roi pour de vrai. Ma foi, tant pis! ça fera enrager mes camarades de Paris.
— Oh! nix, nix! répondit Bénédict 1er, hésitant entre la bonne envie qu'il avait de s'amuser comme homme, et la crainte qu'il éprouvait de s'assujettir aux lois de l'étiquette comme roi. Un zouferain ne tevoir bas tansir lui-même; ce êdre drifial.
— De quoi, de quoi? trivial! En voilà une sévère, par exemple! Un roi ne pas danser? Mais ils ne font que cela, les malheureux! A preuve que ce sont toujours eux qui

ouvrent les bals. A preuve encore que Louis XIV s'en donnait comme un possédé. A preuve toujours que les rois de l'ancien temps dansaient dans les cérémonies publiques ; du moins, je me le suis laissé dire. Au surplus, à votre aise. Les opinions sont libres.

Et tout en causant, la folle comparse de l'Opéra sautillait dans le cabinet royal, comme elle l'avait fait jadis chez Dabiron, chez Brioude et chez beaucoup d'autres, son cornac lui ayant recommandé de ne rien changer aux habitudes qui la rendaient si comiquement séduisante ; elle essayait des pas, prenait des poses, faisait des pirouettes, des bonds et des entrechats plus ou moins corrects; puis saisissait chaque objet précieux qui garnissait les étagères, l'examinait, demandait ce que c'était, n'attendait pas la réponse pour lancer une autre question, replaçait l'objet, le cassait quelquefois en le choquant ou en le laissant tomber, riait de l'accident, recommençait, et enfin voltigeait de siège en siège, comme un papillon de fleur en fleur, en se donnant chaque fois des attitudes de Renommée.

Sa Majesté la regarda faire d'abord avec stupéfaction, puis avec inquiétude, puis avec curiosité, puis avec intérêt, puis avec plaisir, et finit par s'amuser infiniment de ce batifolage insensé dont il n'avait eu aucune idée jusqu'alors. Lataké ressemblait si peu aux grandes dames, raides et compassées, qui faisaient de la cour une réunion de momies vivantes ; elle ressemblait même si peu à celles qui avaient adressé au roi leurs plus tendres œillades, que le contraste seul eût suffi à rendre les façons de la danseuse on ne peut plus piquantes aux yeux du cinquantenaire monarque. Son esprit, fatigué d'obéissance, de dignité et de respect, éprouvait le besoin d'un peu de familiarité, de désinvolture et même de révolte, par amour de la nouveauté. La guerre de contradictions qu'il faisait à ses ministres ne suffisait même plus à l'émoustiller.

— Elle êdre fraiment vort trôle ! répéta-t-il en commençant à sourire.

C'était la première fois depuis plusieurs années.

— Vous trouvez? répliqua Jupin Ier, avec un petit air moqueur. Vous n'êtes pas le premier qui me le dites, allez !

— Ia, ia, che afre lu le piocraphie te fous : che gonnaîdre le cheune basdeur brodesdant te la rue Bavée-Saint-Antré-tes-Arcs, à Baris. Cet cheune églésiastigue il afre tit à fous, lui aussi, gue fous êdre vort trôle?

— Laissez donc ! c'est de la frime, ça! interrompit la danseuse, à qui ce souvenir du canard platonique de Montreuil donna un instant de mauvaise humeur.

— Te la vrime ? répéta Sa Majesté, dont l'érudition linguistique n'allait pas jusqu'à de telles délicatesses de langage. Che bas gombrenre.

— Enfin n'importe ! reprit Lataké, jugeant qu'il serait imprudent de donner un démenti aux imaginations de son historien. Tiens, tiens, tiens, qu'est-ce que c'est que ça? continua-t-elle pour changer le cours de la conversation, en s'élançant d'un bond sur un canapé, afin de se rapprocher des nouveaux objets de son attention.

— Ce êdre les bordraits te mes noples ancêdres, répondit le roi.

— Oh! quelles têtes! s'écria irrespectueusement Lataké. Ça, vos ancêtres? Ils ne sont, ma foi, pas beaux! Je ne vous en fais pas mon compliment. De vrais magots! On aurait dû y mettre cent sous de plus, tandis que l'on était en train de les faire peinturlurer, afin d'avoir au moins quelque chose de propre. Si fait, pourtant! En voilà un, le dernier, dont la figure est un peu mieux présentable en société.

— Celui-là, ce êdre mon bère.

— Ah ! c'est papa ?... Mais papa quoi? car avec vous autres, qui n'avez que des noms de baptême ou des numéros comme les fiacres, on ne sait jamais vos noms de famille.

— Mon aucusde brétécesseur, il s'abbelait lo gomde te Zanau, afant te monder sur le drône gu'il afre laissé à moi.

— Vous lui ressemblez, en effet, sire, mais en laid ; et je connais quelqu'un, je ne sais où, qui lui ressemble autant que vous, et en beau. Qui diable cela peut-il être ?... Attendez donc... oui... non... si fait... pas du tout... Décidément j'y renonce. Mais, pour sûr, je connais quelqu'un dans ce genre-là, et ce doit être à Paris. Après ça, vous savez ? les ressemblances ne signifient rien. Il en est de cela comme du reste : chacun en juge à sa guise. Sans compter que nous ressemblons tous à un animal quelconque. Moi, par exemple, je ressemble à une pie. Voyez.

Et Lataké cacha, sous une main blanche et grassouillette, la partie inférieure de son visage, n'en laissant voir au roi que la partie supérieure.

— Ce êdre, ma voi, frai! dit le monarque tout étonné.

— A vous maintenant, sire ; voyons un peu à quoi vous ressemblez.

Et en disant cela elle posa familièrement ses jolis doigts sur la bouche et le menton de Sa Majesté.

— C'est étonnant ! s'écria-t-elle, vous ressemblez ainsi à un mouton comme deux gouttes d'eau. C'est à s'y méprendre.

— A un moudon? soit! dit le roi, qui n'avait pu s'empêcher de profiter de l'occasion pour baiser galamment la main de la jeune femme avant qu'elle la retirât. Che fouloir pien êdre cet bedit guatrubète, à gontition gue fous êdre mon perchère. Hi ! hi! hi! hi!

Cette fois, Sa Majesté rit tout à fait. Le progrès fut sensible.

— Gros séducteur, va ! s'écria coquettement Lataké. Vous n'êtes encore pas mal gêné ! On vous en fournira, de ces mains d'albâtre, à petites fossettes, pour votre consommation !

— Ah pah! répliqua le roi, de plus en plus guilleret : il vaut pien rire un beu.

— Un peu ? fi donc ! Un peu, c'est trop peu ! C'est beaucoup qu'il faut rire.

— Ce êdre écalement le obinion te mon bremier métecin ; il afre ortonné fotre société à moi, bour embêger moi te ennuyer moi.

— C'est-à-dire que me voilà métamorphosée en émétique? Merci bien de la commission ! Il a rai on, du reste. Amusez-vous, sire !

— Ia, mais ce êdre tifficile en tiable.

— Difficile ? Allons donc ! rien de plus facile, au contraire. Je connais une foule de gens qui s'en tirent on ne peut mieux, et qui seraient incapables de faire toute autre chose.

— Mais gomment?

— Comment ? il y a mille moyens ; mais, pour s'épargner l'embarras du choix, mon avis est que le mieux est de les employer tous. Il y a la promenade à pied, à cheval, en voiture, en bateau et à âne. A âne surtout. J'adore les ânes ! Il y a les spectacles, excepté les jours de tragédie. Il y a les bals champêtres, les bals masqués, les bals costumés, les bals parés et les bals débraillés. Il y a la conversation, les contes, les anecdotes, les cancans, les médisances, les calembours. Il y a les concerts, les charivaris, les chansonnettes burlesques, les romances sentimentales et les chansons gaillardes. Il y a la lecture, la peinture, la nature, l'histoire de Wardenbourg et les romans de Paul de Kock. Il y a les farces, le Collin-Maillard, les Quatre-coins, la Main-chaude, les charades, les proverbes, la comédie de société et la savate. Il y a les déjeuners, les dîners, les goûters, les soupers et les petits gâteaux dans l'intervalle de chaque repas. Il y a le jeu de l'oie, les dominos, les échecs, les dames, le billard, l'écarté, le wisth, la bouillotte, le mariage, le baccarat, le lansquenet, le loto, le biribi et la drogue.

— La trogue? interrompit le roi ; gu'endenre fous bar ceddo vinesse te la lanque vrançaise?

— Comment, sire, vous ne connaissez pas la drogue? Un monarque aussi éclairé que vous ! Mais à quoi sert-il donc d'être roi ? Il n'y a pas un de vos troupiers, j'en suis sûre, qui ne connaisse ce jeu-là comme père et mère. Et à l'Opéra, donc ! On ne joue que ça dans les coulisses, pendant les entr'actes. Vous voyez bien qu'on vous cache la vérité, sire ! Mais rassurez-vous : je vais vous la divulguer. Apprenez que la drogue est un jeu de cartes extrêmement facétieux, où celui qui perd la partie se fiche sur le nez un petit morceau de bois fendu, en guise de lunettes, qu'il garde ainsi, par punition, jusqu'à ce qu'il gagne la partie à son tour, et repasse le petit chevalet aux infortunées narines du nouveau perdant. Et ainsi de suite, jusqu'à la fin des siècles. Vous ne sauriez croire, sire, combien cette récréation est gracieuse et principalement joviale. C'est à mourir de rire !

— Oh ! che fouloir chouer dout le suide à la trogue !

— Peste ! vous n'êtes pas pressé, sire, mais quand vous voulez quelque chose, il faut que ce soit à l'instant même ! J'y consens, au surplus. Mais je prendrai la liberté de vous faire observer que ce jeu-là ne se joue agréablement que le verre et la fourchette en main. Voici trois heures. C'est le vrai moment du goûter. Je me fais un plaisir et un honneur d'accepter la collation que vous avez la galanterie de m'offrir. Oh ! mon Dieu, presque rien ; un morceau, là, sans façon, sur le pouce ; quelque chose de léger : des viandes froides, par exemple, du jambon de Mayence, du faisan truffé, de la galantine de volaille, du pâté de venaison, un gigot de chevreuil, du saumon à l'huile, du homard, du foie gras, cinq ou six sortes de pâtisseries, des confitures variées, des fruits de toute sorte et un soupçon de fromage.

— Prafo ! prafo ! s'écria le roi, étourdi de la volubilité de sa jolie commensale, mais enchanté de la diversion originale qu'elle apportait dans la monotonie de ses royales habitudes. Prafo ! fous allez êdre serfie.

Le chambellan parut au premier coup de sonnette, et Sa Majesté lui donna quelques ordres en allemand.

— Pardon, monsieur le majordome, s'écria la danseuse en retenant le chambellan, qui se dirigeait déjà vers la porte pour exécuter les ordres de son maître. Etourdie que je suis ! j'oubliais l'essentiel ! la partie liquide de ce petit impromptu !

— Che gombrends, dit le zélé fonctionnaire : matame tésire de la pière.

— De la bière ? interrompit la danseuse avec horreur. Pour qui me prenez-vous ? De la bière !... Fi donc !... Bière vous-même ! Pourquoi pas tout de suite du coco, du cidre et des marrons ?... J'abandonne ma portion de pareils nectars aux bonnes d'enfants et aux tourlourous du Cirque ! Moi, je n'admets à l'honneur de mon verre que du laffite, du chambertin, de la liqueur des îles et du champagne frappé.

— Du jambagne ? Oh ! drès pien ! s'écria le monarque. Ce êdre chusdement le disanne que mon métecin il afre ortonné à moi.

— Comme ça se trouve ! Mais entendons-nous bien, reprit l'exigeante habituée des soupers de la Maison d'Or ; pas de coq-à-l'âne. Il y a champagne et champagne, comme il y a chambellan et chambellan. Je veux du *veuve Clicquot*, rien que du *veuve Clicquot*, tout ce qu'il y a de plus *veuve Clicquot*. Et maintenant que nous sommes dignes de nous comprendre et de nous estimer, garde à vous !... attention au commandement !... Par le flanc droit, par file à gauche, pas accéléré, en avant... arche !..., comme me disait quelquefois un héros de ma connaissance, un faux Turc, un aimable sergent de la garde nationale de Paris.

— Oh ! ia, ajouta de nouveau le monarque, d'un ton où perçait cette fois un commencement d'intime jalousie ; fous fouloir barler engore, matemoisello, du cheune basdeur brodestand te la rue Bavée-Saint-Antré-tes-Arcs ?...

— Ah ! bien oui ! répondit Lataké, chez qui la bizarrerie de la supposition étouffa pour le coup toute mauvaise humeur. Osmanlis-Brioude ! un singulier basdeur, celui-là !

Cependant le chambellan s'était incliné profondément devant Lataké, averti par son flair habituel que c'était de cette jolie bouche que les ordres de son maître tomberaient désormais, et, sans même attendre la ratification de celui-ci, il s'était empressé d'*archer*.

Par malheur, le garde-manger, l'office et le cellier n'étaient pas approvisionnés de manière à réaliser immédiatement et complétement le succulent programme de la naissante favorite. Il fallut recourir aux magasins de comestibles et aux marchands de vins les mieux fournis de la capitale. Cinquante-deux soldats à cheval furent expédiés au grand galop dans toutes les directions, avec menace de huit jours de salle de police, en cas de retard ou d'insuccès.

Cette course insolite, à franc étrier, de tant de cavalerie, à travers les rues habituellement silencieuses de la grande cité, jeta soudain l'alarme dans toute la population wardenbourgeoise. On crut généralement qu'une nouvelle révolution venait d'éclater en France, car aussitôt que la France fait une révolution, toutes les cavaleries de l'Europe se mettent plus ou moins en branle.

Nos voyageurs ne furent pas les moins inquiets à la vue des Mazeppas qui passèrent bruyamment sous leurs fenêtres.

— Que signifie une pareille course au clocher ? demanda Tiennette à M. de Latanoff, avec qui elle se trouvait alors en conférence à l'hôtel des Trois-Magots, où ils avaient pris domicile l'un et l'autre. Est-ce que d'aventure le plan des conjurés aurait éclaté plus tôt que nous n'avions lieu de le présumer ?

M. de Latanoff se hâta de sortir pour aller aux informations.

— Hé ! mais, voici un étrange steeple-chase ! dit de son côté Montreuil à Dabiron, avec lequel il était en train de régler les frais de la gloire chorégraphique de Lataké, dans leur appartement de l'Aigle-Noir. Que veut dire un pareil mouvement de chevaux ? Est-ce que par hasard notre étourdie aurait commis quelque indiscrétion à la cour ? Notre plan serait-il éventé ? Sont-ce là des mesures de sûreté publique ?

Et sur l'ordre de Montreuil, Dabiron se hâta de sortir, lui aussi, pour aller aux informations.

Quant à Roussignan-Muller, il ne fut pas le moins effrayé de tous, au fond même de la prison où il continuait de maugréer contre Montreuil. Il pensa que c'était un régiment de Cosaques qu'on envoyait pour le prendre et le fusiller ; mais il ne put sortir comme les autres pour aller aux informations, et il fut obligé de s'en tenir à ses effrayantes conjectures.

Latanoff revint auprès de Tiennette l'instant d'après.

— Ce n'est rien, dit-il ; rassurez-vous. Il ne s'agit que de faisans, de pâtés de lièvres, de homards et de terrines de foie gras, dont sa fantasque Majesté veut se régaler, en compagnie de la baladine.

Dabiron aussi rejoignit bientôt son chef de file.

— Continuons nos comptes, lui dit-il en rentrant. Il s'agit simplement de chambertin et de veuve-clicquot que Sa Majesté va trinquer tout-à-l'heure avec notre séduisante complice. Il faut en conclure que nos affaires ne vont point trop mal. C'est un commencement de restauration, ajouta-t-il, en riant de pitié lui-même de ce détestable calembour.

Or, tandis que la cavalerie wardenbourgeoise piaffait ainsi sur le pavé de la ville pour le service de la patrie, le bénin monarque et sa rieuse compagne s'étaient mis à jouer à la drogue pour passer le temps. Sa Majesté avait perdu trois parties de suite. Son auguste nez était donc surmonté du burlesque instrument de supplice, lorsque le chambellan rentra en triomphateur dans le cabinet royal, suivi de dix valets apportant une table dressée, sur labuelle Lataké reconnut avec joie tout le menu de sa carte.

— Franchement, dit-elle en sautant de joie, voilà qui fait honneur à vos trucs, monsieur le chambellan. Un vrai festin de Baltbasar ! On ne fait pas plus vite à l'Ambigu de Paris. Je vois que vous êtes parfaitement machiné. J'aime à croire toutefois que rien de tout cela n'est en carton ? Ce serait pousser l'imitation dramatique un peu trop loin.

Le chambellan ricana bêtement pour toute réponse, mais il n'osa rien dire, Sa Majesté n'ayant rien dit.

A la vue de ses serviteurs, le monarque voulut, par dignité, débarrasser son nez de la fourche caudine que le destin lui avait infligée, mais l'impitoyable gagnante s'y opposa vivement.

— Non, non, pas d'amnistie ! s'écria-t-elle. Vous subirez votre peine jusqu'au bout. Vous garderez le califourchon pendant tout le repas ; c'est la règle ; et, pour peu que le ramage de ces friandises réponde à leur plumage, je vous plains, sire : vous voilà condamné à la drogue à perpétuité !

— Barole t'honneur ! elle être fraiment vort trôle ! ajouta de nouveau l'excellent roi, en subissant l'arrêt de sa jolie convive.

— Ia, ia, fraiment vort trôle ! se hâta de répéter le chambellan.

Le roi et Lataké se mirent à table. Ce goûter improvisé fut d'une gaîté rare, grâce à la verve intarissable de Lataké, une des plus pétillantes convives du Paris nocturne ; et grâce aussi au veuve-clicquot frappé, dont elle versa mainte rasade à son docile élève en *joyeux savoir*. Le fait est que Bénédict Ier ne s'était jamais vu à pareille fête. Sa rate se dilatait peu à peu, comme eût dit son médecin ; son humeur noire passa successivement au gris foncé, au gris clair et au blanc ; sa figure s'empourprait, sa physionomie devenait rayonnante, et, vingt fois, non pas un simple sourire plus ou moins accentué, mais un gros et franc rire épanouit bruyamment ses lèvres que l'ennui avait si longtemps crispées.

— Ia, ia, ia, ia ! s'écria-t-il d'une voix légèrement émue à la fin du dessert ; che le rébède engore, elle êdre vort trôle, vort cholie, vort courmante, et ce êdre crand tommache gu'elle aimer si bassionnément son cheune basdeur brodesdant la rue Bavée-Saint-André-tes...

— Motus, sire ! interrompit la danseuse, qui ne pouvait s'accoutumer à cette platonique invention. Pas un mot de plus sur ce sujet ! N'attristez pas de si folâtres momens ! Ou sinon, n i ni, fini ! nous nous brouillerons sans rémission. Ah mais ! c'est que...

Durant tout le repas, le premier chambellan n'avait cessé d'aller et de venir d'une pièce à l'autre, pour surveiller et activer le service, sans négliger de joindre de temps en temps un petit rire étouffé à ceux qu'il entendait pousser par son maître. Mais au moment où Lataké imposait gentiment silence aux jalouses insinuations de son hôte, l'obséquieux personnage rentra tout effaré dans la salle du festin. Il annonça au roi, d'un ton dolent, et avec des gestes d'épouvante, que le conseil des ministres venait de s'assembler extraordinairement dans le local de ses séances, et supplia Sa Majesté de vouloir bien recevoir les importantes communications qu'il avait à lui faire. Il s'agissait du salut de l'Etat. Un étranger, un Français, mis en prison par suite de sa conduite séditieuse à l'égard de l'illustre danseuse de son pays, s'était livré dans le cachot à des déclamations dont il avait refusé ensuite d'éclaircir le véritable sens, mais qui avaient suffi pour donner l'éveil à la police. Des recherches avaient eu lieu : on avait découvert une imprimerie clandestine au service de conjurés inconnus, saisi des écrits subversifs dans une foule de lieux publics, arraché des placards apposés nuitamment aux coins des rues, et dans lesquels le droit héréditaire du roi était perfidement attaqué. Bref, tout annonçait l'existence d'un vaste complot, dont on ne connaissait encore ni les auteurs, ni les complices, mais qui ne tendait à rien moins qu'à bouleverser le Wardenbourg, et à changer violemment l'ordre de successibilité au trône. En cet état de choses, les fidèles conseillers de Sa Majesté étaient accourus auprès d'elle, pour lui demander ses ordres, lui faire un rempart de leur corps et l'assurer de leur inviolable dévoûment.

Lataké n'eut pas de peine à reconnaître Roussignan-Muller dans le trop bavard prisonnier, les auteurs du complot dans le mystérieux trio de Montreuil, de Dabiron et de Pied-de-Céleri, et leur insouciante auxiliaire dans sa propre personne. Il fallait donc préserver, à tout prix, la communauté du péril qui pouvait la menacer bientôt, par la faute d'un de ses membres.

— Tiaple ! tiaple ! s'écria le roi, bien moins contrarié de cette fâcheuse nouvelle, que du dérangement qu'elle allait lui causer dans un moment si agréable. Foilà gui arrifer pien mal à brobos. Mais il n'y a bas à hésiter : tides à mes ministres gue che fais tes rechointre dout te suide.

Sa Majesté se leva de table et fit deux ou trois pas, en chancelant un peu, dans la direction de la porte.

— Comment, sire, vous me faites venir chez vous, et vous me plantez là, sur le premier prétexte venu ? s'écria Lataké en retenant familièrement Bénédict Ier par le pan de son habit. Hé bien ! voilà qui est poli, surtout de la part d'un roi, qu'on devrait supposer bien élevé ! Vous allez donner là, à tout le beau sexe de l'univers, une jolie idée de la galanterie des monarques du Nord ! Mais non, je ne le souffrirai pas, dans l'intérêt de votre gloire. Monsieur le chambellan, ajouta-t-elle en se tournant vers ce personnage qui était resté sur le seuil en attendant le roi, allez dire à ces messieurs que ce sont des fous, des poltrons ou des ambitieux, à leur choix ; qui prennent ici des vessies pour des lanternes, qui s'inquiètent de pures chimères, ou qui veulent faire du zèle aux dépens de Sa Majesté. Il n'y a pas plus de complot contre elle que contre le Grand-Turc. Qu'ils se retirent, qu'ils se mêlent de leurs affaires, et surtout qu'ils se gardent bien de jamais nous ennuyer le roi de ces sottes billevesées, ou sinon je les destitue net ! C'est par de tels cancans qu'ils étaient parvenus à le rendre triste comme un bonnet de nuit. Maintenant que je lui ai remis un peu de bonne humeur dans l'âme, je ne permettrai pas qu'ils viennent me le gâter de nouveau. On n'a qu'un roi un peu distingué, il est naturel d'y tenir. Allez, monsieur, je l'ordonne, je le veux ! Quant à vous, sire, vous m'avez appelée à vous, je suis venue, je vous ai, je vous garde. Il faut que notre entrevue se termine aussi gaiement qu'elle a commencé. Vous désiriez me voir danser ? soit ! je vous choisis pour mon cavalier. Causerie, jeu, table et bal : rien ne manquera à la fête. Complet, complet ! comme disent les conducteurs d'omnibus.

A ce dernier mot, la folle créature saisit son royal hypocondriaque, l'entraîna gracieusement à travers le cabinet, et le força de polker avec elle sur l'air qu'elle fredonnait.

Après un quart d'heure de ce violent exercice, elle rendit la liberté à son danseur, et, se jetant dans un fauteuil, elle fut prise d'un rire interminable.

— Elle afre raison ! s'écria Bénédict, en se jetant aussi dans un fauteuil, tout essoufflé, tout exténué, mais tout ravi d'aise ; au tiaple les impéciles et les boldrons ! Fife le choie ! Mon tieu, mon tieu ! gu'elle êdre tonc trôle !

— Foui, sire, répéta de son côté le chambellan, mon tieu, mon tieu ! gu'elle êdre tonc trôle !

Et cédant tous les deux à l'exemple de Lataké, ils se livrèrent à un accès d'inextinguible hilarité.

XLII.

L'HORIZON SE COUVRE DE NUAGES.

Les ministres de Sa Majesté wardenbourgeoise ne s'étaient pas alarmés sans raison. Des scènes bizarres et incompréhensibles s'étaient passées dans la maison d'arrêt où était resté l'irrespectueux siffleur des débuts de Lataké.

Pourquoi Roussignan-Muller avait-il été laissé en prison par ses acolytes, quand il leur était si facile de le réclamer, en prétextant un moment d'ivresse, une fantaisie de cabaleur après boire, une ignorance naturelle des habitudes du pays ? C'est que, outre l'avantage de se débarrasser provisoirement des fastidieuses terreurs du captif à l'endroit des espions russes, Montreuil voulait ajouter au rôle qu'il lui destinait dans l'expédition, tout le prestige sentimental du dévoûment. Il savait que Roussignan ne manquerait pas de maugréer contre lui dans son cabanon, mais il savait aussi que ses incohérences ne dévoileraient rien d'essentiel, tout en faisant bénéficier le complot des honneurs de la persécution.

Roussignan s'était, en effet, fort exaspéré dans sa solitude. Les événemens principaux de sa vie s'étaient représentés à sa pensée comme un épouvantable panorama. Il avait revu ses deux oncles rivaux, son oublieuse cousine, l'enterrement de sa véritable personnalité, ses courses vagabondes à travers l'Europe, sa tentative de pendaison au bois de Boulogne, et le pacte qui s'en était suivi avec ce Montreuil tant détesté. Désespéré par ces sinistres souvenirs, il s'était demandé si la vie était encore supportable après cette nouvelle et absurde persécution, qu'il attribuait comme toutes les autres à la police septentrionale.

— Oui ! cria-t-il de nouveau à la sentinelle, qu'on m'amène quelqu'un qui comprenne le français. Je veux faire des révélations, je veux sortir d'ici, je veux jouer le tout pour le tout. Qu'on m'ouvre ! qu'on m'entende ! qu'on me réponde ! J'ai des choses graves à faire connaître !

L'officier qui commandait le poste avait fait la campagne de 1814 avec les armées alliées ; il comprenait le français, et fit part au directeur des violentes réclamations du prisonnier.

Le directeur se rendit auprès de lui avec cet officier.

— Que demandez-vous ? lui dit-il brutalement.

— Ma liberté ! je suis las de me traîner de cachot en cachot.

— On va faire une enquête sur votre irrévérencieuse conduite en présence du roi, reprit le directeur, et l'on statuera sur votre sort dans quelques semaines.

— Quelques semaines ? fit Roussignan. En prison, les semaines sont des années. Je veux sortir tout de suite. Je ne suis point un siffleur vulgaire, je suis un conspirateur, et je réclame grâce entière pour prix de mes aveux !

— Un conspirateur ! répétèrent en frémissant les deux témoins.

— Oui, je suis le chambellan du roi légitime de ce pays, et nous sommes venus pour reconquérir le trône de ses ancêtres.

— Diable ! et comment vous nommez-vous ?

— Moi ?... attendez donc... je me nomme Roussignan... non... Muller... non...

— Muller ! interrompit le directeur, aux oreilles de qui ce nom était déjà venu à plusieurs autres époques.

— Muller ! répéta l'officier.

— Non, non, je ne me nomme ni Roussignan ni Muller ; je me nomme le baron de Rembach, et même ce n'est pas mon nom.

— Il est fou ! se dirent les deux interlocuteurs en secouant la tête.

— Ah ! je suis fou ! reprit Roussignan, furieux de se voir l'objet d'une pareille supposition. Et pourquoi donc ai-je suivi dans ce pays le fils légitime de la comtesse de Zanau ? Pourquoi donc m'a-t-on empêché de me pendre dans le bois de Boulogne ? Pourquoi donc m'a-t-on forcé de siffler cette danseuse, afin d'amener plus vite la restauration du roi légitime ?

— Quel gâchis ! s'écria l'officier.

— Hé ! hé ! répondit le directeur en secouant la tête avec prétention, comme un homme qui fait semblant de comprendre. Cela ne manque pas d'intérêt. Interrogé le

avec adresse, avec douceur surtout. On prend plus les mouches avec du miel qu'avec...

Puis s'adressant à Roussignan :

— Dites-nous, mon ami, ajouta-t-il, quand doit éclater le complot, et où sont les complices, afin qu'on les fasse immédiatement arrêter, et qu'on les livre ainsi que vous à toute la rigueur des lois ?

Cette menace suffit pour rendre au prisonnier la conscience de ses actions.

— Malheur à moi ! pensa-t-il alors. Qu'ai-je fait ? J'ai attiré sur mes compagnons un châtiment terrible dont j'aurai ma part ! Je suis un traître après avoir été un poltron. Malheur à moi !

Et retombant sur sa paille, il ne répondit plus rien aux questions doucereuses du directeur.

Celui-ci se retira, de guerre lasse, ne sachant trop s'il avait affaire à un aliéné ou à un révélateur timoré. C'est par lui que la sollicitude des ministres fut mise en émoi ; sollicitude que Lataké eut la présence d'esprit de déjouer, comme nous l'avons vu, dans sa scène avec le roi.

Cependant Montreuil avait senti le besoin de préparer les esprits à la restauration qu'il méditait de la dynastie légitime. Il possédait le grand art de faire passer une erreur contestée à l'état de lieu commun. Il avait fait imprimer l'histoire de la comtesse de Zanau sous toutes les formes et dans tous les formats, depuis l'in-folio jusqu'à l'in-trente-deux. Le récit était présenté dans un style élégiaque et orné de gravures explicatives. On y voyait la première et seule femme légitime du feu comte de Zanau se réveiller de sa léthargie dans le château de Hildebourg-Hausen ; — on y assistait à la naissance du chevalier de Limbourg, leur fils, dans ce même château ; — on y assistait au mariage de ce fils, devenu homme, avec une jeune et jolie Francfortoise, Theresa Mildenoff ; — on y lisait des détails effrayans sur l'assassinat du père, en 1824, la nuit, dans une rue de Francfort, par le poignard de l'usurpateur, et sur la mort si touchante de la mère par suite de son désespoir ; — on y trouvait des détails du dernier pathétique sur l'enlèvement, par une troupe de sbires, de l'auguste rejeton de cette malheureuse race, parmi les ruines fumantes de la chaumière incendiée de sa nourrice ; sur l'abandon de leur jeune et intéressante victime au milieu d'une grande route ; sur les navrantes infortunes de son enfance ; sur le dévoûment de son fidèle serviteur, le nommé Muller, baron de Rembach, qui l'avait cherché pendant bien des années par monts et par vaux, l'avait retrouvé par miracle et lui avait fait donner l'éducation la plus distinguée, par les meilleurs professeurs de Paris ; et enfin sur les paternelles intentions du prétendant, seul légitime héritier du trône, en faveur du peuple wardenbourgeois, qu'il n'avait jamais cessé de porter dans son cœur.

Ces lamentables publications eussent été impossibles pour tout autre que Montreuil, mais il se servait, afin de dissiper les scrupules et les craintes, de l'argument irrésistible dont parle Beaumarchais, l'or. Il payait vingt fois le prix demandé, et obtenait ainsi de la vénalité ce qu'il eût en vain sollicité de la conviction.

Les pamphlets, les brochures et les placards une fois fabriqués, il fallut les mettre au jour. Grâce au Veau d'Or, il s'en fit une propagande immense. On ne pouvait risquer un pas à la rue sans se sentir glisser dans la main quelque pièce de ce genre. De sûrs agens en parsemaient les places publiques la nuit, en tapissaient les murailles et en insinuaient sous toutes les portes. Achetait-on du tabac : le cornet qui remplaçait provisoirement la tabatière renfermait une complainte sur la captive d'Hildenbourg-Hausen, l'assassinat de son fils et la naissance de son petit-fils, l'héritier actuel. Achetait-on un habit : on trouvait la brochure légitimiste dans les poches. Faisait-on emplette d'un morceau de fromage : l'enveloppe en reproduisait un fragment. C'est ainsi que le souvenir de cette histoire, depuis longtemps oublié, se réveillait peu à peu dans la mémoire de la population wardenbourgeoise, et lui faisait répandre des torrens de larmes.

En présence de ces préoccupations chaque jour plus vives, Latanoff visita Tiennette, sa voisine d'appartement, à l'hôtel des Trois-Magots.

— Madame, dit le diplomate, vous voyez ce qui se passe.

— Oui, répondit-elle.

— Et vous ne croyez pas qu'il soit temps de prendre des précautions ?

— A quoi bon ? S'il s'agissait d'une légitimité réelle, il y aurait à craindre ou à espérer, selon le point de vue où l'on se serait placé d'avance. Mais à qui avons-nous affaire ici ? A un faux Smerdis, à un Mathurin Bruneau, à un de ces soi-disant Louis XVII comme il s'en est tant présenté en France, et dont quelques-uns ont fini par la police correctionnelle. Laissons, croyez-moi, l'erreur de ses partisans eux-mêmes construire le burlesque échafaudage de cette prétendue légitimité. Il sera toujours temps de souffler dessus.

— C'est aussi mon avis. Les diverses puissances que je représente laissent aller cette expédition, afin de rendre impossible à l'avenir, par le ridicule de l'exagération et par l'incrédulité qui en résultera dans l'esprit des Wardenbourgeois, toute tentative future de véritable restauration. C'est toujours la vieille histoire du berger qu'on ne croit plus quand il crie au vrai loup, pour avoir crié d'abord au faux. Elles veulent maintenir Bénédict 1er sur son trône, parce qu'il est sans enfant, et qu'à sa mort, la couronne tombant en déshérence, le Wardenbourg sera naturellement partagé, conformément aux traités, et augmentera de ses diverses fractions le territoire de chacune d'elles.

— Ah ! fit Tiennette, telle est la pensée des puissances unies ?

— Il est même probable que la levée de boucliers qui s'apprête ne fera que hâter à leur profit le moment de ce partage, auquel vous aurez coopéré. Mais, nous venons de le dire aussi, elles ne tolèrent l'échauffourée du faux héritier que pour rendre impossible d'avance la restauration du véritable. Or, il existe, en effet, un véritable descendant légitime du dernier roi. Où ? sous quel nom ? dans quelle condition ? ayant quels projets ? voilà ce qu'elles ignorent et ce que vous paraissez savoir.

— Effectivement, répondit Tiennette, avec une négligence affectée et légèrement ironique ; j'ai comme de vagues soupçons de tout cela.

— On prétend même que vous en avez la certitude, à en juger par certains mots qui vous seraient échappés, et que, si vous possédez des pièces constatant la non réalité du prétendant actuel, vous en avez aussi qui prouvent la légitimité du prétendant futur. Je viens donc de recevoir l'ordre de vous en demander la double remise en mes mains, à telles conditions qu'il vous plaira de stipuler.

— Monsieur de Latanoff, dit Tiennette, si j'avais voulu vous confier les papiers que vous sollicitez, je n'aurais pas eu besoin de venir ici, de quitter Paris à un moment où mes plus chers intérêts devaient m'y retenir. Je vous disais l'autre jour que les femmes ont aussi leur politique. Hé bien ! je connais la vôtre, et vous ne connaissez pas la mienne. Il s'agit de démasquer, je le répète, de faux Smerdis, de faux Louis XVII, des imposteurs ou des illuminés. Soit ! je veux bien y coopérer : l'intérêt de vos commettans est ici d'accord avec mes propres intérêts. Mais n'en demandez pas davantage pour le moment.

— Comment ! objecta Latanoff avec étonnement, vous ne nous êtes donc pas entièrement dévouée ?

— Est-ce qu'une femme, en matière d'intrigues, ne fait pas toujours ses réserves ? dit Tiennette en souriant. Est-ce qu'elle ne travaille pas toujours pour un motif personnel, quand on la croit travailler à la défense des partis ? Ouvrez l'histoire, monsieur de Latanoff ; prenez une à une toutes ces amazones politiques qui ont mis, celles-ci leur beauté, celles-là leur esprit, au service du roi ou de la ligue : vous trouverez toujours un caprice, une fantaisie, que sais-je ? souvent même une simple amourette, comme mobile principal de leurs actions.

— Ainsi, fit le diplomate, il n'y a pas moyen de s'entendre, dès aujourd'hui, vous avez, sur cette cession ?

— Non, monsieur, je vous en préviens, pour vous épargner des frais de persuasion.

— On mettrait cependant un beau prix à votre consentement ; on donnerait à votre ambition toute satisfaction possible.

— Oui, on me ferait baronne, comtesse, dame d'honneur peut-être, dit Tiennette en riant amèrement ; mais, voyez-vous, mon ambition ne suit pas cette route-là, et vous ne pouvez rien pour abréger son chemin.

— Vous êtes mal disposée aujourd'hui, ajouta Latanoff ; mais vous réfléchirez : il vous serait difficile de mettre votre talent au service d'intérêts plus généreux.

— L'intérêt que je sers, dit Tiennette avec tristesse, est ingrat et dédaigneux ; bien loin de récompenser mes services, il les repousse, et cependant je le sers malgré lui, malgré moi peut-être. Vous voyez, monsieur, que le cœur des femmes est un abîme dont la diplomatie ne saurait sonder les profondeurs. Du reste, je vous ai promis de confondre l'imposture et l'erreur. Je tiendrai ma parole. Nous aviserons ensuite.

— Allons, pensa Latanoff, je vois ce que c'est : elle veut tirer deux moutons du même sac. Son concours sera cher, mais du moins il est assuré.

Le diplomate sortit sans rien ajouter, et Tiennette retomba dans ses tristes et silencieuses préoccupations.

Resté seul dans sa prison après l'interrogatoire, Roussignan regrettait vivement son indiscrétion. Les tableaux les plus sombres s'offraient à son imagination effrayée ; il se voyait entraîné dans la chute et la punition de ses complices, et son esprit, déjà si faible, s'exalta jusqu'au délire.

— Je veux en finir, se dit-il. Ce que je n'ai pu faire, il y a quelques mois, au bois de Boulogne, personne ne m'empêchera de l'exécuter aujourd'hui. Mieux vaut la mort qu'une vie de persécutions et de cachots.

Roussignan ôta sa cravate, la fixa solidement aux barreaux de la fenêtre grillée, y fit un nœud coulant, se le passa autour du cou, monta sur son escabeau, et se disposa à le repousser du pied pour rester définitivement accroché dans l'espace.

Mais en ce moment même la porte s'ouvrit, et Montreuil apparut.

— Que faites-vous donc là, monsieur le baron de Rembach ? dit le comte en dénouant le lien fatal. Encore une tentative de pendaison! une mort d'Anglais ruiné ! En vérité, monsieur, une pareille obstination est indigne d'un gentilhomme de votre rang !

— Montreuil ! s'écria avec rage Roussignan qui avait repris pied ; toujours ce damné Montreuil !

— Silence ! fit le comte ; on peut nous écouter.

— Eh ! qu'ai-je à craindre, au point où j'en suis !

— Que vous importe ? dit Montreuil. Vous êtes bien oublieux de la parole jurée au bois de Boulogne. Que nous sommes-nous promis, solennellement et sur l'honneur, Dabiron, vous et moi ? Que nous tenterions encore la fortune, durant une année entière, par toutes les voies possibles ; que nous nous efforcerions mutuellement assistance, et que, si les douze mois écoulés nous n'étions pas devenus riches, puissans et honorés dans ce monde, nous reprendrions alors nos projets de voyage dans l'autre.

— Cela est vrai ; mais que vous importe ? répéta Roussignan. A quoi vous suis-je utile ?

— Si vous ne deviez pas servir comme moi à la constatation de la légitimité, répliqua Montreuil à voix basse ; si vous n'étiez pas, en apparence du moins, le fils de Muller, comme je suis en réalité le fils du comte de Montreuil ; si nous ne continuions pas une tradition commencée par ceux dont nous portons les noms, et qui ont gardé la captive dans les prisons de Hildebourg-Hausen ; hé bien ! je vous laisserais libre de violer la foi promise. Mais vous êtes utile à la bonne cause, à la cause de la légitimité ; vous avez votre rôle dans l'œuvre de restauration à laquelle je me suis dévoué; vous vivrez donc, et je ferai votre fortune malgré vous. Soyez calme, patient, confiant et discret; rendez plus obscures encore vos explications premières par des explications nouvelles, ce qui est le propre de toutes les explications; et avant peu, je vous le jure, vous serez libre de vous griser vingt-quatre heures par jour.

Après ces paroles, Montreuil frappa à la porte de la cellule, qu'on avait refermée sur lui.

— Oui, monsieur, c'est bien le baron de Rembach, dit-il au directeur de la prison qui l'attendait. C'est un original, avec lequel j'ai voyagé; une espèce de maniaque, qui parle sans raison, et qui agit sans motif; un caractère peureux et tapageur à la fois; brave homme du reste, et tout à fait inoffensif. Je sollicite en sa faveur la bienveillance de l'autorité.

Et le comte, après avoir serré significativement la main de son complice ébahi, mais subjugué comme d'habitude, disparut avec le directeur de la maison.

Pendant ce temps, les ministres de Bénédict Ier renouvelaient incessamment leurs démarches auprès de Sa Majesté, dans le but de l'éclairer sur les dangers que couraient son trône et leurs portefeuilles; mais ils ne pouvaient venir à bout de convaincre cet esprit si enclin à la contradiction.

Son incrédulité avait d'ailleurs une cause de plus, depuis l'avénement de Jupin Ier à la cour. La danseuse y passait alors presque toutes ses journées. L'hypocondriaque monarque s'était épris de sa gaîté bien plus encore que des charmes de sa personne. Il ne pouvait plus se priver de ses joviales excentricités. Aussi avait-elle fini par prendre sur cet esprit empire absolu que nous avons vu certaines autres baladines exercer sur certains autres rois. Tyran capricieux pour tout son monde, Bénédict était le docile esclave d'elle seule.

La dernière fois que les ministres de l'auguste maniaque osèrent forcer la consigne qui les éloignait de lui, et, entraînés par leur dévouement au trône et à leur portefeuille, se décidèrent à pénétrer de force dans l'appartement de Sa Majesté, Lataké était en train de lui chanter des couplets de Nadaud, le poëte populaire; couplets fort en vogue, lors de son départ de Paris, dans les petits soupers du Moulin-Rouge et de la Maison d'or.

— « Blaise, dit la fillette,
Je viens souper chez vous.
— Souper dans ma chambrette!
Mais comment ferons-nous,
Car je n'ai qu'une assiette?
— C'est assez, dit Manon. »
Blaise prétend que non.

— Ah! Plaise brédend gue non? disait le roi en riant à se tenir les côtes. Impécile, fa !

— Second couplet ! s'écria Lataké, en imitant l'organe des chanteurs de rues :

— « Blaise, mon ami Blaise,
On est très bien ici;
Mettez-vous à votre aise,
Asseyons-nous, ami.
— Mais je n'ai qu'une chaise!
— C'est assez, dit Manon. »
Blaise prétend que non.

— Ah! ah! ah! dit le roi, continuant de se pâmer d'aise, gu'il èdre tunc pède, ce animal te Plaise-là !

— Sire, dirent les ministres en interrompant par leur brusque entrée ce concert impromptu, l'État est en péril, vos droits héréditaires sont contestés, le trône enfin est ébranlé, par des coupables manœuvres, jusqu'en ses fondemens les plus reculés !

— Bah! fit le roi, sans que Lataké pût comprendre ce qu'il disait, car il répondit en allemand à ses conseillers ; vous êtes des poltrons, des alarmistes, de vrais songecreux!

— Sire, nous le répétons, il y a complot contre votre royale autorité.

— Folies que tout cela !

— Sire, nous avons des preuves.

— Des preuves? Allons donc! On assiége déjà mon palais, n'est-ce pas?

— Pas encore, sire, mais…

— Eh bien donc ! que parlez-vous de preuves ! Au surplus, nous nous en occuperons tôt ou tard. En attendant, soyez tranquilles. Surtout, qu'on ne fasse rien sans mon ordre. Allez, et laissez-moi travailler au bonheur de mes peuples comme je l'entends.

Les ministres se retirèrent consternés, au double point de vue du trône et de leurs portefeuilles.

Revenant alors vers la favorite, qui cherchait à deviner le sens de la conversation,

— Gondinuez, lui dit-il, fotre cholie janson ; elle indéresser moi peaugoub.

— Troisième couplet ! s'écria Lataké.

XLIII.

OTE-TOI DE LA QUE JE M'Y METTE.

La place Frederikstadt, sur laquelle était situé le palais du roi, renfermait, aux deux angles opposés à ce palais, les hôtels de l'*Aigle Noir* et des *Trois-Magots*, où s'étaient logés à dessein, d'une part Montreuil et ses affidés, et d'autre part Tiennette et Latanoff. De ces deux points, on pouvait suivre facilement de sa fenêtre les événements qui devaient infailliblement s'accomplir sur cette vaste scène. On était là comme aux premières loges.

Montreuil avait eu chaque jour avec Lataké des conférences sur la façon de tirer parti de l'engouement de plus en plus fort qu'elle inspirait au vieux monarque.

— Conseillez-lui des mesures tyranniques, dit-il à la danseuse, cela précipitera d'autant la réussite de nos projets. Le peuple, exaspéré par l'arbitraire, finira par désirer un changement de dynastie, car il sait maintenant qu'il en existe une autre, et que celle-là est la seule bonne.

— Mais que conseillerai-je au roi? demanda Jupin Ier à qui ce rôle de Pompadour et de Maintenon ne déplaisait pas.

— L'augmentation de la milice et des impôts, l'établissement de nouvelles taxes sur toute espèce de choses, la suppression du peu de libertés qui existent, que sais-je ? les mesures les plus arbitraires, les plus ruineuses et les plus vexatoires; et enfin, pour désaffectionner les troupes, l'aggravation des châtimens corporels, tels que les verges et le bâton. Vous comprenez ?

— Parfaitement.

— On ne renverse jamais les gouvernemens sans qu'ils y aident beaucoup eux-mêmes. L'habileté suprême doit donc consister à renverser le roi par ses propres mains. Ce doit être facile. On ne se méfie jamais de soi.

La danseuse répondit affirmativement, mais elle réfléchit dès-lors à son propre intérêt. Il était certain que la chute du monarque amenait le triomphe de la communauté dans laquelle elle avait un rôle; mais cette communauté lui offrait-elle l'équivalent de la position unique qu'elle pouvait occuper auprès de Bénédict Ier? Or, après avoir examiné quels seraient les résultats d'un dévouement sans bornes pour ses complices, elle résolut de ne travailler dorénavant que pour elle-même, et de remplacer par de bons avis les fallacieuses inspirations dont Montreuil lui conseillait l'initiative. Elle se contenta de le sauvegarder loyalement, lui et les siens.

Elle mit donc à profit l'influence irrésistible qu'elle

avait sur son royal protecteur, pour lui souffler au contraire les idées les plus libérales et les plus paternelles. Au lieu de le pousser à l'augmentation des impôts, elle en fit ordonner la diminution ; au lieu de porter la milice à un contingent plus élevé, elle en fit réduire l'effectif ; au lieu de supprimer d'anciennes libertés, elle en fit octroyer de nouvelles; enfin, au lieu de multiplier les cas de bastonnade dans le code militaire, elle fit abolir la schlague.

— Sire, lui dit-elle, en bonne fille qui suit son instinct en politique comme en amour, rendez votre peuple aussi content, aussi guilleret que vous l'êtes devenu vous-même, et vous n'aurez rien à craindre de vos ennemis.

Or, par une comique bizarrerie de l'esprit humain, il arriva justement le contraire de ce qu'attendait l'Egérie du Numa wardenbourgeois. Les mesures libérales déplurent, les réformes furent reçues comme des billevesées, les libertés furent traitées de licence, les améliorations passèrent pour des attentats aux mœurs et aux traditions du pays, et l'armée fut humiliée de se voir enlever des châtimens qui, disait-on, avaient fait jusqu'alors sa discipline, sa force, et par conséquent sa gloire.

— Ah ! il diminue l'impôt ! disaient les routiniers. Ça n'est pas naturel. Il ne cessait de les augmenter chaque année. On était fait à cela. Pourquoi violenter ainsi les habitudes de tout un peuple?

— Ah ! il réduit l'effectif de l'armée, sous prétexte d'économie! disaient les bellicomanes du pays. C'est honteux! C'est de l'abaissement devant l'étranger ! Le Wardenbourg a perdu désormais le rang qu'il occupait parmi les grandes puissances de l'Europe !

— Ah ! il supprime la bastonnade ! disaient les troupiers. Comment veut-il que nous puissions égaler désormais les autres troupes de la confédération? Elles continueront d'être rossées, elles, tandis que nous aurons cessé de l'être, nous. C'est une infériorité dont nous sommes profondément ulcérés.

Ainsi de tout le reste. L'opposition la plus tracassière accueillait les plus sages mesures.

Pendant ce temps, Montreuil avait achevé de préparer son élève au rôle qu'il était appelé à jouer ; il l'avait façonné de telle sorte qu'il pût, à l'heure solennelle, paraître en public sans trahir par sa conduite le prosaïsme de sa nature. Tous les soirs il le sermonnait sur la nécessité de modérer ses gestes, de donner à sa voix un diapason plus noble et à sa marche une régularité plus académique. Le rétif adepte écoutait ces conseils avec un ennui non dissimulé, et en bâillant de son côté, comme Bénédict bâillait du sien, quelquefois même avant l'arrivée de Lataké. Quelquefois même les leçons étaient suspendues d'une façon très dramatique. Au milieu d'une démonstration, sans qu'aucune indisposition eût annoncé cet évanouissement, l'élève tombait dans les bras du professeur, comme frappé par la foudre, pâle, inerte, l'œil vitreux, les dents serrées, et quand, après quelques minutes de cette inexplicable léthargie, le malade reprenait ses sens, on ne pouvait obtenir de lui aucun détail sur les étranges sensations qu'il venait d'éprouver.

Comme on le voit, Montreuil mettait tout en œuvre pour réussir, et il le faisait avec d'autant plus d'audace, que l'influence de Lataké lui avait assuré jusqu'alors l'impunité nécessaire.

Après avoir fait servir le *veau d'or* à la propagande biographique dont nous avons parlé, et qui s'adressait à la sensibilité de la foule, il l'avait appliqué à la persuasion gastronomique, laquelle s'adresse particulièrement aux grands, selon cet axiôme de M. de Cussy : *En bas on lit, en haut l'on mange.*

En conséquence, il avait converti ses argumens pour la bonne cause en perdreaux truffés, en ortolans et en vins de France. Les festins se succédaient à l'hôtel de l'Aigle-Noir avec une régularité qui charmait l'hôte ; le service y était splendide ; on soupait dans l'argent et dans l'or, on mangeait chaud, on buvait frais; enfin, on jouait un jeu d'enfer après dîner. Montreuil pratiquait à ce propos une magnificence inouïe. Il faisait placer sur la cheminée du salon des rouleaux de pièces d'or à la disposition de tout invité dont la bourse était vide. Un carnet se trouvait à côté, sur lequel il suffisait d'écrire son nom et le chiffre de la somme qu'on empruntait à l'amphytrion.

— Mon cher généralissime, lui dit Dabiron, y songez-vous? Une telle prodigalité ! De l'or à pleines mains aux premiers venus !...

— C'est là notre meilleure publicité. L'homme riche a toujours raison. Et d'abord, il a raison d'être riche. Sa richesse est déjà pour le vulgaire une première preuve de l'infaillibilité de son esprit. Le Veau d'or éblouit et fascine dans les temps modernes comme dans les temps anciens. Laissez-moi faire, et quand bien même quelque baron allemand nous laisserait l'honneur de son blason en échange de quelques centaines de pistoles, nous n'aurions pas fait un trop mauvais placement.

Montreuil avait prévu juste sur ce point ; il connaissait mieux encore les classes aristocratiques que les élémens populaires, élevé qu'il avait été dans les intrigues de cour. Ses largesses légitimistes lui attirèrent tout ce qu'il y avait de gourmands, de mécontens et d'ambitieux dans la petite noblesse du pays, et il exerça bientôt sur eux, sous prétexte de soutenir la bonne cause, l'ascendant de l'opulence et de la générosité.

Toutes les matières inflammables qui devaient embraser le Wardenbourg se trouvèrent ainsi accumulées peu à peu par ses soins. Mais quand et comment l'incendie devait-il éclater ? C'est ce qu'il ignorait complètement lui-même.

— Si nous réunissions un millier de personnes sur cette place, lui dit Dabiron, nous brusquerions le dénoûment. Il serait bien temps d'en finir. Or, pour pouvoir finir, il faut d'abord commencer.

— Vous feriez une émeute et non pas une révolution, répondit Montreuil.

— Bah ! il suffirait maintenant d'une étincelle pour faire partir cette énorme quantité de poudre, reprit le coulissier.

— Oui, mais gardez-vous d'aller battre le briquet dessus : vous sauteriez vous-même dans l'explosion. L'esprit d'insubordination est dans toutes les têtes ; il germe, il fermente, il grandit. Un rien, soit, peut le faire éclater ; mais attendons patiemment ce rien ! Le hasard se charge toujours de le fournir.

Enfin, ce rien surgit effectivement, et, comme souvent en pareil cas, ce fut le prétexte le plus futile. Voici le fait. On jouait ce soir-là, au Grand-Théâtre, un ballet français intitulé la *Révolte au sérail*, œuvre fort estimable sans doute, mais dans laquelle les acteurs n'ont jamais songé à déposer des germes de restauration. Or, les têtes étaient si bien montées, que l'auditoire fut comme électrisé par l'exemple insurrectionnel des sultanes et des almées. Après avoir cassé les lustres et les becs de gaz de la salle, ce qui ne favorisait guère le progrès des lumières, les spectateurs hallucinés se répandirent dans toutes les rues en proférant des vociférations en faveur de la légitimité.

Appuyé contre un des angles de la place Frederickstadt, près de *l'Aigle-Noir*, les bras croisés, le visage calme, l'œil investigateur, un homme suivait avec anxiété le flot populaire.

C'était M. Masson.

— Il est temps, murmura-t-il, d'empêcher quelque terrible catastrophe. La mission que je poursuis ne doit point faire de victimes. J'ai un mandat de paix et de conciliation : je n'y faillirai pas !

Et il se plongea dans les flots grossissans de la foule.

La tempête éclata devant le palais. Les vitres en furent brisées à coups de pierre aux cris de : A bas l'usurpateur ! Vive le roi légitime !

— Sire, dirent les ministres de Bénédict, vous voyez que nos appréhensions étaient fondées.

— Repoussez les factieux, répliqua le roi. Où est ma garde ?

— Elle est licenciée, d'après votre dernier édit, répondit le ministre de la guerre. Quant aux autres troupes, elles sont furieuses de la suppression de la bastonnade. Les portes du palais ont été fermées par mon ordre, mais elles ne sont plus gardées en ce moment que par la hallebarde du Suisse, et par un restant de respect pour la demeure du roi.

— Demandez du secours par le télégraphe, à nos alliés les plus proches, reprit le roi. Dans deux heures, ils peuvent arriver ici par le chemin de fer. On paiera les frais d'intervention.

— Les coffres sont à sec, objecta le ministre des finances, par suite de la diminution des impôts.

— Eh bien ! parlez à ces tapageurs, continua le roi, et sommez-les d'avoir à se retirer.

— Ce serait inutile, répondit le ministre de l'intérieur. Il n'y a rien à dire à qui ne veut rien entendre.

— Mazette ! pensa Lataké, en mordant ses ongles roses, il paraît que j'en ai fait de belles avec mes bons conseils ! Montreuil doit bien rire dans sa barbe ! Mais que je suis bête ! il n'en porte pas.

Le roi, par esprit de contradiction, aurait bien voulu fermer la bouche à ses ministres et se montrer, comme de coutume, systématiquement incrédule ; mais un immense hourrah, éclatant de l'autre côté de la place, lui en ôta la possibilité.

— Qu'est ceci ? demanda de son côté Tiennette, sur le balcon des *trois Magots*, en parlant à Latanoff qui la pressait de nouveau de lui livrer tous ses papiers, et de se dévouer sans réserve à la combinaison diplomatique dont il était le représentant.

— Ce sont les détenus politiques qu'on délivre, répondit Latanoff, après avoir braqué sa lorgnette sur l'endroit désigné. J'en vois même un qu'on porte en triomphe, et dont la mine est assez réjouissante.

— Vous le connaissez ? dit Tiennette.

— Oui, répondit Latanoff : c'est Muller, le fameux Muller dont je vous ai parlé ; lequel, bête comme plusieurs Wardenbourgeois, n'a cessé de mystifier involontairement toutes les polices du monde, et se voit en passe de faire sa fortune d'après le même procédé, sans savoir pourquoi ni comment. Aux innocens les mains pleines !

En effet, le peuple s'était fait ouvrir la Bastille du lieu, et avait donné la liberté à quelques tapageurs arrêtés les jours précédens, pour avoir battu la garde de nuit, ou joué au cabaret pendant les offices. Le pays avait des mœurs si douces et si paisibles, qu'il ne fournissait pas de criminels plus importans, au grand désespoir des bourguemestres, qui ne trouvaient ni gloire ni avancement dans cette innocence. Roussignan devenait donc naturellement le personnage le plus considérable de la situation.

— Allez ! avait dit Montreuil à Dabiron, et chauffez l'apothéose du martyre ! Il faut jeter de l'intérêt sur le triomphe ; il est bon de moraliser la victoire.

Et voilà comment Roussignan, quelques heures auparavant captif, désespéré, las de l'existence, se trouvait tout à coup porté triomphalement à dos et à bras d'hommes, comme une châtelaine du moyen-âge, au passage des gués.

— Vive le baron de Rembach ! cria Dabiron pour donner l'exemple ; vive le Mentor du roi légitime !

— Vive Rembach ! vive le baron de Mentor ! répétait la foule.

— C'est un nouveau Blondel, ajouta Dabiron ; oui, un Blondel qui a bravé tous les dangers, qui a subi toutes les prisons, qui a affronté tous les genres de mort, y compris la corde, pour rétablir Richard sur le trône de ses pères ! Honneur à Blondel, baron de Rembach !

— Honneur à Rembach, baron de Blondel ! répétait la foule.

— Merci, messieurs ; mais c'est assez, répondit Roussignan qui craignait de tomber à terre du haut de son pavois humain. Vous êtes bien bons, mais il me semble que je ne suis pas très solide sur ce mobile piédestal.

— Honneur à Rembach ! à Blondel et à Mentor ! reprit un enthousiaste ; mais qu'il nous dise *où est l'enfant* !

— Où est l'enfant ? répéta Muller terrifié et en bondissant à terre, au risque de se casser le cou. Qui a dit cela ? qui a parlé d'enfant ? Un Russe sans doute ! Ce ne peut être qu'un Russe !

— Eh ! parbleu, le voilà l'enfant ! répliqua Dabiron ; l'enfant royal, le légitime héritier du trône, l'Eliacin du Wardenbourg, sous la garde du grand-prêtre Joad, comme dans l'*Athalie* de monsieur Racine.

Le grand-prêtre Joad était Montreuil, tenant alors Eliacin par la main, sur le balcon de leur hôtel.

— Sire, disaient pendant ce temps les ministres du vieux roi, qui suivait à travers une jalousie les progrès de la révolte, que comptez-vous faire ?

— La seule chose qu'on puisse faire pour avoir une dernière fois raison, quand on n'a ni argent, ni soldats, ni autorité. Adieu, messieurs !

— Hé quoi ! vous partez, sire ?

— Tout de suite.

— Et pourquoi ?

— D'abord, parce que je ne puis pas faire autrement. Et puis, tout bien considéré, la royauté m'était devenue ennuyeuse. Je ne suis point fâché de goûter un peu de la vie privée.

— Nous ne vous quitterons pas, sire ! s'écrièrent les ministres. Nous mourrons devant vous sur les marches du trône !

Chacun d'eux s'éclipsa bientôt sous prétexte de préparatifs de départ, mais en réalité pour aller offrir leurs services au nouveau gouvernement, dès qu'il y en aurait un.

Le chambellan s'esquiva lui-même, se regardant comme un des meubles du palais, bien plus que comme le serviteur du roi.

Bénédict resta donc seul avec Lataké.

— Fenez, dit-il à sa jeune et jolie compagne. Si fous êdre afec moi, che me mogue te doud le resde !

On ne saurait décider si ce fut l'attachement que le monarque déchu lui avait inspiré, la sympathique pitié qu'elle éprouvait pour son malheur, ou l'espoir des brillantes indemnités que pouvait lui réserver l'avenir, qui décida la danseuse à partager l'infortune présente de Sa Majesté. Tout ce que nous pouvons dire, c'est qu'elle passa gentiment son bras sous celui de Bénédict, le suivit à travers les corridors secrets du palais, descendit au jardin, sortit par une des petites portes, y trouva une voiture qui les attendait, y monta avec lui, et, à la faveur de la nuit, s'éloigna rapidement dans la direction des champs.

Pendant ce temps, le prince, dit légitime, conduit par Montreuil et par ses affidés, traversait la place Frederikstadt, et faisait au contraire son entrée triomphale dans la résidence devenue vacante des souverains du Wardenbourg. Il parut aussitôt, au bruit des acclamations, à la fenêtre où tout nouveau roi devait se montrer à ses peuples, conformément à la tradition.

Muller se précipita à sa suite dans le palais, afin d'échapper à de nouveaux honneurs aériens.

Dabiron allait en faire autant quand il fut arrêté au passage par une femme qui le retint impérieusement par le bras.

— Que me voulez-vous ? demanda brusquement Dabiron, en reconnaissant Tiennette. Laissez-moi ! je ne sais qui vous êtes !

— Ah ! vous ne savez qui je suis ! dit-elle. Toujours ingrat, oublieux et insolent, comme dans le salon de Lataké, comme au bal de l'Opéra, comme dans le boudoir de la baronne d'Appencherr, comme partout avec toutes les folles qui ont cru l'aimer un moment.

— Finissons-en, interrompit Dabiron, à qui ces souvenirs d'un autre temps étaient peu agréables dans celui-ci : qu'avez-vous à me dire ?

— J'ai à vous dire que vous êtes de fieffés imposteurs ; que le pauvre diable qu'on montre à cette fenêtre n'es pas plus le roi légitime que vous n'êtes légitimement le marquis de Las Caraccas ; qu'il est temps que cette comédie cesse ; que je viens de Paris tout exprès pour y mettre un terme, et que j'ai compté sur vous pour le dénouement.
— Sur moi ? dit Dabiron.
— Sur vous, de gré ou de force !
— Je ne comprends rien à votre langage, et je suis bien bon d'y prêter l'oreille ! Nous ne sommes pas à Paris, où vous êtes entourée de vos agens et de vos moyens de résistance ; nous sommes dans un pays où je suis tout-puissant à l'heure qu'il est, et je vous ferai jeter en prison si vous ajoutez un mot de plus.
— Vous ne l'oseriez pas, dit Tiennette.
— Vous croyez ? dit Dabiron, en élevant le verbe.
— Silence ! fit alors une forte voix qu'il avait déjà entendue quelque part. *On ne bat pas les femmes ici !*

Il se retourna vers l'interlocuteur, dont l'organe lui rappelait celui qui lui avait imposé silence, par une phrase identique, quand, au bal de l'Opéra, il avait cherché à reprendre, par violence et gratis, la dernière lettre de madame Gertrude d'Appeacher, à la personne inconnue et masquée qui ne voulait la lui restituer que moyennant deux cent mille francs. Il reconnut monsieur Masson, l'homme qu'il avait vu quelques semaines auparavant, lors de l'enrôlement de Pied-de-Céleri, dans la mystérieuse maison de Montmartre.
— Vous ici ! s'écria-t-il étonné ; qu'y venez-vous faire ?
— Veiller sur l'enfant que je vous ai confié. Mais, question pour question. Avez-vous tenu parole ?
— Qu'avons-nous donc promis ? demanda Dabiron en perdant la tête devant les obstacles qui entravaient subitement sa participation aux évènemens.
— Que jeune homme conserverait au doigt un bijou dont je lui ai fait présent au moment de son départ.
— Ah ! je me souviens, répondit Dabiron en souriant de pitié, à cause de la bizarre futilité de la question ; il s'agit d'une bague d'or, n'est-ce pas ?
— Oui.
— Hé bien ! l'a-t-il encore en ce moment ?
— Oui, certes ! Pourquoi diable ne l'aurait-il pas ?
— Cela suffit, reprit M. Masson ; c'est tout ce que je désirais savoir.

Et, désignant le balcon où la légitimité, soufflée par Montreuil, exécutait alors, en manière de salut à la foule, une pantomime assez bouffonne pour la circonstance,
— Les intrigans ont beau mentir, ajouta-t-il en s'adressant à Dabiron : il reste toujours dans leurs filets quelques mailles ignorées d'eux par où s'échappe la vérité.
— Que voulez-vous dire ?
— Regardez.

Il étendit la main vers le balcon, au moment même où le roi prétendu légitime allait faire semblant de parler.

Soudain le monarque improvisé chancela, pâlit, s'affaissa dans les bras de Montreuil et perdit complétement l'usage de ses sens.

La foule resta frappée de stupeur.
— Il est mort ! s'écria-t-elle épouvantée.
— C'est la main de Dieu ! dit avec calme Latanoff.
— C'est le châtiment de l'imposture ! ajouta Tiennette. Le vrai roi légitime n'est pas ici ! C'est à Paris que ses droits vivent encore dans l'ombre !
— Oui, ajouta tout bas Latanoff, et vous savez que rien ne nous coûtera pour obtenir de vous son nom et sa demeure.
— Silence, monsieur le comte ! répondit la laide. Savoir attendre est le grand art des diplomates.

Tandis que les Wardenbourgeois se pressaient au palais pour savoir si leurs hommages s'adressaient à une légitimité morte ou vivante, Bénédict Ier, retiré dans une modeste villa qui lui appartenait dans les environs de la ville insurgée, soupait tranquillement avec la danseuse, dont la philosophie charmante le consolait amplement de la perte de sa couronne.
— Au tiaple la cranteur et les soucis tu drône ! disait-il joyeusement. Chandez, ma pelle, chandez encore la cholie janson te Plaiso, et fifo le choie et le lipordé !

Et Lataké, debout, des fleurs d'automne dans les cheveux, un verre de vin du Rhin à la main, l'œil étincelant, le sourire aux lèvres, entonna gaîment les couplets demandés. On connaît les deux premiers. Voici le troisième :

Blaise n'a qu'une assiette.
— « Une assiette, vraiment ?
Partageons la serviette
Et soupons. — Mais comment ?
Je n'ai qu'une fourchette...
— C'est assez, dit Manon. »
Blaise prétend que non !

— Hé ! pien, moi, che brédends que foui ! s'écria le monarque déchu. Bromeddez seulement à moi t'ouplier le cheune basdeur brodesdant te la rue Pavée-Saint-Antrôtes-Arcs, à Baris.
— Hé ! ne voyez-vous pas, sire, que s'il m'en souvient, du moins il ne m'en souvient guère.

L'ex-roi, transporté d'aise, pressa tendrement sur ses lèvres la blanche main que lui tendait Lataké.
— Mon tieu, mon tieu ! gu'elle êdre tonc trôle ! s'écriait-il comme d'habitude, faute de rien trouver qui exprimât mieux son ravissement et sa passion.

Bénédict Ier devenait Anacréon II. Il oublia sa couronne d'or pour une couronne de roses.

XLIV.

SOUS LES TOITS.

Tandis que le Wardenbourg sert de théâtre aux événemens graves ou burlesques dont nous venons de faire le récit, revenons un instant à Paris, où nous avons laissé quelques-uns de nos principaux personnages.

Le vieux Duplessis n'avait rien compris au revirement subit qui s'était opéré dans les sentimens de Tiennette, à la nouvelle de l'accusation de forfaiture que la mort de Brioude faisait peser sur d'Arondo. Il s'inquiétait fort peu d'ailleurs des menaces de cette ex-alliée, dont il ne soupçonnait ni le but ni les moyens d'action. L'absence de cette dernière, qui avait quitté Paris sous prétexte d'un long voyage, eût suffi au besoin pour le rassurer complétement. Il jouissait donc, sans inquiétude comme sans remords, des malheurs que son implacable haine était déjà parvenue à accumuler sur la tête de celui qu'il regardait comme la preuve vivante de son déshonneur conjugal.

La situation de d'Arondo était devenue, en effet, on ne peut plus fâcheuse. Son duel avec Brioude avait fait grande sensation. Pendant quinze jours, on ne s'occupa point d'autre chose en France, en Europe, dans le monde entier. Comme toujours, ce fut la victime qui accapara toutes les sympathies.

La Bourse, au grand complet, suivit Brioude à sa dernière demeure, et tel vantait en route ses qualités éminentes, qui, l'avant-veille, le traitait d'intrigant et de vaurien.

Le vainqueur était nécessairement l'objet d'une réaction inverse. La noblesse de son caractère, l'élévation de son esprit, la générosité de son cœur, sa capacité, sa probité, sa loyauté, si universellement reconnues naguère, tout était nié, avec ce mépris de toute convenance, de toute vérité, de toute pudeur, qui n'appartient qu'aux égaremens de l'opinion publique, et qui fait de ses injustices l'ingratitude, l'iniquité, la bêtise, l'effronterie suprêmes.

Mille bruits contradictoires furent répandus par la badauderie et la méchanceté sur les circonstances de cette déplorable affaire ; mais, grâce aux insinuations mensongères que le vieux Duplessis ne cessa de propager, la version qui resta consacrée à l'état de fait historique, ce fut que d'Aronde était un odieux spadassin ; qu'il avait provoqué sans motif son malheureux adversaire ; qu'il joignait la lâcheté à la férocité, et qu'il l'avait frappé déloyalement.

D'Aronde fut donc traité unanimement d'assassin, et comme la calomnie ne s'arrête jamais à moitié route, elle descendit bientôt jusqu'à sa vie privée, et alors il passa pour un homme qui s'était marié par spéculation, qui avait mangé avec des lorettes toute la dot de sa femme, et qui la battait maintenant quand il était ivre, ce qui arrivait quotidiennement.

Désormais, après Dieu, qui la savait comme il sait toutes choses, l'innocence de d'Aronde n'était plus connue ici-bas que : — de M. Duplessis, qui la niait ; — de d'Appencherr, qui n'osait l'affirmer ; — de Tiennette, du Cyclope, du Balancier et de la Tête-de-Pipe, qui en avaient entendu l'aveu, à l'issue du duel, de la bouche même du vieillard ; — du jeune neveu de celui-ci, M. Léonce Duplessis, qui la pressentait, pour ainsi dire, par sympathique instinct ; de M. Masson, qui en avait perçu l'assurance par la voix magnétique de la dame noire de Chaillot ; — et enfin de la jeune femme du calomnié, qui y croyait comme elle croyait en Dieu, par la foi.

Du reste, la fortune de d'Aronde n'avait pas moins souffert que sa réputation. On se rappelle qu'à la suite des incompréhensibles revers de Bourse par lesquels le vieux Duplessis était parvenu à le ruiner complètement, d'Aronde avait noblement résolu de demander au travail sérieux, à l'industrie positive, au commerce véritable, les moyens de se refaire une position, et de restituer à la dot d'Estelle les sommes considérables que la jeune femme avait employées malgré lui, à l'acquittement de ses dettes. D'Aronde s'était arrêté définitivement à la fondation d'une vaste usine dans les environs de Paris. Confiant dans son courage, fort de l'excellence de son plan, ayant lieu de compter sur la commandite illimitée dont le vieux Duplessis lui avait fait l'offre perfide, il s'était hâté d'acquérir de vastes bâtiments et d'immenses terrains parfaitement situés, que la concurrence s'apprêtait à lui disputer. Cette acquisition avait été faite hypothétiquement, c'est-à-dire à la condition d'en payer le prix à une époque déterminée, sous peine de perdre l'important à-compte qu'il avait soldé d'avance, et de payer en outre un assez fort dédit. Or, la liberté lui manquant par suite de son funeste duel, ainsi que la commandite offerte par le vieux Duplessis, devenu son accusateur même, d'Aronde se trouva dans l'impossibilité de remplir cet engagement.

Les vendeurs lui firent sommation de s'acquitter du prix intégral de la propriété, ou de leur payer l'indemnité convenue. Cette affaire d'argent, dont la malveillance n'eût pas manqué de s'emparer aussi, pouvait aggraver encore, dans l'opinion, l'odieuse accusation qui le frappait en ce moment. Estelle n'hésita point. Elle ne consulta pas même son mari, dont elle craignait le refus, et crut pouvoir disposer très légitimement, pour lui venir en aide, des dons mêmes qu'elle tenait de sa générosité. Elle employa donc, à satisfaire ces nouveaux créanciers, tout ce qui lui restait de sa dot, une cinquantaine de mille francs environ, et comme cela ne suffisait pas, elle vendit à leur profit ses bijoux, ses dentelles, ses diamans, son argenterie, ses tableaux, son mobilier, tous les débris, en un mot, de son opulence passée. Cette jeune et belle femme, que le malheur élevait peu à peu aux sublimes résignations de la femme forte de l'*Évangile*, accomplit ce dernier sacrifice avec la résolution, la sérénité et la modestie dont les femmes seules sont peut-être capables en matière de dévouement.

Pendant ce temps, la maison de la rue du Helder, dont les époux Corniquet avaient la garde, et qui était redevenue veuve de tout locataire depuis le départ de la mystérieuse habitante du premier étage et la mort si imprévue de son burlesque voisin ; cette maison, certes, n'était pas l'endroit de l'univers où le tragique événement de la porte d'Auteuil faisait naître le moins d'étranges commentaires.

A la première nouvelle de la mort de son maître, le dernier des Lafleur s'était empressé d'avertir le juge de paix. Ce magistrat avait apposé aussitôt les scellés dans l'appartement du défunt. Il était indispensable de donner, aux héritiers naturels que Brioude pouvait avoir, le temps et les moyens de se faire connaître, et d'assister, par eux ou par fondés de pouvoirs, à l'ouverture du testament dont le trépassé avait révélé l'existence à son fidèle serviteur, le matin même du duel.

En attendant, ce dernier avait été naturellement institué gardien desdits scellés.

Nous devons ajouter, à son honneur, qu'il avait pourvu avec un véritable chagrin aux obsèques de son seigneur, et qu'il le regrettait sincèrement, à sa manière, ayant vécu depuis longtemps avec lui sur le ton d'une quasi-familiarité. Grâce aux excentricités réciproques de leurs caractères, l'ex-figurant du Théâtre-Français, surnommé par Brioude le dernier des Lafleur, était un compagnon pour son maître bien plutôt qu'un valet ; c'était, en un mot, ce que le vaudeville contemporain a appelé un ami de cœur qui cire vos bottes.

Quant aux époux Corniquet, le décès de Brioude l'avait aussi réhabilité complètement dans leur esprit, et, malgré le tapage qu'il avait introduit dans leur maison, jusque là si paisible, ils eussent volontiers ajouté, sur sa tombe, à la longue kyrielle de ses vertus posthumes : « Il fut bon locataire ! », ce qui n'eût pas été moins vrai que le reste.

Sa fin tragique les avait frappés de stupeur, M. Corniquet surtout. Brioude était mort et enterré depuis une huitaine, que le sensible concierge ne pouvait *en revenir encore*, selon son expression. Ses journées étaient remplies d'hallucinations, et ses nuits peuplées de fantômes.

— Mort ! s'écriait-il en secouant méditativement la tête, comme le faisait Young dans ses promenades funèbres ; mort, le Turc !... mort, le Musulman !... Ce que c'est que de nous !... On a bien raison de dire : « Aujourd'hui, l'on y est ; demain, l'on n'y est plus. »

— Hélas ! ajoutait l'ex-comédien valet, en croisant les bras sur sa poitrine, il n'est que trop vrai :

. . . . Ce héros expiré
N'a laissé dans mes bras qu'un corps défiguré.

— Mort ! continuait M. Corniquet. Mort ! tout à fait mort !... Et dire qu'il y a huit jours je le voyais comme je vous vois !

— Un homme si bien conservé ! ajoutait sa femme ; un si bel homme ! un locataire si aimable et si paisible !

— Ah ! reprenait M. Corniquet, c'était, ma foi ! bien la peine de venir de si loin contempler la colonne, pour... Mais que je suis donc bête ! j'en perds l'esprit ! j'oublie qu'il n'était pas venu pour ça. Car, maintenant qu'il n'est plus, on peut parler sans crainte. Dites-moi, là, bien franchement, une fois pour toutes, avait-il jamais été Turc ?

— Je ne le pense point, répondit naïvement le dernier des Lafleur.

Tous les Turcs ne sont pas ce qu'un vain peuple pense :
Notre crédulité. . . . .

— Et vous, l'avez-vous jamais été, Turc ?
— Moi, c'est différent : je le fus.
— Ah bah ! vous aviez eu déjà un pantalon large et un turban ?
— Assurément. Quand je jouais *Mahomet* au Théâtre-Français, c'était moi qui portais les coussins.
— Très bien ! Je comprends : vous étiez Turc sans l'être.
— Du reste, il ne tiendra qu'à vous, ajouta un jour le dernier des Lafleur, de l'être aussi quelque peu à votre tour.

— Vous m'étonnez sans m'étonner.

— Rien de plus simple. Autant j'en ai pu juger aux dernières recommandations de mon cher maître, les dispositions testamentaires qu'il a déposées dans son secrétaire, en compagnie d'une épître bien étrange, allez ! qu'il m'a chargé de porter à son adresse en cas de mort :

C'est une lettre
Que dans vos mains, monsieur, l'on m'a dit de remettre;

ces dispositions vous fourniront le moyen de trancher noblement, vous monsieur, du pacha ; vous madame, de l'odalisque.

— Hé quoi ! un héritage ! interrompit madame Corniquet. C'est donc ça que maintenant je rêve toutes les nuits que j'ai un hanneton, et que je m'envole, et que je m'envole, je ne sais où. C'est signe d'élévation.

— Que t'es bête sans l'être ! répliqua son mari avec un sourire d'incrédulité voltairienne ; qui dit songe dit mensonge.

— En effet, ajouta le dernier des Lafleur, lequel connaissait son *Athalie* sur le bout du doigt,

. . . . J'en ai pour elle quelque honte,
D'un vain songe, peut-être, elle fait trop de compte.

Mais ce que je vous prédis n'en est pas moins vrai :

Cet oracle est plus sûr que celui de Calchas.

Vous hériterez. De quoi ? c'est ce que je ne puis vous dire ; mais, à coup sûr, du moment que vous serez héritiers, il faudra bien que ce soit de quelque chose.

— Parbleu ! Autrement, on serait héritier sans l'être.

— Hé bien ! je dois vous l'avouer, cette idée-là redouble mon désespoir. Quand je pense que, la veille de l'assassinat, c'est moi qui ai eu la bêtise d'aller avertir l'assassin que sa vie se portait bien sur le pont Neuf.

— Hé bien ! vous avez fait là de la belle besogne ! recevez-en mon compliment !

— Je te demande un peu de quoi tu te mêlais !

— Est-ce que je savais, moi ? Le scélérat d'en face m'avait prié de lui faire savoir quand mon locataire serait tout à fait guéri de sa blessure, ayant, disait-il, à lui rendre une visite de convalescence. Il paraît qu'il ne voulait le tuer que bien portant. Pouvais-je penser que c'était pour l'exterminer ? Je n'ai point passé, d'ailleurs, un seul jour du depuis sans me reprocher cette connivence involontaire. J'en suis bourrelé de remords, quoi ! Car enfin, moi aussi je suis pour ainsi dire assassin, quoi !

— En ce cas, mon cher monsieur Corniquet, ajouta le dernier des Lafleur, si ce fait parvient à la connaissance du procureur du roi, vous ne risquez rien de vous préparer à paraître en justice. Thémis avait les yeux couverts d'un bandeau, à ce qu'on dit dans le répertoire classique. Était-ce comme symbole d'impartialité ou comme symbole d'aveuglement ? C'est ce que je n'ai vu expliquer dans aucune pièce de ce beau répertoire. Mais n'importe : le bandeau n'en existait pas moins. C'est donc aux témoins qu'il appartient de voir pour elle. Allez, homme sincère et convaincu,

Pour le sûr châtiment d'un forfait odieux,
Éclairer ici-bas la colère des dieux.

Mais laissons nos trois interlocuteurs deviser ainsi, chaque jour, dans cette maison d'où le propriétaire avait exclu impitoyablement, par amour de la tranquillité, les chiens, les chats, les oiseaux, les enfans, les célibataires et les gens mariés, et qui, en peu de temps, s'était vue le théâtre de tant de scènes bouffonnes ou dramatiques.

Transportons-nous un instant sur le quai des Lunettes, et tâchons de savoir pourquoi l'unique fenêtre de cette petite mansarde, au sixième étage, est restée éclairée toute la nuit ; entrons par la pensée dans cette maison située tout près de la Conciergerie ; montons jusqu'au dernier degré cet escalier vermoulu ; pénétrons dans cette chambrette dont la porte ferme si mal ; mais gardons-nous de l'ouvrir trop brusquement, car un beau chien, aux membres musculeux, à l'oreille vive, aux dents aiguës, s'est couché sur le seuil et en défendrait intrépidement l'entrée.

Ce chien, c'est Fox, le protecteur d'Estelle. Cet ami-là, du moins, n'a pas changé avec la fortune. La misère ne l'a point éloigné. Il préfère même cette chambre de six pieds aux grands salons que sa maîtresse possédait naguère. Grâce à l'exiguïté de ce nouveau logis, il est sans cesse à côté d'elle.

Estelle pleure quelquefois, Estelle prie souvent, Estelle travaille toujours. Cette vaillante jeune femme accomplit ainsi, dans une sage mesure, ce triple labeur de la foi, de l'espérance et de la charité. Estelle n'est plus l'élégante de la Chaussée-d'Antin, dont la beauté recherchait la soie, le velours et la dentelle. C'est maintenant une modeste ouvrière, en robe de laine, en petit bonnet, en simple tablier. Estelle travaille pour vivre et pour subvenir aux besoins de son cher prisonnier. Et vraiment, il faut bien qu'elle travaille, car, nous l'avons vu, elle a vendu tout ce qui restait de leur éphémère opulence, pour acquitter les derniers engagemens de son mari. Oui, tout, hormis une robe, un mantelet, un chapeau, un coffret, ses bijoux de noce, et quelques objets d'art qu'elle a emportés avec intention dans son humble demeure. Pourquoi cet acte de coquetterie au milieu de circonstances si tristes ? Oh ! ne calomnions pas cette âme si pure, cet esprit si droit. Attendons pour juger. Qui peut se vanter de lire sans épeler dans ce livre mystérieux qu'on appelle le cœur d'une femme ?

Estelle a repris ainsi le cours de cette vie laborieuse à laquelle la misère avait voué la pauvre orpheline, et que son récent mariage semblait avoir changé pour toujours en une vie de plaisir et de luxe. A voir la résignation touchante de sa physionomie en même temps que l'infatigable activité de ses doigts, on s'aperçoit que son cœur, pas plus que sa main, n'a rien oublié des rudes enseignemens du malheur, dans son rapide passage à travers les joies de ce monde. Elle s'est condamnée de nouveau au dur et incessant labeur de l'adversité, elle qui eût pu vivre, riche encore, des débris seuls d'une grande fortune. Mais du moins elle a tenté de sauver le dernier bien qui restât à son époux, sa considération commerciale, et elle peut se dire avec orgueil, elle aussi : « Tout est perdu pour moi, fors son honneur ! »

De temps en temps, Fox quitte la porte dont il est le gardien, et vient poser sa tête sur les genoux de sa maîtresse, qu'il regarde fixement en remuant la queue.

— Fox, lui dit la jeune femme, où est ton maître ?

Fox, à ces mots, dresse les oreilles, hérisse ses poils, fait étinceler ses yeux, aboie et s'élance vers la porte, qu'il gratte vivement de ses deux pattes.

— Patience, Fox, patience ! il n'est que neuf heures encore. Le moment n'est pas venu de l'aller voir. En attendant, contente-toi de gémir, mon fidèle compagnon, car ils nous l'ont pris, les méchans, ce maître bien-aimé qui faisait notre consolation et notre joie.

Et tandis que Fox vient se recoucher en poussant de petits grognemens plaintifs, Estelle dépose momentanément son ouvrage, de peur que ses larmes tachent la riche étoffe qu'elle façonne élégamment pour de plus heureuses.

Après ce court répit accordé à la douleur, Estelle avait essuyé ses beaux yeux et venait de reprendre son travail, lorsqu'on frappa discrètement à la porte.

C'est un ami, car Fox, qui a flairé à travers les fêlures de la mince cloison, Fox répond à cet appel par un joyeux aboiement.

Estelle se lève et ouvre. M. Léonce Duplessis se présente. Une tristesse qu'il s'efforce vainement de dissimuler se peint sur sa physionomie si franche, aujourd'hui comme le jour où nous le vîmes remettre secrètement à Julie d'Appencherr, sa charmante cousine, la lettre écrite pour elle par madame Duplessis, quelques semaines avant sa mort.

— C'est vous, M. Léonce ? dit Estelle avec un mélange de joie et d'inquiétude. Soyez le bien venu ! Je vous attendais avec une bien vive impatience. Parlez, quelle nouvelle apportez-vous? Est-elle bonne ou mauvaise?

— Ni l'un ni l'autre, répond le jeune avocat avec embarras. Il n'y a pas encore d'arrêt de non lieu. On a décidé que l'affaire serait plus complètement instruite. Il ne pouvait en être autrement. Je ne dois rien vous cacher, madame, car vous êtes une noble et courageuse femme : de fâcheuses apparences accusent M. d'Aronde jusqu'à plus ample informé.

— Qui donc peut porter témoignage contre lui? s'écria Estelle avec fierté.

— Les faits d'abord, les témoins ensuite. Il est avéré que votre mari a été le provocateur obstiné de ce duel, qu'aucun des motifs allégués ne saurait excuser. Et en effet, il jette publiquement une cruelle insulte au propagateur d'un de ces bruits de Bourse dont il connaît la puérilité. Non-seulement il refuse toute expression de regret, mais il recommande à ses mandataires de n'admettre aucune sorte d'arrangement. Arrivé sur le terrain, il fait preuve d'un acharnement sans exemple; il résiste aux médiateurs qui veulent unanimement faire cesser le combat après sa blessure, heureusement légère; et alors, bien loin d'accepter la conciliation que lui offre son adversaire, il outrage de nouveau et le force à continuer la lutte.

— Brave d'Aronde! interrompt la jeune femme, les yeux humides de larmes d'admiration et de reconnaissance.

— Enfin, continue Léonce, et c'est ici la circonstance la plus regrettable, emporté par son ardeur sans doute, il n'obéit pas au signal qui ordonne la cessation de l'engagement, et il frappe mortellement Brioude, au delà du temps fixé pour la durée de la rencontre. Telles sont, madame, les charges qui paraissent résulter des premières informations. Du reste, je ne vous rapporte là que de simples on-dit du palais, car l'instruction est restée secrète jusqu'à ce moment, et, attendu le supplément d'enquête qui vient d'être ordonné, je n'ai pas encore reçu communication des témoignages déjà entendus. Mais si ces bruits se confirment, la situation est grave, surtout quand, en l'absence de tout motif raisonnable, la malignité en est réduite à attribuer cette implacable animosité à une mesquine rancune de joueur malheureux et même, dois-je le dire? à une blâmable vengeance de débiteur poursuivi.

— C'est faux, monsieur Léonce, c'est faux! interrompt Estelle avec force.

— J'en suis convaincu, moi, madame, reprit le jeune jurisconsulte. Autrement, malgré l'affection profonde que portait madame Duplessis à M. d'Aronde, j'eusse eu la douleur de refuser sa défense. Mais comment faire passer cette conviction dans l'esprit du jury, si l'affaire lui est définitivement soumise?

— Ainsi donc, ajouta Estelle avec autant d'espoir que d'anxiété, ce qu'il y a de plus accusateur dans cette affaire, c'est la futilité de la cause en présence de la gravité du résultat?

— Je suis forcé d'en convenir.

— Et s'il venait à être prouvé qu'il ne s'agissait là, véritablement, ni d'une vaine rancune de spéculateur, ni d'une coupable vengeance de débiteur, mais uniquement, mais uniquement, d'une de ces saintes colères, légitimées par l'outrage le plus cruel dont puisse s'indigner un homme de cœur; oui, d'une de ces colères que Dieu lui-même absoudrait sans doute : hé bien! répondez-moi franchement, monsieur Léonce, vous croiriez donc pouvoir sauver mon mari?

— Il resterait encore à sa charge la question relative à la durée du combat; mais cette question perdrait elle-même de sa gravité, car la colère expliquerait l'emportement. J'essaierais donc de le sauver, non pas avec plus de dévouement, mais avec plus de confiance dans le succès.

— Hé bien! alors, il est sauvé! s'écria Estelle avec joie.

— Comment cela? demanda Léonce étonné.

— Je ne puis vous le dire encore, car ce n'est pas mon secret, c'est le sien. Mais l'heure approche où je vais chaque jour le visiter dans sa prison; soyez tranquille : je le supplierai tant, qu'il faudra bien qu'il consente à tout. A demain, donc n'est-ce pas, monsieur Léonce? et bon espoir!

A peine madame d'Aronde s'était-elle remise au travail après le départ de Léonce Duplessis, qu'on frappa pour la seconde fois à la porte de la mansarde, et qu'une jeune et belle femme se présenta devant elle.

La nouvelle venue était grande, svelte, et affaissée sur elle-même comme un roseau qu'a courbé l'orage. Elle avait la figure pâle et amaigrie, la voix douce, la parole lente, la physionomie intelligente et mélancolique; mais l'on devinait, au sombre feu de ses regards, qu'il pouvait bouillonner de l'exaltation, de l'enthousiasme, du fanatisme même au fond de cette nature frêle et nonchalante. Sa toilette était simple et de bon goût, bien qu'il s'y glissât un peu de cette négligence qui décèle des préoccupations morales, bien plutôt qu'un défaut de coquetterie.

Les six étages qu'elle venait de gravir avaient épuisé ses forces et sa respiration. A peine entrée, elle se laissa tomber haletante sur une chaise.

— Pardon! madame, dit-elle d'une voix faible et entrecoupée par une petite toux sèche; pardon, si j'agis avec tant de familiarité... mais... je n'en puis plus... on me l'a dit avec raison, vous ne logez pas précisément au rez-de-chaussée!...

— Voulez-vous, demanda madame d'Aronde en s'approchant d'elle avec sympathie et en lui présentant un flacon de cristal, respirer un peu de cet éther?

— Ce n'est pas de refus, madame, répondit l'étrangère; mais rassurez-vous... ce ne sera rien... j'y suis faite... un simple étouffement... celui-là n'est pas encore le dernier... voilà que cela se passe... Je vous remercie.

Il se fit un moment de silence, pendant lequel madame d'Aronde serra son ouvrage; l'inconnue acheva de reprendre ses forces, et Fox flaira les plis soyeux de sa robe, pour juger s'il avait affaire à une amie ou à une ennemie.

— Madame, dit enfin la visiteuse, est-ce bien à la femme de M. d'Aronde que j'ai l'honneur...

Estelle s'inclina en signe d'affirmation, tandis que l'inconnue promenait un œil attristé dans la mansarde, et se disait avec un mélange d'envie et d'attendrissement :

— Tant de beauté et tant de courage! tant de vertu et tant de misère! Est-elle heureuse!

— Puis-je savoir, madame, dit à son tour Estelle, ce qui me procure l'avantage de...

— A vous parler franchement, madame, je n'en sais rien.

— Mais enfin, madame, quel motif vous amène ici?

— Ce qui m'amène?... Une simple lettre.

— Une lettre! et de qui?

— Je l'ignore.

Estelle crut avoir une folle devant ses yeux.

— Comment! reprit-elle avec compassion, vous ignorez qui vous écrit?

— Complètement, et cela me désespère autant que cela vous étonne.

— Je m'étonne surtout que vous attachiez de l'importance à une lettre anonyme.

— De l'importance?... Ah! madame. C'est-à-dire que j'ai pris l'habitude d'obéir à ce mystérieux correspondant, comme je le ferais à Dieu.

— Pourquoi?

— Parce que, jusqu'à ce jour, il ne m'a commandé que d'excellentes choses.

— Et que vous dit-on, madame, dans cette lettre sans nom, qui puisse me valoir une si... singulière entrevue?

— Lisez vous-même, madame, répondit l'étrange visiteuse; cela m'épargnera la fatigue de vous l'apprendre de vive voix. Il fut un temps où je courais comme une gazelle, où je babillais comme une linotte, où je chantais comme un pinson. Mais ils sont passés ces jours de fête!

Et tirant l'épître en question d'un petit portefeuille de velours, elle la tendit à Estelle, qui lut alors les lignes suivantes :

« Chère néophyte,
» Je ne m'étais point trempé dans l'œuvre de régéné-
» ration morale que m'avait fait entreprendre mon amour
» pour vous, et que l'admiration que vous m'inspirez me
» fait poursuivre maintenant. Vous étiez née pour la vertu,
» pour la charité, pour les grandes et saintes choses qu'ac-
» complissent les femmes. Dieu vous pardonnera, car
» surtout vous prenez soin des pauvres, qui sont ses en-
» fans.

— Excusez, madame, interrompit l'inconnue, si je vous
fais lire ainsi mon éloge. La compensation se trouve un
peu plus bas.

Estelle continua de plus en plus surprise :

» Je suis si content de vous, que je ne veux pas différer
» d'un seul instant la récompense dont vous êtes digne.
» L'ajourner jusqu'à mon retour en France, ce serait de
» l'ingratitude. Je vous l'envoie donc, quoique je sois
» encore éloigné de vous de plusieurs centaines de lieues.
» Cette récompense, c'est l'indication d'une nouvelle
» bonne action.
» Un innocent est en prison, sous le poids d'une accu-
» sation infamante.
» Il se nomme d'Aronde. Peut-être avez-vous eu l'occa-
» sion de le connaître, au moins de vue, au moins de nom.
» C'est une belle et grande nature, un peu détournée de
» sa vocation par la fièvre des spéculations et les séduc-
» tions du monde, mais que Dieu soumet en ce moment
» à l'épreuve de l'infortune, comme au feu d'un creuset
» purificateur.
» Le témoignage de d'Appencherr, un de ses témoins,
» peut être décisif pour ou contre.
» Par malheur, vous le savez mieux que personne, le
» baron est d'une faiblesse de caractère, d'une étourderie
» d'esprit et d'une insouciance de cœur à inspirer toute
» confiance ou toute crainte, selon l'influence bonne ou
» mauvaise qui pèsera sur lui.
» Or, j'ai tout lieu de croire que cette influence sera
» mauvaise. Il faut donc lui en opposer une bonne. Tel
» est votre rôle.
» Comment le remplirez-vous ? c'est ce que je ne puis
» vous dire, à la distance où je suis encore des événements.
» J'ai acquis, avant mon départ, la certitude de l'innocence
» de d'Aronde, mais il m'a été impossible d'en connaître
» les élémens. Toute clairvoyance a ses limites, ses fai-
» blesses, ses obscurités, ses caprices même. Celle dont je
» dispose n'a pu ou n'a voulu pénétrer tout d'abord jus-
» qu'au fond des choses. J'aurais fini sans doute par obte-
» nir mieux ; mais la précipitation de mon départ forcé
» ne m'a pas permis de compléter l'épreuve.
» Il est donc de la dernière importance que vous sachiez
» tous les détails de l'événement. Allez trouver dans ce but
» la jeune femme du prisonnier. L'aspect de sa pauvre
» mansarde vous sera d'ailleurs d'un salutaire exemple.
» Vous en sortirez l'âme affermie, car vous aurez constaté,
» par vos propres yeux, combien le travail et la vertu sont
» préférables, au point de vue du bonheur même, à cette
» vie d'opulence et de plaisir qui constitue un danger tou-
» jours, une consolation jamais.
» Alors, quand vous serez renseignée autant que pos-
» sible, vous pourrez agir plus efficacement sur l'esprit
» du baron. Vous pourrez le détourner, par une oreille,
» du mal qu'on lui soufflerait par l'autre. Il s'agit d'épar-
» gner un remords à ce pauvre baron, en épargnant peut-
» être une erreur de plus à la justice humaine. Cette mis-
» sion est digne de vous.
» Adieu, ange autrefois déchu, ange réhabilité mainte-
» nant. Continuons de nous aimer sans nous connaître.
» Que le bien à faire en commun soit le seul lien terrestre
» qui nous rattache l'un à l'autre. Dieu seul ici-bas a la
» confidence entière de ma tendresse pour vous ; mais un
» jour, vous aussi, vous l'aurez tout entière, là-haut. »

Lorsque madame d'Aronde, après avoir achevé cette
étrange lecture, eut relevé la tête pour en demander l'explication, elle vit l'étrangère qui la contemplait avec un
triste et affectueux sourire.

— Qu'avez-vous, madame ? dit Estelle un peu confuse
en lui rendant la lettre.
— Je vous admire.
— Et pourquoi ?
— Parce que, hélas ! je suis bien loin de m'admirer moi-
même ! Mais vous avez lu, madame ; vous savez ce que
mon Maître attend de moi. Je connais déjà, pour en avoir
été l'involontaire confidente, l'inexplicable haine dont
votre mari est depuis longtemps l'objet, de la part d'un
vieillard insensé, M. Duplessis.
— M. Duplessis ! répéta Estelle. Oui, en effet. Oh ! comme sa haine s'est démasquée cruellement, après avoir pris
d'abord tous les semblans de la bienveillance ! Mais quel
mal, mon Dieu, avons nous donc fait à cet homme ? Quelle
peut être la cause d'une telle inimitié ?
— Hé ! madame, est-ce qu'on peut savoir ! Le monde
est plein de ces natures capricieuses, fantasques, atrabi-
laires, qui haïssent comme les autres aiment, sans savoir pourquoi, et qui, un beau jour, se mettent parfois à
détester celui-ci ou celui-là, d'autant plus qu'elles l'ont
affectionné davantage. C'est souvent une question de
foie bien plus que de cœur. La bile y domine plus que le
sentiment. Au surplus, quelle qu'en soit l'origine, cette
haine existe, et c'est d'elle sans doute que M. d'Aronde est
victime aujourd'hui. Si donc vous ne dédaignez point
trop le concours d'une personne telle que moi, veuillez,
madame, me donner connaissance de tous les détails de
sa malheureuse rencontre.

Estelle raconta alors tout ce qu'elle avait appris de la
bouche même de son mari.

— Cela suffit, dit son interlocutrice. Je puis agir maintenant. Ayez confiance, madame. Je ne vous promets pas
de réussir, mais je vous promets de le tenter.
— Merci d'avance, madame, quel que soit le résultat.
Mais qui êtes-vous donc, je vous prie ?
— Je suis un repentir et un dévouement, répondit l'inconnue. N'en demandez pas davantage.
— Ne puis-je au moins savoir le nom d'une personne
qui nous porte un si vif intérêt ?
— Mon nom ? je le veux bien, quoique ce soit inutile. Je
me nomme Simonne, madame ; Simonne tout court. C'é-
tait le nom de ma mère ; car, pour mon père, il ne m'a
jamais fait l'honneur de se faire connaître. C'était sans
doute quelque prince qui aimait incognito. Ma vie a commencé par l'hospice des enfans trouvés, elle a continué
par la dissipation, elle finira par l'hôpital peut être. En
attendant, je m'efforce de dépenser les quelques jours dont
le bon Dieu me fait encore présent à faire un peu de bien,
pour racheter beaucoup de mal. Voilà toute mon histoire.
— Et où pourrai-je aller vous remercier, madame ?
— Nulle part, répondit humblement Simonne. Nous ne
devons plus nous revoir. Bien que nos cœurs peut-être
fussent faits pour s'entendre, il est une hiérchie que je ne
saurais vous laisser franchir. Vous connaissez mon nom,
c'est assez, si ce n'est déjà trop, et pour toute récompense
du bon office que je brûle de vous rendre, madame, ré-
pétez-le parfois dans vos prières. La prière d'une femme
telle que vous, cela doit porter bonheur.
— Votre main, du moins, madame, avant de nous séparer pour toujours, dit Estelle avec effusion.

Les deux jeunes femmes se tendirent la main, obéissant
à un même sentiment d'attraction ; mais au lieu de serrer
cordialement celle d'Estelle, ainsi qu'elle l'eût fait pour une
égale, Simonne la baisa respectueusement, en fléchissant
presque le genou. Cela fait, elle sortit précipitamment de
la mansarde, les yeux mouillés de larmes. Elle y laissa
madame d'Aronde toute stupéfaite de la singularité de
cette entrevue, mais tout attendrie d'instinct par la déférence qu'on venait de lui témoigner, et dont sa candeur
ne pouvait soupçonner les motifs.

Combien, à l'origine de leur existence, il eût fallu peu
de chose pour que ces deux âmes, si bien douées, fus

sent restées sœurs par la vertu, comme elles l'étaient par la nature !

Estelle se remettait à peine de son émotion, lorsque l'horloge voisine se fit entendre.

— C'est l'heure ! s'écria la jeune femme avec joie. Fox, il est midi !

Le chien se mit à aboyer d'allégresse et à faire des bonds étourdissans.

— Attends un peu, mon fidèle compagnon. Le temps de me faire bien belle.

Tous les détails d'une élégante toilette étaient disposés d'avance sur une petite table de bois bla   On y remarquait une robe de satin noir, un chapeau de velours épinglé, une jupe brodée, un manteau garni de dentelles, une chaîne d'or, une montre de Leroy, un bracelet de Froment-Meurice. C'est là tout ce qu'Estelle avait voulu conserver de son opulence passée, elle appelait cela son uniforme de prison.

Rien de plus saint qu'une pareille coquetterie. Par une ruse vraiment touchante, elle simulait ainsi, aux yeux de son mari, un luxe qui n'existait plus que fictivement. Elle eût craint d'ajouter pour lui, aux tourmens de sa captivité, l'inquiétude bien plus poignante encore de la savoir pauvre au dehors.

En quelques instans, l'ouvrière se métamorphosa en élégante, la grisette redevint grande dame.

— Et maintenant, allons voir le maître, dit-elle à Fox, quand elle se fut parée pour la prison, comme une merveilleuse se pare pour le théâtre.

XLV.

SOUS LES VERROUS.

Tandis que les scènes précédentes se passaient dans la mansarde d'Estelle, et que la jeune femme, précédée par Fox comme par un joyeux courrier, se dirigeait vers la Conciergerie où son mari était détenu, l'enquête relative au duel de ce dernier recommençait activement au Palais de justice, à quelques cent pas des époux, dans le cabinet du juge chargé de l'instruction.

Les premiers interrogatoires ayant suffisamment éclairci la plupart des faits, ce supplément d'enquête porta particulièrement sur les deux seules questions restées obscures, et qui constituaient toute la moralité de l'affaire, à savoir : la cause de la querelle et la loyauté du combat.

La déposition des témoins de Brioude, qui furent encore entendus les premiers, jeta peu de lumières nouvelles sur ces deux questions.

Le numéro 1 répondit qu'il ne connaissait, de l'origine de la dispute, que ce qu'il en avait appris des deux adversaires eux-mêmes ; — qu'il avait joint tous ses efforts à ceux des trois autres témoins pour éteindre le différend, bien que Brioude, dont il représentait l'intérêt, fût ici l'unique offensé ; — que l'acharnement de d'Aronde avait seul mis obstacle à toute conciliation ; — qu'en ce qui concernait la loyauté du combat, il ne pouvait affirmer, de visu, que les dix minutes fixées pour sa durée eussent été outrepassées par d'Aronde, puisque la montre régulatrice n'était pas dans ses mains ; — qu'il était fort possible, dans tous les cas, que le coup mortel eût suivi, mais d'infiniment près, le signal d'armistice ; — que le contraire était fort possible également ; — que tout cela s'était passé si vite qu'il ne savait à quoi s'en tenir ; qu'au surplus, sans rien nier ni affirmer, il s'en référait sur ces deux points aux témoignages beaucoup mieux renseignés des deux témoins de d'Aronde, dont l'un, le baron d'Appencherr, tenait cette montre, et dont l'autre, M. Duplessis, avait été chargé de donner ce signal ; — qu'enfin, ce qui s'alléguae toujours, bien que certains témoins soient enchantés d'un rôle qui leur donne de l'importance, la notoriété du relief et une apparence de bravoure par ricochet, il n'avait accepté sa pénible mission que pour empêcher une catastrophe.

— Vous avez assez mal réussi ! répliqua ironiquement le magistrat, comme on le réplique toujours aussi. Savez-vous, ajouta-t-il, s'il est vrai, comme on le prétend, que d'Aronde bat sa femme ?

— Je l'ai entendu dire, mais je n'en sais rien par moi-même.

— Enfin, savez-vous si le prévenu avait des motifs d'en vouloir à sa victime, antérieurement à cette dispute ?

— Je l'ignore, dit le n° 1 ; je ne connaissais pas même de vue M. d'Aronde ; et, quant à Brioude, je ne l'avais jamais rencontré qu'au cercle, au Bois, au steeple-chase, à la Maison-d'Or, au Cirque, aux Funambules et à l'Opéra.

Le numéro 2 fit ensuite des réponses absolument semblables.

Le magistrat fit sonner sa sonnette.
Parut le numéro 3. C'était M. d'Appencherr.
La pâleur de sa figure témoignait de ses perplexités. Il ne s'était point rendu, sous prétexte d'un lointain voyage, à la première assignation, et, dénoncé par son beau-père comme n'étant allé qu'à Montmorency avec Simonne, il avait été condamné à l'amende. Cette fois donc, comme il eût risqué la prison, il s'était décidé à comparoir, sur les pressantes injonctions du vieillard. Mais, à la répugnance que lui causait l'air tout particulier que l'on respire dans les administrations publiques, on pouvait aisément conclure qu'il eût préféré dix médecines à cette seule comparution.

Le juge avait laissé debout le n° 1 et le n° 2, qui, malgré le *fion* nobiliaire de leurs noms, n'étaient en définitive, à ses yeux, que des chevaliers de baccarat et des vicomtes de lansquenet ; mais il fit s'asseoir M. d'Appencherr, en sa qualité d'un des plus riches banquiers de Paris. Tous les Français étaient alors égaux devant la loi, mais non pas devant la civilité.

— Monsieur le baron, lui demanda poliment le magistrat, il résulte de l'instruction que le prévenu d'Aronde a été élevé par les soins de la défunte baronne ; qu'il a occupé un poste de confiance dans votre importante maison ; que plus tard vous ouvrîtes un crédit considérable à ses opérations particulières, et qu'enfin, dans ces derniers temps, vous avez cru devoir lui retirer ce crédit. Pourquoi ? Suspectiez-vous sa capacité, sa moralité, sa probité ?

— Oh ! nullement, monsieur, se hâta de répondre le baron, qui se crut déjà, par la nature de cette première question, complètement débarrassé de celles qu'il redoutait. Quant à sa capacité, c'était sans contredit l'employé le plus intelligent de ma maison ; quant à sa moralité, elle était parfaite : je lui ai connu beaucoup de maîtresses avant son mariage : deux ou trois cents, je crois, car c'était un charmant cavalier ; mais jamais qu'une seule à la fois, ce qui fait suffisamment son éloge ; enfin, quant à sa probité, elle est sans tache : je lui confierais sans crainte la monnaie de France ; et même, il n'y a pas un tailleur, un bottier, un restaurateur qui soit en droit de lui réclamer cinq centimes. Mais vous comprenez qu'en matière de finances, monsieur, ce n'est point à la probité qu'on prête : c'est à la solvabilité. Tous les jours on déteste, on méprise des gens à qui l'on prête des millions ; tandis qu'au contraire on en estime et on en aime d'autres à qui l'on ne prêterait pas un sou. Autrement ce ne serait plus de la banque, ce serait de la philantropie. Or, d'Aronde avait fait d'énormes pertes dans ces derniers temps. Il eût été sauvé avec trois cent mille francs. Ma foi ! à la bourse comme à la bourse ! En bonne comptabilité, c'est ce moment même où il en avait le plus besoin que je devais choisir pour lui fermer ma caisse. Mais sans préjudice, je vous prie de le croire, de la parfaite estime et de l'affection profonde que je lui porte.

— Brioude était-il pour quelque chose dans les pertes

considérables de d'Aronde, ainsi que dans les poursuites consulaires, à fin de prise de corps, qui en furent la conséquence?

— Brioude? certes oui ! Il était pour ainsi dire le chef de la bande noire. Il semblait avoir soumissionné la ruine de d'Aronde, comme on entreprend la démolition d'un édifice gênant.

— Voilà le mot de bien des énigmes! Ajoutons à l'exaspération dont ses revers financiers devaient remplir d'Aronde, la violence naturelle qu'on attribue à son caractère, et nous aurons l'explication complète de sa conduite dans cette malheureuse affaire. Et à ce propos, vous qui l'avez connu intimement, monsieur le baron, dites-moi, je vous en prie, ce qu'il faut croire de la brutalité qu'on lui reproche. Savez-vous, par exemple, s'il est vrai, comme on le dit, qu'il s'enivre et qu'il bat sa femme.

— Quant à cela, s'écria vivement le baron, enchanté de trouver une question imprévue sur laquelle son beau-père ne lui eût pas imposé une opinion toute faite, et qui lui permît de compenser par un éloge spontané le blâme qu'il risquait de formuler sur d'autres; quant à cela, je crois pouvoir certifier que c'est pure calomnie. J'ai déjeuné, dîné et soupé fort souvent jadis avec d'Aronde. C'est un très beau buveur, je lui rends cette justice, et je dirai même qu'il a le champagne excellent et le vin du Rhin fort gai. Enfin, je l'ai toujours vu d'une amabilité parfaite avec les dames, et leur docile esclave bien plus que leur tyran. Il en est une surtout, parmi les deux ou trois cents maîtresses que je lui ai connues, comme j'ai eu l'honneur de vous le dire; il en est une surtout, une nommée Tiennette, qui s'était emparée de lui avec une opiniâtreté fort agaçante, et dont il a eu toutes les peines du monde à se débarrasser. Or, je n'ai pas ouï dire qu'il la battît jamais. Et cependant elle était méchante comme un démon, et ce n'était point par sa beauté que celle-là pouvait racheter ses tracasseries. Au physique comme au moral, elle était bien laide comme les sept péchés mortels. Après cela, je sais bien qu'on peut être très doux avec ses maîtresses et très brutal avec sa femme. Ces contrastes se voient tous les jours. Mais ce n'est point ici le cas, monsieur, j'en ai la certitude; et là, en mon âme et conscience, devant Dieu et devant les hommes, je n'hésite point à répondre : Non, le prévenu ne bat pas sa femme ! Pas encore du moins.

— J'aime à le croire, reprit l'austère magistrat, fort interloqué des idées, du langage et de l'étrange morale que mûr viveur de la Chaussée-d'Antin apportait si naïvement de son monde frivole dans le sanctuaire même de la justice. Dites-nous, maintenant, monsieur le baron, poursuivit-il, si le coup mortel a été porté par d'Aronde après le signal d'armistice.

— Je l'ignore, monsieur, car j'avais alors les yeux attentivement fixés sur ma montre.

— En effet, c'est vous qui étiez chargé de préciser la durée du combat. Hé bien ! répondez: quand ce coup fatal a été porté, les dix minutes convenues étaient-elles expirées?

Le baron tressaillit à cette question, comme si sa chaise se fût subitement rembourrée d'épingles. Il eut l'air de ne pas comprendre, balbutia, tergiversa, hésitant entre la voix de sa conscience et les injonctions comminatoires de son riche beau-père. Enfin, le juge ayant répété la question, le baron crut avoir trouvé un adroit moyen de concilier les exigences de la vérité, avec celles de l'impérieux vieillard qu'il venait de laisser dans la salle d'attente.

— Ce n'est point impossible, répliqua-t-il triomphalement, comme l'eût fait l'inventeur lui-même du scepticisme.

— Permettez-moi de vous faire observer, monsieur le baron, que cette réponse est ambiguë.

— Hé bien ! c'est possible.

— Celle-là ne l'est pas moins, quoique absolument inverse.

— Hé bien !... je le crois.

— Vous devez faire plus que le croire.

— Il me semble pourtant que c'est déjà bien joli comme cela ! Surtout si l'on songe à l'irrégularité de certaines montres. J'avais une véritable patraque ce jour-là.

— Patraque ou non, il n'est pas à présumer qu'elle ait pu dévier sensiblement dans un si court espace de temps. Peu importait d'ailleurs : il suffisait qu'elle atteignît bien ou mal le chiffre convenu. Je vous réitère donc ma question : Les dix minutes étaient-elles passées, oui ou non?

— Hé bien !.. oui, répondit le baron, d'une voix basse, à peine intelligible, et comme un homme qui fait un violent effort.

— J'excuse votre hésitation, monsieur, en considération de l'attachement que vous portez au prévenu, mais je vous félicite, dans votre intérêt même, d'en avoir sacrifié les suggestions à celles du devoir. Huissier, faites entrer le nº 4.

Le baron se retira, suant la contrariété à grosses gouttes. Il se croisa dans le corridor avec son beau-père, qui, le voyant rouge comme un coq-d'Inde, de blafard qu'il l'avait quitté, lut facilement sur sa figure émue la réponse difficilement mais finalement affirmative qu'il venait de faire. M. Duplessis lui serra la main.

— C'est bien, mon gendre, lui dit-il tout bas. Je suis content de vous. Les cinq cent mille francs dont vous avez besoin sont dès ce moment à votre disposition.

Et il pénétra à son tour dans le cabinet du juge.

Le magistrat, homme de soixante ans, regarda avec une sorte de respect ce vieillard, son aîné d'environ quinze hivers, qui avait revêtu pour la circonstance son costume le plus solennel, adopté sa démarche la plus digne, donné à sa voix son ton le plus onctueux, imprimé à sa physionomie son expression la plus paterne.

Le juge fit signe à l'huissier introducteur de lui approcher un fauteuil.

— Monsieur Duplessis, lui dit-il ensuite avec une extrême déférence, vous connaissez le prévenu d'Aronde depuis longtemps?

— Oui, monsieur, depuis son adolescence.

— Quels étaient ses père et mère?

Ce fut au tour du vieillard à tressaillir sur son siège, à cette question qui rouvrait, à l'improviste et sans ménagement, toutes les blessures de son orgueil, toutes les plaies de sa jalousie. Cette circonstance purement fortuite ne fut pas étrangère sans doute au redoublement de doucereuse acrimonie que présentèrent ses réponses.

— C'est un bâtard, répondit Duplessis, dont les yeux éteints par l'âge se rallumaient au souvenir de sa femme et du chevalier de Limbourg.

— J'entends : le fruit anonyme de quelque douce erreur.

— Oh! non, pas d'une erreur, interrompit le vieillard en frémissant de rage; mais bien d'un crime, d'un crime odieux, d'un abominable adultère !

— En ce cas, reprit le juge en hochant tristement la tête, sa vie paraît devoir être digne de sa naissance, s'il faut en juger par le fait sur lequel vous êtes appelé à donner de nouveaux renseignemens. Et d'abord, est-il à votre connaissance, monsieur, comme beaucoup l'affirment, comme quelques-uns le démentent, que le prévenu pousse l'emportement jusqu'à battre sa femme?

— Je l'ignore, répondit simplement M. Duplessis qui voulait ménager ses incriminations pour les points vraiment essentiels de la cause. Sans prétendre excuser jamais la violence matérielle, surtout à l'égard du sexe le plus faible, j'avoue, ajouta-t-il l'œil flamboyant, les mains crispées et en contenant à peine la colère que cette question faisait bouillonner en lui ; j'avoue qu'il est des femmes qui mériteraient de connaître le battît, qu'on leur fît pis encore ; mais je n'imagine pas que madame d'Aronde se soit déjà mise dans un pareil cas. Son mariage date de quelques mois à peine, ce serait bien tôt.

— Passons donc à une autre question, reprit le juge. Vous avez assisté, monsieur, à la querelle de Bourse qui devait amener cette fatale rencontre ?

— Oui, monsieur. Querelle futile, propos de courtiers marrons. Il n'y avait pas là motif à une chiquenaude.

— Vous pensez donc que cette querelle avait une autre cause ?

— Je l'affirme. Rancune de joueur ruiné, haine de débiteur, revanche d'huissiers, représaille de recors. De là son implacable acharnement.

— Pensez-vous ensuite que les dix minutes fussent écoulées quand le coup a été porté par lui à son adversaire ?

— Je l'affirme. Le baron d'Appencherr, autant que j'ai cru voir, avait fait le geste convenu.

— Avez-vous également la certitude qu'il eût entendu votre cri de halte ! avant de porter son dernier coup ?

— Je l'affirme. Brioude l'avait parfaitement entendu, lui, car il abaissait déjà son épée, et se trouvait par conséquent sans défense suffisante.

— Ainsi, vous croyez fermement à la culpabilité de d'Aronde ?

— Épargnez-moi, monsieur, la douleur de répondre à cette question, qui sort d'ailleurs de l'ordre des faits pour entrer dans celui des appréciations. Je n'aurais vraiment pas la force de le faire, ajouta-t-il avec l'hypocrisie larmoyante du crocodile, lorsqu'il imite le cri plaintif des petits enfans pour attirer à lui les passans trop sensibles. Songez, monsieur, que le prévenu a été élevé par les soins de ma fille, recueilli par mon gendre, commandité par nous ; qu'il était devenu pour ainsi dire un des membres de la famille ; que je ne voudrais pas jurer qu'aux yeux de certaines gens il ne passât encore pour tel ; et que l'accuser enfin ce serait presque accuser un fils.

Le vieillard prononça ces derniers mots d'un ton de formidable amertume.

— Je comprends et respecte votre bienveillante réserve, monsieur, reprit le juge ; mais de tels sentiments n'accusent pas moins le prévenu qu'ils n'honorent le témoin. Vous pouvez vous retirer, monsieur, en emportant du moins la consolation d'avoir noblement rempli votre double devoir de citoyen consciencieux et de généreux protecteur.

Les numéros 5, 6 et 7 succédèrent au perfide vieillard. C'étaient les trois gendarmes d'Auteuil, qui, sur l'avis anonyme adressé au brigadier par les soins de Tiennette, étaient intervenus sur le terrain, trop tard pour empêcher le combat, mais assez tôt pour recueillir les dernières paroles de Brioude. Ces paroles suprêmes, consignées au procès-verbal, accusaient de félonie le vieux Duplessis dans la pensée du moribond, mais, par malheur, comme nous l'avons vu, à défaut de plus ample explication, elles ne pouvaient s'appliquer raisonnablement qu'à d'Aronde.

Après cette déposition non moins accablante que la précédente,

— Qu'on aille chercher le prévenu! dit le juge à l'huissier, en lui remettant un ordre de comparution.

Deux gendarmes vinrent chercher d'Aronde à la Conciergerie. Après avoir placé le prévenu entre eux comme dans un étau de chair, d'os et de sabre, ils le conduisirent vers le cabinet du juge d'instruction, à travers les longues, obscures et méphitiques sinuosités qui relient cette prison au Palais de justice, dont elle n'est pour ainsi dire que l'antichambre légale.

Le magistrat accueillit naturellement d'Aronde avec une froide politesse, et dut le laisser debout en sa qualité de prévenu.

Il l'examina un moment en silence, car, dès qu'un homme, à tort ou à raison, est accusé d'une vilaine chose, il devient un objet d'invincible curiosité, nous dirions presque de vif intérêt pour les autres, même les plus blasés sur ce genre d'excentricité.

Ce léger tribut une fois payé à la badauderie humaine, le vénérable magistrat prit enfin la parole.

Il interrogea minutieusement d'Aronde sur toutes les circonstances que nous savons. Il insista naturellement avec lui, comme il l'avait fait avec les autres comparans, sur la cause du duel, la durée du combat, le résultat déplorable qu'il avait eu, contrairement au signal d'armistice donné par les témoins, et enfin les dernières paroles prononcées par Brioude expirant.

— Dans votre intérêt même, lui dit-il, si, comme tout porte à le penser, votre inimitié, monsieur, avait une cause secrète, faites-la connaître à la justice. C'est peut-être la seule circonstance atténuante que vous puissiez invoquer utilement dans une si triste conjoncture.

— Je vous remercie, monsieur, de la bienveillance de votre question, répliqua fermement d'Aronde ; mais je persiste dans tous mes dires. Le démenti que je donnai, en pleine Bourse, à la fausse nouvelle du désastre de notre armée d'Afrique, méchamment propagée par Brioude, dans un coupable but de spéculation ; ce démenti, que l'indignation m'arracha accidentellement, ne fut, il est vrai, que l'explosion fortuite d'une mine longtemps comprimée. Ma haine remontait beaucoup plus haut. Elle avait sa source dans de ténébreuses intrigues employées par lui, je ne sais dans quel intérêt, et qui ont eu ma ruine pour conséquence. L'animosité qu'on me reproche d'avoir apportée sur le terrain n'avait pas d'autre motif. Mais je l'estime très suffisant. Quant au reste, j'ai la conviction que, bien loin d'avoir dépassé les dix minutes convenues, le combat n'en a pas duré plus de cinq à six ; — j'affirme que le coup fatal a été simultané avec le cri de halte poussé par un des témoins, si même il ne l'a précédé d'une ou deux secondes ; — je proteste enfin contre l'application qu'on prétend me faire de quelques paroles incohérentes, échappées à la bouche d'un mourant, et peut-être ne s'adressaient pas à moi. Croit-on, au surplus, que le mobile inconnu qui l'avait fait m'attaquer avec tant d'acharnement dans ma fortune, devait lui inspirer de bien douces paroles de reconnaissance, au moment même où mon épée venait de châtier ses odieuses manœuvres ?

— Ce que vous venez d'avouer, monsieur, du vrai motif de votre animosité ne manque pas de vraisemblance, j'en conviens. On s'accorde assez généralement, en effet, à vous représenter comme étant... très vif, très emporté, très peu susceptible, par conséquent de subir de telles pertes sans en maudire l'auteur. On prétend même que madame d'Aronde ne serait pas toujours exempte de ces... impatiences, de ces... vivacités ; et, puisque le cours des choses m'amène sur ce sujet, mon devoir m'oblige à vous adresser une question qui ne manque pas de corrélation morale avec la cause. Est-il vrai, ainsi qu'on l'affirme, en ce qui concerne votre femme, que vous la...

L'excellent juge s'interrompit sur ce mot, ne pouvant se décider à adresser une pareille question à un homme dont la physionomie était si douce, et dont les manières distinguées l'intéressaient malgré lui. Il se jeta donc aussitôt dans des considérations d'un ordre tout différent.

Or, d'Aronde continua de répondre avec tant de noblesse, de calme, de présence d'esprit et de sincérité, du moins apparente, que la conviction du consciencieux magistrat se trouva fort ébranlée à la fin de l'interrogatoire.

C'était une de ces natures essentiellement loyales, qui n'hésitent jamais à sacrifier une opinion préconçue à l'évidence contraire.

Cette bonne foi est peut-être ce qu'il y a de plus rare au monde.

Le sot orgueil de l'esprit humain répugne à toute récipiscence, non moins que sa routine. On voit des gens, même parmi les meilleurs, s'entêter vaniteusement dans une erreur, aimant mieux tromper toujours, que s'être trompés une seule fois.

Ce fut donc d'un ton plus bienveillant, nous dirons même avec une sorte de regret, que le digne juge donna l'ordre aux deux gendarmes de reformer leur parenthèse aux côtés du prévenu, pour le reconduire en prison ; et il ne put s'empêcher de le suivre d'un regard sympathique, même après que ce dernier eut disparu.

Il garda ensuite un silence méditatif, pendant que le greffier achevait de minuter le procès-verbal de la séance. Et comme les intelligences les plus droites et les plus généreuses aboutissent volontiers au doute de soi, au désenchantement d'autrui, surtout quand elles sont âgées de soixante ans, et qu'elles ont subi d'incessantes déceptions dans leur longue expérimentation des hommes et des choses, le loyal et profond penseur s'abandonna peu-à-peu, dans son for intérieur, à cette verve mélancolique et morose qui lui était naturelle, et dont l'explosion intime semblait soulager d'autant son âme intègre et son excellent cœur.

« —O Vérité ! se dit-il tristement, non plus comme magistrat, mais comme simple philosophe, car il y avait suspension momentanée de ses fonctions ; ô Vérité ! on assure que tu ne t'habilles pas assez !

» Propos de poëtes, qui ne s'habillent guère bien non plus !

» Moi, qui aurai passé toute ma vie à te chercher, ô Vérité, je prétends au contraire que tu t'habilles beaucoup trop.

» Où es-tu, par exemple, dans cette ténébreuse procédure ? Te caches-tu sous les affirmations de l'un, sous les hésitations de l'autre, sous les incohérences de celui-ci, sous les dénégations de celui-là ?

» Que de costumes divers n'as-tu pas pu revêtir ici !

» Quel est celui qui te dérobe à mes yeux ?

» Sous quel impénétrable manteau as-tu drapé ta prétendue nudité ?

» Oui, plus je regarde, et moins je vois clair, au fond de ce puits, ô Vérité, où t'a logée ironiquement ton heureuse rivale, la Fable, elle qui se pare de si prestigieux atours, et qui se loge dans un transparent palais de cristal.

» Et la langue des hommes appelle cela des supplémens d'instruction !

» Mais tel est, dans toutes les choses de ce bas monde, le résultat presque inévitable de nos efforts, chétives et aveugles créatures que sommes !

» Plus nous devenons savans, plus nous savons que nous savons moins.

» Plus nous cultivons un art, plus nous en comprenons l'impossible perfection.

» Plus nous pratiquons la vertu, plus nous apercevons que nous ne sommes pétris que de vices.

» Plus nous marchons vers la certitude, plus nous nous rapprochons du doute.

» Plus nous lisons d'historiens, plus nous désapprenons l'histoire.

» Plus nous poursuivons de réalités, plus nous attrapons d'erreurs.

» Plus nous semons de questions, plus nous récoltons de mensonges.

» Enfin, dans tous les genres, plus nous tâchons de débrouiller l'écheveau, plus nous l'embrouillons inextricablement.

» Ce qu'il y a de sûr, du moins, c'est que mes prétendus supplémens d'instruction n'aboutisssent bien souvent qu'à des supplémens d'ignorance.

» Tel est le cas où je me trouve aujourd'hui.

» Ma foi ! je renonce à te pourchasser, ô invisible, ô sourde, ô muette, ô introuvable Vérité !

» Je ne suis pas chargé de conclure, je ne le suis que d'exposer.

» A chacun son lot !

» L'affaire est instruite autant que possible, pour ne pas l'être excessivement. J'en ferai le rapport à qui de droit, avec toute l'impartialité dont je m'honore, ainsi que mes confrères.

» La chambre des mises en accusation te découvrira ensuite, çà ou là, n'importe où, dans ce fouillis de contradictions, si elle le peut, ô Vérité ! C'est son affaire.

» Quant à moi, j'aurai rempli scrupuleusement mon devoir. On ne peut pas m'en demander davantage. Au vrai nul n'est tenu. C'est déjà beaucoup trop de l'être au vraisemblable.

» Je me lave les mains du reste, selon l'expression fameuse d'un de nos plus illustres prédécesseurs. Et, en effet, Ponce-Pilate non plus ne me semble point, ô Vérité ! t'avoir aperçue fort souvent lui-même, dans l'exercice de ses fonctions.

» Il paraît que, en ce temps-là déjà, tu n'allais pas tout à fait aussi débraillée, aussi décolletée, aussi dépenaillée que so sont plu à te prétendre les mythologistes de l'époque.

» Mais qu'y faire, hélas ! L'incertitude, je l'ai dit, est la loi commune. C'est la seule qui n'ait jamais varié. *Et tradidit mundum disputationibus eorum*, dit l'Ecriture ; et Dieu livra le monde aux disputages de ses habitans. Je ne sais si le mot est français, mais il mériterait de l'être. Au surplus, on peut bien se permettre un peu de logomachie dans le temple de la bazoche, dans la patrie par excellence du néologisme, du solécisme, du barbarisme, du..... »

Le greffier interrompit ici les déclamations intimes du philosophe, en le rappelant à ses préoccupations de magistrat. Ce fut dommage. Ce monologue *in petto* eût pu durer longtemps encore. Les hommes bons et réfléchis sont d'autant plus sévères et bavards avec eux-mêmes, qu'ils le sont généralement moins avec les autres.

Mais le procès-verbal était terminé. Le juge en prit connaissance et le rectifia de son mieux, dans l'intérêt même, ô nouvelle contradiction humaine ! de cette Vérité que sa conscience d'honnête homme se révoltait de ne pouvoir découvrir d'emblée. Cela fait, il se trouva en mesure de soumettre très prochainement son supplément d'instruction à la haute appréciation de la chambre du conseil.

Pendant ce temps le prévenu avait été réintégré à la Conciergerie par la même parenthèse en bottes fortes qui l'en avait extrait une heure auparavant.

D'Aronde y trouva Estelle qui l'attendait impatiemment au parloir. Il pressa tendrement la jeune femme dans ses bras, et fit quelques caresses à Fox, dont la joie était là plus contenue et moins bruyante qu'ailleurs. Fox comprenait qu'il était dans une prison, et, en caniche bien pensant, il se faisait un devoir de ne pas trop violer les règlemens de l'autorité.

— Hé bien ! mon ami, demanda Estelle avec une inquiète curiosité, tu reviens de chez le juge d'instruction, à ce que m'a dit le gardien. Comment cela s'est-il passé ?

— Parfaitement bien, répondit à dessein d'Aronde.

— Ah ! tant mieux ! J'étais ici plus morte que vive.

— Rassure-toi. C'est un homme d'une lucidité, d'une rectitude de jugement et d'une décision d'esprit peu communes. Ou je me trompe fort, ou je l'ai laissé profondément convaincu.

— De ton innocence ?

— Oh non ! pas tout à fait, répliqua d'Aronde avec un sentiment d'amertume assez naturelle en présence de l'injuste accusation dont il était l'objet. Peste, comme tu y vas, toi ! Tu crois qu'il suffit d'être innocent, de le dire et de le prouver, pour que tout le monde s'empresse de dire aussi : « Allons, bravo ! encore un qui est innocent ! » S'il en était ainsi, à quoi servirait ce don si précieux qui distingue l'homme des autres animaux, et qu'on appelle la logique ? Absolument à rien. La logique n'ayant plus d'incertitudes à percer pour aboutir à une certitude quelconque, deviendrait alors aussi inutile ici-bas, que le serait la sonde du métallurgiste, s'il n'y avait plus de mines d'or à découvrir.

— Mais en ce cas, mon ami, de quoi monsieur l'interrogateur est-il donc resté convaincu ?

— De quoi ? Hé mais, rien de plus simple : convaincu

de n'être plus convaincu de rien du tout. Il me semble que c'est une conviction tout comme une autre.

— Et tu trouves cela bien ?

— Pardieu ! Vu l'excessive clairvoyance qui ne distingue pas l'humanité, ce n'est déjà point si mal. C'est un progrès assurément sur le précédent interrogatoire ; un progrès lent, je l'avoue, mais ce sont les bons, à ce qu'on prétend. Nous verrons bien.

— Soit ! mon ami, ajouta candidement Estelle. Je n'ai pas fait mes études, moi ; je ne comprends pas ce que tu dis, mais je m'en rapporte à toi.

— Ah ça ! reprit d'Aronde d'un ton d'affectueuse gronderie, et en lui baisant les mains à chaque mot, tu me fais causer là philosophie transcendantale, tandis que j'ai bien mieux à faire, ma foi ! Laisse-moi donc t'admirer un peu. Ta vue me fait tant de bien aux yeux, quand ils n'ont eu à contempler que des geoliers, des juges, des greffiers et des gendarmes ! Dieu ! comme te voilà jolie, et quelle ravissante toilette !

— Ah ! c'est vraiment fort heureux qu'il vous plaise de le remarquer enfin, monsieur l'ingrat ! J'ai cru un moment que j'en serais pour mes frais d'élégance, et que vous me laisseriez partir sans un seul compliment. Vous le voyez, on est coquette à votre intention. Mais il faut bien faire quelque chose pour ces pauvres prisonniers !

— Charmante ! s'écria d'Aronde en la serrant de nouveau dans ses bras. Mais dis-moi, chère amour : quoi de nouveau à la maison ?

— Rien.

— Mon vendeur de terrains ne bouge toujours pas ?

— Lui ! Ah bien oui ! au contraire ! répliqua naïvement la jeune femme ; car, nous le savons, elle s'était bien gardée de dire à son mari qu'elle avait employé le restant de sa dot et le prix de tous leurs meubles à le débarrasser complètement de ce dernier créancier.

— Comment, au contraire ? répéta d'Aronde, en souriant avec plus d'amertume encore que de véritable gaîté. Qu'est-ce que ce brave homme a donc pu faire de contraire ici, à moins de t'apporter gratuitement sa quittance ?

— Pas encore, j'en conviens ; mais enfin, le fait est qu'il ne réclame pas un sou.

— C'est déjà bien beau de sa part, quand il en a le droit depuis quinze grands jours. Allons, pour la première fois de ma vie, j'ai joué de bonheur en pareille matière, continua d'Aronde avec la même aigreur ironique, de pensée, de langage et de ton, qu'il avait affectée déjà quelques instants auparavant. Il n'y avait peut-être dans tout Paris qu'un seul spéculateur qui fût capable d'attendre patiemment la liberté de son débiteur, il a eu la chance de mettre la main dessus, moi ! Un spéculateur raisonnable, accommodant et sensible ? Voilà un miracle ! Preuve de plus qu'il n'est pas de bizarrerie, d'impossibilité même, dont on ne puisse trouver quelque échantillon sur terre. Et de fait, la philantropie d'un spéculateur n'a rien de plus extraordinaire que l'existence d'un veau à deux têtes : c'est de la monstruosité, voilà tout.

— La patience de celui-ci, mon ami, n'est peut-être pas aussi phénoménale que tu le dis, interrompit Estelle avec intention. Il pense sans doute, lui, que ta captivité ne sera pas de longue durée, et que tu pourras réaliser bientôt la fondation de cette grande usine qui, tout en faisant concurrence aux produits de l'étranger, assurera de l'ouvrage à tant de pauvres ouvriers. Mais laissons cela, ajouta la jeune femme, qui jugea prudent de donner un autre cours à la conversation. Tenez, monsieur, voici du chocolat, de la gelée de Bar, des biscuits de Reims, de la liqueur des Iles et des fruits, pour vous prouver qu'on pense encore à vous un tout petit peu.

— Tu es une succulente providence ! Mais pourquoi te charger de toutes ces bonnes choses toi-même ? Pourquoi te fatiguer ? Pourquoi ne pas m'envoyer cela tout simplement par un domestique ?

— Ah ! bien oui, les domestiques ! s'écria la rusée créole, en rougissant malgré elle à la pensée du gros mensonge qu'elle commettait pour cacher au prisonnier leur misère présente. Les domestiques sont si gourmands ! Ils seraient capables de tout manger en route. Au surplus, je te le répète, je n'ai pas longtemps à faire ainsi la femme de ménage. Ton emprisonnement va cesser. J'ai mon plan. M. Léonce le trouve excellent. Et cependant il ne le connaît pas encore. Que sera-ce donc quand il le connaîtra ?

— Et moi, ne puis-je le connaître aussi, ô mon savant et gracieux jurisconsulte?

— Rien de plus naturel. Il faut tout dire, tout avouer. Quand les magistrats apprendront l'infâme guet-apens que ton adversaire avait osé me tendre ; quand ils sauront que tu ne te battais que pour venger ta femme ; enfin, quand la dame noire, la châtelaine de Chaillot, ma généreuse protectrice, ainsi que son digne ami, viendra tout confirmer...

— La dame de Chaillot ? interrompit d'Aronde. Oh ! d'abord, chère Estelle, ne mêle jamais, à nos mesquines affaires, cette noble créature, dont le service ne doit être rappelé que tout bas, avec autant de discrétion que de reconnaissance.

— Pourquoi donc un pareil mystère ?

— Voilà pour la forme, continua d'Aronde sans répondre à la question d'Estelle. Quant au fond, je refuse net ton beau système.

— Qu'importe, si je l'adopte, moi ?

— Tu ne feras pas cela.

— Je le ferai !

— Tu ne le feras pas, reprit d'Aronde avec une douce autorité, car ce serait me faire plus de mal à toi seule que tous mes persécuteurs ensemble. Non, je ne veux pas, entends-tu bien, que le nom de ma femme bien-aimée soit prononcé dans ce triste débat ; je ne veux pas que ta vertu si pure soit jetée en pâture à l'abominable calomnie ; je ne veux pas que cet honneur, pour lequel j'ai tout sacrifié, serve ici de burlesque thème à la risée publique.

— Mais ils te condamneront !

— Je subirai ma peine.

— Et tu passeras pour un homme déloyal !

— Tu sauras le contraire, toi.

— Soit ! méchant que vous êtes : on se taira, puisqu'il faut toujours céder à vos caprices. Mais vous n'êtes qu'un affreux despote ! ajouta la jeune femme en détournant la tête, afin de cacher ses larmes aux autres visiteurs qui peuplaient le parloir.

En ce moment, un des gardiens vint annoncer à d'Aronde qu'un étranger, un vieux prêtre, le curé d'Ernée, demandait à le voir.

— Le curé d'Ernée ! s'écria d'Aronde. Je n'ai pas l'honneur de le connaître, et je ne devine guère ce qu'il peut me vouloir. Mais Ernée est une ville où j'ai compté de bons amis, avant d'y rencontrer aussi mon ennemi le plus cruel. Que son pasteur soit le bien venu ! Faites entrer.

— Ma présence, monsieur, vous étonne sans doute, dit à d'Aronde, en l'abordant, le respectable ecclésiastique à qui le gardien l'avait désigné. Je viens remplir auprès de vous les dernières volontés d'une mourante, qui a beaucoup souffert en ce monde, mais à qui Dieu a accordé naguère le repos éternel dans l'autre.

— Madame Duplessis ? dit d'Aronde avec émotion.

— Elle m'a fait jurer à son lit de mort que si jamais vous vous trouviez dans un péril extrême, je vous remettrais cette lettre, moi-même et en mains propres. Ce moment m'a semblé venu. J'accomplis ma mission. Puissé-je avoir été pour vous, sans le savoir, monsieur, l'intermédiaire de quelque moyen de salut !

— Mon Dieu ! ajouta mentalement Estelle, faites que ce soit un secours qui nous arrive !

D'Aronde baisa pieusement cette missive d'outre-tombe ; puis il brisa le cachet d'une main tremblante, et lut les lignes qui suivent :

« Mon cher enfant,
» Car c'est là un doux titre dont ma tendresse pour vous
« ne peut se déshabituer,
» J'écris cette lettre à tout événement, puisque, tôt ou
» tard, il peut survenir telle circonstance où je doive vous
» révéler, morte ou vivante, un secret important que j'ai
» religieusement gardé jusqu'ici, mais que, le cas échéant,
» je n'aurais pas le droit d'emporter avec moi dans le
» tombeau.
» Ce secret, vous l'avez dans vos mains, sans vous en
» douter. Il est déposé dans un coffret que je remis à ma
» pauvre fille, la baronne d'Appencherr, lorsque, quittant
» définitivement Paris pour Ernée, je la chargeai de vous
» recueillir au village d'Aronde, où s'était écoulée votre
» enfance ; de vous amener à Paris, de pourvoir à votre
» éducation, de veiller à votre sûreté, d'assurer votre ave-
» nir.
» Or, ce coffret, dont le contenu dès lors fut connu d'elle
» seule avec moi, elle vous le remit à son tour, la veille
» même de sa mort, faute de savoir à qui le confier, mais
» en vous faisant jurer de ne vous en dessaisir jamais et
» de vous abstenir d'en briser les scellés avant d'y être
» autorisé par moi.
» Vous avez loyalement tenu votre parole, mon cher
» enfant, mais cette lettre vous en dégagera si le moment
» de vous la remettre vient malheureusement à sonner.
» En ce cas, ouvrez le coffret en question. Il renferme des
» documens de la plus haute gravité, qui peuvent vous
» être d'un grand secours dans telle circonstance donnée,
» surtout si vous suivez docilement les conseils qui les ac-
» compagnent.
» Quand cet écrit vous parviendra, mon cher enfant, si
» je vis encore, priez Dieu pour moi ; s'il m'a déjà rap-
» pelée dans son sein, je l'intercéderai pour vous.
» Plus que jamais, en effet, vous aurez besoin alors de
» sa divine protection.
» Olympe Duplessis. »

— Ce coffret, dit d'Aronde avec une expression de surprise et de crainte, je l'avais oublié depuis que cette digne et chère Gertrude m'en a fait le dépositaire à mon tour. Que sais-je ce qu'il est devenu ?

— Je crois le savoir, dit Estelle ; ce doit être un petit coffre en bois d'ébène, fermant à double serrure, et entouré de bandelettes de lin rattachées par des cachets de cire rouge.

— C'est cela.

— J'ai été bien inspirée, pensa la jeune femme, de l'excepter de la vente, et de le serrer avec soin dans mon déménagement.

— Tu me l'apporteras dès demain, reprit d'Aronde ; ou plutôt non : c'est impossible ici ; on ne le laisserait pénétrer qu'après l'avoir visité au greffe. Garde-le, Estelle, et fais-en l'ouverture toi-même.

— Aussitôt mon retour, répondit la jeune femme, dont l'espérance venait d'essuyer les beaux yeux.

En cet instant le gardien parut de nouveau et annonça à tous les visiteurs du parloir que le moment de la retraite était arrivé.

— Bon espoir, mon bien-aimé Charles ! dit Estelle en échangeant avec lui le triste baiser de l'adieu.

— Et toi, bon courage, chère ange ! répondit son mari.

— Oui, mes enfans, ajouta le vieux prêtre, profondément ému par la contemplation de ce charmant ménage, soyez forts tout à la fois et résignés. Dieu n'abandonne jamais ceux qui bénissent son nom, dans le malheur comme dans la prospérité.

La jeune femme et le vieux prêtre se séparèrent sur le seuil de la prison, celui-ci pour retourner à Ernée, celle-là pour revenir bien vite dans sa mansarde.

Impatiente de remplir les intentions du prisonnier, Estelle gravit l'escalier en luttant presque de vélocité avec Fox.

Elle rentra chez elle, et courut à une valise où elle avait déposé quelques objets d'art qu'elle savait être chers à son mari, et qu'elle avait religieusement conservés.

Elle en tira le coffret, rompit les cachets, coupa les bandelettes, brisa les serrures et l'ouvrit avec une anxiété inexprimable.

Alors elle poussa un cri de douleur, et retomba presque évanouie sur sa chaise.

Le coffret était vide !

XLVI.

UN PEU PARTOUT.

Ce n'était pas seulement au palais de justice que le baron d'Appencherr portait ses anxiétés, relativement au manque de véracité dont son beau-père lui faisait un loi dans l'affaire d'Aronde, et dont sa conscience lui faisait un incessant reproche. Non. Ces angoisses le suivaient partout, comme autant de remords anticipés.

Nous en retrouvons la trace jusque sur les pages naïves où sa ravissante fille écrit chaque soir les petits événemens de la journée. Et, puisque l'occasion s'en présento accidentellement, parcourons de nouveau quelques feuillets de ce gentil mémorial. Nous y puiserons des renseignemens, non-seulement sur ce point, mais sur d'autres encore qu'il n'est pas inutile de connaître.

JOURNAL DE JULIE.
(Suite.)

« Le 17.... au soir.
» Mon père est triste depuis quelques jours.
» Pourquoi ?
» Il s'est entretenu avec grand-papa Duplessis, qui avait des regards bien méchans en entrant dans le cabinet.
» Du salon où j'étais, la fin de leur entretien est arrivée jusqu'à moi :
« — Je suis ruiné, disait mon père.
» — Il ne tient qu'à vous de ne pas l'être, » répondait » grand-papa. « Dites oui. »
» Enfin, après un grand silence, papa a répondu :
« — Vous le voulez, homme impitoyable ? Hé bien ! Oui !
» mais que la responsabilité en retombe sur vous seul ! »
» Je n'en ai pas entendu davantage. Le nom seul de M. d'Aronde a frappé mon oreille dans la suite de leur conversation.

« Le 18.
» Ce pauvre M. d'Aronde ! il lui est arrivé malheur. Je ne le sais que d'aujourd'hui. On prétend qu'il s'est mal conduit dans un duel. Je ne puis y croire. Et cependant mon père le laisse entendre, et grand-papa l'affirme.
» Je suis encore tout émue de la singulière rencontre que j'ai faite dans la journée en allant au jardin des Tuileries. Je me suis croisée en chemin avec la jeune et jolie femme du prisonnier. Je l'ai reconnue tout de suite, malgré sa robe d'indienne et son petit bonnet. Je n'osais d'abord m'arrêter, de crainte de l'humilier, mais elle est venue à moi, sans fausse honte et sans embarras, et m'a assuré que, de toute notre maison, qui lui a été subitement si fatale, elle ne regrettait que moi.
» Mes parens se font les accusateurs de son mari. Elle ne verra sans doute plus. Je le regrette. C'était une aimable connaissance déjà, c'eût été plus tard une aimable amie.
» Quand j'ai parlé de cette rencontre en rentrant, mon père a fait semblant de me rire au nez, mais j'ai bien vu à son inquiétude qu'il en était touché malgré lui.
» De mon côté, j'ai feint alors de me révolter contre sa

dureté, et j'ai parlé de venir au secours de ce pauvre et intéressant ménage.

» — Cela ne se peut pas! » s'est écrié mon père, plus troublé que jamais. « Il est des circonstances où la charité » est un danger. »

» — J'ai insisté, car je ne veux pas lui laisser perdre la bonne habitude d'obéir à mes petites fantaisies.

» — Je le veux! ai-je dit avec cet air mutin qui me réussit toujours.

» — Eh bien! je t'en prie, je t'en conjure, » a-t-il ajouté : « ne fais pas cela : ton grand-père serait furieux.

» — Il n'est pas indispensable de le lui dire.

» — Il pourrait l'apprendre par hasard, et je serais perdu! »

» A ces mots, mon amour filial l'a emporté sur ma résolution. J'ai cédé, mais cela ne m'arrivera plus de longtemps.

» J'ai tout raconté à Lafolie.

« — Vous avez raison, mademoiselle ; il ne faut pas » désobéir à votre père, » m'a-t-il répondu.

» — Mais, lui ai-je dit, cette bonne Estelle souffrira donc » du froid et de la faim dans sa pauvre mansarde?

» — Espérons le contraire. Je connais une dame très charitable; je lui recommanderai votre protégée.

» — Ne craignez-vous pas qu'un secours offert par une » main étrangère ressemble trop à une aumône?

» — Oh! ce n'est pas tout-à-fait une étrangère pour ma» dame d'Aronde. Vous pouvez d'ailleurs participer d'une » manière détournée à la générosité de cette dame. Elle » fait à ce moment une loterie d'objets d'art, de travaux » à l'aiguille, de dessins, de bijoux, que sais-je! au profit » de ses nombreuses protégées. Madame d'Aronde sera né» cessairement du nombre. De cette manière on n'aura » rien à vous reprocher.

» — Mais qu'enverrai-je à cette dame pour sa loterie de » bienfaisance ?

» — Oh! mon Dieu, une bagatelle, un rien, le collier de » jais, par exemple, que vous portez en ce moment.

» — Mais c'est un bijou de deuil.

» — Raison de plus. Il est des personnes qui affection» nent particulièrement le noir. C'est parfois une façon de » porter incessamment le deuil de son bonheur passé. »

» J'ai remis le collier à Lafolie. Pourquoi ce bon serviteur a-t-il paru si content d'une action si naturelle? »

« Le 19.

» En voici bien d'une autre! Mon père parle de me marier.

« Et avec qui? » avec un inconnu, un soi-disant amoureux, qui lui peint sa flamme du fond de l'Allemagne, et qui lui a fait payer trente sous de port pour cette étrange déclaration.

» Il paraît que le plan de ce monsieur n'est pas nouveau. Il m'avait déjà fait l'honneur de me remarquer du vivant de ma pauvre mère. Il se nomme Dabiron. C'est un spéculateur qui est allé faire fortune de l'autre côté du Rhin.

» — Je n'ai jamais eu un grand faible pour lui, » m'a dit mon père. « Je lui avais même refusé mon consentement ; » mais le voici à la tête d'une fortune princière; c'est un » assez beau cavalier, et, ma foi, le parti me paraît très » sortable.

» — Mon père, ai-je répondu, voici mon ultimatum : » Je ne veux pas entendre parler de votre spéculateur » allemand. J'ai mes raisons pour cela.

» — Et quelles raisons, ma chère enfant?

» — J'en aime un autre. »

» Mon père à ces mots a paru stupéfait.

» — Que dites-vous, mademoiselle? » s'est-il écrié. « Hé » quoi! il l'est sans ma permission, et je l'ignorais!

» — Je n'ai pas encore le vôtre, » ai-je répondu, « mais » elle viendra. En attendant, j'ai celle des grands parens, » et c'est bien quelque chose. »

» Et je lui ai montré la lettre que m'a remise M. Léonce Duplessis, de la part de ma pauvre mère-grand.

» — C'est vrai, » a dit mon père ; « mais à lettre, lettre et » demie. Une mère est naturellement une autorité une » fois plus forte qu'une grand-mère. Or, mademoiselle, » votre mère elle-même désirait le mariage que je vous » offre aujourd'hui. J'en ai la preuve écrite dans mes » papiers. Elle a sollicité huit jours mon consentement. » Je le refusais alors : le prétendu était pauvre comme » Job. Il y avait d'ailleurs un autre motif qui me t'intéresse » pas et qui a perdu toute son importance avec le temps. » Mais aujourd'hui, s'il persiste dans sa déclaration, ac» compagnée de plusieurs millions à placer pour mes soins, » il n'y a plus d'objection possible. Hein! mademoiselle la » séditieuse, que dites-vous de cette série d'argumens?

» — Je vous répondrai quand vous m'aurez fait voir l'é» criture de ma mère au sujet d'un pareil mariage. »

» Et je suis allée pleurer seule dans ma chambre.

» O Léonce! Léonce! Le ciel m'est témoin que si je n'é» coutais que mon cœur, vous seul seriez mon mari ; mais si ma mère mourante avait disposé de moi, ne devrais-je pas lui obéir, par respect pour sa mémoire si chère? »

« Le 20.

» Ce matin, en rangeant ma chambre, Rosine m'a remis un papier qu'elle croyait m'appartenir : c'est un petit billet qui sera sans doute tombé de son enveloppe, et qui est écrit par une main de femme. Voici ce que j'y ai lu :

« Non! Pas de grâce! Si vous ne rétractez pas vos im» possibles accusations, il est inutile de vous présenter dé» sormais chez moi. Je serai inexorable. Comment voulez» vous, bel amoureux, que je croie à vos sermens, quand » vous vous préparez à un parjure? Réfléchissez.

» SIMONNE. »

» — A qui peut appartenir ce papier? » ai-je demandé en le montrant à Rosine, « et comment peut-il se trouver ici? »

» Ma femme de chambre n'a pas répondu.

» — Ce ne peut être mon père, » ai-je ajouté : « il y a » *bel amoureux*, et papa a les cheveux tout gris. »

« Rosine s'est mise à sourire. Je m'y perds! »

« Le 21.

» Je suis allée à la messe aujourd'hui.

» Léonce était à la même place où je le revis pour la première fois à Paris.

» Il a l'air triste. Est-ce un pressentiment?

» A sa sortie de l'église, il avait l'air de vouloir se rapprocher de moi dans la foule.

» En effet, il m'a rejointe sous le portail, et il allait me parler, mais la vue de Rosine l'a rendu muet. Il s'est contenté d'un affectueux salut.

» C'est étrange! Moi d'ordinaire si peu timide, je tremble involontairement en sa présence.

» En ce moment, nous étions tous deux près du bénitier. La dame noire et voilée, que j'y rencontre assez souvent le dimanche, a trempé le bout de sa main si blanche et si potelée dans l'eau bénite ; elle nous en a offert à l'un et à l'autre, et tous les trois nous avons fait le signe de la croix ensemble.

» Je suis rentrée à la maison, toute préoccupée par une circonstance, purement fortuite sans doute. Il m'a semblé que la donneuse d'eau bénite portait aujourd'hui le collier de jais que j'ai remis à Lafolie pour la loterie de bienfaisance de la dame de charité. Il y a parfois des apparences bien étranges! »

Enfin le moment arriva où Julie d'Appencherr eut à inscrire cette triste nouvelle sur son mémorial :

« Le 25... au soir.

» Mon Dieu! que viens-je d'apprendre! M. d'Aronde va *passer en jugement!*

» Aujourd'hui, à dîner, en annonçant à papa cette nouvelle qu'il a sue je ne sais comment, car les journaux n'en disant rien encore, grand-papa Duplessis paraissait rayonnant de joie.

» Papa, au contraire, est devenu pâle comme un linge.
» Qu'est-ce que cela signifie ?
» Quant à moi, je me suis levée de table presque aussitôt, sous prétexte d'une migraine affreuse. (Quelle bonne invention que les migraines!) Le fait est que j'éprouvais un serrement de cœur qui avait besoin de solitude pour se calmer. Je suis bien vite rentrée dans ma chambre pour être chagrine tout à mon aise.

» Pauvre chère Estelle ! Combien elle doit être inquiète !
» C'est Léonce qui s'est chargé de la défense de M. d'Aronde.

» — Mauvais début! » a continué grand-père, en riant d'un rire que je ne lui avais pas connu autrefois, et qui m'a fait mal. C'est ainsi que doivent rire les démons. «Mais c'est » bien fait ! » a-t-il ajouté. « Cela lui apprendra à n'avoir » de sympathie que pour mes ennemis ! Le jour viendra » où ses regrets auront un motif plus cuisant encore. S'il » compte sur les libéralités de ma famille pour se dé- » dommager de l'insuccès judiciaire dont cette première » cause est le fâcheux augure, il se prépare là une cruelle » déception ! »

» Je ne comprends en vérité rien à l'inimitié de grand-père pour les d'Aronde et pour tout ce qui s'intéresse à eux. Mais il a beau dire, Léonce ne pouvait choisir un plus digne client pour son coup d'essai. Je suis convaincue de l'innocence de M. d'Aronde. Léonce est trop honnête homme lui-même pour se charger d'une cause qui lui paraîtrait déloyale.

» Oh ! que je voudrais l'entendre plaider ! Je ne sais si les femmes peuvent assister sans inconvénient à de pareils débats. Je le présume, quand elles sont amenées là par l'intérêt qu'elles portent à l'accusé, et non point par une vaine curiosité. Je consulterai Lafolie à ce sujet.

» Quoi qu'il en soit, j'ai le pressentiment d'un brillant triomphe pour mon cousin.

» Quelle belle carrière que celle du barreau ! Utilité, fortune, considération, gloire! Mettre ainsi son intelligence, son savoir, son courage et son éloquence au service de l'innocence méconnue ! Quelle noble mission ! Je n'avais jamais réfléchi à cela jusqu'à présent. Quand on parlait d'avocat devant moi, je me représentais toujours un prétentieux et intarissable bavard, pompeusement affublé, par en haut, d'une robe noire, d'un rabat blanc et d'une toque à plusieurs angles, et se terminant grotesquement, en bas, par un pantalon et une paire de bottes, comme il m'est arrivé d'en voir dans les images du *Journal des demoiselles*. Ah ! certes, il n'eût pas fallu me parler alors d'épouser une pareille caricature!

» Ce qui me plaisait dans ce temps-là, c'était l'état de notaire. J'aurais été charmée d'être notairesse.

» Hé bien! maintenant, les avocats ne me font plus peur. Je trouve même que leur costume est très gracieux, très élégant. Mes préventions étaient vraiment injustes. Je n'aurais pas du tout de répugnance à être madame l'avocate; mais, là, du tout, du tout!...

» C'est étonnant comme les idées changent en vieillissant!

» Minuit sonne. Il est temps que je m'arrête, car je ne tarirais pas sur cette matière.

» Je ne déposerai cependant pas la plume aujourd'hui sans avoir fait, moi aussi, un grand acte de justice. J'ai à donner une verte semonce à l'indiscret, quel qu'il soit, qui se permet de jeter les yeux sur les feuillets de ce journal !

» J'avais déjà remarqué plusieurs fois qu'ils n'étaient plus tout à fait, ni à la place, ni dans l'ordre où je les avais laissés la veille, au fond du tiroir que je leur ai consacré dans ce petit meuble. J'attribuais ces légers dérangemens au plumeau de Rosine. Mais cette explication n'est plus possible. J'ai observé, il y a quelques jours, qu'il manquait plusieurs cahiers à la collection, et voici qu'aujourd'hui les cahiers manquans sont revenus, tandis que les suivans sont partis à leur tour !...

» Evidemment on les emporte sournoisement pour les lire plus à son aise.
» Qui ?... Je ne puis que le soupçonner.
» Ce n'est ni Rosine ni Lafolie, car ma vie est tellement à jour pour eux, que ce mémento ne leur apprendrait rien de nouveau.
» Ce n'est pas non plus un des gens de papa, car aucun d'eux n'entre ici. Rosine et Lafolie sont les deux seuls serviteurs qui aient le droit d'y pénétrer.
» Je le vois bien : ce ne peut être que papa. Mais quand et comment s'y prend-il, lui qui vient chez moi bien moins souvent encore depuis quelque temps ?
» Il n'importe ! c'est lui très certainement, puisque ce ne peut être personne autre. Et voilà pourquoi je n'en fermerai pas davantage mon secrétaire. Ce serait mal. Un père a le droit et le devoir de veiller sur toutes les actions de sa fille, et de connaître ses plus secrètes pensées. Si donc je lui en veux en cette circonstance comme en beaucoup d'autres, ce n'est pas pour la chose en elle-même, c'est seulement pour la manière dont il l'exécute. Pourquoi ne m'avoir pas demandé tout simplement cette communication? Je la lui aurais faite avec plaisir, et du moins elle n'eût pas été doublement désagréable, pour moi comme surveillance, pour lui comme indiscrétion.

» Je suis bien aise de vous dire cela, monsieur le curieux, puisque ces lignes sont destinées à passer sous vos yeux comme les précédentes !

» Mais cela dit, allons prier le bon Dieu pour lui, pour moi, pour madame d'Aronde et pour le succès oratoire de mon cousin Léonce ! »

Julie se trompait dans ses conjectures : l'indiscret n'était pas M. d'Appencherr. Le pauvre baron avait bien d'autres soucis en tête, que celui de fourrager dans les paperasses d'une *bambine* de dix-sept ans et demi, comme il l'appelait, et de s'amuser à déchiffrer des *pattes de mouche* qu'il eût traitées de *gribouillages.*

Ce n'était pas même la marche de ses affaires qui le préoccupait le plus, bien que chaque jour elles s'en allassent davantage à la dérive. Il était trop faible, trop étourdi, trop léger, trop insouciant de caractère, pour s'en inquiéter sérieusement, autrement qu'à la dernière extrémité, quand il serait trop tard peut-être. Ce trop tard fût venu depuis longtemps, si, pendant plusieurs années, d'Aronde n'eût été le véritable directeur de l'importante maison, sous le modeste titre d'employé principal. Mais, depuis que le jeune commis s'était retiré pour se créer une position indépendante, les choses n'avaient cessé d'aller de mal en pis, par suite de fausses spéculations, d'opérations imprudentes, de faillites considérables, de prodigalités dont la galanterie seule des anciens fermiers-généraux eût pu offrir l'exemple. Il fallait toute la solidité des fondemens sur lesquels le premier baron d'Appencherr et son associé, M. Duplessis, avaient établi, à Paris, cette succursale de leur maison de Francfort, plus de vingt-cinq années auparavant, pour qu'elle ne se fût pas écroulée, cent fois déjà, sous l'administration de leur fils et gendre. Encore n'était-elle restée debout que grâce aux secours que M. Masson lui avait fournis, une première fois, pour parer au contre-coup d'une banqueroute énorme, comme nous l'avons dit;—grâce aussi, la seconde fois, aux six millions environ composant le dépôt fait jadis, dans la caisse de ladite maison, par le chevalier de Limbourg, et dont ce même M. Masson avait remboursé le montant entre les mains de Pied-de-Céleri et de Roussignan-Muller, ainsi que nous l'avons vu;—enfin, grâce au demi-million que son beau-père venait de lui remettre, à titre d'à-compte, en récompense anticipée de la déclaration qu'il avait faite au juge d'instruction dans l'affaire d'Aronde, avec promesse de six fois autant s'il y persistait jusqu'au bout.

Non, ce qui tourmentait le plus le baron, ce n'était pas le mauvais état de ses finances, c'était le mauvais état de ses amours.

Forte des renseignemens qu'elle avait reçus de madame

d'Aronde sur toutes les circonstances du duel, Simonne avait pu suivre ponctuellement les recommandations de son mystérieux correspondant. Elle avait d'abord opposé sa version à celle du baron, qui était resté stupéfait de tant d'exactitude ; puis elle l'avait grondé du peu de franchise qu'il montrait dans cette affaire, lui avait fait honte de sa couardise, l'avait supplié d'être plus véridique à l'avenir, le lui avait ordonné, lui en avait fait une condition absolue pour la continuation de ses visites ; et enfin, comme il ne pouvait se résoudre à renoncer aux indispensables générosités de son beau-père, elle l'avait congédié nettement jusqu'à parfaite résipiscence.

« — Mais, adorable tyran, lui avait-il dit, je vous certifie que ma déclaration devant le juge n'est pas de celles qui puissent charger beaucoup l'accusé. Elle est si embrouillée, qu'il est impossible d'en conclure quoi que ce soit pour ou contre. Je veux que le diable m'emporte si j'y comprenais rien moi-même! Elle ne repose d'ailleurs que sur un seul des points essentiels du débat : la question de temps. Quant au reste, je me suis montré d'une impartialité vraiment antique. Lorsque le magistrat, par exemple, m'a demandé s'il était exact, comme on l'assurait, que je prévins battît régulièrement sa femme, je n'ai pas hésité à répondre négativement, avec une énergie dont vous eussiez été fière, à ce que je vois. Or, si favorable sur certains points et si nébuleuse sur certains autres qu'ait été cette déclaration, mon beau-père, qui aime sans doute le clair-obscur, a bien voulu m'exprimer la satisfaction qu'elle lui cause à son point de vue. Pourquoi me montrer plus exigeante au vôtre ? Laissez-moi faire ainsi votre bonheur à tous deux, en même temps que le mien par-dessus le marché.

» — Vous me demandez, monsieur, pourquoi je suis plus exigeante que votre beau-père ? répondit Simonne avec une froide amertume. Le voici. C'est que, moi, je ne me contente plus, pour en faire ma société, de gens qui ne soient pas malhonnêtes tout à fait ; je veux, désormais des gens qui soient tout à fait honnêtes. C'est donc à prendre ou à laisser. Quand vous serez décidé à l'honnêteté complète, écrivez-moi votre résolution, et vous pourrez revenir, comme d'habitude, assister à mes prônes, accaparer mes billets de loterie au profit des pauvres, et m'aider même à faire de la charpie pour mes blessés. Mais si vous persistez dans l'impénitence finale, si vous voulez rester malhonnête à moitié, dispensez-vous de venir, de m'écrire, de m'envoyer quoi que ce soit, fût-ce même, pour mes indigens, les millions que vous n'avez pas. Je ne veux plus vous voir. Vous me feriez horreur, et je croirais me damner moi-même en continuant de placer philanthropiquement vos fonds, pour le compte de notre salut commun. »

Depuis que cet arrêt lui avait été signifié, le baron n'avait cessé de venir chaque jour sonner à la porte de Simonne dans l'espérance de la voir cassé.

« — Je ne sais quel empire cette femme-là exerce sur moi, se dit-il les premiers jours. Elle me ruine, elle me gronde, elle me chasse ! Eh bien ! rien n'y fait ! Je suis aussi toqué d'elle que Marc-Antoine l'était de Cléopâtre. Avec ça que, de son côté, elle n'est pas moins dépensière que ne l'était cette lorette couronnée. Mais n'importe ! Je ne puis me priver de la voir, bien qu'on ne doive certainement pas dire que la vue n'en coûte rien ! J'aime cette nature fantasque, qui s'amuse tristement, qui s'attriste gaîment, qui sourit en gémissant, qui médite en dansant, qui termine une chansonnette par un sermon, et qui pleure à chaudes larmes dans son verre à champagne. Elle aussi, du reste, elle a tellement pris l'habitude de me tarabuster, de me faire pirouetter, de me tourmenter, de se moquer de moi, que je ne dois pas lui être moins nécessaire. Je parie que la consigne n'existe plus aujourd'hui. Assurons-nous-en. »

Mais la consigne existait.

Il envoya des fleurs et des cadeaux. Cadeaux et fleurs furent refusés dédaigneusement.

Il écrivit. Simonne répondit négativement, comme nous l'avons vu dans le petit billet que le baron avait laissé tomber par mégarde dans la chambre de sa fille, et que celle-ci avait transcrit pour la postérité sur son mémento.

Enfin, après une foule d'autres tentatives non moins inutiles, le baron résolut de changer de tactique, d'user de ruse et de jouer l'indifférence à son tour.

— « Cléopâtre rappellera Marc-Antoine, se dit-il. C'est indubitable, et c'est elle qui du moins aura fait les avances. Une femme qui veut enrichir tous les pauvres de Paris, qui désire faire rouler carrosse à tous les gens qui n'ont pas de souliers, qui se chauffe sans doute avec des billets de banque comme M. de Talleyrand, qui boit des décoctions de perles fines comme la reine d'Egypte, et qui se sert de diamans pour ferrer ses chevaux comme celle de Saba ; cette femme-là ne peut pas me consigner bien longtemps à sa porte, moi son unique trésorier, comme une marchande de modes qui apporte son mémoire trop tôt. »

Et le baron fredonnait avec suffisance cet air d'opéra-comique :

Espérance,
Confiance,
C'est le refrain
Du pèlerin.

Mais le refrain paraissait avoir tort cette fois, ce qui est bien extraordinaire pour un refrain.

En tout cas, on comprend que les naïves souvenances de Julie eussent paru bien puériles parmi de telles préoccupations. Le baron n'en était donc pas le voleur.

Le voleur, l'honnête voleur, c'était Lafolie.

Commettait-il ce larcin pour l'agrément de sa propre curiosité ? Non. Pareil à cet expéditionnaire qui ne lisait jamais ce qu'il copiait, Lafolie dérobait et remettait successivement en place les divers feuillets du journal en question, sans se permettre de jeter un seul regard sur leur contenu. Il n'en consultait que la pagination.

Pour quels yeux les enlevait-il donc ?

Pour ceux de la dame noire, de la châtelaine de Chaillot de la donneuse d'eau bénite, de la protectrice des d'Aronde, de la mystérieuse donataire du collier de jais, à supposer toutefois que ce soit une seule et même personne ; et alors nous la soupçonnerions véhémentement d'avoir inspiré à la jeune fille, par l'adroit intermédiaire de Lafolie, l'idée même de ce mémorial quotidien, dans le but passablement machiavélique d'en connaître jour à jour la candide teneur.

Pourquoi ? C'est ce que la suite de cette véridique histoire éclaircira sans doute.

Les renseignemens de Julie étaient malheureusement beaucoup mieux fondés que ses soupçons. Le lendemain même, les journaux judiciaires annonçaient le renvoi de d'Aronde par devant la cour d'assises pour la plus prochaine session. C'est qu'en effet la chambre des mises en accusation n'avait pu partager les doutes de son honorable et sceptique rapporteur, car ses convictions à elle n'avaient pas eu à subir le tiraillement d'assertions personnellement contradictoires. Elle avait jugé sur pièces. Or, les faits étaient patens, les conjectures vraisemblables, les affirmations plus que suffisantes de la part des témoins mêmes du prévenu. Il n'y avait pas à hésiter, surtout dans un moment où la fièvre des spéculations avait envahi la société tout entière, et où la moralité publique éprouvait le besoin d'en voir flétrir hautement les déplorables conséquences. La chambre avait donc déclaré qu'il y avait lieu à suivre sur l'accusation d'homicide volontaire avec préméditation. Il ne s'agissait pas moins que de la peine capitale ou des travaux forcés à perpétuité.

C'était le moment que Tiennette avait fixé d'avance pour l'exécution de ses menaces contre le vieux Duplessis, après la violente altercation qu'elle avait eue avec lui, le matin même du duel, lorsqu'il était venu en toute hâte lui en annoncer le résultat.

— « Ah ! mes fidèles lieutenans, » s'était écriée Tiennette, après la sortie précipitée du vieillard, en s'adressant au Balancier, au Cyclope et à la Tête-de-Pipe, qui avaient entendu toute l'altercation du cabinet voisin où ils se tenaient cachés, et qui en étaient sortis pour protéger leur suzeraine ; « ah ! mes Astaroth, mes Belzébuth, vous me demandiez tout à l'heure de l'ouvrage, avant l'arrivée de cet énergumène? Soyez tranquilles : on va vous en donner ! Vous avez vu cet antique maniaque? Hé bien ! je vous le livre à persécuter, à torturer, à dépecer. Pas encore, toutefois. Les maléfices sont chose précieuse, qu'il ne faut pas gaspiller inutilement. Attendons le résultat des menaces que je viens de lui faire. Il doit savoir que je ne menace jamais en vain. La réflexion peut le calmer. Il est possible qu'alors il se rétracte et abandonne son plan pour revenir au mien. Mais si, au contraire, il persiste dans son abominable système devant le juge d'instruction; s'il persiste à vouloir perdre d'Aronde, en le présentant, lui son témoin, comme un homme qui s'est battu pour une misère, qui n'a voulu accepter aucune conciliation, qui a outrepassé la durée convenue du combat, et qui a frappé déloyalement son adversaire, après le signal de trêve ; si, en un mot, il continue à appeler sur la tête de mon noble protégé une condamnation pour le moins infamante, hé bien ! mes fidèles furies, pas de pitié pour le faux témoin !

— « Non, non, pas de pitié ! » répétèrent les trois séides.

— « Acharnez-vous à sa poursuite ! cramponnez-vous à lui ! faites-en votre jouet, votre amusement, votre proie ! Ce vieillard n'a plus que trois passions au cœur, qui toutes trois convergent au même but, qui toutes trois doivent en faire votre victime assurée : une jalousie insensée, une curiosité maladive, une soif inextinguible de vengeance. C'est là l'unique défaut de sa cuirasse : c'est donc là que vos coups doivent porter.

— « Des coups ? » répéta le Cyclope en retroussant ses manches. « Fameux ! ça me va, quoique le particulier à démolir soit un peu cacochyme. Mais il y a longtemps que je n'ai démantibulé personne. Je joue de guignon. Mon bras se rouille à ne rien taper, et la main me démange en diable. Tant pis donc ! il faut bien se contenter de ce qu'on trouve.

— « Silence, idiot ! » interrompit Tiennette. « Il ne s'agit pas ici de coups de poing. Il s'agit de torture morale, et non pas de violence physique. Malheur à toi, si tu te permets la moindre chiquenaude !

— « Suffit ! »répondit humblement le Cyclope, en rabaissant sur ses poignets les manches de cette longue redingote à la propriétaire, un peu graisseuse au collet, râpée aux coudes, d'indicible couleur partout, et ornée d'une longue canne suspendue à un des boutons, qui le distinguait parmi ses contemporains. « On se conformera à l'ordre du jour : on renfoncera ses torgnioles, on rengaînera ses coups de poing au fond de son bras.

— « Qu'il en soit ainsi ! » reprit énergiquement Tiennette. Je le répète : le cœur de cet homme n'a plus que trois fibres de vivantes; je vous les ai dites. Ce sont ces fibres-là qu'il s'agit de faire vibrer jusqu'à les rompre. Tous les moyens sont bons, plus fous comme les plus terribles. Et quand vous l'aurez tourmenté comme un possédé, s'il n'est pas dompté encore, s'il demande ni merci ni grâce, s'il persiste dans son imposture jusqu'en face de la justice, oh ! alors qu'il succombe honteusement, platement, sous le poids même de son mensonge ! Qu'il soit couvert d'ignominie en présence de tous ! Qu'enfin, par un revirement imprévu, sa vengeance lui échappe soudainement contre le mari, en assurant la mienne contre la femme ! Il est bon de faire deux coups de son tonnerre : c'est de l'économie bien entendue. Je ne serai probablement pas ici lorsque se produira l'hypothèse dont je parle, si tant est qu'elle se produise. De graves intérêts, qui ne sont pas complètement étrangers à celui-ci, m'auront appelée en Allemagne pour un temps plus ou moins long. Mais si ma voix vous manque alors, que ma pensée reste avec vous et vous inspire. Le Balancier recevra ses dernières instructions avant mon départ. C'est de lui que vous aurez à recevoir votre impulsion, conformément à mes ordres ; et le tmoment venu, que chacun de vous trois concoure à l'œuvre commune selon ses aptitudes et ses moyens d'action.

— « Partez tranquille, la bourgeoise,» interrompit le Cyclope avec son ardeur habituelle. « Vous serez contente de nous. J'entrevois déjà, pour faire damner le Duplessis, un certain badinage des plus cocasses, dont vous me direz des nouvelles !

— « Et moi une manière d'agacement qui lui portera drôlement sur les nerfs ! » ajouta la Tête-de-Pipe.

— « Et moi,» dit à son tour le Balancier, « une façon de balançoire qui lui procurera un fort vilain quart d'heure en cour d'assises.

— « Bravo ! mes nobles coursiers ! » reprit Tiennette. « J'aime à vous voir piaffer ainsi d'impatience, avant que le cirque s'ouvre devant vous. Conservez-la pour l'heure opportune. S'il se permet de toucher au d'Aronde, sus, sus au Duplessis ! Je ne regarde pas à la dépense, cette fois ! Cent francs par chaque déplaisir que vous lui causerez ! mille par chaque cheveu blanc que vous le forcerez de s'arracher ! Dix mille par chaque larme de douleur que vous tirerez de ses yeux ! Quant aux éternels remords, ce sera pour mon retour. Je m'en charge : c'est ma partie, et vous savez comment je travaille dans ce genre-là. Allez. C'est la première et dernière fois peut-être que vous aurez à manœuvrer vers un but vraiment moral. Que cette considération exceptionnelle soit votre seconde récompense.

— « Merci, » répondirent les trois acolytes en s'en allant; « mais la première nous suffisait. »

Tiennette ne quitta point Paris pour le Wardenbourg sans avoir donné au Balancier les dernières instructions qu'elle lui avait annoncées pour l'hypothèse convenue.

Or, l'hypothèse était produite avec la mise en accusation de d'Aronde. Les dignes lieutenans de Tiennette se mirent aussitôt à l'exécution de son plan. C'était un canevas ingénieux mais simple, que chacun d'eux se plut naturellement à broder, ainsi que nous l'allons voir, de toutes les fantaisies de sa propre imaginative.

Après avoir quitté définitivement Ernée, à la suite de la mort de sa femme, pour venir de nouveau se fixer à Paris, M. Duplessis s'était logé dans une des petites rues solitaires qui avoisinaient alors l'hôtel de son gendre, situé rue Bergère, aux confins de la Boule-Rouge. Le baron d'Appencherr, qui n'eût pas demandé mieux que d'héberger un si riche papa beau-père, n'avait pu lui faire accepter l'hospitalité dans cette belle et luxueuse demeure. L'atrabilaire vieillard avait toujours eu l'horreur du monde, de ses gênes et de ses inquisitions ; mais son humeur sombre et sauvage n'avait fait qu'empirer encore dans ces derniers temps. L'unique passion qui remplissait désormais sa vie avait besoin de solitude pour méditer ses plans, et de liberté pour les mettre à exécution.

Le logement occupé par cet homme dix fois millionnaire eût paru mesquin pour un simple bureaucrate aux appointemens de quinze cents francs.

Cet homme, qui eût pu trancher du Lucullus, ne se nourrissait, à peu de chose près, que de pain et d'eau. Cet homme, qui prodiguait l'argent dans l'intérêt de sa haine, allait faire ses petites provisions lui-même et les marchandait sordidement, plus que ne l'eût fait un pauvre diable.

Quant aux soins ménagers dont il ne pouvait absolument pas se charger, cet homme, qui eût pu mener un train de prince, avait accepté les services de sa portière, à raison de douze francs par mois. Il ne voulut jamais lui en donner quinze.

Ces contrastes de lésinerie et de prodigalité ne sont pas rares, tant s'en faut. L'indifférence peut être avare ; la passion est toujours prodigue.

Mais la présence de cette étrangère lui déplaisait fort. Elle était bavarde et curieuse, deux défauts impardonnables aux yeux du vieillard, surtout dans les circonstances où il se trouvait. Il résolut donc de faire venir d'Ernée la vieille bonne allemande qui pendant trente années avait servi madame Duplessis avec tant de dévoûment. C'était une femme tranquille, taciturne, soigneuse et d'une fidélité à toute épreuve. Elle offrait d'ailleurs l'avantage, inappréciable à ses yeux, de n'avoir pas quitté un instant sa maîtresse depuis leur départ de Francfort. Que de renseignemens utiles la curiosité de son maître, sa jalousie, son désir de vengeance, sa monomanie, en un mot, pourrait obtenir d'une si ancienne cameriste, avec un peu d'adresse, avec beaucoup d'or s'il en était besoin, maintenant que l'érudition de la confidente ne pouvait plus être retenue par la crainte de compromettre une bienfaitrice.

Il écrivit donc dans ce but au successeur de son neveu à Ernée, car la vieille Marguerite (tel était le prénom sous lequel on l'avait toujours désignée chez lui) devait encore habiter cette ville, où sa maîtresse en mourant lui avait assuré une honnête existence.

Le nouveau notaire répondit à M. Duplessis que Marguerite, en effet, était restée à Ernée; qu'elle y avait acquis une petite maison, voisine du cimetière, et qu'elle partageait tout son temps entre l'église et la tombe de sa maîtresse; mais qu'au moment même où il écrivait pour la mander auprès de lui, la vieille bonne partait d'elle-même pour Paris, sous la conduite d'un inconnu qui était venu la chercher ; qu'elle avait résisté d'abord à toute proposition de voyage, mais qu'après la lecture de quelques mots écrits en langue étrangère par cet inconnu, et que les témoins de la scène l'entendirent prononcer en les lisant, mais sans pouvoir les comprendre, Marguerite avait poussé un grand cri, s'était presque évanouie, avait éprouvé ensuite comme un transport de joie, en s'écriant : « Pauvre en-» fant !... est-ce bien possible !... Merci, mon Dieu !... Par-» tons, partons ! » ; et autres exclamations tout aussi peu intelligibles ; qu'à la suite de ce véritable délire, elle s'était mise en route immédiatement avec l'inconnu ; qu'on ne connaissait pas le but définitif de son voyage ; que toutefois elle avait recommandé expressément qu'on lui envoyât le plus tôt possible divers objets dont elle n'avait pu attendre livraison dans la précipitation de son départ ; et enfin, que l'adresse laissée par elle était : « Rue du Bouloi, hôtel d'Allemagne, à Paris. »

Sans trop s'occuper de ce que ces détails pouvaient avoir de bizarre, M. Duplessis se félicita d'avoir Marguerite si près de lui. Il espérait vaincre de vive voix ses hésitations, plus facilement que par correspondance. Il se rendit donc aussitôt à l'adresse indiquée.

Chose étrange, un riche équipage stationnait à la porte de l'hôtel, et, sous la voûte assez obscure qui servait d'entrée à l'établissement, M. Duplessis se croisa avec une dame vêtue de noir et voilée, qui parut tressaillir en l'apercevant, et qui accompagnait un homme dans lequel il lui sembla reconnaître Laiolie.

M. Duplessis s'arrêta pour mieux s'assurer du fait lorsque ces deux personnes, ayant dépassé la pénombre de la voûte, seraient arrivées sous la pleine lumière de la rue ; mais elles ne se retournèrent ni l'une ni l'autre, et montèrent toutes deux dans le riche équipage, qui partit aussitôt. M. Duplessis n'en put voir davantage.

Tout intrigué d'une telle rencontre, il se présenta au bureau et demanda si une femme âgée, du nom de Marguerite, n'était pas arrivée d'Ernée.

On lui dit qu'une femme, répondant à ce signalement, était arrivée, en effet, de cette ville, depuis la veille, mais que ce n'était pas sous le prénom de Marguerite qu'elle s'était fait inscrire.

— Sous quel nom, donc?

— Mais j'ignore, monsieur, en quelle qualité vous pouvez m'adresser cette question, objecta naturellement l'employé.

— C'est juste, répliqua Duplessis. Je suis son ancien maître ; elle est restée trente ans chez moi, comme servante de ma femme ; mais je ne l'ai jamais connue que par son prénom, ce qui est assez d'habitude, comme vous savez, à ce point que je n'avais même jamais pensé qu'elle pût s'appeler autrement.

— Hé bien, monsieur, elle s'appelle Warchell de son nom propre, répondit le buraliste.

— Warchell !... s'écria Duplessis, que ce simple nom avait fait tressaillir comme si quelque tuile lui fût tombée sur la tête. Comment dites-vous, monsieur?... War...

— Warchell, répéta le commis.

— Hé quoi ! Warchell ?... C'est bien Warchell que cette... cette femme se nomme? Vous en êtes sûr?

— Parfaitement sûr, répliqua l'employé, un peu étonné lui-même de l'étonnement du vieillard.

— Oh ! ce n'est pas possible ! reprit celui-ci ; il y a erreur... quiproquo... je ne sais quoi... mais vous vous trompez.

— Je me trompe si peu, monsieur, que voici la note copiée textuellement sur son passeport même... Voyez plutôt : « Veuve Warchell (Marguerite) .. » Effectivement, elle se nomme aussi Marguerite, dit l'employé en interrompant sa lecture. Je ne l'avais pas remarqué. « Née à Kermer, près Francfort, » continua-t-il.

— A Kermer !... près Francfort !... veuve Warchell !... s'écria de nouveau Duplessis, sur lequel chacun de ces mots produisait l'effet d'un fer rouge. Allons, c'est cela !... c'est bien elle !... c'est la nourrice !...

— La nourrice ?... dit l'employé en souriant. L'enfant, en ce cas, doit avoir fait ses dents depuis bien longtemps.

— Où loge-t-elle ? reprit Duplessis, car il faut absolument que je lui parle.

— Ma foi, monsieur, vous arrivez fort à propos ; cinq minutes plus tard, vous ne l'eussiez plus trouvée. Vous voyez dans la cour cette diligence tout attelée ? La femme Marguerite Warchell, la nourrice en question, y a retenu deux places, une pour elle, l'autre pour un étranger qui l'accompagne.

— Et où va-t-elle donc ?

— En Allemagne.

— En Allemagne ? Elle retourne dans son village sans doute. Raison de plus pour me hâter de la voir. Où la trouverai-je ?

— Escalier C, troisième étage, chambre 12.

Duplessis s'empressa de suivre cette indication.

— Infamie ! murmurait-il en gravissant l'escalier avec toute la légèreté d'un jeune homme. Ainsi donc, ma vénérable défunte avait trouvé piquant de garder toujours auprès d'elle la seconde mère de l'enfant, la nourrice du fruit de ses indignes amours, la confidente de cette odieuse intrigue ! Et moi, par conséquent, moi, durant de longues années, j'ai été non seulement la dupe, mais le jouet, mais la moquerie de ces deux femmes ! Abomination ! Et l'on voudrait que je pardonnasse une injure qui a pesé sur la moitié de ma vie ! Et l'on voudrait que ma juste vengeance eût expiré sur la tombe de la coupable ! Non, non ! Haine et persécution à ses complices ! haine et persécution à tout ce qui survit de cette exécrable forfaiture ! Calmons-nous cependant, avant d'aborder cette femme, et tâchons d'obtenir d'elle, par la douceur, par l'intérêt, n'importe comment, quelques nouvelles explications.

Tout en parlant ainsi, le vieillard était arrivé devant le numéro occupé par la voyageuse. Il entra sans frapper.

Marguerite Warchell ne détourna pas la tête. Elle achevait de ranger dans une valise les effets qu'on venait de lui expédier d'Ernée.

— Marguerite ! s'écria Duplessis, qui, dans sa préoccupation, oubliait l'infirmité auriculaire de son ancienne domestique.

La bonne continua sa besogne, et ferma la valise avec un soin minutieux.

Duplessis lui frappa alors sur l'épaule.

La vieille bonne se retourna, mais dès qu'elle eut aperçu la figure rébarbative de son ancien maître, elle recula comme à la vue d'un serpent.

— Le maudit ! s'écria-t-elle les yeux hagards, et avec un geste d'horreur. Voilà le maudit ! Que vient-il faire ici ?

Et tendant en avant ses mains maigres et tremblantes

d'émotion, elle sembla se garer d'avance contre les violences probables de l'irascible vieillard.

Duplessis comprit qu'il fallait agir d'abord par la persuasion. Le tigre rentra ses griffes et fit patte de velours.

— Marguerite! dit-il avec toute l'aménité dont il était capable, je vous ai fait demander pour être ma gouvernante. Vous êtes au courant de mes habitudes, et je suis disposé à vous rendre l'existence heureuse. Vous serez mon factotum, ma surintendante, et vous aurez une large place sur mon testament.

Ces promesses étaient faites d'un ton plein de câlinerie, mais c'était un luxe d'inflexions harmonieuses dépensé en pure perte. Marguerite ne pouvait pas saisir les paroles du vieillard.

Toutefois, elle avait pris la longue habitude d'interpréter assez sûrement le mouvement des lèvres.

— Tu me flattes, je le vois bien, maudit! reprit-elle; tu me flattes comme tu flattais ma pauvre maîtresse, la veille de cette fête qui causa sa mort; tu me flattes pour me frapper plus certainement. Mais je ne te crains pas: dans un instant je serai loin de toi.

— Ecoute, dit Duplessis: tu as été la confidente de cette maîtresse dont tu prends la défense; tu as été la dépositaire de ses secrets; tu as élevé l'enfant dont la naissance a déshonoré mon nom et détruit mon bonheur! Avoue ta participation, raconte tous les détails de ce drame intime si longtemps ignoré, dis-moi tout, et je t'assure pendant le reste de tes jours une fortune indépendante; je te donne de l'or, autant d'or que tu en voudras!

Marguerite, fatiguée, non pas de l'ouïr, mais de le voir lui débiter tant de vaines paroles, secoua la tête d'un air railleur.

— Dieu, reprit-elle m'a fait la grâce de ne pouvoir t'entendre, toi qui as assassiné la meilleure des femmes!

— Sourde! s'écria le vieillard; sourde! cela est vrai; je l'avais oublié. Quel malheur! j'ai là sous la main le témoignage le plus complet, et je ne puis rien savoir. Mais, j'y pense, continua-t-il! j'ai sur moi un moyen infaillible de me faire comprendre.

Et tirant de son portefeuille les papiers qu'il tenait de Montreuil et dont il s'était muni tout exprès pour cette visite, il les plaça sous les yeux de l'ancienne confidente de sa femme.

La sourde les regarda avec attention.

— C'est moi qui ai signé ces lettres, dit-elle en désignant les premières; c'est ma maîtresse qui a écrit les suivantes, et c'est le chevalier de Limbourg qui a écrit les dernières.

— Ah! je reconnais tout cela! dit Duplessis, devenu pâle de colère, en appuyant sa question d'un geste explicatif.

— Oui, il y a bien longtemps! J'avais la main sûre alors.

— Et l'enfant? dit le vieillard en criant à pleins poumons.

— L'enfant? répondit Marguerite, qui avait lu ce mot sur les lèvres de son interlocuteur; vous savez donc qu'il y avait un enfant?

Duplessis, avide de révélations, se contint en répondant affirmativement par un signe de tête point trop furieux pour la circonstance.

— Alors je n'ai plus besoin de le cacher. Oui, il y avait un petit garçon, beau comme le jour. Ma pauvre maîtresse en raffolait.

— Ah! elle en raffolait! répéta le vieillard avec un sourire amer.

— Elle venait le voir toutes les semaines en cachette, quelquefois seule, quelquefois avec le père, un brave gentilhomme bien aimable. Ah! c'était le bon temps!

— Le bon temps! murmura le vieillard, qui voyait ainsi se confirmer toutes ses présomptions; dis plutôt le temps de l'opprobre et de l'ignominie! Ah! j'aurais voulu pouvoir douter encore; mais ce dernier aveu met le comble à ma haine et à ma douleur. Malheur à ceux qui m'ont

offensé, à commencer par toi, misérable instrument de ces honteuses intrigues!

Et il allait saisir la vieille servante par le bras, quand parut l'étranger avec lequel elle avait fait le voyage d'Ernée, et qui, par son costume, semblait être un homme de confiance chargé de la conduire et de veiller sur elle.

— Partons, madame, dit-il avec un peu d'accent allemand, et en indiquant la porte de la main.

— Un instant! fit Duplessis, je veux encore faire quelques questions à cette femme.

Le compagnon de la femme Warchell répondit:

— Désolé de ne pouvoir vous servir d'interprète, mais les voitures publiques n'attendent pas; celle-ci va partir, et nous n'avons que le temps de ne pas arriver trop tard au lieu de notre destination.

Et sur ce, il emmena la femme Warchell, laissant Duplessis seul, consterné, anéanti, dans la chambre abandonnée.

— Malédiction! s'écria-t-il, malédiction sur l'enfant né de cet amour coupable! sur ce d'Aronde que j'ai ruiné déjà, que j'ai déshonoré déjà dans l'opinion publique, et que bientôt, j'espère, je vais frapper encore par le glaive de la justice! Rien, pas même l'ombre d'un doute, ne parle plus en sa faveur!

Le lendemain même de cette scène, l'arrêt de renvoi de d'Aronde devant la cour d'assises vint donner à Duplessis une des plus douces satisfactions qu'il eût jamais éprouvées. Mais ce fut la dernière.

Les lieutenans de Tiennette commencèrent alors à lui faire une vie très peu agréable, conformément aux instructions qu'elle leur avait laissées.

C'était tout un système de petites tracasseries à exaspérer l'homme le plus paisible, comme les petites flèches que l'on jette aux taureaux des arènes pour surexciter leur fureur.

Rien ne fut négligé de ce qui pouvait rappeler sans cesse au vieillard la mésaventure conjugale dont il poursuivait la vengeance et lui en faire un tourment perpétuel. Le jour, qu'il sortît, qu'il rentrât, qu'il se présentât dans un lieu public, partout enfin, il se trouvait toujours là devant lui, près de lui, derrière lui, quelques gais flâneurs s'entretenant de femmes infidèles, de princes séducteurs, d'enfans nés ou à naître, de maris grotesquement dupés, avec toutes les circonstances, en un mot, dont il pouvait se faire à lui-même une cruelle application.

Le soir, des orgues de barbarie s'en venaient jouer avec acharnement, sous ses fenêtres, des airs dont les paroles renfermaient de semblables allusions.

Une avalanche continuelle de lettres vint ajouter à son déplaisir tous les quolibets que la malignité peut se permettre impunément sous le voile de l'anonyme.

Enfin, il n'était pas rare qu'il trouvât dans son chapeau, dans ses poches et jusque dans sa tabatière, de petits papiers renfermant des caricatures de même genre, dessinées à la plume, et qu'une habile main était parvenue à y glisser dans la foule.

Qu'opposer à de pareilles taquineries?

A qui s'en prendre? Comment les faire cesser?

Nous n'avons pas besoin de dire que le Cyclope devait être l'organisateur des unes, et qu'on eût pu retrouver dans les autres le talent calligraphique du Balancier.

Quand ces petits coups portés incessamment aux passions les plus vivaces de Duplessis leur parurent avoir jeté leur victime dans cet état de prostration où fléchissent souvent les plus fermes résolutions, la Tête-de-Pipe se présenta chez le vieillard pour tâcher de recueillir le fruit de ces énervantes manœuvres.

— Qui vous amène? lui dit brutalement le vieillard.

— L'intérêt que je porte à un homme d'âge tel que vous répondit hypocritement l'émissaire de Tiennette. Il paraît mon brave monsieur, que, bien qu'absente, cette malicieuse créature vous rend la vie un peu dure en ce moment?

— Comment! c'est elle qui...
— Mon Dieu oui, qui inspire et soudoie vos persécuteurs. C'est une femme si amusante !
— Ah ! vous trouvez cela amusant ?
— Dame! oui. Et vous ? Pas autant, n'est-ce pas ? C'est ce que je pensais. Mais il vous est bien plus facile de vous en délivrer qu'il ne l'est à un pauvre caniche de se débarrasser de la casserole que des gamins lui ont attachée à la queue. Un mot suffit. C'est demain que M. d'Aronde paraît devant le jury. Dites la vérité, désistez-vous, ne chargez pas le prévenu, laissez-le acquitter : ce sera justice, et je vous promets qu'à partir de demain, vous coulerez des jours on ne peut plus monotones de tranquillité.
— Jamais ! répondit Duplessis avec rage.
— En ce cas, j'en suis fâchée pour vous, mais vous n'êtes encore qu'à l'aurore de vos tribulations. Le branle-bas va redoubler sur toute la ligne. Sans compter les papiers que Tiennette tient en réserve pour ce qu'elle appelle le bouquet de ce feu d'artifice d'emberlificotemens.
— Des papiers ?
— Hélas ! oui ; la suite, dit-elle, de ceux qu'elle a livrés à Montreuil, et que cet intrigant vous a remis. Je les ai vus cent fois comme je vous vois.
— Mais comment donc cette abominable créature se les était-elle procurés ?
— Un jour elle faisait une petite perquisition de jalousie chez d'Aronde, son amant d'alors, et qui était absent, elle les subtilisa dans un petit coffret, dont ensuite elle rétablit avec soin les bandelettes et les cachets de cire, afin qu'on ne s'aperçût de rien. Un vrai tour à la Bosco.
— Chez d'Aronde ?... Oui, en effet, il était naturel que ces papiers fussent en sa possession, interrompit Duplessis, dont la curiosité jalouse se trouvait portée jusqu'au paroxysme. Hé bien ! voyons, ajouta-t-il, cartes sur table. Combien voulez-vous de ces papiers ? Dix mille francs ?
— Dix mille ? répéta la Tête-de-Pipe, chez qui une pensée de cupidité et de trahison venait de poindre tout à coup. Dix mille ? Allons donc ! ce serait presque à la livre. Cinquante mille, je ne dis pas : la somme, à ce qu'on prétend, ne serait plus déshonorante.
— Cinquante, soit ! Comment ferez-vous ? c'est votre affaire : cela ne me regarde pas ; je n'en veux rien savoir ; mais il me faut ces papiers !
— On tâchera, mon beau monsieur.
— Quand?
— Ce soir même.
— Allez. L'argent est là : j'attends.

Il était nuit quand la Tête-de-Pipe quitta M. Duplessis. Elle se rendit aussitôt chez Tiennette, où elle était connue comme une des habituées de la maison.

Elle s'était munie en route de petits gâteaux et de vin muscat, et monta jusqu'à la chambre que la femme de charge occupait dans les combles.

Tiennette ayant naturellement emmené sa camériste en Allemagne, cette femme de charge était le seul domestique à qui fussent remis en ce moment la garde et le soin de l'appartement. C'était une femme d'un certain âge, chez qui le goût des petits-fours, du vin doux et des liqueurs fortes avait remplacé, comme chez la Tête-de-Pipe, les passions plus impétueuses de la jeunesse.

Agiaé, ou plutôt Giaé (c'est ainsi qu'on l'appelait par abréviation), Giaé donc et la Tête-de-Pipe étaient deux excellentes amies, et ce n'était pas la première fois qu'elles *faisaient dînette* ensemble.

Mais cette fois la Tête-de-Pipe se ménagea d'autant plus qu'elle ménageait moins sa camarade. A la seconde bouteille de lunel, celle-ci se sentit prise d'une invincible envie de dormir. A la troisième, elle ronflait profondément assoupie.

La Tête-de-Pipe s'empara alors du trousseau de clefs que la femme de charge portait à sa ceinture, descendit les étages à pas de loup, s'introduisit chez Tiennette sans avoir été aperçue, retira la clef et referma la porte.

Elle se trouva seule alors, dans l'obscurité la plus complète, au milieu de cet immense appartement. Mais elle avait songé à tout. Elle tira de sa poche un briquet chimique et alluma une des bougies placées sur la cheminée. Elle gagna ensuite le cabinet de Tiennette et en ferma les rideaux afin qu'on n'aperçût pas la clarté du dehors.

Cela fait, elle s'approcha de l'armoire de fer et l'examina avec attention.

— Ces huit ronds marqués de lettres, dit-elle, doivent être placés de manière à former ce mot : T I E N N E T E ; presque le nom de la propriétaire. J'ai vu cent fois la bourgeoise les disposer ainsi. Voilà maintenant, si j'ai bonne mémoire, il n'y a plus qu'un piston à pousser. Essayons.

La Tête-de-Pipe appuya fortement sur le piston de cuivre et sentit le mécanisme obéir à la pression de sa main.

— Victoire ! s'écria-t-elle. Ma fortune est faite ! Et cette fois du moins je l'aurai faite en gros, au lieu de ne pas même la faire en détail avec les mesquines rétributions de la bourgeoise. Et d'ailleurs la plupart des paperasses en question ont été chippées par elle, je puis bien les chipper à mon tour. Continuons.

Mais au moment où elle tirait vivement à elle les deux battans d'une première clôture qui en recouvraient une seconde, deux armes, dont la mégère ne soupçonnait pas l'existence et dont il eût été facile d'empêcher l'explosion en détachant une gâchette invisible, partirent subitement en croisant leur feu.

Le coup fut terrible : il était calculé de manière à ce que les deux balles frappassent l'indiscret en pleine poitrine.

La Tête-de-Pipe fit un bond en arrière, étendit les bras, chancela, et tomba morte devant l'armoire entrebâillée.

XLVI.

SUR LA SELLETTE.

Dès le point du jour, le serpent populaire déroulait aux abords de la cour d'assises les mobiles anneaux d'une queue dont la longueur eût été enviée par plus d'un théâtre. La blouse a toujours beaucoup de plaisir à voir figurer l'habit sur le banc de l'accusation. C'est une sorte de revanche qu'elle aime à prendre de toutes les peines que l'habit lui inflige d'ordinaire.

Quant aux places réservées, soit dans l'enceinte en face des juges, soit sur l'estrade en arrière d'eux, elles avaient été sollicitées depuis huit jours avec autant d'âpreté que des places de première représentation à l'Opéra. Les solliciteurs appartenaient au beau monde, à la banque, à la Bourse surtout, et nul doute que, s'il avait été possible d'en trafiquer, les bénéficiaires les eussent vendues avec une prime énorme.

Bref, les circonstances de l'affaire et la position de l'accusé avaient tellement surexcité la curiosité dans le monde entier, que des Anglais étaient accourus pour assister à ce procès dont les débats semblaient promettre tant de fortes émotions aux amateurs du genre. Des paris considérables s'étaient ouverts à Londres pour ou contre l'acquittement de l'accusé, et l'on ajoutait que, à Paris, plusieurs altercations, suivies de duel, avaient eu lieu entre curieux, au sujet des poursuites dont ce duel même était l'objet.

A dix heures précises la cour se fit amener l'accusé d'Aronde dans la chambre du conseil, pour qu'il assistât au tirage des jurés et qu'il pût exercer, ainsi que le ministère public, les récusations accordées par la loi.

D'Aronde n'en exerça aucune, se fiant complétement à son innocence.

Le ministère public imita son exemple avec une modération des plus louables.

Pendant cette opération préliminaire, les moindres interstices de la salle d'audience continuaient de se remplir d'amateurs. Comme toujours, on regrettait de voir beaucoup de femmes, et des plus élégantes, dans cette foule qu'animait une banale curiosité.

Ce jour là, cependant, à la simplicité même de leur mise et à la modestie de leur attitude, on eût pu en remarquer trois qu'amenait assurément un plus noble mobile.

L'une d'elles était seule.

Elle avait pris place sur la partie de l'estrade qui se trouve entre la cour et les jurés, de manière à ce que sa figure fût parfaitement éclairée par le jour de la fenêtre voisine, et que, en s'avançant au milieu du prétoire pour faire leurs dépositions, les témoins ne pussent pas ne point l'apercevoir.

C'était Simonne.

La pâleur de ses traits, la petite toux qui ébranlait sa poitrine de temps en temps, l'étrange faiblesse qu'elle combattait incessamment au moyen d'un flacon d'éther, tout révélait chez elle un état de souffrance que chaque jour semblait empirer. Néanmoins la Madeleine de la rue Notre-Dame-de-Lorette avait bravé la fatigue et la chaleur suffocante d'une pareille séance, afin de remplir jusqu'au bout, sur l'esprit incertain du baron d'Appencherr, la mission de vérité qu'elle tenait de son mystérieux correspondant.

Les deux autres formaient un groupe vraiment délicieux de mystère et de modestie. Au lieu de se mettre en évidence, elles s'étaient cachées ou mieux dans la foule, avaient rabattu un voile épais sur leur visage dont on devinait la beauté bien plus qu'on ne la voyait, baissaient timidement la tête, s'appuyaient gracieusement l'une à l'autre, se tenaient amicalement par la taille et par la main, se parlaient bas et paraissaient s'encourager mutuellement.

Celles-ci avaient pris place à l'opposite de la première, aussi près que possible du banc des accusés.

C'étaient madame d'Aronde et Julie d'Appencherr.

D'Aronde avait fait tous ses efforts la veille pour engager Estelle à ne pas assister aux débats; mais la charmante esclave s'était révoltée cette fois contre son tyran.

— « Chaumière ou palais, prison ou liberté, revers ou succès, misère ou opulence, avait-elle répondu obstinément, qu'importe? La vraie place d'une femme est toujours aux côtés de son mari. J'irai ! »

Et e le était venue.

Quant à Julie, dont l'intérêt se partageait entre son affection rétrospective pour la femme du prévenu et son admiration anticipée pour le talent oratoire du défenseur, elle avait consulté Lafolie sur l'opportunité de cette démarche, comme nous avons vu qu'elle s'était promis de le faire dans un des derniers feuillets de son journal.

Lafolie avait été fort interloqué de la demande, et, n'osant pas se prononcer sur une question si délicate, il avait obtenu de la jeune fille l'autorisation de consulter à ce sujet la protectrice même des d'Aronde, la fondatrice des charitables loteries, la bienfaitrice universelle dont la générosité voulait modestement garder l'anonyme, même à l'égard de Julie ; la dévote noire de l'église, la donneuse d'eau bénite, la donataire du collier de jais ; personne on ne peut plus distinguée, dit-il, et fort experte en pareille matière.

« — Il y a puérilité à sacrifier ses amis à de vaines rai-
» sons d'étiquette. — Il y a lâcheté à les abandonner dans
» le malheur. — Il y a crime à ne pas secourir leur inno-
» cence. — Enfin, au pis aller, il est des circonstances so-
» lennelles où la véritable convenance, même pour une
» femme, ce serait encore d'en manquer. »

Telle avait été la réponse aphoristique de la dame noire, un peu imitée peut-être de la forme sentencieuse des fameux oracles de Delphes.

Restait à obtenir l'agrément du baron d'Appencherr ; mais, persuadée comme elle l'était que son mémento quotidien passait régulièrement sous les yeux indiscrets de son père,

« — Il sait mon désir, se dit elle. Rien ne l'empêche de s'y opposer, en amenant adroitement la conversation sur ce sujet. S'il ne s'y oppose pas de cette manière, c'est qu'il l'approuve. Qui ne dit rien consent. »

Ce dernier axiome coupant court à toute objection, Julie se fit conduire par Rosine dans la mansarde de madame d'Aronde, et de là se rendit au palais de justice avec la jeune femme, afin de lui prodiguer cordialement les secours physiques et les consolations morales dont elle pourrait avoir besoin.

En cherchant bien, mais en dehors du prétoire, dans la partie abandonnée aux spectateurs non privilégiés, nous remarquerions encore deux figures de connaissance, un peu moins gracieuses que les trois qui précèdent.

Nous voulions parler du Cyclope et du Balancier.

Les deux aides de camp de Tiennette avaient un air consterné qui ne leur était pas habituel. Ils causaient à voix basse de la mort de leur troisième acolyte. Le matin même, en se réveillant de son excès de lunel, la femme de charge était venue leur apprendre cet *accident* qui avait jeté l'épouvante au logis, et qui était d'autant plus désagréable pour elle, que le sang de la victime avait gâté un magnifique tapis confié à ses soins.

« — Quel dommage ! » ajouta-t-elle. « Tête-de-Pipe avait du bon, et c'était un si bel Aubusson ! »

Le Cyclope et le Balancier partageaient moins leur regret entre la victime et le tapis. La victime l'obtenait exclusivement, et, en attendant l'ouverture de l'audience, ils s'amusaient à jeter quelques fleurs sur sa mémoire, sans négliger toutefois le côté moral de l'événement.

« — Voilà, disait tristement le Balancier, dans son style quelque peu emphatique ; voilà une perte douloureuse à tous égards, et qui n'arrange guère les affaires de l'accusé. Tête-de-Pipe emporte avec elle dans la tombe le meilleur élément de la cause : sa démarche auprès de la jeune femme pour l'amener nuitamment chez Brioude, cette démarche, dépouillée adroitement des motifs subreptices qui en faisaient un véritable guet-apens; cette démarche, qui n'était connue que de Tiennette, de Tête-de-Pipe et de Brioude, c'est-à-dire de deux trépassés et d'une absente ; cette démarche seule, révélée avec la flexibilité d'élocution qui distinguait la défunte, eût suffi, sans conteste, pour assurer le double triomphe de notre bourgeoise : elle eût perdu la femme et sauvé le mari. Comment faire maintenant? Je n'en sais vraiment rien.

» — Je n'en suis pas moins vexé que vous, répondait le Cyclope dans son langage un peu moins recherché. J'aime le d'Aronde, primo et d'une parce que c'est la consigne ; et ensuite parce que, le matin même qui suivit le guet-apens, je lui avais gagné la vie au premier roi, contre celle du Brioude. On s'intéresse toujours aux gens et aux caniches qu'on a préservés. Du reste, soyons francs, je regrette Tête-de-Pipe pour ses vertus et son utilité, mais elle est justement punie de son sort. Vouloir forcer l'armoire de la bourgeoise, pour lui chiper sans doute quelques paperasses : ce n'était pas délicat. A qui se fier désormais si l'on se floue, même entre camarades ? Quant à moi, je puis marcher tête levée, sans craindre que l'on me reproche aucune vilenie de ce genre. Et d'abord, le premier qui oserait le faire, je l'assommerais ! Tape partout, connais rien ! »

Ainsi devisaient la force et le droit, l'hercule borgne et

le jurisconsulte de la rue de la Huchette, lorsque les jurés prirent place sur leurs bancs. Une sonnette se fit entendre, toutes les conversations cessèrent, et la Cour vint s'asseoir au milieu du plus profond silence.

L'attente générale fut d'abord trompée. La première cause appelée fut celle d'une abominable marâtre qui avait passé deux ans à tuer son enfant en détail. Les voisins, avec cette sage lenteur qui les distingue en pareil cas, avaient fini par s'émouvoir, au bout de trois ans, des cris journaliers de la petite victime; ils avaient dénoncé le fait au commissaire de police; le commissaire avait dressé procès-verbal, procédé à l'arrestation de la mère et déposé provisoirement l'enfant dans un hospice. Ces préliminaires avaient employé plusieurs mois, pendant lesquels l'enfant était mort à la suite des mauvais traitemens de sa mère. Celle-ci fut justement condamnée à six ans de prison et à cent francs d'amende.

Deux causes d'un genre tout différent succédèrent à celle-là : l'une de vol avec effraction, l'autre d'attentat à la morale. La première entraîna justement dix ans de travaux forcés, et la seconde une semonce aussi juste que verte.

Enfin, l'huissier audiencier satisfit la fiévreuse impatience de l'auditoire, en appelant solennellement le nom de d'Aronde, accusé d'homicide volontaire, avec circonstance aggravante de préméditation.

A ce nom, les Anglais qui se trouvaient dans la salle confirmèrent entre eux les divers paris qu'ils avaient ébauchés à Londres au sujet de l'accusé.

— Tenez-vô? dit tout bas sir John à sir Douglas. Moâ, je gagé vingt-cinq guinées pour la acquittemente.

— Iès, je tené, répondit sir Douglas à sir John, moâ, vingt-cinq guinées pour la condainaichonne.

Les douze jurés de la cause remplacèrent ceux des causes précédentes.

On ouvrit un instant les vasistas pour renouveler l'air. On se moucha.

D'Aronde pendant ce temps fut amené par deux gendarmes qui s'assirent à ses côtés sur le banc des accusés.

Un frémissement de curiosité parcourut l'assistance à l'entrée de l'illustre assassin. On se leva, on se pressa, on se bouscula pour le voir, et comme son premier regard avait rencontré dans la foule celui d'Estelle, l'émotion qu'il n'en put comprimer tout à fait révéla naturellement la présence de sa jeune et jolie moitié. L'attention se partagea dès lors entre elle et lui, entre l'assassin et l'assassine. La voix glapissante de l'huissier était impuissante à calmer l'agitation, et il ne fallut pas moins que la menace émise par le président de faire évacuer la salle, pour que tout rentrât dans l'ordre et le silence.

Nous croyons inutile d'ajouter que deux autres regards s'étaient aussi rencontrés tout de suite, sans avoir besoin de se chercher dans la foule : celui de Julie et celui de Léonce, qui s'assit en avant de son client.

— Vos nom, prénoms, âge, domicile et qualités? demanda le président à l'accusé, avec froideur mais avec bienveillance.

— Charles d'Aronde, répondit l'accusé simplement et sans fausse honte; âgé d'environ trente ans, né je ne sais où, recueilli au village d'Aronde, sans profession pour le moment, domicilié à Paris, rue du Helder, et demeurant provisoirement à la Conciergerie.

Il y avait de l'étonnement, de la conjecture, de la médisance et de l'émotion pour tout le monde dans cette réponse étrange et cependant parfaitement juste en tous points, sauf celui du domicile de la rue du Helder dont d'Aronde ignorait l'inexactitude présente. Aussi cette dernière énonciation fit-elle tressaillir Estelle, qui craignit que sa touchante supercherie à ce sujet fût reprochée à son mari comme un mensonge. Il n'en fut rien pourtant, et le président passa outre.

— Greffier, reprit l'honorable magistrat, donnez lecture de l'acte d'accusation.

Nous ferons grâce à nos lecteurs des charges contenues dans cet acte dont ils connaissent tous les élémens, et le greffier annona de cette voix monotone et insaisissable qui n'appartient, comme on dit, qu'à cette institution. Il n'y a guère que des étrangers qui puissent comprendre le français récité de ce ton-là.

Cette lecture parut en effet impressionner assez vivement l'imagination aventureuse des Anglais présens.

» — Moâ, dit alors sir Douglas à sir John, je tené vingt-cinq guinées de plous pour le condainachonne. Volvô?

» — Iès, répondit sir John à sir Douglas; je tené vingt-cinq de plus aussi pour la acquittemente. »

Cela fait, on procéda à l'audition des témoins. Nous ferons pareillement grâce à nos lecteurs de cette partie de la séance. Ils en devinent suffisamment la teneur.

Les deux premiers appelés furent les seconds de Brioude. Ils répondirent, comme ils l'avaient fait devant le juge d'instruction : — affirmativement, sur la futilité de la cause déterminante du duel, sur l'acharnement de d'Aronde et sur son refus de toute conciliation, même après la blessure qu'il avait reçue; — dubitativement, sur la question de savoir si les dix minutes fixées pour la durée du combat avaient été outrepassées, si le coup mortel porté par d'Aronde avait précédé ou suivi le cri de halte, et si le reproche de perfidie, de trahison et de déloyales manœuvres, tombé de la bouche de Brioude expirant, s'appliquait bien réellement à son meurtrier; — négativement enfin, quant à la connaissance qu'ils auraient eue personnellement des violences habituelles de l'accusé à l'égard de sa femme.

A cette allégation, Estelle ne put retenir un cri d'indignation qui appela tous les yeux sur elle, et que chacun interpréta à sa manière, les uns comme une affirmation, les autres comme un démenti. La jeune femme voulut se lever en même temps pour protester, mais Julie l'en empêcha d'instinct, et un regard de d'Aronde la fit se rasseoir silencieusement à sa place.

Cet épisode ne donna donc lieu qu'à une augmentation de la pariure de sir John et de sir Douglas.

« — Oh! oh! dit le premier, le acciousé il batté son faime! Je gagé, moâ, cent guinées maintenant pour le condainaichonne.

» — Je croyé pas, moâ, répondit le second. Je tené les cent guinées pour la acquittemente. »

La déposition des trois gendarmes d'Auteuil qui, après l'avoir transmis secrètement à leur chef par Tiennette, avaient arrêté d'Aronde sur le terrain même, à la suite des paroles accusatrices prononcées par Brioude; cette déposition produisit un effet beaucoup plus défavorable que la précédente : un effet de vingt-cinq guinées encore, tant il parut évident pour tous que l'incrimination de la victime ne pouvait s'adresser qu'à l'assassin.

Ce fut sur cet effet que M. d'Appencherr se vit appelé à déposer à son tour. Le pauvre baron, qui était loin de se douter de la présence de Simonne, venait de laisser son beau-père dans la salle des témoins. Il se présentait tout réconforté par les captieuses instigations et les magnifiques promesses du vieillard. Il débuta donc avec beaucoup d'assurance et se montra sublime de franchise, comme devant le juge d'instruction, sur la capacité, la loyauté et la probité commerciale de d'Aronde; sur l'affection qu'il continuait à porter à son ancien premier commis; sur la confiance illimitée avec laquelle il lui prêterait encore des millions, à six pour cent d'escompte et demi de commission, s'il était sûr d'être exactement remboursé à l'échéance; sur le scrupule infiniment moral que d'Aronde avait toujours mis jadis à n'avoir qu'une seule maîtresse à la fois; sur la douceur habituelle de son caractère, même après boire; sur la gaîté de son champagne et l'affectuosité de son vin du Rhin; sur sa galanterie parfaite envers les dames, dont il s'était toujours montré le docile esclave, et non point le brutal despote; et il protesta de nouveau qu'en son âme et conscience il lui paraîtrait fort extraordinaire que l'accusé s'amusât à battre sa femme. Mais, ajouta-t-il, en ce qui appartenait plus spécialement à la cause, il ne pouvait se dissimuler que d'Aronde avait provoqué Brioude pour un bien futile motif; qu'il s'était refusé à tout arrangement; que son animosité venait sans doute de la rancune fort naturelle que lui inspiraient les manœuvres de Bourse au moyen desquelles le défunt l'avait complètement ruiné; et que même après sa blessure, au moment où son adversaire consentait à une récrimination, d'Aronde l'avait de nouveau gravement insulté, afin de l'obliger à continuer le combat.

Jusque-là le baron avait parlé sans contradiction possible, car la réalité de tous ces faits étaient acquise à la cause, et l'accusé les avouait lui-même. Mais le témoin sentit revenir toutes ses angoisses, quand l'instant fut venu d'aborder la dernière question, la plus grave et la seule contestée, celle relative à la durée du combat. Le baron hésita, balbutia, tergiversa, mais enfin il allait répondre tant bien que mal dans le sens de l'accusation, lorsqu'une petite toux sèche, dont le timbre lui était fort connu, vint tout à coup frapper son oreille.

Marc-Antoine leva les yeux dans la direction de ce bruit, et il tressaillit en apercevant, sur l'estrade, Cléopâtre qui le regardait d'un air sévère, tout en lui montrant une petite clef, celle de son appartement sans doute. Double symbole, séduisant et terrible, de l'exil du Mensonge et du rappel de la Vérité.

Cette circonstance fut décisive. Le baron déclara qu'il s'était trompé dans l'instruction; qu'il avait mal compris les questions du juge; qu'il avait calomnié sa montre, sans le vouloir; qu'il était certain, après mûre réflexion, que, bien loin d'avoir dépassé les dix minutes convenues, le combat en avait à peine duré cinq ou six; et qu'enfin il pouvait affirmer sur l'honneur que cela était vrai comme il est vrai que deux et deux font quatre.

Cette métaphore du banquier fit sourire l'auditoire. Mais le nom de M. Duplessis le rappela bientôt au sérieux de la situation. On savait que le vieillard était le principal témoin à charge, et en le voyant s'avancer, sombre et sévère, au milieu du prétoire, l'assistance tout entière éprouva un frisson de terreur.

— « Attention ! dit tout bas le Cyclope au Balancier.
— » Motus ! » répliqua celui-ci, d'un air de mystérieuse menace.

— « Cet vieillard il n'avé pas le physionomie beaucoup très bon, dit sir Douglas à sir John. Cinquante guinées de plous pour le condainaichonne. Vol-vô ?
— » No, répondit maussadement sir John. Il avé la figloure trop beaucoup méchant. Je volé pas ! »

Les quinze jours qui s'étaient écoulés entre le renvoi et la comparution de d'Aronde devant la cour d'assises, avaient plus brisé son impitoyable adversaire que les dix dernières années de sa vie, si tranquille auparavant. C'était l'inévitable effet des aveux désespérans que Marguerite Warchell avait semblé lui faire, de la mort si tragique de la Tête-de-Pipe, au moment même où il en attendait de précieuses révélations; et surtout des manœuvres employées contre son repos, par les infatigables lieutenans de Tiennette.

Leurs mystifications avaient encore redoublé de fréquence et d'audace, à mesure que le jour du procès devenait plus prochain.

Depuis la veille particulièrement, elles avaient pris un caractère d'effronterie et de malignité, à faire damner un saint. Pendant toute la soirée, des orgues de barbarie, des chanteurs de rue, des râcleurs de violon et des clarinettes d'aveugles avaient fait entendre sous ses fenêtres les airs les plus conjugalement moqueurs; — le matin, en se levant, il avait reçu des mains de sa portière une masse de lettres anonymes, pleines de caricatures, de vers épigrammatiques et d'allusions relatives à ce qu'il appelait son déshonneur conjugal; — enfin, durant tout le trajet de son domicile au Palais de justice, plus de cinquante individus, apostés sur sa route par ses persécuteurs, l'avaient suivi, devancé, rencontré, croisé, de la façon la plus naturelle, en ne cessant de bourdonner à ses oreilles quelque poignant sarcasme de même espèce. Cette gouailleuse escorte ne l'avait quitté qu'à la porte de la cour d'assises.

On comprend combien un tel acharnement de taquineries, d'insolences et de persiflages, avait dû exaspérer l'impétueux vieillard, et tout ce que l'impuissance où il se sentait d'y mettre un terme, soit en les châtiant de sa propre main, soit en les faisant châtier par la justice, devait lui causer de rage et de désespoir.

Toutefois, ces irritantes manœuvres avaient produit des conséquences fort opposées à celles qu'en attendait Tiennette.

L'énergie physique de la victime avait fléchi, il est vrai, sous l'incessante multiplicité de ces petites blessures. Le lion était vaincu par cet essaim de moucherons au corps insaisissable, aux piqûres mortelles. Quand M. Duplessis s'avança au pied de la cour, le dos courbé, le pied chancelant, la tête dépouillée de ses derniers cheveux blancs, la figure jaune et parcheminée; et quand, après les questions d'identité, il leva sa main tremblante pour prêter serment, on crut voir se lever la main décharnée d'un squelette. L'auditoire s'émut de compassion, Léonce lui-même fut profondément peiné, et Julie se sentit les yeux humides sous son voile.

Mais si le corps du vieillard avait succombé à la lutte, son moral, en revanche, n'en était que plus exalté. M. Duplessis connaissait maintenant, par les confidences de la Tête-de-Pipe, l'origine et le but de tant d'agaçantes tracasseries, et sa haine pour d'Aronde s'augmentait par conséquent de toute l'indignation que lui causaient de si déplaisans protecteurs. Aussi, quand il fut là, cédant sans réserve à l'impulsion de la colère qui bouillonnait dans son âme, renonça-t-il d'abord à ce système d'hypocrite sensiblerie dont il avait du moins enveloppé ses déclarations devant le juge instructeur.

— Vous jurez de dire la vérité, toute la vérité, rien que la vérité ? lui demanda le président.

— Oui, répondit-il d'une voix rauque et avec un sourire diabolique, qui justifiaient parfaitement la proposition faite par sir Douglas, et refusée par sir John, de parier, lui Douglas, cinquante guinées de plus pour le condainaichonne.

M. Duplessis fit ensuite son importante déposition, au milieu d'un silence qui s'entendait pour ainsi dire, tant chaque spectateur évitait de remuer, de respirer, de faire le moindre bruit.

Le vieillard commença par reproduire ses précédentes déclarations sur la futilité de la cause déterminante du duel; — sur la rancune financière qui devait en avoir été le véritable motif; — sur le refus exprimé par d'Aronde de retirer l'insulte adressée par lui à Brioude à la Bourse; — sur le rejet de l'intervention conciliatrice des témoins, acceptée (contraste bien fâcheux!) par l'offensé, et repoussée par l'offenseur, même après sa blessure; — et enfin, sur le nouvel outrage lancé par ce dernier à son adversaire, pour le forcer à continuer la funeste lutte.

Aucune de ces circonstances n'étant contestée par l'accusé, le témoin ne fit que les relater succinctement, mais en les accentuant, par le langage et par le ton, de manière à leur donner un relief singulièrement odieux. Cela fait, il arriva aux trois questions les plus graves, et qui étaient les seules dont l'accusé controversât la réalité : — Les dix minutes fixées pour la durée de l'engagement avaient-elles été dépassées? — L'accusé avait-il frappé son adversaire après le signal de halte? — Le reproche de perfidie, de trahison et de déloyales manœuvres, formulé par Brioude expirant, s'adressait-il bien véritablement à d'Aronde?

M. Duplessis répondit affirmativement, d'une voix ferme et résolue, sur ces trois points ; après quoi, comprenant l'opportunité de revenir à son système d'amicale tartufferie, il continua ainsi d'un air de componction :

— Je n'ai pas besoin d'exprimer à la cour et à messieurs les jurés combien il m'en coûte d'avoir à faire une telle déclaration. L'accusé a été recueilli... par ma femme... par ma pauvre défunte..., qui lui a pour ainsi dire servi de mère, ajouta-t-il avec un sinistre sourire. Il a été élevé par ma fille, employé par mon gendre, commandité par sa maison. Nous l'aimions tous, nous l'estimions, nous étions prêts à lui venir en aide de toutes manières. En un mot, il était regardé comme un des membres les plus chers de notre famille. Je gémis donc de la nécessité où je me trouve aujourd'hui. J'aurais donné tout ce que je possède pour qu'un pareil chagrin ne fût pas infligé à mes vieux ans. Assurément un rude coup ne peut que réduire encore le peu de jours qu'il me restait à vivre. On n'éprouve pas impunément de si fatales déceptions à mon âge. Ceux qui m'ont vu, il y a quelques jours à peine, et qui me revoient en ce moment, ceux-là peuvent en avoir déjà la triste preuve sous les yeux. Mais la conscience et la loi m'imposaient ce terrible devoir : je le remplis. J'ai juré de dire la vérité : je la dis. Que Dieu me tienne compte du dernier calice d'amertume qu'il réservait à ma vieillesse, et que surtout il daigne vous inspirer, messieurs, que des sentimens d'indulgence et de commisération !

Nous renonçons à décrire l'impression que produisirent les dernières paroles de M. Duplessis. C'était un mélange de sympathie en sa faveur et d'indignation profonde contre l'accusé. D'un côté, le grand âge du témoin, la netteté de son langage, la précision de ses souvenirs, l'énergie de ses affirmations; de l'autre, l'ancienneté de son affection pour l'accusé, les services éminens que sa famille avait rendus à ce dernier, la douleur que semblait causer au vieillard l'accomplissement de sa pénible mission, tout contribuait à convaincre les esprits et à toucher foncièrement les cœurs. Une sourde rumeur attestait le premier résultat, tandis que le bruit des mouchoirs attestait le second.

Le bon effet que la déposition du baron d'Appencherr avait produit en faveur de l'accusé, sur un point secondaire, il est vrai : la durée du combat; ce bon effet se trouvait ainsi complètement détruit et remplacé par un effet tout contraire.

— Je gage cent guinées de plus pour le condamnaichonne, dit sir Douglas à sir John. Vol'-vô?

— No! répondit de nouveau sir John, avec une obstination trop bien fondée. Cet vieillard il avé toute-fait gâté le pari à moâ. Je volé pas.

— As-tu enfin trouvé la recette avec la manière de s'en servir? disait d'un côté le Cyclope au Balancier. Quant à moi, je regretterai toute ma vie que la bourgeoise m'ait défendu de démantibuler cette vieille carcasse. Si elle m'en avait permis la démolition, le Duplessis serait maintenant à se faire bassiner les côtes. Ça lui aurait ôté la force et l'envie de venir en dégoiser ici. Il n'y a rien de tel que les taloches pour dompter un particulier de cet acabit. M. Carter n'a pas d'autres moyens pour civiliser ses bêtes féroces.

— Ce regret t'honore, répliqua le Balancier ; mais la muselière peut remplacer avantageusement le bâton. Or, ou je me trompe fort, ou je crois en avoir trouvé une. Minute !

Julie pleurait, elle aussi, comme la plupart des femmes présentes, mais de douleur et de honte, et non d'attendrissement. Elle avait été heureuse et fière de la déposition de son père. Celle de son grand-père la navrait et l'humiliait. Madame d'Aronde fut obligée d'avoir du courage pour deux, et de lui rendre tendrement les consolations qu'elle en avait reçues.

En ce moment même, M. Duplessis, qui était allé s'asseoir à côté du baron sur le banc réservé aux témoins, aperçut en face de lui les deux jeunes femmes. Il les reconnut parfaitement malgré leur voile, et les vit échanger de douces caresses et d'amicales paroles.

— Ah! ah! dit-il tout bas à son gendre, dont il ignorait encore la rétractation ; il paraît qu'il en est de notre intéressante famille comme des dynasties royales, chez lesquelles il y a presque toujours un présomptif qui fait de l'opposition. C'est notre affectionnée petite-fille qui s'est chargée de son rôle. C'est bon à savoir !

— Comment! répondit le baron, Julie serait ici !

— Parbleu !... là-bas... à notre droite.

— C'est, ma foi, vrai !... Je ne m'en étais pas aperçu.

— Il vous eût été difficile de la remarquer à droite, ayant les yeux sans cesse tournés à gauche. Que diable admirez-vous donc si fixement de ce côté? Ah! ah! cette jeune dame, sans doute.

— Moi ?... pas du tout...

C'était de Simonne que parlait le vieillard, car, malgré la chaleur asphyxiante qui régnait dans la salle et qui augmentait encore son état de souffrance, la zélée mandataire de son inconnu était restée courageusement à son poste, pour surveiller le baron et le maintenir au besoin, dans la voie de vérité où elle était parvenue à l'attirer, bon gré, mal gré.

— Vous prenez singulièrement votre temps pour jouer de la prunelle, continua le rude vieillard ; mais à votre aise. L'important pour moi, c'est que vous soyez aussi loyal avec les hommes que vous êtes galant avec les dames. Je n'étais pas là pour entendre votre déposition, mais j'aime à croire que vous vous êtes montré le digne héritier de ma haine... comme de ma fortune.

— Qui ?... moi?... répondit le pauvre baron, dont les perplexités recommencèrent. Certainement... c'est-à-dire... vous comprenez... parce que... mais en définitive... vous verrez... vous ne serez pas trop mécontent, j'espère, ajouta-t-il, avec l'espoir qu'il ne serait plus question de son témoignage, et que son terrible papa-beau-père n'en connaîtrait jamais le texte.

Pendant que ces courts dialogues à voix basse avaient lieu simultanément dans les différentes parties de la salle, M. Léonce Duplessis, revêtu pour la première fois de cette robe d'avocat illustrée de nos jours par les Sénart, les Berryer, les Desmarest, et que Julie trouvait désormais si élégante et si gracieuse ; M. Léonce, disons-nous, se disposait à demander la parole sur la dernière déposition.

Il s'était borné à prendre des notes sur les précédentes, car elles étaient plus favorables que défavorables, et n'avaient rien qui méritât d'être relevé immédiatement ; mais, en défenseur intelligent, il ne pouvait laisser passer celle-là sans essayer du moins d'en atténuer les fâcheuses conséquences.

Malheureusement, le manque absolu d'habitude oratoire n'était pas le seul obstacle qu'il eût à surmonter ici. Placé, comme il l'était, entre la nécessité de défendre un client à l'innocence duquel il croyait fermement, et la crainte bien naturelle de rompre irrévocablement avec un vieux parent dont il avait reçu des bienfaits autrefois, de le blesser dans sa véracité, dans son honneur peut-être, et d'élever ainsi une barrière infranchissable entre lui et celle qu'il aimait, il comprit seulement alors toute la difficulté de la situation qu'il s'était faite. La tendresse que sa tante avait toujours eue pour d'Aronde l'avait seule décidé à se charger de sa défense. Il l'avait acceptée sans en calculer assez mûrement les inconvéniens. C'était une sorte d'hommage à la mémoire vénérée de la défunte. Or, cette considération ne suffisait plus. Il hésita une seconde, ne sachant que résoudre, et se demandant s'il ne ferait pas bien de renoncer à cette mission, et de garder, en apparence du moins, une prudente neutralité. Mais il n'était plus temps de reculer. Tous les états ont leur héroïsme. Le sentiment du devoir l'emporta, et, coûte que coûte, il se jura loyalement de remplir son mandat jusqu'au bout.

Il se leva, pâle, mais résolu.

Ce mouvement tarit aussitôt les larmes de Julie. Elle allait donc entendre les premières paroles du débutant, de ce cousin qui portait si gracieusement l'élégante robe noire, de celui dont l'éloquence encore inédite lui paraissait d'avance ne pas pouvoir être mise en doute!

Vain espoir!

D'Aronde avait compris de son côté tout ce que la position de son jeune défenseur avait de cruel, en raison des incidens imprévus de la cause. Sa générosité ordinaire ne voulut point accepter sans réserve un dévouement si dangereux, et qu'il eût été dans l'impossibilité de dédommager dignement. Il retint Léonce par sa robe et lui dit à voix basse :

— Réservez-vous pour les plaidoiries, pour les considérations générales, mon ami, et laissez-moi les dépositions, les circonstances particulières.

— Mais cependant...

— J'ai mon plan. Nous nous contrarierions l'un l'autre. Je vous en prie... je l'exige même.

Léonce se rassit, le front couvert d'une sueur froide; Julie fit une charmante petite moue en signe de désappointement; et l'accusé, se levant à son tour, demanda au président la permission de présenter quelques observations sur les dépositions entendues.

— Je prie la Cour et messieurs les jurés, dit-il, de remarquer qu'il y a incertitude, incohérence et même contradiction flagrante entre les assertions des divers témoins sur les principales questions. — Ainsi, sur la question de savoir si les derniers mots de mon adversaire s'adressaient à moi, ses deux seconds se bornent à dire qu'ils le présument; les deux gendarmes constatent le fait, sans pouvoir en tirer autre chose qu'une conjecture; M. d'Appencherr n'ose même pousser l'interprétation jusque-là; et enfin M. Duplessis est le seul qui se soit cru assez fort en divination pour ne pas craindre de l'affirmer.

(— Ah! ah! monsieur mon gendre, dit tout bas Duplessis au baron, voilà déjà un point sur lequel vous avez montré un étrange défaut d'intelligence!)

— Ainsi encore, continua d'Aronde, sur la question de savoir si le coup mortel a été porté après le signal de halte, M. d'Appencherr répond qu'il n'en sait rien, ses yeux étant occupés à suivre les aiguilles de sa montre ; les seconds de mon adversaire s'en réfèrent sur ce point à l'opinion de M. Duplessis, quoiqu'ils fussent tout aussi bien placés que lui pour observer le fait; de telle sorte que ce dernier est le seul encore qui croie pouvoir l'affirmer positivement.

(— De mieux en mieux, cher gendre, dit Duplessis au baron, qui commençait à s'agiter sur son banc.)

— Ainsi enfin, reprit d'Aronde, sur la question de savoir si les dix minutes fixées pour la durée du combat ont été dépassées, oui ou non, M. Duplessis est toujours le seul qui réponde Oui ; les seconds de mon adversaire répondent Peut-être, et M. d'Appencherr, le mieux renseigné des quatre, puisqu'il avait la montre en main, M. d'Appencherr répond loyalement Non.

(—Ah! vous avez répondu Non? dit encore Duplessis à son gendre. Bravo, monsieur ! Je ne m'étonne plus de la présence de mademoiselle votre fille dans le camp ennemi. C'est une trahison générale. Soit ! Or, comme c'est probablement la dernière fois de ma vie que j'ai l'avantage de vous voir, retenez bien ceci pour votre gouverne. Vous m'avez volé cinq cent mille francs le jour de votre déposition chez le juge d'instruction ; mais ce vol ne peut pas vous mener bien loin. Je connais l'état de vos affaires. Avant un mois votre bilan sera déposé. Vous ferez donc bien de chercher quelque autre victime de vos perfidies et de vos vols, si vous tenez à conjurer encore cette imminente et honteuse nécessité. Ce serait mieux qu'une faillite, ce serait une banqueroute. Quant à mon héritage, vous pouvez en porter le deuil d'avance, vous et votre aimable fille. J'aimerais mieux le donner tout entier à la rivière, que de vous en laisser un seul sou.

Cela dit, M. Duplessis tourna brusquement le dos à son gendre.

Le pauvre baron avait changé dix fois de couleur pendant cette apostrophe.

Heureusement Simonne continuait de jouer négligemment avec la petite clef de son appartement, en laissant courir sur ses lèvres un doux sourire de satisfaction. Ce léger sourire suffit à illuminer les noires pensées du baron, comme un seul rayon de soleil brillante tout à coup les plus sombres nuées.

— Oh iès ! avait pensé sir John, à mesure que parlait d'Aronde ; oh iès, le scélérat, il été très fort hintelligente. Je avé eu tort de refuser. Hé bien ! dit-il à sir Douglas, si vo vôlez, je tené, moâ, les cent guinées de plus, pour la acquittemente.

— No, répondit à son tour sir Douglas, qui avait fait la même réflexion. Vô avé pas voulu toute-l'heure. A mon tour je volé pas.)

— Cette persistance, reprit d'Aronde après un silence, pendant lequel il consulta les notes qu'il avait prises ; cette persistance affirmative, en présence des affirmations contraires et tout au moins des incertitudes émises par les autres témoins ; cette persistance a quelque chose d'étrange qui doit avoir frappé la Cour et les jurés. Si je voulais imiter le témoin dans son système d'interprétation, ne serais-je pas fondé à en chercher la cause dans je ne sais quelle malveillance, quelle hostilité même, dont je serais l'objet de sa part?

L'argumentation de d'Aronde ne manquait pas d'habileté. Cette dernière considération agita un instant l'esprit du public, ce sable vivant sur lequel rien de solide ne peut s'écrire, et dont le moindre souffle suffit à changer la mobile surface.

La physionomie de Simonne, de Julie et d'Estelle s'éclaira de joie. Mais ce ne devait être qu'une fugitive lueur.

— Accusé, interrompit le président, je vous engage à bien peser vos paroles. Celles que vous venez de prononcer ne tendraient à rien moins qu'à incriminer la loyauté du témoin.

Ici, malgré la recommandation qui lui avait été faite, le jeune avocat se leva pour la seconde fois, afin d'ajouter de nouveaux argumens à ceux de son client. Julie tourna vivement l'oreille de son côté pour ne rien perdre du beau discours qu'elle attendait ; mais son espoir fut encore trompé. D'Aronde fit se rasseoir son zélé défenseur et continua ainsi :

— Je n'apprécie pas, mais j'ai le droit de fournir, à la Cour et à messieurs les jurés, le moyen d'apprécier eux-mêmes la valeur morale des témoignages. Or, ce ne serait pas d'aujourd'hui que j'aurais à me plaindre d'une haine dont je ne connais pas la cause, mais dont j'ai déjà subi les effets.

— Eh ! monsieur, interrompit brusquement Duplessis, qui avait gardé jusqu'alors un dédaigneux silence, pouvez-vous bien m'accuser de vous persécuter, quand dernièrement encore... mais non, je ne dirai rien : cela pourrait vous nuire, et je respecte votre position d'accusé.

— Je n'ai nul besoin de vos réticences, s'écria d'Aronde avec feu ; je les refuse, je les repousse, je vous somme d'achever !

— La Cour vous en prie, monsieur, ajouta le président

avec déférence en s'adressant au vieillard qui s'était rassis.

— Soit! je parlerai, puisque monsieur le président le désire, reprit Duplessis en se relevant, et en redonnant à son ton et à sa figure l'expression d'une affectueuse pitié. L'accusé me pardonnera cette révélation. Je la regrette vivement, car un homme de cœur répugne toujours à dénoncer les bons offices qu'il a pu rendre. Je ne le fais ici que comme contraint et forcé. Que l'accusé n'impute donc qu'à lui seul la pénible nécessité où il me place. Il m'accuse de mauvais vouloir à son égard? Or, je lui demande si, dernièrement encore, je ne lui avais pas offert un crédit illimité pour la fondation d'une grande usine dont il méditait le projet.

— Oui, répondit loyalement d'Aronde; mais...

— Je lui demande ensuite, interrompit le témoin, si quelque temps auparavant, je ne lui avais pas prêté cent mille francs, sans intérêt, sur sa simple signature, dans un moment où la déconfiture de ses affaires lui avait fermé toutes les bourses, y compris celle de son meilleur ami, monsieur le baron d'Appencherr.

— Oui, répondit d'Aronde; mais...

(Un chuchotement désapprobateur l'empêcha de continuer. Ses incriminations, rapprochées de tels faits, semblaient dénoter une ingratitude qui impressionna tristement l'auditoire.)

Le Balancier fut un des rares spectateurs qui ne partagèrent pas cette impression.

— Victoire! dit-il au Cyclope. Je tiens enfin notre entrée en scène! C'était la seule chose qui me manquait. Elle est dangereuse; mais le service l'exige, et la bourgeoise en sera magnifiquement reconnaissante. Attention, mon vieux!

— En avant, marche! répondit le Cyclope. Tu n'as pas affaire à un clampin! Je ne suis pas homme à rester dans les traînards.

— Hé bien! reprit Duplessis, en faisant tout son possible pour avoir l'air attendri, c'est en présence de ces services, bien modestes à coup sûr, mais qu'il me force à lui rappeler et qu'il avoue lui-même, que l'accusé vient me reprocher une prétendue animadversion! J'étais loin de m'y attendre. Et en effet, messieurs, pourquoi donc lui en voudrais-je? N'était-il pas, je le répète, l'enfant de la maison? le favori de ma fille? l'enfant adoptif, pour ainsi dire, de ma pauvre défunte?... Non, non, qu'il se détrompe. J'ai dû dire ici la vérité tout entière. C'était mon devoir. Ce n'est pas sur le bord de la tombe que j'aurais voulu commencer à me parjurer. Mais qu'il en soit sûr, achevait-il en lançant à d'Aronde un regard fulgurant qui démentait la bénignité de ses paroles, j'ai rempli ce devoir avec autant de douleur que de sincérité. Personne ici ne fait des vœux plus ardens que les miens pour son acquittement, car personne ne déplorerait plus vivement la juste condamnation qu'il viendrait à encourir. Daigne le ciel m'épargner ce dernier chagrin!

Le vieillard se rassit en essuyant ses yeux parfaitement secs, au milieu d'un murmure de sympathique approbation.

— La parole est au ministère public pour son réquisitoire, s'écria le président.

— Messieurs, dit alors l'avocat général, la Société, ébranlée jusqu'en ses fondemens les plus reculés par une presse anarch....

— Monsieur le président, je demande à faire des révélations! interrompit tout à coup une voix glapissante qui partit du fond de la salle.

— Oui, mon magistrat! répéta une voix de tonnerre qui partit du même endroit; nous demandons à faire des révélations!

— Gendarmes, dit alors le président, qu'on arrête les interrupteurs qui viennent de troubler l'ordre et le silence, et qu'on les amène au pied de la cour pour être jugés séance tenante.

Quelques instans après, le Balancier et le Cyclope faisaient une entrée fort peu triomphale, dans le prétoire, sous la conduite de deux gendarmes.

XLVII.

EXPLICATIONS FORT PEU EXPLICATIVES.

Quand le Balancier et le Cyclope eurent été amenés par les gendarmes au pied de la cour :

— Qui êtes-vous? leur demanda le président avec sévérité.

— Jean-Baptiste Codissart, répondit le premier, dans le style, encore plus prétentieux que d'habitude, dont il ne faisait usage que pour les grandes occasions; né à Duclair, Normandie, de père et mère mariés secrètement à l'église pendant l'abominable régime que les véritables amis de l'ordre, de la propriété, de la religion et de la famille ont justement flétri du nom de république; âgé de cinquante-sept printemps; demeurant dans ses meubles, à Paris, capitale du monde civilisé, rue de la Huchette, n° 3, au deuxième, à la patte de lièvre; ex-élève en droit romain, en droit français et en droit canon; ancien clerc d'huissier, de notaire, d'avoué et d'agréé près le tribunal de commerce; exerçant présentement l'honorable profession de jurisconsulte, sur laquelle les Cujas, les Merlin et les Ducaurroy ont jeté tant d'éclat; surnommé le Balancier par la gratitude de ses cliens, en raison de l'équité inflexible avec laquelle, dans sa modeste sphère, comme arbitre de leurs destinées, il se fait un devoir de manœuvrer la balance de Thémis. Tient, en effet, cabinet d'affaires, de recouvremens, de questions litigieuses et de négociations diverses. Donne des consultations chez lui et va... Mais je ne veux point abuser des momens si précieux de la Cour et de messieurs les jurés. Voici ma carte.

Le Balancier tira en effet de sa poche une poignée de petits prospectus sur papier-carton, et fit un pas en avant pour les distribuer à la ronde; mais le gendarme préposé à sa garde le retint par le collet de son habit, et le força de rentrer dans l'alignement du Cyclope.

— Pierre Letanneur, répondit à son tour celui-ci; né à Paris, faubourg Antoine, âgé de trente-neuf ans et quart; mère connue, père incognito; surnommé le Cyclope, vu le coup de poing soigné qui lui a crevé un œil dès sa plus tendre enfance; demeurant à Paris, rue de la Huchette, même numéro, au septième au-dessus de l'entresol; professeur de canne, de bâton, de boxe anglaise et autres menus talens de société; et aussi de cette boxe vraiment nationale, appelée la savate, dont l'invention fait tant d'honneur à la France, et au moyen de laquelle, avec une armée de dix mille hommes, après quinze cachets à dix sous l'heure, je me ferai fort, quand on voudra, d'aller enfoncer les Inglichemans jusque dans leur domicile de grenouilles.

Ces deux déclarations furent souvent accompagnées des rires de l'auditoire.

— Oh! cet géante borgne, il été beaucoup très himperticeste, dit tout bas sir John.

— tès, répondit sir Douglas; et si je craigné pas la justice, je donné toute-suite à lui une bonne leçon de exterminaichonne.

— Pourquoi, reprit M. le président, vous êtes-vous permis de troubler l'ordre, en élevant la voix et en interrompant le réquisitoire de M. l'avocat général, sans respect pour la majesté de cette enceinte?

— Je supplie le vénérable président qui m'a fait l'honneur d'ordonner mon arrestation, répondit le Balancier, d'être bien persuadé que nos intentions étaient pures comme un ciel sans nuage. Voici le louable motif qui m'a déterminé, ainsi que mon honorable ami, à faire retentir illégalement les échos de ces voûtes sacrées. Lorsque j'ai entendu l'honorable accusé, M. d'Aronde, reprocher à l'honorable témoin, M. Duplessis, d'avoir de l'animosité contre lui; et l'honorable M. Duplessis répondre que, bien loin d'être hostile à l'honorable M. d'Aronde, il lui avait prêté naguère, par pure obligeance, une somme de cent mille francs sur sa seule signature, hé bien! cette double allégation m'a remémoré une circonstance qu'il me semble urgent de faire connaître à la justice terrestre. Voilà pourquoi je me suis permis de troubler le calme de ce saint lieu.

— En ce cas, vous allez prêter serment comme témoin, dit le président.

Cette formalité remplie,

— Parlez, ajouta le magistrat, à la grande satisfaction de l'auditoire, dont cet incident piquait vivement la curiosité.

— Voici le fait, reprit le fidèle et pompeux mandataire de Tiennette. Il y a quelques semaines, l'honorable M. Duplessis se présenta dans mon étude de la rue de la Huchette. Il était porteur, effectivement, de cent mille francs de billets, souscrits à son ordre par l'honorable M. d'Aronde, en remboursement de pareille somme dont l'honorable M. Duplessis lui avait fait l'avance. Jusque-là, rien de plus simple. Mais voici qui l'est moins. Je le dis ici sans fausse honte, car la fortune n'est pas toujours l'apanage du vrai mérite : c'est par la quantité, non par la qualité, que brillent en général les valeurs qui pénètrent dans mon établissement. Le préjugé est même si injuste à son égard que tel effet qui serait entré excellent chez moi en ressortirait on ne peut plus mauvais. Et cependant, chose étrange, c'était justement cette dépréciation-là que l'honorable M. Duplessis venait y chercher, à prix d'or, pour lesdits billets. C'était une singulière fantaisie, mais il est assez riche pour s'en permettre de ce genre. Il nous paya généreusement, moi, mon honorable ami, mon honorable portier, et quelques autres honorables personnages, pour nous faire endosser ces mêmes billets, en ajoutant à nos signatures, assez mal accueillies sur la place, l'énonciation de nos professions et l'estampille de mon cabinet d'affaires. Le but de l'honorable M. Duplessis était de déshonorer, financièrement parlant, l'honorable M. d'Aronde, de discréditer sa signature en la montrant partout en compagnie des nôtres, d'anéantir ainsi son crédit et de précipiter sa ruine.

— L'enfant dit vrai! s'écria le Cyclope. J'ajoute qu'environ quinze ou vingt jours avant le duel, le recors en chef de notre société vint me réveiller, dard dard, à six heures du matin. Comme j'avais figuré la veille dans un assaut de boxe, de bâton, de canne et de savate contre les plus forts virtuoses du Nord et du Midi, ça me gênait un peu de me lever si tôt. Mais il n'y avait pas à tortiller. L'intérêt de la patrie l'exigeait. Il s'agissait d'opérer l'arrestation de l'accusé, contre lequel nous avions prise de corps, vu qu'il avait totalement oublié de payer pour cent vingt mille francs d'autres billets. Cela soit dit sans l'humilier. Ces distractions-là peuvent échapper aux plus honnêtes gens.

— Pour comble de singularité, interrompit le Balancier, c'était à la requête de l'honorable M. Duplessis lui-même que les poursuites avaient lieu sous un prête-nom. L'honorable M. Duplessis, ayant eu vent de l'existence de ces autres billets, déjà protestés, mais dont le porteur était disposé à attendre, me chargea d'en faire secrètement l'emplette. Comme le détenteur était un malin qui se douta de quelque chose, il les fit payer, par mon entremise, à cent pour cent de bénéfice sur leur valeur réelle. Total, deux cent quarante mille francs, non compris mon droit de courtage. Je l'avoue, ce goût de l'honorable M. Duplessis pour les valeurs qui ne valent rien peut paraître bizarre à l'honorable assemblée; mais il s'est révélé par trop de faits pour qu'il soit permis d'en douter. C'est ainsi que, quelques jours auparavant, il était déjà venu débarrasser les cartons de mon établissement, moyennant un fort bon prix, d'une liasse de billets souscrits par l'honorable défunt, M. Brioude, dont un de mes honorables

clients m'avait chargé de poursuivre le recouvrement. Après d'inutiles et coûteuses tentatives, j'y avais renoncé, l'honorable décédé étant alors complètement insolvable. Il ne restait plus qu'à vendre ses billets à la livre. Heureusement l'honorable M. Duplessis était là. Il ne pouvait manquer une si belle occasion d'accaparer quelque chose d'excessivement nul; et en effet il se hâta d'en faire une rafle générale. Si c'est par des opérations de ce genre que l'honorable M. Duplessis est parvenu à gagner son honorable fortune, on a bien raison de dire que tout chemin mène à Rome !

— Or donc, reprit à son tour le Cyclope, le recors en chef, ses acolytes et moi nous nous rendîmes aussitôt chez l'accusé ; mais revenu de Belgique depuis une demi-heure à peine, mon gaillard avait déjà repris sa volée. La sentinelle, qui épiait son retour depuis la veille, nous renseigna heureusement sur sa piste; et pour lors, chez qui allâmes-nous lui mettre la main dessus? Je vous le donne en mille, mon magistrat ! Ce fut chez le défunt, chez le Brioude, chez le prête-nom du Duplessis, chez le particulier même qui le faisait coffrer! Or donc, quand nous tendîmes le nez à la porte du salon, nous les trouvâmes tous deux dans une drôle d'occupation ! Le Brioude, blessé au bras, était couché sur son canapé ; l'accusé était debout devant un petit guéridon qui les séparait ; et, tandis qu'une jeune dame du sexe, que je ne connais pas, poussait des cris de merlusine; tandis que les deux rouciergés, homme et femme, levaient les bras au ciel, en dehors de la porte ; enfin, tandis que le domestique du bourgeois allait et venait comme un homme qui a perdu la tête, — nos deux farceurs s'amusaient à jouer tranquillement aux cartes, quoi ! à qui brûlerait la cervelle à l'autre !

— Oh ! ce petit historiette il été beaucoup très hintéressant, dit sir John à sir Douglas.

— Iès ; je trouvé le orateur très beaucoup éloquente.

— Notre arrivée, continua le Cyclope, suspendit naturellement la partie ; mais je la repris, moi, car je conçois qu'on joue son existence, tout aussi bien qu'une demitasse ou qu'une cannette, aux cartes, aux dominos, au billard, au bouchon, à n'importe quoi. Or, donc, pendant que mes camarades emmenaient l'accusé à Clichy, j'eus la satisfaction de pouvoir lui crier par la fenêtre qu'il avait gagné l'enjeu. C'était au premier roi sortant. Le roi de pique venait de lui donner le droit imprescriptible de tuer le défunt, à sa fantaisie, toutes et quantes fois cela lui plairait. Si donc je blâme l'accusé de quelque chose, c'est de s'être battu à l'épée, après s'être battu d'abord aux cartes. Il devait user de son privilège. Les gains et les pertes de jeu, c'est sacré !

— Il avé raison, dit sir Douglas à son compatriote.

— Ce été toujours ainsi dans le Angleterre, ajouta sir John.

— Est-ce là tout ce que vous aviez à dire ? demanda le président au soi-disant révélateur.

— Oh ! non, mon honorable président, répondit le Balancier. Nous avons à vous offrir un appendice qui n'a pas moins d'importance.

— Comme qui dirait le pousse-café de la chose, ajouta le Cyclope.

— Voici le fait, reprit le Balancier. Le matin même du duel, nous étions, mon honorable ami ci-présent, notre honorable camarade surnommée la Tête-de-Pipe, et moi, chez une honorable personne, mademoiselle Tiennette, qui nous avait mandés pour diverses missions parfaitement honorables. En ce moment même on annonça l'honorable M. Duplessis, qui accourait transporté de joie pour apprendre à l'honorable demoiselle le funeste résultat de la rencontre. Comme notre présence aurait pu gêner ses épanchemens, nous nous retirâmes, avant son entrée, dans la pièce voisine. De là, nous l'entendîmes donner un libre cours à son allégresse ; se vanter de l'habileté qu'il avait mise à pousser le cri de halte simultanément avec le coup mortel, de manière à pouvoir prétendre que ce coup l'avait suivi et non pas précédé ; se réjouir aussi des dernières paroles de l'honorable mourant, dont il connaissait très bien la véritable adresse, disait-il, mais dont le sens incomplet pouvait parfaitement s'appliquer à l'honorable accusé ; parler enfin avec jubilation de la promesse qu'il avait arrachée, en vue de son héritage, à son honorable gendre, de témoigner, contrairement à la vérité, que les dix minutes fixées pour la durée du combat avaient été dépassées ; se féliciter, en un mot, du succès complet de ses honorables manœuvres.

— Tout cela est archivrai, mon magistrat, ajouta aussitôt le Cyclope. A preuve que la bourgeoise ayant traité le Duplessis de menteur, d'intrigant, de pas grand'chose, et même de vieux cacochyme, le Duplessis se rebiffa et se permit de menacer la bourgeoise avec sa canne. Nous sortîmes aussitôt du cabinet où nous étions, mon camarade, la Tête-de-Pipe et moi, et nous nous précipitâmes au secours de la bourgeoise. Et pour lors, il s'en fallut de bien peu que je ne jettasse le particulier par la fenêtre ; mais la bourgeoise implora ma clémence, et je le laissai sortir intégralement par la porte. J'eus tort. Ce regret-là empoisonnera le restant de ma vie. Et voilà.

La déclaration si imprévue des deux témoins improvisés ; la bizarrerie de leurs sobriquets, de leurs professions, de leur attitude et de leur langage ; les circonstances inouïes, monstrueuses, baroques, inexplicables, dont ils faisaient un si naïf récit ; tout contribuait à jeter les esprits dans le plus ténébreux labyrinthe où la raison humaine se soit jamais trouvée. Il semblait que la cour d'assises se fût transportée tout à coup dans une des salles de Charenton.

M. Léonce se leva pour adresser quelques questions aux étranges auxiliaires que le hasard venait de donner à la cause de son client ; mais M. le président lui fit signe de se rasseoir, au nouveau désappointement de Julie.

— Vous avez cité plusieurs noms propres dans votre inintelligible récit, dit alors le magistrat au Balancier et au Cyclope. Où demeure la fille Tiennette, celle que vous appelez si singulièrement la bourgeoise ?

— Elle est absente pour le moment de Paris, répondit le Balancier.

— Ah ! elle est absente !... Et où est-elle ?

— En Allemagne.

— Ah ! elle est en Allemagne !... Et celle que vous appelez, non moins singulièrement, la Tête-de-Pipe ? Elle est aux antipodes sans doute ?

— Peut-être beaucoup plus loin. Elle est morte d'hier soir.

— Ah ! elle est morte !...

— Hélas ! oui. Il y aurait beaucoup à dire sur cette fin tragique, à laquelle l'honorable M. Duplessis n'est peut-être pas étranger ; mais ce seraient là de simples conjectures, et nous ne voulons révéler que des faits incontestables.

— Cela fait l'éloge de votre véracité, reprit ironiquement l'interrogateur. Et le domestique, la portière et le portier du défunt ? sont-ils pareillement absens ou morts ?

— Je l'ignore ; mais on peut s'en assurer rue du Helder. Les portiers se nomment Corniquet, et le domestique s'intitule le dernier des Lafleur.

Ces noms furent accueillis par de nouveaux rires dans l'auditoire, comme l'avaient été à chaque instant les précédentes assertions des deux révélateurs.

Leurs dernières réponses surtout avaient paru évasives et l'opinion générale qui sortit du chaos des hypothèses, ce fut que le Cyclope et le Balancier étaient deux compères, à la solde de l'accusé, dont le rôle consistait à calomnier le principal témoin à charge, M. Duplessis ; à battre en brèche ses dépositions, ou tout au moins à jeter du doute sur leur sincérité.

Cette opinion prit une nouvelle consistance lorsque le président eut adressé au Balancier et au Cyclope une dernière question relative aux cent mille francs de billets d'Aronde, que M. Duplessis aurait cherché à déprécier sur la place, et aux cent vingt mille francs d'autres billets protestés, qu'il aurait achetés pour faire emprisonner le signataire.

— Où sont les preuves de ces incroyables opérations ? demanda le président.

Le Balancier et le Cyclope restèrent un moment interloqués à cette question inévitable.

— Les preuves ? répondit enfin le premier. On comprend qu'il n'y a pas d'autres preuves que les billets mêmes. Or, l'honorable M. Duplessis les a naturellement retirés de la circulation. Nous n'avons donc pas d'autres preuves à fournir sur ce point que notre parole d'honneur.

Cette réponse, qui parut encore plus évasive que les autres, souleva un murmure de blâme.

M. le président, se tournant alors du côté de M. Duplessis, lui dit avec la déférence que paraissaient mériter son âge, son caractère et sa situation :

— Vous avez entendu, monsieur, les assertions de ces deux hommes. Vous plaît-il d'y opposer quelque réponse ?

En voyant ses manœuvres dénoncées, ses intrigues dévoilées, toutes ses armes se retourner subitement contre lui, l'implacable vieillard avait vécu vingt ans de torture morale pendant les vingt minutes qui venaient de s'écouler. Il se contint néanmoins, ce qui fut à coup sûr le plus grand tour de force de dissimulation qu'il eût commis de sa vie, et se levant avec calme et dignité,

— Je rends grâce à M. le président, dit-il d'une voix à peine émue, d'avoir bien voulu m'offrir la parole en cette circonstance. Mais je m'abstiendrai d'en user. Mes cheveux blancs, ma fortune, mon caractère, mes antécédens, ma vie entière, les faits acquis à la cause, la vraisemblance des autres, ma conduite envers l'accusé, les services éminens que je lui ai rendus et qu'il avoue, l'impossibilité d'un sentiment quelconque de haine en présence de tels faits, la logique, le bon sens, la raison humaine, tout répond suffisamment pour moi aux mensonges de ces hommes, à leurs allégations sans preuve, à leurs calomnies dont le but n'est que trop évident. Je me tairai donc, par respect pour moi-même, et surtout par égard pour l'accusé, pour un homme que j'estimais, que j'aime encore malgré moi, et dont je craindrais d'aggraver la position, au profit même de ma propre honorabilité.

Cette adroite réponse, faite sous prétexte de n'en vouloir faire aucune, émut profondément l'auditoire, les jurés et la Cour.

— Vous venez d'entendre le noble langage de ce vieillard, dit alors le président au Balancier et au Cyclope ; s'il vous reste quelque pudeur, il en est temps, rétractez-vous !

— Nous avons dit la vérité, répondirent les interpellés.

Se tournant alors du côté du banc du roi,

— La parole sur l'incident est au ministère public, ajouta M. le président.

« — Messieurs, dit alors l'avocat général, la Société, ébranlée jusqu'en ses fondemens les plus reculés par les prédications d'une presse anarchique, a vu périr toutes les saines traditions qui faisaient sa force et sa sécurité. Le respect du serment juridique a souffert comme le reste dans cet immense naufrage. C'est à la magistrature surtout qu'il appartient de lui rendre son antique autorité.

» En cet état de choses,

» Attendu qu'il résulte des renseignemens qui m'ont été transmis par la préfecture de police pendant la déposition des témoins, savoir :

» Que le premier, dit le Balancier, est un agent d'affaires

dont les opérations ténébreuses ont été souvent dénoncées à la surveillance de l'autorité ;

» Que le second, dit le Cyclope, a subi plusieurs condamnations pour voies de fait;

» Que les moyens d'existence de ces deux hommes sont de ceux que la morale réprouve ;

» Que leurs antécédens sont de nature à faire suspecter leur véracité;

» Qu'enfin les prétendues révélations qu'ils ont eu l'audace d'offrir spontanément à la cour, présentent tous les caractères d'un faux témoignage et d'une criminelle connivence :

» Par ces motifs,

» Requérons qu'il plaise à la Cour ordonner l'arrestation desdits, pour être statué ultérieurement sur leur sort. »

— La cour fait droit aux réquisitions du ministère public, dit le président après avoir consulté ses deux assesseurs. Gendarmes, assurez-vous de la personne des deux prévenus. Et, pour prononcer sur leur sort avec parfaite connaissance, en vertu du pouvoir discrétionnaire qui nous est attribué par la loi, Ordonnons que les époux Corniquet et le valet de feu Brioude, dit le dernier des Lafleur, seront cités à comparoir à notre barre, pour être entendus dans la cause. Qu'on emmène les accusés. La séance est suspendue.

La Cour et le ministère public se retirèrent, en même temps que les accusés, pour laisser aux huissiers le temps d'exécuter l'ordre du président.

Les conversations les plus animées s'établirent alors dans toute la salle. Les avis étaient partagés, comme en toutes choses, mais inégalement. Le plus grand nombre attribuait le dernier incident à d'Aronde, et sa situation n'en était devenue que plus dangereuse.

Estelle et Julie gardaient un morne silence.

Léonce, non moins atterré qu'elles, mais plus maître de ses émotions, s'approcha pour leur donner des encouragemens dont il eût eu grand besoin lui-même.

— Sapristi ! disait de son côté le Cyclope à son camarade, nous nous sommes flanqués dans un fameux pétrin !

— J'en conviens, répondait le Balancier. Je ne vois pas trop comment te tirer de là. Ce serait à dégoûter pour toujours de la vérité, si on en avait jamais eu le goût !

Quant aux deux Anglais, ils ne comprenaient plus rien eux-mêmes à ce tohu-bohu de péripéties.

— Je avé parié jusqu'à cet moment pour la acquittemente, dit sir John à sir Douglas; hé bien ! je parié maintenant pour le condainaichonne. Vol'-vô ?

— Iès, répondit sir Douglas. Moâ, je parié à mon tour pour la acquittemente. Ce été moins monotone. Je volé bien.

Cependant la sonnette d'avertissement se fit entendre de nouveau ; la cour rentra, les trois accusés furent ramenés, la séance se rouvrit, et l'audiencier annonça à M. le président que les époux Corniquet attendaient ses ordres dans la salle des témoins. Quant au dernier des Lafleur, occupé qu'il était, au moment de la citation, à faire lever les scellés apposés sur l'appartement de son maître, il s'empresserait de venir aussitôt que cette opération serait terminée.

— Faites entrer le sieur Corniquet, dit le président, au milieu d'une anxiété impossible à décrire.

M. Corniquet avait jugé à propos de *faire un bout de toilette* à la hâte, pour se présenter en justice dans un costume plus digne de son rang. Il avait déposé le tablier, la veste, la casquette de loutre et le pantalon vert rapiécé de noir. Il avait passé le pantalon noisette, presque collant , à braguette béante , se terminant par des bas bleus à la hauteur de la cheville. Il avait endossé son habit de noces, doux souvenir déjà vieux de vingt-cinq ans, qu'il n'avait tiré de sa commode que dans des occasions solennelles, telles que les obsèques de Louis XVIII, le sacre de Charles X et le mariage du duc d'Orléans. C'était donc un spécimen des modes de jadis; d'une couleur qui pouvait bien avoir été violette dans son printemps; à manches très courtes en forme de gaîne ; à côtés coupés très haut et carrément, au-dessus des hanches; à taille étroite, marquée au beau milieu du dos ; à basques fluettes et longues, descendant jusqu'au bas des mollets, et vulgairement appelées queues de morue. Enfin, il avait chaussé les escarpins à boucles, cirés à l'œuf, avec lesquels il avait exécuté autrefois tant de brillans entrechats ; couvert ses mains de gants tricotés en poils de lapin, et coiffé son chef d'un chapeau pointu, à petits bords, à boucle d'acier et à large ruban de velours. Ainsi adorné, il obtint un succès de fou rire, lorsqu'il fut amené par l'huissier devant le dossier de la chaise, placée au pied de la cour, pour donner meilleure contenance aux témoins. On crut voir entrer une découpure des gravures de modes du commencement de la Restauration.

Après les questions d'usage et la prestation de serment,

— Témoin Corniquet, lui dit le président, connaissez-vous l'accusé ?

— Oui, mon magistrat. C'est-à-dire , vous savez, je le connais sans le connaître. Je le connais pour être le voisin d'en face, mais je n'ai jamais été lié avec lui. Même que je ne l'ai jamais fréquenté que quatre fois. La première, ce fut un matin que j'avais eu avec son caniche, sauf votre respect, des mots sans en avoir. Un bel animal, mais très hargneux et entêté comme un mulet. Ce gaillard-là voulait absolument entrer dans la maison, comme si qu'il y eût senti la trace de quelqu'un de connaissance. Or, il est bon de vous dire, mon président, que le proprilliétaire aime mieux laisser sa maison entièrement vide les trois quarts du temps que de la louer à des caniches, à des chats, à des enfans, à des états, à des métiers, à de jeunes femmes seules, à des garçons qui ne le seraient pas, à des pianos, à des clarinettes, à des serins, à quoi que ce soit d'indécent et de tapageur.

— Témoin Corniquet, arrivez au fait.

— Pour lors donc, mon magistrat, comme j'étais en train de raisonner à coups de balai le susdit caniche, sauf votre respect, malgré l'appui que lui prêtait une populace en délire, l'accusé se présenta, m'implora en faveur de sa bête au moyen d'une pièce de cent sous, et me pria de le laisser monter avec elle chez mon locataire.

— Lequel ?

— Mon seul et unique.

— Feu Brioude ?

— Feu Brioude, soit, si cela peut vous faire plaisir, mon magistrat, à vrai dire, il se fût alors son nom sans l'être. Enfin, n'importe ! C'était donc mon unique locataire, je le répète, car pour l'autre, la dame noire du petit appartement à côté du sien, au premier, elle avait déguerpi sans tambour ni trompette, pendant la nuit même.

— Quelle était cette dame noire ?

— C'était tout ce qu'on voudra, car elle vivait seule, ne sortait jamais, n'avait pas de bonne, ne recevait personne, si ce n'est une espèce d'intendant sans l'être, qui lui apportait chaque soir sa pitance. Or, ce majordome revint dans la journée même de son départ, donna congé, paya le terme et enleva les meubles. Cela enchanta mon épouse, car mame Corniquet n'a pas sa pareille pour les mœurs chez les autres, et elle trouvait qu'à cause de sa solitude et de sa tranquillité la dame noire était très équivoque sans l'être. Or donc, pour en revenir au caniche de l'accusé, du moment qu'il n'était plus en état de vagabondage, je n'avais plus rien à lui objecter. Je le laissai passer. J'eus tort sans l'avoir. A peine monté, l'accusé se prit de dispute avec mon unique locataire, et je ne sais ce qui serait arrivé, si des recors n'étaient venus l'arrêter tort à propos. Pour lors, la seconde fois que je le revis, ce fut à la prison pour dettes, où je lui portai une lettre de la part d'une femme, d'une odalisse, qui venait souvent chez mon unique locataire; une nommée Tiennette, je crois, que je n'ai plus revue du depuis, ce dont je me moque comme de l'an quarante, car elle était laide comme il ne devrait pas être permis de l'être. Pour lors, la troisième fois, ce fut dix-huit jours après, quand j'allai le prévenir, comme il m'avait prié de le faire, que mon unique locataire était tout à fait guéri de sa blessure. Pour lors, la quatrième fois, c'est maintenant, mais celle-là en est une sans l'être.

— Vous avez dit que Brioude était déjà blessé le jour où l'accusé monta chez lui pour la première fois. Savez-vous s'il ne l'avait pas été par l'accusé lui-même dans cette première querelle ?

— Faites excuse, mon magistrat. C'est pendant la nuit précédente que mon unique locataire avait été griffé par une de ses odalisques.

— Vous parlez toujours d'odalisques : qu'entendez-vous par cette expression, passablement étrange dans la circonstance ?

— Mais dame ! mon magistrat, puisque mon unique locataire était un Turc, les femmes du beau sexe qui venaient le voir étaient naturellement des odalisques.

— Comment ! Brioude un Turc ?

— Oui, mon magistrat, tout ce qu'il y avait de plus turc : Mustapha-Ben-Papatacci ; avec une grande barbe, un foulard autour de la tête, une longue robe, un poignard, deux moricauds pour lui bourrer sa pipe, pour lui porter son sabre, et un mamelouck qui parlait l'arabe aussi bien que vous et moi.

— Prenez garde, témoin ! la cour réprimerait sévèrement de mauvaises plaisanteries !

— Moi, plaisantir pardevant cet auguste tribunal ? Plus souvent ! Je dis la vérité. C'est comme Turc que le défunt était devenu mon unique locataire. Mustapha-Ben-Papatacci-Brioude était un Turc sans l'être, un mahométan venu tout exprès à Paris, disait-il, pour contempler la colonne sans la...

— Il suffit ! interrompit le président, qui, ne doutant plus de la bonne foi du témoin, mais le soupçonnant d'avoir la tête un peu détraquée, ne voulut pas le laisser donner plus longtemps matière à l'hilarité qui interrompait à chaque instant sa déposition. Allez vous asseoir ! Puis, s'adressant à d'Aronde : Accusé, dit-il, un fait grave ressort du moins de la déposition un peu désordonnée du témoin : c'est qu'à la suite d'une première querelle, dont la scène de la Bourse n'aurait été que la continuation dix-huit jours plus tard, vous l'aviez chargé de vous prévenir lorsque votre adversaire serait en état de pouvoir tenir une épée. Reconnaissez-vous la vérité du fait ?

M. Léonce voulut se lever pour contester au profit de son client l'interprétation qu'on en pouvait tirer, mais celui-ci le retint par le bras et le fit encore se rasseoir, ce qui causa de nouveau un bien vif désappointement à Julie. L'accusé se contenta ensuite de faire un signe de tête affirmatif au président.

— Ainsi, le fait de préméditation est acquis à l'accusation, ajouta le magistrat. Huissier, faites entrer la femme Corniquet.

Mame Corniquet n'eut pas moins de succès que son époux. Elle avait revêtu comme lui ses plus beaux atours. Elle parut, le nez au vent, l'air guilleret, toute fière d'un rôle qui allait la relever dans la considération du quartier, et lui fournir des racontances de loge pour le restant de sa vie. Elle trottinait, se trémoussait, souriait à droite, à gauche, à l'aventure, et faisait la révérence à tors et à travers, au public, à l'accusé, aux avocats, au greffier, aux huissiers, aux juges, aux jurés, aux gendarmes, à tout le monde, y compris le Cyclope lui-même.

— Tiens, tiens, tiens ! s'écria-t-elle à la vue de ce dernier : me voilà en pays de connaissance. Bonjour, monsieur ! Ça va bien ? Et chez vous ?... Vous ne me remettez pas ? C'est moi qui, vous savez...

— Silence ! interrompit l'huissier, en la faisant pirouetter sur elle-même ; et ne tournez pas ainsi le dos à la Cour.

— Vos noms, prénoms, âge, domicile et qualités ? lui demanda le président.

— Volontiers, mon juge, si ça peut vous être agréable, répondit-elle, en faisant une centième révérence : Laïde Rigolin, de mon temps de demoiselle ; et femme Corniquet, du depuis mon mariage. Quant à mes qualités, veuillez m'excuser : ce n'est pas à moi qu'il appartient de faire mon éloge ici.

— Vous vous trompez.

— Oh ! que nenni !

— Quelle est votre profession ?

— Concierge, rue du Helder, pour vous servir si j'en suis capable, vous et toute l'aimable compagnie.

— Vous avez oublié votre âge.

— Est-ce qu'on est forcé de... ? Vingt-cinq ans, mon président.

— C'est quarante-cinq sans doute que vous voulez dire. Et maintenant ôtez votre gant. Pas celui-ci... l'autre. Très bien. Levez la main. Pas la gauche... la droite. Très bien. Vous jurez de dire la vérité, toute la vérité, rien que la vérité ?

— Je le jure, aussi vrai que j'ai toujours été une honnête femme. N'est-ce pas, monsieur Corniquet ? Eh bien ! où est-il donc ? Ah ! je le retrouve. Je me disais bien aussi qu'il ne pouvait pas être égaré. Et je jure ça, voyez-vous mon juge, de mes deux mains plutôt qu'une !

— Il suffit d'une seule. Baissez-la. Je ne vous dis pas de la baiser, mais de la baisser. Très bien. Dites-nous maintenant ce que vous savez.

— Je ne sais rien du tout. Voilà tout ce que je sais.

— Tout à l'heure cependant vous sembliez reconnaître un des témoins. Où vous êtes-vous rencontrée avec lui ?

— Avec lui ? Jamais ! Ne crois ça du moins, mon pauvre homme ! Monsieur est un beau cavalier, c'est vrai, malgré l'œil qu'il n'a plus ; mais ce n'est pas une raison. Je n'étais pas née, je vous prie de le croire, dans cette portière. Sans les malheurs que ma famille a évus du temps de cette gueuse de révolution, j'avais trop d'éducation pour...

— Mais enfin il faut bien que vous l'ayez vu quelque part, puisque vous l'avez reconnu.

— Je l'ai vu, je ne dis pas, mais en tout bien tout honneur, devant je ne sais combien de personnes, y compris mon homme. Je n'ai jamais donné de rendez vous, pas plus à lui qu'à d'autres freluquets. Ah ! mais c'est que !... on a des principes ou on n'en a pas. Voici la chose. C'était un jour. Le richard d'en face était monté avec son chien pour rendre une visite de cérémonie, vers sept heures du matin, au Turc de notre premier. Tout à coup ces messieurs, pas très bien mis, demandent à monter après lui ; mon mari monte après eux, et je monte après mon mari. Qu'est-ce que je vois alors ? Monsieur le borgne qui jouait aux cartes avec le Turc, pendant que le richard d'en face était emmené par les autres parce qu'il n'avait pas le sou.

— Quel étrange gâchis nous faites-vous là ?

— Vous voyez que j'avais dit vrai, mon magistrat, interrompit fièrement le Cyclope.

— Silence ! cria l'huissier.

— Femme Corniquet, reprit le président, tâchez de mieux ordonner vos souvenirs. Savez-vous ce qui s'était passé avant cette scène chez votre locataire ?

— Ah ! mon juge, ne m'en parlez pas ! Vous renouvelez tous mes chagrins. Depuis la veille au soir, ç'avait été un tas de manigances que le diable devait s'en trotter les griffes de joie. Je sais bien que, puisqu'il s'était fait Turc, ça lui était ordonné par sa religion, puisqu'on dit qu'elle commande d'avoir sept cents femmes. Mais c'est égal : c'était un peu fort de café pour une maison aussi paisible. Une vraie procession de bayadères, quoi ! Des jeunes, des vieilles, des mitoyennes, des jolies, des laides et des passables ! Avec ça des allées, des venues, des chants, des danses, des cris à faire frémir, des prières à coups de tête sur le plancher, d'après la religion turque, un tremblement enfin, des cordons de sonnettes cassés, qu'on se serait cru à la représentation du *Chien de Montargis* à la Gaîté. Une bien belle pièce ! Vous devez la connaître, vous, mon juge, qui avez certainement fait toutes vos classes. Avec ça que dans l'histoire de mon Turc, il y a aussi un chien qui est cause de tout. Pas la nuit, s'entend : faut être juste envers les quadrupèdes ; mais le matin, quand le baccanal a recommencé un moment. I y a des chiens extrêmement désagréables en société. C'est connu. Des chiens mal élevés, c'est comme des hommes. Celui-là en était. Figurez-vous que, tandis que son maître, le richard d'en face, cause amicalement avec le Turc, voilà que le caniche s'en va ramasser un mantelet de femme qui était tombé sur le parquet, je ne sais où ; un mantelet qu'une des houris de la nuit avait sans doute oublié par mégarde en s'en allant. Le Turc alors se fâche, le maître prend la défense de son chien : c'est tout naturel ; et bref, de fil en aiguille, les voilà qui se jouent leur vie à la plus belle carte. Même que c'est monsieur, ce beau borgne, qui a fini la partie. Je tiens tous ces détails du domestique du trépassé. Dieu veuille avoir son âme ! Mais toujours est-il qu'il m'a rendue bien à plaindre de son vivant. Son exemple avait tourné la tête à mon homme, qui parlait déjà turc comme celui qui l'a inventé, et, ce n'est pas pour dire, j'ai évu bien de la peine à l'empêcher d'embrasser cette religion-là. Vous devinez pourquoi. C'était à cause des sept cents...

— Femme Corniquet, interrompit le président, vous ne suivez pas assez bien la recommandation que je vous ai faite d'être claire et précise, pour que je vous laisse plus longtemps la parole. Si vous continuiez vos explications, ce serait à ne plus rien comprendre à la cause. Allez vous asseoir.

— Vous êtes bien honnête, monsieur le juge, répondit madame Corniquet en faisant coup sur coup plusieurs révérences ; mais ne faites pas attention... je ne suis pas fatiguée... Dans notre état, on reste assise toute la journée... Je ne fais même pas assez d'exercice... Ça m'est nuisible... Mais que voulez-vous...

— Silence donc ! dit l'huissier, qui prit mame Corniquet par le bras et la conduisit s'asseoir auprès de son époux.

Pendant toute cette déposition, que le public n'avait pas trouvée moins gaie que la précédente, l'accusé et sa femme avaient éprouvé plusieurs fois des impressions bien vives mais bien différentes.

Estelle espérait qu'un mot, un rien, un détail quelconque amènerait enfin, malgré son mari, sans qu'elle y fût pour rien, la révélation de la véritable cause du duel, et qu'alors la plupart des charges disparaîtraient devant la légitimité de cette cause.

D'Aronde, au contraire, frissonnait de crainte chaque fois que cette révélation semblait devoir sortir fatalement de l'incohérence même du récit.

Mais ils furent également trompés, l'un dans sa peur, l'autre dans son espoir.

— Huissiers, s'écria le président, qu'on introduise le valet du défunt !

Le dernier des Lafleur venait d'assister, comme on l'avait dit, à la levée des scellés de l'appartement de son maître. Brioude n'ayant jamais connu sa famille, aucun parent ne s'était présenté, ce qui est rare en pareille occurence ; car, pour peu qu'il meure un Martin, par exemple, sans laisser d'héritiers connus, vous pouvez être sûrs qu'à la suite des publications légales, il se présentera des Martin de tous les coins du monde pour demander leur part de succession. Il se présentera même des Marton, des Mortain, des Marti, des Martine, des Martinière, des Mart n'importe quoi.

Le juge de paix avait fait l'ouverture du testament trouvé dans le secrétaire du décédé, en compagnie de quelques autres papiers. Ce testament datait, nous nous le rappelons, de quelques heures seulement avant celle du duel. Le dernier des Lafleur était institué légataire universel et exécuteur des dernières volontés du défunt. Exécuteur de quelles volontés, et légataire universel de quelles choses ? C'est ce que la gravité du lieu où nous nous trouvons ne nous permet pas de dire en ce moment. Bornons-nous à constater ici, à l'éternel éloge du donataire, qu'il regrettait sincèrement le donateur, comme le prouvait la trace des pleurs authentiques qu'il venait de répandre pardevant l'officier public. L'opération funèbre avait fort ému ce bizarre mais fidèle serviteur. L'ex-mamelouck fit donc une entrée assez modeste, et d'un pas qui ne rappelait point trop la démarche saccadée qu'il avait conservée de ses fonctions de comparse au Théâtre-Français. Mais, malgré la gravité du cas, les gens de goût eurent encore le désagrément de retrouver, dans sa déposition, quelques bribes alexandrines du répertoire classique. Il paraît que le vers est particulièrement le langage de la douleur.

Quand les formalités préalables eurent été remplies,

— Témoin, lui dit le président, la position que vous occupiez auprès de la victime donne une extrême importance à vos moindres paroles. Vous avez juré de dire toute la vérité, ne l'oubliez pas.

— Je sais que je remplis ici un auguste sacerdoce. Je serai digne de cette haute mission.

— Vous devez avoir connu, ou tout au moins deviné la véritable cause du duel. Pensez-vous que c'ait été une question d'argent ?

— Je crois servir la mémoire de mon maître en répondant négativement.

Ses pareils à deux fois ne se font pas connaître,
Et, pour l'événement qui causa son trépas,
Un plus noble mobile avait armé son bras.

— Ainsi vous pensez que la querelle de Bourse ne fut qu'un prétexte, dont le but était de cacher le véritable motif de leur hostilité ?

— C'était une fausse sortie, un stratagème, un déguisement, un trompe-l'œil, comme on dit au théâtre.

. . . . J'ai tout lieu de le croire.
Et voilà cependant comme on écrit l'histoire !

— Soit ! mais dites-nous tout bonnement en prose quel fut ce véritable motif.

— Oui, monsieur le président,

A l'honneur du défunt, je le dis avec joie,
Ce fut, comme toujours... l'amour qui perdit Troie.

— Je vous invite encore une fois à quitter le langage des dieux pour vous en tenir à celui des simples mortels.
— Oui, seigneur.

. . . . : Je vais faire
Ce qui dépend de moi pour ne pas vous déplaire.

— Un des témoins a parlé d'un mantelet de femme qui aurait été trouvé par le chien de d'Aronde dans l'appartement de Brioude, tandis que l'accusé était avec votre maître, le matin même de leur première dispute : celle qui fut suivie d'une si étrange partie de cartes. Et à ce propos un second témoin a pensé que ce fut cette découverte même qui amena l'une et l'autre. Qu'avez-vous à dire sur cette conjecture ?

— Qu'elle ne manque pas d'exactitude. Le mantelet fut bien pour quelque chose dans la brouille.

Car souvent, on le sait, la plus futile chose
D'un grand événement peut devenir la cause.

Léonce, qui lisait sur la figure de d'Aronde combien il était contrarié de la nouvelle tendance imprimée aux interrogatoires par l'intervention imprévue des trois derniers comparans, Léonce se leva sur la conclusion du témoin pour tâcher de calmer une inquiétude dont il observait l'effet sans en connaître la cause.

Julie eut encore une lueur d'espoir qui fut d'aussi courte durée que les autres.

Le président, qui devina l'intention du jeune avocat, lui fit de la main plusieurs signes bienveillans qui pouvaient se traduire par ces mots : Taisez-vous ; et il ajouta verbalement :

— Laissez la Cour diriger les débats comme elle l'entend, dans l'intérêt de l'accusé lui-même, autant que dans celui de la justice. Tout le monde ici a besoin de s'éclairer; tout le monde a besoin que la lumière jaillisse enfin du milieu des ténèbres où nous marchons depuis le commencement du procès. La cause a déjà gagné en clarté, grâce à la présente déposition. Le nouveau motif assigné au duel, et qui paraît être le seul vrai, comme le seul vraisemblable, ce motif, sans doute, n'est guère plus moral que l'autre, mais il n'est pas aussi trivial du moins ; et qui sait? sans excuser aux yeux de la loi la violence qu'il a inspirée, peut-être peut-il, en l'ennoblissant aux yeux des hommes, mériter d'être invoqué par l'accusé comme une circonstance atténuante. Continuez, témoin, et, sans nommer personne, faites-nous connaître l'importance que la découverte de ce mantelet chez Brioude, selon vous, pouvait avoir aux yeux de d'Aronde.

— Mais...

Le dernier des Lafleur s'arrêta net sur ce monosyllabe, ne sachant comment répondre catégoriquement en présence de l'accusé. Il cherchait probablement dans sa mémoire théâtrale quelque vers anodin qui pût du moins parer la chose de tout le charme de la poésie.

Mame Corniquet, dont la langue s'impatientait du long silence qu'elle était obligée de garder, saisit avidement cette occasion de se soulager de son trop plein de loquacité, tout en venant au secours de l'ex-mamelouck.

— Hé ! pardine ! il n'est pas besoin de tant chercher midi à quatorze heures, s'écria-t-elle. Histoire de jalousie. Je sais ce qui en est. Mon homme, lui aussi, était jaloux comme un tigre. Ah ! il ne faudrait pas, même encore à présent, qu'il trouvât mon mantelet chez quelqu'un, à sept heures du matin, au mois d'octobre surtout ! Il dévorerait ce quelqu'un-là, et moi avec ! C'est la même chose ici. Le mantelet en question avait été laissé chez le Turc par une des bayadères qui l'avaient visité depuis la veille au soir, et la personne à qui M. d'Aronde s'intéressait justement à celle-là. C'est simple comme bonjour. Mais à laquelle? demanderez-vous. Voilà, par exemple, ce qu'on ne vous dira pas, messieurs. Vous êtes trop curieux. Faut se soutenir entre pauvres créatures. On ne sait pas soi-même ce qu'on peut devenir plus tard.

— Cette femme radote ! interrompit imprudemment d'Aronde avec un empressement et une véhémence qui parurent fort suspects à l'auditoire.

— Ah ! je radote ! reprit mame Corniquet, extrêmement humiliée de cette publique apostrophe; ah ! je radote !... Hé bien ! nous allons voir si c'est que je radote ! Je la connais, moi, la bayadère au mantelet. C'était celle de neuf heures du soir ; celle qu'une vieille Carabosse a amenée chez le Turc, et qu'elle y a laissée presque tout de suite ; celle que j'ai bien vue entrer, et mon homme aussi, et le mamelouck aussi : ils en conviendront, s'ils veulent être francs ; mais que je n'ai pas eu l'agrément d'en voir sortir, attendu probablement que je n'y vois pas quand je dors. Oh ! je l'ai parfaitement vue, allez, quand elle a passé devant la loge, elle et son mantelet. Ah ! je radote !... Mais ce n'est pas tout : le plus drôle de l'histoire, c'est qu'elle est ici même, cette charmante bayadère ! Voilà une éternité que je la reluque à travers son voile, en me disant à part moi : « Mais, mon Dieu, mon Dieu, je connais cette bayadère-là ! Je l'ai vue quelque part ! où diable ça peut-il » être ? » Hé bien ! le voilà où ça est. C'était là-bas, devant ma loge, quand elle allait sournoisement chez le Turc !... Sainte-Nitouche, va !...Oui, oui, vous avez beau me darder vos jolis yeux, ma belle enfant, ajouta la portière exaspérée, en désignant enfin du doigt madame d'Aronde : je ne sais ni votre nom, ni votre adresse, ni votre rang ; mais je sais votre frimousse. La bayadère de ce soir-là, c'était vous, bien vous, et, je dois l'avouer, vous êtes un assez gentil minois pour qu'on ne s'y trompe pas. Ah ! je radote !... On peut voir maintenant si c'est que je radote !... En tout cas, comme on dit, radotera bien qui radotera le dernier !

Il nous faudrait la plume de... la plume de nous ne savons qui pour exprimer convenablement l'effet que produisit cette foudroyante révélation. Nous avons besoin de calmer nos propres émotions, pour essayer de le faire, de notre moins mal possible, dans le prochain chapitre.

XLVIII.

FIAT LUX.

La révélation, si imprévue, si grosse de conjectures de la concierge de la rue du Helder, avait éclaté véritablement comme une bombe au milieu des obscurités de la cause.

Mame Corniquet, l'œil brillant, le sourire narquois, le visage empourpré, se rassit auprès de son mari, heureuse et fière de tout le brouhaha que venait de soulever sa voix. Il ne lui était jamais arrivé de faire pareille sensation en si belle société.

Les impressions furent d'ailleurs aussi diverses que vives à la suite de cette stupéfiante déposition.

La cour et les jurés y voyaient enfin l'explication de l'inexplicable animosité de d'Aronde, avant, pendant et même après le combat. Il s'était battu, non plus pour protéger l'honneur de l'armée d'Afrique, qui n'avait nu besoin de sa protection ; mais pour venger son propre honneur.

Les simples amateurs d'émotions fortes y trouvaient une péripétie de plus.

Les Anglais surtout se félicitaient à l'envi d'avoir fait le voyage, puisqu'il leur était permis d'admirer, non seulement un si illustre scélérat, mais encore une si abominable faime.

— Je gage cinq cents guinées maintenant pour le acquittemente, dit sir Douglas à sir John, avec lequel, comme nous l'avons vu, il avait troqué de pariure l'instant d'auparavant. Vol'-vo ?

— Iès, répondit sir John. Le acciousé il avé du malheur : je tené les cinq cents guinées pour le condaînaichonne.

Les mauvaises langues s'exerçaient tout bas aux dépens des époux :

— Cela ne pouvait lui manquer, disaient-elles : il était trop heureux au jeu. C'est la règle.

Les femmes prenaient généralement un air de vertu effarouchée en regardant désormais madame d'Aronde. Était-ce dédain ? Était-ce envie ? Les moralistes sont partagés. On n'est pas bien sûr que toutes les coquettes de Jérusalem n'aient pas jeté la première pierre à la femme coupable de la parabole.

Et cependant la plus coupable peut-être offrait ici une consolante exception. Simonne contemplait Estelle avec une tendre pitié mêlée de respect, bien convaincue d'iristinct que la jeune épouse n'avait rien perdu de ses droits à l'un, en acquérant des titres à l'autre.

— Les affaires de la bourgeoise sont en bon train, dit de son côté le Balancier au Cyclope, entre les deux gendarmes qui continuaient de les garder à vue. Tiennette voulait perdre la femme et sauver le mari. Voilà déjà la moitié de la besogne de faite.

— Oui, mais il est plus difficile de faire l'autre que de boire un verre de vin, répondit le Cyclope. J'aime mieux être dans ma peau que dans celle du d'Aronde, quoiqu'elle soit moins détériorée. Car enfin raisonnons. Les trois dernières dépositions ne commencent point trop mal à nous innocenter. Encore quelques-unes de ce calibre, et nous voilà blancs comme neige ! J'avoue que je verrai arriver ce moment avec une certaine satisfaction. J'illuminerai.

— Jolie connaissance que vous faites cultiver là par votre fille, monsieur mon gendre ! dit le vieux Duplessis, en se retournant du côté du baron, près duquel il était assis. Laisser une jeune fille de dix-huit ans s'afficher en public avec une femme de cette sorte ! Une femme dont les débordemens (ô juste retour des choses d'ici-bas !) vont jeter sur le nom de ce d'Aronde l'ignominie que son père à lui n'a pas craint de jeter sur d'autres. C'est une noble et digne race !

— Quoi ?.. qu'est-ce ?.. qu'y a-t-il donc ? s'écria M. d'Appencherr, qui, partagé entre les douces espérances que lui inspirait la clef de Simonne, et les fâcheuses appréhensions testamentaires dont le tourmentait la colère du vieillard, n'avait rien entendu de ce qui s'était dit, et répondait en sursaut, pour ainsi parler, comme au sortir d'un songe.

— Il y a, répliqua ironiquement le riche beau-père, il y a que vous veillez avec autant de succès sur votre famille que sur votre fortune. Je vous en fais mon compliment. Vous avez déjà dissipé l'une. Dieu veuille préserver l autre !

Cela dit de son accent le plus satanique, M. Duplessis lui tourna de nouveau le dos avec un amer dédain.

Cette dernière péripétie l'avait ragaillardi de dix ans. Il s'était redressé, son œil se rallumait, et sa figure rayonnait de joie. On eût cru voir la miniature de ce tableau célèbre où le génie du mal est représenté le sceptre en main, le front couronné de tempêtes, et fièrement assis sur les ruines du monde.

C'est qu'en effet la victoire de l'impitoyable vieillard était devenue subitement aussi complète que l'avait jamais pu rêver sa haine. La vraie question du procès, celle du coup mortel porté après le signal de halte ; cette question restait décidée contre l'accusé ; elle paraîtrait même un degré de vraisemblance de plus au réel motif, actuellement révélé, du combat ; et quant à celle de son acharnement, s'il était vrai qu'il fût dorénavant excusable, à quel prix l'était-elle ? au prix du repos de sa vie, de son honneur conjugal, de sa félicité domestique. M. Duplessis triomphait donc tout ensemble du financier, de l'homme et du mari.

Aussi avec quel sinistre sourire ne contemplait-il pas cette victime qu'il avait jetée là, sur la sellette entre deux gendarmes, sous le poids d'une accusation capitale et infamante, et qu'il voyait se livrer, en ce moment même, au plus cruel des désespoirs, au désespoir silencieux !

En effet, aux dernières paroles de l'indiscrète portière, Estelle s'était levée avec toute la dignité de la vertu qu'on outrage. Voulant saisir enfin l'occasion qu'elle attendait sans la chercher, elle se disposait à raconter hautement les incidens divers de l'odieux guet-apens qui lui avait été tendu chez Brioude, et à faire un loyal appel à tous les gens de cœur et de sens. Mais d'Aronde, qui ne cessait d'épier ses mouvemens, lui avait dit de nouveau, d'un ton suppliant et résolu :

« — Estelle, pas un mot !... je t'en prie !... je le veux ! »

Estelle alors, vraiment sublime d'obéissante fierté, s'était rassise tranquillement auprès de sa jeune amie ; et celle-ci, ne pouvant lui prodiguer des consolations que sa candeur ne lui fournissait pas, remplaçait les paroles défaillantes par de muettes caresses qui n'étaient pas moins éloquentes dans la circonstance.

D'Aronde, en persistant à imposer silence à Estelle, cédait tout à la fois à la plus droite raison et au plus juste orgueil. Lui non plus, il ne voulait pas même admettre que la femme de César pût être soupçonnée. Or, ce soupçon une fois né, il se rendait parfaitement compte de l'impuissance où serait sa jeune femme de le détruire, sans nulle preuve contraire, par la seule autorité de ses dénégations intéressées ; et cela, en présence d'une opinion publique naturellement disposée à croire d'emblée, le mal toujours, le bien jamais. Le seul résultat probable d'une pareille tentative, ce serait du mépris pour elle, du ridicule pour lui.

Il était donc retombé sur son banc, pâle, muet, abasourdi, désolé, atterré, ne sachant que faire, que dire, que résoudre contre une révélation, moitié vraie moitié fausse, qu'il avait tant redoutée jusque là, pour l'écartement de laquelle il avait tout risqué : sa fortune, sa liberté, sa vie ; et qui, déjouant enfin toutes ses précautions, venait le frapper si inopinément dans ses plus vives susceptibilités.

Telles étaient les impressions diverses des auteurs, des spectateurs et des acteurs de ce drame judiciaire, pendant les quelques secondes d'entr'acte qui suivirent la déposition de mame Corniquet, et qui suffirent au développement simultané de tous les petits incidens que nous venons de raconter.

Ces impressions toutefois ne reposaient que sur le témoignage d'une femme dont l'esprit peu lucide et le langage incohérent n'étaient pas de nature à mériter une confiance illimitée. M. le président comprit cette insuffisance avec un tact parfait. Mais il comprenait aussi tout ce que cette insuffisance même avait cependant de douloureux pour l'accusé et de terrible pour sa femme. « De » deux choses l'une, » pensa-t-il : « Ou le témoin a dit » vrai, ou le témoin a dit faux. Dans le premier cas, ma- » dame d'Aronde n'a rien à perdre à la confirmation des » faits ; dans le second, elle a tout à gagner à leur démen- » ti. » Il crut donc devoir poursuivre les interrogatoires sur le point en litige, dans l'intérêt même de l'accusé et de sa jeune femme. Il n'avait point provoqué, tant s'en fait, la déconsidération de celle-ci : le cours des débats l'avait seul amenée à l'improviste ; il en avait gémi le premier, et autant que tout autre il désirait sa réhabilitation.

— Approchez, témoin Corniquet, dit-il alors par tous ces motifs. Vous avez entendu votre femme invoquer vos souvenirs à l'appui des siens, sur la question de savoir si la dame que vous voyez ici est bien la même qui vint un soir, vers neuf heures, chez celui que vous appelez le Turc. Qu'avez-vous à répondre?

— Je sais, mon magistrat : c'était le soir de la veille du matin du jour où je devais avoir une bisbille avec le caniche de M. d'Aronde. Hé bien ! par ce que j'ai de plus sacré sur la terre, j'ignore si madame et la susdite bayadère ne sont qu'une seule personne sans l'être. J'ai eu l'honneur de voir madame à Clichy lorsque je portai à son époux la lettre de la laide dont à laquelle jo me suis expliqué tout à l'heure ; mais je n'ai pas vu la figure de la bayadère quand elle a passé devant la loge en allant chez mon Turc, il signor Mustapha-Ben-Papatacci-Brioude. Je n'ai remarqué que son mantelet. Ah ! s'il s'agissait du mantelet, je le reconnaîtrais tout de suite. Mais quant à sa figure, ni vue ni connue. En un mot, je n'ai vu sans la voir. Voilà ce que j'avais à révéler, et on me couperait en morceaux que je n'en dirais pas davantage.

Cette déposition dubitative redonna un peu d'espoir à

d'Aronde, et renouvela légèrement les perplexités du public.

Le président fit alors s'approcher de nouveau le valet du défunt.

— Apprenez-nous d'abord, lui dit-il, ce que c'est que cette dame noire dont il a été plusieurs fois question dans es débats.

— On n'en a jamais rien su.

— Et Tiennette, qu'est-ce que cela?

— C'était une amie de mon maître : ils se détestaient cordialement, et disaient pis que pendre l'un de l'autre ; mais je ne sais quel intérêt les unissait. C'est ce que le tendre Racine a si bien exprimé dans ce vers que j'ai souvent entendu M. Talma m'adresser à la Comédie-Française :

Et je ne l'embrassais que pour mieux l'étouffer.

— Pensez-vous qu'elle fût à même de donner à la justice quelques éclaircissemens sur cette mystérieuse affaire ?

— J'ai lieu de le penser,

Car, de tout noir forfait, cette exécrable femme,
Lorsqu'elle n'en est le bras, veut du moins être l'âme.

Oh ! mille pardons, c'est faux !

— Qu'est-ce qui est faux? Votre témoignage ?

— Non, monsieur le président ; mon hémistiche seulement, *lorsqu'elle n'en est le bras*. Il y a un pied de trop. C'est : *lorsqu'elle n'est le bras* qu'il fallait dire. Défaut de mémoire. Il est grand temps que je rentre au théâtre. Je sens que je me rouille terriblement!

— Hé ! pour Dieu ! il s'agit bien d'hémistiches ! Laissez-là vos méchantes rimes, je vous le répète une dernière fois, et tâchez de faire un peu plus usage de votre raison !

— Oh ! ce été une grande poëte méquionnu, dit sir John à sir Douglas. Si il été dans le Angleterre, je ouvriré une souscraipchonne en son faveur.

— Moâ, nô. Je trouvé beaucoup fort hennuyeux ses petit phrases très court.

— Maintenant, témoin, continua le président, pouvez-nous dire quelle est la personne que la femme Corniquet a traitée de Carabosse, et qui aurait amené chez Brioude, vers les neuf heures, le soir que vous savez, ce qu'elle appelle pareillement une bayadère?

— C'est la fille de cette messagère galante que l'immortel Lesage esquissée dans son immortel *Turcaret*. Son vrai nom doit être madame Satan. Aussi l'a-t-elle quitté pour le sobriquet de Tête-de-Pipe qui lui a paru plus gracieux.

— Tête-de-Pipe ! s'écria M. le président. Etrange fatalité ! Des trois personnes qui eussent pu fournir quelque lumière peut-être, l'une est absente, l'autre est morte, la troisième est inconnue. C'est fâcheux, car nous n'avançons, qu'avec bien de la lenteur dans la recherche de la vérité. Témoin, dites-nous enfin si la personne que la femme Corniquet a cru pouvoir désigner ici est bien la même que la prétendue bayadère, amenée chez Brioude par la Tête-de-Pipe. Vuus vous taisez?... Vous vous troublez ?... Faites-bien attention, témoin !... Après le serment que vous avez prêté de dire toute la vérité, et après l'incrimination morale dont cette personne se trouve ici l'objet, votre hésitation serait coupable envers elle, comme votre silence le serait envers la justice.

L'hésitation du dernier des Lafleur procédait naturellement de la double crainte de compromettre madame d'Aronde en sauvegardant la mémoire de son cher bienfaiteur, ou de compromettre cette mémoire adorée en sauvegardant la jeune femme. Toutefois, la dernière injonction du président ne permettait plus de tergiversations. Le témoin résolut de parler, mais dans des termes généraux et vagues qui ménageassent également ces deux intérêts ; et pour cela, de dire la vérité, rien que la vérité, et non pas toute la vérité.

— Hé bien ! donc, s'écria-t-il, je suis désolé qu'une telle révélation ait été faite, mais puisque le mal est sans remède,

J'en laisse à qui de droit la responsabilité,
Et reconnais ici cette jeune beauté.

Cet aveu changeait enfin tous les doutes en une triste certitude, comme le prouvèrent les murmures improbateurs qui s'élevèrent contre madame d'Aronde et les regards méprisans qui se tournèrent de tous côtés vers elle.

Estelle alors, puisant une force toute nouvelle dans l'excès même de son humiliation, resta calme, impassible et silencieuse à sa place ; et là, tandis que Julie, suspendue à son cou, la tenait embrassée et l'enveloppait pour ainsi dire de sa propre innocence, la jeune femme, par un de ces fiers mouvemens qu'une conscience pure peut seule inspirer, releva lentement son voile, n'opposant ainsi que la sérénité de sa belle figure aux injustes mépris qui osaient s'élever jusqu'à elle.

D'Aronde fut transporté d'enthousiasme à la vue de cette noble audace qu'on pouvait appeler l'effronterie de la vertu.

Il se leva, ferme et calme, s'inclina avec respect du côté d'Estelle, puis la désignant d'un geste solennel à l'auditoire stupéfait, il dit d'une voix impérieuse, avec toute la majesté d'une conviction profonde :

— Vous tous qui m'écoutez, vous voyez bien cette créature avilie, cette épouse sans foi, cette coureuse d'aventures nocturnes? hé bien ! moi son mari, je la proclame ici la plus sainte, la plus dévouée, la plus vénérable des femmes !

— Décidément, ce été une jobard ! dit sir Douglas à sir John. Depuis que miledy elle avé trompé moâ, je croyé plus di tout à le honnêteté des daimes. Je avé parié déjà cinq cents guinées avec vo pour la acquittemente du mari ; je parié maintenant cinq cents guinées pour e coulpabilité de son faime. Vol'-vô?

— Iès, je volé bien, répondit sir John. Cinq cents guinées pour le crime à lui, cinq cents guinées pour le vertu à elle.

Hâtons-nous de dire qu'il y avait dix sir John contre un Douglas dans l'auditoire. L'action si noble de la femme et le langage si ferme du mari avaient frappé la foule d'une sorte d'admiration.

Malheureusement d'Aronde ne put maîtriser plus longtemps l'indignation qui l'étouffait.

— Oui, voilà ce que je proclame à la face de tous, continua-t-il d'une voix plus forte et en frappant du poing sur son banc ; et s'il en est parmi vous qui osent encore prétendre le contraire, ce sont des calomniateurs et des lâches !

— Accusé, interrompit le président avec une extrême bienveillance, je comprends tout ce que votre âme peut souffrir en ce moment ; mais soyez calme, je vous en conjure, dans votre intérêt même.

— Que je sois calme? s'écria d'Aronde, dont les gendarmes ne pouvaient contenir les mouvemens désordonnés, et sur l'esprit de qui les supplications de son jeune défenseur étaient tout à fait impuissans ; que je sois calme ? continua-t-il en riant amèrement. Cela vous est bien facile à dire, à vous !... Que je sois calme ?... Hé ! pourquoi donc serais-je calme ?... Non, je ne veux pas être calme, moi !... Assez de patience comme cela !.. Je le répète, ceux ui oseront douter de l'honorabilité de ma femme, ceux-là seront des lâches et des calomniateurs, comme les stupides témoins qui ont osé le faire ; et mon seul vœu désormais, c'est de les châtier sans pitié !

— Accusé, reprit le président avec dignité, vous insultez l'auditoire, vous menacez les témoins, vous manquez de respect à la justice. Par égard pour votre position, par sympathie pour votre chagrin, je veux bien vous donner encore un avertissement ; mais prenez garde ! ce serait le dernier : n'aggravez pas votre situation ! ne me forcez pas surtout à appeler sur vous les rigueurs de la loi !

— Hé ! que m'importe ! poursuivit d'Aronde de plus en plus exaspéré ; que me font vos lois, vos jugemens, vos menaces et vos peines ! Qu'on nous condamne, ma femme et moi ! qu'on nous flétrisse ! qu'on nous déshonore ! qu'on nous jette en prison ! Qu'importe ! pourvu que ce soit ensemble ! Nous nous moquons de vous !

A ces derniers mots, épuisé, anéanti, d'Aronde céda son corps aux gendarmes, qui le clouèrent sur son banc, où il resta dès lors, la tête appuyée sur ses deux mains, les doigts crispés dans ses cheveux, immobile, muet, indifférent à tout ce qui allait se passer.

— C'est avec une douleur profonde, dit le président avec solennité, que je me vois forcé d'ajouter les sévérités de la loi aux cruels déplaisirs qui accablent déjà l'accusé. J'ai eu pour lui tous les égards que commandait l'humanité. Mais l'indulgence ne doit pas dégénérer en faiblesse. Je ne saurais oublier que la loi m'impose l'obligation et m'investit du droit de punir, séance tenante, toute grave atteinte portée au respect qui est dû à la justice. C'est un devoir pénible, celui-là, mais non moins sacré que l'autre, et que je saurai remplir de même. La parole est au ministère public sur ce nouvel incident.

M. l'avocat du roi se leva gravement et dit :
« Messieurs de la cour, la société, ébranlée jusqu'en ses fondemens les plus reculés par les prédications d'un pr.... »

— Pardon, monsieur le président, interrompit humblement le dernier des Lafleur. Je viens d'assister, comme j'ai eu l'honneur de vous le faire savoir par l'huissier de la Cour, à la levée des scellés dans l'appartement de feu mon maître. Or, parmi les papiers qu'il avait déposés dans son secrétaire pour le cas de malheur, il s'est trouvé une lettre dont il m'avait parlé avant de se rendre sur le terrain, et vous m'avez enjoint de la remettre en mains propres. La suscription étant : *Pour M. d'Aronde, en mains propres, après mon décès. Excessivement pressée*, je prie monsieur le président de vouloir bien me permettre de remplir immédiatement les dernières volontés d'un mort.

Ce nouvel incident ne parut pas à l'auditoire une des singularités les moins émouvantes de ce dramatique procès.

Le président consulta ses assesseurs et dit :
— Considérant que l'origine et la destination de cette lettre la rattachent intimement à la cause, et en font pour ainsi dire une des pièces du procès, Ordonnons, en vertu de notre pouvoir discrétionnaire, que ladite lettre sera déposée d'abord en nos mains, pour être ouverte et lue par nous, dans l'intérêt de la vérité, avant d'être remise en celles de l'accusé.

— Je n'ai rien à refuser à la justice, dit le dernier des Lafleur.

De mon noble seigneur, voici donc le message,

Après quoi, retombant malgré lui dans ses habitudes tragiques, il alla, d'un pas lent et saccadé, s'asseoir amicalement entre les époux Corniquet.

Cependant, à mesure qu'il avançait dans la lecture de la lettre de Brioude à d'Aronde, la vénérable figure du président passait de la stupéfaction à l'émerveillement, de l'émerveillement à l'admiration, et de l'admiration à la joie.

— Greffier, dit-il ensuite, donnez lecture de cette lettre à haute et intelligible voix.

Il se fit alors un silence si profond, que, selon la bizarre expression du Cyclope au Balancier, on eût entendu voler un foulard.

Voici ce que nasilla l'officier judiciaire :

« Paris, rue du Heldor, six heures du matin, deux heures avant notre duel.

» Monsieur d'Aronde,

» Si vous ne recevez pas cette lettre, c'est que je vous aurai tué, bien par mégarde, je vous l'assure, et je vous prie d'en agréer d'avance mon vif regret. (*Légère hilarité dans l'auditoire.*)

» Si au contraire vous la recevez, c'est que j'aurai eu la maladresse de me laisser tuer par vous, bien malgré moi, je vous prie de le croire. (*Nouvelle hilarité.*)

» Mon intention bien arrêtée est, en effet, de défendre ma peau du mieux possible, et de vous faire tout au plus une légère égratignure qui termine le combat (*Mouvement de sympathie.*)

» Car je ne vous en veux pas. Pourquoi vous en voudrais-je ? Pour l'injure que vous m'avez adressée à propos des Bédouins ? Les niais seuls ont pu ne pas comprendre que c'était là une insulte convenue, pour leur cacher le véritable motif de notre rencontre. Or, on n'en veut pas d'une injure de convention. (*Marques d'approbation.*)

» Vous, monsieur d'Aronde, c'est différent : vous m'en voulez à mort, et vous avez peut-être raison ! A votre place je m'en voudrais peut-être davantage encore. (*Curiosité*),

» Or, ce que mon orgueil de vivant se refuserait à vous dire, car on pourrait attribuer cet aveu à la peur, je puis vous le dire, mort, car on ne peut pas accuser de lâcheté, après son décès, le langage d'un homme qui s'est fait tuer précisément pour garder le silence. (*Assentiment.*)

» Donc, je puis ici vous demander loyalement pardon de mes torts, je dirai même de mes crimes envers vous. Le mot n'est pas trop fort. (*Intérêt toujours croissant.*)

» En effet, je vous ai ruiné dans votre fortune si honorablement acquise. — Je m'en repens !

» Je vous ai ruiné dans votre crédit, en faisant circuler des billets de vous, que d'ignobles endos avaient discrédités à dessein. — Je m'en repens !

» Je vous ai ruiné dans votre liberté, en vous faisant emprisonner pour dettes, en vertu de titres que je vous avais mis, d'abord, dans l'impossibilité d'acquitter. — Je m'en repens ! (*Agitation.*)

» J'ai voulu vous ruiner dans votre bonheur domestique, en séduisant votre femme. A cet effet, par l'entremise d'une affreuse comédienne, je l'ai attirée dans un guet-apens, chez moi, un soir, vers neuf heures, sous prétexte de sauver votre honneur à Paris, pendant que vous étiez en Belgique. Là, j'ai employé la séduction, la menace, la violence même, pour la fléchir ou tout au moins pour la compromettre. Mais, je le proclame du fond de ma fosse, la noble créature a tout dédaigné, tout repoussé, tout flétri. Elle a été délivrée de mes mains par l'intervention miraculeuse de la plus étrange voisine : une dame noire, que je n'ose vous désigner autrement, tant j'aurais peur de passer à vos yeux pour un mort superstitieux qui croit aux revenans. Alors, la charmante héroïne s'est enfuie de chez moi, emportant mon estime, mon respect, mon admiration, en échange de son mantelet oublié par elle, chez la dame noire, ma voisine, et en me laissant deux blessures : l'une, au cœur, qui n'eût jamais guéri peut-être ; l'autre, au bras, qui m'a empêché de vous rendre plus tôt raison de ce méfait même, dont je me repens encore bien plus que des premiers. (*Explosion de sensibilité.*)

» Et cependant, je ne suis pas le plus coupable en tout cela. J'ai été étourdi, léger, inconséquent, faible comme toujours. J'ai été le complice, le moyen, l'instrument. Pas autre chose. Les vrais coupables, ce sont deux êtres abominables, dont l'un vous aime beaucoup trop, selon toute apparence ; dont l'autre est loin de vous aimer assez, si j'en juge par les faits. (*Anxiété.*)

» Le premier se nomme Tiennette. (*Étonnement.*)

» Le second se nomme Duplessis. (*Stupéfaction. Tous les yeux cherchent M. Duplessis dans la salle.*)

» Je soupçonne bien le mobile de la première : c'est une rancune de maîtresse abandonnée ; mais je ne comprends pas celui du second : cela ressemble à une monomanie de haine. Cet homme-là doit avoir été mordu par quelque chien enragé. (*Répulsion.*)

» Quoi qu'il en soit, ce sont eux qui ont tout imaginé, tout combiné, tout exigé. (*Indignation.*)

» Je n'ai fait qu'obéir. Pourquoi ? Le voici. L'affreux vieillard avait ramassé, chez un recéleur de mauvaises créances, une masse de billets de ma façon. Il vint et m'offrit cette alternative : la fortune ou la prison. Un spéculateur de Plutarque eût choisi la prison ; un grand homme de la Bourse devait choisir la fortune. (*Ricanemens.*)

» Et maintenant que vous connaissez vos ennemis, je ne saurais trop vous le dire, car c'est là le principal but de cet avertissement d'outre-tombe : Méfiez-vous de la Tiennette, méfiez vous du Duplessis. Ils perdent un instrument ; ils en trouveront cent autres. (*Murmures de colère.*)

» Oh ! tenez, monsieur d'Aronde, un des plus grands dégoûts que j'aurai éprouvés de ma vie, ce sera, dans quelques instans, de voir ce même vieillard, — qui a tout fomenté, tout préparé, tout imposé, y compris notre querelle, — vous assister hypocritement sur le terrain, en qualité d'ami, quand je sais qu'il donnerait sa fortune toute entière pour que l'épée de votre adversaire vous perçât le cœur. (*Mouvement d'horreur.*)

» Infamie ! intrigue ! perfidie ! trahison ! attendez tout des manœuvres déloyales de ce vieillard que je crois cousin-germain de Belzébuth. (*Frémissemens d'épouvante. Tous les yeux cherchent de nouveau M. Duplessis dans la salle.*)

» Et maintenant, monsieur d'Aronde, service pour service. Pardonnez-moi un peu, en considération de mes remords, et ne me maudissez pas trop en récompense de mes conseils. (*Attendrissement.*)

» Votre persécuteur pendant sa vie, votre sincère ami après sa mort,

» BRIOUDE, L'EX-MUSTAPHA-BEN-PAPATACCI
DE LA RUE DU HELDER. » (*Rires et pleurs.*)

Cette lecture fut suivie d'une émotion que nous n'essaierons pas de décrire, car on la comprend suffisamment. Ainsi se trouvaient éclairées d'un seul jet de lumière, par un témoignage posthume dont on ne pouvait récuser l'autorité, toutes les obscurités de l'affaire : — et l'origine véritable de la querelle, — et la cause de l'acharnement de d'Aronde, — et l'innocence d'Estelle, — et les intrigues, les manœuvres, les perfidies de Duplessis ; — et ses visites chez le Balancier, ses achats de mauvaises valeurs, ses recrutemens de fâcheuses signatures, sa conversation avec Tiennette à l'issue du combat, entendue par les acolytes de cette complice, — et enfin ces reproches de déloyauté et de trahison, tombés de la bouche de Brioude expirant, et qui désormais ne pouvaient plus être appliqués raisonnablement qu'à l'exécrable vieillard.

On comprend que, sans cesser d'être regrettables, les emportemens de l'accusé se trouvaient suffisamment excusés par de telles révélations.

La séance fut suspendue de fait pendant plus de cinq minutes.

Enfin, quand le calme et le silence furent rétablis,

— Nous commençons par remercier la Providence, dit le président, d'avoir épargné peut-être une grave erreur à la justice humaine. Nous avons à remplir ensuite les nouveaux devoirs qui nous incombent. En vertu donc de notre pouvoir discrétionnaire, Ordonnons, premièrement, que le sieur Duplessis soit arrêté séance tenante, sous prévention de faux témoignage. (*Marques d'approbation difficilement réprimées.*)

On chercha le vieillard.

Il avait disparu de l'audience avant la fin même de la lettre de Brioude. (*Désappointement général.*)

— Ordonnons, deuxièmement, reprit le magistrat, qu'en raison de leur véracité désormais reconnue, les sieurs Codissart, dit le Balancier, et Letanneur, dit le Cyclope, soient mis immédiatement en liberté, s'ils ne sont retenus pour d'autres causes. (*Sourires approbatifs.*)

— Ces autres causes existent malheureusement pour eux, objecta l'avocat du roi, si j'en juge par les notes qui m'ont été envoyées sur les susnommés par la préfecture de police. Et, en effet, ces deux individus, pervertis depuis longtemps par les prédications d'une presse anarchique, se seraient rendus coupables de divers délits prévus et punis par la loi. En conséquence, nous requérons qu'il plaise à la cour les maintenir en état d'arrestation préventive.

— La cour fait droit aux réquisitions du ministère public, répondit le président. (*Rires.*)

— Allons, bon ! nous ne sortirons pas du guêpier ! dit le Cyclope à son camarade. Il fera chaud, quand on m'attrapera à faire de la propagande pour la vérité !

— Calme tes sens éperdus, répondit le Balancier. Nous avions à craindre d'avoir dit la vérité, mais puisqu'il s'agit maintenant d'autre chose, rassure-toi. Je connais mon code, je suis payé pour cela. Dans toutes nos opérations, j'ai toujours fait en sorte de rester exactement sur la branche où le fruit toléré cesse, où le fruit défendu commence. C'est presque aussi difficile que de danser sur la corde raide sans se casser le nez, mais ce n'est pas pour rien qu'on m'a appelé le Balancier. Et puis, la bourgeoise ne peut tarder. Elle nous tirera de là : elle en a sauvé bien d'autres ! Cette femme-là tirerait ses amis de l'enfer ! Elle doit avoir, parmi ses paperasses, quelque autographe à compromettre Satan lui-même.

— Et maintenant, continua le président, tous incidens étant vidés, Ordonnons, quant à la cause principale, qu'il soit passé outre aux débats.

M. Léonce se leva alors, coiffa sa toque, retroussa ses manches pour avoir le geste plus libre, toussa, consulta ses notes et se disposa à prononcer un discours en faveur de son client, lequel, au milieu du tumulte de tout à l'heure, s'était réveillé de sa colère comme d'un songe, et ne se rendait pas bien compte encore de sa nouvelle situation.

— Enfin ! se dit Julie, à qui Estelle avait à son tour prodigué des consolations au sujet de M. Duplessis ; enfin, je vais donc pouvoir l'entendre ! Il ne faut pas moins que la confiance que m'inspire son talent, pour me rassurer un peu sur ce qui arrive à grand-papa.

Par malheur, M. le président fit signe au jeune Démosthènes que toute défense serait superflue dans l'état des choses.

De son côté, M. l'avocat du roi se borna à déclarer que, la cause ne présentant plus aucuns des caractères de criminalité qu'elle avait d'abord semblé emprunter aux funestes prédications de la presse anarchique, il s'en remettait complètement à la sagesse du jury.

Le président fit ensuite le résumé des débats en quelques mots, adressa des éloges au caractère de d'Aronde, rendit un éclatant hommage aux vertus d'Estelle, et engagea MM. les jurés à se retirer immédiatement dans la salle de leurs délibérations.

Ils en ressortirent au bout de cinq minutes.

Le chef du jury posa la main droite sur son cœur et lut le verdict suivant :

« Devant Dieu et devant les hommes, sur mon honneur
» et ma conscience, la déclaration du jury est,
» Sur toutes les questions,
» A la majorité,
» Non, l'accusé n'est pas coupable. »

Pourquoi à la simple majorité, ou pour parler plus précisément ici, à l'unanimité moins une voix ?... Hé ! mon Dieu, trouvez-moi quelque chose d'unanime ici-bas ?

Qu'on mette au scrutin la question de savoir s'il fait jour en plein midi, et je gage cinq cents guinées, moi aussi, qu'il se trouve un certain nombre de boules noires dans l'urne.

Quoi qu'il en soit, cet acquittement fut applaudi avec transport par l'auditoire, malgré le respectueux silence que commande la loi. Mais la loi des lois, en pareil cas, c'est la joie suprême que cause toujours la réhabilitation de l'innocence.

Sir Douglas et sir John eurent bientôt réglé leurs gageures. Le premier ayant parié pour l'acquittement du mari et pour la culpabilité de la femme, tandis que l'autre pariait pour l'innocence de celle-ci et la condamnation de celui-là, leurs enjeux se trouvèrent naturellement compensés.

La foule s'écoula joyeuse, car, en pareil cas, il semble à chacun qu'il est acquitté dans la personne même de l'accusé.

Les époux Corniquet et le dernier des Tailleur regagnèrent la rue du Helder, où celui-ci réservait aux deux autres de fort agréables surprises de la part de feu Mustapha-ben-Papatacci-Brioude.

Après de sincères félicitations, de cordiales poignées de mains et d'affectueuses embrassades, Julie et son père laissèrent les deux époux dans la salle. Ils s'éloignèrent, fort heureux de l'acquittement de d'Aronde, mais fort peinés du mandat d'amener lancé contre M. Duplessis, et gagnèrent le brillant équipage qui les attendait dans la cour du palais.

Avant de quitter la salle, le baron avait cherché Simonne d'un dernier regard; mais la jeune femme s'était éclipsée aussitôt après la proclamation du verdict.

A son retour, M. d'Appencherr reçut des mains mystérieuses de son concierge une petite clef qu'un commissionnaire venait d'apporter à l'instant même pour lui.

— En voilà une qui me coûte un peu cher, se dit-il. Puisse-t-elle du moins être celle de son cœur !

De son côté, Julie se hâta de rentrer dans sa chambre, pour ajouter un feuillet de plus au journal que nous savons. Les journaux vivent surtout d'actualité.

« Je viens d'éprouver successivement, écrivit-elle, les plus poignantes et les plus douces émotions qui me soient peut-être réservées.

» Mais je ne me plains pas de ce mélange : on ne doit pas regretter les larmes, quand c'est le bonheur qui les essuie.

» Enfin, mon cousin Léonce a fait son début oratoire aujourd'hui ! Ce début a été on ne peut plus brillant. Le débutant n'a pas pu trouver, il est vrai, le moment de prononcer un seul mot, mais ce n'est pas sa faute : il a fait tout son possible pour cela, et je suis bien sûre que, si on l'avait laissé parler, il aurait dit de fort belles choses. On doit être fière de posséder dans sa famille un homme aussi éloquent.

» C'est étonnant d'ailleurs comme la robe noire lui sied bien. Décidément c'est un charmant costume.

» Pourquoi faut-il qu'une nouvelle inquiétude se mêle à la joie de ce beau jour ! Grand-papa est décrété d'arrestation. Heureusement mon cousin Léonce est là. Il le défendra aussi. Ce sera sa seconde cause, et je suis bien certaine qu'il le sauvera comme il a sauvé M. d'Aronde. »

Pendant ce temps, d'Aronde et sa femme étaient restés dans la salle d'audience pour laisser la foule s'écouler, et se dérober ainsi à l'ovation des uns, à la curiosité des autres. Quand ils se virent des derniers, ils se retirèrent à leur tour, sortirent du palais et gagnèrent le quai aux Lunettes avec l'intention d'y prendre une voiture qui les ramenât rapidement chez eux.

— Réflexion faite, dit Estelle quand ils furent sur le quai j'aime mieux aller à pied.

— Ah ! par exemple !... te fatiguer encore !... je ne le souffrirai pas !... Avec ça qu'après tant de jours passés entre les murailles d'une prison, il me tarde de me retrouver, avec toi, dans ce joli appartement de la rue du Helder, dont tu as fait un paradis.

— Moi aussi, dit Estelle sans embarras. Je ne demanderais certainement pas mieux que d'y être; mais mais j'ai besoin de grand air après cette longue et étouffante séance. C'est beau, la justice humaine, surtout quand elle vous acquitte ; mais, vrai, cela ne sent pas très bon. Toi-même, mon ami, tu as besoin de prendre un peu d'exercice. Et puis, vois comme je suis égoïste ! j'éprouve un bonheur indicible, après une si éternelle séparation, à te sentir près de moi, à marcher côte à côte, à me pendre de toutes mes forces à ton bras. Je suis bien lourde, n'est-ce pas? pardonne-moi : c'est si bon de s'appuyer ainsi.

— Appuie, appuie, va, ne crains rien ; je te trouve encore trop légère ! Mais pourquoi m'arrêter devant cette sombre allée? demanda d'Aronde étonné.

— Viens toujours ; entrons, mon ami.

— Entrer? Ah çà ! où diable veux-tu me conduire ?

— Oh ! voilà bien l'ingratitude des hommes ! Monsieur ne s'est pas même encore informé de son meilleur ami.

— Mon meilleur ami ? Assurément, ce n'est pas de monsieur Duplessis que tu parles !

— Non, certes ! c'est de M. Fox, oublieux que vous êtes ! De M. Fox, que je n'ai pu amener avec moi à l'audience, et que j'ai laissé là, en passant, chez une ancienne connaissance à moi, une pauvre ouvrière, pas trop vieille encore, vous verrez ! ni pas trop laide peut être; mais cela dépend des goûts. De M. Fox, enfin, qui sans doute attend notre visite avec une impatience très assourdissante pour les voisins.

— Ah ! c'est M Fox ?... Soit !... Allons chercher M. Fox. Les bons maîtres ne sont pas autre chose que les domestiques de leurs animaux. L'homme est un roi de la création, qui passe sa vie à être gouverné par ses sujets. Heureux encore quand ses sujets ne le mordent pas !

Tout en causant ainsi, les deux époux étaient arrivés au troisième au-dessus de l'entresol.

— Est-ce tout ? demanda d'Aronde essoufflé.

— Encore autant, répondit Estelle. Un peu de courage, monsieur le paresseux !

— J'entends : nous sommes à mi-côte. On commencerait à avoir un bien beau coup de fusil, si ce n'était pas dans un pareil escalier. Sais-tu qu'elle aurait pu choisir quelque chose de plus pittoresque, ton ancienne camarade ?

— Que veux-tu ! elle a choisi selon ses moyens. C'est toute une histoire. Son mari était en prison, comme tu y étais encore ce matin, et cette circonstance avait achevé de ruiner ses affaires. Alors elle a tout vendu, afin de payer leurs créanciers, et elle s'est retirée là, dans une petite mansarde, en attendant de meilleurs jours, pour y vivre honnêtement de son travail.

— Ah ! c'est très bien, cela ! s'écria d'Aronde. Pourquoi ne m'en avoir jamais rien dit jusqu'à présent ?

— Je ne sais que dans ces derniers temps ; mais je suis charmée de te voir une si bonne opinion, et j'aime à croire que tu la garderas.

— Ma foi ! oui, me voilà tout défatigué, et, pour féliciter ton ancienne amie, ton héroïque grisette, je serais capable de monter jusqu'aux tours Notre-Dame.

De joyeux aboiements annoncèrent qu'il n'était pas nécessaire de monter aussi haut. Estelle ouvrit une porte, et aussitôt M. Fox partagea entre ses deux maîtres tout ce qu'il avait économisé de caresses.

— Eh bien ! où donc est ton amie ? demanda d'Aronde.

— Elle est sans doute dans la pièce voisine, répondit en souriant Estelle. Je vois à votre impatience, monsieur, que j'ai eu tort de vous dire qu'elle n'est point trop mal. Mais rassurez-vous : je vais la chercher.

Et à ces mots elle entra dans un tout petit cabinet borgne, attenant à la pièce principale.

Pendant sa courte absence, tout en contenant de la main les derniers transports de M. Fox, d'Aronde explorait des yeux la chambrette où il s'était assis, et sur les pauvres meubles de laquelle il découvrait, avec une surprise toujours croissante, une foule de petits objets qu'il reconnaissait pour lui appartenir.

— Mon Dieu ! s'écria-t-il enfin, où suis je donc ?

— Chez vous, mon ami, répondit Estelle en sortant du cabinet borgne où elle avait déposé à la hâte son manteau, son chapeau, sa robe de soie, toute sa défroque de grande dame, pour la robe d'indienne, le tablier et le petit bonnet. Oui, chez vous, et voici la grisette annoncée, continuait-elle en faisant la révérence de l'état. Permettez moi de vous la présenter. Hé bien ! vous restez stupéfait ? Vous vous taisez ? Vous faites le fier ? Ce n'est pas beau ! Mais parlez donc ! Comment la trouvez-vous ?

— Adorable ! s'écria d'Aronde ivre de joie. Je devine tout !... C'est à en perdre la tête d'admiration et de bonheur !... Oh ! tiens, vois-tu, Estelle, tu es un ange de vertu et de dévouement, comme de grâce et de beauté, ce qui ne gâte jamais rien. Laisse-moi t'adorer à deux genoux, car tu es la pure et ravissante madone de ma vie.

Mais à ce moment le bruit d'une voiture qui s'arrêtait se fit entendre au bas de la maison, des pas retentirent ensuite dans l'escalier, Fox grogna, et l'on frappa bientôt à la porte de la mansarde.

D'Aronde ouvrit.

Trois personnages distingués de manières, élégans de costume, respectueux d'attitude, et évidemment étrangers de physionomie, apparurent alors sur le seuil, tandis qu'une femme élégamment vêtue, enveloppée d'un riche cachemire et la figure couverte d'un voile épais, se tenait discrètement en arrière, dans la pénombre du carré.

— J'ai rempli ma promesse, leur dit-elle avec une voix profondément émue, et en leur montrant d'Aronde d'une main tremblante. Saluez, messieurs. Voici le roi !

XLIX.

LE REVERS DE LA MÉDAILLE.

Nous avons laissé l'ex-serviteur de M. Masson, Pied-de-Céleri, ou, pour parler plus historiquement, Sa Majesté Ludwig Ier, s'évanouissant dans les bras de Montreuil, au moment où celui-ci le présentait sur le balcon du royal palais, pour y saluer la foule qui faisait retentir la place de bruyantes acclamations.

Cette syncope causa d'abord les plus vives anxiétés. On crut à une apoplexie, à un assassinat, à la rupture d'un anévrisme, à cent autres accidens de ce genre ; mais Montreuil, qui ne perdait jamais la tête au milieu des plus grands embarras, fit répandre habilement dans les groupes, que l'indisposition du monarque était le simple résultat de l'émotion profonde dont il s'était senti pénétré en revoyant son peuple ; son peuple qu'il n'avait jamais vu encore, mais que depuis sa naissance il portait continuellement dans son cœur.

Cette explication mit le comble à l'enthousiasme de la capitale du Wardenbourg. Toute la ville fut illuminée spontanément. Les partisans du roi déchu prétendirent bien tout bas que la crainte seule des voleurs allumait tant de lampions, mais la vérité vraie, c'est que l'immense majorité était ravie d'un changement qui venait jeter un peu de variété dans la monotonie de son existence. Les mâchoires allaient s'ouvrir désormais pour proférer des vivats de joie, et non plus pour exécuter des bâillements d'ennui, comme sous le précédent régime.

Le Wardenbourg s'ennuyait.

L'allégresse gagna jusqu'aux provinces les plus reculées de ce vaste royaume de cinquante-trois lieues de tour. On cria, on illumina, on dansa, on chanta, on se grisa, dans toutes les localités, en l'honneur du souverain légitime que la Providence avait rendu au vœu de ses sujets, lesquels ne savaient pas même son existence la veille. On sonna les cloches, on tira le canon, on fit partir des pétards, on dépensa en vaine fumée plus de poudre qu'il n'en eût fallu pour conquérir le reste du globe, ou tout au moins pour tuer tous les lièvres du pays. Les pauvres bêtes éprouvèrent de cruelles venettes, ne sachant pas qu'un nouveau roi leur était donné à elles-mêmes. En un mot, comme les populations allemandes, dans leur juste horreur du travail, s'empressent toujours de saisir les moindres occasions de ne rien faire, on passa les premiers jours qui suivirent ce joyeux avènement, à faire du bruit, à pousser des acclamations, à boire de la bière, à briser les vitres des monumens publics, à casser les réverbères, à se réjouir de toute façon.

Montreuil eut soin, d'ailleurs, de jeter sans cesse de nouveaux alimens à l'enthousiasme.

Il fit célébrer par toutes ses trompettes les qualités extraordinaires, les vertus incomparables et les intentions excessivement paternes du prince légitime, Ludwig Ier, en même temps qu'il faisait distribuer dans la rue, sous forme de canard ou de chanson, moyennant un kreutzer, une multitude de petites sornettes sur le compte de Bénédict Ier, l'usurpateur à jamais déchu.

Il obligea l'élégant directeur du grand théâtre à donner tous les soirs des spectacles gratis, ce qui ne contribua pas beaucoup à combler les vides de sa caisse.

Il chargea certains vaudevillistes du pays d'inventer des *mots heureux* que S. M. légitime était censée avoir dits en faveur de son peuple. Or, comme il n'y avait pas encore de traité international qui protégeât la propriété littéraire entre les deux pays, les vaudevillistes de céans n'imaginèrent rien de mieux que d'inventer les *mots* de ce genre qui avaient été déjà inventés, quelques années auparavant, pour Louis XVIII et pour Charles X, par leurs ingénieux confrères de Paris. « *Plus de droits réunis ! Plus de conscription ! Plus de hallebardes ! Il n'y a rien de changé dans le Wardenbourg : il n'y a qu'un Wardenbourgeois de plus* ; etc., etc., etc. » Tous ces mots eurent un succès prodigieux. On les trouva très neufs, bien qu'ils eussent déjà beaucoup servi ailleurs.

Enfin, pensant avec raison que ce qui perd la plupart des nouveaux gouvernemens, c'est de faire exactement tout ce qui a perdu leurs prédécesseurs, Montreuil eut l'habileté, au contraire, de réparer autant que possible, non pas le mal, mais le bien qu'avait fait Bénédict Ier sur la fin de son règne, et qui avait si fort contribué à le précipiter du trône.

Nous l'avons vu, par exemple, Bénédict Ier avait aboli ou mitigé certains impôts, ce qui avait fait beaucoup crier les contribuables : — Montreuil se hâta de rétablir les uns et d'aggraver les autres, ce qui fut trouvé charmant.

Bénédict Ier avait réformé une foule d'abus et imaginé beaucoup d'heureuses innovations, ce que les partisans de la routine avaient amèrement vitupéré : — Montreuil s'empressa de réformer les innovations, et de restaurer les abus, ce qui fut applaudi à outrance comme un retour aux saines doctrines de l'ancien régime.

Bénédict Ier avait rayé la schlague du code militaire, ce que les troupiers avaient traité de grave atteinte portée à la discipline, à l'honneur de l'armée et à la gloire du pays : — Montreuil se fit un plaisir de leur restituer le privilège d'être rossés, et multiplia même les cas où la loi leur administrerait cette chère bastonnade.

Montreuil ne conserva du précédent régime que son personnel administratif, vaste machine qui devait manœuvrer aussi docilement pour le nouveau que pour l'ancien, maintenant que lui Montreuil en tenait la manivelle. Tous les fonctionnaires, y compris les ministres du ci-devant roi, étaient venus l'assurer de leur dévouement inébranlable au représentant du principe imprescriptible de la légitimité, et de la joie qu'ils éprouvaient à être enfin délivrés du joug de l'usurpateur. Montreuil n'avait donc aucun motif de priver l'Etat de leurs lumières et de leur fidélité. Le chambellan surtout se montra le plus injurieux contre le maître qu'il avait servi avec tant de bassesse ; il le traita de tyran, de fou, d'idiot, d'ogre, de vampire et même de polisson, en citant à l'appui de sa subite opinion la passion insensée du vieux monarque pour Lataké, pour une saltimbanque, et les prétendues orgies dont il avait scandalisé le palais avec elle. Montreuil eut envie de faire jeter l'ingrat chambellan par la fenêtre ; mais il s'en abstint, pour ne pas attrister les commencements du nouveau règne. Montreuil se contenta de le destituer, ainsi que le trésorier de l'Etat et le président du conseil. Roussignan-Muller succéda au premier, Dabiron au second, et lui Montreuil remplaça naturellement le troisième.

Bref, toutes les améliorations que nous venons d'examiner furent accueillies d'abord avec un enthousiasme impossible à décrire.

Montreuil eût donc pu se féliciter sans réserve du succès de ses manœuvres, s'il n'avait trouvé un obstacle à leur complète réussite dans la personne même de celui qu'il venait de placer sur un trône. Les syncopes de Pied-de-Céleri étaient devenues de plus en plus fréquentes, ou, pour mieux dire, elles se manifestaient chaque fois que le monarque était forcé, soit de paraître en public, soit de parler, soit de recevoir. Tant qu'il s'agissait simplement de commander, d'ordonnancer, de gouverner en un mot, Montreuil était là, et suppléait parfaitement Sa Majesté absente ; mais quand il s'agissait de paraître au balcon, de parader sur la place, de recevoir des hommages au palais, de régner en un mot, la suppléance n'était plus possible. Pied-de-Céleri s'évanouissait alors et restait enfermé dans ses appartemens.

Les curieux, les députations, les visiteurs du palais, tout ce monde de badauds et de solliciteurs qui encombre les nouveaux gouvernemens, se retirait sans avoir vu Sa Majesté, fort désappointé, fort mécontent, et s'en allait répandre les plus fâcheuses conjectures sur la cause de cette absence. Montreuil l'avait mise d'abord sur le compte d'une indisposition ; mais cette excuse n'avait pu suffire que quarante-huit heures. Le médecin de la cour, celui-là même qui, d'après les conseils de Montreuil, avait ordonné à l'ex-roi la réjouissante société de la danseuse française, pour avancer d'autant le mouvement insurrectionnel ; cet habile docteur étudiait en vain les étranges symptômes que présentait la maladie du nouveau roi.

— Je veux qu'Hippocrate me confonde ! s'écriait-il, si j'y comprends le premier mot. Ahurissement subit, affaissement progressif, insensibilité générale, immobilité complète ; et cependant faculté intermittente de voir, d'entendre et de répondre ; après quoi, résurrection presque instantanée de l'individu.

— Oui, interrompait amèrement Montreuil, mon homme recouvre toutes ses facultés dès qu'on n'a plus qu'en faire !

— Toutes, non, reprenait le savant docteur. Sa mémoire reste absente. L'auguste malade ne se rappelle absolument rien de ce qu'il a dit, entendu ou vu, durant cette inexplicable prostration. En vérité, le cas est des plus curieux, des plus intéressans !

— Ah ! vous trouvez cela intéressant, vous, docteur ! Merci bien ! Avoir cherché ce gaillard-là pendant vingt ans, par monts et par vaux ; l'avoir découvert enfin dans la plus misérable condition ; l'avoir décrassé tant bien que mal de ses habitudes grossières ; s'être cassé la tête pour lui rendre la couronne paternelle ; avoir fait des prodiges d'habileté pour renverser l'usurpateur de ses droits légitimes ; et là, quand le plus miraculeux succès a couronné enfin tant de miraculeuses intrigues, n'avoir planté sur le trône qu'une espèce de crétin épileptique, qui n'est pas même capable de figurer silencieusement dans une cérémonie, dans une solennité quelconque ; vrai soliveau de la fable sur lequel les grenouilles vont se mettre à sautiller dédaigneusement, en demandant à Jupiter une grue qui du moins les dévore ! Permis à vous de trouver intéressant un pareil résultat ; quant à moi, c'est désespérant que je le trouve.

— C'est au point de vue de la science que je parle, répondait le docteur. La médecine n'a jamais constaté rien de semblable. Le cas est unique ! Tant il est vrai que la nature est variée autant qu'inépuisable dans le nombre infini des maladies dont elle s'est plu à doter l'humanité ! Je suis fâché qu'elle ait choisi cette circonstance pour l'augmenter d'une infirmité si remarquable, mais, consciencieusement, je suis forcé d'admirer une fois de plus son ingénieuse fécondité.

— A votre aise, docteur ; mais je vous le dis, hâtez-vous de guérir cette nouvelle merveille, ou sinon, avant huit jours, nous verrons s'écrouler, sous le souffle de la risée publique, un édifice si péniblement élevé. Gare de dessous, docteur, car vous y avez mis la main vous-même !

— Guérir ! guérir ! les clients n'ont pas autre chose à la bouche ! Vous en parlez bien légèrement, vous qui n'êtes pas médecin ! Tout ce que je puis vous promettre, c'est d'essayer encore ; mais, je vous en préviens, comptez sur le hasard ici, beaucoup plus que sur l'art. Je suis assez savant pour connaître toute mon ignorance.

Pendant que Montreuil se lamentait ainsi de n'avoir couronné qu'un infime automate, Latanoff et Tiennette, dont les intérêts continuaient provisoirement d'être d'accord, ne restaient pas oisifs au fond de cet hôtel des Trois-Magots, situé sur la place même du Palais, où ils avaient établi le quartier-général de leurs intrigues contre-révolutionnaires. Mille bruits sinistres furent répandus incessamment par leurs émissaires : — sur l'intervention des puissances étrangères, dont on disait les troupes en marche pour venir réintégrer Bénédict Ier ; — sur les intentions non moins hostiles de ce roi déchu, dont tout le monde ignorait la présence, à six lieues de la capitale, dans une de ses charmantes villas, en compagnie de Lataké ; — sur le projet qu'on lui prêtait chaque soir de venir assiéger son ex-bonne ville pendant la nuit, à la tête d'une armée formidable de trois cent mille hommes, réunie par ses soins dans une caverne des environs ; — sur la santé de son successeur, qu'on disait frappé d'idiotisme ; — et enfin, sur la légitimité de ce dernier, qu'on disait suspecte, controuvée, mensongère, et ne reposant que sur les allégations de trois intrigans.

Grâce à ces bruits sans cesse renaissans et appuyés de brochures clandestines, de satires, de quolibets, d'anecdotes drolatiques et de calembours répandus à profusion dans tout le royaume, l'inquiétude, la défiance et le mécontentement succédèrent bientôt à l'enthousiasme, à la foi et à l'allégresse des premiers jours. L'anxiété était peinte sur tous les visages, les ouvriers discutaient politique au lieu de travailler, les boutiquiers *s'entretenaient des affaires publiques* sur le seuil de leurs magasins, les salons ne causaient que de *la crise*, de la *complication de la crise*, du *dénoûment de la crise*, et les portiers mêmes commençaient à se transformer en hommes d'Etat.

Montreuil opposait vainement proclamations sur proclamations à toutes ces rumeurs. Le lendemain matin les proclamations étaient déchirées, polluées, ornées de commentaires insolens ou de dessins burlesques.

— Et dire, s'écriait-il dans son désespoir, que si ce corps sans âme, cette masse inerte, ce stupide cataleptique, cette incurable buse, ce goinfre enfin pouvait se donner, pendant une heure ou deux, la force seulement de paraître devant ce peuple, de marcher, de courir, de saluer, de parler, ne fût-ce que pour dire quelque sottise, tout serait sauvé encore ! Mais non : impossible jusqu'à présent ! Parfaitement sain de corps, d'esprit et de langue lorsqu'il s'agit de manger, de boire, de dormir, de ne faire quoi que ce soit, le voilà qui retombe dans ses syncopes dès qu'il s'agit de faire acte de roi. Ah ! j'ai grand'peur que la légitimité ne soit revenue ici, à travers tant d'obstacles, que pour y trébucher bêtement sur les marches du trône.

Ce fut sur ces entrefaites que Tiennette et Latanoff crurent le moment arrivé de frapper le coup décisif. Tiennette se rendit à la brune chez le nouveau trésorier de l'État, à qui elle avait fait demander une audience secrète. L'ancien viveur de la Bourse, du boulevard Italien et des steeple-chase de Paris tenait beaucoup plus à la fortune et à la considération de ses anciennes connaissances qu'à la puissance et aux grandeurs dont il se voyait nanti dans le Wardenbourg. Il croyait peu d'ailleurs à l'éternité d'un état de choses qui lui semblait un songe ; et quelle qu'en pût être la durée, courte ou longue, il voulait du moins ce fût un songe doré pour lui. Son unique vœu était de reparaître tôt ou tard à Paris, dans son monde à lui, sur ce théâtre où, après avoir fait assez brillante figure, il avait fini par éprouver tant d'humiliations, y compris la déconfiture, la misère et la honte d'un suicide besogneux. C'était là son unique préoccupation, et il aimait cent fois mieux redevenir un des lions du foyer de l'Opéra, que de rester à tout jamais un des premiers personnages du Wardenbourg. L'ex-courtier ne se fit donc aucun scrupule de profiter de sa position pour jouer sur les fonds publics, non seulement à la Bourse du pays, mais encore sur toutes celles des États voisins. Comme Montreuil lui avait recommandé de n'épargner aucun sacrifice pour maintenir la hausse dans les commencemens de la restauration du roi légitime, signe mathématique de confiance et de prospérité, il joua à la hausse à coup sûr et réalisa d'immenses bénéfices en quelques jours. Son gain particulier ne s'élevait pas à moins de trois ou quatre millions, lorsque Tiennette vint le voir.

— Je vous ai prévenu l'autre soir, lui dit-elle, que je comptais sur vous pour démasquer ce pantin que vous avez osé métamorphoser en roi légitime.

— Ah ! Tiennette, parlez de Sa Majesté avec plus de respect, je vous prie. Si quelqu'un de nos mouchards vous entendait !

— Vos mouchards ?... laissez donc ! ils sont tous à moi. Or, il est temps, je le répète, de mettre un terme à cette fantasmagorie de légitimité.

— Ah ! ah ! vous voulez que je défasse mon propre ouvrage ? En vérité, je sais tout ce que le souvenir de notre ancienne liaison me commande d'égards, mais je suis forcé d'avouer que votre langage en abuse étrangement.

— Abus ou non, je viens réclamer votre concours : il me le faut, je le veux, et, de gré ou de force, vous l'aurez ; je vous l'ai dit, je l'aurai.

— De gré, non ; de force, comment ?

— Nous sommes trop fins l'un et l'autre pour ne pas savoir, vous, que cette prétendue légitimité n'est reconstruite ici que sur du sable ; moi, que votre plus cher désir est de tout planter là, au premier moment favorable, pour aller manger vertueusement à Paris les millions que vous aurez économisés ici sur vos appointemens de cinquante mille francs.

— Ah ! par exemple !.. Et qui vous prouve ?..

— Le million que vous avez déjà expédié à votre ancien patron, le baron d'Appencherr, pour être placé dans sa maison jusqu'à nouvel ordre ; lequel million est la simple avant-garde de trois autres qui s'acheminent en ce moment, vers la même destination, à quarante-huit heures de distance l'un de l'autre. Oh ! quand vous vous mêlez d'économies, vous n'y allez pas de main morte !

— Chut, donc, imprudente !... Il n'y a pas un mot de vrai dans tout cela ; mais enfin, n'importe ! on pourrait le croire... Ah çà ! qui diable a pu vous renseigner si... mal ?

— Je vous ai déjà dit que j'avais fait l'emplette de tous vos mouchards.

— Hé ! bon Dieu, pourquoi faire ?

— C'est mon secret. Parce que j'ai le vôtre, est-ce une raison pour que vous ayez le mien ? J'approuve fort, du reste, votre plan de réforme. Vous avez toutes les vertus qui font les bons citoyens, les bons époux, les bons pères de famille, les bons trésoriers surtout. Je vous promets une bien belle épitaphe un jour.

— Je ne sais ce que vous voulez dire. Que parlez-vous de famille !

— Mais dame ! puisque vous allez épouser définitivement mademoiselle Julie d'Appencherr...

— Comment ! vous savez également cette... fausseté-là ?

— Sans compter beaucoup d'autres. Mais je m'en félicite autant que vous-même. Amour-propre d'auteur.

— L'idée était de vous, en effet.

— Mon Dieu, oui ! j'avais cru plaisant de vous la souffler, il y a quelque deux ans passés : vous vous souvenez ? à l'époque où Votre Excellence daignait partager sa tendresse entre feu la baronne d'Appencherr et moi, son indigne servante.

— Ah çà ! dit Dabiron, en se rengorgeant un peu, vous lui en vouliez donc bien, à cette rivale, à cette pauvre baronne ?

— Mais... à la mort seulement !

— Ce que c'est que la jalousie des femmes ! Mais, je l'avoue, je n'en avais jamais inspiré de pareille.

— Qui ? moi ? être jalouse de vous ? répliqua Tiennette avec un éclat de rire. Allons donc, mon cher ! vous ne vous rendez pas assez justice.

— Mais enfin vous m'aimiez.

— Au contraire.

— Mais alors pourquoi m'aviez-vous pris ?

— Pour me venger !

— De moi, en ce cas ? demanda Dabiron avec assez d'impertinence.

— Soit ! continua modestement la laide ; mais de la baronne surtout, de cette femme exécrée dont les conseils avaient fini par éloigner de moi celui que j'aimais, celui que j'aime encore.

— Ah ! bah ! vous ne m'aimiez pas, vous en aimiez un autre, et alors... Si je comprends rien aux femmes, je veux bien que vous m'emportiez de nouveau !

— Je m'en garderai fort. Après vous avoir pris pour torturer la mère, je veux vous laisser épouser la fille, afin de me venger encore de l'une par l'autre.

— Merci du compliment !

— Ne faites pas attention. Mais, entendons-nous : donnant, donnant. Vous m'aiderez à renverser ce ridicule échafaudage de légitimité. Ma tolérance est à ce prix.

— Que parlez-vous de tolérance !

— Hé ! mais, le baron n'a jamais rien su de votre liaison avec sa femme. Lorsqu'il vous mit à la porte de ses bureaux, ce fut parce qu'il soupçonna vaguement qu'avant de m'offrir la moitié de votre cœur, vous l'aviez offerte à Lataké, sa passion d'alors, qui avait eu le mauvais goût de l'agréer. Et cela, l'infortunée ! sans pouvoir, comme moi, alléguer du moins la circonstance atténuante d'une vengeance à exercer contre la baronne par votre docile intermédiaire. Or, pensez-vous que le baron se montrât fort empressé maintenant de faire un gendre de son double rival, si on lui mettait adroitement sous les yeux quelque fragment de la tendre correspondance de la baronne avec un Faublas tel que Votre Excellence ?

— Oh ! quant à cela, je n'ai rien à craindre de vous. Malgré la richesse bien connue de votre musée épistolaire, je vous défierais de montrer une seule ligne de la défunte. Vous aviez fini par me la faire détester, mais non pas mépriser. Comme je connaissais votre manie autographique, j'avais eu le soin de brûler toutes ses lettres, avant que vous missiez la main chez moi.

— Toutes, hormis une seule, que vous ne possédiez pas s

encore : celle qu'elle vous écrivit, la veille même de son suicide, en vous envoyant, comme dernier adieu, un touchant souvenir de deux cent mille francs. Comme on connaît les gens on les honore.

— Nouvelle erreur. Cette lettre-là me fut volée, il est vrai, près de mon lit, sur ma table, pendant l'évanouissement où m'avait plongé une si poignante lecture.

— Volée ? le mot est dur ; je collectionne, je ne vole pas.
— Comment, c'était toi ?
— Hé ! qui donc ?

— Je m'en étais toujours douté ! Mais cette lettre, tu sais bien qu'elle m'a été rendue, dans une loge, au bal de l'Opéra, en échange des deux cent mille francs qui l'avaient accompagnée.

— Oui, sous le masque, par une femme en domino noir, ma fidèle Tête-de-Pipe, une de mes intelligentes messagères, sur laquelle tu te disposais à la reprendre gratuitement par la violence, lorsqu'une main, celle de mon brave Cyclope, arrêta la tienne, et qu'une voix, restée inconnue, te rappela au sentiment de la galanterie française, en te criant : *On ne bat pas les femmes ici !*

— Hé bien ! donc, puisque je l'ai recouvrée et anéantie, que parles-tu d'en faire usage maintenant ?

— Pauvre sot, qui ne sait pas distinguer un *fac-simile* d'un original ! Il est vrai de dire que je possède à mon service le Balancier, un des premiers calligraphes du monde.

— Comment ! ce n'était qu'un *fac*...
— Pas autre chose. J'ajouterai, pour ton excuse, que la personne qui m'avait chargée de l'opération s'y est trompée elle même.

— Quelle personne ?

— Un grand homme pâle qui a des airs mystiques fort curieux à observer, et dont je n'ai jamais su le nom : « Madame, vint-il me dire, j'étais l'ami de la dé» funte baronne : je viens d'apprendre qu'avant de mou» rir, elle a eu l'imprudence d'envoyer, à un homme que » vous connaissez, deux cent mille francs en billets de » banque, accompagnés d'une lettre d'adieu qui pourrait » compromettre gravement sa mémoire, si elle restait dans » les mains de cet homme. Les deux cent mille francs, » dont il pourrait mésuser, sont à vous, si vous parvenez » à lui reprendre la lettre. Telles ont été les dernières » volontés de la défunte. » Ainsi me parla l'inconnu. Tu comprends le reste. J'avais déjà la lettre, moi, et tu avais les deux cent mille francs, toi. J'ai fait faire aussitôt deux copies parfaitement exactes de l'épître. L'une a comblé de joie mon grand pâle ; l'autre a passé des mains de la Tête-de-Pipe dans les tiennes, en échange des deux cent mille francs.

— De telle sorte que tu as gardé tout à la fois l'original et la somme. Abomination !... Franchement, Tiennette, je ne vous avais pas crue si... si forte !

— Je suis fière du suffrage éclairé de Votre Excellence. Or, Votre Excellence pense-t-elle que la vue de ce précieux original dût intéresser infiniment le baron à l'amour pur et candide que le besoin de vous retrouver, par une telle alliance, dans la considération du monde parisien, vous inspire de nouveau pour sa jeune et charmante fille ?

— Oh ! vous êtes mille fois plus venimeuse qu'une vipère !

— Allons, je vois que vous commencez à devenir raisonnable. Aussi bien, que vous ai-je demandé-je ? D'imiter la prudence des insectes qui ont le bon sens de déserter une maison, la veille même de sa chute. Est-ce trop exiger de votre intelligence ?

— Hé bien soit, Satan femelle ! Qu'attend de moi l'Enfer ?
— Le voici.
— Parle.

— Mais d'abord, reprit ironiquement Tiennette, après s'être recueillie un instant ; comme je connais l'extrême délicatesse de vos sentimens, mon cher et honoré Dabiron, je suis bien aise de vous édifier au préalable sur la parfaite illégitimité de votre roi légitime. Des scrupules exagérés pourraient vous arrêter comme toujours dans la petite infamie que je viens vous demander, tandis qu'une fois bien convaincu de l'inanité des droits de votre prétendant, vous mettrez assurément à le trahir tout le zèle que vous inspirera le bon accord assez rare de votre conscience et de votre intérêt.

Quel bonheur de faire le bien,
Surtout quand il n'en coûte rien !

— Comment ! s'écria Dabiron, Sa Majesté ne serait qu'un Smerdis ? qu'un Bruno ? qu'un faux Limbourg ? Elle aurait trompé à ce point ma bonne foi ? Elle abuserait ainsi de ma loyauté ? Oh ! ce serait bien petit de sa part !... Et ce Montreuil ?... Et ce Roussignan-Muller ?... ils auraient collaboré à un pareil mensonge ?... Non, non, je ne puis croire encore à tant de duplicité !

— C'est raisonner juste. Vous n'êtes assez forts ni les uns ni les autres pour atteindre à de si hautes fourberies. Montreuil seul pourrait en approcher, mais il partage ici l'erreur commune.

— L'erreur ?... mais cependant je me rappelle parfaitement, comme si je les avais encore sous les yeux, les différens papiers qu'il tenait d'un vieillard nommé Duplessis, et qui constatent l'identité du prétendant : — Acte de naissance du chevalier de Limbourg, fils unique du premier mariage du comte de Zanau avec la morte-vivante du château-fort d'Hillebourg-Hausen ; — acte du décès de ladite prisonnière, dans ladite prison ; — acte par lequel, à la mort dudit comte de Zanau, devenu roi de Wardenbourg, ledit chevalier de Limbourg réclame inutilement de la sainte-alliance, en 1816, le trône de son père ; — acte du mariage dudit chevalier, en 1817, avec Augusta Mildenof, fille d'un magistrat de Francfort ; — acte de naissance de leur fils unique, le prétendant actuel, en 1818 ; — acte de décès de son père, mort assassiné à Francfort en 1821, en laissant naturellement à son fils, ledit prétendant actuel, tous les droits jusqu'ici méconnus qu'il tenait de son père, à lui, ledit comte de Zanau, décédé roi de Wardenbourg.

— Tous ces actes-là sont réels. Vous en avez vu des expéditions parfaitement en règle. Tenez : en voici de pareilles. On peut s'en procurer ainsi par centaines, dans ces diverses localités, moyennant les frais ordinaires de copie légale. Mais que prouvent ces paperasses ? Qu'il y a un héritier légitime quelque part. Or, cela ne fait plus doute. Seulement, quel est ce véritable héritier ? Voilà ce que je sais, moi, et ce que vous ne savez pas, vous autres.

— Eh bien ! quel est-il, s'il y a pas d'indiscrétion ?
— Il n'y en a plus. Je veux bien vous le dire, pour vous prouver combien j'ai de confiance en vous, lorsqu'il vous est impossible d'en abuser. Cet héritier légitime, vous le connaissez : c'est Charles Ier, c'est d'Arondel !

— Ah bah ! mon prédécesseur dans vos bonnes grâces ? Voilà du moins de quoi me rendre fier d'avoir été distingué par vous. Succéder à un roi ! Peste !...Mais quelle histoire, bon Dieu ! Etes-vous bien sûre de m'avoir fait un tel honneur ?

— Voyez plutôt ces autres actes, ces attestations authentiques, ces correspondances irrécusables. En voici le résumé. Né d'un mariage secret, il fut confié secrètement à une paysanne de Kermer, des environs de Francfort, nommée Marguerite Warchell. L'assassinat de son père par un poignard anonyme, et la mort de sa mère qui en fut la suite, ne tardèrent pas de prouver que le climat de cette ville libre n'était pas fort salutaire aux héritiers légitimes du trône de Wardenbourg, usurpé dès cette époque par les bâtards du feu comte de Zanau. Ce fut alors que, conformément aux derniers vœux du père et de la mère, madame Duplessis retira l'auguste enfant de chez sa nourrice, et l'envoya en France sous la conduite d'un nommé Lafolie. L'enfant fut déposé par cet homme de confiance dans un village appelé Aronde, dont on lui donna le nom pour le déguiser mieux. Plus tard, la fille de madame Duplessis, la femme de M. d'Appencherr, votre chère baronne, ma détestée victime, fit mine, en passant par ce village, de le recueillir par bonté d'âme; elle l'amena à Paris, le fit élever, le plaça chez son mari, et enfin le mit à même de se créer une position indépendante, mais sans jamais lui rien révéler du mystère de sa naissance. On craignait que l'ambition le poussât comme son père à quelque imprudente réclamation de ses droits, et que, comme son père, il tombât victime à son tour d'une si fatale imprudence. Ainsi l'avaient exigé ses père et mère en mourant, ainsi l'avait promis madame Duplessis, ainsi l'avait scrupuleusement exécuté la baronne.

— Pas si scrupuleusement toutefois que vous n'en ayez eu connaissance.

— Oh! moi, je suis une exception en matière de secrets. Je descends en ligne directe du Solitaire : je sais tout, vois tout, entends tout, suis partout.

— Il est de fait que si je m'attendais à vous rencontrer quelque part, c'était chez Belzébuth, bien plutôt que dans le Wardenbourg. Du reste, pour revenir à d'Aronde, je m'explique maintenant pourquoi tant de gens le croyaient fils anonyme de madame Duplessis, et pourquoi lui-même se croyait frère adultérin de la baronne, dont il lui arriva plus d'une fois de payer les dettes de jeu, avec une générosité qui n'aidait pas peu à la médisance.

— Lui? frère de la baronne? je ne me rappelle pas l'avoir jamais entendu émettre cette conjecture, assez généralement admise pourtant.

— Le respect filial l'en empêchait sans doute dans les circonstances ordinaires. Mais les grandes occasions le trouvaient moins discret. Ainsi, lorsque moi, après la mort de la baronne, j'allai seul lui demander le pourquoi de sa conduite hostile à mon égard, et notamment des obstacles qu'il apportait à mon mariage avec mademoiselle d'Appencherr, contrairement au vœu de la défunte elle-même, il ne craignit pas de me répondre qu'il avait le droit d'intervenir au nom de feu sa sœur.

— Ce titre était de pure tendresse dans sa bouche, et faisait simplement allusion aux soins tout maternels que madame Duplessis avait eus de lui.

— Oh! du tout, et le coup d'épée qu'il me donna plus tard me prouva un peu rudement sa bonne foi sur ce point.

— Hé bien! en ce cas, il se trompait comme les autres, et comme, grâce à Montreuil, le vieux mari de madame Duplessis s'y est trompé lui-même dans ces derniers temps. Quoi qu'il en soit, au moment où je parle, d'Aronde ne sait rien encore de sa véritable origine. Je l'ai mis dans l'impossibilité de la découverte. Tous ces papiers que vous venez de voir, il les possédait chez lui, à l'époque de notre liaison, mais sans en connaître le contenu.

— J'entends : vous les avez *collectionné* aussi.

— Cette fois du moins c'est la jalousie qui m'inspirait. Ils étaient déposés au fond d'un élégant coffret, soigneusement fermé, que la baronne lui avait remis la veille de son suicide, avec injonction de n'en jamais briser les cachets, à moins d'en recevoir l'invitation positive de madame Duplessis. Mais je n'attendrai pas cette invitation, moi. Madame Duplessis est morte : je la suppléerai. Toutes ces précieuses paperasses seront rendues incessamment à leur propriétaire; toutes, hormis une seule qui risquerait de rendre vaines les autres. Ce sont quelques lignes tracées par le chevalier de Limbourg, sur son lit de mort, où le père adjure le fils de ne jamais réclamer les droits qu'il lui laisse où il cherche à échapper au coup mortel qui vient de le frapper; — où d'avance il s'excuse du mystère dont la prudence le force d'entourer l'unique rejeton de sa noble race; — où il lui vante enfin les douceurs ineffables de la vie privée, dont il reconnaît tout le charme un peu tard. Vous comprenez qu'une philosophie si pastorale n'est plus de saison. C'est un sceptre, et non pas une houlette, que je veux voir dans les mains de mon prétendant. La dynastie poignardante est en fuite. Tout péril a cessé pour l'héritier légitime. Il n'y a plus ici pour lui que de la puissance, de la grandeur et de la gloire. Le seul obstacle maintenant, c'est cet olibrius, ce naïf imposteur dont vous vous êtes faits les cornacs, et que vous avez eu la burlesque idée de métamorphoser en légitimité. Débarrassez-en le trône, pour que d'Aronde vienne s'y asseoir. Il le fera noblement, lui. Bref, ma présence dans le Wardenbourg n'a pas d'autre mobile. Je veux que l'homme aimé me doive une couronne.

— Jolies étrennes pour le prochain jour de l'an! Puisse ce petit cadeau entretenir...

— Quant à cela, je ne sais trop, hélas! quel sera le *réveil*; mais c'est à mon rêve, mon beau rêve, mon rêve unique, comme la main de mademoiselle d'Appencherr est en ce moment le vôtre. Rêvons donc ensemble, puisque vous pouvez me servir, et que je peux vous perdre.

— Tout bien examiné, je ne demanderais pas mieux ; mais un trône ne se renverse pas avec le bout du doigt.

— Propos de poltron qui craint de se compromettre! Vous venez vous-mêmes de prouver tout récemment qu'il suffit de quelques dîners, de beaucoup d'écus, d'un peu de calomnies et de pas mal d'entrechats.

— Oui, mais c'est un de ces tours de force qu'on ne saurait recommencer.

— Pourquoi non?

— Je n'y fus d'ailleurs pour rien, si ce n'est comme caissier de l'entreprise, et là, vrai, je me reconnais tout à fait incapable de renverser à moi seul un gouvernement quelconque.

— Vous y mettez trop de modestie. Les bornes elles-mêmes ont leur utilité quand il s'agit de faire verser un fiacre. Ce fut comme caissier, dites-vous? ce sera comme caissier encore. Rien de plus, rien de moins. Vous avez joué à la hausse, vous jouerez désormais à la baisse. Je ne vous en demande pas davantage. Vous voyez que je sais utiliser chacun selon sa capacité.

— A la baisse, dites vous?... Hé! mais, c'est une idée!

— N'est-ce pas? Allons, voilà qui est convenu, ajouta Tiennette en se levant pour prendre congé.

— Dame! je me rends toujours aux bonnes raisons, quand il n'y a pas moyen de faire autrement.

— Je ne vous demande pas de promesse: j'ai mieux : j'ai vos mouchards. Et puis, si la hausse vous a fait quatre fois millionnaire, la baisse vous permettra bien d'expédier encore quelques bonnes petites traites au futur papa-beau-père. Ah! c'est une bien belle chose que l'économie! Le lieutenant de la *Dame blanche* n'était pas lui-même de cette force-là ! Sans adieu donc. Je prie Votre Excellence de vouloir bien agréer l'hommage de mon profond respect.

Le lendemain même de la visite de Tiennette à Dabiron, la Bourse de la capitale du Wardenbourg fut le théâtre d'une des plus lourdes dégringolades dont l'histoire des finances humaines puisse faire mention. Justement effrayé de voir le thermomètre de la confiance publique tomber si subitement au-dessous de zéro sans cause appréciable, le président du conseil s'en plaignit au grand trésorier de l'Etat. Dabiron répondit à Montreuil que sa caisse avait été vidée par les précédentes opérations, ce qui était vrai ; que les employés du gouvernement n'auraient touché qu'une partie de leurs appointemens échus, ce dont ils commençaient à murmurer; qu'il ne savait pas comment il paierait la première solde de l'armée, ce qui compenserait difficilement le dernier rétablissement de la bastonnade; et qu'enfin il ne lui restait plus un seul kreutzer de disponible pour soutenir les fonds publics au chiffre du précédent enthousiasme.

Montreuil fut atterré de ces révélations.

— Heureusement, dit-il, nous avons encore les cinq millions qui restent sur les six et demi dont le baron d'Appencherr a fait restitution à l'héritier du chevalier de Limbourg.

— Oui, répondit Dabiron ; mais, ce matin même, Sa Majesté m'a fait redemander cette somme, dont je n'étais que dépositaire, et qui constitue sa cassette particulière.

— Voilà qui est étrange! interrompit Montreuil.

— Je ne puis donc en disposer, reprit Dabiron, qu'avec son agrément, si Elle juge à propos de me la confier de nouveau.

— Je vais aller la lui demander. C'est bien le moins qu'Elle fasse les frais de son maintien. Je l'entends justement qui chante... la *Mère Godichon*, je crois, ou quelque chose d'approchant. Elle est de bonne humeur : tant mieux! Son consentement n'en est que plus certain.

Sa Majesté refusa net, pourtant.

— Pourquoi ? lui demanda Montreuil fort étonné de cette soudaine avarice.

— Je n'en sais, ma foi, rien, répondit sincèrement Pied-de-Céleri. C'est une idée qui m'a poussé tout à coup ce matin, je me sens que je me ferais piler dans un mortier plutôt que d'y renoncer. J'ai redemandé ma cassette, je l'ai, je la garde. C'est bête, je n'en disconviens pas, mais c'est comme ça. On n'est pas maître de toutes les lubies qui vous trottent par la caboche.

— Suite de ses stupides hallucinations! pensa Montreuil en se retirant, on ne peut plus désappointé. Si ce gaillard-là vient à tomber, malgré tous mes efforts, ce ne sera pas une chute, ce sera une banqueroute. Le Veau d'or l'avait élevé, le Veau d'or l'aura précipité.

La baisse des fonds, ne trouvant plus d'obstacles dans l'intervention du grand trésorier, devint aussitôt un torrent irrésistible qui entraîna toutes les autres valeurs vers le même abîme. Le crédit particulier en subit le rude contre-coup : les faillites se multiplièrent, les banques refusèrent l'escompte, les consommateurs enfouirent leur argent, le commerce s'arrêta, les magasins chômèrent, les fabriques fermèrent leurs portes et jetèrent sur le pavé des masses d'ouvriers sans ouvrage. Le mécontentement prit alors tous les caractères d'une imminente insurrection.

Quelques émeutes partielles en furent les premiers symptômes.

Enfin, grâce aux innombrables émissaires de Latanoff, le même jour, à la même heure, à la même minute, on ne sut jamais comment, on ne sut jamais pourquoi, le même cri sinistre retentit dans toutes les parties du Wardenbourg : « Les brigands! les brigands! voilà les brigands ! »

Quels brigands? Tout le monde l'ignorait, mais tout le monde répétait avec terreur :

« — Voilà les brigands ! »

Et chacun s'enfermait chez soi, et chacun se barricadait, et chacun s'armait, bien résolu à vendre chèrement sa vie aux brigands.

La panique fut encore plus bruyante dans la capitale. Elle s'y manifesta par le plus violent tintamarre de portes, de fenêtres et de devantures de magasins, dont la frayeur ait jamais ébranlé toute une ville.

A la peur de chimériques brigands, Latanoff avait joint ici plusieurs autres nouvelles non moins sinistres :

« — Le roi se meurt! Le roi est mort! » s'écriait-on.

Ce fut à ce lugubre cri que plusieurs groupes d'affidés se transportèrent devant le palais.

Montreuil parut au balcon, pour les rassurer de la voix et du geste.

— Hé bien! s'il n'est pas mort, qu'il se montre! nous voulons le voir! hurlèrent les groupes.

En ce moment même, Sa Majesté, parfaitement saine de corps et d'esprit, daignait se mettre à table avec un appétit gargantualesque.

— Allons, voyons, asseyez-vous là, en face de moi, disait-il bénignement à son grand chambellan, Roussignan-Muller, le seul de ses acolytes avec qui sympathisât véritablement sa triviale nature.

— Sire, répondait modestement le haut directeur de la bouche et de la garde-robe du roi, je ne sais si l'étiquette me permet....

— L'étiquette?.. Encore une fameuse scie!... Enfin, n'importe! chaque métier a ses désagrémens. Mon tyran m'impose celui-là; il faut bien s'y résigner, puisqu'il est ici le roi du roi. Mais c'est bon quand il y a du monde. Or, nous voilà seuls. Les domestiques, ça ne compte pas plus que les garçons de gargotte. Profitons-en pour nous désembêter un peu. Asseyez-vous là, vous dis-je, et trinquons ensemble, morbleu! Au diable la gêne et le qu'en dira-t-on! C'est bien assez d'être obligé de garder son habit à table. Vous n'avez jamais dîné en manches de chemise, vous? C'est qui est bon! Je ne dînais jamais autrement, quand je dînais, du temps que j'étais marchand de contremarques sur le boulevard du Temple. C'était le bon temps alors, quoique celui-ci ne soit pas non plus à dédaigner. Que dites-vous, par exemple, de ce petit vin du Rhin, comme ils appellent ça ? ajouta Sa Majesté en faisant claquer sa langue.

— Je ne le trouve pas trop sûret non plus, répliqua Roussignan, après avoir vidé son dixième verre.

— Hé bien ! ça ne vaut pas encore le petit bleu de la barrière Montmartre, du temps que j'étais chez M. Masson. Un brave homme, celui-là, qui était bien un peu rabâcheur avec sa morale, mais que j'aimais tout plein, et que je craignais encore plus. Cet homme-là m'aurait dit de mettre mon doigt au trou d'une barrique, que j'y serais resté indéfiniment, fût-il allé faire un petit tour aux Grandes-Indes. Pourquoi ? Je veux que le cirque me croque si j'en sais rien. C'est comme ça, voilà tout. Je croyais l'avoir aperçu, par ici, dans la foule, le soir de mon avénement, comme ils disent ; mais j'avais évidemment la berlue. Que diable serait-il venu planter dans le Wardenbourg ?... Avec ça qu'à l'époque où je l'ai quitté, il était en train de se faire prêtre tout à fait, vu qu'il ne l'était encore qu'à la moitié ou aux trois quarts lorsque je le connus. Allons, encore ce verre là ! A votre santé, mon cher ami !

— A la vôtre, sire, et j'ajouterai à la splendeur et à la gloire de votre règne !

— Mon règne? Hélas! oui, c'est vrai, je règne ! je ne sais pas trop sur qui, ni sur quoi, si ce n'est sur ce dîner qui serait vraiment digne du Petit-Ramponneau ; mais enfin, je règne, puisqu'on appelle ça régner. Hein ! nous y voilà pourtant dans ce royaume enchanteur ! Qui nous eût dit cela, il y a deux mois à peine, à l'hôtel des Princes à Paris, quand mon premier ministre nous dégoisait tous mes titres? Je vous avoue que je le regardais alors comme un vieux blagueur. Et vous ?

— Moi aussi, je vous l'avoue, sire, malgré les six bouteilles que j'avais eu déjà l'honneur de trinquer avec Votre Majesté.

— « Où est l'enfant? nous dira-t-on, » s'écriait-il en remuant son tas de paperasses. « Hé quoi! on ose nous demander où est l'enfant? Hé bien, le voici, l'enfant ! Voici » l'enfant royal, l'enfant du prodige, l'enfant de la régé-» nération du Wardenbourg ! »

— Sire, je vous en supplie, ne parlez pas ainsi! interrompit Muller qui avait pâli en entendant cette formule. « Où est l'enfant ? » laquelle lui rappelait toutes les mésaventures de sa vie.

— Et cependant, continua Pied-de-Céleri, toutes ses prédictions se sont réalisées comme paroles d'Evangile. Nous voici tous, moi, roi; vous, chambellan; lui, premier ministre; Dabiron, grand trésorier. Il ne manque à la fête que notre gentille compagnonne. J'en suis fâché. C'était frais, c'était gai, c'était amusant comme tout! Et vrai, un peu de joie ne serait pas de refus, pour varier les émotions. Le chef de la bande n'est pas de ces plus farces, avec son air de pompes-funèbres. Le Dabiron non plus. Vous non plus. Moi non plus. Nous avons tous l'air tant soit peu croque-mort. Et cependant notre situation devrait être assez joviale.

— Ah ! mon Dieu ! interrompit Roussignan, en entendant les cris que la foule poussait sur la place et dont le bruit lointain parvenait jusqu'aux oreilles des deux convives. Quel est ce tapage? On dirait qu'ils crient aussi : Où est l'enfant?

— Du tout! Ce sont encore des acclamations de joie. Je ne sais pas trop pourquoi, mais ces gens-là m'adorent. Parole d'honneur. Ils ne sont vraiment pas difficiles!

— Sire, dit Montreuil en pénétrant tout effaré dans la salle à manger, des bruits sinistres ont été répandus sur votre santé, sur votre vie, par les incorrigibles ennemis de l'ordre. Votre peuple tout entier s'est levé comme un seul homme, et demande à vous voir. Je vous trouve heureusement dans d'excellentes dispositions. Daignez, sire, vous rendre aux vœux de vos fidèles sujets. La vue seule de Votre Majesté, surtout en ce moment, suffira, je l'espère, pour calmer leurs mortelles alarmes.

— C'est guignolant, répondit Pied-de-Céleri en se levant; mais je ne puis pas faire moins pour leur bonheur.

Et ce disant, suivi de Montreuil et de Roussignan, il se dirigea, d'un pas légèrement aviné, vers la salle du trône, dont le balcon donnait sur la place même où l'émeute continuait de réclamer sa présence. Mais à peine avait-il franchi la moitié de cette vaste pièce, qu'il fut pris de son éblouissement ordinaire. Il s'arrêta court, sentit fléchir ses jambes et s'affaissa sans connaissance sur le divan qui se trouvait près de lui.

— Malédiction ! s'écria Montreuil. Encore ses maudites syncopes! *Sic transit gloria mundi* ! Ainsi s'évanouissent les puissances de ce monde. Allons, docteur, voilà le moment de faire appel à tout ce que vous avez de science. A vous de guérir la monarchie, en même temps que le monarque. L'un et l'autre sont diantrement malades! N'avez-vous donc trouvé aucun remède depuis notre dernière consultation?

— Aucun, car avant de s'occuper du remède, il faut au moins connaître le mal.

— Ne trouvez-vous pas que cela ressemble beaucoup à ce qu'on raconte du magnétisme ?

— Je le pense, mais l'Académie de médecine du Wardenbourg ayant décidé que le magnétisme n'existe pas, je n'ai point envie de me brouiller à ce sujet avec les tribunaux.

— Au nom du ciel ! enfin, quel moyen vous reste-t-il de spécifier le mal, pour en trouver le spécifique.

— Je n'en ai plus qu'un seul, et j'allais vous le proposer.

— Parlez !

— C'est de disséquer Sa Majesté.

Le premier ministre n'eut pas le temps de répondre au premier médecin, car, à l'instant même, les groupes ayant fini par envahir le palais, se précipitaient dans la salle du trône, en criant : « Le Roi ! le Roi ! Pourquoi le cache-t-on? pourquoi ne se montre-t-il pas?... Qu'il soit vivant ou mort, nous voulons voir le Roi ! »

— Vous voulez voir le Roi, dites-vous ? s'écria Montreuil exaspéré.

— Oui, oui, le Roi, le Roi ! répondit-on de toutes parts, avec une sympathie qui était feinte chez beaucoup des envahisseurs.

— Hé bien ! le voici, votre roi ! répliqua le premier ministre avec un amer dédain, en leur montrant du doigt Pied-de-Céleri qui gisait évanoui sur son divan.

— Est-il donc mort? demandèrent ceux-ci au médecin de la cour, qui se tenait près de Sa Majesté, s'occupant à l'examiner, à le palper, à lui tâter le pouls.

— Est-il encore vivant? lui demandèrent ceux-là.

— Il n'est ni l'un ni l'autre, répondit gravement le lumineux docteur.

— Mais qu'est-il donc alors ?

— Il est céphalgico-magnético-nervosico-phlegmatico-prostratico-syncopico-cataleptique.

La foule recula d'épouvante à cette révélation, tout en admirant le profond génie de l'homme de l'art.

— En un mot, reprit Montreuil, Sa Majesté est malade, et je m'étonne, ô Wardenbourgeois, qu'un peuple tel que vous, qui s'est toujours fait admirer par l'amour et le respect qu'il porte à ses princes légitimes, se permette, en un pareil moment, de troubler le repos de son auguste maître, jusqu'en son palais même. C'est joindre la barbarie à l'inconvenance. Ce que vous faites avec votre roi, vous ne le feriez pas avec le plus humble de ses sujets. Est-ce donc un trop grand privilége, que réclamer pour votre souverain les simples égards que vous auriez pour le premier venu? Allons, messieurs, au nom de la loi, au nom de la majesté royale, au nom de l'humanité, au nom surtout de votre propre honneur, de grâce, retirez-vous !

Cette émouvante apostrophe produisit un excellent effet, car on ne s'adresse jamais en vain aux bons comme aux mauvais sentimens des masses. Les groupes, si menaçans d'abord, devinrent hésitans; ils rougirent de leur conduite, se turent, se découvrirent, et s'ébranlèrent enfin pour se retirer sans bruit.

L'habileté de Montreuil allait donc l'emporter cette fois encore, lorsqu'un personnage de haute stature, de figure distinguée, de manières élégantes, vêtu d'un de ces costumes brodés qui révèlent le diplomate, et la poitrine toute couverte de ces cordons, de ces chaînes, de ces brochettes et de ces crachats qui imposent toujours au vulgaire, s'avança gravement dans l'espace laissé libre par les envahisseurs, et où se trouvaient seuls en ce moment le monarque évanoui, son président du conseil triomphant, son grand trésorier, son premier chambellan dont le tumulte avait renouvelé toutes les vagues frayeurs, et son premier médecin qui continuait de hocher céphalgico-magnético-nervosico-phlegmatico-prostratico-syncopico-cataleptiquement la tête.

— Latanoff! se dit Roussignan-Muller en pâlissant. Allons bon ! me voilà retombé en pleine police russe !

— Latanoff ! se dit Montreuil en tressaillant de colère. Je m'étonnais aussi de ne l'avoir pas encore vu se jeter de nouveau à travers ma fortune !

Montreuil retrouvait devant le survenant, en effet, son éternel adversaire;—l'inévitable antagoniste dont les intrigues, depuis vingt ans, contre la dynastie légitime n'avaient cessé de contre-carrer les siennes, à Hambourg, à Francfort, à Londres, à Paris, partout, en faveur de cette même dynastie ; — l'acharné persécuteur du chevalier de Limbourg et de son héritier, Ludwig Ier, le nouveau roi ; — enfin l'infatigable représentant de ces cours du Nord, dont le but, en maintenant sur le trône la descendance bâtarde du comte de Zanau, était le copartage du Wardenbourg, à l'époque peu éloignée sans doute où le roi déchu, Bénédict Ier, se fût éteint sans descendance.

Les deux rivaux échangèrent un regard où se résumait toute la haine de ces vingt ans de luttes. Ils comprenaient sans peine qu'ils étaient là sur leur dernier terrain, et que l'heure fatale venait de sonner où ce long duel devait finir par le triomphe irrévocable de l'un ou de l'autre.

L'étrange sourire d'une femme voilée dont Latanoff avait quitté le bras pour sortir de leur groupe d'affidés et s'avancer isolément de quelques pas en avant d'elle; ce sourire où brillaient tout ensemble la moquerie et l'espoir; ce sourire joyeusement sinistre eût prouvé, à qui l'eût observé, qu'il y avait là, dans ce même champ-clos, un troisième intérêt, lequel comptait voir les deux combattans s'enferrer l'un l'autre, et lui laisser recueillir le fruit définitif de leur double défaite.

— Que vous parle-t-on de roi ! s'écria insolemment Latanoff. Que vous parle-t-on de prince légitime, à propos de ce mannequin couronné !

— Gardes ! interrompit Montreuil, qu'on saisisse l'insolent qui se permet de pareils attentats contre la majesté royale !

Mais aucun garde ne bougea. La solde étant en retard de quarante-huit heures, le mécontentement l'emportait sur la juste reconnaissance qu'avait fait naître le rétablissement de la bâtonnade.

— Oui, continua Latanoff, je ne vois dans ce prétendu héritier du trône, dans ce soi-disant malade, qu'un habile histrion qui feint ainsi de perpétuels évanouissemens, pour n'avoir pas à s'expliquer sur son abominable mensonge.

— Oui, oui, c'est de la comédie! répétèrent les affidés de l'orateur.

— On vous trompe, Wardenbourgeois, continua Latanoff; on abuse de votre loyauté, peuple de héros, peuple de braves! Cet infirme potentat n'est pas autre chose qu'un vagabond, dont de coupables intrigans ont fait l'instrument de leur ambition, et qu'ils osent imposer à votre crédulité, à votre bonne foi monarchique!

— À bas le faux roi! clamèrent mille voix.

— Gardes, qu'on arrête toute cette bande d'imposteurs! s'écria à son tour Latanoff, qui crut le moment venu de donner cet ordre décisif.

Mais, pas plus que devant, aucun garde ne bougea. La reconnaissance du rétablissement de la bastonnade l'emportait en revanche sur le mécontentement des quarante-huit heures d'arriéré de solde. La force armée était résolue à se tenir ainsi dans une sage neutralité, jusqu'à ce qu'elle sût bien positivement quel serait le vainqueur à qui elle devrait obéir.

L'ordre d'arrestation fit flageoler néanmoins les jambes de Roussignan-Muller.

— Toujours la police russe! se dit-il atterré.

Quant à Montreuil, l'abstention des gardes wardenbourgeoises, baïonnettes essentiellement intelligentes, lui avait rendu toute son assurance ordinaire.

— Oui, citoyens, s'écria-t-il, connaissant tout le charme de ce mot pour l'oreille du peuple; oui, citoyens, on vous trompe! Mais le trompeur, quel est-il? Ah! certes, ce n'est pas moi, comte de Casticala, qui ai passé les plus belles années de ma vie à chercher le petit-fils du comte de Zanau, votre avant-dernier roi. Ce n'est pas non plus votre grand trésorier actuel, le marquis de las Caracas, qui n'a pas hésité à sacrifier l'immense fortune qu'il possédait dans son pays, pour soutenir la cause sacrée de l'unique descendant du chevalier de Limbourg. Ce n'est pas, enfin, celui que votre admiration avait surnommé le Blondel d'un nouveau Richard; ce fidèle serviteur d'une famille proscrite, ce noble baron de Rembach, ce vertueux Muller, qui depuis vingt ans n'a cessé de veiller sur le précieux rejeton d'une auguste race, et qu'ici même, en face d'une sédition terrible, vous pouvez voir encore, avec des larmes d'attendrissement, l'entourer comme toujours d'une si courageuse protection. (Rumeurs diverses.) Non, citoyens, le menteur n'est aucun de ceux-là. Cette qualification, en effet, convient-elle à ceux qui, à travers tant d'obstacles, au prix de si grands sacrifices, au mépris même de ces injures, sont parvenus à rendre à votre amour le légitime héritier du trône? Non!... Mais le menteur, voulez-vous le connaître? Hé bien! c'est celui-là même qui ose nous accuser de mensonge. C'est le factieux qui ne craint pas de jeter l'insulte à un prince infortuné, dont la mauvaise santé (que le premier de vos médecins a promis d'ailleurs de rétablir complétement), devrait être au contraire un motif de plus de sympathie et de vénération. Quelle en est la cause, en effet? Ne sont-ce pas, hélas! les longues souffrances d'un exil immérité. Enfin, l'obscur intrigant dont la mission secrète n'a pas d'autre but que de fomenter des troubles dans ce pays, afin d'en amener l'invasion, le partage et l'anéantissement, au profit des puissances ennemies qui le soudoient.

Ainsi parla Montreuil. Son discours impressionna vivement ceux des assistans qui étaient venus là sans parti-pris. Latanoff se hâta donc de reprendre la parole.

— Je maintiens ce que j'ai dit, s'écria-t-il de nouveau. Ce caduc automate n'est pas le véritable descendant du chevalier de Limbourg. Et les preuves, les voici, ajouta-t-il en déposant plusieurs papiers sur la table qui se trouvait près de lui. Où sont les preuves contraires? Nous sommons notre insolent contradicteur d'avoir à les déposer en face de celles-ci.

— On me demande, citoyens, où sont les titres de votre malheureux prince, répliqua Montreuil, qui était de très bonne foi dans son erreur, ainsi que nous le savons. Les voici de même, ajouta-t-il en déposant à son tour des papiers sur la table. Qu'une délégation, choisie parmi les notables de l'assemblée, vienne les examiner les uns et les autres, et qu'elle prononce en parfaite connaissance de cause. Mais, puisqu'il est question de titres, il en est un, citoyens, dont l'existence se trouve attestée authentiquement dans ces papiers, et dont je veux vous montrer, séance tenante, l'existence décisive sur la personne même du prince. Dans la juste prévision des persécutions et des hasards qui devaient agiter, menacer, égarer dans le monde sa royale individualité, ses augustes parens avaient cru sage de le marquer d'un signe indélébile qui lui servît à démontrer sa glorieuse identité en toute occasion. Dès le berceau, leur main prudente grava donc, sur le bras de cet unique rejeton, les deux initiales de son nom et de son royaume. Ces deux lettres symboliques, ce sont un L. et un double W, autrement dit: Limbourg et Wardenbourg.

Et à ces mots, Montreuil s'approcha de l'inerte monarque, lui découvrit un de ses avant-bras, et montra les deux lettres, surmontées d'une couronne.

Latanoff resta confondu à la vue du tatouage, dont il connaissait la réalité; mais la femme voilée lui glissa quelques mots à l'oreille, et il se hâta d'opposer révélation à révélation.

— Ce tatouage, s'écria-t-il, dont je ne conteste ni la sagesse ni l'existence, est un témoignage de plus contre la prétendue légitimité de cet éternel dormeur, et contre la conviction intéressée de ses partisans. Vous avez devant les yeux, non pas le prince lui-même, mais le frère de lait du prince; le fils de sa nourrice, une paysanne des environs de Francfort; enfant du même âge que l'autre, et dont, par surcroît de précaution, afin de dérouter les ennemis de son royal compagnon de berceau, le bras fut marqué de lettres toutes semblables. Ces lettres se trouvent être aussi les initiales de ses nom et prénom: L. W., autrement dit: *Ludwig Warchell*. Seulement, afin que, dans l'avenir, ils ne pussent être confondus l'un avec l'autre, aux yeux de leurs amis comme à ceux de leurs ennemis, le prince fut tatoué en rouge, tandis que le paysan le fut en bleu. Examinez maintenant lequel des deux est sous vos yeux.

— C'est le bleu! c'est le bleu! murmura-t-on de toutes parts, à la vue du bras resté découvert.

— Sornettes que tout cela! s'écria sincèrement Montreuil, pour parer ce nouveau coup, qu'il regarda comme une absurde feinte.

— Eh bien! que le malade s'en explique lui-même, interjeta alors, au milieu du brouhaha, la voix ferme d'un inconnu, de haute stature aussi, à la physionomie douce et impérieuse tout à la fois, au costume moitié laïque moitié sacerdotal, qui était resté silencieux jusqu'à ce moment, et dont le regard étincelant n'avait pas quitté une seconde Sa Majesté très problématique.

Tous les yeux se portèrent naturellement sur lui.

— Hé quoi! se dit Montreuil: le maître de Pied-de-Céleri!... Singulière rencontre... Que peut-elle signifier?...

— Hé quoi! se dit de son côté la femme voilée: l'ami de la défunte baronne! l'homme à la lettre posthume! Que vient-il faire en pareil lieu?...

— Hé quoi! se dit à son tour Roussignan-Muller: le solitaire de Montmartre! l'ancien maître du Roi M. Masson ici!... Il ne manquait plus que lui à la bagarre!... Encore un espion russe, j'en suis bien sûr!

— Oui, reprit l'étrange personnage, que Sa Majesté daigne s'expliquer elle-même sur la question d'identité.

— Mais elle est sans connaissance, objecta-t-on de toutes parts. Sa Majesté ne peut parler.

— Je suis certain du contraire, répondit l'inconnu sans bouger de place; laissez-moi l'interroger.

Et en effet, à la grande stupéfaction de son premier médecin, Sa Majesté, ô prodige! donna tout à coup signe de vie, sur le divan où elle était couchée. Elle remua, bâilla, se détira les bras ; mais elle ne put se lever, et ses yeux qu'elle rouvrit restèrent fixes et vitreux.

— Répondez, lui dit alors l'inconnu d'un ton impératif. Qui êtes-vous ?

— Je ne sais pas ! répondit Pied-de-Céleri, après un moment d'hésitation.

— Cette désobéissance m'étonne, pensa l'inconnu. Le *sujet* se trouve sans doute dans un de ses caprices. Mais j'en viendrai à bout. Répondez, vous dis-je, reprit-il tout haut et d'une voix plus impérative encore. Êtes-vous l'héritier légitime du trône, ou n'êtes-vous que son frère de lait ?

— Je ne veux pas vous le dire !

— Décidément, j'ai perdu quelque peu de ma puissance sur lui, depuis que nous nous sommes quittés, pensa encore l'interrogateur ; mais je vais la recouvrer tout entière sans aucun doute. Vous ne me reconnaissez donc pas ? continua-t-il tout haut, d'un ton plus affectueux.

— Oh ! si fait ! je vous reconnais parfaitement : vous êtes celui qui m'avez dépendu, dans le violon du corps de garde, où l'on m'avait enfermé, à la suite d'une scélérate de montre à répétition, qu'on m'accusait d'avoir chippée, et qui se mit à battre la breloque dans ma tige de bottes. Aussi, la première chose que je ferai comme roi, aussitôt que je serai guéri de mes évanouissements, ce sera de chasser de mon royaume toutes les montres à répétition. Quant à vous, mon cher maître, continua S. M., en dénouant mon foulard, en m'apprenant à respecter les montres d'autrui, et en me mettant à même de régner ici, vous m'avez rendu un tas de services que je n'oublierai jamais. Quelle fonction voulez-vous ? quel cordon vous faut-il ? Parlez, faites-vous servir. « Garçon, une place ! — Voilà, monsieur ! — Garçon, une brochette ! — Quelle brochette, monsieur ? est-ce de mauviettes ou de goujons frits ? — Non, de tout ce qu'il y a de plus chenu en fait de décorations allemandes. — Voilà, monsieur, voilà ! »

Nous laissons à penser ce que l'étrangeté de la situation, la singularité des demandes et la bizarrerie des réponses devaient causer d'ébahissement aux acteurs comme aux témoins de cette scène.

L'interrogateur reprit ainsi, au milieu du plus profond silence :

— Hé bien ! donc, mon ami, s'il est vrai que vous soyez reconnaissant des petits services que j'ai déjà pu vous rendre, et de ceux que peut-être je viens vous rendre encore, répondez-moi en toute sincérité, je vous en prie. Êtes-vous l'héritier légitime du trône, ou n'en êtes-vous que l'usurpateur involontaire ?

— J'en suis le roi répliqua Pied-de-Céleri, qui, tiraillé par deux sentiments contraires, la déférence qu'il conservait pour son ancien maître et la honte qu'il éprouvait d'avouer ce qui, dans son état de seconde vue, il savait très bien être la vérité, ne trouva rien de mieux que de recourir à une équivoque pour se tirer d'embarras.

— Vous mentez ! dit alors sévèrement M. Masson.

— Non ! répondit timidement Pied-de-Céleri.

— Vous mentez, vous dis-je ! Répondez avec franchise. Je le veux ! entendez-vous ? je le veux !

— Et moi, je ne veux pas ! répondit cette fois Pied-de-Céleri, d'un air d'écolier mutin, et en s'agitant beaucoup sur son divan.

— Je ne comprends rien à une telle désobéissance, pensa M. Masson tout à fait découragé. Je n'ai plus sur lui qu'un pouvoir incertain.

Mais tout à coup il tressaillit, sous l'empire d'une idée nouvelle, en examinant de loin la main gauche de son rétif *sujet*.

— Qu'avez-vous donc fait, lui dit-il, de l'anneau d'or que je vous avais remis au moment de notre séparation, et que vous m'aviez promis solennellement de toujours porter en bon souvenir de moi ?

— J'ai rempli ma promesse, répondit le dormeur éveillé, et ce n'est pas ma faute si je n'ai plus cette bague. Tout à l'heure, quand j'ai commencé à remuer les bras, elle s'est échappée de mon doigt et a roulé sous le divan.

— Je ne m'étonne plus de rien, pensa l'interrogateur. Allons, il ne me reste plus qu'à employer le grand moyen !

— Citoyens, s'écria alors Montreuil, vous le voyez : nous avons cru devoir nous prêter à toutes les expériences qu'on réclamait, pour arriver à la constatation de la vérité ; mais, par égard pour votre propre dignité, autant que par respect pour la présence de notre auguste monarque, nous ne saurions laisser dégénérer ces expériences en une vaine parade somnambulique. C'en est assez Votre conviction doit être faite.

— Oui, oui, répondit alors l'immense majorité des spectateurs. À bas les factieux ! vive le Roi ! vivent ses ministres !

Mais au même instant une voix éclatante se fit entendre à travers ces acclamations.

— Mon fils ! où est mon fils ? Je veux voir mon fils ! s'écriait-elle.

— Place, messieurs, place ! ajoutait une autre voix.

Et, sur un signe de M. Masson, l'on vit le robuste serviteur que nous avons entrevu à Paris, à l'hôtel d'Allemagne, quelques jours auparavant, écarter les différents groupes, pour frayer passage à une vieille femme qu'il conduisait par la main.

Cette vieille femme poussa un cri de joie à la vue du monarque et se précipita vers lui.

— Oui, c'est mon fils !… mon fils bien-aimé !… s'écriait-elle éperdue, en couvrant de baisers maternels, les mains et le front de Pied-de-Céleri, qui restait inerte dans ses bras, sans même avoir l'air de s'apercevoir de sa présence. Oh ! c'est bien lui ! continuait-elle : je le reconnais à la ressemblance avec mon pauvre homme ! Je te reconnais aussi à ces deux lettres bleues, surmontées d'une couronne, que le père et la mère du petit prince de Limbourg, ton frère de lait, avaient voulu graver sur ton bras, comme ils l'avaient fait en rouge sur le sien. Ce fut heureux pour lui, mais ce fut bien malheureux pour toi. C'est à cela que se trompèrent les brigands à la solde de ses ennemis. Pendant que je portais le petit prince à Francfort, pour le rendre à ma bonne maîtresse, feu madame Duplessis, qui devait l'envoyer en France, les scélérats envahirent ma chaumière à la brune ; ils mirent le feu, t'enlevèrent méchamment, te prenant pour ton frère de lait, et t'emportèrent je ne sais où. Quand je revins, plus rien : ni chaumière, ni berceau, ni fils ! Je crus, hélas ! que tu avais péri dans les flammes, et je t'ai toujours cru jusqu'à ces derniers temps. C'est le saisissement, l'épouvante, le chagrin, qui m'ont rendue sourde. Cher enfant, je t'ai bien pleuré, va ! Mais pourquoi ne me réponds-tu pas ? On dirait que tu me regardes sans me voir, et que tu m'écoutes sans m'entendre ! Dis-moi donc que tu me reconnais, car c'est pour te convaincre que je te raconte ici cette bien triste histoire. Oh ! reconnais-moi ! Je te reconnais bien, toi !… et non seulement à mes yeux, mais encore à mon cœur !… Le cœur d'une mère ne s'y trompe pas, lui ! Ce n'est pas comme celui des brigands qui t'avaient volé. Pauvre enfant !… je ne t'avais pas revu depuis cette horrible séparation ! Mais je te retrouve : tout est oublié. Allons, parle, je t'en conjure !… Dis-moi donc quelque chose. Je suis sourde, mais je devinerai. Embrasse-moi, d'ailleurs ! Les caresses d'un fils, ça se comprend toujours !

Et la bonne vieille pleurait de joie, tandis que la plupart des spectateurs pleuraient d'attendrissement.

Pied-de-Céleri parut sortir un peu de sa léthargique torpeur, sous les caresses de la vieille bonne femme, non moins que sous le regard de son ancien maître.

— Ma mère, dites-vous ? murmura-t-il en l'examinant avec étonnement. Attendez donc… que je tâche de me souvenir…

— Chut ! le malade a quelque tendance à recouvrer sa raison, s'écria le premier médecin. Voilà le moment d'aider la nature. Vite, vite, un verre d'eau sucrée, avec un peu de fleur d'oranger ! ajouta-t-il tout bas en s'adressant au grand trésorier Dabiron qui était près de lui.

Dabiron s'empressa d'apporter sur un plateau le verre d'eau demandé, et que la foule regarda comme une des plus savantes potions dont le docteur eût jamais eu l'idée.

— Allons, buvez-moi cela, dit-il à Pied-de-Céleri.

— Volontiers, répondit celui-ci, en approchant le verre de ses lèvres ; j'ai une soif de dromadaire. Ça me remettra.

Mais à peine eut-il avalé vivement deux ou trois gorgées du puissant breuvage, que le replaçant avec horreur sur le plateau,

— Pouah ! s'écria-t-il. Je croyais que c'était du vin. Mais c'est fadasse en diable !

Dabiron se hâta de remporter le plateau, et, chose étrange, on ne le vit plus reparaître.

— Oui, oui, qu'on m'ôte ça, disait Pied-de-Céleri. Merci ! je sors d'en prendre !

— Ah dame ! murmura la foule, les médecines, ça n'est pas très flatteur ; mais plus c'est mauvais, plus c'est bon !

— N'importe ! ajouta le docteur, la malade en a pris assez pour en éprouver un salutaire effet. Là... là... vous voyez... le pouls reprend de la régularité... l'ahurissement se dissipe... la physionomie s'éclaire... l'œil perd de sa fixité vitreuse... Bravo ! je ne m'étais pas trompé : c'était bien une céphalgico-magnético-nervosico-phlegmatico-prostratico-syncopico-catalepsie. Une bien belle maladie ! Mais j'en suis venu à bout, et, sans vanité, voilà une guérison qui me fera quelque honneur !

Les murmures approbatifs du public ratifièrent l'éloge que l'ingénieux praticien se votait lui-même à lui-même.

Sans recouvrer tout-à-fait l'état de veille, Pied-de-Céleri, en effet, était suffisamment rentré dans la vie réelle pour en apprécier tant bien que mal les événemens.

— Décidément non, reprit-il, après avoir contemplé longuement la vieille bonne femme ; je n'ai pas l'avantage de vous reconnaître, n'ayant pas le souvenir de vous avoir jamais vue ; mais c'est égal : vous m'avez l'air d'une brave et digne personne. Et puis, je ne sais pas ce que j'ai, mais je suis tout bête en vous regardant, je sens là, du côté gauche, quelque chose qui me dit que ce que vous me contez est la vérité. Va donc pour votre histoire ! Embrassez-moi encore ! Parole d'honneur, ça fait du bien d'embrasser sa mère, surtout quand on n'en a pas l'habitude !

Le fils et la mère confondirent un instant leurs caresses. Touchant tableau qui fit encore pleurer presque tout le monde, y compris même les émeutiers de profession.

Ce dernier incident donnait complètement raison à Latanoff. Il triomphait sur toute la ligne, tandis que Montreuil baissait la tête, livide de dépit, consterné, hébété, comme un homme qui vient de recevoir une cheminée sur la tête. L'orgueil de la longue lutte qu'il avait soutenue avec éclat lui rendit cependant un peu de fermeté, quand, en vainqueur plein de courtoisie, Latanoff le salua poliment, comme pour parodier un mot célèbre : « Honneur au courage malheureux ! », et l'engagea d'un signe bienveillant à gagner prudemment la porte. Montreuil lui rendit son salut avec résignation mais dignité.

La foule se montra généreuse pour le vainqueur.

— A bas le ministre ! à bas l'intrigant ! à bas l'imposteur ! hurla-t-elle en menaçant le vaincu du geste.

— Calmez-vous, mes amis, s'écria magnanimement Latanoff, qui, en réalité, eût été fâché que l'arrestation de son adversaire amenât un procès dont les débats auraient pu être désagréables pour ses anonymes commettans. Calmez-vous, répéta-t-il, et sachez être équitables, même envers vos ennemis. M. le comte est plus à plaindre qu'à blâmer : j'ai la conviction qu'il était de bonne foi.

— Non, non, c'était un menteur ! un ambitieux ! un faussaire ! A bas, à bas ! continuait de vociférer la foule.

— M. le baron a dit vrai, citoyens, répondit vivement Montreuil, heureux, dans ce naufrage, de s'accrocher à la planche de salut que lui tendait son adversaire. Vous étiez trompés, mais je l'étais comme vous. Et par qui l'étions-nous tous ? par un seul et même imposteur ; par le faux Blondel de ce faux Richard ; par le faux Mentor de ce faux Télémaque ; par l'homme qui prétendait avoir découvert votre prince légitime, l'avoir accompagné, élevé, servi, suivi, pas à pas, depuis sa plus tendre enfance ; par ce Muller enfin que vous voyez ici, tremblant de peur sous le poids même de ses forfaits, près du pauvre diable qu'il avait dupé comme tout le monde. Et pourquoi ?... pour satisfaire une misérable ambition : celle de devenir le chambellan d'un roi de sa fabrique. Cela fait pitié ! Oui, citoyens, c'est lui qui est cause de tout ! voilà le seul, le vrai coupable !

— Ce n'est pas vrai ! s'écria le pauvre chambellan, qui perdit complètement la tête. Et d'abord, je ne suis pas Muller, je suis Roussignan ! C'est-à-dire non, je ne suis pas Roussignan, je suis Muller !... Ou plutôt si, je suis... ou plutôt non, je ne suis pas...

— Vous l'entendez, citoyens ? interrompit Montreuil. Tout est faux chez ce monstre de duplicité. Il n'est pas même lui-même. C'est un faux Muller, c'est un faux Roussignan. Il l'avoue. Quelle perfidie !

— A bas ! à bas ! clama la foule en tournant aussitôt ses mobiles colères contre la dernière victime qu'on lui désignait.

Heureusement pour le malheureux Roussignan, qui devenait, comme toujours, le bouc émissaire de tout le monde, la garde, qui n'avait à lui attribuer pour ou contre ni arriéré de solde ni rétablissement de bastonnade, se hâta d'intervenir et de l'arrêter, ce qui le préserva de tout châtiment immédiat.

— Vous le voyez, messieurs, dit alors Latanoff à la foule, vous n'aviez laissé mettre sur le trône que le simple fils d'une obscure paysanne. Que cette erreur vous serve de leçon ! Que cette forme burlesque échauffourée vous mette prudemment en garde contre toute autre tentative de ce genre ! Passe pour une première duperie ; mais songez-y, l'univers a les yeux sur vous, et la récidive ferait de ce peuple l'éternelle risée de l'histoire. En un mot, soyez bien convaincus que tout nouveau prétendant ne serait qu'un imposteur comme celui-ci. Le chevalier de Limbourg, fils légitime du comte de Zanau et légitime héritier du trône, avait laissé un fils, lui aussi, j'en conviens ; ce fils était le nourrisson de cette femme ; ce fils était le frère de lait de cet homme ; ce fils eût régné sur vous par conséquent sous le nom de Charles Ier ; tout cela est incontestable ; mais ce qui ne l'est pas moins, c'est que ce fils est mort.

— C'est faux ! interrompit énergiquement une voix de femme.

— Hé quoi ! madame, dit tout bas Latanoff à Tiennette, tandis que les spectateurs échangeaient mille conjectures sur cette nouvelle péripétie ; auriez-vous l'intention de nous trahir ? Songez-y : il en est temps encore. Si vous parlez, prenez garde à vous ! il n'est pas de vengeance qui ne puisse vous atteindre. Si vous vous taisez, au contraire, il n'est pas de récompense, pas de faveur, pas de titre même que vous ne puissiez demander à coup sûr.

— Mes réflexions sont faites depuis longtemps, monsieur le comte, répondit-elle avec résolution ; et c'est ici que mes intérêts à moi se séparent de ceux que vous représentez. Brouillons-nous, soit ! de puissance à puissance. Non, messieurs, reprit-elle tout haut, en s'avançant à son tour dans l'espace resté vide, et au grand étonnement de Montreuil et de Masson, qui la reconnurent alors ; non, l'héritier légitime n'est pas mort !

— C'est une nouvelle imposture, s'écria Latanoff, en faisant signe à ses affidés.

— A bas, l'intrigante ! à bas ! clamèrent ceux-ci en se précipitant vers Tiennette, dans le dessein de l'entourer, de l'empêcher de poursuivre et de l'entraîner hors de la salle.

Mais sur un signe d'elle, les affidés qu'elle avait enrôlés de son côté se précipitèrent à leur tour et lui firent un formidable rempart. Les deux partis s'arrêtèrent en face l'un de l'autre, s'injurièrent, se menacèrent, et furent sur le point d'en venir aux mains.

Le tumulte s'apaisa néanmoins, grâce à l'intervention des notables qui, revêtus de leurs insignes, s'étaient réunis devant la table, quelques instans auparavant, sur l'invitation de Montreuil, pour y examiner les divers papiers soumis à leur appréciation.

— Oui, l'héritier légitime existe, reprit alors Tiennette au milieu des rumeurs de colère, de surprise ou de joie que faisait naître cette dernière révélation.

— Hé bien ! si cela est vrai, répondit le chef des notables, dites-nous, madame, où est ce royal enfant.

— Allons, bien, bravo : *Où est l'enfant ?*... répéta Roussignan-Muller, à qui ces simples mots causèrent de nouveau plus d'épouvante rétrospective qu'il n'en avait éprouvé de son arrestation même. Mais, mon Dieu ! quand donc cette infernale persécution finira-t-elle !... Hé quoi, cette femme aussi !... Montreuil aussi !... le Roi aussi !... tous aussi !... Qu'on m'emmène !... Qu'on m'emmène donc ! J'aime mieux la paille humide, le pain sec et l'eau même des cachots, que l'incessante torture de cette abominable question.

La grâce d'être conduit en prison est une faveur qu'on ne refuse jamais. On emmena volontiers Roussignan-Muller, qui sortit en menaçant du poing tout le monde.

Après le léger tumulte occasionné par ce petit incident,

— Vous demandez où est l'enfant, messieurs, répondit Tiennette avec assurance. Il est à Paris ; il s'est caché sous le nom d'Aronde ; il est digne de gouverner un peuple tel que vous ; et, je ne crains pas de le dire, moi que les puissances hostiles ont bien voulu initier à leurs arrière-projets, si vous lui rendez le trône auquel sa naissance lui donne un droit imprescriptible, vous aurez assuré le bonheur intérieur de ce pays, en même temps que vous l'aurez préservé de la convoitise étrangère. Du reste, messieurs, je n'ai point la prétention d'être crue sur parole, surtout quand tant d'imposteurs ont dû exciter si justement votre défiance. Voici mes preuves, messieurs.

Tiennette remit au chef des notables les divers papiers dont elle s'était munie, et qui tous, provenant du coffret qu'elle avait vidé chez d'Aronde au profit de sa fameuse armoire, renfermaient des détails authentiques sur la vie tout entière du nouveau prétendant, depuis le jour de sa naissance jusqu'au jour de son entrée dans la maison du baron d'Appencherr.

Les notables les lurent avec attention comme ils avaient lu les précédens ; après quoi le plus âgé d'entre eux fit signe qu'il voulait prendre la parole.

— Silence ! silence ! cria-t-on de toutes parts.

— Tous ces témoignages, dit-il à haute voix, de manière à être entendu jusqu'au fond de la salle ; tous ces témoignages sont de la plus incontestable authenticité. Oui, l'héritier légitime du trône existe ! Oui, il se nomme Charles d'Aronde ! Oui, il habite Paris ! Oui, notre intérêt comme notre devoir est de lui offrir cette couronne qui se trouve doublement vacante ! Donc, vous tous qui m'écoutez, si vous êtes de bons citoyens, si vous avez au cœur l'amour de la patrie, imitez vos mandataires, et criez avec nous d'une voix unanime : Vive Charles Ier ! Vive l'espoir du Wardenbourg ! Vive le pacificateur de notre cher pays ! Vive le sauveur de notre nationalité ! Vive le roi !

— Vive le Roi ! répéta la foule enthousiasmée.

— Et maintenant, mes amis, continua le vénérable hérault, retirez-vous paisiblement, et que chacun de vous s'en aille porter chez lui l'heureuse nouvelle, afin de ramener le calme et l'espérance au sein de cette grande cité.

— Oh ! disait Latanoff, mais en ayant bien soin de cacher son poignant dépit ; un homme tel que moi se voir ainsi joué, et par qui ? par une telle femme !

Montreuil alors s'approcha de lui à son tour, et l'engageant pareillement d'un signe à gagner prudemment la porte,

— Me permettrez-vous, monsieur le baron, lui dit-il, de vous restituer la moitié des consolations que vous avez bien voulu m'offrir si généreusement tout à l'heure ?

— Je suis presque tenté de les refuser, monsieur le comte, répondit Latanoff en s'inclinant avec non moins de politesse, car il est encore honorable de succomber là où vous avez succombé vous-même.

Et les deux diplomates, qui savaient tomber avec tant de grâce, comme les gladiateurs antiques, sortirent ensemble du palais, à la faveur du tumulte, de la cohue et de l'obscurité, en se cachant l'un à l'autre, sous le plus charmant sourire, l'humiliation dont l'insuccès les accablait tous deux.

Pendant que la foule s'écoulait, les notables avaient choisi parmi eux une députation composée de trois délégués, ayant mission de se rendre à Paris, auprès de celui qui était bien décidément l'héritier légitime du trône, et de lui exprimer le vœu unanime de la nation wardenbourgeoise. Les autres devaient se constituer en gouvernement provisoire jusqu'à l'arrivée du futur roi.

— Madame, dit alors le chef de la députation à Tiennette qui était restée dans la salle sous la protection de ses affidés, veuillez compléter vos précieux renseignemens en nous indiquant la demeure de Sa Majesté, à Paris.

— Sa demeure ? répondit Tiennette avec émotion. Hélas ! elle est peut-être bien triste en ce moment ! Je n'ose vous la dire. Permettez-moi de vous y conduire moi-même. C'est la seule récompense que j'ambitionne, pour l'éminent service que j'ai eu le bonheur de vous rendre.

— En ce cas, madame, quand vous plaît-il de partir ?

— C'est moi qui suis à vos ordres, messieurs. Demain, cette nuit, à l'instant même.

— Soit ! à l'instant même, madame. On ne saurait se trop hâter, lorsqu'il s'agit d'assurer la félicité d'un grand peuple.

Et sur ce, les notables sortirent à leur tour de la salle, ainsi que Tiennette et ses acolytes.

M. Masson y resta seul avec la femme Warchell et Pied-de-Céleri, dont on ne s'occupait pas plus désormais que s'il n'eût jamais existé.

Ils furent rejoints alors par le chambellan du précédent monarque, celui que Montreuil lui-même avait destitué pour cause d'excessive courtisanerie. Ce vieux factotum tendit d'abord sa tête peu vénérable à travers la portière derrière laquelle il avait assisté invisible à toutes les scènes qui venaient d'avoir un dénouement si imprévu ; puis il aventura toute sa personne en dehors de cette cachette, et s'avança enfin vers M. Masson sur la pointe criarde de ses escarpins.

— Hé bien ! lui dit-il mystérieusement, nous voici dans un bel état ! De trois rois, qui sait s'il nous en restera un seul ! Lorsque, plus de roi, pas de chambellan. C'est triste ! Lorsque, cédant à une rancune bien naturelle contre ce damné Montreuil (on peut le traiter ainsi, maintenant qu'il n'est plus ministre !), je consentis au désir que vous m'exprimâtes d'être à même de veiller jour et nuit sur un prince dont la santé vous inquiétait, disiez-vous, ah ! certes, j'étais loin de m'attendre à un si fâcheux résultat ! Rien ne me fut plus facile que de vous cacher dans l'appartement même que je conservais, et qui est attenant à celui de son ex-majesté. Je connais comme ma poche tous les détours de ce palais dans lequel j'ai été nourri. Mais si j'avais pu prévoir que cette complaisance, sur laquelle je comptais pour reconquérir mon poste auprès de Sa Majesté, dût être précisément la cause qui me priverait de ma dernière chance, à coup sûr, j'y eusse regardé à deux fois. Quand un homme de cœur a passé les trois quarts de sa vie à servir les autres, il ne renonce pas facilement à un pareil honneur.

— Rassurez-vous, monseigneur, répondit M. Masson, qui ne put s'empêcher de sourire. J'ignore quelle sera la réponse du nouveau prétendant ; mais s'il accepte, je vous promets d'intercéder pour vous.

— J'en accepte l'augure.

— En attendant, dites-moi, reprit M. Masson, avez-vous eu l'obligeance de pourvoir aux préparatifs dont je vous ai prié?

— Impossible, en présence de la cohue qui entourait le palais ; mais la place est libre maintenant, et je vais m'en occuper sans délai. Je reviens à l'instant.

M. Masson frappa doucement sur l'épaule de la femme Warchell, qui continuait d'échanger de tendres caresses avec son fils ; et ayant ainsi appelé l'attention de la pauvre sourde, il lui dit avec bonté, dans la langue des signes :

— Le voilà, ce fils si regretté ! Vous voyez que je ne vous ai pas trompée, en vous envoyant chercher là-bas, là-bas, à Ernée, pour vous réunir ici. Mais je vous en prie, dans son intérêt, dans le vôtre, dans le mien, dans celui de tout le monde, laissez-moi lui adresser encore quelques questions de la plus grande importance.

La bonne vieille ayant compris M. Masson, lui exprima sa vive reconnaissance, déposa un dernier baiser sur le front de Pied-de-Céleri, et alla s'asseoir un peu à l'écart, sans toutefois perdre son fils des yeux.

— Hé quoi, maître, demanda l'ex-potentat, avec une expression de vive contrariété, vous voulez donc recommencer la séance?

— Non, mais la compléter, et cette fois, je t'en préviens, avec tous mes avantages.

M. Masson ramassa l'anneau d'or qu'il trouva sous le divan, comme l'avait indiqué Pied-de-Céleri ; il le lui remit au doigt, bon gré, mal gré ; concentra sur le mutin toute la puissance magnétique de son regard et de sa volonté ; le replongea presque aussitôt dans cet état d'insensibilité physique et de surexcitation morale d'où il ne l'avait qu'imparfaitement tiré à dessein ; et enfin, quand il le crut doué d'une lucidité aussi étendue que possible, il lui adressa la parole en ces termes :

— Crois-tu maintenant pouvoir me répondre avec clarté?

— Je le crois.

— Le veux-tu?

— Je le veux.

— En ce cas, regarde d'abord dans l'intérieur du palais.

— J'y vois le docteur dans son appartement. Il rédige pour l'Académie de médecine un rapport sur la... attendez donc... c'est diablement difficile à lire!... sur l'affection céphalalgico-magnético-nervosico-phlegmatico-prostralico-syncopico-cataleptique, dont il m'a guéri. Cette cure lui vaudra le titre de prince de la science, trois plaques étrangères, cinq nouvelles sinécures, six mille malades et trois pensions.

— Que vois-tu encore?

— Je vois, à cent pieds au-dessous de lui, dans une espèce de cave qui lui sert de prison provisoire, en société d'une botte de paille, d'un pain noir et d'une cruche d'eau, mon excellent camarade Roussignan-Muller, que je tirerais de là, si j'étais encore roi. C'est le seul de la bande que j'aimasse, comme j'étais le seul qu'il en aimât aussi. Il est assis, le menton appuyé sur ses deux mains crispées.

« Tous Russes ! » dit-il ; « tous espions ! tous mouchards !
» tous traîtres !... Gueux de notable, qui ose me demander
» où est l'enfant, comme si j'en avais jamais rien su !...
» Gueux de Dabiron, qui m'a sauvé la vie au bois de Bou-
» logne, et qui s'éclipse ici d'avance, pour se dispenser
» d'avoir à prendre ma défense !... Gueux de Montreuil
» surtout, qui m'a entraîné dans cette bête d'affaire !...
» qui n'a cessé de me molester tout le long du chemin !...
» qui m'oblige à siffler Lataké !... qui me laisse d'abord
» en prison pendant je ne sais combien de jours !... qui me
» fait ensuite promener sur un pavois !... qui me nomme
» chambellan !... et qui, pour comble d'atrocité, m'accuse
» de tous ses mensonges aujourd'hui, me traite d'impos-
» teur, et me fait coffrer en prison pour la vingtième fois
» de ma vie, sous l'accusation capitale de haute trahison !...
» Ah ! le gueux !... ah ! les gueux !... si je ne me casse pas la
» tête de rage contre les murs de ce cachot, c'est que j'en
» sortirai peut-être, ne fût-ce qu'à ronger les barreaux
» avec les dents. Et alors, malheur à eux !... Je ne sais
» quelle sera ma vengeance, mais je veux qu'elle soit ter-
» rible !... »

— Laissons là ce maniaque de peur, de fainéantise, de goinfrerie, de soif et de rancune. Dis-moi maintenant ce qui se passe en dehors du palais.

— Toute la ville est sens dessus dessous ; on se raconte de mille façons contradictoires les scènes qui se sont passées ici ; on dit que les brigands sont désormais en déroute ; on défait les barricades ; on s'embrasse de joie ; on ajoute que le futur monarque est déjà en route, sur un cheval blanc, pour venir ici ; les hommes en attendent des merveilles ; les femmes demandent s'il est joli garçon ; plusieurs peintres qui ne l'ont jamais vu s'occupent à faire son portrait ; tout le monde enfin s'empresse d'employer en illuminations, pour célébrer ma chute, le restant des lampions qu'on avait achetés pour célébrer mon avénement.

— Regarde maintenant en dehors de cette ville, assez semblable, hélas ! à toutes les autres.

— Ah ! oui-dà ! ne vous gênez pas, monsieur, madame ! J'aperçois, dans une charmante villa, mon respectable prédécesseur, Bénédict premier et dernier, qui danse gaîment avec cette farceuse de Lataké, sans se douter le moins du monde que son successeur ne serait pas fâché de lui prendre encore une fois sa place.

— Passons. Regarde maintenant sur toutes les routes qui rayonnent de la ville.

— Sur celle du nord-ouest, qui conduit en France par la Hollande, j'aperçois, dans un léger briska, le baron de Latanoff qui se rend à Paris, avec les intentions les moins amicales pour le nouveau prétendant, s'il accepte son rôle, quand il le connaîtra. — Sur celle de l'ouest, qui conduit en France par la Belgique, j'aperçois, dans une méchante carriole, mon ex-premier ministre, Montreuil, qui n'a l'air guère plus jovial que son confrère du septentrion, mais dont la pauvre patache ne va pas aussi vite. Ce n'est cependant pas l'argent qui ralentit sa marche. — Sur celle du midi, qui conduit également en France par Cologne, j'aperçois dans un élégant équipage mon ex-trésorier, Dabiron, qui se hâte de porter à Paris deux ou trois millions encore, pour acheter plus sûrement la main de mademoiselle d'Appencherr !

— Comment ! ce misérable oserait y rêver de nouveau ! Heureusement, j'ai su retirer de ses mains la dernière lettre de la baronne. Je n'ai donc plus à craindre qu'il se serve de la crainte d'un ancien scandale pour réussir à en commettre un nouveau.

— Vous vous trompez, maître : la lettre dont vous parlez est encore dans l'armoire de fer de Tiennette. Cette particulière en avait fait faire deux décalques : l'un pour Dabiron, l'autre pour vous ; mais l'original, que chacun de vous croyait recevoir, cette farceuse l'a gardé soigneusement pour elle.

— L'infâme créature !... Continue.

— Non, cela m'ennuie.

— Va, va, je te l'ordonne !... Ne vois-tu pas d'autres voyageurs ?

— Oui, je l'aperçois elle-même, sur la route de l'Est, qui conduit parallèlement en France, par le duché de Bade. Elle est dans une magnifique berline qui roule presque aussi vite que l'équipage de Dabiron. Il y a trois messieurs avec elle. Tiens !... ils vont tous à Paris pour offrir ma couronne à M. d'Aronde. Très bien ! ne vous gênez pas !... A-t-on jamais vu !...

— Précède-les. Va toi-même à Paris, et dis-moi ce que

font en ce moment toutes les personnes dont tu liras successivement le nom et l'adresse dans mon esprit.

— La gentille madame d'Aronde travaille, pleure et prie dans sa petite mansarde, pendant que son mari reste en prison. — Le procès sera jugé devant les assises dans cinq jours d'ici. — Le vieux Duplessis continue de rager contre le prisonnier. — Le Cyclope, le Balancier et la Tête-de-Pipe lui font à ce sujet une foule de farces qui le mettent aux cents coups. — M. d'Appencherr est fort embarrassé de savoir quel témoignage il devra faire, et fort inquiet de la dégringolade toujours croissante de ses finances. — Mademoiselle Julie pense à M. Léonce, M. Léonce pense à mademoiselle Julie, et la dame noire pense à tous deux en lisant le journal de la jeune fille que lui communique secrètement Lafolie. — Enfin, rue Notre-Dame-de-Lorette, dans une maison dont vous reluquez toujours les fenêtres en passant, maître, ce qui vous fait rougir comme une cerise et trembler comme une feuille, soit dit sans vous offenser, j'aperçois une jeune femme, encore bien jolie tout de même, quoiqu'elle soit bien pâlichonne.

— Comment va-t-elle? demanda l'interrogateur avec une émotion profonde.

— Mal... mal... elle tousse... elle étouffe... elle suffoque... On dirait d'un lumignon qui va s'éteindre, et qui ne jette sa dernière lueur que parce qu'on en a besoin. Après quoi, va te promener! bonsoir la compagnie!

— Pauvre enfant!... Et que fait-elle?

— Toujours la même chose, pour changer. Elle tient des lettres, qu'elle sait par cœur à en rabâcher, mais c'est égal : elle les relit tout de même, comme si elle n'en connaissait pas la première syllabe. Drôle de distraction! Bien du plaisir! Attendez, maître... je vas vous dire ce qu'il y a dedans.

— C'est inutile! interrompit vivement M. Masson. Allons, en voilà assez! Tu dois être fatigué. Réveille-toi. Je le veux!

— Ouf! s'écria Pied-de-Céleri en revenant tout à fait à son état normal. Pardon, mon cher maître, si je m'étais endormi en votre société. C'est malgré moi. Ce n'est pas toujours récréatif d'être roi. Mais comment diable vous trouvez-vous ici?... Moi qui vous croyais encore sur les buttes Montmartre!... Et cette dame, qui est-elle?... Ah! bien, bien, je me rappelle... c'est maman, n'est-ce pas?... Bonjour, maman! Ça va bien depuis que nous ne nous sommes vus?...

— Voilà qui est fait, mon cher protecteur, interrompit l'ancien chambellan en rentrant dans la salle. La voiture, les chevaux, les paquets, tout est prêt.

— Pour aller où? demanda Pied-de-Céleri.

— En France, ex-chambellan, répondit-il.

— Ah bah?... Est-ce que je serais déjà un déchu? un dégommé? un enfoncé? Ma foi, tant pire!... l'état de monarque n'avait de vraiment agréable que sa boisson; mais je connais à la barrière un petit râpe-gosier qui rend heureux comme plusieurs rois.

M. Masson invita la femme Warchell à faire vivement ses petits préparatifs de départ, et Pied-de-Céleri à aller chercher dans son appartement la cassette qui contenait, en bonnes traites, les cinq millions restant du trésor particulier des Limbourg.

— Oui, partons à l'instant, se dit M. Masson pendant leur absence. Nous n'avons plus rien à faire ici. D'un côté, je m'étais prêté un moment à cette ridicule entreprise, pour préserver le véritable héritier de toute funeste instigation, en laissant s'égarer vers un faux prétendant les périlleuses manœuvres de Montreuil et de ses acolytes. De l'autre, j'étais venu ici pour préserver mon fidèle serviteur des conséquences mêmes de cette échauffourée, au moment où, à défaut du hasard, ma conscience me prescrirait de faire connaître la vérité. J'ai réussi à écarter ce second danger, grâce à la présence toujours si touchante d'une mère; mais le premier n'est devenu que plus imminent, par les révélations inattendues de cette misérable intrigante. Essayons du moins de le conjurer à son tour. Par malheur, à en juger par les indications de tout à l'heure, ce n'est pas le seul, tant s'en faut, qui réclame mon attention !... Allons, n'importe ! vite, vite, à Paris !

M. Masson remercia du geste le chambellan en disponibilité, et fit signe de le suivre à la femme Warchell et à son fils, qui étaient de retour.

— Hâtons-nous, partons! ajouta-t-il. Dieu veuille que nous arrivions à temps !

L.

UN PALAIS AU SEPTIÈME ÉTAGE.

Nous avons vu qu'au sortir de la cour d'assises, Estelle avait conduit son mari dans la petite mansarde où elle s'était réfugiée, et qui était sise sur le quai des Lunettes; — que d'Aronde avait deviné alors la touchante supercherie au moyen de laquelle la jeune femme lui avait caché leur misère pendant sa captivité; — qu'au moment où, les larmes aux yeux, il allait l'embrasser tendrement, dans son transport de reconnaissance et d'admiration pour tant de dévouement, — qu'ayant ouvert il s'était trouvé en face de trois étrangers, d'apparence fort honorable; — et enfin qu'une femme, restée en arrière d'eux dans l'ombre du carré, leur avait dit en le désignant :

— Saluez, messieurs : voici le roi !

— Au diable les importuns ! murmura d'Aronde qui n'avait entendu que très confusément les étranges paroles de cette femme.

— Monsieur, lui dit alors le chef de la députation wardenbourgeoise, avec toutes les marques du plus profond respect; monsieur, avant de vous décerner le titre qui, sans aucun doute, vous appartient, permettez-moi de vous adresser une question de pure forme. Cette question préalable est nécessaire à la complète édification de notre conscience. Le résultat de la haute mission qui nous est confiée en dépend tout d'abord, et c'est au nom d'un grand peuple que nous prenons la liberté de vous l'adresser.

D'Aronde crut avoir devant les yeux une chambrée d'aliénés qui se fût échappée tout entière de Charenton.

— Pardieu ! messieurs, répondit-il en surveillant avec soin ses interlocuteurs, vous pouvez m'adresser toutes les questions qu'il vous plaira. Je verrai ensuite s'il me convient d'y répondre. Et d'abord, donnez-vous donc la peine d'entrer. L'appartement est un peu petit, mais on peut presque y tenir cinq ou six, sans trop se gêner, avec un peu d'adresse. Vous y serez plus convenablement que sur le carré, pour me faire connaître cette fameuse question qui semble intéresser si vivement tout un grand peuple !

— Pardon, monsieur, mais, jusqu'à plus ample informé, nous aimons mieux rester sur le seuil de cette... habitation. La question de cérémonial étant subordonnée à la première, nous ne saurions encore avec quelle attitude nous présenter dans votre... résidence.

— A votre aise, messieurs, répliqua d'Aronde, que chaque mot de ces mystérieux visiteurs confirmait dans sa première conjecture. Parlez. Je vous écoute avec toute l'attention que vous me paraissez mériter !...

— Hé bien! donc, monsieur, puisque vous daignez nous assurer de votre haute bienveillance, permettez-nous, au nom de tout un peuple, je le répète ; au nom d'une grande nation dont tous les cœurs en ce moment palpitent d'anxiété à l'égal des nôtres...

— Je les trouve un peu monotones, dit tout bas d'Aronde, en se retournant du côté de sa jeune femme, qui se tenait en arrière, non moins intriguée que lui. Mais c'est là le désagrément des maniaques.

— Oui, monsieur, continua l'orateur, au nom de tant

d'intérêts, de tant de vœux et de tant d'alarmes, permettez-moi de vous demander humblement si...
— Si?
— Si... vous n'avez pas certains signes symboliques sur votre bras droit.
— Ah bah !... c'est pour me demander cela que vous avez monté six étages et demi, et que vous prenez tant de circonlocutions non moins essoufflantes ?... Voilà bien de la rhétorique perdue !... La chose n'en valait vraiment pas la peine !... Sans me rendre parfaitement compte du but de cette singulière question, j'y répondrai beaucoup plus laconiquement. Oui, messieurs, oui, on a eu la sottise de me gâter l'avant-bras d'une foule de hiéroglyphes fort laids.
— Oh !...
— J'ai vainement essayé de les gratter, car cela m'attirait beaucoup de mauvaises plaisanteries à l'école de natation; mais il aurait fallu y laisser un peu trop de ma peau, et, ma foi, je me suis résigné à vivre avec cette ornementation, au risque de passer, aux yeux des autres nageurs, pour l'édition illustrée de moi-même. J'ai dit. Etes-vous contens?
— Oh !...
— Je puis même vous montrer la chose, pour peu que vous ayez le goût des beaux-arts, ajouta gaîment d'Aronde, en retroussant les manches de son habit et de sa chemise. Regardez, messieurs : la vue n'en coûte rien. N'est-ce pas qu'il devrait être défendu de détériorer des chrétiens de la sorte? Un L, un W, et une couronne ! Le tout, en bel écarlate. Ecole italienne. Il faudrait laisser de pareils enjolivemens aux moutons qu'on mène à la foire. Je n'ai jamais eu l'avantage de connaître les ingénieux parens qui m'ont ainsi bariolé ; mais, à cette passion de tatouage, je me suis toujours soupçonné de descendre de quelque famille de compagnons du devoir, de professeurs d'écriture, de peintres d'enseigne, ou même d'anthropophages.
— Oh !...
— Rassurez-vous : je me suis civilisé depuis. Si du reste, quels qu'ils soient, ils ont voulu ainsi ne pas risquer de me perdre en route, je rends hommage à leur bonne intention, mais, certes, ils n'ont guère réussi !
— Oh ! sire, rendez plus de justice à leur sagesse!
— Sire? répéta d'Aronde étonné... Ah ! oui, c'est vrai, pensa-t-il ; il me semblait bien que la folie de la bande avait débuté par me traiter de roi.
— C'est par là que vos augustes parens, sire, ont sauvé vos précieux jours jusqu'à ce moment, et c'est par là qu'ils vous rendent un trône aujourd'hui.

Tandis que d'Aronde échangeait avec sa femme de nouveaux signes de commisération, le Nestor de la députation consultait tout bas ses collègues.
— Plus de doute, n'est-ce pas, messieurs ? En ce cas, l'instant est venu de remplir notre importante mission.

Les trois députés firent alors leur entrée solennelle dans la résidence du monarque, laissant dans l'ombre du carré la femme voilée qui avait guidé leurs pas, mais que la présence d'Estelle empêchait sans doute de les suivre plus avant. Ils se disposèrent en demi fer-à-cheval en face de d'Aronde, et lui firent simultanément un nouveau salut, dans l'inclinaison duquel un géomètre eût compté vingt centimètres de respect de plus que dans le premier. Le président fit ensuite un pas en dehors de l'alignement, enfourcha ses lunettes, tira de sa poche un long papier, et se mit à lire ce qui suit, d'une voix lente et solennelle :
— « Sire.... »
— Ils y tiennent ! dit d'Aronde à sa femme.
— Que veux-tu, mon ami, c'est leur dada. Il faut bien passer quelque chose à une si triste infirmité.
— « Sire, répéta l'orateur, c'est au nom de vos aimées
» et féales populations du Wardenbourg, que nous venons
» offrir à Votre Majesté... »

— La majesté est naturellement de la partie, pensa d'Aronde.
— « ... la couronne à laquelle son auguste naissance lui
» donne des titres imprescriptibles. Assez et trop long-
» temps le joug odieux de l'usurpation a pesé sur ce mal-
» heureux pays. Le jour de la justice a lui enfin, l'iniquité
» fait place au droit, et la légitimité sort triomphante et
» radieuse des nuages qui.... des nuages que... » (J'avais bien dit), « des nuages qui en obscurcissaient l'éclat. Vo-
» nez, prince magnanime, venez recevoir les hommages
» de tout un peuple en délire ! Venez assurer son repos,
» sa gloire et sa posté.... prospérité! Venez, le front ceint
» de la couronne que nous déposons à vos pieds...... »
— Diable ! les deux choses sont un peu incompatibles! objecta d'Aronde.
— « ... Venez entendre ses acclamations, combler ses
» vœux, consolider son existence, et fermer à jamais l'a-
» bîme des révolutions ! »
— Poste ! voilà bien de la besogne, messieurs, interrompit d'Aronde. Et combien donne-t-on pour tout ce travail-là ?
— Oh ! sire, répondit l'envoyé, vous fixerez vous-même le chiffre de votre liste civile. Nos biens sont à vous comme nos cœurs. Mais permettez-moi de continuer ; je n'ai pas encore fini. « Venez, sire, venez vous rasseoir sur
» ce trône de vos pères, où, à travers tant d'obstacles, la
» Providence elle-même semble avoir voulu vous ramener
» par la main. »
— Je lui suis on ne peut plus reconnaissant de l'attention !...
— « Venez enfin, sire, donner au monde entier qui vous
» contemple... »
— Le monde, en ce cas, est obligé de lever le nez un peu haut!
— « ... le consolant spectacle, et d'un grand peuple et
» d'un grand roi, qui renouvellent le pacte de leur
» éternelle alliance, sous l'égide tutélaire du dogme sacré
» de la légitimité. Vive le roi ! »
— Vive le roi ! répétèrent les deux autres envoyés.
— Silence donc, messieurs, je vous en prie! interrompit d'Aronde. Outre que ceci m'écorche un peu les oreilles, je n'ai point envie de me faire donner congé par mes voisins.
— Oh ! sire, que vous importe maintenant ce modeste asile où les destins contraires avaient provisoirement exilé Votre Majesté ?

Si les députés avaient été très scandalisés de la façon peu majestueuse dont le jeune monarque accueillait leur harangue, celui-ci de son côté avait fait tous ses efforts pour ne pas leur éclater de rire au nez.

— Messieurs, leur dit-il avec autant de gravité qu'il en put simuler, je ne vous cacherai pas que je vous ai pris d'abord pour des fous, et cela ne me déplaisait point ; mais je vous dois réparation d'erreur. Il y a dans vos paroles, si étranges qu'elles puissent être, il y a une clarté, une suite, une méthode, qui ne permet pas longtemps de telles suppositions. Oui, tout bien examiné, je vous crois des créatures raisonnables, ou à peu près ; vous êtes les mandataires réels d'un pays quelconque ; de vrais et sincères Wardenbourgeois, je le veux bien ; des sujets en peine qui se sont mis en quête d'un roi, comme on va à la recherche d'un dentiste ou d'un accoucheur ; soit ! Mais en ce cas, je regrette qu'on vous ait adressés ici. Le portier vous a mal renseignés sans doute. Voyez, je ne dirai pas à l'étage au-dessus, et pour cause, mais à l'étage au-dessous. Voyez même à côté, soit à droite, soit à gauche, dans ce même corridor. Qui sait? peut-être y trouverez-vous le potentat que vous cherchez. Si j'en juge même au paillasson aristocratique de mon voisin d'en face, je ne serais pas étonné que ce fût lui. Enfin, au pis-aller, il vous reste la ressource des *Petites-Affiches*, à l'article des objets perdus. Vous retrouverez certainement votre homme quelque part; mais, à coup sûr, messieurs, ce n'est pas moi.

— Pardon, sire, c'est vous, bien vous, insista le chef de la députation. Nos renseignemens ne nous trompent pas plus que nos cœurs.

— Messieurs, messieurs! s'écria alors d'Aronde, en changeant subitement de ton, et l'œil déjà brillant de colère; prenez garde!... Votre insistance finirait par donner à cette démarche un caractère de mystification que je serais peu d'humeur à supporter. J'aime les plaisanteries, mais quand elles sont bonnes et courtes. Or, celle-ci ne me paraît ni l'un ni l'autre. Si donc il m'était bien démontré que c'en est une, je ne vous dirai pas que je vous jetterais par la fenêtre : ma majesté demeure peut-être un peu haut pour se permettre des ripostes de ce genre, à l'égard de ses bien-aimés sujets; mais je vous prierais de reprendre, excessivement vite, le chemin que vous avez pris pour m'apporter votre facétieuse couronne!

— Oh! sire! nous vous supplions instamment de ne pas nous supposer de si coupables intentions! Nous savons trop ce que nous devons de respect à sa noble race pour nous permettre de que, dans la circonstance, nous ne craindrions pas de regarder comme un crime de lèse-majesté.

— Encore! s'écria d'Aronde d'un air menaçant; je vous le répète, messieurs, prenez-y garde!

Les mots suivans, qui provenaient de la partie sombre du carré, furent alors jetés à voix presque basse aux membres de la députation :

— Les papiers, messieurs, les papiers!... Vous négligez mes recommandations!... Montrez-lui donc les papiers!...

— C'est juste! dit le chef à ses collègues : l'émotion... la solennité... tout nous faisait oublier cet important détail. Pardon, sire, continua-t-il en s'adressant à d'Aronde: nous ne réfléchissons pas qu'en effet vous ne savez rien encore de votre illustre origine. Vos augustes parens ont dû vous en faire un secret. Une bien triste expérience leur en avait imposé l'obligation. Mais les temps sont changés. Vous n'avez plus rien à craindre des ennemis de votre glorieuse famille. Un peuple tout entier vous ferait, au besoin, un rempart de son corps. Daignez, sire, jeter les yeux sur les papiers que j'ai l'honneur de déposer en vos royales mains. Un seul coup-d'œil vous suffira pour reconnaître la sincérité de notre langage, comme la réalité de vos droits. Oui, vous êtes bien l'unique petit-fils du comte de Zanau, décédé roi de Wardenbourg; l'unique enfant mâle du chevalier de Limbourg, son fils; l'unique héritier légitime, par conséquent, de la couronne de ce beau royaume. Jugez-en vous-même, sire.

D'Aronde prit d'une main hésitante les papiers qu'on lui tendait. Il fit signe à Estelle de s'approcher. Estelle s'appuya sur son bras, et tous deux se mirent à lire, avec une surprise toujours croissante, ces diverses pièces dont nous connaissons suffisamment la nature, le texte ou le résumé.

— C'est pourtant vrai, autant que j'en puis juger à travers ce grimoire! s'écria la jeune femme avec stupéfaction, quand cette lecture fut achevée.

— C'est pourtant vrai! répéta son mari, devenu non moins pensif. Qui se fût attendu à pareille chose!...Vous excuserez, messieurs, la façon un peu... brusque, dont je vous ai parlé tout à l'heure. Mais vous comprenez... l'inouï... l'imprévu... l'insolite... car enfin, ce n'est pas tous les jours qu'il vous tombe ainsi des couronnes sur la tête... On n'est pas fait à de tels accidens... C'est aussi étourdissant qu'une tuile...

— Oh! sire, répondit le président, nous comprenons tout ce que l'invraisemblance de notre proposition devait d'abord vous inspirer d'incrédulité, de défiance, de colère même; mais vous voilà convaincu de notre sincérité. Nous supplions donc Votre Majesté de nous autoriser à transmettre immédiatement, à ses fidèles sujets, l'heureuse nouvelle de son acceptation.

— De mon acceptation ?... Permettez.. la lecture de ces titres m'a édifié sur votre véracité, soit! et je regrette d'en avoir pu douter un instant ; mais il n'en est pas de même sur la sagesse de votre proposition. Eh quoi! messieurs, sans me connaître, même de nom; sans m'avoir vu à l'œuvre; sans rien savoir de mon caractère, de mes goûts ni de mes aptitudes; sans avoir pris aucune information sur mes antécédens ; uniquement, j'imagine, par ce motif déterminant, que je suis le fils de mon père, ce qui ne peut guère être différemment; hé quoi! des hommes raisonnables, tels que maintenant vous me paraissez l'être, messieurs, s'en viennent m'offrir, à moi qui n'en possède pas même les premiers élémens; s'en viennent m'offrir, quoi ? la mission la plus difficile du monde, assurément, pour qui tient à la remplir le mieux possible : autrement dit l'administration suprême de leur fortune, de leur vie, de leur honneur! Et cela, quand ces mêmes hommes ne confieraient pas cinquante francs au premier venu, sans aucune garantie ; ne commanderaient pas une paire de bottes, sans s'être assurés de l'habileté du bottier ; ne prendraient pas un groom sans lui demander un certificat de bonne vie et mœurs! Franchement, messieurs, je trouve votre démarche... un peu folle encore... sous ce rapport.

— C'est une erreur, sire, répondit le président de la députation. En pareille matière, la capacité du chef de l'Etat se trouve dans le talent même de ses agens; sa probité, dans l'inutilité même qu'aurait l'improbité pour lui; son zèle pour le bien public, dans le danger même qu'il courrait à en manquer. Ces garanties suffisent à vos fidèles sujets, indépendamment de la paix et de l'ordre que, à tort ou à raison, ils croient trouver dans la dynastie dont vous êtes l'auguste représentant. Ne vous montrez donc pas plus difficile que vos sujets, sire, et laissez-nous leur annoncer la bonne nouvelle de votre acceptation.

— Diable, diable! c'est aller un peu vite en besogne !... Qu'ils se contentent de tout cela, je le veux bien : c'est leur affaire; tant pis pour eux s'ils se trompent! Mais j'ai besoin d'y mettre plus de façon, moi. Ah! pardieu, si c'était une place d'agent de change ou de commissaire-priseur que vous vinssiez m'offrir, j'accepterais, soyez-en sûrs, sans tant me faire prier, surtout dans les circonstances présentes ; mais une place de roi? peste! cela demande qu'on y songe mûrement, n'est-ce pas, Estelle ?

— Oui, mon ami : on ne peut pas accepter de pareilles choses à la légère.

— Ainsi donc, messieurs, je demande à mon peuple, à mon grand peuple, comme vous dites, quelques heures de réflexion. Veuillez me laisser votre adresse.

— La voilà, sire.

— Très bien : je vous y ferai tenir ma réponse, messieurs.

— Dieu veuille, sire, qu'elle soit favorable et prompte!

La députation s'inclina profondément une troisième fois pour prendre congé. D'Aronde la reconduisit jusqu'aux limites de ses anciens Etats, c'est-à-dire jusqu'aux bords de l'escalier.

Ce devoir de royale hospitalité accompli, comme il allait rentrer dans sa chambrette, la femme voilée, qui s'était tenue dans l'obscurité, fit un pas en avant vers lui, mais de manière à n'être pas aperçue d'Estelle, qui s'était assise sur une petite chaise basse, à l'une des extrémités de la pièce.

— Tiennette! s'écria d'Aronde à demi-voix, en reconnaissant cette ancienne maîtresse.

— Oui, Tiennette, répondit-elle à voix basse ; Tiennette qui tient sa parole comme toujours. Je t'avais promis la fortune, la puissance et la gloire : les voici. A toi de voir maintenant quelle est la plus digne de ta haine, quelle est la plus digne de ton amour : celle qui t'offre un palais, celle qui te donne une mansarde.

— La plus digne de mon amour est celle que j'honore ; la plus digne de ma haine est celle que je méprise!

Il accompagna ces derniers mots d'un geste d'écrasant dédain, et, tandis que Tiennette redescendait l'escalier d'un pas vacillant, sous le poids de cette indignation suprême, il rentra dans la chambre, dont il ferma la porte. Son premier soin fut de réintégrer dans le coffret vide, d'où ils étaient sortis par le vol, ainsi qu'il le comprit alors, les précieux papiers dont il avait recouvré la possession. Il vint ensuite s'asseoir sur une malle, à l'autre extrémité de la pièce, en face d'Estelle, que ses préoccupations avaient empêchée de remarquer ces derniers incidens.

Après un long moment de silence, durant lequel les deux époux se regardaient d'un air méditatif et soucieux, en hochant gravement la tête, comme pour se dire : « Hein !... » qu'en dis-tu ?... En voilà, du nouveau !... de l'inatten- » du !... de l'extraordinaire !... du miraculeux !... », ils furent pris en même temps d'un accès de jovialité vertigineuse, qui débuta par de petits éclats de rire saccadés, et se termina par une de ces hilarités inextinguibles, dont le cours, dix fois interrompu, recommença dix fois avec la même impétuosité bruyante.

Ils en vinrent à pleurer tous deux à force de rire.

Enfin, quand cette fièvre de bonne humeur se fut tout à fait calmée,

— Parole d'honneur ! c'est à rendre fou, non de joie, mais d'ahurissement ! s'écria d'Aronde en se levant pour se promener par la chambre, à pas aussi grands que le permettait l'exiguité du local. Drôle de loterie que l'existence ! Il y a une heure à peine, j'étais injustement assis sur la sellette, sous la garde peu agréable de deux gendarmes, et voilà qu'il dépend de moi d'avoir un trône pour siège, et un peuple tout entier pour escorte !... Je n'avais d'autre perspective qu'une misère imméritée, et voilà que je possède des palais, des forêts, des jardins, des parcs et des châteaux !... Et tout cela, trône, armée, sujets, châteaux, forêts, jardins, palais, où vient-on les mettre à ma disposition ? dans un misérable grenier de six pieds carrés, ayant pour tout parc, pour tout jardin, pour toute forêt, une caisse de cobéas sur sa fenêtre en tabatière !... Après cela, mathématiciens, calculez donc les probabilités ! Croyez donc à la vraisemblance, philosophes ! Faites donc apprendre le grec et le latin à vos enfans, pour assurer leur avenir, papas et mamans !... O hasard, ô destin ! ô sort ! ô fatalité ! ô tohubohu ! ô gâchis ! vous êtes bien véritablement les seuls maîtres de la vie humaine !.... Allons, continua d'Aronde, après un nouveau silence, et en changeant de ton, il faut pourtant, ne fût-ce que par politesse, faire une réponse à ces braves gens. Mais que répondre ?... Le sais-tu, toi, Estelle ?

— Moi, mon ami ?... je n'en sais vraiment rien non plus. Je t'avouerai toutefois que je me sens, d'instinct, assez peu de penchant pour l'état de roi. Je serais si embarrassée de ma personne quand je croirais que tout le monde me regarde !

— Et puis, se charger ainsi des affaires de tout un peuple, quand on a déjà tant de peine à gouverner les siennes propres ?... c'est effrayant !

— Tu as raison : refusons !

— Oui, refusons !... Et cependant... la chose n'est pas à dédaigner sous un autre point de vue... celui des finances. Or, cette question-là me paraît dominer ici toutes les autres. Dis-moi, c'est bien là tout ce que nous possédons en mobilier ?
— Tout.
— Et en bijoux ?
— Rien.
— Et en espèces ?
— Il me reste trente sous de ma dernière broderie.
— Et à moi, cent quinze, de ma dernière opération de Bourse. Total, sept francs vingt-cinq centimes de liste civile. C'est mélancolique !
— Hé bien ! mon ami, nous aurions peut-être tort de refuser.

— Oui, chère mignonne ; mais, tu l'as vu, nous aurions peut-être tort d'accepter.
— Comment faire alors ?
— Une idée !... Allons aux voix !
— C'est cela, votons !
— Attention !... Que ceux qui sont d'avis d'accepter veuillent bien lever la main !
(*Estelle et d'Aronde lèvent tous deux la main.*)
— La contre-épreuve, maintenant !... Que ceux qui sont d'avis de refuser veuillent bien lever la main !
(*Tous deux encore lèvent la main ensemble.*)
— Allons bon !... girouettes que nous sommes !... voilà que nous avons voté pour et contre !... Nous n'entendons absolument rien au gouvernement parlementaire, et, si j'acceptais, je serais un bien mauvais roi constitutionnel.
— Décidément, mon ami, je crois que tu feras bien de refuser, ne fût-ce que dans l'intérêt de tes sujets.
— Oh ! mes sujets ! mes sujets !... Ce ne peut pas être ici une considération décisive. Tu comprends que si on consultait toujours de pareils gaillards !... Mais comment diable se tirer de là ?... Plus j'y pense, moins je sais que résoudre.
— Hé bien ! puisque la raison est impuissante, invoquons le hasard.
— Bravo ! jouons mon avénement à pile ou face. La face indique l'acceptation, la pile indique le refus. Attention !

D'Aronde tira de sa poche une dernière pièce de cinq francs et la jeta en l'air. La pièce tomba sur le carreau, rebondit, roula et s'en alla glisser près de la fenêtre, dans une fissure où elle disparut sans qu'il fût possible de savoir ce qu'elle était devenue.

Les deux époux restèrent les yeux fixés sur la fissure, dans l'attitude de la consternation.

— Total : quarante-cinq sous, dit enfin tristement Estelle. Voilà maintenant le chiffre exact du trésor royal. C'est encore bien plus lamentable !
— Aussi, vois-tu, Estelle, ceci me semble un avertissement de la Providence. Je m'y connais. La Providence veut que j'accepte ce trône. Pourquoi ?... Ah ! par exemple, je n'en sais rien, et ne m'aviserai pas de le lui demander. C'est son idée, voilà tout. Cela fait partie de ses impénétrables décrets. Qui sait même si ce n'est pas un dernier guignon qu'elle m'impose pour m'éprouver ?
— En ce cas, il faut s'y résigner, mon ami.
— Hé ! le moyen de faire autrement !..... Quarante-cinq sous !... Ah ! pardieu ! si j'avais encore ma pièce de cinq francs, ce serait autre chose !... je serais fort, je serais indépendant, je pourrais lutter !... Mais je ne l'ai plus. Me voilà comme Samson quand on l'eut mis à la titus. Acceptons donc ce pis-aller. On ne fait pas toujours tout ce qu'on veut en ce monde. Il y a des nécessités pénibles dans la vie. Quarante-cinq sous !... et pas d'autre perspective que celle de roi... Ce n'est ma foi pas gai !... Enfin n'importe !... soyons philosophes !...
— Oui, soyons hommes, mon ami !
— Quand on n'a pas d'autre ressource il faut bien prendre ce qu'on trouve... Quarante-cinq sous !
— Ainsi, c'est entendu, nous acceptons ?... Hé bien ! je veux être la première à l'acclamer. Vive le...
— Attends donc... Une dernière question : es-tu bien sûre qu'il n'y a plus moyen de retrouver cette maudite pièce ?
— Quant à cela, mon ami, rien de plus facile.
— Comment ?
— En démolissant la maison.
— Que tu es folle !... Dépenser cinquante mille francs pour rattraper... Allons, le mal est sans remède !
— Cette fois donc, je puis crier, n'est-ce pas ?... Vive le roi ! vive le roi !...
— Combien je suis touché de ces acclamations unanimes ! Il n'y a vraiment qu'une voix en ma faveur, c'est bien le cas de le dire.

— Du courage, sire, et accomplissez le sacrifice jusqu'au bout. Voici une plume, de l'encre et du papier. Que Votre Majesté daigne se placer là. Elle va écrire aux mandataires de ses fidèles sujets, avec toute la grâce qui la caractérise...

— Parbleu! c'est de règle.

— Qu'Elle leur fait l'honneur d'accepter leur trône, leur enthousiasme et leur argent; qu'Elle s'y décide, parce qu'ils ont besoin de ses services;

— Parce qu'il ne Lui reste plus que quarante-cinq sous;

— Et qu'au surplus tel est son bon plaisir.

— Mon bon plaisir, mon bon plaisir! répéta d'Aronde, qui s'était mis en position d'écrire, mais qui se retourna du côté de la jeune femme. Veux-tu savoir, Estelle, quel serait mon bon plaisir en ce moment?... Hé bien! c'est de t'embrasser.

— Ah! sire, quelle idée triviale! s'écria Estelle en se reculant vivement. Ce serait vraiment indigne de votre rang!

— Mais du tout. Si je suis roi, tu es reine.

— Tiens, c'est ma foi vrai! J'aurai une longue robe de velours à queue, au lieu de cette robe d'indienne; un manteau d'hermine, à la place de ce petit châle; et une couronne d'or, en échange de ce bonnet! Dieu! comme ce sera beau! ajouta la jeune femme en sautant de joie, et en frappant l'une contre l'autre ses jolies mains.

— Tu vois donc bien, Estelle, qu'il n'y a aucune mésalliance à craindre. Je ne dérogerai pas en t'embrassant.

— Non, mais en ce cas, si vous avez votre bon plaisir, je dois avoir aussi le mien. Or, le mien est de ne pas être embrassée.

— Ah mais, ah mais, ceci me paraît friser la révolte! Prenez-y garde, Estelle! j'ai maintenant des procureurs de roi. Allons, madame, embrassez votre souverain! tout de suite! je l'ordonne! je le veux! Car enfin, suis-je le roi, oui ou non?

— Non! vous ne le serez qu'après votre acceptation.

— C'est juste. Je me hâte donc d'écrire, pour pouvoir t'embrasser plus tôt.

(*Écrivant.*)

« Messieurs,

» Mon cœur est profondément touché des sentimens de » respect et d'attachement que vous êtes venus m'exprimer au nom de mes bien-aimés peuples du Wardenbourg. »

(*Cessant d'écrire.*)

— Hein! quel style!... Comme on voit bien que j'étais né pour cela!

— Je me permettrai de rappeler à Votre Majesté, sire, que la modestie sied aux rois comme aux simples mortels.

— C'est possible, madame; mais je trouve que vous tournez étrangement à l'opposition systématique. Enfin, n'importe! je continue :

(*Écrivant.*)

« Qui ne serait fier de commander à de tels hommes! »

(*Cessant d'écrire.*)

— C'est peut-être un tas d'imbéciles, mais tu comprends qu'il est d'assez bonne politique de leur dire le contraire.

(*Continuant d'écrire.*)

« En conséquence, messieurs, vous qu'ils ont délégués » pour me rendre la couronne de mes pères, dites à mes » fidèles sujets que pour mieux assurer leur bonheur, je » m'empresse... »

— Dis donc, sire, interrompit Estelle en s'appuyant gracieusement sur l'épaule de l'auguste scribe, nous n'avons pas réfléchi à une chose. Est-ce que tu crois que, dans un immense palais, au milieu du tracas des affaires, parmi cette cohue de fonctionnaires, de dames d'honneur et de courtisans, et avec la nécessité d'être presque toujours en représentation, il sera possible de nous voir sans plus du gêne qu'ici, dans cette petite chambrette, et même que dans notre bel appartement de la rue du Helder? C'est une simple question que je pose à Ta Majesté.

— Diable!... je n'avais pas pensé à cela, moi!... Voilà du moins une raison décisive!.. Ces satanés quarante-cinq sous m'avaient troublé la cervelle!... Heureusement, mieux vaut tard que jamais. Il n'y a rien de fait encore, et décidément je refuse. Il est fâcheux seulement que j'aie commencé ma lettre dans le sens de l'acceptation...

— D'autant plus fâcheux qu'il n'y a plus de papier.

— Ah bah! je ne la referai certainement pas dans le sens du refus!

(*Lisant.*)

« .....vous qu'ils ont délégués pour me rendre la cou» ronne de mes pères, dites à mes fidèles sujets que, pour » mieux assurer leur bonheur, je m'empresse... (*Écrivant*) » de les engager à l'offrir à un autre.

» Le plus grave motif m'empêche de l'accepter. »

(*Cessant d'écrire.*)

— Oui certes, il est grave, n'est-ce pas?...

(*Continuant d'écrire.*)

« Je n'en contribuerai pas moins ainsi à leur félicité. Au » contraire.

» Sur ce, messieurs, je prie Dieu qu'il vous ait en sa sainte et digne garde.

» CHARLES. »

— Tu vois que ça marche tout de même. Et maintenant plions, cachetons et mettons l'adresse :

Messieurs Deriegmann, Berthellenski et Gonzaleskoff, rue Rivoli, hôtel du Nord. En ville.

Voilà qui est fait. Il ne reste plus qu'à charger le commissionnaire du coin de porter notre royal message.

D'Aronde crut remarquer sur le quai, à sa sortie et à sa rentrée, des gens de mauvaise mine qui paraissaient rôder devant la porte de la maison; mais cette circonstance ne pouvait l'impressionner vivement, car rien ne révélait qu'elle s'appliquât à lui, si près surtout de la préfecture de police, aux environs de laquelle ce ne sont pas les figures d'observateurs qui peuvent manquer jamais.

D'Aronde en vit d'ailleurs la moitié s'éloigner de la maison, et se perdre dans l'obscurité naissante, car la nuit commençait à venir.

Or, les partans suivirent le commissionnaire de d'Aronde, l'accostèrent sous un prétexte, lièrent conversation avec lui, l'invitèrent à entrer dans un cabaret, et là, quand ils l'eurent grisé, leur chef lui déroba la lettre, l'ouvrit, en prit rapidement copie, la recacheta et la lui remit en poche. Cela fait, on se sépara, et, tandis que l'Auvergnat portait l'original à son adresse, les indiscrets portaient la copie rue Richelieu, à l'hôtel de Berlin, où Latanoff les attendait.

— Voici ce que je vous ai promis, leur dit-il en les soldant, après avoir pris connaissance de cette copie. Vous pouvez vous retirer. Allez prévenir vos camarades. La consigne est levée. Je n'ai plus besoin de vos services.

Ces hommes le quittèrent, enchantés d'empocher le salaire sans avoir eu la besogne.

Un quart d'heure après, la porte de d'Aronde n'était plus espionnée.

Quant à l'infatigable Latanoff, bien qu'arrivé ce jour-là même, il remontait dans sa voiture toujours attelée, et reprenait immédiatement la route du Nord.

— Bon espoir! se disait-il. La partie n'est pas encore perdue pour mes commettans. Le désintéressement inouï d'un jeune homme nous fait gagner la première manche. Voyons maintenant si la folle ambition d'un vieillard nous fera perdre la seconde!

Mais revenons à celui qui, sans le savoir, se trouvait le héros de tant de révolutions et de contre-révolutions, le mobile de tant d'intrigues, la cause de tant de mouvement en Europe, le but enfin d'une surveillance si peu rassurante.

— Ouf! s'écria d'Aronde, quand il eut regravi ses six étages et demi. Je suis soulagé d'un grand poids. Me voilà redevenu

Gros-Jean comme devant. Je ne sais trop encore quel métier je prendrai pour augmenter un peu notre fortune de quarante-cinq sous ; mais dussé-je me faire écrivain public, expéditionnaire, commis, auteur tragique, scieur de long, n'importe quoi, à la condition, bien entendu, de te voir tout mon content, j'aime mieux cela qu'être roi, au risque de te voir à peine. Et puis, en ce temps de bouleversemens, c'est d'ailleurs plus solide. On était roi hier, on ne l'est plus aujourd'hui, on le redevient demain, et ainsi de suite. On peut passer sa vie à tourner dans ce cercle vicieux; tandis qu'une humble profession, cela reste toujours : personne n'en veut. Mais, à propos, que diable avais-je donc à faire tout à l'heure ? ajouta-t-il en levant les yeux en l'air, comme s'il cherchait sa mémoire. Je ne puis pas m'en souvenir!.. Hé mais! si fait!... j'avais à t'embrasser, pardieu !

— Ah ! vous vous en souvenez? C'est fort heureux!..
Hé bien ! moi aussi, monsieur, je me rappelle quelque chose.

— Quoi donc?
— Je me rappelle que j'avais refusé.
— Oui, parce qu'alors j'étais souverain, et que j'avais eu la tyrannie de l'exiger. Mais maintenant, c'est autre chose; je ne dis plus : « Je veux ! » je dis : « Je t'en prie! » Car, vois-tu, Estelle, j'ai beau cesser d'être roi, tu ne cesses pas d'être reine, toi. La vertu, le dévoûment, l'esprit, la grâce et la beauté, cela ne peut s'abdiquer !

— Vil flatteur!... Mais c'est égal : puisque vous vous y prenez maintenant avec politesse, hé bien!... je consens à recevoir ce baiser que vous me devez depuis si longtemps.

— Avec intérêts? bravo ! Et c'est bien le cas de dire : « Qui paie ses dettes... » Allons, bon ! quel est le trône qui vient encore me déranger !

En ce moment, en effet, on frappa de nouveau à la porte.

— Il n'y a personne ! s'écria étourdiment d'Aronde impatienté.

On frappa une seconde fois.

— Si vous avez à vous défaire de quelque couronne, adressez-vous aux bureaux de placement, continua-t-il avec humour.

On frappa une troisième fois.

— On n'en veut pas ici ! vous dis-je. Passez votre chemin ! On n'a pas refusé la première pour accepter la seconde !

A ces mots, la porte s'ouvrit tout à coup, et laissa voir un homme de haute taille, entièrement vêtu de noir, portant une cassette sous le bras, et qui n'attendait plus qu'on lui permît d'entrer.

— Est-il bien vrai, monsieur, que vous ayez refusé? s'écria-t-il avec une gravité mêlée de joie.

— Avant de vous répondre, monsieur, vous trouverez bon sans doute que je vous demande ce qu'il y a pour votre service, répliqua brusquement d'Aronde, à ce questionneur dont il ne pouvait reconnaître la figure dans l'ombre, surtout ne l'ayant jamais entrevu qu'une ou fois, il y avait longtemps déjà.

— Je venais, en toute hâte, monsieur, pour vous préserver des dangereuses suggestions de l'adversité ; mais je vois que votre raison l'a emporté sur les mauvais conseils de cette mauvaise conseillère elle-même. Vous avez refusé un palais dans cette pauvre mansarde !

— Mon Dieu oui, monsieur, c'est fait !
— Un tel contraste augmente votre mérite.
— Il est certain, murmura d'Aronde, que ce n'est pas la fortune qui m'a inspiré. Quarante-cinq sous !...
— Ma présence ici, reprit l'homme à la cassette, sera donc, non plus un encouragement, mais une récompense.
— Une récompense de quoi?
— De votre noble refus, monsieur. C'est un malheur, sans contredit, pour ceux qui eussent été vos sujets, car en refusant le titre de roi avec une si sublime modération, vous prouvez une fois de plus que vous étiez digne de l'être; mais, croyez-moi, c'est heureux pour vous, et je me réjouis d'être le premier à vous en féliciter.

— Vous êtes bien bon, monsieur, mais il n'y a pas de quoi, je vous jure, répondit le royal démissionnaire, qui ne put se défendre d'un sentiment de déférence à l'égard de ce que la langue anglaise appellerait la respectabilité de l'importun visiteur. Puis se tournant du côté d'Estelle, il ajouta tout bas avec un restant de mauvaise humeur : Ce monsieur a beau dire : il aurait bien pu réserver ses complimens pour une meilleure occasion. Tu vas voir que la journée se passera tout entière sans que je puisse t'embrasser une seule fois !

— Un peu de patience, monsieur, répondit Estelle en souriant. Votre Majesté déchue n'aura rien perdu pour attendre.

LI.

DEUX OMBRES VIVANTES.

La même journée vit rentrer dans Paris presque tous les acteurs principaux de la tragi-comédie gouvernementale qui venait d'agiter le Wardenbourg.

Cette journée fut celle où l'héritier légitime de ce royaume figurait sur les bancs de la cour d'assises, comme si la Providence eût voulu réaliser d'une façon éclatante, et en faveur d'un honnête homme, ces consolantes paroles de l'Ecriture : « Celui qui s'abaisse sera élevé, celui qui s'humilie sera glorifié. »

Dabiron arriva dans la matinée, car il avait pris l'avance sur tous les autres et payait quadruples guides, pressé qu'il était de *sauver la caisse*, selon l'expression de son cousin Bilboquet.

Latanoff arriva vers midi, Tiennette vers deux heures, et M. Masson à trois et demie.

Montreuil seul n'arriva que le surlendemain, lui si alerte quand l'ambition l'aiguillonnait. Aucun mobile, c'était évident, n'activait plus la marche de celui que la langue allemande, si docile au néologisme, eût appelé l'intrigantissime ; aucun, si ce n'est le désir de quitter l'humiliant théâtre de sa dernière défaite. Mais Montreuil était de ces natures ardentes qui n'ont de fougue que pour l'attaque, et qui, l'élan passé, quand a sonné l'heure du dernier revers, insouciantes et découragées, n'ont plus même la force de battre en retraite. L'état fort modeste de ses finances ne lui eût pas permis d'ailleurs de payer aux postillons le zèle et la fatigue de leurs chevaux. Il laissa donc les pauvres bêtes le ramener, comme eût dit le dernier des Lafleur.

L'œil morne maintenant et la tête baissée,
Pour mieux se conformer à sa triste pensée.

Nous savons ce que Tiennette, Latanoff et M. Masson s'étaient empressés de faire le jour même de leur retour, chacun de son côté.

Quant à Dabiron, après avoir mis pied à terre à l'hôtel de la Paix, rue Castiglione, il confia au cuisinier, à l'étuviste et au barbier le soin de réparer les outrages d'une aussi longue route ; après quoi il se rendit chez le baron d'Appencherr, dans une voiture de remise au fond de laquelle il se tint caché, par prudence, on le devine, plus que par modestie.

Il lui fut répondu que le baron était à la cour d'assises, où l'avait appelé le procès de d'Aronde.

Sans se livrer aux réflexions philosophiques dont ce procès eût pu être le texte pour un esprit moins millionnaire, Dabiron écrivit séance tenante au baron, pour lui annoncer qu'il reviendrait dans la soirée.

L'ex-grand trésorier du Wardenbourg déposa en même

temps, dans les mains du caissier de cette maison où si peu de temps auparavant il s'était vu commis à dix-huit cents francs par an, les deux millions et demi que lui avait valus la baisse, pour être ajoutés aux quatre dont il s'était trouvé redevable à la hausse.

Il remonta ensuite dans sa voiture et se fit ramener rue Castiglione, où il resta confiné dans son appartement.

Onze heures du matin sonnaient. La journée s'annonçait d'une longueur désespérante.

Comment baguenauder, en attendant l'heure de l'important rendez-vous qu'il venait de fixer au baron?

Lire? écrire? dessiner? faire de la musique?

Le ci-devant courtier n'avait jamais donné dans de pareils travers.

Ses goûts intellectuels n'allaient guère au delà de l'écarté, du lansquenet, des paris du steeple-chase, des intrigues de coulisse, des amourettes de Mabille, des déjeuners de Tortoni, des dîners de Véfour et des soupers de la Maison-d'Or.

Mais aucune de ces distractions, qui lui paraissaient être le vrai but de la vie humaine, ne lui était possible jusqu'à nouvel ordre. Il est d'autant plus nécessaire de mieux rentrer dans le monde, qu'on en est sorti plus mal.

Ce n'était pas sans raison que le spéculateur dix fois ruiné, qui avait payé ses derniers créanciers de Bourse au moyen d'une fausse nouvelle de suicide, tenait à ne reparaître, après avoir complètement liquidé son passif, qu'avec l'indispensable prestige, non-seulement de l'immense fortune qu'il devait à ses petites économies de grand-trésorier, mais encore et surtout de l'honorable alliance qu'il convoitait. Cette alliance avec la maison du baron d'Appencherr, une des plus anciennes et des plus importantes de l'Europe, lui semblait d'autant plus utile dans sa position, qu'elle démentirait virtuellement une foule de mauvais bruits, répandus à dessein par Tiennette pour poursuivre la défunte baronne jusque dans sa mémoire; bruits sinistres dont le mari seul n'avait jamais eu connaissance, que le suicide de la femme avait accrédités, et qui avaient rendu fort odieux l'amant, cause probable d'une si terrible catastrophe.

Pour tuer le temps, en attendant cette double réhabilitation qui était désormais l'idée fixe de sa vanité, Dabiron s'amusa à *faire des chiffres*, comme d'habitude; seul usage pour lequel l'encre et le papier lui parussent avoir été inventés.

Entre autres problèmes dont il trouva la solution, nous citerons les deux suivans :

1º Déterminer combien de fois il lui faudrait encore restaurer et abattre, pour arriver, par la hausse et la baisse alternatives, à égaler financièrement la maison Rothschild;

2º Chercher combien de lieues feraient les six millions cinq cent mille francs qu'il possédait déjà, en les alignant les uns au bout des autres, sous forme de pièces d'or, d'écus de cinq francs et de gros sous.

Tandis que Dabiron consacrait ainsi aux nobles travaux de l'esprit une journée qui s'écoulait, pour nos autres personnages, dans des émotions si profondes et si diverses, la pendule de son appartement sonna enfin la demie de sept heures. Son rendez-vous étant pour huit, il remonta en voiture, et se fit conduire de nouveau à l'hôtel d'Appencherr.

Le baron avait trouvé chez lui, à son retour de la cour d'assises, la clef de Simonne, la lettre de bien-venue de Dabiron, et le rapport quotidien du chef de son cabinet.

Ce rapport, dont les aînés pouvaient passer pour la triste préface, n'était pas autre chose qu'un dernier cri de sauve qui peut! Les bruits fâcheux qui commençaient à courir sur l'état de la maison avaient encore amené dans la journée une grande quantité de demandes de remboursement.

Or, son compte courant étant épuisé à la Banque; les quatre millions envoyés par Dabiron ayant été absorbés dans le mouvement général des affaires, et la caisse n'ayant plus qu'environ trois cent mille francs, il était impossible de faire face au chiffre de ces nouvelles demandes, qui déjà s'élevaient à plus de trois millions. La maison possédait encore, il est vrai, d'importantes valeurs de différentes sortes, mais qui toutes avaient été placées dans diverses entreprises, et qu'il était impossible, en conséquence, de réaliser immédiatement.

Enfin, l'auteur du rapport priait instamment le baron de réclamer, dès le soir même, de M. Duplessis, les sommes considérables qu'il avait promis de verser à l'issue du procès d'Aronde, et sur lesquelles son gendre avait dû compter exclusivement pour parer aux nécessités urgentes du lendemain.

Mais cette dernière ressource lui manquant à l'improviste, par suite de la colère que la véracité définitive de son témoignage avait causée à l'impitoyable vieillard, le baron se voyait dans l'impossibilité de satisfaire à ses engagemens. La faillite était inévitable, et, qui sait? la banqueroute peut-être; car l'emploi des derniers fonds envoyés d'Allemagne par Dabiron serait regardé comme contraire à la bonne foi, ayant précédé de trop peu de jours la cessation de paiemens. Cette circonstance pouvait être invoquée comme frauduleuse par le dépositaire.

Le baron se trouvait donc complétement à la merci de Dabiron, et n'avait plus d'autre bonne chance que dans le mariage de sa fille avec son principal créancier. Celui-ci ayant exprimé de nouveau dans sa lettre combien il serait heureux de former avec sa maison un double lien, et comme gendre et comme associé, le baron saisit avec empressement ce dernier moyen de salut.

Après s'être muni d'un papier important dont il pensait avoir besoin, il se rendit immédiatement dans l'appartement de Julie.

Il la trouva installée devant son secrétaire, dans la pièce même où sa mère était morte, et dont, par ce motif, elle avait fait son oratoire et son bureau, le paisible asile de la prière et de la méditation.

La jeune fille achevait, comme nous l'avons vu, de confier aux feuillets de son journal toute l'admiration que lui inspirait l'éloquence dont son cousin Léonce n'avait pu trouver l'occasion de faire usage dans le procès d'Aronde.

— Mon Dieu, papa, qu'avez-vous donc? s'écria-t-elle avec inquiétude, en remarquant la pâleur du baron.

— Moi, mon enfant! je n'ai rien, je t'assure! Je viens au contraire t'entretenir d'une chose qui ne manque pas de gaîté, surtout aux oreilles des jeunes filles. Tu devines qu'il est question de ce mariage dont nous avons déjà causé. Le but de ma visite est de te demander un consentement définitif.

— Vous savez, mon père, répondit Julie, devenue fort pâle à son tour; vous savez qu'avant toute discussion à ce sujet, vous devez me montrer la lettre par laquelle ma pauvre mère vous aurait demandé elle-même de consentir à cette union.

— La voici, répliqua triomphalement le baron, en remettant à sa fille le papier dont il s'était nanti à dessein.

Julie le prit, l'examina, le porta pieusement à ses lèvres, et lut enfin ce qui suit, d'une voix tremblante de crainte et de respect :

« Monsieur le baron,

» Si j'en crois des pressentimens, que vous traiterez de
» puérils sans doute, mais dont je ne puis me défendre, je
» n'ai pas longtemps à entourer notre chère fille de la pro-
» tection dont sa jeunesse a besoin, et que vos nombreuses
» affaires, je dirai même les agitations de votre vie, ne
» vous permettraient pas de lui donner, dans le cas où je
» viendrais à mourir.

» Ce n'est pas, d'ailleurs, comme jeune fille seulement
» que la femme a besoin d'une main qui la guide, qui la
» soutienne, qui la défende contre elle-même autant que
» contre les autres, au milieu de toutes les séductions du
» monde : c'est pendant toute sa vie ; et, s'il en est que le
» vertige saisit, égare, entraîne et brise quelquefois, soyez-

» en sûr, monsieur, c'est que celles-là étaient isolées ; frê-
» les roseaux dont rien n'étayait la faiblesse contre les
» vents d'orage.

» Je serais donc délivrée d'un bien cruel tourment, je
» vous le confesse, si vous consentiez enfin, dès aujour-
» d'hui, et à tout événement, à ce que M. Dabiron, contre
» lequel vous n'avez élevé que de bien vagues objections,
» nous suppléât l'un et l'autre, à titre d'époux, dans ce né-
» cessaire et perpétuel protectorat.

» Je mourrais alors moins inquiète, si tant est que mes
» prévisions ne soient pas vaines.

» Faites donc cela pour moi, monsieur, je vous prie,
» comme vous le feriez pour une mourante.

» Qui sait? ce vœu, que je vous adresse en parfaite santé
» cependant, ce simple vœu a peut-être tout le caractère
» d'une dernière volonté. Dieu seul connaît l'avenir!

» Agréez d'avance, monsieur le baron, l'expression
» de toute ma gratitude, si vous m'accordez, comme je n'en
» doute pas, le concours que je sollicite ici de vous, pour
» le bonheur de notre chère enfant.

» GERTRUDE DUPLESSIS, baronne D'APPENCHERR. »

Julie éprouva un douloureux serrement de cœur à la lecture de cette lettre, dans le ton sinistre et froid de laquelle se révélait, avec l'indifférence profonde des deux époux l'un pour l'autre, ce projet de suicide inspiré par le remords autant que par le désespoir, et dont l'exécution devait suivre de si près.

— Tu le vois, mon enfant, reprit le baron, je n'avais point imaginé cette épître pour le besoin de la cause. Or, tu m'as promis d'obéir au dernier vœu de ta mère, si je t'en fournissais la preuve écrite. La voici de sa main même. Je viens donc réclamer l'accomplissement de la promesse.

— Mon père, répliqua la jeune fille, qui avait essuyé ses yeux pendant que le baron parlait, il y a un post-scriptum que je n'avais pas lu, à cause des pleurs qui m'obscurcissaient la vue. Mais je puis lire maintenant. Ecoutez, je vous prie :

« P. S. Il est bien entendu, monsieur le baron, que la
» question reste entièrement subordonnée au libre arbitre
» de notre bien-aimée fille, même après votre consente-
» ment. Que vous l'aurez donné, je le solliciterai le sien,
» mais uniquement par le raisonnement et par la prière.
» Si elle refuse, mon intention, pas plus que la vôtre as-
» surément, n'est de contrarier ses sentiments. Cela fait trop
» de mal ! La contrainte, sous quelque forme qu'elle se
» déguise, est toujours la funeste origine de la froideur,
» pour ne pas dire de la haine, qui finit par jeter la dis-
» corde, le désordre, le crime, dans tant de ménages!

» En ce cas donc, si ce que je redoute arrive, il ne me
» restera plus qu'à la recommander à Dieu, ce protecteur
» suprême de ceux qui n'en ont plus d'autres. »

— Hé bien ! mon père, vous avez entendu ?...

— Moi ?... non... c'est-à-dire... j'ai bien entendu... je ne sais quoi... des mots... mais sans trop comprendre... car enfin, relis le corps de la lettre ; le vœu de ce mariage y est exprimé avec insistance, avec argumentation à l'appui, avec toutes les herbes de la Saint-Jean, comme on dit.

— Oui, mais j'ai lu quelque part que c'était le post-scriptum des femmes qui renfermait toujours leur véritable pensée. Or, celui de ma bonne mère me laisse une liberté complète, et je vous préviens, mon cher papa, que je suis tout à fait résolue à user de la permission.

— Que veux-tu dire? demanda avec anxiété le baron, qui se voyait pris à son propre piège.

— Que je refuse irrévocablement votre candidat.

— Ah! par exemple !... malgré le dernier vœu de ta mère ?...

— Malgré l'avant-dernier, s'il vous plaît ; car le dernier, c'est celui du post-scriptum, c'est celui de ma liberté, et, comme on dit aussi, aux derniers les bons !

— Mais, malheureuse enfant! reprit le baron, qui crut le moment venu d'aborder enfin les véritables motifs de sa démarche, nonobstant la répugnance qu'il éprouvait naturellement à faire de tels aveux; mais, malheureuse enfant! tu ne sais pas quelles conséquences terribles peut entraîner ton refus! Sache-le donc : je suis horriblement gêné !

— Vous, gêné, mon papa ?... Est-ce qu'un père peut jamais l'être, quand ses enfans ont de la fortune? Or, vous m'avez dit bien des fois qu'avec l'héritage de ma bonne mère et celui de ma chère mère-grand, j'avais... combien disiez-vous?... quelque chose comme sept ou huit millions, à moi appartenant, non compris...

— Ceux que je n'ai plus !

— Ni ceux que grand-père me laisserait encore.

— Ah! oui, compte aussi sur ceux-là, après la sottise que j'ai faite aujourd'hui!

— La sottise de dire la vérité en faveur de M. d'Aronde ? Oh! papa !...

— Mais non... je le sais bien... j'ai fait mon devoir... je ne le regrette pas... j'en suis seulement on ne peut plus fâché ; voilà tout. Car enfin, je te le répète, je suis horriblement gêné. Je comptais sur des recettes qui,... je ne comptais pas sur des pertes dont,... je comptais,... je ne comptais pas... que sais-je? une foule de choses que tu ne comprendrais pas, toi qui n'entends rien aux affaires. Bref, je me vois dans l'impossibilité de payer demain, à bureau ouvert, ce qui est le crédit, l'honorabilité, l'existence même d'une maison, un tas d'imbéciles qui, depuis quelques jours, je ne sais pourquoi, s'en viennent faire queue à ma porte, tous à la fois, pour demander que je les rembourse, sous prétexte que je ne puis pas les rembourser. On n'est pas plus illogique! Moutons de Panurge, va !

— Combien donc vous faudrait-il, papa, pour désintéresser tous ces gens-là ?

— Oh! mon Dieu, une bagatelle en temps ordinaire : deux, trois, quatre millions, plus ou moins. Certes, j'ai de quoi payer, et largement, mais je ne l'ai pas.

— Je ne puis comprendre...

— Parbleu ! ce n'est pas à ton âge qu'une femme peut... C'est là de la haute banque, vois-tu ! Il n'y a que les hommes... et encore quand ils sont très forts... En un mot, ce que j'ai n'est pas disponible. Or, en pareil cas, c'est absolument comme zéro. L'échéance est tout. Eût-on des milliards aux antipodes, qu'on n'en est pas moins poursuivi pour cent sous à Paris.

— Ah! ce ne sont pas les poursuites qui m'inquiètent. Si l'on vous fait un procès, mon cousin Léonce est là, et vous avez pu voir aujourd'hui comme il s'entend à les gagner !

— Ce n'est du moins pas la bonne volonté qui lui manque, j'en conviens. Mais l'éloquence possible de ton M. Léonce ne peut faire ici. Je dois, il faut payer : il n'y a pas de M. Léonce qui tienne !

— Eh bien ! papa, permettez-moi de vous offrir la somme qui vous fait faute.

— Je te remercie de l'intention, ma chère enfant, et c'est là un beau trait de ta part ; mais à supposer que je fusse homme à accepter ta généreuse proposition, ce que je ne suis pas, ce serait tout bonnement impossible. Tu es mineure, tu ne peux disposer d'un centime sans l'agrément du conseil de famille. Or, ce conseil est composé de moi, ton tuteur naturel; de M. Léonce, l'éloquent avocat que tu sais; et de M. Duplessis, mon charmant beau-père. Tu comprends avec quel empressement cet affectueux vieillard y donnerait son consentement, après la séance d'aujourd'hui ! Qui sait, d'ailleurs, ce qui lui pend à l'oreille, à lui-même, avec son accusation de faux témoignage ! Autre agrément de famille ! En vérité, il y a des veines dans la vie où il semble que tous les guignons vous accablent à la fois ! C'est là que j'en suis. Toi seule peux me tirer de là, pas moi avec ta fortune particulière, pauvre enfant ! mais avec le mariage que je t'offre. Si tu y consens, ton mari devient mon associé, et il laisse à ce titre dans ma caisse les sept millions qu'il y a versés comme dépôt. Si tu refuses, il m'en demande naturellement la restitution intégrale, et comme je ne puis l'effectuer immédiatement, il se joint à la meute de mes autres créanciers, avec d'autant plus d'animosité qu'il aura une injure personnelle à venger ; il devient leur instigateur, leur chef ; on me poursuit, je tombe en faillite, en pis que cela, que sait-on ? et, tandis que ton grand-père est condamné comme faux témoin, ton père est condamné comme banqueroutier peut-être! Voilà, en quelques mots, l'agréable perspective que nous a faite une complication d'événemens inouis. C'est à s'en casser la tête contre les murs, à s'en brûler la cervelle, à s'en arracher les cheveux !

— Est-ce bien vrai, tout cela, mon père? demanda gravement la jeune fille, avec un mélange d'effroi et d'attendrissement. Ne me faites-vous au contraire une si triste peinture de notre situation, que pour obtenir mon consentement à cet odieux mariage?

— Tout cela est malheureusement vrai, répondit le baron avec solennité ; vrai comme il n'y a qu'un Dieu ; vrai comme deux et deux font quatre (ce qui était son juron le plus sacré). Je t'en donne au besoin ma parole d'honneur, ici même, dans cette chambre où ta mère est morte, où il me semble la voir encore expirer, et où, pour rien au monde, je ne voudrais te tromper par un indigne mensonge, toi, notre unique enfant. Je le répète, ton consentement, c'est le salut ; ton refus, c'est la ruine, la honte, le déshonneur !

— Il suffit, mon père, répondit Julie, qui parvint à contenir les plus cruelles émotions que puisse subir une jeune fille, et dont le geste, l'attitude et la physionomie exprimèrent subitement une douloureuse mais ferme résolution. J'aime mon cousin Léonce, et je crois être aimée de lui. Mon bonheur, je le sens bien plus vivement encore, au moment même où j'y renonce, mon bonheur eût été d'être sa femme. Mais vous n'avez pas fait un vain appel à mon dévouement. J'épouserai M. Dabiron, mon père!

— Ah ! chère enfant, tu me sauves l'honn....

Le baron fut interrompu dans son remerciement par l'entrée subite de Lafolie, qui venait le prévenir que M. Dabiron était là et demandait à lui parler.

— Où monsieur le baron désire-t-il que je le conduise ? ajouta le vieux serviteur.

— Hé ! mais parbleu, faites-le entrer ici, ce cher monsieur Dabiron ! répondit-il.

— Oui, monsieur le baron, je vais le faire entrer ici... ici même !... répliqua Lafolie en sortant, et avec une insistance étrange.

— Puisque tu consens, ajouta le baron en s'adressant à sa fille, il n'est pas mal que tu le voies tout de suite : la présentation se trouvera ainsi toute faite. Ce sera autant de gagné sur les salamalecks.

— Non, mon père, non, répondit Julie, dont les larmes se firent jour tout à coup, à travers le premier obstacle de sa résignation. La présence de cet homme me serait trop pénible en ce moment. Je veux bien l'épouser, mais je ne veux pas le voir !

— Oh ! je reconnais bien là les jeunes filles !... Mais à ton aise, mon enfant : tu te feras plus tard à son aspect. on se fait à tout, même à la vue de son mari.

Julie sortit de la chambre, tout éplorée, et se retira dans la pièce la plus reculée de son appartement, en emportant avec elle la lettre de sa mère, pour la placer parmi les pieuses reliques dont elle faisait hommage à cette mémoire chérie.

Le consentement de la jeune fille enchantait au contraire le baron, et lui rendait, avec la sécurité de sa caisse, toute la légèreté de son caractère. Il reçut son futur gendre avec l'affabilité, quasi obséquieuse, que mérite un ancien commis, quand ce commis est sur le point de devenir le patron du patron lui-même.

— Hé ! bonjour donc, mon cher monsieur Dabiron ! s'écria-t-il en lui tendant la main, tandis que Lafolie, qui avait introduit le visiteur, lui jetait en s'en allant un regard de menaçante colère.

— Votre serviteur bien humble, monsieur le baron, répondit l'ex-employé à dix-huit cents francs, avec cette suffisance plus ou moins impertinente dont les sots parvenus ne peuvent jamais se défendre, même dans leurs plus excessives politesses.

— Hé bien ! reprit le baron, vous voilà donc de retour parmi nous !... parmi vos amis !...

— Mon Dieu, oui : comme le lièvre au gîte ; et beaucoup plus tôt que je ne l'avais espéré. Mais que voulez-vous?... ajouta dédaigneusement le ci-devant trésorier du Wardenbourg, anarchiste de l'an passé qui se faisait conservateur enragé depuis qu'il avait quelque chose à conserver ; nous vivons dans un piètre temps !... les abominables principes de la démagogie ont fait le tour du monde !... Le vertige révolutionnaire a tourné toutes les têtes !... Il n'y a plus rien de stable en Europe !.. Les peuples veulent, déveulent, reveulent, etc., avec une désespérante versatilité !... Vous allez un beau jour, au fin fond de l'Allemagne, offrir à une nation, que vous croyez encore patriarcale, la capacité financière dont le ciel vous a doué ; vous remettez un peu d'ordre dans ses finances ; vous vous consacrez jour et nuit à assurer sa prospérité ; en un mot, comme on dit vulgairement, vous lui prouvez de toute façon que vous ne voulez que son bien. Bravo ! ça ne marche pas trop mal, tant que c'est nouveau ; mais l'ennui de ce bonheur même ne tarde pas de s'en mêler ; l'hydre de l'anarchie se réveille peu à peu, et voilà que, sous le premier prétexte venu, les éternels ennemis de la famille, de la religion, de la propriété et des ministres vous flanquent Leurs Excellences à la porte, uniquement pour changer de changement. Et ainsi de suite. J'en suis une nouvelle preuve. Vous voyez en effet une victime des révolutions.

— Les peuples sont si ingrats !... Heureusement, si j'en juge par les sommes considérables que vous avez mises à l'abri de tout danger dans la caisse de ma maison, vous avez su vous ménager une honorable retraite.

— Hélas ! oui, répondit Dabiron, en jouant fatuitement avec la canne à pomme de rubis dont il frappait à petits coups le bout de sa botte vernie ; j'ai fait là-bas quelques économies.

— Et que sont devenus les autres Français de l'expédition, dont m'ont parlé mes correspondans du Wardenbourg, et qui étaient allés porter avec vous les bienfaits de la civilisation à ce pays si arriéré ?

— A vous parler franchement, je n'en sais trop rien. Après avoir fait tous mes efforts pour les sauver, ma foi, je les ai perdus de vue dans la bagarre ! J'imagine qu'ils y sont restés, ou tout au plus qu'ils s'en sont retirés aussi grelus qu'en y entrant.

— Des imbéciles !

— A qui le dites-vous ! J'étais fort mal entouré. La seule personne de l'aventure qui ait montré une intelligence vraiment supérieure, c'est une femme, une simple danseuse de l'Opéra, une nommée Lataké.

— Hé quoi ! Lataké ?... autrement dite Jupin Ier ?

— Oh ! pardon, monsieur le baron, interrompit Dabiron, craignant que le souvenir de cette maîtresse qu'il lui avait enlevée réveillât chez le baron un grief dont il avait déjà subi le mauvais effet ; pardon !.. Ce nom m'est échappé par mégarde... Mettons que je n'ai rien dit.

— Mais au contraire, parlons-en, répondit le baron, chez qui sa passion pour Simonne avait effacé tout autre sentiment. Je vous en ai voulu, je ne dis pas non : parce qu'enfin, dans ma position, et à mon âge, vous concevez, se voir supplanté par un simple commis, par un simple jeune homme, c'était humiliant. Mais bah ! il y a si longtemps de cela !... Deux ou trois ans au moins !.. Je l'avoue, maintenant que je suis de sang-froid : c'était de bonne guerre, et ma foi, à tout prendre, ajouta le baron en riant, autant vaut que notre association ait commencé par là !

— Elle a commencé d'une façon bien autrement grave,

et qu'il trouverait peut-être moins joviale, pensa Dabiron; mais il l'ignore, par un de ces aveuglemens de mari qu'on peut appeler la grâce d'état.

— Et vous dites donc, reprit légèrement le baron, que cette farceuse de Lataké s'est conduite là bas...

— Admirablement ! C'est elle qui a presque tout fait, en empaumant le vieux roi du pays, et, s'il remonte sur son trône, ce qui me semble indubitable, elle sera certainement la Maintenon de l'époque.

— Eh bien ! cela ne m'étonne point : cette femme-là était très séduisante, n'est-ce pas ? dans sa désinvolture, dans son langage... Mais qu'est-ce que jo dis donc, s'écria le baron s'interrompant, et en jetant les yeux autour de lui ; j'oublie que nous sommes dans la chambre de ma défunte, et que de pareils propos sont mal placés ici.

— En effet, c'est ici que madame la baronne... ajouta Dabiron, qui ne put s'empêcher de frissonner à ce souvenir.

— Mais, à propos de défunt, reprit le baron pour changer le sujet de l'entretien, savez-vous qu'à la réception de votre première lettre du Wardenhoug, après les bruits non démentis qui avaient couru dans les journaux sur votre suicide, je crus recevoir une lettre de l'autre monde, et que, sans les millions qui l'ont suivie de près, j'aurais pensé avoir affaire à votre fantôme.

— Ah bah ! croiriez-vous donc aux revenans ?

— Hé ! hé ! on a vu les esprits les plus forts s'abandonner à de pareilles superstitions. Moi-même enfin, qui n'y crois pas en société, quand j'y réfléchis, quand les bougies sont allumées, eh bien ! là, franchement, j'éprouve malgré moi une terreur vague, le soir, quand je suis seul, et qu'il fait presque sombre.

— Ma foi, je vous en offre autant, monsieur le baron, et plus d'une fois, à la tombée de la nuit, j'ai cru voir devant moi... certaines apparitions funèbres... dont la seule pensée me donne encore la chair de poule. C'est le défaut des gens qui ont beaucoup d'imagination. Car il est bien évident que ce sont là de pures chimères, et que les morts ne s'amusent pas à sortir du tombeau pour visiter les vivans.

— Pardieu non ! ils doivent être trop contens d'avoir quitté ce monde, pour se plaire beaucoup à y revenir. Mais c'est égal : nous n'avons ici qu'une simple bougie ; parlons de choses plus gaies, si vous voulez bien. Ainsi donc, mon cher Dabiron, vous voilà de retour, et vous venez chercher une réponse définitive au sujet de votre mariage ?

— Oui, monsieur le baron, et je vous avoue que ce n'est pas sans quelque espoir. Voici les propres paroles que vous répondîtes, sur ce même sujet, à feu madame la baronne : « ...... S'il consentait à prendre une position convenable » dans le monde, je ne serais pas inflexible. » Or, trouvez-vous que six millions de francs et plusieurs milliards de centimes soient un piédestal suffisamment convenable ?

— Certes oui, et ma fille est à vous. Touchez là, cher gendre. J'y consens, elle y consent, tout le monde y consent.

— Excepté moi ! dit alors une voix ferme et éclatante, qui fit tressaillir les deux interlocuteurs.

Ils regardèrent du côté de la porte par où cette voix s'était fait entendre, poussèrent un cri d'épouvante, et reculèrent pâles et tremblans à l'autre bout de la chambre.

La porte de droite s'était ouverte au fond, sous l'impulsion d'une main qui appartenait probablement à Lafolie. Une femme, de taille moyenne, d'assez forte corpulence et toute vêtue de noir, fit son entrée dans la chambre.

Après avoir jeté à M. d'Appencherr et à Dabiron l'exclamation qui les terrifia, elle s'avança lentement, à la lueur douteuse de la seule bougie qui éclairât la scène, et s'arrêta à quelques pas d'eux, pâle d'indignation, silencieuse, immobile, le visage sévère, le sourire dédaigneux, le regard flamboyant.

A force de reculer devant cette fantastique apparition, ils avaient fini par s'adosser à la muraille opposée, contre laquelle, pour ainsi dire, ils étaient cloués par la peur, comme des hiboux à la porte d'une grange, se hissant sur la pointe du pied, les bras écartés, la bouche béante, les yeux hagards, la figure blême, les cheveux hérissés, les jambes flageollantes et le corps frissonnant.

— L'ombre de ma femme ! s'écria le baron d'une voix chevrotante.

— Le fantôme de Gertrude ! ajouta Dabiron d'une voix que la peur stranguiait.

Et tous deux restèrent comme pétrifiés.

Non, ce n'était pas un vain spectre : c'était bien la baronne.

Nos lecteurs, en effet, n'ont pas attendu ce moment pour la reconnaître dans la dame noire qu'ils ont vu intervenir plus d'une fois dans le cours de ce récit.

Comment cette femme, que son mari avait contemplée sur son lit de mort, dans cette chambre même, et dont son amant avait suivi le convoi funèbre, comment cette femme était-elle encore vivante ?

Rien de plus simple, comme tout ce qui le paraît le moins. Le prodigieux en ce monde, où tout résultat procède nécessairement d'une cause, le prodigieux n'est autre chose que l'inexpliqué. Expliquons donc. Quelques lignes suffiront pour faire une réalité de cette apparente invraisemblance.

Gertrude était une de ces natures féminines essentiellement affectueuses et intelligentes, qui ont toujours besoin, d'un sentiment pour le cœur, d'un but pour l'imagination. Son mariage n'avait guère été qu'une opération de plus entre son père et celui du baron, lesquels trouvèrent avantageux d'être associés pour leurs enfans, comme ils l'étaient déjà pour leurs affaires, et qui marièrent ainsi leurs grands-livres respectifs, bien plutôt que leur fille et leur fils.

Le caractère du baron n'avait rien d'ailleurs qui pût sympathiser avec celui de sa femme. Il était trop futile, trop sceptique et trop volage pour elle. Et cependant, comme beaucoup d'autres, bien que mariée sans amour, sans amitié même, elle n'eût pas demandé mieux que d'aimer son mari, à la condition qu'il fût aimable ; mais le baron réservait son amabilité pour les éphémères relations qu'il avait au dehors.

Déçue dans cette première aspiration, Gertrude espéra d'abord que les fastueux plaisirs du monde où la plaçait sa grande fortune, lui offriraient du moins, à défaut de l'intime félicité qu'elle rêvait, une compensation peut-être, une distraction assurément. Mais elle se trompait encore. Elle ne trouva que l'ennui au fond de cette existence bruyante, dont chaque jour est une fête, et qui étourdit l'âme par son agitation perpétuelle, sans la consoler par de véritables jouissances.

Les soins tout maternels dont, à la recommandation de madame Duplessis sa mère, elle entoura la jeunesse de d'Aronde, furent une diversion bien plus efficace ; et quand, par une faveur tardive, le ciel la rendit mère elle-même, sa fille absorba ensuite, pendant plusieurs années, tout ce qu'elle avait de tendresse au cœur. Mais d'Aronde étant devenu un homme qui n'avait plus besoin de son affectueuse surveillance, et sa fille lui étant ravie plus tard par l'éducation de pensionnat, la baronne, privée successivement de son enfant d'adoption et de son enfant de nature, retomba dans cette oisiveté du cœur qui était un supplice pour son organisation aimante.

La baronne chercha dans les violentes palpitations du jeu le placement, comme disait son mari, avec le style de la haute banque, le placement de la sensibilité nerveuse dont elle ne savait que faire ; mais le jeu lui donna la fièvre, et non pas le bonheur.

Ce fut alors qu'elle éprouva ce vertige de la passion qu'on pourrait appeler le désespoir de l'espoir, lequel saisit presque inévitablement les femmes, lorsqu'elles sont arrivées de trente à quarante ans sans avoir aimé véritablement, ce qui est moins rare qu'on ne le pense. En pareil cas, il faut aimer à tout prix, et s'exalter, et se dédommager, et se hâter, car le temps presse. Leur amour ressemble à la crainte du voyageur attardé, qui s'essouffle à courir pour ne pas manquer la diligence. Qu'arrive-t-il assez souvent? Que la diligence est partie, et que, pour ne pas rester en plan, on s'embarque, faute de mieux, dans la première patache qui passe.

Il est bien rare effectivement que les cœurs retardataires ne fassent pas de très mauvais choix. Après de longues hésitations, on veut échapper enfin au Charybde d'une union mal assortie, et l'on se précipite dans le Scylla d'une abominable liaison. On trahit un indifférent pour un malotru.

La baronne ne fut pas exempte de ce malheur si commun.

De toutes les déceptions de sa vie, celle-là, comme toujours, fut la plus cruelle. Le supplice des supplices pour une femme aimante (nous parlons de celles dont le cœur est sérieux, ce qui est assez rare) n'est-il pas de reconnaître un beau jour, et ce jour ne se fait jamais attendre, que l'homme aimé, qui ne l'aime pas, est indigne, non-seulement d'amour, mais d'estime même ; que c'est un misérable, plus digne du bagne que du boudoir ; que c'est un sacripant dont elle ne voudrait pas pour ami, pas pour domestique même, et dont cependant elle a fait son amant.

La baronne éprouva ce tourment pendant plusieurs années. Cent fois elle fit appel à la raison contre la passion ; mais le cœur sent et ne raisonne pas. Cent fois même elle tenta de rompre violemment cette chaîne de galérienne qui l'unissait à Dabiron, mais, chose étrange, ce qui devrait la briser en pareil cas est presque toujours ce qui la consolide au contraire : — la jalousie.

Si Dabiron eût été amoureux, fidèle, poli et assidu, peut-être le mépris eût-il fini par l'emporter sur l'amour ; mais il était indifférent, volage, négligent et brutal : comment ne pas l'aimer, lui qui n'aimait pas, qui en aimait tant d'autres, et que tant d'autres aimaient aussi ? Tout psychologiste conviendra que c'était impossible.

Et puis, quelque grave motif qu'on puisse avoir de se brouiller, en amour comme en location, on veut bien donner congé, on ne veut pas le recevoir : c'est humiliant.

Si bien donc qu'à force de secouer sa chaîne sans réussir à la briser, la baronne ne la rendait que plus douloureuse encore.

Enfin, l'idée d'épouser la fille, soufflée méchamment au bourreau de la mère par l'implacable haine de Tiennette, qui l'empruntait elle-même à certains scandales de ce genre, malheureusement trop réels, dont le grand monde est parfois le théâtre, comme cela était arrivé tout récemment alors ; cette exécrable idée vint mettre le comble aux souffrances de la baronne. Exténuée, meurtrie, à bout de courage, d'opposition, d'objections, de raisonnemens et de prières, et d'autant plus esclave qu'elle s'était révoltée plus souvent, la baronne n'eut alors d'autre ressource que la ruse contre la violence morale qu'on faisait à sa faiblesse. Elle feignit de consentir à ce mariage, et écrivit à son mari, sous les yeux mêmes de Dabiron, la lettre dont nous avons donné la teneur ; mais, par une louable perfidie, que l'inintelligent lovelace ne comprit pas plus qu'il n'avait compris le sens sinistre de ce qui précédait, elle eut soin de réserver dans le *post-scriptum* la liberté tout entière de sa fille.

Elle était convaincue d'ailleurs que le baron, suffisamment prémuni par l'infimité financière du postulant, son ex-commis, ne tiendrait pas compte des vœux insensés de la mère, quand il avait dédaigné si souvent les vœux sensés de la femme.

C'était une dernière illusion.

Le baron, qui ne savait pas encore que Dabiron lui eût enlevé sa Lataké, avant de se laisser enlever lui-même à Lataké par Tiennetto, dont il pouvait servir les projets de vengeance contre Gertrude ; le baron, qui avait flairé l'habile spéculateur dans le mince employé ; le baron adressa à sa femme la réponse que nous connaissons aussi, et qui, sans engager le présent, laissait à l'avenir toutes ses chances possibles.

Cette réponse inattendue fut le [coup de grâce pour la malheureuse Gertrude. Sachant Dabiron capable de tout pour arriver à la position de fortune dont le baron faisait l'unique condition de son consentement, et que la fièvre commanditaire, qui travaillait alors la société, pouvait rendre d'une réalisation si prompte,—elle perdit la tête à la pensée d'une telle éventualité. Le remords de la mère mal inspirée se joignit alors au désespoir continuel de l'épouse coupable. Cette double torture lui fut insoutenable. Elle songea plus que jamais à s'en délivrer par le suicide. C'était le seul moyen, se disait-elle, dans son véritable accès de folie, d'échapper à une liaison criminelle dont elle ne pouvait briser le joug ; le seul moyen de ne pas être témoin d'une union presque sacrilège, dont la pensée la révoltait, mais qu'elle ne saurait comment empêcher, le moment venu, après avoir fait semblant de la demander elle-même ; le seul moyen, dans tous les cas, de se châtier de la participation maladroite qu'elle y avait prise, avec une intention toute contraire.

La pensée de sa fille l'eût arrêtée néanmoins dans ce funeste projet ; mais des lettres anonymes, qui lui furent adressées par Tiennette, relativement à Dabiron, vinrent ajouter encore les terreurs du scandale à toutes ses angoisses habituelles. Ce scandale, s'il venait à se propager, ne manquerait pas de rejaillir sur sa fille. La mort lui parut donc indispensable pour couper court à tout.

Sa résolution ayant pris ainsi le faux-semblant du dévouement maternel, rien ne pouvait plus en suspendre l'accomplissement. Un soir donc, quand elle fut seule dans sa chambre, elle posa sur sa tablette de nuit l'élégante boîte à cigares que nous connaissons, dont elle avait fait jadis présent à son mari, et qui, après avoir voyagé des mains de celui-ci à celles de Lataké, et des mains de Lataké à celles de Dabiron, lui était revenue enfin par ce dernier. Elle s'agenouilla ensuite, pria Dieu pour sa fille, en lui demandant pardon de ses fautes passées et de l'acte qu'elle allait commettre contre sa sainte loi ; puis se coucha, et, ayant tiré de la boîte un petit flacon rempli d'acide prussique qu'elle s'était procuré depuis longtemps, et qu'elle y avait serré, par un de ces raffinemens de cruauté envers soi-même qui échappent pour ainsi dire à l'analyse, — elle en versa quelques gouttes dans un verre d'eau, but courageusement ce fatal breuvage, se renversa sur son oreiller, et s'endormit bientôt d'un sommeil qui devait être éternel.

Quelle ne fut donc pas sa surprise, lorsqu'en rouvrant les yeux, le deuxième jour après ce suicide dont elle ne se souvenait pas d'abord, elle se vit dans une chambre qu'elle ne reconnut point pour être la sienne, et dans laquelle cependant elle aperçut, de chaque côté de la couche sur laquelle on l'avait déposée, ses deux fidèles serviteurs, Rosine et Lafolie !

Un homme de haute stature, tout vêtu de noir, au maintien grave, à la physionomie calme et affectueuse, se tenait aussi debout près d'elle, lui tâtant le pouls et épiant du regard, avec anxiété, les progrès lents, mais non interrompus, de son retour à la vie.

—Où suis-je, mon Dieu ? s'écria-t-elle stupéfaite.

—Chez un ami, répondit l'habitant de la maison solitaire des buttes Montmartre, car son hôte n'était autre que M. Masson.

—Un ami ? répéta-t-elle, en cherchant vainement à le reconnaître ; mais je ne vous ai jamais vu, monsieur... Qui êtes-vous donc, et comment suis-je chez vous ?

—Quelques mots, madame, suffiront à vous l'apprendre. Il y a plusieurs années, la veille du jour où je devais recevoir la prêtrise pour aller en mission chez les peuplades qui ne jouissent pas encore des bienfaits de la foi, je tombai subitement malade, et me vis forcé, moi pauvre diacre, d'entrer à l'hôpital de Lyon. Un vieillard, mon voisin de lit, me prit d'affection, de reconnaissance même. C'était le père de votre mari, madame. Russe de naissance, il portait le titre de prince Dalbouki, avant que l'exil lui imposât celui de baron d'Appencherr. Il déplut à Catherine II, à cause de son intervention en faveur de la première femme du comte de Zanau, Louise de Landswig, mère du chevalier de Limbourg, et sa proche parente. On l'enferma dans la forteresse de Cronstadt. Un chimiste fort habile s'y trouvait prisonnier en même temps. Ce savant avait découvert un puissant narcotique. Le prince en fit usage, passa pour mort, et, par les soins de sa femme, votre belle-mère, madame, fut emporté hors de cette forteresse, pour être enterré dans son château. Il y revint à la vie au bout de deux jours, quitta secrètement la Russie, et s'alla s'établir à Francfort, où il fonda une importante maison de banque, avec le concours de M. Duplessis, son associé, votre père. Or, en mourant, madame, il me fit jurer de veiller sur son fils, votre mari ; sur vous, sur votre fille, sur toute sa famille, y compris M. Charles d'Aronde, l'unique rejeton du chevalier de Limbourg, qu'il avait élevé, et dont il avait placé la fortune dans la maison de banque de votre mari. J'acceptai cette mission qui me parut être digne de toute l'activité d'un homme de bien. Et alors, pour m'en faciliter l'accomplissement, il me remit les valeurs immenses qu'il possédait, sous la forme étrange, mais d'autant plus sûre, d'un modeste chapelet, dont chaque grain renfermait un diamant énorme. Il y ajouta quelques instructions verbales, quelques notes écrites, et aussi ce qui lui restait du narcotique en question. Soit dit en passant, madame, c'est de ce même narcotique, madame, que père du chevalier de Limbourg, le comte de Zanau s'était servi pareillement pour endormir sa femme légitime, Louise de Landswig, enfermée comme morte dans le château d'Hildebourg-Haussen, et pouvoir convoler à ce second mariage qui devait faciliter plus tard son avénement, légitime d'ailleurs, au trône de Wardenbourg. Or, c'est ce même narcotique, madame, que j'ai substitué dans votre flacon à l'acide prussique dont vous l'aviez rempli.

— Mais, monsieur, reprit la baronne, dont l'étonnement augmentait sans cesse, comment avez-vous pu connaître un projet que je n'avais confié à personne ?

— Rien de plus naturel, madame, et cependant rien de plus merveilleux. Mais est-il rien d'aussi merveilleux que la nature ! Vous n'êtes pas sans avoir entendu parler de ce don de seconde vue dont jouissent certaines personnes en état de sommeil magnétique.

— Oh ! non, monsieur, et moi-même je me suis prêtée plusieurs fois à des expériences de ce genre. Je possède ce don à un degré remarquable, dit-on.

— Hé bien, madame, j'ai rencontré la même faculté chez un jeune homme dont j'ai recueilli la misère, dont je m'applique à réformer les mauvais penchans. C'est par lui que, depuis plusieurs années, je me tiens au courant de tout ce qui intéresse ma mission.—C'est ainsi, par exemple, qu'en ce qui concerne M. d'Appencherr, votre mari, j'ai pu réparer à temps le mauvais état de ses affaires.

— C'est ainsi qu'en ce qui concerne M. d'Aronde, héritier du trône de Wardenbourg, j'ai pu écarter tout danger de sa personne, en le préservant de l'ambition naturelle que la révélation de sa noble origine eût peut-être éveillée dans son âme.—C'est ainsi que je continuerai de veiller sur lui, dussé-je laisser s'égarer un instant, sur les intrigues subalternes qu'on viendrait à ourdir pour le restaurer. — C'est ainsi qu'en ce qui concerne M. Dabiron, madame, j'ai su l'ignoble obsession qu'il employait contre vous, pour obtenir votre consentement à un mariage dont l'idée première, certes, était bien digne de la mégère qui la lui avait soufflée pour se venger de vous.

— De moi ?

— Oui, madame, de vous, dont les excellens conseils sont parvenus à éloigner d'elle un jeune homme, M. Charles d'Aronde, qu'elle eût perdu peut-être, et que vous avez sauvegardé comme une mère. — Enfin, en ce qui vous concerne personnellement, madame, c'est ainsi que j'ai pu compatir à vos douleurs, connaître votre fatale résolution et en neutraliser l'effet.

— Ah ! monsieur !...

— Rien n'a été plus facile, grâce au dévouement de ces fidèles serviteurs que vous voyez près de vous, et dont le loyal et utile concours m'était assuré depuis longtemps. Hier, madame, quand le médecin légal fut venu constater authentiquement votre décès, vous restâtes sous leur garde pendant toute la journée. Votre jeune fille était dans sa pension. On avait dû s'abstenir de lui annoncer l'affreux malheur qui la frappait. De son côté, M. le baron n'était pas homme à subir si longtemps l'émotion de votre présence. Toutes facilités nous étaient donc assurées. Dès le soir, l'employé à la fourniture des bières, dont j'avais obtenu la coopération, referma le cercueil vide qui vous était destiné, et dont il avait eu soin d'alourdir le poids. Quant à vous, madame, cette nuit même, nous vous emportions secrètement, par le passage obscur qui conduit, du pavillon que vous habitiez à l'extrémité du jardin, jusqu'à la petite porte qui donne sur les terrains déserts, dits de la Boule-Rouge ; nous vous placions dans une voiture, que Lafolie conduisait lui-même, et nous vous amenions dans cette maison, qui est la mienne, qui sera la vôtre en attendant mieux. Enfin, madame, selon toutes mes prévisions, vous venez de vous réveiller, saine et sauve, de la léthargie profonde que procure le narcotique dont j'ai parlé, et qui ressemble parfaitement à la mort. Dieu soit loué du succès de notre entreprise !

— Non, non, monsieur, je ne puis croire à ce miraculeux réveil, et tout cela me semble encore un songe !

— Rien n'est pourtant plus vrai, madame. Et tenez, vous plaît-il d'en vérifier la réalité, à l'instant même, et par vos propres yeux ? Le hasard vient étrangement à mon aide ! Veuillez vous soulever sur votre couche, et de là, par cette fenêtre, jeter les yeux sur le cimetière Montmartre, que la maison où vous êtes domine de presque toute la hauteur des buttes.

La morte vivante ne put résister à la fiévreuse curiosité que lui inspira l'invitation de son hôte : elle se souleva et plongea son avide regard dans l'espace. Elle aperçut alors, sous les funèbres allées de cyprès, la foule qui suivait le corbillard où chacun la croyait gisante ; elle vit descendre le cercueil dans la fosse ; elle assista, comme Charles-Quint, à ses propres funérailles ; enfin, quand le bruit de la première pelletée de terre résonna sur la bière vide, et vint frapper de loin son oreille effrayée, elle poussa un cri, se rejeta en arrière, retomba sur sa couche, et fut sur le point de s'évanouir de nouveau.

C'en était fait : M. Masson avait atteint son but. Ce cortége funèbre, cette cérémonie lugubre, ce bruit bien plus sinistre encore, en un mot, tout ce terrible spectacle venait de guérir la baronne de ses pensées de suicide. C'est par la mort même que son sauveur l'avait rattachée à la vie.

— Hélas ! monsieur, s'écria-t-elle néanmoins, lorsque cette dernière émotion fut tout à fait calmée, je ne sais encore si je dois me plaindre ou me féliciter de votre aide !

— Ne la regrettez pas, madame. Votre retour à l'existence n'est point une simple résurrection : c'est une seconde naissance, pour ainsi dire. On vient d'inhumer, à votre place, là-bas, sous six pieds de terre, les douloureuses passions qui ont tourmenté votre première vie. Cette vie vous était devenue impossible, vous vous en êtes fait une autre, voilà tout. Vous êtes morte à l'amour coupable, à la jalousie, au chagrin, à la tristesse, aux angoisses, au désespoir. Vous renaissez à l'espérance, à la vertu, à la paix de l'âme, aux pures joies, au bonheur véritable.

M. Masson disait vrai.

Les grandes crises morales sont presque toujours des guérisons. Les passions, comme la poudre, se consument et s'éteignent par leur explosion même.

La baronne, qu'un amour insensé poussait au suicide,

l'avant-veille encore, s'étonnait elle-même de ne plus se souvenir de Dabiron que comme d'un démon qu'elle eût vu en rêve.

Elle se fit une existence toute nouvelle.

Grâce aux sommes considérables que M. Masson put distraire pour elle du véritable trésor que le vieillard de l'hôpital de Lyon lui avait confié en mourant, pour qu'il en disposât au mieux de sa famille, elle acquit à Chaillot un magnifique hôtel, où elle s'installa sous le nom légèrement symbolique de madame veuve Mortinval.

Là, quand elle n'était pas en voyage, toujours vêtue de noir, comme pour porter son propre deuil, elle passait sa nouvelle vie à prier, à méditer, à lire, à faire le plus de bien possible, à l'aide, dans son étonnante lucidité somnambulique, à seconder les louables opérations de cet ami si dévoué, et surtout à veiller sur sa fille, quelquefois par ses propres yeux, mais toujours par ceux de Rosine et de Lafolie. Elle les avait fait placer près d'elle, comme les représentants de sa tendresse maternelle. C'était le seul sentiment qu'elle eût gardé de son autre vie, avec l'amitié quasi fraternelle que la reconnaissance lui avait inspirée pour son sauveur, M. Masson, et l'affection, presque de mère, qu'elle conservait à d'Aronde, comme au fils de ses soins. Elle continuait d'exister réellement pour ce petit cercle d'intimes, morte qu'elle était bien légalement pour le reste du monde.

La baronne, la dame noire, si vous aimez mieux, eût donc été parfaitement heureuse, sans l'inquiétude que lui causait le honteux projet dont Dabiron et son mari s'occupaient de nouveau, et auquel, en ce moment même, elle venait opposer le fantasmatique obstacle de sa volonté.

— Malheureux! s'écria-t-elle, quand elle se fut arrêtée devant eux ; je vous défends de donner suite à cet abominable projet! Si vous avez l'audace de dédaigner cet avis de la tombe, soyez maudits dans ce monde, soyez maudits dans l'autre!

Et, cela dit d'une voix impérative, elle s'éloigna à pas lents, comme elle était venue, fit un dernier geste de menace aux deux autres personnages, et disparut par la porte opposée à celle qui lui avait donné entrée.

A peine fut-elle sortie que ceux-ci se sauvèrent par les autres portes, presque fous de terreur. Comment ne pas croire, en effet, que la baronne était sortie du tombeau, quand ils avaient vu des croque-morts y déposer son cercueil, il y avait si longtemps déjà !

Ils se séparèrent, sans même s'adresser un seul mot.

— Oh ! s'écria Dabiron en sortant de l'hôtel, ceci est évidemment un avertissement de l'enfer ! Je veux bien que la maison m'écrase, si j'y remets jamais les pieds... quand j'en aurai retiré mon argent, bien entendu !

— Oh ! s'écriait de son côté le baron, en se jetant éperdu dans le fauteuil de son cabinet; j'en perdrai les cheveux, assurément ! Quel avenir, bon Dieu !... Déshérité ! ruiné ! déshonoré ! maudit ! chauve peut-être !...

— Incorrigible surtout, s'écria M. Masson, en apparaissant sur le seuil du cabinet, un énorme portefeuille sous le bras. Hé ! quoi ! monsieur le baron, vous douterez donc toujours de mon exactitude !

LII.

ENFER ET CIEL.

On se rappelle que M. Duplessis ne s'était plus trouvé dans la salle lorsque le président de la cour d'assises avait donné l'ordre de l'arrêter, séance tenante, sous prévention de faux témoignage dans l'affaire relative au duel de d'Aronde.

Le vieillard, en effet, avait profité de l'agitation causée par la lecture de la lettre de Brioude, pour s'éclipser sans être aperçu, pressentant avec raison l'inévitable résultat qu'allait avoir cette lettre, non pas contre lui-même : il était loin de s'en douter ; mais en faveur de l'homme qu'il avait poursuivi avec tant d'acharnement, par la misère, par le déshonneur, par le mensonge et la calomnie, et dont l'innocence allait probablement sortir de là complètement réhabilitée.

M. Duplessis s'enfuit du palais de justice, la rage au cœur. Il se rendit en toute hâte dans son pauvre domicile, y prit les quelques millions qui s'y trouvaient sous forme de billets de banque, d'actions au porteur, de bons du trésor, de traites et de récépissés; fit un rouleau de toutes ces précieuses paperasses, sortit et dirigea ses pas vers la Seine, avec l'intention bien arrêtée d'exécuter sa menace, en déshéritant son neveu, son gendre et sa petite-fille, au profit de la rivière.

Il se promena longtemps sur la berge, son opulent paquet sous le bras, morne et silencieux, le chapeau rabattu sur les yeux, exhalant sa fureur à coups de canne dans l'air, ou se vengeant sur les cailloux du chemin de tout le mal qu'il ne pouvait faire aux hommes.

Il était quatre heures et demie. M. Duplessis attendait ainsi que la nuit fût venue, ne voulant pas noyer ses millions à la vue des passans, qui se fussent fait un vrai plaisir de leur sauver la vie. On se jette bien à l'eau pour en retirer des hommes, qui, très souvent, vous en remercient par des injures et des coups de poing, ne vous laissant pour rémunération que la satisfaction de votre conscience, une réclame dans les journaux, l'estime de vos concitoyens, et les trente francs alloués par la reconnaissance publique. A plus forte raison s'y jetterait-on pour en retirer d'énormes richesses, même gratis, même sans réclame, même sans l'approbation de personne.

Enfin, vers cinq heures, quand il fit assez sombre pour qu'il pût commettre cet assassinat de millions, le meurtrier s'approcha du bord de l'eau, mit le paquet dans son foulard, y ajouta une grosse pierre et noua solidement le tout.

— La voilà donc, s'écria-t-il dédaigneusement, en contemplant le lourd trésor qu'il tenait à la main ; la voilà donc, cette fortune qui m'a coûté tant de travail, de veilles et d'inquiétudes !... Stupide que j'étais !... En valait-elle la peine !... Qu'est-ce que cela prouve, la fortune ?... Je le vois maintenant, c'est un vain mot, comme tout le reste !... On prétend que le Veau d'Or est le seul dieu d'ici-bas ?... Mensonge !... A quoi m'a-t-il servi, ce prétendu dieu, dont le culte pourtant n'a jamais eu de plus fervent adorateur que moi ?... A quoi ?... A rien !... pas même à punir l'odieux enfant dont la naissance a déshonoré mon nom !... pas même à perdre un misérable adultérin, dont cependant j'étais parvenu à compléter la ruine !... pas même à me défendre de ces ignobles séides dont les quolibets me poursuivent partout depuis quinze jours !... Non, rien, rien, rien !... Périsse donc à son tour cette impuissante divinité !... que le fond de ce fleuve lui serve de tombeau !... Je pourrais ajourner sans doute ces légitimes représailles ; mais qui sait ?... à mon âge, et dans l'état d'exaspération où m'ont mis tant de cruels déboires, une maladie subite, un coup de sang, un accident, mille circonstances peuvent me frapper à l'improviste, et léguer ainsi, malgré moi, aux traîtres parens qui m'ont abandonné, tout ce que je posséderais à l'heure de ma mort. Je ne veux pas cela !... je ne veux pas cela !... Les perfides riraient de moi !... Je veux qu'ils me pleurent, au contraire !... ne fût-ce que de regret !... Détruisons donc sans retard tant de richesses si laborieusement acquises !... Que ce flot les ronge peu à peu, les dissolve en vaines molécules, et les disperse dans l'espace à tout jamais ! Le seul vrai plaisir que je leur aurai dû, ce sera justement d'avoir pu les anéantir!

L'engloutisseur de millions se trompait ici sur la question d'anéantissement. Ces valeurs fiduciaires allaient être perdues pour ses héritiers directs, il est vrai, mais non pas pour tout le monde, et les détenteurs de l'énorme capital dont elles étaient la représentation, bénéficieraient tout naturellement de leur noyade. Quand M. de Talleyrand roulait un billet de banque, l'allumait par un bout, et s'en servait pour chercher une pièce d'or qui était tombée sous sa table de jeu, c'est à la Banque même qu'il faisait alors cadeau de mille francs. Sa vénérable Eminence eût mieux fait de se servir d'une bougie, et de donner le billet aux pauvres. C'eût été moins fastueux, mais plus épiscopal.

Or, aussi malavisé que l'évêque d'Autun, M. Duplessis brandissait déjà le riche paquet, se disposant à instituer les poissons ses légataires universels, lorsqu'une pensée soudaine lui traversa l'esprit, et le fit heureusement surseoir à cette disposition testamentaire.

— Cependant, se dit-il, dans un monde où tout se vend, où tout s'achète, même la renommée, la considération, la gloire ; où la corruption se faufile partout, depuis la loge du portier jusqu'à la mansarde de la grisette, depuis le cabinet de l'homme d'affaires jusqu'au boudoir de la grande dame ; où enfin la vénalité tient partout boutique de famélique dévoûment ; oui, il est impossible que dans un tel bazar de consciences on ne puisse, avec de l'argent, avec de l'or, avec des lingots, avec n'importe quoi, acheter un peu d'atroce vengeance. La seule difficulté, c'est de s'adresser au bon endroit,... de trouver l'échoppe le mieux assortie d'infamies,..... de rencontrer son homme, sa femme surtout ! Ah ! je l'avais trouvée, moi !... C'était bien là l'instrument qu'il me fallait ! Tout m'a réussi tant qu'elle m'a secondé ; tout m'a manqué dès qu'elle s'est mise à la traverse !... Pourquoi m'a-t-elle abandonné ? voilà la question ! Je n'aurai pas mis sans doute le prix convenable à ses services. Il en est peut-être du vice comme de la vertu : il y en a de toute qualité et de toute valeur. Le fameux « Vous m'en direz tant ! » de Marie-Antoinette, s'applique probablement à l'un comme à l'autre. Entre le refus et l'acceptation, il y a toujours une différence infinitésimale, qu'il faut savoir franchir. C'est le simple gramme qui suffit à faire pencher l'un des plateaux de la balance. Tel est incorruptible à quatre-vingt-dix-neuf mille neuf cent quatre-vingt-dix-neuf francs, qui se livrerait à cent mille. Telle est restée insensible à un rubis, qui eût souri d'aise à un diamant !... Si donc je la revoyais, cette affreuse créature ? Qui sait !... si je lui disais : «Prends ! prends encore ! prends toujours ! » peut-être serait-ce assez. Oui, c'est cela. Essayons une dernière fois. Et d'ailleurs, au pis-aller, si elle refuse tout, hé bien, la rivière sera toujours là !

Cette nouvelle espérance redonna quelques forces au vieillard. Il remit le paquet sous son bras, sans penser même à l'alléger du gros caillou dont il l'avait appesanti, remonta vivement la berge et se rendit aussitôt chez Tiennette.

Il y avait un quart d'heure à peine que Tiennette était rentrée chez elle, après avoir quitté la députation wardenbourgeoise à la porte de la maison d'Aronde. Son oreille bourdonnait encore des paroles si méprisantes, que d'Aronde lui avait jetées pour adieu, sur le seuil même de sa mansarde.

Exténuée au physique par les veilles de l'incertitude, les agitations de la lutte et les fatigues d'un double et long voyage, entreprise uniquement pour lui ; exténuée au moral par les déceptions d'un fol amour, l'invincible dédain de l'homme qu'elle aimait, les tourmens d'une jalousie insensée, la honte de l'insuccès et la conviction désormais acquise de son impuissance, elle s'était jetée sur un sofa, sans prendre même la peine de se déshabiller.

Ses traits étaient bouleversés, ses narines gonflées de fureur, ses sourcils froncés, ses yeux injectés, ses dents grincées, ses lèvres couvertes d'une verte écume.

Elle garda un instant le silence, le regard fixe, haletante, livide, hideuse, effrayante à voir.

Tiennette se trouvait dans ce même cabinet où, la veille au soir, environ à pareille heure, la Tête-de-Pipe, sa félonne émissaire, s'était fait tuer par la batterie vengeresse de l'armoire de fer. La première porte de ce meuble était même restée entre-bâillée, et l'on remarquait encore sur le tapis les traces du sang dont l'avait inondé la voleuse. L'éponge obstinée de Glaé, sa camarade de muscat, n'avait pu parvenir à les effacer complètement.

— Imbécile ! s'écria dérisoirement Tiennette, après avoir repris haleine ; imbécile ! qui va se faire abattre par mes fidèles pistolets !... plus honnêtes qu'elle, à ce qu'il paraît... Et pourquoi ? pour me dérober quelques bribes de papier !... A quoi bon !... Me voilà bien avancée moi-même, avec ce tas de loques !... J'ai passé quinze années de ma vie à les ramasser : quinze années de perdues !... Il y a là pour des millions de mystères, d'intrigues, de bassesses, de perfidies, d'adultères, de fange humaine dans tous les genres !... Il y a là de quoi faire verser des torrens de larmes, de quoi faire couler des fleuves de sang !... Il y a là de quoi ruiner mille familles, de quoi désespérer mille femmes, de quoi déshonorer mille hommes, de quoi épouvanter toute la génération présente !... Il y a... hé ! pardieu, que n'y a-t-il pas de funeste !... Mais s'il y a le malheur des autres, il n'y a pas mon bonheur, à moi !...

Tiennette s'interrompit ici, car sa langue desséchée par la fièvre ne pouvait plus articuler. Elle tendit la main de côté, et tira le cordon de sonnette qui pendait au dessus du sofa.

Glaé, l'amie du lundi de la défunte, apparut la figure enluminée, l'œil clignotant, et d'un pas à faire supposer qu'elle n'était pas tout à fait à jeun de lundi.

— A boire ! lui dit Tiennette d'une voix rauque. Un verre d'eau, vite !

— De l'eau ?... répondit la femme de charge, avec une moue de dédain : ça n'est pas restaurant, l'eau. M'est avis qu'un petit verre... de muscat, par exemple...

— De l'eau, vous dis-je, de l'eau, et allez donc !

La servante obéit et rentra bientôt une verre sur un plateau, qu'elle présenta à sa maîtresse d'une main vacillante, et en détournant la tête avec un dégoût mal dissimulé.

Tiennette le prit avidement, mais à peine eut-elle approché des lèvres du liquide, qu'elle les retira elle-même avec une moue d'horreur.

— Remportez ! dit-elle, en repoussant le verre.

— Là ! quand je vous le disais, que ça ne soutient pas, l'eau, reprit Glaé en faisant un léger faux pas. Ça ne vaut pas le lundi. Le lundi est vraiment l'ami de l'homme, et qui dit l'homme dit la femme, c'est connu ; parce que voyez-vous...

Glaé allait entamer l'éloge du muscat avec une chaleur qui eût prouvé combien elle était pleine de son sujet.

— Silence, ivrognesse, et laissez-moi ! interrompit Tiennette avec impatience.

— Fichtre ! grommela Glaé en sortant, la bourgeoise n'est ma foi pas bonne aujourd'hui ! C'est sans doute l'accident de Tête-de-Pipe qui la met aux cent dix neuf coups. Ah ! il y a de quoi !... un si beau tapis !

— Mon bonheur !... reprit Tiennette quand elle fut seule ; mon bonheur !... Oh ! je ne dirai pas que ce serait encore d'être aimée de lui... Non, ce serait trop beau, cela ! Il y a longtemps que j'ai dû renoncer à cet espoir !... Hélas ! ajouta-t-elle en s'attendrissant et les yeux humides de quelques larmes, hélas ! je ne suis pas exigeante, moi ! Mon bonheur d'aujourd'hui, ce serait simplement qu'il me permît de le voir, dût-il ne me regarder qu'avec colère!... Ce serait qu'il me permit de l'entendre, dût-il ne me dire que des injures!... Ce serait qu'il me permit de rester près de lui, à genoux, prosternée par terre, dût-il me fouler brutalement aux pieds!... Mais, mon Dieu, puisqu'il ne veut plus de moi pour maîtresse, que du moins il me prenne pour servante! Je me contenterais de cela, moi !... Oui, mais à une condition, pourtant, ajouta-t-elle en reprenant sa physionomie farouche: c'est que l'*autre* n'en serait pas!... Voilà tout ce que je lui demanderais, moi !... Hé bien! non, je lui fais horreur!... il ne voudrait pas même de moi pour essuyer ses pieds!... il me chasse honteusement de sa présence!... Et quand me chasse-t-il ainsi?... quand je viens lui offrir un trône !... Ingrat, ingrat !... Comme les hommes sont égoïstes !... En voilà un pour qui je remue ciel et terre, pour qui je fais six cents lieues, pour qui j'expose cent fois ma vie, pour qui je refuse des trésors, des titres, des honneurs à réhabiliter dix femmes perdues ; hé bien ! non, quand je veux lui donner un palais, il refuse, il préfère un misérable taudis, pourvu qu'il y demeure avec elle !... Elle !... répéta Tiennette en plantant les ongles de ses deux mains, qui se crispaient à ce mot, dans l'étoffe soyeuse du sofa, qu'elle se plut à déchirer, comme pour se dédommager du mal qu'elle ne pouvait faire à son heureuse rivale. Elle !... oh ! je la tuerai, cette femme !... Je n'ai pas, dans ce coffre de fer, que de stupides chiffons pour armes !... J'en ai de plus affilées, qui tuent le corps, comme les autres tuent l'âme !... Je la tuerai, cette femme !... et lui aussi !..., et moi aussi !...

— Madame, interrompit en rentrant la suivante à la trogne rubiconde, que, par surcroît d'agrément, la nature avait ornée de deux façons de moustaches ; il y a là quelqu'un qui demande à vous parler.
— Je n'y suis pas! répondit brusquement Tiennette.
— Mais, madame, ajouta Glaé, en se balançant sur elle-même, d'arrière en avant et d'avant en arrière, le particulier dit comme ça que c'est pour quelque chose de très important, qui peut faire votre bonheur.
— Mon bonheur ! répéta Tiennette avec un sourire amer. Et comment se nomme ce marchand de félicité?
— Attendez donc... c'est le vieux, vous savez? le vieux des vieux, celui que, avec la défunte, nous avions baptisé Mathusalem.
— M. Duplessis?
— Juste ! le vieux rageur.
— Oh ! qu'il entre, qu'il entre ! s'écria Tiennette en se levant avec une joie sinistre.
La femme de charge sortit un instant, d'un pas qui témoignait que l'entr'acte s'était passé en consolations de muscat.

— J'avais besoin de quelqu'un à torturer, continua Tiennette, et M. Duplessis ose se présenter en ce moment chez moi?... M. Duplessis!... le père de Gertrude! la baronne ! le père de ma défunte, à moi ! le père de la femme dont les conseils m'ont ravi mon amant! le père de celle à qui des toutes mes tortures !... Certes, c'est l'enfer qui l'envoie, et par l'enfer ! je vais prendre sur le père une cruelle revanche de la fille! Et d'abord avertissons qui de droit, ajouta-t-elle en écrivant à la hâte quelques mots et une adresse.

— Entrez, monsieur, entrez, dit l'amie de la Tête-de-Pipe, qui était allée chercher M. Duplessis dans l'antichambre.
— Où est Florine? demanda tout bas Tiennette à Glaé.
— Elle est chez les concierges, qui lui font raconter son voyage en Allemagne.
— Qu'elle porte ceci tout de suite, au plus proche, celui du faubourg Montmartre; et qu'on ne laisse entrer personne.
— Oui, madame... Pauvre Tête-de-Pipe ! ajouta Glaé en se retirant, après avoir jeté, de ses yeux de plus en plus petits, un nouveau regard de compassion sur les taches rouges du tapis. C'était un si bel Aubusson !... Allons achever à son intention le lunel qu'elle m'a laissé pour héritage. J'ai besoin de ça pour me consoler tout à fait.

M. Duplessis s'était présenté, sa canne sous un bras, et son précieux et lourd paquet sous l'autre.
— Ma présence vous étonne sans doute, madame, après la scène... un peu vive que nous avons eue ici même, dit le vieillard, avec autant de calme et de politesse qu'il pouvait en affecter dans la disposition d'esprit où nous l'avons laissé.
Il est vrai de dire que l'arrestation du Cyclope et du Balancier l'avait délivré du moins de l'escorte de gouailleurs qui le quittait pour la première fois depuis quinze jours.
— Un peu vive, en effet, répondit ironiquement Tiennette.
— Croyez que je la regrette, madame.
— J'aime à le croire, monsieur ; et vous venez me faire vos excuses, en même temps que vos adieux, si j'en juge par vos préparatifs de voyage ?
— Non, madame, je ne pars pas.
— En ce cas, monsieur, vous venez sans doute me demander l'hospitalité? Soyez le bien-venu ! Si votre présence m'étonne, elle ne me charme pas moins.
— Eh ! madame, laissons là, je vous prie, les complimens moqueurs! L'ironie n'est pas de circonstance. N'abusez pas de votre victoire ; soyez généreuse : je m'avoue battu. Votre protégé est acquitté, vous triomphez ; que voulez-vous de plus ?
— Je le sais, monsieur. On m'a tout conté au palais de justice, à notre arrivée d'Allemagne. Oui, mon protégé est acquitté, et vous, monsieur, vous voilà accusé à votre tour.
— Comment cela, madame ?
— Mon Dieu oui, pour faux témoignage ; et la sellette vous attend à sa place.
— Serait-il possible ! s'écria le vieillard stupéfait. Hé quoi ! votre succès irait jusque-là ?... Je serais accusé, condamné, emprisonné ?... Je me verrais dans l'impossibilité de poursuivre ma vengeance ? Oh ! non, non, cela ne peut pas être !... Ecoutez, madame, je ne suis point venu ici pour m'humilier seulement devant votre habileté : je suis venu pour l'implorer, pour lui assurer d'avance telle récompense qu'il lui plaira de fixer. Je vous en conjure, vous dont l'omnipotence peut produire de tels prodiges, guidez-moi, conseillez-moi, inspirez-moi! Je ne sais quel intérêt vous a portée à vous séparer des miens dans cette affaire ; mais, quel que soit le prix dont mon adversaire ait pu rémunérer vos services, ce prix, soyez-en sûre, est misérable en comparaison de celui que je puis leur offrir.
— Ah ! fi, monsieur, de la corruption !...
— Ne riez pas, madame : le mot de corruption cesse d'être applicable à de pareils chiffres.
— J'entends : cela s'appelle alors de la transaction.
— Tenez, madame, continua le vieillard de plus en plus exalté ; vous voyez bien ceci.
— Quoi ? ce foulard plein, si soigneusement noué ? ce paquet de tailleur en rendement d'ouvrage ?
— Oui, ce paquet de si modeste apparence, ajouta M. Duplessis, en le jetant devant elle sur le parquet, où il résonna presque à l'égal d'un coup de canon.
— Hé ! bon Dieu ! qu'est cela ? s'écria Tiennette en reculant avec plus d'étonnement que d'effroi. Auriez-vous l'intention de me bombarder ?...
— Ce que c'est, madame !... c'est une fortune immense, une fortune au porteur, une fortune qu'envierait plus d'un roi pour sa cassette particulière.
— Je ne sais de quel métal elle se compose, répondit Tiennette en souriant avec dédain, mais elle me semble fort bruyante et doit être difficile à cacher, si portative que vous la disiez.
— Hé bien ! madame, continua M. Duplessis tout entier

à son idée fixe, et sans faire attention aux plaisanteries de son interlocutrice ; hé bien ! qu'on m'arrête, qu'on me condamne, qu'on me jette en prison, peu m'importe ! mais vengez-moi d'abord, et tout cela est à vous!

— En vérité?... A la bonne heure donc !... voilà du moins un homme qui sait encourager le talent !... Parole d'honneur, ce brave monsieur m'intéresse : je veux faire quelque chose pour lui.. Et d'abord, ajouta-t-elle en se dirigeant vers son armoire de fer, qu'elle ouvrit, j'ai là certains papiers...

— Encore des papiers?

— Toujours des papiers, répondit-elle en plaçant un candélabre à deux bougies sur la table de l'armoire. Vous savez bien que ma collection est la plus riche de l'époque. J'en possède un surtout dont la vue vous surprendra fort agréablement !...

Puis, s'étant assise devant le meuble, elle y prit d'abord un petit poignard à manche orné de brillans et à lame richement damasquinée, qui se trouvait sur le premier rayon. Elle le tira de sa gaîne et l'examina, dans le but sans doute de prolonger autant que possible l'entrevue, afin de donner à sa missive le temps de produire tout son effet.

— Voilà un dénoûment qui en vaut bien un autre à l'occasion, dit-elle, en essayant la pointe du poignard, avec un sourire étrange; on s'en servait beaucoup dans l'ancienne tragédie : je ne vois pas pourquoi le drame moderne en fait fi. C'est peut-être une tradition à restaurer, ajouta-t-elle en remettant le poignard en place.

Elle retira ensuite de l'armoire, avec une sorte de précipitation dédaigneuse, des masses de lettres qu'elle étala pêle-mêle sur la tablette, en leur donnant des coups de poing comme pour les fixer.

— Celui-là que je cherche, reprit-elle, tout en opérant cet éparpillement, m'aura du moins servi à quelque chose! Ce n'est pas comme vous autres, continua-t-elle en les apostrophant, comme si elle éprouvait un amer plaisir à injurier de simples paperasses ; ce n'est pas comme vous, stupides autographes! insipides brouillons! imbéciles manuscrits! tas de rébus, de sornettes et d'insignifiances, qui deviez me donner le bonheur et ne m'avez donné que la fortune et le pouvoir ! Prenez-y garde, mes mignonnes reliques : je finirai par vous jeter à la hotte du collectionneur nocturne ! C'est tout ce que méritent de misérables griffonnages, quand ils ne sont bons à rien ! Mais celui que je cherche, c'est différent... Où diable est-il donc? Est-ce ceci?... Non, c'est la lettre d'une femme coupable à son amant. Et ceci?... Même chose encore... Et ceci?... Même chose toujours!... C'est monotone, n'est-ce pas, monsieur?... Mais que voulez-vous! elles écrivent toutes de ce style, ces femmes honnêtes, ces vertueuses Estelles!... Quand je dis toutes, j'exagère peut-être un peu. Il y a des exceptions, n'est-il pas vrai?... Votre défunte, par exemple...

— Madame ! interrompit le vieillard, qui avait frémi à ce sarcasme.

— Comment ! est-ce qu'elle vous aurait trompé aussi, cette brave dame ?... Oh ! alors je me rétracte : il n'y a pas d'exception.

— Par grâce, madame, reprit Duplessis, l'œil fulgurant de colère, ne vous jouez pas ainsi de ce qui fait mon supplice, et daignez bien plutôt penser à le venger.

— C'est ce dont je m'occupe. Ah ! le voici enfin, ce charmant petit papier. Tenez, monsieur.

— Que signifie un pareil chiffon ? demanda le vieillard, en recevant le papier, sans trop savoir si Tiennette parlait sérieusement ou se moquait encore de lui.

— Ne le dédaignez pas ainsi, répondit-elle. Il faisait partie de l'intéressante collection que je remis à un de mes bons amis, M. de Montreuil, il y a quelques mois, et qu'il a eu l'imprudence de vous remettre à son tour. Encore une lettre de madame Duplessis à la nourrice du petit poupon !

— Ah ?... dit le vieillard en frissonnant de nouveau, à chacun de ces mots. Et pourquoi, madame, ne lui avez-vous pas remis celle-ci en même temps que les autres ?

— Oh ! par mégarde, sans doute. Et puis, la communication eût manqué d'à-propos. C'eût été placer le dénoûment au premier acte. Il faut savoir ménager ses effets. Mais il est toujours temps de réparer une omission. Lisez, monsieur, lisez.

M. Duplessis lut alors ce qui suit :

« Francfort, 31 octobre 1821.

» Bonne nourrice,

» Armez-vous de courage. Un affreux malheur nous arrive à tous. Le prince de Limbourg vient de mourir assassiné, et sa jeune femme, ma chère Augusta Mildenoff, n'a pu lui survivre que de quelques heures.

» Morts tous deux !

» Mais du moins sauvons leur jeune fils, s'il en est temps encore.

» Aussitôt la présente reçue, quitter Kermell, et apportez-moi à Francfort ce pauvre enfant, triste fruit d'une union secrète qui devait être si fatalement brisée. Lafolie, qui vous remet cette lettre, le conduira tout de suite en France, où le légitime héritier d'un grand nom ne portera plus désormais que celui d'un simple village. Je connais une brave et digne femme d'Aroude qui l'élèvera dans l'heureuse ignorance de sa royale origine.

» L'obscurité est désormais son seul refuge contre le poignard qui l'a fait doublement orphelin. Vite, vite, bonne nourrice, venez !

» Votre affectionnée,

» OLYMPE DUPLESSIS. »

Le vieillard resta frappé d'éblouissement après la lecture de cette lettre, comme un homme qui sort des ténèbres d'un souterrain pour passer tout à coup à l'éclatante lumière des cieux ; et, de même que cet homme n'y voit pas d'abord à force d'y voir trop, M. Duplessis ne comprit pas d'abord à force de trop comprendre. Il passa longuement ses deux mains sur son front comme pour calmer et débrouiller les idées qui s'y pressaient tumultueusement.

— Oh !... s'écria-t-il enfin, devenu pâle et tremblant, et en appuyant longuement sur cette exclamation ; oh !... innocente !... innocente !... Cet enfant n'était pas le sien !... Et je l'ai crue coupable, ma pauvre femme !... et je l'ai insultée !... et je l'ai tuée !... Oh !... pardon ! ajouta-t-il, en pleurant à chaudes larmes, et en tombant à genoux devant la lettre justificative, comme il l'eût fait devant la signataire ; pardon, pardon !... Elle était innocente !...

— Hé bien ! monsieur, lui demanda alors Tiennette, qui jouissait atrocement du désespoir où sa rancune venait de plonger le père de sa détestée Gertrude ; que dites-vous de la femme perdue, de la femme dédaignée qui se plaît à réhabiliter ainsi la mémoire des autres femmes?

— Je dis, répondit M. Duplessis en se relevant dans un paroxysme de fureur soudaine ; je dis que cette femme est un monstre, un démon, une vipère, dont il faut purger le monde pour l'honneur de l'humanité !

Et à ces mots, le vieillard, dont la colère centuplait les forces, se précipita vers Tiennette, la saisit par le cou, l'étrangla presque et la renversa sur le parquet.

De son côté, au premier mouvement de son adversaire, Tiennette avait ressaisi le petit poignard qui se trouvait à sa portée.

Ainsi juxta-posés, les deux personnages de cette scène de violence : — le vieux Duplessis, les cheveux dressés, l'œil ardent, l'invective à la bouche, tenant Tiennette à demi renversée, et la menaçant d'un pied vengeur ; — et Tiennette, l'œil hagard et les dents bruyamment serrées, se soulevant sur une main, et menaçant son ennemi de la pointe acérée qu'elle tenait de l'autre ; — ces deux personnages, disons-nous, ne ressemblaient point mal, dans cette attitude, à un vieux lion en fureur qui tiendrait un reptile sous sa griffe, tandis que le reptile, redressant la tête sous cette mortelle étreinte, menacerait le vieux lion de sa morsure non moins mortelle.

Une seconde encore, et le vieillard l'écrase, en même temps qu'elle frappe le vieillard.

Mais tout à coup des gardes municipaux font irruption dans le cabinet de Tiennette et mettent naturellement fin par leur présence à cette affreuse lutte, qui va être aussi funeste qu'elle a été rapide.

Ces hommes étaient envoyés là par le commissaire de police à qui Tiennette avait adressé quelques lignes par sa cameriste, pour lui dénoncer la présence de M. Duplessis chez elle.

Ce commissaire était celui à la circonscription duquel appartenait M. Duplessis. Tiennette avait pensé avec raison que ce fonctionnaire serait naturellement chargé d'exécuter l'ordre d'arrestation lancé contre le faux témoin par le président des assises. Il l'avait reçu, en effet, à l'issue de la séance, et avait déjà envoyé ses agents au domicile du prévenu pour l'arrêter; mais on ne l'y avait pas trouvé. Ce fut à leur retour même qu'il reçut l'avertissement de Tiennette. On comprend avec quel empressement il crut devoir en profiter.

Les gardes municipaux dégagèrent Tiennette, saisirent son agresseur, l'éloignèrent d'elle et le continrent inoffensif; ce qui leur fut facile, car la réaction de l'énervement commençait à succéder à l'emportement chez le vieillard.

— Au nom de la loi, s'écria le brigadier, en tirant un papier de sa poche, et en vertu de ce mandat d'amener, je vous arrête. Suivez-moi!

— Oui, messieurs, oui, répondit docilement M. Duplessis, qui, de son accès de passagère fureur, était retombé subitement dans ce désespoir morne, ahuri, abattu, attendri, presque enfantin, où l'avait jeté la révélation de Tiennette au sujet de l'innocence de la défunte; oui, arrêtez-moi... vous ferez bien... je suis un misérable !... je la croyais coupable... mais ce n'est pas vrai... elle était innocente !... ma pauvre femme ne m'avait pas trompé !...

— Possible, interrompit le brigadier : ça se voit... pas souvent... mais ça se voit...

— Oh! je vous le jure, elle était innocente !... Tenez, messieurs, lisez cette lettre : c'est la dernière qu'elle ait écrite à la nourrice, au sujet de l'enfant... Madame, qui n'est pas très bonne pour nous, m'avait bien fait parvenir les précédentes, parce qu'elles semblaient accuser ma pauvre femme, et elle avait gardé méchamment celle-ci, parce que celle-ci expliquait tout, et ne m'eût pas permis de m'y tromper... Mais enfin je l'ai lue maintenant, cette dernière lettre, et j'ai reconnu mon erreur... Elle était innocente !... Cet enfant n'était pas son enfant, monsieur ; c'était l'enfant d'une autre... Et en effet...

— Je ne vais pas à l'encontre, interrompit encore le brigadier : s'il y a un moutard là-dedans, il faut bien que ça soit le moutard de quelqu'un ; mais tout ça, c'est des affaires de famille ; ça ne me regarde aucunement. Marchons !

— Oui, elle était innocente, et cependant, je l'ai tuée, messieurs !

— Cré nom de nom !

— Oh ! n'est-ce pas que c'est mal ?

— Je n'en disconviens pas ; mais il paraît que c'est assez votre habitude avec le beau sexe ! Nous en avons vu tout à l'heure un échantillon !... Par ainsi donc, assez causé ! Filons ! Vous conterez votre petite histoire à la justice.

— Oui, messieurs, menez-moi en prison !... Je le mérite !... je le demande !... je l'implore !... Je veux qu'on me guillotine !... Son enfant n'était pas le sien !... elle était innocente !...

— Comme l'enfant qui venait de naître, c'est bien le cas de le dire, ajouta facétieusement le brigadier. Allons, en route, en route !

Et comme le vieillard s'éloignait déjà avec son escorte, Tiennette aperçut le précieux paquet abandonné par lui sur le tapis.

— Messieurs, dit-elle aux agents de la force publique, en repoussant dédaigneusement du pied cette fortune énorme, ceci appartient à cet homme ; obligez-moi d'en nettoyer mon logis. Je ne veux conserver de lui que l'agréable souvenir du service que j'ai rendu, bien qu'un peu tard, à son amour conjugal, en l'éclairant sur l'innocence de sa chaste épouse.

— Oui, certes, reprit Duplessis, elle était innocente, ma pauvre Olympe ! L'enfant n'était pas...

— C'est entendu, interrompit le brigadier ; c'est convenu, c'est connu : le moutard était celui d'un autre, parbleu !

— C'était l'enfant d'un prince...

— Allons, bon ! c'était d'un prince maintenant ! Pauvre homme, va !

Tout en parlant ainsi, le brigadier ramassa le paquet, le fit sauter un instant sur sa main, comme pour en calculer le poids, puis le mit sous son bras, et donna de nouveau le signal du départ.

— Oui, messieurs, je suis un scélérat ! continua le vieillard, en se laissant emmener sans résistance ; l'enfant n'était pas le sien ; elle était innocente !... Je veux qu'on me guillotine !

M. Duplessis ne dit pas autre chose jusqu'à la prison.

— Coffré ! dit le brigadier en revenant avec ses hommes ; je ne suis pas fâché d'être débarrassé de ce vieux monotone. Ça commençait à être fastidieux en diable.

Cependant Tiennette s'était rassise, le dos appuyé contre l'armoire de fer, pour mieux contempler le départ de son ennemi encore une fois vaincu. Quand elle l'eut vu disparaître ainsi entre quatre gendarmes, elle donna libre cours à la joie infernale que lui causait ce dernier triomphe sur la famille de la défunte baronne. Elle l'avait fait se suicider, elle avait fait mourir la mère de chagrin, et voilà qu'elle était en train de tuer le père de remords. Il y avait vraiment de quoi se réjouir. Aussi fut-elle prise d'un rire inextinguible.

Malheureusement pour elle, dans les soubresauts en arrière que lui faisait faire cet accès d'épileptique gaîté, elle ne s'aperçut pas qu'elle avait renversé une des bougies sur les papiers épars, qui couvraient la tablette de l'armoire à laquelle elle était adossée ; que ces papiers s'étaient enflammés, et qu'enfin, comme si la Providence eût voulu la punir par où elle avait péché, ils avaient communiqué le feu simultanément à son fichu, à son voile et au chapeau de paille noire façonnée dont elle était restée coiffée.

Quand elle s'aperçut de l'accident, il était déjà bien tard pour y porter remède.

Sans se préoccuper des papiers, qui brûlèrent tous jusqu'au dernier, elle voulut se débarrasser de son chapeau ; mais, soit précipitation, soit toute autre cause, elle ne put parvenir à en dénouer les brides ; et de plus, dans cette vaine tentative, elle mit aussi le feu aux longues dentelles de ses manches pendantes ; si bien que, en quelques secondes, elle eut les bras, les mains, le buste et la figure entièrement enveloppés par les flammes. Aveuglée, brûlée, asphyxiée, l'esprit perdu, elle se mit à courir comme une folle à travers la chambre, ce qui activa d'autant les progrès de la combustion. En proie alors à d'horribles souffrances, elle poussa des cris lamentables à travers l'incandescent rideau qui grandissait sans cesse autour d'elle.

Mais ces cris ne furent entendus de personne.

Sa femme de chambre se promenait en ce moment dans la rue, au bras d'un des gardes qui avait obtenu du brigadier la permission de quitter l'escorte. Son voyage en Allemagne l'avait séparée pendant assez longtemps de cet ami de cœur et de premier bouillon, pour qu'elle trouvât quelque charme à faire un peu de causette avec lui.

De son côté, la femme de charge était en train de sommeiller, comme d'habitude, dans une pièce éloignée, pour dissiper l'effet des nombreuses libations de lunel qu'elle avait faites à la mémoire de la Tête-de-Pipe.

M. Masson fut la première personne qui vint au secours de l'incendiée.

Il sortait de chez d'Aronde et se présentait chez Tiennette pour tâcher de retirer de ses mains, n'importe à quel prix, l'original de la lettre d'adieu adressée par la baronne à Dabiron, qu'il savait maintenant, grâce aux révélations magnétiques de Pied-de-Céleri, avoir été gardé frauduleusement par cette abominable femme.

Mais c'était un soin désormais superflu. Quand il entra dans le cabinet, où il parvint sans rencontrer âme qui vive, les portes ayant été laissées ouvertes à la sortie de M. Duplessis, il n'aperçut plus, à travers l'épaisse vapeur qui remplissait la pièce, qu'un monceau de papiers qui achevait de brûler dans l'armoire de fer, et dont le moindre souffle dispersait dans l'espace le léger résidu, aux mobiles et fugitives étincelles.

Quant à Tiennette, elle était tombée sur le tapis, agonisante, râlante, offrant aux yeux, au milieu de la fumée, un effroyable amas de chairs calcinées, revêtues de lambeaux d'étoffes, dont quelques-uns flambaient encore, et ne présentant plus aucune apparence humaine.

M. Masson s'approcha de la victime, et la jugeant désespérée, lui adressa quelques religieuses paroles pour l'encourager à un acte de contrition mentale dans cet instant suprême ; mais elle ne l'entendit pas, sans doute, et ne répondit que par des gémissements étouffés.

— Dieu ait pitié de son âme ! s'écria gravement M. Masson.

Et ne voulant pas l'abandonner dans un si triste état, il tira à tout hasard le cordon de la sonnette.

Glaé parut alors, en bâillant et en se frottant les yeux.

— Dieu ! dit-elle, comme ça fume ! comme ça pue ! comme ça sent le roussi !... Tiens, tiens, tiens !... Qu'est-ce qui brûle donc là ?...

— C'est votre malheureuse maîtresse !

— Ça, c'est madame ?... Excusez !... En voilà une d'idée !... Je vous demande s'il y a du bon sens de s'arranger comme ça !...

— Ayez soin d'elle, madame, lui dit avec autorité M. Masson ; veillez-la, secourez-la, jetez-lui de l'eau, ne fût-ce que pour calmer ses atroces douleurs. Je vais en toute hâte faire prévenir un médecin.

— Un médecin ?... Ah ! m'est avis que c'est de la moutarde après dîner, dit Glaé, tout en exécutant l'ordre aquatique de l'inconnu. Les pompiers n'y pourraient plus rien eux-mêmes !... Et le pauvre tapis !... en voilà un qui a du malheur !... ensanglanté hier, brûlé tout à l'heure, inondé d'eau maintenant !.. Quel dommage !.. elle avait du bon, la bourgeoise !... et c'était un bien bel aubusson !....

Tandis que Glaé prononçait ces paroles qui devaient être la seule oraison funèbre de la moribonde, M. Masson envoyait quérir un médecin par le concierge, et s'éloignait tristement de cette maison maudite.

— Justice du ciel ! s'écria-t-il, en lui jetant un dernier regard de pitié.

Après quoi il se rendit à l'hôtel d'Appencherr, où nous l'avons vu se présenter dans le cabinet du baron, quelques instans après l'apparition fantastique de la dame noire.

— Je suis sauvé ! s'écria le baron, en reconnaissant le personnage qui intervenait encore si à propos, pour rassurer son imagination en même temps que sa caisse.

— Oui, sauvé ! C'est par ce mot que vous m'avez toujours accueilli, après avoir douté de moi toujours. Mais cette fois encore vous ne serez point déçu dans votre espoir. Voici, monsieur, ajouta le survenant en remettant au baron le volumineux portefeuille qu'il portait sous le bras à son entrée ; voici d'importantes valeurs qui couvriront et au delà le déficit de votre situation présente.

— Je ne vous parle pas de reconnaissance, monsieur.

— Vous avez raison : ce n'est pas à moi que vous en devez.

— Mais à qui donc, bon Dieu !

— Je puis vous le dire maintenant. C'est à votre père.

— A mon père ?... Est-il possible !... à ce pauvre vieillard qui, après avoir liquidé sa maison de Francfort, disparut tout à coup, il y a bien des années, avec d'immenses richesses, sans qu'on ait jamais pu savoir ce qu'il est devenu ?

— A lui-même, monsieur. L'amour de l'or, qui avait été son culte unique, avait fini par égarer sa raison ; mais la générosité de sa mort a noblement expié l'avarice de sa vie. Vous en avez eu la preuve. Bénissez donc une fois de plus sa mémoire ; mais je dois vous en avertir, n'attendez plus rien de lui et ne comptez désormais que sur vous-même. Les sommes que je vous remets ici sont les dernières qu'il m'ait confiées pour venir en aide à tous les membres de sa famille. Je n'en ai distrait, selon ses intentions, qu'une bien minime partie, destinée à récompenser d'utiles services ; je n'en ai gardé pour moi-même que ce qui m'est nécessaire pour rejoindre mes frères apostoliques du Nouveau-Monde.

— Hé quoi ! monsieur, vous allez vous dérober à notre gratitude en quittant la France ?

— Oui, monsieur. La mission passagère que j'avais acceptée touche maintenant à sa fin. Encore quelques heures peut-être, ajouta M. Masson avec une émotion profonde, et cette mission sera accomplie ! Rien ne me retiendra plus ici. Je suis prêtre depuis quelques mois. Je pourrai donc partir aussitôt que je me serai suffisamment préparé, par la retraite, dans le silence et la méditation de notre maison sainte, à la nouvelle mission dont le ciel a daigné m'inspirer la pensée, et dont il me donnera le courage, je l'espère. Mais pardon si je vous quitte, monsieur le baron. Huit heures sonnent. Un douloureux devoir m'attend ailleurs. Ah ! la journée aura été rude !... Recevez donc mes adieux, car c'est la dernière fois que nous nous voyons sans doute.

L'égoïste baron ne put s'empêcher de suivre des yeux le prêtre avec admiration.

— Quel dévouement ! quelle abnégation ! quel beau zèle ! s'écria-t-il. C'est magnifique ! c'est sublime ! c'est grandiose !... Mais il faut être né pour ces choses-là, et franchement j'aime autant que d'autres s'en chargent que moi !

Complètement délivré des appréhensions financières du lendemain, et rassuré quelque peu contre toute nouvelle apparition d'outre-tombe par l'éclat de vingt bougies dont il avait illuminé son cabinet, le baron ne tarda pas à revenir à la frivolité de son caractère. Jamais homme futile ne justifia mieux le fameux vers de Boileau :

Chassez le naturel, il revient au galop.

Il se souvint alors de la gentille petite clef que Simonne lui avait envoyée, en récompense de sa sincérité juridique.

— Parbleu ! se dit-il, je ne retarderai pas d'un seul jour le plaisir d'exprimer à cette chère fille combien je lui suis reconnaissant d'avoir levé mon arrêt de proscription, et de m'autoriser à revenir auprès d'elle, ne fût-ce, hélas ! comme toujours, qu'à titre d'ami, de philanthrope et de faiseur de charpie humanitaire. J'ai besoin de me remettre un peu de cet d'impressions pénibles, par de douces et agréables émotions. C'est aujourd'hui d'ailleurs bal masqué à l'Opéra. Elle raffolait l'an dernier de ces tohu-bohu. Je tâcherai qu'elle vienne à celui-ci. Ce serait vraiment bon de terminer gaîment une si affreuse journée !

Le baron fit sa toilette, monta en voiture, s'arrêta vers neuf heures à la porte de Simonne, reçut du portier un coup de casquette non moins respectueux, mais plus triste peut-être que d'habitude ; monta l'escalier avec toute la prestesse de l'espoir, ouvrit la première porte sans sonner, grâce à la clef dont il était muni ; traversa les premières pièces, qui étaient éclairées, mais désertes ; arriva au seuil du salon, où des voix se faisaient entendre ; frappa trois petits coups en fredonnant un refrain de circonstance pour s'annoncer d'une façon ingénieuse ; ouvrit la porte, la poussa vivement et exécuta enfin son entrée musicale d'un air guilleret qui n'avait guère le mérite de l'à-propos !

Quoiqu'elle fût de plus en plus souffrante, Simonne avait voulu assister à la séance de la cour d'assises, par obéissance, nous le savons, aux recommandations de son mystérieux correspondant. Sa mission était de maintenir dans la voie de la vérité l'esprit si mobile du baron, en opposant aux mauvaises suggestions du vieux Duplessis la salutaire présence de la femme aimée.

Malheureusement, comme Pied-de-Céleri l'avait trop justement dit à M. Masson dans leur dernière conversation magnétique, ce dernier effort de la jeune malade ressemblait à la dernière lueur du flambeau qui s'éteint.

Simonne était rentrée chez elle, au sortir de cette mortelle séance, plus pâle, plus oppressée, plus faible encore qu'en s'y rendant. L'asphyxiante chaleur de la salle, le manque d'air, le méphitisme du lieu, l'émotion surtout de ces débats, où l'innocence et le mensonge avaient lutté si longtemps avec tant de poignantes péripéties ; tout avait causé à Simonne une surexcitation passagère, dont les suites ne pouvaient être que funestes, dans son état de langueur phthisique. Elle fut prise à son retour d'un redoublement de fièvre, toussa très fort, cracha beaucoup de sang, éprouva de nombreuses suffocations, et perdit plusieurs fois connaissance.

— Boulotte, dit-elle à sa servante, dans un de ses moments de calme, aide-moi un peu, je te prie, à faire quelques préparatifs.

Boulotte était une bonne grosse fille, aux joues bouffies et purpurines, aux bras rougeots, à la bouche rieuse et fraîche, au gai langage, aux yeux toujours étonnés, qui avait quitté son village depuis quelques mois seulement, ne sachant rien faire encore, si ce n'est la pâtée pour les poules et la soupe aux choux pour les hommes. C'étaient là des talons fort peu applicables chez une lorette de Paris. Simonne l'avait prise néanmoins à son service, parce qu'elle était honnête, simple d'esprit, affectueuse de cœur, sobre de petits-fours et de muscat, indifférente à tout garde municipal, appétissante à voir, réjouissante à entendre. De son côté, Boulotte considérait sa maîtresse comme une princesse, l'estimait comme une sainte, l'admirait comme une madone et l'aimait comme une sœur.

— Comment ça, des préparatifs ? demanda Boulotte avec le mélange de familiarité et de déférence qui lui était naturel ; est-ce que vous aureriez l'intention de partir queuque part ?

— Oui, ma bonne, oui, répondit Simonne, d'un air mélancolique, en secouant la tête et en s'interrompant à chaque mot, faute d'haleine ; j'ai un grand voyage à faire !...

— Un voiliage ? Tiens, c'est farce ! J'en serai-t-y, moi ?

— Oh ! sans doute ! tout le monde en est... mais plus tard, toi... tu viendras me rejoindre. Allons, aide-moi. Et d'abord, amène un peu ce divan... là... presque au milieu du salon... pour que je sois plus près du feu... C'est étonnant comme j'ai froid !...

— Mais dam, vous sereriez encore bien mieux au chaud dedans vot' lit.

— Mon lit ?... Non, non, pas mon lit, pas ma chambre : ce ne serait pas convenable pour recevoir... Je serai parfaitement ici : c'est moins sans-gêne et c'est plus gai... Très bien... Et maintenant coiffe-moi... avec des fleurs dans les cheveux... Passe-moi ma plus jolie robe.... Mets-moi mon plus beau châle... Attache-moi mes plus riches dentelles... Je veux me faire belle une dernière fois !...

— Ah bé ! par exemple, en v'là une d'idée !... au moment des' mettre en partance !...

— Oui... c'est une fantaisie... Mais il nous viendra peut-être quelque bonne visite... Tu sais d'ailleurs que les malades ont des caprices... Il faut bien leur pardonner quelq' chose !

— Tant qu'à ça, c'est vrai. Ça n'est pas pour leu plaisir qui sont malades.

— Très bien. Et maintenant que me voilà bien installée sur ce divan... près de ce bon feu qui me réchauffe... donne-moi... Mais chut !... écoute donc !... est-ce que tu n'as rien entendu ?...

— Non, rien.

— C'est singulier !... il m'avait semblé... Je me serai trompée... Depuis quelque temps il me semble toujours entendre des voix lointaines qui m'appellent...

— Oh ! j'connais ça, moi. C'est comme des sifflets, pas vrai ? On appelle ça au pays des gargouillades d'oreille. C'est signe qu'on jase de vous.

— Maintenant donc, te disais-je, ma bonne... donne-moi mon écrin... cette petite boîte que tu vois là-bas.

— C'te p'tite boîte ?... quéque vous en voulez faire ?... y a pus rien dedans...

— Oh ! je trouverai bien moyen de la remplir... Donne-moi maintenant... les six lettres qui sont dans le tiroir de ce petit meuble... Très bien... Tu vois qu'elles vont dans cet écrin, comme s'il avait été fait pour elles... Ce sont là mes vrais, mes seuls bijoux, vois-tu !.. et je tiens à les avoir près de moi.

— Pour ne pas les oublier en partant ?... j'conçois ça. Moi, j'oublie toujours quel' chose ! Une fois, au pays, j'ai t'y pas oublié de donner la pâtée aux poules !... Pauv' bêtes !... fallait voir le train qu'alles faisaient !...

— Et maintenant, écoute-moi bien, ma bonne. Quand je serai... partie, tu prendras l'argent qui est dans ce nécessaire... c'est tout ce qui me reste... je l'ai économisé pour toi... cela te mettra provisoirement à l'abri du besoin... cela te permettra de travailler... de t'établir... de vivre honnêtement... parce que, vois-tu, Boulotte... tu es une brave et digne fille... et je ne veux pas qu'après ma... après mon départ... tu sois exposée. à te déranger... à te conduire mal comme tant d'autres... dont ce n'est pas toujours la faute...

— Merci, madame, mais y a pas de danger ! Je vous les rembarre joliment, allez, tous ces godelureaux-là ! Encore pas plus tard qu'à ce matin, voilà-t-il pas le porteux d'eau qui s'imaginait de vouloir m'embrasser ? A-t-on jamais vu !... Ah ! je vous y ai poché l'œil, qui sera pas tenté de s'y refrotter ! Vlan !

— Très bien, reprit Simonne, qui, malgré son état de faiblesse, ne put s'empêcher de sourire. Et maintenant... mais, chut !... cette fois, par exemple, tu as dû l'entendre comme moi.

— Qui donc ?...

— Je ne sais pas... quelqu'un qui me criait de loin : « Me voici... me voici... ne vous impatientez pas !... »

— C'est-y celui-là que vous attendez pour partir ?

— Oui... oui... celui-là même... Je me serai encore trompée...

— Faut croire.

— Et cependant... lui qui sait tout... mes moindres actions... mes moindres pensées... mes moindres souffrances... il devrait bien savoir que toute à l'heure... Pourquoi donc ne se montre-t-il pas ?...Allons, je le vois bien...il me faudra partir sans l'avoir vu !... Mais je reviens à ce que je te disais, Boulotte... Tu prendras pareillement dans ma garde-robe, dans mon linge et dans mon mobilier, tout ce qu'il te faudra pour composer un bon petit trousseau et une jolie petite chambre bien commode. Quant au reste, et à ce qui serait trop beau pour ta condition, y compris ce que j'ai en ce moment sur moi, eh bien ! tu vendras, et tu donneras l'argent à de pauvres jeunes filles sans ouvrage... Je laisse... dans ce même nécessaire... un papier... qui t'autorise... à faire tout cela... quand je ne serai plus là.

— Ah çà ! et vous, madame, quoi qui vous restera, si vous donnez tout aux autres ?

— Oh ! moi... ne t'inquiète pas... je n'ai plus besoin... de grand'chose... une paire de draps... voilà tout.

— Une paire de draps !... Ah ! mon Dieu ! madame, comme vous voilà pâlotte !... Qué qui vous prend ?.. Ohé !

madame, ohé !... mais répondez-moi donc !... vous me faites une souleur !...

La malade éprouvait une nouvelle suffocation. Elle s'était recouchée toute de son long, la tête languissamment posée sur les coussins du divan, tandis que ses deux mains déjà glacées serraient cependant avec force le précieux écrin sur sa poitrine.

— Hé ! ma pauvre Boulotte, répondit-elle enfin, quand la crise se fut un peu calmée, tu me demandes ce que j'ai... tu le vois bien... je suis en train de partir...

Ces mots furent une révélation terrible pour la naïve enfant qui prenait toujours tout à la lettre.

— Ah ! je comprends maintenant !... s'écria-t-elle en s'approchant de sa maîtresse, aussi pâle qu'elle. Comme j'étais donc cruche...! Mais je ne veux pas d'ça, moi ! je ne veux pas que vous partiez !... Je vas aller chercher le médecin, dà !

— C'est inutile... Pas celui-là, mais l'autre... pas celui du corps, mais celui de l'âme. Va, va, Boulotte. Il n'y a pas de temps à perdre.

— Comment que ça va là-haut ? demanda le concierge à la jeune bonne tout en pleurs, quand elle passa devant la loge.

— Mal, mal, je vas chercher un prêtre.

— Dispensez-vous d'aller plus loin, lui dit M. Masson qui se présentait alors pour s'informer de l'état de la malade ; je suis prêtre moi-même, et me ferai un devoir d'offrir à votre maîtresse les secours de mon ministère.

— Merci bien, m'sieur le curé : ça n'est pas de refus. Veuillez monter, dard, dard ! Il n'est pas temps.

M. Masson fut introduit par Boulotte auprès de la malade, qui était restée dans la même attitude, mais dont les yeux s'étaient fermés par faiblesse, tandis qu'elle murmurait quelques prières.

— Me voici, ma chère fille...ma chère sœur... lui dit M. Masson, dont la parole tremblait d'émotion.

Simonne tressaillit et rouvrit vivement les yeux.

— Cette voix!... s'écria-t-elle ; c'est bien la même !... celle que je crois toujours entendre !.. Mais cela n'est pas... c'est un prêtre.

— Vous plaît-il, ma chère sœur, reprit M. Masson, d'un ton d'affectueuse gravité, vous plaît-il de me faire entendre votre confession, afin qu'il me soit permis de vous réconcilier avec Dieu ?

— Je le veux bien, mon père, répondit Simonne, d'une voix à peine perceptible ; je le veux bien... car votre vue m'a fait plaisir... je ne sais pourquoi... elle m'inspirez une entière confiance ; mais... je me suis confessée généralement... il y a environ quinze jours... pour la première fois depuis mon enfance... et j'ai reçu alors l'absolution plénière... Je ne sais donc pas que vous dire aujourd'hui... Oh ! si fait !... j'ai à m'accuser, mon père... d'un amour insensé... pour un homme que je ne connais pas...que je n'ai jamais vu... qu'hélas ! maintenant je ne verrai jamais... Cet amour-là doit être un grand péché, mon père... car je le sens... il égale dans mon cœur... l'amour de Dieu lui-même.

— Il ne l'égale pas, ma sœur, car c'est un seul et même amour. Vous ne connaissez pas, dites-vous, celui qui vous l'a inspiré ? Hé bien ! je le connais, moi, et c'est lui qui m'envoie.

— Oh ! alors, mon père... soyez deux fois le bienvenu !... Mais pourquoi ne vient-il pas lui-même ?...

— Il a craint que sa présence vous causât une impression funeste.

— Il a eu tort... J'aurais eu tant de bonheur à lui exprimer ma reconnaissance!.. car, voyez-vous, mon père... je ne vaux pas grand'chose encore... mais le peu que je vaux, c'est à lui que je le dois...

— Non pas à lui, ma sœur, mais à Dieu seul, dont il a su réveiller dans votre âme le souvenir endormi. Ses lettres n'ont pas eu d'autre but.

— Ses lettres?... oh! elles sont là, mon père... voyez... voyez... elles sont là... dans ce coffret... tout près de mon cœur. Je ne veux pas qu'elles me quittent !... je veux qu'on les enterre avec moi !... vous me le promettez, n'est-ce pas ?... Mais lui... il me connaît donc... pour qu'il se soit ainsi intéressé à moi.... à une fille perdue... ce que j'étais alors?...

— Ce que vous n'êtes plus.

— Grâce à lui !

— Grâce à vous surtout, en qui la Providence l'avait mis à même de reconnaître le plus précieux de ses dons, car celui-là compense tous les autres, quand il ne les produit pas : la charité.

— Comment cela, mon père ?

— C'était l'an dernier, à la même époque... jour pour jour... le 17 janvier... Après une nuit passée au bal masqué vous sortiez, de grand matin, en joyeuse compagnie, d'un de ces élégans restaurans où le jeu, succédant aux étourdissemens du souper, vous avait dépouillée de tout l'argent dont vous étiez munie en y entrant. Une pauvre veuve, une pauvre mère, arrivée de province, la veille au soir, à pied, sans ressource, sans domicile, sans pain, gisait accroupie, sous la porte cochère de la maison voisine. C'était le seul abri qu'elle eût trouvé contre la pluie glaciale qui tombait à flots. Assise sur le pavé, les vêtemens en lambeaux, les pieds presque nus, la figure hâve et amaigrie par la faim, l'œil terne et desséché de pleurs, elle tenait deux petits enfans dans ses bras, afin de les réchauffer, attendant qu'il fît jour pour s'orienter par la ville, et tâcher de se procurer quelque ouvrage. Vous l'aperçûtes, et celui qui m'envoie, amené là par le hasard, vit briller des larmes dans vos yeux, sous le masque dont vous aviez alors recouvert votre figure.

— Sous le masque, dites-vous !... interrompit Simonne. Oui, oui, je me rappelle... c'est justement celui que vous voyez là-bas... posé sur la face d'une tête de mort, que j'ai conservée du quartier latin. C'est une idée bizarre, n'est-il pas vrai ?... Oh! ne vous en moquez pas : ce rapprochement m'offrait l'image du néant de mes anciens plaisirs. Boulotte, donne-moi ce masque... Je veux aussi l'emporter avec moi.

— La pauvre veuve, se hâta de reprendre M. Masson, qui craignit de se trahir par ses larmes ; la pauvre mère ne demandait rien à personne. Elle cherchait à se cacher, à se faire petite, bien plus qu'à attirer les regards. Mais la bonté de votre cœur épargna à sa misère la honte même de mendier. Malgré les moqueries de vos folles compagnes, dont la bouche avinée de champagne la traitait de fainéante et de vagabonde, et qui refusaient de vous prêter leur bourse pour cette bonne œuvre, vous vous approchâtes de la malheureuse femme ; et là, vous étant dépouillée, faute d'argent, de tous les bijoux que vous aviez, vous les déposâtes dans son tablier, en lui disant, afin d'empêcher tout refus : « Pour vos enfans, madame ; » puis, lui ayant jeté verbalement votre adresse, pour qu'elle pût au besoin réclamer votre bon témoignage, vous vous élançâtes dans votre voiture, sans même lui donner le temps de vous remercier.

— Oui, je me souviens... interrompit Simonne ; et chose étrange!.. les bijoux que je lui donnai étaient précisément ceux qui appartenaient à cet écrin... resté vide depuis... et dans lequel, tout à l'heure, je viens de serrer les lettres de mon inconnu.

— Celui qui m'envoie, continua M. Masson, avait été profondément touché de votre bonne action. Il ne le fut pas moins de votre frêle et languissante beauté, lorsque, le lendemain, en passant par cette rue, il vous aperçut à votre fenêtre, où vous attirait la molle tiédeur d'un pâle soleil d'hiver.

— Le soleil, les fleurs et les pauvres, oui, j'ai toujours aimé cela, dit la malade, qui se plaisait, pendant le récit de son confesseur, à contempler le masque, à le mettre, à l'ôter, à le remettre encore.

— En vous voyant si compatissante la veille, reprit M.

Masson, celui qui m'envoie avait songé à sa mère, qui elle de même, était morte de faim, dans une autre grande ville, à Lyon, en le tenant, tout enfant, dans ses bras décharnés. En vous voyant si belle ce jour-là, il songea à sa sœur, qui était belle aussi, et que la séduction avait flétrie comme vous. Il vous aima doublement alors, et, en mémoire de ces deux êtres si chers, il résolut de sauver du moins votre âme, s'il ne pouvait sauver votre corps. Vous savez le reste. Mais quel est ce bruit?...

— Lui, sans doute!... s'écria de nouveau Simonne, en se soulevant, avec un éclair de joie dans les yeux. Oh! je veux qu'il me revoie d'abord sous ce masque, comme la première fois!...

C'était à ce moment que, sa petite clef à la main, après avoir fredonné ce refrain d'opéra-comique, qui ne brille pas par la variété :

    Me voilà, me voilà !
    Pour vous que faut-il faire ?
    Me voilà, me voilà,
    Me voilà, me voilà, me voilà !

et avoir frappé trois petits coups, le baron ouvrit vivement la porte et se présenta de l'air le plus allègre du monde.

— Ce n'est pas lui !... dit tristement Simonne en ôtant son masque, et en se laissant retomber sur le divan.

— Bravo ! s'écria le baron. En grande toilette !... et le masque à la main !... Moi qui viens justement vous chercher pour le bal de l'Opéra !... comme cela se trouve !... nous nous étions devinés !...

— Silence, monsieur le baron ! interrompit le prêtre avec une bienveillante autorité.

— Ah ! mon Dieu !... Monsieur Masson ici !... avec une figure d'une aune !... et Boulotte qui pleure dans son coin !... et sa chère maîtresse qui ne me paraît pas fort gaie non plus !... Qu'y a-t-il donc ?

— Il y a, monsieur, répondit gravement le prêtre, il y a que cette jeune femme se meurt !

— Simonne ?... elle ?... ma Simonne ?... mourir ?... Allons donc !... c'est impossible !...

— Bonjour, baron, bonjour, dit Simonne d'un souffle de voix entrecoupée, en soulevant avec peine une de ses mains pour la lui tendre; je suis bien aise de vous voir, mon ami... pour vous féliciter d'abord,... car j'ai été bien contente de vous aujourd'hui...; pour vous demander pardon ensuite,... car je vous ai fait enrager bien souvent...; enfin, pour vous serrer une dernière fois la main... car j'ai pour vous une affection sincère... Mais c'est égal, ajouta-t-elle plus bas encore, en s'adressant au prêtre, j'aimerais mieux que ce fût l'autre... je mourrais plus contente... Il me l'avait pourtant promis... dans sa dernière lettre !...

— Hé bien ! ma chère sœur, il tiendra sa promesse, répondit M. Masson, qui ne put pas dominer plus longtemps son émotion. Vous voulez le voir, vous voulez le connaître, celui qui a tant aimé votre âme, votre âme immortelle, tandis que les autres n'aimaient de vous que votre périssable beauté ?... Hé bien ! regardez-le... ce frère d'ici-bas, cet amant de là-haut,... il est devant vos yeux, Simonne !

— Oh ! s'écria la malade dans un élan de joie suprême, c'était lui !... mes yeux le méconnaissaient,... mon cœur l'avait deviné !..

Et se soulevant par un dernier effort, la mourante s'élança vers lui comme si elle eût voulu du moins expirer dans ses bras ; mais la force lui manqua, elle poussa un soupir et retomba sans mouvement sur sa couche.

— Morte ! dit douloureusement le prêtre.

— Ma pauv' maîtresse! cria Boulotte, en se précipitant sur le corps de la trépassée, dont elle embrassa les genoux en sanglotant.

— Chère Simonne ! s'écria de son côté le baron, qui fléchit le genou, saisit une des mains inertes de Simonne et l'inonda de pleurs.

— Plaignons-nous, et ne la plaignons pas, ajouta Masson, dont de grosses larmes sillonnaient aussi les joues, et qui, debout, placé de l'autre côté du divan, et tenant dans sa main gauche la main restée libre de cette chère défunte, la bénissait de la droite en ajoutant : Son âme nous montre le chemin, et s'il est vrai que nous l'ayons aimée sur la terre, tâchons de la rejoindre un jour dans les cieux.

Ainsi s'éteignit, calme, heureuse et souriante, entre les deux amours qui avaient dominé sa vie, — l'amour terrestre et l'amour divin, — cette jeune et belle sœur de Madeleine repentante, que l'un avait perdue et que l'autre venait de sauver.

De son côté, au même moment, Tiennette achevait de rendre l'âme, dans la rage et le désespoir, à la suite d'effroyables souffrances.

« — Justice du ciel ! » avait dit tristement d'elle M. Masson. « Céleste miséricorde ! » dit-il fièrement de Simonne, en la bénissant pour l'éternité.

LII.

ÉPILOGUE.

COUP-D'ŒIL PANORAMIQUE.

Le baron n'avait pu comtempler longtemps ce douloureux spectacle. Ce n'était pas un méchant homme : ce n'était qu'un homme futile. Il ne manquait pas de sensibilité, mais il avait horreur de tout événement qui pouvait en provoquer l'explosion. Rien ne devait déranger le cours paisible de ses faciles plaisirs.

Tandis que Boulotte et M. Masson allaient rester auprès du corps de Simonne, leur bien-aimée défunte, jusqu'au moment de ses obsèques, celle-ci à pleurer, celui-là à prier, le baron s'empressa de déserter les restes mortels de sa platonique maîtresse, comme précédemment il avait abandonné ceux de sa femme aux soins pieux de Lafolie et de Rosine.

— Quelle journée, bon Dieu, quelle journée ! s'écria-t-il en rentrant chez lui. Un procès inextricable ! un témoignage véridique ! un beau-père qui vous déshérite ! une perspective de banqueroute ! un salut inespéré ! une morte qui revit ! une vivante qui se meurt ! Tous les guignons à la fois ! J'en ferai certainement une maladie !

Le baron n'en fit pas une maladie; mais, après une nuit pendant laquelle, dans la crainte des revenans, il avait fait illuminer son appartement *a giorno* et coucher son valet de chambre dans un fauteuil, près de son lit, lorsque, le lendemain, en se levant, il alla tout d'abord se contempler devant la glace, selon sa coquette habitude, il recula épouvanté du coup d'œil imprévu qu'il s'offrit à lui-même.

Par un effet presque subit, dont les annales de la médecine présentent de nombreux exemples, les fortes émotions de la veille avaient fait passer subitement les cheveux de l'émérite dandy, du gris pommelé, au blanc le plus mat. L'arbre encore verdoyant la veille s'était couvert de givre pendant la nuit.

— Quel est ce vieillard ? s'écria-t-il d'abord, en regardant autour de lui, car il ne pouvait croire à la réalité d'un tel phénomène. Personne !... Hé quoi ! ce serait moi ?... Impossible !... on m'aurait donc changé cette nuit !... Non, non, ce n'est pas moi ! continua-t-il en faisant des grimaces à son image pour s'assurer de l'identité. Si fait, mon Dieu !... Plus de doute !... c'est bien moi !... me voilà passé à l'état de neige !... Quel affreux malheur !... celui-là dépasse à coup sûr tous les autres !... Comment me présenter maintenant dans les coulisses de l'Opéra ?... On m'y traitera de vénérable !... de perruque !... de ganache !...

Les cheveux blancs, c'est auguste, c'est imposant, soit! mais au point de vue de l'art. En réalité, ce n'est bien porté que dans *Télémaque*!... O humanité!... Ce que c'est que de nous!... Blanc! blanc! tout blanc!... Parole d'honneur, si on ne l'était déjà, il y aurait de quoi le devenir de l'être!...

Et là-dessus le baron se mit à pleurer sa défunte grisaille à plus chaudes larmes, assurément, qu'il n'avait pleuré sa défunte femme et même sa défunte maîtresse.

Ce même jour, son beau-père comparaissait devant le digne juge d'instruction qui l'avait déjà interrogé comme témoin, quelque temps auparavant, au sujet du duel de d'Aronde.

— Vous êtes prévenu de faux témoignage, monsieur, lui dit cette fois le magistrat, d'un ton sévère et en s'abstenant de lui offrir aucune espèce de fauteuil. Qu'avez-vous à répondre pour votre justification?

— Hélas! monsieur, répondit M. Duplessis, dont les accablantes révélations de Tiennette avaient fait une sorte de vieil enfant, et qui n'avait cessé de répéter la même chose pendant toute la nuit; hélas! monsieur, j'ai à dire que ma pauvre femme était innocente... oui, monsieur, l'enfant n'était pas le sien... c'était l'enfant d'une autre... Augusta Mildenoff... qui avait épousé.

— Ah çà! permettez... Que diable me débitez-vous là!... Je vous demande ce que vous avez à répondre pour justifier votre faux témoignage au sujet d'un duel, et vous venez me parler de votre femme... d'un enfant... d'Augusta Mildenoff; que sais-je!... Prenez y garde, prévenu!... J'ai pu me laisser imposer naguère par l'apparente honorabilité de votre grand âge, mais j'ai grand'peur maintenant que ce soit encore une trompeuse enseigne. Je vous engage à plus de respect envers la justice.

— Mais, monsieur, je vous jure qu'elle était innocente!... L'enfant était celui d'une jeune fille de Francfort... avec laquelle le prince s'était marié secrètement... et alors, vous comprenez...

— Ah! vous croyez que je dois comprendre!... Vous croyez qu'on comprend comme ça tout de suite, vous!... Eh bien! c'est ce qui vous trompe : je n'y comprends rien du tout. C'est même ce qui distingue cette cause de toutes les autres : quelquefois, c'est à la fin de l'instruction que je cesse de rien comprendre, tandis que cette fois, c'est dès le commencement. Cela promet pour la suite!

— Mais c'est cependant bien simple, reprit M. Duplessis : quand je vous dis que l'enfant n'était pas d'elle... L'enfant était d'Augusta Mildenoff. Elle était innocente...

— Qui ça? s'écria le magistrat impatienté, en frappant du poing sur son bureau.
— Ma pauvre femme...
— Mais vous parlez d'Augusta Mildenoff!
— Mais non!
— Mais si!
— Mais du tout : c'est ma femme qui était innocente!...
— Décidément, était-ce votre femme?
— Hélas! oui, monsieur... mais Augusta Mildenoff aussi... car enfin, raisonnons...
— Ah! certes, je ne demande pas mieux!...
— Elle était innocente...
— Qui?
— Augusta Mildenoff, car enfin, quoique mariée secrètement, elle n'en était pas moins mariée, et alors elle avait le droit... tandis que ma femme, c'était différent : elle ne l'avait pas, le droit.
— Mais, que diable! votre femme aussi était mariée, puisqu'elle était votre femme.
— Oh! oui, mais elle n'en était pas moins innocente!... Et cependant, monsieur, je l'ai tuée.
— Allons, bon, vous l'avez tuée à présent!... Et pourquoi vous êtes-vous permis de la tuer?
— Je l'ai tuée parce qu'alors elle n'était pas innocente... C'était une bien vilaine femme, allez!...

— Votre femme?
— Oh! non, une autre... une femme qui m'avait trompé... et que j'aurais bien voulu tuer aussi.
— Aussi celle-là? Ah çà! mais, c'est donc un cannibale que cet homme!...
— C'eût été bien fait... car elle était innocente...
— Qui ça?... la vilaine femme?...
— Elle?... bien au contraire!... c'est celle-là qui méritait qu'on la tuât... et plutôt deux fois qu'une.... Malheureusement les gendarmes m'en ont empêché.
— Mais, nom de Dieu! s'écria le juge de plus en plus exaspéré, quel gâchis me faites-vous là?
— C'est cependant la vérité.
— Ah! oui, je vous conseille d'en parler!
— Oui, monsieur, j'ai eu la barbarie de la tuer!
— La vérité, c'est possible.
— Non, monsieur, pas la vérité, mais ma pauvre femme... je l'ai tuée de chagrin... et pourtant elle était innocente!... L'enfant n'était pas le sien... il était d'Augusta Mil...
— Silence! interrompit le juge en se levant irrité et en se promenant à grands pas. Je devine votre ruse...... vous voulez vous faire passer pour insensé avec ce tas de sornettes!... C'est un moyen usé, je vous en préviens... Nous ne donnons plus là-dedans. Gendarmes, qu'on reconduise le prévenu en prison! Il aura le temps d'y réfléchir, et nous verrons s'il persiste dans ce fallacieux système. Allez.
— Oui, messieurs, remettez-moi en prison. Je suis un scélérat... Elle était innocente... L'enfant était d'une autre... Je demande qu'on me juge... Je veux qu'on me guillotine!
— Ouf! s'écria le juge, quand il se trouva seul, et en se rejetant tout abasourdi dans son fauteuil. En voilà un dont l'affaire est claire!... Quand je dis claire, c'est de son obscurité même que je veux parler, car pour le reste, je ne me souviens pas d'en avoir jamais vu de plus trouble. O Vérité, toi dont il ose invoquer le saint nom, comme font toujours les plus impudens menteurs; ô Vérité, j'aurai bien du bonheur si, cette fois encore, parmi ces opaques ténèbres, je parviens à découvrir l'apparence même du faux semblant de ton ombre!

Cependant, M. Duplessis ayant persisté dans ce tohu-bohu de réponses que le respectable magistrat avait regardé d'abord comme une nouvelle ruse infernale, force fut bien à la Justice de soumettre le cas à la Faculté.

Les médecins n'obtinrent pas d'autre réponse du vieillard, dont l'extrême douceur, qui avait succédé à ses emportemens, eût offert quelque chose de vraiment touchant dans son comique même, pour qui en eût connu l'origine.

Le foulard ramassé chez Tiennette par le brigadier, et déposé par lui au greffe comme pièce de conviction, ayant été ouvert par la justice, quelle ne fut pas la surprise des investigateurs en y trouvant des valeurs de toute sorte, s'élevant à plus de cinq millions, en compagnie de quoi? d'une grosse pierre!

Toutes ces circonstances parurent décisives. Le rapport des médecins assermentés conclut unanimement dans le sens d'une perturbation morale parfaitement caractérisée chez le prévenu. C'est assez la manie de la science de voir des maniaques partout, excepté chez elle-même, et il n'y a guère de coupable dont la philanthropie ne fît volontiers un insensé. Mais cette fois elle était dans le vrai. Elle ne se trompa que sur les prémisses. Le dérangement des facultés mentales de M. Duplessis lui parut provenir de son grand âge, joint à un coup qu'il aurait reçu à la tête à l'âge de deux ans; et peut-être aussi à l'usage immodéré du tabac en poudre. Or, c'est déjà beaucoup quand la médecine juge sainement de l'effet, sauf à se tromper quelque peu sur la cause.

En conséquence, une ordonnance de non-lieu déclara que le prévenu était déjà atteint d'aliénation le jour où il avait été appelé à comparoir devant la cour d'assises ; que son témoignage avait été fait sans discernement, et qu'il n'y avait lieu à suivre.

Les immenses valeurs trouvées en sa possession furent délivrées à sa famille, à charge par elle de les administrer au mieux des intérêts de l'incapable ; et quant à lui, il fut envoyé à Charenton pour y recevoir les soins que réclamait son état.

Mais tout fut inutile : là comme chez Tiennette, comme avec les gendarmes, comme en prison, comme devant le juge instructeur, comme en présence des docteurs assermentés, comme partout, on n'entendit jamais sortir autre chose de ses lèvres que d'incohérentes protestations sur l'innocence de sa femme, la maternité de l'enfant et l'extrême désir qu'il avait d'être guillotiné. Il répétait cela au médecin de l'établissement, aux infirmiers, aux autres fous. Il n'y eut tisane, saignée ni douche qui pût le réduire au silence sur ces trois points, et, si le séjour qu'il fit dans cette utile maison produisit vraiment quelque résultat, ce fut de le rendre encore un peu plus fou qu'à son entrée.

Ce résultat contraria très fort beaucoup sir John et sir Douglas, qui étaient restés à Paris, avec beaucoup d'autres Anglais, dans l'espoir que le procès dont le vieux faux témoin était menacé leur procurerait des émotions non moins vives que celles du procès d'Aronde. Ils y voyaient l'occasion de nouvelles gageures pour ou contre la condamnaichone. Trompés dans cette espérance, ils retournèrent à Londres, où, en attendant l'avénement de quelque grand scélérat, ils furent bien obligés de se contenter des péripéties aléatoires du combat de coqs, de boule-dogues, de rats et d'hommes.

L'incurabilité du vieillard fut la seule circonstance dont le reflet jeta un peu de tristesse encore parmi les joies matrimoniales qui bientôt égayèrent sa famille. D'un côté l'apparition fantastique de Gertrude avait fait s'évanouir tout projet d'alliance entre Julie et Dabiron. De l'autre, en remettant au baron les sommes considérables qui rétablissaient complètement le crédit de la maison d'Appencherr, M. Masson avait levé en fait le seul obstacle qui s'opposait au mariage de Julie avec son cousin Léonce. Il en avait d'ailleurs exprimé le désir à sa fille, et celui-ci ne pouvait guère refuser une chose si raisonnable à l'homme qui, pour la troisième fois, lui sauvait la vie et l'honneur. La crainte d'être grand-père ne pouvait pas plus le retenir au sujet de Léonce qu'au sujet de Dabiron. Ce mariage fut donc célébré, de l'approbation unanime, aussitôt que le deuil de l'innocente grand'mère parut être assez avancé pour que le respect des morts cessât d'être un empêchement au bonheur des vivans.

Nous n'avons pas besoin de dire que la dame noire y assista, se tenant prudemment à l'écart des amis et des connaissances de son ex-mari, qui l'avaient enterrée quelque deux ans auparavant, et qui maintenant venaient marier sa bien-aimée fille.

Celle-ci n'avait jamais pu la reconnaître sous son voile épais, dans l'ombre surtout où elle avait grand soin de lui apparaître.

La jeune épousée l'aperçut donc sans la reconnaître davantage, tout au fond de l'église, dans l'obscurité d'une chapelle, agenouillée, priant avec ferveur, et semblant même verser des larmes d'attendrissement, à en juger par les petits soubresauts de ses belles épaules.

Oui, certes, elle priait Dieu d'épargner à sa fille les cruelles épreuves dont elle avait eu à gémir, et elle pleurait d'espoir, car, cette fois du moins, le caractère de l'époux lui paraissait être le sûr garant du bonheur de l'épouse.

Julie fut profondément touchée de cette marque de sympathie dont, sans en connaître le mobile, elle appréciait d'instinct la cordiale sincérité.

Mais une circonstance que nous devons signaler à votre étonnement, ce fut de voir le baron, dont nous avons constaté le subit blanchissement, assister à la cérémonie avec des cheveux d'un noir qu'eût envié le plus fashionable des corbeaux. Comment s'était opérée cette nouvelle métamorphose ? Hélas ! au terne et au trop foncé de la couleur, un expert en chevelure eût aisément deviné que le baron avait confié le soin de son rajeunissement à quelque *prodige de la chimie.*

Quoi qu'il en soit, la veille au soir, retirée seule, pour la dernière fois, dans sa chambre virginale, Julie avait écrit avec infiniment d'allégresse, au bas de son mémento quotidien, ce mot *fin* que nous allons écrire au bas de cette histoire, avec non moins de satisfaction, assurément ! Le confident de ses pensées, de ses émotions, de ses joies et de ses tristesses, n'était-ce pas désormais son mari ?

Une seule chose manqua toujours à son bonheur : ce fut le plaisir d'entendre plaider son cher avocat. Elle avait espéré d'abord que le procès intenté à son grand-père fournirait enfin à ce putatif Démosthènes l'occasion de parler en public. « Il ne lui manque que cela, » disait-elle, « pour être orateur. » Mais l'ordonnance de non-lieu, dont elle se réjouit à un autre point de vue, lui causa une nouvelle déception à celui-ci. Elle eût mieux aimé devoir à l'éloquence de son mari la constatation juridique de la folie du vieillard, que d'en être redevable à un simple rapport de médecins.

Du reste, il n'y avait pas de la faute du jeune émule de Cicéron. Dieu sait avec quelle ardeur il aspirait lui-même aux « émotions inséparables d'un premier début. » Mais l'avocat propose et le client dispose. Enfin, après avoir attendu vainement une cause quelconque pendant longtemps, le jeune mari, qui tenait à conserver aux yeux de sa femme tout le prestige du talent oratoire qu'elle lui supposait, résolut de ne reculer devant aucun sacrifice pour lui procurer une si douce satisfaction. Ne trouvant pas un seul procès dont on voulût le charger, même gratuitement, il se décida à en acheter un. Bien loin d'être payé par son client, ce fut lui qui le paya au contraire, et assez cher, ma foi, pour se laisser défendre. C'était un ivrogne qui avait tué sa femme au dessert. L'affaire offrait donc la circonstance de la circonstance atténuante, circonstance inappréciable pour un commençant. Par malheur, les arrhes que le jeune défenseur lui avait remises d'avance sur le prix du marché, furent bues par ce spongieux femmicide avec si peu de modération, qu'il en mourut d'apoplexie la veille même de l'audience.

Dégoûté du barreau par ce dernier revers, Léonce jeta sa robe au porte-manteau, et, sans renoncer théoriquement à ce titre d'avocat dont sa femme était fière, il prit la direction absolue de la maison de son beau-père. Il y apporta de l'ordre, de l'économie, des idées, et, ce qui ne gâte jamais rien, une douzaine de millions provenant de la fortune particulière de Julie et de la succession anticipée du pensionnaire de Charenton. On peut faire d'assez bonnes opérations avec une première mise de fonds de cette importance. La maison Sholtz-Appencherr-Duplessis-Léonce et Cie redevint bientôt une des premières maisons du monde.

Entièrement débarrassé du souci des affaires, le baron put consacrer ses derniers beaux jours à se faire consoler de son unique Simonne par les nombreuses Latakés des divers théâtres. Toujours mis avec une recherche extrême, les cheveux et la barbe d'un noir beaucoup trop noir pour être le noir de la nature, les dents d'une blancheur non moins suspecte par son éclat même, la figure artistement couverte de ces lis et de ces roses qui craignent la chaleur beaucoup plus que le froid, le baron prit rang parmi ces jeunes vieillards qu'on rencontre à l'orchestre, dans les coulisses et dans le foyer des artistes, particulièrement à l'Opéra, pays de l'enluminure et de la fiction par excellence, où il n'y a pas que les décorations qui soient peintes!...

Il continua d'ailleurs d'être trompé, homme mûr, absolument comme s'il eût été jeune homme.

Qu'importe! il avait l'heureuse philosophie de ce monde où l'on chante:

Trompe-moi, trompe-moi,
Mais fais durer l'erreur toute la vie!

Le Cyclope et le Balancier furent du nombre des cliens dont M. Léonce ne put obtenir la défense. Le premier le trouvait trop bavard, et le second, ancien jurisconsulte, ne voulut s'en remettre qu'à lui-même du soin de faire rayonner son innocence.

Ce dédain leur porta malheur. Déçus, par la mort de Tiennette, dans le chimérique espoir que leur inspirait l'omnipotence de la bourgeoise, ils furent condamnés, savoir : — le sieur Codissart, dit le Balancier, à cinq ans de détention, pour certaines manœuvres frauduleuses, consignées au dossier de la préfecture de police, et dont l'habileté même trahissait la réalité ; — le sieur Letanneur, dit le Cyclope, contre lequel ne s'élevait aucune charge suffisante dans le passé, à cinq ans néanmoins de la même peine, pour violences exercées, depuis son arrestation, contre la personne des deux gendarmes préposés à sa garde, et avec lesquels il s'était amusé à jongler comme avec des boules.

La même maison centrale recueillit le peu noble infortune de ces deux hommes qu'avait également perdus l'excès des deux grandes puissances de ce monde : l'abus de la force intelligente et l'abus de la force physique.

Tous deux expièrent semblablement leurs différens méfaits contre la société, en fabriquant de compagnie ces chaussons de lisière dont elle regarde la confection, selon toute apparence, comme un des meilleurs moyens de provoquer le repentir des pervers.

Le procès de d'Aronde avait laissé des souvenirs moins cuisans aux concierges, mâle et femelle, de la rue du Helder. Mame Corniquet était fière du grabuge oratoire qu'avait obtenu sa déposition.

— C'est moi qui ai tout fait, disait-elle à qui voulait l'entendre. Sans moi, personne n'y comprenait goutte. Si je n'avais pas traité la jeune femme de pas grand'chose, jamais on n'eût reconnu que c'était une femme comme il faut. J'étais vraiment née pour être avocate, juge, procureuse, n'importe! et je *la* serais, si ces monstres d'hommes n'avaient pas réservé toutes les bonnes choses pour eux.

M. Corniquet n'était pas moins heureux, mais pour un tout autre motif. Feu Brioude lui avait légué, avec son fac simile en plâtre de la colonne de la Bastille, son cimeterre, sa grande pipe, sa robe, son turban, ses verroteries, sa clincaillerie, toute sa défroque d'Osmanlis de carnaval. Quand par hasard un locataire, qui n'était ni fille, ni garçon, ni marié, ni chien, ni chat, ni oiseau, ni quoi que ce soit, venait à louer un des appartemens de la maison, événement de plus en plus rare, M. Corniquet se plaisait quelquefois, le soir, à revêtir tout cet attirail, et à s'asseoir dans sa loge, en face de la colonnette, sur un escabeau, les jambes croisées sous lui, à la façon des tailleurs et des fils du prophète, afin de paraître aux yeux du nouveau venu dans toute sa splendeur orientale. Si alors le locataire criait à la chienlit en le voyant ainsi fagotté, l'heureux travesti s'écriait fièrement, dans l'arabe que nous lui connaissons:

— « Je estir venu dans Paris tout exprès pour contempler la colonne, et je la contempler! »

Puis, partant d'un éclat de rire, et revenant à sa langue maternelle,

— Ah! ah! vous vous y êtes trompé comme tous les autres!... N'est-ce pas que c'est frappant? Je ressemble à un Turc comme deux gouttes d'eau. Il ne me manque absolument que des odalisques. Malheureusement, sous ce rapport, je suis Turc sans l'être!...

Le dernier des Lafleur lui avait même proposé un engagement superbe, mais gratuit, dans la troupe nomade que les libéralités testamentaires de feu Brioude, son maître, l'avaient mis en mesure de pouvoir monter; mais mame Corniquet, aux yeux de qui le théâtre était un vrai sérail, et qui prenait à la lettre la facétieuse proposition du nouvel impressario, n'était pas femme à laisser son volage époux trancher du Turc autre part que dans sa loge, mame Corniquet refusa, ce qui causa bien quelque regret à son volage époux.

Le ci-devant comparse du Théâtre-Français n'avait pas voulu, en effet, manquer plus longtemps à sa vocation. Il se devait à l'art. Passion d'autant plus noble qu'elle était désintéressée! Il s'était fait directeur en même temps qu'acteur, à l'exemple de Molière et de Shakespeare. En cette double qualité, il promenait à travers champs une bande de pauvres diables qui jouaient indifféremment la tragédie, le mélodrame, le drame, la comédie, le vaudeville, le ballet, la pantomime, l'opéra-comique et même le grand-opéra ; le tout, sans orchestre, sans décors, sans spectateurs souvent, et toujours avec les mêmes costumes.

La meilleure recette de ces dignes enfans de Thespis consistait en général dans les pommes, pas toujours très cuites, que leur jetait l'enthousiasme rural.

Le dernier des Lafleur n'était pas le moins bien partagé dans ces dures et végétales munificences. Mais il les attribuait naturellement à l'envie et à la cabale, et, comptant sur la postérité pour être vengé de l'injustice et du mauvais goût de ses contemporains, il s'écriait fièrement :

A vaincre sans péril on triomphe sans gloire!

En somme, que lui manquait-il pour passer, de la direction de son infime tombereau à celle d'une plus grande scène? Rien, car il n'avait que la vanité de la fonction, sans en avoir la capacité.

Si fait, pourtant! il lui manquait quelque chose : l'intrigue et l'occasion.

Tiennette fut enterrée, sans qu'un seul ami suivit son corbillard. Ah! quelle foule l'eût accompagné, mais pour la maudire jusque sur le bord de la fosse, si on eût pu convoquer à sa mort tous ceux qu'elle avait désespérés de son vivant!

La femme de chambre de l'exécrable défunte, Florine, fut épousée par son garde municipal, et devint la cantinière de la compagnie.

G'aé, la femme de charge, se blasa bientôt sur le muscat, passa à l'eau-de-vie, puis au trois-six, et enfin, un beau jour, prit feu tout à coup comme une allumette chimique, et s'évanouit en cendres, victime de ce phénomène que la médecine appelle une combustion spontanée.

Grâce à la petite somme, au trousseau et au mobilier que lui avait légués Simonne, Boulotte retourna au pays, et se maria avec le coq du village. Elle oublia bien quelquefois encore de donner la pâtée aux poules, mais jamais aux nombreux enfans que la Providence et son gars peuplèrent sa gentille ferme en peu d'années.

Lafolie et Rosine continuèrent leur rôle de discrets intermédiaires entre la dame noire de Chaillot et le jeune ménage de la rue Bergère.

La baronne, la morte-vivante, ne pouvait, pas plus qu'elle ne le voulait, rentrer dans un monde où elle n'avait ni nom ni existence légale. Elle resta donc dans celui qu'elle s'était créé, et où du moins elle trouvait le double avantage de n'avoir ni amant ni mari. Mais, grâce au dévouement des fidèles serviteurs qu'elle avait conservés près de sa fille, madame veuve Mortinval continuait de vivre avec cette chère enfant, unique affection naturelle qui la rattachât encore à son ancienne existence.

Le jeune ménage de Julie et celui de d'Aronde, son aîné de quelques mois seulement, ne faisaient pour ainsi dire qu'une seule et même famille. Les six millions et demi, intérêts compris, provenant de la succession du chevalier de Limbourg, que M. Masson avait repris à Pied-de-Céleri pour venir les restituer au légitime héritier dans sa mansarde; ces six millions avaient facilement consolé d'Aronde et Estelle de la perte de leur trône et même de celle de leur dernière pièce de cent sous.

Ils avaient repris leur bel appartement de la rue du Helder. D'Aronde avait complètement renoncé aux affaires, pour ne plus s'occuper que d'embrasser sa femme. Rien ne manquait donc à sa félicité, car avec une femme comme Estelle, de bons amis comme Léonce et Julie, un chien comme Fox, une conscience pure, la satisfaction de ne pas commander aux Wardenbourgeois, de bons gros baisers en dédommagement, six millions et demi de fortune et de la modération dans les goûts, on est toujours sûr d'être à peu près heureux.

— Que veux-tu faire? dit M. Masson à Pied-de-Céleri, quelque temps après leur retour à Paris.

— Tout bien examiné, répondit Sa Majesté déchue, après avoir balancé entre l'épicerie, la charcuterie et la bonneterie, j'opte pour l'horlogerie. Vous allez me quitter, vous ne serez plus là pour me maintenir dans le devoir. Je veux avoir toujours sous les yeux une foule de montres dont la sonnerie, en me rappelant d'anciennes erreurs, remplace vos excellens conseils.

Pied-de-Céleri monta donc une boutique de ce genre avec les fonds dont M. Masson lui fit présent, et il y vécut fort heureux de son côté avec sa bonne vieille mère.

Quant à M. Masson, après avoir sauvé la baronne, préservé le baron de la ruine, enrichi d'Aronde, établi son serviteur, enterré sa chère Simonne, marié Julie, pourvu, en un mot, aux intérêts de tout le monde, il se retira dans la maison des Missions-Étrangères, afin d'y attendre en paix le jour de son départ pour le nouveau monde.

La veille même de ce jour, il alla trouver Pied-de-Céleri, et, ne voulant laisser aucun intérêt en souffrance, il endormit une dernière fois son ancien serviteur, pour demander à sa lucidité magnétique des renseignemens sur les principaux personnages dont nous venons d'esquisser la situation.

— Et tes anciens compagnons d'escapade, Montreuil, Dabiron et Roussignan-Muller? ajouta-t-il en terminant. N'as-tu donc rien à m'apprendre sur eux?

Le magnétisé tressaillit à cette question.

— Ils sont à Paris, répondit-il. Je les aperçois.

— Hé bien?

— Ne m'interrogez pas, maître!...

— Allons, parle, je le veux!

— Je ne sais ce que j'éprouve... mais je tremble comme de peur... un grand danger les menace...

— Quoi?

— Je ne puis le savoir... mais, je vous le dis, j'en frissonne malgré moi... ce doit être quelque chose de terrible!

— Où cela doit-il se passer?

— Au bois de Boulogne... vous savez? à l'endroit même où nous les avons épiés il y a un an... et où ils se donnèrent rendez-vous pour demain.

— Ah! c'est demain?

— Oui, à neuf heures du soir.

— C'est bien. Je ne pars qu'à minuit. J'y serai!

Lorsqu'à leur retour en Allemagne les membres de la députation wardenbourgeoise eurent fait connaître la réponse négative de l'héritier légitime du trône, les partisans de l'ancien roi Bénédict Ier reprirent naturellement le dessus. Ils forcèrent le parti contraire à brûler en l'honneur de son rappel ce qui restait encore des lampions fabriqués primitivement pour célébrer sa chute, et qui, employés également en partie pour fêter l'avènement de son successeur, Pied-de-Céleri, autrement dit Ludwig Ier, avaient aussi servi à illuminer son renversement.

L'élégant et sceptique directeur que nous connaissons, l'impressario du grand théâtre, donna à ce sujet des représentations gratis dans lesquelles il fit dire, sur ce dernier, en faveur du premier, les choses mot agréables qu'il avait déjà fait dire sur le dernier en faveur du premier.

De leur côté, les partisans de la routine militaire ayant obtenu des notables la promesse formelle du maintien de la schlague, dont l'abolition n'avait pas peu contribué à la dépopularisation de l'ancien roi, rien ne sembla plus s'opposer à sa restauration.

Restait une seule difficulté. Où diable perchait en ce moment cet ancien potentat? C'est ce dont personne n'avait même pris la peine de s'informer jusque-là, tant on était heureux d'être débarrassé de lui. Heureusement, le grand chambellan, dégommé au profit de Roussignan-Muller, et qui n'avait plus rien à attendre de d'Aronde, se mit aussitôt en quête. Grâce au flair qui distingue les gens de sa profession, il découvrit le jour même la douce retraite que l'ex-monarque avait cherchée dans une de ses nombreuses villas, à six lieues de la capitale. On envoya donc la même députation, qui se trouvait tout instituée, le supplier de céder à l'enthousiasme unanime de ses sujets, lesquels s'empressaient de lui donner la préférence. L'ex-grand chambellan se chargea de l'introduction.

Mais l'habile et infatigable représentant des puissances étrangères avait déjà pris les devants. Parfaitement renseigné par ses espions russes sur le champêtre séjour de Bénédict Ier, il s'y était rendu aussitôt après son retour de Paris, et avait sollicité une entrevue secrète de la sémillante Egérie du vieux roi.

— Mes commettans, dit-il à Lataké, pourraient se prêter à la réinstallation de votre auguste esclave, car ils ont tout lieu de penser qu'il mourra sans autre héritier qu'eux-mêmes; mais, puisque l'occasion s'en présente, ils aiment mieux en finir une bonne fois avec cette éventualité; ils aiment mieux se partager tout de suite ses États.

— Je comprends ça, dit Jupin Ier : un tiens vaut mieux que deux tu l'auras. C'était assez notre philosophie, à l'Académie royale de musique, en fait d'adorateurs. Vos commettans ne sont pas dégoûtés!

— Ils sont heureux, reprit en souriant le diplomate, de penser ce point comme les demoiselles de l'Opéra. Tout bien examiné, en effet, le partage immédiat du Wardenbourg leur semble le meilleur moyen de mettre obstacle à toute tentative ultérieure du genre de celles qui viennent d'inquiéter leurs intérêts.

— Ah çà! mais, et moi? s'écria l'ex-danseuse, qu'est-ce que je vais devenir à travers tout ce tintamarre? Est-ce qu'on va me partager aussi? Vous ne savez donc pas qu'à l'heure qu'il est, je suis son épouse légitime, à ce vieux chéri, et que, s'il remonte sur son trône, j'y monte naturellement avec?

— Oh!... épouse légitime!... répéta Latanoff, en hochant ironiquement la tête, c'est une question!

— Comment, une question?... est-ce que vous croyez que j'aurais jamais consenti à l'aimer sans cela?... Un homme d'âge tel que lui!... triste comme un bonnet de nuit!... qui vous parle français comme une vache espagnole!... et que je suis obligé de danser des heures entières pour l'égayer un peu!... Allons donc!... pour qui me prenez-vous?... On a des principes, Dieu merci! Il fallait que tous les sacremens en fussent, ou sinon, non. A preuve que pas plus tard qu'hier nous nous sommes mariés à la mode de son pays.

— Je le sais. Le pasteur était mon domestique.
— Votre domestique !... ce grand flandrin, qui avait l'air si vénérable avec sa barbe blanche ?
— C'était une barbe postiche.
— Ah bah !... c'était un faux mariage !... Et moi qui... Ah ! monsieur, monsieur, voilà qui est bien peu délicat de la part de vos puissances !... Je mets tout le péché sur leur conscience !
— Volontiers, mademoiselle, mais vous devez comprendre que mes commettans ne pouvaient se laisser enlever, par une union véritable, toutes les chances que leur offrirait du moins la deshérence du trône. Votre royal adorateur était d'ailleurs du complot.
— Lui !... ce gros perfide !... Il en était ?... A-t-on jamais vu !...
— Voilà ce que c'est que d'être aussi vertueuse que belle.
— Ah ! fichtre ! ça ne m'arrivera plus !
— Cela posé, mademoiselle, raisonnons froidement la situation. Le vieux roi vous aime. Hé ! qui ne vous aimerait ?
— Est-ce que vous voudriez aussi m'épouser, vous ?
— Je n'en ai malheureusement pas le temps. Or, je le sais, s'il remonte sur le trône, il consentirait volontiers à vous y faire monter avec lui, même très légitimement. Il n'y a pas de folie dont il ne fût capable pour vous conserver. Mais je craindrais fort qu'au moment même où vous lèveriez votre joli pied pour le poser sur la première marche, vous vous vissiez enlever par ordre de mes commettans, pour être transportée, avec tous les égards dus à votre sexe et à votre rang, dans quelque château-fort : celui d'Hildebourg-Hausen, par exemple, dont les portes se sont déjà refermées sur plus d'une charmante femme dont l'existence était gênante. Vous n'êtes pas sans avoir entendu vos amis parler notamment de la défunte comtesse de Zanau, l'infortunée Louise de Landwig ? Hé bien ! ce serait probablement dans cette même prison d'Etat, mademoiselle, que vous expieriez un moment d'ambition par une éternelle solitude.
— La solitude ?... ah ! mais non, mais non ! je ne veux pas de ça, moi !
— Vous avez raison : ce n'est pas quand on est jolie comme vous l'êtes, qu'il est permis de priver le monde entier du plaisir de vous admirer. Mais rien n'est plus facile que de lui épargner un tel dommage. Au lieu de pousser votre illégitime époux à reprendre la couronne qu'on va venir lui présenter, usez au contraire de votre influence toute-puissante sur son esprit pour l'engager à s'en tenir au simple bonnet de coton dont vous l'avez coiffé. Alors, bien loin d'avoir rien à craindre de l'hostilité de mes commettans, vous avez tout à espérer de leur munificence. Voici, mademoiselle, dans ce portefeuille, un brevet de comtesse, accompagné de valeurs assez considérables pour soutenir très dignement ce titre, partout où il vous plairait, par la suite, d'aller conquérir les nouveaux hommages qui vous sont dus. Pleins de confiance en votre esprit, mademoiselle, ils m'ont chargé de vous remettre tout cela d'avance.
— Ça me va ! s'écria Lataké en acceptant le portefeuille. Ah ! le monstre était du complot !... C'est bon à savoir !... Gare la revanche !...

Lataké tint parole. Bénédict Ier ne voulut pas même recevoir la députation qui venait lui rendre le sceptre, la couronne et la main de justice qu'elle avait repris à Pied-de-Céleri, et déjà vainement offerts à d'Arende.

La consternation fut au comble dans le Wardenbourg à la vue de ces joyaux dont personne ne voulait. Le parti de l'étranger prit alors le dessus à son tour. L'élégant impressario se hâta de donner une nouvelle représentation gratis, dans laquelle il fit dire de tous les prétendans, sans exception, les choses désagréables que jusqu'alors il n'avait fait dire qu'isolément de chacun d'eux.

On employa également, en faveur de l'étranger, le peu de lampions qui restaient encore des illuminations contraires.

Pendant ce temps, sur un signe de Latanoff, les troupes des puissances voisines envahissaient le territoire, chacune de son côté. Les troupes nationales ne bougèrent pas, car Latanoff leur avait promis que la bastonnade serait maintenue rigoureusement, quoi qu'il arrivât.

Les traités en vertu desquels le Wardenbourg avait été érigé en royaume étaient d'ailleurs d'une précision qui ne permettait pas d'équivoque. En cas de deshérence ou de vacuité accidentelle du trône, les diverses provinces dont était composé ce royaume revenaient à leurs anciens possesseurs. Le Wardenbourg fut donc partagé en diverses tranches, comme un simple cantaloup. C'est là ce qui explique comme quoi il ne figure plus sur aucune carte d'Europe. Il n'y a pas de géographe qui ne sache cela.

Tout le monde fut enchanté de ce résultat ; tout le monde, excepté les partagés, qui perdirent ainsi leur nationalité ; excepté les partageans, qui se plaignirent comme toujours de la façon dont s'était fait le partage ; excepté Latanoff, qui trouva mesquine l'avalanche de titres, de grades, d'honneurs et de traitemens dont chaque puissance co-partageante se plut à l'écraser ; excepté le grand-chambellan, qui se vit ainsi dégommé de tous les côtés, et qui en mourut de chagrin ; excepté surtout le vieux roi, que Lataké planta là dès le jour même, pour se venger de sa comédie conjugale, et qui en devint idiot de désespoir. Il est vrai de dire que personne ne s'aperçut du changement, et son premier médecin moins que tout autre.

En somme, *tout le monde* ici ne peut guère s'entendre que de Lataké. Elle se hâta de revenir à Paris, où il lui tardait de reparaître avec tout l'éclat de son nouveau rang. Elle eut maison montée aux Champs-Elysées ; elle fit peindre pour armes, sur le fronton de son hôtel, sur ses voitures et sur ses cartes, une blanche hermine, entourée de lys blancs, de roses blanches et de blanches marguerites, doux symboles d'innocence. Elle se montra sans cesse au Bois, aux concerts, aux Italiens, à l'Opéra, partout. Enfin, chaque jour, elle envoya son chasseur, revêtu de cet uniforme de héros de fantaisie qui paraît appartenir aux valets de grande maison et aux suisses de cathédrale, déposer de sa part, chez Dabiron, chez Montreuil, chez d'Appencherr, chez Pied-de-Céleri, chez le directeur de l'Opéra, chez ses camarades d'autrefois, en un mot chez toutes ses connaissances anciennes et modernes, une carte ornée des armes susdites, avec ces mots : *Lataké, comtesse de Blagsfelt*, surmontés d'une couronne.

Du reste, la mort de Simonae, qu'elle affectionnait tout particulièrement, nous le savons, l'avait fort contrariée au milieu de ses grandeurs, c'est une justice à lui rendre, et il n'avait fallu rien moins que la mort de Tiennette, qu'elle détestait cordialement, nous le savons aussi, pour faire compensation à ce déplaisir inattendu.

La comtesse de Blagsfelt eût donc été parfaitement heureuse, si cette même destinée moqueuse qui avait puni la frivolité du baron en le frappant dans sa chevelure, n'eût voulu punir pareillement la danseuse en la frappant dans sa légèreté. L'oisiveté de cœur et de jambes qu'elle avait végété près du vieux roi, jointe à l'excessive succulence de la cuisine allemande, avait singulièrement développé sa disposition naturelle à l'embonpoint. Cette disposition ne fit que croître et enlaidir par le défaut même d'exercice auquel la condamnait dorénavant sa haute position sociale. La danseuse, devenue comtesse et grasse, trouvait justement indigne, autant que fatigant, de se servir désormais de ses nobles tibias. En quelques mois, elle devint donc si grosse, si éléphantine, si mastodontale, qu'elle eût pu se faire voir pour deux sous dans une baraque, à la satisfaction générale du public et de messieurs les militaires non gradés. Inutile de dire combien Jupin Ier fut désespéré de cette monstrueuse obésité, que nous n'hésitons pas à regarder comme providentielle.

La carte de la comtesse de Blagsfelt ne fut pas le seul souvenir de son éphémère royauté qui vint trouver Ludwig Warchel, ou, si vous l'aimez mieux, Pied-de-Céleri dans la boutique d'horlogerie où sa vertu se réconfortait incessamment parmi les montres à répétition, en mémoire de celle qui l'avait dénoncé jadis, en se mettant à sonner tout à coup au fond de sa botte.

Un jour, en effet, il voit se présenter chez lui, le bâton à la main, un homme de haute stature, dont la figure couperosée, et cependant souffreteuse; l'œil fauve et hagard, le sourire amer, les cheveux en désordre et parsemés de brins de paille; la barbe longue, inculte et grisonnante; la chemise débraillée, laissant voir le poitrail à nu; le chapeau crasseux et défoncé; la redingote étriquée, déteinte et tombant en loques; le pantalon déchiré aux genoux et frangé par en bas; les pieds entortillés de guenilles, en guise de souliers; tout l'extérieur enfin reproduisait lamentablement ce type par excellence de délabrement silencieux, de misère solennelle, de résignation farouche et grave, que le Palais-Royal vit errer pendant tant d'années le long de ses opulentes galeries, sous le nom resté fameux de Chodruc-Duclos.

Pied-de-Céleri ne fut rassuré que tout juste pour ses montres, à la vue de ce personnage, au grand bâton blanc, qu'il ne reconnut pas d'abord dans un si misérable attirail.

— Hé quoi! sire, vous ne remettez pas votre chambellan? s'écria l'effrayant visiteur, avec un reste d'habitude d'un air triste et d'une voix caverneuse.

— Attendez donc... Hé mais! c'est ce cher Roussignan! c'est ce cher Muller!... Soyez le bien venu, cher ami! Eh bien! comment la menons-nous maintenant, cette farceuse d'existence? Toujours un peu soiffard, n'est-ce pas? Moi, c'est différent : je ne bois plus de l'eau : c'est un sacrifice que j'ai fait à ma bonne vieille femme de mère, parce qu'elle trouvait que je n'en buvais pas assez... Ça va bien du reste?... Etes-vous un peu plus content de votre sort que par le passé?

— Ah! sire...

— Appelez-moi tout bonnement monsieur.

— Vous pouvez voir à ce costume que ce n'est pas précisément par le luxe que je brille!

— Il est de fait qu'on pourrait être un peu plus muscadin.

— Que voulez-vous, c'est à ce gueux de Montreuil, c'est à ce gueux de Dabiron que je dois mes nouveaux malheurs. Après m'avoir entraîné dans cette funeste expédition, le premier a eu la perfidie de me faire empoigner, vous le savez, comme l'auteur de tout ce bacchanal; et l'autre, après s'être enrichi scandaleusement, a eu l'infamie de ne pas même me laisser un seul kreutzer de tant de richesses mal acquises. Oh! mais je me vengerai d'eux, s'il plaît à Dieu! Voyez s'il y a de quoi!... contemplez leur ouvrage!... Lorsqu'après le partage de votre ci-devant royaume on m'a eu mis dédaigneusement à la porte de mon cachot, en me priant de vider le Wardenbourg au plus vite, je me suis trouvé sans un sou sur le pavé de votre ex-bonne ville, obligé de mendier ma choucroute pour vivre. Voilà trois cents mortelles lieues que je viens de faire, à pied, sans chaussure, à travers les boues de l'Allemagne, sans vin, sans bière, sans autre pâture que le pain sec de la charité, sans autre abri que les écuries du chemin, et toujours surveillé, j'en ai la certitude, par mes éternels persécuteurs, les espions de la Russie! Vous comprenez maintenant pourquoi j'ose me présenter devant vous dans ce simple et modeste négligé.

Bref, Pied-de-Céleri fut touché de l'infortune de son ancien compagnon, et lui donna généreusement cinq cents francs. Un éclair de joie ralluma les yeux éteints de Roussignan, mais cette joie était sinistre, et peut-être renfermait-elle plus de haine encore que d'appétit.

Muni de ce secours inespéré, Roussignan se logea dans un bouge, où il passa quelque temps à se griser d'eau-de-vie, pour se dédommager des longues privations alcooliques qu'il venait d'endurer. Peut-être aussi voulait-il s'encourager par l'ivresse dans la vengeance qu'il méditait mais dont il n'avait pas encore trouvé le plan.

— Enfin! s'écria-t-il un jour, j'ai mon idée! Il ne me manque plus que l'argent nécessaire. Il me faut au moins vingt mille francs. Ah! dame! les vengeances de ce calibre-là sont un peu chères!... ça ne se donne pas pour des coquilles de noix. Essayons de gagner la somme. Le but est assez mauvais pour que le sort me fournisse le moyen de l'atteindre!

Il prévoyait juste. S'étant rendu, à moitié ivre, dans un tripot clandestin, avec les derniers cent francs qui lui restaient, il joua si étourdiment qu'il en sortit, à la fin de la nuit, avec vingt-trois mille six cent quatre-vingt-quinze francs de gain.

Aussitôt rentré dans son bouge, il écrivit la circulaire suivante à Montreuil et à Dabiron :

« Monsieur et cher compagnon,

» Vous n'avez pas oublié sans doute que c'est demain l'anniversaire du jour où nous eûmes le plaisir de nous rencontrer pour la première fois, l'an passé, au bois de Boulogne.

» J'aime à croire que vous ne manquerez pas au rendez-vous que nous nous donnâmes alors, à un an de date, jour pour jour, heure pour heure.

» J'ai donc l'honneur de vous engager à dîner demain, à six heures précises, dans ce même restaurant de la porte d'Auteuil où nous avons vidé ensemble les premières bouteilles de notre charmante connaissance, et où nous aurons la satisfaction de nous revoir dans des circonstances un peu moins tristes, Dieu merci !

» Du reste, ne vous inquiétez de rien : en ma qualité d'ex-chambellan, je me charge de tous les préparatifs ; vous trouverez prêt à votre arrivée le meilleur dîner, sans contredit, qu'on ait jamais fait depuis Lucullus.

» Je vous rapporte même du fond de l'Allemagne, d'où je reviens assez bien nippé, un petit baril dont le contenu vous surprendra fort agréablement.

» A demain donc.

» Votre tout dévoué, à la vie, à la mort !...

» ROUSSIGNAN-MULLER. »

Les deux invités répondirent affirmativement.

— Bravo! l'affaire est dans le sac! s'écria l'amphitryon.

Il se rendit aussitôt chez le restaurateur de la porte d'Auteuil et lui commanda un dîner vraiment extravagant de recherche, dont il avait copié le menu dans Brillat-Savarin. Nous ne pouvons résister au désir de le transcrire :

Huîtres d'Ostende.	Huîtres anglaises.
3 POTAGES.	
La Bisque d'écrevisse. A la Reine. Le Printanier aux œufs pochés.	
4 RELEVÉS.	
Le Turbot garni d'éperlans, sauce homard et sauce hollandaise.	Le Filet braisé au malvoisie garni de champignons farcis.
Les Poulardes truffées, braisées à glace, sauce Périgueux.	Les Cannetons de Rouen à l'orange.
4 ENTRÉES.	
Les Suprêmes de poularde à l'écarlate, aux truffes.	Les Foies gras en turban aux truffes.
Les Laitances de carpe à la Orly.	Les Salmis de Perdreaux rouges à la Royale.
SORBETS.	
ROTS.	
Les Bécasses bardées.	Les Faisans de Bohême.
Le quartier de Chevreuil, sauce poivrade.	La Truite du lac de Genève.
Les Ecrevisses de la Meuse à la bordelaise.	Les Truffes au vin de Sillery.

6 ENTREMETS.

Les Asperges en branches.	Les Haricots verts nouveaux.
Les fonds d'Artichauts à l'Italienne.	La Gelée de fruits aux liqueurs des Iles.
Le Bourdaloue glacé à l'ananas.	La Coupe à la parisienne garnie de fruits.

DESSERTS.

Vins. 1er service.	Vins. 2e service.
Grand Sauterne.	Braun Mouton.
Madère.	Grand Romanée gelée (34).
Xérès.	Grand Joannisberg (34).
Vieux Pomard.	Grand Laffitte (34).
Bordeaux Saint-Julien.	*Au dessert* : Vieux Malaga.
Fleur de Sillery frappée.	Constantia.

CAFÉ ET LIQUEURS.

Le restaurateur ne fut pas peu surpris de voir cet individu en loques lui commander un festin dont Balthazar lui-même se fût contenté ; mais cet individu paya le tout comptant, les vins exceptés. On ne pouvait expulser une si bonne pratique. Les poches de la redingote de Roussignan, devenue presque une veste, étaient pleines d'argent : on se contenta de le traiter tout bas d'original ; on l'eût traité tout haut de vagabond, si elles eussent été vides.

Montreuil et Dabiron étaient l'un et l'autre dans une disposition d'esprit qui ne leur permettait guère de refuser une telle invitation.

Le premier, ayant perdu le seul mobile de sa longue ambition, ne traînait plus qu'une vie désenchantée, à travers le commun des hommes, assez semblable au cavalier qui a perdu son unique monture, et qui se voit réduit à marcher lourdement parmi les simples piétons.

Le second, n'ayant pu se réhabiliter dans l'estime du monde parisien par une alliance avec la famille d'Appencherr, se voyait honni partout, malgré ses millions. C'était à peine s'il pouvait se procurer quelques parasites, de la plus médiocre espèce, qui l'aidassent à manger une fortune dont l'origine suspecte contribuait elle-même à sa déconsidération.

Toute distraction à la morosité de la vie qu'ils s'étaient faite était donc sûre d'être bien accueillie par eux.

En conséquence, le lendemain, les trois convives furent exacts au rendez-vous culinaire.

Roussignan avait conservé, comme il le faisait depuis son retour à Paris, son long bâton blanc, ce tas de guenilles que nous continuons d'appeler un costume, en raison seulement de la pauvreté de notre langue.

— J'ai juré de mourir ainsi couvert... ainsi découvert, si vous aimez mieux, leur répondit Roussignan, dont l'esprit leur avait toujours paru quelque peu détraqué.

Cette réponse leur parut donc satisfaisante.

On se mit à table, en se récriant sur la splendeur du dîner.

— Hélas ! mes chers compagnons, leur dit l'ex-chambellan, c'est pour vous seuls que j'ai fait préparer tant de bonnes choses, car pour moi, c'est fini ! Je puis encore boire, comme vous voyez... A votre santé !... et vous verrez tout à l'heure que je ne laisserai pas ma part de l'excellent petit baril que je vous ai annoncé dans ma lettre, afin de ne pas vous prendre en traître ; mais quant à ce qui est de manger, impossible ! Je ne digère plus. C'est peu nourrissant, n'est-ce pas ?... Ah bah ! je durerai bien toujours autant que moi !

— Ah ! ah ! mon gaillard, répliqua Dabiron, voilà la suite de vos longs excès en ce genre. Vous êtes puni par où vous avez péché, la gourmandise !

— C'est un peu mon histoire aussi, ajouta mélancoliquement Montreuil. *Sua hominem perdidit ambitio*, comme nous disions au collège. Je passe vingt années de ma vie à chercher un prétendant à la suite duquel je puisse m'élever, non pas à la fortune, qu'importe quelques sous de plus ou de moins ! mais au pouvoir, ce rêve de toutes les têtes vigoureusement organisées. Or, entre deux prétendants, l'un vrai, l'autre faux, sur lequel vais-je mettre sottement la main, moi ? Ah ! pardieu, sur le faux ! On n'est pas plus maladroit !

— Hé bien ! à vous parler franchement, dit à son tour Dabiron, votre mystification à tous deux est aussi la mienne, dans un autre genre. J'ai cru que la fortune était la seule condition du bonheur, et qu'avec de l'argent on pouvait acheter de la considération aussi facilement que du plaisir. Je me trompais. J'ai fait comme la plupart des hommes : j'ai adoré sans réserve un faux dieu, un dieu impuissant et bête, ce Veau d'Or qu'on a eu la stupidité d'adorer dans tous les temps...

— Oui, interrompit Montreuil, qu'on a adoré, quoique veau, parce qu'il était d'or.

— D'or ? reprit amèrement Dabiron ; allons donc ! il n'est pas même d'or : il n'est que d'argile dorée ; et voilà pourquoi Moïse le brisa si facilement. Je ne le briserai pas, moi ; à quoi bon ? mais je le méprise !

— Hé bien ! dit alors Roussignan, puisque nous voici tous si dégoûtés de la vie, pourquoi ne ferions-nous pas aujourd'hui, ici même, ce que nous avions résolu de faire il y a un an ?

— Oh ! ma foi non ! s'écrièrent les deux autres convives : le suicide est un de ces actes contre nature que les maniaques seuls recommencent après se l'être manqués.

— Soit ! vous avez peut-être raison, ajouta Roussignan. La mort d'ailleurs viendra toujours assez tôt ! Mais pardon si je vous quitte un instant. Je vais régler avec notre hôte, car, je vous l'ai dit, c'est moi qui régale !...

Roussignan examina la carte.

— Total : douze cent cinquante francs, dit-il au restaurateur. Très bien... c'est un peu cher,... mais bah !... après nous le déluge !... Il m'en restera bien toujours assez pour le temps que j'ai à vivre !... Or, ce n'est pas tout. Faites-moi le plaisir de mettre aussi la maison sur la carte.

— Quelle idée !..

— Je n'en ai jamais d'autres. Il y en a qui jettent après dîner toute la vaisselle par la fenêtre. Moi, c'est un autre genre : c'est la maison même que j'y jette. Allons, qu'est-ce que cela vous fait ? je paie comptant ; combien vaut-elle ?

— Mais... j'en ai refusé quinze mille francs.

— En voici vingt. Ça vous va-t-il ?

— Dame ! vous m'en direz tant !

— Voilà votre affaire, ajouta l'homme aux guenilles en soldant la somme.

— Nous sommes quittes. Ces six cents francs-là sont pour les garçons ; c'est le reste de ma monnaie. Et maintenant que la maison m'appartient, faites-moi le plaisir de vous en aller immédiatement avec tout votre monde. Bonsoir, adieu, portez-vous bien ! bravo !

Quand le restaurateur fut parti avec tous ses gens, Roussignan ferma la porte, puis rentra sans un sou dans la salle du festin, en fredonnant ce joyeux refrain :

Si nous n'avons qu'un temps à vivre,
Du moins passons-le gaîment.

— Allons, allons, mes chers amis, mes chers compagnons, dit-il à ses deux convives, le moment est venu de goûter de mon petit baril. C'est le coup du départ, c'est le coup de l'adieu !

Et à ces mots, ayant posé sur la table le baril qui était resté dessous, il en souleva le bondon, prit le cigare qu'il avait à la bouche, et le jeta dans l'ouverture de la petite futaille.

Aussitôt une explosion épouvantable fit retentir cette partie du bois.

Au lieu de vin du Rhin, le baril n'était plein que de poudre.

Neuf heures sonnaient. M. Masson accourait en ce moment, guidé par les indications magnétiques que Pied-de-Céleri lui avait données la veille. Sans connaître la nature du terrible danger dont lui avait parlé son serviteur, il venait néanmoins, à tout événement, pour tâcher d'en préserver ces trois hommes avec lesquels il s'était trouvé en contact. En quittant Paris, cette nuit même, pour se rendre au Havre, et de là dans le Nouveau-Monde, il ne voulait pas emporter le regret de n'avoir rien fait pour les sauver.

Mais il était trop tard. M. Masson était encore à plus de mille pas de cette maison isolée lorsqu'elle sauta, et en arrivant à la place où elle avait été, il ne vit plus qu'un monceau de ruines fumantes.

— Dieu n'a pas permis cette fois que j'arrivasse à temps, dit-il. Dieu a ses colères comme il a ses miséricordes. Soient ses impénétrables décrets !

POST-SCRIPTUM.

Nous voici arrivé au terme de la tâche que nous avions acceptée.

Était-elle facile, alors que le célèbre romancier dont nous continuions l'œuvre n'avait malheureusement laissé qu'un simple prologue, rempli d'une foule de prémisses et d'une multitude de personnages, sans une seule ligne de plan qui pût même nous faire soupçonner la conclusion qu'il voulait tirer des unes, le rôle et le caractère qu'il se proposait de donner aux autres ? C'est ce qui importe peu au public.

Est-elle bien ou mal accomplie ? C'est le seul point qui l'intéresse.

Nous serions moins rassuré sur son jugement définitif, si de nombreux encouragemens n'étaient venus nous raffermir sans cesse dans cet immense travail au jour le jour, et si le motif de confiance que nous avions puisé, avant de l'entreprendre, dans la promesse de révision d'un de nos écrivains les plus experts, ne s'était encore augmenté, lorsque nous avons vu, dès les premiers chapitres, cette simple révision prendre le caractère d'une collaboration véritable, et bientôt même devenir prépondérante.

Et, en effet, le moment est venu pour nous, non seulement de remplir un devoir de conscience et de gratitude, mais encore de revendiquer un droit de justice et de sincérité ; droit que, dans nos stipulations avec la direction du *Siècle*, nous nous sommes réservé la faculté d'exercer, à notre heure, et dans tels termes qu'il nous plairait d'employer.

Nous nous empressons donc, en terminant, de constater le concours considérable qu'a bien voulu nous donner le rédacteur en chef de la partie littéraire du *Siècle*, M. Louis Desnoyers, et comme idée et comme exécution, dans ce long et pénible labeur dont il pourrait revendiquer comme siennes beaucoup de parties tout entières. S'il s'est refusé à les signer, malgré nos instances réitérées, c'est pour rester fidèle jusqu'à l'excès aux conventions premières, bien que ses prévisions, comme les nôtres, eussent été dépassées d'une manière si notable, par suite de notre désir commun de continuer, avec tout le soin possible, l'œuvre inachevée d'un mort illustre.

Cette déclaration est complètement inutile, sans doute, pour les lecteurs du *Siècle*, qui ont dû reconnaître à chaque instant une plume dont ils ont apprécié depuis longtemps l'esprit ingénieux, l'élégance, la verve comique, le talent d'observation, la sensibilité vraie et l'originalité. Aussi ne la faisons-nous ici, spontanément et dans la forme qui nous convient, que par reconnaissance et par loyauté.

Nous verrions, d'ailleurs, avec un vif plaisir, en ce qui nous concerne, M. Louis Desnoyers réunir un jour, le moment venu, sous son nom, dans un cadre unitaire, faisant logiquement suite aux *Béotiens* et à *Gabrielle*, tout ce qu'il pourra des pages si nombreuses qui lui appartiennent dans cette œuvre complexe, et pour lesquelles leur nature purement littéraire lui permettait de garder provisoirement l'anonyme. S'il est un droit incontestable, c'est à coup sûr celui de reprendre son bien où on le trouve. On l'étendait jadis au bien même des autres : à plus forte raison peut-on l'appliquer au sien propre.

LÉO LESPÈS.

FIN DU VEAU D'OR.

TABLE DES MATIÈRES.

I.	— Le bois de Boulogne la nuit.	1
II.	— Histoire du suicide nº 1.	3
III.	— Histoire du suicide nº 2.	18
IV.	— Histoire du suicide nº 3.	27
V.	— Histoire du suicide nº 4.	39
VI.	— A diplomate, diplomate et demi.	41
VII.	— Donnant, donnant.	44
VIII.	— Vieux écrits, vieux brouillons.	47
IX.	— Un logographe vivant	50
X.	— Reçu un prétendant en bon état, dont quittance.	53
XI.	— Ange et démon.	57
XII.	— Oasis	64
XIII.	— Arachné continue de tendre la toile.	66
XIV.	— Pourquoi ?	70
XV.	— Comment.	73
XVI.	— Le quart d'heure de Rabelais.	75
XVII.	— Les précepteurs dans l'embarras.	78
XVIII.	— Inventaire préalable.	82
XIX.	— Plan de campagne.	84
XX.	— Escarmouche d'avant-garde.	88
XXI.	— Le serpent sous les fleurs.	92
XXII.	— La guerre des fenêtres.	96
XXIII.	— Guet-apens.	100
XXIV.	— Lovelace.	103
XXV.	— Les revenans.	106
XXVI.	— Encore l'instinct de Fox.	110
XXVII.	— Un premier roi.	113
XXVIII.	— Panorama.	117
XXIX.	— Un lit de mort.	120
XXX.	— Délivrance.	123
XXXI.	— Le journal de Julie.	126
XXXII.	— La provocation.	129
XXXIII.	— Sur le terrain.	133
XXXIV.	— Discorde.	136
XXXV.	— Hercule aux pieds d'Omphale.	139
XXXVI.	— Palpitant d'émotion.	143
XXXVII.	— Stratégie préliminaire.	146
XXXVIII.	— Avant le lever du rideau.	149
XXXIX.	— Inauguration de la danse lourde.	152
XL.	— Comment on fait une réputation.	155
XLI.	— Cotillon IV.	157
XLII.	— L'horizon se couvre de nuages.	160
XLIII.	— Ote-toi de là que je m'y mette.	163
XLIV.	— Sous les toits.	166
XLV.	— Sous les verrous.	171
XLVI.	— Un peu partout.	176
XLVII.	— Sur la sellette.	183
XLVIII.	— Explications fort peu explicatives.	189
XLIX.	— Fiat lux.	195
L.	— Le revers de la médaille.	201
LI.	— Un palais au septième étage.	213
LII.	— Deux ombres vivantes.	218
LIII.	— Enfer et ciel.	225
LIV.	— Épilogue. — Coup-d'œil panoramique.	233

FIN DE LA TABLE DES MATIÈRES.

Paris. — Imprimerie J. Voisvenel, 15, rue du Croissant.

www.ingramcontent.com/pod-product-compliance
Lightning Source LLC
Chambersburg PA
CBHW060127170426
43198CB00010B/1067